I0291371

ENCYCLOPÉDIE THÉORIQUE & PRATIQUE DES CONNAISSANCES CIVILES & MILITAIRES

(*Publiée sous le patronage de la Réunion des officiers*)

COURS

DE

GÉOGRAPHIE CONTEMPORAINE

UNIVERSELLE, CIVILE ET MILITAIRE

TRAITANT LES QUESTIONS AGRICOLES, INDUSTRIELLES, COMMERCIALES, HISTORIQUES ET MILITAIRES PAR DÉPARTEMENTS EN FRANCE ET PAR RÉGION DANS LES AUTRES NATIONS

TOME I

INTRODUCTION A L'ÉTUDE DE LA GÉOGRAPHIE

GÉOGRAPHIE DE LA FRANCE ET DE SES COLONIES

DÉPARTEMENTS (DE A A B)

PUBLIÉ SOUS LA DIRECTION DE

J.-B. CHAIRGRASSE

Officier d'Académie, Ingénieur civil,
Membre de plusieurs Sociétés savantes

AVEC LE CONCOURS DE GÉOGRAPHES SPÉCIAUX, D'EXPLORATEURS DIVERS, D'INGÉNIEURS HYDROGRAPHES ET D'OFFICIERS DE TOUTES ARMES

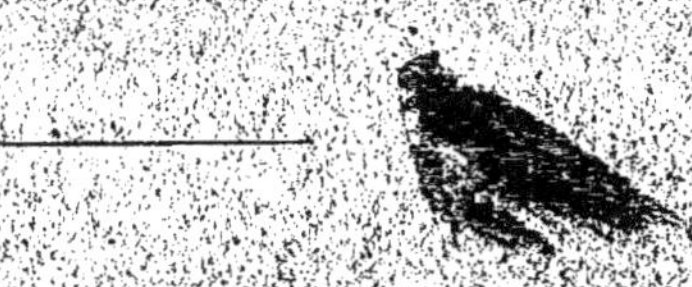

PARIS
LIBRAIRIE CIVILE & MILITAIRE
25, RUE DE GRENELLE, 25

COURS

DE

GÉOGRAPHIE CONTEMPORAINE

TOURS, IMPRIMERIE DESLIS FRÈRES, RUE GAMBETTA, 6.

ENCYCLOPÉDIE THÉORIQUE & PRATIQUE DES CONNAISSANCES CIVILES & MILITAIRES

(Publiée sous le patronage de la Réunion des officiers)

COURS

DE

GÉOGRAPHIE CONTEMPORAINE

UNIVERSELLE, CIVILE ET MILITAIRE

TRAITANT LES QUESTIONS AGRICOLES, INDUSTRIELLES, COMMERCIALES, HISTORIQUES ET MILITAIRES PAR DÉPARTEMENTS EN FRANCE ET PAR RÉGION DANS LES AUTRES NATIONS

AINSI DIVISÉ :

INTRODUCTION A L'ÉTUDE DE LA GÉOGRAPHIE

GÉOGRAPHIE DE LA FRANCE ET DE SES COLONIES

DÉPARTEMENTS (DE A A B)

PUBLIÉ SOUS LA DIRECTION DE

J.-B. CHAIRGRASSE

Officier d'Académie, Ingénieur civil,
Membre de plusieurs Sociétés savantes

AVEC LE CONCOURS DE GÉOGRAPHES SPÉCIAUX, D'EXPLORATEURS DIVERS, D'INGÉNIEURS HYDROGRAPHES ET D'OFFICIERS DE TOUTES ARMES

PARIS

LIBRAIRIE CIVILE & MILITAIRE

25, RUE DE GRENELLE, 25

AVANT-PROPOS

L'étude de la géographie, qui n'est qu'une science d'observation, peut être entreprise à des points de vue fort divers, plus ou moins étendus, suivant le parti qu'on veut en tirer. On conçoit très bien, par exemple, que le militaire doit avoir à ce sujet des notions différentes de celles du commerçant, du cultivateur et de l'homme du monde.

C'est ce qui explique la grande variété des traités existants et, eu égard au développement considérable qu'a pris en France l'étude de la géographie depuis les malheureux événements de 1870, *on peut se demander s'il y a place encore pour un ouvrage de ce genre ne faisant pas double emploi avec d'autres d'une autorité reconnue dans la matière.*

Le titre que nous avons choisi (Géographie contemporaine), peut indiquer le but poursuivi, surtout si l'on tient compte de la catégorie des lecteurs à laquelle nous nous adressons, c'est-à-dire à des hommes faits, qui ont tout au moins des notions générales de géographie et qui sont aptes à compléter leurs connaissances avec le seul concours d'un bon ouvrage.

D'un autre côté, maintenant que la nation entière constitue l'armée, il n'est pour ainsi dire aucun citoyen qui ne doive connaître, au moins d'une manière générale, les conditions ou données particulières qui, dans l'étude de la géographie, peuvent contribuer à tirer un meilleur parti des forces vives et des obstacles naturels ou artificiels qui permettent de lutter avantageusement avec ses adversaires. Ce sont ces données qui font l'objet des traités spéciaux de géographie militaire, parmi lesquels il faut citer en première ligne celui du commandant Marga, *qui a été professé à l'École d'application de l'artillerie et du génie; celui du colonel* Niox, *professeur à l'École supérieure de guerre, et celui de* Lavallée, *professeur à l'École de Saint-Cyr.*

De même, en ce qui concerne la géographie générale, MM. Elysée *et* Onésime Reclus, Malte-Brun, Lanier, Vivien de Saint-Martin, Raffy, *etc. ont publié des ouvrages importants et très développés, sans compter les traités plus élémentaires de MM.* Cortambert, Levasseur, Bourboulon, Foncin, Gasquet, *etc.*

Mais de ces diverses publications, les unes sont trop savantes et trop étendues pour être à la portée de toutes les bourses, d'autres sont trop spéciales et ne s'adressent qu'à une catégorie restreinte de lecteurs, d'autres enfin sont trop concises et trop générales, de sorte qu'il n'existe pas aujourd'hui une géographie suffisamment complète pouvant convenir à toutes les classes de la société. C'est cette lacune que nous nous proposons de combler, en embrassant dans leur ensemble, les questions très complexes qui constituent l'étude raisonnée de la géographie, et en nous efforçant, tout en n'omettant aucun détail essentiel, de les présenter d'une façon simple et sommaire, et d'éviter les descriptions ou discussions scientifiques inutiles, de manière que ce livre, aussi complet que possible, soit à la portée de tous dans toutes ses parties.

Toutefois, cette étude ne peut être faite d'une manière utile et profitable qu'avec de bonnes cartes sous les yeux et des croquis de détail pour les parties qui ont besoin d'être étudiées plus minutieusement. Sous ce rapport encore, nous ferons en sorte que le lecteur n'ait besoin de consulter aucun autre ouvrage.

Cependant, s'il est un pays que l'on doit connaître avant tout, pour ainsi dire comme l'on connait son village, n'est-ce pas celui où l'on est né? On ne sera donc pas surpris que tout naturellement nous fassions une large part à notre belle France, que l'on apprendra en même temps à mieux apprécier et à mieux aimer.

On conçoit facilement que, en pareille matière, il ne peut être question d'innover, mais simplement de coordonner et de grouper suivant le plan conçu les matériaux de premier choix élaborés par les géographes célèbres, dont nous avons donné les noms plus haut et dont nous avons largement mis les travaux à contribution. Divers recueils ou revues ont été également consultés avec fruit pour certaines parties, et nous citerons surtout les Revue de géographie, *le* Tour du Monde, *les* Guides Joanne, *la* Revue militaire de l'Étranger, *le* Bulletin de la réunion des Officiers, *le* Journal officiel, *et une foule d'autres qu'il serait trop long d'énumérer ici.*

PREMIÈRE PARTIE

INTRODUCTION A L'ÉTUDE DE LA GÉOGRAPHIE

CHAPITRE PREMIER

GÉNÉRALITÉS

1. *Définition.* — La géographie (*gè*, la terre; *graphô*, je décris) a pour but, comme l'indique son étymologie, la description de la terre.

Cette description peut être faite de bien des manières et dans des conditions très différentes; mais pour que l'étude de cette science soit sérieuse et rationnelle, pour que tous puissent y trouver les notions ou renseignements dont ils peuvent avoir besoin à un moment donné, il faut que, surtout au point de vue militaire, elle embrasse l'ensemble des diverses branches ou subdivisions qui la composent.

2. *Subdivisions de la géographie.* — Avant d'étudier les diverses contrées qui couvrent la surface du globe, il est indispensable de connaître :

1° La situation de la terre dans l'univers, ses divers mouvements, sa forme générale, les causes qui produisent les saisons, la détermination des divers points de la surface du globe, etc., notions qui sont du ressort de la *Cosmographie* ou *Géographie mathématique;*

2° La conformation matérielle du globe dans son intérieur et à la surface, les grandes divisions naturelles formées par les eaux et les terres, l'étude des montagnes et des vallées, l'influence des climats, etc.; ces diverses études font l'objet de la *Géographie physique* et de la *Géologie ;*

3° Les limites des États, leur situation, leurs divisions actuelles ou anciennes, la nature de leurs frontières, leur puissance, l'état social, le mode de gouvernement, l'administration, les lois, les institutions, les religions, les revenus, etc. des différentes nations, l'histoire des différentes phases par lesquelles elles ont passé, leur situation actuelle de grandeur ou de décadence, la formation de leur territoire tel qu'il est constitué de nos jours, la distribution des races sur le globe, leurs aptitudes, leur mélange s'il y a lieu, etc...; toutes ces questions sont du domaine de la *Géographie politique ;*

4° Les relations entre la nature et l'homme, c'est-à-dire le parti que ce dernier a su tirer des richesses que la nature lui a fournies, les ressources qu'offrent les différentes contrées au point de vue agricole, industriel et commercial, renseignements qui sont fournis par la *Géographie économique.*

3. *Utilité de ces diverses branches.* — On comprend facilement qu'aucune des branches que nous venons d'énumérer ne doit être étrangère à un militaire, car toutes sont indispensables, soit pour faire mouvoir les armées, soit pour les faire vivre, soit pour les faire combattre dans de bonnes conditions stratégiques; aussi, dans ce but, l'étude de la géographie doit-elle s'appuyer surtout sur la connaissance des accidents naturels qui apparaissent à la surface du sol ou des obstacles artificiels qui y ont été créés. Il en résulte même qu'une géographie militaire bien complète serait la géographie générale la plus vaste qui puisse exister.

Nous n'avons pas non plus à insister sur le parti que peuvent tirer de l'étude d'une géographie bien entendue les diverses classes de la société, qui toutes ont intérêt à savoir et à comparer ce qui se fait dans les diverses nations, afin de pouvoir agir en toute connaissance de cause suivant les conditions et les circonstances.

D'une manière générale et à un point de vue plus élevé, on peut dire qu'il n'est permis à personne de se désintéresser de l'étude de la géographie, pour ne plus mériter le reproche que l'on nous adressait avant 1870 d'ignorer cette science. Et en effet, ce n'est pas connaître la géographie que se borner à posséder des notions informes, superficielles, souvent une aride nomenclature plus ou moins détaillée des diverses contrées et des principales villes, sans faire voir les relations et les liaisons qui existent entre elles, sans faire ressortir les différentes causes, se rattachant aux branches que nous avons énumérées, qui ont produit les faits et amené les résultats. Lorsque l'on voit tous les jours l'état politique actuel remis en question sous le coup d'éventualités plus ou moins prochaines, lorsque, dans l'examen de ces éventualités, on parle du groupement ou de l'alliance possible des diverses puissances, n'est-il pas indispensable de connaître, au moins dans leur ensemble, les conditions générales et les ressources que chaque État peut offrir à tous les points de vue ?

Enfin, il existe encore des pays complètement inconnus et d'autres mal connus, malgré les explorations incessantes de hardis voyageurs, qui affrontent tous les dangers et même la mort pour agrandir et compléter le domaine de la science géographique. A ce point de vue encore, il importe de connaître la situation où l'on est parvenu, afin de pouvoir se rendre un compte exact des questions à résoudre et des résultats obtenus ou à obtenir, d'autant plus qu'un vaste mouvement d'expansion coloniale s'est produit récemment chez plusieurs des puissances européennes, en quête de débouchés pour leurs produits.

L'étude et la description des différents pays aura donc lieu en tenant compte des diverses branches que nous avons indiquées, étude que nous ferons précéder d'abord de notions sommaires sur les différentes subdivisions de la science géographique.

CHAPITRE II

NOTIONS SOMMAIRES DE COSMOGRAPHIE

4. Situation de la terre dans l'univers. — Jusqu'au XVIe siècle, on avait regardé la terre comme le corps le plus important de l'univers et autour duquel se mouvaient tous les autres astres, tandis qu'elle-même restait immobile. C'est vers cette époque que Copernic découvrit la vérité, c'est-à-dire que notre globe n'est qu'un point insignifiant dans l'immensité de l'univers, et qu'il tourne autour du soleil ainsi qu'un grand nombre d'autres corps célestes appelés *planètes*, dont quelques-unes ont elles-mêmes d'autres corps célestes appelés *satellites*, gravitant autour d'elles.

C'est ainsi que *la Lune* est un satellite de *la terre* (*fig.* 1).

La Terre fait donc partie du système

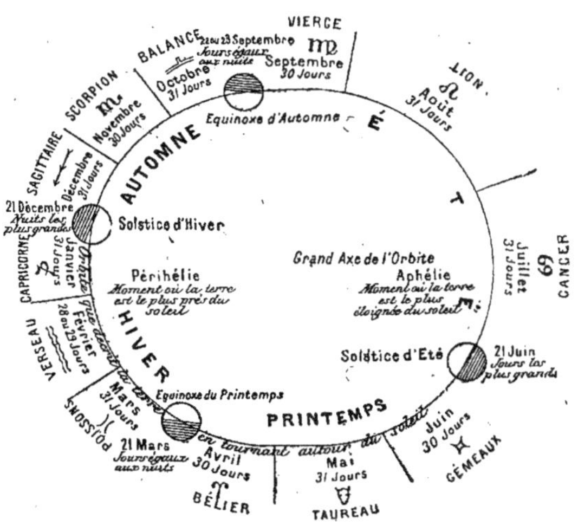

Fig. 1.

solaire, ainsi qu'un grand nombre d'autres planètes dont les plus connues sont : Mars, Vénus, Mercure, Jupiter et Saturne. Toutes ces planètes gravitent autour du soleil, de l'ouest à l'est, et reçoivent de cet astre la chaleur et la lumière.

La distance moyenne du soleil à la terre est de 15,288,825 myriamètres : la surface de cette dernière est de 5,098,857 myriamètres carrés. Son volume est de 1,082,634,000 myriamètres cubes ; son rayon à l'équateur est de 6,376,851 mètres. Comparée au soleil la terre est 1,300,000 fois plus petite comme volume.

5. Mouvements de la terre. — La terre est animée d'un double mouvement 1° *de rotation* 2° *de translation*,

6. *Mouvement de rotation.* — La terre tourne sur elle-même de l'ouest à l'est autour d'un diamètre fixe imaginaire, nommé *axe du monde*, passant par son centre et venant percer la sphère en deux points opposés appelés *pôles*. L'un de ces pôles, situé en face de la constellation de la *Petite-Ourse*, porte le nom de *pôle Nord* ou *arctique*, et l'autre de *pôle Sud*, ou *antarctique*.

Le laps de temps pendant lequel la terre décrit un tour complet sur elle-même porte le nom de *jour naturel*. Pour la mesure du temps, le jour naturel a été divisé en vingt-quatre heures, chaque heure en soixante minutes et chaque minute en soixante secondes.

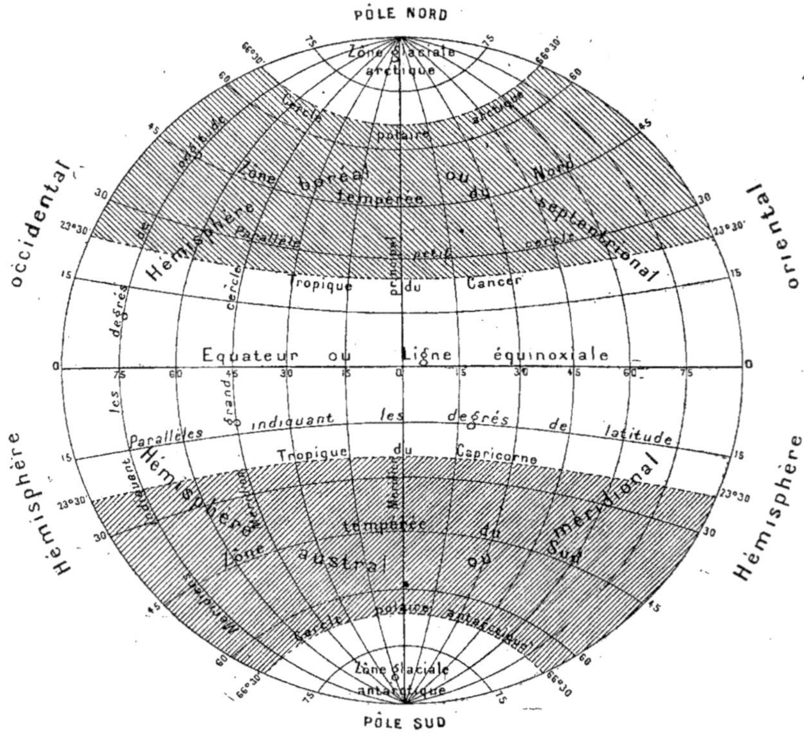

Fig. 2.

7. *Mouvements de translation.* — La terre tourne autour du soleil dans l'espace de trois cent soixante-cinq jours, cinq heures quarante-huit minutes et quarante-neuf secondes, révolution qui forme l'année ordinaire, en négligeant les fractions de jour.

Ces fractions équivalent sensiblement à un jour au bout de quatre ans, et pour rétablir l'équilibre on a donné trois cent soixante-six jours à toutes les années dont le millésime est divisible par quatre (*bissextiles*), à l'exception des années séculaires (1,900, 2,000, etc.)

8. Parallèles. — On appelle *parallèles* les cercles en nombre indéfini qui sont perpendiculaires à l'axe du monde, et par suite parallèles entre eux. Le parallèle qui passe par le centre de la terre est appelé *équateur;* tous ses points sont à égale distance des deux pôles. Il divise la terre en deux demi-sphères égales ou *hémisphères:* l'un au nord, est appelé *hémisphère boréal*, l'autre au sud est appelé *hémisphère austral* (*fig.* 2).

9. Méridiens. — Un méridien est un grand cercle passant par les pôles et perpendiculaire à l'équateur. Il y a un nombre illimité de méridiens. Chaque méridien divise aussi le globe terrestre en deux hémisphères, dont l'un situé à l'est porte le nom *d'hémisphère oriental*, et l'autre situé à l'ouest est nommé *hémisphère occidental.*

10. Latitude. — La latitude d'un point quelconque du globe est la distance de ce point à l'équateur, elle est exprimée en degrés et fractions de degrés, avec l'indication de *nord* ou *sud*, suivant que le point est au nord ou au sud de l'équateur. Il en résulte que ce dernier est à 0° (zéro degré) de latitude, que le pôle nord est à 90° de latitude nord et que le pôle sud est à 90° de latitude sud, etc. (*fig.* 2).

11. Zones. — Les géographes ont divisé la terre en cinq zones limitées de part et d'autre de l'équateur par des parallèles.

La première zone est comprise entre deux parallèles appelés *tropiques* et située à 23° 27', de chaque côté de l'équateur; elle porte le nom de *zone torride.*

Les *deux zones tempérées* s'étendent au nord et au sud de la zone torride et sont comprises entre les tropiques et les parallèles qui passent à 23° 27', des pôles que l'on appelle *cercles polaires.*

Enfin les *deux zones glaciales* comprennent les deux calottes sphériques qui s'étendent au delà des cercles polaires, jusqu'aux pôles (*fig.* 2).

12. Longitude. — La longitude d'un point quelconque est la distance qui sépare ce point d'un méridien pris pour terme de comparaison. Cette distance est mesurée en degrés et en fractions de degrés, sur le parallèle qui passe par ce point; on y ajoute l'indication *est* ou bien *ouest*, suivant que le point est à l'est ou à l'ouest du premier méridien. Le méridien adopté en France est celui de Paris, les autres nations en ont adopté d'autres.

13. *Détermination d'un point géographique.* — D'après ce qui vient d'être dit on se rend facilement compte qu'un point quelconque du globe est déterminé lorsque l'on connaît ses distances respectives jusqu'à l'équateur et jusqu'à un premier méridien, c'est-à-dire sa latitude et sa longitude.

14. Forme de la terre. — La terre a la forme d'une sphère immense très légèrement aplatie vers les pôles et très légèrement renflée à l'équateur. Cette différence est de $\frac{1}{294}$ environ et n'est pas apparente à l'échelle ordinaire des cartes géographiques; aussi est-elle négligée, et la terre est représentée sous la forme d'une sphère parfaite.

Fig. 3.

Les preuves de la sphéricité de la terre sont nombreuses et concluantes. En effet si l'on regarde un navire s'éloigner, on voit d'abord disparaître sa coque, puis ses mâts, comme s'il s'enfonçait dans l'eau. Or si la mer était plane, ce serait la coque que l'on apercevrait en dernier lieu, car elle a un volume apparent beaucoup plus considérable que celui des mâts (*fig* 3). Le contraire a lieu lorsque le navire s'approche, et il en est de même pour tous les objets qui se montrent en premier lieu par leur sommet, lorsqu'on s'en approche, et dont on voit disparaître la base lors qu'on s'en éloigne.

Un autre exemple très concluant est la forme de l'ombre projetée par la terre sur la lune, dans les éclipses. Il existe une infinité d'autres preuves ; mais nous nous bornerons ici aux précédentes.

15. points cardinaux. — Pour s'orienter on a admis de rapporter la situation où l'on se trouve à quatre points fixes appelés points cardinaux.

Lorsqu'on regarde le pôle Nord, ces points sont situés de la manière suivante :

Le *Nord* ou *Septentrion* est le point que l'on a devant soi ;

Le *Midi* ou *Sud* est le point que l'on a derrière soi ;

L'*Est* ou *Orient*, ou *Levant* est le point que l'on a à sa droite ;

L'*Ouest* ou *Occident* ou *Couchant* est le point que l'on a à sa gauche.

Il y a donc une grande importance à trouver la direction du nord. Pendant le jour on sait que le soleil se trouve dans la direction Sud, par rapport à l'observateur ; le Nord est donc dans la direction opposée, c'est-à-dire derrière l'observateur.

Pendant la nuit, quand les étoiles sont apparentes, le Nord est dans la direction que l'on a devant soi, quand on regarde l'étoile polaire. Celle-ci se trouve sur le

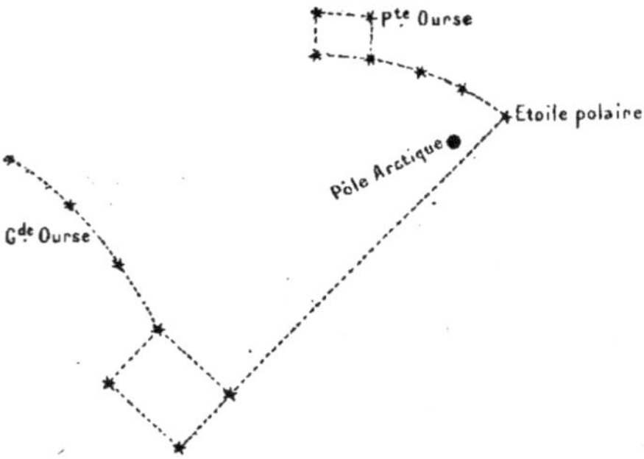

Fig. 4.

prolongement des deux étoiles de derrière de la *Grande-Ourse* et à environ cinq fois la distance qui les sépare (*fig.* 4).

On peut s'orienter encore d'une façon plus sûre et plus précise, aussi bien le jour que la nuit, au moyen d'un petit instrument appelé *boussole*, La boussole se compose d'un limbe gradué sur lequel se meut une aiguille aimantée dont l'extrémité est toujours dirigée sensiblement dans la direction du Nord. Pour se servir de cet instrument avec précision il est nécessaire de connaître l'angle formé par la direction du Nord véritable avec celle de l'aiguille ou Nord magnétique. Cette indication appelée *déclinaison* de la boussole, est donnée pour tous les lieux dans des tables spéciales.

Sur les cartes géographiques, à moins d'indications contraires qui sont alors indiquées par une flèche, le Nord est à la partie supérieure de la feuille, le Midi à la partie inférieure, l'Est à droite et l'Ouest à gauche.

Les bissectrices des angles formés par les directions des quatre points cardinaux déterminent quatre points collatéraux appelés Nord-Est (N.-E.) ; Nord-Ouest (N.-O.), Sud-Est (S.-E.), Sud-Ouest (S.-O.) (*fig.* 5).

En partageant ces huit angles chacun en deux parties égales, on obtient huit nouveaux points appelés Nord-Nord-Est (N.-N.-E), etc.

La figure 5, appelée *Rose des Vents*, indique ces diverses directions.

6. Saisons. — On a désigné sous le nom de saisons, les périodes pendant lesquelles la température est à peu près uniforme dans les climats tempérés. On sait en effet que dans ces climats la température ainsi que la longueur des jours sont sensiblement constants. Cela vient de ce que l'axe du monde est incliné sur la route ou *orbite* que la terre parcourt en tournant autour du soleil, de sorte que chacun des deux hémisphères est tantôt bien tantôt mal exposé à ses rayons. Ainsi quand l'hémisphère boréal est tourné vers le soleil, il a une lumière plus abondante, une chaleur plus forte et des jours plus longs que dans l'hémisphère austral; celui-ci a ensuite son tour.

On appelle *équinoxes* les deux époques de l'année pendant lesquelles les jours sont égaux aux nuits par toute la terre, c'est-à-dire du 20 au 21 mars et du 22 au 23 septembre (voir figure 1).

On nomme *solstices* les deux époques de l'année où chaque hémisphère est le plus incliné vers le soleil, c'est-à-dire où les jours présentent la plus grande différence de durée avec les nuits. Ils ont lieu du 20 au 21 juin et du 20 au 21 décembre de chaque année.

Les saisons sont les périodes comprises entre un solstice et un équinoxe. On a appelé *printemps* la période comprise entre l'équinoxe du 20 au 21 mars et le solstice du 20 au 21 juin, *été*, celle qui est comprise entre le solstice du 20 au 21 juin et l'équinoxe du 20 au 21 septembre; *automne*, celle qui est comprise entre l'équinoxe du 20 au 21 septembre et le solstice du 20 au 21 décembre, *hiver* celle qui est comprise entre le solstice du 20 au 21 décembre et l'équinoxe du 20 au 21 mars.

17. Cartes géographiques. — Pour représenter la terre ou simplement une contrée, il est nécessaire d'en reproduire

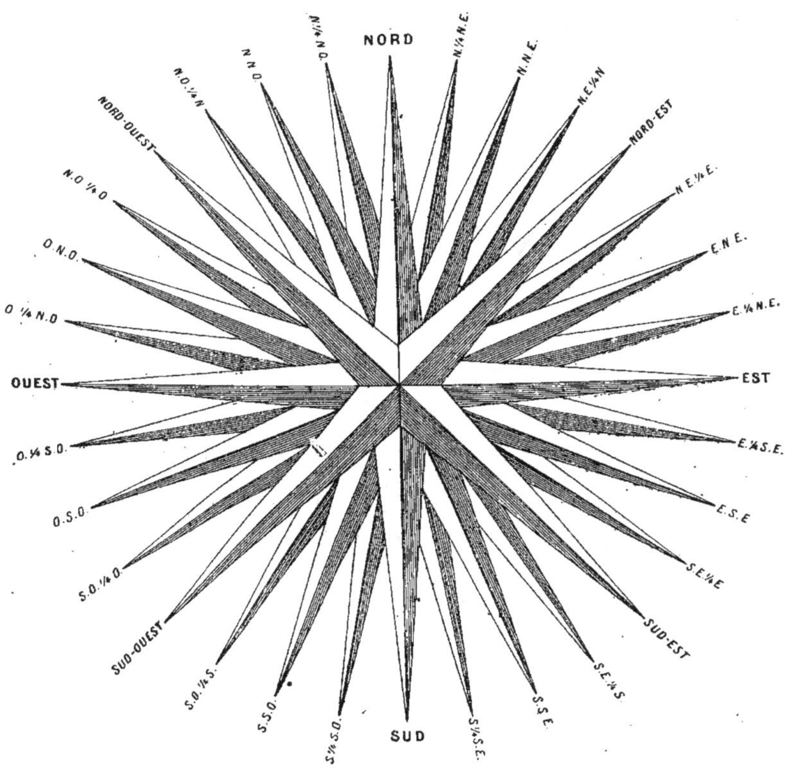

Fig. 5.

l'image exacte, mais beaucoup plus petite, sur une sphère du globe ayant la forme de notre planète. Le rapport dans lequel se trouve l'image ainsi obtenue avec le pays qu'elle représente s'appelle *échelle*. Ainsi, par exemple, lorsqu'on dit qu'une carte est à l'échelle du 80,000^{e} cela signifie que le terrain représenté par la carte est 80,000 fois plus petit que le terrain réel.

Les globes étant très chers, très lourds et n'étant pas suffisamment portatifs pour être transportés sur le terrain ou en campagne, on a dû les remplacer par des plans appelés *cartes géographiques*.

La représentation du globe, ou même d'une contrée, qui sont des surfaces sphériques, est forcément plus ou moins inexacte sur un plan; toutefois, on a eu recours à divers modes de représentation, qui ont été perfectionnés de plus en plus, de manière à obtenir des cartes ayant une exactitude suffisante.

Les premiers procédés employés furent ceux des *projections*, dont nous dirons simplement quelques mots.

Il est facile de comprendre que, pour avoir la représentation entière du globe, il faut partager la carte en deux hémisphères, sinon la moitié supérieure cacherait la moitié inférieure. Le problème consistait donc à représenter la surface sphérique d'un hémisphère sur la surface plane d'un grand cercle. Celui-ci pouvait être, soit l'équateur, soit un méridien.

Quatre méthodes de projections ont été mises en pratique : 1° la *projection orthographique;* 2° la *projection stéréographique*, 3° la *projection centrale* et 4° la *projection homolographique*.

La *projection orthographique* est celle où la surface de l'hémisphère est représentée par un plan qui coupe la sphère dans son milieu. L'œil est supposé à une distance infinie de l'hémisphère, de telle sorte que tous les rayons visuels puissent être considérés comme parallèles. Dans cette projection, les espaces vont en diminuant du centre à la circonférence, à cause de l'obliquité dans laquelle les parties de la sphère se présentent. Cet inconvénient est très grave, car la déformation des objets extrêmes est trop grande pour que l'on puisse se servir des *planisphères* exécutés par cette méthode (*fig.* 6).

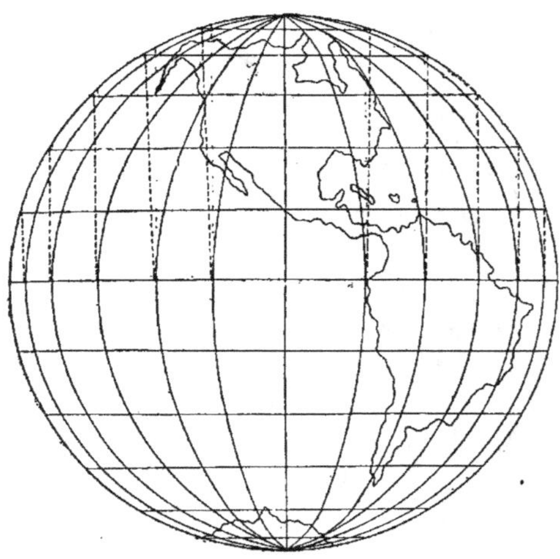

Fig. 6.

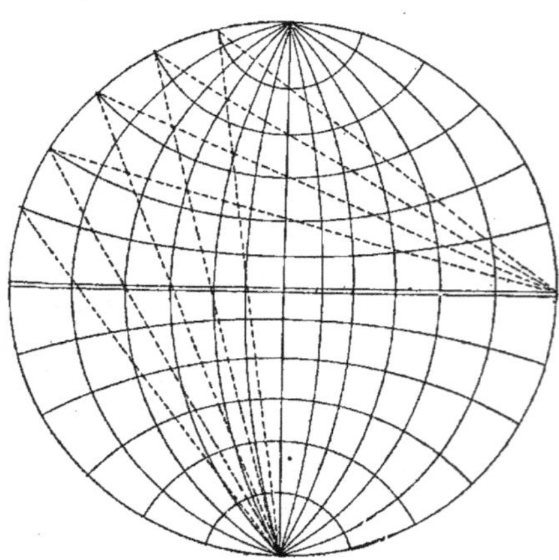

Fig. 7.

La *projection stéréographique* est celle où la surface de l'hémisphère est représentée sur le grand cercle qui coupe la sphère dans son milieu; mais l'œil, au lieu d'être supposé à une distance infinie, comme dans la méthode précédente, est au contraire placé en un point quelconque de la surface de l'hémisphère opposé à celui que l'on veut représenter, et embrasse la surface de celui-ci à travers le globe, qui est considéré comme un solide transparent. Dans ce système, les surfaces vont en diminuant des bords du cercle au centre, en raison de l'obliquité des rayons visuels qui vont en s'écartant de l'axe optique. Cet inconvénient est le contraire de celui qui se produit dans le système des projections orthographiques; il n'est pas moins grave que ce dernier, et l'on ne peut non plus se servir des planisphères exécutés par cette méthode (*fig.* 7).

La *projection centrale* est une projection

perspective qui tient le milieu entre les projections orthographiques et stéréographiques. Le point de vue est placé au centre du globe ; les parallèles et les méridiens y sont tracés en espaçant également les points par lesquels ils passent. Ce genre de projection n'est pas beaucoup plus exact que les précédents, et il est très rarement employé (*fig.* 8).

La *projection homolographique*, dont le nom vient de deux mots grecs qui signifient que les espaces y sont réguliers, a été proposée par Babinet et a du rapport avec les projections orthographiques et centrales. Tous les méridiens y sont représentés par des ellipses et les parallèles par des lignes droites. Cette méthode, employée pendant quelque temps par les anciens géographes, n'a plus de valeur aujourd'hui (*fig.* 9).

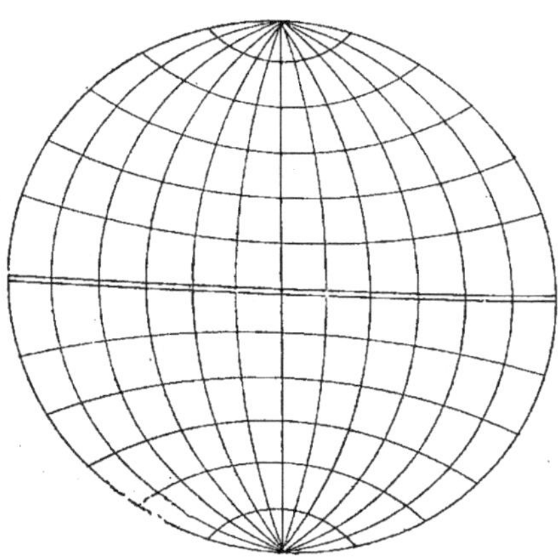

Fig. 8.

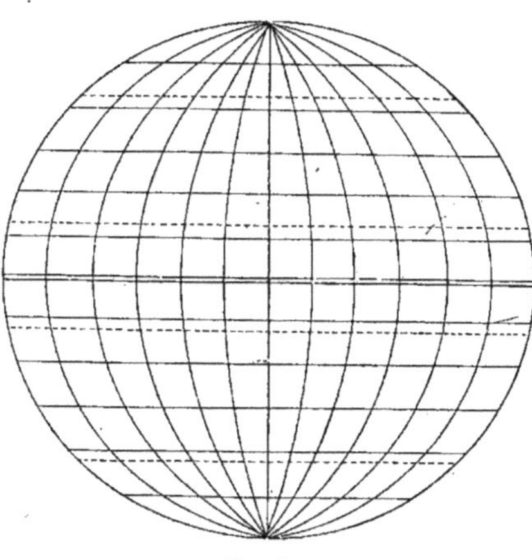

Fig. 9.

18. Développements coniques. — L'insuffisance notoire des méthodes précédentes a obligé les savants à en chercher d'autres. On s'est dit avec raison que si la terre avait la forme d'un cône, d'un cylindre ou de tout autre corps à surface développable sur un plan, il serait très facile d'obtenir une représentation parfaite du globe. On a donc été amené à substituer la surface d'un corps de ce genre à celle de la sphère, en ayant soin toutefois que la surface choisie se rapproche le plus possible de cette dernière. La méthode adoptée pour les cartes qui ne représentent qu'une partie de la terre, est celle des développements coniques. Dans ce système, les méridiens sont des droites qui sont censées partir du sommet du cône, et les parallèles sont des courbes décrites de ce même sommet comme centre. Le cône offre l'avantage qu'une petite zône conique ne diffère

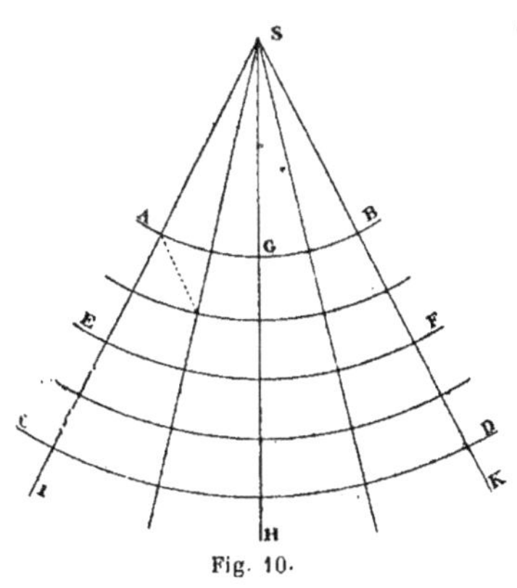

Fig. 10.

presque pas d'une zône sphérique. Dans

la projection conique, on considère une zône sphérique comme se confondant avec la surface d'un cône tronqué qui lui est tangent, ce qui est sensiblement exact à cause de la grandeur du rayon de la terre.

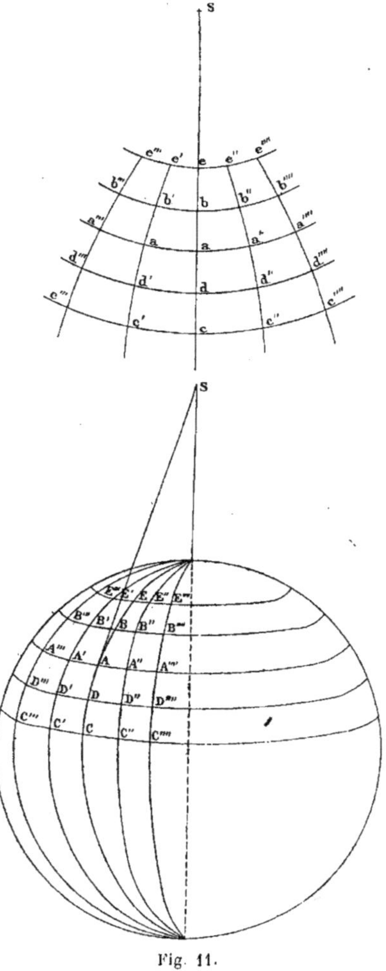

Fig. 11.

Soient AB,CD (*fig.* 10) les parallèles qui imitent la zône considérée, EF le parallèle moyen, AC,BD les méridiens limites et GH le méridien moyen. On circonscrit à la sphère, suivant ce dernier, un cône SIK dont le sommet se trouve sur la ligne des pôles, et qui est développable. Il ne reste plus alors qu'à faire le développement de cette portion de cône, suivant une section circulaire, conformément aux règles données par la géométrie.

19. Carte de l'État-major français. — On a adopté pour la carte de France à 80,000 dite de l'Etat-Major, le développement conique modifié comme nous allons l'indiquer.

Soit A (*fig.* 11) le point par lequel passent le méridien moyen et le parallèle moyen. Le méridien moyen est représenté en projection par la droite *cae*. Le parallèle moyen est obtenu en menant la tangente AS au méridien EC ; on porte sur la droite *cc*, à partir du point *a*, la longueur $a\mathrm{S} = \mathrm{AS}$, et l'on décrit du point *s* comme centre, avec *sa* pour rayon, un cercle qui représente le parallèle demandé. Les autres s'obtiennent en portant sur le méridien moyen les longueurs *ab*, *be*, *ad*, *cd* égales à AB,BE,AD, DC, puis l'on décrit des arcs de cercle du point *s* comme centre, passant par les points *b*,*c*,*d*,*e*.

Pour déterminer d'autres méridiens, on porte les arcs $aa' = \mathrm{AA}'$, $bb' = \mathrm{BB}'$... on joint les points *a'b'*... par un trait continu, et l'on a la représentation du méridien A'B'. On opère de la même façon pour les autres.

L'avantage considérable qu'offre ce développement, c'est que les surfaces sont représentées par des surfaces équivalentes, et que les figures ainsi obtenues sont peu déformées, ce dont on peut s'assurer en observant que sur les figures et sur les cartes, les méridiens et les parallèles se coupent sensiblement à angle droit.

Les degrés de latitude sont indiqués sur les marges de l'est et de l'ouest, aux extrémités des parallèles tracés ; les degrés de longitude s'y trouvent sur les marges nord et sud, aux extrémités des méridiens tracés.

20. Développements cylindriques. — L'inconvénient des projections coniques est de ne pas donner la direction exacte des points cardinaux, et de ne pas permettre la détermination rapide de la latitude et de la longitude des lieux.

Cet inconvénient, peu grave pour les militaires, est au contraire sérieux pour les marins; aussi, ceux-ci ont-ils adopté pour leurs cartes la méthode des projections cylindriques, laquelle consiste à projeter sur un cylindre circonscrit suivant l'équateur à la surface terrestre, et à développer ensuite sur un plan la surface de ce cylindre. On distingue dans ce système les *cartes plates* et les *cartes de Mercator*. Les *cartes plates* ont leurs parallèles et leurs méridiens représentés par des droites équidistantes et perpendiculaires les unes aux autres. Elles n'ont une exactitude suffisante que pour des

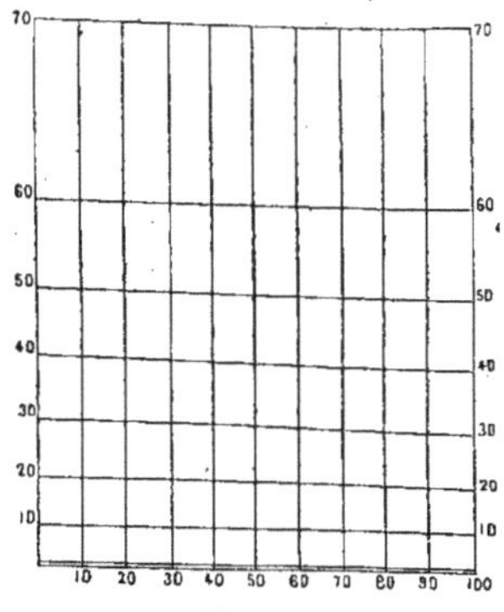

Fig. 12.

régions d'une latitude peu étendue, car les méridiens qui devraient se réunir en réalité vers les pôles y restent à la même distance qu'à l'équateur, de sorte que les contrées voisines des pôles sont élargies notablement. On voit donc que ces cartes ne peuvent guère servir que pour les régions voisines de l'équateur. Les *cartes de Mercator* ont leurs méridiens représentés de la même manière que ceux des cartes plates, mais les parallèles ne sont plus équidistants et vont en croissant, en se rapprochant des pôles, c'est-à-dire dans un sens inverse de la diminution des degrés de longitude sur le globe (*fig.* 12).

Dans ce système, chaque rectangle tracé sur le globe est représenté par un rectangle semblable. Les pays conservent donc leurs vraies formes, mais non leurs rapports d'étendue, car les régions polaires sont démesurément agrandies, et le pôle lui-même est rejeté à l'infini.

L'agrandissement progressif des parties comprises entre deux parallèles successifs s'avançant vers les pôles est rendu sensible dans la figure précédente, où les parallèles qui sont en réalité à égale distance, sont de plus en plus espacés.

Les cartes du globe faites d'après la méthode de Mercator sont celles qu'on appelle proprement *planisphères*. Elles conviennent très bien à la marine, mais elles présenteraient des inconvénients considérables pour l'armée de terre. Il en résulte que les cartes doivent être appropriées au genre de service auquel elles sont destinées.

Disons cependant, que d'une manière générale, on distingue :

1° Les *cartes générales* représentant l'ensemble d'une région ou d'une grande contrée ;

2° Les *cartes particulières* concernant seulement une partie d'une grande contrée;

3° Les *cartes chorographiques* s'appliquant à un pays de peu d'étendue ;

4° Les *cartes topographiques* décrivant la partie comprise avec tous les accidents du sol et des détails étendus.

5° Les *plans* toujours à grande échelle et donnant simplement une petite partie de terrain avec tous ses détails.

Dans ces cartes, les échelles sont d'autant plus grandes que la partie représentée est plus petite, et décrite avec plus de détails.

Au point de vue du mode de représentation et des indications spéciales des cartes, on distingue encore celles-ci, en :

1° *Cartes physiques* donnant la configuration physique générale ;

2° *Cartes politiques* indiquant les diverses divisions politiques avec les principales localités ;

3° *Cartes orographiques.* décrivant surtout les montagnes ;

4° *Cartes hypsométriques* indiquant en mètres les altitudes ;

5° *Cartes hydrographiques* concernant spécialement les cours d'eau ; les *cartes marines* en sont une variété représentant particulièrement les mers et servant à guider les navigateurs.

Il y a bien d'autres variétés encore, mais on peut aussi combiner les diverses spécialités et faire qu'une même carte soit en même temps physique et politique, etc.

21. *Manière de dresser les cartes.* — Les diverses opérations à exécuter pour dresser les cartes sont du ressort de la géodésie ; nous nous bornerons à renvoyer le lecteur aux traités de topographie et de géodésie publiés par les soins de l'éditeur de la présente Encyclopédie.

CHAPITRE III

NOTIONS SOMMAIRES DE GÉOLOGIE

22. Définition et but. — La géologie s'occupe de la formation et de la disposition des masses minérales qui constituent l'écorce solide du globe terrestre.

La croûte solide de la terre ne nous est connue directement que jusqu'à une profondeur de 600 mètres environ, mais les matières vomies par les volcans ont permis de se rendre compte de ce qui existe à une profondeur beaucoup plus grande ; en outre, les montagnes les plus élevées s'étant formées par le redressement des couches, il en résulte que l'exploration d'une montagne de 8,000 mètres de hauteur équivaut à celle d'une plaine sur une profondeur de 8,000 mètres.

La composition de la partie intérieure de la terre au delà de cette dernière profondeur ne peut qu'être l'objet de conjectures, dont les plus plausibles sont qu'elle est composée de matières incandescentes : 1° parce que la densité de la terre est si considérable que les roches constituant l'intérieur doivent être plus pesantes que celles à la surface ; 2° parce que la terre possède une chaleur centrale qui lui est propre, et qui croît d'environ un degré pour chaque profondeur de 30 mètres ; 3° par l'existence des phénomènes volcaniques et des sources d'eaux thermales.

23. Formations. — Les formations géologiques sont au nombre de deux, la formation *ignée* ou *plutonienne* produite par l'action du feu, et la formation *sédimentaire* ou *neptunienne*, qui est le résultat du travail des eaux. Il y en a encore une troisième appelée *métamorphique*, mais elle tient des deux précédentes et s'applique aux terrains qui ont une origine mixte, c'est-à-dire qui ont été formés sous la double influence de l'eau et de la chaleur. Les schistes en sont un spécimen.

La *formation ignée* provient de la solidification des matières en fusion; elle a une structure cristalline qui lui a fait donner le nom de cristallisée. Lorsqu'elle est volcanique, elle présente souvent une structure particulière, analogue à la vitrification des scories des hauts fourneaux. Le granit est le type de cette classe.

La *formation sédimentaire* doit son nom à ce fait que les terrains qui la composent ont été déposés par voie de dépôt ou de sédiment, en couches superposées. Les éléments en sont fournis par la désagrégation des roches ignées et leur transformation sous des actions chimiques dont les principales sont produites par l'atmosphère et par les eaux.

24. Classification des terrains. — La croûte extérieure se compose d'une suite irrégulière de couches de nature différente, jetées les unes sur les autres sous toutes les inclinaisons. Lorsqu'elles ont été dérangées par une dislocation quelconque, leur brisure montre la disposition primitive des couches ou strates horizontales. Des couches disposées horizontalement ont été renversées, redressées et même courbées et plissées. A chaque période de trouble, a succédé une période de calme pendant laquelle de nouveaux dépôts se sont formés au fond des nouvelles mers.

Ces couches sont presque toutes traversées par des fentes et des cavités : les unes restées ouvertes (*failles*) et qui jouent un grand rôle dans les tremblements de terre; les autres remplies par des matières métalliques différentes de celles de la couche et qu'on appelle *filons*.

Toute cette croûte porte l'empreinte des révolutions subites et nombreuses qui, en la bouleversant dans sa structure et ses substances, ont changé l'étendue des eaux et des terres, fait varier la nature et la position de sa surface, détruit et remplacé les êtres qui l'habitaient.

Les auteurs de la carte géologique de la France ont groupé tous les terrains sédimentaires en quatre espèces désignées sous les noms suivants en partant de la

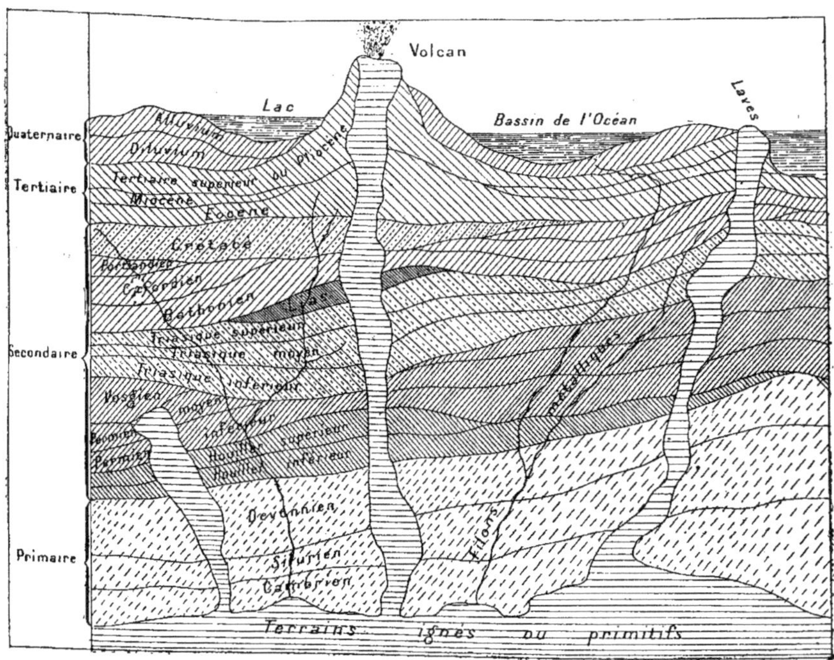

Fig. 13.

surface : 1° *terrains d'alluvion* ou *quaternaires*, 2° *terrains tertiaires*, 3° *terrains secondaires* et 4° *terrains de transition*.

Au-dessous de ces derniers se trouvent des terrains d'origine ignée ou métamorphique. On les désigne sous le nom de *terrains primitifs* ou *cristallisés*.

La science géologique n'étant pas encore fixée, il n'existe pour elle aucune classification ni nomenclature absolue. Nous donnons ci-après la classification d'Elie de Beaumont, qui suffit simplement aux études géographiques, surtout en ce qui concerne les militaires (*fig.* 13).

PÉRIODES	TERRAINS	CARACTÈRES GÉNÉRAUX	CLASSIFICATIONS OU PÉRIODES	COMPOSITION GÉNÉRALE	OBSERVATIONS
Quaternaire	Quaternaire.	Présence de l'homme. Débris organiques des espèces contemporaines ; dans le diluvium quelques espèces disparues : mastodontes, rhinocéros, tichorhines, etc..............	Alluvions modernes ou Alluvium...	Tout ce dont la formation paraît se rattacher à l'ère actuelle du globe : établissement des cordons littoraux, remplissage des lagunes, des lacs et des marais, formation des deltas, des dunes, des dépôts au sein des mers.	Doivent leur origine aux actions érosives actuelles, ou tout au moins à celles produites depuis des temps historiques.
			Alluvions anciennes ou Diluvium...	Leur caractère le plus saillant est offert par la position qu'elles occupent à des niveaux assez élevés pour qu'on ne puisse pas attribuer leur formation à l'action des cours d'eau actuels, mais à des perturbations violentes.	Les volcans modernes paraissent avoir surgi pendant cette période et en être les causes.
Tertiaire...	Tertiaire...	Les mammifères, appartenant pour la plupart aux pachydermes commencent à paraître à la partie inférieure et deviennent très abondants vers la période moyenne............	Tertiaire supérieur ou Pliocène (plus récent)........................	Marnes subapennines, sables des Landes, lignites. Alluvions de la Bresse, tufs à ossements de l'Auvergne.	Les éruptions de trachytes et de basaltes correspondent en grande partie.
			Tertiaire moyen ou Miocène (moins récent)........................	Molasses, faluns de la Touraine, calcaire d'eau douce, avec meulière de la Beauce, grès de Fontainebleau, beaucoup de lignites dans le midi de la France.	
			Tertiaire inférieur ou Eocène (plus vieux)..........	Sables, argiles plastiques, calcaires grossiers, pierre de taille de Paris, couches marneuses avec gypse......	Appelé aussi *terrain parisien*.
Secondaire.	Crétacé	....	Crétacé supérieur ou Nummulitique.	Presque exclusivement de craie à ses divers états, dont les couches sont souvent entremêlées de bancs de silex horizontaux, gris ou noirâtres............	On y rencontre de nombreuses coquilles nummulites, dont la forme est celle d'une pièce de monnaie (*Nummularius*).
			Crétacé moyen ou du Grès vert....	A la base, des argiles grises, des sables et des grès friables. Plus haut, des grès grossiers et des calcaires sableux ou marneux.	
			Crétacé inférieur ou Néocomien....	A la base, un calcaire gris-jaunâtre et argileux ; plus haut, une argile figuline, et en haut, des argiles et des minerais de fer............................	Le nom de *Néocomien* vient de *Néocomium*, nom latin de Neufchatel (Suisse) où cette formation est très étendue.
	Jurassique..	Caractérisé par la grande abondance des sauriens gigantesques et par une végétation luxuriante..............	Jurassique supérieur ou Portlandien.	Calcaire de Portland..............................	La formation jurassique, dont la puissance est la plus considérable, correspond à une longue période de calme.
			Jurassique moyen ou Oxfordien.... Jurassique inférieur ou Bathonien.	Les terrains jurassiques sont composés en grande partie de calcaires oolithiques, avec des couches d'argile et de marne.......................................	
			Lias.........................	Grès lias, calcaire à gryphées arquées. Ciment de Vassy.	
	Triasique...	Ainsi nommé parce qu'il se divise naturellement en trois étages distincts..................	Supérieur....................	Keuper ou marnes irisées avec amas de gypse et salines.	Ce terrain constitue la plus grande partie du sol de la Lorraine et du Wurtemberg.
			Moyen........................	Muschilkalk ou calcaire conchylien..................	
			Inférieur....................	Bunder sandstein ou grès bigarré....................	
	Permien....	Ainsi appelé du nom de la ville russe de Perm.......... ...	Supérieur....................	Grès des Vosges.	
			Moyen........................	Calcaire magnésien des Anglais (Zechstein)...........	Cet étage a été désigné aussi sous le nom de pénéen. Le mot pénéen caractérise la rareté des fossiles.
			Inférieur....................	Grès rouge, contient des masses de porphyre et des rognons d'agate.	
	Carbonifère ou houiller..................		Supérieur....................	Grès, schistes avec couches de houille, fer carbonaté, principalement composé de roches d'origine détritique.	
			Inférieur....................	Calcaire carbonifère formé par un calcaire compacte de couleur foncée, souvent veinée de blanc.	
Primaire ..	Paléozoïque (plus ancien animaux) ou de transition ou cristallisé	Caractérisé par la grande abondance de cryptogames vasculaires et par l'absence presque complète de plantes dicotylidonées. Les animaux vertébrés n'y sont représentés que par quelques empreintes de poissons.......................	Supérieur ou Dévonien...........	Grès. Anthracites de la Sarthe et des environs d'Angers. Est en stratification discordantes avec le terrain silurien qui vient ensuite..............................	Est très abondant dans le Devonshire, d'où son nom.
			Moyen ou Silurien..........	Dépôts arénacés. Les grès et les quarzites alternent avec des schistes................................. Calcaires des environs de Brest. Ardoises d'Angers.....	Prend son nom du pays des Silures (province de Galles) où il a été étudié.
			Inférieur ou Cumbrien...........	Calcaire compacte. Schiste argileux et luisant, généralement bleu ou noir. Roches métamorphiques........	Du Cumberland.
Terrains ignés appelés ausi primitifs........	Ce sont des terrains d'origine ignée, antérieurs à l'action sédimentaire. Le granit en est l'élément principal, avec les roches qui en dérivent : syénite, protogène, pigmatite, etc. A cette partie absolument massive, on rattache ordinairement un terrain mixte, que l'on peut appeler granite-gneiss, mélange par alternance de granite ordinaire à petits grains et d'un gneiss très ancien. Dans la classe des terrains ignés sont comprises toutes les roches de fusion qui forment la croute solidifiée du globe et qui ont fourni, par leur désagrégation, les matériaux des formations sédimentaires. Le terrain métamorphique possède à la fois les caractères minéralogiques des roches granitiques et la disposition par couches des roches sédimentaires. Les principales roches qui la constituent sont le gneiss, le micaschiste et le talcschiste, disposés par étages superposés d'une manière concordante et dans l'ordre que nous venons d'indiquer.				

25. Conditions physiques du terrain. — Les conditions physiques du terrain dépendent en très grande partie du caractère géologique de ce dernier.

Dans les terrains granitiques, généralement arides et très secs, les communications sont faciles; mais il y a peu de végétation, et l'on ne rencontre que rarement l'eau suffisante pour les nécessités de la vie. Ils sont peu ou point habités.

Les pays sablonneux ou siliceux résultent de la décomposition complète des éléments qui constituent le granit. Ces terres sont peu fertiles et ne produisent guère que du seigle, de l'orge et de l'avoine; on y trouve de l'eau; la population y est clairsemée.

Les pays arénacés sont sillonnés de ruisseaux et de ravins, coupés par des marécages et peu habités; il en résulte que les voies de communication y sont rares et difficiles, et que ce genre de contrée se prête surtout à la défensive.

Les terrains argileux ont généralement des formes douces et accessibles; ils présentent une série d'ondulations dont quelques-unes constituent d'excellentes positions militaires; toutefois, les communications y sont difficiles par les temps pluvieux; la population y est peu nombreuse; le cantonnement chez l'habitant y est presque impossible pour une troupe un peu considérable et le bivouac en plein air y est assez malsain; enfin, ces pays présentent peu de ressources pour faire vivre les armées; ils sont généralement peu fertiles. Toutefois l'eau n'y fait pas défaut.

Les terrains calcaires sont stériles lorsqu'ils sont purs, comme par exemple la Champagne pouilleuse; mais ils sont le plus souvent mélangés de sable et d'argile; ils ont alors une grande fertilité et par suite une population nombreuse et des ressources considérables pour faire vivre une armée. Ces terrains couvrent des territoires assez étendus en Europe et surtout en France. Les voies de communication y sont généralement bonnes et bien entretenues, mais un peu glissantes par les temps pluvieux et un peu poussiéreuses par les temps secs. On y trouve de l'eau en quantité suffisante.

Les terrains gypseux sont très défavorables à la marche des armées, surtout quand ils sont détrempés par les pluies. On en rencontre très rarement et ils ne couvrent que des surfaces peu considérables dans les vallées ou au pied des montagnes; on a soin de ne pas y séjourner et surtout de ne pas y livrer bataille.

La nature des terrains sous-jacents, ou sous-sol, exerce une influence très marquée sur la composition de la couche supérieure, et par suite sur la fertilité et les productions de la contrée. Il y a donc lieu d'en tenir compte, car il n'est pas indifférent de manœuvrer, de stationner ou simplement de marcher sur un terrain d'une nature quelconque.

En résumé, la géologie indique la composition et la forme de la croûte terrestre, les bouleversements et les soulèvements qui ont modifié la disposition naturelle de ses assises en créant ainsi des montagnes, des collines et des vallées; elle fait connaître aussi les joints des différentes assises et par suite les crêtes susceptibles de constituer de bonnes lignes de défense.

Ainsi, du côté de notre frontière de l'Est les extrémités des différentes assises concentriques au bassin de Paris forment des crêtes saillantes qui sont les lignes naturelles de la défense de notre capitale. Ces crêtes sont traversées par la Seine et ses différents affluents, dans des espèces de défilés formés par les vallées de fracture, et qui ont toujours servi de points de passage aux armées d'invasion. Il en résulte que ce sont ces points qu'il faut défendre, soit par des fortifications permanentes, soit par des forces actives. Un simple coup d'œil jeté sur une carte géologique fera immédiatement connaître les points importants de ces lignes naturelles de défense, beaucoup mieux que ne pourraient le faire les cartes géographiques ordinaires. Il en est de même en ce qui concerne les autres pays. Toutefois, si la géologie a une influence considérable sur les opérations de guerre, il ne faut pas aller jusqu'à dire, comme certains auteurs, que cette influence est prépondérante et décisive. Il existe beaucoup d'autres considérations qui ont une importance très grande, et souvent capitale, sur les opérations de guerre, et tel général pourra être vaincu au même endroit où un autre aurait remporté une grande victoire. L'importance de la géologie est suffisamment grande et justifiée pour qu'elle puisse se passer d'exagération.

La connaissance des conditions physiques du terrain peut aussi exercer, comme on l'a vu, une grande influence sur le genre de culture et sur les ressources de toute espèce que doit contenir le sous-sol; elle permet de même de se rendre compte des modifications à apporter à la nature du sol par l'emploi d'agents chimiques choisis en conséquence.

CHAPITRE IV

NOTIONS SOMMAIRES DE GÉOGRAPHIE PHYSIQUE

§ I. — *GÉNÉRALITÉS*

26. Aspect général de la terre. — La surface terrestre présente un ensemble de dépressions et de hauteurs; les trois quarts de sa superficie sont recouverts par les eaux, qui s'y étendent sans interruption et forment les mers.

La surface des terres se compose de toutes les parties faisant saillie au-dessus du niveau des mers; elle est par conséquent entourée de tous côtés par celles-ci.

27. Définitions. — On appelle *continent* une très grande étendue de terre entourée par les mers.

Une *île* est une étendue de terre relativement petite, entourée d'eau de toutes parts.

Un *archipel* est un groupe d'îles.

Une *presqu'île* ou *péninsule* est une terre entourée d'eau de tous côtés, sauf un seul, par lequel elle est reliée à un continent.

Un *isthme* est une langue de terre resserrée entre deux mers, qui réunit une presqu'île au continent.

Un *cap* ou *promontoire* est une saillie des terres moins étendue que les presqu'îles.

Un *golfe* est une partie de mer qui s'avance dans les terres. Lorsque cette partie de mer n'est qu'une simple échancrure dans les terres, on lui donne le nom de *baie*, *rade*, *havre*, *anse*, *crique*, suivant ses formes et son étendue.

Un *détroit* est un canal réunissant deux mers.

§ II. — *OROGRAPHIE*

28. Définitions. — L'*orographie* est la description des élévations du sol au-dessus des vallées ou des plaines.

Une *montagne* est une élévation de terre d'un relief considérable au-dessus de la contrée avoisinante. Les montagnes sont généralement groupées sur une certaine étendue, qui porte le nom de *chaîne*. On donne le nom de *contreforts* aux montagnes perpendiculaires à la chaîne.

On distingue dans une montagne sa *base* ou son *pied*, le *flanc* qui forme la *pente*, la *croupe* qui surmonte le flanc, enfin la *cime* ou *point culminant* ou *sommet*, qui forme la partie supérieure. Le *versant* est la partie dont toutes les eaux s'écoulent du même côté. Les *cols ou défilés* sont des passages plus ou moins resserrés entre les montagnes. On donne le nom de *brèches* aux plissages produits par des fissures dans des crêtes de rochers. Les *pics* sont des montagnes à cime pointue, les *dômes* et les *ballons* sont des montagnes à cime arrondie ; enfin les *pilons* sont des montagnes à pentes raides et souvent entourées de précipices.

Une *colline* est une élévation de terre dont le relief dépasse rarement 300 mètres.

Un *monticule* est une élévation du sol dont le relief ne dépasse pas 100 mètres.

Un *coteau* est une hauteur longue et peu élevée formée par des inflexions très peu sensibles de la surface du sol. On désigne aussi sous ce nom le versant cultivé de certaines collines.

Un *mamelon* est une hauteur isolée dont le relief ne dépasse pas 150 mètres et dont la partie supérieure est généralement arrondie.

Un *pli de terrain* est une élévation de faible hauteur, suffisante pour dérober des troupes à la vue de l'ennemi.

29. Versants. — Tout continent ou île est partagé en deux pentes contraires appelées versants, dont chacun verse ses eaux dans une mer différente. Les deux versants sont séparés à leur partie supérieure par une arête, qui porte le nom de *ligne de partage des eaux*. Chaque versant principal se décompose en versants secondaires ayant des lignes de partage de deuxième ordre; on a de même des versants tertiaires, etc.

30. Vallées. — L'ensemble de deux versants secondaires qui viennent se rencontrer à leur partie inférieure porte le nom de *vallée*. La ligne de rencontre forme le *thalweg;* le nom de vallée s'applique aussi aux grandes dépressions formées par la rencontre de collines. Les deux versants se nomment *flancs* ou *berges*.

Le *débouché* d'une vallée est l'endroit où elle se déverse dans une autre. Un *vallon* est une vallée petite en tous sens et dont les flancs sont en pente douce. Un *ravin* est un vallon étroit dont les parois latérales sont à pentes très raides et souvent mêmes verticales.

Une *plaine* est une vallée basse très large et qui est limitée par des hauteurs s'abaissant insensiblement de manière à former une grande surface horizontale.

Il existe de vastes plaines, très unies, arides, à peine couvertes d'une rare végétation herbacée, que l'on nomme *steppes* dans l'Europe orientale et en Asie, *karrous* en Afrique, *savanes* dans l'Amérique septentrionale, *llanos* ou *pampas* dans l'Amérique méridionale.

Un *plateau* est une plaine élevée.

Les déserts sont de vastes plaines, arides, salées, à peu près dépourvues de végétation et qui ont dû être à l'origine le séjour de la mer. On y rencontre de distance en distance des espaces cultivables, qui forment de véritables îles de verdure et que l'on nomme *oasis*.

Les *glaciers* sont des amas de neige et de glace situés dans les hautes montagnes. Les uns sont de grandes calottes de neige qui couvrent tout le sommet des hautes montagnes ; les autres sont de vrais champs de glace qui s'étendent entre les sommets et sont formés par les avalanches des montagnes supérieures.

Les glaciers exercent une action bienfaisante, permanente, en laissant échapper lentement mais continuellement des eaux qui viennent fertiliser les campagnes, tandis que, si elles n'avaient pas été retenues par la congélation, elles auraient produit des torrents dévastant tout sur leur passage.

Les *volcans* sont des montagnes qui laissent échapper par une ou plusieurs ouvertures appelées *cratères*, des matières en fusion appelées *laves, scories*. Ce sont en quelque sorte des soupapes de sûreté du globe : ils sont de moins en moins nombreux au fur et à mesure que celui-ci se refroidit, et la preuve, c'est que l'on en rencontre un grand nombre qui sont éteints depuis fort longtemps.

Les *tremblements de terre* sont dus au même phénomène que celui des volcans et leurs causes doivent être les mêmes.

31. Role des montagnes. — Les montagnes influent sur les climats, en attirant les vapeurs qui se condensent sur leurs sommets et viennent ensuite, sous forme de pluie, fertiliser les plaines ; elles abritent aussi quelquefois, quand elles sont convenablement orientées, contre les vents chauds ou contre les vents froids.

Elles ont également une certaine influence sur l'esprit et le caractère de leurs habitants ; et chacun connaît la réputation de force, de santé, d'ardeur et de bravoure dont jouissent les montagnards.

La hauteur des montagnes a une action sur la température, qui s'abaisse à mesure qu'on monte et sur la végétation qui est d'autant plus vigoureuse que l'on descend davantage. Suivant leur hauteur, elles renferment deux, trois ou quatre régions: une région cultivée et une région des forêts lorsqu'elles ont moins de 1200 m., de 1200 à 2800 mètres elles ont de plus une région des pâturages et au delà de 2800 m. d'altitude vient la région des neiges.

« Les montagnes, dit Th. Lavallée, influent par leur situation, leur masse, leurs obstacles et leur composition géologique, sur la civilisation et les destinées d'un pays, en les séparant sans les isoler, en leur donnant la défense la plus parfaite après les déserts et les mers, en leur ouvrant des communications nombreuses mais difficiles, en leur fournissant des richesses minérales et végétales, etc.

Les habitations, au lieu d'être groupées en village, sont isolées et constituent uniquement des fermes, des métairies, des bâtiments d'exploitation, dont les habitants sont soumis à un genre de vie rude et laborieuse.

Les chaînes de montagnes jouent un rôle très important au point de vue militaire. Lorsqu'elles sont perpendiculaires aux lignes d'invasion, et qu'elles ne sont traversées que par un petit nombre de routes, elles constituent un véritable rempart, et leur défense consiste simplement dans celle des cols et des défilés, en ayant soin de concentrer le gros des forces en arrière, en un point central d'où l'on puisse se porter rapidement au débouché de tous les défilés, de manière à repousser l'ennemi, avant qu'il ait eu le temps de se déployer, s'il venait à forcer l'un quelconque des points de passage. Il en résulte que les chaînes de montagnes forment une excellente frontière au point de vue de la défensive; quant au point de vue de l'offensive, elles présentent les mêmes difficultés pour les deux adversaires, si les deux versants sont égaux et si la ligne de faîte sert de limite entre les deux États ; elles seraient, au contraire, très avantageuses pour l'offensive à la nation qui possèderait les deux versants, ou qui aurait de son côté un versant très long, tandis que l'autre serait très court.

Lorsque les chaînes de montagnes sont parallèles aux lignes d'invasion, elles peuvent obliger l'assaillant à diviser ses forces en deux groupes qui ne sont plus en situation de se soutenir réciproquement, ou bien à opter pour l'un des deux versants et alors le défenseur maître de l'autre versant et des points de passage, peut déboucher sur les derrières de l'assaillant.

En résumé, les chaînes de montagnes sont en général favorables à la défensive et rarement à l'offensive ; de plus, dans leur intérieur, elles ne se prêtent pas à l'emploi de troupes nombreuses et la guerre de montagnes exige des procédés de combat spéciaux, des manœuvres particulières et des troupes exercées.

32. RÔLE DES VALLÉES ET DES PLAINES. — « Les vallées et les plaines, dit Th. Lavallée, influent sur les climats : 1° en ouvrant passage aux vents chauds et froids ; 2° en laissant dessécher leurs eaux si leur sol est rocheux, nu, mal accidenté, ce qui les transforme en déserts ; ou en laissant leurs eaux s'épandre de toutes parts, si leur sol est tourbeux, couvert et plat, ce qui les transforme en marécages; ou bien enfin en devenant des pays fertiles, peuplés et salubres, si leur sol est bien accidenté, les eaux abondantes et bien encaissées, les bois bien distribués, etc. Elles influent sur le caractère des peuples qui les habitent, ceux des déserts étant nomades et sauvages, ceux des marécages misérables et lâches, ceux des plaines fertiles industrieux, intelligents et civilisés; mais généralement les habitants des pays plats sont moins ardents à la guerre et moins jaloux de leur liberté que les habitants des hautes terres. »

C'est généralement dans les plaines que manœuvrent les grandes armées et que se livrent les batailles décisives. La raison en est que les plaines peuplées sont sillonnées de voies de communication, et qu'elles offrent toutes les ressources nécessaires pour loger et faire vivre les hommes et les chevaux. Elles sont en principe favorables à l'offensive, puisque les seuls obstacles à franchir sont les cours d'eau, dont le passage est plus ou moins facile, mais nullement impossible, et que de plus, elles permettent le déploiement de forces nombreuses et les marches rapides

Ce qui précède s'applique à des plaines moyennement fertiles et peuplées, comme on en trouve en Europe, et non pas aux déserts, aux steppes et aux marécages, qui constituent un obstacle presque insurmontable aux invasions lorsqu'ils sont de quelque étendue.

Les vallées qui ne sont séparées que par des hauteurs facilement franchissables peuvent être assimilées à des plaines, au point de vue des opérations militaires.

En ce qui concerne les vallées limitées par des chaînes de montagnes, plusieurs cas sont à considérer, suivant que ces vallées sont perpendiculaires ou parallèles à la chaîne principale, et suivant qu'elles sont divergentes ou convergentes vers la plaine en avant des montagnes.

Les *vallées perpendiculaires* à la chaîne doivent être considérées comme des défilés d'une grande longueur, c'est-à-dire moins défavorables que les défilés étroits à l'offensive, qui peut mieux s'y déployer et attaquer sur un front plus grand, et, par suite aussi, moins favorable à la défensive.

Les *vallées parallèles* à la chaîne sont également utiles à l'attaque et à la défense; elles servent à l'assaillant à menacer à la fois plusieurs défilés, et au défenseur placé sur l'autre versant, à se porter rapidement au secours des défilés menacés ou forcés.

Les *vallées convergentes* présentent à l'assaillant l'avantage d'avoir ses troupes presque concentrées aux débouchés des défilés sur l'autre versant lorsqu'il aura réussi à les forcer; en revanche, elles facilitent à la défense le choix d'une position centrale pour y placer le gros de ses forces, puisque ce point central sera peu éloigné des débouchés des défilés.

Les *vallées divergentes* présentent des avantages et des désavantages exactement opposés à ceux des vallées convergentes; mais elles sont surtout défavorables à l'assaillant, parce qu'elles l'obligent à ne déboucher que par un point, ou sinon à adopter des lignes d'opérations divergentes, toujours dangereuses.

§ *III. — HYDROGRAPHIE*

33. *Définition.* — L'*hydrographie* est la description des dépressions du sol dans lesquelles coulent les cours d'eau.

34. *Fleuve.* — Un fleuve est un cours d'eau qui est le réceptacle de toutes les eaux d'une vallée de premier ordre. L'endroit où il se jette dans la mer est appelé l'*embouchure*. Lorsque celle-ci est très large, elle porte le nom d'*estuaire*. Lorsqu'un fleuve porte ses eaux à la mer par plusieurs embouchures, celle-ci portent le nom de *bouches*, et la portion de terre comprise entre les deux embouchures extrême est appelée *delta*.

35. *Rivière.* — Une *rivière* est un cours d'eau plus petit qui forme le réceptacle d'une vallée secondaire ou tertiaire; l'endroit où une rivière se jette dans un fleuve est appelé le *confluent*.

Un *ruisseau* est un cours d'eau encore plus petit que la rivière; il est le réceptacle d'une vallée d'un ordre très inférieur.

Un *canal* est un cours d'eau artificiel destiné à servir soit à la navigation, soit à l'irrigation, soit au dessèchement de certaines parties marécageuses. Les canaux qui réunissent deux cours d'eau sont appelés canaux *à point de passage;* ceux qui sont creusés à côté de cours d'eau sont appelés canaux *latéraux* ou de *dérivation*.

Un *torrent* est un cours d'eau formé

par les eaux de pluie descendant des montagnes avec rapidité.

On distingue dans tout cours d'eau : le *lit* ou excavation par laquelle coulent ses eaux, les *bords* ou *rives* qui limitent le lit, et dont l'une, située à droite lorsqu'on regarde la direction du courant porte le nom de *rive droite* et l'autre celui de *rive gauche*. On dit qu'un point est en *amont*, lorsqu'il est dans la direction de la source; on dit de même qu'il est en *aval* lorsqu'il est dans la direction de l'embouchure, par rapport à l'observateur.

Un *gué* est un point où un cours d'eau peut être franchi par un homme de petite taille, sans que l'eau dépasse sa poitrine.

Le *bassin* d'un cours d'eau est l'ensemble de toutes les vallées parcourues par ce dernier et par ses affluents.

Un cours d'eau est *navigable* quand des navires ou des bateaux peuvent y circuler, il est *flottable*, quand il ne peut que laisser flotter des radeaux et des trains de bois.

36. *Mer.* — Les *mers* sont d'immenses étendues d'eau salée, dans lesquelles viennent se déverser toutes les eaux courantes du globe. Les parties des continents et des îles baignées par les mers se nomment les *côtes*. Elles sont, soit en pente douce et forment alors des *grèves sablonneuses*, soit en roches élevées appelées *falaises*.

L'action des vents sur la surface de l'eau produit des ondulations plus ou moins fortes appelées *vagues* ou *lames*. Le travail incessant de la mer a pour effet de modifier certaines parties des côtes qu'elle élève au moyen de dépôts successifs, et qu'elle ne peut plus envahir ensuite; d'autres fois, au contraire, elle rejette sur les plages des monticules de sables appelés *dunes*, qui se déplacent de proche en proche, sous l'influence du vent et finissent par envahir les terres, si on ne les endigue pas.

Dans certaines parties, les côtes sont escarpées, lorsqu'elles sont formées par des rochers, que l'on appelle *falaises*, lorsque les côtes s'enfoncent tout à coup sous l'eau en laissant la mer libre. Les marins nomment *acore* une côte qui s'enfonce rapidement, et *saine* celle qui n'est point hérissée d'écueils.

La profondeur de la mer est très variable et n'est guère déterminée que sur ses côtes; mais elle ne dépasse pas 5,000 mètres en moyenne. Son lit présente des plaines, des vallées et des montagnes comme la surface de la terre. Dans le voisinage des pôles, la mer gèle et forme de vastes montagnes de glace appelées *icebergs*.

La *marée* est le phénomène journalier que présentent les eaux de la mer en s'élevant et en s'abaissant deux fois dans l'intervalle de vingt-quatre heures cinquante minutes. Ce mouvement, attribué à l'attraction combinée de la lune et du soleil, s'opère progressivement : pendant six heures les eaux s'élèvent, c'est la *marée montante* ou le *flux*; elles redescendent ensuite pendant le même temps, c'est la *marée descendante* ou le *reflux*. Le flux, qui s'introduit dans la plupart des fleuves tributaires de l'Océan, y établit un courant en sens contraire de celui du cours d'eau ; il en résulte une lutte qui forme une masse écumante, semblable à une muraille mouvante et qui porte le nom de *barre* ou de *mascaret*.

37. *Courants.* — Les *courants maritimes* sont des mouvements des eaux de l'Océan, causés surtout par la différence des températures qui règnent dans les diverses parties de la mer et par la rotation de la terre.

Il existe deux courants généraux allant de chacun des pôles à l'équateur, par suite de la grande évaporation des eaux vers cet endroit ; il en existe un autre dans la zône torride, allant de l'est à l'ouest, c'est-à-dire suivant l'équateur, et causé par le mouvement de rotation de la terre.

Outre ces grands courants généraux, il en existe une multitude d'autres, dont le principal est le *Gulf-Stream*, qui part de la région équatoriale et arrive sur les côtes occidentales de l'Europe et notamment sur celles de la France, en apportant avec lui un adoucissement sensible de la température.

Il faut citer encore :

1° Le *courant équatorial de l'Atlantique*, allant de l'est à l'ouest, de l'Afrique à l'Amérique méridionale, en laissant au Nord la mer de Sargasse ;

2° Le *double courant équatorial du Grand Océan* (de chaque côté de l'équateur) se dirigeant de l'est à l'ouest, avec un contre-courant en sens contraire entre ses deux branches;

3° Le *courant équatorial de l'Océan Indien,* circulant de l'est à l'ouest;

4° Le *Kouro Sivo* ou courant noir du Japon, partant de l'Asie, en se dirigeant d'abord du sud-ouest au nord-est, puis de l'ouest à l'est, pour aboutir au nord de l'Océan Pacifique, dans l'Amérique septentrionale (pour ces courants voir le planisphère).

38. *Lac.* — Un *lac* est une étendue d'eau assez considérable, située dans l'intérieur des terres.

Un *étang* est un lac de peu d'étendue.

Les *lagunes* sont des lacs d'eau salée situés sur les bords de la mer.

Les *marais* sont des eaux stagnantes d'une faible profondeur qui recouvrent certains terrains et s'étendent plus ou moins, suivant que la saison est sèche ou pluvieuse.

Les *marais salants* sont des terrains plats au bord de la mer, que l'on recouvre à volonté de l'eau de la mer, dont l'évaporation produit du sel.

39. Rôle des cours d'eau. — Les cours d'eau qui, suivant le mot de Pascal, « ne sont que des chemins qui marchent et portent où l'on veut aller, » ont toujours été utilisés comme les routes naturelles les plus faciles, et c'est sur leurs bords que sont venus se grouper les grands centres de population : Londres, Paris, Lyon, Rome, Vienne, etc. qui sont également des centres commerciaux fort importants. Les industries ont également cherché à utiliser leur force motrice pour installer des moulins, scieries, usines de toute espèce, surtout avant l'invention de la vapeur. L'agriculture s'en sert pour les irrigations. Les voies de communication les plus importantes suivent souvent leur cours (voies ferrées), ou viennent les recroiser.

Toutes ces raisons font que le nombre et la situation des cours d'eau constituent pour les pays qu'ils traversent des éléments de fertilité, de prospérité et de civilisation. La valeur d'un cours d'eau, au point de vue militaire, dépend de sa direction, de sa largeur, de sa profondeur et de la nature de ses rives.

On conçoit très bien qu'un cours d'eau de peu de largeur ou de peu de profondeur, guéable en un grand nombre de points, n'est pas un obstacle sérieux à la marche des armées : il n'est donc pas avantageux pour la défensive.

En ce qui concerne les cours d'eau non guéables, il faut distinguer s'ils sont parallèles ou perpendiculaires à la marche des armées.

Les cours d'eau *parallèles* à la marche des armées n'ont qu'une influence médiocre au point de vue de la défensive. Il est toujours facile d'établir une communication d'une rive à l'autre, lorsqu'on est maître des deux rives ; par suite, les troupes qui marchent des deux côtés du cours d'eau peuvent toujours se prêter secours, ce qui n'a pas lieu quand l'obstacle est infranchissable, comme il a été dit pour les chaînes de montagnes.

Les cours d'eau *perpendiculaires* à la marche des armées, ont une grande valeur comme obstacle à la marche des armées, parce que les ponts, qui servent de points de passage, peuvent être détruits, et que, en tous cas, ce sont des défilés à franchir. Un cours d'eau large et profond peut être un obstacle insurmontable pour l'assaillant si le défenseur est vigilant, et s'il dispose de forces suffisantes, car il est presque impossible d'établir un pont et de le franchir de vive force sous le feu de l'ennemi.

Un grand fleuve forme une assez bonne frontière défensive, mais pour qu'il présente les mêmes avantages au point de vue de l'offensive, il est nécessaire que l'on possède, sur la rive opposée, quelques têtes de pont fortifiées, qui permettent de déboucher en forces et de se déployer.

Il résulte donc de ce qui précède que, pour servir de lignes de défense ou de bases d'opérations offensives, les cours d'eau ont besoin d'être appuyés soit par des forces nombreuses, soit par des fortifications.

40. Rôle des lacs et des marais. — Les lacs et les marais constituent des obstacles sérieux à la marche des armées lorsqu'ils ont une grande étendue suivant le front des armées, parce qu'alors ils forcent l'assaillant à les tourner et à perdre ainsi beaucoup de temps, ou bien à les franchir s'ils présentent des points de passage, qui peuvent alors être assimilés à des défilés.

41. Rôle des mers. — L'Océan où viennent se réunir toutes les eaux courantes du globe, prépare par leur évaporation le régime des pluies, qui alimentent les fleuves et les rivières, adoucissent la température, entretiennent l'humidité de l'air, ainsi que la vie végétale et fertilisent les campagnes. De même, c'est par les rivières et les fleuves que viennent s'écouler et s'engloutir dans la mer de nombreux gaz délétères et toute espèce de débris du règne animal et du règne végétal, qui s'y décomposent et qui sinon corrompraient l'air. L'Océan a donc une importance considérable au point de vue de la température, de la fertilité et de la salubrité.

On sait que la salure des eaux de la mer et leur mouvement continuel empêchent ces eaux de se corrompre, permettent aux vaisseaux de s'y mouvoir et d'y être supportés plus facilement, entretiennent la vie des poissons et animaux qui pullulent dans leur sein. Par lui-même, l'Océan est une source de richesses, car la pêche des espèces qu'il contient en quantités considérables fait vivre de nombreuses familles et est la source d'un grand nombre d'industries.

La facilité que la mer offre d'échanger rapidement et à bon compte les produits des nations même les plus éloignées, contribue à rendre celles-ci presque voisines et à ouvrir des débouchés considérables au commerce et à l'industrie. La mer permet ainsi d'échanger non seulement des produits, mais aussi des idées, et de propager les éléments de civilisation. « C'est la navigation, dit Th. Lavallée, qui, après l'agriculture, a le plus contribué à perfectionner l'homme, à stimuler son intelligence, à donner l'essor à son esprit de sociabilité. Les peuples maritimes sont audacieux, énergiques, spéculatifs, ils ont par-dessus tous les autres l'esprit de conquête ».

Enfin la mer, en se séparant des continents, a découpé dans les côtes de profondes échancrures ou des saillants prononcés, qui forment des détroits, des golfes, des presqu'îles où se concentrent de nombreuses populations et se créent des ports qui arrivent à un haut degré de prospérité en contribuant à celle du pays entier.

En outre, les mers constituent une excellente frontière défensive, attendu que les débarquements deviennent de plus en plus difficiles, parce que les télégraphes et les chemins de fer permettent à la défense d'être renseignée immédiatement et de porter rapidement ses troupes où l'assaillant tente de débarquer, opération qui est toujours assez longue, quand elle n'a pas lieu à quai, comme dans un port.

La mer n'est pas un obstacle à l'offensive, pour une nation qui a une supériorité marquée sur une autre comme forces maritimes et militaires.

§ *IV. — CLIMATOLOGIE*

42. Climatologie. — La climatologie s'occupe des causes qui font varier la température et les climats dans les différentes régions du globe.

D'une manière générale, tous les points situés à la même latitude devraient avoir le même climat, mais il n'en est pas ainsi, pour les raisons suivantes :

1° *L'altitude* ou hauteur au-dessus du niveau de la mer ; car le froid augmente au fur et à mesure qu'on s'élève davantage, surtout dans le voisinage de l'équateur, où une élévation de 150 mètres environ équivaut à un abaissement de température de un degré ;

2° La *direction des vents dominants*, suivant qu'elle amène les vents chauds du sud, ou les vents froids du nord ;

3° Le *voisinage de la mer*, dont les courants échauffent ou refroidissent les plages qu'ils beignent, suivant qu'ils viennent des régions chaudes ou froides ;

4° La *fréquence et l'abondance plus ou moins grandes des pluies ;*

5° L'*exposition* ou l'orientation par rapport aux rayons du soleil ;

6° La *nature du sol* qui absorbe plus ou moins les eaux et réfléchit plus ou moins les rayons du soleil.

43. Lignes isothermes. — Ce sont des lignes tracées sur les cartes physiques et indiquant tous les points où la chaleur est la même. L'examen d'une semblable carte permet de remarquer que ces lignes sont très irrégulières, dans le nord, et qu'elles tendent à devenir de plus en plus régulières et parallèles à l'équateur dans la zone torride.

44. Lignes isothères. — Ce sont des lignes analogues aux précédentes, mais représentant seulement les températures moyennes de l'été.

45. Lignes isochimènes. — Les lignes isochimènes donnent, pour l'hiver, les mêmes renseignements que les lignes isothères pour l'été.

En comparant les tracés de ces différentes lignes, on se rend compte d'un simple coup d'œil du climat des pays qui figurent sur la carte.

CHAPITRE V

NOTIONS SOMMAIRES DE GÉOGRAPHIE POLITIQUE

§ I. — *ORGANISATION DES ÉTATS*

46. Civilisation. — Dès l'origine, les hommes ont cherché à mettre en commun leurs facultés physiques et morales, en vue de développer leur bien-être, d'assurer leur sécurité et de profiter des avantages que procure l'association d'efforts individuels tendant vers un but commun.

La famille a été tout naturellement la première forme d'association humaine; elle est restée la plus importante et la plus nécessaire, car elle est la base de la société et elle en assure le renouvellement.

La communauté d'intérêts amena bien vite les familles à se grouper en *tribus*, qui fixèrent les règles et les conditions de leur association et nommèrent les chefs chargés d'en assurer l'exécution. Au début, ces tribus étaient *nomades* et ne s'occupaient que de pâturage et de chasse. Bientôt, les hommes s'étant considérablement multipliés, il devint nécessaire de trouver d'autres moyens d'existence; un certain nombre d'entre eux devinrent *sédentaires* et s'adonnèrent à l'agriculture et à l'industrie Les peuples sédentaires ne tardèrent pas à créer des habitations fixes, à former des villages, des cités, et à se créer un état social donnant plus complètement satisfaction aux aspirations morales, intellectuelles et matérielles des individus. C'est ce dernier état qu'on a appelé la civilisation.

Parmi les peuples nomades, un certain nombre est demeuré pour ainsi dire à l'état primitif, sans chercher à améliorer sa situation naturelle ; ce sont ce que l'on est convenu d'appeler des *sauvages*. D'autres ont partiellement modifié leurs mœurs et coutumes et ont quelques notions de civilisation ; on les désigne sous le nom de *barbares* ou *demi-civilisés*.

Il est bien évident que ces dénominations de peuples civilisés, barbares ou sauvages n'ont rien d'absolu. Mais il est non moins certain que la civilisation ne peut se développer que chez les peuples sédentaires et qu'elle ne progresse que par le travail.

47. État. — On appelle *État* une réunion de plusieurs contrées régies par les mêmes lois, ayant des coutumes sensiblement identiques et la même forme de gouvernement.

48. Nation. — On donne le nom de *nation* à l'ensemble des habitants qui forment une société commune par les croyances, les aspirations, et les intérêts et qui parlent la même langue.

Il ne faut pas confondre une nation et un État, attendu que ce dernier peut être composé de plusieurs nations différentes ou ne comprendre qu'une partie d'une nation.

49. Gouvernement. — Le *gouvernement*, appelé aussi le *pouvoir*, est l'unité des forces physiques et morales établies pour maintenir les lois et la constitution d'un État. Le besoin d'un gouvernement est résulté pour les peuples de la nécessité d'avoir une autorité supérieure pour faire respecter les droits des divers membres de la société et les forcer à accomplir leurs devoirs. Cette institution est un pas fait vers la civilisation, et plus un peuple est civilisé, plus les formes de son gouvernenement sont claires et parfaites.

50. Constitution et formes de gouvernement. — La forme des gouvernements est très variable ; elle dépend de la *constitution*, qui est une convention fixant l'organisation et la subdivision des pouvoirs.

Les deux principales formes de gouvernement sont le gouvernement républicain et le gouvernement monarchique.

Le *gouvernement républicain* est celui dans lequel le pouvoir est exercé directement ou indirectement par des délégués nommés par le vote des citoyens. Ce genre de gouvernement peut être *démocratique*, si le pouvoir est confié à des mandataires quelconques, responsables et révocables; il est *aristocratique* lorsque les représentants de la nation ne peuvent être choisis que dans une classe assez restreinte de la société.

Le *gouvernement* est *monarchique* quand le pouvoir est confié à un souverain ou monarque; il peut également affecter différentes formes. La monarchie est *constitutionnelle*, quand une constitution a été promulguée; dans le cas contraire, la monarchie est *absolue* et le pouvoir exercé par le souverain seul.

La monarchie constitutionnelle est *démocratique*, quand le peuple choisit dans son sein des représentants pour exercer le pouvoir de concert avec le monarque ; elle est *aristocratique*, quand l'Assemblée est formée par une aristocratie, qui peut être élective ou héréditaire.

La monarchie peut encore être *héréditaire*, si la nation a choisi une famille pour la gouverner, et *élective*, si le monarque est nommé à l'élection.

Il ne faut pas confondre le pouvoir absolu avec le despotisme, car le souverain absolu tient son pouvoir du peuple, tandis que le despote s'est emparé du pouvoir soit par force, soit par surprise.

Toutes les formes de gouvernement peuvent être despotiques, et, pour la république, le despotisme s'appelle l'*anarchie*. En réalité, l'anarchie est l'absence de gouvernement, car celui-ci est représenté par quelques individus qui s'en sont emparés illégalement. Comme formes d'anarchie, il faut distinguer : 1° l'*oligarchie*, où le pouvoir suprême est exercé par un petit nombre d'individus ou de familles, non nommés par le souverain constitutionnel ; 2° la *démagogie*, où quelques personnages, qui n'ont ni l'aptitude ni le talent nécessaires, exercent réellement le pouvoir en semblant le laisser à la foule.

On appelle *systèmes fédératifs*, la réunion de plusieurs États indépendants sous une autorité supérieure choisie par eux. L'ancien Empire germanique était une confédération avec un seul chef ; les États-Unis d'Amérique forment une confédération dont tous les membres sont égaux ; c'est à proprement parler une démocratie d'États.

Il existe encore dans les formes du gouvernement, une quantité de nuances ou de combinaisons des diverses formes entre elles, dont le détail serait sans grand intérêt.

51. Classes de la société. — Suivant le rôle des individus dans la société, il est résulté naturellement un groupement de ceux qui concourent de la même manière au but général ; c'est ce groupement qui a produit les classes que l'on peut diviser : 1° en *classe productive*, qui est composée de tous ceux qui produisent des choses utiles à la société : agriculteurs, vignerons, mineurs, chasseurs, pasteurs, pêcheurs, etc., sans compter les savants et les hommes de lettres, qui, en élevant les idées, les sentiments et les mœurs, sont de véritables producteurs ; 2° en *classe industrielle*, comprenant tous ceux qui sont adonnés à un métier manuel, permettant d'obtenir des produits artificiels, en perfectionnant ou en combinant les produits naturels ; les *beaux-arts* en sont une variété exigeant surtout de l'esprit et du goût ; 3° en *classe commerciale*, renfermant tous les trafiquants, qui font directement le métier de vendre et d'acheter les divers produits naturels ou artificiels, ainsi que les commissionnaires, voituriers ou navigateurs, banquiers ou agents de change, qui, par des moyens divers, activent ou facilitent les échanges des produits ; 4° en *fonctionnaires*, renfermant tous les employés publics, fonctionnaires des armées de terre et de mer, en un mot tous les agents du pouvoir qui sont salariés par l'État et qui sont détenteurs d'une portion quelconque de l'autorité suprême ; 5° en *mercenaires*, comprenant les domestiques et des journaliers, qui louent leur travail à ceux qui peuvent l'utiliser.

52. Castes et ordres. — Il ne faut pas confondre les *classes*, qui naissent de la nature même de la société, avec les *castes* et les *ordres*, qui sont créés par des lois et des institutions.

Les *classes* de la société comprennent l'ensemble des personnes qui ont entre elles une certaine conformité d'intérêts, de mœurs et d'habitudes : telles sont les classes industrielles, agricoles, ouvrières, etc.

Les *castes* représentent au contraire, dans le sens général, des classes héréditaires, chargée exclusivement d'un genre d'occupation ; c'est le système qui existe dans l'Inde, la Perse, l'Égypte, etc.

Les *ordres* indiquent les différentes classes subordonnées entre elles qui composent un État ; c'est ainsi que sous l'ancienne monarchie, la France était partagée en trois ordres : le clergé, la noblesse et le tiers-état.

53. Pouvoirs publics. — Il est admis d'une manière presque générale aujourd'hui dans le monde civilisé que pour arriver à faire respecter les lois dans les meilleures conditions possibles, les pouvoirs publics organisés suivant la constitution et délégués par la société pour composer le gouvernement doivent être au nombre de trois : 1° le pouvoir législatif ; 2° le pouvoir exécutif ; 3° le pouvoir judiciaire.

54. *Nécessité de la séparation des pouvoirs.* — Ces trois pouvoirs ont besoin les uns des autres ; mais pour empêcher que l'un d'eux n'empiète sur les autres, ainsi qu'il est naturel qu'il essaie de le faire, comme le dit Montesquieu, on n'a pas trouvé de moyen plus efficace que de les fractionner. En effet, si les mêmes hommes exerçaient à la fois le pouvoir législatif et le pouvoir judiciaire, ou le pouvoir législatif et le pouvoir exécutif, etc., ils seraient tentés de faire les lois qu'ils auraient intérêt à appliquer, puisqu'ils seraient à la fois juges et parties, de sorte que la loi ne tarderait pas à devenir arbitraire et injuste, et que l'on arriverait vite au despotisme.

C'est là le principe de la *séparation des pouvoirs ;* depuis qu'il a été formulé dans la fameuse déclaration des *Droits de l'homme*, il a trouvé place dans toutes les constitutions qui se sont succédées en France, et il est généralement admis.

55. Pouvoir législatif. — Le pouvoir législatif est généralement dévolu à des *assemblées* de délégués élus par la nation ou choisis par le chef de l'État. Ces assemblées, qui prennent aussi le nom de *chambres*, ont pour mission de faire les lois, c'est-à-dire de chercher et d'exprimer clairement les mesures justes, utiles et opportunes, qui, lorsqu'elles sont promulguées, doivent être observées par tous les citoyens.

Ces lois n'ont qu'à protéger et à maintenir dans les limites de la justice les intérêts généraux qui se rapportent aux droits naturels représentés par la famille, la propriété, le travail, l'association.

56. Pouvoir exécutif. — Le pouvoir exécutif est constitué par l'ensemble des personnes chargées par le peuple ou ses représentants d'assurer l'exécution des lois. Il est chargé d'assurer la défense des frontières, le maintien de l'ordre public, l'exécution des travaux nécessaires au pays, la répartition et la rentrée des impôts, l'emploi du budget, etc.

57. Chef du pouvoir exécutif. — On donne le nom de chef du pouvoir exécutif à la personne (souverain, régent, prince, président de République, etc.) qui dirige l'administration du pays, promulgue les lois, rend les décrets, nomme et révoque les ministres, exerce le droit de grâce, etc.

58. *Ministres*. — Les ministres sont les hauts fonctionnaires qui dirigent chacun une branche de l'administration, laquelle est désignée alors sous le nom de ministère ou de département. Ils délibèrent sous la présidence du chef du pouvoir exécutif et, dans les gouvernements constitutionnels, ils sont responsables devant les chambres.

59. *Délégués des ministres*. — Les ministres ne pouvant exercer directement leur action, délèguent leurs pouvoirs à des fonctionnaires qui varient suivant les pays et suivant les ministères.

60. *Subdivisions du pouvoir exécutif*. — En raison de l'étendue et de la variété des attributions du pouvoir exécutif, celui-ci a été subdivisé en : pouvoir administratif, financier, militaire, etc.

61. Pouvoir administratif. — Ce pouvoir est constitué par l'ensemble des autorités auxquelles est remis le soin de gérer les intérêts communs, de pourvoir aux besoins collectifs et d'assurer l'ordre et la prospérité dans la société.

On distingue, suivant l'espèce de collectivité : l'*administration centrale* ou *générale*, chargée des affaires de l'État; l'*administration départementale*, *communale*, pour les affaires du département ou de la commune.

L'organisation de l'administration est très variable suivant les pays, et nous aurons l'occasion d'en parler d'une manière plus approfondie en étudiant chacun d'eux.

62. Pouvoir financier. — Le pouvoir financier est chargé de la répartition de la gestion et de l'emploi des recettes et des dépenses occasionnées par les besoins généraux de l'État.

Ces recettes et ces dépenses sont résumées chaque année dans un compte général qu'on appelle le *budget* et qui, dans les États constitutionnels, est voté par les chambres.

Les *recettes* ou ressources proviennent d'une manière générale des contributions directes ou indirectes, et d'emprunts lorsque ces contributions ne sont pas suffisantes pour pourvoir aux dépenses.

Les *dépenses* ou besoins principaux sont: les services de la dette publique, l'entretien des armées de terre et de mer, de leur matériel, des fortifications, les sommes nécessaires pour assurer le fonctionnement de divers services publics, etc.

63. Pouvoir militaire. — Le pouvoir militaire est celui qui est spécialement chargés de la défense du territoire national, et, par suite, de l'organisation des forces et moyens nécessaires pour arriver à ce but. On donne le nom de *force publique* ou *force armée*, et même simplement d'*armée* à l'ensemble des troupes de toutes armes composant les forces militaires d'un État, et qui se subdivisent généralement en armées de terre et en armées de mer.

La haute mission dévolue à l'armée, à savoir la défense de la patrie contre l'étranger, la protection de l'honneur national, le maintien de l'ordre public et du respect des lois, doit être pour tous les gouvernements une raison d'apporter un soin constant à en assurer la bonne organisation.

Jadis les anciens peuples barbares, et actuellement encore quelques peuplades sauvages, font combattre la nation en masse, mais cette mesure a été écartée par les peuples civilisés comme mauvaise au point de vue humanitaire et au point de vue militaire; aussi ont-ils organisé généralement un noyau d'armée permanente, destiné à instruire en temps de paix un nombre plus ou moins grand de citoyens, et à les encadrer en temps de guerre pour combattre l'ennemi.

Les armées se composent de troupes ou armes ayant chacun un but spécial ; ce sont :

1° L'*infanterie*, chargée d'engager, de soutenir et de terminer tout combat ;

2° La *cavalerie*, qui sert à éclairer le reste de l'armée, à attaquer les convois, à arrêter au besoin assez longtemps l'ennemi pour laisser à l'armée le temps de prendre une position avantageuse, à le harceler et à le poursuivre lorsqu'il est en retraite, et aussi, mais moins que par le passé, à décider du sort d'une bataille ;

3° L'*artillerie*, qui a surtout pour but de préparer l'action de l'infanterie en détruisant les obstacles qui pourraient s'opposer à son passage ;

4° Le *génie*, qui a surtout mission de faciliter ou d'empêcher la circulation sur les routes, d'exécuter les fortifications du moment et d'organiser des positions fortifiées; il est chargé aussi de l'attaque et la défense des places, etc. etc.

En dehors de ces troupes, que l'on appelle *combattantes*, parce qu'elles prennent directement part au combat, il y a un personnel *non-combattant*, qui se compose de *troupes* dites *d'administration* (boulangers, secrétaires, infirmiers, etc.) et de médecins ou d'officiers d'administration placés sous le contrôle du service de *l'intendance*. Celui-ci est chargé de pourvoir à tous les besoins des armées, autres qu'en munitions.

Les troupes ont une valeur d'autant plus grande que leur instruction et leur discipline sont plus parfaites ; aussi, dans les évaluations, il ne suffit pas de tenir compte du nombre des soldats, mais encore de leurs qualités naturelles, de leur degré d'intelligence, d'instruction, de la manière dont ils sont commandés, de la valeur du milieu, c'est-à-dire de la nation à laquelle elles appartiennent, de l'esprit dont elles sont animées, etc.

De même, il ne suffit pas de connaître le nombre des bâtiments de guerre dont se compose la flotte d'une nation ; il faut tenir compte en outre de la catégorie, de la puissance et de l'armement de ces bâtiments, de la valeur et de l'expérience des marins et des officiers, de l'étendue des côtes maritimes, etc.

64. Pouvoir judiciaire. — Le pouvoir judiciaire, qui ne fonctionne que dans les États civilisés, est bien distinct du pouvoir exécutif, puisque, tandis que celui-ci se rapporte au droit des gens, celui-là dépend du droit civil.

Le pouvoir judiciaire a pour mission d'interpréter la loi dans les cas litigieux et de prononcer des punitions contre ceux qui l'enfreignent.

La justice est rendue par des juges ou magistrats, qui prononcent soit seuls soit formés en cours ou tribunaux. Les juges sont en général inamovibles c'est-à-dire irrévocables.

Dans les monarchies absolues, la justice n'existe guère que de nom, puisque le monarque ne reconnaît pas d'autre autorité que la sienne.

65. Frontières. — On sait qu'on appelle frontières les limites d'un État telles qu'elles ont été tracées par la nature (frontières naturelles), ou déterminées par des conventions politiques appelées *traités* (frontières politiques).

Le tracé et l'organisation des frontières d'un État ont une importance de premier ordre pour la sécurité et le développement de la nation, et c'est à ce titre que nous en parlons ici.

Les *frontières naturelles*, qui sont les seules durables, sont constituées par des obstacles naturels, tels que montagnes, cours d'eau, mers, déserts, etc. La valeur de ces frontières, au point de vue défensif, a été indiquée dans les notions de Géographie physique (nos 31, 32, 39, 40 et 41) ; nous ajouterons seulement que cette valeur a beaucoup diminué depuis les progrès de l'art militaire et de l'art des constructions, qui permettent la construction de tunnels, de ponts, de fortifications, etc.

Les *frontières politiques*, appelées aussi *artificielles* ou *conventionnelles*, résultent de conventions intervenues entre les États ; elle dépendent donc des circonstances. Or ces dernières étant sujettes à des changements assez fréquents, les frontières politiques sont elles-mêmes exposées à des modifications qui ne leur prêtent qu'un caractère momentané. Toutefois, les nations civilisées ont cherché à donner à ces frontières une certaine stabilité, en y constituant des obstacles artificiels à la marche des armées, c'est-à-dire en les protégeant par des *fortifications*. Nous renvoyons à ce sujet le lecteur au *traité de fortification permanente*, qui a été publié par les soins de l'éditeur de la présente Encyclopédie.

§ II. — RELIGIONS

66. Religion. — La religion, qui a toujours joué un rôle important dans la société, est l'ensemble des doctrines ou croyances qui unissent l'homme à la divinité, quel qu'en soit le nom ou le nombre, et le culte que l'on rend à celle-ci sous n'importe quelle forme. L'homme est naturellement religieux ; car, à toutes les époques et dans tous les millieux, on rencontre un culte, qui varie suivant les temps, les peuples, les races, les climats, les lieux.

Il y a deux grandes classes de religions : 1° Le *polythéisme*, qui admet plusieurs dieux auxquels est rendu un culte sous formes d'idoles, et que l'on peut appeler aussi idolâtrie ;

2° Le *monothéisme*, qui n'en admet qu'un seul. Chacune de ces classes se subdivise à son tour.

67. *Division du polythéisme.* — Le polythéisme comprend principalement :

1° Le *fétichisme*, dont les sectes varient à l'infini, déifie les plantes, les idoles, les animaux, les accidents de la nature, etc. Cette religion, la plus grossière de toutes, est pratiquée par les peuples sauvages ;

2° Le *sabéisme*, qui s'élève déjà au-dessus des considérations absurdes du fétichisme, a pour base l'adoration des astres, soit isolés, soit groupés. Cette religion n'est plus guère pratiquée sans mélange que par quelques rares tribus sauvages, et elle tend à disparaître complètement ;

3° Le *brahmanisme*, qui règne depuis la plus haute antiquité dans tout l'Hindoustan, tire son nom de *Brahma*, l'un de ses dieux principaux personnifiant la puissance créatrice. Au-dessous de lui sont *Vichnou*, représentant la puissance conservatrice, et *Siva*, la puissance destructrice. La réunion de ces trois divinités forme la *Trimourti* (espèce de trinité), qui prend le nom de *Brahm* ou l'Être suprême. Ces trois dieux gouvernent l'univers et exercent leur pouvoir par l'intermédiaire d'un nombre considérable de divinités secondaires (dewortа). Les sectateurs de cette religion, dont le fondateur est resté inconnu, outre la croyance d'un Être souverain, croient à l'immortalité de l'âme, aux récompenses ou aux peines futures, à la métempsycose, ou transmigration indéfinie des âmes, qui, pour purger les fautes commises, reviennent habiter sur la terre de nouveaux corps d'hommes ou d'animaux.

Les temples nombreux et souvent grandioses renferment des idoles monstrueuses, grotesques ou obscènes, dont le culte donne lieu à des superstitions grossières, à des fêtes tumultueuses et immorales, à des cérémonies cruelles accompagnées de sacrifices humains, comme la sanglante procession du dieu du temple de Djagghernat. Les Hindous sont fort attachés à cette religion, qui d'ailleurs a des rites, des coutumes, des prières pour toutes les circonstances de la vie ; pour fléchir leurs divinités, ils se soumettent à un ascétisme rigoureux et souvent cruel.

C'est le brahmanisme qui a établi le système social des castes, au nombre de quatre principales : 1° les *brahmanes* (prêtres ou savants), qui sont les dépositaires des livres sacrés et les interprètent, rendent la justice, conseillent les princes et pratiquent la médecine ; 2° les *guerriers* ; 3° les *commerçants* et les *cultivateurs* ; 4° les *ouvriers* ou *artisans*. Viennent ensuite les *parias*, comprenant les hommes expulsés d'une des castes précédentes, et au-dessous d'eux encore les *pouliahs*, ou rebut des parias. En principe le mélange des castes est interdit, mais il s'est formé peu à peu des espèces de castes mixtes, qui exercent spécialement des métiers ou des industries dont ils ne peuvent sortir. Il faut bien reconnaître d'ailleurs que les progrès graduels du mélange des castes ont contribué à des affaiblissements du sentiment religieux, et par suite à la décadence de l'Inde.

On voit que ce système est une institution à la fois religieuse et civile ; elle repose uniquement sur des livres sacrés, appelés *Védas*. La figure de Brahma (*fig.* 14) a quatre têtes et quatre mains, dans lesquelles il tient la chaîne qui soutient le monde, la science ou le *Véda*, le poinçon

Fig. 14. — Brâhma, d'après le dessin de Brahmane Sanû. (Bibliothèque nationale).

à écrire et le feu du sacrifice. La fleur du lotus lui est spécialement consacrée.

4° Le *bouddhisme*, qui paraît être une réforme ou modification du brahmanisme, rejette les livres sacrés, n'admet pas la division par castes et permet l'usage de la chair des animaux. Le fond de sa doctrine comprend quatre vérités sublimes : 1° la douleur, destinée inévitable de l'homme ; 2° la douleur, causée par l'activité, les désirs, les passions et les fautes ; 3° la douleur pouvant cesser par le *nirvanâ*, qui est l'immatériel absolu, l'état de perfection auquel l'homme doit tendre ; l'absorption dans le néant ; 4° la contemplation, méthode pour arriver au nirvâna, et échapper ainsi à la loi de la transmigration perpétuelle à laquelle sont soumis les hommes qui ont commis des fautes. La contemplation est en outre une des six vertus transcendantes recommandées, dont les cinq autres sont l'aumône, la pureté, la patience, le courage et la science. Les récompenses et les peines futures n'ont d'ailleurs qu'une durée limitée. Toutes les créatures sont divisées en six classes, dont trois : les habitants des enfers, les démons et les brutes, sont fils du péché et de la matière, et les trois autres : les génies, les hommes et les dieux, proviennent de la vertu et de l'âme. L'Être suprême est remplacé

Fig. 15. — Bouddha, 9e incarnation, d'après Lenglès. (Bibliothèque Ste-Geneviève).

par un espace lumineux, qui renferme les germes de toutes les créations futures. Le *sansara* est l'univers visible dans lequel tournent, par la métempsycose, tous les êtres animés.

Le nom donné à cette religion vient des Bouddhas (êtres éclairés) espèces de divinités subalternes qui se manifestent sur la terre à certaines époques, pour montrer le chemin du nirvâna ou de l'absorption de la vie individuelle en Dieu. C'est le quatrième Bouddha, appelé *Cakya Mouni*, neuvième incarnation de Vichnou, qui fut le révélateur du bouddhisme actuel, plusieurs siècles avant l'ère chrétienne. Bouddha est représenté le plus souvent avec une figure de couleur noire, des cheveux crépus, les jambes croisées et tenant à la main un pentagone ou carré magique. On le représente quelquefois aussi avec une poitrine de femme ou avec sept têtes (*fig.* 15).

Au début, le culte bouddhique était d'une extrême simplicité et ne comportait aucune espèce de sacrifice. Mais peu à peu il fit des concessions aux imaginations populaires, s'allia au culte des dieux, ouvrit la porte aux superstitions, en un mot détourna de son but la religion de Bouddha en la dénaturant.

Le bouddhisme compte environ quatre cent cinquante millions de sectateurs dans l'Indo-Chine, la Chine et le Japon, où il domine ; c'est la religion qui compte le plus grand nombre d'adhérents sur notre globe.

Le *lamisme*, pratiqué surtout au Thibet, est une secte du bouddhisme, dans laquelle Bouddha est considéré comme incarné dans la personne du Dalaï-Lama, choisi parmi les enfants d'une classe quelconque de la société. Le *culte des esprits*, fort peu connu, se trouve mêlé au lamisme dans plusieurs pays de l'Orient.

Le *culte de Sinto* ou *sintoïsme* pratiqué au Japon sous le nom de *Boudsdô*, se confond presque aujourd'hui avec le bouddhisme ; cette religion admet une foule de dieux, divinise les ancêtres et les grands hommes et prescrit de s'abstenir de viandes. Elle a pour chef le mikado, considéré comme Dieu lui-même.

Le *chamanisme*, autre branche du bouddhisme, a dégénéré chez certaines populations en adoration des esprits malveillants ; on le rencontre surtout parmi les tribus éparses et superstitieuses de la Sibérie.

5° Mentionnons encore les *Guèbres* ou *Parsis*, adorateurs du feu, que l'on trouve encore en certain nombre dans la Perse et dans quelques parties de l'Hindoustan.

68. *Divisions du monothéisme.* — Les principales divisions du monothéisme sont :

1° Le *judaïsme*, qui a pour dogmes la croyance en un seul Dieu, l'immortalité de l'âme, le jugement dernier ; il ne reconnaît pas d'autre révélation que celle faite à Moïse et aux prophètes, et attend encore la venue du Messie, qui doit donner à la nation juive l'empire de la terre. Le judaïsme se divise en deux sectes principales : les *Karaïtes*, qui se règlent sur l'Ancien Testament, et les *rabbinistes* qui prennent pour guide le Talmud, recueil qui est en quelque sorte un complément de la Bible.

Cette religion ne comprend plus qu'un petit nombre de sectateurs (environ sept millions), disséminés sur toute la terre.

2° Le *christianisme* ou religion de Jésus-Christ, est le complément ou plutôt le développement admirable de la loi de Moïse par les enseignements et révélations du Messie ; on trouve dans les Évangiles ses dogmes et ses principes, qui sont assez connus pour que nous n'ayons pas à les indiquer ici. C'est la religion pratiquée par les peuples les plus civilisés et dont l'influence s'étend dans l'univers entier.

Le christianisme se subdivise : 1° en *catholicisme* ou Église romaine, qui reconnaît l'infaillibilité du pape en matière de foi, reconnaît le pape pour chef et adopte sept sacrements d'institution divine ; 2° en Église grecque qui n'admet pas la suprématie du pape comme Vicaire du Christ, le dogme du Saint-Esprit et interprète différemment plusieurs autres points de doctrine ; l'Église grecque a comme divisions l'Église orthodoxe, l'Église arménienne et l'Église cophte ; 3° en *protestantisme*, qui ne reconnaît d'autre autorité que la Bible en matière de foi, c'est-à-dire le libre examen ou la libre interprétation des Écritures en dehors de la tradition et de l'autorité des conciles, rejette les sacrements (autres que le baptême et la communion), la messe, le culte des images et des saints, l'autorité du pape, le célibat des prêtres, etc. Les sectes du protestantisme sont fort nombreuses ; les principales sont : le *luthéranisme*, ou Église évangélique, qui admet la présence réelle, la hiérarchie ecclésiastique, etc. ; le *calvinisme*, ou Église réformée, qui rejette surtout ces points ; le calvinisme prend en Écosse le nom d'Église presbytérienne ; l'*Église épiscopale* ou anglicane, qui a maintenu la hiérarchie épiscopale ; enfin, citons parmi beaucoup d'autres les *quakers*, les *anabaptistes* ou *menonnites*, les *arméniens*, les *sociniens*, les *méthodistes*, les *frères moraves*, les *swedenborgiens*, etc., dont le détail des dogmes nous entraînerait trop loin.

L'Église catholique compte environ deux cent millions de membres dans tout l'univers, mais surtout dans l'Europe occidentale ; le protestantisme en a environ cent quarante millions, presque tous aussi dans l'Europe occidentale ; enfin l'Église grecque réunit quatre-vingt-dix millions d'adhérents, en grande partie dans l'Europe orientale.

3° Le *mahométisme* ou *islamisme*, de date relativement récente, a été prêché par Mahomet vers l'an 600 de notre ère. Cette religion, qui se prétend la continuation et le perfectionnement du judaïsme et du christianisme, n'est en réalité qu'un grossier amalgame de certains préceptes de ces deux religions, avec des pratiques idolâtres. Il est évident que le *Coran*, qui est à la fois le Code religieux, moral, civil, politique, militaire et criminel des musulmans, a été composé d'après la Bible et l'Évangile, car il leur emprunte des dogmes, des préceptes, avec un mélange de traditions arabes. Cette religion se distingue surtout en ce qu'elle rejette la trinité et les sacrements qu'elle enseigne, que Dieu récompense la vertu et punit le vice dans cette vie et dans l'autre, que Mahomet est le prophète envoyé par Dieu pour en donner les moyens, et qu'elle admet la polygamie. Elle se divise en deux grandes sectes : les *shiites*, qui admettent seulement Ali, le quatrième successeur de Mahomet, comme son vrai vicaire ; les *sunnites* qui reconnaissent tous les successeurs du prophète. Les *yezidis* et les *wahabites* sont deux autres sectes célèbres du mahométisme, qui diffèrent surtout par des points de doctrine.

Cette religion, pratiquée par l'Afrique septentrionale, l'Asie occidentale, et une petite partie de l'Europe compte à peu près cent soixante-dix millions d'adhérents.

4° La *religion de Confucius*, adoptée par les classes intelligentes de la Chine. La doctrine de Confucius, qui vivait au VIe siècle avant Jésus-Christ, est très simple ; elle est basée sur l'existence d'une raison suprême ; tout à la fois spirituelle et matérielle, et ayant par suite donné naissance à l'homme et à la nature. En outre, cette doctrine traite aussi des questions de philosophie, de morale, de conduite de la vie et de mode de gouvernement.

Cette religion qui ne reconnaît qu'un seul Dieu, a également un certain nombre d'adhérents au Japon.

69. *Athéisme.*— En dehors des croyants à l'existence d'un ou de plusieurs dieux, il existe, surtout depuis quelque temps, un nombre assez considérable de sectes niant l'existence de toute espèce de divinité, sous quelque nom que ce soit, et que l'on désignait autrefois sous le nom d'*athées*. De nos jours, on a confondu les libres penseurs, les athées, les matérialistes les positivistes, les rationalistes, les nihilistes, etc,. et, dans le langage courant, ces termes sont à peu près synonymes. La base de toutes ces doctrines philosophiques est d'ailleurs fondée sur le principe de la liberté absolue d'examen et la complète indépendance de la raison humaine en matière de foi. Cependant, il est entre elles des nuances que nous devons indiquer.

L'*athée* nie complètement l'existence de Dieu, tandis que le *libre penseur* cherche à fortifier son esprit et sa conscience par les enseignements de la science en prenant uniquement la raison pour guide.

Le *matérialisme* est un système philosophique qui n'admet d'autre existence que celle de la matière et qui affirme que les phénomènes de l'âme ne sont qu'un produit de la matière organisée ; il subordonne ainsi la pensée aux organes.

Le *positivisme* fonde la science uniquement sur la considération des faits matériels et palpables.

Le *rationalisme* nie toute révélation positive et n'admet d'autres vérités que celles que la raison arrive à découvrir par ses seules lumières. Il peut ainsi conduire aussi bien au déisme pur qu'à l'athéisme.

Le *nihilisme* (de *nihil*, rien) est en réalité l'absence de toute croyance et de toute organisation. Le nihilisme ne veut rien, ne professe aucune doctrine, n'aspire à aucun idéal. Tous les moyens sont admis et préconisés pour atteindre son but, qui est la destruction de tout ce qui existe en Russie : gouvernement, religion, propriété, famille, c'est-à-dire le fondement de toute société, en laissant le soin à une génération nouvelle de donner à la société l'organisation qui lui conviendra. On sait que le czar Alexandre II et divers personnages politiques russes ont été assassinés par les nihilistes.

On comprend que, en général, cette absence raisonnée de croyances religieuses est le privilège de gens ayant fait d'assez fortes études et qu'il n'est pas possible d'indiquer, même très approximativement, le nombre de leurs adeptes. Il convient d'ajouter que les chiffres donnés pour les sectateurs des diverses religions comprend souvent des adhérents purement fictifs.

§ *III.* — *RACES*

70. *Définition.* — On sait que sous la dénomination de race, on comprend les individus appartenant à une même espèce, ayant une origine commune et des caractères semblables.

Races principales. — Au point de vue de l'aspect physique, des caractères, des mœurs, du langage, etc., on peut diviser l'espèce humaine en cinq races principales :

1° La race *blanche* ou caucasique ;
2° La race *jaune* ou mongolique ;
3° La race *noire* ou éthiopienne ;
4° La race *rouge* ou américaine ;
5° La race *malaise* ou polynésienne.

71. *Race blanche.* — La race blanche se distingue physiquement par la couleur blanche et souvent rosée de sa peau, par l'ovale très régulier de la tête, la largeur du front, la régularité des traits, la petitesse des lèvres ; elle a en outre la bouche assez peu fendue, les dents plantées verticalement, les yeux grands ouverts, les cheveux drus et brillants ; en outre le front forme une ligne droite et presque verticale avec les parties inférieures du visage.

Cette race est supérieure à toutes les autres comme intelligence et civilisation ; aussi a-t-elle pu établir son influence sur la plupart des autres races, grâce aussi à la souplesse de sa constitution physique, lui permettant de s'acclimater partout. Elle domine en Europe, dans l'Asie occidentale, l'Afrique septentrionale et les colonies européennes de l'Amérique.

72. *Race jaune.* — La race jaune ou mongolique, qui tire surtout son nom du teint plus ou moins jaune de la peau, se distingue par la forme presque triangulaire de la tête, un visage large et plat, un nez écrasé, des pommettes saillantes, des yeux fendus en amande et obliquement, une chevelure grossière, noire et hérissée.

Elle occupe la moitié orientale de l'Asie, le nord de l'Océanie et les régions voisines du pôle boréal. Elle marche, dans la civilisation, immédiatement après la race blanche.

73. *Race noire.* — Cette race, qui prend également le nom de race nègre ou éthiopienne, a pour traits caractéristiques une couleur de suie prononcée, un front déprimé, un nez large et épaté, des lèvres épaisses, des cheveux noirs et crépus, la mâchoire forte et proéminente.

Elle occupe toute l'Afrique, sauf la partie septentrionale, et est assez répandue dans l'Amérique du Nord, où les nègres ont été transportés jadis en esclavage. Cette race est la moins civilisée et la moins intelligente de l'espèce humaine.

74. *Race rouge.* — La race rouge ou cuivrée a presque les mêmes traits caractéristiques que la race noire, sauf en ce qui concerne les cheveux, qui sont plats et tombants et la couleur du teint, qui est d'un rouge cuivré. Beaucoup d'anthropologistes ne considèrent d'ailleurs cette race que comme un mélange de la race jaune avec la race noire.

Elle comprend tous les sauvages de l'Amérique du Nord, et n'est guère plus intelligente et civilisée que la race nègre, mais elle est peu nombreuse et tend à disparaître.

75. *Race malaise.* — La race malaise ou polynésienne, que certains naturalistes considèrent comme un mélange de la race blanche avec la race noire, présente cependant des caractères assez particuliers pour qu'on puisse la considérer comme une race mère. Elle se distingue par un visage aplati, une bouche grande, des cheveux noirs et luisants et un teint olivâtre.

Elle peuple la partie sud-est de l'Asie et presque toute l'Océanie. Au point de vue de la civilisation et de l'intelligence, elle vient à la suite de la race jaune.

Non seulement ces cinq grandes races se distinguent par leur couleur et les signes caractéristiques indiqués ci-dessus, mais il existe dans leur taille, dans leur langue, dans leur religion, des dissemblances qui permettront d'établir plus tard une classification nouvelle, dont il sera question dans la description détaillée des diverses contrées du globe.

§ *II.* — *LANGUES*

76. *Généralités.* — Le *langage parlé* ou *articulé*, qui appartient uniquement à l'homme, est le premier élément qui a servi pour constituer les sociétés humaines. On peut même dire que l'homme n'est un être raisonnable que par le don de la parole. « C'est la parole, dit Lavallée, qui rend commune à toute l'espèce les observations, les sensations et les découvertes de l'individu ; de là naissent les sciences, les arts, la civilisation et la perfectibilité indéfinie du genre humain. »

La langue, plus que la position géographique ou les exigences de la politique, tend à maintenir l'union civile des hommes, de concert avec la religion. Mais plus encore que la race, les mœurs, le gouvernement, la religion, la langue sert à caractériser et à différencier nettement un peuple, car elle se transmet de génération en génération sans tenir compte des variations ou des modifications survenues dans les autres conditions de son existence. On peut même dire que la langue se suce avec le lait, et qu'il est difficile de faire changer d'idiome à toute une contrée, ainsi que peuvent le constater les Allemands en Alsace-Lorraine, où ils se sont bien rendu compte que la communauté de langage est un puissant élément d'assimilation.

77. *Divisions principales.* — Les deux mille idiomes au moyen desquels les hommes échangent leurs pensées peuvent se répartir en trois groupes fondamentaux : 1° *monosyllabiques;* 2° *agglutinatifs;* 3° *à flexion.*

Dans les *langues monosyllabiques*, chaque mot, qui a un sens absolu, n'est formé que d'une syllabe, de sorte que, pour exprimer les modifications de la pensée, il faut avoir recours à l'assemblage compliqué d'une foule de vocables, à des intonations et à des gestes. C'est la famille des langues de l'Asie orientale, comprenant le chinois, le birman, l'annamite, le siamois et le thibétain.

Dans les *langues à flexion*, que parlent les Européens et en général tous les peuples de race blanche, les mots ont un nombre de syllabes indéterminé, et un même mot peut se modifier en cas, en genre, en nombre, en mode et en temps, pour rendre les diverses formes ou nuances de la pensée. A cette famille appartiennent principalement : 1° les LANGUES INDO-GERMANIQUES, telles que le *sanscrit*, le *persan*, le *kourde*, l'*arménien*, les langues *grecques* y compris le *latin*, les langues *slavonnes* (polonais, bohémien, russe), les langues *germaniques* (allemand, islandais, suédois et danois). L'*anglais*, le *français*, l'*espagnol*, l'*italien*, le *portugais*, le *valaque*, le *provençal*, etc., sont des idiomes mixtes, nés du mélange des diverses langues indo-germaniques avec le latin et avec les débris d'autres langues anciennes, telles que le *celte*, le *gallois* et le *basque ;* 2° les LANGUES SCYTHICO-SARMATIQUES comprenant surtout le *finnois*, l'*estonien*, le *livonien*, le *lapon*, le *hongrois* et le *lithuanien;* 3° les LANGUES ARAMÉENNES, parmi lesquelles on distingue l'*arabe*, l'*hébreu*, le *phénicien*, le *syriaque* et le *chaldéen;* 4° les LANGUES A PART, telles que le *géorgien*, le *circassien*, qui sont peu connues.

Dans les *langues agglutinatives*, les mots n'ont plus un sens absolu et peuvent, en se composant avec d'autres, comme dans le grec et l'allemand, arriver à exprimer toutes les modifications de la pensée. La série de ces idiomes est presque innombrable et nous aurons occasion d'y revenir plus tard.

78. *Langue écrite.* — Le langage parlé n'aurait pu arriver aussi rapidement à la constitution des sociétés humaines sans le recours du langage représenté, c'est-à-dire de l'écriture. On en a la preuve dans le fait que les peuples les plus civilisés sont ceux qui ont le moins d'illettrés, tandis que les peuples sauvages ne connaissent pas ce moyen de faire comprendre leur pensée.

L'écriture n'est évidemment arrivée que graduellement à son état actuel de perfectionnement. Les formes de l'écriture furent d'abord des signes exprimant directement la pensée. Cette écriture représentative se transforma ensuite en écriture idéographique ou symbolique, en donnant aux signes une valeur de convention (symboles) pour exprimer les principaux événements, ainsi que nous le montrent les hiéroglyphes de l'ancienne Égypte. Elle ne tarda pas ensuite à devenir phonétique ou auditive, en représentant non plus la pensée elle-même, mais les mots ou les sons du langage parlé, de sorte que, au lieu d'employer des signes d'idées, on eut recours à des signes de sons ou de mots.

L'écriture phonétique, d'abord *monosyllabique* et ayant pour chaque mot un signe spécial tout d'une pièce, devient ensuite *polysyllabique*, en décomposant les mots en syllabes, pour arriver à sa forme *alphabétique* actuelle. Dans celle-ci, les syllabes furent réduites à leurs premiers éléments, c'est-à-dire aux vingt-quatre ou vingt-cinq lettres qui, par leurs combinaisons, peuvent suffire à exprimer tous les mots, de manière à fixer, multiplier et répandre la parole.

Dans ces conditions, la pensée peut être mieux arrêtée, ordonnée et intelligible, sinon on ne pourrait conserver ou retrouver les idées abstraites et générales. Sans le langage parlé et écrit, il n'aurait donc pas été possible de faire progresser les sciences et les arts, la civilisation et la perfectibilité indéfinie du genre humain.

79. *Autres classifications.* — A l'origine il n'y eut évidemment qu'une seule langue, la *langue-mère*, qui a donné naissance à d'autres langues puis aux diverses races ou tribus à la suite des migrations des peuples primitifs. Diverses langues se sont fondues à la suite des guerres et des conquêtes, en en formant des nouvelles, tandis que d'autres disparaissaient peu à peu. De là, des *langues mortes* qui ne sont plus usitées ont été remplacées par des *langues vivantes*, que l'on parle de nos jours. Les *langues primitives* ou *langues-mères*, qui sont généralement synthétiques et supposent beaucoup de sous-entendus, ont produit des *langues dérivées*, beaucoup plus analytiques. On distingue aussi les *langues littérales* conservées par la littérature, des *langues vulgaires* adoptées par le langage familier.

CHAPITRE VI

NOTIONS SOMMAIRES DE GÉOGRAPHIE ÉCONOMIQUE

80. Définition. — La géographie économique a pour but de faire connaître les ressources qu'offrent les diverses contrées aux différents points de vue agricole, industriel et commercial, c'est-à-dire d'indiquer le parti que l'homme a su tirer de toutes les richesses que la nature lui a fournies.

81. Richesse. — On donne le nom de richesse à tout ce qui est propre à satisfaire un besoin : c'est à la fois un signe et un moyen d'action de notre puissance sur la terre. Les *richesses naturelles* sont celles qui sont données par la nature, par exemple l'eau, l'air, la lumière, la chaleur, les matériaux, les minerais, etc.; les *richesses sociales* sont celles qui sont créées par le travail de l'homme, telles que les habitations, les vêtements, les aliments, etc. etc. On appelle *distribution des richesses* le mode de répartition par lequel ceux qui ont contribué à la production de la richesse s'en partagent les résultats sous forme de salaires, d'émoluments, de bénéfices, de rentes, etc.

82. Travail. — Le travail est l'action de transformer la matière pour la rendre utile; car en général les produits naturels ne peuvent être employés aux besoins de l'homme qu'après que celui-ci les a appropriés à son usage.

83. Échange. — On donne ce nom au procédé par lequel l'homme se procure ce dont il a besoin, au moyen des excédents de sa production. La *circulation* est le mouvement général des richesses passant de main en main dans la société par l'échange et par le crédit.

84. Valeur. — La valeur est le rapport de quantité entre l'objet désiré et l'objet cédé en échange. L'échange direct étant impossible, il a fallu imaginer une marchandise intermédiaire, c'est la *monnaie*.

85. Prix. — Le prix ou valeur vénale d'un objet est sa valeur exprimée en monnaie.

86. Richesses agricoles. — L'agriculture occupe sans contredit le premier rang dans les travaux ou industries qui concourent au bien-être de l'humanité. Non seulement c'est elle qui occupe le plus grand nombre de bras, mais encore c'est elle qui subvient aux plus importantes des nécessités de l'existence, en fournissant les principaux moyens de subsistance. Elle fournit en outre la plupart des matériaux dont la mise en œuvre pourvoit à d'autres besoins non moins impérieux. L'agriculture forme la richesse principale des nations civilisées, car deux choses déterminent surtout le degré de puissance et de richesse des nations : leur force numérique et l'étendue des moyens de consommation dont elles disposent, ce qui dépend absolument de l'état de l'agriculture. On conçoit combien il est important, au point de vue de la subsistance des armées, de connaître les ressources en richesses agricoles des contrées du théâtre de la guerre, et même de celles qui sont voisines. Chaque région a un genre de culture qui lui convient plus particulièrement : pour l'une ce sont les céréales; pour l'autre ce sont les légumes et les prairies; pour une troisième c'est la vigne, etc. Il faut tenir compte aussi de l'élevage du bétail, des chevaux, des animaux de trait, etc.

On a eu l'idée de figurer les limites de chaque culture sur les cartes; en rapprochant ces lignes des données établies par la géographie physique, on arrive facilement à les comprendre et à les retenir. Toutefois, ces cartes n'indiquent pas les quantités de ressources que peuvent fournir différents pays; il est donc nécessaire qu'elles soient accompagnées de tableaux statistiques donnant ces renseignements.

87. Richesses industrielles. — On entend par richesses industrielles les ressources que possède chaque contrée en produits manufacturés. L'industrie et les services qu'elle rend sont caractérisés on ne peut mieux dans les lignes suivantes, écrites par Moreau de Jonnès, membre de l'Institut (1).

« C'est l'industrie qui, pourvoyant aux mille besoins des populations, adoucit les misères de la vie et prolonge nos jours au double de ceux de nos ancêtres, c'est elle qui transforme nos chaumières enfumées et nos vieilles maisons entassées et malsaines en demeures salubres et agréables ; c'est elle qui change le bâton du voyageur, le coche, la diligence faisant cinq lieues par jour, en un wagon de chemin de fer dont la vitesse est décuple ; qui fait marcher à l'encontre du vent un vaisseau de ligne armé d'une hélice ; c'est elle qui remplace la poste aux chevaux par un fil de fer télégraphique ; qui fait transpercer à la lumière d'un phare une atmosphère maritime de quinze lieues d'épaisseur ; c'est elle qui fabrique, dans un seul pays, assez de tissus de coton pour ceindre trois à quatre fois le globe terrestre, et, dans un autre, assez de tissus de soie pour en pouvoir donner de 2 à 3 mètres à chacun de ses habitants, grands et petits, au nombre de trente-six millions. »

Et sous un autre rapport nous ajouterons : c'est l'industrie qui invente et construit ces engins perfectionnés qui permettent de percer les remparts les plus solides, les cuirasses les plus résistantes, ces canons et ces fusils dont le tir est si rapide et pourtant si précis.

Les divers établissements ou manufactures sont en général groupés dans certaines régions où se trouvent plus facilement certains éléments de production ou de fabrication, tels que matières textiles, houille, fer, ouvriers, force motrice hydraulique, etc. Les industries qui n'occupent qu'une main-d'œuvre pour ainsi dire mécanique, sont établis plutôt dans les campagnes, tandis que celles qui exigent une certaine habileté se groupent dans les villes.

Au point de vue militaire, il est utile de connaître les localités où l'on peut trouver les ouvriers et les moyens nécessaires pour réparer et au besoin confectionner le matériel de guerre ; on saura, par exemple, que les ouvriers en fer se trouvent dans les centres où existent des usines métallurgiques.

88. Richesses commerciales. — Indépendamment des ressources agricoles et industrielles, il en existe d'autres encore, qui n'ont pas été produites ni manufacturées dans la région elle-même, mais qui s'y trouvent par suite d'échanges, c'est-à-dire de commerce. Il est important de connaître ces ressources commerciales, et aussi les moyens qui facilitent les échanges, c'est-à-dire les voies de communication qui servent également aux mouvements des armées. Les voies de communication sont de différentes natures ; mais, quelles qu'elles soient, elles sont indispensables à la prospérité d'un empire, parce que sans elles il ne pourrait exister ni commerce ni industrie. On distingue :

89. 1° Les *communications par eau*, c'est-à-dire par la mer, par les cours d'eau ou par les canaux. Au point de vue général, les communications par eau, surtout par mer, rendent des services précieux au commerce et constituent un des moyens de civilisation les plus puissants, ainsi que nous l'avons déjà fait ressortir (n° 41). Au point de vue millitaire, les communications par mer sont excellentes lorsqu'on est le maître incontesté de la mer ; sinon elles sont très pécaires, surtout pour transporter les vivres et les approvisionnements. Leur inconvénient, c'est d'être un peu lentes, mais il est largement compensé par le fort tonnage que l'on peut charger sur les bateaux. Il est à remarquer aussi que, partout où coule un cours d'eau navigable, non seulement les hommes s'en sont servi, mais ils ont tracé le long de son cours une route de terre ou de fer. Certains cours d'eau, il est vrai, ne sont navigables que par périodes, par suite de sécheresse ou de débordements ; pour éviter cet inconvé-

(1) *Statistique de l'industrie de la France*, chez Guillaumain et Cᵉ, 1856.

nient, on a construit des canaux, qui permettent de compter sur une quantité d'eau constante, mais exigent un entretien permanent.

90. 2° *Les communications par voies ferrées.* — Les chemins de fer jouent actuellement dans la politique, dans le commerce et l'industrie, dans les relations sociales un rôle dont l'importance, qui n'échappe à personne, s'accentue de jour en jour.

D'une manière générale, c'est un instrument du plus haut prix pour faciliter la fusion des races, le développement de la civilisation, l'accord des nations et l'harmonie des intérêts parmi les peuples civilisés. Par suite du peu de temps nécessaire pour les parcourir, les distances deviennent si rapprochées qu'elles n'existent plus pour ainsi dire. Avec les chemins de fer, qui complètent ou que complètent si heureusement les navires à vapeur, il suffit de quelques jours ou de quelques semaines pour se transporter dans les contrées les plus éloignées. On arrive ainsi à gagner un temps précieux, ce facteur capital que les Anglais assimilent à l'argent et que les Américains appellent l'étoffe dont la vie est faite. De plus, les échanges peuvent s'effectuer avec la plus grande facilité, de sorte qu'il n'y a plus à craindre dans un pays une pénurie de produits qui existeraient en excès dans un autre. Des ports de mer où les navires les apportent en peu de temps et à peu de frais, les diverses espèces de produits ou de marchandises pénètrent rapidement et en masse dans l'intérieur des terres. Les voies ferrées contribuent ainsi puissamment à égaliser la condition des hommes dans l'intérieur de chaque État.

Mais c'est une illusion de croire que les chemins de fer exercent une action favorable sur la fusion des races et sur la sympathie réciproque des nations ; des événements récents prouvent que les sentiments d'amitié ou de haine entre les nations dépendent des mêmes causes, des mêmes rivalités qui souvent divisent jusqu'aux familles. Les intérêts généraux, les raisons politiques, des préjugés tenaces, des rivalités de races, des querelles non vidées creusent, aujourd'hui encore, et malheureusement plus que jamais, entre les nations, un abîme que les voies ferrées ne contribuent guère à combler. Cependant il faut reconnaître que les chemins de fer tendent à diminuer les chances de guerre, en ce sens qu'ils permettent de rassembler, de faire mouvoir et de ravitailler les masses énormes qui constituent les armées de notre époque. Il serait impossible aujourd'hui, en Europe, de choisir une ligne d'opérations sans tenir compte de la voie ferrée qui suit d'ordinaire sa direction générale, sans prendre pour objectif les villes principales qu'elle met en relation Mais précisément parce que les voies ferrées rendent les mouvements de l'armée beaucoup plus rapides, mettent en action des forces plus considérables, permettent des coups plus décisifs, elles arrivent à abréger la durée de la guerre qui ne pourrait se prolonger longtemps dans de semblables conditions.

Nous nous bornerons aux considérations qui précèdent pour faire ressortir l'importance de l'étude des chemins de fer au point de vue géographique, en renvoyant au besoin, pour plus d'explications, au Traité qui a été publié par la présente Encyclopédie (1).

Le *télégraphe* est également devenu un moyen indispensable de communication pour l'échange instantané de renseignements ou de nouvelles. Son rôle est assez répandu et apprécié pour que nous nous dispensions de le décrire ici ; on en trouvera les diverses applications dans la partie qui lui a été consacrée dans la présente Encyclopédie (1).

91. 3° *Les communications par les routes ordinaires.* — Malgré l'existence des voies ferrées, les routes ordinaires n'ont rien perdu de leur importance pour relier entre elles les diverses localités; bien au contraire, leur développement est incessant et leur mouvement plus considérable qu'auparavant. Les transports par terre présentent d'ailleurs, d'une ma-

(1) *Sciences appliquées à l'art militaire:* Chemins de fer, Télégraphie, etc., un vol. de l'Encyclopédie des sciences civiles et militaires.

nière générale, l'inconvénient d'être fort coûteux, d'enlever un grand nombre d'hommes et de chevaux à l'agriculture, de détériorer les routes et d'absorber de sommes immenses. En outre, les mars chandises d'un volume considérable ne se voiturent qu'avec difficulté. En temps de guerre, sur la zone même des opérations et dans son voisinage immédiat, elles représentent comme autrefois les principaux moyens mis à la disposition des généraux en chef pour les mouvements des troupes. Leur étude préalable est d'autant plus indispensable que les effectifs ont été considérablement accrus depuis le milieu de notre siècle. Le nombre des routes a augmenté aussi, mais pas dans la même proportion.

En général, une ligne d'opérations doit être suivie par trois ou quatre routes au moins, pour permettre aux divers corps d'armée de marcher à peu près à hauteur, d'être en état de se déployer rapidement et de se soutenir réciproquement.

En résumé, l'étude géographique des voies de communication de toute nature est une des plus intéressantes à tous les points de vue, et elle doit être faite surtout sur les cartes dressées spécialement dans ce but.

92. Statistique. — La statistique résume et groupe de la manière la plus frappante les renseignements que l'on peut avoir intérêt à connaître sur les divers points ou rapports considérés. La forme la plus commode et la plus saisissante employée à cet effet, est généralement celle de tableaux.

Les points qu'il peut y avoir intérêt à connaître d'une manière générale et qu'il y a utilité d'embrasser dans leur ensemble peuvent trouver place dans ces documents, si utiles et si faciles à consulter. Nous allons en faire de nouveau une énumération succincte :

Formes de gouvernement, races et langues, croyances religieuses, classes de la société, monnaies, poids et mesures, commerce, industrie, impôts et revenus, superficie, population, armées de terre et de mer dans leurs diverses subdivisions d'armes et de recrutement, ressources de toute espèce, instruction générale, mœurs, etc., tels sont les éléments qui doivent entrer dans la composition des tableaux statistiques, permettant d'en déduire l'expression de la valeur morale, politique et militaire d'un État donné ; de faire toutes les comparaisons ou rapprochements voulus dans les cas les plus variés de plusieurs puissances alliées, etc. etc.

Les documents relatifs à la statistique doivent être puisés dans les ouvrages publiés dans les divers États, qui ont généralement un bureau chargé de ce soin dans les différents ministères. Toutefois, ces bureaux ne publient pas toujours le résultat de leurs travaux, de sorte qu'il n'y a pas, dans le domaine public de tableaux statistiques suffisamment complets, surtout au point de vue militaire. Nous nous bornerons, dans la suite de ce traité, à donner les tableaux généraux que nous avons pu composer au moyen des renseignements que nous avons recueillis dans diverses géographies ou autres ouvrages spéciaux où ils ont été publiés. Cependant, les diverses indications renfermées dans ces tableaux ne peuvent avoir une utilité réelle qu'autant que l'on connaîtra les valeurs servant de base aux calculs, c'est-à-dire les *mesures*, les *poids* et les *monnaies* des divers pays.

CHAPITRE VII

DIVISIONS GÉNÉRALES DU GLOBE TERRESTRE

93. *Grandes divisions des terres.* — Nous avons dit précédemment que un quart seulement de la surface du globe émergeait du sein des eaux qui recouvraient tout le reste de sa superficie, à une profondeur relativement faible. (Voir le planisphère.

Pour faciliter l'étude des terres, on les a divisées en cinq grandes parties, qui sont les suivantes : l'*Europe*, l'*Asie*, l'*Afrique*, l'*Amérique* et l'*Océanie*. Les trois principaux forment l'ancien continent, les deux autres le nouveau.

Nous ne dirons que quelques mots de chacune de ces cinq parties du monde, en nous réservant d'en causer plus en détail dans l'étude que nous consacrerons à chacune d'elles.

L'*Europe* est située au nord-ouest du globe terrestre, presque entièrement dans la zone tempérée, mais avec une petite partie dans la zone glaciale ; ses côtes sont très découpées. Ainsi que le fait ressortir le tableau statistique ci-après, c'est la plus petite des cinq parties du monde, mais aussi celle où la densité de population est la plus grande, c'est elle qui marche à la tête de la civilisation, du progrès des sciences et des arts ; elle finira vraisemblablement par dominer toutes les autres, comme elle l'a déjà fait pour la plus grande partie de l'Amérique, en y déversant successivement le trop-plein de sa population.

L'Europe se distingue aussi par ses riches vallées, par la beauté de ses villes et de ses monuments, par ses grandes presqu'îles bien ouvertes et par l'absence des plus grands animaux.

L'*Asie* est située dans l'hémisphère oriental et s'étend dans trois régions : la zone glaciale, la zone tempérée et la zone torride. C'est la plus vaste des cinq parties du monde, et aussi la plus peuplée (voir le tableau statistique) toutefois, la densité de sa population est beaucoup plus faible que celle de l'Europe, et elle marche bien loin derrière celle-ci, au point de vue de la civilisation. Mais l'Asie se fait remarquer par une grande variété de races d'hommes, par la diversité des climats et des cultures, par l'étendue de ses états et de son plateau central, où se trouvent les plus hautes montagnes du globe.

L'*Afrique* est située à l'ouest de l'hémisphère oriental ; elle s'étend dans la zone torride et dans les deux zones tempérées boréale et australe. Elle tient le deuxième rang pour sa superficie et le troisième pour sa population, mais le dernier au point de vue de la civilisation, sauf dans les territoires conquis par les Européens ; aussi, cette partie du monde est-elle destinée à être dominée et occupée à bref délai par les divers peuples de l'Europe.

On y trouve d'immenses déserts, des populations féroces et stupides, qui rendent fort difficiles les explorations, des populations misérables au milieu d'une végétation luxuriante, enfin une grande quantité de fauves de taille gigantesque.

L'*Amérique* occupe presque à elle seule tout l'hémisphère occidental, à l'exception d'une petite partie de l'Asie et d'une notable partie de l'Océanie. Elle tient le deuxième rang pour sa superficie et le quatrième pour sa population. Elle se divise en deux parties à peu près égales, séparée par l'isthme de Panama, et que l'on appelle Amérique du Nord et Amérique du Sud. La première est beaucoup plus avancée que la seconde au point de vue de la civilisation, des sciences et des arts, parce que l'émigration européenne y a été beaucoup plus considérable. La population de la race blanche forme les neuf dixièmes de la population totale: les naturels du pays ne sont qu'une minorité qui va constamment en décroissant.

L'Amérique est caractérisée d'une manière générale par ses chaînes de montagnes très étendues et assez élevées, par le grand nombre de ses lacs et de ses rivières, par ses fleuves les plus grands du monde, par ses plaines basses et fertiles, ses immenses forêts et ses pampas incultes, par la liberté des institutions, par le mélange des peuples les plus divers, la variété des climats, etc.

L'*Océanie* est située au sud des deux hémisphères ; elle se compose d'un continent, l'*Australie*, et d'une grande quantité d'îles réparties sur une grande surface de l'Océan. Elle tient le quatrième rang pour sa superficie, et le dernier pour le chiffre et la densité de sa population.

Le tableau ci-contre permettra de se rendre compte de la valeur relative des cinq parties du monde. On y peut remarquer, entre autres, que c'est l'Amérique qui a la plus grande étendue de chemins de fer et de lignes télégraphiques.

94. *Continents.* — On divise le monde en deux continents : 1° l'*ancien*, ou le plus anciennement connu, comprenant l'Europe, l'Asie et l'Afrique ; 2° le *nouveau* formé par les deux Amériques. Il y a en outre une espèce de troisième continent, qui comprend l'Australie.

95. *Grandes divisions des mers.* — La mer ou océan s'étend sans interruption sur la plus grande partie de la surface du globe terrestre ; toutefois pour faciliter les recherches on a divisé l'océan en cinq parties, qui sont les suivantes ;

1° L'*Océan Atlantique*, à l'est du nouveau continent et à l'ouest de l'ancien ;

2° L'*Océan Pacifique*, à l'ouest du nouveau continent et à l'est de l'ancien et de l'Australie ;

3° L'*Océan Indien*, au sud-est de l'ancien continent, et à l'est de l'Australie ;

4° L'*Océan glacial arctique*, dans la zone glaciale du nord des deux continents ;

5° L'*Océan glacial antarctique*, dans la zone glaciale du sud des deux continents.

PARTIES du MONDE	SUPERFICIE en KILOMÈTRES carrés	POPULATION	RACES					RELIGIONS				CHEMINS de FER (kilomètres)	TÉLÉGRAPHES	
			EUROPÉENNE	MONGOLIQUE	AFRICAINE	OCÉANIENNE	AMÉRICAINE	CHRÉTIENNE	MUSULMANE	JUIVE	PAIENNE		LIGNES (kilomètres)	FILS (kilomètres)
Europe...	9.731.000	328.000.000	328.000.000	»	»	»	»	316.000.000	6.000.000	5.700.000	300.000	180.000.000	608.000.000	124.000.000
Asie.....	44.581.000	796.000.000	203.000.000	564.000.000	»	29.000.000	»	15.970.000	80.000.000	30.000	700.000.000	17.000.000	52.000.000	125.000.000
Afrique..	29.823.000	206.000.000	2.000.000	30.500.000	173.500.000	»	»	8.100.000	82.985.000	500.000	114.415.000	5.000.000	21.000.000	33.000.000
Amérique.	38.473.000	100.500.000	90.000.000	500.000	2.000.000	»	8.000.000	87.705.000	1.000.000	750.000	11.045.000	201.000.000	316.000.000	890.000.000
Océanie..	13.431.000	4.300.000	300.000	»	»	4.000.000	»	4.225.000	15.000	20.000	40.000	9.000.000	48.000.000	80.000.000
TOTAUX.	136.039.000	1.434.800.000	623.300.000	595.000.000	175.500.000	33.000.000	8.000.000	432.000.000	170.000.000	7.000.000	825.800.000	412.000.000	1.045.000.000	1.252.000.000

Chacune de ces parties forme à son tour d'autres mers, dont nous aurons l'occasion de parler en décrivant en détail les diverses parties du monde.

96. *Versants.* — Nous avons dit précédemment que tout continent ou île est partagé en deux versants opposés, séparés par une ligne de faîte.

Dans l'ancien continent, le versant nord-ouest vient aboutir à l'Océan glacial arctique et à l'Océan Atlantique ; le versant sud-est dans l'Océan Pacifique et l'Océan Indien. La ligne de faîte qui sépare ces deux versants commence au cap Oriental à l'extrémité nord-est de l'Asie, passe par les monts Jablonoï et Sravonoï, dans le nord-est de l'Asie, puis se divise en deux grandes branches qui se réunissent plus loin en entourant un vaste plateau connu sous le non de *plateau central ;* elle suit : au nord de ce plateau les *monts Altaï*, à l'ouest, les *monts Célestes ;* au sud, les *monts Kouen-Loun* et *Karakoram.* Plus loin elle se montre sur le *grand plateau de la Perse*, suit successivement le *Caucase Indien*, le *Taurus et l'Anti-Liban.* Elle continue par l'*isthme de Suez*, qui unit l'Asie et l'Afrique, parcourt le nord-est de celle-ci sous le nom de *chaîne Arabique* et de *Monts de l'Abyssinie.* Elle est très peu connue au centre de l'Afrique et vient aboutir au cap de *Bonne-Espérance*, après avoir passé par les *monts Kathlamba, Snéuwberg* et *Nieuweld.*

Le nouveau continent a son versant oriental incliné vers l'Océan Atlantique et l'Océan glacial, et son versant occidental vers l'Océan Pacifique. La ligne de faîte part du cap *Occidental*, sur les *Monts-Rocheux*, les montagnes du *Mexique* et de *l'Amérique centrale*, *l'isthme de Panama*, la haute *Cordillière des Andes* et finit au cap *Fravard* du sud de l'Amérique.

Ces deux grandes arêtes de l'ancien et du nouveau continent sont presque la continuation l'une de l'autre, car elles ne sont séparées que par le détroit de *Behring :* ce sont les lignes générales de partage des eaux.

CHAPITRE VIII

HISTOIRE SOMMAIRE DE LA GÉOGRAPHIE

97. TEMPS ANCIENS. — Comme les autres sciences, la science géographique ne s'est développée que progressivement, à mesure que notre globe était mieux connu. Pour bien se rendre compte de son état actuel, il est indispensable d'exposer à grands traits la marche qu'a suivie l'étude de la géographie.

Au début, chaque tribu, chaque peuple ne connaissait, pour l'avoir pratiqué, que le pays où il vivait de la chasse, de la pêche ou de la culture, et qu'il se figurait être au centre de la terre. La nécessité de connaître les diverses contrées et leur situation relative se fit sentir au moment où les hommes eurent besoin d'échanger leurs produits par le commerce et la navigation; les guerres et les conquêtes ne tardèrent pas ensuite à fournir de nouveaux éléments à cette étude. C'est ainsi que l'on prétend que le grand *Sésostris* (2650 ans av. J.-C.) avait des tables sur lesquelles étaient marquées les routes, les terres et les mers. Ces tables étaient destinées à servir de guide dans les expéditions commerciales et militaires et à permettre à son peuple de juger des nations qu'il avait déjà conquises. Il aurait même existé un cadastre de l'Égypte aux temps les plus reculés. Dans ces conditions, c'est l'ÉGYPTE qui aurait donné naissance à la science de la géographie.

Les HÉBREUX, ayant peu de rapports avec leurs voisins, ne s'occupèrent pour ainsi dire pas de cette science. Ils firent cependant la carte du pays de Chanaan lorsqu'ils en eurent pris possession.

Les GRECS, voyageurs et curieux, s'occupèrent sérieusement de géographie. Nous ne ferons que citer en passant le système décrit par *Homère* dans l'*Iliade* et l'*Odyssée*. D'après lui, le rond de la terre (orbis terrarum) était couvert d'une voûte solide et enveloppé par le fleuve Océan ; le Pont-Euxin, la mer Égée et la Méditerranée le partageaient en deux parties, l'une septentrionale appelée *Europe*, et l'autre méridionale nommée *Asie*. Un peu plus tard seulement, un disciple de Pythagore, *Hécatée*, dans une géographie de l'Orient, eut l'idée d'une troisième partie du monde, qui prit ensuite le nom d'*Afrique*. La Grèce, qui occupait le milieu du disque, était, avec l'Asie Mineure, l'Égypte et l'Italie, les seuls pays un peu connus. Cependant les Grecs ne tardèrent pas à avoir des notions plus justes sur la forme de la terre, à décrire les parties connues du globe et à faire usage de cartes géographiques.

Les PHÉNICIENS, marins par nécessité et par situation, furent forcément versés dans la science géographique; mais jaloux de conserver pour eux seuls leurs procédés, ils n'en firent part à personne. On sait vaguement que, au VIIe siècle avant J.-C., des Phéniciens, envoyés par le roi d'Égypte *Néchao*, paraissent avoir fait le tour de l'Afrique

Les CARTHAGINOIS, navigateurs et colonisateurs, bâtirent Gadès (Cadix), passèrent les colonnes d'Hercule (Gibraltar) et découvrirent les îles Fortunées (Canaries) et les îles Britanniques. Le voyage d'Hannon (*Périple* d'Hannon) autour d'une partie de l'Afrique, est un des plus célèbres dont l'antiquité ait conservé la trace. Malheureusement, et pour les mêmes raisons que les Phéniciens, les Carthaginois cachèrent soigneusement les résultats de leurs découvertes, dont le secret fut à peu près perdu.

Au Ve siècle (av. J.-C.), *Hérodote* fit connaître aux Grecs, la Russie, l'Asie jusqu'à l'Inde, l'Égypte et les pays arrosés par le Nil. Plus tard, *Aristote* (350 ans av. J.-C.) rassemble les matériaux épars laissés par divers savants ou explorateurs, parmi lesquels il faut citer *Scylax*, *Eudoxe de Cnide*, *Xénophon*, *Hippocrate* ; il reconnaît la courbure de la terre et il entrevoit la possibilité d'atteindre les Indes en partant de l'occident de l'Europe, supposition hardie qui a amené la découverte de l'Amérique par Christophe Colomb.

Un peu avant Alexandre, *Pythéas de Marseille* remonta l'Océan vers le nord-ouest de l'Europe, et, d'après ce qu'on peut comprendre de sa relation, s'avança probablement plus loin que les Phéniciens eux-mêmes.

Les conquêtes d'*Alexandre* (an 331 av. J.-C.) répandirent une vive lumière sur la géographie de l'Asie intérieure, car ses deux géographes, *Diognète* et *Beton*, dressaient au fur et à mesure la carte des pays traversés par les armées, et son amiral *Néarque* releva les côtes de la Perse et d'une partie de l'Inde.

A partir de ce moment, les connaissances géographiques firent des progrès rapides. *Erathostène de Cyrène* (260 ans av. J.-C.) dressa, le premier, d'après des bases mathématiques, le tableau complet de celles de son époque ; on lui doit également une mappemonde qui resta en usage pendant quatre siècles. *Hipparque*, dans le siècle suivant, jeta les fondements d'une géographie purement astronomique et *Possidonius* trouva, d'une manière ingénieuse, la mesure de la terre. Mais les travaux de ces savants et de plusieurs autres (*Thucydide*, *Polybe*) ne firent pas progresser la science au même point que les résultats pratiques des explorations de hardis et patients navigateurs, comme *Pythéas de Marseille* (voir plus haut) et *Eudoxe de Cyzique*. Ce dernier (IIe siècle av. J.-C.) visita l'Inde, les côtes orientales de l'Ethiopie, toute la Méditerranée et Gadès.

Nous arrivons maintenant à la période ROMAINE. Grâce aux conquêtes des Romains, qui avaient hérité des découvertes antérieures, grâce aussi au développement des relations commerciales, la géographie continua à s'enrichir et à être plus en honneur. Vers le commencement de l'ère chrétienne, *Strabon* se basant sur les données acquises, résuma avec beaucoup de méthode l'ensemble du monde connu au temps d'Auguste, en se trompant toutefois sur la forme et la position de certains pays ; ce monde s'étendait au nord jusqu'à l'Elbe, au midi jusqu'à la chaîne de l'Atlas, et à l'est jusqu'à l'Indus. *Agrippa* fit également pour Auguste une description de l'empire romain, dont il dressa une carte célèbre qui fut exposée dans le grand Portique. On doit citer également la géographie de *Pline l'Ancien*, qui contient de graves erreurs, mais offre le mérite d'avoir réuni et groupé tous les ouvrages connus sur la question à l'époque. Il est vrai que ni Pline, ni Strabon ne tinrent compte de la géographie mathématique. A bien prendre, *Jules César* aurait dû être mentionné comme le premier des géographes romains, car ses *Commentaires* renferment des détails très précis sur la Gaule, la Bretagne et la Germanie. *Pomponius Mela* fit également une description plus élégante qu'exacte; *Sénèque* écrivit des mémoires sur l'Inde ; *Tacite* décrivit la vie et les mœurs des Germains avec une étonnante vérité ; *Pausanias* donna une importante topographie de la Grèce.

Mais le plus savant des géographes de l'antiquité est sans contredit Ptolémée, qui, reprenant les essais d'*Hipparque* et de *Marin de Tyr*, mit dans le traité des connaissances géographiques de son époque la précision mathématique qui leur est nécessaire. Dans la mappemonde qu'il dressa, il corrigea la plupart des formes et positions des pays, mais sans pouvoir éviter des erreurs, d'ailleurs fort explicables dans l'état de la science à l'époque. « Il donna, dit Th. Lavallée, à l'Afrique une plus grande étendue, en laissant dans l'incertitude sa limite méridionale; il fit de même pour le nord et l'orient de l'Asie; ses connaissances de ce côté s'étendaient jusqu'au delà de l'Iaxartes et du Gange; il avait entrevu la Chersonèse d'Or et les routes de Siam et de Chine. »

Les Romains ne paraissent pas avoir eu d'autres cartes que leurs *Itinéraires*. Il y en avait d'annotés ou écrits, contenant simplement les noms des stations et des lieux principaux, avec leurs distances respectives : l'*Itinéraire d'Antonin*, attribué à l'empereur de ce nom et s'appliquant à tout le territoire de l'Empire, et l'*Itinéraire de Jérusalem*, donnant la route à suivre pour aller de Bordeaux dans cette ville, en sont les spécimens les plus remarquables que l'on connaisse. D'autres étaient dessinés et figuraient grossièrements les contours des diverses contrées, en indiquant à peu près la direction des routes et l'orientation relative des points principaux. On en conserve un bel échantillon dans la bibliothèque de Vienne : c'est une longue bande étroite (21^{m} de long sur 0^{m}, 32 de large), connue sous le nom de *Table de Peutinger* (nom du savant allemand qui l'a retrouvée), et sous celui de *Table théodosienne*, parce qu'on l'a rapportée au règne de Théodose, bien que l'époque à laquelle elle se rapporte ne soit pas bien connue.

Après Ptolémée, il ne reste guère à mentionner comme géographe romain que *Ammien Marcellin*, qui a donné quelques notions sur les peuples de la Sarmatie et de la Germanie, lesquels ont d'ailleurs fondé les États modernes de l'Europe.

Voici quel était, au moment de la chute de l'empire romain, l'état des connaissances géographiques des anciens.

En Europe, les régions situées au sud du Danube et du Rhin étaient parfaitement connues, mais on n'avait que des notions très vagues sur toutes les contrées situées au nord de ces deux fleuves. L'Hibernie (Irlande), la Scythie (Russie), la Scandinavie (Suède et Norvège), en un mot tous les pays du Nord n'avaient pas été explorés et l'on n'en savait guère que les noms.

En Asie, on connaissait assez exactement l'Asie Mineure avec ses dépendances, c'est-à-dire toutes les régions situées au sud du Caucase, de la Caspienne, du lac d'Aral, de l'Amou-Daria, du Syr-Daria et à l'ouest de l'Indus. Mais les anciens n'étaient que médiocrement instruits de ce qui regarde le nord de l'Asie, et ils n'ont connu du pays des Chinois (*Sères*, pays de la soie) que la frontière occidentale. De même, de toutes les grandes îles de l'Asie, ils n'ont connu que la célèbre Taprobane (Ceylan).

En Afrique, on n'avait des notions exactes que sur les pays limitrophes de la Méditerranée et de la mer Rouge; on peut supposer aussi que, sur la côte occidentale, les Carthaginois étaient arrivés jusqu'au Sénégal. Quant à la partie méridionale, il n'est pas prouvé qu'elle ait été connue, bien que l'on prétende que les Phéniciens ont fait le tour de l'Afrique. Mais il est à peu près certain que les explorations ont été poussées jusqu'à Madagascar, qui semble être désigné sous le nom de *Minuthias*.

On soupçonnait, il est vrai, l'existence de terres lointaines, merveilleuses, mais uniquement d'après des hypothèses ne reposant sur aucun fondement. En somme on ne connaissait ni la forme exacte de la terre, ni sa situation dans l'espace, et les explorations scientifiques, peu nombreuses, n'avaient donné que des résultats peu précis.

98. MOYEN AGE. — C'est alors, au IVe siècle, que firent irruption les hordes barbares, dont les Grecs et les Romains avaient presque ignoré l'existence, et qui changèrent la face de l'Europe. La science géographique y gagna quelques lumières sur les pays dont ces peuples sortaient. Mais, en prenant la place des anciens occupants, ils donnèrent de nouveaux noms aux pays qu'ils envahirent, ce qui jeta une confusion d'autant plus grande dans la géographie de l'Europe, que les renseignements sur cette période sont fort rares. *Jornandès*, historien des Visigoths, donne quelques indications sur les migrations de sa race et sur la géographie du nord et de l'est de l'Europe.

Le dictionnaire géographique que publia *Étienne de Byzance*, au VIe siècle, bien qu'ayant une certaine notoriété, n'est qu'une compilation informe. Le moine égyptien *Cosmas*, auteur de la *Topographie du monde chrétien*, décrit avec exactitude l'Éthiopie, qu'il a visitée, mais pour le surplus il retombe dans des erreurs grossières. *Procope* donne des notions assez étendues sur les peuples voisins de la mer Noire et du Caucase,

Mais, pendant que les barbares bouleversent l'Occident, apparaissent les successeurs de Mahomet, qui changent la face de l'Orient à coups de sabre. En moins d'un siècle, les Arabes s'implantent dans l'Asie et dans l'Afrique septentrionale, du détroit de Gibraltar jusqu'à l'Indus; ils visitent le Thibet, la Chine, les îles de la Sonde; ils propagent leur religion jusqu'au bord du Niger et à Madagascar. Leurs principaux géographes ou voyageurs *Al-Edrisi*, *Aboul-Féda*, *Ibn-Batouta*, *Léon l'Africain* ont écrit des ouvrages dont il ne nous est malheureusement parvenu que des extraits. Il faut citer les califes Aroun-al-Raschid et Al-Mamoun comme ayant favorisé les progrès de la science géographique, d'ailleurs bien cultivée par les Arabes, au moment où elle l'était fort peu en Europe.

Cependant, dans ce dernier, les conquêtes de *Charlemagne* firent connaître définitivement la Germanie. Les expéditions des Normands avancèrent la géographie du nord de l'Europe. Divers explorateurs, entre autres *Naddod*, *Biorn*, *Eric et Leif* découvrirent ou décrivirent avec exactitude l'Islande (861), la Russie et la Finlande (862), la Scandinavie et même le Groënland (982).

Les croisades (1095 à 1270) attirèrent de nouveau l'attention sur l'Orient et contribuèrent à faire connaître exactement les pays traversés par les croisés ; elles eurent en outre pour résultat de faire naître le goût des voyages et des relations de commerce.

Une grande révolution, qui bouleversa l'Asie (au XIIe siècle) fit mieux connaître l'intérieur de ce pays et mit au jour de nouveaux peuples, les Turcs et les Mongols, conduits par *Gengis-Khan*. Divers missionnaires furent envoyés alors par les papes aux chefs tartares pour être fixés sur l'origine, les mœurs et la situation de ces peuplades inconnues la veille, qui menaçaient d'envahir la chrétienté. Les principaux de ces ambassadeurs furent : le moine franciscain *Jean de Plano-Carpini* qui, en 1246, traversa la Tartarie et arriva jusqu'au Thibet ; un autre moine, *Rubruquis*, envoyé dans ces contrées par saint Louis, visita la Mongolie de 1251 à 1273 ; tous deux ont donné des relations intéressantes et détaillées de leurs voyages.

Mais le plus célèbre des explorateurs du moyen âge est le Vénitien *Marco Polo* qui, de 1271 à 1295, parcourut la Chine (Cathay), toute l'Asie orientale et révéla l'existence du Japon (Zipangu ou Jipangoue). Il séjourna à Sumatra et parcourut toutes les côtes de l'Hindoustan. Il écrivit de mémoire la relation de ses voyages, intitulée *Livre des diversités et merveilles du monde*, dont, malgré les inexactitudes forcées qu'elle contient, on peut dire qu'elle est la base de la géographie moderne de l'Asie.

La découverte, ou plutôt une organisation plus pratique de la boussole en 1320, par *Giojà d'Amalfi*, permit de rendre les explorations plus longues, et dès lors les voyages se multiplient, inspirés aussi bien par l'esprit de commerce que par l'amour de la science géographique. Il ne faut donc pas s'étonner de voir les Vénitiens, les Génois et les Catalans se livrer à des travaux cartographiques ayant pour but de permettre à leurs navigateurs de trouver par mer des routes plus sûres que celles de terre. Ces cartes ou mappemondes, qui reposent sur des données déjà assez vastes et assez exactes, prennent plus de précision et d'étendue. Il faut citer sous ce rapport les mappemondes de *Marino Sanudo* (1321), de *Fra Mauro* (1459), l'atlas de *Bianco* (1436), le globe de *Martin Bohaim* (1492). Les Catalans, qui étaient alors les navigateurs les plus entreprenants, dressèrent des cartes très remarquables, nommées *portulans*, à l'usage des marins ; un de ces portulans, établi vers 1375 et composé de six doubles cartes collées sur bois et coloriées, est conservé à la bibliothèque nationale de Paris. L'Italien *Pegoletti* écrivit, vers 1335, un itinéraire d'Azoff à Pékin, qui est un traité de géographie appliquée au commerce.

Comme voyageurs, il faut citer : l'Anglais *John Mandeville*, qui visita l'Afrique et l'Asie depuis l'Egypte jusqu'en Chine (1322-1356); le Vénitien *Josaphat Barbaro*, qui explora la Perse en 1471 ; les frères *Zeni*, également Vénitiens, qui voyagèrent aux îles Fœroë, au Groënland et dans toutes les contrées connes sous le nom de Scandinavie (vers la fin du XVIe siècle).

Cependant il était réservé aux *Portugais* de dissiper toutes les incertitudes de la géographie ancienne. En cherchant par mer un chemin pour commercer avec l'Inde, ils firent coup sur coup, au XVe et au XVIe siècle, une série de découvertes qui, avec celle du Nouveau-Monde, doublèrent le domaine ouvert à l'activité humaine.

Sous l'impulsion du prince *Henri de Portugal*, les vaisseaux de cette nation franchissent en 1412 le cap Noun, que les anciens n'avaient pas dépassé et s'avancent deux degrés plus au sud sur la côte occidentale d'Afrique. Ils arrivent en 1417 aux îles Canaries (1), abordées par les Génois en 1341, aux îles de Madère en 1419, aux Açores en 1432. Ils doublent en 1433 le cap Bojador, que les Catalans avaient, dit-on, doublé dès 1346. Ils abordent aux îles d'Arguin en 1445, reconnaissent cette même année le Sénégal, que probablement les frères *Vivaldi*, navigateurs génois, avaient vu dès le XIIIe siècle ; ils atteignent le cap Vert en 1450 et les îles de ce nom en 1456, parviennent en 1462 à la côte de Guinée, où l'on croit que les Dieppois étaient arrivés dès 1364. *Fernando-Paô* reconnaît l'île qui porte son nom. En 1472 seulement on franchit l'équateur et l'on découvre les îles San Thomé, du Prince et d'Annobon. *Diego Kam* remonte le fleuve du Congo en 1484. Enfin en 1486, *Barthélemy Diaz* atteint l'extrémité sud de l'Afrique, à laquelle il donne le nom de *cap des Tempêtes*, changé par le roi Jean II en celui de *Bonne-Espérance*. Cependant ce n'est qu'en 1497 que *Vasco de Gama* ose doubler ce cap et trouve enfin la fameuse route des

(1) Un gentilhomme normand, *Jean de Bethoncourt*, avait pris possession de ces îles dès 1404 au nom du roi de Castille.

Indes, en suivant et en reconnaissant toute la côte sud-est de l'Afrique. Un peu avant, de 1487 à 1490, *Covilham* et *Païva* avaient visité l'Abyssinie, qu'ils avaient gagnée en traversant l'Égypte.

A la fin du moyen âge, l'état des connaissances géographiques était le suivant :

L'Europe était presque entièrement connue, à l'exception de la région située à l'est de la mer Blanche.

En Asie, toute la partie septentrionale (Sibérie actuelle), désignée sous le nom de *Pays des Ténèbres*, restait seule inexplorée, ainsi que le Japon, que l'on ne connaissait que de nom.

En Afrique, on ne s'était pas avancé au delà de l'équateur.

En Amérique, des Scandinaves avaient découvert le Groënland en 982 et le Vinland (probablement la Nouvelle-Écosse) en 1001 ; ils y fondèrent même des colonies, qui furent abandonnées par la mère-patrie, de sorte que ces points furent aussitôt perdus que trouvés. Il est vrai que l'on ne s'était pas douté, faute d'exploration intelligente et de données précises, qu'ils faisaient partie d'un nouveau continent.

99. TEMPS MODERNES. — Avant de parler de la découverte de l'Amérique, qui eut lieu en 1492, nous allons terminer les explorations et découvertes des Portugais au XVIe siècle. En 1500, *Alvarez de Cabral* est jeté par une tempête sur les côtes du Brésil, qu'il nomme *Santa-Cruz* et arrive ensuite à Zanguebar. La même année, *Cortereal* découvre le *Labrador*.

Albuquerque ouvre de force la mer Rouge en 1513, rend tributaire du Portugal la côte orientale de l'Afrique, et fait diverses expéditions dans l'Inde. *Pierre de Rhaja* reconnaît en 1506 Sofala, le Monomotapa, le fleuve Zambèze. *Tristan d'Acunha* et *Almeida* visitent également Madagascar en 1506, et *Mascarenhas* découvre les îles auxquelles il donne son nom. En même temps, les Portugais dirigent leurs efforts sur l'Inde, où leurs conquêtes et découvertes ont été exposées dans une géographie de l'Asie, très complète, due à *Banos*. Ils réussissent rapidement à faire alliance avec tous les princes hindous, s'emparent de Malacca en 1511, découvrent successivement les royaumes de Pégu, d'Ava, de Siam, de Cambodge, de Cochinchine ; ils reconnaissent ou explorent Sumatra en 1512, Java et Bornéo en 1513, ainsi que les Moluques et les Philippines, arrivent dans le Bengale en 1518, visitent les côtes de Coromandel et de Malabar, les Laquedives, les Maldives et Ceylan, où ils fondent en même temps des établissements. Dans la mer orientale, *Fernand d'Andrado* pénètre en Chine en 1512, et *Antoine de Mota* est jeté par une tempête sur les côtes du Japon en 1542 ; mais ce vaste empire colonial, qui s'étendait sur presque toutes les côtes méridionales et orientales de l'Asie, sur une partie des côtes de l'Afrique méridionale, tomba à la suite de la conquête du Portugal par Philippe II d'Espagne, des attaques des Hollandais et des soulèvements des nations asiatiques ; peu après, la Hollande eut remplacé le Portugal dans la plupart de ces colonies.

Pendant que les Portugais exploraient l'Asie et l'Afrique, le Génois *Cristophe Colomb* faisait la découverte de l'Amérique pour le compte de l'Espagne ; et sans se douter qu'il s'agissait d'un nouveau continent. « Christophe Colomb, dit Th. Lavallée, voyait à l'Occident la route des Indes que les Portugais cherchaient au midi ; il basait sa théorie, d'abord sur ce que la partie orientale de l'Asie connue des anciens ne pouvait être séparée des Açores de plus d'un tiers de la circonférence du globe, ensuite sur ce que l'espace intermédiaire devait être rempli en partie par le reste inconnu de l'Asie, enfin sur ce que la circonférence terrestre était moindre qu'on ne le supposait généralement ; on devait donc, selon lui, en se dirigeant à l'ouest, trouver à moins de 4,000 kilom. les côtes asiatiques. Plein de foi dans ces heureuses erreurs, il se lance sur les abîmes inconnus de l'Océan Atlantique, et, poussés par les vents alizés comme par la main de Dieu, il découvre, le 12 octobre 1492, Guanahari, l'une des îles Lucayes, qu'il s'imagine être une des îles du Japon. » C'est pourquoi les îles découvertes furent d'abord désignées sous le nom d'*Indes occidentales* ou Grandes Indes, car outre Guanahari ou San-Salvador, Colomb découvrit encore dans ce premier voyage Hispaniola (Haïti), Cuba et la plupart des Antilles. Ce dernier nom, qui vient d'*Antilia*, fut donné à ces îles, parce qu'on les prit pour celles ainsi désignées, qu'une opinion très vague plaçait à l'ouest des Açores.

Dans un second voyage (1493-1494), Colomb vit la plupart des Petites-Antilles. Dans son troisième voyage, seulement en 1498, il toucha le continent de l'Amérique méridionale, vers les bouches de l'Orénoque ; il découvrit en même temps l'île de la Trinité. Enfin, dans un dernier voyage (1502) il continua à reconnaître les côtes de l'Amérique jusqu'au golfe de Darien, et, à la suite d'un naufrage, resta un an abandonné sur la côte de la Jamaïque (1503-1504). On sait que, victime de jalousies et de calomnies, Colomb n'eut pour récompense que la prison et la misère ; il n'eut pas même la gloire de donner son nom à ce continent qu'il avait découvert, puisque le nom d'Amérique vient du Florentin *Amerigo Vespucci*, qui visita, de 1499 à 1501, les côtes de la Guyane et du Brésil. Il convient d'ajouter que Colomb ne sut jamais que ces prétendues *Indes Occidentales* étaient un monde nouveau, séparé de l'ancien par tout un hémisphère.

Dès lors l'impulsion était donnée et l'on se précipita de toutes parts sur la mer, qui était la voie des découvertes et des conquêtes. Les progrès importants que fit l'étude de la géographie eurent pour résultats : 1° de livrer à l'activité européenne l'antique Orient et un monde nouveau, placé à peu près à égale distance des bords opposés de l'ancien continent ; 2° de changer, en l'étendant, la forme et la marche du commerce, en faisant passer l'empire de la mer des villes de la Méditerranée aux ports de l'Atlantique ; 3° de développer la richesse mobilière de la bourgeoisie, au détriment de la richesse foncière de l'aristocratie.

A partir du XVIe siècle, les explorations et les découvertes sont si nombreuses que nous nous bornerons à indiquer les principales dans l'ordre chronologique, sans tenir compte de la nationalité des voyageurs et sans chercher à grouper les recherches par région.

1494. Jean et Sébastien *Cabot* découvrent Terre-Neuve et le Canada ; ils explorent les côtes de l'Amérique du Sud en 1499.

1499. *Vincent Pinzon*, le premier, coupe l'équateur dans la région américaine de l'Atlantique.

1500. *Alvarez de Cabral* découvre par hasard le Brésil.

1501. *Corteréal* arrive au Labrador.

1503. *Paulmier de Gonneville* parcourt le sud de l'Atlantique et paraît s'être avancé jusqu'à la zône antarctique.

1508. *Solis* et *Pinson* découvrent le Yucatan.

1512. *Ponce de Léon* visite la Floride.

1513. *Nunez Balboa* aperçoit, des montagnes de Panama, le Grand Océan qu'il nomme mer du Sud.

1516. *Solis* découvre le Rio de la Plata.

1519-1521. *Fernand Cortez* conquiert le Mexique découvert par *Grijalva*.

1520. *Magellan* découvre les Philippines et le détroit qui porte son nom. Son navire fait, le premier, en 1124 jours, le tour du monde.

1523. *Verazzani*, Italien au service de la France, explore le Canada.

1524-1527. *François Pizarre*, *Almagro* et *Fernand de Lucques* découvrent le Pérou et le Chili.

1526. *Savedra* découvre la Nouvelle-Guinée.

1534. *Jacques Cartier* visite le Canada et remonte le Saint-Laurent.

1536. *Fernand Cortez* arrive en Californie.

1539. *Orellena* descend le fleuve des Amazones.

1541-1543. *Fernand de Soto* et *Alvaredo* explorent l'embouchure du Missisipi.

1553-1563. *Willoughby* découvre la Nouvelle-Zemble et le Spitzberg.

1562-1565. *Jean de Ribault* essaie de coloniser la Caroline, au nord de la Floride.

1567. *Mendana* découvre l'archipel de Salomon.

1572. Les Espagnols occupent l'île de Luçon.

1577-1580. *François Drake* explore les côtes occidentales de l'Amérique et accomplit le second tour du monde.

1586-1588. *Thomas Cawendish* marche sur les traces de Drake.

1580-1584. Le cosaque *Yermak* visite et conquiert les régions situées à l'est de l'Oural.

1576-1578. *Farbisher* découvre le détroit de ce nom en cherchant un passage entre l'Amérique et l'Asie.

1585-1587. *Davis* découvre le détroit qui porte son nom et longe les côtes occidentales du Groënland.

1584. Sir *Walter Raleigh* découvre la Virginie, qui devait former plus tard les États-Unis.

1595. *Barentz* passe un hiver dans les glaces du Spitzberg.

1595. *Hawkins* découvre les îles Falkland ou Malouines.

1595. *Mendana* découvre l'archipel des Marquises, l'île Solitaire et l'île Sainte-Croix ou d'Egmont.

1598-1599. *Van Neck* parcourt les Moluques.

XVIe siècle. *Anika Strogonoff* révèle l'existence de la Sibérie.

1606. *Quiros* voit Otaïti et l'archipel du Saint-Esprit.

1609. *Hudson* découvre le fleuve et la baie qui portent son nom.

1610. *Champlains* explore le Canada.

1611. *Jean Mayen* reconnaît l'île de ce nom.

1615-1616. *Baffin* découvre la baie qui porte son nom et s'avance jusqu'au 78e degré.

1616. *Lemaire* et *Schouten* trouvent un passage nouveau et pénètrent dans la mer du Sud par le détroit de Lemaire, en doublant le cap Horn. Ils découvrent une partie de l'archipel Dangereux et de l'archipel des Navigateurs, et explorent la Terre de Feu.

1616-1644. *Hartogs*, *Abel Tasman* et d'autres marins hollandais reconnaissent la Nouvelle-Hollande et le golfe de Carpentarie.

1643-1713. *Chardin* visite et décrit la Perse.

1624. Les Hollandais visitent Formose.

1654. Le Russe *Baikow* visite Pékin.

1682. *Robert Cavelier de la Salle* découvre la Louisiane.

1673-1699. *Dampier* a fait quatre voyages autour du monde ; a parcouru l'Océanie et découvert la Nouvelle-Bretagne.

1683. *Cowley* découvre l'île Papis qu'on n'a plus retrouvée depuis.

1690. Les Russes découvrent le Kamtchatka.

1692. *Kempfer* visite soigneusement le Japon.

1709-1710. *Woods Rogers et Edwards Cooke* parcourent le Grand Océan et visitent l'île de Juan-Fernandez.

1714. *Gentil de la Barbinais*, le premier Français qui ait fait le tour du monde, visite le Pérou, la Chine et les Philippines.

1721. *Roggerwein* découvre l'île de Pâques, l'archipel Dangereux et celui de Roggerwein.

1728. *Behring* visite le détroit de Behring qui sépare l'Asie de l'Amérique septentrionale ; il découvre plus tard les îles Aléoutiennes.

1736. *Condamine* et *Bouguer* voyagent dans l'Amérique méridionale.

1739. *Bouvet* découvre le cap de la Circoncision, qui paraît être la terre de Sandwich.

1740. *Norden* visite et décrit l'Égypte et la Nubie.

1740. *Anson* fait une célèbre expédition dans la mer du Sud et un tour du monde qui dure quatre ans.

1757. *Adanson* visite le Sénégal, dont il a laissé une *Histoire*.

1762-1765. *Anquetil-Duperron* parcourt l'Hindoustan et en décrit exactement la civilisation et la religion.

1761-1767. Le Danois *Niebuhr* visite l'Arabie.

1764-1756. *John Byron* explore l'Océanie et reconnaît les îles Malouines ou Falkland.

1766-1769. *Carteret* découvre l'île Pitcairn, l'archipel de la reine Charlotte et les îles Salomon.

1767-1768. *Wallis* visite l'archipel de la Société.

1766-1769. *Bougainville* fait le tour du monde, explore Tahiti, les Nouvelles-Hébrides et l'archipel qui porte son nom.

1769. *Surville* visite les Philippines, la Nouvelle-Guinée, les îles Salomon et la Nouvelle-Zélande.

1768-71, 1772-75. 1776-78, Le capitaine *Cook* fait trois fois le tour du monde et explore l'Océanie dans toutes ses parties.

1769-1774. L'Allemand *Pallas* parcourt l'intérieur de la Sibérie pour la czarine Catherine II.

1771. *Marion* découvre des îles auxquelles il donne son nom.

1772. *Kerguelen* découvre, au sud de la mer des Indes, les îles qui portent son nom.

1781-1784. *Levaillant* explore la colonie hollandaise du Cap, la Hottentotie et la Cafrerie.

1783-1785. *Volney* visite l'Égypte et la Syrie.

1785-1788. *Lapeyrouse* visite les Philippines, le Japon, le Kamtchatka, la Nouvelle-Hollande.

1789-1793. *Alexandre Makensie* découvre le lac de l'Esclave et le fleuve qui porte son nom.

1790. *Jacques Bruce* parcourt toute l'Afrique septentrionale et cherche sans succès les sources du Nil.

1790. *Vancouver* explore la côte occidentale de l'Amérique du Nord, les mers australes et découvre l'archipel de Vancouver.

1791. *Marchand* découvre les îles de la Révolution et les îles Marquises.

1792. *Macartney*, ambassadeur en Chine, visite l'intérieur de la Chine et de la Tartarie.

1791-1795. *D'Entrecasteaux*, envoyé à la recherche de Lapeyrouse, explore la terre de Van Diémen et la Nouvelle-Calédonie.

1793. *George Browne* pénètre le premier dans le Darfour.

1795-1797. *Mungo-Park* visite l'intérieur de l'Afrique et reconnaît le Niger.

1798. *Bass et Flinders* font le tour de la Tasmanie.

1199-1804. *Alexandre de Humboldt* explore les deux Amériques et la Sibérie.

1800. *Horneman* fait un voyage de Tripoli à Fez.

Les découvertes et les explorations faites au XIXe siècle sont trop nombreuses et trop importantes, pour que nous puissions les enregistrer toutes ici. Nous nous bornerons à signaler en ce moment les principales qui ont été faites dans chaque partie du monde, en renvoyant pour plus de détails à l'histoire de chacune de celles-ci. Mais, auparavant, nous devons indiquer les progrès faits dans les méthodes scientifiques de représentation de diverses contrées du globe. Les voyages de Colomb, de Vasco de Gama, de Magellan avaient fixé la vraie forme de la terre, et dès lors les mappemondes représentèrent celle-ci en deux hémisphères. En même temps *Galilée*, *Copernic*, *Tycho-Brahé*, en changeant les bases de l'astronomie, permirent de rectifier les erreurs grossières commises par les anciens. Mais, de tous les cartographes, ce fut *Gérard Mercator*, dont nous avons indiqué le système de projection (n° 20) qui réalisa les progrès les plus importants dans l'art de construire les cartes, progrès tels qu'ils ont fondé la géographie moderne. Dans le XVIIe siècle, les géographes mathématiques et les topographes exacts sont relativement nombreux ; les cartes changent de formes, deviennent plus claires et plus précises avec *Nicolas Sanson* et ses trois fils, *Léopold Delisle*, *Blacuw*, *Burœus*. La statistique prend naissance avec le professeur allemand *Coring*, qui en fait l'objet d'une étude spéciale. « Cependant, dit Th. Lavallée, on ne saisit pas encore bien l'objet ni le but de la géographie ; elle est généralement regardée comme une science secondaire, comme un accessoire des études historiques. Enfin, dans le milieu du XVIIIe siècle, paraissent les deux auteurs de la bonne géographie, *d'Anville* et *Busching* ; le premier réforme toute la géographie mathématique, éclaircit la géographie ancienne et celle du moyen âge, et n'admet dans la géographie moderne que les faits avérés ; le second étudie particulièrement la géographie politique et l'expose avec une netteté parfaite et une extrême science de détail. L'impulsion que d'Anville et Busching ont donnée dure encore. » La série des géographes illustres qui sont venus à leur suite est longue et connue.

100. VOYAGES ET DÉCOUVERTES DU XIXe SIÈCLE. — Les voyages de découvertes et d'explorations ont été plus fréquents au XIXe siècle que jamais, et il serait impossible de les citer tous. Nous mentionnerons seulement ceux qui ont amené un résultat saillant.

En 1815, le capitaine russe *Otto de Kotzebue* parcourt l'Océan Pacifique, y découvre plusieurs groupes entre les îles Sandwich et Malgrave, entre autres l'île Romanzof, l'île Saint-Laurent, le cap Krusenstern, et laisse son nom à un golfe situé au nord du détroit de Behring.

En 1817, le capitaine de navire français *Louis de Freycinet*, découvre l'île Rose

En 1819, le capitaine anglais *Smith* rencontre le nouveau Setland austral.

En 1823, le capitaine *Weddel*, qui a trouvé en 1821 les Orcades australes, découvre la terre de Sandwich, la Géorgie australe, la terre de la Trinité et la mer du roi Georges IV.

En 1824, le capitaine *Cofin* observe un nouveau groupe de six îles au sud de la pointe de Sandowna sur la côte du Japon.

En 1822, le capitaine *Duperrey*, dans un voyage autour du monde, découvre, dans les environs de l'archipel Dangereux plusieurs îles, entre autres celle de Clermont-Tonnerre, et groupes d'îles, parmi lesquels celui qui porte le nom de Duperrey.

M. *Peter Dillon*, qui a parcouru pendant vingt années les îles de l'Océanie, retrouve en 1827, sur les récifs de l'île Vanikoro, les traces certaines du naufrage de Lapeyrouse.

Le capitaine russe *Billinghausen* explore de 1819 à 1826, l'Océan Pacifique et les mers australes, où il découvre les îles Maquarie, Pierre Ier et Alexandre Ier.

L'amiral *Dumont-d'Urville* fait deux fois le tour du monde (1826-1829, 1837-1840) ; dans le premier, il découvre les îles du duc d'Angoulême ; dans le second, il découvre, dans les régions antarctiques, la terre Louis-Philippe et la terre Adélaïde.

L'Anglais *James Ross* seul s'est avancé plus loin vers le sud, jusqu'à 78° ; il a découvert la terre Victoria, ainsi que les volcans Erebes et Terror.

Exploration des terres arctiques. Le problème dont la recherche, tout en offrant les plus grandes difficultés, a donné lieu aux expéditions les plus nombreuses, est celui de savoir si les terres arctiques font partie du continent, ou s'il existe au delà de celui-ci, à travers la mer Arctique, un passage au nord-ouest, permettant d'aller par l'Amérique en Asie, de la mer de Baffin au détroit de Behring. Cette question est d'ailleurs plus curieuse qu'intéressante au point de vue de l'utilité pratique. Les principaux navigateurs, dont quelques-uns ont payé de leur vie l'amour de la science, qui ont marqué dans ces grandes entreprises polaires, sont : Kotzebue, John et James Ross, Back, Parry, Franklin, Haven et Griffin, Mac-Clure, Bellot, Kane, Morton, Rac, Belcher, Inglefield, Kennedy, Hall, Hayes, Mac-Clintock, Markham, Petermann, Nordenskiœld, Johanessen, Payer et Weyprecht, Nares, Long, Howgate, etc. C'est Mac-Clure qui a reconnu le premier l'existence du passage nord-ouest, et c'est Markham qui est arrivé à la latitude la plus élevée, 83°,20'. Cependant, ces différentes expéditions, fort coûteuses, n'ont abouti qu'à la découverte d'un archipel de terres stériles et froides, presque continuellement soudées entre elles par des glaces. Il reste encore environ 175 lieues à parcourir pour arriver au pôle nord. La distance est encore plus considérable pour toucher le pôle sud, car les parages antarctiques sont enveloppés de glaces sur une étendue beaucoup plus grande que le pôle nord. Nous avons vu qu'on n'a pas dépassé le 78e degré.

Explorations en Asie. Les points de l'Asie centrale qui n'avaient pas été explorés encore ont fait, dans ces quarante dernières années, l'objet de voyages et de missions qui ont à peu près complètement comblé ces lacunes. *Amédée Jaubert* explore l'Arménie et la Perse, en 1805-1806; *Klaproth* parcourt la Sibérie, le Caucase et la Géorgie, de 1805 à 1808. L'Inde, devenue anglaise, est reconnue en détail par des officiers anglais, de 1808 à 1827. *Victor Jacquemont* voyage dans le Pendjab et la vallée de Cachemire, de 1828 à 1832; l'Anglais *Burnes* parcourt, à la même époque, l'Afghanistan et la Boukharie. L'Allemand *Siebold* séjourne, de 1823 à 1830, au Japon, dont il donne une description assez complète. M. *de Humboldt*

PLANISPHÈRE

LONGITUDES OCCIDENTALES

LONGITUDES ORIENTALES

OCÉAN GLACIAL ARCTIQUE

AMÉRIQUE DU NORD

OCÉAN ATLANTIQUE

EUROPE

ASIE

AFRIQUE

AMÉRIQUE DU SUD

OCÉANIE

OCÉAN PACIFIQUE

MER DES INDES

AUSTRALIE

OCÉAN GLACIAL ANTARCTIQUE

Câble et Télégraphe transatlantique

Grandes lignes de navigation

Possessions françaises

Gravé par A. Martin, 8, Pge Gourdon, Paris

H. CHAIRGRASSE Fils, Editeur, 25, rue de Grenelle St Germain _ Paris.

Paris _ Imp. Zoisson, Rue de Fleurus

visite la Sibérie et les monts Ourals en 1829. Les pères *Huc* et *Gabet* visitent et font connaître la Tartarie mongole et le Thibet (1844-1846). Les frères *Schlagintweit* ont parcouru l'Himalaya; *Prjewalski*, *Doudart de Lagrée*, *François Garnier*, *Jean Dupuis*, *Palprave*, etc., achèvent de faire connaître la Chine, l'Indo-Chine et l'Arabie.

Explorations en Afrique. L'intérieur de l'Afrique, à peu près inconnu au commencement du siècle, a été presque complètement exploré depuis par d'intrépides voyageurs. Vers 1819, le major *Denham* et le lieutenant de marine *Clapperton* parviennent, le premier jusqu'au lac Tchad le second jusqu'à Sakhatou sur le Niger. Le major *Laing* parvient, à la même époque, jusqu'à Tombouctou, qui est visité par *René Caillié* en 1827, par *Barth* en 1854, et qu'une expédition française, sous les ordres du major *Gallieni*, vient d'atteindre sur une canonnière, par le Niger; *Richard Lander* descend et reconnaît le Niger, en trois voyages (1824-1827). M. *Rochet d'Héricourt* explore la vallée du Nil oriental, de 1839 à 1845, presque inconnue alors. *Burton*, *Speke* et *Grant* découvrent le lac Tanganyika et le lac Victoria-Nyanza (1857-1858). *Baker* trouve les sources du Nil blanc dans le lac Albert-Nyanza, M. *Georges Schweinfurth* (1868-1871), *Gordon-Pacha* et le docteur *Nachtigall* (1868-1874) ont exploré l'Égypte, la Nubie, le Bornou, le pays des Niams Niams, des Mombouttous, le Baghirmi, le Darfour, etc. Mais c'est le docteur *Livingstone*, le plus grand voyageur des temps modernes, qui a fait le mieux connaître l'Afrique centrale. Il découvre, en 1849-1850, le lac N'gami et le pays des Makololos, traverse, en 1853-1854, l'Afrique australe à l'ouest du N'gami à Saint-Paul de Loanda, puis, à l'est par le Zambèze jusqu'à Quilimane (1855-1856), en faisant de nombreuses découvertes dans ses différents parcours. Enfin, dans un dernier voyage (1867-1873), Livingstone veut explorer les régions où le Nil prend sa source et découvre six nouveaux lacs à l'ouest du Tanganyika. Mais, abandonné des hommes de sa suite et sans moyens de communication avec l'Europe, on le croyait mort, lorsque *Stanley*, envoyé à sa recherche, parvint à le rejoindre à Oudjiji, mais il ne tarda pas à succomber aux fatigues et aux maladies (1873). On peut citer après lui *Stanley*, le lieutenant *Cameron*, le major portugais *Serpa-Pinto*, le lieutenant de vaisseau français *de Brazza*, qui ont franchi le continent africain d'un océan à l'autre. La liste des voyageurs qui, dans ces derniers temps, ont cherché à fixer les points de géographie encore inconnus dans l'Afrique centrale, est très longue et nous aurons l'occasion de la faire connaître en parlant de cette région.

Explorations en Amérique. On a vu que M. de Humboldt a, de 1799 à 1804, fait une exploration très fructueuse de l'Amérique espagnole et attiré l'attention sur l'antiquité du Nouveau-Monde. De 1826 à 1836, de nombreux vaisseaux anglais et français ont été occupés à relever exactement les côtes de l'Amérique méridionale, mal connues jusqu'alors; les côtes de la Patagonie, de la Terre de Feu, du Chili et du Pérou sont explorées. De 1804 à 1819, le gouvernement des États-Unis fait reconnaître toute la partie de son territoire située à l'ouest du Mississipi, et de 1830 à 1840, tous les affluents que ce grand fleuve reçoit sur sa rive droite.

Dans l'Amérique du Sud, qui présente encore des régions inexplorées, des missions scientifiques ont contribué à faire la lumière sur bien des points. M. *Edouard André* a fait d'importantes découvertes dans la Bolivie et l'Équateur (1875-1876) et M. *Wiener* n'a pas été moins heureux au Pérou et en Bolivie (1875-1877). L'amiral *Mouchez* a exécuté d'importants travaux hydrographiques sur les côtes de l'Amérique du Sud, de 1860 à 1870. *Liais* a exploré le Brésil vers 1872. Enfin notre infortuné compatriote, le docteur *Crevaux*, a reconnu, en plusieurs voyages (1873-1882), la Guyane, le Brésil, la République Argentine, le Vénézuela.

Explorations en Océanie. La découverte de mines d'or en Australie donna le désir de mieux la connaître, ce à quoi contribuèrent les explorations de *Burks*, *Will*, *Gray*, *King* (1860-1861), *Mac Donal Stuart*

(1860-1862), *Giles* (1872), etc. La Malaisie et la Polynésie n'ont pas non plus échappé aux investigations de la science géographique, qui se complète également peu à peu pour ces pays.

Résumé. En résumé, il reste fort peu de parties de notre globe qui ne soient pas parfaitement connues sous tous les rapports; celles qui ne le sont qu'incomplètement sont l'objet d'études et de recherches méthodiques de la part de hardis et savants voyageurs, qui ont à cœur de combler les lacunes encore existantes. On peut donc affirmer que sous peu il n'y aura plus un seul point qui n'ait été exploré et reconnu suffisamment, pour être fixé sur le parti que l'on peut en tirer pour le profit de l'humanité et de la civilisation.

Longueurs comparées des principaux fleuves du globe.

NOMS	LONGUEUR	SOURCE	EMBOUCHURE	PAYS ARROSÉS
	Kilom.			
Le Mississipi	6.000	Lac Lech.	Mer du Mexique.	États-Unis.
L'Iénisséi	5.500	Ouriany-Raï.	Mer bleue.	Sibérie.
Nil	5.500	Mont Alcamar.	Méditerranée.	Égypte.
L'Amazone	5.400	Lac Lauricocha.	Atlantique.	Brésil.
Fleuve Bleu	4.500	Kin-cha Kiang.	Mer Bleue.	Chine.
L'Amour	4.460	Mont Kinbam.	Mer d'Olchotsk.	Inde.
Obi	3 400	Lac Altin.	Mer Glaciale.	Sibérie.
Fleuve St-Laurent	3.300	Lac Ontario.	Golfe Saint-Sauveur.	Canada.
Fleuve Jaune	3.200	Mont Nou-Nounoor.	Mer Jaune.	Chine.
Gange	3.100	Mont Himalaya.	Golfe Bengale.	Inde.
Volga	3.000	Lac Selinguer.	Mer Caspienne.	Russie.
Danube	2.900	Grand-Duché de Bade.	Mer Noire.	Allemagne. Autriche. Turquie.
Oural	2.800	Monts Ourals.	Mer Caspienne.	Russie.
Euphrate	2.800	Mont de l'Arménie.	Golfe Persique.	Turquie d'Asie.
Sind	2.550	Mont Emodes.	Océan Indien.	Inde.
Rio de la Plata	2.550	Serra de Montequeira.	Atlantique.	La Plata.
Orénoque	2.400	Mont de Parime.	Atlantique.	Colombie.
Orégon	2.000	Mont Rocheux.	Grand Océan.	États-Unis.
San Francisco	1.870	Sierra de Canastra.	Atlantique.	Brésil.
Dniéper	1.800	Plateau de Valdaï.	Mer Noire.	Russie.
Sénégal	1.600	Fonta-Djalo.	Atlantique.	Sénégambie.
Djihoun	1.600	Hautes-Alpes.	Mer d'Aral.	Bélour
Sihoun	1.600	Ala-Tagh.	Mer d'Aral.	Turkestan.
Meïnam	1.400	Junnan.	Golfe de Siam.	Birman.
Rhin	1.300	St-Gothard.	Mer du Nord.	Suisse. Allemagne. Hollande.
Le Kistnah	1.200	Ghattes occidentales.	Golfe de Bengale.	Inde.
Elbe	1.154	Monts de Bohême.	Mer du Nord.	Autriche. Allemagne.
Vistule	1.120	Monts de Moraire.	Baltique.	Autriche. Russie. Allemagne.
Petchora	1.120	Monts Ourals.	Glacial Arctique.	Russie.
Loire	1.000	Mont Gerbier.	Atlantique.	France.
Oder	900	Monts de Moraire.	Baltique.	Allemagne.
Guadiana	900	Sierra Morena.	Atlantique.	Espagne. Portugal.
Tage	900	Sierra de Abarracin.	Atlantique.	Espagne. Portugal.
Douro	880	Sierra de Moncayo.	Atlantique.	Espagne. Portugal.
Niémen	830	Marais de Pinsk.	Baltique.	Russie. Allemagne.
Rhône	810	Mont Furca.	Méditerranée.	France. Suisse.
Dniester	800	Carpathes.	Mer Noire.	Autriche. Russie.
Seine	800	Mont du Morvan.	Manche.	France.
Tibre	750	Pyrénées.	Méditerranée.	Espagne.
Mezen	740	»	Mer Blanche.	Russie.
Dvina	720	Monts Chémokonski.	Mer Blanche.	Russie.
Don	720	Collines du Volga.	Mer d'Azow.	Russie.
Pô	670	Alpes.	Mer Adriatique.	Italie.
Glomen	600	Monts Bofrines.	Skager-Rack.	Norvége.
Garonne	600	Val d'Aran.	Atlantique.	France. Espagne.
Guadalquivir	550	Sierra Névada.	Atlantique.	Espagne.

Hauteurs comparées des principales montagnes du globe.

NOMS	HAUTEURS ou altitudes	CHAINES auxquelles ELLES APPARTIENNENT	PAYS auxquels les chaînes APPARTIENNENT
Mont Everest	8.700	Himalaya.	Népaul.
Dhawaladjiri	8.680	Id.	Id.
Tchamoulari	8.600	Id.	Thibet.
Kintschindjinga	8.588	Id.	Chine.
Pic de Sorata	7.896	Cordillères des Andes	Bolivie.
Djavahir	7.800	Himalaya.	Hindoustan.
Mont Illimani	7.300	Cordillères des Andes	Bolivie.
Aconcagua	6.800	Id.	Chili.
Chimboraza	6.500	Id.	Equateur.
Mont Cayembé	6.200	Id.	Id.
Antizane	6.000	Id.	Id.
Cotopuxi (volcan)	5.900	Id.	Id.
Mont St-Élie	5.800	»	États-Unis.
Areguipa	5.500	Cordillères des Andes.	Pérou.
Popocatepelt (volcan)	5.400	Cordillère du Mexique.	Mexique.
Pic d'Orizaba	5.300	Id.	Id.
Mont Elbrouz	5.200	Caucase.	Russie.
Mont Ararat	5.200	Anti-Taurus.	Turquie d'Asie.
Mouna Koa	5.000	Monts Havaii.	Australie.
Pichincha	5.000	Cordillères des Andes.	Équateur.
Mont Blanc	4.815	Alpes Grées.	France.
Mont Hood	4.800	Cordillères des Andes.	Colombie.
Sierra Nevada	4.786	Sierras.	Mexique.
Mont Rose	4.700	Alpes.	France.
Kazobech	4.700	Caucase.	Russie.
Sogont Dagh	4.700	Monts du Liban.	Turquie d'Asie.
Mont Beautemps	4.550	»	États-Unis.
Finster-aar-Horn	4.362	Alpes.	Suisse.
Péchan	4.200	Monts célestes.	Chine.
Jung frau	4.180	Alpes.	Suisse.
Mont Ophir	4.100	»	Soumatra.
Pasto	4.100	»	Nouvelle-Grenade.
Coffre de Perrote	4.088	»	Mexique.
Les Ghattes occidentales	4.000	Hindoustan.	Hindoustan.
Grand Pelvoux	3.934	Alpes.	France.
Ortler Spitz	3.908	Alpes Rhétiques.	Autriche.
Mont Viso	3.840	Alpes.	Italie.
Fusi Yama	3.793	»	Japon.
Pic Ténériffe	3.766	»	Canaries.
Mulahacen	3.555	Sierra Névada.	Espagne.
Pic d'Haman	3.500	»	États-Unis.
Miltsin	4.475	Monts Atlas.	Maroc.
Col du Géant	3.426	Alpes.	Suisse.
Maladetta	3.404	Pyrénées.	Espagne.
Orvena	3.400	»	Taïti.
Mont Perdu	3.351	Pyrénées	Espagne.
Pic d'Adam	3.335	»	Ile de Ceylan.
Liban	3.300	Chaîne du Liban.	Turquie d'Asie.
Vignemale	3.298	Pyrénées.	Espagne.
Etna (volcan)	3.237	»	Sicile.
Rustra Poyan	3.021	Karpathes.	Autriche.
Avatcha	3.000	»	Sibérie.
Mont Rudosch	2.924	Karpathes.	Autriche.
Mont Surne	2.924	Id.	Id.
Mont Ida	2.906	Monts Taurus.	Anatolie.
Mont Olympe	2.906	»	Grèce.
Pic du Midi	2.877	Pyrénées.	Espagne.
Canigou	2.785	Id.	Id.
Hemus	2.705	Grand Balkan.	Turquie.
Pic Lomnitz	2.701	Karpathes.	Autriche.
Monte Rotondo	2.672	»	Corse.
Mont Horeb	2.669	»	Arabie.
Monte d'Ore	2.652	»	Corse.
Pic Egmont	2.600	Le Vali-Pou-na-mou.	Nouvelle-Zélande.
Mont Sinaï	2.600	»	Arabie.
Snechatten	2.500	Alpes Dofrines.	Norwège.
Onarenseris	2.500	Monts Atlas.	Algérie.
Parnasse	2.459	Chaîne du Pinde.	Grèce.
Taygète	2.409	Id.	Id.
Félizia	2.400	Monts Atlas.	Algérie.
Mont Taranta	2.400	Id.	Id.
Monte-Velino	2.393	Apennins.	Italie.
Mont Ziria	2.374	Chaîne du Pinde.	Grèce.
Pic de l'Ile Saint-Thomas	2.144	»	Ile Saint-Thomas.
Mont Athos	2.066	Chaîne du Pinde.	Grèce.
Mont Washington	2.000	Monts Alleghans.	Amérique du Nord.
Jurjura	2.000	Monts Atlas.	Algérie.
Mont-Ossa	1.972	Chaîne du Pinde.	Grèce.

Hauteurs comparées des principales montagnes du globe (*suite*).

NOMS	HAUTEURS ou altitudes	CHAINES auxquelles ELLES APPARTIENNENT	PAYS auxquels les chaînes APPARTIENNENT
Mont Olympe	1.930	Monts Taurus.	Anatolie.
Itambé	1.920	Cordillères des Andes.	Brésil.
Mont Ventoux	1.912	Alpes.	France.
Mont Dore	1.886	Monts d'Auvergne.	Id.
Plomb du Cantal	1.858	Monts de la Marguerite	Id.
Itacolumi	1.850	»	Brésil.
Le Mézenc	1.754	Cévennes.	France.
Hélicon	1.749	Chaîne du Pinde.	Grèce.
Sierra d'Estrella	1.700	Sierra d'Estrella.	Portugal.
Mont Tendre	1.682	Jura.	France.
Puy-Mary	1.658	Monts d'Auvergne.	Id.
Mont Hussoks	1.624	Petites Karpathes.	Autriche.
Schnéckoppe	1.608	Sudites.	Bohême.
Mont Adélat	1.578	Dofrines.	Suède.
Héclat (Volcan)	1.560	»	Islande.
Col de Mouzaïa	1.560	Monts Atlas.	Algérie.
Monts des Géants	1.512	Sudites.	Bohême.
Puy-de-Dôme	1.465	Monts d'Auvergne.	France.
Le Ballon	1.429	Vosges.	Id.
Pointe Noire	1.372	»	Spitzberg.
Ben-Nevis	1.325	Monts Grampians.	Écosse.
Vésuve (volcan)	1.198	»	Italie.
Mont Parnasse	1.194	»	Spitzberg.
Mont Erix	1.187	»	Sicile.
Broken	1 140	Karpathes.	Autriche.
Snowdon	1.089	Monts Cambriens.	Angleterre.
Sheballion	1.039	Monts Grampians.	Écosse.
Hymette	1.027	Monts Pinde.	Grèce.
Riff	1.000	Monts Atlas.	Maroc.

Nous terminerons là les préliminaires et renseignements généraux indiquant la manière dont sera envisagée dans cet ouvrage l'étude de la géographie. Nous avons fait en sorte que, tout en étant réduits au strict indispensable, ces renseignements soient suffisants pour faire ressortir l'utilité de la science géographique et ses rapports avec presque toutes les autres sciences, en même temps que pour permettre de bien comprendre la description détaillée de chacune des contrées de ce globe dont nous avons donné une idée d'ensemble.

Il était naturel de commencer cette description par la France, notre pays, que nous avons surtout intérêt à connaître dans toutes ses parties, sous tous ses aspects, afin de mieux en apprécier le rôle, les ressources, l'avenir. Nous espérons que de cette étude, il résultera pour tous une grande confiance dans les destinées de notre pays. « Effacez de l'histoire du monde disait en 1876 un homme d'État anglais, Lord Dufferin — les grandes actions accomplies par la France, retranchez de la civilisation européenne ce que la France y a fourni, et vous verrez quel vide immense en résulterait »

FIN DE L'INTRODUCTION.

PREMIÈRE PARTIE

GÉOGRAPHIE DE LA FRANCE

ET DE SES COLONIES

CHAPITRE PREMIER

FRANCE PHYSIQUE

§ I. — *SITUATION ET ÉTENDUE*

Situation et limites.

1. La France comprend actuellement la plupart des contrées qui composaient jadis l'ancienne Gaule, dont elle occupe environ les trois quarts du territoire. Ce dernier nom eût été plus national que celui de France, qui ne provient nullement des races dont nous descendons, mais simplement de la tribu germaine des Francs, qui apparut sur notre territoire vers le IVe siècle.

Elle est située dans la partie occidentale de la région centrale de l'Europe. Abstraction faite de la Corse, elle est comprise entre 42° 20' et 51° 5' 27" latitude N. et entre 5° 11' 15" de longitude E. et 7° 8' de longitude O.

Elle est bornée :

1° *Au nord*, par la Manche, le détroit de Douvres ou Pas-de-Calais et la mer du Nord, qui la séparent de l'Angleterre ;

2° *A l'est*, par une frontière purement politique, formant une ligne conventionnelle sinueuse, qui part de la mer du Nord, entre Furnes et Dunkerque et vient rejoindre le Jura à la frontière suisse, un peu à l'est de Delle, avec la Belgique et l'Allemagne comme voisines dans cette portion ; cette frontière se prolonge ensuite par le Jura et les Alpes jusqu'à la mer Méditerranée, en séparant la France de la Suisse et de l'Italie ;

3° *Au sud*, par la mer Méditerranée, et au *sud-ouest* par les Pyrénées, entre la France et l'Espagne ;

4° *A l'ouest*, par l'Océan Atlantique.

La France a le grand avantage d'occuper une belle situation côtière sur la Méditerranée et l'Océan Atlantique et de joindre les terres de ces deux mers. Son périmètre, en tenant compte de toutes les sinuosités du littoral ou de la frontière, est évalué à 5,290 kilomètres, dont 3,120 kilomètres de côtes, à savoir 1,120 sur la mer du Nord et la Manche, 1,335 sur l'Atlantique, et 615 sur la Méditerranée. La Corse, qui n'est pas comprise dans les calculs précédents, compte plus de 450 kilomètres de littoral.

En comparant la France, comme puissance maritime, avec l'Espagne, l'Italie, et même l'Angleterre, qui sont des puissances maritimes de premier ordre, on remarquera que les deux premières ne tiennent au continent que par un seul côté, et que, pour se mettre en relations, elles sont obligées de traverser la France ou la mer.

En outre, l'Espagne et l'Italie, pour communiquer directement avec l'Angleterre, doivent faire un long détour par mer, en passant par le détroit de Gibraltar, à moins de traverser la France. Au contraire, notre pays peut se mettre en communication directe avec l'Angleterre, l'Espagne et l'Italie, sans passer par aucun territoire étranger. Il en résulte l'avantage d'une plus grande rapidité dans les relations et d'une diminution de frais dans les transports.

En comparant la France comme puissance continentale, on constatera également sa situation privilégiée. Ainsi, la Suisse, perdue dans les Alpes et n'ayant aucun débouché sur la mer, ne peut profiter des avantages que procure aujourd'hui le commerce maritime.

L'Allemagne a bien aussi deux débouchés : l'un direct sur la mer du Nord et sur la mer Baltique, au nord ; l'autre, en passant par l'Autriche, sur la mer Adriatique, au sud ; mais la grande étendue de terrain qui sépare ces deux mers est coupée par les Alpes, qui en rendent les transports plus coûteux et plus lents. En France, au contraire, les relations entre le nord et le midi se font rapidement, grâce au peu d'altitude des montagnes et à la facile construction des chemins de fer et des canaux. Aussi, l'unité politique et commerciale existe-t-elle en France, et non en Allemagne.

Les deux grands ports allemands : Trieste sur l'Adriatique, et Hambourg, sur la mer du Nord, sont bien plus distants l'un de l'autre que le Havre l'est de Marseille. Par suite, les marchandises destinées à l'exportation ont, chez nous, un parcours moins long à effectuer, et celles qui sont importées supportent moins de frais de transport.

On peut ajouter encore que la France est le centre de l'Europe occidentale, car Paris, sa capitale, est à quelques heures seulement des capitales des pays voisins, tandis que celles-ci sont bien plus éloignées l'une de l'autre que de Paris.

Configuration.

2. En jetant un simple coup d'œil sur la configuration géographique de la France, on remarque qu'elle est limitée sur tout son parcours, sauf du côté nord-est, par des frontières naturelles : montagnes ou mers. Ce n'est donc point une juxtaposition de peuples différents, que les hasards des temps ou de la guerre ont réunis sous un même gouvernement, mais une nation homogène, dont les habitants ont les mêmes intérêts, les mêmes aspirations et parlent la même langue.

Les frontières continentales mesurent 2,170 kilomètres, dont 474 pour la frontière belge et luxembourgeoise, 320 pour la frontière allemande, 396 pour la frontière suisse, 410 pour la frontière italienne et 570 pour la frontière espagnole.

La France présente à peu près la forme d'un hexagone irrégulier, dont les sommets des angles sont marqués par les points suivants :

1° Au nord, le village de Zuytcoote, près de Dunkerque ;

2° A l'ouest, la pointe de Corsen, en Bretagne ;

3° Au sud-ouest, l'embouchure de la Bidassoa ;

4° Au sud, le cap Cerbère sur la Méditerranée ;

5° Au sud-est, l'embouchure du Var ;

6° A l'est, le mont Donon (point où les Vosges quittent la France).

Il serait peut-être plus simple de ramener cette forme à la figure d'un pentagone, en reliant simplement par une ligne droite l'embouchure de la Bidassoa à celle du Var. Les diverses longueurs pour les côtés dans les deux cas se lisent sur la figure 1. Nous rappelons simplement en passant que la hauteur totale de la France, du nord au sud, sous le méridien de Paris, est de 975 kilomètres, et sa plus grande largeur, de la pointe de Corsen au mont Donon est de 875 kilomètres.

D'une manière générale, la surface des terres, abstraction faite des vallées et des montagnes, va en s'élevant progressivement du nord-ouest au sud-est, depuis la mer jusqu'aux Alpes.

Au centre de la France s'élève un plateau de granit en forme de triangle, qui porte le nom de *plateau central.*

Autour de ces hauteurs, les eaux s'écoulent dans toutes les directions par des pentes généralement douces, et fertilisent de riches contrées.

A l'est du plateau existe une profonde dépression ; c'est la vallée du Rhône, qui se prolonge par celle de la Saône.

Au nord-ouest, le terrain descend doucement et forme une vaste enceinte, dans laquelle coulent la Saône et la Seine, et où se trouve Paris, la capitale de la France.

Enfin au sud-ouest, vient la vallée de la Garonne, au centre de laquelle est située Toulouse.

Superficie.

3. On peut évaluer à peu de chose près la superficie de la France à 53 millions d'hectares ou 530,000 kilomètres carrés,

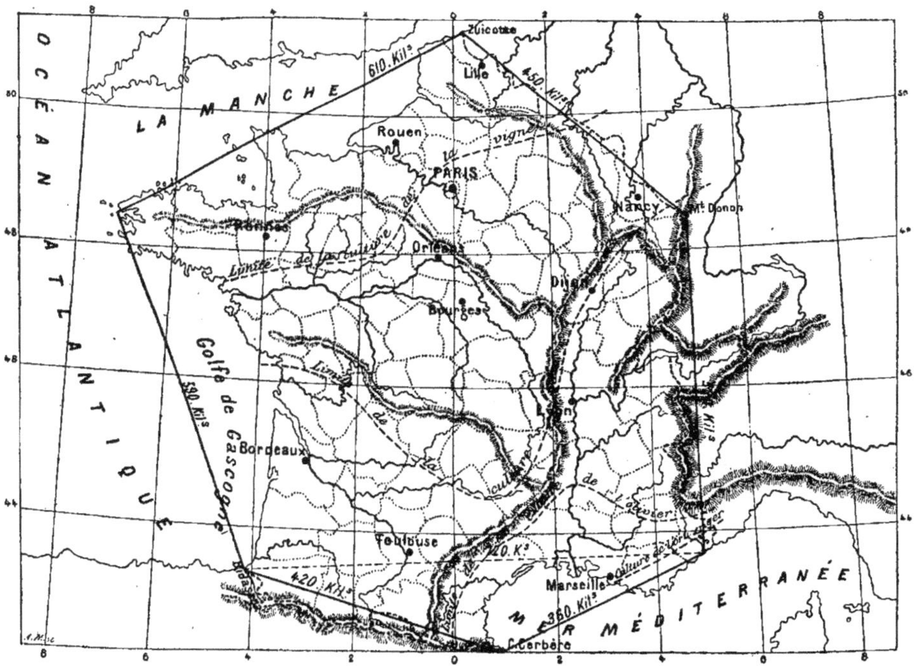

Fig. 1.

exactement 58,401, en y comprenant la Corse et les petites îles suivantes qui l'environnent ; dans la Méditerranée, les îles de Lérins, d'Hyères, de Pamègue et de Ratonneau : dans l'Océan Atlantique, l'îlot de Cordouan, les îles d'Oléron, Aix, Ré, Madame, Noirmoutiers, d'Yeu, Houat, Hoëdic, Belle-Ile, Groix, les îles de Sein, d'Ouessant, Batz, des Moines, les Sept-Iles, Brehat, Harbourg, les Rimains, Tadibau et les groupes des Chaussey, des Minquiers et de Saint-Marcouf.

La superficie de la France ne représente guère que la millième partie de la superficie totale du globe terrestre ou la 250e partie des continents. En Europe, elle marche après la Russie, l'Autriche-Hongrie et à peu près au même rang que l'Allemagne.

La culture des céréales occupe 28 ou 29 % du territoire français, celle des fourrages, pommes de terre, betteraves, légumes et fruits, ou autres cultures 15 à 16 % celle de la vigne 3 à 4 %, les forêts de 17 à 18 %. Le reste, soit le tiers du territoire, est occupé par des terrains incultes, les propriétés bâties, les routes, etc.

La superficie moyenne des départements français dépasse 675,000 hectares ; elle varie entre 974,032 hectares (Gironde) et 279,039 hectares (Rhône), le territoire de Belfort et la Seine n'entrant pas en ligne de compte sous ce rapport.

Possessions coloniales.

4. En dehors de la France continentale et des îles précédemment indiquées, nous possédons, dans les diverses parties du monde, un certain nombre de territoires ou d'îles indiquées dans le tableau ci-après :

	POSSESSIONS	SUPERFICIE en kil. carrés	OBSERVATIONS
ASIE	Possessions françaises de l'Inde.	508	Comprennent Pondichéry, Karikal, Yanaon, Chandernagor et Mahé.
	Cochinchine.	59.450	
	Cambodge (protectorat).	100.000	
	Annam et Tonkin (protectorat).	115.000	
AFRIQUE	Algérie.	667.000	
	Tunisie (protectorat).	116.000	
	Madagascar (protectorat).	590.000	
	Sénégal et dépendances.	350.000	
	Congo français.	450.000	Comprend le Gabon et la côte de l'Or. Superficie très approximative.
	Ile de la Réunion ou Bourbon.	2.511	
	Ile Mayotte.	356	Les dépendances sont Nossi-Comba, Nossi-Mitson, Nossi-Fali et Diego-Suarez.
	Iles Nossi-Bé et dépendances.	310	
	Ile Sainte-Marie de Madagascar.	174	
	Fort-Dauphin.	»	
	Obock.	»	
AMÉRIQUE	Guyane française.	121.513	
	Ile de la Martinique.	987	
	Ile de la Guadeloupe et dépendances.	1.886	Les dépendances sont les Saintes, Marie-Galante, la Désirade, Saint-Barthelemy et une partie de l'île Saint-Martin.
	Iles Saint-Pierre et Miquelon.	235	
OCÉANIE	Nouvelle-Calédonie et dépendances.	13.720	Comprend les îles Loyalty
	Archipel des Marquises.	1.240	On y remarque Fatou-Hiva, Nouka-Hiva, Hiva-Hoa et les îles Washington.
	Archipel de la Société (îles sous le Vent et îles du Vent.	1.700	Les îles du Vent comprennent Taïti, Morea, Mahetria et Tetrona. Les îles sous le Vent sont Raichea, Bora-Bora et Hu-Aheine.
	Archipel des Tubuai.	150	Sont comprises Tubuai, Rairaroë, Vaviton et Rapa.
	Archipel des Tuamotou.	6.663	Formé de 81 îles ou îlots sablonneux.
	Archipel des Gambier.	29	Composé de plusieurs îles ou îlots de formation madréporique ou volcanique.
	Clipperton.	5	N'est qu'un rocher.

§ II. — *GÉOLOGIE.*

Constitution géologique.

5. Le sol de la France, comme celui de toutes les contrées du globe, a subi bien des transformations avant d'arriver à son état actuel. D'abord entièrement cachées par les eaux, les diverses parties ont émergé dans l'ordre suivant à la suite des soulèvements qui ont produit les montagnes existantes. Les hauteurs du Finistère, comprenant une partie de la Bretagne et de la Normandie, se firent jour d'abord, et à peu près à la même époque les massifs de l'Esterel et des Maures, en Provence ; un peu plus tard apparut une portion de la Guyenne et du Languedoc.

Les Ardennes se font jour ensuite, au moment où le refroidissement du globe modifie partout la forme de sa croûte solide. La période houillière qui apparaît fait émerger les Vosges méridionales et une partie des Cévennes. Les soulèvements des Pyrénées, de la Corse, de l'autre portion de la Guyenne, du bassin de Paris, changent successivement et profondément la surface du pays. Enfin apparaissent les Alpes occidentales et les Alpes orientales ou grandes Alpes, dont la formation, en y ajoutant celle des volcans de l'Auvergne, venue plus tard, a donné à la France et à l'Europe leur relief et leurs limites actuels.

Ces diverses transformations se sont accomplies fort lentement et dans un espace de temps qu'il faut évaluer à des centaines de mille années. La température intérieure du globe, qui a fait élever et grandir les continents, s'abaisse successivement, en changeant en même temps la nature des animaux et des végétaux qui y vivent.

6. *Régions naturelles.* — Au point de vue géologique, la France se divise en trois régions naturelles, parfaitement distinctes par leurs caractères physiques et par la nature du terrain qui les constitue. Ce sont les suivantes :

1° Les régions de montagnes ou de plateaux granitiques et schisteux, qui comprennent les Alpes, les Pyrénées, les Vosges, une partie des Cévennes (massif des Maures et de l'Esterel), le plateau central de la France, les Ardennes et la Bretagne.

Les ALPES sont composées d'une série de groupes, qui forment des masses distinctes ; des coupures transversales profondes (*cluses*) traversent plusieurs chaînes à la fois. Les terrains primitifs affleurent mais soulevés par les dislocations, dont

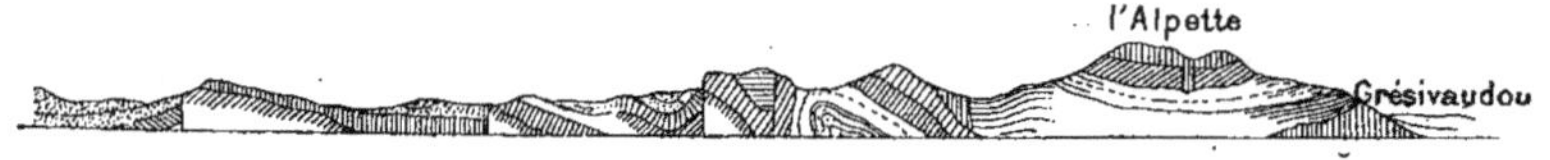

Fig. 2.

les mêmes séries paraissent avoir constitué le vaste demi-cercle formé par toute la chaîne. Le soulèvement, commencé au permien, aurait atteint son maximum au début du pliocène (*fig.* 2).

La chaîne des PYRÉNÉES présente une régularité remarquable au point de vue géologique. Le soulèvement, commencé avant le carbonifère, a atteint son apogée à la fin de l'éocène. Les principales brisures de la chaîne s'expliquent par le fait que des soulèvements antérieurs ou postérieurs à celui qui a formé les Pyrénées ont fait saillir les principaux sommets. De chaque côté des deux versants on trouve la même succession de terrains parfaitement symétriques, depuis les monts les plus avancés jusqu'à la plaine ; ce sont des grès du trias, des calcaires jurassiques, des terrains crétacés, des dépôts tertiaires, des boues et des cailloux, des alluvions anciennes et enfin des alluvions modernes.

Les monts des VOSGES ont en général la forme de ballons granitiques et schisteux, mais très riches en roches éruptives (syénites, porphyres, diorites, trapps). Un premier soulèvement a relevé les grès permiens ; le soulèvement principal se place entre le dépôt du grès des Vosges et celui du grès bigarré.

Une protubérance granitique constitue dans une partie des départements du Var; les MASSIFS DES MAURES ET DE L'ESTEREL, ces massifs se composent de terrains primitifs soulevés par des porphyres, des trapps, etc., et entourés par des relèvements de grès bigarré et de muschelkalk. La moitié occidentale de la Corse est constituée de la même manière.

Le PLATEAU CENTRAL est un massif de roches primitives, où se rencontrent beaucoup de roches éruptives. On y trouve également quatre groupes volcaniques principaux, dont l'activité est éteinte (Cantal, Mont-Dores, chaîne des Puys, volcans du Velay et du Vivarais).

Les ARDENNES sont formées de schistes ardoiseux et de quartzites et couvertes par les terrains primaires.

Le MASSIF ARMORICAIN est composé de roches primitives (cambrien, silurien, dévonien) recoupées et soulevées par des porphyres, des amphybolites et des syénites. La Vendée est surtout granitique; la Bretagne et le Cotentin sont occupés en grande partie par les terrains primaires ; sur les bords du massif se trouvent des dépôts d'anthracite (Sarthe) et de houille (Basse-Loire).

2° Les régions de plateaux ou de montagnes calcaires, qui composent le Jura, l'autre partie des Cévennes, la Provence, le Languedoc (en grande partie), la Bourgogne et la Lorraine.

Le terrain jurassique est le plus remarquable, par sa continuité et son étendue, de ceux qui composent le sol de la France. Plus moderne que les uns, sur lesquels il repose, il est plus ancien que d'autres, qu'il supporte en partie. Le bord du plateau central est couvert par le terrain jurassique, qui lui forme une ceinture presque continue et dont les couches plongent tout autour vers l'extérieur.

Le plateau jurassique est divisé, par une série de ruptures longitudinales, en plus de cent soixante chaînons parallèles, que recouvrent environ quatre-vingt-dix cluses. Ce grand plateau, relativement peu tourmenté, est fortement dénudé et sillonné de vallées profondes. La partie orientale, la plus élevée, descend en pentes rapides et continues vers la plaine suisse. Le Jura a subi son plus grand effort de dislocation en même temps que les Alpes (*fig.* 3).

On sait que le terrain jurassique est

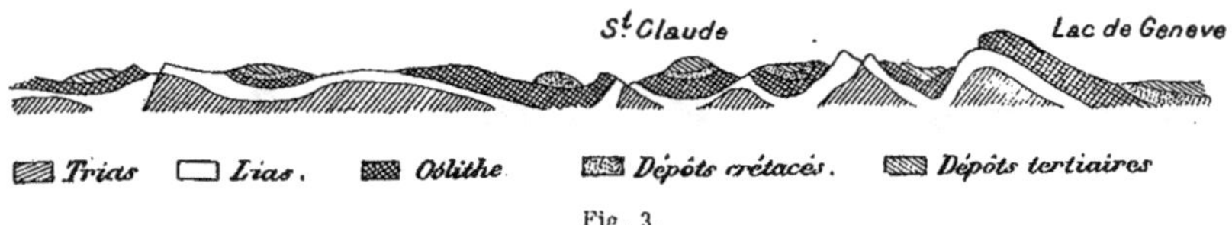

Fig. 3.

caractérisé surtout par les oolithes, ou petits grains ressemblant à des œufs de poisson qui, disposés en couches concentriques, sont enveloppés dans des masses calcaires.

3° La région des plaines, qui comprend le reste de la France, c'est-à-dire la Champagne, le bassin de Paris, le bassin aquitanien, les vallées de la Saône et du Rhône, et la plaine d'Alsace.

« Le bassin anglo-parisien, dit M. le capitaine Romieux (1), forme une dépression comblée en partie par les éléments triasiques, jurassiques, crétacés et tertiaires ; elle a été coupée en deux par les empiétements de la Manche et de la mer du Nord. Mais la disposition en bassin est très nettement accusée par le plongement vers le centre (Paris) de toutes les couches superposées. Les actions érosives s'exerçant sur les affleurements concentriques de ces couches les ont taillés en sortes de falaises, dont on compte huit rangées successives entre Paris et les Vosges (*fig.* 4) et dont plusieurs se retrouvent, mais moins nettement, dans la partie occidentale du bassin.

« Il y a encore deux autres dépressions, occupées par les mêmes formations sédimentaires ; ce sont le bassin aquitanien prolongé par le golfe de Gascogne, et l'ensemble formé par les vallées de la Saône et du Rhône et le plateau suisse.

« Mais tandis que le bassin aquitanien vient simplement buter contre le plus raide des deux versants de la chaîne des Pyrénées, la dépression orientale, au contraire, est pour ainsi dire bordée à pic par le plateau central, puis elle remonte le versant le plus doux de la chaîne des Alpes, dont le versant raide va tomber sur le Piémont et la Lombardie. Les actions de refoulement qui ont soulevé les Alpes venant se briser contre le massif résistant du plateau central, ont déterminé la grande fracture le long de laquelle coulent toute la Saône et le Rhône inférieur, et où se sont effondrés jurassique et crétacé depuis

(1) *Cours de géologie* de l'École d'application de Fontainebleau, auquel nous avons également emprunté les figures 2, 3 et 5.

Gray jusqu'à Valence. En face de l'ensellement de la croûte primitive qui correspond au plateau de Langres, la résistance s'est trouvée moins grande dans les couches supérieures sédimentaires que dans les couches profondes granitiques, le refoulement a donc pu se propager. Ainsi s'est produit le bourrelet jurassique fortement plissé et fracturé du Jura franco-suisse, qui forme, en avant de la plaine appelée plateau suisse, comme une contre-garde parallèle au rempart des Alpes. Après un étranglement dû à la résistance du massif primitif Vosges-Forêt-Noire, le même bourrelet se continue avec les mêmes caractères, vers le nord-est, par

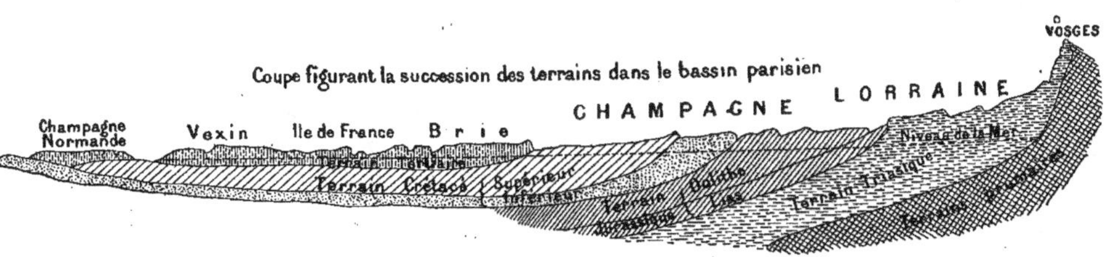

Fig. 4.

le Jura de Souabe et le Jura de Franconie.

« Outre les phénomènes de dislocation résultant de la formation des Alpes et des Pyrénées, la France en présente un grand nombre de moindre importance, telles que les plissements du Morvan et du Beaujolais, les failles du Sancerrois, le ridement de l'Ardenne, du Hainault, de l'Artois, de Bray, de la vallée de la Seine, de la Picardie, qui accuse nettement dans cette dernière région deux directions conjuguées.

« La plus intéressante de ces dislocations de second ordre est celle qui a produit l'effondrement de la clé de voûte du bombement primitif Vosges-Forêt-Noire, pour former la plaine d'Alsace. »

Nature géologique des terrains.

7. En ce qui concerne la nature des terrains, la France possède, à très peu de choses près, la succession complète de tous les terrains géologiques (voir le tableau de la page XVI et la figure 5).

8. Les *terrains primitifs ou ignés* constituent le plateau central presque exclusivement et la masse des principales montagnes de la France : les Alpes septentrionales, les Pyrénées surtout orientales, le massif des Maures et de l'Esterel, les Vosges méridionales, les monts d'Auvergne et le massif armoricain (Bretagne et Cotentin). Ces diverses montagnes forment ainsi le contour circulaire du plateau central, qui se divise en plusieurs régions présentant des caractères et des terrains variés. La région nord-est (Morvan, Forez, Beaujolais) est accidentée par des éruptions porphyriques. Les porphyres se retrouvent également dans les Maures et en certains points à travers les terrains primitifs et de transition. Le Limousin à l'ouest constitue un plateau peu ondulé de granite et de gneiss, où s'exploitent des kaolins. La région centrale est occupée par les quatre groupes volcaniques, les uns phonolithiques et basaltiques (Velay et Haut-Vivarais), d'autres trachytiques et basaltiques (Cantal, mont Dores, Puy-de-Dôme), certains enfin formés de cônes à cratères bien conservés (les soixante cônes de la chaîne des Puys). La région sud (Cévennes, Rouergue, Montagne Noire) forment un fer à cheval granitique qui enveloppe les Causses. Des éruptions de roches cristallines anciennes, granite et porphyre, se montrent dans les régions d'affleurement des terrains primitifs, mais elles ont plus d'importance dans le plateau central, l'Armorique et l'Esterel, que dans les Pyrénées et surtout dans les Alpes. On retrouve aussi quelques terrains volcaniques dans le Bas Languedoc et dans la Provence. Les terrains primitifs, presque infertiles, ne sont couverts que de bois, de landes ou de pâturages; les terrains volcaniques sont composés de roches nues et stériles, formant parfois de magnifiques effets.

9. Les terrains *primaires ou de transition* apparaissent aux limites des terrains primitifs. La roche granitique des Pyrénées forme des îlots nombreux, entourés de sédiments anciens presque

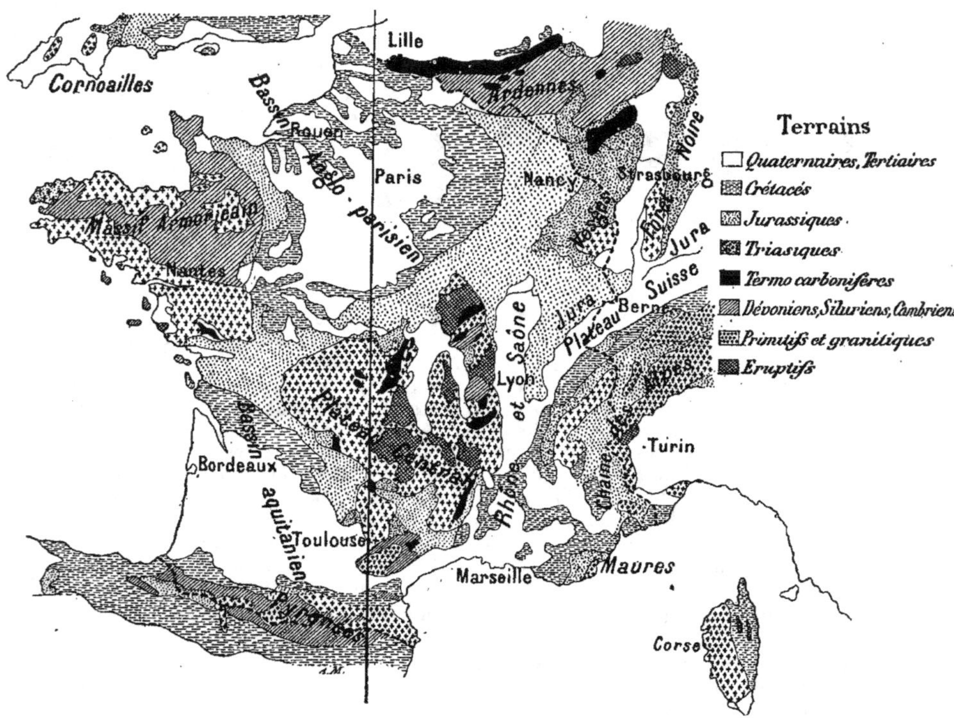

Fig. 5.

noyés dans des masses de terrain schisteux. De même entre les deux bandes de granit qui forment le relief de la péninsule bretonne, se trouve une dépression suivie par le canal de Nantes à Brest, composée en grande partie des schistes du terrain de transition et renfermant encore de vastes étendues de terres incultes, quelques forêts et des vallons tourmentés. Les dépôts d'anthracite de la Sarthe et des environs d'Angers, les ardoisières de cette dernière localité appartiennent également à ce genre de terrain, Nous avons vu que les Ardennes sont formées de schistes ardoiseux et de quartzistes ; elles se présentent en plateaux mollement ondulés, couverts de bois et marécageux, échancrés par des vallées profondes à parois abruptes. Enfin, la chaîne alpine comprend des massifs de chloritoschistes, de micachistes, etc., sur lesquels s'appuient des grès anthracifères.

10. Les *terrains secondaires* se trouvent dans leurs diverses variétés.

1° Le *carbonifère ou houiller* recouvre divers points du plateau central (le Creusot, Saint-Étienne, Commentry, etc.,) et des Corbières ; on en trouve une bande importante au nord des Ardennes, et quelques faibles bassins en Bretagne, dans les Vosges et dans les Maûres;

2° Le *permien ou pénéen* se trouve surtout dans les Vosges ; les forêts et les pâturages y prospèrent;

3° Le *triasique* existe dans les Alpes, dans les Pyrénées occidentales, dans les Basses Vosges, au nord et au sud-ouest du plateau central, enfin dans la plus grande partie de la Lorraine, où les affleurements du trias montrent le grès bigarré en plateaux faisant suite aux relèvements du grès des Vosges, puis le muschelkalk en terrasses, puis les marnes irisées en plateaux infertiles, mais renfermant de précieux dépôts de sel gemme ;

4° Le *jurassique* dessine un huit ouvert, au nord et au sud, du plateau central, auquel il forme une ceinture presque continue, et du bassin de Paris, autour duquel les quatre étages jurassiques successifs affleurent. « Ces étages, très développés dans la région orientale de ce bassin, sont beaucoup moins puissants dans la partie occidentale. En effet jusqu'après le dépôt de la grande oolithe, cette dernière partie s'est émergée tandis que l'autre s'enfonçait, puis un mouvement général d'exhaussement s'est produit, troublé cependant dans sa régularité par deux périodes d'affleurement. L'alternance des couches calcaires et de puissantes assises sablonneuses ou argileuses est ordinairement très nette dans ces terrains. On rencontre des minerais de fer oolithiques, (Lorraine, Bourg) et des calcaires à ciment (Ciment de Pouilly, de Vassy, etc.). Les roches dominantes et caractéristiques sont les calcaires blancs ou blanc jaunâtre, et plutôt compactes qu'oolithiques surmontant les calcaires généralement gris-blancs du lias. Dans les nombreuses vallées de fracture de la Côte-d'Or, ils affleurent souvent en escarpements uniformes. Le terrain jurassique se rencontre encore ramené à la surface par des soulèvements dans le Bas-Boulonnais et au fond de la grande fracture crétacée, ouverte à la façon d'une boutonnière qui constitue le pays de Bray (1) » Le golfe formé par les Cévennes et le Rouergue est comblé par de larges plateaux jurassiques, coupés de profondes et étroites vallées de fracture. On voit que l'espace occupé par le terrain jurassique est fort vaste ; le sol qui en est formé est un des meilleurs de la France; il est couvert soit de champs cultivés ou de prairies, soit de vignobles ou de forêts ;

5° Le *crétacé* se présente dans l'est du bassin de Paris en deux terrasses moins saillantes que celles du jurassique qu'il recouvre ; on le retrouve encore le long du bord ouest du bassin et formant le sous-sol et les falaises côtières de la Normandie. Ses roches, peu agrégées, ne fournissent que de médiocres matériaux de construction; elles s'étendent en bancs puissants qui affleurent en plaines ou en collines arrondies. Le néocomien n'y est pas reproduit. Ce terrain est froid et maigre, cependant la craie marneuse est fertile (pays d'Auge et de Caux), tandis que la craie blanche (Champagne pouilleuse) l'est fort peu, mais laisse pousser la vigne sur les coteaux. On trouve quelques lambeaux déchiquetés de lias dans les Alpes et le Jura. La région pyrénéenne présente sur les deux revers cette double particularité : les éruptions de roches ophitiques et le faciès nummulitique du terrain éocène. Quelques parties de la crête principale ont des parois calcaires où sont taillés les magnifiques cirques de Gavarnie, d'Estaubé, de Troumouse et de Biela. Dans tout le midi de la France (Provence et Gascogne), le néocomien est très développé et les calcaires crétacés sont compactes à la manière des calcaires jurassiques. La belle vallée du Rhône inférieur est occupée par l'infracrétacé, avec néocomien très développé.

11. Les *terrains tertiaires* occupent presque le tiers de la France dont ils forment presque toutes les plaines ; ils sont très fertiles et conviennent à toute espèce de cultures ; ces terrains ont également

(1) Cours de l'École d'application, déjà cité.

comblé les intervalles entre les plateaux et les chaînes de montagnes. Leurs roches (sable et argile, calcaires grossiers, gypses, marnes, calcaires et meulières, grès blancs) diffèrent complètement des roches crétacées ; leur degré d'agrégation les rend propres à former des matériaux de construction de toute sorte. Le bassin de Paris ou bassin neustrien occupe la partie la plus considérable de ces terrains, et la facilité de trouver des matériaux à proximité n'a pas été étrangère au développement des constructions à Paris. La falaise tertiaire dessine le contour des plateaux éocènes de la Brie et du Soissonnais, sillonnées de nombreuses vallées. « Sur la plus grande partie de ces plateaux sont semés des témoignages de leur recouvrement ancien par les dépôts miocènes, tertres dont la puissance atteste des dénudations considérables. L'étage miocène forme le sol du plateau de la Beauce. Il commence par les sables et grès marins de Fontainebleau découpés, dans la forêt de ce nom et jusqu'au delà d'Étampes et de Versailles, en collines parallèles remarquablement allignées. Des calcaires lacustres, des argiles, des meulières se superposent à ces sables et sont eux-mêmes surmontés, vers la Touraine, par les dépôts de débâcle marine, généralement meubles et incohérents qu'on désigne sous le nom de faluns (1). » Il y a également des dépôts pliocènes dans certaines parties de la région tertiaire. Sur le plateau central, entre le plateau du Limousin et le Morvan viennent s'intercaler les dépôts miocènes de la Limagne et de la Loire. Dans le bassin aquitanien, l'éocène affleure parfois, mais c'est surtout le miocène qu'on rencontre à la surface de l'Agenois, du pays toulousain et de l'Armagnac. Entre le Jura et le plateau central, les alluvions pliocènes constituent le sol fertile de la Bresse et le terrain marécageux des Dombes. La vallée du Rhône est occupée en partie par le miocène, avec nombreux gisements accidentels de gypse et de lignite. Nous avons indiqué déjà que l'on trouve des bandes de dépôts tertiaires sur les deux versants des Pyrénées. On rencontre en outre des parcelles éparses de terrains tertiaires en Bretagne, en Provence, en Vendée et en Alsace. Des sables pliocènes occupent la triste région des Landes. Enfin, dans les Alpes, se trouvent des lambeaux tertiaires tout déchiquetés.

12. Enfin les *terrains d'alluvion* se rencontrent dans toutes les vallées. Ils ont formé la plaine d'Alsace, la Flandre maritime ; dans le bassin de Paris, ils s'étalent sur les plateaux et dans le fond des vallées et ont contribué à la fertilité qui a fait donner à une partie le nom d'Ile de France. Une succession analogue de sédiments emplit le bassin aquitanien. Sur l'Armagnac rayonne un réseau de rivières descendant des trois grands cônes de déjection pyrénéenne qui débouchent des vallées de la Neste, de l'Adour et du Gave de Pau. La vallée du Rhône vient aboutir à la Crau, ancien cône de déjections pierreuses, charriées par la Durance, en partie recouvert aujourd'hui par la plaine marécageuse de la Camargue, c'est-à-dire par le delta du Rhône. Les alluvions modernes se rencontrent surtout le long des côtes et au bord des cours d'eau sujets aux débordements. D'une manière générale, ces terrains de l'époque quaternaire sont très fertiles et propres à la culture, à moins qu'ils n'affectent la forme de marais salants, comme dans le Poitou, l'Aunis et la Saintonge, la Bretagne méridionale, ou celle de galets, comme au pied des falaises de Normandie, ou enfin celle de dunes, comme dans la Gascogne, la Guyenne, la Flandre et la Picardie septentrionale.

13. *En résumé*, les terrains les plus abondants sont les terrains tertiaires, qui couvrent environ les trois dixièmes de la France et forment principalement le bassin de Paris. Toutes les vallées de la France septentrionale viennent converger vers la position de Paris, comme nous l'avons déjà dit, ce qui explique son rôle politique. Les terrains primitifs, qui viennent ensuite par ordre d'importance, occupent à peu près deux dixièmes de la superficie totale. Le terrain jurassique en recouvre les deux dixièmes, puis les terrains crétacés les douze centièmes, les terrains de transition le dixième, les terrains triasique et per-

(1) Cours de l'École d'application déjà cité.

mien les cinq centièmes, les terrains carbonifère et d'alluvion les trois centièmes. Autrement dit, ce sont les terrains les plus fertiles et les plus productifs qui recouvrent la majeure partie du sol de la France.

Voici, d'après la statistique générale de la France, comment on pourrait classer les 53 millions d'hectares de sa superficie :

Montagnes.........	4,300,000 hectares
Bruyères et landes..	5,680,000
Sol de riche terreau.	7,275,000
Sol de craie.........	9,790,000
Sol de gravier......	3,420,000
Sol pierreux........	6,610,000
Sol sablonneux.....	5,020,000
Sol argileux........	2,135,000
Sol limoneux.......	285,000
Sols divers.........	7,485,000
Total....	53,000,000

C'est donc à la constitution géologique du sol que la France doit ses cultures si variées et ses terrains si productifs, les richesses minérales qu'on en extrait; son régime orographique et hydrographique si développé et si favorable à l'agriculture, au commerce et à l'industrie ; son climat si doux et si salubre, le caractère et les mœurs de ses habitants, si sociables et si avancés dans le progrès, et même son histoire, en fusionnant les races et les intérêts. « Il semble, dit Strabon, qu'une Providence tutélaire éleva ces chaînes de montagnes, rapprocha ces mers, traça et dirigea le cours de tant de fleuves pour faire un jour de la Gaule le lieu le plus florissant du globe. »

De plus nous avons vu que la France occupe une situation privilégiée comme puissance maritime et continentale.

§ *III. — OROGRAPHIE*

Système orographique.

14. Le système orographique de la France se compose :

1° D'un massif central détachant des chaînons dans différentes directions, et formant des plaines plus ou moins vastes, ayant entre elles des communications faciles ;

2° D'un certain nombre de chaînes intérieures ;

3° De chaînes extérieures qui limitent ces plaines et qui forment les frontières de la France.

I. — Plateau central.

15. Le noyau du plateau central consiste en un haut plateau granitique recouvert de laves et de basaltes provenant des volcans aujourd'hui éteints.

Ces soulèvements successifs ont modifié ce plateau et ont constitué différents groupes qui portent des noms distincts, savoir :

1° Les *monts du Velay*, qui s'étendent depuis la source de la Loire, et celle de l'Allier jusque vers Clermont-Ferrand, et forment de hauts plateaux granitiques et volcaniques d'une altitude variant de 1,000 à 1,400 mètres ;

2° Les *monts du Forez*, qui comprennent tout le massif situé entre la Loire et la Dore, et atteignent une hauteur maximum de 1640 mètres au nord d'Ambert. Ces montagnes sont très boisées et ne sont traversées que par un petit nombre de bonnes routes, quoique passant à des hauteurs considérables de 1,000 à 1,150 mètres;

3° Les *monts de la Margeride*, qui s'étendent entre l'Allier et la Truyère, et forment une crête continue, sans fracture, à une altitude de 1,400 à 1,500 mètres. Ces montagnes sont très boisées et ne sont franchies que par un petit nombre de routes;

4° Les *monts d'Aubrac*, qui comprennent l'immense plateau granitique et volcanique situé entre le Lot et la Truèyre. Leur hauteur maximum est de 1,471 mètres ; leurs pentes septentrionales sont assez douces et couvertes de forêts et de pâturages ; au contraire, les pentes méridionales sont très raides et presque arides;

5° Les *monts d'Auvergne*, qui s'étendent depuis la rive droite de la Truyère, au sud, jusqu'à la Sioule, au nord. Ils forment plusieurs groupes distincts, savoir : le *Cantal*, immense massif volcanique qui borde la Truyère au sud, et s'étend jusqu'à la Dordogne, au nord, et dont les plus hauts sommets dépassent 1,800 mètres de hauteur; les *monts Dore*, massif situé au nord du Cantal, de même configuration que celui-ci, mais moins étendu; les *monts Dôme*, encore plus au nord, formés d'anciens volcans rangés sur une ou deux files entre les vallées de l'Allier et de la Sioule. Les sommets ou pays de ces montagnes ne dépassent le plateau que de 300 à 400 mètres : ce dernier est lui-même à 900 ou 1,000 mètres d'altitude; il en résulte que, vus des plateaux, ces volcans ne paraissent que de simples collines, tandis que vus de la plaine, ils ont l'aspect de montagnes imposantes. Le point culminant de la chaîne est le Puy-de-Dôme avec une altitude de 1,465 mètres;

6° Le *plateau de Millevache* qui s'étend à l'ouest des monts d'Auvergne, sur la rive droite de la Dordogne. C'est un plateau nu et aride, à l'altitude moyenne de 800 mètres, et dont les points les plus élevés atteignent près de 1,000 mètres ;

7° Les *monts du Limousin*, qui prennent naissance à l'ouest du plateau de Millevache et se terminent aux sources de la Charente. Ces montagnes, qui ont une altitude de près de 810 mètres à leur partie orientale, vont s'abaissant graduellement vers l'ouest et n'ont plus que 300 mètres de hauteur vers les sources de la Charente. Leurs formes sont arrondies, les parties supérieures sont couvertes d'herbes et de bruyères, les versants sont généralement boisés ;

8° Les *monts de la Marche*, comprenant les lignes de collines qui se prolongent au nord des monts du Limousin, entre la Vienne et la Creuse, et constituent les dernières ramifications du plateau central.

Ces monts prennent diverses dénominations dans leurs différentes parties : *plateau de Gentioux, collines de Combuilles, plateau de Boussac*, etc. ; ils présentent à peu près le même caractère que les monts du Limousin, mais le sol y est plus ingrat. Leur altitude, qui est d'environ 900 mètres dans leur partie méridionale, au plateau de Gentioux, va en décroissant vers le nord, où elle n'atteint plus que la cote 400 ; ils se raccordent avec les vastes plaines du Berry, du Bourbonnais et de la Touraine par des pentes très douces ;

9° Les *monts du Morvan*, qui forment le promontoire extrême du plateau central dans la direction du nord. Ce massif est isolé à l'ouest et au sud par la dépression où passe le canal du Centre ; mais, par ses roches profondes, il continue les hauteurs de l'Auvergne et du Jura.

Les plus hauts sommets de ce massif n'atteignent pas 1,000 mètres d'altitude, et pourtant ses hautes croupes lui donnent en plusieurs endroits l'aspect de véritables montagnes.

Les pentes et les plateaux supérieurs du Morvan sont généralement boisés ; les bas versants sont couverts de vignobles.

Au nord-est, le massif du Morvan forme, avec la Côte-d'Or, le plateau de Langres et les Faucilles, la ligne de partage des eaux.

Du côté du midi, l'abrupte coupure du plateau forme ces déclivités dont les vignobles ont valu à la contrée le nom de Côte-d'Or.

II. — Chaînes de montagnes intérieures.

16. Indépendamment du Plateau central, il existe encore en France un certain nombre de chaînes de montagnes intérieures qui sont les suivantes :

1° Les Cévennes ;
2° les Faucilles ;
3° les monts du Cotentin ;
4° les monts de Bretagne ;
5° les chaînes de hauteurs de la frontière nord-est ;
6° les Ardennes ;
7° les collines de la rive gauche de la Sambre ;
8° les collines de l'Artois ;
9° les collines de Picardie ;
10° les collines du pays de Caux.

I. — LES CÉVENNES

17. Les géographes désignent sous le nom de Cévennes, cette série de chaînes de montagnes qui se développent en demi-cercle sur une longueur de 500 kilomètres, depuis la trouée de Rivel, où passe le chemin de fer de Castelnaudary à Castres, jusqu'à celle de Chagny, où passe le canal du Centre.

Ce nom de Cévennes est plutôt employé par les géographes que par les habitants du pays limitrophe de cette chaîne ; ceux-ci désignent les différents massifs par des noms particuliers qui sont les suivantes :

Les *monts du Charollais*, comprenant le massif qui s'étend depuis Chagny jusqu'aux environs de Beaujeu. Ces monts n'ont qu'une hauteur moyenne de 500 à 600 mètres ; ils sont couverts de bois et de pâturages, découpés de vallées fertiles et sillonnées en tous sens par de très bonnes routes.

Les *monts du Mâconnais* forment une deuxième crête parallèle aux monts du Charolais et longent la Saône. Ils présentent les mêmes caractères que ces derniers, mais ils sont généralement plus élevés et ont leurs pentes du côté de l'est couvertes de vignobles.

Les *monts du Beaujolais* forment deux crêtes parallèles, sur les deux rives de l'Azergues, petit affluent de la Saône. Ils s'étendent de Beaujeu jusqu'aux environs de Tarare. Leurs formes sont douces et arrondies, mais leurs pentes sont arides, dénudées. Leur hauteur moyenne est un peu supérieure à celle des massifs plus au nord et un de leurs sommets atteint l'altitude de 1,000 mètres.

Les *monts du Lyonnais* s'étendent depuis la dépression où passe la voie ferrée de Roannes à Lyon jusqu'à la dépression de Saint-Étienne. Leur hauteur varie de 600 à 900 mètres; les parties de cette chaîne qui avoisinent Lyon forment des positions militaires importantes pour la défense de cette ville et on les a occupées par des forts.

Viennent ensuite les *monts du Vivarais et du Gévaudan*, avec les *chaînons de Coirons, des Boutières et du mont Pilat.* Ces massifs s'étendent sur la rive droite du Rhône, depuis Saint-Étienne jusqu'à la source de l'Allier. Ces montagnes ont généralement un sous-sol granitique, recouvert d'épaisses couches de terrains volcaniques, de laves, de basaltes, etc. Les pentes supérieures sont recouvertes de beaux châtaigniers; les pentes inférieures du côté de la vallée du Rhône sont cultivées de vignes.

La hauteur moyenne de ces massifs est de 1,200 mètres, mais un certain nombre de sommets atteignent l'altitude de 1,500 mètres environ.

Les monts de la Lozère s'étendent depuis la source de l'Allier, au nord, jusqu'à la source du Tarn, au sud. Ces montagnes sont arides et dépouillées de forêts ; leur hauteur moyenne est d'environ 1,600 mètres.

Les Cévennes proprement dites, qui ont donné leur nom à toute la chaîne, forment un véritable chaos de roches granitiques, depuis la source du Tarn jusqu'au coude formé par l'Hérault, près de Ganges. Les principaux groupes de cette partie sont : le *causse de Larzac*, entre Lodève et Milhau (altitude de 700 à 900 mètres); le *causse Noir*, entre le Tarn et la Jonte (altitude 860 mètres) ; le *causse Méjean* entre le Tarn et le Tarnon (altitude 900 à 1,300 mètres ; le *causse de Sauveterre*, entre le Tarn et le Lot (altitude 900 à 1,200 mètres); les *causses du Rouergue*, entre le Lot et l'Aveyron; la longue crête de *l'Espéron*, aux sources de l'Hérault; le pic de *l'Aigoual;* les monts du *Bougès*; etc.

Les monts Garrigues s'étendent depuis le coude de l'Hérault jusqu'à la rivière de l'Orbe, et forment une série de plateaux granitiques ou calcaires, élevés de 500 à 600 mètres au-dessus du niveau de la mer, arides, desséchés, sans forêts et sans prairies.

Les monts de l'Espinasse, situés entre l'Orbe et l'Agout, atteignent des hauteurs de 1,000 à 1,100 mètres : ces montagnes se terminent du côté du sud par des pentes brusques et escarpées, tandis qu'au nord elles se raccordent avec la plaine par de longues pentes très douces.

La montagne Noire, située entre l'Orbe et l'Aude, constitue le dernier massif de la chaîne des Cévennes. C'est un groupe de pics granitiques et schisteux, par conséquent arides et stériles; pourtant le versant nord est boisé et présente quelques pâturages.

Ce massif, dont les plus hauts sommets atteignent une hauteur de 1,200 mètres, est traversé par un certain nombre de routes passant par des dépressions ou gorges, à l'altitude de 450 à 900 mètres.

Tels sont les differents groupes qui constituent la vaste chaîne des Cévennes.

II. — Les Faucilles

18. Forment une arête de jonction des Vosges avec le plateau central de la France. Elles ont la forme d'un croissant irrégulier : leur hauteur ne dépasse pas 200 à 300 mètres ; elles sont percées de nombreux passages carrossables et viennent aboutir au plateau de Langres.

III. — Les monts du Cotentin

19. On donne ce nom à des massifs et à des chaînes de collines assez élevées, qui limitent au sud la région de la basse Normandie.

Les hauteurs du Perche, au nord de Mortagne, forment un premier massif où prennent naissance des cours d'eau assez importants, tels que la Sarthe, l'Orne, l'Eure, etc.

Les monts d'Alençon continuent la chaîne de ces hauteurs, à l'ouest de la dépression de Domfront. Ces monts, où commence à percer le granit, ont des sommets de plus de 400 mètres d'altitude, leur partie orientale offre un entremêlement assez confus de chaînons, mais en continuant à l'ouest, la formation des collines devient très régulière et se prolonge jusqu'aux monts de Bretagne.

IV. — Les monts de Bretagne

20. Ces monts sont formés de deux lignes de collines granitiques, dirigées à peu près de l'est à l'ouest, et comprennent entre elles une dépression suivie par le canal de Nantes à Brest.

La ligne de collines la plus au nord commence aux *Monts d'Alençon* et se termine au *mont Saint-Michel*. Elle est formée d'une suite de massifs distincts dont les sommets ont une altitude variant de 300 à 400 mètres.

La ligne de collines située au sud de la précédente est beaucoup plus continue que celle-ci ; elle commence à l'extrémité du *Bocage Vendéen* et se termine à la pointe du *Raz*. Elle est divisée en quatre groupes principaux par la Loire, la Vilaine et le Blavet qui la traversent près de leur embouchure.

V. — Les chaines de hauteurs de la frontière nord-est

21. Elles sont constituées par une série de bourrelets de collines, qui sont les terminaisons des couches géologiques des terrains du bassin de Paris, et qui présentent des pentes beaucoup plus raides vers l'est que vers l'ouest.

Ces bourrelets sont au nombre de cinq, savoir :

Les collines de la Moselle, qui partent des sources de la Meuse et se dirigent vers le Luxembourg, en passant par Nancy et Metz. Les crêtes les plus élevées de ce groupe ne dépassent pas 450 mètres d'altitude.

Les collines de la Meuse, qui bordent la rive droite de cette rivière depuis Neufchâteau jusqu'à Moizon en passant par Toul et Verdun. Ces hauteurs, dont l'altitude varie de 300 à 400 mètres, commandent toutes les plaines à l'est; elles ont donc une très grande valeur au point de vue militaire, aussi constituent-elles une ligne défensive puissante, que l'on a renforcée par un grand nombre d'ouvrages de fortification.

L'Argonne est un massif de collines boisées, situées entre l'Aire et l'Aisne, et se prolongeant jusqu'au nord de Rethel. Jadis l'Argonne ne pouvait être franchie que par les cinq défilés *des Islettes, de la Chalade, de Grand-Pré, de la Croix-aux-Bois* et *du Chêne populeux*. Elle constituait donc un obstacle militaire très puissant et qui fut défendu avec succès par Dumouriez en 1792. Actuellement, elle a perdu une grande partie de sa valeur comme obstacle à la force des armées, à cause des nombreuses routes qui la sillonnent en tous sens et parce qu'on peut la tourner soit par le nord, soit par le sud.

La crête du plateau de la Brie forme une chaîne importante de collines qui s'étendent depuis la Seine aux environs de Fontainebleau jusqu'à l'Oise aux environs de la Fère, en passant par Montereau, Nogent, Sézanne, Épernay, Reims et Laon.

Cette crête forme une position défensive très sérieuse en avant de Paris, et surtout parce que, vu sa grande étendue, elle ne peut être tournée. On l'a renforcée par des ouvrages de fortification à Reims, Laon et la Fère.

VI. — Les Ardennes

22. Commençant au nord des crêtes qui viennent d'être énumérées, elles forment un vaste plateau boisé, élevé de 200 à 300 mètres au-dessus des plaines voisines.

Les Ardennes forment deux chaînes : l'une à l'est de la Meuse, appelée *Ardennes orientales*, prend naissance à la Semoy et s'étend à travers le Luxembourg et l'Allemagne jusqu'au Rhin ; l'autre, située entre la Meuse et la Sambre, remonte vers le nord jusqu'en Belgique et porte le nom d'*Ardennes occidentales*. Cette chaîne constitue une ligne de défense sérieuse, que l'on a renforcée par des forts d'arrêt.

VII. — Collines de la rive gauche de la Sambre

23. Ces collines, qui forment la ligne de partage des eaux de l'Escaut et de la Meuse, constituent une crête militaire très importante, bien qu'ayant peu de relief, car elles ont l'avantage de dominer toute la plaine de Belgique.

VIII. — Collines de l'Artois

24. On désigne sous ce nom une ligne de hauteurs qui prend naissance un peu au nord de Saint-Quentin et se termine au cap Gris-Nez ; elles forment des plateaux dont l'altitude varie entre 50 et 200 mètres.

IX. — Collines de Picardie

25. Elles sont formées par une ligne de hauteurs partant également des environs de Saint-Quentin et venant limiter le bassin de la Somme au sud-ouest ; elles présentent à peu près les mêmes caractères que les collines de l'Artois.

X. — Collines du pays de Caux

26. Ces collines ne sont que le prolongement des collines de Picardie depuis le pays de Bray jusqu'au cap de la Hève, près de l'embouchure de la Seine. Ces lignes de hauteurs, de même que les collines de Picardie et celles de l'Artois, n'ont qu'une très faible importance au point de vue militaire.

III. — Chaînes extérieures formant les frontières de la France.

Ces chaînes sont au nombre de quatre :
1° Les Vosges ;
2° Le Jura ;
3° Les Alpes ;
Et 4° Les Pyrénées.

I. — Les Vosges

27. Cette chaîne de montagnes prend naissance au-dessus de Belfort et se prolonge vers le nord, parallèlement au Rhin, jusqu'à Mayence, sur une longueur d'environ 250 kilomètres. Ces montagnes sont très boisées et présentent des formes douces et arrondies qui leur ont fait donner le nom de *ballons* (*fig.* 6).

La largeur du massif montagneux des Vosges est d'environ 50 kilomètres, au sud de la chaîne ; cette largeur va se rétrécissant constamment vers le nord.

Autrefois les montagnes des Vosges et celles de la Forêt-Noire ne formaient qu'une seule et même chaîne ; celle-ci s'est affaissée dans sa partie centrale et a ainsi constitué la vallée du Rhin. Il en résulte que le versant alsacien des Vosges est beaucoup plus raide que le versant lorrain, et que, par suite, ces montagnes sont surtout difficiles à franchir en partant de l'est, c'est-à-dire de l'Allemagne.

La crête principale des Vosges sert de frontière entre la France et l'Allemagne, depuis le ballon d'Alsace, situé à l'extrémité sud de la chaîne, jusqu'au mont Donon ; à partir de ce point, ces montagnes sont entièrement situées sur le territoire allemand.

Les sommets les plus élevés se trouvent dans la partie sud et atteignent jusqu'à 1,250 mètres de hauteur. Cette hauteur va en décroissant vers le nord, et elle n'est plus que 400 à 500 mètres aux environs de Phalsbourg.

Ces montagnes sont très boisées et détachent de nombreux contreforts ; ceux qui s'étendent dans la plaine d'Alsace sont très courts et perpendiculaires à la direction générale de la chaîne ; au contraire, ceux qui sont situés sur le versant lorrain, sont généralement assez longs et obliques par rapport à la crête principale.

Les Vosges sont franchies par un assez grand nombre de routes passant par des cols à des altitudes très élevées, et par suite peu carrossables ; pourtant, les voitures peuvent circuler sur un certain nombre de routes, mais avec des grands renforts d'attelages. Ces routes sont les suivantes sur la partie comprise entre le ballon d'Alsace et le mont Donon : du *Ballon* (1,160 m.), du *col de Bussang* (730 m.), du *col d'Odam* (880 m.), du *col de la Schlucht* (1,100 m.), d'*Orbey* (1,100 m.), du *col du Bonhomme* (940 m.), du *col de Sainte-Marie-aux-Mines* (780 m.), d'*Urbeix* (620 m.), de *Saint-Dié à Saales* (560 m.), de *Raon-l'Étape à Saales* (560 m.), de *Sénones à*

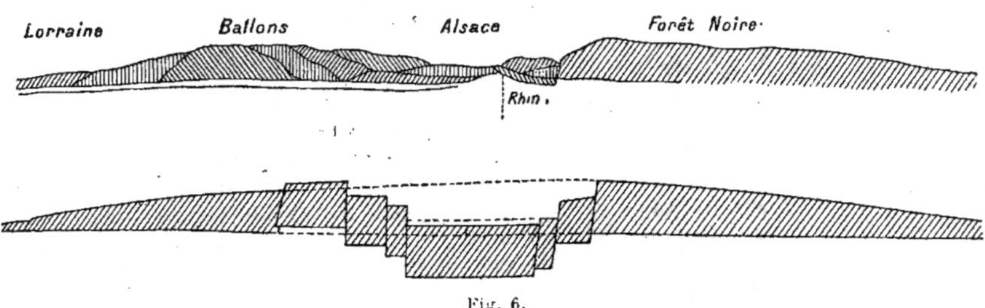

Fig. 6.

Saales (560 m.), de *Sénones à Saint-Blaise* (620 m.), du *Donon* (740 m.).

Du côté du Jura, le massif vosgien est délimité par une profonde dépression où coulent d'un côté les affluents du Rhône, de l'autre ceux du Rhin. C'est la *trouée de Belfort*, qui donne passage à un canal, à une route et un chemin de fer, et que surveille la puissante forteresse dont elle porte le nom.

II. — Le Jura

28. Le Jura s'étend du coude du Rhône à Cordon, jusqu'à l'embouchure de l'Aar en Suisse, est formé de plusieurs crêtes parallèles très régulières, semblables à des étages successifs, dont les pentes les plus raides se trouvent à l'est. La longueur de cette chaîne est d'environ 300 kilomètres, sur une largeur moyenne d'environ 60 kil.

Ces montagnes forment des arêtes continues, entre lesquelles se trouvent d'étroites vallées ; leurs pentes sont généralement boisées, tandis que leurs sommets sont au contraire pierreux et incultes. Dans son ensemble, le système du Jura se compose d'une série de couches repliées sur elles-mêmes par une pression extérieure.

Certaines crêtes, dans la partie sud, ont jusqu'à 1,700 mètres d'altitude, mais en remontant vers le nord, la hauteur moyenne descend à 1,500 et même à 1,000 mètres.

Les échancrures formant les cols par lesquels passent les routes qui franchissent ces montagnes sont très peu profondes et atteignent jusqu'à 1,000 mètres dans la partie méridionale de la chaîne.

III. — Les Alpes

29. On donne ce nom, qui vient du mot *Alp* (régions élevées), à l'immense massif montagneux qui part de la Suisse et s'étend jusqu'à la Méditerranée, en formant la frontière naturelle entre la France et l'Italie.

La chaîne des Alpes affecte la forme d'un vaste demi-cercle dont la convexité serait tournée du côté de la France, et présente des pentes plus abruptes à l'est qu'à l'ouest. Il en résulte que, du côté de l'Italie, les vallées sont convergentes et très courtes, tandis que, du côté de la France, elles sont divergentes et ont jusqu'à 100 kilom. de longueur.

Les Alpes présentent des masses immenses de hauteurs étagées soutenant de vastes glaciers ; la chaîne n'est pas formée de groupes parallèles, de massifs séparés s'étendant dans toutes les directions ; des cols profondément découpés la partagent en groupes distincts, savoir : les *Alpes Pennines*, les *Alpes Graïes* ou *Grées*, les *Alpes Cottiennes*, les *Alpes Maritimes*, les *Petites Alpes*, etc.

Les *Alpes Pennines*, qui s'appellent ainsi du mot celtique *pen* (haute-montagne) s'étendent du Saint-Gothard au mont Blanc. Ce massif étend ses ramifications sur le nord de la Savoie et forme comme une transition naturelle entre les Alpes et le Jura (altitude des sommets de 1,000 à 3,000 mètres), à l'exception toutefois du mont Blanc lui-même, qui a le sommet culminant de toute l'Europe (4,810 mètres d'altitude). Cette montagne n'est qu'une immense agglomération de neige et de glaces, sur une superficie de près de 300 kilomètres carrés.

Aucune voie ferrée ne traverse ce massif, qui est simplement franchi par deux routes, celle de *Simplon* entre la Suisse et l'Italie, et celle du *Grand-Saint-Bernard* qui passe par Chamonix et le col de Balme.

Les *Alpes franco-suisses*, qui forment la limite entre la France et la Suisse, sont une ramification septentrionale des *Alpes Pennines*.

Les *Alpes Graïes* qui tirent leur nom du mot celtique *craig* (pierre), s'étendent du mont Blanc au mont Cenis, et présentent des sommets d'une altitude variant de 3,000 à 4,000 mètres. Ce massif détache des contreforts importants sur le versant français, tels sont les *Alpes de Savoie* et les *monts de la Vannoise*, qui laissent entre eux une dépression profonde, dans laquelle coule l'Isère, et que l'on appelle la *vallée de la Tarentaise*.

Les deux seules routes carrossables traversant les Alpes Graïes sont celle de Moutier à la vallée d'Aoste, qui passe par le col du *Petit-Saint-Bernard*, et celle de *Moutier à Suse*, qui passe par le col du *mont Cenis*.

Les *Alpes Grées* séparent le département de la Savoie de la province de Turin; elles ont 70 kil. de longueur en ligne directe, ou environ 100 kil. avec les circuits de l'arête.

Les *Alpes Cottiennes*, dont le nom vient du roi *Cottius*, ont leur crête principale comprise entre le mont Cenis et le mont Viso et s'étendent sur une longueur d'environ 160 kil. Elles détachent de nombreuses ramifications, notamment les *Alpes du Dauphiné*, qui laissent entre elles et les *monts de la Vannoise* une large dépression dans laquelle coule la rivière de l'Arc, et qui porte le nom de la *vallée de la Maurienne*.

Les Alpes Cottiennes renferment des massifs très élevés tels que le *mont Cenis*, le *mont Thabor*, le *Pelvoux*, etc., dont l'altitude dépasse 4,000 mètres.

Cette partie de la chaîne des Alpes est traversée :

1° Par le chemin de fer de Chambéry à Turin, qui comprend dans son parcours le fameux *tunnel du mont Cenis*, allant de *Modane* en France à *Bardonnèche* en Italie;

2° Par la route de Briançon à Fenestrelles et à Turin, qui passe par le col du *mont Genèvre*.

Les *Alpes Maritimes* s'étendent du mont Viso (altitude 3,840 mètres), jusqu'à la mer Méditerranée, où elles n'atteignent plus que l'altitude de 490 mètres. Elles forment une vaste courbe dans la direction de l'est et se continuent en Italie parallèlement au rivage de la mer, sous le nom d'*Alpes Liguriennes*.

Cette partie méridionale de la chaîne des Alpes est traversée par de nombreuses routes, qui sont les suivantes : la route du *col de Largentière* (cote 1,995 mètres), qui conduit à Barcelonnette en France et à Vindio en Italie; la route du *col de Tende* (cote 1,795^{m}.), qui conduit de Nice à Coni. Les autres routes de la chaîne des Alpes-Maritimes sont situées entièrement en Italie.

Les *Petites Alpes* comprennent tous les massifs montagneux situés entre la chaîne principale et le Rhône, et dont l'altitude des plus hauts sommets ne dépasse guère 2,000 mètres.

Les principaux groupes des Petites-Alpes sont : les *Dranses*, les *Bornes* et les *Banges*, en Savoie; les *monts de la Grande-Chartreuse*, au nord de Grenoble ; le *mont Ventour*, les *monts Vaucluse*, les *Alpines* et la chaînes de l'*Esterel*. La figure 7 ci-après donne des coupes et des profils des principales chaînes françaises, d'après la *Géographie militaire* du colonel Niox.

Coupe transversale des Pyrénées
par le mont Maladetta (3482m)

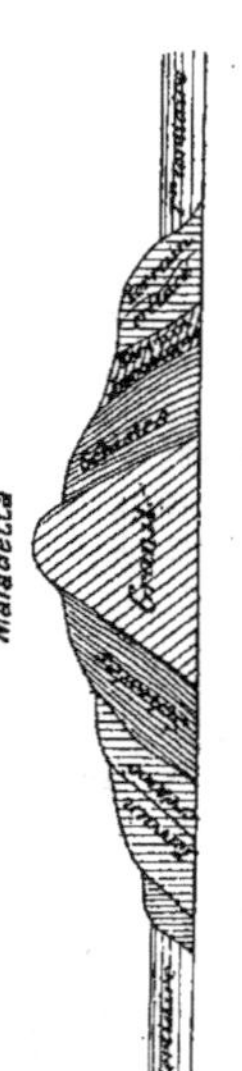

Coupe transversale des Pyrénées
par le Marboré (3327m)

Marboré
Granit

Coupe théorique d'un soulèvement alpin

a. Sillons longitudinaux

Coupe théorique d'un soulèvement
dans la région du Mont-Blanc

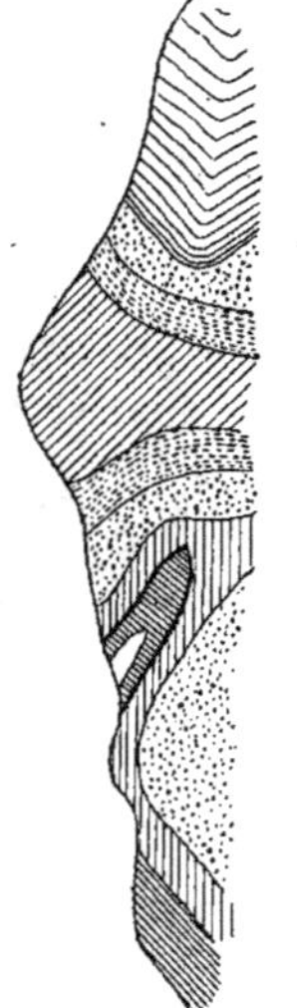

Profil dans les Montagnes du Jura

Lymen.
Ch. du Blauen
La Lucelle R.
La Birse R.
Mt Terrible
Ch. des Vorries
Ch. des Rumenz
Ch. du Weissenstein
Soleure

1. Soulèvement du 1er ordre
2. Soulèvement du 2me ordre
3. Soulèvement du 3me ordre
4. Soulèvement du 4me ordre

Faille de Saverne
d'après Elie de Beaumont

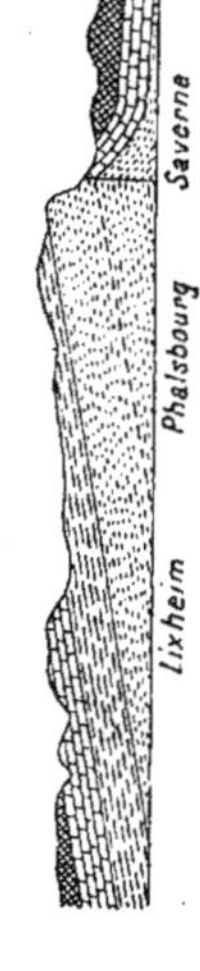

Fig. 7.

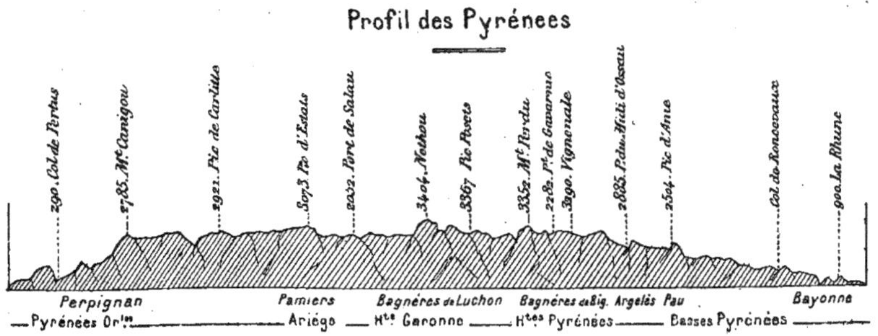

Fig. 8.

IV. Les Pyrénées.

30. Les Pyrénées forment une longue chaîne rectiligne très régulière qui s'étend de la mer Méditerranée à l'Océan Atlantique, sur une longueur de 430 kilomètres et une épaisseur moyenne de 120 kilomètres.

Cette chaîne est une véritable muraille qui s'élève brusquement entre deux vastes plaines ; elle ne détache que des contreforts assez courts de part et d'autre et présente des pentes plus raides que celles des Alpes. Les plus hauts sommets atteignent une altitude de 3,400 mètres, mais sa hauteur moyenne est de 2,000 mètres.

Les Pyrénées séparent la France de l'Espagne; la frontière pourtant ne suit pas toujours la ligne de partage des eaux : à l'est la France empiète en Cerdagne sur le versant sud; au centre, l'Espagne possède les sources de la Garonne, et, à l'ouest, presque toute la vallée de la Bidassoa. Les empiètements n'ont aucune importance et n'empêchent pas la frontière d'être extrêmement forte.

La chaîne des Pyrénées est divisée en deux parties par une espèce de brisure que forme le *val d'Aran* aux sources de la Garonne; la partie qui va du val d'Aran à la Méditerranée porte le nom de *Pyrénées orientales*, celle qui s'étend à l'ouest du val d'Aran est appelée *Pyrénées occidentales* (*fig.* 8).

A l'est, la chaîne des Pyrénées prend naissance au *cap Cerbère* et porte le nom spécial d'*Albères*, pour toute la partie qui s'étend depuis son extrémité orientale jusqu'aux montagnes de *Prats de Mollo* et de *Campredon* (altitude 1,500 mètres). Du côté de l'Espagne, les Albères ne sont que le rebord à peine saillant d'un plateau en pente douce qui vient de l'intérieur du pays ; tandis que du côté de la France, elles sont de véritables montagnes. Toutefois, leur faible hauteur moyenne et l'échancrure des cols qui les traversent ont permis aux nations limitrophes d'y tracer des chemins de passage.

La principale route franchissant les Albères est celle de *Perpignan à Figueras*, qui passe par la dépression du *col du Pertus*.

Entre cette route et la Méditerranée, se trouvent de nombreux cols traversés par des sentiers; tels sont le *col de Banyuls*, le *col del Tourn*, le *col del Sourou*, le *col des Frères* et enfin le *col des Balistres*, par lequel doit passer la voie ferrée de *Port Vendres à Gérone*.

A l'ouest, les Albères se rattachent à la crête principale des Pyrénées par le massif du *Carrigoul*, qui occupe tout l'espace compris entre la haute *vallée du Tech* et celle du *Tet*. La partie de la chaîne des Pyrénées à laquelle se rattache le Carrigou est l'un des plus difficiles à franchir de tout le système ; ces cols sont de simples échancrures ouvertes à 2,500 mètres d'altitude, entre des saillies à peine plus hautes de 200 à 300 mètres.

Une grande route, passant par une dépression profonde qui porte le nom de *col de la Perche* (altitude 1,622 mètres), fait communiquer Perpignan à Puycerda, petite ville espagnole de la frontière.

Au nord-ouest du col de la Perche, se trouve le massif de *Carlitte*, plateau granitique qui se prolonge vers le nord par une chaîne d'assez grande étendue que l'on appelle les *Corbières*.

Un peu avant d'arriver à *Puycerda*, au village français de *Bourg-Madame*, une route qui s'embranche sur celle du col de la *Perche*, franchit le massif des Corbières au col de *Puymaurens* et met ainsi l'Espagne en communication avec Foix, Pamiers et Toulouse.

A partir du col de Puymaurens et jusqu'à la percée de la Garonne, la chaîne des Pyrénées se prolonge sans interruption, présentant seulement entre ses différents pics de légères échancrures qui n'ont pas moins de 2,500 mètres d'élévation.

La chaîne maîtresse détache dans cette partie un assez grand nombre de chaînons perpendiculaires, dont les dernières pentes viennent se rencontrer au système montagneux assez confus, appelé *Pyrénées Ariégeoises*, et qui s'étend jusqu'à Pamiers.

Depuis la percée des sources, de la Garonne jusque vers l'extrémité de la chaîne, c'est-à-dire sur un espace de 200 kilomètres, en ligne droite, les Pyrénées se dressent comme un rempart continu d'une hauteur considérable et dont la crête n'est plus coupée par aucune brèche profonde.

Le pic du Midi de Pau (altitude 2,835 mètres) est le dernier sommet imposant du côté de l'Océan. Au delà, la chaîne s'abaisse rapidement à 2,000 mètres et de nombreux cols faciles la traversent, notamment le *col de Roncevaux* (altitude 1,100 mètres) et la grande route carrossable de Bayonne à Pampelune, qui franchit la chaîne ou *col de Maya*.

A l'ouest d'une croupe qui porte le nom d'*Aldudes*, un brusque détour de la frontière donne à l'Espagne les deux versants des Pyrénées, et la France n'a plus sur son territoire que quelques contreforts et massifs isolés, dont le plus remarquable est la *Rhune* (altitude 900 mètres).

C'est là que s'arrête la partie française des Pyrénées, mais la chaîne se prolonge en Espagne en conservant toujours sa direction est-ouest, jusqu'à une très grande distance parallèlement au rivage du golfe de Gascogne.

Le Mont *Maladetta* ou *Maudit* et le *Marboré*, dont la figure 7 donne des coupes, appartiennent aux Pyrénées espagnoles.

31. *Monts de la Corse.* — La Corse est traversée du nord au sud par une chaîne de montagnes assez élevées, dont les principaux sommets sont : le *monte Cinto* (2,707 mètres), le *monte Rotondo* (2,635 mètres), le *monte Paglia Orba* (525 mètres), le *monte Cardo* (2,454 mètres), et le *monte d'Oro* (2,391 mètres).

32. Ligne de partage des eaux. — Les divers systèmes ou groupes de montagnes précédemment énumérés partagent la France d'abord en deux versants principaux : celui de la Méditerranée, et celui de l'Atlantique, partagé à son tour en versants de la mer du Nord, de la Manche et du golfe de Gascogne. La ligne de partage des eaux qui séparent ces deux versants a la forme d'un S et est constituée, du sud au nord-ouest, par les Pyrénées, les Cévennes, la Côte-d'Or, le plateau de Langres, les Faucilles, les Vosges méridionales et le Jura.

Mais il y a d'autres lignes secondaires de partage, qui séparent les différents bassins ou versants, et que nous nous bornerons à énumérer sommairement.

Trois de ces lignes se dirigent vers le nord : 1° celle qui suit les Vosges septentrionales et sépare le Rhin de la Moselle ; 2° celle qui, par la hauteur du Toulois et par les Ardennes orientales, sépare la Moselle de la Meuse ; 3° celle qui passe par les monts de l'Argonne, les Ardennes occidentales et les collines de l'Artois, en séparant le versant de la mer du Nord de celui de la Manche.

Trois autres lignes aboutissent à l'ouest : 1° la longue arête située sur la limite des versants de la Manche et de l'Océan Atlantique (mer de France); 2° l'arête qui sépare la Loire de l'Allier, en suivant les montagnes du Velay et du Forez; 3° celle qui sépare le bassin de la Loire de ceux de la Garonne, en passant par les monts Margeride, d'Auvergne, du Limousin, etc.

Dans la Méditerranée, la principale ligne de partage passe par les Alpes franco-italiennes, et sépare le bassin de la Méditerranée proprement dit de celui de la mer Adriatique.

FRANCE POLITIQUE

Gravé par A. Martin, 8, Pte Bourdon, Paris.
H. CHAIRGRASSE Fils, Editeur, 25, rue de Grenelle St Germain, Paris.

§ IV. — HYDROGRAPHIE

Fleuves principaux.

33. On distingue en France quatre grands fleuves, avec de nombreux affluents ; ce sont : la *Seine*, le *Rhône*, la *Garonne* et la *Loire* ; il existe encore un bon nombre de cours d'eau plus petits, qui déversent directement leurs eaux dans les mers qui baignent la France, et forment des bassins côtiers.

Pour faciliter le système hydrographique de la France, nous classerons tous les cours d'eau par versant, c'est-à-dire suivant la mer dans laquelle ils se jettent.

Les mers qui baignent la France sont au nombre de quatre, savoir :

1° La *Manche* depuis la pointe Saint-Mathieu jusqu'au cap Gris-Nez;

2° La *Mer du Nord* depuis ce dernier point jusqu'à la frontière belge ;

3° La *Méditerranée* depuis la frontière d'Italie à Savone, jusqu'au cap Creus;

4° L'*Océan Atlantique* depuis l'embouchure de la Bidassoa jusqu'à la pointe St-Mathieu.

Versant de la Manche.

34. Le versant de la Manche comprend le *bassin de la Seine*, et plusieurs bassins côtiers dont les principaux sont ceux de la *Vire*, de l'*Orne* et de la *Somme*.

Le versant de la Manche est limité par les monts d'*Arrée*, *du Mènez*, *de Bretagne*, les *collines du Maine*, *de Normandie*, *du Perche*, le *plateau d'Orléans*, les *collines du Nivernais*, le *massif du Morvan*, les *collines de la Côte-d'Or*, le *plateau de Langres*, les *monts de la Meuse*, l'*Argonne occidentale*, l'*Ardenne occidentale*, les *collines de Picardie et de Caux*.

La *Seine* prend sa source au pied du mont *Saint-Seine* dans la Côte-d'Or, près du village de Chanceaux. Elle se dirige d'abord du sud-est au nord-ouest et arrose Châtillon, Bar, Troyes et Méry, d'où elle prend la direction de l'est à l'ouest et passe à Romilly, Nogent et Montereau ; de là, elle s'élève vers le nord, arrose Melun, Corbeil, Charenton et Paris, où elle prend jusqu'à la mer la direction de l'est à l'ouest en arrosant Mantes, les Andelys, Elbœuf, Rouen et finit entre Honfleur et le Havre.

La Seine est navigable à partir de Méry, mais elle n'a que 65 mètres de largeur avant d'avoir reçu la Marne ; elle atteint 300 mètres au-dessous de Paris, 800 mètres dans le département de l'Eure et 3 kilomètres à son embouchure. Les navires la remontent jusqu à Rouen ; au-dessous de cette ville, elle se déroule en méandres jusqu'à Quillebœuf, puis elle devient alors un simple canal contenu entre deux digues parallèles.

Grâce à ces digues, entre lesquelles les eaux de la Seine sont obligées de couler, à marée basse, leur cours a été prolongé d'environ 15 kilomètres en aval de Quillebœuf, et maintenant, la véritable embouchure se trouve près de la côte méridionale, au sud d'un banc de vase qui se rattache au cape *du Hode*.

Les digues submersibles ont eu pour résultat d'activer considérablement l'œuvre de comblement, déjà naturellement effectué par les eaux du fleuve, chargées de limon; le reflux n'étant plus aidé par les eaux du fleuve à partir de Quillebœuf, on a constaté que les alluvions déposées par la haute mer s'élèvent à 13 millions de mètres cubes par an et que le sol s'exhausse annuellement de plus d'un mètre.

35. Affluents de la Seine. — Les principaux affluents de la Seine sur la rive droite sont l'Ource, l'Aube, l'Yères, la Marne, l'Oise, l'Epte et l'Andelle.

L'*Ource* prend sa source dans le plateau de Langres et se jette dans la Seine à Bar.

L'*Aube*, qui prend sa source au plateau de Langres, passe à Bar et à Arcis-sur-Aube où elle devient navigable, et se jette dans la Seine à Marcilly-sur-Seine, dans le département de la Marne.

L'*Yères* passe près de Brie-Comte-Robert.

La *Marne*, qui prend également sa source au plateau de Langres, devient navigable à partir de Saint-Dizier, passe près de Langres, traverse successivement Chaumont, Vitry, Châlons, Epernay, Meaux, et va se jeter dans la Seine à Charenton. Elle reçoit à gauche le *Grand* et le *Petit-Morin* ; à droite l'*Ornain* qui passe à Bar-le-Duc, et l'*Ourcq*, dont les eaux divisées forment un canal jusqu'à Paris.

L'*Oise*, qui prend sa source en Belgique, devient navigable à la Fère, traverse sur son cours Guise, Chauny, La Fère, Compiègne, Pontoise et se jette dans la Seine à Conflans. Elle reçoit à gauche la *Serre*, l'*Aisne* qui passe à Vouziers, Rethel, Soissons et se jette dans l'Oise à Compiègne. L'Aisne reçoit à droite l'*Aire* et à gauche la *Vesle*, qui passe à Reims. L'Oise reçoit à droite le *Thérain* qui passe à Beauvais. L'Oise a été presque complètement transformée en canal régulier par des barrages.

La vallée de l'Oise est le chemin naturel des invasions venant par le Nord, d'abord parce que c'est la distance la plus courte de la frontière jusqu'à Paris ; ensuite parce que, en suivant la rive droite de cette rivière, on peut arriver devant la capitale de la France sans avoir à franchir de cours d'eau importants. Sur la rive gauche, l'Aisne, dont la direction est parallèle à la frontière, forme un obstacle très sérieux à partir de Berri-au-Bac, où elle devient navigable.

Les affluents de la Seine sur la rive gauche sont : l'Yonne, le Loing, l'Essonne, l'Eure et la Rille.

L'*Yonne*, qui prend sa source aux monts du Morvan, arrose Château-Chinon, Clamecy, Auxerre où elle devient navigable, Joigny, Sens et se jette dans la Seine à Montereau. L'Yonne reçoit à droite la *Cure* qui passe à Vezelay, l'*Armançon* qui arrose Semur, Tonnerre et se jette dans l'Yonne à Joigny, et la *Vanne*, dont les eaux servent à alimenter Paris, où elles sont conduites par un aqueduc d'une grande hardiesse de construction.

Le *Loing*, qui prend sa source dans les collines du Nivernais près de Briare, passe à Montargis, Nemours et se jette dans la Seine à Moret. Cette rivière est longée sur tout son cours par le canal latéral de Briare.

L'*Essonne*, qui prend sa source près de Pithiviers, vient se jeter dans la Seine à Corbeil. Elle reçoit à gauche la *Juigne* qui passe à Etampes. C'est l'Essonne que Marmont adopta pour ligne de défense en 1814.

L'*Eure*, qui prend sa source près de Mamers, passe à Chartres, Louviers, devient navigable à partir de Maintenon et se jette dans la Seine au-dessus de Rouen. Elle reçoit à gauche l'*Iton* qui passe à Evreux.

La *Rille*, passe à Laigle, Rugles et Pont-Audemer.

36. BASSINS CÔTIERS. — Les bassins côtiers de la Seine sont :

1° Le *Trieux*, qui passe à Guingamp ;

2° Le *Gouet*, qui se jette dans la mer à Saint-Brieuc ;

3° La *Rance*, qui arrose Dinan et se jette dans la mer entre Dinard et Saint-Malo ;

4° Le *Couesnon*, qui baigne Pontorson ;

5° La *Selune*, presque parallèle à :

6° La *Sée*, qui passe à Avranches. Ces deux rivières se jettent dans la mer à la baie du Mont-Michel ;

7° La *Tàute* et la *Douve*, qui se jettent dans la mer à Carentan dans le golfe de Veys ;

8° La *Vire*, petite rivière qui prend sa source au pied des monts d'Alençon et qui se jette dans la Manche à Isigny. Elle arrose Vire et Saint-Lô, n'a qu'un cours de peu d'importance et n'est navigable que dans sa partie méridionale, encore doit-elle être soutenue par une écluse, et les barques un peu fortes n'y pénètrent que par les grandes marées ;

9° L'*Orne*, qui prend également sa source aux pieds des monts d'Alençon, arrose Argentan et Caen et se jette dans la Manche au nord de cette dernière ville, après un cours de 158 kilomètres ;

10° La *Dives*, qui prend sa source dans les collines du Lieuvin, passe près de Falaise et se jette dans la mer à Dives ;

11° La *Touques*, qui prend aussi naissance aux collines du Lieuvin, arrose Lisieux, Pont-l'Evêque et se jette dans la Manche à Trouville ;

12° L'*Arques*, qui arrose Arques et Dieppe;

13° La *Brêle*, qui baigne Aumale, Eu et le Tréport ;

14° La *Somme*, qui prend sa source au nœud des collines d'Artois et de Picardie, à l'est de Saint-Quentin qu'elle arrose ensuite, ainsi que Péronne, Amiens et Abbeville. Elle va se jeter dans la Manche à Saint-Valéry par une baie large de 4 à 6 kilomètres.

Un canal latéral suit ce cours d'eau jusqu'à Amiens, point à partir duquel il est canalisé.

Les bords de la Somme sont marécageux et couverts de tourbières, ce qui contribue à faire de cette rivière un obstacle sérieux à la marche d'une armée envahissante, et par suite une bonne ligne de défense.

Au-dessous d'Abbeville, ce ne sont pas les eaux stagnantes d'un marais, mais les eaux vives de la mer qui du flux au reflux occupent, à droite et à gauche du courant, un lit extrêmement large;

15° L'*Authie*, qui arrose Doullens;

16° La *Canche*, qui prend naissance aux collines d'Artois, arrose Hesdin et Montreuil;

17° La *Liane*, qui se jette dans la mer à Boulogne.

Versant de la mer du Nord.

37. Ce versant comprend sur le territoire français une partie des bassins de l'*Escaut*, de la *Meuse* et du *Rhin*.

L'*Escaut* prend sa source au-dessus de Saint-Quentin ; il arrose les villes de Cambrai, Bouchain, Valenciennes et Condé en France; Tournay, Audennarde, Gand, Termonde et Anvers en Belgique, et va se jeter dans la mer un peu au nord de cette dernière ville, par deux bouches de plusieurs kilomètres de largeur.

L'Escaut, ainsi que ses affluents français, la *Scarpe* et la *Lys*, n'ont que peu de valeur comme obstacles, car ils sont perpendiculaires à la frontière ; ils ont, au contraire, l'inconvénient d'ouvrir des voies naturelles de Belgique en France, mais cela a peu d'importance dans une plaine aussi unie que la Flandre.

Au bassin de l'Escaut on peut rattacher ceux tout petits de l'*Yser*, qui se jette dans la mer du Nord en Belgique, et de l'*Aa*, qui passe à Saint-Ouen et va se jeter dans la mer à Gravelines.

La *Meuse* prend sa source au plateau de Langres, et coule d'abord du sud au nord, en arrosant les villes de : Neufchateau, Saint-Mihiel, Verdun, Stenay, Sedan, Mézières et Givet en France; elle traverse ensuite la Belgique, pénètre sur le territoire allemand, en longeant la frontière belge : elle entre ensuite en Hollande à Maëstricht, et va enfin se jeter dans la mer du Nord, après avoir mélangé ses eaux avec celles du Rhin pour former le *Wahal*.

La Meuse n'a qu'une faible largeur en France, et ne constitue pas par elle-même un obstacle sérieux à la marche des armées; pourtant les collines qui la bordent forment une position défensive dont la valeur a été rehaussée encore par des fortifications.

A partir de Mézières, la Meuse a une largeur de **80** mètres, et son passage présente de véritables difficultés, qui ne font qu'augmenter jusqu'à son embouchure, car le fleuve va toujours s'élargissant.

Les seuls affluents importants de la Meuse en France sont; le *Chiers*, qui vient se jeter dans le fleuve un peu au-dessous de Sedan ; la *Semoy* et la *Sambre*, qui prend sa source un peu au-dessous de Landrecies, arrose cette ville, ainsi que Maubeuge, et va se jeter dans la Meuse à Namur. La Sambre constitue une excellente ligne de défense depuis Landrecies jusqu'à la frontière belge. car les hauteurs qui bordent la rive gauche dominent constamment la rive droite.

Le *Rhin* n'appartient plus à la France, sur aucune partie de son cours ; la description en sera faite dans la géographie de l'Allemagne; nous nous bornerons à décrire son seul affluent important sur le territoire français, la *Moselle*.

La *Moselle* prend sa source à l'extrémité méridionale des Vosges; elle arrose Épinal, Toul, Metz, Thionville, Sierck, Trèves et va se jeter dans le Rhin à Coblentz.

Cette rivière est peu large et peu profonde; elle compte de nombreux ponts et des gués praticables en été; par suite, elle a peu de valeur comme obstacle militaire et comme ligne de défense; il n'en est pas de même des hauteurs qui la bordent.

La Moselle reçoit les eaux de la *Meurthe* au-dessous de Nancy, celles de la *Seille* à Metz, celles de la *Sarre* un peu au-dessous de Trèves et celles de la *Vologne*, qui reçoit les lacs de *Gérardmer*, de *Longemer* et de *Retournemer*, placés au pied des Vosges.

III. — Versant de la Méditerranée.

38. Le versant de la Méditerranée comprend le grand bassin du *Rhône*, et un certain nombre de bassins côtiers, tels que ceux du *Var*, de l'*Argens*, du *Gapeau*, de la *Siagne*, de l'*Arc*, de l'*Hérault*, de l'*Orbe*, de l'*Aude*, de l'*Agly*, de la *Tech* et du *Tet*.

Le versant de la Méditerranée est limité par les *Alpes Maritimes*, *Cottiennes*, *Grées*, *Pennines*, *Lepontiennes*, *Bernoises*, *le Jorat*, *le Jura central*, *le Jura septentrional*, *les Vosges méridionales*, *les Faucilles*, *les plateaux de Langres*, *de la Côte-d'Or*, *les Cévennes*, *les Corbières et les Pyrénées orientales*.

Le *Rhône* prend sa source en Suisse, dans le massif du Saint-Gothard, au mont *Furca*, à une altitude de 1,730^{m}. Il se dirige d'abord vers le sud-ouest, coulant entre les Alpes et le Jura, dans une vallée très élevée et avec une pente excessivement rapide dans cette partie, puisque, après un parcours de 90 kilomètres, il s'est abaissé de près de 1,100 mètres.

Cette rapidité des eaux de ce fleuve ronge les rochers, qu'il roule jusque dans le lac de Genève qu'il traverse, et d'où il sort à Genève. Ensuite, le Rhône se dirige vers le sud, refoulé par le Jura; il pénètre en France par un étroit défilé qu'on appelle la *perte du Rhône* et devient un véritable torrent qui roule à travers des rochers très rapprochés, en baignant sur la rive droite le fort de l'Ecluse, Seyssel et Pierre-Chatel; aux dernières arêtes du Jura, il remonte en s'élargissant vers le nord-ouest, refoulé par les monts de la Chartreuse, et vient traverser Lyon où il change complètement de direction, prenant celle du nord au sud, et arrosant de nombreuses villes, notamment Vienne, Saint-Rambert, Tournon, Valence, Viviers, Avignon, Tarascon, Beaucaire où il se divise en deux branches :

1° Le Rhône oriental ou grand Rhône qui passe à Arles ;

2° Le petit Rhône ou Rhône occidental. Ces deux bras embrasse le vaste delta que l'on nomme l'*Ile de la Camargue*, au milieu de laquelle est l'étang de Valcarresse. Les deux embouchures du Rhône sont fort ensablées, ce qui rend la navigation très difficile et empêche même les petits navires de commerce de remonter jusqu'à Arles.

La largeur du Rhône n'est que de 40 mètres à son entrée en France; elle est de 350 mètres à Lyon, de 800 à Pont-Saint-Esprit et de 1,600 mètres en certains points de son cours inférieur.

39. Affluents. — Les affluents du Rhône sur la rive droite sont la *Valserine*, l'*Ain*, la *Saône*, l'*Ardèche*, la *Bèze* et le *Gard*.

La *Valserine* prend naissance au mont Tendre.

L'*Ain* prend sa source dans le Jura, non loin de Pontarlier, et, après avoir traversé de nombreuses écluses et formé plusieurs cascades, il vient se jeter dans le Rhône à 25 kilomètres à l'est de Lyon. Il est grossi de la *Birenne*.

La *Saône* prend sa source dans les monts Faucilles; elle devient navigable au nord de Gray, et roule un volume d'eau considérable. Son cours suit la direction nord-sud, jusqu'à Lyon, où il se jette dans le Rhône en imposant au grand fleuve sa propre direction. Les principales villes qu'elle traverse sont Gray, Auxonne, Châlon, Tournus, Mâcon et Lyon.

La Saône a elle-même un affluent très

important, le *Doubs*. Cette rivière prend sa source au sud de Pontarlier, puis elle coule dans la direction du nord, en Suisse jusque vers Porrentruy, en formant plusieurs lacs et cascades, elle se dirige alors de l'est à l'ouest pour rentrer en France; à Pont-de-Roide, elle reprend la direction du nord jusqu'à Montbéliard, où elle forme un nouveau coude et devient navigable; elle reprend ensuite son cours sinueux dans la direction du sud-ouest, jusqu'à son confluent avec la Saône, entre Auxonne et Châlon-sur-Saône.

Les autres affluents de la Saône sont la *Dheuve*, la *Scille*, la *Grône*, le *Gier*, l'*Erieu* véritable torrent à certaines époques de l'année, l'*Ognon*, qui prend sa source dans les Vosges et vient se jeter dans la Saône entre Gray et Auxonne, l'*Ouche* qui passe à Dijon.

L'*Ardèche* est formée sur le revers oriental des Cévennes par la réunion d'une foule de ruisseaux et de cascades : elle coule d'abord à l'est et vient se jeter dans le Rhône, après un cours impétueux de 108 kilomètres de longueur.

La *Bèze* prend sa source près de Villefort, dans les Cévennes, et coule à peu près parallèlement à l'Ardèche, mais d'une manière plus calme ; elle se jette dans le Rhône, un peu en aval de Pont-Saint-Esprit, après un cours de 100 kilomètres.

Le *Gard* est formé par la réunion du *Gardon d'Alais*, et du *Gardon d'Anduzes*, qui prennent tous deux leur source au pied des monts de la Lozère. Ce cours d'eau est aussi impétueux que l'Ardèche, et se jette dans le Rhône entre Avignon et Beaucaire.

Les principaux affluents de la rive gauche du Rhône sont l'*Arve*, le *Fier*, le *canal de Savières*, l'*Isère*, la *Drôme*, l'*Aigues*, l'*Ouvèze*, la *Sorgues* et la *Durance*.

L'*Arve* est un torrent impétueux qui porte au Rhône les eaux provenant des glaciers du Mont-Blanc. Il a son confluent un peu en aval de Genève.

Le *Fier* sert d'écoulement au lac d'Annecy.

Le *canal de Savières* sert de déversion au lac de Bourget.

L'*Isère* prend sa source au col d'Isecran, dans les Alpes Graies, traverse la Tarentaise, et, après avoir décrit des méandres énormes pour contourner les chaînons qui la rejettent tantôt vers le nord, tantôt vers le sud, elle va se jeter dans le Rhône en amont de Valence. Les principales villes situées sur le cours de l'Isère sont : Moutiers, Albertville, Grenoble et Saint-Marcellin.

L'Isère a elle-même deux affluents importants sur la rive gauche; ce sont :

L'*Arc* qui a son confluent près de Chamousset, et le *Drac*, qui se jette dans la rivière maîtresse à Grenoble.

Ces deux cours d'eau sont très impétueux et sujets à des débordements lors de la fonte des neiges.

La *Drôme* prend sa source dans les Alpes, près de Valdrôme ; elle rencontre sur son passage les villes de Dié, Crest, Livron, et va se jeter dans le Rhône à Lavoulte, après un cours de 178 kilomètres. Le lit de la Drôme n'est qu'un vaste champ de pierres roulées, parsemé de bancs de sable; son bassin est trop étroit pour que l'eau y soit abondante en toute saison; c'est donc un cours d'eau de peu de valeur au point de vue militaire.

La *Durance* prend sa source au sud du col du mont Genèvre; elle passe par Briançon, Mont-Dauphin, Embrun, Sisteron, Perthuis, Cavaillon, et vient se jeter dans le Rhône à Avignon. Cette rivière, grossie par de nombreux affluents tels que l'*Ubaye* et le *Verdon*, qui sont plutôt des torrents, roule des quantités considérables d'eau pendant les grandes pluies et lors de la fonte des neiges.

40. Bassins côtiers. — 1° Le *Var* prend naissance dans les Alpes-Maritimes; il circule d'abord entre les hautes montagnes qui resserrent son lit, puis, après avoir été grossi par divers affluents, il vient se jeter dans la Méditerranée entre Nice et Antibes, par une embouchure qui a près de un kilomètre de largeur.

Cette rivière, comme la plupart des cours d'eau de cette région, ne présente que quelques minces filets d'eau en temps de sécheresse, mais elle est sujette à des crues considérables, lors des pluies ou de la fonte des neiges.

Entre le Var et le Rhône se trouve un

certain nombre de petits cours d'eau se jetant directement dans la mer ; les principaux sont : l'*Argens*, le *Gapeau*, la *Siagne* et l'*Arc* qui se jette dans l'étang de Berre.

2° Le *Vistre* s'unit au *Vidourle ;* tous deux servent tour à tour de limites aux départements du Gard et de l'Hérault.

3° L'*Hérault* est le premier cours d'eau un peu important que l'on rencontre sur les bords de la Méditerranée, à l'ouest du Rhône. Il prend sa source dans les Cévennes ; son cours est soutenu par des sources abondantes ; sur un espace de quelques kilomètres, il a même assez d'eau pour être navigable en tout temps aux petites embarcations.

L'Hérault est canalisé et dragué jusqu'à 3 mètres de profondeur, sur une partie de son cours ; il offre des avantages considérables pour le commerce. Il arrose Pézenas et se jette dans la mer un peu au-dessous d'Agde.

L'*Orb* prend sa source aux monts du même nom.

L'*Aude* est une petite rivière issue des Pyrénées ; elle coule directement du sud au nord jusqu'en aval de Carcassonne ; elle est alors grossie du *Fresquel*, petit affluent qui descend des Cévennes, et impose son cours de l'ouest à l'est à la rivière principale. L'Aude a un caractère essentiellement torrentiel ; suivant les saisons, son débit varie de 5 à 3,000 mètres cubes d'eau. A une certaine distance de son embouchure commence un vaste delta comparable à celui du Rhône et qui s'étend sur 20,000 hectares. Le gros bras de l'Aude se jette dans la mer un peu au nord de Narbonne ; l'autre va finir dans l'étang de *Sigean*.

La *Tet* est un petit cours d'eau qui prend sa source dans les Pyrénées, et vient se jeter dans la Méditerranée au-dessous de Perpignan, après avoir traversé la vallée dans laquelle se trouve une des grandes voies de communication entre la France et l'Espagne, la route de Perpignan à Puycerda. Cette rivière a un cours de 125 kilomètres de longueur.

Le *Tech* prend sa source sur la frontière espagnole près de Céret ; il coule vers le nord-est en arrosant Prats de Mollo, Amélie-les-Bains, le Boulou, et vient se jeter dans la Méditerranée après un cours de 82 kilomètres.

IV. Versant de l'Océan atlantique.

41. Le versant de l'Océan atlantique comprend deux grands bassins, celui *de la Garonne* et celui de la *Loire*, ainsi qu'un grand nombre de bassins côtiers, dont les principaux sont ceux de *la Bidassoa, de la Nivelle, de l'Adour, de la Leure, de la Seudre, de la Charente, de la Sèvre Niortaise, du Lay, de la Vilaine, du Blavet*, de l'*Odet*, de l'*Aulne* et de l'*Elorn*.

La *Bidassoa* est le premier cours d'eau que l'on rencontre en longeant les côtes de l'Atlantique du sud au nord. Cette petite rivière prend sa source au pied d'un des contre-forts de l'extrémité occidentale de la chaîne des Pyrénées ; elle a un cours très tourmenté et aboutit à l'Océan au milieu des bancs de sable, entre Hendaye et Fontarabie. Elle sert de frontière entre la France et l'Espagne, sur la partie inférieure de son cours.

La *Nivelle* se jette à Saint-Jean-de-Luz.

L'*Adour*, dont l'on rencontre l'embouchure un peu plus au nord, prend naissance au *pic du Midi de Bigorre* et est grossi rapidement par un grand nombre de ruisseaux ou torrents, qui lui apportent les eaux provenant des vallées voisines. Au lieu de gagner directement l'Océan, ce fleuve se recourbe vers les montagnes ; en aval de Dax, il serpente dans un défilé de collines, jusqu'à son confluent avec les deux torrents ou *Gaves de Pau* et *d'Oloron*. Ces deux torrents roulent ensemble une quantité d'eau supérieure à celle de l'Adour, mais la rapidité de leur courant ne permet pas à la marée de remonter aussi avant dans leur lit ; ils sont, par suite, moins navigables que ce dernier, et n'ont pas un aussi grand développement du cours fluvial : c'est pourquoi l'Adour est considéré comme la maîtresse branche du bassin.

L'Adour est encore grossi de la *Midouze*, augmentée elle-même par la *Douze*.

Par suite de l'entassement des matériaux de déjection apportés par les glaciers d'autrefois à l'issue des vallées pyrénéennes, les divers gaves ont souvent changé de cours. L'Adour lui-même se jetait jadis dans l'Océan à 20 kilomètres au nord de son embouchure actuelle; c'est la main des hommes qui a rectifié son cours en aval de Bayonne, tel qu'il existe actuellement.

L'Adour baigne Bagnères-de-Bigorre, Tarbes, Saint-Sever, Dax et Bayonne.

L'embouchure de cette rivière est très vaste, et présente l'aspect d'un estuaire dans lequel les marées se font vivement sentir.

Ce fleuve forme une excellente ligne de défense contre une invasion venant de l'extrémité occidentale des Pyrénées.

42. *La Garonne* prend sa source dans les Pyrénées, près du val d'Aran, sur le versant espagnol de la chaîne de séparation, à 900 mètres d'altitude ; elle coule d'abord dans la direction du nord-ouest jusqu'à Montrejean, où elle fait un coude brusque vers l'est, jusqu'à Boussous; elle se redresse alors pour couler vers le nord, jusqu'à son confluent avec l'Ariège; elle reprend ensuite la direction nord-ouest, qu'elle conserve jusqu'à son embouchure. Elle rencontre sur son passage des villes importantes, telles que Muret, Toulouse, Castel-Sarrazin, Agen, Marmande, La Réole, Bordeaux, etc.

La Garonne roule en tout temps un volume d'eau assez fort, attendu que les Pyrénées et les monts d'Auvergne, d'où partent les affluents du fleuve, sont parmi les régions de la France les mieux arrosées en toute saison ; en outre, les neiges persistantes des Pyrénées soutiennent le débit du fleuve pendant la saison sèche.

La Garonne est sujette, à certaines époques de l'année, vers mai et juin, à des crues considérables, qui amènent parfois de grandes inondations, lorsque la fonte des neiges coïncide avec les premières pluies chaudes de l'année.

L'inondation la plus considérable de ce fleuve a eu lieu en 1875 : les eaux s'élevèrent en certains endroits jusqu'à 17 mètres au-dessus de l'étiage ; les campagnes voisines et la ville de Toulouse furent partiellement inondées ; plus de sept mille maisons furent renversées et un grand nombre de personnes furent noyées.

A partir de son confluent avec la Dordogne à Bourg-du-Bec-d'Ambez, la Garonne forme un vaste estuaire qui prend le nom de *Gironde*, et qui n'a pas moins de 5 kilomètres de largeur à son embouchure. Les rives de l'estuaire portent la trace de changements géologiques considérables accomplis dans la période actuelle. De même que la Garonne, la Gironde empiète principalement sur sa rive droite et envase sa rive gauche.

En arrivant de l'Océan, on ne pénètre dans la Gironde que par des passes comprises entre des bancs de sable qui se déplacent souvent. Le grand banc sur lequel émerge le phare de Cordouan, partage l'estuaire en deux ; la passe du nord, qui est la plus profonde et la meilleure, a 11 mètres d'eau à marée basse, tandis que celle du sud, au même moment, n'a que 7 mètres d'eau. En amont se trouvent des bancs de sable près des îles ; il en résulte que l'entrée de la Gironde, et par suite l'accès du port de Bordeaux est assez difficile, malgré un excellent balisage et l'éclairage des passes.

Les affluents de la rive gauche de la Garonne sont : la *Neste*, la *Save*, la *Gimone*, l'*Arrat*, le *Gers*, la *Bayse ;* ils prennent tous naissance aux environs de Tarbes, et ont un courant impétueux et destructeur, ainsi que le témoigne leur flot presque toujours rougi par l'argile entraîné.

Les affluents de la rive droite de la Garonne contrastent singulièrement, par la direction de leurs vallées, avec ceux de la rive gauche. Au lieu de prendre leurs sources respectives à côté les unes des autres, ces rivières sont alimentées par les eaux d'un vaste hémicycle qui se développe des Pyrénées aux plateaux du Limousin. Toutes celles qui descendent des Pyrénées coulent dans la direction du nord-ouest ; ce sont des torrents ou gaves comme les affluents de la rive gauche ; le seul qui ait une certaine importance est l'*Ariège*, qui prend naissance dans le *val d'Andorre* et passe à Foix.

Les autres affluents, tels que le *Salat*,

le *Gers*, le *Tarn*, le *Lot*, le *Dropt* et la *Dordogne*, proviennent des plateaux de l'Auvergne et du Limousin ; leur direction générale va de l'est à l'ouest ; ils ont un cours plus calme, plus étendu, et une plus grande abondance d'eau que les torrents pyrénéens.

Le *Tarn* arrose Florac, Milhau, Albi, Gaillac, reçoit l'*Agout* qui passe lui-même à Castres et Lavaur, puis, continuant son cours, rencontre Montauban et Moissac, où il se jette dans la Garonne. Le Tarn est encore grossi de l'*Aveyron* qui passe à Rodez, Villefranche et a son confluent près de Montauban.

Le *Lot* arrose Mende, Espalion, Cahors, Villeneuve et se jette dans la Garonne au-dessous de Tonneins après avoir été grossi de la *Truyère* et du *Célé*.

Le *Dropt* se jette dans la Dordogne à la Réole.

La *Dordogne* qui prend sa source dans les monts d'Auvergne, reçoit la *Vezère*, passe à Bergerac, est grossie de nouveau par l'*Isle* qui arrose Périgueux et se jette dans la Dordogne à Libourne, et continuant son cours, se réunit à la Garonne à Bourg-du-Bec-d'Ambez.

La *Seudre* forme le port de Marennes.

La *Charente* descend par plusieurs ruisselets des monts du Limousin, au sud de Rochechouart ; elle s'écoule d'abord vers le nord-ouest, puis elle se retourne brusquement vers l'occident, et se développe vers le sud, en déroulant ses méandres dans une large vallée, jusqu'à Angoulême ; à partir de ce point, elle se dirige directement vers la mer, qu'elle atteint après avoir traversé Rochefort.

Elle reçoit à droite la *Boutonne* qui arrose Saint-Jean-d'Angély.

La *Sèvre Niortaise* ne serait qu'un ruisseau si son estuaire n'était pas gonflé par les eaux de la marée. Elle n'a d'importance que jusqu'au point où la marée se fait sentir, c'est-à-dire en aval de Niort. Cette rivière arrose encore Marans, où elle est grossie de la *Vendée* qui baigne Fontenay-le-Comte. En face de son embouchure, mais à une certaine distance, se trouve l'île de Ré.

43. La *Loire* prend sa source au mont *Gerbier des Joncs*, dans la partie centrale des Cévennes, et coule d'abord dans la direction du nord jusqu'à Briare; elle décrit alors un vaste demi-cercle jusqu'à Blois, et prend ensuite la direction de l'ouest jusqu'à son embouchure à Saint-Nazaire. Le cours de ce fleuve se développe sur plus de 1,100 kilomètres de longueur, et comprend dans son bassin plus du cinquième de la superficie de la France.

La Loire a de fréquents débordements, qui sont parfois très dangereux, tandis que, pendant la sécheresse, il ne coule dans son lit qu'un mince filet d'eau. Cette irrégularité tient à ce que ce fleuve n'est alimenté que par les eaux pluviales, et à ce qu'une grande partie de son bassin est formée de terrains imperméables, de sorte que toutes les eaux se précipitent dans le fleuve, ou y sont amenées par ses affluents, ce qui occasionne des crues considérables. Pour remédier à cet inconvénient, on a enserré le lit de la Loire entre des digues qui ont jusqu'à sept mètres de hauteur, mais qui sont parfois insuffisantes.

Les principales villes situées sur le cours de ce fleuve sont : Le Puy, Roanne, Nevers, Cosne, Gien, Orléans, Blois, Tours, Saumur, Angers, Ancenis, Nantes, Paimbœuf et Saint-Nazaire.

La Loire vient se jeter dans l'Océan par un vaste estuaire qui commence à Nantes et se termine à Saint-Nazaire. La largeur du fleuve va constamment croissant entre ces deux points ; elle est de un kilomètre à Nantes et de trois à Saint-Nazaire. De nombreuses îles et des bancs de sable obstruent le courant et changent constamment de forme, suivant les conflits des marées. La hauteur du flux, qui s'élève à près de six mètres lors des syzygies, permet aux plus grands navires de pénétrer dans la Loire, mais il leur faut attendre l'heure favorable.

Les principaux affluents de la Loire sont :

1° Le *Furens* ;

2° L'*Arroux* qui baigne Autun et Digoin ;

3° La *Nièvre*, petite rivière sans importance, qui a son confluent à Nevers ;

4° L'*Authion* ;

5° La *Maine*, formée de la réunion du *Loir*, de la *Sarthe* et de la *Mayenne*, et qui vient se jeter dans la Loire entre Angers et Saumur. Il est à remarquer que la Maine et les autres affluents de la basse Loire s'unissent au fleuve suivant un angle presque droit ou légèrement aigu. Elles forment, par suite de cette circonstance, des obstacles perpendiculaires à la marche des armées envahissantes, c'est-à-dire de bonnes lignes de défense. Elles ont été utilisées en 1870-1871 par le général Chanzy contre les Allemands ;

6° L'*Erdre* qui a son confluent à Nantes.

Les affluents de la rive gauche de la Loire sont les suivants :

1° L'*Allier*, qui prend sa source au plateau central et coule du sud au nord jusqu'à son confluent avec la Loire, en aval de Nevers. En ce point, l'Allier est aussi considérable que la Loire, et lui impose son cours vers le nord après avoir traversé Brioude, Issoire, Vichy et Moulins, et être grossi à gauche par la *Dore* et la *Sioule;*

2° Le *Loiret*, remarquable par son abondance ;

3° le *Beuvron ;*

4° Le *Cher*, qui descend également du plateau central et décrit un vaste demi-cercle pour se jeter dans la Loire en aval de Tours après avoir arrosé Montluçon, Saint-Amand et Vierzon. Le Cher reçoit à droite l'*Yèvre* et la *Sauldre* ;

5° L'*Indre*, qui prend naissance au pied des monts de la Marche et vient se jeter dans la Loire entre Tours et Saumur, après avoir baigné la Châtre, Châteauroux et Loches ;

6° La *Vienne*, qui descend des monts du Limousin et a son confluent un peu en amont de Saumur, arrose Limoges, Confolens, Châtellerault et Chinon. Cette rivière a elle-même des affluents importants ; la *Creuse* grossie par la *Gartempe*, qui naît au plateau de Millevaches vient se jeter sur la rive droite en aval de la Haye, et le *Clain*, qui passe à Poitiers, a son confluent sur la rive gauche ;

7° Le *Thouet* qui arrose Parthenay, Thouars, reçoit la *Dive* qui arrose Moncontour et se jette enfin dans la Loire à Saumur ;

8° Le *Layon* ;

9° La *Sèvre-Nantaise*, petit cours d'eau qui prend sa source dans le Bocage vendéen et vient se jeter dans la Loire à Nantes, d'où elle tire son nom ;

10° L'*Acheneau* qui sert d'écoulement aux eaux du lac de *Grandlieu*.

La *Vilaine* prend sa source dans le département de la Mayenne, baigne Vitré, Rennes, où elle reçoit l'*Ille* et Redon, où elle reçoit l'*Oust*. Elle se jette dans l'Océan après 220 kilomètres de cours.

Le *Blavet* naît dans les monts d'Arrée, arrose Pontivy et se jette dans la mer à Lorient.

L'*Odet* arrose Quimper.

L'*Aulne* passe à Châteaulin et se jette dans la mer à la rade de Brest, ainsi que l'*Elorn* qui arrose Landernau.

§ V. — *COTES MARITIMES*

1. — Versant de la mer du Nord et de la Manche.

44. Nous avons vu que cette côte, qui a un développement de 1,120 kilomètres, part de Zuytcoote pour aboutir à la pointe de Corsen.

Elle se présente sous trois aspects bien distincts :

1° Depuis la frontière belge jusqu'à l'embouchure de la Somme, la côte est basse, sablonneuse et bordée de dunes qui sont formées par le Gulf-Stream. Ce courant ronge la côte, qui a dû être défendue en certains endroits par des digues. De même, pour remédier à la marche envahissante des dunes, on a planté sur le rivage des joncs maritimes ou *oyats*, dont les racines fixent les sables. Les caps *Blanc-Nez* et *Gris-Nez*, entre Dunkerque et Boulogne, sont les points les plus rapprochés de la côte anglaise (28 kilomètres). Le cap d'*Alpuch*, avec un phare visible à 45 kilom. se dresse au sud de Boulogne ;

2° L'estuaire de la Somme n'est qu'un immense banc de sable ; à partir de ce point, la côte va en se relevant légèrement et bientôt l'on rencontre les hautes falaises calcaires (60 à 100 mètres d'altitude) qui la bordent jusqu'à l'estuaire de la Seine, où elles présentent une interruption où le grand fleuve à son embouchure. Ces falaises, creusées par les flots s'écroulent sur une largeur que l'on évalue annuellement à 50 centimètres. Le littoral est fertile et bien cultivé ; on y trouve les caps d'*Hailly*, d'*Antifer* et de la *Hève*, ce dernier dominant le Havre et l'embouchure de la Seine. De Honfleur jusqu'à la baie d'Isigny, la côte est de nouveau formée par des falaises (rochers du Calvados), bordées par un plateau de roches sous-marines à fleur d'eau pendant la marée basse, et contre lesquelles vint se briser, en 1588, l'*Invincible Armada*, la flotte formidable envoyée par le roi d'Espagne contre la reine Elisabeth d'Angleterre. La presqu'île du Cotentin (de Coutances) qui vient ensuite est également bordée par des falaises de même nature. On remarque sur la côte de cette partie, la baie de la *Hougue*, la rade de *Cherbourg*, le cap de *Gatteville* ou de *Barfleur*, le golfe de *Saint-Malo* ou de *Bretagne*, qui comprend la baie du *Mont-Saint-Michel* et la baie de *Saint-Brieuc*. Le port militaire de Cherbourg occupe le fond d'une anse située entre le cap *Lévi* et le cap de *la Hague*. Il est défendu par une digue gigantesque, construite entre l'*île Pelée* et la *roche Chavagnac*. En face de la côte occidentale de cette presqu'île se trouvent les îles de *Guernesey*, de *Jersey* et d'*Aurigny*, au milieu d'un archipel d'îles appartenant presque toutes à l'Angleterre, bien que leurs populations soient françaises. Le groupe des *Chausey*, des *Miuquiers* et des *Ecrehon*, appartient à la France, mais ce sont des amas confus d'îlots et de bancs, qui sont en général inhabités ;

3° Depuis le mont Saint-Michel jusqu'à la pointe de Corsen, la côte est formée de roches granitiques très élevées, très découpées et bordées d'écueils et d'îles, dont les principales sont celles de *Batz*, de *Bréhat*, les *Sept îles*, etc. L'île d'*Ouessant* est en face de la *pointe de Corsen*, les caps *Frehel*, d'*Erquy* et la *baie de Saint-Brieuc* se trouvent dans cette partie du littoral. La pointe *Saint-Mathieu*, beaucoup plus connue que la pointe de Corsen, est située au nord de la rade de Brest.

II. — Versant de l'Océan Atlantique.

45. A partir de la pointe de Corsen jusqu'à l'embouchure de la Vilaine, la côte continue à être formée de roches granitiques, mais plus découpées que sur l'autre versant de la presqu'île bretonne, et bordée d'une ceinture d'écueils et d'îles rocheuses. On rencontre les *rades de Brest*, de *Douarnenez*, d'*Audierne*, les *pointes de la Chèvre*, du *Raz*, *de Penmarch*. Vient ensuite l'embouchure du *Blavet*, sur laquelle se trouve le port militaire de Lorient, puis la presqu'île *de Quiberon*, en face de laquelle est le rocher de *Belle-Isle* et la baie du Morbihan, avec ses îles aussi nombreuses que les jours de l'année, dit un proverbe en vieux breton. Il faut signaler également l'*îlôt de Sein*, les *îles de Glenanz*, de *Groix* et de *Hoëdic*.

De l'embouchure de la Vilaine à celle de la Seine, la côte s'abaisse et devient marécageuse aux environs de l'estuaire de ce dernier fleuve. C'est dans cette dernière partie que se trouve le plus grand nombre de marais salants. L'embouchure de la Loire est comprise entre la *pointe du Croisic*, près du port de *Saint-Nazaire*, et la *pointe de Saint-Gildas*, en face de laquelle est l'*île de Noirmoutiers*, dont la pointe méridionale est séparée de la terre ferme par le détroit de *Fromentine*.

De la Loire à la Gironde, la côte est basse et couverte de sable ou de marais ; elle est assez profondément échancrée vers les embouchures des grands cours d'eau. On y remarque la *baie de Bourganeuf*, l'*île d'Yeu*, en face des *Sables-d'Olonne*, l'embouchure de la Sèvre-Niortaise avec le *port de la Rochelle*, l'embouchure de la Charente avec le *port militaire de Rochefort*. En face se trouvent les îles de *Ré*, d'*Aix* et d'*Oléron*, séparées du continent la première par le *pertuis Breton*, la deuxième par le *pertuis d'Antioche* et la dernière par le *pertuis de Montmusson* ; au sud de celui-ci vient la *presqu'île d'Arvert*, formée de sables mouvants et terminée par la *pointe de Combre*, où commence l'estuaire de la Gironde, qui est un véritable bras de mer de 75 kilomètres de longueur sur 10 de large en moyenne. La *pointe de Grave* limite cet estuaire au sud. En face se trouve le *rocher de Cordouan*, sur lequel a été construit un phare dont les feux s'aperçoivent à 50 kilom. de distance.

De la Gironde jusqu'à l'Adour, la côte est droite et formée de dunes sablonneuses très envahissantes, que l'on retient au moyen de plantations appropriées. Une série de vastes étangs ou lacs court parallèlement au littoral ; le *bassin d'Arcachon*, dont le *cap Ferret* signale l'entrée, est le seul qui ait un chenal maritime et un port. Il n'y a point d'île en face de cette partie de côte.

A partir de l'embouchure de l'Adour jusqu'à la frontière espagnole, la côte qui se ressent du voisinage des Pyrénées, se relève et devient même escarpée. On y voit quelques jolies baies, entre autres celle de *Saint-Jean-de-Luz*, à l'embouchure de la *Nivelle*.

III. Versant de la Méditerranée.

46. Ce versant s'étend depuis le *cap Cerbère*, à la frontière espagnole, jusqu'à la frontière italienne, un peu au delà de Menton.

Du cap Cerbère à l'embouchure du *Tech*, la côte est escarpée, car les Pyrénées y projettent leurs dernières ramifications. A partir du Tech et jusqu'au Rhône, elle est basse, sablonneuse et forme un arc concave, favorable aux invasions de la mer et que l'on nomme le *golfe du Lion*. Tout le littoral est couvert de marais salants et d'étangs, dont les principaux sont les étangs de *Leucate*, de *Sigean*, de *Thau* et de *Maguelonne*. A l'est de ce dernier se trouve le *delta du Rhône*, qui renferme l'*île de la Camargue*, dont le sol s'exhausse progressivement, et dans laquelle est l'*étang de Valcaresse*. A l'est se trouve l'*étang de Berre*, qui communique à la mer et mériterait plutôt le nom de golfe.

Depuis ce dernier point jusqu'à la frontière italienne, la côte a la forme d'un arc convexe ; elle est escarpée, rocheuse, très découpée avec les ports de Toulon, de Marseille et de Nice, les *golfes de Giens*, de *Saint-Tropez*, de *Fréjus*, de *Jouan* (où débarqua Napoléon en 1815), de *Napoule* et de *Villefranche*, les caps *Sicié*, *Couronne*, *Sepet*, *Bénin*, *Camarat*, *Roux*, de *la Garoupe*, les *îles d'Hyères* (Porquerolles, Port-Cros et du Levant), les îles de *Lerins* (Honorat et Ste-Marguerite), les îles *Ratonneau* et *Pomègue*, qui abritent le port de Marseille.

§ VI. — *CLIMATOLOGIE*

47. CLIMATS. — *Le climat* de la France est en général tempéré, grâce à la latitude de ce pays, au peu d'élévation de son sol et à l'influence du Gulf-Stream ; il est en même temps très sain.

La température moyenne de l'année pour la France ressort à environ 8° Réaumur. On trouve les températures moyennes les plus élevées sur les côtes de Provence (12° environ), et les plus basses dans les provinces du nord-est (moins de 6°). La température moyenne de l'été est de 16°, et celle de l'hiver de 3° environ. La douceur relative des hivers est due surtout à l'influence de l'Océan Atlantique.

On divise généralement la France en sept régions sous le rapport des climats.

1° Le *climat du nord* ou *séquanien*, avec une température moyenne de 10°, comprend le nord de la France à partir de Paris. Ce climat est généralement humide et les hivers y sont assez rigoureux ; il est favorable aux céréales, aux prairies et aux arbres fruitiers;

2° Le *climat du nord-est* ou *vosgien*, s'étend surtout en Lorraine, en Alsace et dans la Franche-Comté ; il est en moyenne de 8°. Les hivers, qui sont froids et longs, sont suivis assez brusquement d'étés très chauds. Cela tient à ce que cette région est la plus éloignée de la mer et qu'elle reçoit directement le soleil et les vents froids du nord. Les neiges et les pluies sont assez fréquentes. Sous le rapport des produits, il ressemble au climat précédent, avec cette différence que la région comprend plus de forêts et de vignobles ;

3° Le *climat de l'est* ou *armoricain*, qui comprend la Bretagne et le Cotentin, est le plus tempéré et le plus égal (10° environ), à cause du voisinage de la mer et de l'influence du Gulf-Stream. Il en résulte également que la température est humide et brumeuse, que les pluies sont abondantes et les vents violents. Comme conséquence, ce climat convient à la culture des herbages et à l'élevage du bétail mais nullement à la vigne ;

4° Le *climat du sud-ouest* ou *girondin*, qui va de la Loire aux Pyrénées et de l'Atlantique aux Cévennes, a une température plus chaude en été et plus froide en hiver que le précédent, ce qui le rend plus propre à la culture de la vigne (vignobles du Bordelais et des Charentes) et des céréales. Le voisinage de la mer y attire également des pluies fréquentes et des vents désagréables, entre autres le *galerne*, ce qui explique la présence de nombreux pâturages. La température moyenne est de 10 à 11° ;

5° Le *climat méditerranéen* ou *provençal*, qui embrasse le sud-est de la France, est le plus chaud (13° en moyenne) et le plus désagréable de tous. Un vent froid du nord ou *mistral* y soufle pendant le jour, tandis qu'un vent brûlant du sud, espèce de *sirocco*, y règne pendant la nuit. Seuls les départements du Var et des Alpes-Maritimes, mieux abrités, font exception et ont une température très agréable, surtout en hiver. On trouve dans cette région les cultures des pays chauds : la vigne, le citronnier, l'oranger, etc ;

6° Le *climat de l'est* ou *rhodanien* (de *Rhodanus*, Rhône), qui comprend la région de la Saône et du Rhône moyen jusqu'à Montélimar, est très variable en raison des montagnes (Cévennes, Alpes et Jura) qui entourent ce bassin et forment comme un couloir dans lequel circulent les vents du nord et du sud. Il n'y fait ni aussi froid qu'en Lorraine, ni aussi chaud qu'en Provence (température moyenne 9 à 10°), mais il y a des écarts assez sensibles entre les plaines et les parties plus élevées. De cette variété de climats et de terrains, il résulte une grande variété de produits : vignes, céréales, maïs, pâturages, mûriers, châtaigniers, arbres fruitiers y sont répartis suivant l'exposition qui leur convient ;

7° Le *climat du centre* ou *arvernien*, occupant toute la région du plateau central, présente des températures extrêmes et des hivers longs et rigoureux, presque comme le climat vosgien auquel il ressemble beaucoup (en moyenne 8°). Les pluies sont considérables et la neige couvre le sol pendant plusieurs mois. On y trouve surtout des pâturages, des prairies et quelques céréales.

En résumé, les hivers sont rigoureux dans les régions montagneuses, telles que les Vosges, les Faucilles, le Jura, les Cévennes, les Alpes et les Pyrénées. Les étés ne sont pas très chauds dans ces régions, mais ils sont marqués par de grandes pluies et de fréquents orages.

Dans les plaines du Nord et du Nord-Ouest, les hivers sont un peu moins longs et froids que dans les régions montagneuses, mais ils sont brumeux et pluvieux; les étés y sont tempérés et très agréables.

Dans les plaines du centre et du sud, le climat se rapproche de celui de l'Italie; les hivers y sont peu rigoureux, mais les étés y sont très chauds, surtout sur le littoral de l'Atlantique, à partir de l'embouchure de la Gironde et sur le littoral de la Méditerranée.

48. Pluies. — En général, les montagnes et les plateaux, arrêtant les nuées et condensant les vapeurs, reçoivent d'autant plus d'eau qu'ils sont plus élevés. Les pluies diminuent également à mesure que l'on s'éloigne des côtes maritimes. En outre, les versants occidentaux des montagnes ont une quantité de pluie plus considérable que les versants orientaux, à cause des vents humides venant de l'ouest. Enfin les plaines du midi, où il pleut moins souvent, sont plus inondées que celles du nord, où les pluies sont plus fréquentes mais moins abondantes.

On évalue à peu près à 80 centimètres la hauteur moyenne de la pluie qui tombe annuellement en France, en 140 jours environ. On sait qu'une partie de cette eau retourne immédiatement à l'atmosphère par évaporation, une autre partie alimente les cours d'eau et l'autre partie pénètre dans le sol pour y former des sources ou y nourrir les racines des plantes et des arbres.

Cet ensemble de conditions, en ce qui concerne les climats, les vents et les pluies, permet à la France de récolter les produits agricoles des pays froids et ceux des pays chauds, et de les échanger entre ses différentes provinces sans avoir à acquitter les frais de douane ; aussi le commerce intérieur de notre pays est-il considérable.

CHAPITRE II

FRANCE HISTORIQUE

§ *I.* — *NOTIONS HISTORIQUES ET RACES*

49. *Ancienne France.* — Les frontières de la France ont changé bien des fois depuis plus de 2,000 ans que l'histoire enregistre les événements survenus dans les nations. A l'époque où elle portait le nom de Gaule, et qu'elle était soumise à la domination romaine, elle n'avait que des frontières physiques ou naturelles qui étaient :

1° Au nord, la mer du Nord ou Océan Germanique, le Pas de Calais ou détroit des Gaules, la Manche ou Océan Britannique ;

2° A l'ouest, l'Océan Atlantique ;

3° Au sud, les Pyrénées et la Méditerrannée ;

4° A l'est, les Alpes et le Rhin.

La Gaule ancienne comprenait donc en plus de notre France actuelle :

1° Une partie de la Hollande ;

2° La Belgique ;

3° La Prusse Rhénane ;

4° Le grand-duché de Luxembourg ;

5° L'Alsace et la Lorraine ;

6° La Bavière Rhénane ;

7° Une grande partie de la Suisse.

Les peuples qui la composaient appartenaient à trois races différentes :

1° Les *Ibères*, ou Aquitains ;

2° Les *Celtes* ou *Galls ;*

3° Les *Belges* ou *Kymris*.

Les *Ibères* occupaient tout l'espace compris entre les Pyrénées, la Garonne et l'Océan Atlantique ; ils étaient les frères de ceux de l'Hispanie, et ont transmis à leurs descendants actuels, les *Basques*, leur caractère, leurs mœurs et même leur langue.

Les *Celtes* ou *Galls* occupaient tout le pays compris entre la Seine et la Garonne. C'étaient des hommes petits, bruns, dont les yeux variaient du noir au brun clair, et dont la taille et la force musculaire étaient un peu au-dessus de la moyenne.

Les *Kymris* peuplaient le pays situé

entre la Seine et le Rhin; ils étaient grands, blonds, avec des yeux bleus, et étaient doués d'une grande force musculaire.

Indépendamment de ces peuplades, d'autres races contribuèrent encore à former la nation française; ce furent d'abord les *Phéniciens*, qui établirent des comptoirs à Nice, Marseille, Agde et d'autres villes situées sur le littoral de la Méditerranée; ces établissements eurent assez d'importance et de durée pour que l'élément grec entrât désormais pour une part considérable dans la population.

Nos premiers ancêtres, les Gaulois, vivaient presque exclusivement de la chasse et de la pêche. Race essentiellemnnt guerrière, à l'esprit aventureux et au courage indomptable, on trouve des traces de leurs expéditions audacieuses dès le VIe siècle avant J.-C. A cette époque, Bellovèse, après avoir battu les Etrusques, crée la Gaule Cisalpine (vallée du Pô); Sigovèse se rend maître de la Bohême et des provinces voisines. Un peu plus tard, d'autres Gaulois fondent les villes de Padoue et de Vérone. En 390, conduits par un de leurs chefs ou Brenns (dont les Romains ont fait *Brennus*), ils s'emparent de Rome et la rançonnent. En Asie, ils fondent la *Galatie* en 278, et ils répondent à Alexandre le Grand, heureux et menaçant, qu'ils ne craignent rien que la chute du ciel. Ils sont les meilleurs soldats d'Annibal, dans la deuxième guerre punique.

Mais à l'intérieur le territoire était occupé par quatre cents petits peuples divers, souvent divisés, et qui ne surent pas s'unir à temps pour résister aux légions que Rome, après avoir vaincu Carthage, envoya dans les Gaules pour se venger des échecs que les Gaulois avaient contribué à lui infliger. Ceux-ci inspiraient d'ailleurs tant de terreur aux Romains, qu'ils disaient : « Nous combattons pour conquérir, mais quand nous combattons les Gaulois, c'est pour exister. » Il ne fallut pas moins de dix ans (59 av. J.-C.) et tout le génie de Jules César pour venir à bout de la résistance acharnée que les armées gauloises, commandées par Vercingétorix, opposèrent aux envahisseurs.

Malgré toute leur habileté et tous leurs ménagements pour les vaincus, les Romains ne maintinrent pas sans difficulté leur domination sur la Gaule. Ils détruisirent la puissance sacerdotale considérable que les druides exerçaient et ils rallièrent assez facilement l'aristocratie. Mais les paysans (*pagani*) se soulevèrent à diverses reprises et se ruèrent sur les légions romaines bardées de fer que, presque sans armes, ils menacèrent sérieusement et vainquirent en diverses rencontres. Mais le moment de la délivrance n'était pas venu encore. « Vers la fin de l'empire romain, dit Décembre-Alonnier, la fiscalité avait épuisé les ressources naturelles du pays, la corruption avait pénétré dans toutes les classes. Deux grands faits historiques se développaient simultanément : l'établissement du christianisme et la conquête du vieux monde par les Barbares. On peut dire que l'invasion fut un bien pour l'humanité. Le christianisme n'avait que médiocrement manifesté son influence sur le vieux monde; celui-ci était resté païen tout en adoptant les formes de la religion nouvelle. Aussi les Apôtres de l'Évangile cherchèrent-ils d'abord des alliés parmi les Barbares; ils surent les dominer suffisamment pour leur faire adopter les lois et la langue des Romains. La désorganisation de l'administration civile et politique explique la facilité avec laquelle le clergé parvint à établir son influence, qui s'exerça d'abord au nom de la protection et qui s'imposa ensuite comme une autorité théocratique... Les tribus germaines et franques semblèrent n'envahir la Gaule que pour la rajeunir, en y introduisant un élément nouveau. De ces éléments divers, qui s'assimilent les traditions romaines, sortira bientôt une société régulière. Le Barbare aura contribué à développer le sentiment de la liberté individuelle et celui de l'indépendance; le Gaulois aura apporté de son côté l'héritage du passé. »

La domination romaine eut une influence plus considérable encore que celle des Grecs sur la formation de la nation française, d'abord par une immigration considérable d'Italiens dans les provinces du midi, pendant plusieurs siècles ; ensuite parce que les Romains nous apportèrent leur civilisation, leurs sciences, leurs industries, leur langage, leurs idées; de telle sorte que les tribus du nord désignaient la population du midi sous le nom de gallo-romaine. C'est du reste plutôt par l'éducation que par la race que la France est une nation latine, et c'est pourquoi les institutions, la langue et le génie des Romains ont subsisté dans notre pays malgré les bouleversements ultérieurs. De nombreux débris, souvent imposants encore, de somptueux monuments construits par eux marquent encore l'empreinte profonde de leur passage sur notre pays.

A la fin de l'Empire romain, lors de la grande migration des peuples, le territoire des Gaules fut parcouru dans tous les sens par des Barbares de toute origine. Quelques-uns, les Alains et les Vandales ne firent qu'y passer sans laisser de trace tandis que les Huns, commandés par Attila, ne purent en être expulsés qu'après la sanglante bataille de Châlons, où l'on voit apparaître un des premiers *Mérovingiens*. D'autres s'y établirent et vinrent se superposer à l'ancienne population, savoir :

Les *Visigoths*, de race scandinave, s'établirent au midi de la Gaule et principalement dans la Narbonnaise;

Les *Burgondes*, de race germaine, occupèrent surtout la région de l'est et donnèrent leur nom à la Bourgogne ;

Les *Franks*, également de race germaine et venus de la vallée du Rhin, affluèrent en grand nombre au nord des Gaules, se répandirent peu à peu jusqu'à la Seine, puis jusqu'à la Loire et à la Garonne; ils s'unirent par les liens du sang aux habitants du pays, adoptèrent en grande partie leurs mœurs, leurs institutions, leur religion, et surtout leur langage; ils finirent par donner leur nom au pays (*Frankreich* ou pays des Francs, nom sous lequel la France est désignée encore actuellement par toutes les nations tudesques). Une seule province de la Gaule, la Septimanie, résista et maintint son indépendance contre Clovis et ses fils. Elle ne fut conquise qu'en 759 par Pépin le Bref.

50. *Mérovingiens.* — Clovis, le véritable fondateur de la monarchie française, avait formé un vaste empire, qui comprenait presque tout le territoire s'étendant du Weser supérieur aux Pyrénées; il avait ainsi arrêté le flot de l'invasion des Barbares. Sous les petits-fils de Clovis, le territoire occupé par les Wisigoths s'appela l'*Aquitaine*, celui des Burgondes, la *Burgondie*, et le nord des Gaules se sépara en deux grandes provinces : le *royaume de Neustrie* à l'ouest, et le *royaume d'Austrasie* à l'est. Ces deux royaumes se livrèrent à des luttes sanglantes qui se terminèrent, en 687, à la bataille de Testry, par le triomphe de l'Austrasie.

Au VIIIe siècle, les *Maures* ou *Sarrazins*, venus d'Afrique, pénétrèrent jusque dans la vallée de la Loire : ils furent repoussés, mais ne purent être rejetés au delà des Pyrénées, et ils gardèrent longtemps sur les côtes de la Provence des points d'appui qui leur permettaient de faire des incursions dans une grande partie de la France. D'après Elisée Reclus, les observations des anthropologistes ne permettent pas de douter que nombre de familles françaises, dans les bassins de la Garonne et du Rhône, ne soient issues de ces envahisseurs.

51. *Carlovingiens.* — A l'exception de Dagobert, qui sut comprendre et faire prospérer les vrais intérêts de la France, les Mérovingiens se distinguaient plutôt par leurs divisions, leurs cruautés ou leur nullité que par leur courage et par les services qu'ils rendaient au pays.

La race des Carlovingiens, qui vint ensuite, ne produisit que deux souverains remarquables : Pépin le Bref et son fils Charles, plus connu sous le nom de Charlemagne. Charlemagne parvint à fonder un puissant empire, à la suite de grandes guerres entreprises dans un but politique. Il fut aussi un sage législateur, un administrateur remarquable et un amateur éclairé des lettres et des sciences. Les limites de son empire s'étendaient au sud jusqu'à l'Ebre; à l'est jusqu'à l'Elbe et la Theiss ; au sud-est jusqu'au Garigliano.

Mais cet empire était trop vaste pour subsister et, après la mort de Charlemagne, les rivalités de ses petits-fils amenèrent le traité de Verdun, en 843, qui divisa l'empire en trois parties :

1° Le *royaume de la France Occidentale*, limité à l'est par le Rhône, la Saône, la Meuse, la Sambre et l'est, échoit à Charles le Chauve ;

2° Le *royaume de la France Orientale ou Germanie*, est donné à Louis le Débonnaire;

3° Le *royaume d'Italie* et la longue bande de terre qui séparait le pays de Charles de celui de Louis. Ce dernier royaume fut accordé à Lothaire et reçut le nom de *Lotharingie*.

A partir de ce moment apparaît le régime féodal, amené par le relâchement du pouvoir central et par la transformation du système de la propriété. La France se trouva divisée en une multitude de fiefs, qui appartenaient à des seigneurs et qui constituaient de véritables petits états indépendants.

Les incursions des pirates du nord ou Normands favorisèrent également le développement de ce système, car, pour les arrêter, le roi Charles le Chauve ne trouva rien de mieux que d'autoriser les seigneurs à bâtir des forteresses, qui servirent moins à défendre le pays contre ses envahisseurs qu'à battre en brèche l'autorité royale. Pour mettre fin aux ravages de ces pirates, le roi Charles le Simple fut obligé de leur accorder la Neustrie, qui prit alors le nom de Normandie (912). L'introduction de cette nouvelle race dans notre pays exerça naturellement une influence sensible sur le croisement des éléments qui le composaient.

Depuis cette époque, la France n'a plus reçu d'éléments étrangers par masses, mais elle en reçoit en détail, par immigration, un nombre considérable et qui va s'accroissant chaque année, de sorte que l'on peut dire que, de nos jours, il s'établit un phénomène d'égalisation entre la nation française et ses voisines, et qu'un type européen tend à se substituer aux types primitifs des divers pays.

52. *Capétiens directs.* — Avec les *Capétiens* commença l'œuvre du rétablissement de l'unité dans l'administration et le gouvernement de la France. Nés de la féodalité, les Capétiens comprirent qu'il fallait briser cette puissance pour arriver à constituer une nationalité puissante et homogène. A cette époque, les rois de France n'étaient même pas aussi puissants que quelques-uns de leurs vassaux ; aussi, pour soumettre ceux-ci à l'autorité royale, la lutte fut longue et féconde en péripéties ; elle ne se termina guère que sous Richelieu.

Les *croisades*, ces expéditions faites par la chrétienté pour arracher le tombeau du Christ des mains des musulmans, contribuèrent à préparer l'unité nationale, en habituant les grands vassaux à se ranger sous la bannière de leur chef, et en amenant l'extinction de nombreux fiefs, soit par la mort de leurs titulaires, soit par la cession de ces fiefs pour se procurer des ressources en vue du voyage. Ces croisades sont au nombre de huit, et non seulement la France en prit l'initiative, mais encore elle y participa dans la mesure la plus large. La *première croisade* (1097-1100), prêchée par Pierre l'Ermite, fut dirigée par Godefroy de Bouillon, qui réussit à créer le royaume de Jérusalem, dont il fut le premier souverain. La *deuxième* (1147-1149), prêchée par saint Bernard, eut pour chef Louis VII, roi de France, et Conrad, empereur d'Allemagne; leurs divisions furent cause de nombreux revers, qui les forcèrent à rentrer en Europe. La *troisième* (1189-1193) eut pour chefs Philippe-Auguste, Richard Cœur de Lion et Frédéric Barberousse. Le manque d'ensemble dans les opérations et les rivalités des chefs aboutirent à la mort de Frédéric et au retour des deux autres souverains sans avoir obtenu aucun résultat. La *quatrième* (1202-1204), prêchée par Foulques de Neuilly et à laquelle prirent part des Français et des Italiens, fut dirigée par le doge Dandolo ; les Croisés ne dépassèrent pas Constantinople qu'ils prirent, et dont Baudoin, comte de Flandre fut proclamé empereur. La *cinquième* (1217-1221) eut encore moins de résultats. L'empereur Frédéric II, qui entreprit la *sixième* (1228-1229), se fit rendre Jérusalem, mais à prix d'argent. Les deux dernières croisades eurent saint Louis pour chef. Dans la *septième* (1242-1252), ce roi prit l'Égypte, fut fait prisonnier par les musulmans auxquels il dut payer une forte rançon et rentra en France après avoir fortifié quelques places de la Palestine. Enfin, dans la *huitième* croisade, dirigée contre Tunis, saint Louis mourut sous les murs de cette ville, d'une maladie contagieuse. Dès lors, aucune nouvelle tentative n'ayant été faite pour soustraire la Palestine à la conquête musulmane, les restes de la domination franque ne tardèrent pas à disparaître.

Prises séparément, ces pieuses expéditions n'aboutirent pas au résultat cherché, mais on peut dire qu'elles ont réussi dans leur ensemble, en ce sens qu'elles arrêtèrent pour un moment les invasions incessantes des Turcs. Les croisades eurent encore pour résultat de donner aux Français le goût des voyages, de développer leur esprit militaire, de contribuer aux progrès du commerce et de l'industrie, et d'assurer à la France en Orient une influence prépondérante qui a procuré des succès à notre politique, et qui pourrait en assurer encore avec de l'énergie et de la suite dans les idées.

L'époque des croisades fut en même temps celle de la chevalerie, de l'affranchissement des communes et de l'extension de la vie monastique en Occident.

La *chevalerie* naquit des excès et des violences des seigneurs féodaux qui, composés d'hommes sans instruction, sans notions exactes du juste et de l'injuste, ne connaissaient que la force dont ils abusèrent pour rançonner les voyageurs, soumettre leurs vassaux aux plus odieuses exactions, opprimer les faibles, ce qui amena la ruine du commerce et de l'industrie. Les chevaliers prêtaient serment de combattre partout l'injustice, de défendre la veuve, l'orphelin et le faible, d'être toujours prêts à obéir à leur roi, à leur dame. Mais, tout naturellement, les chevaliers se recrutant eux-mêmes parmi les seigneurs féodaux, ne tardèrent pas à participer aux abus qu'ils devaient combattre. Peu à peu, le courage devint pour eux le synonyme d'aveugle impétuosité, qui fut cause de cruelles défaites; le désir de plaire aux dames donna naissance à une galanterie exagérée et dissolue. Cependant, dégagés des puérilités et des exagérations, les sentiments d'honneur et de loyauté qui constituaient l'esprit chevaleresque, contribuèrent à adoucir sensiblement les mœurs et à introduire un certain ordre social après le chaos de l'invasion. La chevalerie joua également un rôle brillant dans les combats, et elle refréna jusqu'à un certain point les excès de la féodalité.

Vers la fin des croisades, la chevalerie prit une forme particulière et donna naissance à des ordres ayant à la fois un caractère religieux et militaire. Les plus connus sont : l'ordre des Hospitaliers ou de Saint-Jean-de-Jérusalem, qui prirent ensuite le nom de chevaliers de Rhodes, puis de chevaliers de Malte; l'ordre des Templiers, institué en **1118** pour la défense de Jérusalem, aboli en raison de ses désordres par le pape en **1312**, et dont le roi Philippe le Bel fit brûler le dernier grand maître; l'ordre Teutonique, fondé en **1128**, qui vint s'établir en Europe à la fin des croisades, s'empara de la Prusse et fut supprimé par Napoléon en 1809.

Lorsque la chevalerie manqua à sa mission de modérer la tyrannie de la féodalité sur les serfs opprimés, pressurés et outragés dans leur dignité humaine, le peuple, ne se sentant plus protégé par ceux dont c'était la mission, chercha à se garder et à se défendre lui-même. Les villes, dont les habitants, commerçants et industrieux, avaient plus d'intérêt et de facilité à se grouper, eurent les premières recours à des associations défensives, et réclamèrent, souvent même par les armes, les franchises municipales qu'elles n'obtinrent que par une certaine agitation, qui est connue sous le nom d'*affranchissement des communes*. Ce fait important commença à se manifester, mais faiblement, à la fin du xe siècle; il s'accentua au xie et atteignit son complet développement au siècle suivant, sous Louis le Gros, et son successeur Louis VII. La royauté qui, dans cette question avait les mêmes intérêts que le peuple, seconda heureusement les efforts de ce dernier et du tiers état, qui a commencé à jouer un rôle important depuis Louis le Gros, qui l'admit aux assemblées de la nation. La royauté réussit ainsi à grandir son autorité en abaissant celle des grands vassaux, et favorisa, dans la plupart des cas, l'organisation et la constitution des communes. Les communes affranchies furent administrées par des magistrats de leur choix, qui faisaient les lois, rendaient la justice et maintenaient l'ordre; elles voulaient même avoir leurs milices. Les corporations industrielles, jurandes ou maîtrises, instituées par saint Louis, s'organisèrent à leur tour au sein des communes, avec un caractère à la fois politique, religieux et militaire. Mais ces diverses modifications ne changèrent guère la condition des paysans, qui sentaient moins vivement le besoin de liberté et pouvaient difficilement s'associer. Il faut ajouter aussi que quand le pouvoir royal, après avoir ruiné la féodalité, se sentit assez fortifié, il devint naturellement despotique, et restreignit les libertés accordées aux communes. Celles-ci ne purent redevenir complètement indépendantes qu'en 1789.

Dès l'introduction du christianisme en France, les rois et les seigneurs favorisèrent l'*établissement de monastères*, où, loin de se livrer exclusivement à la vie contemplative et mystique comme en Orient, on associe le travail et l'étude à la prière. Les couvents deviennent le refuge des lettres et des arts dans la période semi-barbare du moyen âge; des écoles s'y fondent, où peu à peu s'agitent les questions philosophiques. Bientôt les évêchés, si nombreux alors, ont à leur tour des écoles, qui sont le point de départ du grand mouvement intellectuel des XIIe et XIIIe siècles, avec saint Bernard, Abélard, Guillaume de Champeaux, Villehardouin et Joinville, comme principaux philosophes et historiens. Les grandes universités datent de cette époque.

53. *Valois.* Avec Charles IV s'éteignit (1328) le dernier des Capétiens directs. Il eut pour successeur son cousin germain, Philippe de Valois, qui donna son nom à la branche dite *des Valois.* C'est sous ce monarque que commença l'effroyable *guerre de Cent ans*, qui retarda en France les progrès du peuple et de la royauté. La conquête de l'Angleterre par les ducs de Normandie en fut l'origine première; elle fut la cause d'une longue et funeste rivalité, qui donna lieu à des luttes sanglantes, à des calamités désastreuses et à des défaites effroyables, mettant à plusieurs reprises la France à deux doigts de sa perte. Cette rivalité eut sa période la plus critique pendant la guerre de Cent ans (1336-1453). Nous nous bornerons à mentionner ici : la défaite de Crécy et la perte de Calais sous Philippe VI; la bataille de Poitiers où le roi Jean le Bon fut fait prisonnier, revers à peine suspendus par les succès et la sagesse de Charles V; le désastre d'Azincourt sous Charles VI, et enfin les victoires de Charles VII qui, avec l'aide de l'héroïque Jeanne d'Arc, inspirée par le plus ardent patriotisme et se disant envoyée de Dieu, finit par expulser presque complètement les Anglais du sol français. Pendant cette sombre période, notre malheureux pays fut encore déchiré par la guerre civile, car c'est alors qu'éclatèrent le soulèvement des paysans connu sous le nom de *Jacquerie*, l'insurrection des *Maillotins* et la rivalité des maisons d'Orléans et de Bourgogne, qui fut si funeste à la France.

Charles VII commença également quelques réformes intérieures, qui furent complétées par Louis XI, administrateur aussi habile que profond politique. Sous son règne la France fortement réorganisée et débarrassée de la féodalité commença à sentir le joug du despotisme royal.

Le début des temps modernes fut marqué par les *guerres d'Italie*, résultant des prétentions des rois Charles VIII et Louis XII sur Naples et le Milanais. Naples fut conquise et reperdue, mais François Ier assura la possession du Milanais par la victoire de Marignan (1515). Dans une seconde période, la France eut à lutter contre Charles-Quint et François Ier fut fait prisonnier à la défaite de Pavie. Son fils Henri II fut plus heureux contre le même adversaire et contre Philippe II, auxquels il reprit Calais et les Trois-Évêchés. Le traité de Cateau-Cambrésis (1559) mit fin à ces expéditions, qui n'eurent guère d'autre résultat que d'apprendre aux Français l'art de la guerre et de les initier aux arts que les Italiens cultivaient déjà avec succès.

Le règne de François Ier est surtout célèbre par ce mouvement intellectuel d'une intensité extraordinaire qui poussait les écrivains et les artistes vers l'imitation de l'antiquité et que l'on appela la *Renaissance*. François Ier, par la protection éclairée qu'il donna aux artistes, eut une grande part dans les progrès réalisés.

La Renaissance fut arrêtée dans son essor par les discordes civiles qui ensanglantèrent le règne des quatre successeurs de François Ier : Henri II, François II, Charles IX et Henri III. Ces discordes, connues sous le nom de *guerres de religion*, eurent pour cause l'apparition du protestantisme, réforme religieuse prêchée par Luther (1517), par Zwingle et par Calvin, et qui compta bientôt en France de nombreux prosélytes. L'esprit d'intolérance et des raisons politiques amenèrent des excès regrettables de part et d'autre, notamment les massacres de la Saint-Barthélemy, l'assassinat du duc de Guise, etc. Ces guerres, dont on ne compte pas moins de huit, eurent d'ailleurs une certaine influence sur le développement de la science philosophique.

54. *Bourbons.* — A Henri III, le dernier des Valois, succéda *Henri IV*, le premier des Bourbons ; ce prince abjura le protestantisme pour monter sur le trône et il accorda aux protestants la liberté de conscience, ce qui mit alors un terme aux luttes et aux dissensions religieuses. Henri IV a laissé la réputation méritée d'un grand capitaine et d'un grand politique ; secondé par un ministre habile et honnête, le sage Sully, il rétablit rapidement l'ordre et les finances, allégea les impôts, remplit les magasins et les arsenaux et forma une armée vraiment nationale. Il se préparait à ruiner définitivement l'Espagne, quand il fut assassiné par Ravaillac (1610).

Son fils *Louis XIII*, assez nul par lui-même, eut le mérite de reconnaître le talent de son ministre Richelieu et de le soutenir contre tous dans ses entreprises. Sous son règne, les protestants, qui avaient tenté de ressaisir leur influence, furent anéantis comme parti politique, mais on leur laissa leur liberté religieuse. La féodalité vit raser ses châteaux forts et fut abattue définitivement. Les seigneurs qui essayèrent de méconnaître l'autorité royale furent impitoyablement frappés.

Le règne de *Louis XIV*, le plus long et un des plus glorieux, fut marqué par des guerres nombreuses, glorieuses pour la plupart, mais souvent injustes, lorsqu'elles étaient inspirées par le désir d'humilier les nations voisines ou d'exercer une influence absolue sur l'Europe. Cette ambition exagérée amena également de nombreux revers, surtout vers la fin du règne, mais, en résumé, Louis XIV ajouta des provinces au domaine national ; sous ce prince, la royauté parvint à l'apogée de sa puissance et son autorité ne fut plus contestée par les nobles, réduits au rôle de courtisans et entièrement subjugués. Les lettres, les sciences, les arts, l'industrie reçurent un appui qui en assura les progrès ; aussi, sous aucun règne ne vit-on une pléiade plus brillante d'hommes illustres dans toutes les branches, et un assemblage plus imposant de chefs-d'œuvre et de monuments de toute espèce. Cependant, Louis XIV laissa les finances obérées, la marine détruite et le commerce ruiné ; mais la plus grande faute qu'il ait commise, c'est d'avoir persécuté les protestants, et de les avoir forcés à s'expatrier par la révocation de l'édit de Nantes, privant ainsi le pays d'une force qui a surtout profité à la Prusse.

Sous la Régence et sous *Louis XV* commença la décomposition du pouvoir royal. Le peuple, pressuré et opprimé, se révolte énergiquement contre les privilégiés et réclame la liberté et l'égalité. Le règne de Louis XV n'est marqué que par des fautes et des erreurs politiques, qui eurent pour conséquences l'accroissement de la Prusse, l'éloignement de l'Autriche, notre alliée naturelle, la perte de presque toutes nos colonies, des guerres (de Sept ans) désastreuses. En outre, la corruption des mœurs dont le roi donnait le premier l'exemple, une misère indicible, un gaspillage incroyable suivi de banqueroute, l'incurie la plus profonde, créent une situation telle que l'honnête *Louis XVI*, malgré son désir de bien faire et quelques utiles réformes, paya de sa tête les fautes de son prédécesseur plus que les siennes propres.

55. *Révolution française.* — La Révolution française, qui bouleversa complètement l'ordre de choses établi et transforma la société, est l'événement capital qui domine toute l'histoire contemporaine, non seulement en France, mais dans l'Europe entière. Elle avait été préparée d'abord par les erreurs et les maladresses de la royauté, par les mœurs dont souffrait le peuple, et surtout par les écrits des philosophes, qui donnèrent un nouvel aliment aux idées de liberté en germe dans les esprits. Provoquée par la convocation des *états généraux* de 1789, transformés bientôt en *Assemblée Constituante*, celle-ci ruina le despotisme royal (prise de la Bastille) et donna à la France une Constitution (1791). L'*Assemblée législative* qui vint ensuite, prépara la *République* (1792), qui fut proclamée par la *Convention*. Celle-ci fut dominée tour à tour par les Girondins, les Montagnards et la Plaine. Sans doute les principes proclamés par la Révolution étaient justes, mais il ne furent pas toujours appliqués avec justice, et la nécessité de briser les résistances ou de conjurer le péril ne peut justifier ni le régime sanglant de la terreur, ni des scènes de violence parfois sauvages, ni des cruautés inutiles. Elle eut à traverser des phases critiques, car elle dut faire tête en même temps à l'Europe coalisée et à ses provinces révoltées, en étant obligée de tout improviser : généraux, armées, finances. Elle parvint, à force d'énergie, à vaincre tous ses ennemis et, par la paix de Bâle, à donner à la France ses limites naturelles, les frontières de l'ancienne Gaule. Il faut reconnaître que la Révolution fit de grandes choses, car tout était à refaire, mais elle voulut embrasser trop rapidement un trop grand nombre de questions, qui n'étaient pas toutes mûres, et elle confondit trop souvent les pouvoirs ; il en résulta une espèce de chaos gouvernemental, auquel le *Directoire* ne put remédier suffisamment.

56. *Consulat et Empire.* — Les guerres soutenues par la République, défensives au début et offensives ensuite, firent surgir des généraux illustres, mais mirent surtout en relief le général Bonaparte. Celui-ci, profitant de la faiblesse du pouvoir civil, de l'anarchie où se trouvait le pays et de la popularité que ses succès lui avaient acquise, renversa audacieusement le gouvernement établi par le coup d'État du 18 brumaire (9 novembre 1799) et se fit nommer premier Consul, puis Empereur. La nation affamée de repos, se montra peu touchée de cette violation de la loi. Il faut reconnaître que le Consulat fut une période remarquable ; à l'intérieur, par la reconstitution du pays, dans les institutions, la législation, les arts, l'industrie ; à l'extérieur, par des victoires remarquables, qui rétablirent la paix avec toutes les puissances étrangères.

Mais une fois empereur (1804) Napoléon change de maximes et ce puissant génie ne sait pas s'arrêter dans son élan. Il commence par supprimer toutes les libertés intérieures et par rétablir le despotisme ; son ambition démesurée lui fait fouler aux pieds l'indépendance des peuples, auxquels il impose des souverains ou dont il veut que les souverains soient ses vassaux, ce à quoi il réussit quelque temps, grâce à ses rares qualités militaires. Mais il finit par lasser le pays et la fortune ; ses succès continuels du début furent suivis de revers foudroyants et il ne put résister aux efforts de l'Europe entière coalisée contre lui. Cette épopée est trop connue pour que nous ayons à en parler ici autrement que pour rappeler que malgré son génie et toutes ses victoires, Napoléon a laissé la France amoindrie, épuisée d'hommes et d'argent, après avoir subi deux invasions dans quinze mois. Relégué d'abord à l'île d'Elbe, il s'en échappa pour tenter la fortune et réussit de nouveau à gouverner la France pendant les *Cent-Jours*, mais après la perte de la bataille de Waterloo (1815), il fut déporté à l'île Sainte-Hélène, où il finit misérablement ses jours.

57. *Restauration.* - *Louis XVIII*, remis deux fois sur le trône par les Alliés, bien loin de suivre une marche progressive dans les idées libérales, chercha à restreindre les libertés publiques, persécuta les partisans des régimes précédents en favorisant en même temps les émigrés et laissa le zèle religieux dégénérer en fanatisme ; en un mot, il a fait dire de lui qu'il n'avait rien appris ni rien oublié. *Charles X*, son frère, qui lui succéda, ne fut jamais guère que le chef de la congrégation et de la réaction ; il accentua encore les tendances ultra-royalistes, mais en voulant supprimer, par les *ordonnances*, les garanties données par la Charte, il fut renversé par la Révolution de juillet 1830, au moment où la conquête d'Alger ouvrait à la France les portes d'une grande et belle colonie.

58. *Gouvernement de Juillet.* — Le règne de *Louis-Philippe*, beaucoup plus libéral que les précédents, inaugura une nouvelle ère de prospérité commerciale et industrielle ; il fut assez brillant au début dans sa politique extérieure, qui manqua plus tard d'énergie et de prestige. Le roi essaya de fonder en France la monarchie parlementaire, attaquée par tous les partis. Sous l'influence de son dernier ministère (Guizot), ayant voulu opposer une résistance absolue à une réforme électorale généralement réclamée, il fut renversé par la Révolution de février 1848, malgré la gloire militaire conquise en Algérie dont la conquête fut achevée.

59. *Deuxième République.* — La Révolution de février inaugura la deuxième République, qui fit nommer une Assemblée nationale au *suffrage universel*. Celle-ci, après avoir réprimé l'insurrection de juin 1848, donna une Constitution républicaine modérée. L'Assemblée nationale de 1849, en majorité royaliste, se livra à une tentative de restauration monarchique que le prince Louis-Napoléon prévint, en se faisant nommer Président. Mais, profitant de la crise industrielle et commerciale qu'avaient fait naître les demandes de réformes sociales, le prince, imitant son oncle, réussit à se faire nommer consul à la suite du coup d'État du 2 décembre 1851, prétendant assurer les intérêts alarmés et n'être sorti de la légalité que pour rentrer dans le droit. Un plébiscite lui donna raison et lui confia tous les pouvoirs.

60. *Second Empire.* — Un an après, le prince se faisait proclamer empereur sous le nom de Napoléon III, après avoir consulté de nouveau la nation par un plébiscite. Le commerce et l'industrie prirent un essor merveilleux, favorisé par d'excellentes récoltes et par le développement des chemins de fer. Son règne fut marqué par quatre guerres, qui, entreprises soit dans un intérêt dynastique, soit pour un mauvais but, furent en somme préjudiciables à la France. Ce sont : 1° la guerre de Crimée (1854-1856) contre la Russie ; 2° la guerre d'Italie (1859-1860) contre l'Autriche, à la suite de laquelle l'Italie, notre alliée, nous céda le comté de Nice et la Savoie ; 3° la guerre du Mexique (1862-1864) qui se termina par le rappel humiliant de nos troupes et par la mort de l'empereur Maximilien, que nous avions imposé aux Mexicains ; 4° la guerre contre l'Allemagne (1870-1871), qui, mal préparée et mal conduite, donna lieu à des désastres sans précédents et se termina par l'invasion et le démembrement.

61. *Troisième République.* — Napoléon III, fait prisonnier à Sedan, fut déclaré déchu et la République proclamée (4 septembre 1870). A peine sortie des calamités de la guerre étrangère, elle eut à subir les horreurs de la guerre civile à Paris où l'on proclama la Commune, qui fut impitoyablement réprimée. Depuis, la France se recueille et évite soigneusement toute commotion extérieure ; après bien des tiraillements, elle a réussi à se donner une Constitution républicaine (février 1875). Malheureusement, le défaut de stabilité gouvernementale et d'union des partis républicains empêchent d'arriver à des résultats aussi sérieux et aussi prospères qu'ils pourraient l'être, étant donnée la vitalité étonnante dont a fait preuve notre pays pour réparer les fatales conséquences de la guerre de 1870. Le gouvernement a cherché dans des extensions coloniales à trouver de nouveaux éléments de prospérité, et à la suite de luttes, de sacrifices pénibles et d'incidents malheureux présents à toutes les mémoires, il a réussi à assurer notre protectorat sur la Tunisie et sur le Tonkin.

62. *Conclusions.* — Les enseignements à tirer des faits que nous venons d'exposer sommairement sont non moins féconds que consolants.

Avant tout, on peut constater que la France a joué dans l'histoire un rôle dont nous avons le droit de nous enorgueillir. Toujours à l'avant-garde des idées de progrès, de liberté et de civilisation, elle a même trop souvent combattu pour le triomphe de ces idées au profit d'autres nations qui ne lui en ont nullement été reconnaissantes. « A quelque époque qu'on veuille se reporter, dit Décembre Alonnier, chaque phase historique semble un nouveau pas vers les principes de liberté et d'égalité. La féodalité apparut d'abord comme un progrès. Elle contribua à maintenir parmi nous le sentiment chevaleresque de l'honneur; elle introduisit un certain ordre social après le chaos de l'invasion. Mais le mieux est l'ennemi du bien, la féodalité était une négation de l'égalité; elle dut disparaître, l'affranchissement des communes la mina peu à peu. La France avait besoin d'unité pour constituer une nation homogène. Dès lors elle s'attacha fortement à l'autorité monarchique et l'aida à renverser les barrières qui séparaient les provinces et à détruire le pouvoir féodal. Ce travail accompli, il lui resta à conquérir sa liberté, à abolir les privilèges qui n'étaient accordés dans l'origine que pour diminuer les droits de la noblesse, et qui étaient devenus plus tard des instruments d'oppression et des obstacles à la réalisation de l'égalité ; la Révolution de 1789 acheva ce grand œuvre. Après avoir détruit, la France eut besoin d'un puissant génie pour réédifier le système social sur les nouvelles bases imposées par la volonté nationale. Elle vit sortir aussitôt de son sein un homme gigantesque, qui rappelait César et Charlemagne et qui accomplit cette mission. Dans les temps modernes, les faits de l'histoire marquent la lutte des éléments qui représentent la liberté et l'égalité, contre les hommes du passé dont les efforts resteront vains (1). »

Les conclusions tirées de notre histoire, par MM. Ammann et Coutant, dans leurs *Notions sommaires d'histoire générale*, sont trop remarquables et répondent trop à nos sentiments pour que nous résistions au plaisir de les reproduire : « Nous autres Français, disent-ils, nous pouvons trouver dans l'histoire des enseignements plus spéciaux et consolants; elle nous prouve que nulle autre nation n'a montré une vitalité comparable à la nôtre, et que des catastrophes qui auraient ruiné à jamais d'autres peuples, ont été, pour nos pères, le point de départ d'une splendeur plus grande. Après les désastres de la guerre de Cent Ans, les Français ont expulsé l'étranger et reconquis tout entier le sol national ; après avoir failli périr dans la guerre civile et la guerre étrangère, au temps des troubles de religion, ils ont, avec Henri IV et Richelieu, conquis la suprématie en Europe. Ce sera à nous de montrer que les fils sont restés dignes de leurs pères ; c'est ainsi seulement, c'est en rendant à la France une prospérité digne de son passé, que nous pourrons acquitter notre dette envers nos ancêtres ; ce sera le grand devoir de notre vie. Nous devons enfin puiser dans les enseignements de l'histoire une fierté légitime ; elle nous apprend quelle place notre patrie a tenu dans le monde, quels services elle a rendus à l'humanité. »

A un point de vue plus général, on peut constater aussi que « malgré les révolutions et les bouleversements des empires, en dépit des guerres, des invasions, des misères de tout genre matérielles ou morales, la condition des hommes a toujours été s'améliorant, leur intelligence et leur moralité se sont sans cesse perfectionnées ». Par conséquent, nous qui sommes plus instruits et plus éclairés, nous devons faire en sorte de marcher résolument dans la voie du progrès que nous ont si péniblement tracée nos pères et de faire en sorte d'augmenter leur héritage.

Les malheurs causés au pays par les discordes civiles, qu'elles aient été amenées pour des causes politiques ou pour des raisons religieuses, prouvent, sans qu'il y ait besoin d'insister, que l'union de tous les citoyens est indispensable pour assurer le développement régulier des institutions, qui n'ont jamais été durables lorsqu'elles ont été fondées par la force ou par la surprise.

Rappelons-nous aussi que les guerres ne nous ont jamais profité, afin de n'entreprendre plus jamais à l'avenir que

(1) Dictionnaire populaire illustré, page 1086.

celles qui seront justes et nécessaires. A quel degré de richesse et de prospérité ne serions-nous pas parvenus, si la guerre n'était venue trop souvent interrompre les travaux de la paix et nous emporter le fruit de nos labeurs et de nos économies.

On a pu constater également que le pays a été cruellement puni d'avoir voulu à deux reprises remettre ses destinées à un sauveur dans les bras duquel il s'est jeté aveuglément ; chaque fois il en sorti humilié et mutilé.

Enfin, les leçons de l'histoire nous montrent que, pour être sûr, le progrès doit être lent et venir à son heure ; c'est pour l'avoir trop souvent oublié que notre patrie a presque toujours été ballotée entre le despotisme et l'anarchie, tombant d'un extrême à l'autre, victime de la réaction ou d'une minorité brouillone et turbulente.

Avec l'union des partis, un gouvernement stable et une paix honorable, la France ne tarderait pas à redevenir le pays le plus prospère et le plus favorisé de l'Europe.

§ *II.* — *FORMATION DU TERRITOIRE*

63. *Capétiens.* — Les différentes provinces qui ont formé les départements de la France actuelle n'ont pas toujours été groupés en un seul faisceau et sous un même gouvernement comme de nos jours ; de même, certaines autres provinces, peuplées d'habitants de race française, font actuellement partie d'un autre État.

Il est intéressant, au point de vue géographique, d'étudier la formation du territoire qui constitue actuellement notre pays, afin de permettre d'apprécier à leur juste valeur, soit nos revendications, soit celles de certaines nations voisines.

Nous ne ferons pas remonter notre étude à la période de la conquête des Gaules par les Francs, mais simplement à la reconstitution du royaume de France par Hugues Capet et ses successeurs.

A l'avènement de ce roi, en 987, le régime féodal avait atteint son apogée, et le territoire français était presque entièrement livré aux seigneurs. Il ne restait au domaine royal que la *ville et le comté de Laon*. Hugues Capet y ajouta son fief, comprenant la *Picardie*, l'*Ile-de-France*, et l'*Orléanais*.

En 1095, Philippe Ier acheta le *vicomté de Bourges* à Herpin partant pour la première croisade. Son successeur, Louis VI, ne conquit aucune province, mais il affirma son pouvoir plus solidement et maria son fils avec Eléonore d'Aquitaine, dont la dot se composait de tout le pays compris entre la Loire et l'Atlantique. Mais ce roi ayant répudié sa femme, celle-ci apporta ces provinces à un prince anglais, Henri Plantagenet, qui devint ensuite roi d'Angleterre et posséda par suite de son mariage avec Eléonore un État français beaucoup plus étendu que celui de son propre suzerain, le roi de France.

En 1204, Philippe-Auguste confisqua, à Jean sans Terre, la *Touraine*, l'*Anjou*, le *Maine*, le *Poitou*, la *Saintonge* et la *Normandie*, ce qui agrandit son royaume de plus du double.

A la suite de la guerre des Albigeois, le roi de France, Louis VIII, s'assura la possession du *Languedoc*, par les bonnes relations qu'il sut entretenir avec Jeanne de Toulouse ; celle-ci céda après sa mort son domaine au pouvoir royal en 1270.

Blanche de Castille ajouta à la couronne les comtés de *Châteaudun*, de *Chartres*, de *Blois* et de *Sancerre*, qu'elle acheta au comte de Champagne. Philippe le Bel réunit, par suite de son mariage avec Jeanne de Navarre, la *Champagne*, la *Brie* et le *Lyonnais* (1285).

64. *Valois.*— Philippe VI acheta le *comté de Montpellier*, et reçut le *Dauphiné* en 1349 à condition que le fils aîné des rois s'appelerait dauphin.

Charles VII reprit aux Anglais le *Limousin*, la *Guyenne* et la *Gascogne* (1453). Sous Louis XI, la France s'augmenta de la *Marche*, de la *Bourgogne*, de la *Provence*, du *Maine* et de l'*Anjou* (1479-1487).

François Ier ajouta au domaine royal l'*Angoumois*, le *Forez*, le *Beaujolais*, le *Bourbonnais*, la *Bretagne* et l'*Auvergne* (1515-1547).

Henri II réunit à la France, les *Trois-Evêchés*, Metz, Toul et Verdun, et s'empara de *Calais*, sur l'Angleterre.

65. *Bourbons.* — Sous le règne de Henri IV, la France s'augmenta de la *Navarre*, du *Béarn*, du Vendômois, du comté de *Foix*, de la *Bresse*, du *Bugey* et du pays de *Gex* (1589-1601).

Louis XIV acquit à la France l'*Alsace* (traité de Westphalie en 1648), l'*Artois* et le *Roussillon* (traité des Pyrénées en 1659), la *Flandre* (traité d'Aix-la-Chapelle en 1668), la *Franche-Comté* (traité de Nimègue en 1678).

Louis XV réunit par héritage la *Lorraine* et acheta l'île de *Corse* aux Génois (1768), mais il perdit, par son incurie, presque toutes les colonies fort nombreuses que la France possédait dans l'Inde et en Amérique.

Louis XVI réunit le *Comtat Venaissin* (1790).

66. *Après* 1792. — Les conquêtes de la première République (1792 à 1804) et du premier Empire (1804 à 1815) portèrent les limites de la France bien au delà du Rhin et des Alpes, et pourtant à la chute de Napoléon Ier, en 1815, nous ne conservions même pas nos frontières d'avant 1792, et le traité de Vienne nous enlevait une longue bande de terrain découpée de manière à nous priver d'une partie de nos points forts et de nos places fortes, et à rendre ainsi notre frontière nord-est très vulnérable.

Sous le règne de Louis-Philippe, on fit la conquête de l'*Algérie* (1830-1848).

Pendant le second Empire, la France acquit la *Savoie* et le comté de *Nice* (traité de Turin en 1860), la *Cochinchine* (1862), mais elle perdit l'*Alsace* et une partie de la *Lorraine* (traité de Francfort en 1871).

Enfin, sous la troisième République, la *Tunisie* a été placée sous notre protectorat (traité du Bardo en 1881), ainsi que le *Tonkin* et l'*Annam* (traité de Tientsin en 1885).

CHAPITRE III

FRANCE POLITIQUE ET ADMINISTRATIVE

§ I.— POPULATION

67. *Chiffre.* — La population de la France continentale, avec la Corse, est d'environ 38 millions d'habitants (exactement 38,218,903, au recensement de mai 1886), soit 72 habitants par kilomètre carré. Nous ne faisons pas entrer l'Algérie dans ces chiffres, parce que cette contrée est beaucoup moins peuplée que la métropole, et parce que ses habitants indigènes ne sont pas assimilés à notre nationalité.

La France est le pays de l'Europe, et peut-être du monde entier où, depuis le commencement du siècle, la population s'accroît avec le plus de lenteur. Il serait hors de propos de rechercher ici les causes de ce fait, dont les principales sont le trop grand nombre de célibataires et le petit nombre d'enfants dans bien des familles.

Cette population était en 1784 de 25 millions d'habitants (évaluation de Necker).

Elle était en 1800 de 29 millions d'habitants.

En 1850, elle s'élevait à 36 millions d'habitants.

En 1860, elle arrivait à 37 millions d'habitants (après l'annexion de la Savoie).

En 1871, elle n'était plus que de 37 millions d'habitants (après la perte de l'Alsace et de la Lorraine).

En 1881, elle remontait à 37,672,048 habitants.

Le recensement de 1886 a fait ressortir une population de 38,218,903 habitants, sur lesquels 1,115,214 étrangers, c'est une augmentation de 546 855 habitants depuis 1881, ce qui correspond à une augmentation annuelle de 110,000 habitants. Autrement dit, il faudrait environ 350 ans pour que, en suivant cette proportion, la population de la France soit doublée, alors que le doublement se fait en 27 ans aux États-Unis.

68. *Répartition.* — Sur cette population, 20 millions environ, ou un peu plus de la moitié des habitants, s'adonnent à l'agriculture, un quart à l'industrie et l'autre quart au commerce, aux arts et aux professions libérales.

Par le chiffre de sa population, la France occupe le quatrième rang parmi les nations européennes et vient immédiatement après la Russie, l'Allemagne et l'Autriche.

La densité de la population est très inégale dans les départements. Laissant de côté la Seine, cette densité varie entre 282 habitants par 100 hectares (Nord) et 19 habitants seulement pour la même superficie (Basses-Alpes).

La population urbaine représente à peu près le tiers de la population totale. Il est à remarquer que, alors que l'excédent des naissances dans les campagnes est le double de celui des villes, l'émigration des populations rurales vers les grands centres commerciaux et industriels renverse cette proportion. C'est la population des villes qui augmente, tandis que celle des villages diminue. La population s'agglomère principalement dans les régions industrielles.

Sous le rapport des sexes, on sait qu'il naît un peu plus de garçons que de filles, mais les risques spéciaux auxquels les hommes sont exposés, surtout en temps de guerre, font au contraire pencher la proportion en faveur du sexe féminin.

Le tableau suivant indique comment se répartissent les 38,218,903 habitants entre les 36,121 communes de France.

NOMBRE D'HABITANTS	NOMBRE de COMMUNES
Communes de moins de 100.100 habitants	768
— de 101 à 200 —	3.600
— de 201 à 400 —	4.895
— de 301 à 300 —	4.299
— de 401 à 500 —	3.619
— de 501 à 1.000 —	10.362
— de 1.001 à 1.500 —	3.945
— de 1.501 à 2.000 —	1.892
— de 2.001 à 2.500 —	828
— de 2.501 à 3.000 —	553
— de 3.001 à 3.500 —	335
— de 3.501 à 4.000 —	218
— de 4.001 à 5.000 —	245
— de 5.001 à 10.000 —	328
— de ·0.000 à 20.000 —	135
— de 20.000 à 40.000 —	59
— de 40.001 à 100.008 —	29
de plus de 100.000 —	11
Total.	36.121

Voici la population des villes de plus de 100,000 âmes.

Paris .... 2.344.550 habitants.
Lyon....... ... 401.930 habitants.
Marseille....... 376.143 —
Bordeaux. ..... 240.582 —
Lille.......... 188.272 —
Toulouse....... 147.617 —
Nantes......... 127.482 —
St-Etienne ..... 117.875 —
Le Havre....... 112.074 —
Rouen.......... 107.163 —
Roubaix........ 100.299 —

Les conditions d'hygiène et d'alimentation s'étant beaucoup améliorées depuis un siècle, la moyenne de la vie humaine en France s'est trouvée prolongée de dix ans (28 ans en 1789, 38 ans en 1887).

Enfin, l'on constate que la population de quelques grandes villes tend à se répandre dans la banlieue, ce qui lui assure des conditions d'existence meilleures sous tous les rapports.

§ II. — *CARACTÈRE ET LANGUES*

69. *Caractères physiques.* — Au physique comme au moral, la population française présente deux grandes divisions; celle du nord et celle du midi. Malgré la diversité des races, les croisements, l'unité qui existe au point de vue politique n'existe pas encore au point de vue physique. Cependant la Révolution française et la facilité des communications ont pour effet de contribuer à amener la fusion des divers types.

Les hommes du Nord, composés en grande partie des anciens Gaulois, sont plus grands (1^m,70 en moyenne) que les hommes du Midi (1^m,65 environ) et ils ont conservé à peu près la physionomie que nous en avons tracée (n° 49). Le tempérament plus calme, plus froid, moins passionné des hommes du Nord s'est sensiblement modifié sous l'influence du caractère exubérant, vif et fin des méridionaux, et les types des races s'en sont ressentis dans le même sens. On peut remarquer d'ailleurs que si les premiers ont contribué le plus efficacement à constituer la nationalité française, les derniers ont fourni le plus grand nombre d'hommes d'État.

Au midi, on peut à la rigueur distinguer deux types: l'un au sud-est, d'une origine à la fois romaine et ligure; l'autre, au sud-ouest, se ressentant de l'influence ibère et berbère. Pour tous deux, la taille est petite, les traits fins, le visage bien ovale, les cheveux, les yeux et le teint bruns, mais le premier a le crâne rond, tandis qu'il est long pour le second.

L'ancien Celte se retrouve au Centre et en Bretagne à peu près tel que nous l'avons décrit (n° 49).

Il y a naturellement de grandes variétés de types provenant des croisements, et présentant des caractères contradictoires jusque parmi les membres d'une même famille. L'influence du milieu se fait également sentir d'une façon sensible sur le développement physique des habitants, car ceux des villes sont généralement moins grands et moins robustes que ceux de la campagne, les ouvriers renfermés dans les ateliers sont plus chétifs et plus malingres que ceux qui travaillent à l'air libre, etc. On a pu remarquer à ce sujet que les hommes les plus grands et les plus forts habitent les pays les plus riches et les plus peuplés, tels que la Normandie, la Picardie, la Flandre, la Lorraine, la Franche-Comté, la Bourgogne, etc. Les départements du Centre, où l'alimentation est moins fortifiante et le bien-être moins répandu, produisent au contraire les hommes les plus petits et les moins robustes.

Cependant, en généralisant, on peut dire que, au point de vue de la constitution physique, le Français n'a rien à envier aux autres nations. Les traits sont réguliers, la physionomie expressive, la taille moyenne et bien prise, le corps souple et agile, la santé robuste, la complexion bonne. « On trouve parmi les Français, dit M. Elysée Reclus, les représentants des types les plus divers, ou plutôt ils forment par leur ensemble un type nouveau, où la mobilité de l'expression remplace la pureté des lignes, où les aptitudes gagnent en diversité ce qu'elles perdent en énergie. »

Ajoutons enfin que, grâce aux chemins de fer, non seulement les habitants des diverses régions de la France se mélangent incessamment, mais les étrangers aussi nous apportent de plus en plus un contingent qui contribue à former un type nouveau et à faire disparaître les types primitifs.

70. *Caractère national.* — Il est bien évident que le caractère national du Français se ressent essentiellement de celui des diverses races qui ont déterminé les caractères physiques, et que, tout en distinguant des différences assez saillantes entre les hommes du Nord et ceux du Midi, entre les habitants des villes et ceux des campagnes, on peut constater, dans l'ensemble, des traits de caractère communs et prédominants, qui sont en grande partie ceux de nos ancêtres les Gaulois ; les Romains, après ceux-ci, sont ceux qui ont également le plus laissé leur trace sous ce rapport.

Le Français est toujours affable, sociable, sympathique ; il est naturellement gai, expansif, serviable et se lie facilement, sans bien placer toujours ses amitiés. Il a des sentiments innés de loyauté, de droiture et de générosité, mais ces sentiments ne sont pas toujours raisonnés et il en est souvent la dupe. Il est profondément imbu des idées de justice, de progrès, de liberté pour lesquelles il a toujours combattu, mais en dépassant quelquefois le but. Il est naturellement ardent, intelligent, belliqueux et courageux, mais il a été entraîné par là à des guerres d'une utilité douteuse. Il est curieux et apprend facilement les choses qu'il cherche à connaître ; il a l'esprit vif, agréable et fin, saisit vite et bien toutes les questions, mais ne les approfondit pas toujours. Il a à un degré très élevé le goût des sciences, des lettres et des arts, mais les productions de l'esprit lui font oublier quelquefois les questions sérieuses; une chanson, un bon mot le console de bien des misères, et il aime trop les beaux parleurs, dont les discours n'ont souvent d'autre but que de flatter ses passions. C'est ce qui explique qu'il subit les jougs les plus étranges et qu'il se crée sans raison plausible des idoles, dont la popularité s'évanouit aussi rapidement qu'elle s'est établie. Il s'enthousiasme d'ailleurs avec la même facilité qu'il se désespère ; cependant il sait supporter la mauvaise fortune et y remédier. Il est enclin à plaisanter de tout, même des choses les plus sérieuses, et à dissimuler un grand fond de crédulité sous les dehors du scepticisme. Il est en général, et surtout dans les campagnes, laborieux, sobre, prévoyant, économe, car malgré des impôts fort élevés, la richesse publique s'accroît sans cesse. Il a le culte du foyer domestique, de la propriété, de la famille, de la patrie, mais à la condition de ne pas y trouver d'ennui, car il est avide de plaisir. Il est sensible à la gloire, aime les femmes, recherche le luxe, mais sans que ses mœurs cessent d'être convenables, et sans les excès dont les étrangers se plaisent à l'accuser. Par ignorance ou par amour-propre, il ne rend pas toujours justice à ses adversaires ; il a trop souvent une trop haute opinion de son propre mérite et ne sait pas supporter la contradiction. Il est vif et prompt à la colère, mais ne garde pas rancune et sait reconnaître ses torts. Il se laisse séduire plutôt par les qualités extérieures brillantes, que par les qualités de fond. Cependant il ne manque pas de profondeur, mais plutôt de suite dans les idées ; il sait calculer et observer, mais seulement à ses heures, et n'en est pas moins apte à entreprendre tous les métiers, tous les commerces, toutes les industries. D'ailleurs s'il est gai, léger, mobile, impressionnable, inconséquent, on ne saurait contester qu'il rachète ses défauts, qui ne font tort qu'à lui, par des qualités aimables, sérieuses, et que l'assemblage des unes et des autres a constitué la nation la plus policée, la plus civilisée et la plus sympathique de l'univers.

Pour atténuer les ombres de ce portrait peut-être un peu sévère, quoique fidèle il convient d'ajouter que le malheur est un grand maître, dont les leçons ont profité à notre caractère, qui tend à se faire plus sérieux, en même temps que notre éducation, devenue plus complète grâce à la diffusion de l'instruction, nous apprend à ne pas fausser nos qualités, à ne pas exagérer nos défauts, à raisonner nos impressions, à maîtriser nos sentiments, à envisager froidement et à préparer l'avenir en tenant compte des leçons du passé.

71. LANGUES.— La langue française est la seule qui soit parlée actuellement en France, sauf les patois locaux. Les habitants des anciens départements du Haut et du Bas-Rhin, et celui de la Moselle, se servaient d'un idiome allemand, et c'est même sur ce semblant d'unité de race que nos vainqueurs ont revendiqué ces malheureuses populations qui ne nous appartiennent plus.

La langue française, telle qu'elle est parlée actuellement, s'est formée, comme notre sol, par une série d'alluvions successives. Chaque race, chaque invasion, chaque révolution politique a laissé dans notre vocabulaire la trace de son passage.

C'est César qui introduisit chez nous la langue latine, et celle-ci, dans moins de trois cents ans, remplaça les différents idiomes de nos pères : le celtique, l'ibérien, le phénicien, etc. A la chute de Rome, la langue parlée et écrite était donc le latin, dont le français est dérivé; c'est de là que cette dernière est une des langues dites *latines* ou *néo-latines*, dont les autres sont l'italien, l'espagnol, le portugais et le roumain, langues parlées par environ 150 millions d'individus.

L'invasion germanique apporta environ 900 mots nouveaux, qui vinrent s'ajouter au gallo-romain, que les conquérants apprirent rapidement, en oubliant leur langue originelle.

La *langue romane* ou vieux français, qui eut son existence indépendante dès le xe siècle et produisit sa littérature au XIIe et au XIIIe siècle, était loin d'être uniforme et régulière; son origine seule était commune et elle n'excluait pas la diversité des influences locales. Cette langue subit à son tour une suite de transformations lentes, insensibles et continues, qui vers le XIe siècle, en firent un idiome nouveau, la *langue d'oïl*, parlée au nord de la Loire et comprenant quatre dialectes : le *picard*, le *normand*, le *bourguignon*, usités dans les provinces de ce nom, et le *français* qui, confiné d'abord dans l'Ile de France, est devenu peu à peu le langage général.

La *langue d'oc*, parlée au sud de la Loire, forma simplement quatre dialectes distincts : le *gascon*, le *languedocien*, le *provençal* et le *limousin*. On sait que les mots *oc* et *oïl* signifient le mot oui, et que le nom de Languedoc a désigné une des provinces de l'ancienne France.

« Le dialecte *français* de la *langue d'oïl* (1) prit le pas sur les autres à partir du XIVe siècle, c'est-à-dire à partir du moment où la Normandie, la Picardie, la Touraine, le Berry, la Champagne, en attendant la Bourgogne, furent réunies au domaine royal, dont le noyau primitif était l'Ile-de-France. La défaite des Albigeois, et plus tard les derniers accroissements du domaine royal, qui s'étendit jusqu'aux Pyrénées et aux Alpes, établirent dans toute la France, avec l'autorité du roi, la suprématie de la langue des hommes du Nord; la *langue d'oc*, illustrée par les troubadours, tomba dès lors à l'état de patois, comme les dialectes de la *langue d'oïl* autres que celui de l'Ile-de-France, qui étaient, eux aussi, en leur période brillante au temps des trouvères.

« Bien que l'on appelle *vieux français* la langue des trouvères, la langue fran-

(1) H. CHASSANG, *Introduction au cours supérieur de la grammaire française.*

çaise n'existe véritablement qu'à dater du XIVe siècle. Il lui reste sans doute bien des modifications à subir pour devenir la langue d'aujourd'hui ; mais ce qui, dès ce moment, établit entre elle et la *langue d'oïl* une différence profonde, c'est la suppression de l'ancienne déclinaison latine, qui s'était maintenue en partie dans la *langue d'oïl* par la distinction d'un *cas sujet* et d'un *cas régime*. Toute distinction de ce genre est abolie, et le *cas régime* subsiste seul ou à peu près seul dans la langue. La disposition des derniers souvenirs de la déclinaison achève de donner à la *langue française* ce caractère *analytique* qui distingue les idiomes modernes, et qui s'oppose au caractère *synthétique* des idiomes de l'antiquité. ».

Toutes les réformes, toutes les épurations qu'a subies notre langue n'ont pas toujours été heureuses, et il ne manque pas de bons auteurs qui déplorent la suppression de mots précieux, pleins de sens et de vigueur, et leur remplacement par des mots nouveaux, moins précis et moins souples en général. On peut regretter aussi la pauvreté de notre langue, surtout en substantifs, mais elle n'en est pas moins la première des langues modernes.

72. *Provenance des mots.* — Quoi qu'il en soit, les mots composant la langue française auraient la provenance suivante : vingt sont d'origine celtique ; vingt sont d'origine grecque ; trois mille huit cents d'origine latine ; quatre cent quatre-vingt d'origine allemande ; quatre cent cinquante d'origine italienne ; cent d'origine espagnole ; cent d'origine anglaise ; cent dix d'origine sémitique ; cinquante viennent de la langue d'oc ; vingt de l'Amérique ; seize de l'Orient d'Asie ; seize des langues slaves ; quarante sont des onomatopées ; cent quinze des mots de hasard ayant une origine historique ; six cent cinquante, de provenance encore inconnue, sont sans doute d'origine latine, allemande ou celtique ; enfin, tous les termes scientifiques, non compris dans les nombres précédents, dérivent du latin et surtout du grec.

73. *Propriétés de la langue française.* — Ce qui a surtout fait la fortune de notre langue, c'est d'abord sa clarté pratique, sa simplicité élégante et sa facilité de prononciation, mais aussi l'esprit de nos écrivains, dont les chefs-d'œuvre si nombreux ont puissamment contribué à la répandre. C'est l'instrument de la diplomatie européenne depuis la paix de Nimègue ; c'est le lien de la bonne société dans toute l'Europe, où tous les gens dits hommes du monde la parlent et l'écrivent. Toutes les nations latines apprennent facilement à la parler, sauf la prononciation, de même que nous avons beaucoup de facilité pour apprendre l'espagnol, l'italien et le romain. Le français est d'ailleurs la langue dans laquelle il serait le plus facile de se faire comprendre dans toutes les villes de l'Europe.

Hors de France, on parle couramment la langue française, en Alsace-Lorraine, dans l'archipel des îles anglo-normandes, dans la Belgique wallonne, dans la Suisse française, dans les hautes vallées piémontaises, soit trois à quatre millions d'Européens.

Hors d'Europe, le français se répand dans nos diverses colonies actuelles et dans celles que nous avons perdues (Canada, Louisiane etc.), dans les États-Unis et dans un certain nombre d'îles. On peut évaluer également à quatre millions environ les non Européens qui parlent notre langue.

Il convient toutefois d'ajouter que, pendant que les langues concurrentes étendent leur domaine, celui de la nôtre est resté à peu près stationnaire, d'abord parce que nous émigrons ou voyageons peu relativement, ensuite parce que les autres nations font des efforts tenaces et méthodiques pour propager leur idiome, surtout l'Allemagne et l'Angleterre. C'est pourquoi il importe d'organiser sans retard l'enseignement du français dans toutes nos colonies ou possessions nouvelles, surtout en Algérie, en Tunisie et dans l'Indo-Chine.

« Le français rachète son indigence présente par sa clarté, sa précision, sa grâce ; il nomme des poètes que nuls ne surpassent ; mais il est surtout fait pour la prose, l'exposition enjouée ou sévère, le récit limpide, l'histoire, la science, le discours ; l'éloquence est aussi son fait, surtout celle qui a son principe dans la netteté, l'enchaînement, l'esprit, la bonne grâce. En tout cela, c'est la langue supérieure. L'harmonie y abonde, harmonie discrète. Pas de rythme accentué, nulle clairsonnance ; mais aussi pas de gutturales, de blaisements, de zézaiements, de consonnes heurtées, pas d'excès de sifflantes, rien de la cantilène méridionale, de la redondance espagnole ou des gloussements de l'anglais. Il se distingue par une juste pondération des voyelles et des consonnes, et par une sainte horreur de l'hiatus (1). »

En un mot, le génie de notre langue est la fidèle image de notre esprit et du caractère national.

74. *Patois.* — Toutes les langues ont leurs dialectes locaux ou patois. Ceux de la France ne sont pas des corruptions de la langue commune, mais bien de véritables dialectes, ayant leur caractère propre et souvent leur littérature. Chaque ancienne province avait pour ainsi dire le sien, et la plupart sont dérivés de la langue d'*oc* et de la langue d'*oïl*, ce qui établit une distinction bien nette entre les idiomes de la région du Nord et ceux de la région du Midi. Cette distinction répond d'ailleurs aux différences de caractère, car les dialectes du Midi sont plus vifs et plus sonores, plus latins, tandis que ceux du Nord sont plus durs, plus traînants, plus germains. Ces patois varient même souvent de canton à canton, surtout dans la prononciation, et nous n'entreprendrons pas de les décrire ni de les énumérer ici.

Outre ces patois, on parle quelques langues originales dans certaines provinces, savoir : le celtique dans la Basse-Bretagne, l'ancien ibérique ou basque dans les Basses-Pyrénées, l'italien en Corse, le flamand dans le Nord, etc.

(1) *Vivien de Saint-Martin.* Nouveau Dictionnaire de géographie universelle.

§ *III.* — *RELIGION*

75. Cultes reconnus. — Les cultes reconnus en France et salariés par l'Etat sont : le catholicisme, la religion réformée (calviniste) ; la religion de la confession d'Augsbourg (luthérienne) et la religion de Moïse (juive).

La *religion catholique* forme la religion de la très grande majorité des Français (environ trente-sept millions sur trente-huit), et, bien qu'un assez grand nombre ne pratiquent pas, on peut dire que la France est essentiellement catholique. L'exercice de ce culte est réglé d'après les bases du concordat du 10 septembre 1801, conclu entre le premier Consul et le pape Pie VII. Les articles organiques de ce concordat reconnaissent les anciennes libertés de l'Eglise gallicane, c'est-à-dire que le pouvoir spirituel ne peut en rien s'immiscer dans les affaires temporelles. Ils déterminent la composition des diocèses et décident que la nomination aux évêchés appartient au gouvernement, en concédant au pape l'investiture canonique. Les évêques ainsi nommés doivent en outre prêter serment entre les mains du chef de l'État, et leurs bulles de nomination doivent être vérifiées et enregistrées par le Conseil d'État ; c'est ce dernier qui juge des conflits pouvant s'élever entre l'autorité ecclésiastique et le pouvoir civil. Le concordat accorde aux évêques le droit de nommer les vicaires généraux et les curés de leur diocèse, sauf l'agrément du gouvernement. Enfin celui-ci s'est réservé le droit d'autoriser spécialement la publication en France des bulles du pape et des décrets des conciles. Par contre, le gouvernement s'oblige à assurer un traitement convenable aux fonctionnaires ecclésiastiques.

Les *protestants*, au nombre de moins d'un million, sont divisés en calvinistes, en luthériens et en dissidents (n° 67 *introduction*). On les trouve surtout dans le midi et le sud-ouest : la Seine et le Doubs en comptent également un nombre assez élevé, mais, dans bien des départements il n'en n'existe pour ainsi dire pas.

Les *Israélites*, au nombre d'environ soixante mille, ne se trouvent guère que dans les villes, surtout à Paris. L'Alsace et la Lorraine en comptaient à peu près autant. On sait que les Israélites s'adonnent généralement aux affaires et au commerce, dans lesquels ils n'apportent pas toujours une loyauté et une probité manifestes, surtout dans leurs relations avec les membres d'autres religions. Ceux qui habitent la France proviennent de l'Allemagne, de l'Espagne et du Portugal. Ils forment généralement une société à part, sont très actifs et arrivent souvent aux premiers rangs des carrières qu'ils ont embrassées. A diverses époques de notre histoire, leurs grandes richesses furent le prétexte d'expulsions ou d'exécutions sanglantes. Actuellement, ils sont, en Allemagne et en Russie, l'objet d'une haine violente, qui ne va rien moins qu'à demander l'exclusion des « Sémites » de ces deux Empires.

Organisation ecclésiastique.

76. ÉGLISE CATHOLIQUE. *Anciennes divisions.* — Au moment de la Révolution de 1789, la France était partagée en dix-neuf provinces ou archevêchés, subdivisés eux-mêmes en cent-vingt évêchés. Le concordat de 1801 n'a maintenu que quinze archevêques et soixante-cinq évêques. Les archevêchés d'Arles, de Narbonne, d'Embrun et de Vienne furent supprimés, mais on créa alors celui de Rennes, puis plus tard celui d'Alger et en 1860 celui de Chambéry, ce qui en porte le nombre à dix-huit. Comme évêchés, on supprima ceux de: Apt, Riez, Sisteron, Vabres, Castres, Saint-Paul-Trois-Châteaux, Toulon, Orange, Bazas, Dax, Lectoure, Lescar, Oloron, Saint-Bertrand-de-Comminges, Saint-Lizier-de-Couserans, Carpentras, Cavaillon, Vaison, Condom, Saintes, Sarlat, Saint-Omer, Glandive, Grasse, Senez, Vence, Châlons-sur-Saône, Mâcon, Agde, Alais, Alet, Béziers, Lodève, Saint-Pons, Uzès, Boulogne, Laon, Noyon, Senlis, Avranches, Lisieux, Auxerre, Lavaur, Lombez, Mirepoix, Rieux, Saint-Papoul, Dol, Saint-Pol-de-Léon, Saint-Malo, Tréguier, Die, Toul, Aleria, Mariana, Nebbio et Sagonne. En revanche, trois diocèses nouveaux furent créés: Versailles, Moulins et Laval; on ajouta plus tard ceux de Constantine et d'Oran, et en 1860 ceux d'Annecy, Moutiers-de-Tarentaise et Saint-Jean-de-Maurienne; par contre, les évêchés de Metz et de Strasbourg furent perdus en 1871. Depuis le Concordat de Bologne, conclu en 1516 par François Ier, les biens du clergé sur lesquels celui-ci était payé, étaient biens de main-morte, c'est-à-dire inaliénables et exempts d'impôts. On sait que l'État s'en est emparé et que, en échange, il s'est engagé à assurer un traitement convenable aux membres du clergé régulier.

77. *Divisions actuelles.* — Le tableau suivant indique le siège des archevêchés et des évêchés suffragants formant chacun un diocèse:

ARCHEVÊCHÉS	ÉVÊCHÉS SUFFRAGANTS
Aix.......	Gap, Digne, Marseille, Fréjus, Nice, Ajaccio.
Albi......	Mende, Rodez, Cahors, Perpignan.
Auch......	Tarbes, Aire, Bayonne.
Avignon...	Valence, Viviers, Nîmes, Montpellier.
Besançon .	Verdun, Nancy, Saint-Dié, Belley.
Bordeaux..	Luçon, Poitiers, la Rochelle, Angoulême, Périgueux, Agen.
Bourges...	Limoges, Clermont-Ferrand, Tulle, St-Flour, Le Puy.
Cambrai...	Arras.
Chambéry .	Annecy, Moutiers de Tarentaise, St-Jean-de-Maurienne.
Lyon.....	Langres, Dijon, Autun, St-Claude, Grenoble.
Paris.....	Meaux, Versailles, Chartres, Orléans, Blois.
Reims.....	Amiens, Beauvais, Soissons, Châlons-s.-Marne.
Rennes....	Vannes, St-Brieuc, Quimper.
Rouen	Evreux, Bayeux, Coutances, Seez.
Sens......	Troyes, Nevers, Moulins.
Toulouse..	Montauban, Carcassonne, Pamiers.
Tours.....	Le Mans, Laval, Nantes, Angers.
Alger.....	Constantine, Oran.

En général, chaque diocèse comprend le département dans lequel est situé le siège de l'archevêché ou de l'évêché; cependant quelques diocèses comprennent deux départements, ou sont contenus dans un seul département, ou même embrassent des fractions de département. Outre les dix-huit archevêchés et les soixante-neuf évêchés compris dans le tableau précédent, il faut ajouter trois évêchés pour les colonies.

Chaque diocèse a un grand séminaire, chargé de former les jeunes prêtres.

Les archevêques ou évêques sont assistés de *vicaires généraux*, au nombre de deux généralement. Un certain nombre des archevêques ou évêques français (généralement quatre ou cinq) sont cardinaux, et par suite membres du Sacré Collège par lequel le pape est élu, ces cardinaux sont nommés par le pape ou la présentation du chef de l'État.

Les évêques ont pour conseil un chapitre de *chanoines*, ou prêtres attachés à une église cathédrale ou collégiale.

Chaque diocèse se divise en *paroisses*. La paroisse, qui est l'unité de circonscription religieuse, peut être composée d'une ou plusieurs communes, ou bien une commune peut former plusieurs paroisses. Celles-ci constituent ordinairement dans chaque canton une *cure* administrée par un curé inamovible ; les autres paroisses sont des *succursales*, dont les prêtres, appelés desservants peuvent être déplacés. Les curés ou desservants sont assistés, s'il en est besoin, d'un ou de plusieurs vicaires, tous sont nommés par le chef du diocèse après approbation de l'État.

Le clergé catholique français comprend : dix-huit archevêques soixante douze évêques, environ deux cents vicaires généraux, sept cents chanoines, 3,000 curés, 28,000 desservants et 6,500 vicaires.

78. *Culte protestant.* — Dans l'*Eglise réformée* ou *calviniste*, il n'y a point de hiérarchie. Les pasteurs sont nommés par le gouvernement sur une liste présentée par les églises et ils sont tous égaux. Un certain nombre d'églises (cent environ) ont un *consistoire*, composé d'un ou plusieurs pasteurs et de notables ou anciens choisis par les laïques, mais le président du consistoire ou circonscription territoriale n'est que le premier entre ses pairs. Cinq églises consistoriales forment l'arrondissement d'un *synode*, composé d'un pasteur et d'un ancien de chaque consistoire. Les synodes régionaux ou généraux ne peuvent se réunir qu'avec l'agrément du ministre des cultes et pour six jours au plus. Un *conseil central*, qui siège à Paris, est à la tête de toute l'administration du culte réformé, qui a en outre une faculté de théologie à Montauban. Les calvinistes habitent principalement le midi et quelques parties de l'est et de l'ouest de la France.

Les *luthériens* ou *église de la confession d'Augsbourg* ne sont plus guère nombreux en France depuis la perte de l'Alsace. Les consistoires, au nombre de six, sont répartis dans deux *inspections* : Paris et Montbéliard : chaque inspection se compose d'un pasteur (inspecteur) et de deux laïques. La faculté de théologie protestante de Paris est commune aux luthériens et aux calvinistes.

79. *Culte israélite.* — Ce culte est dirigé par un *consistoire central* siégeant à Paris, et composé d'un grand rabbin et de huit membres laïques choisis parmi les notables des huit circonscriptions consistoriales de France. Ces huit synagogues consistoriales comprennent un grand rabbin et quatre laïques. Les simples synagogues ont chacune un rabbin ou un ministre officiant, qui exerce le culte sous l'autorité du consistoire départemental. Il y a un grand séminaire israélite à Paris.

80. *Remarque.* — Tout ce qui concerne les divers cultes est du ressort du ministre de l'Instruction publique, des Cultes et des Beaux-Arts.

§ *IV.* — *GOUVERNEMENT*

81. *Forme du gouvernement.* — Après avoir passé à peu près par toutes les formes de la Monarchie, de la République et de l'Empire, le gouvernement actuel de la France est, depuis le 4 septembre 1870, une République, dont la forme a été consacrée par les lois constitutionnelles du 25 février 1875.

82. *Pouvoir législatif.* — Le pouvoir législatif est exercé par deux Chambres, qui ont pour mission de voter le budget et de le contrôler, de faire, de modifier ou d'abroger les lois; toutes deux ont le droit d'initiative parlementaire. Ce sont :

1° Le *Sénat*, composé de trois cents membres élus au deuxième degré, c'est-à-dire par des délégués des électeurs; les sénateurs sont nommés pour neuf ans et renouvelables par tiers tous les trois ans ;

2° La *Chambre des députés*, qui comprend cinq cents quatre-vingt-quatre membres, dont cinq cents soixante-huit pour la France, six pour l'Algérie et dix pour les colonies. Les députés sont nommés pour quatre ans, directement par le suffrage universel, à raison de un député par arrondissement de moins de cent mille habitants, et un député en plus pour chaque centaine de mille ou fraction de centaine de mille en plus. En outre, les députés d'un même département sont élus au scrutin de liste.

83. *Pouvoir exécutif.* — Le *Président de la République* est le chef du pouvoir exécutif; il est nommé pour sept ans par les deux Chambres réunies en congrès ; il peut être réélu. Il promulgue les lois votées par les Chambres; signe les traités, qui doivent cependant être ratifiés par le Parlement ; dispose des armées de terre et de mer, mais ne peut déclarer la guerre sans l'assentiment des Chambres ; nomme à tous les emplois civils et militaires; a le droit de grâce et peut, sur l'avis conforme du Sénat, dissoudre la Chambre des députés avant l'expiration légale de son mandat. Il est irresponsable, sauf le cas de haute trahison, pour lequel il serait jugé par le Sénat constitué en haute Cour de justice.

84. *Ministres.* — Le chef de l'État est l'administrateur suprême du pays ; il peut agir directement au moyen d'actes nommés *décrets*, ou déléguer l'action administrative à de hauts fonctionnaires, appelés *ministres*, qu'il nomme ou révoque à son gré, mais en tenant compte des votes du Parlement.

Les ministres sont solidairement responsables de la politique générale du gouvernement, et individuellement de leurs actes personnels. C'est surtout leur responsabilité collective, leur solidarité qui constitue ce qu'on appelle la responsabilité ministérielle. Les ministres se réunissent en conseil, présidé par le Président de la République, ou à son défaut par le Président du Conseil des ministres. Certaines décisions ne peuvent être prises par le Président de la République qu'en Conseil des ministres.

Le nombre des ministères a souvent varié; il est actuellement de dix savoir :

1° Le ministère de l'Intérieur;
2° — des Affaires étrangères;
3° — des Finances, des Postes et Télégraphes ;
4° — de la Guerre;
5° — de la Marine et des Colonies ;
6° — de la Justice;
7° — de l'Instruction publique, des Beaux-Arts et des Cultes ;
8° — des Travaux publics ;
9° — du Commerce;
10° — de l'Agriculture.

Nous aurons occasion plus tard d'indiquer le rôle et les attributions de chacun de ces ministères.

85. *Divisions administratives.* — En 1790, la France était partagée en trente-cinq provinces formant trente-trois gouvernements (la Saintonge étant unie à l'Angoumois, et la Gascogne à la Guyenne). Les divisions administratives variaient avec les divers services : évêchés dans l'ordre religieux, généralités et intendances dans l'ordre financier, parlements dans l'ordre judiciaire, provinces dans l'ordre administratif, etc. L'unité d'administration était ainsi loin d'être réalisée, lorsque l'Assemblée constituante supprima d'un trait de plume, en 1790, les diverses circonscriptions conventionnelles alors existantes pour donner à toutes des limites concordantes. Le pays fut alors partagé en quatre-vingt-trois départements à peu près égaux, tracés sans tenir compte des anciennes limites des provinces, ni des cours d'eau ou des chaines de montagnes. La Corse en ajouta deux en 1793, et fut ramenée à un seul en 1811. Le département de Vaucluse (ancien comtat Venaissin) fut distrait de celui des Bouches-du-Rhône en 1793, et celui du Tarn-et-Garonne taillé dans ceux du Gers, du Lot et de la Haute-Garonne en 1808.

Après le traité de Lunéville, le territoire français comptait cent trente-deux départements.

En 1812, il y en avait cent trente, sans compter les vingt-quatre départements du royaume d'Italie et les provinces illyriennes. Les quarante-quatre départements qui nous ont été enlevés par les traités de 1815, appartiennent aujourd'hui, savoir :

1° Neuf à la Belgique ; c'étaient ceux de la Lys, l'Escaut, les Deux-Nèthes, la Dyle, la Meuse-Inférieure, l'Ourthe, les Forêts, Sambre-et-Meuse, Jemmapes ;

2° Huit à la Hollande ; ils s'appelaient : les Bouches-de-l'Escaut, les Bouches-de-la-Meuse, les Bouches-du-Rhin, le Zuyderzée, l'Yssel-Supérieur, les Bouches-de-l'Yssel, la Frise, l'Ems-Occidental ;

3° Neuf à l'Allemagne ; l'Ems-Oriental, les Bouches-du-Weser, les Bouches-de-l'Elbe, l'Ems-Supérieur, la Lippe, la Roër, Rhin-et-Moselle, la Sarre, le Mont-Tonnerre ;

4° Trois à la Suisse ; le Mont-Blanc, le Léman, le Simplon ;

5° Quatorze à l'Italie ; le Pô, la Doire, la Sésie, Marengo, la Stura, Montenotte, Gênes, les Apennins, le Taro, la Méditerranée, l'Ombrone, l'Arno, le Trasimène, Rome ;

6° Un est revenu à la France en 1860 : celui des Alpes-Maritimes.

La France ne compta plus que quatre-vingt-six départements jusqu'en 1860, où pour prix de notre concours dans la guerre de 1859 contre l'Autriche, l'Italie nous céda les départements de la Savoie, de la Haute-Savoie et des Alpes-Maritimes, provenant des États sardes et du comté de Nice. La funeste campagne de 1870-71 contre l'Allemagne nous a ramenés au nombre de quatre-vingt-six départements, en faisant disparaître la Moselle, le Haut-Rhin et le Bas-Rhin de la carte de France ; les tronçons restant des départements de la Meurthe et de la Moselle ont été réunis pour former celui de Meurthe-et-Moselle. Enfin, l'arrondissement de Belfort, qui nous est resté du Haut-Rhin, est administré comme département, sous le nom de Territoire de Belfort.

L'Algérie forme également trois départements assimilés à ceux de la métropole ; ce sont ceux d'Alger, d'Oran et de Constantine. Cependant, vu leur éloignement et les conditions particulières de leur administration, on les considère plutôt comme colonies, et c'est sous ce titre qu'il en sera parlé.

86. L'administration générale des départements est du ressort du ministère de l'Intérieur, d'où dépendent encore la direction des bâtiments civils et des théâtres, le service de la sûreté générale, l'inspection générale des prisons et des établissements de bienfaisance, etc.

Nous résumons dans un tableau d'ensemble les données générales concernant l'organisation départementale, ecclésiastique, judiciaire, universitaire, et divers autres renseignements statistiques sur la superficie, la population, les routes, chemins de fer, etc.

A la tête de chaque département se trouve un *préfet*, représentant direct du pouvoir central et plus particulièrement du ministre de l'Intérieur, sur la proposition duquel il est nommé.

87. Arrondissements. — Chaque département est partagé en un certain nombre d'arrondissements (4 ou 5 en moyenne), administrés par des *sous-préfets*, fonctionnaires de l'État.

88. Cantons. — Les arrondissements se subdivisent à leur tour en cantons ; le canton est plutôt une circonscription judiciaire qu'administrative, mais on cherche à augmenter son rôle à ce dernier point de vue.

89. Communes. — Chaque canton se compose d'un certain nombre de communes. C'est la commune qui est l'unité administrative en France ; elle a pour chef-lieu une ville, un bourg ou un village ; les petits groupes d'habitations dépendant des communes sont des hameaux. Un maire, toujours choisi dans le sein du conseil municipal, en est le magistrat principal ; il relève à la fois de la commune et de l'État. Ses fonctions sont gratuites. Il préside le conseil municipal et est officier de l'état civil ; il est toujours assisté par un ou plusieurs adjoints, suivant l'importance des communes.

90. Conseils consultatifs. — Tous les administrateurs que nous venons d'énumérer ont, pour les éclairer et les guider, les conseils consultatifs ci-après :

Les ministres ont le *Conseil d'État*, présidé de droit par le ministre de la Justice, et dont les attributions sont assez complexes. Ce Conseil, dont l'autorité est purement consultative dans l'ordre législatif et administratif, a un pouvoir propre dans l'ordre contentieux, où ses décisions sont exécutoires par elles-mêmes. Autrement dit, il peut être appelé à donner son avis sur tous les projets de loi émanant soit du gouvernement, soit de l'initiative parlementaire, tandis qu'il juge en dernier ressort des différends survenus entre l'État et les particuliers.

Les préfets ont les conseils généraux et les conseils de préfecture.

Le *Conseil général* est, dans chaque département, chargé de représenter les intérêts spéciaux du département, tout en étant délégué du pouvoir exécutif et conseil du pouvoir central. Il tient annuellement deux sessions, dans lesquelles il examine toutes les affaires concernant le département et en règle toutes les dépenses. Le préfet peut assister à ses séances et y donner son avis. Ce conseil peut émettre des vœux sur les besoins du département, voter des centimes additionnels ou les mesures intéressant le département, etc. Il est élu au suffrage universel et se compose d'autant de membres qu'il y a de cantons dans le département. Les membres, élus pour six ans et rééligibles, sont renouvelés par moitié tous les trois ans.

Le *Conseil de préfecture* est l'organe de l'administration consultative et de l'administration contentieuse dans le département. C'est devant lui que sont portés en premier ressort les litiges entre les particuliers et l'État. Ce conseil se compose de trois ou quatre membres, suivant l'importance du département. Ces membres, nommés par le ministre, doivent être âgés de 25 ans, être licenciés en droit, ou avoir exercé pendant dix ans des fonctions administratives, judiciaires ou politiques.

Le sous-préfet est assisté d'un *Conseil d'arrondissement*, composé d'autant de membres, élus au suffrage universel, qu'il y a de cantons dans l'arrondissement, mais sans que ce nombre puisse être inférieur à neuf. Ses attributions consistent surtout dans la répartition entre les communes du contingent des impôts directs.

Enfin, les maires sont assistés d'un *Conseil municipal*, composé de douze à quatre-vingts membres, nommés par les électeurs de la commune. Dans leurs quatre sessions ordinaires annuelles, il délibère sur toutes les questions concernant les intérêts de la commune, administre ses biens, fixe l'emploi des dépenses et répartit l'impôt foncier (*répartiteurs*). En principe, ses décisions ne sont valables qu'après avoir été approuvées par le Préfet, qui peut les convoquer en sessions extraordinaires où il n'est permis de délibérer que sur les questions posées.

91. *Résumé de l'organisation administrative.* — En résumé, la commune est une circonscription municipale dont la délimitation est fixée par une loi.

Le canton est plutôt une circonscription judiciaire (justice de paix) électorale et administrative.

L'arrondissement n'a qu'une importance administrative secondaire, car les sous-préfets ne sont, en réalité, que les agents de transmission entre les préfets et les maires ; aussi, à diverses reprises, a-t-il été question de les supprimer et maintenant encore on se propose tout au moins d'en réduire le nombre. Toutefois, le chef-lieu de l'arrondissement est le siège d'un tribunal de première instance, qu'il a été également question de supprimer.

Le département est une grande unité qui groupe les centres de population et rattache leurs intérêts à l'action de l'Etat. Le chef-lieu de département ou préfecture est le siège d'une cour d'assises, d'un conseil de préfecture, du conseil général, etc.

On voit par là comment l'action du pouvoir central se fait sentir jusqu'à la moindre commune, et comment l'administration se divise en *active*, avec les agents d'exécution, *consultative* ou *délibérante* avec les conseils placés près des agents, et *conten-*

tieuse, avec les conseils ou juges chargés de prononcer sur les plaintes des administrés qui se plaignent des atteintes portées à leurs droits par un acte administratif.

Certaines branches distinctes de l'intérêt général, comme les douanes, les contributions indirectes, les domaines, etc., constituent également dans l'ensemble de leurs services une gestion particulière, que l'on désigne sous le nom d'*administration* de tel ou tel service, et dont nous aurons occasion de parler plus tard.

La France compte actuellement trois cent soixante-deux arrondissements et deux mille huit cent soixante et onze cantons. Nous avons dressé un tableau d'ensemble qui indique les diverses divisions administratives, politiques, militaires, religieuses, etc., auxquelles appartiennent les départements français.

92. Autres services dépendant du ministère de l'Intérieur. — Les principaux services ou établissements dépendant du ministère de l'Intérieur, sont les suivants :

Les *hôpitaux et hospices civils*, au nombre de mille cinq cent cinquante-sept (cent quarante-un mille cinq cent soixante-seize lits).

Les *bureaux de bienfaisance*, qui secourent annuellement plus de un million huit cent mille indigents et possèdent un capital d'environ 100 millions. En outre, un million d'indigents à peu près sont secourus par des sociétés ou œuvres particulières, qui disposent d'une recette de 16 millions.

Il existe également six mille *sociétés de secours mutuels* ayant pour but d'assurer des secours temporaires à leurs sociétaires malades, blessés ou infirmes, et de pourvoir à leurs frais funéraires ; elles peuvent même, dans certains cas, payer des pensions de retraite.

Les enfants du premier âge sont placés sous la protection d'un comité supérieur qui a son siège à Paris. Un comité de surveillance par département (quatre pour la Seine) est chargé d'inspecter les *enfants assistés*.

Les *établissements pénitentiaires*, qui se divisent en dépôts de sûreté, prisons départementales, maisons centrales de force et de correction (44), maisons de détention affectées aux condamnés politiques ou envoyés aux colonies pénitentiaires de la Guyane et de la Nouvelle-Calédonie, colonies publiques de jeunes détenus (dont plusieurs colonies agricoles), établissements d'éducation correctionnelle (45), etc. La population de l'ensemble des prisons est évaluée à soixante mille détenus environ.

L'*Institution nationale des jeunes aveugles*, à Paris, où l'on apprend à lire, à écrire et à travailler aux pensionnaires qui y sont admis.

Les *Institutions nationales des sourds-muets*, où ceux-ci reçoivent l'instruction primaire et apprennent un métier. Il y en a une à Paris pour les jeunes garçons, une à Bordeaux pour les jeunes filles, et une à Chambéry pour les élèves des deux sexes.

Les *Monts-de-Piété* (42), qui prêtent sur nantissement à des taux variables (7 p. 100 à Paris) une somme annuelle de près de 90 millions.

Les *dépôts de mendicité*.

La *police* et la *librairie*.

L'*exploitation des théâtres*.

En résumé, le ministère de l'Intérieur est chargé de diriger l'administration départementale et municipale, d'assurer l'ordre public, de surveiller la presse et la librairie, d'encourager les arts et les lettres, de surveiller les établissements de bienfaisance ou pénitentiaires, d'entretenir les bâtiments civils, de conserver les monuments historiques et les archives, etc.

§ V. — ORGANISATION JUDICIAIRE

93. En 1789. — Au moment de la Révolution de 1789, au sommet de l'échelle judiciaire, on trouve quatorze Parlements, dont les magistrats, qui achètent leur charge, doivent être acceptés par leurs collègues, et proviennent de la *noblesse de robe*. Le nombre de ces magistrats varie depuis trente membres jusqu'à cent et cent cinquante, pour les Parlements importants, comme ceux d'Aix, de Bordeaux, de Toulouse, etc. Le Parlement de Paris, et même ceux de province, jouèrent un rôle important dans bien des circonstances de notre histoire. Il y avait en outre quatre conseils supérieurs analogues aux parlements, soit dix-huit juridictions souveraines.

Au-dessous viennent les *présidiaux*, équivalents aux tribunaux de première instance, au nombre de cent trente environ, avec neuf magistrats en moyenne.

Enfin, au bas de l'échelle et ressemblant assez à nos justices de paix, se trouvent trois cents *bailliages* (nord) ou *sénéchaussées* (midi). Il y a en outre trente-trois *prévôts* des maréchaux, chargés de la sécurité des routes. On rencontre encore un certain nombre d'autres juridictions secondaires portant le titre de *mairies*, *vigueries*, *châtellenies*, *sièges royaux* ou *justices royales*, *justices seigneuriales*, etc.

La justice n'était pas rendue suivant une législation uniforme pour toute la France. Sous ce rapport, le nord était soumis au droit coutumier ou germanique, variant encore suivant les provinces, et le midi avait conservé le droit romain ou législation romaine.

94. Organisation actuelle. — La justice est rendue actuellement dans toute la France d'après des *codes* ou recueils de lois qui sont :

1° Le *Code civil* ou *Code Napoléon*, qui traite des personnes, des rapports de famille, des biens, des modifications de la propriété, des diverses manières dont elle s'acquiert et se transmet ;

2° Le *Code de commerce*, qui règle les droits et obligations des commerçants et les effets des actes et contrats commerciaux ; c'est la loi pour la *juridiction commerciale*, qui n'est qu'une subdivision de la *juridiction civile* ;

3° Le *Code forestier*, pour tout ce qui concerne le régime des forêts ;

4° Le *Code d'instruction criminelle*, qui fixe les règles à suivre pour constater, poursuivre et juger les crimes, délits et contraventions ;

5° Le *Code pénal*, qui détermine les infractions à la loi punissables et les peines dont elles sont frappées. Ce Code et le précédent servent de règles à la *juridiction criminelle ;*

6° Le *Code de procédure civile*, qui contient les règles relatives à la compétence des tribunaux et aux formes à suivre pour l'instruction et le jugement des procès civils. Ce Code et le Code civil servent de règle à la *juridiction civile ;*

7° Le *Code rural*, sur les biens et usages ruraux et sur la police rurale ;

8° Le *Code de justice militaire pour l'armée de terre*, concernant les crimes et délits commis par les militaires ;

9° Le *Code de justice militaire pour l'armée de mer*.

95. Divisions judiciaires. — Au sommet de la hiérarchie se trouve une Cour suprême, unique pour toute la France ; *Cour de cassation*, qui siège à Paris, puis en descendant les *Cours d'appel*, au nombre de vingt-six, dont le ressort de chacune comprend plusieurs départements, une *Cour d'assises* par département, un *tribunal de première instance* par arrondissement, une *justice de paix* par canton et des *tribunaux de commerce* dans les principales villes.

Ces divers cours ou tribunanx ressortissent au ministère de la Justice.

Au point de vue de *juridictions administratives*, il y a les *conseils de préfecture*, les *conseils de revision* de l'armée, les *conseils universitaires*, la *Cour des comptes* et le *Conseil d'État*, qui sont des attributions de différents ministères et dont nous parlerons en temps et lieu.

96. *Justices de paix.* — Les juges de paix ont surtout pour mission de concilier les différends. Ils ne peuvent juger sans appel que les affaires inférieures à 100 francs, et sauf appel celles de 100 à 300 francs. Ils jugent également les contraventions de simple police.

97. *Tribunaux de première instance* ou *tribunaux civils.* — Ces tribunaux, composés d'une ou plusieurs chambres comprenant chacune un président et juges sont chargés de juger au *criminel* les *délits* (1) de police correctionnelle, et au *civil* les appels des jugements de la justice de paix et toutes les affaires personnelles et mobilières. Toutefois ils ne peuvent prononcer en dernier ressort que pour celles dont la valeur ne dépasse pas 1,500 francs. Dans les arrondissements où il n'y a pas de tribunal de commerce, le tribunal civil juge aussi les affaires commerciales.

98. *Tribunaux de commerce.* — Les tribunaux de commerce se composent d'un président, de juges et de suppléants élus pour deux ans pris parmi les notables commerçants de la ville où ils siègent. Il n'y en a que dans un certain nombre de villes commerciales ou manufacturières, où le mouvement de l'industrie et des échanges les rend nécessaires. Ils constituent une espèce de tribunal de première instance pour les affaires commerciales, et leur ressort comprend l'arrondissement dont ces villes font partie.

99. *Conseils de prud'hommes.* — Dans les villes manufacturières, des *conseils de prud'hommes* sont chargés de concilier et de juger les différends survenus entre ouvriers et patrons, sans appel jusqu'à 200 francs, avec appel aux tribunaux de commerce pour les condamnations supérieures. Ces conseils sont nommés par une assemblée composée par moitié de patrons et d'ouvriers choisis par le préfet.

100. *Cours d'appel.* — Chaque *cour d'appel* est composée d'une ou plusieurs *chambres civiles*, jugeant les appels des tribunaux civils et de commerce, d'une *chambre correctionnelle*, statuant sur les appels de police correctionnelle, et d'une *chambre des mises en accusation*, qui prononce sur le renvoi des accusés devant les assises.

Les cours d'appel ont leur siège à Douai, Amiens, Paris, Rouen, Caen, Rennes, Angers, Dijon, Nancy, Besançon, Lyon, Chambéry, Aix, Grenoble, Nîmes, Montpellier, Bastia, Toulouse, Agen, Pau, Bordeaux, Poitiers, Limoges, Riom, Bourges et Orléans.

101. *Cours d'assises.* — Les *cours d'assises* sont des tribunaux criminels temporaires se réunissant à des époques fixées, et ayant un nombre de sessions suffisant pour juger les causes qui leur sont soumises. Elles ont à connaître des *crimes*, c'est-à-dire des fautes graves passibles d'une peine afflictive et infamante.

Le président est un délégué de la cour d'appel; il a pour assesseurs deux conseillers de cette même cour, s'il y en a une dans la ville, ou sinon deux membres du tribunal civil. La culpabilité des accusés (ou point de fait) est prononcée par un *jury*, composé d'habitants du département désignés par le sort et ne siégeant que pour une seule session. Les juges appliquent la peine méritée, c'est-à-dire décident le point de droit. On ne peut appeler des jugements des cours d'assises que pour vice de formes.

102. *Cour de cassation.* — On peut interjeter appel devant cette cour de tout jugement prononcé en dernier ressort par les divers tribunaux précédents. Elle n'a pas à examiner le fond de la décision qui lui est soumise, mais seulement si cette décision peut être réformée pour vice de forme, pour fausse application de la loi ou excès de pouvoir. Dans ce dernier cas, elle se borne à casser la décision et à renvoyer la cause, pour être jugée à nouveau, devant un tribunal désigné par la cour et du même degré que celui qui l'a jugée la première fois. On voit que la mission de la cour de cassation consiste surtout à maintenir l'unité de jurisprudence.

Elle se divise en trois chambres : des *requêtes*, pour les affaires civiles seulement; de *cassation civile*, qui se prononce

(1) C'est-à-dire les fautes entraînant des peines de 6 jours à 5 ans d'emprisonnement.

sur les propositions de la chambre des requêtes ; de *cassation criminelle*, qui statue sur les affaires criminelles, sans arrêt préalable de la chambre des requêtes.

103. *Cour des comptes.* — La cour des comptes est chargée de prononcer sur les comptes de tous ceux qui ont le maniement des deniers publics. Elle a trois sortes d'attributions :

1° Elle juge les comptables en deniers ;

2° Elle contrôle les comptables en matière ;

3° Elle conseille ou éclaire le contrôle du pouvoir législatif par des déclarations ou des observations concernant les ordonnateurs.

La cour se divise en trois chambres : une pour les cours des recettes publiques; une seconde pour les dépenses du même genre; la troisième pour juger les comptes des recettes et des dépenses des communes et établissements publics. Elle est dans les attributions du ministre de la Justice, qui peut la présider, toutes chambres réunies.

104. *Le Parquet* — Les juges faisant partie des divers tribunaux sont, en principe, inamovibles et constituent la *magistrature assise*, tandis que le *ministère public* ou *parquet* s'appelle *magistrature debout* et est révocable.

Le ministère public exerce l'action publique et ses fonctions sont remplies :

1° A la cour de cassation, par un procureur général, un premier avocat général et cinq avocats généraux ;

2° Dans chaque cour d'appel, par un procureur général, assisté d'un ou de plusieurs avocats généraux et de substituts;

3° Dans les tribunaux civils et sous l'autorité du procureur général, par un procureur de la République, avec l'aide d'un ou de plusieurs substituts ;

4° Dans les justices de paix et près les tribunaux de simple police, par le commissaire de police quand il y en a un, ou sinon par les maires ou les adjoints.

Le ministère public a des attributions criminelles ou civiles. Au *criminel*, le procureur de la République est officier de police judiciaire, et il peut citer l'auteur d'un délit devant le tribunal de police correctionnelle ; dans le lieu où le délit a besoin d'être recherché, les pièces sont au préalable transmises au juge d'instruction. Pour les crimes, l'instruction est toujours nécessaire. Quand l'information est terminée, le procureur de la République requiert le renvoi de l'inculpé devant la juridiction compétente, ou une ordonnance de non-lieu si les charges sont insuffisantes. Au *civil*, le ministère public se borne à écouter les plaidoiries ou les observations des parties, puis à donner ses conclusions en faveur de la prétention qui lui paraît la plus juste.

105. *Les officiers ministériels.* — En dehors de la magistrature, l'administration de la justice comprend encore les agents suivants, qui prennent le titre d'*officiers ministériels* :

1° Les *notaires*, qui rédigent et conservent les actes et contrats ayant besoin d'un caractère d'authenticité ;

2° Les *avoués*, qui représentent les parties civiles devant les tribunaux ;

3° Les *huissiers*, qui signifient les jugements et en assurent l'exécution dans la limite de l'arrondissement ;

4° Les *commissaires-priseurs*, chargés de la prisée des meubles et des ventes publiques, aux enchères d'effets mobiliers.

On peut voir d'après cela que l'organisation judiciaire est assez compliquée en France et qu'il n'est pas difficile d'éterniser les procès. La question de la réforme de cette organisation est toujours pendante devant les chambres. Mais elle est si vaste et elle met en jeu tant d'intéressés à la retarder qu'on ne peut prévoir quand elle aboutira.

Les professions suivantes, quoique libres, dépendent également du ministère de la Justice :

1° Les *avocats*, chargés de plaider devant les cours d'appel et les tribunaux ; ils doivent être licenciés en droit ;

2° Les *agents de change*, près des bourses de Paris, Lyon, Marseille, Bordeaux, Lille, Toulouse et Nantes, ont seuls le droit de constater les cours des effets publics, papiers de commerce, etc. Ils sont nommés sur la proposition du ministre du Commerce et du ministre des Finances;

3° Les *courtiers de marchandise*, dont la profession est libre sont nommés comme les agents de change.

106. *Légion d'honneur.* — L'administration de l'ordre de la légion d'honneur est confiée à une grande chancellerie, qui est placée dans les attributions du ministre de la Justice.

Le grand chancelier est assisté d'un conseil de douze membres ; il est chargé de faire expédier les titres de nomination, d'assurer l'exécution des règlements concernant l'ordre, de présenter les rapports et le budget annuel. Les demandes en autorisation de porter les Ordres étrangers sont transmises à la grande chancellerie qui statue.

Les maisons d'éducation de la Légion d'honneur dépendent de la grande chancellerie. Elles sont situées à Saint-Denis, Ecouen et les Loges et sont destinées à recevoir les filles des légionnaires, où l'éducation leur est donnée en principe gratuitement.

107. *Imprimerie nationale.* — Cette imprimerie est rattachée aussi au ministère de la Justice. Elle est affectée exclusivement au service du gouvernement et de quelques particuliers autorisés. Sa fondation remonte à François Ier.

108. *Renseignements divers.* — Les données statistiques suivantes s'appliquent à l'année 1883, la dernière sur laquelle on possède des renseignements officiels.

La Cour de cassation a jugé mille deux cent trente affaires.

Les cours d'appel se sont prononcées sur environ onze mille deux cents affaires ; elles ont cinq cent douze présidents ou conseillers et trois mille sept cent soixante-sept avocats inscrits ou stagiaires.

Les trois cent cinquante-neuf tribunaux de première instance se sont occupés de deux cent quinze mille affaires.

Les deux mille huit cent soixante-six juges de paix ont réglé trois cent seize mille affaires.

Les deux cents seize tribunaux de commerce comptent mille vingt-trois présidents ou juges et six cent quatre-vingt-dix-huit juges suppléants ; ils ont jugé deux cent cinquante et un mille cinq cent soixante-neuf questions litigieuses.

Il y a auprès des tribunaux de première instance : quatre cent-dix-huit chambres, mille quatre cent trente-sept présidents et juges, sept cent quatre-vingt-treize juges suppléants, quatre mille deux cent soixante-dix-sept avocats inscrits, deux mille trois cent-quinze avocats stagiaires, deux mille quatre cent quatre-vingt-sept avoués, cinq mille trois cent soixante-neuf huissiers et neuf mille cinquante-neuf notaires en exercice.

§ VI. — *INSTRUCTION PUBLIQUE ET BEAUX-ARTS*

109. Direction. — L'instruction publique est sous la direction du ministre, qui porte aussi le titre de *grand-maître de l'Université*. Un conseil supérieur de l'Instruction publique siégeant près du ministre a sous ses ordres des inspecteurs généraux, au nombre de dix-neuf, chargés du contrôle de tout le service. Ce conseil a des attributions administratives et contentieuses ; son avis peut toujours être demandé, et il doit l'être dans certains cas.

110. Espèces d'enseignement. — L'enseignement se divise en principe en deux grandes classes : l'*enseignement public*, donné par la commune, le département ou l'État, dans les établissements d'instruction placés sous l'autorité du ministre; l'*enseignement libre*, donné par des particuliers astreints à certaines garanties et conditions. Au point de vue de la graduation, on distingue l'*enseignement primaire*, l'*enseignement secondaire*, l'*enseignement supérieur* et l'*enseignement professionnel*.

Ce dernier est donné dans des établissements spéciaux, qui relèvent de divers ministères.

111. Enseignement primaire. — L'instruction primaire est sous la direction des préfets pour tout ce qui concerne le per-

FRANCE MILITAIRE

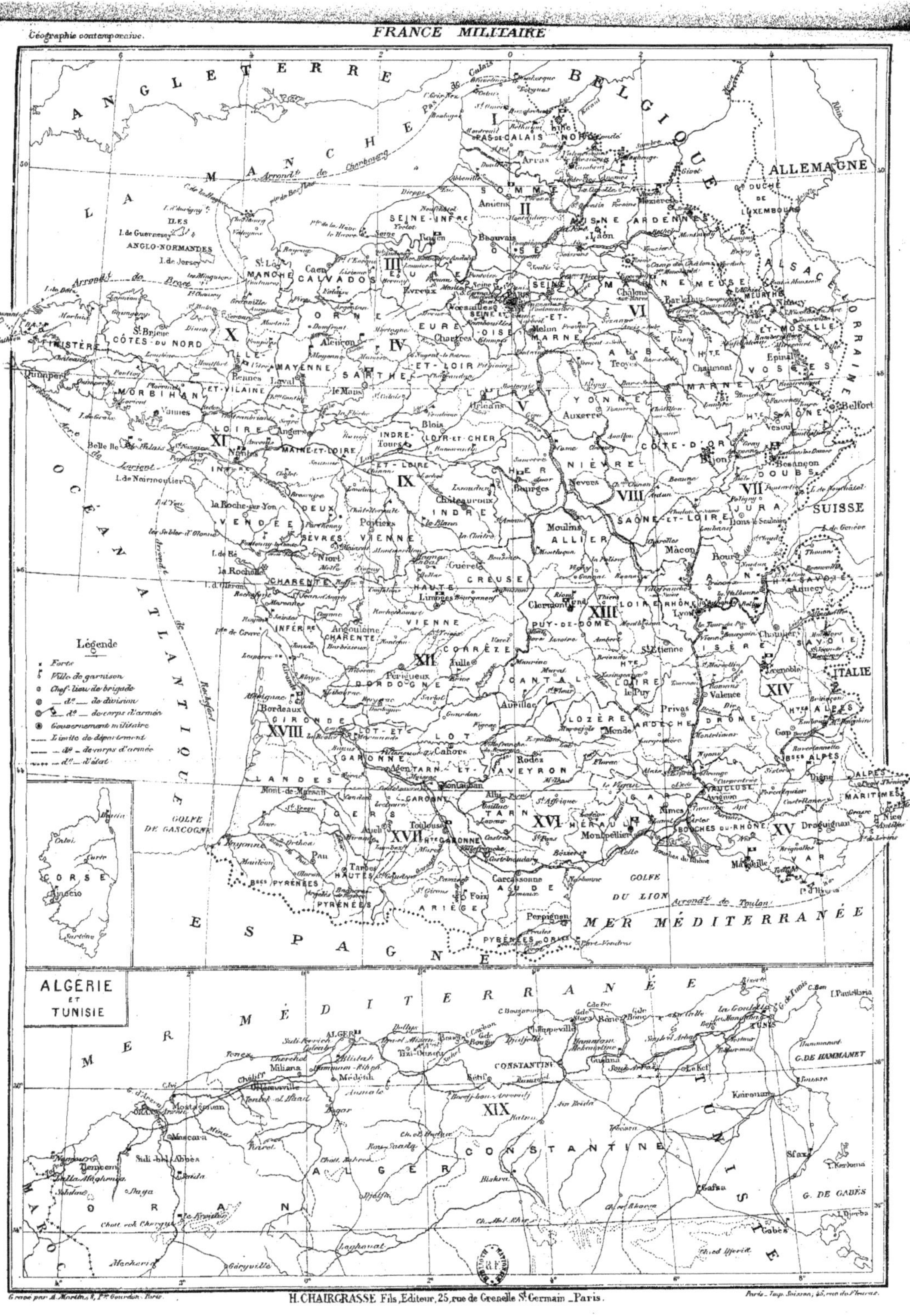

Gravé par A. Martin, 8, P.te Gourdon, Paris.

H. CHAIRGRASSE Fils, Editeur, 25, rue de Grenelle St Germain _ Paris.

Paris _ Imp. Soisson, 45, rue de Fleurus.

sonnel et le matériel, mais le recteur de l'Académie universitaire a la haute surveillance de l'enseignement.

L'enseignement primaire en France est gratuit, obligatoire et laïque. Il est donné dans les écoles primaires communales, dans les cours d'adultes et dans les écoles normales primaires. Chaque commune de cinq cents habitants est tenue d'avoir une *école primaire* de garçons et une de filles ; au-dessous de cinq cents habitants, il n'y a qu'une école qui est mixte. Chaque école est dirigée par un instituteur ou une institutrice, assisté d'aides s'il y a lieu, tous nommés par l'Etat. La même commune peut avoir plusieurs écoles primaires de chaque espèce, il y a également des *écoles primaires libres*, dont les professeurs doivent être munis du brevet de capacité, mais ne sont pas à la disposition du gouvernement ; les cours n'y sont pas gratuits. Les enfants de six à treize ans révolus sont tenus de fréquenter une école, à moins que la famille ne justifie qu'ils reçoivent l'instruction d'une manière particulière, ou qu'ils n'aient obtenu, avant leur quatorzième année, le certificat d'études primaires.

Les *écoles maternelles* ou *salles d'asile* font aussi partie des écoles primaires et reçoivent les enfants qui n'ont pas encore atteint leur septième année.

Les *cours d'adultes* sont facultatifs pour les enfants âgés de plus de treize ans.

Les *écoles normales primaires* sont destinées à assurer le recrutement des instituteurs ou institutrices. Chaque département, seul ou réuni à un autre, doit avoir deux de ces écoles, l'une pour les instituteurs, l'autre pour les institutrices.

Il y a dans chaque arrondissement un *inspecteur de l'enseignement primaire.*

D'après M. Cortambert, il y avait, en 1885, environ vingt-quatre mille écoles publiques de garçons (avec deux millions trois cent quinze mille élèves), dix-sept mille sept cent trente écoles mixtes (six cent quatre-vingt-dix mille élèves), trois mille deux cent trente écoles libres de garçons (deux cent cinquante-trois mille élèves), vingt mille écoles publiques (un milion sept cent soixante-cinq mille élèves) neuf mille huit cents écoles libres de filles, (sept cent quinze mille élèves), quatre mille neuf cents salles d'asile, trente mille cours d'adultes et d'apprentis.

L'instruction populaire est très développée dans l'est de la France, et suffisamment dans le nord et le midi, tandis que les régions de l'ouest et du centre sont les plus arriérées sous ce rapport. On compte environ un quart de la population qui ne sait ni lire ni écrire, mais avec l'obligation, cette proportion diminuera d'année en année.

112. Enseignement secondaire. — Cet enseignement se divise en enseignement secondaire général ou classique et en enseignement secondaire spécial. Celui-ci diffère du premier surtout en ce que l'étude des langues latine et grecque n'en fait pas partie et qu'il est fait une plus large part aux langues vivantes, aux mathématiques et aux sciences naturelles.

L'*enseignement secondaire classique* est donné par l'État ou par les communes dans les *lycées* et les *collèges communaux*, par le clergé dans les grands et petits *séminaires*, enfin dans un grand nombre d'institutions particulières dirigées par des ecclésiastiques ou des laïques. Il y a généralement un lycée et un ou plusieurs collèges ou séminaires dans chaque département. Les lycées et les collèges communaux comptent ensemble environ soixante-douze mille élèves, les établissements libres laïques quarante-cinq mille élèves ; les établissements libres ecclésiastiques trente cinq mille ; les petits séminaires vingt mille. Les professeurs de cet enseignement sont formés soit à l'*École normale supérieure* de Paris, soit dans les facultés.

Des diplômes de *bachelier ès lettres* et de *bachelier ès sciences* sont délivrés, après examen devant les facultés, comme sanction de l'enseignement secondaire classique.

Il existe également des lycées, des collèges spéciaux et des établissements libres pour l'enseignement secondaire des jeunes filles.

L'*enseignement secondaire spécial* est donné dans la plupart des lycées et collèges, ainsi que dans des établissements libres ;

il compte environ vingt mille élèves, qui peuvent recevoir un diplôme de *bachelier de l'enseignement secondaire spécial*, dans les mêmes conditions que les autres bacheliers. Pour former des professeurs de cet enseignement, l'État a créé l'école normale *spéciale de Cluny* (Saône-et-Loire). Il existe à Paris, pour les hautes études ecclésiastiques, une école dite des Carmes.

113. Enseignement supérieur. — L'enseignement supérieur peut être donné par des *universités libres*, mais il est donné au nom de l'État par des *facultés*, qui sont de cinq espèces : théologie, droit, médecine, sciences et lettres. Paris possède les cinq facultés ; un grand nombre sont dispersées dans toute la France, notamment dans les chefs-lieux d'académie.

Il y a cinq facultés catholiques de théologie : Paris, Aix, Bordeaux, Lyon, Rouen.

Il existe deux facultés protestantes de théologie : Paris, Montauban.

Il y a douze facultés de droit : Paris, Aix, Bordeaux, Caen, Dijon, Douai, Grenoble, Nancy, Lille, Poitiers, Rennes, Toulouse, Lyon.

On compte cinq facultés de médecine, avec écoles supérieures de pharmacie : Paris, Montpellier, Nancy, Lyon, Lille. Il y a en outre des écoles préparatoires de médecine et de pharmacie dans un certain nombre de villes, mais on ne peut y obtenir que des diplômes d'officiers de santé, de pharmacien de deuxième classe, d'herboriste, etc.

On trouve quatorze facultés des sciences et des lettres, réunies : Paris (Sorbonne), Besançon, Bordeaux, Caen, Clermont, Dijon, Grenoble, Lille, Lyon, Montpellier, Nancy, Poitiers, Rennes, Toulouse; Aix a une faculté de lettres seule, et Marseille une de sciences seule.

Il y a des facultés libres à Paris, à Lille, à Lyon, à Angers.

L'enseignement supérieur est libre, et dans le cas où cet enseignement a été donné dans des facultés libres, ce sont des jurys mixtes qui décernent les grades de docteur et de licencié.

114. Académies universitaires. — La France entière est partagée en seize académies (dix-sept en comptant l'Algérie), dont le corps enseignant constitue l'*Université de France*. Chaque académie a à sa tête un recteur, qui a la surveillance des cours publics, et de tous les établissements d'enseignement supérieur ou secondaire. Le recteur est assisté d'un *conseil académique ;* il a sous ses ordres un *inspecteur d'académie* par département et un *inspecteur de l'instruction primaire* au moins par arrondissement.

Les dix-sept académies ont leur siège à : Aix, Alger, Besançon, Bordeaux, Caen, Chambéry, Clermont-Ferrant, Dijon, Douai, Grenoble, Lyon, Montpellier, Nan y, Paris, Poitiers, Rennes et Toulouse. Chacune comprend un certain nombre de départements et nous avons donné dans le tableau ci-après les indications nécessaires à ce sujet.

115. Autres établissements. — Les établissements ci-après sont également placés sous la direction du ministère de l'Instruction publique, qui est en même temps ministre des Beaux-Arts.

L'*École pratique des hautes études* dont les sections sont réparties entre la Sorbonne, le Collège de France et le Muséum d'histoire naturelle; ces sections sont au nombre de quatre : mathématiques, physique et chimie, histoire naturelle et physiologie, histoire et phylologie.

Le *Collège de France*, destiné à l'enseignement supérieur de toutes les branches du savoir humain.

Le *Muséum d'histoire naturelle* (vulgairement *Jardin des plantes*) comprend des collections appartenant aux trois règnes de la nature, un jardin botanique, des serres chaudes et tempérées, une ménagerie d'animaux vivants, des cours publics, etc.

L'*Ecole des Chartes*, destinée à former des élèves en diplomatique et en paléographie.

L'*Ecole des langues orientales ;* on y enseigne l'arabe, le persan, l'arménien, le turc, le grec moderne, etc.

Les *Archives nationales* dépôt général et spécial des actes, titres et autres pièces originales concernant l'histoire de la nation, le gouvernement, les administrations, les cours souveraines, etc.

L'*Ecole des Sciences politiques* (non officielle).

L'*Ecole des Beaux-Arts*, pour la peinture, la sculpture et l'architecture.

Le *Conservatoire* de musique et de déclamation, qui forme des sujets pour ces branches.

L'*Académie de France à Rome* a pour objet de permettre aux grands prix de l'École des Beaux-Arts de se perfectionner dans leur art ; à leur retour, ils sont employés à l'exécution des grands travaux de l'État.

L'*Ecole de perfectionnement* à Athènes pour l'archéologie grecque.

L'*Ecole de perfectionnement* à Rome, pour l'archéologie latine.

L'*Ecole nationale de Dessin et de mathématiques*, à Paris

L'*Ecole nationale* gratuite *de dessin* pour les jeunes personnes.

L'*Ecole d'Architecture* (non officielle).

Le *Bureau des longitudes*, qui a pour mission principale de rédiger et de publier, dans un annuaire, la connaissance des temps, à l'usage des astronomes et des navigateurs.

Le *Bureau central de météorologie*, installé à l'observatoire de Montsouris, qui fait connaître tous les jours la direction et la force du vent en Europe, en Amérique et dans le nord de l'Afrique, ce qui permet de connaître de un à trois jours à l'avance le temps probable. Un autre observatoire météorologique a été installé sur le Puy-de-Dôme.

L'*Observatoire* astronomique de Paris, pour observer les astres et les phénomènes atmosphériques a ses quatre façades correspondant exactement aux quatre points cardinaux. On sait que c'est par cet observatoire que passe le premier méridien de France. Il y a également des observatoires astronomiques à Marseille et à Toulouse.

Les *Observatoires d'astronomie physique* de Meudon, de Lyon, de Besançon, de Bordeaux.

Les *bibliothèques* et les *musées* sont également rattachés à ce ministère. Un grand nombre d'autres écoles, soit à l'État, soit aux particuliers, dépendent d'autres ministères, et nous en ferons mention en parlant de ceux-ci.

116. Sociétés savantes. — Presque tous les départements, et Paris surtout, possèdent des *sociétés savantes*, qui ont pour but de contribuer au progrès de la science et de l'instruction. A la tête de toutes se trouve l'*Institut de France*, composé de cinq académies, dont les membres sont nommés par leurs confrères, savoir :

L'*Académie française*, chargée de maintenir la pureté de la langue ;

L'*Académie des Inscriptions et Belles-Lettres*, qui s'occupe des langues savantes anciennes et modernes, des antiquités et des monuments, de l'histoire des sciences morales et politiques dans leurs rapports avec l'histoire ;

L'*Académie des Sciences*, qui s'occupe des sciences naturelles, physiques et mathématiques ;

L'*Académie des Beaux-Arts*, ayant pour spécialité les arts du dessin ;

L'*Académie des Sciences morales et politiques*, qui s'occupe de philosophie, de morale, de législation, etc. ;

L'*Académie nationale de Médecine* est en dehors de l'Institut ; elle a été instituée pour suivre les progrès des sciences médicales et pour répondre aux demandes du gouvernement sur toutes les questions intéressant la santé publique.

DÉPARTEMENTS	ANCIENNES PROVINCES	SUPERFICIE EN HECTARES	POPULATION TOTALE	POPULATION par kilomètre carré	CHEFS-LIEUX DE DÉPARTEMENT et d'arrondissement	Nombre de cantons	Nombre de communes	Nombre d'électeurs	Distance de Paris	DIVISIONS Ecclésiastiques	DIVISIONS Judiciaires	DIVISIONS Universitaires	DIVISIONS Forestières	Nombre de sénateurs	Nombre de députés	LONGUEUR EN KILOMÈTRE[S] Routes nationales	Routes départementales	Chemins	Chemins de fer	RIVIÈRES Flottables	RIVIÈRES Navigables	
Ain	Bourgogne	579897	504408	63	BOURG Belley Geix Nantua Trévoux	10 9 3 6 8	120 116 31 74 113	104387	476 541 625 464 596	Belley	Lyon	Lyon	17	3	6	452	606	9200	441	46	197	
Aisne	Picardie Ile de France Champagne	735200	555925	76	LAON Château-Thierry St-Quentin Soissons Vervins	11 5 7 6 8	289 124 127 165 132	150990	140 95 154 105 179	Soissons	Amiens	Douai	7	3	8	614	»	7585	486	14	145	1
Allier	Bourbonnais	730837	424582	57	MOULINS Gannat La Palisse Montluçon	9 5 6 8	84 66 75 92	121770	313 379 372 326	Moulins	Riom	Clermont	21	3	6	499	240	13929	315	35	140	
B.-Alpes	Provence	695418	129494	19	DIGNE Barcelonnette Castellane Forcalquier Sisteron	9 4 6 6 5	84 20 48 50 49	40214	878 778 832 829 794	Digne	Aix	Aix	26	2	3	497	538	4228	97	109	»	
H.-Alpes	Dauphiné	558961	122924	22	GAP Briançon Embrun	14 5 5	126 27 36	31788	949 778 778	Gap	Grenoble	Grenoble	35	2	3	388	116	3760	140	150	»	
Alpes-M.	Provence Comté de Nice	391662	238057	60	NICE Grasse Puget-Théniers	11 8 6	44 60 48	58563	1054 1037 1069	Nice	Aix	Aix	34	2	3	314	205	3663	88	21	»	
Ardèche	Languedoc	552665	375472	69	PRIVAS Largentière Tournon	10 10 11	108 106 125	112276	666 710 600	Viviers	Nîmes	Grenoble	27	2	6	409	846	8225	267	24	69	
Ardennes	Champagne	523289	332759	64	MÉZIÈRES Rethel Rocroi Sedan Vouziers	7 6 5 5 8	106 112 71 82 131	88889	246 211 235 275 247	Reims	Nancy	Douai	10	2	5	386	212	5649	345	35	159	23
Ariège	Comté de Foix Languedoc Guyenne-Gascogne	489387	237619	49	FOIX Pamiers St-Girons	8 6 6	130 114 83	73757	844 816 350	Pamiers	Toulouse	Toulouse	18	2	4	270	326	3543	69	11	»	
Aube	Champagne	600139	600139	42	TROYES Arcis-sur-Aube Bar-sur-Aube Bar-sur-Seine Nogent-sur-Seine	9 4 4 5 4	120 93 88 85 60	79097	166 806 221 199 111	Troyes	Paris	Dijon	8	2	4	378	383	3877	281	61	84	64
Aude	Languedoc	631324	332080	52	CARCASSONNE Castelnaudary Limoux Narbonne	12 5 8 6	40 174 151 71	19624	852 806 868 872	Carcassonne	Montpellier	Montpellier	52	2	5	348	633	6514	225	151	»	10
Aveyron	Guyenne-Gascogne	874333	415826	47	RODEZ Espalion Milhau St-Afrique Villefranche	2 9 9 6 7	77 49 50 56 63	119318	673 708 929 919 628	Rodez	Montpellier	Toulouse	28	3	6	598	876	6276	282	»	70	
B.-du-Rhône	Provence	510487	604857	115	MARSEILLE Aix Arles	9 10 8	17 59 32	141303	833 843 760	Aix	Aix	Aix	26	3	8	283	414	3023	413	49	133	58
Calvados	Normandie	552072	437267	80	CAEN Bayeux Falaise Lisieux Pont-l'Évêque Vire	9 6 5 6 6 8	188 136 114 123 107 96	118186	238 269 227 191 208 271	Bayeux	Caen	Caen	15	3	7	439	»	7863	472	»	97	15
Cantal	Languedoc	574147	241742	41	AURILLAC Mauriac Murat St-Flour	8 6 3 6	95 61 36 74	61939	584 726 537 528	St-Flour	Riom	Clermont	20	2	4	382	446	6986	147	»	»	
Charente	Aunis-Saint.	594238	366408	63	ANGOULÊME Barbezieux Cognac Confolens Ruffec	9 6 4 6 4	136 80 62 66 82	113409	444 488 495 474 398	Angoulême	Bordeaux	Poitiers	24	2	6	349	550	3415	285	»	93	
Ch.-Inf.	Angoumois	682569	462803	68	LA ROCHELLE Jonzac Marennes Rochefort Saintes St-Jean-d'Angely	7 7 6 5 8 7	56 120 34 41 110 120	144929	476 547 473 474 519 527	La Rochelle	Poitiers	Poitiers	24	3	7	342	649	10479	394	»	183	56
Cher	Berry Bourbonnais	710934	355349	49	BOURGES St-Amand Sancerre	10 11 8	100 115 76	102072	231 276 204	Bourges	Bourges	Paris	20	2	6	492	»	7313	198	95	65	305

DÉPARTEMENTS	ANCIENNES PROVINCES	SUPERFICIE EN HECTARES	POPULATION TOTALE	POPULATION par kilomètre carré	CHEFS-LIEUX DE DÉPARTEMENT et d'arrondissement	Nombre de cantons	Nombre de communes	Nombre d'électeurs	Distance de Paris	DIVISIONS Ecclésiastiques	DIVISIONS Judiciaires	DIVISIONS Universitaires	DIVISIONS Forestières	Nombre de sénateurs	Nombre de députés	LONGUEUR EN KILOMÈTRES Routes nationales	Routes départementales	Chemins	Chemins de fer	RIVIÈRES Flottables	RIVIÈRES Navigables	Canaux
Corrèze..	Limousin....	586609	326491	54	**TULLE** Brive Ussel	12 10 7	118 98 71	89402	538 502 469	Tulle	Limoges..	Clermont.	28	2	5	372	520	5749	266	116	»	»
Corse...	Corse.......	874710	278501	31	**AJACCIO** Bastia Calvi Corté Sartène	12 20 6 16 8	79 95 35 108 47	74145	1089 1166 1223 1245 1169	Ajaccio...	Bastia....	Aix......	30	2	4	1131	209	6719	155	»	»	»
Côte-d'Or	Bourgogne.. Champagne..	876116	381574	44	**DIJON** Beaune Châtillon Semur	14 10 6 6	264 199 115 139	115518	314 362 231 263	Dijon	Dijon.....	Dijon	3	2	6	715	825	7308	486	»	83	157
C.-du-Nord.	Bretagne....	688562	628256	91	**ST-BRIEUC** Dinan Guingamp Lannion Loudéac	12 10 10 7 9	96 91 77 65 60	164119	474 419 505 546 524	St-Brieuc.	Rennes...	Rennes...	23	4	9	479	»	7001	252	»	61	82
Creuse ..	Marche	356830	284942	50	**GUÉRET** Aubusson Bourganeuf Boussac	7 10 4 4	75 101 41 46	78105	403 413 387 354	Limoges..	Limoges.	Clermont.	21	2	4	337	414	4911	173	»	»	»
Dordogne..	Guyenne-Gascogne	918256	492205	54	**PÉRIGUEUX** Bergerac Nontion Ribérac Sarlat	9 13 8 7 10	113 172 80 84 133	144244	498 603 462 495 540	Périgueux	Bordeaux.	Bordeaux.	29	3	8	368	1039	15702	398	»	281	»
Doubs...	Franche-Comté...	522755	310963	59	**BESANÇON** Baune Montbéliard Pontarlier	8 7 7 5	203 187 160 88	82052	405 438 485 454	Besançon.	Besançon.	Besançon.	12	2	5	307	535	7398	244	»	86	135
Drôme ..	Dauphiné ...	652155	314615	58	**VALENCE** Dié Montélimar Nyons	10 9 6 4	112 117 69 74	95629	617 654 662 662	Valence ..	Grenoble.	Grenoble.	02	2	5	307	382	7136	190	95	103	»
Eure....	Normandie...	595765	358629	61	**ÉVREUX** Les Andelys Bernay Louviers Pont-Audemer	11 6 6 5 8	224 117 124 111 124	108006	107 105 159 115 197	Evreux ..	Rouen ...	Caen	»	2	6	405	795	9193	513	»	123	»
E.-et-L..	Marne ...... Orléanais....	587430	283719	48	**CHARTRES** Châteaudun Dreux Nogent-le-Rotrou	8 5 7 4	166 80 126 54	82390	87 132 82 147	Chartres..	Paris	Paris	51	2	4	379	»	9660	416	»	»	»
Finistère	Bretagne....	672167	707820	101	**QUIMPER** Brest Chateaulin Morlaix Quimperlé	9 12 7 10 5	63 83 61 50 21	168987	617 621 649 563 551	Quimper..	Rennes...	Rennes ..	23	4	10	417	517	6368	210	»	120	810
ard....	Languedoc ..	583556	417099	71	**NIMES** Alais Uzès Le Vigan	11 11 8 10	73 99 99 77	134497	723 674 606 817	Nîmes....	Nîmes ...	Montpellier..	27	3	6	513	743	6093	605	12	85	790
-Garonne	Languedoc... Guyenne-Gascogne	628988	481169	76	**TOULOUSE** Muret St-Gaudens Villefranche	12 10 11 6	130 126 236 93	139924	762 872 742 784	Toulouse.	Toulouse.	Toulouse.	18	3	7	344	1019	8911	318	86	189	76
ers....	Guyenne-Gascogne	628031	274391	45	**AUCH** Condom Lectome Lombez Mirande	6 6 5 4 8	85 87 72 71 150	91953	718 670 687 721 649	Auch	Bordeaux.	Toulouse.	22	2	4	420	545	7993	186	»	41	»
ironde..	Guyenne-Gascogne	974030	775845	72	**BORDEAUX** Bazas Blaye Lesparre Lisbonne La Réole	18 7 4 4 9 6	158 71 56 31 133 103	206137	577 646 581 645 543 646	Bordeaux.	Agen....	Bordeaux.	29	5	11	388	»	13973	500	85	45	162
érault..	Languedoc...	619790	439044	71	**MONTPELLIER** Béziers Lodève St-Pons	14 12 5 5	117 99 74 47	136584	772 846 845 844	Montpellier..	Montpellier..	Montpellier..	27	3	7	358	349	6860	448	»	126	114
e-et-Vi-laine....	Bretagne. ...	672583	621384	90	**RENNES** Fougères Montfort Redon St-Malo Vitré	10 6 5 7 9 6	78 57 46 49 62 61	153124	373 373 396 445 455 236	Rennes...	Rennes ..	Rennes...	23	3	9	724	525	6826	425	»	»	73

DÉPARTEMENTS	ANCIENNES PROVINCES	SUPERFICIE EN HECTARES	POPULATION TOTALE	POPULATION par kilomètre carré	CHEFS-LIEUX DE DÉPARTEMENT et d'arrondissement	Nombre de Cantons	Nombre de Communes	Nombre d'électeurs	Distance de Paris	DIVISIONS Ecclésiastiques	DIVISIONS Judiciaires	DIVISIONS Universitaires	DIVISIONS Forestières	Nombre de sénateurs	Nombre de sénateurs	LONGUEUR EN KILOMÈTRES Routes nationales	Routes départementales	Chemins	Chemins de fer	RIVIÈRES Flottables	RIVIÈRES Navigables	CANAUX
Indre...	Berry ...... Touraine	679530	614297	42	**CHATEAUROUX**... Le Blanc........ La Chartre...... Issoudun	8 6 5 4	81 56 59 49	84370	262 289 263 236	Bourges..	Bourges .	Bourges .	20	2	5	404	688	5800	190	54	209	»
Indre-et-Loire ..	Touraine.....	611370	340921	54	**TOURS** .... Chinon......... Loches.........	11 7 6	127 87 68	99844	233 284 281	Tours ...	Orléans ..	Poitiers ..	19	2	5	317	»	8847	368	40	181	»
Isère....	Dauphiné....	828934	581580	70	**GRENOBLE** ...... St-Marcellin ..... La Tour-du-Pin.. Vienne.........	20 7 8 10	213 86 123 136	163948	641 622 568 343	Grenoble .	Grenoble .	Grenoble.	16	3	9	539	822	10420	467	11	47	»
Jura	Franc.-Comté	499401	281292	57	**LONS-LE-SAUNIER** Dôle............ Poligny .... St-Claude	11 9 7 5	213 138 152 81	81894	441 361 414 442	St-Claude	Besançon.	Besançon.	13	2	5	355	622	6083	256	121	197	0
Landes..	Guyenne et Gascogne..	932131	302266	32	**MONT-DE-MARSAN** Dax .... St-Sever........	12 8 8	117 107 109	84732	726 733 733	Aire.....	Pau......	Bordeaux	29	2	5	456	609	8399	280	173	131	»
Loir-et-Cher	Orléanais....	635092	279214	43	**BLOIS** .... Romorantin...... Vendôme	10 6 8	139 49 109	81410	177 230 177	Blois.....	Orléans ..	Paris	19	2	4	305	594	5430	327	»	129	5
Loire ...	Lyonnais....	475692	603384	126	**ST-ÉTIENNE**..... Montluçon....... Roanne	11 9 10	77 139 113	152609	501 510 421	Lyon	Lyon	Lyon	14	3	9	340	500	6256	356	9	16	2
H.-Loire.	Languedoc .. Auvergne ...	496225	320063	63	**LE PUY**......... Brioude......... Yssingeaux......	14 6 8	114 106 43	86963	565 489 555	Le Puy ..	Riom	Clermont.	28	2	5	356	463	4860	235	8[illegible]	269	»
Loire-Inférieure.	Bretagne....	687456	643884	91	**NANTES**......... Ancenis......... Châteaubriand ... Paimbœuf....... St-Nazaire.......	17 5 7 5 11	71 27 27 27 55	168055	395 363 356 455 460	Nantes...	Rennes...	Rennes...	23	4	9	573	532	7205	471	»	1 3	9
Loiret ...	Orléanais.... Berry	677119	374875	55	**ORLÉANS**....... Gien............ Montargis....... Pithiviers	14 5 7 5	107 49 95 98	103713	121 155 118 96	Orléans ..	Orléans ..	Paris	19	2	6	436	538	5125	484	»	168	15
Lot.....	Guyenne et Gascogne..	521174	271514	53	**CAHORS**......... Figeac.......... Gourdon.........	12 8 9	132 113 78	86360	658 591 540	Cahors ...	Agen	Toulouse.	18	2	4	278	617	5807	137	31	260	»
Lot-et-Garonne ..	Guyenne et Gascogne..	535396	307437	58	**AGEN**........... Marmande....... Nérac........... Villeneuve-St-Lot.	6 9 7 10	72 101 62 90	102304	651 664 671 633	Agen	Agen....	Bordeaux.	29	3	5	380	461	7256	209	»	»	9
Lozère ..	Languedoc ..	516973	141264	28	**MENDE** .... Florac .... Marvejols	7 7 10	65 52 79	38766	587 674 627	Mende ...	Nîmes....	Montpellier..	27	2	3	463	517	7731	54	»	304	»
Maine-et-Loire ..	Anjou.......	712093	527680	74	**ANGERS**......... Beaugé .... Cholet.......... Saumur......... Segré...........	9 6 7 7 5	89 67 80 84 61	251854	307 316 396 295 314	Angers...	Angers...	Reims....	23	3	8	563	830	6550	372	»	183	2
Manche .	Normandie ..	592838	520865	89	**ST-LO** .... Avranches ...... Cherbourg ...... Coutances .... Mortain......... Valognes........	9 9 5 10 8 7	117 124 73 138 74 117	141902	314 475 371 344 271 343	Coutance .	Caen.....	Caen.	15	3	6	377	656	7859	228	»	188	1
Marne...	Champagne..	818044	429404	50	**CHALONS**........ Épernay......... Reims........... Ste-Menehould ... Vitry-le-François.	5 9 10 3 5	104 176 182 80 123	119227	172 142 160 231 205	Châlons ..	Paris	Paris	10	2	6	590	556	6748	509	69	13	18
H-Marne.	Champagne..	621968	247781	45	**CHAUMONT**...... Langres......... Vassy	10 10 8	195 210 145	95825	261 297 258	Langres..	Dijon	Dijon	31	2	4	410	358	4672	454	»	87	5
Mayenne.	Maine....... Anjou	517063	340063	67	**LAVAL**.......... Château-Gontiers. Mayenne	9 9 12	91 73 112	92140	300 290 301	Laval....	Angers...	Rennes...	15	2	5	484	635	4104	288	»	45	»
Meurthe-Moselle.	Lorraine	523234	431695	80	**NANCY**.......... Briey........... Lunéville .... Toul............	8 6 8 5	190 124 163 119	112820	352 372 386 320	Nancy ...	Nancy ...	Nancy ...	4	2	6	380	434	4624	548	245	66	15
Meuse...	Lorraine	622787	291971	47	**BAR-LE-DUC**..... Commercy....... Montmédy....... Verdun	8 7 6 7	130 176 131 149	84404	253 295 325 277	Verdun...	Nancy ...	Nancy ...	16	2	5	508	406	4293	491	28	118	23

DÉPARTEMENTS	ANCIENNES PROVINCES	SUPERFICIE EN HECTARES	POPULATION TOTALE	POPULATION par kilomètre carré	CHEFS-LIEUX DE DÉPARTEMENT et d'arrondissement	Nombre de Cantons	Nombre de Communes	Nombre d'électeurs	Distance de Paris	DIVISIONS Ecclésiastiques	DIVISIONS Judiciaires	DIVISIONS Universitaires	DIVISIONS Forestières	Nombre de députés	Nombre de députés	LONGUEUR EN KILOMÈTRES Routes nationales	Routes départementales	Chemins	Chemins de fer	RIVIÈRES Flottables	RIVIÈRES Navigables	CANAUX
Morbihan	Bretagne....	679781	535256	77	**VANNES**........ Lorient.......... Pontivy......... Ploërmel.........	11 11 7 8	81 52 51 65	131618	498 554 574 693	Vannes...	Rennes...	Rennes...	23	3	8	578	299	6409	244	»	118	178
Nièvre ..	Nivernais.... Orléanais....	681656	347.645	51	**NEVERS**......... Château-Chinon .. Clamecy .... Cosne...........	8 5 6 6	93 62 93 65	102148	253 284 227 196	Nevers...	Bourges..	Dijon	20	2	5	474	623	6948	376	39	114	183
Nord....	Flandre.....	568087	1070184	282	**LILLE**........... Avesnes......... Cambrai .... Douai........... Dunkerque....... Bazebroucq...... Valenciennes	17 10 7 6 7 7 7	129 153 118 66 61 53 82	353937	248 226 206 218 305 265 250	Cambrai ..	Douai....	Douai....	7	5	20	588	515	8155	905	»	203	251
Oise	Ile-de-France Picardie.....	585506	403146	69	**BEAUVAIS** ...... Clermont........ Compiègne ...... Senlis..........	12 8 7 8	242 169 157 133	112125	84 66 84 54	Beauvais .	Amiens...	Paris ...	1	3	6	601	»	8364	710	»	129	41
Orne....	Normandie .. Maine.......	607729	367248	62	**ALENÇON** .... Argentan........ Domfront .... Mortagne	7 11 8 11	92 174 95 150	108920	206 197 264 117	Séez.....	Caen.....	Caen.....	15	3	6	459	»	6213	546	»	»	»
Pas-de-Calais....	Artois ...... Picardie.....	660563	853526	124	**ARRAS**.......... Béthune .... Boulogne-sur-Mer Montreuil-sur-Mer St-Omer......... St-Paul'........	10 8 7 6 7 6	211 141 102 141 118 191	218257	191 230 254 238 285 230	Arras....	Douai....	Douai....	7	4	12	.684	»	12183	791	»	121	122
Puy-de-Dôme..	Auvergne ...	795051	570964	71	**CLERMONT-FERRAND**.. Ambert .... Issoire......... Riom .... Thiers	14 8 9 13 6	118 55 116 134 41	170776	419 450 455 406 454	Clermont .	Riom;....	Clermont.	21	4	9	473	497	15015	310	35	109	»
Pyrénées (Basses)	Biarn .... Guyenne et Gascogne..	762266	432999	57	**PAU**............ Bayonne........ Mauléon......... Oloron.......... Orthez	11 8 6 8 7	184 53 107 79 135	107710	811 783 778 818 778	Bayonne..	Pau	Bordeaux.	22	3	6	415	713	11413	212	188	92	»
Pyrénées (Hautes)	Guyenne et Gascogne..	452945	234825	52	**TARBES** .... Argelès-Vicrzac .. Bagnère-de Bigorres..	11 5 10	195 91 194	65923	802 837 826	Tarbes...	Pau	Toulouse .	22	2	4	306	306	5076	187	51	»	»
Pyrénées-Orientales	Roussillon... Languedoc...	412211	211187	50	**PERPIGNAN** ..... Céret .... Prades..........	7 4 6	43 86 162	57297	933 935 9.6	Perpignan	Montpellier..	Montpellier..	25	2	3	312	136	3259	106	»	»	»
Rhône...	Lyonnais....	27.039	772912	266	**LYON**........... Villefranche	19 10	132 132	181455	511 478	Lyon	Lyon	Lyon	4	4	11	226	519	5564	282	»	81	12
Saône (Hte).	Franche-Comté...	533992	290954	55	**VESOUL** .... Gray............ Lure............	10 8 10	215 165 203	87948	380 353 411	Besançon.	Besançon.	Besançon.	32	2	5	336	»	5338	384	46	82	55
Saône-et-Loire ...	Bourgogne ..	855174	625885	73	**MACON**.......... Autun .... Châlon-sur-Saône. Charolles....... Louhans	9 9 11 13 8	130 85 155 138 81	173184	439 373 383 396 420	Autun ...	Dijon	Lyon	17	3	9	586	»	11591	623	»	223	149
Sarthe ..	Maine....... Anjou.......	620668	436111	71	**LE MANS** .... La Flèche....... Mamers.......... St-Calais........	10 7 10 6	211 376 232 219	128372	211 376 232 219	Le Mans .	Angers...	Caen.....	15	3	7	402	587	6900	557	12	157	»
Savoie ..	Savoie	575950	267428	46	**CHAMBÉRY**...... Albertville ...... Moutiers .... St-Jean de-Maurienne..	15 4 4 6	149 99 84 69	67834	594 625 666 666	Chambéry	Chambéry	Chambéry	33	2	4	334	348	3850	189	111	37	»
Savoie (Hte)	Savoie	431472	275018	64	**ANNECY** .... Bonneville....... St-Julien........ Thônon	7 9 6 6	99 68 76 71	78208	619 621 625 663	Annecy ..	Chambéry	Chambéry	31	2	4	280	389	5272	110	73	80	«
Seine ...	Ile-de-France	47895	2961089		**PARIS**.......... St Denis .... Sceaux..........	» 4 4	1 31 40	568924	» 7 11	Paris	Paris	Paris	1	5	38	117	189	371	218	»	61	22
Seine-et-Marne.	Ile-de-France Champagne..	603550	833386	61	**MELUN** .... Coulommiers ..... Fontainebleau ... Meaux .... Provins.........	6 4 7 7 5	97 77 101 154 101	100958	44 72 59 45 95	Meaux ...	Paris	Paris	2	2	12	917	1043	5485	368	»	313	103

DÉPARTEMENTS	ANCIENNES PROVINCES	SUPERFICIE EN HECTARES	POPULATION TOTALE	POPULATION par kilomètre carré	CHEFS-LIEUX DE DÉPARTEMENT et d'arrondissement	Nombre de Cantons	Nombre de Communes	Nombre d'électeurs	Distance de Paris	DIVISIONS Ecclésiastiques	DIVISIONS Judiciaires	DIVISIONS Universitaires	DIVISIONS Forestières	Nombre de sénateurs	Nombre de députés	LONGUEUR EN KILOMÈTRES Routes nationales	Routes départementales	Chemins	Chemins de fer	RIVIÈRES flottables	RIVIÈRES Navigables
Seine-et-Oise...	Ile-de-France.	573635	355136	103	**VERSAILLES**.....	10	115	154380	17	Versailles.	Paris	Paris	1	4	2	735	805	5430	685	»	186
					Corbeil	4	93		33												
					Étampes	4	69		56												
					Mantes-sur Seine.	5	125		58												
					Pontoise	7	165		29												
					Rambouillet	6	119		48												
Seine-Inférieure.	Normandie...	560364	618089	135	**ROUEN**..........	15	158	197785	136	Rouen . .	Rouen ...	Caen.....	1	4	9	595	847	9700	540	»	140
					Dieppe..........	8	168		168												
					Le Havre........	10	123		228												
					Neufchâtel	8	142		134												
					Yvetot	10	168		178												
Sèvres (Deux)	Poitou.......	599988	353766	58	**NIORT**..........	10	93	105762	409	Poitiers ..	Poitiers .	Poitiers ..	24	2	5	465	»	7068	344	»	35
					Bressuire........	6	92		362												
					Melles	7	92		379												
					Parthenay.......	8	79		387												
Somme..	Ile-de-France. Picardie	616120	548982	90	**AMIENS**.........	13	250	159936	130	Amiens...	Amiens ..	Douai....	7	3	8	619	»	9104	598	»	27
					Abbeville........	11	172		176												
					Doulens.........	4	89		75												
					Montdidier	5	144		102												
					Péronne.........	8	180		149												
Tarn....	Languedoc...	574216	358757	63	**ALBI**	8	94	111337	718	Albi	Toulouse .	Toulouse .	25	2	6	344	878	6874	212	»	68
					Castres.........	14	92		757												
					Gaillac.........	8	75		703												
					Lavaur..........	5	57		790												
Tarn-et-Garonne	Cuyenne, Cascogne Languedoc...	372016	214046	58	**MONTAUBAN**	11	63	71138	716	Montauban..	Toulouse.	Toulouse .	18	2	4	252	»	5706	139	»	132
					Castel-Sarrazin...	7	81		703												
					Moissac.........	6	50		693												
Var.....	Provence....	601753	283689	49	**DRAGUIGNAN**....	11	62	82961	979	Fréjus ...	Aix......	Aix	34	2	4	272	805	3254	225	49	»
					Brignolles.......	8	54		947												
					Toulon..........	9	19		912												
Vaucluse	Comtat Venaissain	354771	241787	69	**AVIGNON**	5	11	78791	741	Avignon .	Nîmes....	Aix	26	2	4	157	590	3355	212	»	32
					Apt.............	5	50		806												
					Carpentras	5	31		740												
					Orange	7	48		714												
Vendée..	Poitou	670350	434808	63	**LA ROCHE-SUR-YON**..	10	104	121517	447	Luçon ...	Poitiers ..	Poitiers ..	24	3	7	539	»	5935	368	»	115
					Fontenay-le-Comte	9	111		424												
					Sables-d'Olonne..	11	84		484												
Vienne..	Poitou	697037	342785	49	**POITIERS**.......	10	87	102366	332	Poitiers..	Poitiers ..	Poitiers ..	24	3	5	384	488	14146	352	»	25
					Châtellerault.....	6	51		299												
					Civray..........	5	45		384												
					Loudun	4	57		307												
					Montmorillon	6	68		386												
Vienne (Hte).	Manche ..... Limousin.... Cuyenne, Gascogne	511658	363182	63	**LIMOGES**........	10	81	95162	399	Limoges..	Limoges..	Poitiers ..	28	2	5	376	338	5846	386	.	•
					Bellac	5	65		383												
					Rochechouart....	5	30		451												
					Ste-Yrieix.......	4	27		442												
Vosges..	Lorraine	585265	413707	70	**ÉPINAL**.........	6	126	109425	426	St-Dié ...	Nancy ...	Nancy ...	9	3	6	413	»	6188	444	146	»
					Mirecourt	6	142		305												
					Neufchâteau	5	132		320												
					Remiremont	4	40		425												
					St-Dié	8	91		463												
Yonne ..	Champagne.. Orléanais.... Bourgone....	742804	355364	48	**AUXERRE**	12	132	110714	174	Sens.....	Paris	Dijon	8	2	2	572	»	7899	345	92	16
					Avallon.........	5	72		229												
					Joigny..........	9	108		114												
					Sens............	6	91		611												
					Tonnerre........	5	82		397												
Territoire de Belfort...	Alsace......	61014	70758	122	**BELFORT**	6	106	»	443	Besançon.	Besançon.	Besançon.	12	1	6	42	519	5434	323	»	»

§ VII. — AFFAIRES ÉTRANGÈRES

117. *Attributions générales.* — Les attributions générales du ministère des Affaires étrangères consistent :

1° A préparer et à conclure les traités ou conventions politiques et commerciales avec les nations étrangères, à favoriser les relatiens commerciales avec ces dernières ;

2° A entretenir les relations internationales au moyen des ambassadeurs et autres agents diplomatiques, à rédiger les instructions, mémoires, etc., concernant la mission de ces divers agents ;

3° A surveiller et à protéger nos intérêts et nos nationaux à l'étranger ;

4° A conserver les traités, cartes et documents diplomatiques de tous genres.

118. *Agents diplomatiques.* — Les agents diplomatiques sont partagés en quatre classes :

1° Les ambassadeurs ;

2° Les envoyés extraordinaires et ministres plénipotentiaires ;

3° Les ministres résidents ;

4° Les chargés d'affaires.

Les *ambassadeurs* représentent la personne même du chef de l'État ; ils sont inviolables et ont droit à de nombreux privilèges. Les ambassadeurs permanents n'existaient pas avant le XVIe siècle. Ils ont des attributions nombreuses et étendues et sont secondés par des conseillers, des attachés et des secrétaires d'ambassade.

Les *envoyés extraordinaires* et *ministres plénipotentiaires* ont les mêmes pouvoirs et les mêmes fonctions que les ambassadeurs, mais les premiers ne sont envoyés que dans certaines circonstances solennelles.

Les *ministres résidents* sont des ambassadeurs envoyés auprès des cours d'un rang moins élevé.

Les *chargés d'affaires* sont accrédités auprès des plus petites puissances.

119. *Consulats.* — Les consulats ont pour mission de protéger les nationaux et spécialement les intérêts commerciaux de la France dans les pays étrangers.

La France entretient à l'étranger : vingt-six ambassadeurs divers, soixante secrétaires, cinquante-deux attachés dont treize militaires, dix chanceliers, vingt-neuf consuls généraux, quatre-vingt-sept consuls, deux cent dix-neuf vice-consuls, cinq cent cinquante-sept agents vice-consuls ou consulaires, neuf élèves consuls, trente-quatre drogmans, cinq interprètes.

Les consuls remplissent aussi les fonctions d'officiers de l'état civil, de juges en matière civile, commerciale ou même criminelle pour leurs nationaux.

§ VIII. — TRAVAUX PUBLICS

120. *Travaux publics.* — Les divers travaux exécutés en vue d'un service public, par l'État, les départements, les communes et autres établissements publics, sont dirigés par les agents des divers services intéressés. Une grande partie de ces services incombe au ministère des Travaux publics, qui a dans ses attributions les *ponts et chaussées*, les *mines*, les *bâtiments civils*.

121. *Ponts et chaussées.* — L'administration des ponts et chaussées est chargée des travaux concernant les routes nationales et départementales, chemins de fer, fleuves et rivières navigables, canaux et ports de commerce, phares, cours d'eau de toute espèce et eaux stagnantes.

Le service des chemins vicinaux et de grande communication est assuré généralement par des agents-voyers cantonaux, relevant d'agents-voyers d'arrondissement, placés sous la direction d'un agent-voyer chef du département. Cependant, ce service est plus ou moins complètement exécuté, dans un certain nombre de départements, comme celui des routes nationales et départementales.

Pour celles-ci, il y a un *ingénieur en chef* par département, de qui relèvent des *ingénieurs ordinaires* (ordinairement un par arrondissement), qui ont sous leurs ordres des *conducteurs* et des *piqueurs*.

Les services autres que celui des routes sont généralement confiés à des ingénieurs qui en sont spécialement chargés, et qui ont sous leurs ordres le personnel d'ingénieurs, de conducteurs, de gardes de navigation, éclusiers, maîtres et gardiens des phares et fanaux ou autres agents nécessaires.

Tous les ingénieurs sont groupés dans seize *inspections générales des ponts et chaussées* pour la France et l'Algérie, et huit inspections spéciales pour les études et les travaux des chemins de fer et voies navigables.

La ville de Paris forme une inspection particulière et des inspections spéciales, dont tout le personnel est rétribué par la ville.

Auprès du ministre se trouve le *conseil des ponts et chaussées*, composé des *inspecteurs généraux*, et chargé d'examiner les plans, projets, mémoires, etc.

122. *Mines.* — L'exploitation des mines est surveillée par des ingénieurs des mines, ayant sous leurs ordres des gardes-mines et répartis en dix-sept arrondissements, à la tête de chacun desquels est placé un ingénieur en chef. Les arrondissements sont groupés en cinq inspections générales, divisées en régions nord-ouest, nord-est, sud-ouest, sud-est et centre.

Un *conseil général des mines* est placé auprès du ministre.

123. *Bâtiments civils.* — Les édifices et monuments consacrés aux services publics d'intérêt général, autres que les services des cultes, de la guerre et de la marine, forment un service ou direction qui relève du ministère des Travaux publics. Ce service est assuré par des *architectes*, qui ont sous leurs ordres des *inspecteurs*. Un *conseil des bâtiments civils* assiste le ministre dans la direction de ce service.

124. *Écoles.* — Les diverses écoles dépendant du ministère des travaux publics sont :

1° L'*école nationale des ponts et chaussées* à Paris, pour former les élèves ingénieurs;

2° L'*école nationale des mines*, à Paris, pour former les élèves ingénieurs ;

3° L'*école des mineurs*, de Saint-Etienne, qui a pour but de former des directeurs d'exploitation de mines et d'usine métallurgiques, ainsi que des gardes-mines ;

4° *Les écoles des maîtres ouvriers mineurs* d'Alais et de Douai, qui ont pour objet de former des contremaîtres pour les exploitations de mines.

125. *Chemins de fer.* — L'exploitation commerciale des chemins de fer est contrôlée et surveillée par des inspecteurs généraux.

§ *IX.* — *AGRICULTURE*

126. *Organisation générale.* — L'agriculture, comme organisation générale, ressort du ministère de l'Agriculture, qui comprend aussi les eaux et forêts.

En principe, le travail est libre et l'État n'intervient que dans des cas déterminés, surtout pour encourager et consulter les travailleurs, ou pour surveiller le travail des enfants.

127. *Agriculture* — Il y a huit inspecteurs généraux d'agriculture, chargés de visiter les campagnes pour se rendre compte par eux-mêmes des améliorations à apporter ou du bien fondé des besoins.

Il existe, dans chaque arrondissement, une *chambre consultative d'agriculture* chargée de faire connaître les vœux des agriculteurs. Il existe également un *conseil supérieur de l'agriculture*, chargé d'examiner les besoins généraux du pays, et un conseil supérieur commun à l'agriculture, au commerce et à l'industrie.

Des *comices agricoles* sont organisés par arrondissement ou par canton.

Des *concours agricoles régionaux* ont lieu chaque année dans les douze régions comprenant chacune un certain nombre de départements, et entre lesquelles la France est répartie sous ce rapport.

L'administration a également établi dix régions, en tenant compte du climat, de la nature du sol, des cultures et des prés, des céréales.

L'État encourage l'agriculture de diverses manières : par des subventions aux associations agricoles ; par des prix aux comices agricoles ; par des expositions d'agriculture; par les dépôts d'étalons; les fermes écoles; les courses de chevaux; les droits prohibitifs sur le blé et le bétail, etc.

128. *Eaux et forêts.* — En ce qui concerne les eaux et forêts, la France est divisée en trente-huit *conservations* ou arrondissements forestiers, embrassant un ou plusieurs départements.

Les conservateurs ont sous leurs ordres des *inspecteurs*, des *sous-inspecteurs*, des *gardes généraux* et des *gardes des forêts*. Cette administration comprend, en outre, un service chargé spécialement des reboisements et gazonnements.

129. *Autres établissements.* — Les écoles et les établissements suivants dépendent aussi du ministère de l'Agriculture :

L'*Institut national agronomique* de Paris;

Les *Écoles d'agricultures* de Grignon (Seine-et-Oise), de Grand Jouan (Loire-Inférieure) et de Montpellier ;

Les *fermes-écoles* et les *écoles pratiques d'agriculture*, ayant pour but de former des agronomes ;

L'*école d'horticulture* de Versailles et celle de Roanne ;

Les *écoles de bergers*, de Rambouillet et de Haut-Tingry (Pas-de-Calais) ;

Les *chaires d'agriculture*, les *cours spéciaux* de chimie agricole, les *associations* et *instituts agricoles;*

L'*école pratique d'irrigation* et de *drainage* de Lézardeau (Finistère) ;

Les *cours nomades* d'agriculture, d'arboriculture, d'horticulture et de jardinage, à Paris et à Bastia ;

Les *stations agronomiques*, chargées de faire des cours permettant de soumettre à l'analyse du laboratoire le sol, les produits et les engrais ;

Les *colonies* et les *orphelinats agricoles ;*

Les *écoles vétérinaires* de Lyon, Alfort et Toulouse, destinées à former des vétérinaires et des maréchaux ferrants;

L'*école forestière de Nancy*, où un certain nombre de jeunes gens, admis chaque année au concours, sont préparés à la carrière administrative des eaux et forêts ;

L'*école des haras* du Pin.

Enfin, l'enseignement agricole fait partie du programme des écoles normales primaires dans tous les départements, de sorte que si l'agriculture ne progresse pas plus rapidement, ce n'est pas faute d'écoles ni d'encouragements.

Un *conseil supérieur des haras* et un *comité consultatif d'hygiène publique* sont attachés au même ministère.

130. *Division de la propriété.* — « L'agriculture, a dit avec raison Henri IV, est une des grandes mamelles nourricières de la France. » Il est peu de pays, en effet, où l'on trouve un aussi grand nombre de propriétaires par rapport au chiffre de la population. Le tableau statistique ci-après, établi en 1887, en donnera une idée suffisante :

Propriétés	
Au-dessous de 2 hectares...	10.246.368
De 2 à 6 hectares..	2.174.188
De 6 à 10 hectares.........	612.827
De 10 à 20 hectares........	476.843
De 20 à 50 hectares........	261.829
De 50 à 200 hectares.......	105.870
De 200 hectares et au-dessus.	17.676
Total........	14.074.801

Les chiffres ci-dessus démontrent l'insanité des gens qui rêvent l'abolition de la propriété, dans un pays où plus de dix millions de paysans possèdent bien juste la surface de terre nécessaire pour vivre, eux et leur famille, du produit de leur travail.

131. *Cultures.* — Ce qui fait surtout la fortune de la France, c'est que ce pays est compris dans deux régions principales de culture : l'une au nord de la Loire, où l'on récolte principalement les céréales, les pommes de terre, les betteraves, les plantes oléagineuses, le chanvre, le tabac, le lin, les légumes, le houblon, les fruits à cidre, les fourrages, et où l'on s'adonne à l'élevage du bétail; l'autre, au sud de la Loire, où l'on cultive surtout la vigne, les oliviers, les mûriers, les châtaigniers et les fruits du midi, indépendamment des céréales, des pommes de terre et des légumes, qui s'y trouvent en plus petite quantité. Il en résulte un échange très important de produits agricoles entre le nord et le midi de la France; cet échange auquel on n'oppose aucune barrière, et qui n'est grevé d'avance d'aucun droit de douane, améliore considérablement la situation des habitants de ce pays.

Lorsque la récolte est bonne, les *céréales* peuvent suffire à la consommation du pays, à condition que les départements de la région du nord expédient l'excédent de leur récolte à ceux du midi; toutefois, ceux-ci avaient souvent avantage à faire venir leurs blés de l'étranger, qui produit à meilleur compte; pour favoriser l'agriculture nationale, on a imposé aux blés étrangers un droit protecteur, afin de lui permettre de soutenir la concurrence à l'intérieur du pays. Cette question des droits protecteurs est très controversée, comme la plupart de celles qui sont du domaine de l'économie politique.

La récolte des *pommes de terre* suffit également à la consommation nationale, ainsi qu'à différents autres usages, tels que la fabrication de la fécule, de l'amidon, etc.

Les *betteraves* servent à alimenter l'industrie de la fabrication des sucres, que l'on a dû également protéger contre l'industrie similaire étrangère par des droits compensateurs.

Les *plantes oléagineuses*, les *légumes*, les *fruits* suffisent également aux besoins du pays; il n'en est pas de même du *houblon*, du *chanvre* et du *lin*, dont la culture est en décroissance, faute d'être rémunératrice, et dont il est importé des quantités considérables de l'étranger.

Le *tabac* n'est cultivé que sous le contrôle et avec l'autorisation de la régie, qui reçoit toute la récolte des cultivateurs pour les besoins de la fabrication et de la vente des produits, dont elle a le monopole.

La *vigne* est une des cultures les plus avantageuses de la France, surtout à cause de la qualité des produits; malheureusement elle a été atteinte par divers fléaux, dont le plus désastreux est le phylloxera. Pendant la période, allant de 1865 à 1878, la récolte moyenne des vins a été de 55 millions d'hectolitres; elle est descendue à 29 ou 30 millions, de sorte que les importations dépassent les exportations, du moins comme quantité, ainsi que le fait ressortir le tableau ci-après :

ANNÉES	IMPORTATIONS		EXPORTATIONS	
1881	7.848.807	hectolitres	2.572.186	hectolitres
1882	7.537.138	—	2.678 316	—
1883	8.980.080	—	3.073.500	—
1884	8.129.952	—	2.470.360	—
1885	8.181.976	—	2.604.321	—
1886	11.010.895	—	2.709.253	—

Toutefois, nous devons ajouter que, comme valeur, les exportations sont inférieures aux importations attendu que les dernières ne comprennent que des vins ordinaires, tandis que les premières se composent presque exclusivement de vins fins, d'un prix élevé.

On n'a pas encore trouvé de moyen pratique de détruire le phylloxera en conservant les vignes atteintes; on a toujours été obligé de détruire celles-ci pour enrayer le fléau et préserver les vignes voisines.

D'après une statistique récente du ministère, 800,000 hectares ont été totalement détruits et 369,000 sont encore atteints et voués à une prompte et complète destruction. La culture de la vigne ne porte plus que sur 1,970,000 hectares.

La culture des *mûriers* a pour but d'alimenter l'industrie importante de la fabrication des soieries; malheureusement, cette culture a beaucoup périclité en France, à cause de la maladie des vers à soie, de sorte que l'on importe une assez grande quantité de cocons de soie de l'étranger.

Il existe en France de grandes étendues de *prairies* et de *pâturages* (5,020,000 hectares) qui permettent l'élevage d'une grande quantité de bétail, tel que bœufs, vaches, moutons, chèvres, chevaux, ânes, mulets. — On élève généralement de nombreux *animaux de basse-cour*, tels que lapins, poules, oies, canards, pigeons etc.

Les *forêts* couvrent en France une superficie de 9,457,645 hectares se répartissant de la manière suivante :

Forêts appartenant à l'État..........	997.768	hectares
Forêts appartenant aux communes.....	1.959.747	—
Forêts appartenant aux particuliers....	6.300.000	—
Total................	9.457.515	hectares

La production de ces forêts est inférieure à la consommation, et on importe des bois de chauffage et surtout des bois de construction de l'Allemagne, de la Suisse, de la Russie, de l'Autriche, de la Norwège, de la Suède, des États-Unis et du Canada.

Voici quelle est, en moyenne, la valeur des bois importés annuellement de l'étranger :

Russie..........	21	millions de francs
Suède..........	46	—
Norwège.......	12	—
Autriche.......	49	—
Allemagne......	23	—
Suisse..........	10	—
États-Unis......	7	—
Canada.........	3	—
Total	171	millions de francs

D'après le tableau des propriétés de l'État, les forêts domaniales ont une valeur estimative de 1 milliard 264 millions; leurs produits rapportent annuellement 35 millions, desquels il faut déduire 16 millions pour traitement du personnel forestier et pour frais d'exploitation; le revenu est donc de 19 millions, soit 1,50 pour 100 environ. — Ce faible revenu est dû au luxe du personnel supérieur de l'administration des forêts, qui ne comprend pas moins de quarante-trois inspecteurs généraux et conservateurs, quatre cent trente inspecteurs et trois cent trente-neuf gardes généraux (1). En 1873, la vente des produits atteignait 42 millions de francs, et les dépenses n'étaient que de 12 millions de francs environ ; depuis cette époque, les dépenses ont été constamment en augmentant et les recettes en diminuant ; cette situation est celle de la plupart des services exploités par l'État.

132. *Renseignements statistiques.* — On estime à 26,301,000 hectares la quantité des terres labourables de la France (53,7 p. 100). La répartition des diverses cultures est à peu près la suivante :

Froment....	7.000	milliers d'hectares
Méteil.......	300	—
Seigle.......	1.700	—
Orge........	1.000	—
Maïs........	600	—
Avoine......	3.700	—
Sarrazin.....	600	—

La récolte du *cidre* est d'environ 10 millions d'hectolitres, suffisant aux besoins.

On fabrique 8 millions d'hectolitres de *bière*, et il en est importé, en outre, près de 400,000 hectolitres.

Il est distillé environ 1,900,000 hectolitres d'*alcool pur*, et il en est importé encore 100,000 hectolitres.

Le nombre des *animaux domestiques* ou de *boucherie* est approximativement le suivant :

Chevaux	2.852.000	Sans compter ceux de l'armée et des voitures publiques.
Mulets..............	268.000	
Anes................	390.000	
Bœufs ou Taureaux...	2.400.000	
Vaches..............	7.465.000	
Veaux	1.935.000	(importation 100.000).
Moutons ou Agneaux.	21.800.000	(importation 1.900.000).
Porcs...............	5.800.000	(importation 20.000).

L'agriculture comprend :

2,425,000 propriétaires cultivant et faisant valoir leurs terres;

772,000 petits propriétaires travaillant pour autrui ;

1,011,000 fermiers, métayers ou colons ;

112,000 bûcherons, forestiers ou charbonniers.

(1) Des réformes sérieuses ont été entreprises par le ministre actuel pour ramener ce personnel à un chiffre plus en rapport avec les besoins réels.

CHAPITRE IV

FRANCE COMMERCIALE ET INDUSTRIELLE

§ I. — COMMERCE

133. *Organisation générale.* — Tout ce qui concerne l'organisation du commerce ressortit au ministère du Commerce, rattaché presque toujours à un autre ministère.

Du ministère du Commerce relèvent :

La *direction du commerce* intérieur et extérieur;

Les *chambres de commerce*, composées de négociants élus par leurs confrères et qui ont pour mission de renseigner le ministre sur les besoins du commerce ; elles sont au nombre de quatre-vingt-onze ;

Les *chambres consultatives des arts et manufactures* qui sont établies sur la demande des conseils municipaux;

Le *conseil supérieur* de l'enseignement technique;

Le *conservatoire des arts et métiers*, à Paris, dont l'enseignement comprend la géométrie et la mécanique appliquées aux arts, la statistique industrielle, la démonstration des machines, les procédés d'agriculture, les constructions civiles, la chimie appliquée aux arts et la législation industrielle;

Les *écoles des arts et métiers*, de Châlons-sur-Marne, Angers et Aix, où l'on enseigne l'application des arts mécaniques ; elles ont pour but de former des ouvriers et des maîtres habiles;

L'*école d'horlogerie* des Cluses;

L'*école nationale professionnelle* de Nevers, spéciale à la grande chaudronnerie et aux grandes constructions de fer;

L'*école d'apprentissage* de Dellys (Algérie);

L'*école centrale des arts et manufactures*, à Paris, pour former des ingénieurs civils, des directeurs d'usines ou des professeurs de sciences appliquées ;

L'*école supérieure de commerce* (privée), qui a pour but de former les jeunes gens à la carrière commerciale;

Les *écoles de commerce* établies près des lycées;

La *commission du travail* des enfants dans les manufactures;

Les *brevets d'invention;*

Les *caisses d'assurances* et les *caisses de retraite* pour la vieillesse;

La *commission* pour la fixation annuelle des valeurs de douanes ;

Les *expositions* partielles, nationales ou universelles.

134. *Échanges.* — Ainsi qu'il a été dit précédemment, la diversité des produits des différentes régions de la France provoque un *échange* ou *commerce intérieur* d'une très grande importance. Mais là ne se borne pas le commerce du pays : il demande à l'étranger les denrées qui lui lui sont nécessaires pour combler les déficits des récoltes, par rapport à la consommation; il lui demande aussi une grande quantité de matières premières nécessaires pour alimenter ses nombreuses industries; enfin, il reçoit également de grandes quantités de denrées coloniales: coton, café, indigo, sucre, etc.

En revanche, la France *exporte* à son

tour des objets d'alimentation, des vins, et surtout des objets fabriqués.

Jamais, à aucune époque, l'attention publique n'a été attirée comme elle l'est aujourd'hui sur les questions commerciales et industrielles. L'amélioration des conditions d'existence des classes laborieuses, l'emploi de plus en plus considérable de l'outillage mécanique, les moteurs nouveaux mis par la science à la disposition de la production, la concurrence internationale développée par les communications rapides, la mise en valeur de territoires naguère encore inconnus, l'abondance des capitaux et tant d'autres causes ont apporté des modifications profondes dans la vie économique de l'univers.

Le tableau ci-après fera ressortir le développement des affaires commerciales, en France, depuis 1789 :

ANNÉES	IMPORTATIONS	EXPORTATIONS	TOTAUX
1789	597.000.000	448.000.000	1.045.000.000
1800	325.116.000	271.575.000	596.691.000
1810	336.000.000	376.000.000	712.000.000
1820	363.140.000	454.918.000	818.058.000
1830	434.200.000	452.900.000	942.100.000
1840	747.400.000	695.000.000	1.422.400.000
1850	780.800.000	1.123.600.000	1.904.400.000
1860	1.897.335.000	2.277.126.000	4.174.464.000
1869	3.153.100.000	2.074.900.000	6.228.000.000
1877	3.669.800.000	3.436.300.000	7.166.100.000
1878	4.176.200.000	1.179.700.000	7.355.900.000
1879	4.595.200.000	3.231.300.000	7.826.500.000
1880	5.033.000.000	3.467.900.000	8.501.100.000
1881	4.873.400.000	3.561.500.000	8.424.900.000
1882	4.821.880.000	3.574.400.000	8.396.200.000
1883	4.804.300.000	3.451.900.000	8.256.200.000
1884	4.343.500.000	3.232.500.000	7.576.500.000
1885	4.088.400.000	3.088.100.000	7.176.500.000
1886	4.234.400.000	3.300.200.000	7.534.600.000

Le tableau ci-après fait connaître comment se décomposent les chiffres des importations et des exportations de la France (moyenne annuelle prise sur l'ensemble des cinq dernières années).

	IMPORTATIONS	EXPORTATIONS
Objets d'alimentation......	1.527.025.000	797.586.000
Matières premières nécessaires à l'industrie......	2.138.117.000	661.616.000
Objets fabriqués.........	645.328.000	1.722.596.000
Totaux..........	4.310.470.000	3.181.798.000

135. *Conséquences.* — Les conclusions à tirer des tableaux ci-dessus sont les suivantes : depuis le commencement du siècle actuel, le chiffre des importations surpasse celui des exportations ; il semblerait en résulter un appauvrissement continuel pour notre pays ; il n'en est pourtant pas ainsi, et l'on s'en rend facilement compte en examinant et en discutant les chiffres du dernier tableau.

En effet, si, d'une part, nos importations d'objets d'alimentation dépassent nos exportations d'environ 700 millions, d'autre part, nos exportations d'objets fabriqués dépassent nos importations de près de 400 millions. Si l'on ne consultait que ces deux articles, on en conclurait qu'il y a chaque année augmentation de la richesse publique ; mais en faisant entrer en ligne de compte les matières premières nécessaires à l'industrie, on trouve que les importations surpassent les exportations d'environ 1,400 millions de francs, ce qui prouve qu'une grande partie de ces matières, après avoir été converties en objets fabriqués, sont demeurées en France où elles ont été achetées par nos nationaux, dont elles augmentent ainsi la richesse mobilière.

On peut remarquer aussi, à l'inspection du premier tableau que, après cinquante années et plus d'une marche non interrompue dans le sens du développement des affaires commerciales, nous rencontrons une résistance sérieuse, et nous constatons même, depuis six ans, un recul inconnu jusqu'alors. Les prévisions des économistes et des statisticiens les plus distingués ne peuvent indiquer les causes exactes de cette crise, ni lui assigner un terme ; elle est, du reste, commune à toutes les nations, qui en souffrent en général plus que nous.

Malgré cette crise, la situation commerciale de la France reste assez satisfaisante. Si les importations d'objets d'alimentation et de matières premières sont en augmentation, celles des produits fabriqués sont restées stationnaires et l'on constate un relèvement sur toutes les exportations, notamment sur les objets fabriqués, les vins, les eaux-de-vie et liqueurs, les sucres, l'or laminé, battu et tiré, les matériaux, les graines à ensemencer, les laines, les soies et bourres de soie, les tissus de soie et de bourre de soie, les tissus de laine, les tissus de coton, les nattes, tresses, chapeaux de paille, les outils et ouvrages en métaux, la tabletterie, bimbeloterie, articles de Paris, les modes et fleurs artificielles, les extraits de bois de teinture, etc.

Les économistes prétendent que la situation actuelle n'a aucune analogie avec les crises antérieures, lesquelles étaient causées soit par un excès de production, soit par la spéculation, soit par des malheurs publics, tels que guerres, mauvaises récoltes, etc. Ils affirment que nous assistons à un déplacement, à une distribution nouvelle de la richesse ; la valeur du travail de l'homme tend constamment à s'élever, tandis que la valeur du capital acquis tend à diminuer. Partout les salaires augmentent, partout le revenu diminue. Et cette double action est facile à saisir. En même temps qu'il est plus demandé, le travail est moins offert ; les causes de cette offre moindre sont multiples ; l'effort physique de l'homme diminue, l'émigration vers les pays nouveaux augmente régulièrement ; enfin, les exigences du service militaire enlèvent au travail utile un contingent considérable. Sans compter les appels des réserves, l'effectif armé des cinq grands pays du contingent européen comporte actuellement plus de deux millions cinq cents mille hommes.

D'un autre côté, l'abondance des capitaux a amené une concurrence telle dans le placement, que le revenu des engagements d'États qui, il y a dix ans encore, pouvait s'établir entre 4 et 5 0/0, a fléchi du quart. Le capital industriel et commercial, qui se rémunérait précédemment entre 5 et 6 0/0, ne produit pas plus de 3 à 4 0/0, soit une baisse du tiers ou des 2/5. Dans ces conditions, si les produits d'alimentation trouvent toujours un débouché facile, les autres concernant le vêtement et l'habitation, sont moins demandés momentanément.

La conclusion des économistes est que l'évolution économique qui signale la fin du XIXe siècle, avec des alternances de reprise et de recul, durera, dans son ensemble, plus longtemps qu'on ne le pense généralement. La puissance d'achat ne renaîtra que lentement et ne reprendra son développement naturel et régulier que dans un avenir dont le terme est impossible à prévoir.

Cette situation, ainsi qu'on l'a dit plus haut, n'est pas particulière à la France ; elle est commune à toute l'Europe, et même aux États-Unis d'Amérique.

136. *Navigation maritime.* — La marine marchande se livre à la navigation marchande soit au long cours, soit au cabotage. Notre marine marchande progresse lentement, il est vrai, mais il est certain qu'elle ne dépérit pas. Elle comptait au 31 décembre 1885, quatorze mille trois cent vingt-neuf voiliers (507,800 tonneaux) et neuf cent trente-sept vapeurs (492,400 tonneaux). Le tonnage net pense être évalué aux deux tiers du tonnage brut que nous venons d'indiquer.

La *navigation au long cours* est celle qui a lieu entre les ports français. Les ports fréquentés par les navires au *long cours* sont tout d'abord MARSEILLE et le HAVRE, puis dans l'ordre suivant : *Bordeaux*, *Dunkerque*, *Rouen*, *Cette*, *Calais*, *Dieppe*, *Saint-Nazaire*, *Boulogne*. Le mouvement de cette navigation, à l'entrée et à la sortie réunies, représente 5 millions de tonneaux pour la marine marchande de la France.

Le *cabotage*, c'est-à-dire les transports par mer effectués de port français à port français, est réservé exclusivement au pavillon national. Des primes sont en outre accordées :

1° Aux constructeurs de navires, en compensation des charges que le tarif des douanes leur impose ;

2° A la navigation, surtout à la grande pêche, en compensation des charges imposées à la marine marchande pour le recrutement et le service de la marine militaire. Enfin les subventions considérables accordées par l'État aux Compagnies chargées du service postal maritime constituent pour ces entreprises un avantage important.

Le développement et la prospérité de notre marine seraient bien plus grands, si les matières que nous exportons étaient aussi lourdes et encombrantes que celles que nous importons.

Il en résulte que le *fret de sortie* est rare, ce qui force les navires à naviguer en partie non chargés à la sortie et augmente par suite le prix des transports.

EMPLOI GÉNÉRAL DE NOS NAVIRES MARCHANDS EN 1885.

(D'après M. de Foville).

EMPLOIS		NAVIRES	TONNEAUX	ÉQUIPAGES	OBSERVATIONS
Voiliers..	Pilotage et service des ports....	415	4.620	1.150	* A ces navires de plus de 2 tonneaux, il faut ajouter 12.952 bateaux de moins de 2 tonneaux, jaugeant ensemble 18.380 tonneaux et occupant 25.250 marins. Il y a de plus des voiliers sans emploi et 76 yachts avec 1.690 tonneaux et 300 hommes.
	Petite pêche (côtière)..........	9.987	81.750	45.350*	
	Grande pêche................	493	55.050	10.550	
	Cabotage....................	1.990	94.100	7.250	
	Navigation dans les mers d'Europe	376	48.800	2.900	
	Long cours..................	529	204.900	6.900	
Vapeurs..	Remorquage et service des ports.	279	10.550	1.650	Il faut ajouter à ces navires 15 vapeurs sans emploi, 39 yachts de plaisance (1.959 tonneaux, 320 hommes) et 25 petits vapeurs de pêche (450 tonneaux et 125 hommes).
	Cabotage....................	155	13.150	1.200	
	Navigation dans les mers d'Europe	231	163.750	6.100	
	Long cours..................	203	302.300	9.650	

La navigation à vapeur fait continuellement des progrès et représente environ les 7/10 du mouvement de la navigation ; les voiliers restent stationnaires.

137. *Pêche maritime.* — La pêche maritime compte au nombre de nos industries les plus fécondes et elle occupe bien plus de marins que les voyages au long cours et au cabotage, comme on peut le voir dans le tableau précédent.

On distingue la *petite pêche*, qui se fait sur les côtes de France, de la *grande pêche* qui exige de plus grands déplacements et s'applique à la morue, aux phoques et aux pingouins.

La pêche de la baleine et du cachalot, autrefois si lucrative, n'est plus guère pratique pour nos marins ; il en est de même de celle des pingouins, qui est très peu importante.

La pêche de la morue est la plus importante : elle occupe environ cinq cents navires, jaugeant 60,000 tonneaux, montés par treize mille hommes d'équipage.

La pêche du hareng, qui est pratiquée par la grande et la petite pêche, comprend huit cents navires environ, jaugeant de 20,000 à 25 000 tonneaux et montées par douze mille hommes d'équipage environ.

Les différents produits de la pêche donnent un ensemble représentant près de 70 millions de francs par an.

La pêche fluviale ne joue qu'un très faible rôle dans nos affaires commerciales, et, en outre, il est impossible d'être fixé sur son rapport.

138. *Voies de mer ou de terre.* — C'est par mer que se fait la majeure partie de nos importations et surtout de nos exportations. L'importance de nos échanges avec l'Angleterre ne contribue pas peu à ce résultat. Voici, pour le commerce général, les valeurs et les poids respectivement exportés ou importés par terre et par mer, en 1885.

Par mer, il a été importé 12 millions de tonnes d'une valeur de 3,318 millions, et exporté 3,700,000 tonnes, valant 2,667 millions.

Par terre, il a été importé 10,300,000 millions de tonnes d'une valeur de 1,612 millions, et exporté 2,100,000 tonnes, valant 1,288 millions.

Au point de vue du trafic maritime, ainsi que nous l'avons déjà dit, c'est un sérieux inconvénient que d'avoir si peu de *fret de retour* à mettre à la disposition des navires qui viennent déposer dans nos ports les produits étrangers.

Le mouvement général de la navigation en France a été le suivant en 1886.

	Entrées	Sorties
Sous tous pavillons.....	12.419.848	9.024.902
Sous pavillon français...	4.835.258	4.346.578
Part proportionnelle au pavillon français.....	35 0/0	48 0/0

On remarquera la part plus importante du pavillon français dans nos exportations ; c'est ce qu'il importe surtout de maintenir, car chacun sait qu'il y a un intérêt national de premier ordre à ce que la marchandise parvienne à destination sous le pavillon national.

On a vu que le commerce intérieur de la France est beaucoup plus important que le commerce extérieur. Cela tient à ce que les objets sont en général manufacturés dans le pays, où ils sont reçus à l'état brut ; ils passent donc par plusieurs intermédiaires et reçoivent une main-d'œuvre qui augmente notablement leur valeur. On estime à plus de 40 milliards le mouvement annuel de ce commerce.

Le commerce extérieur est beaucoup moins important et ne s'accroît que lentement. en raison du prix élevé de nos produits, de la faiblesse de notre marine marchande et du peu d'empressement de nos nationaux à chercher à mettre leurs produits à la portée des nations étrangères et suivant leurs goûts ou leurs usages ; ce dernier point s'applique surtout aux nations sauvages ou peu civilisées. Il en résulte que le commerce extérieur, même dans les colonies françaises, est principalement entre les mains des étrangers. Cette situation a préoccupé depuis quelque temps le gouvernement, qui recherche les moyens d'y remédier.

139. Douanes (1). — L'Administration des Douanes est chargée de percevoir les taxes dont la loi peut frapper certaines importations et certaines exportations ; elle a en même temps pour mission la surveillance et l'enregistrement de toutes les entrées ou sorties des marchandises de toute espèce, ce qui permet de connaître l'importance et la nature de nos transactions internationales.

La douane distingue dans ses écritures :

Le *commerce général*, qui comprend tout ce qui entre en France et tout ce qui en sort.

Le *commerce spécial*, qui concerne seulement ce qui entre dans le marché français et ce qui en sort ; ce n'est plus le fait d'avoir franchi la frontière qui est pris en considération : l'importation est spéciale quand elle est ou paraît destinée à la consommation française, et l'exportation quand elle consiste en produits français ou francisés.

On ne peut bien saisir cette distinction qu'en sachant ce qu'on entend par entrepôt, travail et admission temporaire, s'appliquant aux marchandises soumises à ces divers régimes, qui constituent la différence entre le commerce général et le spécial.

Les *entrepôts* sont des enceintes privilégiées qui, bien que situées sur le territoire français, sont considérées au point de vue douanier comme territoire étranger, de sorte que les marchandises soumises à des droits d'importation peuvent y pénétrer gratuitement, quoique venant de l'étranger. Les droits ne deviennent exigibles que si les marchandises entreposées sont vendues en France; elles passent alors au commerce spécial. Dans le cas où elles sont placées à l'étranger, elles n'ont rien à payer et figurent au commerce général comme entrée et sortie.

L'importation en *admission temporaire* est un autre privilège dont jouissent seulement quelques produits particuliers (fer, fontes, blés, grains, huiles suifs, etc.). La douane les laisse entrer gratuitement quand ils viennent se faire travailler par l'industrie française et qu'ils doivent être réexpédiés après transformation, en justifiant de cette réexpédition.

Enfin, on dit qu'une marchandise a *transité* quand, n'ayant qu'à traverser le territoire français (de Belgique en Espagne, par exemple), elle a été à ce titre, après formalités, exemptée du droit d'entrée dont elle eût été passible si elle avait dû être livrée à la consommation en France.

Le mouvement des entrepôts comprend environ un milliard et demi de kilogrammes de marchandises. Il y a à peu près équilibre entre les entrées et les sorties.

Les importations temporaires oscillent

(1) D'après la *France économique*, par Alfred de Foville.

depuis quelques années entre 45 et 70 millions. Les réexpiditions représentent en moyenne une valeur double.

L'importance du transit a décru d'environ 108 millions de kilog. dans ces dernières années. Il n'était plus que de 224 millions en 1885. La différence porte surtout sur les céréales, les houilles et les fers.

En général, l'Angleterre nous achète beaucoup plus qu'elle ne nous vend ; c'est le contraire pour les autres pays étrangers.

§ II. — *INDUSTRIE*

140. *Généralités.* — La France est un pays très industriel, car dans un bon nombre de départements, une notable partie des habitants tirent leurs moyens d'existence de leur industrie. On peut s'en rendre compte en consultant le tableau de nos échanges internationaux ; on constatera que les importations d'objets fabriqués s'élèvent en chiffre rond à six cent quarante-cinq millions, tandis que les exportations de ces mêmes objets atteignent un milliard sept cent vingt-deux millions ; il y a donc un excédent considérable, plus d'un milliard, en faveur de notre industrie nationale.

Une partie de nos industries sont alimentées directement par les produits du sol ; chaque région a les siennes propres suivant la nature de ces produits ; toutefois, la plus grande partie s'alimente au moyen de matières premières provenant de l'étranger, dont il est importé chaque année pour plus de 2 milliards de francs.

141. *Espèce.* — On se livre en France, aux industries les plus variées ; nous les avons classées en grandes catégories, comme il est indiqué ci-après :

1° *L'industrie métallurgique*, qui comprend :

La *construction des machines* de toute espèce ; les principaux ateliers sont à Paris, Lille, Saint-Denis, Saint-Quentin, Lyon, Nantes, Rouen, Cherbourg, Brest, Rochefort, Saumur, Toulouse, Tulle, Toulon, Marseille, Chartres, Essonnes, le Havre, Liancourt, Nancy, Meaux, Orléans, Bourges, etc. ;

La *construction des navires*, dont les chantiers se trouvent dans nos grands ports de mer et dans quelques grandes usines : Cherbourg, Brest, Lorient, Rochefort, Toulon, le Havre, Saint-Nazaire, Bordeaux, Marseille, la Ciotat, la Seyne, Indre, la Chaussade, Dunkerque, Saint-Malo, Nantes, Bayonne, Cette, etc.

Les *hauts-fourneaux*, *fonderies*, *forges et aciéries*, dont les différents groupes correspondent assez exactement aux régions agricoles et houillères ; les principaux centres sont à Hautmont, Maubeuge, Valenciennes, Anzin, Guise, Saint-Denis, Paris, Montataire, Creil, Louviers, Elbeuf, Bessèges, Albi, Nîmes, Decazeville, le Creusot, etc. ;

La *fabrication du verre* et la *cristallerie*, à Anzin, Aniche, Nouvion, Creil et Saint-Gobain ;

La *tréfilerie et le laminage* ;

La *fabrication des aiguilles et des épingles*, à Laigle (Orne) et à Rugles (Eure) ;

La *fabrication des armes*, à Saint-Étienne, Châtellerault, Tulle, Charleville et Paris ;

La *fabrication des plumes métalliques*, à Boulogne et à Laigle et celle de *crayons* à Paris, Givet, Poissy et Regny (Loire).

La *fabrication des instruments aratoires*, à Paris, Liancourt (Oise), Nancy, Bourges, Meaux, Orléans, etc.;

La *coutellerie*, à Fourmies, Laigle, Langres, Châtellerault, Nantes, Cosne, Nogent-le-Roi, Rethel, Sedan, etc.;

La *chaudronnerie* et la *quincaillerie*, fabriqués surtout à Paris, Lyon, Lille, Toulouse, Guise, Beaucourt, Villedieu, Aurillac, Charleville, etc.

2° *L'industrie des cotons*, qui embrasse la *filature et le tissage du coton*, l'*impression* sur étoffes ou fabrication des indiennes et des teintures au coton, la *teinturerie*, la *blanchisserie*, la *fabrication des mousselines*, la *bonneterie*. Cette industrie se répartit en trois régions : celles du nord, avec centres principaux à Lille, Tourcoing, Valenciennes, Roubaix, Rouen, Saint-Quentin, Dunkerque, Boulogne, Morlaix, Rennes, Saint-Malo, le Mans, Laval, Troyes, etc. ; la région du centre, comprenant Tarare, Villefranche, Roanne, le Puy, Toulouse et Bordeaux ; la région de l'est, à Sénones, Epinal et dans les Vosges.

3° *L'industrie des laines*, où l'on remarque la *filature et le tissage de la laine*, la *fabrication des dentelles, des tapisseries, du feutre, des tapis, de la flanelle et des molletons, la chapellerie*, dont les principales manufactures sont à Paris, Roubaix, Tourcoing, Elbeuf, Louviers, Lisieux, Sedan, Reims, Nancy, Epinal, Vienne, Lodève, Bédarieux, Mazamet, Limoges, Châteauroux, Romorantin, Orléans, Lyon, Nîmes, Aubusson, Beauvais.

4° *Les industries textiles*, qui comprennent la *filature et le tissage du chanvre et du lin, la fabrication des draps, des cordages, des toiles à voile*, et sont manufacturées surtout à Lille, Armentières, Cambrai, Abbeville, Saint-Quentin, Amiens, le Mans, Alençon, Vimoutiers, Angers, Cholet. Rennes, Nantes, Voiron, dans les Vosges, etc.

5° *Les industries de la soie*, comprenant la *filature et la fabrication des tissus de soie, du velours, de la rubannerie*, dans le centre et dans le bassin du Rhône, où l'on élève le ver à soie, surtout à Lyon, Saint-Étienne, Nîmes, Tours.

6° *Les industries agricoles*, dans lesquelles on classe :

La *fabrication du sucre*, installée surtout dans la région du nord qui produit la betterave.

La *fabrication de l'huile* d'olives et d'amendes douces dans le midi, de lin, d'œillette et de colza ou de navette dans la région du nord et du nord-ouest, de noix dans les Charentes et la Dordogne, de résine dans les Landes et à Saint-Ouen.

La *tannerie*, la *corroierie*, la *mégisserie*, qui ont pour objet la préparation des peaux des animaux en vue des besoins de l'industrie, ont leurs principaux établissements à Paris, Givet, Annonay, Châteaurenault, Miltau, Grenoble.

La *colle-forte*, faite avec les résidus des cuirs, se fabrique surtout à Givet, Paris et Rouen.

La *minoterie* ou *meunerie*, qui s'exerce partout où poussent les céréales, mais est pratiquée en grand à Corbeil, Gray, Bordeaux, Marseille, Poitiers, le Havre ; la *boulangerie*, ou fabrication du pain, est répandue partout.

La *brasserie*, ou fabrication de la bière, s'exerce sur tout le territoire, mais surtout dans le nord et dans l'est.

La *distillerie* a de grandes usines dans le Doubs, les Charentes, la Gironde, le Nord, le Pas-de-Calais, l'Aisne, etc.

La *vinaigrerie*, à Orléans et dans la Charente.

Les *conserves de toute nature;* celles pour la marine sont préparées à Bordeaux, Marseilles, Nantes, le Mans, etc. ; il faut citer les salaisons, qui se préparent dans les ports, la charcuterie salée et conservée et quelques autres spécialités gastronomiques plus rares et bien connues, telles que pâtés ou terrines de foie.

Les *pâtes alimentaires*, appelées quelquefois pâtes d'Italie, sont fabriquées en grand à Paris, Clermont-Ferrand, Nancy, Marseille et Lyon.

Les *beurres et fromages*, qui se fabriquent dans tous les pays où abondent les fourrages et les pâturages.

La *fabrication du chocolat*, à Paris ou aux environs et à Bayonne.

La *confiserie*, dont Paris et les grandes villes ont le monopole ; il faut y rattacher divers produits, tels que dragées, fruits confits, biscuits, macarons, gelées ou sucre de pomme, nougats, etc., dont certaines villes se sont fait une spécialité.

7° L'*industrie du bâtiment*, avec les nombreuses professions qui s'y rattache, entre autres :

L'*ébénisterie*, fort importante à Paris, et dans quelques grandes villes ;

La *fabrication des papiers peints*, à Paris, Lyon, Caen et Toulouse ;

La *céramique*, comprenant : les poteries communes, les tuiles, les briques, qui se fabriquent partout ; les faïences à Paris, Montereau, Creil ; les porcelaines, à Paris,

Saint-Cloud, Bordeaux, Saint-Yrieix, Limoges, Nevers, Bourges, Decizes, Vierzon, etc.

8° *L'exploitation des produits du sous-sol et des mers*, à laquelle se rattachent :

a) L'exploitation des carrières et des pierres à bâtir, dont les principales variétés se trouvent : le *granit* et le *gneiss* dans toutes nos grandes chaînes de montagnes et dans la plupart des montagnes secondaires ; les *basaltes*, dans l'Auvergne, le Bas-Limousin, le Languedoc et la Provence; les *porphyres*, avec des *serpentines*, des *diorites* et des *syénites* de nature analogue, dans les Alpes, les Vosges, l'Auvergne, le Morvan, la Corse ; les *schistes*, dont l'espèce la plus utile est l'ardoise, qui a des carrières célèbres à Trélazé (près d'Angers) et à Fumay (Ardennes); des *meulières*, aux environs de Paris et à la Ferté-sous-Jouarre ; l'*argile* et le *kaolin* (ou terre à porcelaine) à Montereau et près de Saint-Yrieix ; des *pierres à plâtre* dans les environs de Paris; des *pierres calcaires*, presque sur toute la surface du pays, qui fournissent des pierres de construction, dures ou tendres, mais faciles à tailler, et servent aussi à la fabrication de la chaux ; des *marbres*, calcaires d'une très grande dureté, que l'on trouve dans quarante départements, c'est-à-dire dans presque toutes les chaînes de montagnes ; les *pierres lithographiques* et la *craie*, autres variétés de calcaires, dont on connaît l'usage et la provenance; les *grès*, de Fontainebleau, des Vosges, de la Champagne, de la Franche-Comté, du Lyonnais ; le *ciment*, dont les principaux gisements sont à Boulogne, Pouilly, Seyssel, le Teil, etc. ; l'*argile*, qui constitue une grande partie du sol de la France, joue un rôle considérable dans l'agriculture pour amender le terrain, et dans l'industrie pour la fabrication de la poterie, des briques, etc.

b) L'exploitation de la houille et autres minéraux combustibles.

L'emploi de la houille, ou charbon de terre, a toujours été en augmentant depuis le commencement de ce siècle, par suite de l'emploi toujours croissant des machines à vapeur, qui consomment énormément de combustible, mais en facilitent le transport, ainsi qu'en raison de l'emploi du gaz pour l'éclairage ou d'autres usages domestiques.

La France est un des pays les moins bien partagés pour la production de la houille ; elle en extrait annuellement 18 millions de tonnes et est obligée, pour équilibrer sa consommation, d'en importer à peu près autant de l'Angleterre, de l'Allemagne et de la Belgique. La superficie des bassins houillers français est évaluée à 300,000 hectares, formant environ 300 mines, réparties en six groupes, qui sont :

1° Le *bassin du Nord*, le plus important, puisque son rendement est égal au tiers de la production totale, s'étend d'Anzin, Béthune et Valenciennes presqu'en Belgique ; 8,000 ouvriers y sont occupés ;

2° Le *bassin de l'Est*, qui, depuis 1871, ne comprend plus malheureusement que les mines de Ronchamp ;

3° Le *bassin du Centre*, occupant tout le plateau central, a des gisements disséminés, mais riches et nombreux. Les départements les plus productifs sont ceux de Saône-et-Loire et de l'Allier ;

4° Le *bassin de la Loire*, venant comme importance après celui du Nord, a son centre à Saint-Étienne, Saint-Chamond et Rive-de-Gier; sa production annuelle est de 3 millions de tonnes;

5° Le *bassin des Cévennes ou du Midi*, qui occupe le sous-sol de ces montagnes et dont les ramifications s'étendent jusque dans les départements du Gard, de l'Hérault, de l'Aveyron et du Tarn ;

6° Le *bassin de l'Ouest*, le moins considérable comme quantité et comme qualité des produits.

Les autres minéraux combustibles employés en France sont :

L'*anthracite*, espèce de houille qui brûle plus lentement, avec une chaleur intense et sans répandre de fumée ni d'odeur. Elle est mêlée quelquefois avec la houille qu'on trouve dans l'Isère, la Sarthe et la Mayenne.

La *tourbe*, produite par la décomposition et la carbonisation des plantes aquatiques, est extraite des contrées marécageuses des départements de la Somme, de l'Oise, de l'Aisne, des Vosges, du Doubs et de l'Isère.

La *lignite* ou bois fossile, se trouve dans les Basses-Alpes, les Bouches-du-Rhône, l'Ardèche, le Gard, l'Aude, l'Aisne, l'Yonne, etc.

Le *bitume* ou *asphalte*, bien que combustible, sert surtout à faire des trottoirs et se trouve spécialement dans l'Ain, à Seyssel.

Le *graphite* s'exploite un peu dans l'Ariège, et est employé à d'autres usages (crayons, creusets réfractaires, etc.).

Le *pétrole* ou bitume liquide ne se trouve guère en France qu'à Gabian (Hérault).

c) L'exploitation des mines renfermant les divers métaux:

Le *fer* se trouve en assez grande quantité dans nos montagnes et cinquante-six de nos départements en exploitent des carrières. Les principaux gisements se trouvent dans les Pyrénées, les Alpes, le Jura, les Vosges, les Cévennes, les Ardennes, les montagnes de l'Auvergne et du Limousin et les plaines du Berry. L'extraction du mineur et le travail du fer, sous ses divers états de fonte, de fer doux et d'acier, occupent de nombreux ouvriers.

On n'exploite aucune mine d'*or* en France, mais on recueille quelques parcelles de ce métal dans quelques fleuves ou rivières qui descendent des Cévennes, des Pyrénées et des Alpes.

On trouve de l'*argent*, mêlé au plomb, dans six départements: à Pongibaud (Puy-de-Dôme); à Vialas et à Villefort (Lozère); à Largentière (Hautes-Alpes); à Vienne et à Allemont (Isère); à Poullaossen et à Huelgoat (Finistère) et à Albertville (Savoie).

Le *zinc* se trouve en petite quantité à Robiac (Gard).

Le *manganèse* est également rare; on en trouve un peu à Romanèche (Saône-et-Loire), à Montron et à Saint-Martin-de-Fressangeas (Dordogne).

On trouve un peu de *cuivre* à Chessy et à Saint-Bel (Rhône).

On extrait des quantités insignifiantes d'*étain* des gisements de la Vilder (Morbihan) de Piriac (Loire-Inférieure) et de Vaulry (Haute-Vienne).

On rencontre de l'*antimoine* dans le Puy-de-Dôme, le Gard, l'Ariège, la Vendée, la Haute-Savoie.

Le *cobalt*, combiné avec l'arsenic, se trouve à Allemont-en-Oisan (Isère), à Juzet (Haute-Garonne) et en Corse.

On trouve beaucoup de *pyrites de fer*, destinées à la fabrication de l'acide sulfurique, à Saint-Bel (Rhône) et dans les départements du Gard et de l'Ardèche.

d) L'*industrie du sel*, qui se distingue en deux espèces, d'après le mode d'extraction

Le *sel gemme*, que l'on tire de la terre, vient principalement des mines de Varengeville et de Saint-Nicolas (Lorraine), de Salins, de Lons-le-Saulnier.

Le *sel marin* s'extrait des eaux de la mer, au moyen des *marais salants de l'Océan*, sur les côtes du golfe de Gascogne à partir du Morbihan, et des *salins de la Méditerranée*, depuis le Roussillon jusqu'à l'étang de Berre.

e) *Les eaux minérales ou thermales*, qui abondent principalement dans les Pyrénées, les Alpes, les Vosges et les montagnes d'Auvergne, alors que le nord et l'ouest en ont fort peu.

f) La *pêche maritime et de rivière*, qui apporte un concours précieux à l'alimentation. Nous avons parlé au n° 137 de la pêche maritime; la pêche d'eau douce commence à être exploitée régulièrement dans bien des pays, surtout dans les étangs, et elle devient une espèce de culture.

9° *Les industries de luxe et diverses*, parmi lesquelles nous désignerons:

La *bimbeloterie*, comprenant surtout les jouets d'enfant, est fabriquée à Paris, à Saint-Claude, à Pont-en-Royans et Oyonnax (Isère).

La *broderie* est exercée principalement à Lyon, à Nancy dans les Vosges, sous la direction de Paris.

La *confection*, la *lingerie* et les *modes* sont des industries répandues dans toute la France, surtout dans les villes, mais dont le centre principal est Paris.

La *ganterie fine* se fabrique à Paris, à Grenoble et dans l'Isère; la *ganterie commune* à Niort, Nancy, Luneville, Montpellier, Vendôme.

La *passementerie* et la *mercerie* ont pour principaux centres de fabrication Paris,

Lyon, Saint-Étienne, Beauvais, Saint-Chamond, Nîmes, Grenoble, Amiens, etc.

La *parfumerie* est une industrie exercée principalement à Paris et en Provence. Nous y rattacherons la fabrication des *savons* (Marseille, Lyon, Rouen, Paris, Reims, Draguignan, Grasse, Nantes) et des *bougies* (Paris, Amiens, Lyon et Marseille).

L'*horlogerie* est pratiquée en grand à Besançon, Beaucourt, les Cluses, Montbéliard, Morez, mais Paris tient le premier rang pour l'horlogerie de précision.

La *joaillerie* et la *bijouterie* ont leur siège principal à Paris, Lyon, Bordeaux et quelques autres grandes villes,

La *carrosserie* et la *sellerie* ont leurs centres principaux à Paris, Lyon, Toulouse, Bordeaux, Marseille, Angers.

La *cordonnerie* de Paris est la plus estimée ; il y a aussi d'importantes manufactures de chaussures dans quelques grandes villes et à Lillers (Pas-de-Calais), à Liancourt (Oise), au Quesnoy, à Longwy, à Stenay, à Nantua, à Ivry-sur-Eure, etc.

Les *sabots* sont fabriqués surtout à Limoges, Autun, Poligny, Aurillac, Château-du-Loir, la Souterraine (Creuse), Fougères, Bellême (Orne), etc.

Les *acticles de Paris*, composés de nombreux articles légers et élégants, sont surtout fabriqués à Paris, qui les fait quelquefois ébaucher en province, mais les termine toujours.

La *tabletterie* se fabrique surtout dans les départements de l'Ain, de l'Aisne, de l'Eure, du Jura et de l'Oise.

La *papeterie*, *l'imprimerie*, la *librairie*, la *gravure*, la *lithographie*, la *photographie*, la *reliure*, en un mot tout ce qui concerne les industries des besoins intellectuels, a son centre principal à Paris, mais est répandu dans toute la France.

Les *instruments de précision* sont fabriqués surtout à Paris.

Les *instruments de musique* viennent de Paris, Château-Thierry, Mirecourt, etc.

Les *produits chimiques et pharmaceutiques* sont l'objet d'une industrie importante, dont les principales usines se trouvent à Paris et communes voisines, et à Chauny (Aisne).

Les *matières tinctoriales* sont en général fabriquées à Paris et dans sa banlieue ; à Lyon, à Rouen, à Amiens, à Avignon, à Montpellier, à Narbonne, etc.

Les *résines* viennent des pins, des sapins et mélèzes, surtout des départements des Vosges, des Landes, de la Gironde. Elles servent à préparer la poix, la térébenthine (Bordeaux), le goudron ou brai liquide, le brai gras, le brai sec, le vernis (le meilleur est celui de Paris), la colophane, la cire à cacheter (Givet), le noir de fumée, etc.

Nous arrêtons là cette nomenclature sommaire et très générale, en renvoyant pour les industries dont il n'a pas été fait mention et pour le détail de celles indiquées un peu vaguement, aux renseignements complets qui seront donnés à ce sujet lorsque nous parlerons des diverses localités.

Cependant, il convient d'ajouter dès à présent que l'industrie française embrasse généralement toutes les branches, qu'elle se perfectionne sans cesse et qu'elle est réputée pour les produits où l'art et le goût ont la principale part. Longtemps elle a été sans rivale pour la bonne qualité, le bon goût et le fini des objets livrés à l'exportation, à un point tel que des concurrents déloyaux ont imité les marques de fabrique de nos nationaux, pour écouler ainsi leurs produits de qualité très inférieure. Depuis quelque temps surtout, nos industriels font de sérieux efforts pour amener à eux la clientèle étrangère, surtout aux colonies, en étudiant avec plus de soin que par le passé les modèles et les qualités qui peuvent convenir.

142. *Renseignements divers.* — L'immense développement de l'industrie dans notre siècle, surtout depuis quarante ans, est dû principalement à la transformation des procédés de fabrication. La mécanique y a contribué plus encore que la chimie, et l'on peut dire que la vapeur a été l'âme de cette grande révolution. Ainsi, le nombre des machines à vapeur, qui n'était en 1840 que de deux mille cinq cent quatre-vingt-onze, avec une force totale de 50.252 chevaux-vapeur, s'est élevé en 1884 à trente-quatre mille trois cent cinquante machines avec une force totale de 683.090 chevaux. Et dans ce nombre ne sont pas comprises les machines des chemins de fer et des bateaux à vapeur.

L'industrie minière, la plus simple de toutes, est en même temps une des plus importantes et des plus fécondes, puisqu'elle nous donne la plus grande partie des matières premières.

La production de la houille, de plus de vingt mille milliers de tonne, est en déficit de près de onze mille milliers de tonnes, comblé par la Belgique, l'Angleterre et l'Allemagne.

La production de la tourbe décroît et tend à disparaître. Elle n'est plus guère que de deux cent mille tonnes.

La France est riche en minerais de fer, dont les principaux gisements ne sont pas à proximité des houillières, comme en Angleterre, ce qui met la métallurgie française dans une cause évidente d'infériorité. Les soixante dix-sept mines exploitées produisent près de trois mille milliers de tonnes, mais comme la consommation (y compris cent mille tonnes exportées) est de quatre mille deux cent soixante-dix milliers de tonnes, la différence est fournie par l'Algérie, l'Allemagne, l'Espagne et la Belgique.

En ce qui concerne la fonte, le nombre des hauts-fourneaux diminue, mais la production augmente et a été de 1.872.000 tonnes en 1886.

Le prix des fers, fontes, aciers a baissé, en France, grâce aux progrès de l'industrie métallurgique, mais il est encore supérieur à celui obtenu en Angleterre, en Belgique et en Allemagne. Des droits protecteurs permettent de soutenir la concurrence.

Le cuivre produit en France (3.700 tonnes) ne représente que le 1/6 de la consommation.

Le plomb des mines françaises (6.400 tonnes) n'est que le tiers de ce qui est nécessaire.

Il faut environ 1.700 tonnes de zinc par an, dont un tiers seulement est de provenance française.

La consommation de l'étain est de 600 tonnes, venant d'Angleterre ou des Pays-Bas.

L'industrie textile est la plus importante de toutes.

La consommation annuelle de l'industrie française est, pour le lin, de plus d'un million de quintaux, pour le chanvre de cinq à six cent mille et de trois à quatre cent mille pour la jute.

Les cotons occupent environ onze mille établissements, cent dix mille ouvriers, avec cinq millions de broches, soixante dix mille métiers mécaniques et trente-huit mille métiers à bras. La consommation annuelle est de un million de quintaux.

La *laine* occupe également de nombreux ouvriers. Outre celle produite dans le pays, on en importe annuellement environ 1.700.000 quintaux.

La consommation annuelle de la *soie* (bourre comprise) est de 7 millions de kilogrammes. Cette industrie est presque exclusivement comprise dans le bassin du Rhône, où la culture du mûrier se fait en grand.

On divise généralement l'industrie en grande et petite industrie, mais sans distinction bien tranchée.

La grande industrie aurait :

Cent treize mille cinq cents patrons ;

Cent quatre mille employés ou commis ;

Un million deux cent quatre vingt-trois mille ouvriers, journaliers, etc.

La petite industrie compterait :

Un million cinquante-six mille patrons ;

Cent trente-neuf mille employés ou commis ;

Un million sept cent cinquante mille ouvriers, journaliers ou manœuvres.

§ III. — VOIES DE COMMUNICATION

143. *Importance.* — Les voies de communication contribuent aujourd'hui pour une grande part à la prospérité et à la richesse d'un pays, car les agents principaux du commerce sont les voies de *communication*, qui facilitent la circulation des produits, et la *monnaie* ou *crédit*, qui en représente la valeur sous la forme la plus commode. Au point de vue militaire encore, ces voies ont une importance considérable, que nous ferons ressortir plus loin.

La valeur des voies de communication dépend de la puissance de transport qu'elles offrent et du prix auquel revient ce transport ; elles doivent donc réunir les conditions de rapidité et d'économie à celles de supporter de très lourdes charges.

L'ensemble des voies de communication constitue la *voirie*, qui se divise en *grande* et en *petite* voirie.

La grande voirie comprend : les chemins de fer, les voies navigables et flottables, les routes et les rues des villes et villages faisant suite aux routes ; la petite voirie a dans son ressort les chemins vicinaux et toutes les autres rues des villes et villages.

Chemins de fer.

144. *Historique.* — La première locomotive n'a paru chez nous qu'en 1832. Le développement des voies ferrées fut d'abord très lent, puisqu'en 1839, il n'y en avait encore que 572 kilomètres. Mais les lois des 11 juin 1842 et 16 juillet 1845 en favorisèrent l'établissement, qui cependant ne prit un essor bien vigoureux que lorsque, dans ses premières années, l'empire parvint à unifier les tarifs et à fusionner les divers réseaux, alors aux mains de vingt-cinq petites compagnies, entre six grandes compagnies ; le Nord, l'Ouest, le Midi, l'Est, l'Orléans et le Paris-Lyon-Méditerranée.

En 1859, on distingua l'*ancien* du *nouveau* réseau. Presque toutes les lignes déjà exploitées et d'autres en construction firent partie de l'ancien réseau. Le nouveau comprenait le reste des lignes en exploitation et les nouvelles lignes à concéder. Des subventions étaient accordées aux deux réseaux. L'État accordait également un revenu minimum (*réservé*) de 8 à 15 0/0 suivant les Compagnies, et s'engageait à avancer chaque année les sommes nécessaires pour parfaire à 4 fr. 50 0/0 l'intérêt des obligations qui seraient émises pour la construction des lignes du nouveau réseau, lorsque les revenus nets de ces lignes et les excédents de ceux de l'ancien réseau au-dessus du revenu réservé ne suffiraient pas pour payer cet intérêt. Ce système de reversement des excédents de revenus d'un réseau sur l'autre est connu sous le nom de *déversoir*.

Les conventions de 1883 ont fusionné l'ancien et le nouveau réseau ; elles ont en même temps réglé sur des bases nouvelles les rapports des compagnies avec l'État. A partir de 1865, le développement des voies ferrées prit un caractère régulier, les concessions se succédèrent et les réseaux se complétèrent en se reliant.

Avant 1830 ces concessions étaient perpétuelles, mais à partir de 1832 elles ne furent plus accordées que pour quatre-vingt dix-neuf ans. A l'expiration de la durée de la concession, les chemins de fer feront retour à l'État, qui devra reprendre le matériel et la voie ferrée au prix fixé par l'estimation.

A côté des lignes d'*intérêt général*, une loi du 12 juillet 1865 avait institué les chemins de fer d'*intérêt local*. Ces lignes, de moindre importance que celles du nouveau réseau, devaient être construites aussi économiquement que possible, en raison du faible trafic auquel elles étaient destinées. Mais il aurait fallu pour cela renoncer à la *voie normale* et recourir à la *voie étroite*, celle de 1 mètre par exemple, pour ne pas dépasser le prix de revient de 100,000 francs par kilomètre. Aussi, la plupart ne purent réussir, grevés qu'ils étaient par des frais de premier établissement et d'exploitation trop considérables. En 1878, le gouvernement racheta une partie de ces lignes qui étaient en faillite et il les compléta par quelques tronçons, de manière à en former un réseau complet et bien relié, qui a pris le nom de *réseau de l'État*.

Mais les diverses grandes lignes, qui aboutissaient toutes à Paris, sauf celle du Midi et le réseau de l'État, n'étaient pas encore suffisamment reliées entre elles, ce qui forçait souvent les voyageurs et les marchandises à des détours très préjudiciables aux intérêts du commerce. C'est pour remédier à cet état de choses que M. de Freycinet faisait adopter, en 1878, un projet promettant l'exécution de 18,000 kilomètres de voies ferrées nouvelles dans les douze années suivantes, le rachat de certaines lignes et l'achèvement d'autres, en chargeant principalement l'État des mesures nécessaires pour obtenir ce résultat, nécessitant une dépense totale de 4 milliards. Mais de sérieuses difficultés financières ne tardèrent pas à se produire ; il fallut supprimer un certain nombre de lignes concédées, ralentir l'exécution d'un certain nombre d'autres et, pour le surplus, substituer les compagnies à l'État.

Les conventions du 20 novembre 1883, qui règlent ces questions, stipulent que les Compagnies seront remboursées de leurs avances au moyen d'annuités payées par l État et réparties jusqu'à la fin des concessions. En outre, pour chaque Compagnie, le revenu net, à partir duquel l'Etat commence à prendre part aux bénéfices, a été fixé, et cette répartition se fera dans la proportion du tiers seulement pour les Compagnies.

145. *Conditions d'établissement.* — Les Compagnies s'engagent à établir et à exploiter pendant 99 ans les lignes qui leur sont concédées dans des conditions déterminées, en retour desquelles l'État accorde certaines garanties. Les tarifs des diverses compagnies sont soumis à l'approbation de l'État; ces tarifs, variables suivant les classes pour les voyageurs et les marchandises, sont toujours kilométriques, c'est-à-dire que le prix à payer par kilomètre ne va pas en décroissant avec la distance parcourue. De plus, pour empêcher le trafic de circuler sur d'autres voies plus courtes en empruntant en totalité ou en partie d'autres lignes, les Compagnies ont recours aux tarifs de pénétration.

Le tracé des lignes est arrêté par l'État, et il est soumis à des règles générales de construction, aux servitudes générales concernant la voirie et à des servitudes spéciales. Sous le rapport technique, le tracé de la voie suit généralement le cours des fleuves et la direction des vallées, où le terrain est naturellement moins accidenté; le passage d'un bassin à un autre se fait en perçant par un tunnel les hauteurs qui séparent ces bassins (1).

146. *Recettes et dépenses.* — A la fin de 1883, on avait dépensé 11 milliards 1/2 pour la construction des lignes d'intérêt général (27,132 kilomètres, soit environ 400,200 francs par kilomètre).

Les recettes brutes se sont élevées à 37,000 francs par kilomètres et les dépenses à 20,000, de sorte que le *coefficient d'exploitation*, c'est-à-dire le rapport entre les dépenses et les recettes, ressort à 54 °/₀.

En comprenant les 11 milliards 1/2 de premier établissement aux 509 millions de bénéfices nets réalisés, on n'arrive même pas à un intérêt de 4 1/2 °/₀.

Les subventions accordées par l'Etat aux Compagnies constituent pour lui un excellent placement, car, outre le profit indirect qui résulte pour le pays de tout accroissement de richesse, les chemins de fer allègent ses dépenses, en permettant l'exécution de ses transports à des conditions très avantageuses, et lui procurent une augmentation sensible de revenus, puisque toutes les catégories de transport sont sujettes à des droits, souvent très élevés.

Les chemins de fer d'intérêt local, beaucoup moins importants à tous les points de vue que ceux d'intérêt général, ont coûté en moyenne 110,000 francs de frais de premier établissement par kilomètre, ce qui, pour une recette d'environ 8,130 fr.

(1) Pour les conditions d'établissement, consulter notre *Traité des chemins de fer*.

et une dépense d'exploitation de 6,280 fr., laisse 1,850 francs de produit net, soit à peine 1 °/° du capital engagé.

147. *Trafic.* — Le trafic se compose de voyageurs et de marchandises, mais ce dernier élément est le plus important.

D'après M. de Foville, les *lignes d'intérêt général* comptaient, à la fin de 1883, 11,400 kilomètres à deux voies, 15,700 à une voie. Elles avaient transporté deux cents sept millions de voyageurs à une distance moyenne de 34 kilomètres, et 89 millions de tonnes de marchandises en petite vitesse. Elles avaient quatre mille deux cent vingt-neuf stations ou haltes, distantes en moyenne de 6,235 mètres. Le matériel roulant comprenait huit mille cinq cent trente-cinq locomotives, dix-neuf mille quatre-vingts voitures à voyageurs et deux cent vingt-sept mille sept cent quatre-vingts autres wagons, soit en tout deux cent cinquante-cinq mille trois cent quatre-vingt-quinze véhicules. Les trains étaient au nombre de dix mille deux cent soixante par jour. Elles disposaient de deux cent quarante et un mille employés, dont dix-neuf mille femmes.

Les *lignes d'intérêt local* avaient transporté dix millions huit cent mille voyageurs à 12 kil. 6 en moyenne et 5,200 000 tonnes de marchandises à 23 kilomètres environ. Elles utilisaient cinq mille deux cent trente employés, deux cent vingt et une locomotives, cinq cent soixante-quatorze voitures à voyageurs et trois mille cent quarante-quatre autres wagons.

148. *Forme et valeur du réseau.* — Il serait difficile d'avoir une idée exacte de la forme et de la valeur du réseau français, si l'on ne cherchait les causes qui ont pu en dicter le tracé. Ces causes reposent sur deux ordres d'idées bien différentes, qui se résument en deux mots : commerce et guerre.

Au début, les besoins du commerce étaient seuls en cause et, par la suite, ils ont pris une large part dans l'extension et le développement rapides qu'a pris le réseau. Aussi voit-on ce dernier se resserrer vers tous les centres industriels importants, et se dilater, au contraire, dans les pays montagneux et peu productifs.

Un certain nombre de lignes importantes (presque toutes) partent de Paris et se dirigent soit sur les grandes villes du littoral, soit sur celles de la frontière. Le plus souvent, elles franchissent cette dernière et se dirigent, exploitées par les compagnies étrangères, sur les grands centres commerciaux des puissances voisines. Leur tracé forme ainsi comme les rayons d'une vaste circonférence dont Paris serait le centre.

Une série d'autres lignes, presque toujours d'ordre secondaire, font communiquer entre elles les grandes villes déjà desservies par les premières. Or, comme les éléments de cette nouvelle série sont à peu près perpendiculaires aux lignes rayonnantes, il résulte ainsi une suite de tracés concentriques, plus ou moins complets, plus ou moins parfaits, selon les besoins ou les accidents des régions considérées.

Sur cette première ébauche du tracé, s'appuient les voies d'ordre inférieur, formant avec les précédentes des circuits souvent fermés, mais parfois ouverts; leur action est quelquefois localisée dans l'exploitation d'une mine, d'une carrière, d'une usine, etc.

Nous étudierons plus loin les additions ou les modifications que la question des transports militaires a apportées à ce tracé.

149. Description détaillée du réseau. — Nous avons vu (n° 143) que sept grandes compagnies (y compris le réseau de l'État) se partagent à peu près tous les chemins de fer français. Nous allons examiner la sphère d'action de chacune.

Compagnie du Nord.

150. Il existe sur ce réseau un faisceau de lignes importantes, qui a pour axe la ligne *Paris-Creil-Longueau-Arras-Hazebrouck-Dunkerque*. Cette ligne coupe les vallées de l'Oise, de la Somme, de la Scarpe et de la Lys. De cette ligne d'axe se détachent :

a) A Creil : 1° l'embranchement *Creil-le-Tréport*, qui rejoint à Beauvais la ligne plus directe *Paris-le-Tréport;* 2° la ligne importante *Paris-Liège-Cologne*, qui suit l'Oise jusqu'à Tergnier, passe à Saint-Quentin, puis entre dans la vallée de la Sambre. De Maubeuge, cette ligne envoie un embranchement sur Mons.

b) A Longueau, la ligne *Paris-Calais*, par Abbeville et Boulogne. Cette ligne serait plus directe par Saint-Pol et Anvin, mais la partie Anvin-Calais est exploitée par une compagnie particulière.

c) A Arras, les lignes *Paris-Lille* et *Paris-Valenciennes*, par Douai. Cette dernière se prolonge sur Bruxelles.

En dehors de ce faisceau en éventail, il faut citer la ligne rayonnante *Paris-Soissons-Laon-Hirson;* la ligne *Dunkerque-Lille-Bruxelles*, et enfin la ligne concentrique *Rouen-Amiens-Laon*, que nous verrons se continuer dans les autres compagnies.

Le réseau du Nord comprend encore de nombreux embranchements, qui tiennent leur existence de l'activité industrielle et commerciale de la région. La carte spéciale en indique le tracé et le tableau inséré plus loin en indique le développement.

Compagnie de l'Est.

151. Cette compagnie a deux lignes principales rayonnantes :

1° La ligne de *Paris à Strasbourg*, qui suit d'abord la Marne en passant à Meaux, Château-Thierry, Epernay, Châlons, quitte cette rivière à Vitry pour prendre la vallée de l'Ornain, passe à Bar-le-Duc, quitte l'Ornain pour rejoindre la Meuse à Commercy, et la Moselle à Toul; elle s'engage ensuite dans la vallée de la Meurthe, en passant à Nancy et à Lunéville; de là, elle se dirige sur Sarrebourg et pénètre en Alsace par l'importante trouée de Saverne.

De cette ligne se détache : 1° à Épernay, la ligne de *Mézières par Reims et Rhetel*, qui se relie au réseau du Nord par des embranchements sur Soissons, Laon et Hirson; 2° à Châlons, la ligne Verdun-Metz.

2° La ligne de *Paris à Belfort*, qui suit la Seine à partir de Flamboin, en passant à Nogent et à Troyes, va ensuite couper l'Aube à Bar-sur-Aube et rejoindre la Marne à Chaumont; elle passe ensuite à Langres, Chalindrey, où elle franchit la grande ligne de partage des eaux, puis à Vesoul, Lure et Belfort, d'où elle se dirige sur Mulhouse et Bâle.

De Troyes se détachent des embranchements sur *Is-sur-Tille et Sens;* d'autres embranchements relient *Langres et Vesoul*, à *Is-sur-Tille et Gray*.

Les lignes transversales qu'il y a lieu de citer sont :

1° La ligne *Hirson-Mézières, Sedan-Longuyon et Pagny-sur-Moselle*, parallèle à la frontière; elle se continue ensuite en suivant la Moselle;

2° La ligne qui se détache à Sedan de la précédente pour remonter la vallée de la Meuse et aboutir à Langres;

3° Divers embranchements formant par leur réunion les lignes militaires qui seront décrites plus loin.

Compagnie Paris-Lyon-Méditerranée.

152. La grande ligne *Paris-Dijon-Lyon-Marseille*, dite *ligne de Bourgogne*, est remarquable par le trafic considérable qu'elle fait. Elle passe à Melun. Fontainebleau. Moret, Montereau, où elle quitte la vallée de la Seine pour entrer (dans celle de l'Yonne ou de ses affluents l'Armançon et la Loze), en desservant Sens, Joigny, Tonnerre et Nuits; elle franchit ensuite la ligne de partage des eaux et arrive à Dijon. A partir de cette ville, elle échappe à la loi de convergence pour suivre les vallées de la Saône et du Rhône, et desservir Chagny, Châlon-sur-Saône, Mâcon, Villefranche, Lyon, Vienne, Valence, Montélimar, Orange, Avignon, Tarascon et Arles, où elle quitte le Rhône pour se diriger sur Marseille. Cette ligne se continue ensuite sur Toulon et Nice, et franchit la frontière à Vintimille. Tant pour les besoins du commerce que pour parer à l'éventualité d'une invasion ennemie sur la rive gauche du Rhône, cette ligne est doublée, depuis Lyon jusqu'à Nîmes, par une ligne parallèle sur la rive droite.

Une deuxième grande ligne, dite *du Bourbonnais*, limite le réseau à l'ouest. Elle se détache de la première à Moret, passe à Montargis, atteint la Loire à Gien, dessert Cosne, Sancerre, Nevers où elle prend la vallée de l'Allier, pour desservir Moulins, Saint-Germain-des-Fossés, d'où elle envoie des embranchements sur Lyon et Saint-Étienne; elle passe ensuite à Gannat, Riom, Clermont-Ferrand, Brioude, franchit la ligne de partage des eaux, pour atteindre Alais et Nîmes.

D'autres lignes importantes se detachent de la première, pour franchir les frontières suisse et italienne. Ce sont :

1° La ligne *Paris-Lausanne*, qui se détache à Dijon, passe à Dôle, d'où elle envoie un embranchement sur *Belfort par Besançon;* de Dôle, elle se continue par Mouchard et Pontarlier. De Pontarlier part un embranchement sur *Neuchâtel, par les Verrières.*

2° La ligne *Paris-Turin,* qui se détache à Mâcon, passe à Bourg, à Culoz, d'où part un embranchement sur Genève; elle arrive ensuite à Chambéry, puis elle prend la vallée de la Maurienne, pour entrer en Italie par le tunnel du Mont-Cenis.

Citons encore les lignes suivantes : 1° *Lyon-Vesoul,* par Bourg, Lons-le-Saunier, Besançon; 2° *Lyon-Grenoble-Marseille,* qui passe à Veynes, d'où elle envoie un embranchement sur Gap-Briançon; elle rentre dans la vallée de la Durance à Sisteron et à Pertuis; elle se bifurque sur Avignon et Marseille ; 3° *Tarascon-Cette,* par Nîmes et Montpellier. Les embranchements Nevers et Moulins à Chagny, Moulins à Mâcon, mettent en communication les vallées de la Loire et de la Saône.

Compagnie du Midi.

153. C'est la seule grande ligne du réseau français qui ne touche pas à Paris. Elle tire son importance de ses communications avec l'Atlantique, la Méditerranée et l'Espagne.

La principale est la ligne *Bordeaux-Cette;* elle remonte la vallée de la Garonne, en desservant la Réole, Marmande, Agen, Moissac, Montauban, Toulouse où elle quitte le fleuve pour passer à Villefranche, Castelnaudary, et franchir la ligne de partage des eaux au col de Naurouse ; elle entre ensuite dans la vallée de l'Aude, passe à Carcassonne, Narbonne et se dirige sur Cette par Béziers. De Béziers, elle envoie un embranchement sur le nord, par Faugères et Millau, avec sous-embranchements sur Montpellier, Saint-Affrique, Rodez, Mende et Saint-Chély.

De Narbonne se détache la *ligne d'Espagne,* par Perpignan et Port-Vendres ; elle franchit la frontière au col de Bélistre.

De Bordeaux se détache la *deuxième ligne d'Espagne,* par Dax, Bayonne et Irun, où elle franchit la frontière. C'est la ligne directe: *Paris, Madrid* et *Lisbonne.*

Une quatrième ligne relie *Bayonne à Toulouse.* Elle prend la vallée de l'Adour, puis celle de son affluent, le Gave de Pau, en desservant Pau et Orthez; elle coupe ensuite l'Adour à Tarbes, et va descendre la vallée de la Garonne par Saint-Gaudens et Muret.

Un embranchement par Mont-de-Marsan relie *Tarbes à la ligne Paris-Madrid.* Tarbes est aussi relié à *Agen par Auch.*

Une ligne plus directe que la première doit relier Bordeaux à Montpellier ; elle se détachera de Montauban, pour passer à Lavaur, Castres, Saint-Pons, Faugères.

La ligne directe *Béziers-Montpellier* est exploitée par la compagnie des chemins de fer de l'Hérault.

Compagnie d'Orléans.

154. Elle comprend trois lignes principales :

1° La ligne *Paris-Bordeaux,* qui passe à Étampes, rejoint la Loire à Orléans, descend ce fleuve par Blois et Tours, où elle le quitte ; elle vient ensuite couper la Creuse, suivre la Vienne, la couper à Châtellerault, passer à Poitiers et gagner la vallée de la Charente, où elle dessert Ruffec et Angoulême, en se dirigeant ensuite sur Bordeaux par Libourne.

2° La ligne *Paris-Toulouse,* qui a un tronc commun avec la première jusqu'à Orléans; de là elle se dirige sur Vierzon, puis coupe le Cher, passe à Issoudun, Châteauroux, coupe la Creuse, puis la Vienne à Limoges; elle entre ensuite dans le bassin de la Garonne, en coupant tous ses principaux affluents de rive droite (Corrèze, Dordogne, Lot et Tarn) et en desservant Saint-Yrieix, Brive, Figeac et Gaillac.

Un peu après Limoges se détache la ligne Paris-Agen, par Périgueux.

3° La ligne *Paris-Bretagne* a un tronc commun avec la première jusqu'à Tours; elle se continue ensuite sur la Loire par Saumur, Angers, Ancenis, Nantes et Savenay, où elle quitte la Loire pour se prolonger en Bretagne parallèlement au littoral et desservir Redon, Vannes, Quimper et Landerneau. De *Savenay*, elle détache un embranchement sur *le Croisic*, et de *Tours* un autre sur *le Mans*. De Paris à Tours, elle est doublée par la ligne *Châteaudun-Vendôme*.

Les lignes transversales ou embranchements les plus importants sont ceux de :

1° *Tours-Vierzon-Bourges-Saincaize ;* 2° *Tours-Moulins-Gannat*, par Châteauroux et Montluçon ; 3° *Limoges-Montluçon; 4° Limoges-Clermont-Ferrand;* 5° *Bordeaux-Clermont-Ferrand*, par Périgueux ; 6° *Figeac-Arvent;*

Compagnie de l'Ouest.

155. Cette compagnie a cinq grandes lignes partant de Paris :

1° La *ligne de Bretagne* qui passe à Versailles, Saint-Cyr, Rambouillet, Chartres, Nogent-le-Rotrou, en suivant les vallées de l'Eure et de l'Huisne ; elle coupe au Mans la vallée de la Sarthe, passe ensuite à Laval, à Vitré, où elle entre dans la vallée de la Vilaine, qu'elle suit jusqu'à Rennes, et vient aboutir à Brest par Montfort, Saint-Brieuc, Guingamp et Morlaix.

Du *Mans*, elle envoie des embranchements à *Nantes* et *Saint-Nazaire*, par Sablé et Segré.

2° La ligne *Paris-Granville*, qui se détache de la précédente à Saint-Cyr, passe ensuite à Dreux, où elle coupe l'Eure, à Argentan, où elle coupe l'Orne, et à Vire.

3° La ligne *Paris-Cherbourg*, qui suit la Seine jusqu'à Nantes, puis coupe l'Eure, passe à Évreux, Bernay, Lisieux, Caen, où elle coupe l'Orne, Bayeux et Valognes.

5° La ligne *Paris-le-Havre*, dite *ligne de Normandie*, qui est la plus importante du réseau ; elle a un tronc commun avec la précédente jusqu'à Nantes; elle se continue ensuite par la vallée de la Seine jusqu'à Rouen, puis va gagner le Havre en passant par Yvetot.

5° La ligne *Paris-Dieppe*, par Pontoise et Neufchâtel.

Les lignes transversales *Caen à Laval* et *Sablé*, et *Caen au Mans*, relient les trois premières; celle de *Lamballe à Cherbourg* relie aussi ces trois lignes en restant parallèle au littoral.

La ligne *Rouen-Bueil-Dreux-Chartres* relie les cinq lignes, mais elle appartient en partie à la compagnie des chemins de fer de l'Eure. Elle met Chartres et Orléans en communication avec Rouen par des trains express et elle ferme le contour circulaire *Rouen-Amiens-Laon-Reims-Châlons-Troyes-Sens-Montargis-Orléans.*

Réseau de l'État.

156. Le réseau de l'État est presque en entier situé au sud de la Loire, et forme un triangle, dont l'un des côtés serait la Loire, le deuxième le littoral de l'Atlantique et la Gironde, le troisième la grande ligne Tours-Bordeaux de la compagnie d'Orléans. Néanmoins, ce réseau se relie par une ligne directe avec Paris, en empruntant de Vivy à Saumur la voie de la compagnie d'Orléans, et de Chartres à Paris celle de la compagnie de l'Ouest. Au nord de la Loire, des embranchements relient cette ligne à Orléans, Blois et Nogent-le-Rotrou.

La ligne Paris-Saumur se continue sur Bordeaux, par Thouars, Parthenay, Niort, Saint-Jean-d'Angély, Taillebourg, Saintes, Jonzac. De Thouars se détache un embranchement sur les Sables-d'Olonne, par Bressuire et la Roche-sur-Yon. Au delà de Thouars, l'embranchement se continue sur Tours.

Une autre ligne, assez sinueuse, va de *Nantes à Bordeaux*, par la Roche-sur-Yon, la Rochelle, Rochefort et Taillebourg, où elle rejoint la première.

Les embranchements importants sont : *Angers-Châtellerault ; Angers-Poitiers ; La Rochelle* et *Rochefort* à *Niort et Poitiers.*

157. *Développement kilométrique.* — Le développement kilométrique de nos chemins de fer est assez difficile à suivre d'une année à l'autre, mais il est en moyenne d'un peu plus d'un millier de kilomètres par an.

NOMS DES LIGNES	NOMBRE de kilomètres	OBSERVATIONS
Grandes compagnies	29160	
Réseau de l'Etat	2467	
COMPAGNIES DIVERSES ET LIGNES D'INTÉRÊT LOCAL		
Achiet à Marcoing	33	
Alais au Rhône	57	
Anvin à Calais	94	
Arles à Saint-Louis-du-Rhône	41	
Bayonne à Biarritz	8	
Boisleux à Marquion	26	
Bouches-du-Rhône	106	
Caen à la mer	31	
Cambrésis	36	
Ceinture de Paris	158	Petite ceinture. 38 Grande — 120
Châteauneuf à Barbezieux	19	
Chauny à Saint-Gobain	15	
Départementaux	211	Valogne à Barfleur 37 Port-Boulet à Châteaurenault 103 Laroche à l'Isle-Angély 74
Dercy-Mortiers à la Fère	22	
Enghien à Montmorency	6	
Est de Lyon	72	
Etival à Senones	9	
Eure		
Fourvières et Est-Lyonnais	32	
Gray à Gy	22	
Hérault	124	
Hermès à Persan-Beaumont	32	
Intérêt local de la Meuse	140	
Lagny à Villeneuve-le-Comte	12	
Magny à Chars	13	
Marlieux à Châtillon	12	
Médoc	101	
Mines de Carvin	5	
Naix à Güé	33	
Orne	67	
Rhône	26	
Rueil à Marly le-Roi	6	
Saint-Quentin à Guise	40	
Saint-Victor à Cours	14	
Saint-Victor à Thizy-Ville	7	
Sceaux-Orsay et Limours	46	
Somain à Péruwez	39	
Teste (la) à Cazeaux	13	
Tramways de la Sarthe	48	
Vélu à Saint-Quentin	52	
Vendin-le-Vieil à Violaines	9	
Vertaizon à Billom	9	
Réseau de la Gironde	285	
— de l'Allier	86	
— du Nord	40	
— de l'Est	21	
RÉCAPITULATION		
État	2467	
Grandes compagnies	29160	
Compagnies diverses	254	
Intérêt local	1368	
A voie étroite	682	

Le tableau ci-dessus montre quel était le développement kilométrique des diverses compagnies, au 20 novembre 1887.

158. *Considérations générales.* — L'idée première du tracé étant de satisfaire aux besoins du commerce, il est bien évident qu'avec le développement actuel des chemins de fer, cette condition doit se trouver à peu près remplie. Les quelques lacunes qui existent encore tiennent, soit à des raisons politiques, soit à des difficultés de construction : tel est le cas du tunnel sous-marin de *Douvres à Calais*, ou encore du *Métropolitain.* Ce dernier doit avoir pour objet de relier entre elles les diverses gares des compagnies du réseau français dans Paris, condition remplie difficilement par les chemins de fer de grande et de petite ceinture.

En dehors de ces travaux considérables, il en existe de moins importants qui rendraient pourtant de réels services. Citons :

1° La réunion de la ligne du *Bourbonnais* à celle du *Midi* entre *Arvant* et *St-Chély.* Cette ligne mettrait *Paris,* tout le nord et le centre de la France, en relation directe avec *Perpignan* et l'*Espagne* orientale, en évitant les détours sur *Nîmes* ou *Toulouse ;*

2° Le prolongement de l'embranchement *Gap-Briançon,* jusqu'à la ligne du Mont-Cenis, qui faciliterait les communications entre *Marseille* et *Turin* ou *Milan;*

3° Le prolongement de l'embranchement *Livron-Die,* jusqu'à la ligne *Grenoble-Marseille.*

159. *Considérations sur les transports militaires en temps de guerre.* — En raison des grands effectifs et du matériel considérable que comportent les armées actuelles, en raison aussi de l'importance qu'aura à l'avenir la rapidité de la concentration, il a été nécessaire de compléter soigneusement le réseau, afin d'obtenir une satisfaction entière sous ce rapport.

La question importante à prévoir dans les transports militaires est celle de la concentration sur la frontière ou les frontières menacées ; puis, il faut prévoir les mouvements parallèles aux frontières, et enfin les mouvements de retraite sur les grands réduits militaires du Morvan et du plateau central.

La question des réapprovisionnements sera remplie, du moins jusqu'à la frontière, dès que la première le sera.

Au point de vue de la concentration, les lignes militaires de Paris ne sauraient plus suffire, car il faut aussi concentrer les troupes des diverses régions militaires; aussi, il existe à cet effet de nombreuses lignes transversales, qui, le plus souvent, n'ont que peu d'intérêt au point de vue commercial. Ces lignes sont constituées par des séries d'embranchements, le plus souvent à deux voies, appartenant à diverses compagnies, mais qui le jour de la mobilisation seraient réunies sous une même direction, celle de la *Commission militaire supérieure des chemins de fer*.

Le chemin de fer métropolitain aurait aussi une grande importance au point de vue stratégique : d'abord en permettant, en cas de mobilisation, aux troupes qui passent à Paris de ne pas s'y arrêter; ensuite en donnant les moyens à la défense de la capitale de porter rapidement la garnison sur un point quelconque de son vaste périmètre.

160. *Frontière du nord.* — La concentration sur cette frontière se ferait par les lignes rayonnantes déjà citées. Les lignes transversales suivantes serviraient aux mouvements parallèles, et à faciliter l'arrivée des troupes de l'ouest, du sud et du sud-est :

1° *Dunkerque-Hazebrouck-Lille-Valenciennes-Hirson-Mézières-Sedan-Verdun;*

2° *Rouen* ou *Abbeville*, *Amiens*, *Tergnier*, *Reims*, et *Châlons*, ou *Epernay ;*

3° Entre les deux précédentes une ligne aussi à double voie, mais plus sinueuse entre *Calais* et *Busigny* par *Hazebrouck* où elle touche la première, *Béthune-Lens-Douai-Somain* et *Cambrai*.

161. *Frontière du nord-est.* — Cinq lignes vont de Paris à la frontière ; trois aboutissent à *Mézières*, à *Verdun* et à *Toul*, deux aboutissent à *Belfort*, l'une par *Troyes-Langres*, l'autre par *Dijon*.

Les lignes telles que :

Rouen-Amiens-Laon ;

Bourges-Nevers-Chagny-Dijon-Langres;

Marseille-Lyon, et *Langres* ou *Besançon*, etc., permettraient aux troupes du nord, de l'ouest, du sud de se porter sur le front de concentration. Ce front de concentration est jalonné par une ligne à deux voies passant par *Mézières*, *Reims*, *Chaumont*, *Langres*, *Vesoul*, *Belfort;* il présente un tracé concave vers la frontière, bien couvert par notre rideau défensif, et assez éloigné de cette frontière pour être à l'abri de quelque attaque brusquée.

Les lignes transversales telles que :

Longwy-Nancy-Epinal;

Mézières-Verdun-Neufchâteau-Langres ou *Chaumont ;*

Châlons-Troyes-Orléans ;

Épernay-Nogent-Montereau;

serviraient aux mouvements transversaux, les deux premières seulement dans le cas de l'offensive. Ces lignes faciliteraient aussi la retraite dans le Morvan.

162. *Frontière du Jura.* — Une concentration immédiate de forces considérables est peu probable sur cette frontière. Il suffirait de couvrir tout d'abord le passage au nord et au sud du massif, ainsi que ceux vers le centre, de Morteau et Pontarlier. Les deux lignes, *Paris-Belfort;* celle *Châlon-sur-Saône-Dôle* à *Morteau* ou *Pontarlier ;* et enfin au sud celle *Mâcon* et *Lyon* à *Genève*, se prêtent parfaitement à l'arrivée des troupes.

Citons enfin les deux grandes lignes transversales :

Lyon-Dijon-Langres ;

Lyon-Besançon-Belfort.

163. *Frontière des Alpes.* — Notre frontière des Alpes est moins favorisée que les précédentes, en ce qui concerne le nombre des voies ferrées qui y aboutissent, et les Italiens pourraient avoir des avantages sur nous, si la lenteur de leur mobilisation ne les rendait inférieurs d'autre part.

Notre concentration sur Culoz et sur la vallée de la Maurienne et de la Tarentaise serait assez facile ; mais, sur tout le reste de la frontière, sauf sur Nice, elle ne pourrait se faire que par la ligne *Grenoble-Veyne-Pertuis*. Il serait à désirer sous ce rapport que l'embranchement *Livron-Die* débouchât sur cette ligne.

164. *Frontières des Pyrénées.* — La concentration serait assez facile, surtout si on considère qu'elle ne comprendrait qu'une fraction assez minime de notre effectif. Quatre grandes lignes aboutissent sur celle *Bayonne-Tarbes-Toulouse-Narbonne.*

De là débouchent plusieurs embranchements, qui permettraient l'arrivée rapide des troupes sur le point à couvrir.

Nous empruntons à la *géographie militaire* de M. le commandant Marga le tableau suivant, indiquant les lignes qui pourraient être employées en cas de concentration sur la frontière nord-est

LIGNES DE CHEMINS DE FER
POUR LA CONCENTRATION DE L'ARMÉE
SUR LA FRONTIÈRE NORD-EST

(Les sections des lignes à une seule voie sont indiquées en *italiques*).

CORPS D'ARMÉE	CHEFS-LIEUX	LIGNES DE CHEMINS DE FER	Distances en kilom.
1er	Lille.......	*Valenciennes. Hirs n, Sedan*....	200
2e	Amiens.....	Laon, Reims, Mézières..........	248
3e	Rouen	Paris. Soissons. Reims, *Verdun*...	423
4e	Le Mans....	Paris, Châlons, Commercy.........	506
5e	Orléans	Paris, Châlons, Toul.............	441
6e	Châlons-s-Marne	Par marches sur Verdun	127
7e	Besançon...	*Vesoul, Port-d'Atelier, Blainville.*	260
8e	Bourges....	Nevers, *Chagny.* Dijon, *Langres, Pagny*..................	511
9e	Tours......	*Vendôme*, Paris, Nancy..........	587
10e	Rennes	Le Mans, Surdon, Dreux, Paris, Reims, Rhetel	637
11e	Nantes.....	Orléans, *Montargis Châlons*, Commercy	688
12e	Limoges....	*Montluçon. Mâcon*, Nuits-sous-Ravière. *Chaumont*..............	687
13e	Clerm.-Ferrand.	Saint-Germain-des-Fossés, *St-Germain-au-Mont-d'Or*, Dijon, *Neufchâteau*......................	562
14e	Grenoble ...	Lyon, *Bourg, Besançon, Vesoul, Charmes*.....................	530
15e	Marseille ...	Lyon, Châlons, *Besançon Épinal*..	252
16e	Montpellier .	Lyon, *Besançon*. Belfort..........	663
17e	Toulouse ...	*Figeac. Arvant*, Lyon, Dijon, *Gray, Vesoul*	859
18e	Bordeaux...	Paris, Troyes, *Chaumont, Neufchâteau*......................	908
19e	Alger......	Marseille, Dijon, *Langres*.........	643

Voies navigables.

165. *Généralités.* — Les cours d'eau sont si bien distribués et si nombreux en France, et il est si facile de communiquer d'un bassin dans un autre, qu'aucun pays d'Europe n'est aussi bien partagé sous ce rapport. La partie navigable et réellement exploitée de nos fleuves et rivières est d'environ 7,800 kilom. auxquels il faut ajouter 2,500 kilom. seulement flottables. Le trafic sur ces cours d'eau est d'environ 1,100 millions de tonnes kilométriques par an.

Il existe deux sortes de voies navigables, les unes *naturelles*, les autres *artificielles*.

Les voies naturelles sont les rivières qui, par leur tracé, leur largeur, leur profondeur et une vitesse de courant assez faible, permettent la navigation dans les deux sens.

Certaines rivières, sans être navigables, sont *flottables ;* c'est-à-dire qu'elles permettent le transport de trains de bois, de volume assez important.

On est arrivé, au moyen de travaux plus ou moins considérables, à rendre navigables des cours d'eau qui ne l'étaient naturellement qu'en partie ; on a créé ainsi les *rivières canalisées.*

On appelle *canaux* des rivières artificielles préparées par la main de l'homme, assez larges et assez profondes pour la circulation des bateaux du commerce. En moyenne, la largeur des canaux est de 15^m à la ligne de flottaison et de 10^m au plafond, avec une profondeur minima de $1^m,65$.

On distingue les canaux *simples* et les canaux à *écluses*. Les premiers ont sur tout leur parcours une pente légère et uniforme, afin que l'eau s'écoule lentement ; ils n'existent guère que dans la région du Nord où le terrain est très plat.

Les cavaux à écluses sont formés d'une série de ressauts ou escaliers, constitués par des *écluses*. Une écluse est un bassin étroit, suffisant pour loger un ou deux bateaux ; ce bassin est constitué par deux murs appelés bajoyers et, en amont et en aval, par deux portes à deux vantaux. La partie du canal comprise entre deux ressauts consécutifs constitue un *bief.*

On conçoit que, avec ces ressauts, on puisse arriver à franchir une colline, à la condition que le *bief supérieur* soit alimenté par un moyen quelconque. Le bief supérieur est appelé *bief de partage.*

Si on suppose un bateau ayant à passer d'un bief dans le bief immédiatement supérieur, il va falloir élever le bateau jusqu'au niveau du bief amont. On opère au moyen de l'écluse. A cet effet on ouvre la porte aval de l'écluse, le bateau entre ; puis on ferme la porté aval, pour ouvrir celle d'amont ; on ramène ainsi le niveau de l'eau, dans l'écluse, à celui du bief amont, et le bateau peut rentrer. L'opération de descente est inverse.

Sur les rivières canalisées, le bief est constitué par un *barrage déversoir*, et l'écluse est généralement établie sur l'une des extrémités de ce barrage.

A un autre point de vue on distingue : 1° les *canaux de jonction* ou à *deux versants*; 2° les *canaux latéraux* à un *seul versant*. Ces derniers sont établis latéralement à un cours d'eau, et n'ont pas de bief de partage ; les biefs vont en s'abaissant continuellement vers l'aval et ils sont alimentés par le cours d'eau. Nos canaux ayant été creusés à des époques différentes, sans plan d'ensemble, ne correspondent pas entre eux pour la largeur ou la profondeur des biefs, ni pour la dimension des écluses ; il en résulte de nombreux transbordements pour un parcours un peu long sur des canaux différents. On s'occupe d'améliorer cette situation.

Un grand nombre ne sont que de simples tranchées réunissant deux masses d'eaux situées au même niveau.

Le prix moyen de construction du kilomètre est de 18,000 francs. Le trafic a été, en 1883, de 1291 millions de tonnes kilométriques. L'usage des canaux non concédés est gratuit. La longueur approximative des canaux existants est de 5,000 kilomètres plus 850 kilomètres en construction.

Canaux de jonction.

166. Les *canaux de jonction* réunissent toujours deux cours d'eau navigables ou deux canaux latéraux, et forment avec ces derniers un circuit continu, partant de la mer pour retourner à la mer.

CANAUX FAISANT COMMUNIQUER LE VERSANT MÉDITERRANÉEN AVEC LE VERSANT OCÉANIQUE

1° Le canal du *Midi* dit aussi du *Languedoc* ou des *deux mers*, réunit la *Garonne* au *Rhône*. Il passe près de Toulouse, emprunte les eaux de l'*Hers* jusqu'à Villefranche, puis franchit, au moyen de vingt-six écluses le col de Naurouze, où se trouve le bief de partage à 189 mètres d'altitude ; il descend ensuite par la vallée de l'*Aude* jusqu'à Somail, et se rend de là dans l'*Étang de Thau* par Béziers. La descente depuis le bief de partage, se fait au moyen de soixante-treize écluses. Ce canal se continue jusqu'au Rhône par l'*Étang de Thau*, le *canal des Étangs* et celui de *Beaucaire ;*

2° Le *canal du Centre* qui réunit la *Loire* à la *Saône*, part du *canal latéral à la Loire* en aval de Digoin, franchit la *Loire* sur un pont aqueduc, descend la vallée de la *Bourbince*, passe au Creuzot et atteint le bief de partage à Montchanin par 307 mètres d'altitude ; il descend ensuite à Châlon-sur-Saône par Chagny, en empruntant les eaux de la *Dheune ;*

3° Le *canal de Bourgogne*, qui réunit l'*Yonne* à la *Saône*. Il part de l'*Yonne* près de Laroche, remonte l'*Armençon* et la *Brenne* et franchit par un souterrain de 3,330 mètres, à l'altitude de 375 mètres, la ligne de faîte à Pouilly. Il descend ensuite la vallée de l'*Ouche*, passe à Dijon et atteint la *Saône* à Saint-Jean-de-Losne;

4° Le *canal de l'Est ou du Rhône au Rhin*, part de la *Saône* en amont du point où débouche le précédent, atteint le *Doubs* à Dôle et emprunte à diverses reprises le cours de cette rivière. Il arrive au col de Valdieu, après avoir suivi un moment la vallée du ruisseau *Saint-Nicolas*.

Le bief de partage est à l'altitude de 350 mètres. Il entre ensuite dans l'Alsace annexée et gagne l'*Ill*, pour rejoindre près de Strasbourg le canal de la *Marne au Rhin*. Il compte soixante-dix écluses vers le Rhône, quatre-vingt-cinq vers le Rhin.

CANAUX DE JONCTION ENTRE LES BASSINS FLUVIAUX D'UN MÊME VERSANT

De la *Garonne à la Loire* il n'existe pas de canaux de jonction. De la *Loire à la Seine*, il y a :

1° Le *canal de Briare;* c'est le premier canal à double pente ; il part de Briare sur la *Loire*, et franchit la ligne de partage des eaux pour arriver à Buges sur le *Loing*. A partir de là il prend le nom de *canal* du *Loing*, et se jette dans la *Seine* à St-Mamès près Moretz.

De Buges part un troisième canal, le

canal d'Orléans, qui débouche dans la *Loire* un peu en amont de cette ville.

2° Le *canal du Nivernais* débouche de la *Loire* en face de Decize, suit la vallée de l'*Aron*, franchit les collines du Nivernais, entre dans la vallée de l'*Yonne* à la Chaise et utilise les eaux de cette rivière jusqu'à Auxerre.

De la Seine à l'Escaut. Un canal part de l'*Oise*, près de La Fère, pour aboutir sur l'*Escaut*. Il s'appelle *canal Crozat*, de *l'Oise à la Somme ;* et *canal de St-Quentin*, de la *Somme à l'Escaut*. Ce canal suit un moment la *Somme*, puis traverse les collines d'Artois par deux souterrains de 1,100 et 5,680 mètres de long, et descend ensuite la vallée de l'*Escaut* depuis le Catelet jusqu'à Cambrai. Ce canal se prolonge sur l'*Oise* depuis la Fère jusqu'à Chauny, sous le nom de *canal de Manicamp*.

Le *canal de St-Quentin* est très fréquenté.

De la Seine à la Meuse. 1° *Canal de la Sambre*, entre l'*Oise* et la *Sambre*.

Ce canal remonte l'*Oise* depuis la Fère jusqu'au coude de Guise, franchit les collines de la rive droite de l'*Oise*, pour atteindre la *Sambre* non loin de sa source.

Il longe ensuite la *Sambre* jusqu'à Landrecies, où la rivière devient navigable ;

2° *Canal des Ardennes*. Commence près d'Attigny sur le *canal latéral de l'Aisne*, passe par le défilé du Chêne-Populeux, et se termine sur la *Meuse* entre Sedan et Mézières.

Canal de la Marne au Rhin. Ce canal met en communication cinq vallées importantes : *Marne, Meuse, Moselle, Sarre, Rhin*. Il se détache du *canal latéral à la Marne* à Vitry-le-François, remonte la vallée de l'*Ornain* jusqu'à Ligny par Bar-le-Duc, franchit les contreforts du sud de l'Argone par un tunnel, traverse la *Meuse* en aval de Pagny sur un pont canal ; traverse les collines de la rive droite de la *Meuse* par un deuxième tunnel, arrive sur la *Moselle* en aval de Toul, suit cette rivière jusqu'à Frouard, prend ensuite la *Meurthe* et le *Sanon*, quitte cette rivière, coupe la *Sarre* en amont de Sarrebourg et atteint l'*Ill et le Rhin* en aval de Strasbourg, en traversant les Vosges par la trouée de Saverne. Il compte cent quatre-vingts écluses sur son parcours.

CANAUX DE JONCTION ENTRE LES AFFLUENTS D'UN MÊME BASSIN FLUVIAL

On en compte trois dans le bassin de la *Loire* :

1° Le *canal du Berry*, quitte le *canal latéral à la Loire* à Marseille-les-Aubigny, entre dans la vallée de l'*Auron*, puis dans celle du *Cher*. A partir de Noyers, le *Cher* est canalisé. Une deuxième branche de canal rejoint le *Cher* à St-Amand, et remonte cette rivière jusqu'à Montluçon ;

2° Le *canal de Nantes* à Brest, part de l'*Erdre*, traverse la *Vilaine* et arrive à Brest, en empruntant les cours de l'*Oust* et de l'*Aulne ;*

3° Le *canal d'Ille* et *Rance* de *Rennes* à St-Malo.

Dans le *bassin de la Seine* existe un canal de jonction entre l'*Aisne* et la *Marne*. Il part de Condé sur la *Marne*, franchit les collines de rive droite, puis suit la *Vesle*.

Enfin, dans le bassin de l'*Escaut*, on remarque une série continue de canaux ou de rivières canalisées, reliant Bouchain sur l'*Escaut* à Dunkerque et Calais. Ce sont, en partant de Bouchain, les canaux de la *Sensée*, de la *Basse-Deule*, de la *Bassée*, de la *Lys*, de *Neuffossé* et *l'Aa* canalisée; le *canal de Calais* relie ensuite l'*Aa* à Calais. Celui de *Bourbourg* relie cette rivière à Dunkerque. En outre, de l'*Aa* se détache un troisième canal, celui de la *Haute-Colme*, qui entre en Belgique après avoir pris le nom de *canal de la Basse-Colme*. La navigation est très active sur ces canaux qui forment, avec le *canal de St-Quentin*, une ligne continue jusqu'à Paris.

Canaux latéraux et rivières canalisées.

167. 1° *Bassin de la Garonne*. La *Garonne* est navigable depuis Cazères en aval de St-Gaudens ; mais de Toulouse à Castets, la navigation se fait en partie par le *canal latéral* qui commence à Muret.

Ce canal envoie un embranchement sur Montauban.

L'*Ariège*, le *Tarn*, le *Lot*, la *Dordogne*

et l'*Adour* sont navigables sur une partie de leur parcours.

2° *Bassin de la Loire.* La *Loire* est navigable depuis Roanne; de Roanne à Briare, elle a un *canal latéral.* A partir de Briare, la *Loire* suffit seule à la navigation.

Le *canal du Blavet*, fait communiquer le *canal de Nantes à Brest*, avec Lorient. L'*Allier*, le *Cher*, la *Vienne*, la *Sèvre-Niortaise*, sont navigables sur une partie de leur parcours.

3° *Bassin de la Seine.* La *Seine* est canalisée ou navigable naturellement depuis Troyes.

Le *canal latéral à la Marne*, de Vitry à Disy, puis la *Marne canalisée.*

Le *canal de l'Ourcq*, part de Mareuil sur l'*Ourcq*, prend ensuite la *Marne.* Il alimente les *canaux de St-Denis* et de *St-Martin.*

Le *canal latéral à l'Aisne* et l'*Aisne canalisée* font suite au *canal des Ardennes.*

Le *canal latéral à l'Oise* et l'*Oise canalisée* font suite au *canal de St-Quentin* et de la *Sambre.*

Le *canal latéral à la Somme* relie le *canal de St-Quentin* à la mer.

L'*Yonne* est navigable depuis Auxerre; l'*Aube* depuis Arcis.

4° *Bassin du Rhône.* Le *Rhône* est navigable depuis le fort de l'Ecluse; la *Saône* depuis Gray; citons enfin, outre les *canaux de l'Etang* et de *Beaucaire* dont il a été parlé, ceux d'*Arles à Bouc* et de *Givors à Rive de Giers.*

L'*Ain*, le *Doubs* et l'*Isère* sont navigables dans leur cours inférieur.

168. *Considérations générales.* — Le mode de transport par bateaux est le plus économique; il est surtout employé pour les marchandises lourdes et encombrantes telles que pierres, sables, charbons, bois, etc.

On faisait autrefois un usage assez fréquent des canaux et des cours d'eau navigables pour les transports militaires. Le matériel de siège des places fortes, les réapprovisionnements arrivaient en grande partie par ces voies. A l'avenir ils pourront aussi rendre des services importants pour exécuter certains transports dont l'utilité ne sera pas immédiate.

Le tableau ci-après résume les données générales concernant les bassins.

Un autre tableau, qui vient ensuite, indique, en kilomètres, les parties des divers fleuves en rivières qui sont flottables, canalisées ou navigables.

DÉSIGNATION DES CANAUX	Longueur totale	BASSINS	OBSERVATIONS
Canaux principaux	kil.		
Canal des Ardennes	105.0	Meuse et Seine.	De Neuchâtel à Pont-à-Bars.
— du Berry	322.5	Loire.	De Marseille sur la Loire à Tours, par la vallée du Cher.
— de Bourgogne	242.0	Seine et Rhône.	Réunit la Saône au Rhône.
— de Briard	59.1	Loire et Seine.	De Briare au canal du Loing.
— du Centre	129.5	Loire.	Compris en entier dans le département de Saône-et-Loire.
— de l'Est	459.0	Meuse et Rhône.	N'est pas achevé; doit unir la Meuse à la Marne et à la Saône.
— Latéral à la Garonne	210.6	Garonne.	Longe la Garonne, de Toulouse à Castets.
— du Loing	49.5	Loire et Seine.	De Moret sur la Seine à Briare sur la Loire.
— Latéral à la Loire	198 0	Loire.	Y compris les embranchements sur Fourchambault et Thibault
— de la Marne	140.0	Seine.	De Donjeux à Épernai.
— de la Marne au Rhin	317.0	Seine, Meuse et Rhin.	Dont 60 kilomètres environ en Allemagne; un embranchement va de Mauvages à Hondelain et l'autre fait communiquer ce canal avec la Moselle à Toul.
— du Midi	277.2	Garonne.	Joint l'Atlantique à la Méditerranée.
— de Nantes à Brest	360.0	Loire.	Par Redon et Pontivy.
— du Nivernais	174.5	Loire.	D'Auxerre à Decize.
— d'Orléans	73.5	Loire.	Joint le canal du Loing à la Loire.
— du Rhône au Rhin	321.9	Rhône et Rhin.	Dont 192 k. 6 seulement en France.
— de la Sambre à l'Oise	67.0	Meuse et Seine.	De la Fère à Landrecies.
— de la Somme	159.0	Seine.	De St-Simon à St-Valéry, par Amiens et Abbeville.
— de Saint-Quentin	101.2	Somme et Escaut.	Se divise en canal de Manicamp, de Crozat et de St-Quentin.
Canaux secondaires			
Canal d'Aire à la Bassée	40.8	Escaut.	Entre la Deule et la Lys, par Béthune.
— de Bergues à Dunkerque	8.7	—	
— de Bourbourg	21.0	—	Entre l'Aa et Dunkerque.
— de Calais	42.4	—	Entre Calais et l'Aa avec embranchement sur Ardres.
— de la Haute-Colme	24.8	—	De Watten à Bergues.
— de la Basse-Colme	13.8	—	De Bergues à Furnes.
— de la Basse et de la Haute-Deule	65.7	—	Reliant la Scarpe à la Lys.
Canal de Dunkerque à Furnes	14.0	—	Va jusqu'à Ostende (Belgique).
Canaux d'Hazebrouck	17.1	—	Canal de la Nieppe et de la Bonne, d'Hazebrouck à Aire et à St-Avant,
Canal de la Lys	2.0	—	Régularise la navigation de la Lys entre Aire et la Deule.
— de Mons à Condé	5.1	—	

DÉSIGNATION DES CANAUX	Longueur totale	BASSINS	OBSERVATIONS
Canaux secondaires (Suite)	kil.		
— de Neuf-Fossé	10.5	—	Entre Aire et St-Omer.
— de Roubaix	23.0	—	Entre la Deule et l'Escaut.
— de la Sensée	26.7	—	De Bouchain sur l'Escaut à Douai sur la Scarpe.
— de l'Aisne à la Marne	58.0	Seine.	De Berry-au-Bac à Condé.
— latéral à l'Aisne	51.5	—	Entre Vieux-les-Asfeld et Condé-sous-Veuilly.
— de Coutances ou de la Soulle	5.6	—	
— de Cornillon et de St-Maur	1.5	—	Destinés à éviter des détours dangereux de la Marne.
— latéral à l'Oise	28.1	—	Entre Longueil et Janville.
— de Paris(Ourcq,St-Denis,St-Martin)	107.8	—	
— de l'Orne	12.0	—	Entre Caen et la mer.
— de Vire et Taute	32.7	—	De Carentan à Vire.
— du Blavet	60.0	Loire.	De Pontivy à Hennebont, par Lorient.
— d'Ile et Rance	84.7	—	De Rennes à St-Malo, par Dinan.
— de la Sauldre ou de la Sologne	43.2	—	
— d'Arles à Bouc	47.3	Rhône.	Pour faciliter la navigation du Bas-Rhône.
— de Beaucaire	77.1	—	Se divise en deux branches à Aigues-Mortes : le canal de Bourgidou et le canal de la Radelle.
— de Caronte	4.3	—	De Bouc à Martigues.
— de Givors	16.2	—	De Rive-de-Giers à Givors.
— de Narbonne ou de la Robine	37.0	—	De Somail au port de la Nouvelle.
— de Cette			Embranchement du canal des Étangs.
— de la Grande-Robine	6.0	—	D'Aigues-Mortes au Crau-du-Roi.
— des Étangs	45.9	—	
— du Lez	11.4	—	
— de Saint-Louis	5.0	—	Évite à la navigation les embouchures dangereuses du Rhône.
— de Lunel	11.2	—	
— de Roanne à Digoin	55.8	—	
— de Pont-de-Vaux	3.4	—	
— de Brouage	14.0	Charente.	Joint la Charente au Bourg de Brouage.
— de la Charente à la Seudre	27.0	—	Joint le canal de Brouage à la Seudre.
— de Charras ou de Surgères	19.9	—	D'Ardillères à Charras.
— de Luçon	14.2	—	De Luçon à l'anse de l'Aiguillon.
— de Marans à la Rochelle	24.0	—	
Canaux de dessèchement			
Canal d'Aire à la Bassée	40.8	Escaut.	
— de Bergues à Dunkerque	8.7	—	Indiqués plus haut comme canaux de navigation servant en même temps à dessécher les marais de la Flandre et de l'Artois.
— de la Haute et Basse-Colme	38.6	—	
— de Dunkerque à Furnes	14.0	—	
— de la Sensée	26.7	—	
— de la Sologne ou de la Sauldre	43.2	Loire.	Indiqué plus haut, sert aussi comme canal de dessèchement pour la Sologne.
— du Brouage	14.0	Charente.	Sert à dessécher les marais de Rochefort.
— de Charras ou de Surgères	19.9	—	Sert à dessécher les marais de la Gère.
— de Luçon	14.2	—	Sert à dessécher les marais de Luçon, Champagné, Triaize, etc.
— de Marans à la Rochelle	24.0	—	Traverse des marais.
Canaux d'irrigation			
Canal de l'Ourcq	107.8	Seine.	A la fois canal de navigation et d'irrigation.
— la Dhuys	130.0	—	Alimente le réservoir de Montsouris.
— la Vanne	173.0	—	Alimente le réservoir de Ménilmontant.
— Saint-Martory		Garonne.	Arrose la plaine de Toulouse.
— Sarrancolin		—	Arrose la haute vallée de la Nesle et de Lannemezan.
— Carpentras, de Craponne, de Crillon		Rhône.	Exclusivement destinés à l'irrigation.
— de Montena et de Vignerol		—	

BASSINS	COURS D'EAU	NOMBRE DE KILOMÈTRES Flottables	Canalisés	Navigables	Total	POINTS OU COMMENCE LA NAVIGATION	OBSERVATIONS
Adour et Nivelle.	Adour	28		135	163	Saint-Sever.	
	Bidouze			20	20	Came.	
	Gave de Pau	101		10	111	Peyrehorade.	
	Midouze			43	43	Mont-de-Marsan.	
	Nivelle			10	10	Ascain.	
	Nive	31		22	53	Cambo.	
Charente. Sèvre-Niortaise, etc...	Autise			9	9	Port-de-Souille.	
	Boutonne			31	31	Saint-Jean-d'Angely.	
	Charente			191	191	Montignac.	
	Lay			40	40	Beaulieu.	
	Mignon			15	15	Port-de-Jouet.	
	Sèvre-Niortaise			70	70	Niort.	
	Seudre	27		25	52	Riberon.	
	Vendée			25	25	Fontenay-le-Comte.	
Escaut.	Deule			42	42	»	
	Escaut		68		68	Cambrai.	
	Lawe		18		18	»	
	Lys		53	19	72	Aire.	
	Scarpe		31	49	80	Arras.	

BASSINS	COURS D'EAU	NOMBRE DE KILOMÈTRES				POINTS OU COMMENCE LA NAVIGATION	OBSERVATIONS
		Flottables	Canalisés	Navigables	Total		
Gironde.	Ariège........			35	35	Cintegabelle.	
	Bayse.........		84		84	Saint-Jean-Poutge.	
	Dordogne.......	144		268	412	Vénéjoux.	Canalisée depuis Bergerac.
	Dropt.........		64		64	Eynet.	
	Garonne.......	80		465	545	Roquefort.	
	Isle..........		143		143	Périgueux.	
	Lot...........		297		297	Entraygues.	
	Salat			17	17	La Cave.	
	Tarn..........		147		147	Saul-de-Sabô.	
	Vézère.........			59	59	Le Lardin.	
Loire.	Acheneau......			24	24	Port-Saint-Père.	
	Allier	44		248	292	Fontanès.	Trop rapide et trop peu profond.
	Arroux			20	20	Geugnon.	
	Authion........			14	14	Soignes.	
	Brivé			25	25	Pont-Château.	
	Cher..........	104		151	255	Vierzon.	En partie canalisé.
	Creuse	95		16	111	Rives.	
	Erdre			29	29	Nort.	
	Loir	13		117	130	Pont-de-Coëmon.	
	Loire	48		822	870	La Noirie.	Difficilement navigable jusqu'à Orléan .
	Loiret.			3	3	Pont de Saint-Mesmin.	
	Mayenne			134	134	Canal de Brives.	
	Maine.........			10	10	Tout son parcours.	
	Oudon.........			19	19	Segré.	
	Sarthe			132	132	Canal du Mans.	
	Sèvre-Nantaise.			22	22	Monnière.	
	Thouet			12	12	—	
	Tenu..........			16	16	Saint-Mesmes.	
	Vienne........			74	74	Châtellerault.	
Orne et bassins côtiers de la Manche.	Aure..........			17	17	Trévières.	
	Dives			32	32	Corbon.	
	Orne..........			16	16	Caen.	
	Ouve..........	8		30	38	Saint-Sauveur-le-Vicomte.	
	Somme........			50	50	Amiens.	
	Taute	9		14	25	Périeux.	
	Toucques......			31	31	Lisieux.	
	Vire			18	18	En aval de Saint-Lô.	
Meuse.	Chiers			36	36	—	
	Meuse.........			262	262	Verdun.	
	Sambre		54		54	Landrecies.	
	Semoy			23	23	—	
Rhin.	Meurthe.......	18		112	130	Sainte-Marguerite.	
	Moselle.......	53		120	173	Frouard.	Dont 33 seulement en France.
Rhône.	Ain...........	24		91	175	Chartreuse-de-Vaucluse.	
	Ardèche.......			8	8	Saint-Martin.	
	Argens			18	18	Bac-de-Muy.	
	Bieuvre	18		5	23	Dortin.	
	Doubs........	168		69	237	Dôle.	Le canal du Rhône au Rhin suit le cours du Doubs de Vonjaucourt à Dôle.
	Durance.......	256			256		
	Hérault........			11	11	Bessan.	
	Isère.........	63		158	221	Montmeillan.	Cours trop rapide.
	Rhône.			489	489	Port-l'Ecluse.	Cours trop rapide dans la partie supérieure.
	Petit-Rhône....			57	57	Arles.	
	Saône........	105		314	419	Fort-sur-Saône.	Canalisée en partie.
	Seille		39		39	Louhans.	
Seine.	Aisne		12	132	144	Château-Porcien.	
	Andelle........			3	3	—	
	Aube..........	61		45	106	Arcis.	
	Eure..........		15		15	Louviers.	
	Grand-Morin ...			16	16	Tigaux.	
	Marne........			342	342	Saint-Dizier.	
	Oise		105	55	160	Chauny.	
	Ornain	33			33		
	Ourcq.........			36	36	La Ferté-Milon.	
	Saulx.........	19			19	—	
	Seine		75	505	580	Marcilly.	
	Rille			26	26	Font-Audemer.	
	Yonne.........	67	113	15	195	Auxerre.	Canalisée depuis Louhans.
Bassins côtiers de la Bretagne (Vilaine, Blavet, Trieux Rance, etc.)	Arguenon......			12	12	Plancoet.	
	Auray.........			14	14	Auray.	
	Aulne.........			24	24	Port-Launay.	
	Blavet.........			14	14	Hennebon.	
	Couesnon......			16	16	Antrain.	
	Dor...........			9	9	Guéménée.	
	Elorn			18	18	Landernau.	
	Isac..........			10	10	Guerrouet.	
	Odet			17	17	Quimper.	
	Orost.........			37	37	Malatroie.	
	Rance.........			17	17	Dinan.	
	Scorf.........			15	15	Port-Scorf.	
	Trégnier			17	17	Trégnier.	
	Trieux			15	15	Port-de-Trieux.	
	Vilaine.......			144	144	Cesson.	Canalisée jusqu'à Rennes.

Routes.

169. *Espèces.* — Les routes sont les voies de transport les plus anciennes et les plus répandues ; elles relient toutes les communes, même les plus reculées, et y apportent le mouvement et les produits nécessaires, en même temps qu'elles favorisent le développement de l'agriculture, du commerce et de l'industrie ; aussi s'applique-t-on à en compléter de plus en plus le réseau, que l'on entretient avec le plus grand soin. On les divise en deux catégories : les *routes nationales* et les *routes départementales.*

Les *routes nationales* au nombre de deux cent vingt-huit, sont elles-mêmes divisées en trois classes. Celles de première classe vont de Paris à l'étranger ou aux grands ports militaires ; elles sont au nombre de treize, numérotées de une à treize ; leur largeur est de 13^{m},64. Celles de la deuxième classe vont de Paris aux frontières ou aux ports ; elles sont au nombre de onze, numérotées de quatorze à vingt-quatre ; leur largeur est de 11^{m},69. Enfin celles de troisième classe relient entre elles les principales villes de l'intérieur ; leur largeur n'est que de 10 à 11 mètres ; on en compte cent quatre vingt-une, numérotées de vingt-cinq à deux cent sept ; vingt et une routes de diverses classes ont des numéros bis.

Les routes nationales de première et de deuxième classe sont entretenues aux frais de l'État, par l'administration des Ponts et chaussées ; celles de troisième classe sont partie à la charge de l'État, partie à la charge des départements.

Le développement total des routes nationales est d'environ 40,000 kilomètres. Le prix de revient du kilomètre est évalué à 30,000 francs et celui de l'entretien annuel à 675 francs.

Le tonnage brut annuel est d'environ 3 millions de tonnes kilométriques, dont la moitié seulement utile.

Les routes départementales sont au nombre de mille sept cent et sont numérotées par départements ; leur développement total est de 40,000 kilomètres, revenant à 20,000 francs par kilomètre. Elles sont entretenues aux frais des départements, à raison d'environ 500 francs par kilomètre.

Depuis la création des chemins de fer, les routes nationales ont perdu beaucoup de leur importance ; le mouvement s'est reporté sur les routes départementales qui se dirigent vers les voies ferrées. Leur tonnage brut annuel représente à peu près 2 millions 1/2 de tonnes kilométriques.

170. *Chemins vicinaux.* — Les chemins vicinaux relient entre elles les communes et les routes. Ils comprennent :

1° *Les chemins de grande communication,* presque tous empierrés et bien entretenus. La construction et l'entretien sont à la charge des communes intéressées. Longueur : environ 120,000 kilom. ;

2° *Les chemins d'intérêt commun,* généralement empierrés, relient les bourgs d'une même commune ou de communes voisines (85,000 kilomètres) ;

3° *Les chemins vicinaux ordinaires,* ou chemins communaux, moins bien entretenus ; ils peuvent aller d'une commune à l'autre, mais pour la construction et l'entretien ils finissent aux limites de la commune (400,000 kilomètres).

On estime à 8,000 francs le prix de revient du kilomètre de ces divers chemins, dont l'entretien annuel coûte environ 100 millions, dont 60 sont fournis par les prestations. Le tonnage utile peut être évalué à 2 milliards 1/2 de tonnes kilométriques.

Autres catégories. Il y a encore d'autres catégories moins importantes de chemins :

1° *Les chemins ruraux* (1,610,000 kilom.) à peine entretenus au moyen de prestations en nature, et qui servent aux exploitations rurales. Ils devraient desservir toutes les propriétés, mais il n'en est pas encore ainsi ;

2° *Les routes forestières,* pour l'exploitation des forêts, surtout en Corse (558 kil. ;

3° *Les routes thermales,* desservant les établissements de bains situés dans les montagnes (559 kilom.) ;

4° *Les routes agricoles,* destinées à activer le défrichement ou l'assainissement des régions marécageuses ou peu fertiles, où le besoin d'améliorations agricoles se faisait le plus sentir ;

5° *Les tramways*, systèmes de locomotion intermédiaires entre les routes et les chemins de fer, sont en général à traction de chevaux et ne servent qu'au transport des personnes dans les grandes villes. Il y en avait 690 kilomètres en exploitation au 1er avril 1886;

6° *Les routes stratégiques* (1,500 kilom.) créées sous le règne de Louis-Philippe, pour faciliter le maintien de l'ordre dans huit des départements de l'ouest.

171. *Considérations militaires.* — Les routes et les chemins ont actuellement une grande valeur sur le théâtre même de la guerre, mais elles ont peu d'importance pour les longs transports de l'intérieur à la frontière.

LIGNES	ÉPOQUES	JOURS ET HEURES DE DÉPART	LIEUX DE DÉPART	DURÉE de la TRAVERSÉE	OBSERVATIONS
				Heures	
Marseille à Alger (rapide)	Hebdomadaire.	Mardi ... 5 h.	Marseille ..	35	
— (rapide)	—	Samedi .. 5	—	35	
—	—	Mercredi. 5	—	40	Continue sur Mostaganem et Oran.
Marseille, Cette, Port-Vendres à Alger.	—	Lundi ... 8	Port-Vendres.	29 1/2	
Marseille à Oran	—	Samedi .. 5	Marseille ..	32 1/2 42 1/2	Une semaine directe. Une semaine avec escale à Carthagène.
Marseille, Cette, Port-Vendres à Oran.	—	Mercredi. 8	Port-Vendres..	39 51 1/2	Une semaine directe. Une semaine avec escale à Carthagène.
Marseille à Philippeville	—	Vendredi. 5	Marseille ..	35	Retour avec escale à Bône.
—	—	Mercredi.	—	37	Continue sur la côte jusqu'à Alger.
Marseille, Ajaccio, Bône et Philippeville.	—	Lundi ... 5	—	70	Retour direct par Bougie.
Marseille à Tunis (rapide)	—	—	—	42	Continue par Sousse, Monastir, Sfax, Gabès, Djerba, Tripoli et Malte.
Marseille, Bône, La Calle à Tunis	—	Jeudi .... 5 h.	—	62	Continue jusqu'à Malte.
Marseille à Tunis (facultative)	—	Lundi midi.	—	»	Par Gênes, Naples et Palerme.
Oran à Tanger	Par quinzaine.	Mardi 1 h. mat.	Oran	»	Par Némons, Malaga et Gibraltar.
Oran, Gibraltar, Tanger et Cadix	—	Lundi 6 h. soir.	—	»	
Oran à Alger	Hebdomadaire.	Lundi	—	»	Par Arzew et Mostaganem.
Marseille, Italie, Malte	—	Mercredi	Marseille ..	138	Par Gênes, Libourne, Malte et Messine.
PAQUEBOTS-POSTE				Jours.	
Ligne de New-York	Hebdomadaire.	Samedi	Le Havre ..	10	Départ de New-York le mercredi.
— de St-Nazaire à Colon-Aspinwall.	Mensuelle.	6 du mois.	St-Nazaire.	23	Escales à Ténériffe, Pointe-à-Pitre, Basse-Terre, Saint-Pierre, Fort-de-France, la Guyane, Porto-Cabello, Saranilla.
— du Havre, Pauillac à —	—	21 —	Le Havre ..	30	Escales à Pauillac, Santander, etc.
— de St-Nazaire à la Vera-Cruz	—	21 —	St-Nazaire.	25	Escales à Santander, St-Thomas. St-Jean-de-Porto-Rico, cap Haïtien, la Havane.
— annexe de St-Thomas à Cayenne.	—	6 —	St-Thomas.	8	Nombreuses escales.
— — — à la Jamaïque.	—	7 —	—	9	Nombreuses escales.
Marseille, Constantinople, Odessa	Deux semaines.	Samedi	Marseille ..	10	Par Syra, Smyrne, les Dardanelles.
— — —	—	—	—	10	Par Naples, le Pirée, les Dardanelles.
Marseille à Alexandrie	Hebdomadaire.	Jeudi	—	6	Par Naples.
Ligne circulaire d'Egypte et de Syrie. A.	Deux semaines	Vendredi.	—	24	Par Smyrne, Rhodes, Alexandrette, Beyrouth, Port-Saïd, Alexandrie, Naples.
— — — — B	—	Jeudi.	—	28	Trajet inverse du précédent.
Ligne annexe de Thessalie (facultative).	—	Vendredi.	Constantinople.	3	Par Port-Logos, Caralle et Salonique.
Ligne annexe du Danube (facultative).	—	Lundi.	—	3	Varna, Kustendjé, Sulina, Tulscha, Galatz et Ibraïla.
Ligne annexe de Trébizonde et Batoum (facultative)	Hebdomadaire.	Jeudi.	—	4	Inéboli, Somsonan, Kérassunde, Trébizonde et Batoum.
Ligne de Marseille à Nouméa	Quatre semaines.	Mercredi.	Marseille ..	51	Port-Saïd, Suez, Aden, Mahé, La Réunion, Maurice, Adélaïde, Melbourne, Sidney.
Ligne annexe de Madagascar et la côte d'Afrique	—		La Réunion	14	Correspond à La Réunion avec la ligne précédente, puis fait escale à Tamatave, Ste-Marie, Vohémar, Diego-Suarez, Nossi-Bé, Mayotte, Majunga et Zanzibar.
Ligne principale de Marseille à Hong-Kong	Deux semaines.	Dimanche.	Marseille ..	35	Par Suez, Colombo, Singapore, Saïgon.
Ligne annexe de Singapore à Batavia.	—	—	Singapore ..	4	Correspond à Singapore avec la précédente.
— de Hong-Kong à Yokohama.	—	—	Hong-Kong	7	Escale à Hiogo.
— — à Shang-Haï.	—	—	—	4	Escale à Hiogo.
Ligne annexe de Saïgon à Marseille.	Quatre semaines.	—	Saïgon	4	Escale à Hiogo.
— — au Tonkin ..	Deux semaines	—	—	35	De Marseille à Haï-Phong par Tourane.
— de Colombo à Calcutta ..	Quatre semaines.	—	Colombo ..	»	Par Pondichéry et Madras.
Ligne de Bordeaux à Buenos-Ayres	Mensuelle.	5 du mois.	Bordeaux .	27	Par Lisbonne, Dakar, Rio-de-Janeiro, Montevideo.
— — —	—	20 —	—	28	Fait escale en outre à Fernambuco et à Bahia.
Marseille à Calvi ou l'Isle-Rousse	Hebdomadaire.	Lundi.	Marseille ..	»	Alternativement Calvi ou l'Isle-Rousse.
— à Bastia et Livourne	—	Jeudi et Dimanche.	—	»	
— à Ajaccio et Bonifacio	—	Vendredi.	—	»	Fait aussi escale à Propriano
Nice à Bastia et Livourne	—	Mercredi.	Nice	»	
— à Ajaccio et Porto-Torres	—	Samedi.	—	»	
Calais à Douvres	Quotidien.	3 départs par jour.	Calais	1 h. 1/2	Services faits par une compagnie anglaise.
Boulogne à Folkestone	—	1 départ.	Boulogne ..	1 40	
Dieppe à Newhaven	—	—	Dieppe	»	
Le Havre à Southampton	Lundi, mercredi et vendredi.		Le Havre ..	»	

FRANCE HYDROGRAPHIQUE

LÉGENDE

Canaux { de la 1re Catégorie	
{ de la 2e Catégorie	
Rivières navigables { de la 1re Catégorie	
{ de la 2e Catégorie	
Rivières flottables	
Chef-lieu de département	
Chef-lieu d'arrondissement	
Autres localités	

MER DU NORD — LA MANCHE — BELGIQUE — ALLEMAGNE — Gd DUCHÉ DE LUXEMBOURG — SUISSE — ITALIE — OCÉAN ATLANTIQUE — ESPAGNE — MER MÉDITERRANÉE

ALGÉRIE ET TUNISIE

MER MÉDITERRANÉE — ORAN — ALGER — CONSTANTINE — TUNISIE

H. CHAIRGRASSE, Fils, Editeur, 25, rue de Grenelle St Germain, Paris.

Services maritimes.

172. Pour faciliter les relations entre le métropole et les autres pays, on a jugé nécessaire de créer des services maritimes subventionnés, qui sont chargés d'une manière régulièrement périodique de transporter les voyageurs et les marchandises d'un port à un autre, tous deux français, ou l'un français et l'autre étranger.

Les lignes de paquebots-poste constituent pour ainsi dire le prolongement de nos voies ferrées.

Le tableau ci-contre indique les principaux de ces services.

§ V. — *POSTES ET TÉLÉGRAPHES*

173. *Généralités.* — Les postes et télégraphes sont au nombre des services publics. Ils ont été réunis en ministère depuis le mois de février 1879 jusqu'en 1887, où on s'est borné à en faire une direction générale, rattachée au ministère des finances.

L'administration de ces services a le privilège exclusif de transporter les lettres, cartes postales, journaux, imprimés et paquets pesant moins de 1 kilogramme, de transmettre les télégrammes, dans des conditions et suivant des tarifs déterminés. Elle se charge aussi des envois d'argent, du recouvrement des valeurs, des abonnements aux journaux, délivre des mandats-postaux ou télégraphiques, etc. Dans chaque bureau de poste se trouve, en outre, une *Caisse d'épargne postale.*

Il y a, dans chaque chef-lieu de département, un directeur des postes et télégraphes, ayant sous ses ordres des inspecteurs et des sous-inspecteurs, des receveurs principaux, des receveurs d'arrondissement et des receveurs pour les bureaux simples, dont un certain nombre ne sont que des bureaux de distribution. Des facteurs, sous les ordres des receveurs, sont chargés de la remise à domicile des objets arrivés par la poste.

Les bureaux de poste sont en même temps bureaux des télégraphes, lorsque le télégraphe passe dans la localité. Au 1er janvier 1887, il y avait six mille huit cent dix-neuf bureaux de poste, dont quatre mille huit cent-treize ouverts au service télégraphique, plus trois mille neuf cent soixante-trois bureaux télégraphiques spéciaux, et cinquante-six mille six cent quatre-vingt et une boîtes aux lettres.

174. Postes. — Le transport des correspondances est devenu plus rapide et moins coûteux qu'autrefois. Un train journalier *de la poste* est mis, sur chaque ligne à l'aller et au retour, à la disposition de l'administration. En outre, les compagnies sont tenues de réserver, à tous les trains, deux compartiments de deuxième classe ou une voiture spéciale, appelée *bureau ambulant*, pour le service de la poste. Le nombre de ces wagons-poste était de trois cent quatre vingt-six au 1er janvier 1887.

175. *Tarifs.* — Les tarifs postaux sont maintenant uniformes pour toute la France, et le nombre des correspondances a progressé au fur et à mesure que le prix des transports diminuait.

Pour l'étranger, l'*Union postale internationale*, dont font partie tous les peuples un peu civilisés, a réalisé une grande simplification dans la comptabilité et une énorme réduction dans les tarifs, à tel point qu'une lettre ordinaire peut faire le tour du monde pour 25 centimes.

En 1885, il a été transporté près de deux cent millions d'objets à l'étranger et de treize cent trente-quatre à l'intérieur. Ces derniers se répartissent en cinq cent vingt-quatre millions de lettres, trente-trois millions de cartes postales, trois cent cinquante-neuf millions de journaux, trois cent soixante et onze millions d'imprimés, etc.

176. Télégraphe. — L'ensemble des départements est divisé en quinze groupes ou régions, placés chacun, au point de vue technique, dans les attributions d'un *directeur-ingénieur* des télégraphes.

Il y a, à Paris, une *École supérieure de télégraphie.*

177. *Matériel et dépêches.* — En 1884, le réseau comprenait 92,000 kilomètres de lignes et 268,000 kilomètres de fils, dont 84,400 kilomètres de lignes aériennes, 1,600 kilomètres de lignes souterraines et 6,000 kilomètres de lignes sous-marines ou sous-fluviales.

Le matériel se composait de onze mille cent soixante-dix appareils Morse, sept cent soixante-dix-huit Hughes, douze cent dix-neuf à cadran et soixante-seize appareils spéciaux (1).

La télégraphie électrique n'a été mise à la disposition du public qu'en décembre 1850. Les tarifs, d'abord proportionnels, ont été ensuite unifiés, et l'on a remarqué que, plus ils ont été abaissés, plus le nombre des dépêches a augmenté. Ainsi, en 1885, il y a eu, non compris les dépêches des gares, près de vingt-cinq millions de dépêches intérieures et deux millions trois cent mille dépêches pour l'étranger.

Les communications télégraphiques sont de deux espèces : *intérieures*, pour relier entre elles les diverses localités françaises, et *internationales*, pour relier un bureau français à un bureau étranger.

178. *Communications intérieures.* — Ces communications se font au moyen de fils de diverses catégories, variant suivant l'importance des localités reliées télégraphiquement.

On tend, depuis 1862, à organiser le réseau télégraphique de manière à rattacher en principe, à tout *bureau chef-lieu d'arrondissement*, les *bureaux secondaires* de toute catégorie groupés autour de ce chef-lieu. Les bureaux chefs-lieux d'arrondissement doivent être reliés au *bureau du chef-lieu de leur département*, et ce dernier doit être pourvu des communications nécessaires pour être relié immédiatement, et autant que possible directement, d'abord avec les chefs-lieux des départements voisins, ensuite avec le *bureau de la région* à laquelle il appartient; enfin, les bureaux régionaux sont le plus possible reliés entre eux et à Paris.

(1) Pour plus de détails sur ces diverses questions, voir la partie des *Sciences appliquées* concernant la télégraphie, publié par notre maison.

Les bureaux des gares de chemin de fer sont reliés par des fils de jonction au bureau de l'État le plus rapproché.

A Paris, les bureaux sont reliés entre eux par des *tubes pneumatiques*, dans lesquels circulent des *boîtes* ou *curseurs*, qui servent au transport des dépêches écrites.

179. *Communications internationales.* — Un centre régional français est relié directement à un centre principal par des fils internationaux de grande ou de moyenne communication. Si les pays desservis sont au delà des mers, ils empruntent la voie des câbles sous-marins.

Le réseau international français communique *directement*, par un ou plusieurs fils, avec l'Angleterre, la Belgique, le Danemark, l'Allemagne, l'Autriche, la Suisse, l'Italie, l'Espagne, les États-Unis, le Luxembourg, l'Algérie et la Corse.

Il est en communication, par l'*intermédiaire* des lignes des différents Etats, avec tous les points du réseau international suivant, qui comprend :

En *Europe :* tous les États ;

En *Asie :* Aden, l'Annam, l'Arabie, le Béloutchistan, la Birmanie, le Cambodge, la Chine, la Cochinchine, les Indes Britanniques, le Japon, la Perse, les provinces asiatiques de la Russie et de la Turquie, Siam et le Tonkin ;

En *Afrique :* l'Algérie, le Cap, l'Egypte, les îles Canaries, du Cap-Vert et Madère, le Mozambique, Natal, la république d'Orange, le Sénégal, le Transwaal, la Tripolitaine, la Tunisie, le Zanzibar ;

En *Amérique :* les possessions anglaises, les Antilles et Panama, la république Argentine, le Brésil, le Canada, le Chili, la Colombie, Costa-Rica, les États-Unis, l'Équateur, les Guyanes anglaise et française, Guatémala, Honduras, le Mexique, Nicaragua, le Paraguay, le Pérou, San Salvador, l'Uruguay, les îles Saint-Pierre et Miquelon ;

En *Océanie :* l'Australie, les Indes néerlandaises (Java et Sumatra), la Nouvelle-Zélande, les Philippines, la Tasmanie.

180. *Câbles sous-marins.* — Le tableau ci-après indique le point de départ du littoral français et le point d'arrivée à l'étranger de chacun des câbles sous-marins partant du littoral de notre pays.

PAYS avec lesquels la France est en communication	POINTS (les noms entre parenthèses sont les points d'atterrissement) DE DÉPART	D'ARRIVÉE	OBSERVATIONS
Iles Britanniques	Boulogne	Folkestone.	
	Calais	Douvres.	
	Brignogan (anse de Poulizan)	Plimouth (Salcombe).	Les îles Hébrides, Orcades, Shetland et Scilly sont reliées par des câbles aux Iles Britanniques.
	Brest (Déolin)	Penzence (Portheurno).	Réservé aux correspond. d'Amérique.
	Coutances (Pirou)	Iles de la Manche et Darmouth.	
	Dieppe	Beachy-Head.	
	Le Havre	Beachy-Head.	
Algérie	Marseille	Bône.	Deux câbles.
	Marseille	Alger.	Trois câbles.
Corse	Antibes	Saint-Florent.	
Danemarck	Calais	Ribe (Fanö).	
Espagne	Marseille	Barcelone.	
	Oudaraizzu	Saint-Sébastien.	
États-Unis	Brest (le Minou)	Duxburg, dans le Massachussets.	Par Saint-Pierre et Miquelon.
	Brest (Déolin)	Cap Coste, près de Boston.	—
	Le Havre (la Hève)	New-York.	Par Waterville (Angleterre) communication directe avec New-York par ce câble et non par les deux précéd.
Italie	Bastia (Maciuaggio)	Livourne.	
	Bonifacio	Santa-Teresa.	Ile de Sardaigne.

181. Téléphones. — L'État a établi et exploite directement un certain nombre de réseaux téléphoniques. Il doit relier les diverses villes par des communications de ce genre. Paris est même relié à Bruxelles téléphoniquement.

Il est accordé des concessions à des sociétés ou à des particuliers, moyennant une redevance du dixième du produit brut. En outre, il ne sera concédé aucun monopole, et l'administration s'est réservée le droit d'accorder ou d'exploiter des concessions concurrentes, ou de racheter à toute époque les exploitations en cours.

Le contrôle des réseaux à exploiter par l'industrie privée est réservé à l'État d'une manière absolue.

La téléphonie est d'ailleurs complètement entrée dans nos mœurs, non seulement la téléphonie locale, mais aussi la téléphonie à grande distance. Ce dernier service, organisé d'abord entre Bruxelles et Anvers (44 kilomètres), a été organisé ensuite entre Londres et Newcastle, en Angleterre (450 kilomètres), puis en Amérique où l'on trouve les lignes de New-York à Boston, de New-York à Philadelphie, de New-York à Chicago, etc. Enfin, le circuit qui relie Paris à Bruxelles a 320 kilomètres et l'on s'occupe actuellement de mettre en communication Paris et Marseille par ce moyen. Il faut même prévoir l'époque, peut-être peu éloignée, où les communications téléphoniques seront aussi générales et aussi étendues que les communications télégraphiques actuelles.

C'est en prévision de ce résultat que nous donnons ceux qui ont déjà été obtenus.

Le ministère de la Marine étudie en ce moment le projet de relier les rades et les villes des ports militaires et des ports de commerce par des bouées qui correspondraient avec la terre par des postes téléphoniques. Les navires de l'État et les bâtiments marchands, arrivant la nuit ou à marée basse, pourraient ainsi communiquer avec les préfectures maritimes ou les courtiers de commerce. La réalisation de cette idée si utile serait d'ailleurs peu coûteuse.

CHAPITRE V

ORGANISATION MILITAIRE ET MARITIME

§ 1. — *RECRUTEMENT*

182. *Loi du 27 juillet 1872.* — Le recrutement est l'ensemble des mesures par lesquelles un peuple pourvoit à la formation de l'armée.

La loi du recrutement actuellement en vigueur en France est celle du 27 juillet 1872, d'après laquelle tout Français, qui n'est pas déclaré impropre au service militaire, peut être appelé à faire partie de l'armée et des réserves de la manière suivante, de vingt ans à quarante ans, savoir:

Dans l'armée active pendant cinq ans ;

Dans la réserve de l'armée active, pendant quatre ans ;

Dans l'armée territoriale, pendant cinq ans ;

Dans la réserve de cette armée pendant six ans (1).

Toutefois, cette loi qui rend le service obligatoire pour tous, en temps de guerre, c'est-à-dire pour la défense de la patrie, a dispensé du service d'activité en temps de paix, sauf des périodes d'instruction de courte durée, les hommes appartenant aux catégories suivantes :

Aîné d'orphelins de père et de mère ;

Fils aîné ou unique de veuve, ou d'un père aveugle ou septuagénaire ;

Le plus âgé des deux frères appelés à faire partie d'un même tirage;

Celui dont un frère est à l'armée active;

Celui dont un frère est mort en activité de service, ou a été réformé ou retraité pour blessures ou pour infirmités contractées à l'armée ;

Enfin, les jeunes gens qui se destinent à l'instruction publique et les élèves ecclésiastiques, sous la condition de souscrire un engagement décennal.

Pour sauvegarder le développement des carrières libérales, cette même loi a admis à ne faire qu'une année de service actif les jeunes gens qui satisfont à des examens déterminés, et qui versent au Trésor une somme de 1,500 francs, destinée à couvrir les frais de leur entretien (*engagés conditionnels d'un an*).

Enfin, comme le contingent à incorporer, défalcation faite des dispenses ci-dessus, est encore trop fort pour que l'on puisse conserver cinq ans et même pendant quarante mois sous les drapeaux les hommes qui le composent, on a été obligé d'en renvoyer un certain nombre au bout d'une année. — Ce nombre est fixé annuellement par le ministre de la guerre, suivant les ressources du budget ; les hommes qui en font partie sont compris sous la dénomination de *deuxième portion du contingent ;* ils sont désignés par voie du tirage au sort. De plus la durée du service effectif de la première portion a été réduite à quarante mois environ, au lieu de cinq ans.

La loi du 27 juillet 1872, dont les dispositions principales sont retracées ci-dessus a été l'objet de vives récriminations, et depuis plusieurs années, le Parlement s'occupe, sans jamais pouvoir aboutir, à faire une autre loi de recrutement rédui-

(1) Il est question d'introduire, dans la nouvelle loi militaire en préparation, une disposition d'après laquelle le service militaire serait dû jusqu'à 45 ans; les cinq années complémentaires seraient remises dans la réserve de l'armée territoriale.

sant à trois années la durée du service actif et supprimant la deuxième portion du contingent, ainsi que la plupart des dispenses et l'engagement conditionnel d'un an.

La pierre d'achoppement de ce projet de loi, c'est que les contingents ainsi obtenus seraient beaucoup trop forts pour qu'on pût les conserver pendant trois ans sous les drapeaux, sans exagérer outre mesure le budget de la guerre. — Avec les ressources du budget actuel, on ne pourrait conserver les contingents entiers que pendant deux années environ ; les militaires affirment avec raison que ce laps de temps est insuffisant pour former des soldats, et surtout des cadres ; de là ressort la nécessité de renvoyer une partie des contingents au bout d'un an de service, afin de pouvoir conserver l'autre partie pendant trois ans.

§ *II. — ORGANISATION*

183. *Organisation de l'armée française.* — Les lois fondamentales de l'organisation actuelle de l'armée française sont celles du 24 juillet 1873, du 13 mars 1875, du 20 mars 1880, du 16 mars 1882 et du 25 juillet 1887.

Le principe fondamental de notre organisation militaire, c'est qu'elle est la même en temps de paix qu'en temps de guerre, et qu'elle permet de passer rapidement de l'un à l'autre par un simple accroissement d'effectifs. — Ce résultat a été obtenu de la manière suivante:

Le territoire de la France a été divisé en 18 circonscriptions appelées régions, correspondant chacune à *un corps d'armée ;* ces régions de corps d'armée comprennent un nombre de départements variable suivant la densité de la population ; on peut remarquer que les régions de corps d'armée du nord ont bien moins d'étendue que celles du sud, pour la raison que nous venons de donner, car il importe avant tout que les ressources du recrutement et, par suite, le chiffre de la population soient sensiblement égales dans chaque région de corps d'armée.

On a encore été guidé par une autre considération dans le groupement des départements par région de corps d'armée ; on a tenu essentiellement à fractionner en quatre parties le département de la Seine, de même que le département du Nord, et, pour cela, on a fait respectivement de Paris et de Lyon les points de départ de quatre régions de corps d'armée différents ; de cette façon les réservistes et les territoriaux de chacun de ces deux départements se trouvent répartis dans quatre régiments différents. L'organisation des *gouvernements militaires* de Paris et de Lyon est la conséquence de ce système.

Chaque région est divisée en deux divisions correspondant chacune à *une division d'infanterie;* chaque division en deux subdivisions correspondant chacune à *une brigade d'infanterie ;* enfin, chaque subdivision en deux circonscriptions de régiment appelées *subdivisions de région*, correspondant chacune à *un régiment actif d'infanterie* et *un régiment de même arme de l'armée territoriale.* Il y a, par conséquent, huit circonscriptions de régiments d'infanterie par corps d'armée, un neuvième régiment, appelé *régiment régional d'infanterie*, est recruté sur l'ensemble de la région ; chaque subdivision de région forme une circonscription de recrutement, avec un commandant et un bureau de recrutement ; elle est également la circonscription d'un régiment territorial d'infanterie, à l'exception de celle d'Aix qui en forme deux.

L'Algérie forme le 19e corps d'armée, mais avec trois divisions territoriales, correspondant à chacune des trois provinces.

Le tableau ci-après indique la composition des régions et de leurs subdivisions.

(*Les villes dont les noms sont en italiques se trouvent hors du corps d'armée.*)

NUMÉROS des RÉGIONS	CHEFS-LIEUX DES CORPS D'ARMÉE	CHEFS-LIEUX DES DIVISIONS	CHEFS-LIEUX DES BRIGADES	CHEFS-LIEUX DES SUBDIVISIONS
1re	Lille	Lille	Lille	Lille.
				Valenciennes.
			Cambrai	Cambrai.
				Avesnes.
		Arras	Arras	Arras.
				Béthune.
			Saint-Omer	Saint-Omer.
				Dunkerque.
2e	Amiens	Amiens	Soissons	Soissons.
				Compiègne.
			Beauvais	Beauvais.
				Amiens.
		Compiègne	*Sedan*	Péronne.
				Abbeville.
			Laon	Laon.
				Saint-Quentin.
3e	Rouen	Paris	Paris	Bernay.
				Evreux.
			Paris	Falaise.
				Lisieux.
		Rouen	Rouen	Rouen (N.)
				Rouen (S.)
			Caen	Caen.
				Le Havre.
4e	Le Mans	Paris	Paris	Laval.
				Mayenne.
			Le Mans	Mamers.
				Le Mans.
		Versailles	Paris	Dreux.
				Chartres.
			Versailles	Alençon.
				Argentan.
5e	Orléans	Paris	Paris	Sens.
				Fontainebleau.
			Paris	Melun.
				Coulommiers.
		Orléans	Auxerre	Auxerre.
				Montargis.
			Blois	Blois.
				Orléans.
6e	Châlons-sur-Marne	Nancy	Nancy	Nancy.
				Toul.
			Troyes	Neufchâteau.
				Troyes.
		Reims	Mézières	Mézières.
				Reims.
			Verdun	Verdun.
				Châlon-sur-Marne.
7e	Besançon	Langres	Bourg	Bourg.
				Belley.
			Langres	Langres.
				Chaumont.
		Besançon	Lons-le-Saunier	Lons-le-Saunier.
				Besançon.
			Belfort	Belfort.
				Vesoul.
8e	Bourges	Dijon	Dijon	Auxonne.
				Dijon.
			Mâcon	Châlons-sur-Saône.
				Mâcon.
		Bourges	Bourges	Cosne.
				Bourges.
			Nevers	Autun.
				Nevers.
9e	Tours	Châteauroux	Châteauroux	Châteauroux.
				Le Blanc.
			Poitiers	Parthenay.
				Poitiers.
		Angers	Tours	Châtellerault.
				Tours.
			Angers	Angers.
				Cholet.
10e	Rennes	Rennes	Saint-Brieuc	Guingamp.
				Saint-Brieuc.
			Rennes	Rennes.
				Vitré.
		Saint-Servan	Cherbourg	Cherbourg.
				Saint-Lô.
			Saint-Malo	Granville.
				Saint Malo

NUMÉROS des RÉGIONS	CHEFS-LIEUX DES CORPS D'ARMÉE	CHEFS-LIEUX DES DIVISIONS	CHEFS-LIEUX DES BRIGADES	CHEFS-LIEUX DES SUBDIVISIONS
11ᵉ	Nantes	Nantes	Nantes	Nantes. Ancenis.
			La Roche-sur-Yon	La Roche-sur-Yon. Fontenay-le-Comte.
		Vannes	Vannes	Vannes. Quimper.
			Quimper	Brest. Lorient.
12ᵉ	Limoges	Limoges	Limoges	Limoges. Magnac-Laval.
			Tulle	Guéret. Tulle.
		Périgueux	Angoulême	Périgueux. Angoulême.
			Bergerac	Brives. Bergerac.
13ᵉ	Clermont-Ferrand	*Lyon*	*Lyon*	Riom. Montluçon.
			Lyon	Clermont-Ferrand. Aurillac.
		Saint-Étienne	Saint-Étienne	Le Puy. Saint-Étienne.
			Roanne	Montbrison. Roanne.
14ᵉ	Grenoble	Grenoble	Grenoble	Grenoble. Bourgoin.
			Chambéry	Annecy. Chambéry.
		Lyon	Lyon	Vienne. Romans.
			Gap	Montélimar. Gap.
15ᵉ	Marseille	Nice	Toulon	Toulon. Antibes.
			Marseille	Aix. Ajaccio.
		Avignon	Nîmes	Nîmes. Avignon.
			Privas	Privas. Pont-Saint-Esprit.
16ᵉ	Montpellier	Montpellier	Montpellier	Béziers. Montpellier.
			Rodez	Mende. Rodez.
		Perpignan	Perpignan	Narbonne. Perpignan.
			Albi	Carcassonne. Albi.
17ᵉ	Toulouse	Montauban	Agen	Agen. Marmande.
			Cahors	Cahors. Montauban.
		Toulouse	Toulouse	Toulouse. Foix.
			Auch	Mirande. Saint-Gaudens.
18ᵉ	Bordeaux	Bordeaux	La Rochelle	Saintes. La Rochelle.
			Bordeaux	Libourne. Bordeaux.
		Bayonne	Bayonne	Mont-de-Marsan. Bayonne.
			Pau	Pau. Tarbes.
19ᵉ	Alger	Alger	Alger Dellys Orléansville Médéah Aumale	Alger.
		Oran	Oran Mascara Tlemcen	Oran.
		Constantine	Constantine Bône Batna Sétif	Constantine.

184. Mobilisation. — Le passage du pied de paix au pied de guerre, c'est-à-dire *la mobilisation de l'armée*, s'obtient de la manière suivante :

Les hommes faisant partie de la réserve de l'armée active rejoignent immédiatement leurs corps respectifs, *par les voies rapides*, au moyen des ordres de route contenus dans leurs livrets ; les délais de route sont de un ou deux jours ; au bout de ce laps de temps, l'armée active possède ses effectifs complets de guerre ; les réservistes sont immédiatement habillés et armés ; les équipages sont constitués au moyen des ressources permanentes et surtout au moyen des chevaux et des voitures de réquisition. Dès lors, les unités tactiques peuvent être embarquées en chemin de fer pour une certaine destination, fixée à l'avance, sur la frontière menacée ; cette dernière opération porte le nom de *concentration*.

L'armée territoriale peut être mobilisée en même temps que l'armée active ; dans ce cas, les hommes qui en font partie rejoignent, *par les voies ordinaires*, le chef-lieu de leur subdivision de région, où se constitue leur régiment. — Les territoriaux appartenant à l'infanterie n'ont au maximum, qu'une journée de marche pour rejoindre leur régiment, où ils sont immédiatement habillés et armés, au moyen d'effets et d'armes préparés dès le temps de paix. — Les territoriaux appartenant à la cavalerie, à l'artillerie, au génie, etc., se rendent au régiment désigné sur leur ordre de route, et qui est aussi rapproché que possible de leur résidence.

On voit, par ce qui précède, que la mobilisation de l'armée territoriale est complètement indépendante de celle de l'armée active, puisque celle-ci s'effectue par les voies rapides, tandis que l'autre a lieu par les voies ordinaires, c'est-à-dire par les routes ; ces deux opérations peuvent donc s'effectuer simultanément et sans encombre, dans la région de corps d'armée où le ministre juge la chose nécessaire ; elles sont surtout facilitées par ce fait que les hommes possèdent dès le temps de paix leur ordre de rappel sous les drapeaux, et qu'ils connaissent le lieu où ils doivent se rendre.

185. Ministère de la Guerre. — A la tête de l'armée se trouve le ministre de la Guerre, qui en est le chef responsable ; il dispose des personnes, dirige l'emploi de tous les crédits, contrôle les faits administratifs et présente, pour chaque exercice, ses comptes généraux à la Cour des Comptes, puis aux Chambres.

Le ministre de la guerre assure l'exécution des lois qui concernent l'armée ; il les développe par des règlements, des instructions, des décisions ou des notes.

Il est secondé dans sa tâche par l'*administration centrale du département de la Guerre* qui comprend les grandes divisions suivantes :

Cabinet du ministre ;
État-major général du ministre ;
Direction générale du contrôle ;
id générale de la comptabilité ;
id de l'infanterie ;
id de la cavalerie ;
id de l'artillerie ;
id du génie ;
id des services administratifs ;
id des poudres et salpêtres ;
id du service de santé.

§. *III — COMPOSITION*

186. Composition de l'armée. — Les différents personnels composant l'armée peuvent être groupés en trois catégories principales :

1° Les états-majors ;
2° Les corps de troupe ;
3° Les services particuliers.

187. *Etats-majors.* — On distingue divers états-majors, savoir :

L'État-major général, comprenant les maréchaux et les généraux, ces derniers sont au nombre de trois cents, dont cent généraux de division et deux cents généraux de brigade ;

Le *service d'État-major*, comprenant trois cents officiers brevetés et des archivistes.

Le *corps du contrôle de l'Administration de la Guerre*, comprenant cinquante-deux fonctionnaires, chargés de contrôler tous les services du département de la Guerre. Ce contrôle est inopiné, mobile et indépendant du commandement.

L'*état-major particulier de l'Artillerie*, comprenant deux cent quatre-vingt-quatre officiers et onze-cent-onze employés militaires (gardes, contrôleurs d'armes, gardiens de batterie); il est chargé de la fabrication et de la conservation de toutes les armes, des munitions de guerre et du matériel de transport de l'armée. Pour ce service, le pays est divisé en un certain nombre de directions et d'arrondissements d'artillerie.

L'*état-major particulier du Génie*, comprenant quatre cent quatre-vingt-six officiers et huit cent soixante-six employés militaires (adjoints, portiers-consignes, caserniers); il est chargé de la construction et de l'entretien des fortifications et des bâtiments militaires. Cet état-major est réparti en un certain nombre de directions et de chefferies.

L'*Intendance militaire*, comprenant trois cent vingt-quatre fonctionnaires; ce corps est chargé des services ci-après: solde, subsistances militaires, habillement et campement, harnachement, marche et transports, lits militaires; il exerce en outre un contrôle sur toutes les dépenses militaires qui tiennent à la présence effective des hommes et des chevaux. — L'Intendance militaire est subordonnée au commandement. —

188. Corps de troupe. — Les corps de troupe se classent en plusieurs groupes suivant leur spécialité, savoir:

L'Infanterie;
La Cavalerie;
L'Artillerie;
Le Génie;
Le Train des équipages;
Les troupes d'Administration;
La Gendarmerie.

L'infanterie comprend les corps de troupes ci-après:

Cent-quarante-quatre régiments de ligne à trois bataillons de quatre compagnies; plus les cadres d'officiers d'un quatrième bataillon (1);

Dix-huit régiments régionaux à trois bataillons de quatre compagnies;

Trente bataillons de chasseurs à pied à quatre compagnies;

Quatre régiments de zouaves à quatre bataillons de quatre compagnies, plus deux compagnies de dépôt;

Quatre régiments de tirailleurs algériens (turcos) à quatre bataillons de quatre compagnies plus une compagnie de dépôt;

Deux régiments étrangers à quatre bataillons de quatre compagnies, plus une compagnie de dépôt;

Trois bataillons d'infanterie légère d'Afrique à six compagnies;

Cinq compagnies de discipline dont quatre de fusilliers et une de pionniers;

Un régiment de sapeurs-pompiers de la ville de Paris, à douze compagnies.

La *Cavalerie* comprend actuellement quatre-vingt-deux régiments, savoir:

12	régiments	de cuirassiers	A 5 escadrons
28	—	de dragons	
20	—	de chasseurs	
12	—	de hussards	
6	—	de chasseurs d'Afrique	
4	—	de spahis à 6 escadrons	

Le projet de réorganisation actuellement soumis aux chambres augmente ces chiffres de: 2 régiments de dragons, 1 de chasseurs, 6 de hussards et de 1 escadron de dépôt dans les régiments de spahis.

Elle comprend également huit compagnies de cavaliers de remonte.

L'*Artillerie* comprend actuellement:

Trente-huit régiments d'artillerie de campagne à 11 batteries;

Seize bataillons d'artillerie de forteresse à six batteries;

Dix compagnies d'ouvriers d'artillerie;

Trois compagnies d'artificiers;

(1) Il est question de rendre une compagnie de dépôt à chacun des corps d'infanterie qui n'en ont pas.

Les bataillons de chasseurs à pied seraient à 6 compagnies actives, plus 2 compagnies de dépôt.

Les bataillons de zouaves seraient également à 6 compagnies.

Le nombre des bataillons d'infanterie légère d'Afrique serait porté à cinq.

Deux régiments de pontonniers à quatorze compagnies.

D'après le nouveau projet de loi, ces régiments seront supprimés.

Le *Génie* comprend quatre régiments composés chacun de cinq bataillons, une compagnie de dépôt, les compagnies de chemins de fer, une compagnie de sapeurs conducteurs (1).

Le *Train des équipages* comprend vingt escadrons à trois compagnies chacun, plus un certain nombre de compagnies mixtes en Algérie. — En temps de guerre, les compagnies se dédoublent et les vingt escadrons se trouvent formés à six compagnies, dont les unes sont *montées* et attellent des voitures, et les autres dites *légères* sont composées d'hommes à pied conduisant des animaux de bât.

Les *Troupes d'administration* comprennent : vingt-cinq sections de commis et ouvriers militaires d'administration, vingt-cinq sections d'infirmiers et vingt sections de secrétaires d'état-major et du recrutement.

La *Gendarmerie* comprend : 1° Vingt-sept légions de gendarmerie départementale, à raison de une par corps d'armée, plus une pour la Corse et une pour le gouvernement de Paris, et six légions bis dans les six régions de corps d'armée de la frontière ;

2° La gendarmerie coloniale, de force variable ;

3° Une légion de garde républicaine formée de trois bataillons à pied, de quatre compagnies chacun, et de quatre escadrons de cavalerie.

189. Services particuliers. — La loi du 13 mars 1875 réunit, sous la dénomination de personnels des services particuliers, les personnels ci-après :

Le corps des officiers de santé militaire, comprenant mille trois cent médecins et cent vingt pharmaciens ;

Les officiers d'administration, comprenant les quatre catégories suivantes :

(1) Le ministre a proposé de créer un régiment de sapeurs de chemins de fer à trois bataillons, plus un bataillon du génie formant corps pour assurer le service du génie en Algérie. Les compagnies de dépôt seraient supprimées.

Officiers d'administration des bureaux de l'Intendance. . . .	500
Officiers d'administration des subsistances militaires.	425
Officiers d'administration de l'habillement et du campement. .	105
Officiers d'administration des hôpitaux militaires.	350
Total. . . .	1,380

Les *aumôniers militaires* (ne sont plus maintenus en temps de paix) ;

Les *vétérinaires militaires*, au nombre de 450 ;

Les *interprètes militaires*, au nombre de 75 ;

Le *service du recrutement ;*

Les *dépôts de remonte ;*

Les *affaires indigènes en Algérie ;*

Le *service des chemins de fer militaires ;*

Le *service de la télégraphie militaire ;*

Le *service de la trésorerie et des postes aux armées.*

Ces trois derniers services sont exécutés au moyen d'agents techniques, et ne sont organisés qu'en temps de guerre ; le service des chemins de fer militaires est exécuté en temps de guerre, en partie par les compagnies d'ouvriers militaires du génie, et par les sections techniques composées des agents civils des compagnies de chemins de fer.

190. Écoles militaires. — Les écoles militaires, à rattacher aux services particuliers précédents, méritent une mention détaillée. Celles qui dépendent du ministère de la Guerre sont les suivantes :

L'*École Polytechnique*, destinée à former des élèves pour les services publics, civils et militaires, ci-après : artillerie et génie, militaire et maritime, ponts et chaussées, mines, poudres et salpêtres, ingénieurs hydrographes, lignes télégraphiques et manufactures de l'État ;

L'*École supérieure de guerre*, à Paris, où l'on admet, à la suite de concours, un certain nombre d'officiers de toutes armes, en vue de les préparer spécialement au service d'état-major et au commandement des armées ;

L'*École d'application de l'artillerie et*

du génie, à Fontainebleau, pour former au service de ces armes les élèves de l'École Polytechnique qui y sont classés ;

L'*École d'application de médecine et de pharmacie militaire*, au Val-de-Grâce, à Paris, pour former les médecins et les pharmaciens militaires ;

L'*École spéciale militaire de Saint-Cyr*, destinée à former des officiers pour l'infanterie de terre et de mer et pour la cavalerie ;

L'*École de cavalerie* de Saumur, instituée pour compléter et perfectionner l'instruction des lieutenants de cavalerie ou des sous-officiers destinés à devenir officiers pour former des cavaliers élèves sous-officiers, des instructeurs pour les régiments et initier au service régimentaire les aides-vétérinaires stagiaires ;

L'*École militaire d'infanterie*, dite *des sous-officiers*, à Saint-Maixent, pour former les officiers d'infanterie sortant des sous-officiers ;

L'*École des élèves officiers de l'artillerie et du génie*, à Versailles, pour les candidats officiers du génie, de l'artillerie et du train des équipages militaires provenant des sous-officiers ;

Le *Prytanée militaire* de la Flèche, destiné à donner l'instruction secondaire aux fils d'officiers sans fortune ou de sous-officiers morts au champ d'honneur ;

L'*École d'administration*, à Vincennes, pour assurer le bon recrutement des officiers des diverses branches de l'administration militaire ;

Les *Écoles normales ou régionales de tir* des camps de Châlons, de la Valbonne et du Ruchard, pour former de bons instructeurs de tir (officiers et sous-officiers) ;

L'*École normale militaire de gymnastique et d'escrime*, à Joinville-le-Pont, pour former de bons moniteurs d'escrime et de gymnastique ;

L'*École centrale de pyrotechnie militaire*, à Bourges, où se font les travaux, les instructions et les études concernant les munitions et artifices de guerre ;

Les *Écoles d'enfants de troupe*, en divers endroits, pour donner aux enfants des militaires élevés par l'État l'instruction nécessaire pour faire de bons sous-officiers;

Les *Écoles régimentaires de l'artillerie et du génie*, pour donner aux militaires de ces armes, surtout aux sous-officiers, l'instruction technique nécessaire pour le service de l'armée ;

Les *Écoles régimentaires* des autres armes. Le *Musée d'artillerie*, à Paris, etc.

191. Justice militaire. — Les crimes et délits commis par les militaires ou assimilés aux militaires sont jugés par les *conseils de guerre*, tribunaux composés de sept officiers ou sous-officiers en activité de service, dont le grade varie suivant le grade ou la position de l'accusé. Un commissaire du gouvernement, un rapporteur et un greffier sont en outre attribués à chacun de ces conseils, dont les jugements ne peuvent être cassés que pour vice de formes seulement par un *conseil de revision*. Il existe un conseil de guerre au moins par corps d'armée.

Les militaires condamnés subissent leur peine dans l'un des six ateliers de travaux publics établis en Algérie, ou dans l'un des cinq pénitenciers militaires existants (trois en Algérie).

§ *III. — ORGANISATION DÉFENSIVE DE LA FRANCE* (1)

192. *Ancienne organisation.* — En France, les fortifications appliquées à la défense directe de l'État ne datent guère que du XVIe siècle. Auparavant, le territoire était protégé par la *fortification individuelle* qui, ainsi que son nom l'indique, avait uniquement pour but la défense des intérêts locaux : chaque cité voulait assu-

(1) Voir notre *Traité de fortification*.

rer son indépendance propre, chaque seigneur féodal cherchait à se défendre de son mieux contre un ennemi généralement peu puissant en moyens mécaniques. On comptait ainsi jusqu'à soixante mille localités fortifiées de tout ordre.

Mais aux XVIe et XVIIe siècles, alors que l'unité territoriale s'affermissait de plus en plus et qu'apparaissaient les premières armées permanentes, plusieurs ingénieurs ou écrivains militaires songèrent à grouper d'une façon rationnelle tous les éléments épars de la défense individuelle, pour les faire concourir à la défense directe de l'État. Les groupements méthodiques qu'ils proposèrent sont connus sous le nom général de *systèmes des cordons de forteresses* ou *cordons de frontières*. Mais alors, les armées étaient peu nombreuses et l'on était obligé de faire hiverner les troupes qui, d'ailleurs, n'osaient pénétrer dans un pays sans avoir fait la conquête de toutes les places. Enfin, les voies de communication étaient mauvaises et rares, de sorte que le ravitaillement, en vivres et en munitions, était long et difficile.

Le système, établi aux frontières, comprend trois lignes continues de forteresses, distantes entre elles de six à huit lieues et disposées en quinconce. La capitale et quelques grandes villes de l'intérieur devaient aussi être fortifiées. Pour obtenir une disposition de ce genre en France, on dut procéder à des remaniements considérables et à des constructions nouvelles. Cette réorganisation, qui a subsisté jusqu'à ces derniers temps, est l'œuvre de célèbres ingénieurs de l'époque, dont le plus illustre et le plus connu fut Vauban.

Cependant, vers le commencement de notre siècle, quelques idées nouvelles s'étaient fait jour. Par suite des progrès de la science et de l'industrie, les armées de campagne tendaient à devenir plus nombreuses et de plus en plus mobiles, et la guerre par les sièges devenait moins fréquente. On songea alors à remédier aux inconvénients de la grande profusion des forteresses, qui devenaient désormais les vassales de la stratégie. C'est dans ce but que furent proposés divers systèmes, dits des *masses d'appui*.

Ces systèmes consistent à établir des forteresses dans des positions telles, que les armées qui s'y appuient puissent garder convenablement toutes les routes d'invasion, non seulement à la frontière, mais aussi à l'intérieur du pays.

Parmi ces systèmes, celui proposé pour l'organisation de la France par une commission nommée à cet effet, en 1818, est remarquable. Mais, comme il entraînait des dépenses considérables, que l'état des finances de l'époque ne permettait pas de supporter, on ne put le réaliser, de sorte qu'en 1870 nous n'avions, à peu d'exceptions près, que les anciennes places de la fortification individuelle ou des cordons.

Dans l'intervalle, une autre méthode d'organisation défensive avait rallié de nombreux partisans : c'était celle des *camps retranchés*. Ceux-ci avaient pour but d'augmenter l'étendue des forteresses, afin d'en rendre le siège sinon impossible, du moins très difficile. On pensait alors qu'une armée appuyée à un camp retranché pourrait manœuvrer à sa guise, et que l'investissement du camp, dans le cas où l'armée s'y enfermerait provisoirement, ne pourrait être suffisant pour s'opposer à la sortie de cette dernière. Les exemples funestes de Metz et de Paris n'ont que trop prouvé la fausseté de ce raisonnement. L'exemple d'Ulm seul aurait pourtant dû suffire !

Disons en passant que l'organisation des camps retranchés avait fait concevoir l'idée des forts détachés, puis celle de la défense mobile des places : les premiers facilitent l'agrandissement du périmètre couvert; le deuxième était la conséquence des effectifs considérables que l'on consacrait à la défense. Paris, Lyon, Metz et quelques autres villes avaient reçu des forts détachés avant 1870.

193. *Organisation actuelle.* — Les systèmes précédents n'étaient désormais plus appréciables, ceux des cordons et des masses d'appui, parce qu'ils entraînaient une profusion considérable de places; celui des camps retranchés, qu'on peut rattacher à celui des masses d'appui, parce que, restreint, il comportait de nombreux et larges intervalles et ne donnait pas un appui suffisant aux armées de campagne, tandis que, plus complet, il était ruineux pour les finances et immobilisait des effectifs considérables.

C'est alors que le général Séré de Rivières songea au système des *régions fortifiées* proposé par le général de Maureillan en 1818. Ce système repose sur les deux principes suivants :

1° Une forteresse, aussi vaste qu'elle soit, ne protège que sur un rayon limité ; elle peut d'ailleurs être investie ;

2° Un groupe de forteresses ayant entre elles certaines relations de positions et de distances ne présente pas les inconvénients précédents.

Pour déterminer les positions ou régions à occuper, il suffit de se poser la question suivante : *Que doit faire une armée chargée de défendre une certaine étendue de territoire lorsque, par son infériorité, elle est hors d'état d'agir contre celle qui lui est opposée?*

La réponse à cette question fait reconnaître que le général commandant l'armée doit s'établir dans une *position centrale*, protégeant bien tout le terrain confié à sa garde. Il se retranchera dans cette position, pour couvrir ses magasins, ses arsenaux, et pour être à même de faire sans danger tous les mouvements qui lui seront imposés par les manœuvres de l'adversaire, de façon à pouvoir non seulement résister avec avantage sur la position, mais encore aller combattre l'ennemi, lorsque l'occasion lui paraîtra favorable.

Or, les positions centrales peuvent être déterminées d'après certaines considérations ou hypothèses prévues, sur les mouvements qui s'effectueront aux frontières, sur les nécessités de mobilisation et de concentration. Ces positions étant déterminées, au lieu de laisser aux armées le soin de se retrancher seulement au moment du besoin, on profite des loisirs du temps de paix pour donner à l'organisation toute la force et toute la perfection désirables.

Il ressort de cela que la considération des accidents géographiques du territoire, les combinaisons stratégiques des deux adversaires, etc., dictent le choix des positions centrales ; les accidents plus restreints ou topographiques du terrain sur lequel on doit s'établir, les voies de communication, etc., indiquent les détails de l'organisation des régions.

Puisqu'il doit se plier à des exigences très diverses, le système des régions fortifiées ne saurait être représenté d'une façon géométrique. En France, la forme simple sous laquelle il a été appliqué est désignée sous le nom de *rideau défensif*.

Outre l'avantage que possèdent les régions fortifiées de permettre aux armées de s'appuyer sur elles sans avoir à craindre un investissement, elles assurent la sécurité de la mobilisation, qui pourrait être troublée, au début, par des détachements ennemis ; enfin elles procurent à la concentration le grand espace couvert nécessaire au rassemblement des armées.

194. *Application du système.* — La manière de protéger nos frontières ne pouvait évidemment être la même pour nos frontières maritimes que pour nos frontières terrestres ; elle devait nécessairement différer aussi pour les frontières défendues par des obstacles naturels, tels que des chaînes de hautes montagnes, et pour des frontières complètement ouvertes.

Pour les frontières bordées d'obstacles naturels, on s'est borné à interdire par des fortifications permanentes les passages, les cols, les débouchés des vallées, et à construire, un peu en arrière de chacune de ces frontières, une ou deux grandes places fortes, servant de réduit et de noyau de concentration pour la défense.

Pour les frontières complètement ouvertes, on a créé de fortes positions, formées par des groupes de places fortes ou de forts constituant des *régions fortifiées*, et laissant entre elles des trouées où l'ennemi ne pourra s'engager que dans des conditions très désavantageuses. Derrière ces positions fortifiées de *première ligne*, on en a établi d'autres, dites de *seconde ligne* ou de halte, à peu près à égale distance, entre la frontière et la capitale. Ces positions, destinées à retarder la poursuite de l'ennemi et à fournir aux armées en retraite un champ de bataille organisé, ne doivent constituer que des abris pour ces armées qui, en aucun cas, ne doivent s'y laisser enfermer. Enfin, les fortifications de la capitale ont reçu une extension telle que l'investissement par l'ennemi exigera des forces énormes, et que l'armée assiégée pourra prendre partout l'offensive avec avantage. Et, même après la chute de la capitale, les dernières réserves du pays, appuyées sur les montagnes de l'Auvergne et du Morvan, pourraient encore continuer la lutte.

Positions de première ligne.

195. En jetant un coup d'œil sur la frontière de l'est, depuis la mer du Nord jusqu'à la mer Méditerranée, on voit qu'elle peut se partager en trois parties distinctes : la première, ou *frontière nord-est*, entre la mer du Nord et la frontière luxembourgeoise à l'est de Longwy ; la deuxième, entre Longwy et la chaîne du Jura, porte le nom de *frontière de l'est ;* enfin la troisième, du Jura à la Méditerranée, est appelée *frontière du sud-est*.

196. *Frontière nord-est.* — Cette frontière est soi-disant couverte par la neutralité de la Belgique, mais l'histoire offre trop d'exemples de la violation des neutralités des petits pays par les grands, pour que la France ait pu se croire garantie de ce côté sur la simple foi des traités ; c'est pourquoi elle a réorganisé le système définitif de cette frontière de la manière suivante :

1° Sur la mer, on a organisé une position fortifiée dans le but de mettre nos ports à l'abri d'une attaque par terre, et de compléter la défense naturelle de cette région plate, marécageuse, coupée de canaux, de fossés d'irrigation et de baies. Ce groupe fortifié est formé des places de *Dunkerque*, *Bergues*, *Gravelines* et *Calais* (1).

2° A 60 kilomètres plus au sud, la frontière forme un premier saillant dans lequel on trouve la place de *Lille*, avec forts détachés. Les places anciennes de *Douai* et d'*Arras* sont plus en arrière.

3° Un peu plus au sud, entre l'Escaut et la Sambre, se trouve une région qui a été le chemin naturel de toutes les invasions venant du nord-est. En effet, la ligne d'invasion par le territoire belge part du Rhin inférieur et arrive sur Paris par les vallées de la Meuse, de la Sambre et de l'Oise. Elle ne saurait s'écarter de ces vallées sans jeter les armées d'un côté dans les Ardennes et les exposer de l'autre à être acculées à la mer. On a créé dans cette région une *position centrale* de défense de toute la frontière. Son flanc gauche est formé par l'Escaut, le long duquel on peut tendre des inondations, et renforcé par les places de *Valenciennes*, *Bouchain* et *Condé ;* son front est formé par la petite rivière de la *Rhonelle* et la forêt de *Mormal*, et renforcé par le fort de *Curgies*, la petite place du *Quesnoy*, organisée en fort d'arrêt ; son flanc droit est formé par la Sambre et renforcé par la place de *Maubeuge*, entourée d'une ceinture de forts détachés, et par la petite place de *Landrecies*. — En résumé, cette importante position de défense est renforcée par les places de Valenciennes et de Maubeuge, avec leurs annexes de Curgies, de Condé et du Quesnoy, qui commandent toutes les communications donnant accès dans la région comprise entre l'Escaut et la Sambre.

4° Un peu plus à l'est, la frontière forme un saillant très prononcé, au sommet duquel se trouve la petite place forte de *Givet*, destinée à jouer le rôle de fort d'arrêt sur la Meuse, de même que *Rocroy*, situé plus au sud.

Le pays qui s'étend entre la Meuse et la Sambre porte le nom de *Thiérache ;* il est difficile, couvert de nombreuses forêts et présente de bonnes positions défensives. — On a jugé inutile de le renforcer par la fortification, bien qu'il soit en face de la *trouée de Chimay*, c'est-à-dire de la route la plus courte pour aller de la frontière à Paris, en suivant les vallées des cours d'eau, sans avoir à traverser ces derniers. — On s'est borné à créer un fort d'arrêt à *Hirson*, dans le but de protéger l'importante bifurcation des chemins de fer qui se trouve en cet endroit.

5° De la Meuse à la frontière luxembourgeoise s'étend la région des Ardennes, pays pauvre, difficile et par suite peu propre aux grandes opérations militaires. — On s'est borné à barrer les principales

(1) Nous ne donnons ici que des modifications d'ensemble, faciles à suivre sur la *Carte militaire ;* nous ferons plus tard, dans la géographie des départements qu'elles concernent, la description détaillée, avec croquis des places fortes, forteresses, etc.

voies d'invasion, et les principales voies ferrées par des places ou des forts d'arrêt, savoir : le fort des *Ayvelles*, près de Mézières ; les places de *Montmédy* et de *Longwy*. — On a déclassé la place de Mézières et l'on a rasé complètement les fortifications de *Sedan*.

197. *Frontière de l'est.* — La frontière de l'est s'étend depuis le Luxembourg jusqu'à la Suisse, et sert, par conséquent de limite entre la France et l'Allemagne sur toute son étendue, qui est d'environ 350 kilomètres. — Cette frontière, défendue jadis par la place de Metz, qui appartient actuellement aux Allemands, et plus au sud par le Rhin, que nous avons perdu, et les Vosges dont il ne nous reste plus que la partie méridionale, se trouvait complètement ouverte, après le traité de Francfort ; aussi, ce fut la première dont la réorganisation défensive fut entreprise, de la manière que nous allons indiquer ci-après :

1° On organisa un *premier groupe fortifié* partant de *Verdun*, dont l'enceinte fut améliorée et on l'entoura d'une ceinture de forts détachés et aboutissant à Toul qui fut fortifié de la même manière que Verdun. — Ces deux places fortes situées, la première sur la Meuse, la seconde sur la Moselle, barrent les principales voies de communication, chemins de fer et routes ordinaires ; c'est leur rôle défensif ; pour leur donner également un rôle offensif, on les a reliées entre elles par une ligne de forts d'arrêt pouvant se prêter un appui mutuel, et défendant toutes les voies de communication intermédiaires. — Ces forts sont construits sur la belle ligne des Monts de la Meuse et portent les noms suivants : *Troyon*, *Génicourt* au-dessus des villages de mêmes noms ; *Camp des Romains* au-dessus de Saint-Mihiel ; *Liouville*, *Gironville* et *Lucey*, ce dernier rejoint la ligne aux forts de Toul ; enfin, le fort de *Frouard* qui protège l'importante bifurcation de chemin de fer qui se trouve en cet endroit.

Il résulte de ces dispositions qu'il existe entre *Montmédy* et le groupe fortifié *Verdun-Toul* une trouée dépourvue de fortifications ; c'est avec intention que l'on a laissé cette lacune, parce que les côtes de Meuse présentent en cet endroit des positions très favorables pour la défense.

2° Un deuxième groupe fortifié a été établi sur la Haute-Moselle, à partir d'Épinal jusqu'à Belfort, qui forment ses deux flancs. Bien que la frontière suive la crête des Vosges depuis le Ballon d'Alsace jusqu'au Donon, on a préféré ne pas fortifier cette crête, qui est trop rapprochée de l'Allemagne, et où il eût été malaisé de choisir des positions convenables pour battre les passages fort nombreux des Vosges ; on a préféré reporter la ligne de défense plus en arrière, sur les Faucilles et les collines de la Moselle.

Épinal a été organisé en tête de pont par la construction d'un certain nombre de forts détachés sur la rive droite de la Moselle.

Belfort a eu son enceinte notablement agrandie par l'adjonction des anciens ouvrages rapprochés, tels que les forts de la *Miotte*, de la *Justice*, de *Bellevue* et des *Barres ;* de plus cette place a été entourée d'un grand nombre de forts détachés de manière à maîtriser toutes les routes qui traversent le col de Valdieu, et à former ainsi un grand camp retranché et une immense place de manœuvres.

Belfort et Épinal sont reliées entre eux par les forts d'arrêt suivants : *Arches*, *Remiremont*, *Rupt*, *Château-Lambert*, *Ballon de Servance et Giromagny*.

Il est à remarquer qu'il existe entre Épinal et Toul un espace d'environ 40 kilomètres où il n'a été construit aucune fortification. — On a jugé que cet espace était suffisamment protégé naturellement par la Moselle, sur tout son front, et en arrière par le Madon, qui constituent d'excellentes lignes de défense.

198. *Frontière du Jura ou de Suisse.* — Un peu à l'est de Belfort, la chaîne du Jura forme notre frontière naturelle jusqu'au lac de Genève. — Le pays qui se trouve de l'autre côté de cette frontière est la Suisse, c'est-à-dire un pays neutre, mais les mêmes considérations qui nous ont fait fortifier notre frontière de Belgique, nous ont conduits également à organiser défensivement celle-ci.

La chaîne du Jura constituant une barrière naturelle, la défense a été organisée d'après les principes exposés précédemment, c'est-à-dire, par un certain nombre de forts d'arrêt barrant les cols ou défilés et par une place centrale permettant de se porter rapidement au secours du ou des passages les plus attaqués, et en cas où l'un de ceux-ci ait été forcé d'arrêter l'ennemi avant qu'il n'ait débouché.

Toutefois, la frontière suisse, un peu au sud de Belfort, vient empiéter sur notre territoire pour donner à la Suisse le territoire de Porrentruy, qui nous a été enlevé en **1815**. — Il en résulte que l'on a été obligé de créer un certain nombre d'ouvrages, pour intercepter les routes qui permettent de pénétrer en France en tournant la place de Belfort par la Suisse. — Ces ouvrages qui se rattachent à la ligne extérieure des forts de Belfort, sont les suivants : le fort de la *Chaux* au nord de Montbéliard ; le fort du *Mont-bard*, au sud de cette même place, enfin le fort du *Lomont* et la batterie des *Roches*, au-dessus de Pont-de-Roide.

Un peu plus au sud, à *Morteau*, aboutissent deux routes importantes venant, l'une de la Chaux-de-Fonds, l'autre de Neufchâtel en Suisse. — Il avait été question d'établir un fort d'arrêt à Morteau, mais jusqu'ici on n'a pas donné suite à ce projet.

Vers la partie centrale de la chaîne, en face de Pontarlier, se trouve un nœud de communications importantes, notamment une bifurcation de deux voies ferrées pénétant en Suisse. — Cette bifurcation, qui se trouve au village de la *Cluse*, a été défendue par les forts de *Joux* et du *Lomont*.

Plus au sud se trouvent :

1° Le col de *Saint-Cergues*, dont l'accès est défendu par le fort des *Rousses ;*

2° La route de Genève et la voie ferrée, qui suivent la rive droite du Rhône par un long défilé complètement barré par le fort de l'*Écluse ;*

3° A l'extrémité de la chaîne du Jura se trouve une route franchissant le Rhône au pont de *Balme*, et défendue par les forts de *Pierre-Châtel* et des *Bancs*.

En arrière de la partie septentrionale de la chaîne du Jura se trouve la grande place centrale de *Besançon*, qui surveille toutes les routes de cette partie de la frontière. — Cette ville est défendue par une enceinte, des ouvrages rapprochés et des forts détachés à grande distance, de manière à former une grande place de manœuvres et le centre de la défense de la Franche-Comté. — Par sa situation peu éloignée de Belfort, elle constitue une défense de deuxième ligne pour cette place, et se trouve sur le flanc des lignes d'invasion venant d'Alsace.

Au sud-ouest de Besançon se trouve la petite ville de *Salins*. La ville elle-même, située dans un bas-fond, ne pouvait être fortifiée ; on a défendu la position par les deux forts de *Saint-André* et de *Belin*.

199. *Frontière des Alpes ou d'Italie.* — A partir du lac de Genève jusqu'à la Méditerranée, la chaîne des Alpes forme une frontière naturelle entre la France et l'Italie, et l'obstacle ne peut être franchi qu'en un certain nombre de passages qui ont tous été barrés par des ouvrages de fortification. Les troupes de montagne excessivement mobiles joueront un grand rôle dans la défense des Alpes.

D'après des conventions très anciennes, passées entre les anciens ducs de Savoie et la Suisse, toute la partie haute de la Savoie, c'est-à-dire le Chablais et le Faucigny, est considérée comme pays neutre, par conséquent il est défendu d'y élever des fortifications. — Bien que ces conventions soient très contestables actuellement, la France les a respectées jusqu'à présent, et c'est qui explique pourquoi l'on a conservé les anciens forts de l'*Écluse*, de *Pierre-Châtel* et des *Bancs*, situés bien en arrière de la nouvelle frontière.

Pour barrer le passage aux armées ennemies qui voudraient pénétrer en France, soit par le col de *Balme* et la vallée d'Arly, soit par les cols de la *Seigne* et du *Bonhomme*, et la vallée de Beaufort, soit enfin par le col du *Petit-Saint-Bernard* et la vallée de la *Tarentaise*, on a construit aux environs d'*Albertville* et de *Conflans*, points de convergence de ces différentes vallées, une série de forts et de batteries qui battent toutes ces routes.

De même, pour défendre l'accès de la France par la route du Mont-Cenis et la vallée de la Maurienne, on a restauré les anciens forts de *Lesseillon*, non loin de Modane, pour battre l'entrée du tunnel ainsi que la route; puis, beaucoup plus en arrière, à la jonction des vallées de l'Arc et de l'Isère, près d'*Aignebelle*, on a construit un certain nombre de forts et de batteries destinées à battre les deux vallées.

En suivant le cours de l'Isère, on rencontre plus bas le fort *Barrault*, puis la place forte de *Grenoble*, entourée d'une enceinte de remparts et d'une ceinture de forts détachés, qui lui permettent d'intercepter non seulement la vallée de l'Isère, mais encore celle de la Romanche, où se trouve la route du *Lautaret* qui aboutit à *Briançon* et pénètre en Italie par le col du *Mont-Genèvre*. Grenoble joue donc le rôle de place centrale pour la défense de toute la région septentrionale des Alpes.

La route venant d'Italie et passant par le col du Mont-Genèvre se bifurque à Briançon pour suivre au nord-ouest la vallée de la Romanche, sous le nom de route du *Lautaret* et aboutit à Grenoble, ainsi que nous venons de le voir; l'autre route descend au contraire au sud en suivant la vallée de la *Durance*. On comprend dès lors quelle est l'importance de *Briançon ;* aussi cette place est-elle pourvue depuis longtemps d'une enceinte, et l'on a étendu son action sur les environs au moyen de forts détachés, qui battent toutes les routes et les sentiers venant d'Italie. On a de plus construit un certain nombre de routes stratégiques qui permettent de descendre rapidement sur l'autre versant des Alpes, et de prendre l'offensive en Italie.

Un certain nombre de sentiers muletiers permettent de franchir les Alpes et de pénétrer en France par la vallée du *Guil;* cette vallée est barrée par le fort de *Queyras*, et plus en arrière, par les petites places fortes de *Mondauphin* et d'*Embrun*, qui surveillent en même temps la vallée de la Durance.

De même, la route qui passe par le *col de l'Argentière* et tous les sentiers qui descendent dans la vallée de l'Ubaye sont commandés par le fort de *Tournoux*, et le débouché de la vallée est barré par le fort *Saint-Vincent.*

Les petites forteresses de *Colmars* et d'*Entrevaux* sont destinées à commander les passages permettant de passer de la vallée de l'Ubaye dans celle du Var.

Plus au sud, sur une arête rocheuse qui commande la vallée de la Durance, on a fortifié la petite place de *Sisteron*, de manière à interdire complètement le passage à une armée venant soit du nord, soit du sud.

Enfin pour barrer les routes d'invasion venant d'Italie par le *col de Tende* et par la *Corniche*, on a construit un certain nombre de forts et de batteries sur les hauteurs de l'Authion et sur les contreforts qui dominent la rive droite de la Roya. *Nice* n'est plus fortifié actuellement.

Tel est l'ensemble de la première ligne de notre système de défense de l'est, depuis la mer du Nord jusqu'à la Méditerranée; on ne s'en est pas contenté et on l'a renforcé par des positions fortifiées de deuxième ligne, placées précisément en face des trouées laissées dans la première ligne. Nous allons décrire sommairement ces positions de défense de deuxième ligne, où pourraient venir se reformer les armées forcées d'évacuer la première.

Positions de deuxième ligne.

200. Les deux trouées par lesquelles pourraient pénétrer des armées d'invasion sur la frontière franco-belge sont : 1° Celle qui existe entre les places maritimes du nord et la grande place de Lille; 2° Celle qui existe entre la Sambre et la Meuse, et qui porte le nom de *trouée de Chimay*.

L'armée qui aurait pénétré par la première de ces voies, après avoir masqué à l'aide de troupes nombreuses les places maritimes, sur son flanc droit, et le groupe *Valenciennes-Maubeuge* sur son flanc gauche, ne tarderait pas à rencontrer l'obstacle de la Somme avec ses bords marécageux, appuyé par la place forte de *Péronne*, pourvue d'une enceinte, et susceptible d'être rapidement organisée en tête de pont. On a jugé inutile de renforcer par des fortifications cette excellente ligne de défense.

Pour arrêter l'armée d'invasion qui aurait pénétré en France par la trouée de Chimay, après avoir masqué par des forces nombreuses le groupe fortifié *Valenciennes-Maubeuge* sur son flanc droit et les places de la Meuse sur son flanc gauche, on a organisé une position fortifiée entre *Laon* et *la Fère*. — Le front de cette position est formé par le massif boisé de Saint-Gobain ; on a de plus renforcé les places fortes de Laon et de la Fère par des forts et des batteries situées en avant, et croisant leurs feux. — Cette position se relie à celle de la Somme au nord, par le canal *Crozat;* et à celle de *Reims* au sud, par le fort de *Condé-sur-Aisne*, à 16 kilomètres au nord-est de *Soissons*. Cette dernière place a été déclassée.

Pour barrer les routes d'invasion venant du Luxembourg, on a également organisé à *Reims* une position fortifiée de deuxième ligne. — A cet effet on a construit une ceinture de forts et de batteries entourant la ville à une distance de 7 à 8 kilomètres.

Il a été question pendant assez longtemps de prolonger cette position fortifiée le long de la falaise de Champagne jusqu'à la Seine, en créant des forts à *Epernay*, *Sézanne*, *Vertus* et *Nogent-sur-Seine;* on semble avoir renoncé à ce projet, sans doute à cause du grand nombre d'ouvrages permanents existant déjà en France, et peut-être aussi parce qu'il sera facile de renforcer cette ligne de défense au moment du besoin par des ouvrages de campagne.

En cas d'insuccès sur la frontière de l'est, si les armées françaises étaient obligées de battre en retraite, elles pourraient, suivant les circonstances, prendre deux directions distinctes : l'une vers l'ouest, sur la position de la falaise de Champagne; l'autre, vers le sud, sur le plateau de Langres.

Nous avons indiqué plus haut en quoi consistait la position défensive de la falaise de Champagne, il nous reste à décrire la position fortifiée de Langres et du bassin de la Saône.

Le plateau à l'extrémité duquel se trouve la place de *Langres*, commande les routes venant de la Suisse entre Belfort et Besançon pour se diriger sur Paris. — Cette place s'est trouvée sur le chemin naturel de toutes les invasions venant de ce côté ; elle joua un rôle important en 1814 et gêna considérablement les Prussiens en 1870, car ils ne purent s'en emparer faute d'équipage de siège disponible. La fortification de cette place a été réorganisée et comprend : 1° Les remparts de la ville, et la citadelle à l'est ; 2° une ceinture de forts détachés dans un rayon de 5 à 8 kilomètres ; 3° un certain nombre d'autres forts détachés à des distances allant jusqu'à 18 kilomètres, pour commander toutes les routes de la vallée de la Meuse : tels sont les forts du *Cognelot*, de *Plesnoy*, de *Dampierre* et de *Saint-Menge*.

Un peu plus au sud se trouve la place de *Dijon*, sur un point de passage important de la vallée de la Saône dans celle de la Seine. — En fortifiant cette ville, on a eu pour but, soit d'empêcher une armée d'invasion venant de Suisse au sud de Besançon de pénétrer dans le bassin de la Seine, soit d'empêcher à une armée venant du nord de pénétrer dans le bassin de la Saône pour marcher ensuite sur Lyon. — La fortification de Dijon consiste en une ceinture de forts détachés bien contruits et bien disposés pour se prêter un mutuel appui. — On a jugé inutile d'entourer la ville de remparts dès le temps de paix, en se réservant probablement de suppléer à cette enceinte par des retranchements passagers, élevés au moment du besoin.

A 30 kilomètres à l'est de Dijon, sur la Saône, se trouve la petite place d'*Auxonne*, dont on a amélioré les remparts, de manière que cette place puisse servir de tête de front.

La défense de seconde ligne de la frontière franco-suisse est donc formée par les trois grandes positions fortifiées de Besançon, Dijon et Langres.

Réduits centraux.

PARIS, LYON ET LE PLATEAU CENTRAL

201. *Lyon*. — La place de *Lyon*, située

en confluent du Rhône et de la Saône, forme le réduit central de la défense du Jura et des Alpes. — Cette ville est à cheval sur les deux cours d'eau, qui la divisent en trois parties ; elle est dominée par les hauteurs de la *Croix-Rousse* au nord, par les hauteurs de la *Guillottière* à l'est, par celles de *Fourvières* à l'ouest. C'est sur ces hauteurs qu'ont été construits vers 1830, les forts et les batteries, très nombreux et très rapprochés, qui constituent la première ligne de défense. — Dans le but de commander toutes les communications du nord et de l'est de la France avec le midi et avec l'ouest, on a été amené à construire une autre ligne de forts et de batteries, situés à grande distance, jusqu'à 15 kilomètres du noyau, de manière que la place a été convertie en un vaste camp retranché.

202. *Paris.* — La situation de Paris, centre vers lequel viennent séjourner presque toutes les voies ferrées du pays, les immenses ressources que cette grande ville renferme, sa nombreuse population, son rôle de capitale de France, l'influence normale qu'elle exerce sur le reste du pays, toutes ces circonstances réunies ont toujours fait considérer Paris comme l'objectif principal de toutes les armées qui ont envahi la France depuis plusieurs siècles.

Il n'était donc pas possible de ne pas protéger par la fortification un centre d'une importance aussi considérable; toute la question était de savoir quel développement il conviendrait de donner à cette fortification.

En 1870, Paris était protégé par une enceinte continue de remparts et par une ceinture de forts dont la plupart étaient rapprochés à 2 ou 3 kilomètres de la ville, de sorte que ces ouvrages ne purent la protéger contre un bombardement partiel, vers la fin du siège, alors que les Allemands parvinrent à placer leurs batteries à une petite distance de ces ouvrages.

On fut donc amené à construire de nouveaux forts, plus éloignés de la ville que les anciens de manière à mettre cette dernière à l'abri d'un bombardement, mais surtout à faciliter la reprise de l'offensive à une armée qui aurait été obligée de s'y réfugier pour s'y réorganiser. — Dans ce but, on occupa par des ouvrages de fortification toutes les hauteurs dominantes, sur tout le périmètre extérieur, à grande distance de la ville, de manière à voir le revers extérieur de la ligne des faîtes, et à pouvoir déboucher partout dans la plaine avec l'avantage d'une position dominante. Les nouveaux forts ne forment pas une ceinture concentrique à la place, comme la ligne des anciens forts, mais au contraire un certain nombre de camps retranchés laissant entre eux de larges intervalles restreints, où l'on a jugé inutile d'élever des ouvrages permanents.

Ces camps retranchés sont au nombre de trois: 1° Celui de Versailles, au sud-ouest ; 2° celui de Saint-Denis, au nord; 3° celui qui s'étend entre le canal de l'Ourcq et la Seine.

1° *Le camp retranché de Versailles* est situé sur la rive gauche de la Seine; il s'appuie au fleuve à Port-Marly et se développe sur le plateau qui sépare les vallées de la *Bièvre* et de l'*Yvette* jusqu'à Palaiseau, extrémité du plateau, puis il se retourne perpendiculairement, au nord, par le bois de Verrières et la pointe de Châtillon, et se termine à l'ancien fort de Montrouge. Les ouvrages qui le composent sont: les batteries de la position de *Marly*, avec le réduit central, le fort de *Saint-Cyr* avec la batterie du *Bois d'Arcy;* les batteries du *Désert*, du *Ravin de Bouviers* et de *Bouviers;* les forts du *Haut-Buc*, de *Villeras* et de *Palaiseau;* enfin les batteries des *Verrières* et le fort de *Châtillon*, qui viennent fermer le polygone fortifié à l'ancien fort de *Montrouge*. — Il a été question pendant un certain temps d'élever des ouvrages à *Saint-Jamme* et à *Aigremont*, mais on semble avoir renoncé à ce projet. — Ce camp retranché est destiné à mettre *Versailles*, et *a fortiori Paris*, à l'abri d'un bombardement, et à appuyer l'offensive dans la direction de la Beauce et du Berry.

Entre le fort de Palaiseau situé à l'extrémité méridionale du camp retranché de Versailles, et le fort de Villeneuve Saint-Georges, sur la rive droite de la Seine, il y a un intervalle de 16 kilomètres, qui a été ménagé avec intention, d'une part pour ne pas trop multiplier les ouvrages de fortification, et par suite pour diminuer la dépense, d'autre part parce que ce rentrant est battu sur son flanc gauche par les ouvrages qui s'étendent du fort de Palaiseau au fort de Montrouge; sur son flanc droit, par le fort de Villeneuve Saint-Georges et les troupes qui occuperaient la rive droite de la Seine, enfin le front par une partie de la ligne des anciens forts.

2° *Le camp retranché de Saint-Denis* s'appuie à la rive droite de la Seine à Cormeilles, et au Rouillon à Stains ; il est formé par les hauteurs de *Cormeilles* et de *Montmorency,* sur lesquelles on a construit un bon nombre d'ouvrages fortifiés, dont les principaux sont les forts de *Cormeilles,* avec batteries annexes, de *Montlignon,* de *Domont,* de *Montmorency,* d'*Ecouen* et de *Stains.* Les anciens forts autour de Saint-Denis servent de réduit.

La plupart des nouveaux ouvrages fortifiés de ce camp retranché ont été placés sur les positions qu'occupaient les Allemands lors du siège de Paris en 1870-71 ; ils ont pour but de protéger Saint-Denis contre un bombardement, et de permettre à nos armées de déboucher sur la basse Seine par Pontoise, soit vers l'Oise et la Somme par Beaumont ou par Luzarches.

Entre les camps retranchés de *Versailles* et de *Saint-Denis,* c'est-à-dire depuis les ouvrages de *Marly* jusqu'au fort de *Cormeilles,* il y a un intervalle de 15 kilomètres sur lequel le polygone des forts est remplacé par la Seine, dont le cours serait observé par des troupes mobiles. — On a jugé complètement inutile d'y construire des ouvrages de fortification.

3° *Le camp retranché qui s'étend du canal de l'Ourcq à Vaujours, jusqu'à la Seine, à Villeneuve-Saint-Georges,* se divise en deux secteurs naturels, celui du nord-est, situé entre l'Ourcq et la Marne, et celui du sud-est situé entre la Marne et la Seine.

Le secteur compris entre le canal de l'Ourcq et la Marne a un développement de 9 kilomètres ; il est traversé par la chaîne des hauteurs qui séparent la vallée de la Marne du canal de l'Ourcq, et protégé sur son front par les forts de *Vaujours,* avec deux batteries annexes, et de *Chelles ;* sur son flanc gauche, par les bois qu'il sera facile d'organiser défensivement, et par les batteries annexes du fort de Vaujours, ainsi que par les ouvrages du moment qu'il faudra construire pour relier le fort de Vaujours à l'ancien fort de *Rosny ;* enfin sur son flanc droit par la Marne et le secteur voisin. — Ce secteur a derrière lui le plateau escarpé de Fontenay, Romainville, et la ligne des anciens forts, qui constituent un excellent réduit.

Le secteur compris entre la Marne et la Seine a une étendue de 18 kilomètres, depuis Gournay-sur-Marne jusqu'à Villeneuve-Saint-Georges. — Sur ce polygone, on a construit la batterie de *Noisy-le-Grand* et les forts de *Villers,* de *Champigny* et de *Villeneuve-Saint-Georges.* — Les anciens forts de *Charenton* et de *Saint-Maur* forment le réduit.

Ce camp retranché barre les routes venant de la frontière de l'est; il forme une tête de pont sur la Marne et protège le débouché des armées nationales vers la plaine de Champagne.

Entre les camps retranchés de *Saint-Denis* et de la *tête de pont de la Marne,* c'est-à-dire entre le fort de *Stains* et celui de *Vaujours,* il y a un intervalle de 13 kilomètres, sans ouvrages de fortification. — On a jugé inutile d'en construire, parce que le front de cette position est couvert par la *Morée,* où l'on peut tendre des inondations; son flanc gauche est battu par les forts d'*Écouen* et de *Stains,* son flanc droit par le fort de *Vaujours* et ses deux batteries annexes, nord et sud; au fond de ce rentrant se trouvent comme réduits l'ancien fort d'*Aubervilliers*, et ceux du plateau de *Romainville.*

La question des grands intervalles laissés entre les trois camps retranchés sous Paris, soulève depuis quelque temps de vives polémiques, et un certain nombre de militaires prétendent que ces lacunes constituent un grand danger pour la défense de la capitale. — D'un autre côté, le conseil municipal de Paris réclame avec opiniâtreté la suppression de l'enceinte bastionnée, en offrant une indemnité qui permettrait de compléter la ceinture des forts de première ligne, par la construction d'ouvrages dans les intervalles des camps retranchés. — Le conseil de défense s'est prononcé récemment à une grande majorité contre la demande du conseil municipal de Paris.

203. *Plateau central.* — Le troisième réduit central de la France est constitué par le plateau central, dont nous avons donné la description détaillée en parlant du système orographique de la France.— L'exemple des grandes guerres d'invasion, depuis Vercingétorix jusqu'en 1870, a démontré que cette région en arrière du grand fossé circulaire que forme la Loire, convient merveilleusement à la réorganisation des armées battues. — Au cas où cette ligne de la Loire viendrait à être franchie par l'ennemi, et après une bataille perdue dans les plaines du Berry, c'est en Auvergne, et particulièrement dans la *Limagne* que l'armée nationale trouverait un refuge et pourrait encore résister à l'assaillant. La ville de *Clermont-Ferrand* est située d'une manière très avantageuse pour devenir le grand centre d'approvisionnements et le grand arsenal des armées qui défendraient le dernier refuge de notre indépendance.

Frontières des Pyrénées.

204. Les Pyrénées se dressent entre la France et l'Espagne comme une barrière stratégique infranchissable, si ce n'est aux points où elles s'abaissent vers le littoral de la Méditerranée à l'est et de l'océan Atlantique à l'ouest.

Les routes qui permettent de pénétrer d'Espagne en France, en franchissant la partie orientale de la chaîne des Pyrénées, sont défendues de la manière suivante :

La route du littoral, appelée aussi route du col de *Banyuls*, est interceptée par le fort *Carré* au nord de *Collioure*, le fort *Saint-Elme* et la redoute *Dugommier* au sud; les anciens remparts de Collioure ont été déclassés en 1886 et démolis aussitôt après, pour permettre à la ville de s'étendre.

La route qui passe par le col du *Portus*, est commandée par le fort de *Bellegarde*.

Les routes plus ou moins carrossables permettant de pénétrer dans la vallée du Tech sont surveillées par *Prats-de-Molls*, qui est l'emplacement d'un camp retranché dont le fort *Lagarde* est le réduit.

Plus en arrière se trouve *Fort-les-Bains*, sur la rive droite du Tech.

La grande route de *Puycerda à Perpignan*, qui passe par le col de la Perche, et continue ensuite par la vallée de la Têt, est défendue par la petite forteresse de *Mont-Louis* et, plus à l'ouest, par la petite place forte de *Villefranche*.

Le point d'appui central de toute la défense des Pyrénées Orientales est la place forte de *Perpignan*, entourée d'une enceinte fortifiée et pourvue d'une citadelle dominant la vallée de la Têt, ainsi que toutes les routes qui viennent converger en cet endroit.

En suivant la chaîne des Pyrénées dans la direction de l'ouest, le premier passage tant soit peu praticable est la route d'*Oloron à Jaca*, passant par le col de *Canfranc*, qu'elle franchit sous forme de sentier muletier à la cote 1640. — Ce passage est surveillé par le petit fort d'*Urdos*.

Plus à l'ouest, la route de *Saint-Jean-Pied-de-Port à Pampelune* est interceptée par la petite place forte de *Saint-Jean-Pied-de-Port*.

Enfin les deux routes carrossables de *Madrid à Paris* et de *Pampelune à Paris*, de même que la grande voie ferrée de *Madrid à Paris*, viennent converger à *Bayonne*, qui est le point obligé de toutes les communications avec l'Espagne, par la dépression des Pyrénées occidentales. La place de *Bayonne* est entourée d'une enceinte fortifiée sur la rive gauche de l'Adour ; sur la rive droite s'élève la citadelle de *Saint-Esprit ;* la fortification est complétée par les retranchements de *Marrac*, sur la rive gauche de la Nive, qui a son confluent en cet endroit, et par les retranchements de *Mousseroles*, qui ferment la presqu'île formée par les deux rivières.

205. Généralités sur la défense des frontières maritimes. — Les côtes maritimes sont exposées à des bombardements et à des débarquements. Il n'était pas possible de protéger nos 2,500 kilomètres de côtes contre cette double éventualité par des fortifications permanentes. On a dû se borner à défendre par des forts et des batteries, armés d'une puissante artillerie qui tiennent l'ennemi à distance, certains points principaux tels que les cinq grands ports militaires, les grands ports commerciaux, et les plages plus particulièrement propres aux débarquements.

Les torpilles fixes, les barrages et les estacades concourent avec les batteries pour s'opposer au forcement des passes; mais c'est en définitif sur les forces mobiles qu'il faut surtout compter; cuirassés, torpilleurs et batteries flottantes contre l'attaque des passes du côté de la mer; troupes de terre contre les débarquements.

Il importe donc que les côtes soient activement surveillées au moyen des lignes de sémaphores qui en observent toute l'étendue, sans exception, et que le réseau des chemins de fer du littoral soit disposé de manière à amener rapidement des forces suffisantes sur les points menacés. On a fait de grands efforts pour que ces deux conditions essentielles soient remplies, et nous croyons pouvoir dire qu'elles le sont d'une manière satisfaisante.

Ces principes étant posés, nous allons décrire sommairement l'organisation défensive de chacune de nos frontières maritimes.

206. Frontières de la Méditerranée. — Nous avons dit en décrivant les côtes de la Méditerranée, que le Rhône, dont l'embouchure se trouve à peu près vers leur milieu, les divise en deux parties offrant des contrastes frappants : à l'est, une côte saillante, dentelée et présentant une grande quantité d'anses profondes abritées par des promontoires très marqués; à l'ouest, une côte basse, rentrante, régulière et formée de longues plages de sable avec de nombreuses lagunes.

Le premier point fortifié du littoral, en venant de la frontière italienne, est la *rade de Villefranche*, défendue par une *citadelle* située entre le port et la ville, et par *trois batteries de côte*, qui en ferment l'entrée.

Vient ensuite le fort d'Antibes, qui est défendu par un des *bastions* des remparts de cette place forte, et par le *fort Quarré*, situé sur un promontoire de l'autre côté du port.

Un peu plus à l'ouest, le golfe Jouan est défendu : 1° par le *fort de l'île Sainte-Marguerite* et *la batterie* qui se trouve à la pointe orientale de cette île; 2° par *deux batteries de côte* situées de chaque côté du golfe.

La *rade d'Hyères* est accessible par cinq passes situées entre les îles de ce groupe, ou entre ces îles et le continent : ces passes sont battues par cinq batteries situées dans les différentes îles et par trois batteries situées sur la côte.

Toulon, notre grand port militaire de la Méditerranée, a été fortifié à la fois du côté de terre et du côté de mer. — Ses fortifications consistent : 1° dans une enceinte de remparts; 2° dans des forts qui préservent la ville d'un bombardement par terre; 3° dans vingt et une batteries de côte qui défendent l'accès de la rade du côté de la mer.

Marseille, notre grand port commercial de la Méditerranée, a été fortifié du côté de la mer seulement, car cette ville est peu menacée du côté de terre. — Ses défenses, qui viennent d'être réorganisées, consistent en *douze batteries ou forts*, qui sont situés, soit sur la côte, soit dans les *îles de Frioul*, et interdisent complètement l'accès de la rade aux flottes ennemies.

De Marseille jusqu'à Cette, la côte est absolument impropre aux débarquements, il était donc inutile d'y construire des fortifications. — Le port de Cette est défendu par le *fort Richelieu* et par une batterie de côte.

Enfin, le dernier point fortifié de ce littoral est *Port-Vendres*, dont le port est défendu par *deux batteries de côte*.

207. Frontière de l'océan Atlantique. — En partant de la frontière espagnole et en remontant vers le nord, le premier point fortifié sur le littoral de l'océan Atlantique est le petit port de *Saint-Jean-de-Luz*, qui est défendu par le fort de *Socoa*.

Un peu plus au nord, la place de

Bayonne, avec son petit port sur l'Adour, est fortifiée, ainsi que nous l'avons vu précédemment, pour résister aussi bien aux attaques venant du côté de terre, qu'à celles venant par la mer.

La côte basse, aride et déserte, qui s'étend depuis l'embouchure de l'Adour jusqu'à celle de la Gironde, ne se prête pas facilement à un débarquement, à cause de la violence de la mer ; de plus, le chemin de fer de Bordeaux à Bayonne permettrait d'amener rapidement des troupes pour s'opposer à un débarquement sur un point quelconque de la côte.

L'entrée de l'estuaire de la Gironde est défendue par trois batteries : la *citadelle de Blaye* sur la rive droite ; le *fort Pâté*, sur un îlot, au milieu du fleuve, et le *fort Médoc* sur la rive gauche.

Le grand port militaire de *Rochefort* est parfaitement protégé : 1° par son enceinte de remparts ; 2° par les batteries de côte qui se trouvent à l'embouchure de la Charente ; 3° par les forts et les batteries de côte situés dans l'*île Madame*, l'*île d'Aix*, l'*île d'Oleron* et sur la côte plus au sud, ouvrages qui interdisent en même temps l'accès des rades de l'*île d'Aix*, *des Basques* et *des Trousses*.

Le grand port commercial de *La Rochelle* est défendu par trois batteries de côte, et la ville est entourée d'une ceinture de remparts. — De plus, l'accès de la rade par le *Pertuis-Breton* est commandé par trois batteries de côte construites sur le rivage nord-est de l'*île de Ré*, le seul qui soit abordable.

En remontant plus au nord, on rencontre le port des *Sables-d'Olonne*, défendu par deux batteries de côte ; l'*île d'Yeu* défendue par le fort de *Pierre-Levée* formant réduit central, et par quatre batteries de côte ; l'*île de Noirmoutiers* défendue par deux batteries de côte.

L'entrée de l'estuaire de la Loire est très difficile et ne peut s'opérer que par deux chenaux, dont l'un est étroit et peu profond ; on a protégé cette entrée et, par suite, le grand port de commerce de *Saint-Nazaire* par cinq forts ou batteries de côte puissamment armés.

Les côtes de Bretagne et les îles voisines ont été souvent choisies par les Anglais comme points de débarquement, aussi y a-t-on construit un certain nombre de batteries de côte, savoir : *Belle-Isle*, quatre batteries ; *Baie de Quiberon*, cinq batteries ; *Ile de Groix*, deux batteries ; *Lorient*, un de nos grands ports militaires, est défendu par une enceinte de remparts et cinq forts ou batteries ; *Ile de Glenans*, une batterie ; *Baie de la Forest*, trois batteries ; *Anse de Berrodet*, deux batteries ; *Ile d'Ouessant*, une batterie ; enfin, notre grand port militaire de *Brest*, avec son immense rade, ont été défendus : 1° par une enceinte de remparts entourant la ville de Brest ; 2° par une citadelle dominant le port militaire ; 3° par quarante forts ou batteries de côte répartis sur les deux rivages de la rade, du goulet et du golfe qui les précèdent.

208. Frontières de la Manche. — Le littoral de la Manche a également vu de nombreux débarquements de troupes anglaises ; aussi les fortifications maritimes y sont-elles assez multipliées.

Le premier point fortifié que l'on rencontre à l'ouest est le fort de *Cézon* ; plus loin l'entrée de *la baie de Morlaix* est défendue par deux batteries construites dans l'*Ile de Batz* et deux batteries construites sur la côte ; au nord de la baie de *Saint-Brieuc* se trouve l'*île Bréhat* avec deux batteries et un réduit central. Les autres points fortifiés sont : *Saint-Malo*, une enceinte de remparts et sept batteries ; *Cancale* deux batteries ; îles *Chausey*, deux batteries ; *Granville*, trois batteries ; *côte occidentale du Cotentin*, quatre batteries ; *Cherbourg*, une enceinte de remparts, des forts et des redoutes du côté de terre, et dix-huit batteries sur la rade et les plages environnantes ; *rade de Saint-Vaast*, neuf batteries ; *Villerville*, une batterie ; *le Havre*, une citadelle et sept batteries ; *Dieppe*, deux batteries ; *Boulogne*, quatre batteries.

209. Frontières de la mer du Nord. — Les fortifications du littoral de la mer du Nord servent à appuyer la défense de notre frontière nord-est ; nous les avons déjà décrites en parlant de cette frontière n° 196 ; nous nous bornerons à répéter ici qu'elles comprennent :

1° La place de *Calais*, avec une enceinte

de remparts et six batteries de côte;

2° La place de *Gravelines*, avec une batterie;

3° La place de *Dunkerque*, avec une enceinte de remparts, des forts détachés du côté de terre, et trois batteries sur la côte.

210. Grandes lignes d'invasion. — On a pu voir que si nos frontières maritimes sont fortes et ont peu à craindre des opérations des flottes ennemies, il n'en est pas de même de nos frontières continentales, dont cependant l'organisation défensive a été prévue en conséquence des forces ou des dispositions à notre égard des puissances voisines, des facilités qu'elles peuvent rencontrer dans leurs tentatives d'invasion, etc.

« Des puissances voisines, dit M. le commandant Marga, la plus redoutable c'est l'Allemagne unifiée et, malgré ses incroyables succès, toujours jalouse de nous, toujours prête à recommencer une lutte dont elle espère tirer de nouveaux profits. Mais il ne faudrait pas considérer l'Allemagne comme la seule nation dont la France ait à s'inquiéter.

« Un mouvement d'unification analogue à celui d'où est sortie l'Allemagne nouvelle, a élevé l'Italie au rang de grande puissance. Ces deux nations, autrefois morcelées, faibles, hostiles l'une à l'autre, sont aujourd'hui compactes, fortes, et peuvent un jour ou l'autre s'unir contre nous. »

Cette dernière prévision s'est réalisée, et non seulement l'Allemagne et l'Italie sont unies par traité contre la France, mais l'Autriche fait depuis longtemps partie de l'alliance avec l'Allemagne.

Il y a donc lieu d'examiner plus particulièrement les voies d'invasion qui peuvent livrer passage à l'armée allemande envahissant la France par l'est et à l'armée italienne y pénétrant par le sud.

Deux éventualités sont à envisager, suivant que la neutralité de la Belgique, du Luxembourg et de la Suisse est violée ou non.

211. 1er *cas*. — Dans le cas où cette neutralité n'est pas violée, trois lignes partent de la frontière d'Allemagne, deux de la frontière italienne et deux de la frontière espagnolé.

Les trois lignes *venant d'Allemagne* ont pour objectif Paris, soit directement, soit indirectement.

La première part de Metz, traverse ou contourne l'Argonne, et vient gagner la capitale par le secteur entre la Marne et l'Oise. L'ennemi qui la suivrait viendrait se heurter sur la position de Verdun d'abord, puis sur celles de Reims et de Laon.

La deuxième, au sud de Metz, peut soit gagner Paris en s'engageant dans le secteur compris entre la Marne et la Seine, auquel cas l'adversaire trouverait sur ses flancs les places d'Epinal, Toul, Langres et Reims, soit se diriger sur Orléans pour empêcher de secourir Paris par le sud, et alors les places de Toul et de Langres auraient à jouer un rôle.

La troisième part de la Haute-Alsace et, l'ennemi, après avoir masqué la place de Belfort, peut se diriger soit sur Paris par la vallée de la Seine, en rencontrant sur son passage Epinal, Langres et Toul, soit sur Lyon par la vallée de la Seine, avec Besançon et Pontarlier sur ses flancs, soit sur Bourges en s'engageant entre Langres et Dijon. Depuis l'annexion de l'Alsace-Lorraine à l'empire d'Allemagne, la trouée de Belfort constitue l'un des plus précieux débouchés stratégiques des armées allemandes pour pénétrer en France.

Les deux lignes d'invasion partant de la *frontière des Alpes* sont:

1° La route du Mont-Cenis et celle du petit Saint-Bernard qui débouchent à 18 kil. l'une de l'autre et viennent se heurter contre la chaîne des Bauges. Nous les considérons comme n'en formant qu'une, qui peut avoir pour objectif soit Lyon et est surveillée par les forts d'Albertville, de Conflens et de Laseillon, soit Besançon pour donner la main à une armée allemande et les fortifications du Jura sont créées pour s'opposer au passage, soit enfin Paris par les vallées de la Saône et de l'Yonne avec Dijon sur ses flancs.

2° La ligne qui, par la rivière de Gênes ou par les Alpes-Maritimes, aboutit à Toulon et à Marseille; de nombreuses fortifications se trouvent sur son passage, entre autres les places de Briançon, Grenoble, Nice et Toulon ; Nice est le pivot de la défense de cette région.

Les deux lignes venant de la *frontière des Pyrénées* sont :

1° Celle qui, après avoir traversé les Pyrénées et gagné Perpignan, peut se diriger soit à l'est sur Lyon, soit à l'ouest sur Toulouse.

2° La ligne qui suit la grande route de Madrid à Paris, par Bayonne, Bordeaux et Poitiers ; de Bayonne elle peut au besoin gagner Toulouse.

Cette frontière est la moins bien fortifiée, parce que la situation de l'Espagne nous donne toute sécurité. Au besoin, cette frontière serait facile à surveiller et à défendre avec peu de monde.

212. 2e *cas.* — En supposant les neutralités violées, le nombre des lignes par lesquelles l'ennemi pourrait pénétrer en France serait augmenté de deux sur la frontière belge et luxembourgeoise et de deux sur la frontière suisse.

Les deux lignes traversant la *frontière belge* sont :

1° Celle qui suit la voie ferrée Lille-Arras-Amiens-Paris, et qui est défendue par la place de Lille et la vallée de la Somme ;

2° Celle qui, partant de Bruxelles et de Mons, vient gagner la vallée de l'Oise ; les places de Maubeuge et de Laon-Lafère sont placées en travers.

Les deux voies partant de la *frontière suisse* sont :

La route de Neufchâtel à la Saône par le Jura (forts du Jura et du Lomont), et la route de Genève à Lyon par Nantua (forts de Pierre-Châtel et des Bancs).

« Le nombre des points menacés serait donc ainsi augmenté, dit M. le commandant Marga, mais si les neutralités ne sont pas respectées par nos ennemis, il faut espérer que nous saurons en profiter. Sur la frontière belge, nous n'attendrons pas l'invasion derrière nos places ; les nombreux chemins de fer auront vite transporté nos troupes sur la Meuse, et c'est derrière cette barrière que nous aurons à défendre nos frontières. De même, si la neutralité helvétique était violée, ou si la Suisse ne pouvait la défendre, il faudrait se porter en avant pour s'emparer du point important de Bâle, pour s'assurer du cours du Rhin au-dessus de cette ville, des positions avantageuses de l'Aar et de la Limmat, qui sont autant de lignes de défense du plateau suisse, il faudrait occuper Genève, qui peut être rapidement protégée par la fortification passagère et qui couvre Lyon. »

Mais les Allemands ont-ils intérêt à violer la neutralité de la Belgique ? Au point de vue stratégique, cet intérêt est incontestable, car les voies d'accès par la Meuse et la Sambre mènent l'ennemi à Paris en quelques marches, en lui permettant de déborder et de tourner toutes nos lignes de défense jusqu'à la falaise de Champagne. Les Français auraient-ils les mêmes raisons d'en faire autant ? Non, parce que les armées françaises suivant les mêmes routes pour pénétrer en Allemagne par la Belgique viendraient se buter contre la section la plus forte et la plus redoutable de la ligne du Rhin.

Par conséquent, la violation de la neutralité belge est beaucoup plus à craindre de la part de l'Allemagne, et, dit M. Ténot (1), « si les considérations militaires étaient seules en jeu, on devrait considérer dès à présent la neutralité de la Belgique comme une fiction. Mais les conséquences politiques d'ordre international que pourraient entraîner la violation brutale du contrat européen qui couvre la Belgique ne permettraient sans doute pas à l'empire allemand de tout subordonner à la seule raison stratégique. Les dispositions des puissances garantes entreraient dans le jeu des événements comme un facteur suprême de détermination. Il est clair, par exemple, que les avantages stratégiques du débouché des armées allemandes par la Meuse et la Sambre s'évanouiraient si l'outrage fait au droit public européen devait être considéré comme un *casus belli* soit par l'Angleterre, soit par l'une quelconque des grandes puissances militaires du continent. Ces avantages seraient même singulièrement compromis par la simple résolution du peuple et du gouvernement belges de défendre

(1) La *Frontière.*

loyalement la neutralité du royaume. » Cette dernière éventualité paraît devoir se réaliser, car on sait que, en face de certaines mesures prises par l'Allemagne, le gouvernement belge a décidé de créer sur la Meuse des fortifications dont l'exécution est commencée. Quoi qu'il en soit, la France a eu raison de prendre, sur la frontière du nord, des mesures défensives qui pourraient, s'il en était besoin, empêcher l'Allemagne de développer son aile droite à travers les territoires belge et luxembourgeois.

En ce qui concerne la Suisse, ni la France ni l'Allemagne n'ont intérêt à en violer la neutralité, au cas où la lutte serait circonscrite entre les deux pays. Il n'en serait pas de même dans l'hypothèse d'une coalition austro-allemande-italienne dont le traité d'alliance conclu entre ces trois puissances peut faire une réalité. Dans ce cas, les Autrichiens auraient avantage à traverser la Suisse et à entrer en France par le Jura, et les Italiens à passer par le Simplon et le Saint-Gothard pour faire leur jonction avec les alliés sur le plateau entre l'Aar et le Jura. C'est en prévision de cette éventualité que nous avons entrepris des travaux de fortification pour améliorer la défense du Jura; d'un autre côté, si cette neutralité était violée, nous pourrions, avant l'adversaire, prendre dans ce pays de bonnes positions qui, au cas où nous pourrions reprendre l'offensive, nous donneraient de grands avantages; enfin, on peut être certain que les Suisses défendraient énergiquement le passage aux armées envahissantes, car son armée est brave, les routes sont rares et faciles à défendre et des fortifications sont commencées pour barrer les principaux points.

213. Offensive. — Jusqu'alors nous n'avons examiné, en cas de guerres futures, que l'éventualité de la défensive. Mais, il ne faut pas croire pour cela que l'hypothèse de l'offensive n'a pas été prévue. Bien qu'elle ne repose pas sur des bases aussi certaines que la défensive, nous devons tout au moins indiquer ici les conditions générales dans lesquelles pourrait s'effectuer l'offensive sur nos diverses frontières et les facilités qu'elle rencontrerait.

214. 1° *Sur la Belgique.* — Il serait facile de transporter des troupes rapidement jusque sur la Meuse, car les voies de communication qui y conduisent sont nombreuses, mais on ne pourrait aller plus loin sans avoir à vaincre les résistances de l'armée belge, protégée par les fortifications de la Meuse; il faudrait également assiéger ou observer Anvers, de sorte qu'on aurait perdu bien du temps et des forces avant d'arriver en Allemagne, où l'on rencontrerait non seulement l'armée allemande, mais encore la partie la plus forte de la ligne du Rhin, ainsi que nous l'avons dit. L'offensive ne pourrait être prise avantageusement de ce côté que dans le cas peu probable où les Belges et même les Hollandais seraient nos alliés. On pourrait alors, avec la place de Liège comme base d'opérations, déboucher sur le Rhin vers Boun, Cologne et Dusseldorf, où on n'arriverait qu'après avoir occupé diverses positions, franchi les lignes de la Rër et de l'Erfl et assiégé Cologne. Enfin, les Allemands, débouchant de Coblentz, pourraient inquiéter notre flanc droit et nos lignes de retraite.

215. 2° *Contre l'Allemagne.* — Nous esquissons cette partie d'après l'ouvrage déjà cité de M. Ténot. Les lignes normales d'invasion de France en Allemagne, avec Berlin pour objectif, se déterminent par les mêmes principes et avec la même précision qu'ont été déterminées les lignes allemandes d'invasion de la France, avec Paris pour objectif. Il est évident que les armées françaises devraient d'abord gagner le Rhin, et, d'après les considérations géographiques, c'est la trouée entre la chaîne du Taurus et le prolongement septentrional de la Forêt-Noire, qui est la porte d'entrée naturelle des Français au delà du Rhin. C'est par là que la vallée du Mein vient aboutir à la vallée du Rhin, et l'on sait que cette première vallée, qui ouvre le pays, tourne toutes les lignes d'un intermédiaire entre le Rhin et l'Elbe et est le grand chemin qu'ont suivi à diverses reprises les armées françaises. En se dirigeant sur la section du Rhin dont Manheim est le centre par la Sarre, entre Forbach et Sarreguemines, puis les cols du Hardt, vers Kaiserslautern, les armées ne se heurtent jusqu'au Rhin à aucune fortification allemande, pas même Metz ni Strasbourg. Bien plus, « le dédain de la fortification est si marqué en Allemagne, que, dans l'état des choses, une armée française s'avançant victorieuse le long de la ligne fondamentale d'invasion, disposerait jusqu'à Berlin de voies ferrées ininterrompues, qu'aucune place n'intercepte, dont aucun ouvrage fortifié n'interdit l'usage à l'envahisseur.

Nous ne poursuivrons pas plus loin l'examen des diverses éventualités qui pourraient se produire, sur les points où se rencontreraient probablement les armées, sur les opérations à exécuter dans les différents cas, etc. La marche et la direction générale peuvent seules être indiquées; le surplus ne peut être prévu. Cependant il est important de faire remarquer que, au cas d'une offensive malheureuse, notre ligne de fortification à la frontière rendrait d'inappréciables services en arrêtant le mouvement de recul et en recevant les armées, qui pourraient s'y rallier et s'y refaire.

216. 3° *Sur la Suisse.* — A l'exception de la partie sud, notre offensive en Suisse recontrerait de grandes difficultés, parce que, en général, le système oro-hydrographique très compliqué ne laisse place qu'à de nombreuses vallées sans communication entre elles, ou à de grands lacs et à des marais. En outre, les mouvements des troupes sont longs et difficiles, et les places de rassemblement sont rares. Mais, ainsi que nous l'avons déjà dit, au sud nous disposons d'une bonne base complétée par l'occupation de Genève, et d'où, remontant au nord, on aborderait l'Aar, affluent du Rhin, près de sa source, où il est facile à franchir. D'ailleurs, avec quelque peu d'aide de notre part, la Suisse serait en mesure d'interdire le passage de son territoire à toutes les armées, et, malgré ce qu'ont pu dire à ce sujet les Allemands, ce n'est pas la France qui songe à violer la première la neutralité helvétique.

217. 4° *Contre l'Italie.* — Il est plus facile aux armées de passer de France en Italie que d'Italie en France. « Le versant italien des Alpes, dit le colonel *Nion*, *Géographie militaire*, se termine rapidement dans les plaines du Piémont; une fois la crête franchie, on peut descendre en quelques heures de marche dans un pays riche et dans lequel il est facile de manœuvrer; puis toutes les routes, suivant les vallées des affluents du Pô, viennent converger vers les mêmes points du fleuve, et si cette disposition favorise jusqu'à un certain point la défensive, il est incontestable qu'elle est plus favorable encore aux troupes de l'offensive, lorsque celles-ci ont une supériorité numérique marquée. En effet, si elles réussissent à forcer la ligne frontière en un point quelconque, elles peuvent prendre à revers les positions qu'elles n'ont pu enlever de front. Il n'en est pas de même sur le versant français. Les montagnes y sont très élevées et très confuses; elles se prolongent à l'ouest en étages successifs qui ne s'affaissent que graduellement. Les longs couloirs qu'il faut suivre après avoir traversé la frontière offrent une succession de positions d'autant plus avantageuses que la défense peut facilement s'assurer la possession des communications latérales. Les vallées de la Tarentaise et de la Maurienne aboutissent, il est vrai, au même débouché, mais les autres directions, comme celles de la vallée de l'Arve au nord, et celles de la vallée de la Durance au sud, sont très divergentes et il devient fort difficile de faire concourir au même but les colonnes qui se seraient engagées dans ces corridors et qui ne pourraient pas se soutenir mutuellement en cas d'échec. »

L'offensive pourrait s'effectuer dans des conditions possibles : 1° Par la vallée de la Stura; 2° par les routes du col de Tendo et de la Corniche; 3° par le col de l'Argentière. Elle aurait d'autant plus de chance si l'on combinait des opérations simultanées par ces divers passages, parce que l'on arriverait ainsi à menacer l'ennemi de front et de flanc.

218. 5° *Contre l'Espagne.* — L'offensive contre ce pays ne nous a jamais réussi et n'est pas à prévoir; elle présente d'ailleurs de sérieuses difficultés, car les points de passage sont peu nombreux et faciles à défendre. En supposant toutefois une armée d'invasion ayant pénétré en Espagne par les provinces basques et une autre par la Catalogne, ces deux armées ne pourraient que difficilement combiner leurs opérations.

§ IV. — MARINE ET COLONIES

219. Organisation générale. — L'ensemble du personnel et du matériel qui constitue la *flotte* ou *armée navale* de la France est administré par le ministre de la Marine, qui est en même temps chargé des Colonies.

La flotte est appelée, en tout temps, à protéger les intérêts de nos nationaux au loin et à garantir la sécurité de notre marine marchande, et, en temps de guerre spécialement, à contribuer sur terre et sur mer à la défense du territoire.

Au siège du ministère, outre l'état-major, l'administration centrale et les directions, on trouve divers comités, conseils ou commissions, chargés d'éclairer ou de renseigner le ministre sur des questions spéciales. Ce sont :

Les *comités* techniques des diverses armes, le comité hydrographique, le comité consultatif du contentieux ;

Le *conseil* des prises, des travaux de la marine, supérieur des colonies ;

Les *commissions permanentes* des marchés, des machines, des bibliothèques, de revision des règlements ; la Commission supérieure des naufrages, la Commission des phares, la Commission de surveillance des banques coloniales, etc.

220. *Arrondissements maritimes.* — Les côtes de la France sont divisées en cinq *préfectures* ou *arrondissements maritimes*, commandés chacun par un officier général de la marine, qui prend le titre de *préfet maritime*. Ces arrondissements se divisent en *sous-arrondissements*, qui se subdivisent en *quartiers* et en *sous-quartiers ;* ces subdivisions, faites surtout au point de vue de l'inscription maritime, sont placées sous la direction de *commissaires de marine* et de *syndics des gens de mer*. Voici le tableau des arrondissements et sous-arrondissements :

Nos	ARRONDISSEMENTS	SOUS-ARRONDISSEMENTS
1er	Cherbourg.	Cherbourg, Dunkerque, le Havre.
2e	Brest.	Brest, Saint-Servan.
3e	Lorient.	Lorient, Nantes.
4e	Rochefort.	Rochefort, Bordeaux.
5e	Toulon.	Marseille, Toulon, Nice, Bastia, Alger.

221. Personnel. — Le personnel se compose de l'état-major, des équipages de la flotte et des troupes de la marine.

L'*état-major* comprend :

1° Les officiers de vaisseau de tous grades, dont le complet est de deux amiraux, quinze vice-amiraux, trente contre-amiraux, cent dix capitaines de vaisseau, deux cent vingt capitaines de frégate, sept cents lieutenants de vaisseau, trois cents enseignes, trois cents aspirants et cent cinquante officiers mécaniciens ;

2° Des inspecteurs du génie maritime, des travaux maritimes, du service de santé, du matériel d'artillerie, de l'infanterie de marine, des services administratifs et financiers ;

3° Des officiers du génie maritime, chargés des constructions navales ; des ingénieurs hydrographes, chargés des reconnaissances hydrographiques, du levé et de la construction des cartes marines ; des professeurs d'hydrographie ;

4° Du commissariat de la marine, chargé de la direction du service administratif dans tous les ports et à bord des navires, ainsi que de l'inscription maritime, avec le concours des agents du commissariat, des comptables du matériel et du personnel administratif dans les ports ;

5° Du service de santé (médecins, pharmaciens), des aumôniers, etc. ;

6° Du service de justice maritime ;

7° Des agents chargés des divers services, tels que : directeurs des mouvements des ports, maîtres entretenus des directions des constructions navales, chefs de pilotage, gardes maritimes, syndics des gens de mer, etc.

Les *équipages de la flotte*, destinés à l'armement des navires, sont recrutés soit par des engagements volontaires, soit par la partie des contingents du recrutement affectée à l'armée de mer (environ mille hommes par an), soit enfin par l'inscription maritime. Tous les gens de mer sont soumis à l'*inscription maritime*, c'est-à-dire que tous ceux qui se livrent à la navigation et à la pêche maritime peuvent être requis pour le service de la flotte de dix-huit à cinquante ans ; le nombre de ces inscrits est évalué à environ cent cinquante mille. Ces équipages, d'un effectif d'à peu près vingt-cinq mille hommes, sont répartis en cinq divisions (une par préfecture maritime) et compagnies.

Les *troupes de la marine* proprement dites, destinées à la garde des colonies, se recrutent comme l'armée de terre, avec cette différence que la partie fournie par le contingent annuel est prise dans les numéros les plus bas de chaque canton.

Elles comprennent :

1° L'infanterie de la marine ;

2° L'artillerie de la marine ;

3° La gendarmerie maritime ;

4° La compagnie de disciplice de la marine ;

5° Le corps de disciplinaires coloniaux ;

6° Les cipahis de l'Inde ;

7° Les tirailleurs annamites et les tirailleurs tonkinois ;

8° Les tirailleurs sénégalais ;

9° La compagnie des conducteurs sénégalais.

On peut y ajouter les spahis du Sénégal et la gendarmerie coloniale qui, bien que faisant partie de l'armée de terre, sont mis à la disposition de la marine pour le service des colonies.

Infanterie. Le corps de l'infanterie de marine se compose d'un état-major général, d'un corps de troupes et des cadres de corps spéciaux.

L'*état-major général* comprend les officiers généraux, leurs aides de camp et les officiers de tous grades occupant temporairement des emplois en dehors du service des troupes.

Le *corps de troupes* forme quatre régiments, comprenant chacun une portion centrale stationnée en France et des portions détachées dans les colonies. Le nombre des compagnies affecté à chaque régiment est le suivant :

1er régiment à 45 compagnies ; 2e régiment à 45 ; 3e régiment à 47 compagnies ; 4e régiment à 45 compagnies.

Les *cadres des corps spéciaux* comprennent le nombre d'officiers, sous-officiers, caporaux, clairons et soldats nécessaires pour les troupes disciplinaires ou indigènes d'infanterie dans les colonies.

Artillerie. Le corps de l'artillerie de marine comprend un état-major général, un état-major particulier et des corps de troupe.

L'*état-major général* comprend un général de division, deux généraux de brigade et quelques officiers ou gardes chargés de l'étude de projets, plans, tracés ou expériences concernant le matériel d'artillerie.

L'*état-major particulier* se compose de soixante-quatre officiers, cent soixante-six gardes divisés en cinq catégories, des gardes auxiliaires et stagiaires conducteurs de travaux et des gardiens de batterie. Cet état-major a pour mission d'assurer le fonctionnement des établissements et services de l'armée.

Les *troupes* comportent : un régiment à vingt-neuf batteries et une compagnie de conducteurs ; six compagnies d'ouvriers ; une compagnie d'artificiers ; un corps d'armuriers, une compagnie auxiliaire d'ouvriers.

Gendarmerie. La gendarmerie maritime est divisée en cinq compagnies, qui sont attachées séparément au service des cinq arrondissements maritimes, dont chacune porte le numéro.

Compagnie de discipline. Cette compagnie tient garnison à Saintes et a son dépôt à Oléron. Elle reçoit les soldats des corps de troupes de la marine dont l'indiscipline ne peut être efficacement réprimée dans leurs corps.

Corps de disciplinaires coloniaux. Ce corps comprend une compagnie de dépôt à l'île d'Oléron et deux compagnies actives détachées : la première au Sénégal, la deuxième à la Martinique et à Saint-Pierre et Miquelon. Ces compagnies reçoivent les militaires de la marine condamnés, après leur incorporation, à une peine correctionnelle de plus de six mois pour délits communs, ou à plus d'une peine correctionnelle, quel qu'en soit le motif ou la durée, et enfin les militaires condamnés à une peine correctionnelle de plus de six mois, sans distinction de délit, qui se montrent incorrigibles.

Cipahis de l'Inde. Les cipahis forment un corps d'infanterie indigène, destiné à assurer la sécurité intérieure dans les établissements français de l'Inde. Ils sont répartis en deux compagnies, comportant des cadres en partie européens et en partie indigènes.

Tirailleurs annamites. Le régiment de tirailleurs annamites forme un corps d'infanterie indigène destiné à concourir, avec les troupes européennes, à la défense et à la sécurité intérieure de la Cochinchine. Il a un cadre européen et un cadre indigène.

Tirailleurs tonkinois. Ce corps remplit, pour le Tonkin, le même rôle que les tirailleurs annamites pour la Cochinchine. Il forme deux régiments, ayant chacun trois bataillons de quatre compagnies.

Tirailleurs sénégalais. Ce corps forme un régiment à deux bataillons, comprenant l'un cinq et l'autre quatre compagnies, plus une section pour le Gabon.

Compagnie de conducteurs d'artillerie sénégalais. Cette compagnie est chargée du service de l'artillerie et des transports de toute espèce au Sénégal Elle est rattachée au régiment d'artillerie de la marine et placée sous les ordres immédiats du directeur d'artillerie au Sénégal. Elle a des cadres mixtes.

222. Écoles — La marine possède un grand nombre d'écoles, ce qui s'explique par la variéte et la difficulté de manœuvre toujours plus grande du matériel. Il faut citer :

L'*école navale*, en rade de Brest, où restent deux ans les jeunes gens de quatorze à dix-sept ans admis par voie de concours et qui aspirent à devenir officiers de vaisseau ; ils en sortent aspirants de 2e classe ;

L'*école d'application des aspirants de marine ;* les aspirants de 2e classe passent leur année de grade à naviguer sur la frégate-école d'application ;

L'*école d'application du génie maritime*, à Paris, dont les élèves sont recrutés parmi ceux de l'École polytechnique et parmi les maîtres entretenus des directions des constructions navales ;

Les *écoles de médecine navale* de Brest, Toulon et Rochefort, pour les médecins et pharmaciens de la marine ;

L'*école des défenses sous-marines* à Boyardville (île d'Oléron) pour enseigner le maniement des torpilles ;

L'*école de pyrotechnie* à Toulon, pour l'instruction des maîtres canonniers dans la confection et la manipulation des artifices ;

L'*école des élèves commissaires*, à Lorient, qui reçoit pendant deux ans les licenciés en droit admis par voie de concours ;

Les *écoles d'hydrographie* dans tous les ports de guerre ou de commerce, dont les cours sont gratuits et sont destinés à former des capitaines au long cours ;

Les *écoles de maistrance*, dans les cinq ports de guerre, pour donner aux ouvriers des arsenaux l'instruction théorique qui leur est nécessaire pour être en mesure de remplir les fonctions de contre-maître et de maître ;

Les *écoles des mécaniciens* à Brest et à Toulon, où les candidats aptes reçoivent l'instruction théorique et pratique indispensable aux mécaniciens de la flotte ;

L'*école d'application de matelotage et de timonerie*, à bord d'une corvette à voile naviguant dans l'Atlantique ;

L'*école d'application de canonnage*, à bord d'un navire en rade de Toulon ;

L'*école des pupilles de la marine* à Brest, destinée à élever et à diriger vers les professions maritimes les enfants des gens de mer ;

L'*école des mousses* en rade de Brest, dont les élèves sont choisis parmi les pupilles de la marine ;

Le *dépôt d'instruction*, pour les novices et apprentis marins, également en rade de de Brest, pour former les jeunes gens engagés comme novices ;

L'*école d'artillerie de la marine*, pour le régiment à Lorient;

Le *cours normal des instituteurs* à Rochefort, pour former les instituteurs chargés de l'instruction primaire à bord;

Le *collège des stagiaires* à Saïgon, destiné à instruire les futurs administrateurs des affaires indigènes en Cochinchine;

L'*établissement des invalides de la marine* à Paris;

L'*établissement des orphelines de la marine*, à Rochefort.

Le conseil d'amirauté vient d'examiner et d'approuver un projet d'organisation d'une école de premiers-maîtres. On sait qu'un tiers des places d'enseigne de vaisseau est réservé aux officiers mariniers de ce grade qui est assimilé à celui d'adjudant de la flotte, mais ce n'est qu'après un examen passé devant une commission spéciale que les candidats sont promus enseignes de vaisseau.

Or, pour devenir officiers de marine, ils ont à vaincre des difficultés considérables : d'abord, preuves de capacité et de bonne conduite, afin d'arriver assez jeunes pour pouvoir préparer leurs examens; puis, comme premiers-maîtres, remplir certaines conditions de navigation; enfin, lorsqu'ils pouvaient prétendre au grade d'officier, ils étaient livrés à leurs propres moyens, pour se préparer aux examens théoriques et pratiques à subir.

Frappé de la nécessité de remédier à cet état de choses et de faciliter l'accès de l'épaulette aux excellents sous-officiers de la marine, le ministère de la Marine a fait étudier le projet d'organisation d'une école de premiers-maîtres, que vient d'approuver le conseil d'amirauté. L'école sera à Brest; les premiers-maîtres qui auront satisfait à un examen pratique seront admis à suivre des cours dans lesquels on les préparera à l'examen définitif. Avec cette école, on arrivera à mettre un nombre suffisant de premiers-maîtres en mesure de satisfaire aux examens qu'ils ont à subir pour devenir officiers, et satisfaction sera ainsi donnée à une catégorie de sous-officiers dont les services sont hautement appréciés, et qui contribuent à la force de notre marine. C'est une école préparatoire d'officiers, dans le genre de celle de Saint-Maixent pour les sous-officiers d'infanterie.

223. *Justice maritime.* — Les troupes et fonctionnaires de la marine sont justiciables des *conseils de guerre maritimes*, organisés comme les conseils de guerre pour l'armée de terre. Il existe deux de ces conseils dans chaque chef-lieu de préfecture maritime; en outre, il y a, à Brest et à Toulon, un *conseil de revision*, chargé de reviser, pour vices de forme seulement, les jugements des premiers.

224. Matériel. — Le matériel de la flotte se compose des navires de diverses catégories jugés nécessaires pour remplir au mieux les conditions voulues suivant les services ou les missions auxquels ils sont destinés. La proportion et la quantité de ces navires varie en raison des nécessités politiques ou budgétaires, et surtout en raison des progrès ou perfectionnements réalisés.

225. *Situation au 1er janvier 1888.* — D'après le rapport sur le budget de la marine, notre flotte de guerre aura, au 1er janvier 1888, une valeur de 313,530,397 fr. et se composera de 386 bâtiments, savoir :

1° Quarante et un cuirassés, dont dix-huit cuirassés d'escadre, neuf cuirassés de croisière, neuf garde-côtes cuirassés, quatre canonnières et une batterie flottante;

2° Quarante-sept croiseurs, dont neuf à batterie, neuf de première classe, quatorze de deuxième classe, quinze de troisième classe;

3° Soixante-dix avisos, dont quinze de première classe, trente et un de deuxième classe, seize avisos-transports et huit avisos-torpilleurs;

4° Seize canonnières de station;

5° Vingt-trois chaloupes, dont douze canonnières et onze à vapeur;

6° Cent vingt torpilleurs, dont dix de haute mer, soixante-deux de première classe, quarante et un de deuxième classe, et sept vedettes;

7° Vingt-quatre transports, dont dix de première classe, dix de deuxième classe et quatre de troisième classe;

8° Quarante-cinq navires divers dont treize à voiles, vingt-neuf gardes-pêche et trois navires-école.

De plus, sur les propositions du ministre de la Marine, acceptées par la commission du budget, on continuera ou on entreprendra, pendant l'exercice 1888, la construction des bâtiments nécessaires pour mettre notre flotte à hauteur des exigences modernes.

226. Classification générale. — Les navires précédents peuvent, suivant leur rôle, être classés comme il suit :

1° Les *navires de combat*, qui ont pour objet de chercher et de combattre les vaisseaux ennemis. Ce sont les navires cuirassés et les torpilleurs qui remplissent ce but. Les bâtiments *cuirassés* ou *blindés* sont ceux qui sont protégés, dans la mesure du possible, contre l'artillerie ennemie, au moyen de plaques de fer ou d'acier qui en recouvrent les parois extérieurement jusqu'à une certaine profondeur au-dessous de la ligne de flottaison. Les *torpilleurs* sont de petits navires, très bas sur l'eau, munis de deux éperons et suffisamment blindés pour que les hommes soient à l'abri de la mousqueterie ; ils portent une torpille destinée à faire sauter les navires les plus formidables auxquels on parvient à fixer cette torpille ;

2° Les *bâtiments chargés de l'attaque ou de la défense des côtes*, cuirassés ou non. Les cuirassés sont : les batteries flottantes, les monitors, les chaloupes canonnières et les garde-côtes. Il y a également des chaloupes canonnières et des garde-côtes non cuirassés ;

3° Les *croiseurs*, non cuirassés, destinés à protéger la flotte commerciale nationale et à détruire le commerce ennemi. Ce sont les frégates et les corvettes de diverses espèces ;

4° Les *avisos*, qui sont des bâtiments légers à faible tirant d'eau et à grande vitesse, pouvant faire le service dans les stations lointaines et opérer militairement près des côtes ou à l'embouchure et dans l'intérieur des grands fleuves. Outre les avisos, on peut y ranger les canonnières de station et les navires appelés par les Anglais *gun-vessels* et *gun-boats ;*

5° Les *transports*, qui se divisent en quatre espèces : transports - hôpitaux, transports-avisos, transports-écuries et transports de personnel et de matériel ;

6° Les *bâtiments de flottille*, qui peuvent se composer des éléments les plus divers ;

7° Les *navires-écoles* et les *bâtiments* de toute espèce nécessaires *pour le service des ports.*

227. *Établissements.* — Les principaux établissements de la marine sont :

Les arsenaux maritimes, avec ateliers considérables de construction et de réparation, dans les cinq chefs-lieux d'arrondissements maritimes ;

L'établissement d'Indret, sur la Loire, pour la fabrication des machines à vapeur et des coques de navires en fer ;

Les forges de la Chaussade (Nièvre), où l'on fabrique les ancres et les chaînes ;

Les forges de Saint-Gervais (Isère) ;

Les forges de la Villeneuve ;

Les fonderies de Nevers et de Ruelle (près d'Angoulême), pour la fabrication des bouches à feu ;

La fonderie de Puteaux ;

Les fonderies de Charleville et de Mézières, pour les projectiles.

228. *Sémaphores.* — Pour communiquer avec les navires en rade ou en mer, un service électro-sémaphorique est organisé dans les ports et sur les côtes. On compte cent vingt-quatre postes sémaphoriques pour la France et la Corse.

229. *Phares.* — Pour guider pendant la nuit les navires rapprochés des côtes et leur permettre d'éviter les circuits ou parages dangereux, on a établi, sur le littoral de la France, un système très complet de phares, de bateaux-feu et de balises.

Les tours surmontées d'un fanal, qui constituent les *phares*, sont, sur nos côtes, au nombre de 350 environ. Les feux qui brillent en haut de ces tours sont *fixes*, *tournants* ou à *éclipses*, ou encore des *feux fixes variés par des éclats périodiques très brillants ;* cette diversion a pour but de permettre aux navigateurs de mieux les distinguer les uns des autres. L'éclairage est obtenu soit par la lumière électrique, soit surtout au moyen de lampes à huile munies de plusieurs mèches concentriques afin d'en augmenter la clarté, que des réflecteurs contribuent en outre à projeter au loin.

D'après la portée de leur lumière, on divise les phares en quatre classes de grandeur ; la première classe doit avoir une portée de 70 à 80 kilomètres.

230. *Bateaux-feu.* — Lorsque la nature du sol ou d'autres difficultés empêchent de construire des phares, on emploie, pour signaler les parages dangereux, des *bateaux-feu*, consistant en barques de très forte structure, solidement mouillées auprès des obstacles qu'elles doivent signaler. La lanterne de ces bateaux est hissée en haut d'un mât et en fait le tour, de manière que la lumière puisse être vue de tous côtés.

231. *Balisage.* — Le balisage a pour but d'indiquer aux navigateurs, à l'aide de bouées ou de balises, les endroits à éviter dans une rade, une passe, une embouchure de fleuve ou de rivière. La position de ces bouées ou balises doit être invariable et vérifiée de temps en temps.

Une *bouée* est un appareil flottant, amarré solidement en un point déterminé.

Une *balise* est un signal élevé destiné à attirer l'attention du navigateur et planté sur l'écueil qu'il doit indiquer.

232. Colonies. — L'administration des Colonies est confiée depuis quelque temps à un sous-secrétaire d'État qui dépend du ministère de la Marine. Toutefois, le protectorat de l'île de Madagascar est dans les attributions du ministère des Affaires étrangères.

Les diverses colonies françaises n'ont pas d'ailleurs une organisation générale uniforme, mais elles sont administrées d'une manière différente suivant leur importance, leur situation, le chiffre de la population, les intérêts engagés. Nous indiquerons en quoi consiste spécialement cette organisation en parlant de chaque colonie ; pour le moment, nous nous bornerons à en donner l'esprit général.

Les diverses colonies ont en général à leur tête un *gouverneur*, réunissant les pouvoirs civils et militaires, que, en raison de l'éloignement de la mère-patrie, on est obligé de leur confier pour l'expédition rapide des affaires. Ce gouverneur a sous ses ordres divers fonctionnaires ou chefs de service, entre autres un directeur de l'intérieur, chef de la magistrature, un trésorier payeur, etc. Il est assisté d'un conseil privé, assez semblable à nos conseils de préfecture et qui peut, dans de certaines conditions, se constituer en conseil de contentieux, sauf recours au Conseil d'État.

Les conseils généraux, quand il en existe, ont à peu près les mêmes attributions qu'en France et sont nommés comme eux. Quatre sénateurs et dix députés représentent les principales colonies auprès du Parlement. Celles qui n'ont pas de sénateurs ni de députés sont représentés par des délégués coloniaux auprès de l'administration métropolitaine.

Un inspecteur des services administratifs veille, dans chaque colonie, à la régularité du service et à l'exécution des lois et règlements.

Indépendamment des dépenses de souveraineté, d'administration générale et de protectorat (54 millions pour 1886) qui sont à la charge de l'État, chaque colonie a un budget spécial local, comprenant toutes les autres dépenses. Les recettes à fournir au Trésor public, à part les droits de douane, de péage, ne consistent guère qu'en annuités ou parts contributives de certaines dépenses.

La défense des colonies est assurée par le département de la Marine, au moyen de stations navales entretenues en certains points du globe, ainsi que par des troupes d'infanterie et d'artillerie de marine et par des troupes indigènes dans certaines colonies. Toutefois, le département de la Guerre fournit un certain nombre de troupes pour le Tonkin et l'Annam, jusqu'à ce que la pacification de ces pays soit assurée et leur organisation bien arrêtée.

Il a été question récemment de faire des colonies un ministère spécial, comme dans certaines puissances européennes, mais diverses raisons ont empêché jusqu'à présent la question d'aboutir. Dans tous les cas, nous ferons remarquer que le choix des gouverneurs n'est entouré en France d'aucune garantie, alors que les autres puissances coloniales ont soin de désigner pour ces hautes fonctions des personnages possédant un rang et une compétence leur donnant l'autorité voulue pour assurer ce service important dans les meilleures conditions pour les colonies et pour la métropole.

CHAPITRE VI

ORGANISATION FINANCIÈRE ET ÉCONOMIQUE

§ I. — *ORGANISATION FINANCIÈRE ANCIENNE*

233. *Jusqu'en* 1871. — Sous l'ancienne monarchie, avant 1789, les subsides, les impositions, auxquelles on donnait le nom d'*aides*, étaient soumis à l'enregistrement des cours de justice; mais le monarque en faisait l'emploi qu'il jugeait convenable sans en rendre compte à personne.

Les impôts, au lieu d'être perçus directement par des agents de l'État, étaient affermés, par nature et par ville ou district, à des individus portant le nom de *fermiers généraux*, et qui étaient autorisés, moyennant une redevance annuelle, débattue d'avance, envers l'État, à percevoir le montant de telle ou telle catégorie d'impôts, dans telle ville ou dans telle circonscription indiquée au contrat.

On conçoit facilement combien ce mode de recouvrement des impôts était onéreux pour l'État; une notable partie de l'impôt restait entre les mains des fermiers généraux, qui firent des fortunes colossales et affichèrent un luxe insolent, au milieu de la misère publique. L'histoire bien connue du surintendant Fouquet en est un exemple frappant.

Ce fut Napoléon Ier qui inaugura le système de perception directe des impôts, par des agents salariés de l'État, au moyen de registres à souche de quittances. Cette mesure fut l'un des progrès les plus considérables de cette époque; elle mit un terme aux abus et fit rentrer la totalité des impôts dans les caisses de l'État.

Toutefois Napoléon Ier se garda bien de rendre compte aux chambres de l'emploi qu'il faisait du budget, de même qu'il se réservait de fixer les impôts et les revenus pour chaque année.

« Sous le premier Empire, dit le marquis d'Audiffret, le concours des chambres n'était qu'une homologation pure et simple de la volonté souveraine; le tableau annuel des revenus et des charges ne se publiait que d'une manière inexacte et incomplète. Les fixations législatives des impôts et des crédits de chaque excercice étaient modifiées en vertu de décrets ultérieurs, selon les vicissitudes d'une administration militaire qui n'avait d'autre sanction que l'approbation du chef de l'État. »

La Charte constitutionnelle de 1814, confirmée en ce point par celle de 1830, posa le principe du budget en investissant les chambres du droit, non seulement de voter les impôts, mais encore de déterminer la nature des dépenses auxquelles ils sont destinés à subvenir.

Néanmoins, comme le budget de chaque ministère était divisé en un petit nombre de chapitres, et que chaque ministre pouvait faire des virements dans un même chapitre, il en résultait que les crédits votés par les chambres recevaient souvent une destination fort différente de leur affectation primitive.

Pour faire cesser cet état de choses, l'Assemblée nationale de 1871 augmenta le nombre des chapitres, et cet exemple fut suivi par les chambres depuis cette époque; actuellement, un chapitre du budget ne comprend qu'une seule catégorie de dépenses, et il est impossible au ministre de s'en écarter en faisant des virements.

§ *II.* — *ORGANISATION FINANCIÈRE ACTUELLE*

234. *Administration des finances.* — L'administration des finances, en France, est actuellement chargée de la perception des revenus publics et de leur emploi pour la satisfaction des besoins de toutes les branches de l'administration publique.

Les revenus sont versés, soit à la Caisse centrale du Trésor à Paris, soit à celle des trésoriers payeurs généraux dans les départements; les dépenses sont payées par ces mêmes services.

Toutes ces opérations sont centralisées à la *direction de la comptabilité générale* au ministère des Finances, à Paris. Cette direction contrôle, d'une manière incessante, la situation exacte de l'actif et du passif de la fortune publique, sous le rapport pécuniaire; c'est un service continuel de contrôle, de surveillance et d'analyse.

On conçoit facilement que les revenus sont beaucoup plus considérables dans certaines caisses publiques que dans d'autres; il en est de même pour les dépenses. Il est donc nécessaire de connaître à l'avance les revenus et les dépenses probables de chaque caisse publique, de manière à faire verser les fonds en excédent chez les unes, pour combler le déficit des autres; ce travail incombe à la *direction générale du mouvement des fonds*, qui opère mensuellement la répartition des revenus entre les différentes caisses, suivant les payements à effectuer pour chacune d'elles.

Les opérations de la Caisse centrale du Trésor sont vérifiées au fur et à mesure qu'elles s'effectuent par le *Contrôle central;* les opérations des autres caisses publiques sont vérifiées par les *Inspecteurs des Finances*, qui contrôlent inopinément la gestion des comptables financiers, sur tous les points de la France.

Le personnel de perception des impôts se compose de *percepteurs* (au moins un par canton); de *receveurs particuliers* (un par arrondissement) et de *trésoriers payeurs généraux* (un par département), le personnel spécial des contributions indirectes comprend des préposés, des commis, des receveurs, des directeurs d'arrondissement et des directeurs départementaux.

Les revenus de l'État sont groupés, dans le budget des recettes, en sept branches qui sont les suivantes:

1° Les impôts directs;
2° Les impôts indirects;
3° Les services exploités par le gouvernement;
4° Les revenus des domaines de l'État;
5° Produits divers du budget;
6° Ressources exceptionnelles;
7° Recettes d'ordres.

235. 1° Impôts directs.— Les impôts directs sont ceux qui sont perçus directement, au moyen d'un rôle nominatif. On les divise en *impôts de répartition*, votés chaque année par les Chambres, et *en impôts de quotité*, qui atteignent directement le contribuable, en raison des biens de diverses natures qu'il possède.

Les principales contributions directes sont:

La *contribution foncière*, qui frappe la propriété foncière, à raison du revenu net calculé d'après la *matrice cadastrale* du département. Celle-ci n'est autre chose que la liste des propriétaires avec le relevé des parcelles possédées; des numéros d'ordre indiquant le revenu net. Ce mode de répartition est très inégal et très vicieux, car il varie suivant les départements, les communes et même les particuliers; mais la revision *du cadastre*, actuellement poursuivie, a pour but de remédier à ces inconvénients;

La *cote personnelle*, qui se compose de la valeur de trois journées de travail par an;

La *cote mobilière*, qui a pour base la valeur locative des habitations, mais seulement pour les parties du bâtiment servant à l'habitation personnelle;

L'*impôt des portes et fenêtres*, qui est dû

pour toutes les portes et les fenêtres, sauf celles des caves, greniers, granges, étables, etc...

Cependant, le tarif tient compte de l'importance des populations, de la position et du nombre des ouvriers, etc. Dans les grandes villes, on peut se baser aussi sur la valeur locative des immeubles.

La *contribution des patentes*, qui comprend un droit fixe, inhérent à la profession, et un droit proportionnel à la valeur locative des locaux et à la nature de la profession ou du commerce. Toutes les professions imposables sont divisées en un certain nombre de classes, et un tableau indique pour chacun les droits qui en résultent pour l'État.

Ces quatre contributions forment le *principal* des contributions directes et sont payables par douzièmes, de mois en mois, entre les mains des percepteurs.

Le principal de l'impôt est actuellement d'environ 119 millions pour les propriétés non bâties, et de près de 62 millions pour les propriétés bâties (6,579,800 maisons ou usines).

Les *autres taxes assimilées aux contributions directes*, sont :

La taxe annuelle des *biens de main-morte*, en représentation des droits de vente ou de succession auxquels les autres propriétés sont astreints ; elle frappe les départements, communes, hospices et établissements de bienfaisance, les séminaires, fabriques et congrégations, etc., et les sociétés anonymes passibles de la contribution foncière. Elle rapporte environ 6 millions et demi par an.

La taxe sur les *chevaux et voitures* est variable suivant la population des communes et comporte des réductions et des exceptions. Son produit annuel est de plus de 13 millions.

La taxe sur les *billards*, qui rapporte 1,200,000 francs.

La taxe sur les *cercles*, qui est du cinquième des cotisations et rapporte 1500 mille francs.

La *redevance des mines*, qui remplace la patente pour les concessions de mines et dont le produit annuel est de près de 3 millions.

La taxe pour la *vérification des poids et mesures*, qui rapporte 4 millions.

236. 2° Contributions indirectes. — Les contributions indirectes sont ainsi appelées parce qu'elles n'atteignent pas directement le contribuable ; elles sont payées par les fabricants ou les marchands, qui les ajoutent aux prix payés plus tard par les consommateurs.

Elles ressortissent à trois grandes administrations :

1° La direction générale de l'enregistrement, du timbre et des domaines ;

2° Celle des douanes ;

3° Celle des contributions indirectes proprement dites.

Les impôts indirects forment aujourd'hui l'élément principal du budget des recettes. Avec le produit brut des monopoles et des exploitations industrielles de l'État, ils figurent pour 2,430 millions dans le budget de 1888 (voir plus loin).

Les principaux de ces impôts sont :

La *taxe de 3 °/₀ sur le revenu des valeurs mobilières* consiste en un prélèvement préalable de 3 °/₀ sur le produit annuel (intérêt, dividende, lot) des valeurs mobilières, françaises ou étrangères. Elle n'est pas applicable aux rentes sur l'État ou titres similaires, ni aux sociétés en nom collectif, ni aux créances privées.

Les *droits d'enregistrement* sont proportionnels, fixes ou gradués. A ces droits se rattachent les *droits de greffe* et les *droits d'hypothèque*.

Les *droits de greffe* sont des impôts indirects perçus sur les actes de procédure et payés par les soins des greffiers.

L'*hypothèque* est un droit réel sur des immeubles affectés à l'acquittement d'une obligation. Il y a trois sortes d'hypothèques : 1° L'*hypothèque légale*, qui résulte de la loi ; 2° l'*hypothèque judiciaire*, qui résulte des jugements soit par contradictions, soit par défaut, définitifs ou provisoires, en faveur de celui qui les a obtenus ; 3° l'*hypothèque conventionnelle*, concentrée par un acte passé en bonne forme par devant notaire. Les frais d'inscription sont à la charge du débiteur et les registres sont publics.

Les *droits de timbre* sont fixes ou proportionnels. Le droit fixe est imposé et tarifé soit en raison de la dimension du papier dont il est fait usage, soit en raison de la nature des divers actes ou écrits désignés par la loi. Le timbre proportionnel est applicable aux effets négociables, non négociables ou de commerce, les actions, obligations et autres titres français ou étrangers (sauf les rentes françaises).

Les *droits de douane* consistent principalement en droits d'importation perçus à l'entrée des marchandises étrangères. Les droits d'exportation ont à peu près disparu. La douane perçoit en outre certains droits de navigation de peu d'importance et un droit de statistique de 10 centimes, payable pour tout colis, tête de bétail ou toute autre unité quelconque, soit à l'entrée, soit à la sortie. La douane perçoit aussi la taxe de consommation sur les sels indigènes dans la zône frontière et l'impôt sur les sucres étrangers ou coloniaux.

En principe, l'application des droits de douane doit se faire d'après le *tarif général*, mais nous avons couclu avec la plupart des pays de l'Europe des traités de commerce, qui assurent à ces pays des conditions plus favorables, qui font l'objet d'un *tarif conventionnel*.

Quel que soit le tarif, les droits se divisent : 1° en droits *spécifiques*, ne tenant compte que des quantités introduites de chaque espèce d'objets ; 2° en droits *ad valorem*, taxés d'après la valeur des objets ; 3° en droits *fiscaux*, frappant des denrées que la France ne produit pas (thés, cafés, vanilles) et n'ayant d'autre but que d'augmenter les ressources du Trésor ; 4° en droits *protecteurs*, ayant pour but de neutraliser la concurrence pour certains produits que la France ne peut produire à aussi bas prix (grains, métaux, bétail).

L'*Administration des contributions indirectes*, qui a succédé à la *Régie des droits réunis*, est exclusivement chargée des impôts intérieurs ou droits de consommation qui frappent chez nous les boissons alcooliques, les vinaigres, huiles et bougies, les sucres, les sels, les cartes à jouer, les allumettes, le droit de contrôle des matières d'or et d'argent, le droit de licence pour certaines industries soumises à la surveillance des agents des contributions indirectes.

Cette administration est également chargée du recouvrement du prélèvement sur le revenu des places de voyageurs dans les chemins de fer et les voitures publiques, et de celui de l'impôt sur les transports par grande et petite vitesse.

L'état prélève également 1/10 sur le revenu de l'octroi des villes.

237. 3° Services exploités par le gouvernement. — L'État exploite directement les services suivants :

La fabrication et la vente du tabac (300 millions) ;

La fabrication et la vente de la poudre (8 millions) ;

La fabrication des monnaies (100,000 f.) ;

Les postes et télégraphes (145 millions) ;

L'exploitation des chemins de fer de l'État (4 millions).

Le personnel affecté à chacun de ces services fait toutes les recettes et en verse ensuite le montant au Trésor.

238. 4° Revenus des domaines de l'État. — Les revenus des domaines de l'État sont exploités par l'administration des domaines qui en encaisse les produits et les verse dans les caisses du Trésor. Ces revenus comprennent les produits des domaines civils de l'État, des forêts, des domaines militaires, du matériel hors de service, etc...

239. 5° Produits divers. — Les articles composant ces produits sont au nombre de quarante environ, dont les plus importants sont les suivants ; bénéfices réalisés par la caisse des dépôts et consignations, versement des engagés conditionnels d'un an, produit des prisons, remboursement des frais de contrôle et de surveillance des chemins de fer et tramways, taxe des brevets d'invention, reversements sur les dépenses des ministères, produits de chancelleries, etc.

240. 6° Ressources exceptionnelles. — Figurent pour plus d'un million au budget de 1888.

241. 7° Recettes d'ordres. — Comprennent les retenues pour les pensions civiles et militaires, les amendes, produits universitaires, le remboursement des dépenses de police par les villes de Paris et de Lyon, etc.

§ III. — BUDGET DE L'ÉTAT

242. Le budget est l'acte par lequel sont prévues et autorisées les recettes et les dépenses annuelles de l'État. — Il est voté chaque année par les chambres, et promulgué par une loi dite loi des finances.

Le budget comprend deux parties bien distinctes : les recettes, les dépenses.

Le budget des recettes est la conséquence du budget des dépenses, puisqu'il a pour but de donner les voies et moyens de satisfaire aux dépenses, à l'aide de l'impôt et des revenus publics. On comprend qu'il est indispensable de proportionner les dépenses aux recettes; cette opération s'appelle équilibrer le budget.

Les budgets ont à peu près doublé depuis vingt ans et triplé depuis quarante. Depuis le commencement du siècle, on ne peut citer que quatre exercices où les recettes ordinaires aient suffi à couvrir les dépenses de toute nature; c'est la *dette*, inscrite ou flottante, qui représente la différence.

Toutefois un État peut avoir à faire certaines dépenses extraordinaires, par exemple, pour soutenir une guerre, pour reconstituer une armée, pour effectuer de grands travaux publics; ces dépenses, très considérables, ne pourraient être payées dans une ou même dans un petit nombre d'années, sans amener la ruine du pays ou sans nuire au développement national ; on a alors recours à l'emprunt, qui a l'avantage de donner immédiatement les ressources nécessaires, tout en répartissant le payement des dépenses sur un grand nombre d'années ; mais, pour que l'emprunt ne soit pas lui-même une cause de ruine, *il est indispensable qu'il soit suivi d'un système d'amortissement*, c'est-à-dire de remboursement par annuité.

Depuis 1871, à côté du budget ordinaire, a fonctionné, sous divers noms, un *budget extraordinaire*, destiné à disparaître prochainement et qui avait pour but la reconstitution de la défense nationale et l'exécution d'un système de grands travaux publics.

Ceci étant posé, examinons de quelle manière on établit le budget en France.

Chaque année, chacun des ministres établit, plusieurs mois à l'avance, l'aperçu des besoins probables de son département pour l'année suivante et remet ce document au ministre des Finances ; la réunion de tous les documents semblables constitue le budget des dépenses.

Le ministre des Finances établit, de son côté, l'aperçu des recettes probables, d'après le produit de chaque impôt pendant les années antérieures; il provoque, s'il est nécessaire, de la part de ses collègues, des réductions de dépenses dans les aperçus qu'ils lui ont remis, de manière à obtenir un équilibre véritable entre les recettes et les dépenses. Le budget est divisé en chapitres, de manière à maintenir chaque ministre dans la limite des crédits ouverts pour chaque catégorie de dépenses.

Le projet de budget ainsi établi est déposé, par le ministre des Finances, à la Chambre des députés ; celle-ci le fait examiner en détail par une commission, élue dans son sein ; cette commission se fait donner tous les renseignements, tous les éclaircissements qu'elle juge utiles, et établit un rapport général pour l'ensemble du budget, ainsi qu'un rapport spécial pour le budget de chaque ministère; ces rapports concluent à l'acceptation, à la modification ou au rejet des propositions ministérielles; chacun d'eux est lu à la Chambre par un rapporteur spécial qui en soutient la discussion.

Lorsque le budget a été voté en détail par la Chambre des députés, il est soumis à l'approbation du Sénat, qui l'examine de nouveau, le vote en détail, en propose des modifications, des additions ou des rejets. Les chapitres modifiés sont renvoyés à l'examen de la Chambre des députés, qui les admet ou les rejette; ce n'est que lorsque l'accord s'est fait d'une manière complète entre elle et le Sénat, que le budget peut être promulgué par une loi.

Lorsque le budget n'a pu être voté à

temps, on admet que les prévisions budgétaires du dernier exercice seront appliquées pendant un certain nombre de mois de l'exercice suivant : c'est ce qu'on appelle *voter des douzièmes provisoires.*

La promulgation du budget met immédiatement chaque ministre en possession des moyens de satisfaire aux dépenses autorisées, dans la limite des crédits ouverts pour chaque chapitre.

L'emploi de ces crédits se fait de la manière suivante : — Chaque mois, les ministres adressent au ministre des Finances une demande de fonds pour les besoins de leur ministère pendant le mois suivant; le ministre des Finances propose alors au chef de l'État un décret portant répartition des fonds d'après ces demandes.

Les ministres peuvent alors acquitter les sommes dues aux créanciers de l'État, c'est-à-dire délivrer des mandats de payement, qui sont acquittés, sur présentation, par le Trésor public ; c'est ce que l'on appelle *ordonnancer les dépenses.*

Les ministres ne peuvent pas ordonnancer eux-mêmes toutes les dépenses ; les nécessités du service les obligent à déléguer certaines parties de leurs crédits à des fonctionnaires qui sont alors des ordonnateurs secondaires ; c'est ainsi que le ministre de l'Intérieur a pour ordonnateurs secondaires les préfets ; le ministre de la guerre a pour ordonnateurs secondaires les fonctionnaires de l'Intendance, les directeurs de l'artillerie et du génie, etc.

243. *Budget de* 1888. — Nous donnons ci-après, le projet de buget pour 1888.

DÉSIGNATIONS DES MINISTÈRES		CHAPITRES	CRÉDITS PAR SECTIONS	TOTAUX PAR CHAPITRES	BUDGET extraordinaire.
Ministère des finances	Dette publique	39	1.308.716.423	1.740.077.149	
	Pouvoirs publics	5	13.257.360		
	Services généraux	18	20.334.490		
	Frais de régie et perception	56	369.622.876		
	Remboursements et restitutions	6	28.146.000		
Ministère de la justice		26	37.289.101	37.289.101	
Ministère des affaires étrangères		21	13.613.600	13.613.600	
Ministère de l'intérieur	Service du ministère de l'intérieur	63	68.091.858	75.203.233	
	Service du gouvernement général de l'Algérie,	15	7.111.375		
Ministère de la guerre		53	536.894.730	536.894.730	84.000.000
Ministère de la marine	Service de la marine	41	186.160.407	226.900.531	16.000.000
	Service colonial	25	40.740.124		
Ministère de l'instruction publique	Service de l'instruction publique	63	126.860.188	184.629.256	
	Service des beaux-arts	46	12.175.505		
	Services des cultes	35	45.593.563		
Ministère du commerce et de l'industrie		42	22.055.053	22.055.053	
Ministère de l'agriculture		48	38.545.004	38.545.004	
Ministère des travaux publics	Service ordinaire	37	104.417.254	172.378.004	
	Travaux extraordinaires	29	67.960.750		
TOTAUX			3.047.585.661	3.047.585.661	100.000.000
Crédits proposés par la commission			2.989.086.454	2.989.086.454	100.000.000
DIFFÉRENCE EN MOINS			58.499.207	58.499.207	»

BUDGET DES RECETTES

§ 1. — Impôt directs	440.270.690
§ 2. — Impôts et revenus indirects	1.802.850.300
§ 3. — Produits de monopoles et exploitations	580.447.925
§ 4. — Produits et revenus du domaine de l'État	47.560.880
§ 5. — Produits divers du budget	28.581.854
§ 6. — Ressources exceptionnelles	1.082.465
§ 7. — Recettes d'ordres	57.199.976
TOTAL	2.957.994.090

Budget sur ressources extraordinaires de l'exercice 1888

(1) *Ministère de la guerre.*

CHAP. 1. — Équipages de campagne, matériel des équipages militaires, harnachement, dépenses diverses.	1.676.000
— 2. — Armement des places	8.124.000
— 3. — Armement des côtes	2.000.000
— 4. — Équipages de siège	10.000.000
— 5. — Armes portatives, munitions	25.700.000
— 6. — Fortifications	30.000.000
— 7. — Bâtiments militaires	6.500.000
TOTAL	84.000.000

(2) *Ministère de la marine et des colonies.*

Chap. 1. — Salaires pour constructions neuves	1.000.000
— 2. — Achats à l'industrie de bâtiments et de matériel pour les constructions neuves	10.800.000
— 3. — Travaux hydrauliques extraordinaires	4.200.000
Total	16.000.000
Total de l'état A	100.000.000

244. Budgets départementaux. — Sont alimentés au moyen de produits éventuels (recettes d'ordres correspondant à des dépenses équivalentes) et de centimes additionnels aux contributions directes. Ces derniers sont de trois sortes :

1° Les centimes *ordinaires*, au nombre de 37 pour tous les départements;

2° Les centimes *extraordinaires*, dont le maximum est de 12, destinés généralement à combler le déficit du budget ordinaire;

3° Les centimes *extraordinaires spéciaux*, autorisés par des lois pour des objets déterminés.

Les principales *dépenses* de ces budgets concernent les propriétés immobilières, routes départementales et chemins vicinaux, assistance publique, aliénés, enfants assistés, instruction publique, encouragements et subventions, dépenses obligatoires et dépenses diverses.

245. Budgets communaux. — Les *recettes ordinaires* des communes sont les centimes additionnels, la part de l impôt, des patentes, chevaux et voitures, chiens, les prestations vicinales, les octrois, subventions, revenus et produits divers. Elles se sont élevées à plus de 473 millions en 1887, en amélioration de 4 millions sur les revenus de l'année précédente.

Il peut y avoir des recettes *extraordinaires* provenant de centimes extraordinaires, des taxes additionnelles d'octroi, de coupes extraordinaires de bois, de ventes d'immeubles, d'emprunts, dons, legs, etc.

Les *dépenses ordinaires* sont les frais d'adminisiration, de police, d'octroi, d'entretien des bâtiments et de la voirie, de l'instruction publique, des cultes, de la police, de l'assistance publique, des pompiers, etc.

Les dépenses *extraordinaires* s'appliquent aux acquisitions, aux amortissements d'emprunts, aux travaux publics de toute espèce, etc.

Les *octrois*, au nombre de mille cinq cent vingt-cinq, constituent pour les grandes villes la principale ressource du budget communal. Ils produisent environ 280 millions par an, dont la moitié pour Paris seulement, avec les taxes extraordinaires et surtaxes d'octroi.

Un certain nombre d'établissements publics ont aussi des budgets indépendants et quelques-uns, comme les chambres de commerce, perçoivent même de véritables impôts.

Si l'on fait le classement des communes d'après la quotité de leurs impositions, on constate qu'il y a trois mille huit cents communes imposées au-dessous de 15 centimes, sept mille neuf cent quinze communes imposées de 15 à 30 centimes, neuf mille cinq cent quatre-vingt-treize communes imposées de 51 à 100 centimes et quatre mille soixante-dix-huit communes imposées au-dessus de 100 centimes. La moyenne a été de 54 centimes additionnels par commune en 1887.

Les revenus des bureaux de bienfaisance s'élèvent à plus de 35 millions par an.

246. Dette publique. — La *Dette consolidée* (en rentes perpétuelles ou amortissables) est de près de 900 millions de rentes, ce qui donne un capital nominal de plus 25 milliards. Il faut y ajouter encore les pensions civiles et militaires, qui figurent dans nos budgets sous le titre de *dette viagère*. En outre, une somme de plus de 200 millions doit être inscrite annuellement au budget pour l'intérêt de la dette flottante, l'intérêt et l'amortissement des obligations à court terme, trentenaire et autres, les annuités aux chemins de fer et diverses, l'intérêt des capitaux du cautionnement, etc.

Dans ces conditions, on peut estimer à 32 milliards la dette de l'État, et si l'on y ajoute les dettes contractées par les départements et les communes, soit 4 milliards environ, on arrive à un total de 36 milliards, ce qui fait environ 1,000 francs par tête d'habitant; c'est là un chiffre qui doit donner à réfléchir à nos gouvernants,

FRANCE.— CHEMINS DE FER

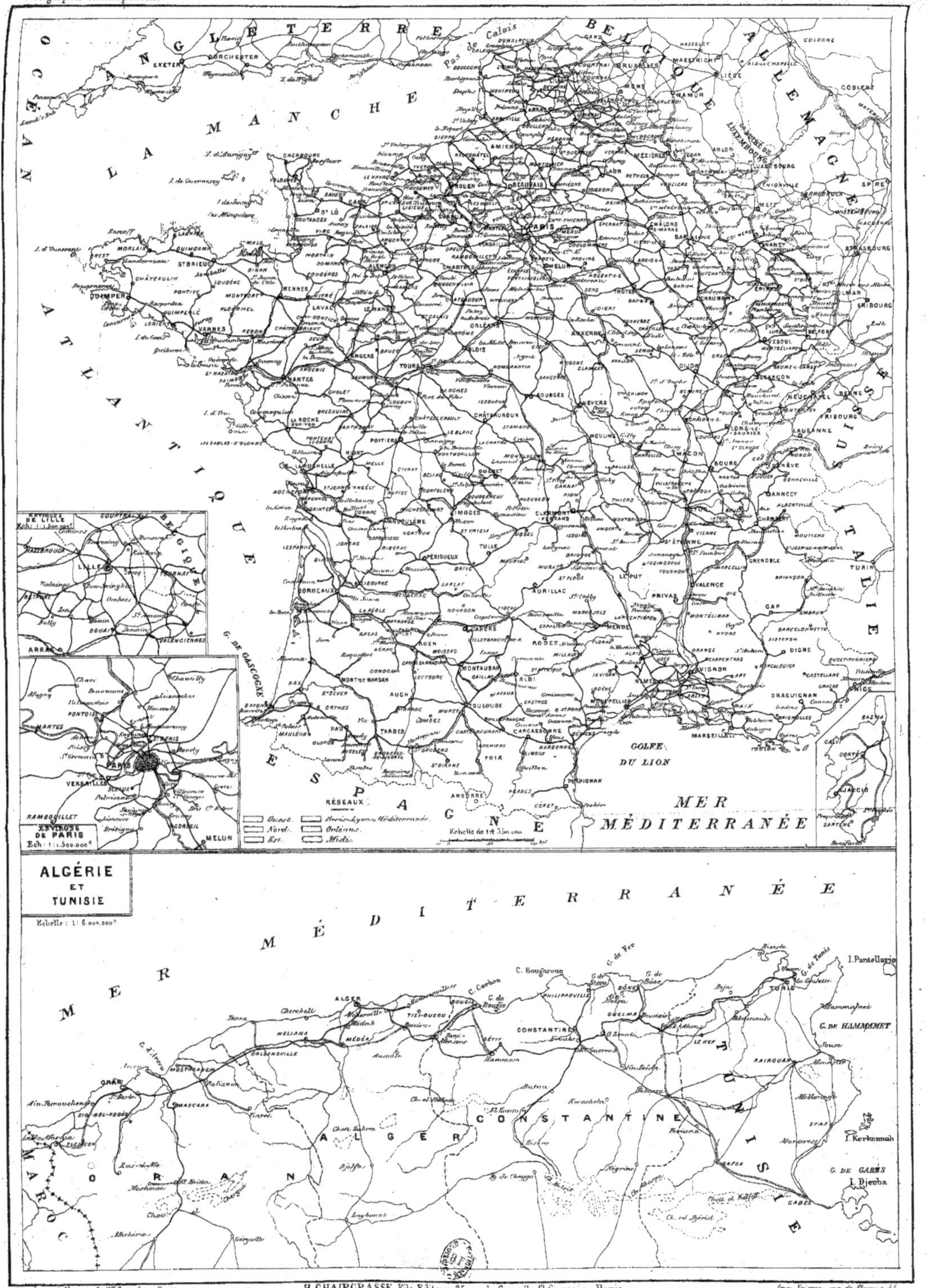

H. CHAIRGRASSE Fils, Editeur, 25, rue de Grenelle St Germain, Paris.

qui feront bien de s'appliquer à mettre réellement en pratique la formule : ni emprunts ni impôts nouveaux.

Le montant de notre dette est de beaucoup le plus élevé des puissances européennes, ainsi que le montre ce tableau :

Angleterre....	18 milliards ;
Russie........	18 milliards ;
Autriche	12 milliards ;
Italie.........	10 milliards ;
Allemagne....	9 milliards ;
Espagne......	6 milliards ;
Portugal	3 milliards 500 millions ;
Turquie......	3 milliards ;
Hollande	2 milliards 250 millions ;
Belgique	1 milliard 750 millions.

247. Richesse publique. — Il est assez difficile de déterminer la fortune actuelle de la France, donc il faut distinguer le revenu et le capital.

Des considérations de diverse nature, dans le détail desquelles il serait trop long d'entrer ici, permettent d'évaluer le revenu national à 25 milliards environ, rentes et produit du travail compris.

Le capital national, ou fortunes privées, ne va pas à 200 milliards, si l'on en déduit le déficit que produit le capital de l'État, on ne peut plus compter que sur 180 milliards.

Sous ce rapport il n'y a guère que l'Angleterre et les États-Unis qui puissent disposer d'une richesse publique plus considérable encore.

« Dans les temps troublés où nous vivons, dit M. de Foville auquel nous avons emprunté la plupart des données économiques ou statistiques de notre travail, il faut à la France beaucoup de sagesse, de prudence, d'efforts pour défendre son patrimoine. Il s'évanouirait vite, si elle n'y prenait garde, si elle continuait à se laisser aller aux fantaisies ruineuses rêvées par l'ambition, la générosité, les convoitises ou les passions. Les grands travaux et les dépenses sans compter ne sont plus de saison. »

248. *Crédit en général.* — « Le crédit est, dit M Ch. Coquelin, une faculté sociale qui dérive de la confiance. Il se manifeste en cela que les détenteurs des capitaux consentent à faire l'avance de ces capitaux à ceux qui les demandent, en d'autres termes, à les leur prêter sous la promesse d'un remboursement futur. On dit que le crédit règne dans un pays quand les prêts y sont abondants et faciles. On dit de même d'un particulier qu'il a du crédit quand il trouve facilement des prêteurs. » Ajoutons que ces prêts ne se font que moyennant une certaine commission ou intérêt, lequel est plus ou moins élevé suivant le degré de solvabilité ou de confiance que présente l'emprunteur et suivant l'abondance des capitaux.

§ *IV.* — *CRÉDIT*

249. *Effets de commerce.* — Les commerçants ne sont pas toujours en mesure de payer comptant les marchandises achetées ; mais, pour acquitter immédiatement leur dette, ils remettent à leur créancier des *effets de commerce* ou *traites*, par lequels ils s'engagent à payer en espèces à une date déterminée. Ces traites peuvent être escomptées, c'est-à dire payées d'avance, moyennant une certaine retenue ou commission, par les maisons de banque. C'est une des formes les plus générales et les plus utiles du crédit.

250. Banques. — Toutes les banques ont leur fonctionnement basé sur le principe de prêter, aux personnes qui en ont besoin, l'argent qu'elles reçoivent des personnes qui en ont de disponible. Naturellement elles demandent un intérêt plus élevé que celui qu'elles donnent. L'industrie de la banque s'est singulièrement développée par la création de grandes sociétés financières, telles que le Crédit foncier, le Comptoir d'Escompte, le Crédit Lyonnais, la Société générale, etc. Toutes ces sociétés servent de caissiers aux capitalistes, lancent les émissions, servent d'intermédiaires pour toutes les affaires de Bourse, d'Escompte, etc.

Nous devons citer encore certains établissements de crédit ayant un but particulier et nettement défini, tels que : le *Crédit foncier*, qui a pour but de venir en aide à la propriété foncière, en lui procurant des capitaux à des taux raisonnables et en lui permettant de se libérer par annuité à longs termes ; le *Crédit foncier colonial*, qui remplit le même but pour les colonies ; le *Crédit industriel et commercial*, qui, outre le rôle général des Banques, fait des avances aux sociétés françaises de commerce et d'industrie ; le *Crédit mobilier*, destiné à faire des prêts sur dépôts de valeurs mobilières, actions, coupons de rentes, etc. ; le *Crédit agricole*, etc.

251. *Monnaie fiduciaire.* — La *Banque de France* est une banque d'État, qui a le privilège exclusif d'émettre des *billets de banque*, billets à vue et au porteur payables sans escompte. En temps normal l'émission de ces billets se règle sur les besoins et la convenance du public, qui a toujours la faculté de convertir les billets en espèce à tout guichet de la Banque de France. Ces billets sont d'ailleurs admis partout et le montant, qui est actuellement de près de 3 milliards, ne peut dépasser le chiffre admis par l'État et garanti par des valeurs mobilières ou immobilières.

La Banque, qui a un certain nombre de succursales dans les départements, est dirigée par un gouverneur et deux sous-gouverneurs nommés par le chef de l'État.

Il est question de reviser le privilège de la Banque, qui expire en 1897.

252. *Autres sociétés de crédit.* — Les caisses d'épargne, les monts-de-piété, les compagnies d'assurance, etc., constituent également des sociétés indirectes, de crédit et, à ce titre, nous devons en dire ici quelques mots.

Les *caisses d'épargne* ont pour objet de recevoir les sommes économisées par les particuliers et que ceux-ci veulent bien leur confier, moyennant le payement d'un intérêt annuel. L'État répond des sommes en question, qui sont versées à la caisse des Dépôts et Consignations, et en reçoit un intérêt moindre que celui qu'il paye aux déposants.

A côté des caisses d'épargne privées il existe depuis 1881 une caisse d'épargne dite *nationale* ou *postale*, puisqu'elle a la garantie de l'État et que les opérations sont faites aux guichets de la poste. Elle paye un intérêt de 3 0/0 aux déposants, c'est-à-dire moins que les caisses privées.

Le montant des dépôts faits dans les diverses caisses d'épargne s'élève à 2,250 millions environ. Le remboursement de cette somme considérable, si elle venait à être réclamée en masse, ne laisserait pas que de créer de graves embarras à l'État en cas de crise.

Nous avons parlé précédemment des *Monts-de-piété*.

Les *sociétés d'assurance*, mutuelle ou à primes fixes, donnent lieu à de nombreuses combinaisons qui ont pour but, au moyen de primes qui leur sont payées, de reconstituer un capital en cas d'accident ou d'en constituer un chiffre déterminé après un certain laps de temps.

Au 1er janvier 1885, il y avait : vingt compagnies d'assurance sur la *vie*, ayant assuré un capital de 2,879 millions, avec 30.300.000 francs de rente en cours ; 23 compagnies d'assurance contre l'*incendie*, dont le capital est de 217 millions et l'actif de 340 millions ; 13 compagnies contre les *accidents*, avec un capital social de 67 millions et un actif de 76 millions.

Les *sociétés de secours mutuels* ont pour but d'assurer des secours en cas de maladie ou d'accident ; elles ont pour ressources les cotisations de leurs membres. Les conditions d'intérêt faites à ces sociétés sont très onéreuses pour le Trésor et doivent être revisées par le Parlement, Ces sociétés sont au nombre de 7,500 environ, avec 1,170,000 sociétaires et 65 millions de capitaux de réserve ou fonds de retraite.

Les *caisses de retraite pour la vieillesse* sont basées sur les mêmes principes.

TABLES DES MATIÈRES

Avant-propos I

INTRODUCTION A L'ÉTUDE DE LA GÉOGRAPHIE

Chapitre I. — Généralités.............. III
— II. — Notions sommaires de cosmographie V
— III. — Notions sommaires de géologie.................. XIV
— IV. — Notions sommaires de géographie physique....... XVIII
§ I. — Généralités....... XVIII
§ II. — Orographie....... XVIII
§ III. — Hydrographie.... XXI
§ IV. — Climatologie XXIV
— V. — Notions sommaires de géographie politique XXV
§ I. — Organisation des États................ XXV
§ II. — Religions XXX
§ III. — Races.... XXXIV
§ IV. — Langues......... XXXV
Chapitre VI. — Notions sommaires de Géographie économique..... XXXVII
— VII. — Divisions générales du globe terrestre......... XLI
— VII. — Histoire sommaire de la géographie............. XLII

PREMIÈRE PARTIE

GÉOGRAPHIE DE LA FRANCE ET DE SES COLONIES

Chapitre I. — France physique......... 1
§ I. — Situation et étendue.......... 1
§ II. — Géologie........ 4
§ III. — Orographie...... 11
§ IV. — Hydrographie ... 21
§ V. — Côtes 29
§ VI — Climatologie 31
— II. — France historique........ 33
§ I. — Notions historiques et races... 43
§ II. — Formation du territoire 45
— III. — § I. — Population...... 45
§ II. — Carractère et langue.......... 46
§ III. — Religion 50
§ IV. — Gouvernement .. 52
§ V. — Organisation judiciaire...... 56
§ VI. — Instruction publique, Beaux-Arts.......... 60
§ VII. — Affaires étrangères 99
§ VIII. — Travaux publics. 60
§ IX. — Agriculture..... 70
— IV. — France commerciale et industrielle.............. 74
§ I. — Commerce....... 74
§ II. — Industrie........ 79
§ III. — Voies de communication.............. 85
§ IV. — Voies navigables. 93
§ V. — Postes et télégraphes............... 101
Chapitre V. — Organisation militaire et maritime............. 104
§ I. — Recrutement 104
§ II. — Organisation de l'armée............... 105
§ III. — Composition de l'armée 108
§ IV. — Organisation défensive de la France.... 111
§ V. — Marine et Colonies 128
— VI. — Organisation financière et économique............ 134
§ I. — Organisation financière ancienne...... 134
§ II. — Organisation financière actuelle...... 135
§ III. — Budget 138
§ IV. — Crédit.......... 141

Cartes.

Planisphère.
France politique.
— militaire.
— hydrographique.
Carte des Chemins de fer.

Tours. — Imprimerie DESLIS Frères, rue Gambetta, 6.

ERRATAS OU MODIFICATIONS SURVENUES PENDANT L'IMPRESSION

Pages 93. — Faire précéder le sous-titre « voies navigables » de : § IV.

111. — Lire § IV, au lieu de § III, pour « organisation défensive de la France ».

106. — Rectifier le tableau ainsi qu'il suit :

2e *Corps :* la 1re division qui a pour chef-lieu Amiens a pour chefs-lieux de brigade Sedan et Beauvais, et comme subdivision de région, Péronne, Abbeville, Beauvais et Amiens ;

La 2e division, chef-lieu Compiègne, avec les brigades à Soissons et à Saint-Quentin et les subdivisions de région à Soissons, Compiègne, Laon et Saint-Quentin.

4e *Corps :* divisions : Paris et le Mans ; brigades : Paris, Laval et le Mans ; subdivisions de régions : Dreux, Chartres, Alençon, Argentan, Laval, Mayenne, le Mans et Mamers.

6e *Corps :* Troyes et Verdun sont remplacés comme chefs-lieux de brigade par Nancy et Châlons.

7e *Corps :* Langres est remplacé par Chaumont comme chef-lieu de division et de brigade.

107. — 11e *Corps :* Mettre Quimper à la place de Lorient.

12e *Corps :* Rétablir ainsi qu'il suit : divisions à Angoulême et à Périgueux ; brigades à Limoges, Angoulême, Tulle et Bergerac ; subdivisions de régions : Limoges, Guéret, Magnac, Laval, Angoulême, Brives, Tulle, Périgueux et Bergerac.

13e *Corps :* Remplacer Roanne par Clermont comme chef-lieu de brigade et mettre les subdivisions dans l'ordre suivant : Roanne, Montluçon, Riom, Aurillac, Montbrison, Saint-Étienne, le Puy et Clermont.

14e *Corps :* Rectifier ainsi qu'il suit : divisions à Grenoble et Chambéry ; brigades à Grenoble, Gap, Lyon, Annecy ; subdivisions de régions à Grenoble, Romans, Montélimart, Gap, Bourgoin, Chambéry, Annecy et Vienne.

15e *Corps :* Remplacer Nice comme division et Marseille comme brigade par Aix.

17e *Corps :* Rétablir comme il suit l'ordre des quatre dernières subdivisions : Toulouse, Saint-Gaudens, Mirande et Foix.

18e *Corps :* Remplacer Bayonne par Mont-de-Marsan comme brigade.

19e *Corps :* Supprimer Orléansville et Aumale comme subdivisions.

DÉPARTEMENT DE L'AIN

I. — PARTIE CIVILE

I. — HISTOIRE

Ce département, qui est situé entre 46° 37' et 46°, 31' de latitude, 2°, 24' et 3° 51' de longitude est, appartient à la région orientale de la France. Sa forme est à peu près celle d'un quadrilatère dont les diagonales ont 115 kilomètres de la source de la Valserine (nord du canton de Gex) à l'île des Brotteaux, près de Lyon, et environ 113 kilomètres de l'embouchure de la Seille sur la Saône à celle du Giers sur le Rhône (sud du canton de Belley).

Vue de l'église et de la rue Notre-Dame, à Bourg.

Il a été formé, en 1790, de la Bresse, de la principauté de Dombes et du Bugey dont dépendaient le Valromey et le pays de Gex. Tous ces pays faisaient partie de la province de Bourgogne. Il est borné :

Au *nord*, par le département du Jura et une partie du département de Saône-et-Loire ;

A l'*est*, par la Suisse, les départements de la Savoie et de la Haute-Savoie ;

Au *sud*, par la Saône qui le sépare du département de l'Isère ;

A l'*ouest*, par le Rhône qui le sépare des départements du Rhône et de Saône-et-Loire.

Avant la conquête romaine, la tribu gauloise

des Sébusiens (Sebusiani) occupait le Bugey et celle des Ambarres (Ambarii), la vallée de l'Ain. (Les noms d'Ambérieux et d'Ambronay rappellent cette époque.) Ces derniers, menacés d'une invasion des Helvètes à la tête desquels était Arioviste, appelèrent les Romains à leur secours. Jules César accourut et défit complètement les Barbares au moment où ils passaient la Saône, près de Trévoux (58 ans avant J.-C.).

Les vainqueurs restèrent dans le pays qui devint province romaine et fit successivement partie de la Germanie-Supérieure sous Auguste, de la Grande-Séquanaise sous Constantin, puis de la Lyonnaise première sous Honorius.

On retrouve de tous côtés des souvenirs de cette époque : des aqueducs à Groslée, à Vieu et à Izernore (Izarnodurum), les vestiges d'un temple dont il ne reste que trois piliers d'ordre corinthien. Le Valromey (Vallis romana) servait de lieu d'exil aux citoyens romains bannis de l'Italie.

Au ve siècle, les Burgondes envahirent le pays ; mais, en 534, ils furent défaits par Clotaire et Childebert, fils de Clovis. Il resta sous la domination des rois francs jusqu'à Charles le Chauve qui en fit don à Boson, fondateur du deuxième royaume de Bourgogne.

A cette époque, le pays fut désolé par diverses invasions : les Sarrazins au VIIIe siècle, puis les Normands et les Hongrois. A ces fléaux, vinrent se joindre la peste et la famine.

Pendant ce temps, le territoire dépendit successivement des royaumes de Metz, de Lorraine, d'Italie, de Bourgogne-Cisjurane et de l'empire d'Allemagne.

Lorsque la puissance de l'empire d'Allemagne tomba, les divers seigneurs du pays se déclarèrent indépendants. Alors, se formèrent les sireries de Baugé (Bresse), de Coligny (Revermont et partie nord du Bugey), de Thoiré (pays de Dombes) et de Villars (Bas-Bugey). Le pays de Gex appartenait aux seigneurs de Maurienne.

En 1272, la puissante maison de Baugé passa, par suite de mariage, à la maison de Savoie et Bourg devint capitale de la Bresse au détriment de Baugé (aujourd'hui Bagé-le-Châtel) qui perdit peu à peu de son importance. La maison de Savoie ne tarda pas à s'augmenter de la majeure partie du Bugey et du pays de Gex.

Au XIVe siècle, les Dombes furent cédées aux Bourbons-Beaujeu par Humbert VII, sire de Thoiré-Villars.

Après la trahison du connétable de Bourbon, François Ier s'empara du pays (1534), mais il fut obligé d'en restituer une partie à la suite du traité de Cambrai. La Bresse fut rendue à la maison de Savoie par Henri II qui la donna, comme dot, à Marguerite de France.

Henri IV ayant eu à se plaindre du duc Charles IV de Savoie, le força à échanger la Bresse et le Bugey contre le marquisat de Saluces qu'il possédait en Piémont (traité de Lyon, 17 janvier 1601).

C'est de cette époque que tout le territoire du département fit partie de la France.

La principauté de Dombes, confisquée par François Ier au connétable de Bourbon, fut rendue par Charles IX à la maison de Montpensier, puis passa, par le mariage de Marie de Bourbon avec Monsieur, frère de Louis XIII, à celle d'Orléans. Leur fille, la Grande Mademoiselle, dans le but d'adoucir la captivité de Lauzun, en fit don au duc du Maine, fils naturel de Louis XIV. Enfin, le comte d'Eu, second fils du duc, l'échangea avec Louis XV pour le duché de Gisors (1762).

Trévoux, capitale des Dombes, était célèbre à cette époque par son hôtel des monnaies et son imprimerie.

C'est en 1704 que fut commencée, à cette imprimerie, la publication du Grand dictionnaire connu sous le nom de *Dictionnaire de Trévoux*.

Les jésuites y imprimèrent ensuite le *Journal de Trévoux*, tant attaqué par Voltaire.

A partir de 1762, tous ces pays firent partie des États de Bourgogne jusqu'à la révolution, à l'exception, toutefois, des communes de Genay et de Saint-Didier de Formans qui jouissaient de franchises particulières et dépendaient du franc Lyonnais.

II. — VUE DU DÉPARTEMENT A VOL D'OISEAU

Le département de l'Ain forme un plan incliné du nord-est au sud-ouest, depuis le pays de Gex, où se trouvent les sommets les plus élevés de la chaîne du Jura, jusqu'au confluent de la Saône et du Rhône.

On peut le diviser en deux parties bien distinctes : la région des montagnes à l'est et celle des plaines et plateaux à l'ouest.

La région des montagnes fait partie des massifs du Jura et forme une série de crêtes parallèles allant du nord-nord-est au sud-sud-ouest. Les montagnes diminuent graduellement de hauteur et viennent finir en pentes douces pour former les belles plaines de la Bresse.

La première de ces crêtes ou *crets*, selon l'appellation du pays, se trouve dans le canton de Gex et vient finir près de Bellegarde. On y trouve le *Crêt de la neige* qui est le point le plus élevé de toute la chaîne du Jura (1 723^m^ d'altitude), le *Colomby de Gex* (1 691^m^), le *Reculet* (1 720^m^) tout près du Cret de la neige; puis, plus au sud, le *Cret de la Goutte* (1 624^{m}) au-dessus de Châtillon-de-Michaille et le *Grand-Crédo* (1 608^{m}), au sud duquel passe le chemin de fer de Paris à Genève par un tunnel de 4 kilomètres.

La seconde crête commence de l'autre coté de la Valserine ; puis, en descendant au sud, forme une échancrure où coule la Sémine et où passe le chemin de fer de Paris à Genève par Bourg et Nantua. Elle forme ensuite les montagnes du Valromey et du grand Colombier.

Les plus hauts sommets de cette seconde crête sont le Grand-Colombier (1 534^{m}), entre l'Arvière et le Rhône ; le Crêt du Nû (1 355^{m}); le Crêt de Beauregard (1 252^{m}) ; au nord, le Crêt Chalam (1 401^{m}), et le Crêt au merle (1 450^{m}).

Le troisième contrefort va depuis Oyonnax au nord jusqu'à Innimond et Saint-Germain-les-Paroisses au sud et forme trois groupes séparés par deux profondes fissures très remarquables. La première, près du petit lac de Silan, dont les eaux vont se déverser dans le Rhône par le Combet ; la seconde, entre les cantons de St-Rambert et de Virieu-le-Grand, où coulent l'Albarine au nord et le Furans au sud. Cette gorge étranglée laisse stagner les eaux qui ont formé trois lacs, appelés *lacs des Hôpitaux*, et que côtoient la route et le chemin de fer de Paris à Turin et à Genève par Culoz. Les sommets atteignent, au sud, 1 219 mètres dans le Mollard-Dédon ; au centre, 1 040 mètres à la Roche-Saillante; 1 117 mètres à la Ramondière, 1 045 mètres au Mortier-d'en-Haut, 1 237 mètres pour le Signal de Cormaranche dans le bois de l'Albergeage, 1 031 mètres pour les monts d'Ain et 1 970 pour les monts de la Chaux au nord.

Le quatrième contrefort est situé entre les vallées de l'Albarine, de l'Oignin et de l'Ain. On voit, au sud, le mont Charvet (754^{m}), le mont Luisandre (809^{m}), le Chaney (1 054^{m}) au-dessus de Tenay. Au centre, l'Avocat (1 017^{m}) à l'est de Cerdon et, dans le voisinage, le Replain (1 001^{m}).

De l'autre côté de l'Ain, entre cette rivière et le Surand, on trouve encore le Signal-Hautecour (551^{m}), le mont de Corrent (508^{m}), le Balmont (543^{m}) et la tête Béguine (578^{m}).

Enfin, entre Bourg et le Surand, au-dessus de Ceyseriat, se trouve le Revermont, dernière ondulation de la chaîne dont l'altitude moyenne varie de 450 à 500 mètres. Près de Ceyzeriat, la roche de Cuiron a 594 mètres. Au nord, la chaîne se relève et atteint 771 mètres au mont de Nivigne sur la limite du département.

Ces divers chaînons sont séparés par des vallées appelées *combes* ou *vals*, selon que le terrain est argileux ou calcaire, et où coulent les affluents tributaires du Rhône et de l'Ain (voir l'hydrographie).

Le pays de Gex, dans lequel se rencontrent les sommets les plus élevés, est le plus pauvre du département. Il n'offre que des roches dénudées, mais d'un aspect pittoresque et grandiose. Le Bugey est couvert de nombreuses forêts. Enfin, les pentes du Revermont sont cultivées et très vignobles.

Le Bas-Pays comprend la Bresse et le pays de Dombes. Ce dernier est couvert d'étangs pour la plupart artificiels et qui tendent à diminuer. Il est situé à une altitude variant de 290 à 300 mètres.

Les principaux étangs sont ceux du Grand-Glareins et du Grand-Birieux où la Chalaronne prend sa source.

Presque tous les affluents de la Saône trouvent naissance sur ce plateau.

La Bresse, qui est la partie la plus riche du département, est située au nord-ouest, entre la Saône à l'ouest, le Revermont à l'est et le pays des Dombes au sud.

C'est un pays couvert, entrecoupé de plaines, de collines et de bois. Enfin, les bords de la Saône forment un pays plat, couvert de belles prairies.

III. — HYDROGRAPHIE

Le département de l'Ain est limité à l'est et au sud par le Rhône qui entre dans le département à Chaleix (altitude 360^{m}) et en sort à l'île de Brotteaux, près de Lyon (altitude 166^{m}), après un parcours de 177 kilomètres, avec une pente moyenne d'environ 0^{m},001 par mètre (11 dixièmes de millimètres).

Le Rhône passe à Pougny, Bellegarde où il reçoit la Valserine. C'est à 1 kilomètre en aval de cette dernière ville que se produit le remarquable phénomène de la perte de ce fleuve qui passe ensuite à Arlod, à Seyssel (altitude 255^{m}), à Lavours, à Peyrieu, à Murs, à Briord, à Villebois, à St-Vulbas, à Loyettes, à Thil et à Miribel.

Les affluents sur la rive droite sont :

1° Le *Laudon* qui se jette dans le Rhône en Suisse, après avoir reçu le *Loing* grossi du torrent le *Journan* qui passe à Gex ;

2° La *Valserine* (42 kilomètres) qui prend sa source dans le canton de Vaud, en Suisse, à 2 kilomètres de la frontière, sert de limite au département sur 16 kilomètres, passe à Mijoux, Lelex, Chezery, Châtillon-de-Michaille où elle reçoit la *Sémine*, laquelle rivière sert de déversoir au lac de Silan, à Saint-Germain-de-Joux. Au pont des Oules, commune de Lancrans, la Valserine disparaît dans une fissure de 80 mètres de longueur, puis se jette dans le Rhône à Bellegarde;

3° Le *Séran* (38 kilomètres), prend sa source à la gorge Magolet, dans le Valromey, passe au Grand-Abergement, à Hotonnes, à Passin, à Chavornay, où il reçoit l'Arvière à Yon-Artemarre et se jette dans un bras du Rhône au-dessous de Cressin-Rochefort.

L'altitude de cette rivière étant de 1190 mètres à sa source et de 227 mètres à son embouchure, sa pente moyenne est de $26^{m},00$ par kilomètre ou $0^{m},026$ par mètre pour 37 kilomètres. Ainsi que l'indique cette pente énorme, le Séran est une rivière torrentielle sur la plus grande partie de son cours;

4° Le *Furans* (30 kilomètres), passe à Rossillon, Chefgnieu, Labalme, Pugieu où il reçoit l'*Arêne* qui passe d'abord à Virieu-le-Grand, puis à Chazey-Bons et se jette dans le Rhône au-dessous de Brens;

L'altitude à la source est de 775 mètres. A l'embouchure elle est de 219 mètres. Cette rivière a donc une pente moyenne de $18^{m}00$, par kilomètre ou $0^{m},018$ par mètre ;

5° Le *Gland* (15 kilomètres) passe à Collomieu, Saint-Bois, Preymeyzel et se jette dans le vieux lit du Rhône au-dessous de Bregnier-Cordon. L'altitude à la source est de 336 mètres. A l'embouchure, elle est de 209 mètres. Cette rivière a donc une pente moyenne de $8^{m},00$ par kilomètre ou $0^{m},008$ par mètre ;

6° L'*Ain*, qui donne son nom au département, le traverse du N.-E. au S.-O. sur une longueur de 88 kilomètres. Cette rivière prend sa source dans le Jura, à 4 kilomètres de Nozeroy, entre dans le département près de Dortan où elle reçoit la *Bienne* qui prend également sa source dans le Jura et sert de limite départementale pendant 5 kilomètres (altitude au confluent 293 mètres). L'Ain reçoit ensuite l'*Oignin* (51 kilomètres) qui passe à Maillat-Brion où il reçoit l'*Ange* et un bras du lac de Nantua auquel il sert de déversoir. L'Ange passe à Oyonnax et Montréal. L'Oignin passe ensuite à Matafelon et se jette dans l'Ain à une altitude de 284 mètres. L'Ain passe ensuite à Granges, à Cizes, à Serrières, à Poncin où il reçoit le ruisseau le *Veyron*, à Neuville (altitude 251 mètres), à Pont-d'Ain où il reçoit plusieurs ruisseaux sur sa rive gauche et sur sa rive droite, le *Surand* (66 kilomètres) qui prend sa source dans le Jura, entre dans le département à Germagnat et arrose Chavannes, Villereversure, Meyriat et Druillat. L'Ain arrose ensuite Varambon, Priay, Villette, puis reçoit, sur sa rive gauche, l'*Albarine* (54 kilomètres) qui prend sa source dans la forêt de Moussières à 940 mètres d'altitude, passe à Brenod, Champdor, Chaley, Tenay, Saint-Rambert, Torcieu, Bettant, Ambérieu et Saint-Maurice de Rémens.

L'Ain passe ensuite à Mollon, à Loyes, où il reçoit, sur la rive droite, la *Toison* qui passe à Rignieux-le-Franc et a à son confluent 212 mètres d'altitude. Il arrose enfin Chazey et Charnoz et se jette dans le Rhône à une altitude de 184 mètres.

L'altitude du point d'entrée de l'Ain dans le département étant de 293 mètres et celle de son embouchure dans le Rhône de 184 mètres, la pente moyenne par mètre de cette rivière est de 0,0012 pour un parcours de 88 kilomètres.

Le Rhône reçoit ensuite le ruisseau du *Cotey*, la *Sereine* qui passe à Montluel. A cet endroit, il se subdivise en plusieurs bras et est côtoyé par le canal de Miribel. Il quitte le département sur le territoire de la commune de Rillieux.

La *Saône* limite le département à l'ouest sur un parcours de 81 kilomètres depuis l'embouchure de la Seille (altitude 170 mètres). Elle passe près de Reyssouse, Boz, Asnière, Vésines, Saint-Laurent, Coromanche, Thoissey, Mogneneins, Guéreins, Montmerle, Messimy, Beauregard, Jassans, Saint-Bernard (altitude $168^{m},3$), Trévoux, Parcieux et quitte le département sur le territoire de la commune de Genay.

L'altitude de la Saône à la limite nord du département étant de 170 mètres et celle inscrite près de la ville de Trévoux de $168^{m},3$, la différence de niveau est $1^{m},70$ sur 75 kilomètres, ce qui donne une pente moyenne de $0^{m},22$ (vingt-deux millimètres) par kilomètre ou $0^{m},000022$ par mètre.

Cette pente insignifiante explique pourquoi, dans les inondations, la Saône s'étend immédiatement sur une largeur de 7 ou 8 kilomètres dès qu'elle sort de son lit, tandis que la même quantité d'eau tombée dans le bassin du Rhône, par exemple, n'a pas une grande influence sur le régime des eaux de ce fleuve parce que la pente est dix fois plus forte en certains endroits.

Les affluents de la rive gauche de la Saône sont :

1° La *Seille*, qui limite le département sur 9 kilomètres ;

2° La *Reyssouze* (65 kilomètres) qui passe à Bourg, à Attignat, Montrevel, Saint-Julien où elle reçoit le ruisseau le *Reyssouzet*, à Saint-Étienne, à Pont-de-Vaux où elle est accompagnée d'un canal latéral jusqu'à la Saône.

L'altitude de cette rivière étant de 286 mètres à sa source et de $169^{m},80$ à son embouchure, sa pente moyenne est de $1^{m},79$ par kilomètre ou $0^{m},00179$ par mètre ;

3° La *Loëse* (14 kilomètres), qui passe à Vésines ;

AIN

SIGNES CONVENTIONNELS

CHEF-LIEU DE DÉPARTEMENT
CHEF-LIEU D'ARRONDISSEMENT
Chef-lieu de Canton
Commune
Chemin de fer. Station
Rivière. Canal

Route Nationale
Route Départ.le et Ch.in de G.de Commun.on
Limite de Département
d.o d'Arrondissement
d.o de Cantons

Échelle de : 1/640.000

Poste et Télégraphe
Télégraphe. Poste
Ville forte
Fort. Ouvrage projeté
Garnison et Subdivision de région
Garnison

Gravé par A. Martin, 8, P.ge Coutelier, Paris. H. CHAIRGRASSE, Fils, 25, Rue de Grenelle-St Germain, Paris. Imp. Soisson, 45, R. de Fleurus, Paris.

4° Le *Virollet* (12 kilomètres) ;

5° La *Veyle* (58 kilomètres) qui prend sa source près de Chalamont, passe à Dampierre, à Lent, à Polliat, village dans lequel elle reçoit le *Vieux-Jonc* grossi de l'*Irance*, prenant l'un et l'autre leur source dans le pays des Dombes. La Veyle passe ensuite à Mézériat, à Vonnas où elle reçoit le *Renom* (50 kilomètres), à Saint-Jean, à Pont-de-Veyle où elle se divise en deux branches pour tomber dans la Saône.

L'altitude de cette rivière étant de 290 mètres à sa source et de 169,5 à son embouchure, sa pente moyenne est de $2^m,40$ par kilomètre ou $0^m,0024$ par mètre pour 58 kilomètres;

6° La Chalaronne (50 kilomètres) qui prend sa source dans les étangs du Grand-Birieux et de Glareins, passe à Villars, la Chapelle, Châtillon-sur-Chalaronne, Saint-Étienne, Saint-Didier et Thoissey.

L'altitude de cette rivière étant de 282 mètres à sa source et de $169^m,30$ à son embouchure, sa pente moyenne est de $2^m,40$ par kilomètre ou 0,0024 par mètre.

7° Le *Grillet* (8 kilomètres) qui passe à Guereins ;

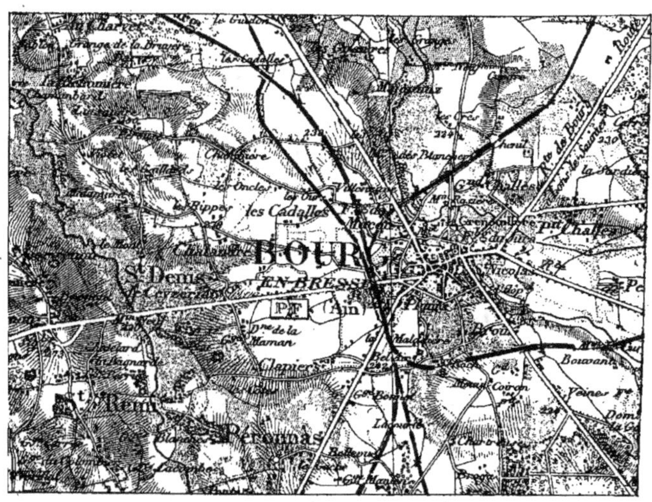

Bourg et ses environs. — Extraits de la carte de l'État-Major au 80 000e.

8° Le *Maire* (9 kilomètres) qui passe à Messimy ;

9° Le *Formans* (12 kilomètres) qui passe à Ars, à Saint-Euphémie, à Saint-Didier et se jette dans la Saône au-dessous de Trévoux.

Le département de l'Ain est encore arrosé au nord par le *Louchon*, la *Sanne-Vive*, la *Sanne-Morte*, le *Sevron*, le *Solnan*. Toutes ces rivières coulent du sud au nord et vont rejoindre la Seille dans le Jura.

Enfin, entre la Saône et l'Ain se trouve le pays des Dombes dont le terrain, très argileux, se prête merveilleusement à la captation des eaux.

Aussi, tout ce plateau, d'une altitude moyenne de 290 mètres, est-il parsemé d'étangs artificiels très poissonneux.

IV. — VOIES DE COMMUNICATION

I. — Chemins vicinaux.

Les routes départementales de l'Ain ont été déclassées et sont maintenant inscrites sur la liste des chemins de grande communication.

Les voies vicinales sont ainsi divisées :

1° Les chemins de grande communication, au nombre de 74, ayant une longueur totale de............................	$1\,704^k,319^m$
2° Les chemins d'intérêt commun, au nombre de 100, ayant une longueur totale de.............	1 284, 511
3° Les chemins vicinaux ordinaires, au nombre de 4 500, ayant une longueur totale de..........	6 801, 724
Développement total..........	$9\,790^k,554^m$

La dépense totale annuelle du service vicinal de l'Ain étant de 2 562 000 francs, le prix moyen par kilomètre, est de 261 fr. 70 ou 0 fr. 26 par mètre courant.

II. — Routes Nationales.

Le département est traversé par sept routes nationales :

1° La *route n° 5, de Paris à Genève et en Italie par le Simplon* (33 640 mètres de longueur dans le département).

Cette route entre dans le département près de l'embouchure de la Valserine, suit la chaîne du Jura à flanc de coteau, la traverse au col de la Faucille, passe dans le pays de Gex du nord au sud, dessert Gex, Cessy et Ferney-Voltaire, quitte le département au sud de cette dernière ville pour entrer dans le canton de Genève.

2° La *route n° 75 de Chalon-sur-Saône a Sisteron par Tournus, Cuiserey, etc. etc.* (77 809 mètres de longueur dans le département), traverse la Bresse du nord au sud, entre dans le département à Saint-Trivier-de-Courtes, passe à Mantenay, Saint-Julien-sur-Reyssouze, Montréal, Attignat, Bourg, Pont-d'Ain, Ambérieu, Saint-Denis-le-Chosson, Lagnieu, Saint-Sorlin et quitte le département en passant sur le Rhône par le pont du Saut, au nord de Villebois. Le chemin de fer de Paris à Chambéry est à peu près parallèle à cette route sur tout son parcours.

3° La *route n° 79 de Nevers à Genève par Mâcon et Nantua* (67 600 mètres de longueur dans le département), traverse la Bresse de l'ouest à l'est, entre dans le département à Saint-Laurent-de-l'Ain, passe à Saint-Cyr-sur-Menthon, Polliat, Bourg, Ceyzeriat, Bohas, Hautecour, Serrier-sur-l'Ain et rejoint, à la Cluze près de Nantua, la route n° 84 de Lyon à Genève.

4° La *route n° 83 de Lyon à Strasbourg* (78 736 mètres de longueur dans le département), traverse le pays des Dombes et la Bresse du sud-sud-est au nord-nord-est, entre dans le département à Rilleux, passe à Mionnay, Saint-Marcel, Villars, Saint-Paul-de-Varax, Bourg, Saint-Étienne-du-Bois, Villemotier et Coligny.

5° La *route n° 84 de Lyon à Genève* (140 166 mètres de longueur dans le département), traverse le pays des Dombes au sud et le Haut-Bugey du sud-ouest au nord-est, entre dans le département à Crépieux, commune de Rollieux, passe à Miribel, la Boisse, Montluel, Neuville-sur-Ain, Poncin, Cerdon, la Balme, Ceignes, Maillat, Saint-Martin-du-Fresne, Port, Nantua, Neyrolles, côtoie le lac de Silan, passe ensuite à Saint-Germain-de-Joux, Châtillon-de-Michaille, Bellegarde, Collonges, Farges et quitte le département à Saint-Genis-Pouilly.

6° La *route n° 92 de Valence à Seyssel et à Genève* (30 540 mètres de longueur dans le département), traverse le Bas-Bugey du sud au nord, entre dans le département au confluent du Guiers et du Rhône, passe à Murs, Peyrieu, Belley, Cressin, Rochefort, Lavours, Culoz et quitte le département à son passage sur le Rhône à Seyssel.

7° La *route n° 206 de Collonges à Thonon* (3 585 mètres de longueur dans le département), au sud du pays de Gex, part de Collonges et quitte le département en traversant le Rhône près du fort de l'Écluse.

Résumé de la circulation sur les routes nationales.

DÉSIGNATION DES ROUTES	TONNAGE ANNUEL			
	BRUT		UTILE	
	distance entière 1 000 tonnes	kilométrique 1 000 tonnes	distance entière 1 000 tonnes	kilométrique 1 000 tonnes
1° Route n° 5 de Paris à Genève.	31,03	1.048	18,25	613
2° Route n° 75, de Chalon-sur-Saône à Sisteron...	49.27	3 858	25,55	2 000
3° Route n° 79, de Nevers à Genève	40,15	2 675	20,80	1 391
4° Route n° 83, de Lyon à Strasbourg..................	27,37	2 157	12,41	982
5° Route n° 84, de Lyon à Genève.	54,75	7 691	29,56	4 143
6° Route n° 92, de Valence à Genève	15,69	807	5.47	281
7° Route n° 92, de Collonges a Thonon	3,05	14	2,19	7

Les dépenses annuelles (travaux neufs, entretien et frais généraux) s'élèvent à 230 000 fr. environ pour les routes nationales du département de l'Ain.

III. — Navigation.

I. — FLEUVES ET RIVIÈRES NAVIGABLES

I. — Le *Rhône*. Ce fleuve est classé, entre la frontière suisse et son embouchure dans la Méditerranée, savoir :

Comme flottable, de la frontière suisse au Parc..................... 33 kilomètres.

Comme navigable, du Parc à la mer................. 489 kilomètres.

La partie flottable est à peu près délaissée du commerce. La partie navigable se divise en trois sections. Nous ne parlerons que de la première, la seule qui intéresse le département de l'Ain. Sa longueur, qui est de 154 kilomètres, comprise entre le Parc et Lyon, offre, à l'étiage qui ne se présente pas tous les ans, un mouillage minimum de $0^{m},60$. L'enfoncement des bateaux ne peut alors dépasser $0^m,40$ et la navigation est interrompue. Les ponts, au nombre de vingt, présentent une hauteur libre d'au moins $3^m,90$ au-dessus des eaux navigables.

Le chemin de halage est pratiqué sur le sol naturel. Dans la traversée de Seyssel, il est empierré.

II. — La *Saône*. La Saône, comme rivière navigable, est divisée en deux sections.

La première comprend la Saône supérieure, de Corre à Gray, sur une longueur de 99 kilomètres.

La seconde comprend la petite Saône, de Gray à Verdun-sur-le-Doubs, sur une longueur de 108 kilomètres et la grande Saône de Verdun à Lyon sur une longueur de 167 kilomètres.

La partie limitant le département de l'Ain dépend donc de la grande Saône. Le mouillage normal est de 2 mètres. La pente est rachetée par des barrages écluses avec passes navigables. La navigation a lieu à rivière libre pendant environ quatre mois de l'année, tant que la hauteur sur les passes est supérieure à 2 mètres Les écluses ont une longueur de sas de $150^m,40$ sur 16 mètres de largeur Les ponts présentent une hauteur libre minima de $4^m,37$ au-dessus des plus hautes eaux navigables.

III. — L'*Ain*. La rivière de l'Ain est classée

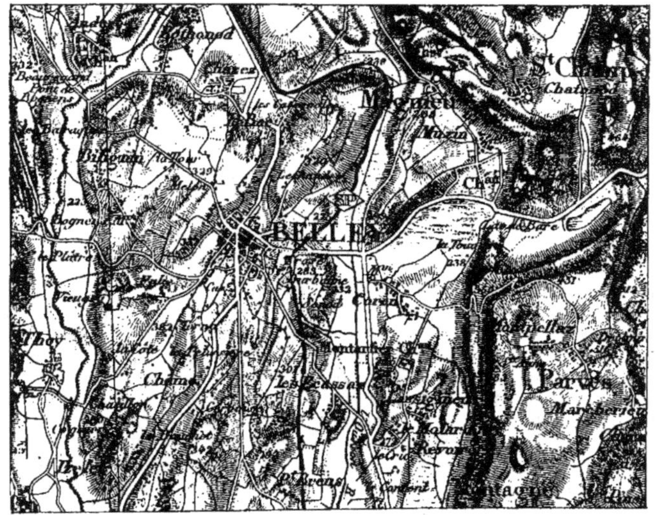

BELLEY ET SES ENVIRONS. — Extraits de la carte d'État-Major au 80 000e.

entre Pont-du-Navoy et son embouchure dans le Rhône, sur un parcours de 161 kilomètres, savoir :

Comme flottable, de Pont-du-Navoy à la Chartreuse-de-Vaucluse......... 54 kilomètres.

Comme navigable, de la Chartreuse-de-Vaucluse au Rhône............ 107 kilomètres.

En réalité, l'origine du flottage et celle de la navigation ne concordent pas avec les points fixés par l'ordonnance du 10 juillet 1835. Le flottage ne peut s'effectuer qu'à partir du saut de la Suisse, situé à 30 kilomètres en aval de Pont-du-Navoy, à cause de la hauteur de cet obstacle naturel qui est de 20 mètres environ. La navigation n'est praticable que depuis les cataractes dites du Saut-Mortier, en amont de Condes, embouchure de la Bienne.

Le flottage et la navigation ne sont possibles qu'en temps de crue et avec la hauteur d'eau de $1^m,30$ environ. Il n'y a ni chemin de halage, ni écluse. Il existe quelques barrages d'usine avec pertuis mariniers de 11 mètres d'ouverture. Les ponts, au nombre de 17, présentent tous une hauteur libre plus que suffisante pour le passage des petits bateaux qui fréquentent la rivière.

IV. — La *Chalaronne*. La Chalaronne a été classée comme navigable par un décret du 27 mai 1865, sur 500 mètres, entre le creux de la Morelle (commune de Thoissey) et son embouchure dans la Saône. Elle offre un mouillage de $1^m,90$, lorsque le barrage mobile de Thoissey, situé sur la Saône à l'aval de cette embouchure, est abaissé et de $4^m,60$ lorsqu'il est levé. Il existe un chemin de halage de 3 mètres de largeur établi sur le sol naturel. Un seul pont est construit sur la partie classée. Il est établi pour le passage du chemin de halage de la Saône. Sa hauteur libre est de 3 mètres au-dessus des hautes eaux navigables.

V. — Le *Furans*. Le Furans est classé comme flottable dans le département de l'Ain, sur un parcours de 11 kilomètres, depuis le pont d'Andert jusqu'à son embouchure dans le Rhône. Il n'y a pas de flottage effectif sur cette rivière. La profondeur des eaux moyennes est de $0^m,65$. Celle des basses eaux est de $0^m,40$.

VI. — Le *Séran*. Le Séran est classé comme flottable entre le confluent de l'Arvière et son embouchure dans le Rhône, sur 15 kilomètres de longueur, mais il n'y a pas de flottage sur cette rivière. Elle est utilisée uniquement pour le transport des bateaux qui se construisent à Artemarre, à destination de Lyon et du haut Rhône. Ce transport ne peut s'effectuer qu'en eaux moyennes. Il n'existe pas de chemin de halage. Entre l'origine et le confluent de la rivière des Rousses, la profondeur des eaux moyennes est de $0^m,35$. Pendant plus de six mois de l'année le lit est à sec. Entre ce confluent et le Rhône, les eaux moyennes atteignent $1^m,20$ et les basses eaux descendent à $0^m,60$ environ. Les ponts, au nombre de sept, présentent une hauteur libre minima de $2^m,50$ au-dessus des eaux moyennes utilisées pour la navigation.

VII. — *Lac de Silan*. Le lac de Silan, situé dans le département de l'Ain, est classé dans le domaine public. Il n'est pas utilisé pour la navigation, ni pour le flottage. Sa longueur est de 2 kilomètres. Sa plus grande profondeur est d'environ 20 mètres.

II. — CANAUX

Le *Canal de Pont-de-Vaux*. Ce canal, qui est une dérivation ouverte latéralement à la Reyssouze, relie la ville de Pont-de-Vaux à la Saône sur une longueur de 3 kilomètres. Il n'y a qu'une écluse à son embouchure ; elle a $30^m,70$ de longueur sur $7^m,10$ de largeur.

Le mouillage normal est de $1^m,40$ et les bateaux ne portent qu'un mètre de tirant d'eau. Les ponts sont au nombre de trois.

La hauteur libre au-dessus du plan d'eau normal est de $4^m,74$ au minimum. La traction des bateaux se fait à bras d'hommes et par chevaux.

IV. — Chemins de fer de l'Ain.

Le département de l'Ain est traversé par quatre lignes de chemins de fer auxquelles aboutissent cinq embranchements ayant ensemble soixante-dix-sept stations et une longueur totale de 484 kilomètres dans le département.

1° *Ligne de Lyon-Croix-Rousse à Châlon-sur-Saône par Bourg* (2 voies de Lyon à Bourg et une seule voie de Bourg à Châlon). Cette ligne traverse le département sur une longueur de 103 kilomètres. Elle y entre par la gare de Sathonay et en sort par celle de Saint-Trivier-de-Courtes. Ses gares sont : Sathonay, les Echets, Mionnay (halte), Saint-André-de-Corcy, Marlieux (où s'embranche la ligne de Châtillon-sur-Chalaronne), Saint-Paul-de-Varax, Servas-Lent, Bourg, Viriat, Attignat, Montrevel, Jayat-Fossiat, Saint-Julien-sur-Reyssouse, Mantenay et St-Trivier-de-Courtes.

2° *Ligne de Paris à Genève* (2 voies). Cette ligne traverse le département sur une longueur de 155 kilomètres. Elle y entre par la gare de Pont-de-Veyle et en sort par la gare de Collonges. Ses gares sont : Pont-de-Veyle, Vonnas, Mézériat, Polliat, Bourg, La Vavrette-Tossiat, Pont-d'Ain, Ambronay, Ambérieu (où s'embranche la ligne de Montalieu), Torcieu (halte), Saint-Rambert, Tenay, Rossillon, Virieu-le-Grand (où s'embranche la ligne de Saint-André-le-Gaz), Artemare, Culoz, Seyssel, Pyrimont, Bellegarde, Collonges.

3° *Ligne de Bourg à Bellegarde* (1 voie). Cette ligne a un parcours de 64 kilomètres dans le département d'où elle sort par la gare de Bellegarde. Ses gares sont : Bourg, Ceyzeriat, Séuissiat (halte) Villereversure, Simandre, Cize-Bolozon, Nurieux, le Clusé (où s'embranche la ligne d'Oyonnax), Nantua, Charix-Lalleyriat, Saint-Germain-de-Joux, Châtillon-de-Michaille et Bellegarde.

4° *Ligne de Lyon à Vesoul* (2 voies). Cette ligne traverse le département sur une longueur de 90 kilomètres. Elle y entre par la gare de Miribel, pour en sortir par la gare de Coligny. Ses gares sont : Miribel, Beynost, Montluel, la Valbonne, Meximieux, Leyment, Ambérieu, Ambronay, Pont-d'Ain, La Vavrette-Tossiat, Bourg, Saint-Etienne-du-Bois, Moulin-des-Ponts, Coligny.

5° *Ligne de Lyon-Croix-Rousse à Trévoux* (1 voie). Cette ligne entre dans le département par la gare de Sathonay et aboutit à Trévoux après un parcours de 19 kilomètres. Ses gares sont : Sathonay, Genay, Parcieux, Reyrieux, Trévoux.

6° *Embranchement à Marlieux de la ligne de Marlieux à Châtillon-sur-Chalarone* (1 voie). Cette ligne a un parcours de 12 kilomètres. Ses gares sont : Marlieux, le Chatelard, le Moulin-des-Champs et Châtillon-sur-Chalaronne.

7° *Embranchement à La Cluse de la ligne*

de *La Cluse à Oyonnax* (1 voie). Cette ligne a un parcours de 13 kilomètres. Ses gares sont : La Cluse, Montréal, Martignat, Bélignat (halte), Oyonnax,

8° *Embranchement à Virieu-le-Grand de la ligne de Virieu-le-Grand à Saint-André-le-Gaz* (1 voie). Cette ligne a un parcours de 32 kilomètres dans le département. Ses gares sont : Virieu-le-Grand, Chazey-Bons, Belley, Brens, Peyrieu et Brognier-Cordon ;

9° *Embranchement à Ambérieu de la ligne d'Ambérieu à Montalieu* (1 voie). Cette ligne a un parcours de 16 kilomètres dans le département. Ses gares sont : Ambutrix, Vaux, Lagnieu, Saint-Sorlin, Le Sault et Villebois.

V. — MONUMENTS HISTORIQUES

I. — Monuments mégalithiques

II. — Monuments antiques

Belley. — Fragments antiques.
Izernore. — Ruine d'un temple antique.
Vieux. — Aqueduc.

III. — Monuments du moyen âge, de la Renaissance et des temps modernes.

Briord. — Inscriptions mérovingiennes dans le château.
Bourg. — Eglise de Brou.
Nantua. — Portail de l'église.
Saint-André-de-Bagé. — Eglise
Saint-Paul-de-Varax. — Portail de l'église.

ÉGLISE DE BROU. — Façade intérieure du jubé et stalles.

NOTICE SUR LES PRINCIPALES LOCALITÉS DU DÉPARTEMENT

Bourg, sur la rive gauche de la Reyssouze, est située sur un mamelon qui domine les belles prairies de la Bresse. Cette ville était autrefois fortifiée, mais il ne reste qu'une partie des murailles et les fossés ont été asséchés et convertis en jardins.

Le monument le plus important est l'église paroissiale de Notre-Dame, dont l'intérieur est gothique et l'extérieur du style renaissance. Cette église a joui du titre de *cathédrale* de 1515 à 1569. On remarque encore l'hôtel de la Préfecture, le couvent des sœurs de Saint-Joseph, la mairie renfermant le musée Lorin, la bibliothèque, les statues de Joubert, de Bichat d'Edgar Quinet.

A 2 kilomètres à l'est de Bourg existe la célèbre église de Brou qui a été construite par Marguerite d'Autriche. Ce monument est un des très curieux types de l'architecture gothique du commencement du XVIe siècle.

L'ensemble de l'église n'a rien de remarquable, mais le jubé et les mausolées de Philippe le Beau, de Marguerite de Bourbon et de

Marguerite d'Autriche sont des bijoux de sculpture et d'une exécution superbe, quoique un peu trop surchargés d'ornements.

Belley, ancienne capitale du Bugey, est située entre deux collines, dans la vallée du Furans. Ses principaux monuments sont : la cathédrale qui date de 889 et a été restaurée en 1864, le palais épiscopal construit en 1779, le collège où fut élevé Lamartine et qui renferme une collection d'antiquités dues au savant abbé Greppo.

Trévoux, ancienne capitale des Dombes, est située sur la rive gauche de la Saône. On y remarque les ruines d'un vieux château féodal du XIIe siècle, le Tribunal, ancien siège du Parlement, fondé en 1696, l'église Saint-Symphorien qui date du XIVe siècle et, comme constructions modernes, un beau quai et un pont suspendu traversant la Saône.

Nantua, sur les bords du lac du même nom, se trouve au milieu d'une gorge aride et sauvage. Son église paroissiale, le seul monument remarquable, est du style roman. Le portail, qui est du Bas-Empire dans ce qu'il a de plus naïf, est mutilé et représente la cène et des sujets de l'Apocalypse.

Gex, ancienne capitale du pays de Gex, est placée sur la partie orientale du Jura. De la terrasse qui domine la ville, la vue s'étend sur le lac Léman, Genève, la Savoie et le Mont-Blanc. Il ne reste que des vestiges de ses anciennes murailles et de son châteaufort.

Les autres lieux remarquables du département sont :

1° Dans l'arrondissement de Bourg :

Pont-d'Ain où se trouvent encore de vieilles maisons du XVe siècle et un beau château construit par les ducs de Savoie en 1588, restauré par le connétable de Lesdiguières. Il sert aujourd'hui de maison de retraite aux prêtres âgés du diocèse de Belley.

Il ne reste rien de l'ancien pont qui a été remplacé par un pont suspendu.

Pont-de-Vaux, centre agricole très important qui est relié à la Saône par un canal de 4 kilomètres. On y remarque l'hôtel de ville, l'hospice, la halle au blé, une statue du général Joubert et un buste du paysagiste Chintreuil.

Pont de Veyle, sur la Veyle, à 2 kilomètres de son embouchure sur la Saône, possède un beau château appartenant à M. de Parseval qui a établi une ferme modèle dans le voisinage.

2° Dans l'arrondissement de Belley :

Ambérieu situé au pied du mont Luisandre, possède les châteaux des Échelles et de Saint-Maurice. On y remarque encore les ruines de la forteresse Saint-Germain et, sur le versant du mont Luisandre, celles du château des Allymes, construit en 1354 par Amé V, de Savoie.

Ambronay, au nord d'Ambérieu, possède une église gothique à trois nefs avec tombeaux et vitraux du XVIe siècle, ainsi que deux cloîtres très bien conservés. Des fouilles ont fait découvrir les vestiges d'un ancien camp et de nombreuses médailles romaines au lieu dit la *Motte-des-Sarrasins*.

Saint-Rambert, sur l'Albarine, est un centre important pour la fabrication et le blanchissage des toiles. On y remarque les ruines du château fort de Cornillon démoli par l'ordre de Henri IV et celles d'une abbaye fondée au Ve siècle par Saint-Domitien.

3° Dans l'arrondissement de Trévoux :

Montluel, sur la Sereine, au pied de coteaux plantés de vignes, possède une chapelle qui remonte à 1289, un château en ruines du XIe siècle et d'anciens remparts.

Meximieux, siège d'une ancienne baronnie, est située à flanc de coteau près de la rive droite de l'Ain. Son château date du XIe siècle ; il a été restauré à différentes époques.

4° Dans l'arrondissement de Nantua :

Izernore, ville très ancienne, remontant à l'époque gauloise, était autrefois fortifiée. Sous la domination romaine, c'était une place importante, comme le prouvent les ruines qu'on met à jour de quelque côté qu'on fouille le sol. On a ainsi découvert les ruines d'un temple romain dont trois colonnes sont encore debout.

Bellegarde, sur le Rhône, est surtout remarquable par ses environs où l'on remarque la perte du Rhône, celle de la Valserine, le tunnel du *Credo*, la grotte de Bramabeuf, etc.

5° Dans l'arrondissement de Gex :

Divonne possède un établissement hydrothérapique et un ancien château aujourd'hui restauré.

Ferney-Voltaire, fondée par Voltaire, en 1758, est le centre d'une fabrication d'horlogerie. Le château, d'une élégante simplicité, conserve quelques meubles du temps de son fondateur.

Devant le château, existe une petite chapelle portant cette inscription : *Deo erexit Voltaire.*

VI. — HOMMES CÉLÈBRES

Pierre de la Pallu, patriarche de Jérusalem, né à Varambon en 1277, mort en 1342.

Aleman Louis, président du Conseil de Bâle, né en 1390, mort en 1450.

Philibert II, duc de Savoie, né à Pont-d'Ain en 1480, mort en 1504.

Gaspard de Coligny, maréchal de France, mort en 1522.

Bachet de Méziriac, poète, traducteur et commentateur, né à Bourg en 1581, mort en 1638.

Fabre de Vaugelas, grammairien, né à Meximieux en 1585, mort en 1650.

Ozanam, mathématicien, né à Buligneux en 1640, mort en 1717.

Lalande, astronome, né à Bourg en 1732, mort en 1807.

Lalande, astronome.

Philippe de la Salle, mécanicien, né à Seyssel en 1723, mort en 1804.

Emery, théologien, né à Gex en 1732, mort en 1811.

Brillat-Savarin, auteur de la Physiologie du Goût.

Girod de l'Ain, pair de France sous Louis-Philippe, né à Gex en 1781, mort en 1847.

Lépine, horloger célèbre, né à Chalex, en 1720.

Général Joubert.

Carra, conventionnel, né à Pont-de-Veyle en 1743, mort en 1793.

Joubert, général, né à Pont-de-Vaux en 1769, mort à Novi le 3 août 1799.

Bichat, médecin, né à Bourg en 1771, mort en 1802.

Récamier, médecin, né à Cressin en 1774, mort en 1852.

Baudin, homme politique, tué sur les barricades à Paris au coup d'État de 1851, né à Nantua en 1801.

Edgar Quinet, écrivain et homme politique, né à Bourg en 1803, mort en 1875.

Plantier, évêque de Nîmes, né à Ceyzerieu en 1813, mort en 1875.

Tony-Réveillon, publiciste, né en 1832.

VII. - INDUSTRIE

Le département de l'Ain est un des moins industriels de France. Voici la nomenclature de ses principaux établissements avec le nombre moyen d'ouvriers occupés.

DÉSIGNATION DES industries	SIÈGE DES industries	NOMBRE d'établissem. industriels	NOMBRE D'OUVRIERS occupés
Bougies	Bourg	1	15
	Nantua	2	36
Tourneurs	Dortan	12	320
	Neyrolles	1	49
	Sauisset	1	55
Sabots	Bourg	17	68
Papeterie	St-Rambert	1	33
Pâte à papier	Bellegarde	1	106
	Thoissey	1	125
Pierre à bâtir	Sault-Brenod	4	55
	Villebois	4	196
	Tenay	1	20
Chaux et Ciment	Chazey-Bons	1	70
	Virieu-le-Grand	2	36
Chales	Miribel	2	40
Couvertures	Amberieu	1	35
Draps militaires	Montluel	1	127
	Bourg	1	20
Soieries Tissage Devidage Ourdissage Filature	Argis	3	340
	St-Rambert	3	990
	Tenay	3	1380
	St-Benoit	1	24
	Chaley	4	324
	Peyrieu	1	65
	Jujurieux	1	1043
Teinture, Tulle	Montréal	4	227
	Miribel	1	214
	Ambérieu	1	70
Trefilerie d'or et d'Argent	Trévoux	3	63
Emaux-	Bourg	1	4
Lapidaires	Trévoux	6	66
Peignes	Nantua	3	48
	Oyonnax	20	1173
Taillerie de diamants	Divonne	1	5
	St-Genis-Pouilly	1	71
Totaux		111	7513

Ces 7 513 ouvriers occupés dans 111 établissements se répartissent ainsi :

Contre-maîtres	121	7 513
Surveillants	75	
Ouvriers	3 792	
Manœuvres	263	
Femmes	2 871	
Enfants	391	

VIII. — AGRICULTURE

NOTIONS GÉNÉRALES

Le département de l'Ain est essentiellement agricole.

Il comprend trois régions bien distinctes : Les Dombes, la Bresse et le Bugey ou partie montagneuse.

La région des Dombes est formée d'un plateau dominant la Saône à l'ouest et au sud et d'une altitude variant de 181 à 305 mètres. Le sol est constitué par une terre assez fine, siliceuse et argileuse principalement et imperméable à une faible profondeur. Recouvert en grande partie par des cailloux (quartzites), glaciaires ou charriés à la période quaternaire, le terrain des Dombes est, en général, très pauvre en éléments phosphatés, potassiques et calcaires. Il suffira de citer l'analyse d'une terre pauvre des Dombes pour montrer l'utilité des engrais chimiques dans les sols de cette nature :

Azote	0.63
Acide phosphorique	0.40
Potasse	0.35
Chaux	2.07

par kilog. de terre séchée à l'étuve.

Les bords de la Saône présentent, par contre, d'excellents terrains d'alluvion.

L'imperméabilité du sous-sol de la région des Dombes rend très difficile l'assainissement des cultures, et on est obligé de labourer les terres d'une manière toute spéciale, qui consiste à disposer la couche arable en planches bombées présentant de nombreuses rigoles dirigées dans le sens de la plus grande pente. Des essais de drainage, tentés il y a trente ou quarante ans, n'ont pas été continués.

Par contre, cette propriété qu'a le sous-sol de retenir les eaux pluviales rend très facile la création des étangs dont autrefois cette partie du département était couverte.

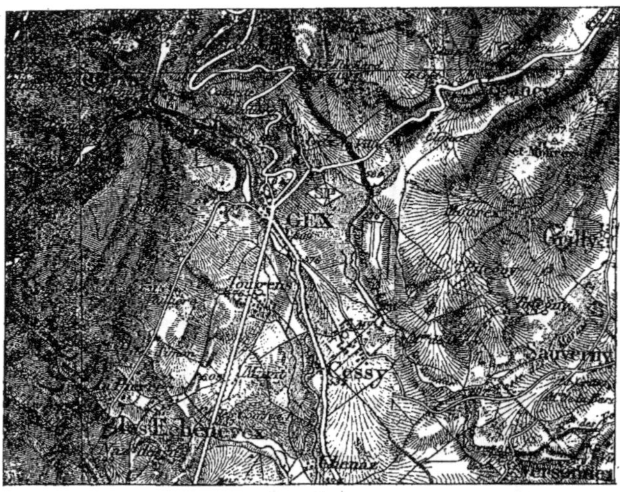

Gex et ses environs. — Extraits de la carte d'État-Major au 80 000e.

Depuis quelques années, un grand nombre d'anciens étangs ont été desséchés, au grand avantage de la salubrité des Dombes, mais non toujours au profit des cultivateurs.

Les Dombes forment surtout la région où se faisait autrefois, et se fait encore actuellement, la plus grande partie du blé produit dans le département. Les fermes y ont une certaine étendue et la culture y prospérait autrefois ; mais, depuis l'abaissement du prix du blé, la terre a baissé de valeur et la rentrée des fermages est difficile, pour ne pas dire impossible dans beaucoup de localités.

Cette crise agricole coïncide précisément avec l'époque où les notions d'agriculture perfectionnée commencent à se répandre et où les cultivateurs appauvris sont obligés, pour améliorer leurs terres, d'acheter de la chaux, des phosphates, scories phosphatées, engrais chimiques, etc. Les achats de ces matières sont facilités actuellement par divers syndicats agricoles, ou comices, transformés en syndicats au nombre de cinq : la Société départementale d'agriculture et un comice agricole par arrondissement.

Depuis le commencement de la crise agricole, plusieurs cultivateurs des Dombes et le comice de Trévoux se sont attachés à faciliter la création de prairies temporaires, de l'ensilage du maïs, du chaulage et de l'emploi des machines perfectionnées. Les quelques essais de ce genre déjà tentés permettent d'espérer, par les résultats obtenus, que l'exemple de ces agriculteurs progressistes se généralisera.

La Bresse proprement dite, plus accidentée que les Dombes, présente, en général, une culture plus divisée et plus riche. L'élevage et la production des volailles grasses de Bresse constitue une grande part du revenu des petits fermiers et propriétaires.

La race de Bresse est remarquable par la finesse et la délicatesse de sa chair et sa facilité d'engraissement, dont les éleveurs bressans savent habilement tirer parti pour préparer ces jolies volailles qui s'expédient en grand nombre dans le centre et dans le midi au mois de décembre.

La région montagneuse constitue le Bugey. La partie haute est couverte de magnifiques forêts, notamment dans l'arrondissement de Nantua. Le sol est en grande partie de formation Jurassique et présente une notable différence de composition avec celui des Dombes de la Bresse. Voici, comme exemple, l'analyse d'une terre à blé de la commune de Volognat.

Azote	1.26
Acide phosphorique	1.36
Potasse	0.58

par kilog. de terre séchée à l'étuve.

Ces terres, d'origine jurassique, sont riches en acide phosphorique, mais pauvres en potasse ; il fallait s'y attendre.

Dans la partie haute montagneuse ou Haut-Bugey, l'élevage du bétail et la production fromagère par association (le fromage de gruyère notamment et du fromage bleu dans certaines parties) est la principale ressource de beaucoup de localités.

Ces associations (connues sous le nom de *fruitières*) des producteurs de lait, sont déjà anciennes en Suisse, dans le Jura et même dans l'Ain; elles rendent de grands services aux communes d'accès difficile ou situées trop loin des lieux de vente. Les résultats obtenus ont encouragé les créations fruitières dans la plupart des localités de la partie basse de la montagne et même de la Bresse. Celles-ci sont de création plus récente.

Le fromage de gruyère, coté un très haut prix (140 à 150 fr les 100 kilos) en 1884, a baissé rapidement, en 1885 et 1886, de 40 à 50 fr. par 100 kilos. Depuis 1887, les prix sont revenus à un chiffre normal, au grand contentement des agriculteurs qui n'auraient pu continuer la fabrication dans des conditions aussi désavantageuses.

Aux altitudes plus basses, la vigne prend possession des côteaux et produit des vins qui ne manquent pas d'une certaine valeur. Comme vin rouge, on peut citer ceux de Virieu-le-grand, Béon, Mâchuraz, etc..etc.,et, comme vins blancs, ceux de Seyssel et de Virieu-le-Grand.

Les vins rouges sont produits en grande partie par le plant nommé *Mondeuse* ou *Persagne, ou plant de Meximieux*. Les vins blancs mousseux et fins de *Seyssel* et *Virieu, Montagnieu*, etc., sont produits par la *petite Roussette*.

Dans le Bas-Bugey et sur les bords du Rhône, les mêmes plants donnent encore d'excellents vins, mais moins faciles à conserver que ceux du Haut-Bugey.

Dans la partie des montagnes du Jura qui se termine dans l'Ain (Revermont), la vigne, sans produire autant que dans le Haut-Bugey, donne cependant quelques vins se conservant bien, notamment à *Journans* et à *Tossiat*. Le bon vin de cette partie de l'Ain est fait avec le *Mèthe* (1) ou *Pulsard* du Jura et le *Chétuan*. Le vin commun, acide et clair est fait avec le *gros-plant* ou plant de *Reffont*, donnant beaucoup, mais mûrissant mal et manquant d'alcool. Le *mèthe* (2) donne également l'excellent vin blanc de *Gravelles*.

Malheureusement, le phylloxera depuis longtemps a fortement entamé les vignobles dont à peine 1/6, en comptant les vignes de hautins, des environs de Belley, reste en production normale. Le mildiou achève, depuis deux ou trois ans, de décimer ce qui peut encore produire; mais, depuis la vulgarisation des traitements au sulfate de cuivre, les vignerons craignent moins cette maladie.

Par contre, il s'établit en ce moment un grand nombre de pépinières de vignes américaines pour combler peu à peu les vides produits par l'insecte. Il s'est fondé en 1885 une société départementale de viticulture comprenant actuellement près de 500 membres. Par la création d'écoles de greffage, de pépinières et la distribution de récompenses aux vignes les mieux tenues, les sociétés d'agriculture, les comices agricoles et la société de viticulture aident à la reconstitution des vignobles qui, avant la maladie, produisaient sur une surface de 17 500 hectares.

Depuis 1879, la chaire d'agriculture de l'Ain est organisée et a à sa disposition un laboratoire agricole pour l'analyse des terres et des engrais.

CULTURES DIVERSES

Froment.

Surface cultivée........ 89 182 hectares

(1) et (2) Se prononce (Mé-ti-e).

Rendement moyen par hectare............. 15 hectolit.
Poids moyen de l'hect... 75 kilos.
Prix moyen de l'hect.... 19 fr. 35.
Production............ 1 337 730 hectolit.

Céréales diverses : farineux, cultures industrielles, plantes textiles, autres cultures oléagineuses, vignes, sériculture, apiculture.

DÉSIGNATION	SUPERFICIE ensemencée EN HECTARES	RENDEMENT moyen par hectare	PRODUCTION en hectolitres
Méteil	3 326	13,50	44 901
Seigle	5 886	12,50	73 575
Orge	6 630	9,00	59 670
Sarrazin	12 368	10,00	123 680
Maïs	5 800	12,50	72 500
Millet	300	13,00	3 900
Pommes de terre	18 180	80,00	1 454 400
Légumes secs	1 436	18.00	25 848
Châtaignes	150	20,00	3 000
		en quintaux	en quintaux
Betteraves à sucre	»	»	»
Betteraves fourragères	3 881	210,00	815 010
Houblon	»	»	»
Tabac	»	»	»
			filasse en quint.
Chanvre	1 210	4,50	5 445
Lin	»	»	»
Chenevis	»	»	»
Lin (huile)	»	»	»
			en kilog.
Œillette, Navette, Cameline, etc.	»	»	16 446
Colza (graine)	6 535	9,85	64 370
		en kilog.	en kilog.
Colza (huile)	39 922	24,40	974 097
Olives (fruit)	»	»	»
Olives (huile)	»	»	»
		en hectolitres	en hectolitres
Vignes	17 654	22,57	398 700

SÉRICULTURE

Quantité totale de graines mises en onces. . . . . 488 »
Production moyenne d'une once en kilogrammes. . . . . 27 »
Production totale en kilog. . . . 16 128 »

RUCHES D'ABEILLES

Nombre de ruches en activité. . . 21 621 »
Production du miel en kilog . . . 177 317 »
Production en cire. . . . . 39 921 »

Animaux de ferme

Espèce chevaline. . . . . 17 788 pièces
— mulassière. . . . . . . 758 —
— asine . . . . 2 910 —
Bœufs et Taureaux . . . . . . 52 295 —
Vaches et génisses. . . . . . . 140 303 —
Veaux. . . . . 30 000 —
Espèce ovine (race du pays). . 44 366 —
— (race perfectionnée) 655 —
Espèce porcine. . . . . 66 946 —
— caprine. . . . . 21 799 —

Produit des animaux

Laine. . . { Quantité en kilog. . 64 259 » ; Prix moyen du kilog. 2,57 ; Valeur. . . . . 165 146 » }
Suif . . . { Quantité en kilog. . 92 453 » ; Prix moyen du kilog. 0,81 ; Valeur. . . . . 74 487 » }

IX. — FORÊTS

L'Ain fait partie de la 17e conservation dont le siège est à Mâcon (Saône-et-Loire). Il y a un inspecteur à Bourg, à Belley, à Gex et à Nantua; un garde général à Sault-Brenaz, à Belley, à Amberieu-en-Bugey, à Gex, à Châtillon-de-Michaille et à Nantua.

1° *Contenance des forêts soumises au régime forestier.*

Arrondissement de Bourg et de Trévoux. . . . . . 5 747h.
Arrondissement de Belley. 18 539
Arrondissement de Gex . . 8 169
Arrondissement de Nantua 17 912
} 50 367 h.

2° *Contenance des forêts non soumises au régime forestier.*

Communes et établissements publics . . . . . 2 067 h.
Particuliers. 71 672
} 73 739 h.

124 106 h.

Les principales essences sont : le sapin, l'epicéa, le chêne et le hêtre.

Production en bois d'œuvre (Service et industrie)........................... 45 0/0
Production en bois de chauffage..... 55 0/0

Les plus grandes forêts de l'Ain sont :

1° Arrondissement de Bourg et Trévoux. La forêt de Seillon contenant 615 hectares, ayant 4 200 mètres de longueur sur 2 500 mètres de largeur;

2° Arrondissement de Belley. — La forêt de Cormaranche contenant 824 hectares, ayant 4 500 mètres de longueur sur 2 200 mètres de largeur ;

3° Arrondissement de Gex. — La forêt de Gex contenant 1 823 hectares, ayant 8 000 mètres de longueur sur 4 500 mètres de largeur;

4° Arrondissement de Nantua. — La forêt d'Echallon contenant 986 hectares, ayant 5 600 mètres de longueur sur 2 000 mètres de largeur,

X. — DIVISION POLITIQUE, ADMINISTRATIVE ET POPULATION

Le département de l'Ain est divisé en cinq

arrondissements dont quatre sont administrés chacun par un sous-préfet, savoir :

1° L'arrondissement de Bourg subdivisé en 10 cantons contenant ensemble 120 communes; administré directement par le préfet.

2° L'arrondissement de Belley subdivisé en 9 cantons contenant ensemble 116 communes;

3° L'arrondissement de Gex subdivisé en 3 cantons contenant ensemble 31 communes ;

4° L'arrondissement de Nantua subdivisé en 6 cantons contenant ensemble 74 communes ;

5° L'arrondissement de Trévoux subdivisé en 8 cantons contenant ensemble 112 communes.

Nous donnons ci-contre le tableau de toutes les communes du département, classées par arrondissements et cantons. La population résulte du dernier recensement effectué en 1886 et toutes les communes sont exactement repérées par rapport aux gares des chemins de fer, ainsi qu'aux bureaux de postes et télégraphes.

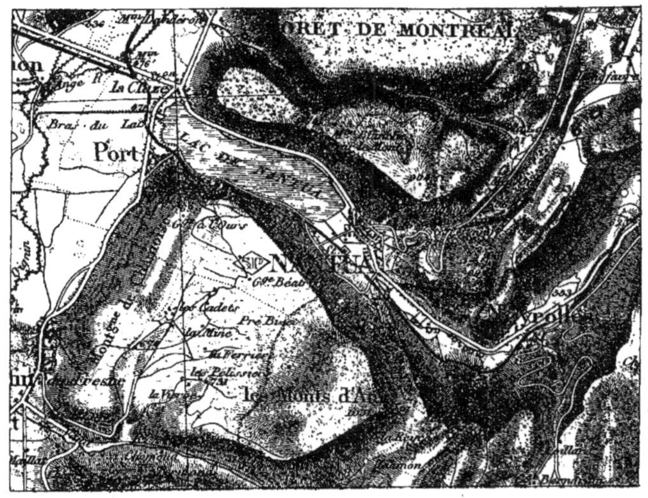

Nantua et ses environs. — Extraits de la carte d'État-Major au 80 000°.

STATISTIQUE DE LA POPULATION

La population du département était :

En 1801	314 571	habitants.
En 1821	328 838	—
En 1831	346 030	—
En 1851	372 939	—
En 1872	363 290	—
En 1886	364 408	—

Mariages annuels :

1° Entre garçons et filles	2 129
2° Entre garçons et veuves	72
3° Entre veufs et filles	148
4° Entre veufs et veuves	99

Naissances et décès

Naissances	enfants légitimes	garçons	4 000
		filles	3 606
	enfants naturels	garçons	159
		filles	126
Décès	sexe masculin	garçons	1 633
		mariés	1 306
		veufs	698
	sexe féminin	filles	1 401
		femmes	1 042
		veuves	970
Morts accidentelles		hommes	90
		femmes	32
Suicides		hommes	41
		femmes	12

TABLEAU DES COMMUNES DU DÉPARTEMENT DE L'AIN

5 arrondissements — 36 cantons — 453 communes — 364,408 habitants — 556,446 hectares — Moyenne de la population par kilomètre carré : 66 habitants.

I. — ARRONDISSEMENT DE BOURG (10 cantons, 120 communes, 125,134 habitants)

I. — CANTON DE BOURG (*14 com., 29 876 hab.*)

NOMS des COMMUNES	Population	Dist. au chef-l. d'arr.	LOCALITÉS AVEC GARES postes et télégraphes	GARE LA PLUS PRÈS de chaque com.	et distance à cette commune	BUREAUX de postes desserv. les communes	avec les distances
Bourg	18113	»	🚂₸ **241 6**	Bourg	»	₸	»
Buellas	723	7	213 0	Bourg	7 0	Bourg	7 8
Lent	1186	11	245 0	Servas	2 5	Bourg	11 0
Montagnat	493	8	256 0	Bourg	8 0	Bourg	8 0
Montcet	411	17	213 0	Polliat	5 0	Polliat	6 0
Montracol	623	8	249 0	Bourg	8 0	Bourg	8 0
Péronnas	948	3	220 0	Bourg	3 0	Bourg	3 0
Polliat	1400	10	🚂₸ **205 4**	Polliat	»	₸	
St-André-le-Panoux	866	4	252 0	Servas	4 0	Bourg	9 0
St-Denis-le-Ceyzériat	1116	2	220 0	Bourg	2 5	Bourg	2 5
St-Just	300	4	250 0	Ceyzériat	5 0	Bourg	4 0
St-Remy	353	5	273 0	Bourg	5 0	Bourg	5 0
Servas	474	9	🚂 **245 0**	Servas	»	Bourg	9 0
Viriat	2870	6	🚂 **229 3**	Viriat	»	Bourg	6 0

II. — CANTON DE BAGÉ-LE-CHATEL (*11 com., 12 006 hab.*)

NOMS des COMMUNES	Population	Dist. au chef-l. d'arr.	LOCALITÉS AVEC GARES postes et télégraphes	GARE LA PLUS PRÈS de chaque com.	et distance à cette commune	BUREAUX de postes desserv. les communes	avec les distances
Bâgé-le-Chatel	702	30	₸ 193 0	Mâcon	6 0	₸	
Asnières	139	42	173 0	Senozan	3 0	Feillens	7 0
Bâgé-la-Ville	1931	31	212 0	Pont-de-V.	6 0	Bâgé-le-Ch.	1 0
Dommartin	929	32	210 0	Mâcon	15 0	Bâgé-le-Ch.	6 0
Feillens	2591	33	₸ 181 0	Mâcon	9 0	₸	
Manziat	1620	36	203 0	Mâcon	10 0	Feillens	3 0
Replonges	1617	32	179 0	Mâcon	4 0	Bâgé-le-Ch.	3 0
St-André-de-Bâgé	205	29	184 0	Pont-de-V.	4 5	Bâgé-le-Ch.	2 0
St-Laurent	1824	33	┬ 179 0	Mâcon	2 0	Mâcon	2 0
St-Sulpice	201	24	214 0	Montrevel	8 0	Bâgé-le-Ch.	9 0
Vésines	177	39	173 0	Macon	7 0	Feillens	3 0

III. — CANTON DE CEYZÉRIAT (*14 com., 7 626 hab.*)

NOMS des COMMUNES	Population	Dist. au chef-l. d'arr.	LOCALITÉS AVEC GARES postes et télégraphes	GARE LA PLUS PRÈS de chaque com.	et distance à cette commune	BUREAUX de postes desserv. les communes	avec les distances
Ceyzériat	984	8	🚂₸ **326 1**	Ceyzériat	»	₸	»
Bohas	304	14	312 0	Villerevers.	4 0	Villerevers.	4 0
Cize	186	24	🚂 **319 2**	Cize-Boloz.	2 0	Villerevers.	7 5
Drom	405	12	*291 0*	Simandre	9 0	Ceyzériat	8 0
Grand-Corent	260	12	308 0	Simandre	5 5	Villerevers.	6 8
Hautecourt	882	18	349 0	Villerevers.	5 0	Villerevers.	5 0
Jasseron	680	8	286 0	Ceyzériat	3 8	Ceyzériat	3 8
Meyriat	450	16	293 0	Villerevers.	7 0	Villerevers.	7 0
Ramasse	363	16	*334 0*	Villerevers.	4 0	Ceyzériat	8 0
Revonnas	424	16	*302 0*	Sénissiat	1 5	Ceyzériat	2 0
Sénissiat	»	»	🚂 **397 0**	Sénissiat	»	»	»
Rignat	372	14	*309 0*	Sénissiat	4 0	Ceyzériat	6 0
Romanèche	406	17	*214 0*	Cize-Boloz.	4 0	Villerevers.	4 0
Simandre	830	16	🚂 **316 0**	Simandre	»	Villerevers.	6 0
Villereversure	1080	15	🚂☒ **299 1**	Villerevers.	»	Villerevers.	»

IV. — CANTON DE COLIGNY (*9 com., 9 611 hab.*)

NOMS des COMMUNES	Population	Dist. au chef-l. d'arr.	LOCALITÉS AVEC GARES postes et télégraphes	GARE LA PLUS PRÈS de chaque com.	et distance à cette commune	BUREAUX de postes desserv. les communes	avec les distances
Coligny	1680	23	🚂₸ **217 9**	Coligny	»	₸	»
Beaupont	1016	25	214 0	Coligny	6 0	Coligny	7 0
Bény	941	16	239 0	Moulin-d.-P	2 0	S-Etienne	3 5
Le Moulin-des-Ponts	»	»	🚂☒ **213 7**	id.	»	»	»
Domsure	820	28	226 0	id.	5 0	Coligny	7 0
Marboz	2614	16	☒ 233 0	id.	4 4	Marboz	»
Pirajoux	705	21	204 0	Coligny	3 6	Coligny	4 5
Salavre	604	22	215 0	Moulin-d-P.	4 5	Coligny	2 0
Verjon	413	20	218 0	id.	4 2	Coligny	4 0
Villemotier	818	18	214 0	id.	2 0	Coligny	4 0

V. — CANTON DE MONTREVEL (*13 com., 14 532 hab.*)

NOMS des COMMUNES	Population	Dist. au chef-l. d'arr.	LOCALITÉS AVEC GARES postes et télégraphes	GARE LA PLUS PRÈS de chaque com.	et distance à cette commune	BUREAUX de postes desserv. les communes	avec les distances
Montrevel	1517	16	🚂₸ **215 0**	Montrevel	»	₸	»
Attignat	1323	9	🚂 **223 7**	Attignat	»	Montrevel	6 0
Béréziat	617	25	212 0	Joyat	6 0	Montrevel	9 0
Confrançon	1298	14	☒ 220 0	Mezeriat	5 0	☒	
Cras-sur-Reyssouze	1150	15	┬ 199 0	Attignat	4 0	Montrevel	6 0
Curtafond	710	13	220 0	Polliat	6 0	Polliat	5 0
Etrez	620	17	221 0	Montrevel	5 0	Montrevel	4 9
Foissiat	2565	22	224 0	Jayat	4 0	Montrevel	5 0
Jayat	1140	20	🚂 **195 7**	Jayat	»	Montrevel	4 0
Malafretaz	568	15	196 0	Montrevel	2 5	Montrevel	2 5
Marsonnas	1184	22	219 0	Montrevel	5 0	Montrevel	5 0
St-Didier-d'Aussiat	958	18	220 0	Montrevel	7 5	Montrevel	7 5
St-Martin-le-Chatel	882	13	222 0	Attignat	4 0	Polliat	5 0

VI. — CANTON DE PONT-D'AIN (*11 com., 10 206 hab.*)

NOMS des COMMUNES	Population	Dist. au chef-l. d'arr.	LOCALITÉS AVEC GARES postes et télégraphes	GARE LA PLUS PRÈS de chaque com.	et distance à cette commune	BUREAUX de postes desserv. les communes	avec les distances
Pont-d'Ain	1547	20	🚂₸ **245 9**	Pont-d'Ain	»	₸	»
Certines	543	10	249 0	Vavrette-T.	2 0	Bourg	10 0
Dompierre	1174	17	297 0	Pont-d'Ain	17 0	Pont-d'Ain	13 0
Druillat	1390	20	377 0	Pont-d'Ain	3 0	Pont-d'Ain	3 0
Journans	343	15	*255 0*	Ceyzériat	4 0	Ceyzériat	4 0
Neuville-sur-Ain	1439	25	209 0	Pont-d'Ain	5 0	Pont-d'Ain	5 0
Priay	1028	27	230 0	Pont-d'Ain	8 0	Pont-d'Ain	8 0
St-Martin-du-Mont	1642	14	280 0	Pont-d'Ain	6 5	Pont-d'Ain	6 5
Tossiat	629	10	*257 0*	Vavrette-T.	2 3	Ceyzériat	5 0
La Vavrette	»	»	🚂 **253 8**	Vavrette-T.	0	»	»
Tranclière (La)	310	14	»	Vavrette-T.	4 0	Pont-d'Ain	8 2
Varambon	461	21	»	Pont-d'Ain	2 5	Pont-d'Ain	2 5

VII. — CANTON DE PONT-DE-VAUX (*12 com., 12 089 hab.*)

NOMS des COMMUNES	Population	Dist. au chef-l. d'arr.	LOCALITÉS AVEC GARES postes et télégraphes	GARE LA PLUS PRÈS de chaque com.	et distance à cette commune	BUREAUX de postes desserv. les communes	avec les distances
Pont-de-Vaux	2754	42	🚂₸ **181 0**	Pont-de-Va.	5 0	₸	»
Arbigny	742	44	211 0	id.	9 5	Pont-de-Va.	4 5
Boissey	504	32	207 0	id.	15 0	Pont-de-Va.	10 0
Boz	714	42	206 0	Senozan	4 4	Pont-de-Va.	4 0
Chavannes-s-Reyssouze	1141	36	180 0	Pont-de-Va.	11 0	Pont-de-Va.	5 0
Chevroux	1051	34	203 0	Senozan	9 0	Pont-de-Va.	5 3
Gorrevod	548	40	195 0	Fleurville	0 8	Pont-de-Va.	1 2
Ozan	490	41	196 0	Senozan	4 0	Pont-de-Va.	4 5
Reyssouze	913	44	181 0	Pont-de-Va.	4 0	Pont-de-Va.	2 0
St-Bénigne	1151	41	216 0	id.	7 0	Pont-de-Va.	2 0
St-Etienne-s-Reyssouze	887	32	180 0	id.	9 0	Pont-de-Va.	3 0
Sermoyer	1194	50	197 0	Uchizey	4 5	Pont-de-Va.	8 0

VIII — CANTON DE PONT-DE-VEYLE (*12 com., 9 155 hab.*)

NOMS des COMMUNES	Population	Dist. au chef-l. d'arr.	LOCALITÉS AVEC GARES postes et télégraphes	GARE LA PLUS PRÈS de chaque com.	et distance à cette commune	BUREAUX de postes desserv. les communes	avec les distances
Pont-de-Veyle	1240	31	🚂₸ **179 3**	Pont-de-Ve.	»	₸	»
Bey	227	38	22 0	id.	8 0	Pont-de-Ve.	8 0
Cormoranche	721	37	214 1	id.	6 0	Pont-de-Ve.	6 0
Crottet	677	30	211 0	id.	3 0	Pont-de-Ve.	1 0
Chavanne-St-Suran	»	»	₸	»	»	»	»
Cruzilles-lès-Mépillat	786	35	221 0	id.	5 0	Pont-de-Ve.	4 0
Grièges	1078	35	210 0	id.	4 0	Pont-de-Ve.	4 0
Laiz	484	33	200 0	id.	2 0	Pont-de-Ve.	2 0
Perrex	636	26	214 0	Vonnas	3 0	Vonnas	3 0
St-André-d'Huiriat	579	37	221 0	Pont-de-Ve.	6 0	Pont-de-Ve.	7 0
St-Cyr-sur-Menthon	1182	23	169 0	Vonnas	6 0	Pont-de-Ve.	8 0
St-Genis-sur-Menthon	560	20	214 0	Mezeriat	6 0	Pont-de-Ve.	13 0
St-Jean-sur-Veyle	965	28	221 0	Pont-de-Ve.	3 0	Pont-de-Ve.	3 0

IX. — CANTON DE SAINT-TRIVIER-DE-COURTES (*12 com., 11 770 hab.*)

NOMS des COMMUNES	Population	Dist. au chef-l. d'arr.	LOCALITÉS AVEC GARES postes et télégraphes	GARE LA PLUS PRÈS de chaque com.	et distance à cette commune	BUREAUX de postes desserv. les communes	avec les distances
St-Trivier-de-Courtes	1436	31	🚂₸ **214 80**	St-Trivier	»	₸	»
Cormoz	1175	28	221 0	St-Amour	9 0	St-Amour	13 0
Courtes	411	32	216 0	St-Trivier	2 2	St-Trivier	2 0
Curciat-Dongalon	1479	33	210 0	id.	6 1	St-Trivier	6 5
Lescheroux	1170	27	206 0	St-Julien	3 0	St-Julien	3 0
Mantenay-Montlin	654	26	🚂 **187 7**	Mantenay	»	St-Julien	2 0
St-Jean-sur-Reyssouze	1504	29	208 0	St-Julien	4 0	St-Julien	4 0
St-Julien-s-Reyssouze	913	24	🚂₸ **188 8**	id.	»	₸	
St-Nizier-le-Bouchoux	1655	31	219 0	St-Trivier	6 0	St-Trivier	6 0
Servignat	363	29	183 0	Mantenay-M	3 0	St-Trivier	3 0
Vernoux	477	34	215 0	St-Trivier	4 1	St-Trivier	5 0
Vescours	533	30	208 0	id.	5 1	St-Trivier	5 5

X. — CANTON DE TREFFORT (*12 com., 8 263 hab.*)

NOMS des COMMUNES	Population	Dist. au chef-l. d'arr.	LOCALITÉS AVEC GARES postes et télégraphes	GARE LA PLUS PRÈS de chaque com.	et distance à cette commune	BUREAUX de postes desserv. les communes	avec les distances
Treffort	1708	15	₸ 318 0	St-Étienne	8 0	₸	»
Arnans	249	25	556 0	Simandre	5 0	Chavanne	5 0
Chavannes-sur-Suran	960	18	343 0	Simandre	5 0	₸	
Corveissiat	480	25	484 0	Simandre	7 5	Chavannes	8 0
Courmangoux	736	24	353 0	Moulin-d-P.	6 0	Treffort	7 6
Cuisiat	576	19	*394 0*	St-Etienne	8 0	Treffort	3 0
Germagnat	328	22	379 0	Simandre	10 0	Chavannes	6 0
Meillonnas	980	11	311 0	Bourg	11 0	Treffort	3 0
Pouilliat	207	26	379 0	Simandre	11 0	Chavannes	7 0
Pressiat	288	21	353 0	Moulin-d-P.	8 0	Treffort	6 8
St-Etienne-du-Bois	1607	11	🚂₸ **236 7**	St-Etienne	»	₸	
St-Maurice-d'Echaz	144	28	463 0	Cize-Boloz.	8 0	Chavannes	6 0

II. — ARRONDISSEMENT DE BELLEY (9 cantons, 116 communes, 80,734 habitants)

I. — CANTON DE BELLEY (*24 com., 17 325 hab.*)

NOMS des COMMUNES	Population	Dist. au chef-l. d'arr.	LOCALITÉS AVEC GARES postes et télégraphes	GARE LA PLUS PRÈS de chaque com.	et distance à cette commune	BUREAUX de postes desserv. les communes	avec les distances
Belley	6160	»	🚂₸ **252 6**	Belley	»	₸	»
Ambléon	200	10	343 0	Rossillon	12 0	Belley	10 0
Andert-et-Condon	376	7	327 0	id.	12 0	Belley	7 0
Arbignieu	794	5	260 0	id.	12 0	Belley	5 0
Brégnier-Cordon	863	18	🚂 **220 1**	Belley	18 0	St-Benoit	6 0
Brens	592	4	🚂 **224 3**	Belley	4 0	Belley	1 0
Chazey-Bons	728	5	🚂₸ **236 3**	Belley	5 0	Belley	5 0
Colomieu	295	9	330 0	Belley	9 0	Belley	9 0
Conzieu	238	11	328 0	Belley	11	Belley	4 0
Cressin-Rochefort	432	9	378 0	Culoz	8 0	Belley	9 0
Izieux	334	18	369 0	Belley	18	St-Benoit	5 0
Lavours	310	12	238 0	Culoz		Belley	12 0
Magnieu	580	3	*288 0*	Belley	3 0	Belley	3 4
Massignieu-de-Rives	607	8	290 0	Belley	8 0	Belley	8 0
Murs-et-Gélignieux	311	15	223 0	Belley	15 0	St-Benoit	7 0
Nattages	554	10	245 0	Belley	10 0	Belley	10 0
Parves	374	11	454 0	Rossillon	26 0	Belley	11 0
Peyrieu	996	10	🚂☒ **225 8**	Peyrieu	12 0	Peyrieu	»
Pollieu	249	9	280 0	Belley	9 0	Belley	9 0
Prémeyzel	295	11	300 0	id.	11 0	Belley	11 0
St-Bois	313	10	315 0	id.	10 0	Belley	10 0
St-Champ	302	7	380 0	id.	7 0	Belley	7 0
St-Germ.-les-Paroisses	690	7	376 0	id.	7 5	Belley	7 5
Virignin	692		222 0	id.	7 0	Belley	7 0

II. — CANTON D'AMBÉRIEU (*8 com., 8 397 hab.*)

NOMS des COMMUNES	Population	Dist. au chef-l. d'arr.	LOCALITÉS AVEC GARES postes et télégraphes	GARE LA PLUS PRÈS de chaque com.	et distance à cette commune	BUREAUX de postes desserv. les communes	avec les distances
Ambérieu	3618	45	🚂₸ **247 9**	Ambérieu	»	₸	»
Abergement-de-V. (L')	486	46	504 0	Ambronay	10 0	St-Jean-l-V.	4 3
Ambronay	1501	50	🚂₸ **242 2**	Ambronay	»	₸	
Bettant	504	48	247 0	Ambérieu	3 0	Ambérieu	2 0
Château-Gaillard	373	49	232 0	Ambérieu	5 0	Ambérieu	4 5
Douvre	414	48	289 0	Ambronay	4 0	Ambronay	4 0
St-Denis-le-Chosson	788	49	250 0	Ambérieu	1 5	Ambérieu	1 5
St-Maurice-d-Rémens	513	51	*238 0*	Leyment	2 5	Ambérieu	7 5

III. — CANTON DE CHAMPAGNE (*18 com., 7 195 hab.*)

NOMS des COMMUNES	Population	Dist. au chef-l. d'arr.	LOCALITÉS AVEC GARES postes et télégraphes	GARE LA PLUS PRÈS de chaque com.	et distance à cette commune	BUREAUX de postes desserv. les communes	avec les distances
Champagne	553	20	₸ 473 0	Artemare	7 0	₸	»
Artemare	845	18	🚂₸ **258 5**	Artemare	»	₸	»
Béon	405	13	301 0	Culoz	2 5	Culoz	3 0
Brénaz	258	30	706 0	Artemare	18 0	Champagne	6 0
Charancin	198	23	720 0	Artemare	10 7	Champagne	6 0
Chavornay	401	20	467 0	Artemare	5 0	Champagne	4 0
Fitignieu	208	22	*562 0*	Artemare	8 7	Champagne	2 9
Lilignod	94	25	546 0	Artemare	13 0	Champagne	6 0
Lochieu	243	23	505 0	Artemare	12 0	Champagne	7 0
Lompnieu	351	27	620 0	Artemare	13 0	Champagne	7 0
Luthézieu	248	20	*506 0*	Virieu-le-G.	8 0	Champagne	3 0
Passin	437	24	*604 0*	Artemare	10 0	Champagne	4 0
Ruffieu	449	28	763 0	Artemare	16 0	Champagne	10 0
Songieu	632	35	744 0	Artemare	18 0	Champagne	12 0

Nota. — Les cotes inscrites, dans ce tableau, à coté des signes abréviatifs 🚂 ☒ ┬ ₸, désignent des altitudes, c'est-à-dire la hauteur des points signalés au-dessus du niveau moyen des eaux de la mer. Les cotes imprimées en caractères gras et placées en face des noms des gares sont les altitudes *gravées* ou *à graver* sur les socles des bâtiments des dites gares, à 0 m. 50 environ au-dessus du niveau des rails. Les cotes inscrites en face du nom des communes sont extraites de la carte de l'état-major au 80 000e. Celles en italiques existent *dans la commune même*. Les autres sont les cotes du point le plus rapproché de la commune correspondante, point indiqué sur la carte de l'état-major.

II. — ARRONDISSEMENT DE BELLEY (Suite)

Noms des communes	Population	Dist. au chef-l. d'ar.	Localités avec gares postes et télégraphes	Gare la plus près de chaque com. et distance à cette commune		Bureaux de postes desserv. les communes avec les distances	
CANTON DE CHAMPAGNE *(Suite)*							
Sutrieu	222	25	620 0	Artemare..	10 0	Champagne.	5 0
Talissieu	503	20	330 0	Artemare..	4 0	Yon-Artem.	4 0
Vieu	616	19	481 0	Artemare..	8 0	Champagne.	1 0
Virieu-le-Petit	517	22	622 0	Artemare..	6 8	Champagne.	7 0
IV. — CANTON D'HAUTEVILLE *(9 com., 4 580 hab.)*							
Hauteville	779	34	T 781 0	Tenay	13 0	....	»
Arane	849	39	746 0	St-Rambert.	13 0	Hauteville..	10 0
Corlier	225	45	807 0	St-Rambert.	13 0	Jujurieux..	9 5
Cormaranche	661	31	797 0	Tenay	16 5	Hauteville..	3 0
Lacoux	243	41	814 0	Tenay	12 5	Hauteville..	6 0
Lompnes	464	34	781 0	Tenay	14 4	Hauteville..	0 7
Longecombe	431	25	878 0	Tenay	11 0	Hauteville..	8 0
Premillieu	272	27	895 0	Rossillon...	8 0	Rossillon...	8·0
Thézillieu	656	24	860 0	Virieu-le-G.	10 5	Virieu-le-G.	10 5
V. — CANTON DE LAGNIEU *(14 com., 11 524 hab.)*							
Lagnieu	2629	46	🚉T 231 3	Lagnieu....	»	....	»
Ambutrix	280	45	🚉 254 4	Ambutrix..	»	Lagnieu....	4 0
Blye	282	54	241 0	Lagnieu....	10 0	Lagnieu....	10 0
Chazey-s-Ain	665	63	206 »	Meximieux.	5 0	Lagnieu....	9 0
Leyment	515	58	🚉 231 7	Leyment...	»	Lagnieu....	5 0
Loyettes	896	63	187 0	Pont-de-Ch.	5 0	Lagnieu....	20 0
Proulieu	360	48	217 0	Lagnieu....	5 0	Lagnieu....	5 0
Ste-Julie	422	51	237 0	Leyment...	6 0	Lagnieu....	7 0
St-Sorlin	766	43	🚉 199 8	St-Sorlin...	»	Lagnieu....	2 5
St-Vulbas	592	53	210 0	Lagnieu....	10 0	Lagnieu....	10 0
Sault-Brenaz	1086	40	🚉 200 6	Sault-Bren.	»	Villebois...	3 0
Souclin	456	43	239 0	Sault-Bren.	3 5	Villebois...	4 0
Vaux	857	49	🚉 262 4	Vaux	»	Lagnieu....	3 5
Villebois	1718	37	🚉T 207 9	Villebois...	»	T	
VI. — CANTON DE LHUIS *(12 com., 7 269 hab.)*							
Lhuis	1218	25	T 351 0	Villebois...	15 0	T..........	»
La Plaine	»	»	🚉 357 0	La Plaine..	»	»	»
Benonces	563	28	459 0	Villebois...	9 0	Serrières...	3 5
Briord	586	25	202 0	Villebois...	7 0	Serrières...	3 0
Groslée	667	22	250 0	Villebois...	20 0	Lhuis......	4 0
Innimond	383	20	890 0	Rossillon...	16 0	Lhuis......	7 2
Lompnas	340	23	640 0	Villebois...	15 0	Lhuis......	11 0
Marchamp	431	23	560 0	Villebois...	15 0	Lhuis......	5 0
Montagnieu	668	30	235 0	Villebois...	6 0	Serrières...	2 0
VI. — CANTON DE LHUIS *(Suite)*							
Ordonnaz	502	20	840 0	Rossillon...	14 0	Rossillon...	14 0
St-Benoit	1023	18	☒ 228 0	D. Avesnièr.	8 0	☒	
Seillonnaz	301	23	400 0	Villebois...	11 0	Serrières...	6 2
Serrières	681	31	T 270 0	Villebois...	5 0	T	
VII. — CANTON DE SAINT-RAMBERT-EN-BUGEY *(12 com., 11 529 hab.)*							
St-Rambert	3409	35	🚉T 290 2	St-Rambert	»	T..........	»
Arandas	500	30	769 0	St-Rambert	11 0	St-Rambert.	8 0
Argis	1034	28	315 0	Tenay	2 0	Tenay	2 0
Chaley	540	33	402 0	Tenay	6 0	Tenay	6 0
Cleyzieu	381	44	682 0	St-Rambert	9 0	St-Rambert.	8 0
Conand	422	35	485 0	St-Rambert	9 0	St-Rambert.	8 0
Evosges	374	39	745 0	St-Rambert	9 0	St-Rambert.	9 0
Hostias	317	32	752 0	Tenay	10 0	Tenay	11 0
Nivollet-Montgriffon	[illegible]	41	773 0	St-Rambert	9 0	St-Rambert.	6 4
Oncieu	246	52	467 0	St-Rambert	4 0	St-Rambert.	4 0
Tenay	3316	26	🚉T 325 5	Tenay	»	T..........	»
Torcieu	641	29	🚉 267 0	Torcieu....	»	St-Rambert.	6 0
VIII. — CANTON DE SEYSSEL *(5 com., 5 602 hab.)*							
Seyssel	1144	29	🚉T 258 4	Seyssel....	»	T..........	»
Anglefort	1075	23	259 0	Seyssel....	5 5	Seyssel	5 0
Chanay	616	37	385 0	Pyrimont...	3 5	Seyssel	9 0
Pyrimont	»	»	🚉T 291 2	Pyrimont...	»	»	»
Corbonod	1293	31	353 0	Seyssel....	15	Seyssel	1 5
Culoz	1474	16	🚉T 237 2	Culoz	»	T..........	»
IX. — CANTON DE VIRIEU-LE-GRAND *(14 com., 7 313 hab.)*							
Virieu-le-Grand	1148	13	🚉T 267 7	Virieu-le-G.	»	T..........	»
Armix	163	18	710 0	Rossillon...	5 0	Rossillon...	5 0
Belmont	626	17	444 0	Virieu-le-G.	5 0	Virieu-le-G.	5 0
Burbanche (La)	369	18	367 0	Rossillon...	4 0	Rossillon...	4 0
Ceyzérieu	1445	10	280 0	Culoz	6 0	Culoz	6 0
Cheignieu-Labalme	417	14	364 0	Rossillon...	1 0	Rossillon...	1 0
Contrevoz	755	9	348 0	Rossillon...	4 0	Rossillon...	4 0
Cuzieu	405	7	347 0	Chazey-B...	2 0	Virieu-le-G.	5 0
Flaxieu	130	9	300 »	Bellay	9 0	Belley	9 0
Marignieu	261	7	380 0	Bellay	7 0	Belley	7 0
Pugieu	250	9	235 0	Rossillon...	5 0	Virieu-le-G.	4 0
Rossillon	515	14	🚉T 330 5	Rossillon...	»	T..........	»
St-Martin-de-Bavel	665	11	343 0	Virieu-le-G.	3 1	Virieu-le-G.	3 0
Vongnes	164	9	478 0	Chazey-B...	6 8	Culoz	6

III. — ARRONDISSEMENT DE GEX (3 cantons, 31 communes, 20,907 habitants)

Noms des communes	Population	Dist. au chef-l. d'ar.	Localités avec gares postes et télégraphes	Gare la plus près de chaque com. et distance à cette commune		Bureaux de postes desserv. les communes avec les distances	
I. — CANTON DE GEX *(11 com., 7 794 hab.)*							
Gex	2693	»	T 647 0	Genève....	16 0	T..........	»
Cessy	424	2	532 0	Genève....	14 0	Gex	2 0
Chevry	395	6	540 0	Genève....	13 0	Gex	6 0
Crozet	517	8	550 0	Genève....	15 0	Gex	8 0
Divonne	635	8	T	Coppet	7 0	T..........	»
Echenevex	324	3	557 0	Genève....	16 0	Gex	3 0
Grilly	368	6	»	Genève....	15 0	Gex	6 0
Lélex	518	20	»	Genève....	36 0	Gex	23 0
Segny	275	5	494 0	Genève....	11 0	Gex	5 0
Vesancy	384	3	»	Genève....	19 0	Gex	3 8
Vesenex-Crassy	271	11	»	Nyon (Suis.)	5 0	Divonne...	2 5
II. — CANTON DE COLLONGES *(11 com., 8 121 hab.)*							
Collonges	1104	26	🚉T 337 2	Collonges..	»	T..........	»
Challex	701	19	466 0	La Plaine(S)	3 0	Collonges..	9 0
Chezéry	990	34	782 0	Bellegarde.	17 0	Chat.-de-M.	17 0
Confort	489	45	519 0	Bellegarde.	6 0	Bellegarde.	6 0
Farges	627	22	480 0	Pougny-Ch.	6 0	Collonges..	3 0
II. — CANTON DE COLLONGES *(Suite)*							
Lancrans	517	39	501 0	Bellegarde.	3 0	Bellegarde.	3 0
Léaz	785	34	551 0	Bellegarde.	6 0	Collonges..	6 0
Peron	1116	20	532 0	Pougny-Ch.	6 0	Collonges..	6 0
Pougny	411	30	356 2	Pougny-Ch.	1 0	Collonges..	6 0
St-Jean-de-Gonville	631	10	589 0	LaPlaine(S)	5 0	Collonges..	9 0
Vanchy	750	15	501 0	Bellegarde.	5 0	Bellegarde.	3 0
III. — CANTON DE FERNAY-VOLTAIRE *(9 com., 4 992 hab.)*							
Ferney-Voltaire	1222	9	T »	Meyrin (S.).	4 0	T..........	»
Pouilly	»	»	T »	id.	»	»	»
Moens	238	8	»	Meyrin (S.).	6 0	Ferney	1 0
Ornex	319	7	»	Meyrin (S.).	6 0	Ferney	2 0
Prévessin	367	8	»	Meyrin (S.).	4 0	Ferney	3 0
St-Genis-Pouilly	821	10	T 469 0	Satigny (S.).	4 0	T..........	»
Sauverny	193	5	»	Meyrin (S.).	10 0	Gex	5 0
Sergy	337	10	458 0	Meyrin (S.).	6 0	Pouilly	2 0
Thoiry	1295	14	443 0	Satigny (S.).	6 0	Pouilly	4 0
Versonnex	220	4	»	»	6 0	Gex	4 0

IV. — ARRONDISSEMENT DE NANTUA (6 cantons, 74 communes, 49,678 habitants)

Noms des communes	Population	Dist. au chef-l. d'ar.	Localités avec gares postes et télégraphes	Gare la plus près de chaque com. et distance à cette commune		Bureaux de postes desserv. les communes avec les distances	
I. — CANTON DE NANTUA *(12 com., 8 616 hab.)*							
Nantua	3157	»	🚉T 479 6	Nantua....	»	T..........	»
Apremont	294	9	942 0	Nantua....	9 0	Nantua....	9 0
Brion	299	6	479 0	La Cluse...	2 0	Nantua....	6 0
Charix	481	10	🚉 586 8	Charix.....	»	Nantua....	10 0
Géovreissiat	225	6	526 0	La Cluse...	3 0	Nantua....	6
Lalleyriat	420	13	607 0	Charix.....	3 0	Nantua....	13 0
Maillat	560	9	T 503 0	La Cluse...	6 0	T..........	»
Montréal	1083	5	🚉 479 5	Montréal...	»	Nantua....	5 0
La Cluse	»	»	🚉 479 7	»	»	»	»
Neyrolles	412	3	553 0	Nantua....	3 0	Nantua....	3 0
Poizat (Le)	612	10	607 0	Nantua....	10 0	Nantua....	10 0
Port	235	4	478 0	La Cluse...	2 0	Nantua....	4 0
St-Martin-du-Frêne	637	6	491 0	La Cluse...	4 0	Maillat....	6 0
II. — CANTON DE BRENOD *(12 com., 6 124 hab.)*							
Brénod	872	20	T 831 0	La Cluse...	17 0	T..........	»
Champdor	560	25	898 0	Tenay	19 0	Brenod....	5 0
Chevillard	276	14	692 0	La Cluse...	11 0	Maillat....	6 3
Condamine	341	10	598 0	La Cluse...	8 0	Maillat....	3 0
Corcelles	516	25	860 0	Tenay	22 0	Brenod....	4 0
Grand-Abergement (Le)	630	26	820 0	La Cluse...	22 9	Brenod....	10 0
Hotonnes	901	33	830 0	Artemare..	17 0	Brenod....	15 0
Izenave	357	20	650 0	St-Rambert	16 0	Maillat....	12 0
Lantenay	315	17	800 0	La Cluse...	14 0	Maillat....	9 0
Outriaz	254	14	800 0	La Cluse...	11 0	Maillat....	8 0
Petit-Abergement (Le)	460	18	820 0	La Cluse...	21 9	Brenod....	9 4
Vieu-d'Izenave	642	15	658 0	La Cluse...	13 0	Maillat....	6 0
III. — CANTON DE CHATILLON-DE-MICHAILLE *(17 com., 9 854 hab.)*							
Châtillon-de-Michaille	1237	20	🚉T 461 7	Chatillon...	»	T..........	»
Ariod	450	28	335 0	Bellegarde.	2 0	Bellegarde.	2 0
Bellegarde	1725	25	🚉T 372 4	Bellegarde.	»	T..........	»
Billiat	607	28	☒ 501 0	Bellegarde.	7 0	☒..........	»
Champfromier	951	23	878 0	Chat.-de-M.	10 0	Chât.-de-M.	10 0
Craz	873	34	585 0	Pyrimont...	6 0	Billiat.....	5 0
Forens	370	29	782 0	St-Germain.	17 0	Chât.-de-M.	17 0
Giron	298	22	1006 0	St-Germain.	8 0	St-Germain.	8 0
Injoux	700	30	572 0	Pyrimont...	7 0	Billiat.....	1 8
Lhopital	154	36	490 0	Pyrimont...	3 0	Billiat.....	6 0
Montanges	560	21	390 0	Chat.-de-M.	3 0	Chât.-de-M.	3 0
Ochiaz	403	25	576 0	Chat.-de-M.	4 0	Chât.-de-M.	4 0
Plagne	191	17	910 0	St-Germain.	7 2	St-Germain.	4 0
St-Germain-de-Joux	800	13	🚉T 496 7	St-Germain.	»	T..........	»
III. — CANTON DE CHATILLON-DE-MICHAILLE *(Suite)*							
Surjoux	268	35	490 0	Pyrimont...	1 5	Billiat.....	8 0
Villes	302	26	571 0	Chat.-de-M.	4 0	Chât.-de-M.	7 0
Vouvray	465	24	723 0	Chat.-de-M.	3 5	Chât.-de-M.	3 5
IV. — CANTON D'IZERNORE *(14 com., 5 229 hab.)*							
Izernore	1129	11	T 448 0	Nurieux....	5 0	T..........	»
Bolozon	274	16	🚉 318 5	Cize-Boloz.	3 0	Izernore....	9 0
Ceignes	291	14	605 0	La Cluse...	11 7	Cerdon	4 0
Challes	400	18	426 0	Pont-d'Ain.	13 0	Poncin	7 0
Granges	138	26	484 0	Cize-Boloz.	6 0	Izernore ...	7 0
Leyssard	441	14	582 0	Nurieux....	7 0	Poncin	11 0
Matafelon	590	16	377 0	La Cluse...	12 0	Izernore ...	5 6
Mornay	321	10	644 0	Nurieux....	2 5	Izernore ...	6 0
Napt	120	12	668 0	Nurieux....	5 0	Izernore ...	0 2
Peyriat	186	11	742 0	Nurieux....	3 5	Maillat....	4 0
Samognat	327	15	384 0	La Cluse...	11 0	Izernore ...	6 0
Serrières-sur-Ain	319	19	311 0	Cize-Boloz.	9 0	Poncin	10 0
Sonthonax-a-Mont	402	13	700 0	Nurieux....	8 5	Izernore ...	5 0
Volognat	291	9	755 0	Nurieux....	1 5	Maillat....	9 0
Nurieux	»	»	🚉 485 7	Nurieux....	»	»	»
V. — CANTON D'OYONNAX *(11 com., 9 961 hab.)*							
Oyonnax	4231	16	🚉T 540 3	Oyonnax...	»	T..........	»
Arbent	852	20	545 0	Oyonnax	6 0	Oyonnax...	5 0
Belleydoux	660	23	549 0	St-G.-de-J.	10 0	St-Germain.	10 0
Béliguat	287	13	🚉 521 9	Béliguat....	»	Oyonnax...	3 0
Bouvent	134	22	590 0	Oyonnax...	4 8	Oyonnax...	5 3
Dortan	1295	24	T 314 0	Oyonnax...	7 0	T..........	»
Echallon	1057	18	790 0	St-G.-de-J.	6 0	St-Germain.	6 0
Géovreisset	136	15	731 0	Oyonnax...	4 0	Oyonnax...	4 0
Groissiat	252	11	510 0	Martignat..	0 9	Oyonnax...	5 0
Martignat	630	9	🚉T 599 3	Martignat..	»	Oyonnax...	6 0
Veyziat	427	17	616 0	Oyonnax...	4 0	Oyonnax...	4 0
VI. — CANTON DE PONCIN *(8 com., 9 894 hab.)*							
Poncin	1913	25	T 309 0	Pont-d'Ain.	8 0	T..........	»
Boyeux-St-Jérôme	805	27	518 0	Pont-d'Ain.	12 0	Jujurieux..	4 0
Cerdon	1526	20	T 289 0	Pont-d'Ain.	13 0	T..........	»
Jujurieux	2918	33	T 328 0	Pont-d'Ain.	7 0	T..........	»
Labalme	369	19	283 0	Pont-d'Ain.	17 0	Cerdon	6 0
Merignat	301	23	485 0	Pont-d'Ain.	11 0	Cerdon	3 0
St-Alban	404	18	550 0	Pont-d'Ain.	14 0	Cerdon	5 0
St-Jean-le-Vieux	1658	32	T 330	Pont-d'Ain.	6 0	T..........	»

V. — ARRONDISSEMENT DE TRÉVOUX (8 cantons, 112 communes, 87,955 habitants)

NOMS des COMMUNES	Population	Dist. au chef-l. d'ar.	LOCALITÉS AVEC GARES postes et télégraphes		GARE LA PLUS PRÈS de chaque com. et distance à cette commune		BUREAUX de postes desserv. les communes avec les distances	
I. — CANTON DE TRÉVOUX (*22 com., 17 385 hab.*)								
Trévoux	2661	»	🚂⊤	**168 0**	Trévoux	»	⊤	»
Ars	522	10	⊤	239 0	Villefranche	9 0	⊤	»
Beauregard	302	9		232 0	Villefranche	4 0	Trévoux	9 0
Civrieux	661	10		280 0	Neuville	7 0	Neuville	7 0
Fraus	349	8		269 0	Villefranche	4 1	Trévoux	8 0
Genay	1137	10	🚂	**167 0**	Genay	0 9	Trévoux	10 0
Jassans-Riottier	436	6		243 0	Villefranche	3 0	Trévoux	6 0
Massieux	254	7		198 0	Neuville	5 9	Trévoux	7 0
Mionnay	379	18	🚂	**296 0**	Mionnay	»	St-André	4 0
Misérieux	388	5		*226 0*	Trévoux	5 0	Trévoux	5 0
Montanay	728	13		311 0	Neuville	3 0	Neuv.-s.-S.	1 8
Parcieux	416	5	🚂	**179 5**	Sathonay	0 2	Trévoux	5 0
Rancé	283	7		293 0	Trévoux	7 0	Trévoux	7 0
Reyrieux	1437	4	🚂	»	Trévoux	4 0	Trévoux	4 0
St-André-de-Corcy	804	14	🚂⊤	**293 0**	St-André	»	⊤	»
St-Bernard	290	3		168 3	Anse	1 5	Trévoux	3 0
St-Didier-de-Formans	546	3		231 0	Lyon-C. R.	3 0	Trévoux	3 5
Ste-Euphémie	306	5		226 0	Tréroux	5 0	Trévoux	5 0
St-Jean-de-Thurigneux	416	10		278 0	St-André	7 0	Trévoux	10 0
St-Marcel	329	17		292 0	St-André	3 5	St-André	3 5
Sathonay	4196	18	🚂⊤	**287 0**	Sathonay	»	⊤	»
Tramoyes	343	22		304 0	Les Echets	4 4	Miribel	7 0
II. — CANTON DE CHALAMONT (*8 com., 5 639 hab.*)								
Chalamont	1888	35	🚂⊤	»	Meximieux	12 0	⊤	»
Chatenay	463	40		*290 0*	Marlieux	11 0	Chalamont	5 5
Chatillon-la-Palud	689	46		324 0	Leyment	5 0	Chalamont	8 0
Crans	275	40		*325 0*	Meximieux	8 0	Chalamont	3 0
Plantay (Le)	556	30		286 0	Marlieux	5 0	Marlieux	5 0
St-Nizier-le-Désert	658	35		287 0	St-Paul-V.	7 0	Chalamont	6 0
Versailleux	441	29		*286 0*	Villars-l.-D.	6 0	Villars-l.-D.	6 0
Villette	669	42		311 0	Meximieux	12 0	Chalamont	8 5
III. — CANTON DE CHATILLON-SUR-CHALARONNE (*16 com., 14 910 hab.*)								
Châtillon-sur-Chalar.	2840	2	⊤	*221 0*	Marlieux	0 3	⊤	»
Abergement-Cl. (L')	622	31		268 0	Châtillon	5 0	Châtillon	5 7
Biziat	832	35		*217 0*	Vonnas	5 0	Vonnas	5 0
Chanoz-Chatenay	815	30		*267 0*	Vonans	6 0	Neuv.-l.-D.	3 0
Chaveyriat	954	41		*236 0*	Mézériat	4 0	Mézériat	4 0
Condessiat	849	40		*245 0*	Mézériat	8 0	Neuv.-l.-D.	6 0
Mézériat	1402	35	🚂⊠	**197 7**	Mézériat	»	⊤	»
Neuville-les-Dames	1656	32	⊠	258 0	Vonnas	7 0	⊠	»
Romans	610	32		*289 0*	Châtillon	»	Châtillon	6 0
St-Georges-s.-Renon	220	33		282 0	Châtillon	6 0	Châtillon	4 5
St-André-le-Bouchoux	232	27		286 0	St-Paul-V.	4 5	St-Paul-V.	6 0
St-Julien-s.-Veyle	654	36		219 0	Vonnas	5 0	Vonnas	6 0
Sandrans	645	24		281 0	Chatillon	4 5	Châtillon	6 5
Le-Moulin-des-Ch.	»	»	🚂	»	Le Moulin	»	»	»
Sulignat	570	32		269 0	Vonnas	»	Vonnas	6 0
Vandeins	473	41		246 0	Mézériat	4 0	Mézériat	4 0
Vonnas	1536	44	🚂⊤	**193 3**	Vonnas	»	⊤	»
IV. — CANTON DE MEXIMIEUX (*13 com., 8 848 hab.*)								
Meximieux	2250	35	🚂⊤	**218 9**	Meximieux	»	⊤	»
Bourg-S.-Christophe	745	37		248 0	Meximieux	2 1	Meximieux	2 1
Charnoz	261	32		206 0	Meximieux	4 0	Meximieux	4 0
Faramans	401	30		289 0	Meximieux	6 0	Meximieux	6 0
Joyeux	303	27		293 0	Meximieux	12 0	Meximieux	12 0
Loyes	981	39		302 0	Meximieux	4 0	Meximieux	4 0
Mollon	257	45		217 0	Meximieux	7 0	Meximieux	7 0
Montellier (Le)	379	23		295 0	Meximieux	10 0	Meximieux	10 0
Pérouges	706	33		296 0	Meximieux	1 0	Meximieux	1 0
La Valbonne	»	»	🚂⊤	**203 9**	»	»	»	»
Rignieux-le-Franc	447	40		*272 0*	Meximieux	5 0	Meximieux	5 0
IV. — CANTON DE MEXIMIEUX (*Suite*)								
St-Eloi	316	35		*310 0*	Meximieux	7 0	Meximieux	6 0
St-Jean-de-Niost	647	38		234 0	Meximieux	8 0	Meximieux	8 0
St-Maurice-de-Gourd	1135	40		243 0	La Valbonne	8 0	Meximieux	9 0
V. — CANTON DE MONTLUEL (*16 com., 14 388 hab.*)								
Montluel	2755	28	🚂⊤	**198 6**	Montluel	»	⊤	»
Balan	783	30		200 0	La Valbonne	3 0	Montluel	4 5
Béligneux	835	35		242 8	La Valbonne	2 2	Montluel	8 0
Beynost	833	27	🚂	**181 8**	Beynost	»	Montluel	5 0
Boisse (La)	744	30		293 0	Montluel	2 0	Montluel	2 0
Bressoles	464	32		269 0	Montluel	4 0	Montluel	4 0
Cordieux	230	24		293 0	Montluel	8 0	Montluel	8 7
Dagneux	871	29		198 0	Montluel	1 7	Montluel	1 0
Miribel	3262	24	🚂⊤	**176 3**	Miribel	»	⊤	»
Neyron	547	8		284 0	Miribel	2 0	Miribel	2 9
Nievroz	428	32		180 0	Montluel	2 7	Montluel	2 0
Pizay	299	38		289 0	Montluel	5 5	Montluel	5 0
Rillieux	1440	22		310 0	Sathonay	2 0	Sathonay	2 0
Ste-Croix	391	25		290 0	Montluel	5 0	Montluel	5 0
St-Maurice-de-Beynost	273	16		172 0	Beynost	2 0	Miribel	1 0
Thil	233	30		181 0	Beynost	5 0	Montluel	5 0
VI. — CANTON DE SAINT-TRIVIER-SUR-MOIGNANS (*15 com., 9 599 hab.*)								
St-Trivier-s.-Moign.	1650	18	⊤	275 0	Villars	13 0	⊤	»
Amareins	184	20		219 0	St-Georges	8 0	Montmerle	3 0
Ambérieux-en-Dombe	882	15		*309 0*	St-André	9 0	Ars-s.-F.	6 0
Bancins	553	23		260 0	Châtillon	4 0	Châtillon	4 0
Cesseins	199	23		273 0	St-Georges	8 0	Montmerle	5 0
Chaleins	787	12		269 0	Villefranche	10 0	Montmerle	7 0
Chancins	660	20		285 0	Belleville	8 0	Montmerle	6 0
Farcins	1109	12		222 0	Villefranche	5 0	Montmerle	8 0
Francheleins	184	18		219 0	St-Georges	8 0	Montmerle	4 0
Lurcy	315	17		219 0	St-Georges	7 0	Montmerle	3 2
Messimy	707	15		*172 0*	St-Georges	»	Montmerle	1 5
Relevant	423	17		273 0	Châtillon	4 2	Châtillon	4 0
Ste-Olive	239	17		298 0	Villars-l.-D.	7 0	Villars-l.-D.	7 0
Savigneux	636	10		274 0	Villefranche	10 0	Ars-sur-F.	2 0
Villeneuve	1071	11		266 0	Villefranche	11 1	Ars-sur-F.	3 5
VII. — CANTON DE THOISSEY (*13 com., 11 688 hab.*)								
Thoissey	1538	30	⊤	175 0	Romanèche	7 0	⊤	»
Dampierre-s.-Chalar.	295	26		268 0	Chat.-s.-Ch.	5 0	Thoissey	9 0
Garnerans	617	30		211 0	Pont-de-V.	9 0	Thoissey	7 0
Genouilleux	343	22		200 0	Belleville	7 0	Thoissey	7 0
Guércins	632	20		214 0	Belleville	4 0	Montmerle	4 0
Illiat	642	36		251 0	Pont-de-V.	8 0	Thoissey	8 0
Mogneneins	10[illegible]	26		224 0	Romanèche	11 0	Thoissey	4 0
Montceaux	597	21		229 0	Belleville	5 0	Montmerle	4 0
Montmerle	1760	18	⊤	222 0	St-Georges	4 0	⊤	»
Pézieux	366	26		*236 0*	Belleville	8 1	Thoissey	6 5
St-Didier-s.-Chalar.	2377	29		181 0	Romanèche	7 0	Thoissey	1 0
St-Etienne-s.-Chalar.	1343	29		207 0	Romanèche	12 0	Thoissey	6 0
Valeins	138	23		264 0	Châtillon	7 6	Châtillon	8 0
VIII. — CANTON DE VILLARS (*9 com., 5 498 hab.*)								
Villars	1607	22	🚂⊤	**295 0**	Villars	»	⊤	»
Birieux	253	22		290 0	Villars	5 0	Villars-l.-D.	5 0
Bouligneux	510	15		292 0	Villars	4 0	Villars-l.-D.	4 0
Chapelle-du-Ch. (La)	422	30		276 0	Marlieux	4 0	Marlieux	4 0
Le Chatelard	»	»	🚂	»	Le Chatel.	»	»	»
Lapeyrouse	402	17		294 0	Villars	4 5	Villars-l.-D.	4 5
Marlieux	716	32	🚂⊤	**280 0**	Marlieux	»	⊤	»
Mouthieux	401	1[illegible]		294 0	St-André	3 5	St-André	3 5
St-Germain-s.-Renon	332	30		276 0	Marlieux	2 0	Marlieux	2 5
St-Paul-de-Varax	855	35	🚂⊠	**280 0**	Marlieux	6 0	⊠	»

XI. — DIVISION JUDICIAIRE

Le département de l'Ain dépend de la Cour d'appel de Lyon qui se compose d'un premier président, de trois présidents de chambre, de dix-neuf conseillers, d'un procureur général, de deux avocats généraux et de deux substituts du procureur général.

Il y a un tribunal de première instance à Bourg, Belley, Gex, Nantua et Trévoux.

D'après l'annuaire officiel de la République française, le département de l'Ain n'a pas de tribunaux de commerce.

Bourg. — Cinq notaires, sept avoués et un commissaire-priseur.

Belley. — Cinq notaires et sept avoués.

Gex. — Deux notaires et trois avoués.

Nantua. — Deux notaires et quatre avoués.

Trévoux. — Trois notaires et sept avoués.

XII. — DIVISION UNIVERSITAIRE

Le département de l'Ain fait partie de l'Académie de Lyon.

Enseignement secondaire. — Lycée de Bourg (2e catégorie). — Collège communal à Nantua et à Pont-de-Vaux. — Cours secondaires de jeunes filles à Bourg. — Etablissements libres à Bourg, à Dagneux et à Thoissey.

Un inspecteur d'Académie à Bourg.

Enseignement primaire. — Un inspecteur primaire dans chaque chef-lieu d'arrondissement. — Une Ecole normale d'instituteurs et une Ecole normale d'institutrices à Bourg. — Une Ecole primaire supérieure à Châtillon-sur-Chalaronne et à Oyonnax. — Pensionnats primaires à Ars (les Frères de la Sainte-Famille), à Lagnieu (les Frères de la Croix), à Pérouges (laïques), à Saint-Didier-sur-Chalaronne (les Frères Maristes).

ÉCOLES PUBLIQUES

Nombre d'écoles	laïques	677		835
	congréganistes	158		
Laïques	garçons	28 080		
	filles		11 846	
Congréganistes	garçons	1 502		
	filles		10 986	
		29 582	22 832	
		52 414		

ÉCOLES LIBRES

Nombre d'écoles	laïques	14		139
	congréganistes	125		
Nombre d'élèves	garçons	86		
	filles		463	
	garçons	2 059		
	filles		6 536	
		2 145	6 999	
		9 144		

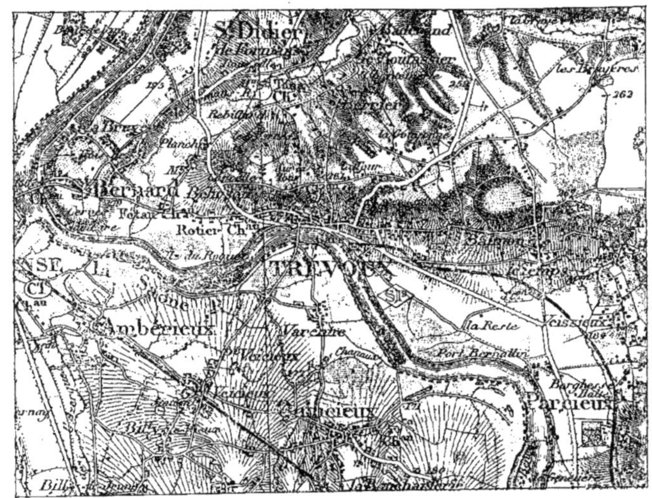

Trévoux et ses environs. — Extraits de la carte d'État-Major au 80 000e.

XIII. — DIVISION RELIGIEUSE

Le département de l'Ain dépend de l'archevêché de Besançon. La résidence de l'évêque est à Belley. Le personnel ecclésiastique est ainsi réparti.

Évêque	1
Vicaires généraux titulaires	2
Chanoines titulaires	9
Ecclésiastique attaché au secrétariat	1
Curés	46
Desservants	350
Vicaires des paroisses	41
Prêtres habitués	54
Aumôniers	10
Professeurs	7
Supérieurs et professeurs	34
Total	555

Contenance et valeur des immeubles possédés par les congrégations religieuses.

CONTENANCE en hectares d'après LE CADASTRE	VALEUR	
	LOCATIVE	VÉNALE
1 188 h. 21	300 860 f.	8 431 650 f.

Contenance et valeur des immeubles occupés par les congégations religieuses.

CONTENANCE en hectares d'après LE CADASTRE	VALEUR	
	LOCATIVE	VÉNALE
74 h. 48	27 035 f.	734 000 f.

XIV. — POSTES ET TÉLÉGRAPHES

Le département de l'Ain contient :
65 bureaux postaux et télégraphiques ;
» bureaux télégraphiques simples ;
7 bureaux postaux seulement.

Il est délivré annuellement, dans le département, environ 130 000 mandats d'articles d'argent pour une somme de 4 000 000 de francs

La taxe des lettres, journaux, etc., ainsi que les soldes des comptes avec les offices étrangers produisent, par an, environ 600 000 francs.

Nombre de dépêches	interieures	61 406
	internationales	2 261
Taxes perçues.	intérieures	49 269.90
	internationales	4 542.90
Produit net versé au Trésor...		53 812.80

XV. — RECETTES ANNUELLES DU DÉPARTEMENT

1° Budget ordinaire.

Contributions directes (fonds généraux)	2 355 854,94
Taxes assimilées aux contributions directes	194 726,48
Enregistrement	2 963 508,58
Timbre	636 941,46
Domaines et forêts	224 287,47
Douanes	1 107 082,49
Contributions indirectes	5 001 726,29
Postes	642 473,70
Télégraphes	53 812,80
Impôt de 3 p. 0/0 sur le revenu des valeurs mobilières	19 993,57
Amendes et condamnations	56 276,83
Retenues et autres produits perçus en exécution de la loi du 9 juin 1853	187 065,34
Produits divers du budget	119 627,33
Total du budget ordinaire	13 564 377,28

2° Budget extraordinaire.

Budget sur ressources spéciales.	4 446 208,31
Total général des recettes	18 010 585,59

XVI. — ASSISTANCE PUBLIQUE

I. — BUREAUX DE BIENFAISANCE

Nombre de bureaux dans le départem.	214
Nombre d'individus secourus	4 817

Recettes

	fr.	fr.
Revenus propres aux bureaux	83 006 »	371 473 »
Subvention des communes	24 680 »	
Recettes de charité	14 236 »	
Fonds de report et autres recettes	249 551 »	

Dépenses

Administration	50 400fr. »	157 433fr.»
Secours en nature	95 574 »	
Secours en argent	11 459 »	
Excédant des recettes		214 040 »
Montant des placements	En immeubles	72 140 »
	En rentes	588 609 »
	Total	660 749 »

II. — HOPITAUX ET HOSPICES

Nombre des établissements hospitaliers

Hôpitaux	15	23
Hôpitaux et hospices	4	
Hospices	4	

Personnel

Médecins et chirurgiens	36	277
Religieuses	149	
Employés	34	
Servants	58	

Lits affectés au service

Malades	554	1 008
Infirmes, vieillards et incurab.	168	
Enfants assistés	78	
Personnel des établissements.	208	

Recettes des 23 établissements	600 244 »
Dépenses. — —	566 601 »
Excédant des recettes	33 643 »

XVII. — CAISSES D'ÉPARGNE

Nombre de livrets

de Caisse d'épargne	10
Existant au 1er janvier	28 903
Ouverts pendant l'année	2 896
Soldés pendant l'année	2 517
Restant au 31 décembre	29 282

Soldes aux déposants au premier janvier	10 123 485 »
Recettes	4 339 494 »
Dépenses	4 727 657 »
Solde dû aux déposants le 31 décembre	9 735 272 »

XVIII. — INCENDIES ET SINISTRES AGRICOLES

Montant des pertes évaluées

Incendie	411 069 »
Grêle	1 613 335 »
Gelée	320 000 »
Inondations	152 855 »
Pertes de bestiaux	67 160 »
Total des pertes pour le département	2 564 419

II. — PARTIE MILITAIRE

Considérations générales

Deux cours d'eau importants limitent de trois côtés le département de l'Ain, formé de l'ancienne Bresse, du Bugey, du pays de Gex et de la principauté des Dombes. Ce sont : la Saône à l'ouest, le Rhône à l'est et au sud.

L'Ain, qui a donné son nom au département, le traverse à peu près en son centre du nord au sud, en le partageant en deux régions bien distinctes. Celle qui va jusqu'à la frontière suisse est montagneuse et présente une série de chaînons du Jura, hauts de 1400 à 1800 mètres, et dirigés parallèlement du sud-ouest au nord-est. Entre ces chaînons, circulent de nombreux ruisseaux, au cours rapide et souvent torrentueux, qui forment des allées étroites et encaissées. Celle qui s'étend jusqu'à la Saône constitue un plateau onduleux avec des plaines marécageuses où l'on trouve les étangs des Dombes, qu'on travaille à dessécher peu à peu, pour supprimer les causes d'insalubrité qu'ils développent.

Le pays est riche et l'on y trouve à peu près toutes les espèces de cultures. L'industrie est assez développée, mais elle est surtout agricole. Les voies de communication de toute espèce sont nombreuses.

En 1814, le département eut à souffrir de l'invasion et fut occupé par l'armée autrichienne, à laquelle la population opposa une énergique résistance. Le général Dessaix, après la retraite des Autrichiens sur Genève, fit également occuper la position demi-circulaire qui avait servi à César pour fermer l'entrée des Gaules aux Helvètes.

D'une manière générale, le pays dans son ensemble, avec ses montagnes et ses vallées qui se croisent en tout sens, est assez favorable pour une guerre de surprises et d'embuscades, ainsi que pour une guerre défensive.

La population, d'une bravoure calme et tranquille, a toujours fait preuve de patriotisme et elle fournit d'excellents soldats.

Considérations militaires.

Le département de l'Ain, qui touche à la Suisse, aurait un rôle militaire important à jouer au cas où Genève serait l'objectif commun de forces allemandes arrivant par le nord-est, et de forces italiennes venant par le sud-est. Il est vrai que, pour cela, il faudrait violer la neutralité de la Suisse, mais c'est là une considération qui pourrait bien n'avoir qu'une valeur secondaire dans certaines éventualités. La Suisse a pris des mesures pour s'opposer énergiquement à la violation de son territoire, mais elle ne serait évidemment pas de force, à elle seule, à arrêter deux armées puissantes. Aussi, dès que sa neutralité serait menacée, nous n'avons pas à hésiter à occuper Genève, dont l'importance stratégique est si considérable qu'elle est l'objectif obligé et la base d'opérations nécessaire de toute action contre le secteur méridional du Jura français, secteur qui s'étend du mont Risouz au Rhône. En effet, c'est de Genève que partent les diverses voies de communication qui viennent franchir notre frontière en ce point, savoir :

1° La route qui, par Nyon et le col de Saint-Cergues, aboutit aux Rousses, où un fort la barre ;

2° La route qui, par Gex, gagne le col de la Faucille et les Rousses ;

3° La route de Lyon, par Nantua ;

4° Le chemin de fer de Lyon, par Culoz et les gorges de l'Albarine, avec embranchement de Nantua sur Bourg et Mâcon ;

5° La route qui, par la Savoie, conduit à Seyssel, sur la rive gauche du Rhône.

Il serait très facile d'occuper bien avant les alliés cet important nœud de communications, qui n'est qu'à quelques kilomètres de Gex et de Nantua. On aurait alors largement le temps voulu pour mettre la place en état de défense et construire, sur les hauteurs qui l'entourent, des ouvrages de fortification qui permettraient d'opposer une résistance opiniâtre à un ennemi même très supérieur en nombre.

Ensuite, lorsque cette première résistance serait vaincue, l'ennemi viendrait se heurter au rempart formé par le Jura qui n'est franchi que par le chemin de fer et les trois premières routes indiquées plus haut.

La route qui passe à Gex décrit de nombreux lacets pour atteindre le col de la Faucille (1323 mètres); elle n'est défendue par aucun ouvrage permanent, parce qu'il suffirait de faire occuper ce col par quelques bataillons pour empêcher à une armée de la franchir. Ensuite, depuis le col de la Faucille jusqu'au défilé du Rhône, le Jura présente des montagnes élevées, impraticables aux armées et sans chemins.

La route de Lyon par Nantua et le chemin

de fer de Genève à Lyon longent la rive droite du Rhône jusqu'à Bellegarde où la route se sépare du Rhône, pour se diriger sur Lyon par les gorges de Nantua et Bourg et où la voie ferrée vient passer par Seyssel, Culoz et Ambérieu pour arriver à Lyon.

Cette route et cette voie ferrée circulent d'abord sur le flanc d'un long défilé de la montagne, à travers laquelle le fleuve s'est ouvert une brèche entre Bellegarde et Collonges; mais cette gorge, formée par le rapprochement du Grand-Credo et du mont Verache, est absolument barrée par le *fort l'Ecluse*. Ce fort, véritable nid d'aigles, se compose de deux ouvrages taillés dans le roc et dominant la vallée d'une centaine de mètres. L'un des deux est construit sur un rocher à pic et commande l'autre, qui existait seul en 1813 et dont les Autrichiens s'étaient emparés alors. Les troupes françaises purent reprendre ce dernier en faisant rouler sur lui des quartiers de roc depuis la position occupée par le premier.

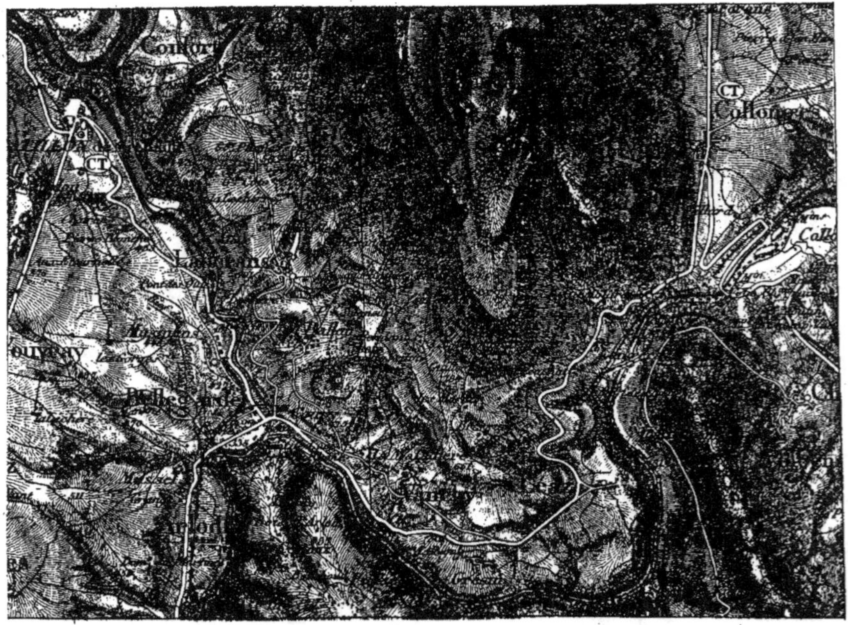

POSITIONS DÉFENSIVES DU FORT DE L'ÉCLUSE, BELLEGARDE ET CHATILLON-DE-MICHAILLE.
Extraits de la carte d'État-Major au 80 000°.

Ces deux ouvrages peuvent, il est vrai, être battus du mont Verache, qui les commande de l'autre côté du Rhône, et de positions dominantes qui se trouvent sur la route de Collonges. C'est pour remédier à cet inconvénient qu'il a été question d'en construire un troisième sur le Grand-Credo, mont fort élevé voisin du mont Verache.

Le chemin de fer qui relie Nantua à Bourg traverse à Cize un tunnel de 1800 mètres de long; il serait par suite facile de le détruire au besoin.

Cependant, la position pourrait être tournée par la rive gauche du Rhône, car la route qui vient déboucher sur le Rhône à Seyssel contourne le mont Verache au sud. En outre, il est possible d'arriver à Bellegarde, immédiatement en arrière du défilé intercepté par le fort l'Ecluse, par un chemin qui se détache de la route précédente avant d'arriver à Seyssel. Or, à Bellegarde, le lit du fleuve est si resserré qu'on peut le franchir au moyen de planches qu'il est facile de jeter d'une rive à l'autre, comme le fit, en ce point, une colonne autrichienne en 1815. Mais, pour empêcher de tourner cette position, il suffirait d'occuper solidement, par des troupes et des ouvrages de campagne, quelques-unes des montagnes de Savoie qui s'étagent au sud du bassin de Genève.

D'ailleurs, lors même que l'ennemi aurait réussi à tourner le fort l'Ecluse en traversant le Rhône à Bellegarde, la situation de l'armée française sur le Jura ne serait nullement compromise; car, à 5 kilomètres en arrière, elle trouverait, aux gorges de Châtillon-de-Michaille, des positions où un nombre restreint de défenseurs, couvert par des ouvrages de campagne, pourrait tenir tête à toute une armée. Cet éperon de Châtillon-de-Michaille, qui ferme l'accès du défilé de Nantua, forme un nœud de communication important où passent le chemin de fer de Bourg et Nantua, la route de Nantua à Bourg, la route de Seyssel et le chemin qui, par la gorge de la Valserine, établit, entre le fort de l'Ecluse et les Rousses, une communication parfaitement couverte par la crête la plus élevée du Jura.

De Bellegarde à Seyssel, le fleuve n'est pas navigable et est traversé, en ce dernier point, par un pont constituant un point de passage important avant la possession de Culoz, où vient s'embrancher le chemin de fer d'Italie par le Mont-Cenis et où a été reporté le centre de la défense du Rhône. De Seyssel à Culoz, la rive française commande puissamment le cours du fleuve qui coule au pied d'une arête jurassique à pic. A Culoz, le Rhône longe complètement les pentes de la chaîne du Grand-Colombier qui n'est franchie que par un chemin facile à couper. Pour empêcher l'ennemi de franchir le Rhône à Culoz et pour couvrir ce nœud important de communications, il suffirait d'occuper la hauteur de Molard-Dedon, qui commande la rive gauche.

En outre, dans l'espace de 10 kilomètres qui s'ouvre sur la plaine de Belley depuis Culoz jusqu'à la Balme, le cours du fleuve est infranchissable et, dans ces conditions, l'ennemi serait obligé d'aller chercher plus au sud un point de passage sur le Rhône, par exemple au pont de la Balme, où la rive gauche commande la rive droite et où la route de Chambéry à Belley vient passer. Un mouvement tournant aussi vaste serait fort périlleux pour l'ennemi en face de l'armée française qui pourrait suivre tous ses mouvements et prendre des dispositions en conséquence; mais en supposant que, malgré ses dangers, l'adversaire veuille l'exécuter, le pont de la Balme est protégé par le *fort de Pierre-Chatel*, situé au débouché du défilé de ce nom sur une roche isolée et par le *fort des Bancs*, construit sur un éperon de la montagne de Parves qui commande le précédent qu'il soutient, en même temps que les vues qu'il a sur la rive gauche lui permettraient de contrebattre les batteries que l'ennemi pourrait établir sur cette rive.

A quelques kilomètres au-dessous de la Balme, le Rhône se recourbe au nord-ouest, puis reçoit l'Ain à droite, la Bourbre à gauche et serpente jusqu'à Lyon dans une vaste plaine d'alluvions, où son lit est parsemé d'îles et de bancs de sable.

Quelques-uns des ouvrages du camp retranché de Lyon, notamment le fort Vancia et les batteries qui l'entourent, sont situés dans le département de l'Ain, mais nous les décrirons seulement lorsque nous parlerons de l'ensemble de cette position.

Notices.

Le chef-lieu du département, *Bourg*, appelé ordinairement Bourg-en-Bresse, a appartenu successivement aux rois de Bourgogne, aux empereurs d'Allemagne, aux ducs de Savoie et à la France depuis 1601, époque à laquelle Henri IV s'en empara et fit démolir la citadelle qui défendait la ville. Les Autrichiens l'occupèrent le 12 janvier 1814, après une tentative de résistance des habitants qui virent leurs maisons livrées au pillage en raison de ce fait. C'est le siège de la 25e brigade d'infanterie et le 23e de ligne y tient garnison. Le 55e territorial d'infanterie s'y formerait. Il y a, en outre, un bureau de recrutement, une chefferie du génie et une sous-intendance.

Belley a en garnison, le 133e de ligne et recevrait le 56e territorial.

Nantua possède le tombeau de Charles le Chauve qui mourut dans cette ville en 877.

C'est la patrie du général Sibuet qui y est né en 1773. Destiné d'abord à la prêtrise, il s'engagea en 1791, prit part aux diverses campagnes de la République et de l'Empire, pendant lesquelles il fut nommé successivement aux divers grades et obtint celui de général de brigade vers la fin de l'Empire. En 1813, il tint tête avec cinq mille hommes pendant douze heures à trente mille Russes, à la bataille de Janer, et préféra se jeter dans la Bober que de se rendre.

Trévoux était au moyen âge la capitale de la principauté des Dombes et avait un château fort dont on voit encore les ruines.

Aux forts *de l'Écluse* et de *Pierre-Châtel*, il y a des magasins annexes d'habillement et de campement.

Le *camp de Sathonay*, à 5 kilomètres de Lyon, qu'une partie de la garnison vient successivement occuper. C'est là que Septime Sévère battit Albinus en 177, dans la bataille dite de Lyon, qui décida de la domination du monde en faveur du premier.

Pont-de-Vaux, petite ville sur la Reyssousse, est la patrie du *général Joubert* qui y naquit en 1769. Il étudiait le droit à Dijon, lorsqu'il s'enrôla comme sergent en 1791. Il fit les premières campagnes du Rhin et d'Italie, où, s'étant distingué par son courage et ses talents militaires, il obtint un avancement rapide et fut nommé chef de brigade sur le champ de bataille de Loano (1795). Il continua à se distinguer, sous les ordres de Bonaparte, à Montenotte, Mondovi, Millesimo, Lodi, Milan, Vérone, Castiglione et Rivoli. Comme général de division, il fut chargé d'opérer avec trois divisions dans le Tyrol où, à la suite de manœuvres habiles et de combats prodigieux, il parvint, en peu de temps, à soumettre le pays, à expulser les armées des généraux Kerpen et Landon, ce qui contribua à forcer les Autrichiens à demander la paix. Il prit part aux préliminaires de Léoben et fut alors chargé de venir présenter au Directoire les drapeaux enlevés à l'ennemi. Nommé successivement (1798) commandant en chef des armées de Hollande, de Mayence et d'Italie, il révolutionna le Piémont et obtint des succès rapides et inespérés. Pourtant, il crut devoir donner sa démission lorsque le Directoire lui envoya des commissaires dont la mission lui parut injurieuse pour son caractère et nuisible pour l'armée. Schérer, qui lui succéda, fut battu, et Moreau qui vint ensuite, put tout au plus maintenir ses positions contre un adversaire deux fois plus nombreux et commandé par Souwaroff. Joubert, qu'une coterie du Directoire qui projetait une réorganisation voulait s'attacher, fut de nouveau appelé au commandement de l'armée d'Italie en 1799. Mais, par suite du retard qu'il avait mis à en prendre possession, il fut obligé, à peine arrivé, d'accepter à Novi la bataille dans des conditions désavantageuses (3 août). A une période de l'action, s'étant avancé au milieu des tirailleurs pour les encourager, il tomba presque aussitôt frappé d'une balle au cœur et ses dernières paroles furent : *En avant !* Le corps législatif prit le deuil pendant cinq jours, on lui fit des funérailles magnifiques, on lui éleva un monument à Bourg et une statue dans le grand escalier du Sénat. Ce fut une perte irréparable, car Joubert était non seulement un général vigoureux, courageux, aussi prompt dans l'exécution que sûr dans le jugement, un stratégiste habile et un tacticien consommé, mais c'était un honnête homme et sa conduite fut toujours irréprochable.

Périeux a vu naître, en 1754, le *général Dallemagne*. Entré au service à dix-neuf ans, il fit ses premières armes dans la guerre d'Amérique, devint général de brigade en 1793, prit une part glorieuse à la campagne d'Italie, sous Bonaparte, en décidant entre autres du succès des batailles de Lodi et de Lonato. Nommé divisionnaire en 1797, il commanda l'armée de Rome en 1798, s'illustra ensuite en Allemagne où il amena la capitulation de la place forte d'Ehrenbreitstein. Il fit encore diverses campagnes sous l'Empire et on le retrouve encore à l'armée de Hollande en 1809, dans la Flandre, lors de l'invasion de lord Chatham. Il prit alors sa retraite pour cause de santé et mourut en 1813. C'était un des plus braves généraux de cette époque, qui en comptait tant.

Bagé-le-Châtel, autrefois place forte, est la patrie du *général* vicomte *Puthod* qui y naquit en 1769. Il prit du service en 1785 et devint bientôt capitaine. En 1792, il se conduisit bravement au siège de Lille et fut nommé adjudant général pendant la campagne de Belgique. Il fut envoyé comme général de brigade à l'armée du Rhin, en 1799, sous Moreau. Nommé divisionnaire en 1808, après avoir pris Dreschaw, il fut envoyé ensuite en Espagne, puis en Belgique, et enfin en Allemagne, où il remporta des succès, mais fut fait prisonnier à Lawenberg et ne fut rendu à la liberté qu'en 1814. Il commanda une division pendant les Cent-Jours et ne fut, sous la Restauration, investi d'un nouveau commandement qu'en 1818; il prit sa retraite en 1834. Il est mort en 1837 près de Libourne.

DÉPARTEMENT DE L'AISNE

I. — PARTIE CIVILE

I. — HISTOIRE

Le département de l'Aisne, qui est situé entre 50°3'65" et 48°50'30" de latitude, 0°37'30" et 0°55' de longitude, a à peu près la forme d'un triangle renversé, dont la hauteur, du nord au sud, est de 138 kilomètres et la plus grande largeur de l'est à l'ouest, de 86 kilomètres.

Il a été formé en 1790 du Laonnois, du Soissonnais, du Noyonnais et du Valois dépendant de l'Ile-de-France, du Vermandois et de la Thiérache dépendant de la Picardie ; enfin, d'une partie de la Brie pouilleuse, appelée Galvèse et dépendant de la Champagne.

LAON. — Tour penchée.

A l'époque gauloise, ce pays était occupé par les Landuni, les Véromandui, les Novioduni, les Suessiones. Ces derniers, les plus puissants, sous la conduite de leur roi Divitiac, poussèrent leurs conquêtes jusqu'en Grande-Bretagne.

Aussi, à l'arrivée de César, se crurent-ils assez puissants pour résister aux Romains et ils s'allièrent aux autres tribus belges. Avec les Rémois que, suivant sa tactique habituelle, César s'était attachés, les armées romaines défirent les Belges à Bibrax et le roi Suession Galba se rendit.

Sous la domination romaine, le pays fit partie de la seconde Belgique, et Soissons devint la résidence des patrices Aétius (qui arrêta Attila à Châlons), Egidius, Siagrius. Ce dernier, attaqué par les tribus franques, fut défait par Clovis (486), qui prit d'abord Soissons pour capitale, puis la fixa à Paris.

Soissons forma un des quatre royaumes que se partagèrent ses fils et ses petits-fils.

Sous les rois fainéants, les rivalités entre la Neustrie et l'Austrasie donnèrent lieu à des combats continuels à Latofao, près Laon, en 680, à Testry (aujourd'hui Tertry), en 687.

Pépin le Bref fut élu et sacré à Soissons, en 752.

Après Charlemagne, Louis le Débonnaire, continuellement en butte aux rivalités des seigneurs, vint y faire amende honorable.

Charles le Chauve signa à Quierzy, en 877, les fameux *Capitulaires* qui, en rendant les fiefs héréditaires, fondèrent cette puissante féodalité qui fit échec aux rois de France.

Robert, fils d'Eudes, comte de Paris, voulant se déclarer indépendant, attaqua Charles le Simple et le défit sous les murs de Soissons, mais y fut tué.

Pendant tout ce temps, le pays, quoique continuellement envahi, devenait très riche. Le christianisme y fonda les évêchés de Laon, de Soissons, de Noyon, de Saint-Quentin, etc. Les évêques, maîtres des villes, devinrent aussi puissants que les seigneurs, d'où des rivalités sans fin entre les deux pouvoirs.

Les populations énergiques de ce beau pays ne furent pas les dernières à essayer de s'affranchir de la domination seigneuriale, et, soit par chartes, soit par révolte, conquirent leur liberté.

A Laon, l'évêque Gaudry ayant déchiré la charte communale, fut attaqué dans son palais et assassiné (1111).

Si, dans les villes, les bourgeois s'affranchissaient, la domination féodale était toute-puissante dans les campagnes. Les sires de Coucy, dont la devise orgueilleuse était : *Ne suis roi, prince, ne comte aussi, mais suis sire de Coucy*, élevèrent le château fort qui domine encore aujourd'hui la ville de Coucy. C'est une des plus imposantes ruines qui restent de cette époque.

Au commencement du xve siècle, les Bourguignons s'emparèrent du Soissonnais et du Laonnais et en furent chassés en 1414.

En 1544, fut signé à Crépy, en Laonnois, entre François Ier et Charles-Quint, le traité par lequel ce dernier abandonnait ses prétentions à la Bourgogne.

En 1557, les Espagnols défirent le duc de Guise sous les murs de Saint-Quentin, s'emparèrent de la ville et la livrèrent au pillage. Le pays fut ensuite désolé par les guerres de religion et ce n'est qu'en 1584 que Henri IV, par ses victoires, pacifia toute la contrée En 1598, il signa avec les Espagnols la paix de Vervins.

En 1712, les Impériaux qui s'étaient avancés jusque près de Laon, furent repoussés et vaincus à Denain.

En 1814 et 1815, le pays fut de nouveau envahi.

Enfin, pendant la malheureuse guerre de 1870, tout le département fut couvert par les armées prussiennes non sans défense, car Soissons, Laon ne cédèrent qu'au bombardement et Saint-Quentin, ville ouverte, ne voulut pas livrer passage et ne fut prise qu'après la glorieuse retraite de Faidherbe.

II. — VUE DU DÉPARTEMENT A VOL D'OISEAU

Le département de l'Aisne est relativement plat, puisque le point le plus élevé ne dépasse pas 284 mètres d'altitude.

Il forme une série de plateaux au nord-est; puis, au fur et à mesure qu'on descend vers le sud, le terrain se mamelonne et forme une série d'ondulations entre lesquelles coulent les nombreux cours d'eau qui sillonnent ce beau pays en le fertilisant.

Les points les plus élevés se trouvent au nord-est et atteignent 284 mètres dans le bois de Watigny près la frontière belge entre l'Oise et le Gland; 269 mètres à 1 kilomètre à l'est de Mont-St-Jean, sur la limite du département des Ardennes.

Au nord, le point le plus élevé atteint 240 mètres à 3 kilomètres à l'est de la Capelle, au-dessus de la route nationale n° 39.

Au centre, les sommets ne dépassent pas 206 mètres au Vieux-Laon où se trouvent les restes d'un camp romain; 181 mètres à la colline de Laon; 220 mètres au rond de Rumigny dans la Haute forêt de Coucy, entre l'Oise et l'Ailette; 255 mètres à la Croix de Bellevue dans la forêt de Retz entre l'Ourcq et l'Aisne.

En descendant au sud, on trouve 228 mètres dans la forêt de Fère, 226 mètres à 3 kilomètres nord-est de Château-Thierry au dessus du bois des Rochets; 228 mètres au signal de Courcelles, au-dessus de Passy-sur-Marne;

enfin, 235 mètres à Crèves à 2 kilomètres sud de Crézancy, au-dessous de la Marne.

On ne peut terminer la topographie de l'Aisne sans citer les belles forêts qui couvrent son sol et dont les principales sont la forêt domaniale de St-Michel, celles du Regnaval, du Nouvion et d'Andigny au nord; autour de Laon, les forêts de Samoussy, de St-Gobain et de Coucy; la forêt domaniale de Retz près de Villers-Cotterets et, enfin, au sud la forêt de Fère et celle de Ris où l'Ourcq prend sa source.

III. — HYDROGRAPHIE

Le département de l'Aisne est à cheval sur le bassin de la Seine par la Marne, l'Oise et l'Aisne, de la Somme, de l'Escaut et de la Meuse par la Sambre

Ruines du château de Coucy.

I. — Bassin de la Seine.

Dans le bassin de la Seine, de beaucoup le plus important, coulent les rivières suivantes :

1° La *Marne* qui prend sa source près de Langres et traverse la Haute-Marne et la Marne avant de pénétrer dans le département qu'elle arrose dans sa partie sud de l'est à l'ouest, sur un parcours de 47 kilomètres. Cette rivière passe à Tréloup, Passy-sur-Marne (alt. 64m), Chartèves (alt. 63m), où elle reçoit le *Surmelin* grossi de la *Dhuis* qui passe à Condé (une partie des eaux de la Dhuis détournée par un aqueduc souterrain qui côtoie la Marne, fournit à Paris 20 000 mètres cubes d'eau par jour). La Marne passe ensuite à Château-Thierry, à Chézy, à Charly et quitte le département à Crouttes pour aller se jeter dans la Seine près de Paris. Elle est navigable sur toute l'étendue du département.

La Marne reçoit, sur la rive droite, l'*Ourcq* qui prend sa source dans la forêt de Ris au nord de Dormans, passe à Fère-en-Tardenois, reçoit la *Savières* et perd une partie de ses eaux qui, par un canal latéral de 188 kilomètres, sont dirigées sur Paris. L'Ourcq passe ensuite à la Ferté-Milon et quitte le département après un parcours de 62 kilomètres pour se jeter dans la Marne à Lizy-sur-Ourcq. Son principal affluent est le *Clignon* (27 kilomètres) qui sert de limite au département sur une longueur de quelques kilomètres.

La Marne entre dans le département à l'altitude de 65 mètres et en sort à l'altitude de 57 mètres, soit une pente de 8 mètres pour un parcours de 47 kilomètres (0m,00017 par mètre en moyenne).

2° L'*Oise* prend sa source en Belgique à 15 kilomètres de la frontière, entre dans le département qu'elle limite pendant quelques kilomètres, le traverse du nord-est à l'ouest et en sort au-dessous de Quierzy (alt. 37m), après un parcours de 145 kilomètres et des plus capricieux; elle se jette dans la Seine à Conflans-Saint-Honorine au-dessus de Poissy (Seine-et-Oise).

L'Oise passe à Hirson, Guise, Origny-Sainte-Benoite, Ribémont, Moy, Vendeuil, la Fère et Chauny.

Ses principaux affluents sont d'abord l'*Aisne* qui donne son nom au département qu'elle traverse de l'est à l'ouest sur un parcours de 100 kilomètres environ.

L'Oise entre dans le département à l'altitude de 237 mètres et en sort à l'altitude de 37 mètres, soit une pente de 220 mètres pour un parcours de 145 kilomètres (0m,0015 par mètre en moyenne).

L'Aisne prend sa source dans la forêt d'Argonne (Meuse), entre dans le département à Neufchâtel, passe à Vailly, Soissons, Vic au-dessous duquel elle quitte le département et va se jeter dans l'Oise à 1 kilomètre en amont de Compiègne. L'Aisne reçoit un grand nombre de ruisseaux et, sur sa rive gauche, la *Suippe* qui n'a que quelques kilomètres dans le département, la *Vesle* qui, après avoir traversé Reims entre dans le département, près de Bazoches, passe à Braine et se jette au-dessous de Condé-sur-Aisne à 51 mètres d'altitude; la *Crise*, 20 kilomètres qui se jette à Soissons.

L'Aisne entre dans le département à l'altitude de 58 mètres et en sort à l'altitude de 39 mètres, soit une pente de 19 mètres pour un parcours de 100 kilomètres (0m,00019 par mètre en moyenne).

Les autres affluents de l'Oise sont :

L'*Ailette* (55 kil.), rivière en partie canalisée qui relie l'Aisne à l'Oise, est formée des ruisseaux la *Lette* et la *Bièvres* qui prennent leur source au nord de Craonne; elle passe à Anizy-le-Château et au-dessous de Coucy et va se jeter dans l'Oise à Manicamp. L'Ailette reçoit, sur sa rive gauche, la rivière d'*Ardon* (16 kil.) qui passe au-dessous de Laon.

La *Serre* (86 kil.) prend sa source dans la forêt d'Estremont (Ardennes) passe à Rozoy, Montcornet, Marle, Crécy-sur-Serre et se jette dans l'Oise au-dessus de la Fère. Elle reçoit, sur la rive droite, le *Vilpion* (32 kil.) qui passe près de Vervins et qui, grossi de la *Brune* (34 kil.), se jette au-dessous de Marle, puis le *Péron*. Sur sa rive gauche, elle reçoit le *Hurtaut* qui se jette à Montcornet et la *Souche* (32 kil.) qui, prenant sa source à Sissonne, traverse des marais près N.-D.-de-Liesse et se jette à Crécy-sur-Serre (tout un système de canaux d'écoulement sert au dessèchement des marais de la Souche).

L'Oise reçoit encore, sur sa rive gauche, le *Thon* qui prend sa source hors du département et passe à Aubenton et le *Gland* qui se jette à Hirson. Sur sa rive droite, elle reçoit le *Nouvieux*, l'*Iron* et le *Noirieux*. Ces rivières servent à l'alimentation du canal de la Sambre à l'Oise.

II. — Bassin de la Somme.

La *Somme* prend sa source à Fonsomme, passe à Saint-Quentin et n'a, dans le département, qu'un parcours de 42 kilomètres; elle traverse ensuite le département qui porte son nom et va se jeter dans la mer.

La Somme prend sa source dans le département à l'altitude de 94 mètres et en sort à l'altitude de 59 mètres, soit une pente de 35 mètres pour un parcours de 42 kilomètres 0m,00083 par mètre en moyenne.

III. — Bassin de l'Escaut.

L'*Escaut* n'a que quelques kilomètres (7 k.) dans le département de l'Aisne où il prend sa source près du Catelet.

IV. — Bassin de la Meuse.

La *Sambre*, affluent de la Meuse, prend sa source au nord du département, coule pendant quelques kilomètres de l'est à l'ouest, puis remonte au nord et quitte le département après un parcours de 11 kilomètres.

Enfin, on ne peut terminer l'hydrographie du département sans parler des nombreux canaux qui sillonnent ce riche pays et dont les principaux sont :

Le canal de la Sambre à l'Oise qui fait communiquer la Seine et le Rhin par la Belgique.

Le canal latéral de l'Oise.

Le canal de Saint-Quentin et le canal de Crozat qui font communiquer l'Escaut, la Somme et l'Oise.

Le canal latéral de l'Aisne, celui des Ardennes et celui de Reims qui font communiquer l'Aisne avec la Meuse et la Marne.

Le canal de l'Aisne à l'Oise.

Le canal de l'Ourcq qui amène à Paris les eaux de l'Ourcq.

IV. — VOIES DE COMMUNICATION

I. — Chemins vicinaux.

Les routes départementales de l'Aisne ont été déclassées ; elles sont maintenant inscrites sur la liste des chemins de grande communication.

Les voies vicinales sont ainsi divisées :

1° Les chemins de grande communication ayant une longueur totale de. . .	2 107k,794
2° Les chemins d'intérêt commun ayant une longueur totale de.	1 207k,863
3° Les chemins vicinaux ordinaires ayant une longueur totale de	4 269k,553
Développement total. .	7 585k,210

La dépense annuelle du service vicinal de l'Aisne étant de 5 216 298 fr. 41, le prix moyen, par kilomètre, est de 683 fr. 69 ou 0 fr. 68 par mètre courant.

II. — Routes nationales.

Le département est traversé par douze routes nationales :

1° La route n° 2 de Paris à Maubeuge et à Bruxelles par Mons (121,046 mètres de longueur dans le département) ;

Cette route entre dans le département à quelques kilomètres à l'ouest de Villers-Cotterets, traverse cette ville ; puis, se dirigeant au nord-est, passe à Soissons, Chavignon, Étouvelles, Laon, Froidmont, Marle, Gercy, Vervins, Fontaine, Étréauport, La Capelle et La Flamengrie d'où elle entre dans le département du Nord ;

2° La route n° 3 de Paris à Metz et à Mayence par Sarrebrück (36,280 mètres de longueur dans le département) traverse l'arrondissement de Château-Thierry, de l'ouest à l'est, entre dans le département à Montreuil-aux-Lions, puis passe à Château-Thierry, Crézancy, Courtemont et Reuilly, et quitte le département pour passer à Châlons-sur Marne ;

3° La route n° 30, de Rouen à la Capelle (67,327 mètres de longueur dans le département) traverse les arrondissements de Saint-Quentin et de Vervins, entre dans le département à Aubigny, passe à Roupy, Saint-Quentin, Origny, Guise, Buironfosse et se termine à la Capelle, à la bifurcation des routes n° 2 et n° 39 ;

4° La route n° 31 de Rouen à Reims (44,325 mètres de longueur dans le département) traverse le Soissonnais de l'ouest à l'est en remontant la rive gauche de l'Aisne, puis de la Vesle ; elle entre dans le département près de Vic, passe à Soissons, Sermoise, Braine et Bazoches, puis entre dans le département de la Marne ;

5° La route n° 33 de Paris à Châlons par Champaubert (10,350 mètres de longueur dans le département), au sud de l'arrondissement de Château-Thierry ; entre dans le département à Viels-Maisons et en sort près de Marchais ;

6° La route n° 36 de Soissons à Melun (11,400 mètres de longueur dans le département), se confond de Soissons à Villers-Cotterets, avec la route n° 2, puis, descend au sud, traverse la forêt de Retz et quitte le département à la Ferté-Milon.

7° La route n° 37 de Château-Thierry à Béthune (93 725 mètres de longueur dans le département) traverse du sud au nord les arrondissements de Château-Thierry, Soissons, Laon et un peu de celui de Saint-Quentin. Partant de Château-Thierry, elle passe à Rocourt, Brény-sur-Ourcq, Oulchy-le-Château, Hartennes, Courmelles, Soissons, Terny, Coucy-le-Château, Folembray, Pierrémande, Chauny Villequier-Aumont, Flavy-le-Martel, Cugny et quitte le département à Sommette ;

8° La route n° 38 de Noyon à la Fère (18 770 mètres de longueur dans le département) à l'ouest du Laonnois, entre dans le département à Marest, passe à Chauny, Viry, Tergnier, Fargniers et rejoint à La Fère la route n° 44 ;

9° La route n° 39 de Montreuil-sur-Mer à Mézières (48 872 mètres de longueur dans le département) traverse le nord de l'arrondissement de Vervins, entre dans le département à Fesmy, passe à Bergues, au Nouvion, la Capelle, Hirson et entre dans les Ardennes au sud d'Any ;

10° La route n° 44 de Châlons à Cambrai (95 220 mètres de longueur dans le département) traverse les arrondissements de Laon et de Saint-Quentin ; elle entre dans le département à Berry-au-Bac où elle traverse l'Aisne, passe à Corbény, Fesneux, Laon, Crépy, la Fère, Vendeuil, Saint-Quentin, Bellicourt, le Catelet et quitte le département près d'Aubencheul ;

11° La route n° 45 de Marle à Valenciennes et à Roubaix (37 851 mètres de longueur dans le département) traverse l'arrondissement de Vervins du sud au nord. Partant de Marle elle passe au Hérie-la-Viéville, à Guise, Etreux, et quitte le département près de Fesmy à la bifurcation de la route n° 43 ;

12° La route n° 46, de Marle à Verdun (28 955 mètres de longueur dans le département) traverse le nord-est du Laonnois en remontant la rive gauche de la Serre ; partant de Marle elle passe à Montcornet et Rozoy-sur-Serre, puis entre dans les Ardennes.

Résumé de la circulation sur les routes nationales

DÉSIGNATION	TONNAGE TOTAL ANNUEL			
	BRUT		UTILE	
	distance entière 1 000 tonnes	kilométrique 1 000 tonnes	distance entière 1 000 tonnes	kilométrique 1 000 tonnes
1° Route n° 2, de Paris à Maubeuge	104,39	12 658	47,81	5 803
2° Route n° 3, de Paris à Metz	47,82	1 730	26,64	964
3° Route n° 30, de Rouen à la Capelle	162,42	10 920	77,38	5 197
4° Route n° 31, de Rouen à Reims	61,68	2 733	34,67	1 537
5° Route n° 33, de Paris à Châlons-sur-Marne	88,33	916	47,08	489
6° Route n° 36, de Soissons à Melun	28,47	324	11,31	128
7° Route n° 37, de Château-Thierry à Béthune	115,34	10 724	60,95	5 679
8° Route n° 38, de Noyon à La Fère	193,81	3 628	94,17	1 767
9° Route n° 39, de Montreuil-sur-Mer à Mezières	84,68	4 139	37,96	1 861
10° Route de Châlons-sur-Marne à Cambrai	173,37	16 498	89,42	8 526
11° Route n° 45, de Marle à Valenciennes	90,52	3 146	42,70	1 610
12° Route n° 46, de Marle à Verdun	71,17	2 051	37,23	1 077

Les dépenses annuelles (Travaux neufs, entretien et frais généraux) s'élèvent à 600 000 fr. environ pour les routes nationales du département de l'Aisne.

IV. — Navigation

I. — FLEUVES ET RIVIÈRES NAVIGABLES

I. — L'*Aisne* est classée, entre Mouron et son embouchure dans l'Oise, sur un parcours de 238 kilomètres, savoir :

Comme flottable, de Mouron à Château-Porcien, 92 kilomètres ;

Comme navigable, de Château-Porcien à l'Oise, 146 kilomètres.

La partie navigable se divise en deux sections : l'une de 88 kilomètres, comprise entre Château-Porcien et Celles, est abandonnée par la batellerie, sauf entre Vailly et Celles sur une longueur de 2 kilomètres où les eaux sont relevées par le barrage de Villeneuve ; l'autre de 57 kilomètres, qui est canalisée, s'étend de Celles à l'Oise près Compiègne.

L'Aisne canalisée offre, en étiage, un mouillage de 2 mètres et l'enfoncement des bateaux peut être de 1^{m},80. En belles eaux, on obtient un mouillage de 2^{m},20. — La pente de la rivière est rachetée par sept barrages éclusés. Les écluses ont une longueur utile minima de 45 mètres sur une largeur de 7^{m},83. Les ponts, au nombre de quinze, présentent une hauteur libre d'au moins 3^{m},70 au-dessus des hautes eaux navigables.

Les bateaux qui fréquentent l'Aisne sont, outre quelques porteurs à vapeur, les bateaux picards, les péniches du Nord et les bateaux ardennais.

Le tonnage habituel des bâteaux picards est de 400 à 450 tonnes ; celui des péniches du Nord, de 280 tonnes ; celui des bateaux ardennais, de 120 tonnes.

La traction des bateaux s'effectue au moyen de chevaux, ou par remorqueurs à vapeur.

Les localités de l'Aisne traversées par l'Aisne dans le département sont :

Première section. — Neufchâtel, Pignicourt, Guignicourt, Berry-au-Bac, Pontavert, Concevreux, Naizy, Bourg, Pontarcy, Chavonnes, Vailly. Couvailles (*port*), Celles (*embouchure du canal latéral à l'Aisne et origine de l'Aisne canalisée*) ;

Deuxième section. — Celles, Condé (*port*), Missy (*port*), Venisel (*port*), Villeneuve-Saint-Germain (*écluse*), Bosse-du-Berlet (*port*), Villeneuve (*sucrerie et port*), Soissons (*port*), Vauxrot (*écluse et port*), Pasly, Pommiers, Canivet (*port*), Osly (*port*), Fontenoy (*écluse et port*), Vic-sur-Aisne (*écluse et port*).

II. — La *Marne*. Cette rivière est divisée en deux sections. La première, abandonnée de la batellerie, est comprise entre Saint-Dizier et Dizy. Son parcours est de 148 kilomètres

La seconde section à laquelle appartient le département de l'Aisne est canalisée. Elle offre un mouillage de 1^{m},80 à 2^{m},30. L'enfoncement des bateaux à l'étiage peut atteindre une cote variant de 1^{m},60 à 2^{m},00. Les écluses ont une longueur utile de 45 mètres sur 7^{m},80 de largeur.

Les bateaux qui fréquentent la Marne sont les péniches du Nord, de 35 mètres de longueur sur 5 mètres de largeur avec un tonnage de 200 à 250 tonneaux; les Ardennais de 30 à 35 mètres de long sur 4^{m},50 de largeur avec un tonnage de 80 à 120 tonneaux; les Marnois, de 40 à 45 mètres de longueur sur 7^{m},75 de largeur avec un tonnage de 250 à 300 tonneaux.

Les localités de l'Aisne traversées par la Marne dans l'Aisne sont : Passy (*port*), Sauvigny (*port*), Rozay (*port*), Marcilly (*port*), Barzy (*port*), Jaulgonne (*port*), Mezy (*port*), Chartèves (*port*), Mont-Saint-Père (*port et écluse*), Brasles (*port*), Château-Thierry (*port*), Azy (*écluse*), Chezy (*port*), Romeny (*port*), Nogent-l'Artaud (*port*) et Charly (*port et écluse*).

III. — L'*Oise*. Cette rivière est divisée en deux sections : l'une, flottable sur 20 kilomètres, de Beautor à Chauny ; l'autre, navigable sur 139 kilomètres, de Chauny à la Seine.

La partie flottable n'est plus fréquentée que sur une longueur de 5 kilomètres à partir du barrage de la manufacture de Chauny. Elle offre, sur cette longueur, un mouillage minimum de 2 mètres et constitue un vaste port dépendant du canal de Saint-Quentin auquel elle est reliée par une écluse à sas.

La partie navigable se divise aussi en deux sections : l'une de 55 kilomètres, comprise entre Chauny et Granville, est presque totalement abandonnée par la batellerie depuis l'ouverture du canal latéral à l'Oise; l'autre de 104 kilomètres, qui est canalisée, s'étend de Janville à la Seine.

Les localités de l'Aisne traversées par l'Oise sont : Beautor (*port et origine du flottage*), Rouy (*port*), Sinceny (*sucrerie, manufacture de glaces et quai raccordé avec le chemin de fer de Chauny à Saint-Gobain, port à bois, jonction avec le canal de Saint-Quentin, origine de la navigation*).

II. — Canaux

I. — *Canal latéral à l'Aisne.* Cette voie fait suite à l'Aisne canalisée et relie l'Aisne au canal de l'Aisne à la Marne et au canal des Ardennes. Sa longueur est de 51 kilomètres. La pente y est rachetée par huit écluses dont les dimensions sont : longueur totale, 38m,50; largeur, 5m,20.

Le mouillage normal du canal est de 1m,80 et les bateaux y circulent avec 1m,50 d'enfoncement. Le nombre des ponts est de trente-deux. Le moins élevé laisse une hauteur libre de 3m,40 au-dessus du plan d'eau réglementaire. Les bateaux qui fréquentent le canal latéral à l'Aisne, outre quelques porteurs à vapeur, sont les péniches du Nord et les bateaux ardennais.

Le tonnage habituel des péniches du Nord est de 230 tonnes et celui des bateaux ardennais de 120 tonnes. La traction des bateaux se fait au moyen de chevaux.

Les localités de l'Aisne traversées par ce canal sont : Vieux-les-Asfeld (*jonction avec le canal des Ardennes et écluse*), Neufchâtel (*port et gare d'eau*), Pignicourt (*écluse*), Guignicourt (*port*), Condé-sur-Suippe (*écluse*), Berry-au-Bac (*jonction avec le canal de l'Aisne à la Marne, écluse, port et gare d'eau*), Gernicourt (*port*), Pontavert (*port et gare d'eau*), Œuilly (*port*), Villers (*port*), Bourg (*embranchement du canal de l'Oise à l'Aisne, écluse, port et gare d'eau*), Pontarcy (*port*), Cys (*écluse*), Presles (*port*), Saint-Audebert (*écluse*), Vailly (*port et gare d'eau*), Celles (*embouchure dans l'Aisne, écluse double*).

II. — *Canal de l'Aisne à la Marne.* Ce canal qui a 58 kilomètres de longueur est à point de partage. Il relie le canal latéral à l'Aisne au canal latéral à la Marne et le point de jonction est à Berry-au-Bac, puis il sort du département. La première localité traversée ensuite est Sapigneuls, située dans le département de la Marne. Les écluses ont 38m,50 de longueur et 5m,20 de largeur. Le mouillage normal est de 2 mètres et les bateaux y circulent avec 1m,80 d'enfoncement. La traction se fait au moyen d'hommes et de chevaux.

III. — *Canal latéral à l'Oise.* Ce canal s'étend de Chauny à Janville et relie le canal de Saint-Quentin à l'Oise canalisée. Sa longueur est de 34 kilomètres, y compris l'ancien canal de Manicamp. Il offre un mouillage minimum de 2 mètres et permet aux bateaux de naviguer avec 1m,80 d'enfoncement. Il compte quatre écluses d'au moins 38m,50 de longueur utile sur 6m,50 de largeur.

Les bateaux qui fréquentent ce canal sont, en général, des péniches de 34m,50 à 38m,50 de longueur sur 5 mètres de largeur. Le tonnage, à l'enfoncement de 1m,80, varie de 265 à 295 tonnes. On y rencontre quelques bateaux picards de même longueur que les péniches, mais dont la largeur atteint 6m,30 et le tonnage 335 à 375 tonnes. Le mode de traction ordinaire est le halage par chevaux.

Les localités de l'Aisne traversées par ce canal sont : Chauny (*jonction avec le canal de Saint-Quentin, port et gare*), Abbécourt (*jonction avec le canal de l'Oise à l'Aisne*), Manicamp (*port et gare*), Quierzy (*port*).

IV. — *Canal de l'Oise à l'Aisne.* Cette voie navigable est destinée à relier le canal latéral à l'Oise au canal latéral à l'Aisne. Il a son origine sur le canal latéral à l'Oise en face du village d'Abbécourt, à 2 800 mètres en aval de l'écluse de Chauny et se joint au canal latéral à l'Aisne à 200 mètres en amont de l'écluse de Bourg. Sa longueur est de 48 kilomètres. Il est à point de partage et ses pentes sont rachetées par treize écluses dont neuf sur le versant de l'Oise et quatre sur le versant de l'Aisne. Les écluses ont 38m,50 de longueur utile et 5m,20 de largeur. Le mouillage est de 2m,20 et les bateaux peuvent circuler avec 1m,80 d'enfoncement. Il existe deux ponts-canaux. Le premier, sur l'Oise, a 67 mètres de longueur, 6m,80 de largeur et 2m,22 de profondeur. Le second, sur l'Aisne, a 62 mètres de longueur sur 6m,50 de largeur et 2m,40 de profondeur. On rencontre, dans le bief de partage à Braye-en-Laonnois, un souterrain qui a 2 370 mètres de longueur et 8 mètres de largeur.

Ce canal est entièrement situé dans le département et il traverse les localités suivantes : Abbécourt (*écluse n° 1*), Bichancourt (*port*),

Saint-Paul (*port et bassin de virement*), Trosly-Champ (*port*), Guny (*port et écluse n° 2*), Pont-Saint-Mard (*port et bassin de virement*), Nogent (*écluse n° 3*), Crecy-au-Mont (*port et bassin de virement*), Leuilly (*écluse n° 4*), Leuilly-Courson (*port*), Vauxaillon (*écluse n° 5 et port*), Anizy-le-Château (*port et bassin de virement*), Pinon (*écluse n° 6*), Chaillevois (*écluse n° 7 et port*), Chavignon (*écluse n° 8, port et bassin de virement*), Pargny-Filain (*écluse n° 9 et port*), Chevregny (*port*), Braye-en-Laonnois (*souterrain*), Moussy-Soupir (*écluse n° 12 et port*), Verneuil-Courtonne (*écluse n° 13*), Bourg-et-Comin (*jonction avec le canal latéral à l'Aisne, port et gare d'eau*).

V. — *Canal de l'Ourcq.* Le canal de l'Ourcq est un canal de dérivation. Son profil permet le croisement de deux bateaux de 28m,50 de longueur sur 3m,05 de largeur avec un tirant d'eau normal de 1m,50. Il ne traverse que deux localités de l'Aisne, Port-aux-Perches, son point d'origine, et la Ferté-Milon. Il passe ensuite à Marolles, département de l'Oise, puis se dirige sur Paris.

VI. — *Canal de Saint-Quentin.* Ce canal réunit le bassin de l'Escaut à celui de la Somme et ce dernier au bassin de l'Oise. Sa longueur est de 93 kilomètres non compris la branche de la Fère. Un tirant d'eau minimum de 2 mètres permet aux bateaux de naviguer avec un enfoncement de 1m,80. Il est à poin

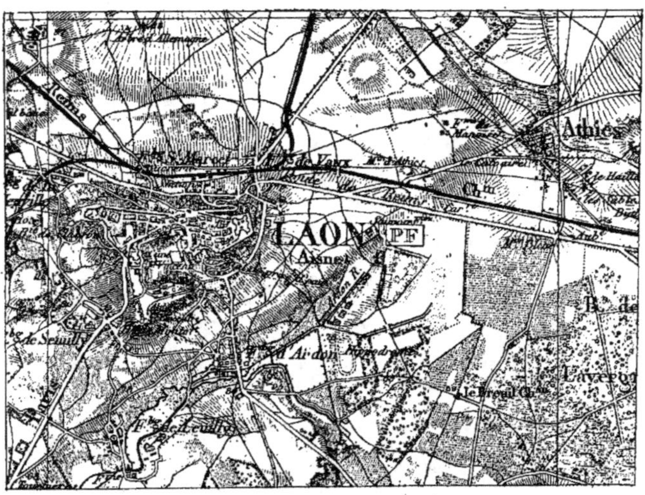

LAON ET SES ENVIRONS. — Extraits de la carte de l'État-Major au 80 000e.

de partage et compte trente-cinq écluses dont dix-sept sur le versant de l'Escaut et dix-huit sur le versant opposé. Les écluses ont une longueur utile d'au moins 38m,50 et une largeur variant de 5 à 6 mètres. Le canal de Saint-Quentin est traversé par quarante-deux ponts fixes laissant une hauteur libre minimum de 3m,35. Le bief de partage comprend deux souterrains qui mesurent 5 670 et 1 098 mètres de longueur.

Les bateaux qui fréquentent cette voie sont, en général, des péniches ayant de 34m,50 à 35m,50 de longueur sur 5 mètres de largeur dont le tonnage, à l'enfoncement de 1m,80, varie de 265 à 295 tonnes.

Le bief de partage est pourvu d'un service de touage à vapeur, sur une chaîne noyée, exploité par l'État. Une ligne télégraphique spéciale dessert le canal.

Le canal de Saint-Quentin parcourt le département sur une longueur de 67 kilomètres, du port d'Ossu (Nord) à sa jonction avec le canal latéral à l'Oise à Chauny.

Les localités qu'il traverse dans l'Aisne sont : Vendhuile (*port, scierie, entrepôt de charbon*), Macquincourt (*entrepôt de charbons*), Bony (*souterrain de 5 670 m.*), Bellicourt, Riqueval (*gare*), Bellenglise (*port et entrepôt de charbon*), Lehaucourt (*port*), Le Tronquoy (*souterrain de 1 098 m.*), Lesdins (*gare, port, sucrerie et écluse n° 1*), Omissy (*sucrerie et écluse n° 2*), Rouvroy (*briqueterie*), Saint-Quentin (*écluse n° 5, port et quai de raccordement avec le chemin de fer*), Rocourt (*distillerie, raffinerie, fabrique de chaux et ciment*), Oestres, Dallon (*sucrerie*), Fontaine-les-Clercs (*port, fabrique de chaux et ciment, écluse n° 6*), le Hamel (*sucrerie*), Séraucourt (*port, sucrerie, râperie et écluse n° 7*), Artemps (*port*), Pont-Tugny (*port, sucrerie, écluse n° 8*), Saint-Simon (*port, sucrerie et jonction avec le canal de la Somme*), Avesne-Saint-Simon (*sucrerie*), Flavy-le-Martel (*sucrerie*), Jussy (*port, carrières et écluse n° 9*), Mennessis (*port*), Voyaux (*sucrerie et écluse n° 11*), Quessy

Porte d'Ardon, à Laon.

(*port*), Tergnier (*casserie de sucre, entrepôts et sucrerie*), Fargnies (*port, écluse n° 13, branche de La Fère et jonction avec le canal de la Sambre à l'Oise*), Condren (*port*), Viry (*port et écluse n° 16*), Chauny, (*fabrique de caoutchouc, distillerie, verrerie, port et gare de l'Oise, établissements de Saint-Gobain, écluse n° 18 et jonction avec le canal latéral à l'Oise*).

VII. — *Canal de la Sambre à l'Oise.* — Ce canal s'étend de Landrecies à La Fère et réunit le bassin de la Meuse à celui de la Seine. Sa longueur est de 67 kilomètres, non compris la branche de La Fère qui le relie au canal de Saint-Quentin. Son tirant d'eau, qui est de 2 mètres, permet aux bateaux de naviguer avec 1m,80 d'enfoncement. Il est à point de partage et compte trente-huit écluses (trois sur le versant de la Sambre et trente-cinq sur celui de l'Oise). Les écluses ont au moins 37m,30 de longueur et 5m,10 à 5m,20 de largeur. Il y a des ponts fixes laissant une hauteur libre minimum de 3m,40. Les bateaux sont des péniches de 34m,50 à 37 mètres de longueur sur 5 mètres de largeur, pouvant porter de 260 à 280 tonnes à l'enfoncement de 1m,80. Le halage se fait par chevaux.

Branche de La Fère. Cette branche réunit le canal de la Sambre à l'Oise au canal de Saint-Quentin. Elle a un bief unique de 4 kilomètres et elle est desservie par le service de halage du canal de Saint-Quentin.

Le canal de la Sambre à l'Oise parcourt le département sur une longueur de 64 kilomètres et les localités traversées sont: Fesmy (*port*), Oisy (*port*), le Gard (*port, gare et écluse n° 1*), Etreux (*port et écluse* n° 7), Vénérolles (*écluse n° 9*), Hannapes (*port et écluse n° 12*), Tupigny (*port et écluse n° 15*) Verly (*écluse n° 17*), Vadencourt (*port, gare et écluse n° 19*), Boheries (*port*), Longchamp (*port et écluse n° 20*), Noyal (*écluse n° 21, port raccordé avec le chemin de fer de Saint-Quentin à Guise*), Macquigny (*écluse n° 22*), Hauteville (*port et écluse n° 23*), Bernot (*port et écluse n° 24*), Neuvillette, Origny (*port et écluse n° 25*), Thenelles (*écluse n° 26*), Ribemont (*port et écluse n° 27*), Sissy (*port et écluse n° 28*), Châtillon (*écluse n° 29*), Mézières (*port et écluse n° 30*), Berthenicourt (*port et écluse n° 31*), Hamégicourt (*écluse n° 32*), Moy (*port*), Bressy (*écluse n° 33*), Vendeuil (*port*), Montigny (*port et écluse n° 34*), Travecy (*port et écluse n° 35*), la Fère (*jonction avec la branche de La Fère, canal de Saint-Quentin, et jonction avec le canal de la Sambre à l'Oise*), Beautor (*port à bois*), la Frette et Fargniers (*jonction avec le canal de Saint-Quentin*).

VIII. — *Canal de la Somme*. — Ce canal met en communication le canal de Saint-Quentin avec la mer. Il a son origine à Saint-Simon, sur le canal de Saint-Quentin, et suit la vallée de la Somme pour aboutir à la mer à Saint-Valéry-sur-Somme. Il ne parcourt que 2 ou 3 kilomètres dans l'Aisne où il ne traverse que Saint-Simon, Dury et Estouilly.

IV. — Chemins de fer de l'Aisne.

Le département de l'Aisne est bien partagé sous le rapport des voies ferrées, car il est traversé par quinze lignes ou embranchements ayant, ensemble, une longueur de 615 kilomètres avec 128 gares.

1° *Ligne de Paris, Soissons, Vervins, Hirson* (2 voies). Cette ligne traverse le département sur une longueur de 119 kilomètres de la gare d'entrée (Villers-Cotterets) à la gare de sortie (Hirson). Ses gares sont : Villers-Cotterets, Longpont, Vierzy, Berzy, Soissons, Crouy, Margival, Vauxaillon, Anizy-Pinon (embranchement de la ligne de Chauny), Chailvet-Urcel, Clacy-Mons, Laon, Barenton-Bugny, Dercy-Mortiers, Voyenne, Marle, Saint-Gobert-Rougerie, Vervins, la Bouteille, Origny-sur-Thiérache et Hirson ;

2° *Ligne de Chauny, Tergnier, La Fère-Versigny, Laon, Reims* (2 voies). Cette ligne traverse le département sur une longueur de 60 kilomètres de la gare d'entrée (Chauny) à la gare de sortie (Guignicourt). Ses gares sont : Chauny, Tergnier, la Fère, Versigny, Crépy, Laon, Coucy-les-Eppes, Saint-Erme-Montaigu, Amifontaine, et Guignicourt;

3° *Ligne de Compiègne, Soissons et Reims* (2 voies). Cette ligne traverse le département sur une longueur de 72 kilomètres de la gare d'entrée (Vic-sur-Aisne) à la gare de sortie (Braine). Ses gares sont Vic-sur-Aisne, Ambleny-Fontenoy, Mercin-Pommiers, Saint-Christophe, Soissons, Ciry-Sermoise et Braine ;

4° *Ligne de Paris, Château-Thierry, Epernay* (2 voies). Cette ligne traverse le département sur une longueur de 23 kilomètres de la gare d'entrée (Nogent-l'Artaud) à la gare de sortie (Varennes-Jaulgonne). Ses gares sont : Nogent-l'Artaud, Chezy-sur-Marne, Château-Thierry, Mézy et Varennes Jaulgonne ;

5° *Ligne de Château-Thierry, Mézy, Romilly* (2 voies). Cette ligne parcourt le département sur une longueur de 26 kilomètres de Château-Thierry à la gare de sortie (Artonges). Ses gares sont : Château-Thierry, Mézy, Cresancy, Connigis, Saint-Eugène, Condé-en-Brie, Pargny-la-Dhuys et Artonges ;

6° *Ligne de Paris, Château-Thierry, La Ferté-Milon*. Cette ligne parcourt le département sur une longueur de 41 kilomètres de Château-Thierry à la gare de sortie (La Ferté-Milon). Ses gares sont : Château-Thierry, Bézu-Saint-Germain, Coincy, Oulchy-Breny, Neuilly, Saint-Front et La Ferté-Milon ;

7° *Ligne de Paris, Compiègne, Villers-Cotterets, La Ferté-Milon*. Cette ligne parcourt le département sur une longueur de 22 kilomètres de la gare d'entrée (Emeville) à la gare de sortie (La Ferté-Milon). Ses gares sont : Emeville, Haramont, Villers-Cotterets, Silly-la-Poterie et La Ferté-Milon ;

8° *Ligne de Chauny, Anizy-Pinon, Laon* (deux voies). Cette ligne parcourt le département sur une longueur de 43 kilomètres (de Chauny à Laon). Ses gares sont : Chauny, Sinceny, Rond-d'Orléans, Folembray, Coucy-le-Château,

Landricourt, Anizy-Pinon, Chailvet-Urcel, Clacy-Mons et Laon;

9° *Ligne de Tergnier à Busigny* (deux voies) Cette ligne parcourt le département sur une longueur de 44 kilomètres de la gare de Tergnier à la gare de sortie (Bohain). Ses gares sont : Tergnier, Montescourt, Saint-Quentin, Essigny-le-Petit, Fresnoy-le-Grand et Bohain;

10° *Ligne de Valenciennes, Busigny et Hirson* (deux voies). Cette ligne parcourt le département sur une longueur de 59 kilomètres de la gare d'entrée (Vaux-Molain) à Hirson. Ses gares sont : Vaux-Molain, Wassigny, Étreux, Boué, le Nouvion, Buironfosse, la Capelle, Ohis-Neuve-Maison et Hirson;

11° *Ligne de Velu-Bertincourt à Saint-Quentin* (une voie). Cette ligne parcourt le département sur une longueur de 12 kilomètres de la gare d'entrée (Vermand-Marteville) à Saint-Quentin. Ses gares sont : Vermand-Marteville, Attilly, Holnon-Savy, Rocourt et Saint-Quentin;

12° *Ligne de Tergnier à Amiens* (deux voies). Cette ligne parcourt le département sur une longueur de 12 kilomètres seulement, de la gare d'entrée (Flavy-le-Martel) à Tergnier;

13° *Ligne de Dercy-Mortiers à La Fère* (deux voies). Cette ligne parcoure le département sur une longueur de 27 kilomètres. Ses gares sont : Dercy-Mortiers, Chalandry, Crécy-sur-Serre, Pouilly, Assy, Rémies, Pont-à-Bucy, Anguilcourt-le-Sart, Versigny et La Fère;

14° *Ligne de Saint-Quentin à Guise* (une voie). Cette ligne parcourt le département sur une longueur de 40 kilomètres. Ses gares sont : Saint-Quentin, Itancourt, Mézières-sur-Oise, Sery-les-Mézières, Ribemont, Lucy, Origny-Sainte-Benoite, Macquigny, Noyal-Proix, Longchamps-Bohéric, Vadencourt, Lesquielles-Saint-Germain et Guise;

15° *Ligne de Chauny à Saint-Gobain* (une voie). Cette ligne parcourt le département sur une longueur de 15 kilomètres. Ses gares sont : Chauny, Rond-d'Orléans, Barisis et Saint-Gobain.

V. — MONUMENTS HISTORIQUES

I. — Monuments mégalithiques.

Bois-les-Pargny. — Menhir de Verziau-de-Gargantua.

Bouteille (la). — Menhir la Haute-Bonde.

Cierges. — Dolmen de Caranda.

Haramont. — Menhir de la Pierre-Clouise.

II. — Monuments antiques.

Soissons. — Théâtre romain dans le séminaire; Reste de remparts romains dans l'évêché.

Vermand. — Camp romain.

III. — Monuments du moyen âge, de la renaissance et des temps modernes.

Berzy-le-Sec. — Église.

Braine. — Église Saint-Yved.

Château-Thierry. — Porte Saint-Pierre.

Coucy-le-Château. — Château; Façade et fonts baptismaux de l'église; Porte de Laon et remparts.

Essommes. — Église.

Fère-en-Tardenois. — Château.

Ferté-Milon (La). — Château; Vitraux de l'église.

Foigny. — Pierre funéraire de Barthélemy de Vire, évêque de Laon, dans l'église.

Laon. — Ancien évêché et chapelle (aujourd'hui palais de justice); Chapelle des Templiers; Église Notre-Dame et cloître (ancienne cathédrale); Église Saint-Martin; Porte de Soissons.

Longpont. — Ruine de l'ancienne abbaye.

Marle. — Église.

Mézy-Moulins. — Église.

Mont-Notre-Dame. — Restes de l'église et crypte.

Nouvion-le-Vineux. — Église.

Prémontré. — Ancienne abbaye (aujourd'hui asile d'aliénés).

Royaucourt. — Église Saint-Julien.

Saint-Michel-en-Thiérache. — Chœur et transsept de l'église.

Saint-Quentin. — Église (ancienne collégiale); Façade et salle de conseil de l'hôtel-de-ville.

Soissons. — Restes de l'abbaye Notre-Dame; Cathédrale Saint-Gervais et Saint-Protais; Église Saint-Léger; Clochers et cloîtres de l'abbaye de Saint-Jean-des-Vignes (affectés au service de la guerre); Crypte de l'abbaye de Saint-Médard (institution de sourds-muets); Église Saint-Pierre-Parvans.

Trucy. — Église.

Urcel. — Église.

Vauclair. — Grange de l'abbaye.

Vermand. — Fonts baptismaux dans l'église.

Vailly. — Église.

Notice sur les principales localités du département

Laon qui, comme son étymologie celtique l'indique, remonte à la plus haute antiquité, est situé sur une hauteur au sommet de laquelle on parvient par un escalier à pic de près de trois cents marches, ainsi que par une route carrossable faisant d'assez longs détours.

On y trouve encore des restes de fortifications gallo-romaines. Ses principaux monuments sont : la cathédrale, édifice gothique de la fin du XIIe siècle dont la façade est remarquable par sa conception originale et par la richesse des détails; l'église Saint-Martin, également du XIIe, avec façade du XIVe siècle, flanquée de tourelles octogonales.

Dans la nef, se trouve le tombeau de Raoul II de Coucy, tué à la Mansourah (1250) pendant la première croisade de saint Louis. L'ancien palais épiscopal date du XIIIe siècle et sert aujourd'hui de palais de justice. L'ancienne chapelle des Templiers contient plusieurs pierres tombales. La bibliothèque possède près de quinze mille volumes dont deux cents manuscrits du VIIe au XVIe siècle et plus de deux mille autographes.

Le musée d'art et d'antiquités renferme une foule d'antiquités romaines, égyptiennes, celtiques, franques, de nombreux tableaux des frères Lenain, des sculptures et des dessins. La citadelle, réparée sous Louis-Philippe, contient l'ancien beffroi communal. On remarque encore de nombreuses maisons des XVe et XVIe siècles, la tour penchée, les portes Royer et de Chenizelles, la statue du maréchal Sérurier, etc.

Château-Thierry, ville bâtie en amphithéâtre sur une colline qui borde la rive droite de la Marne, remonte à Charles Martel qui y fit construire, en 720, un château pour servir de résidence à Thierry IV.

Les ruines de ce château se voient encore sur un rocher escarpé qui domine la ville et dont l'enceinte renferme un jardin public. L'église date du XVe siècle, son beffroi est du XVIe siècle. La maison de La Fontaine (1559) a été transformée en musée. L'hôtel-Dieu, de construction récente, possède un tableau de Mignard et des meubles anciens.

Un beau pont de trois arches relie la ville au faubourg situé sur la rive gauche de la Marne,

Saint-Quentin, ville située sur une colline au bas de laquelle coulent la Somme et le canal du même nom, est très ancienne.

La cathédrale est un des plus beaux monuments gothiques de France. L'hôtel de ville, dont la façade formée de trois frontons percés de rosaces, est surchargée de sculptures très curieuses. Ce monument date des XIVe et XVe siècles.

Le tribunal, la justice de paix, le musée et la bibliothèque se trouvent réunis dans les *Fervaques*, vastes bâtiments qui appartenaient autrefois aux bernardines. L'ancienne église Saint-Jacques a été convertie en halle au blé et la tour, qui date du XVIIe siècle, sert de beffroi.

Enfin, on remarque encore d'anciennes maisons en bois sculpté, la statue en bronze du célèbre pastelliste Quentin de la Tour, le monument commémoratif de la défense en 1870 et la statue de l'historien populaire Henri Martin.

Soissons, sur la rive gauche de l'Aisne, ancienne capitale des rois francs, renferme un grand nombre de monuments et de ruines des XIIe et XIIIe siècles.

On y remarque : la cathédrale (XIIe siècle), dont le portail, resté inachevé, est mutilé; l'église Saint-Nicolas, dont il ne reste que quatre travées; l'église Saint-Jean-des-Vignes, également en ruines, dont le beau portail est flanqué de deux clochers des XVe et XVIe siècles; l'église Saint-Léger; l'église collégiale de Saint-Pierre; l'abbaye royale de Notre-Dame de Soissons, transformée aujourd'hui en caserne; la tour Lardier; l'église Saint-Vaast, construction moderne; le Château; l'Hôtel-Dieu; le Collège; l'Hôpital général; la Bibliothèque, qui renferme trente mille volumes; le Musée d'antiquités; l'hôtel de ville, dans la cour duquel est placée la statue de Paillet.

Vervins est bâtie en amphithéâtre sur les pentes d'un coteau au bas duquel coule le Vilpion. Son église, refaite à diverses époques, a conservé une belle porte romane. On y remarque d'anciennes fortifications et la Tour des Archives de l'ancien château qui dépend du collège.

Les autres lieux remarquables du département sont :

1° Dans l'arrondissement de Laon :

Anizy-le-Château, sur l'Ailette, servait de résidence d'été aux évêques de Laon. L'église est du XIIe siècle. Le château fut construit, en 1540, par le cardinal de Bourbon.

Le château de *Pinon*, situé à peu de distance, est une des habitations les plus gracieuses du département.

Chauny doit à sa position sur l'Oise, qui y devient navigable, et sur le canal de Crozat, une certaine importance commerciale. Cette ville possède une usine pour le polissage des glaces.

Coucy-le-Château, sur une colline escarpée, fut le berceau de la célèbre famille de Coucy dont le nom est mêlé à tous les événements importants du moyen âge. Le château fort qui domine la ville fut construit de 1225 à 1230, remanié vers 1400 et démantelé, en 1652, par ordre de Mazarin.

Le donjon circulaire, qui subsiste encore presque en entier, a 55 mètres de hauteur et 35 mètres de diamètre. Les murs ont 7 mètres d'épaisseur à la base. Les autres tours ont 35 mètres de hauteur. Ces ruines appartiennent

AISNE

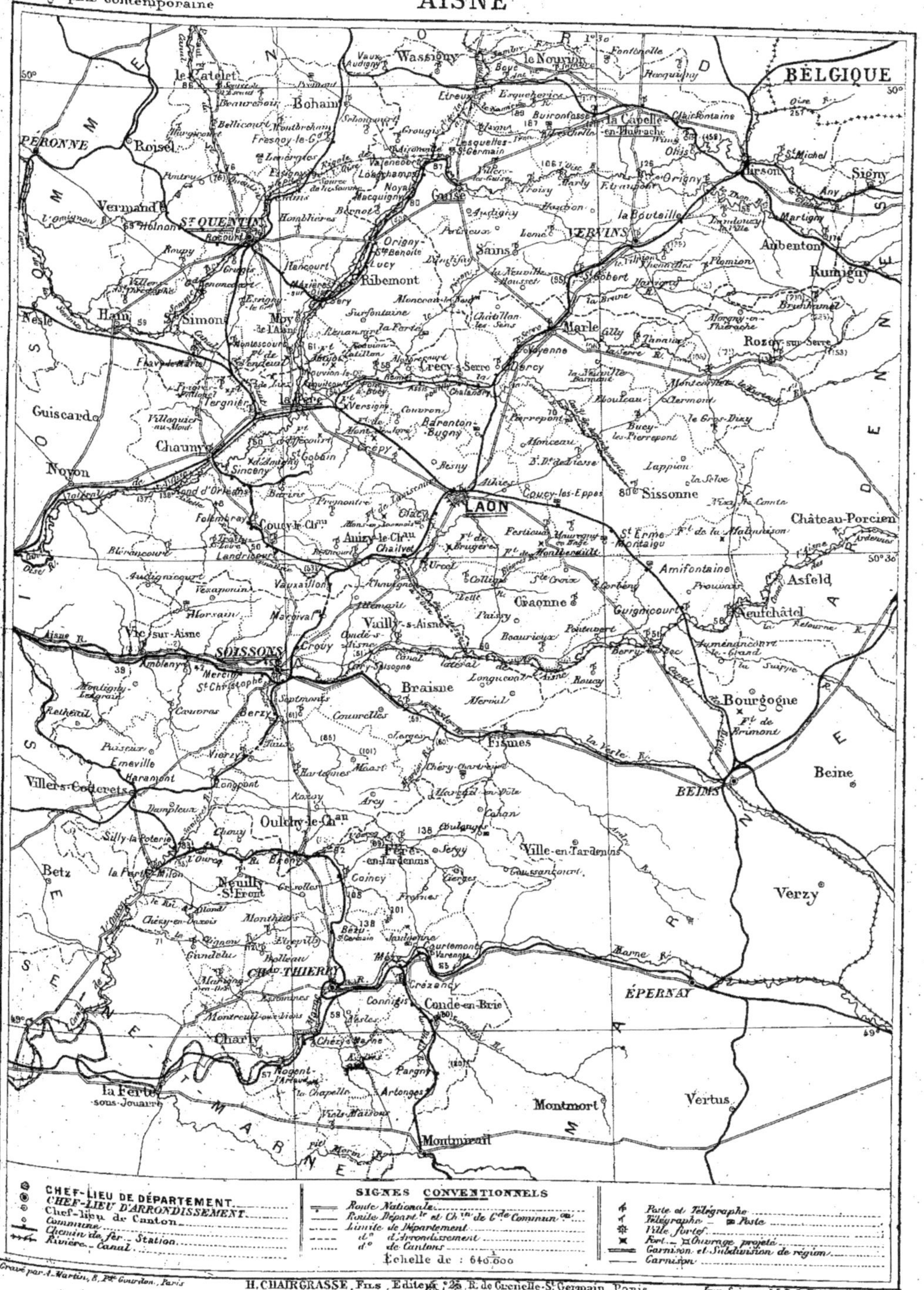
BELGIQUE
le Catelet
Bohain
Wassigny
le Nouvion
La Capelle
Hirson
Signy
PÉRONNE
Roisel
Vermand
Guise
S.T QUENTIN
la Bouteille
VERVINS
Aubenton
Rumigny
Ribemont
Sains
Ham
S.t Simon
Moy
Marle
Rozoy-sur-Serre
Nesle
Guiscard
Crecy-s-Serre
la Fère
Chauny
Noyon
Sissonne
LAON
Château-Porcien
Coucy-le-Ch.au
Anizy-le-Ch.au
Asfeld
Neufchâtel
Craonne
Vailly-s-Aisne
Vic-sur-Aisne
SOISSONS
Braisne
Bourgogne
Fismes
REIMS
Beine
Villers-Cotterets
Oulchy-le-Ch.au
Ville-en-Tardenois
Betz
Neuilly-S.t Front
Verzy
CH.AU THIERRY
ÉPERNAY
Condé-en-Brie
Charly
la Ferté-sous-Jouarre
Montmort
Vertus
Montmirail
SIGNES CONVENTIONNELS
CHEF-LIEU DE DÉPARTEMENT
CHEF-LIEU D'ARRONDISSEMENT
Chef-lieu de Canton
Commune
Chemin de fer. Station
Rivière. Canal
Route Nationale
Route Départ.le et Ch.in de G.de Commun.on
Limite de Département
d.o d'Arrondissement
d.o de Cantons
Échelle de : 1/640.000
Poste et Télégraphe
Télégraphe — Poste
Ville forte
Fort. Ouvrage projeté
Garnison et Subdivision de région
Garnison
Gravé par A. Martin, 8, P.ge Gourdon, Paris
H. CHAIRGRASSE, Fils, Editeur, 2? R. de Grenelle-S.t Germain, Paris
Imp. Soisson, 45 R. de Fleurus, Paris

maintenant à l'État qui en a fait consolider plusieurs parties.

La Fère est située sur l'Oise au-dessous du confluent de la Serre. Son église, qui date du XVe siècle, renferme le tombeau de Jeanne de Luxembourg. Une école d'artillerie y a été établie en 1719.

Folembray possède un château restauré par François Ier et une verrerie importante fondée par Thévenot, en 1705.

Notre-Dame-de-Liesse est un lieu de pèlerinage où se trouve une statue de la Vierge, laquelle statue passe pour miraculeuse. D'après la légende, elle fut rapportée de Palestine par trois chevaliers de la maison d'Eppe. Son église, du XIVe siècle, renferme de nombreux ex-voto.

A *Saint-Gobain*, entouré par la forêt du même nom, se trouve l'une des plus belles et des plus riches manufactures de glaces de l'univers entier. En 1688, Abraham Thévart réussit

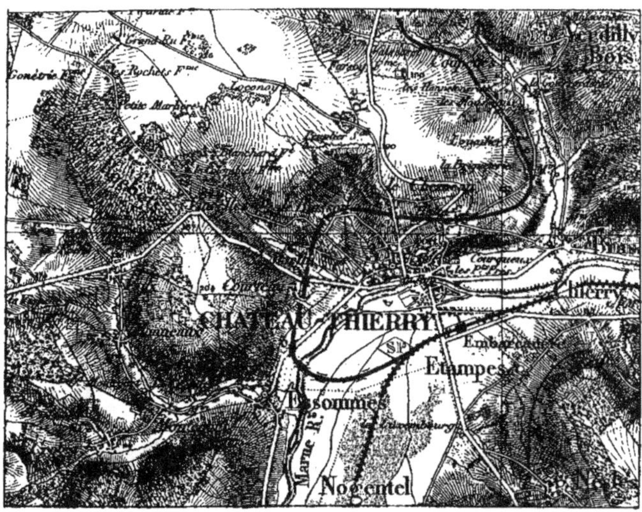

CHATEAU-THIERRY ET SES ENVIRONS. — Extrait de la carte d'État-Major au 80 000e.

à couler les glaces dans un établissement qu'il fit construire à cet effet, rue de Reuilly à Paris. Peu de temps après, cet établissement fut transporté à Saint-Gobain où il existe encore et où il est l'objet de continuels progrès dus à son habile direction.

2° Dans l'arrondissement de Château Thierry:

Fère-en-Tardenois, sur l'Ourcq, possède un château construit, en 1206, par Robert de Dreux et composé de huit tours. Anne de Montmorency fit remplacer, en 1539, le pont-levis par un pont gigantesque formant galerie.

La *Ferté-Milon*, située sur un coteau baigné par l'Ourcq, possède les églises Notre-Dame et Saint-Nicolas enrichies de vitraux du XIVe siècle et la statue de Racine due à David d'Angers.

3° Dans l'arrondissement de Saint-Quentin :

Bohain, sur le canal des Torrents, renferme des fabriques d'horlogerie, de châles façon cachemire, de voiles et d'écharpes.

4° Dans l'arrondissement de Soissons :

Braine, sur la Vesle, possède les restes de la vieille église Saint-Yves bâtie à la fin du XIIe siècle et qui est un très beau spécimen de l'architecture gothique primitive. De l'autre côté de la ligne du chemin de fer, on remarque, sur une colline boisée, les ruines très importantes du château de la Folie.

Villers-Cotterets, dans la forêt du même nom, possède un château bâti par François Ier et qui devenu propriété de la maison d'Orléans, fut défiguré en 1750 par des restaurations maladroites ; il sert aujourd'hui de dépôt de mendicité.

5° Dans l'arrondissement de Vervins :

Guise sur l'Oise possède un château bâti en 1549 et un familistère où restent quatre cents familles d'ouvriers.

Hirson, également sur l'Oise, possède une église dont le portail est classé parmi les monuments historiques.

VI. — HOMMES CÉLÈBRES

Saint-Remi, évêque de Reims, né à Cerny, en Laonnais, en 430, mort en 533.

Saint-Ouen, archevêque de Rouen, né à Sancy.

Bertrade, mère de Charlemagne, née à Laon, morte en 783.

Louis IV, roi de France, né à Laon, mort en 954.

Lothaire, roi de France, né à Laon, mort en 986.

Charles de Bourbon, cardinal, né à Gandelu, en 1523, mort en 1590.

Louis de Bourbon, prince de Condé, né en 1530, tué à Jarnac, en 1569.

Charles de Lorraine, duc de Mayence, né à Soissons, en 1554, mort en 1611.

La Fontaine, l'inimitable fabuliste, né à Château-Thierry, en 1621, mort en 1695.

La Fontaine, né à Château-Thierry.

Racine, poète tragique, né à La Ferté-Milon, en 1639, mort en 1699.

Les trois frères *Antoine, Louis* et *Mathieu, Le-Nain*, peintres distingués, nés à Laon, en 1578, 1593 et 1607, morts, les deux premiers, en 1648 et le troisième en 1677.

Condorcet, géomètre, philosophe et publiciste, né à Ribemont, en 1743, mort en 1794.

Babeuf, le célèbre utopiste, né à Saint-Quentin, en 1764, mort en 1797.

Camille Desmoulins, célèbre conventionnel, né à Guise, en 1762, mort en 1794.

Fouquier-Tinville, accusateur public sous la Terreur, né à Hérouel, commune de Foreste, en 1747, mort en 1795.

Le maréchal *Sérurier*, né à Laon, en 1742, mort en 1819.

Quinette, homme politique, né à Soissons, en 1762, mort en 1821.

Luce de Lancival, poète, né à Saint-Gobain, en 1764, mort en 1810.

Méchain, célèbre astronome, collaborateur de son émule Delambre dans la délicate opération de la mesure du méridien terrestre, en 1792. Méchain est né à Laon, en 1744; il est mort en 1805.

Caulaincourt, duc de Vicence, diplomate fameux, né à Caulaincourt, en 1772, mort en 1827.

Rogier (*Charles*), né en 1800, à Saint-Quentin, mort en 1885.

S'est fait naturaliser Belge, nation dans laquelle il est devenu un remarquable homme d'État.

Alexandre Dumas père, romancier et auteur dramatique célèbre, né à Villers-Cotterets, en 1803, mort en 1870.

Henri Martin, historien populaire, né en 1810, à Saint-Quentin, mort en 1883.

On peut encore citer, comme originaires de l'Aisne, les hommes célèbres suivants :

Ebroïn, , maire du palais de Neustrie; *Louis V*, le fainéant, dernier roi carlovingien ; *Anselme de Laon,* théologien; *Colart de

Racine, né à La Ferté-Milon.

Laon*, peintre ; *Jean Bertaut*, poète; *Guillaume Dupré*, statuaire; *Omer Talon*, célèbre avocat ; *Marquette*, jésuite; *Luc d'Achéry*, bénédictin.

Le père Charlevoix, missionnaire et historien (1682-1761); *Lecat*, chirurgien (1700-1768)- *Quentin-de-la-Tour*, peintre au pastel (1704-1788); *Demoustier*, écrivain (1760-1801); *Beffroi de Ragny*, dit le cousin Jacques, auteur dramatique (1757-1811); *Paillet*, avocat (1795-1855); *Le duc de Saint-Simon*, auteur des mémoires (1675-1755] ; les maréchaux *d'Estrées, de Choiseul* et *de Puységur ;* le marin *Bussy-Castelnau ;* le célèbre conventionnel *Saint-Just ;* les généraux *Scherer* et *Bonnaire ; Foy*, véhément orateur ; *Odillon-Barrot*, homme politique ; *Arsène Houssaye* et *Jules Champfleury*, littérateurs.

VII. — INDUSTRIE

L'industrie a une certaine importance dans le département, puisqu'il contient 1848 établissements industriels occupant un personnel réparti ainsi que l'indique ce tableau :

NATURE des Industries	DÉSIGNATION ou nombre de localités où s'exercent les industries	NOMBRE d'établissements	NOMBRES MOYENS de contremaîtres et surveillants	d'ouvriers et de manœuvres	de femmes	d'enfants	TOTAUX
	I. — ALIMENTATION						
Brasseries	101 localités	163	28	596	28	7	659
Chicorée	Craonnelle, Nouvion et Catillon, Origny-Sainte-Benoîte, Gouy, Guise, Hirson et la Capelle	7	»	18	22	1	41
Chocolat	Soissons	1	»	1	»	1	2
Distilleries	13 localités	13	16	501	35	14	566
Féculerie	St-Christophe-à-Berry	2	1	8	»	»	9
Huileries	7 localités	8	10	108	2	8	128
Meunerie et minoterie	153 localités	197	53	560	20	6	639
Pâtes alimentaires	Laon	1	1	5	7	»	13
Casserie de sucre	Tergnier	1	17	30	»	»	47
Sucreries	99 localités	102	276	9735	768	390	11169
Raffineries de sucre	Liez et Gauchey	2	9	176	78	»	263
	II. — ARTS CHIMIQUES ET PRODUITS CHIMIQUES						
Bougies et chandelles	5 localités	9	»	23	»	5	28
Eau de javel	Flavy-le-Martel	2	»	3	»	»	3
Alun et couperose	3 localités	4	7	111	5	»	123
Soude	Chauny et Rocourt	2	34	762	69	7	872
Savon	St-Quentin	2	»	9	»	»	9
Teintureries	7 localités	22	1	61	22	10	94
Usine à gaz	22 localités	23	21	156	14	»	191
	III. — BATIMENTS						
Appareils de chauffage	Guise	1	51	758	35	31	875
Charpentiers	Laon, Achéry, Beautor, La Fère, Chauny et Soissons	14	4	144	»	5	153
Couverture et plomberie	Soissons	1	»	20	»	»	20
Maçonnerie	Soissons	4	»	45	»	»	45
	IV. — INDUSTRIE DU BOIS						
Fabrique de sabots	39 localités	143	5	1072	43	24	1144
Ébénisterie	Guise	2	1	12	3	»	16
Menuiserie	Soissons	9	»	44	»	3	47
Montants d'échel.	Montreuil-aux-Lions	2	»	10	»	»	10
Sciage à la main	12 localités	15	»	52	»	»	52
Sciage à la mécanique	30 localités	34	10	498	6	9	523
	V. — CARROSSERIE						
Carrosserie, charronnage et sellerie	21 localités	72	23	294	»	14	331
	VI. — CÉRAMIQUE						
Briqueteries	61 localités	118	3	473	74	109	659
Glaces	Saint-Gobain et Chauny	2	38	1020	12	25	1095
Poteries ordinaires	8 localités	10	1	38	»	10	49
Tuileries	32 localités	38	4	115	8	21	148
Tuyaux de drainage	Bohain, Rogecourt et La Flamengrie	4	»	42	»	13	55
Verrerie de table	Le Nouvion	1	10	133	12	80	235
Verrerie de bouteille	Cuffies, Folembray et Hirson	3	16	340	10	70	436
	VII. — CONSTRUCTIONS NAVALES ET BATELLERIE						
Construction de bateaux	Beautor et Chauny	2	»	13	»	2	15
Cordier	Soissons	2	»	5	»	»	5
	VIII. — CUIRS ET PEAUX						
Mégisserie	Chauny	1	»	1	»	»	1
Tanneries	12 localités	20	5	118	4	3	130
	IX. — PAPETERIES ET IMPRIMERIES						
Papeteries	Autreppes, Rougeries, Voulpaix	3	3	10	1	1	15
Typographie	11 localités	23	7	159	»	42	208
Lithographie	7 localités	13	5	158	»	29	192
	A reporter	1088	660	18437	1278	940	21315
	Report	1088	660	18437	1278	940	21315
	X. — INDUSTRIES EXTRACTIVES						
Carrières de pierres à bâtir	16 localités	23	8	158	»	4	170
Carrières de plâtre	6 localités	17	2	69	7	3	81
Carrières de pavés	8 localités	9	6	93	15	5	119
Carrières de pierres à chaux	6 localités	12	6	171	10	»	187
Fours à chaux	17 localités	26	4	101	»	4	109
Tourbières	Pierrepont, Chivres et Marchais	41	»	82	20	12	114
	XI. — INDUSTRIES TEXTILES. — TISSUS						
Chanvre et lin	Alaincourt et Vervins	5	4	185	75	70	334
Filatures	Flavigny-le-Grand Roupy et Saint-Quentin	5	9	306	177	49	541
Tissage mécanique de coton	5 localités	9	15	747	443	61	1266
Tissage de coton, métiers à bras	13 localités	24	8	1415	366	100	1889
Fabrique de châles	4 localités	5	4	600	39	39	682
Corderies	13 localités	15	»	29	2	14	45
Couvertures	Fresnoy-le-Grand	1	»	120	»	»	120
Dentelles	St-Quentin	3	3	41	10	34	88
Flanelles	Voulpaix	2	2	22	10	»	34
Filatures de laine	13 localités	20	69	1025	585	406	2085
Filature et tissage	5 localités	8	42	612	356	110	1120
Tissage mécanique	13 localités	201	70	2111	1154	208	3543
Tissage à la main	11 localités	19	23	1216	393	174	1806
Moulinage	Vauxbuin	2	2	20	30	10	62
Tissus de soie mélangée de coton et laine	Bohain et Mont-d'Origny	25	38	257	234	110	639
Tissage, déridage et ourdissage	Origny-Ste-Benoîte et Bernot	4	»	140	»	3	143
Tissus d'ameublement en laine et soie	Aisonville, Lemé et Fresnoy-le-grand	5	4	241	45	25	315
Teinture	Bohain	4	»	25	8	»	33
Blanchisserie et apprêts	St-Quentin	11	10	227	248	34	519
Tulles	St-Quentin	8	»	109	67	92	268
	XII. — INSTRUMENTS DE PRÉCISION						
Instruments de mathématiques	Château-Thierry et Beuvardes	4	1	11	35	»	47
Instruments en cuivre	Château-Thierry	1	3	230	»	»	233
	XIII. — MÉTALLURGIE ET CONSTRUCTIONS MÉCANIQUES						
Chaudronnerie	6 localités	15	3	101	»	3	107
Couverts en étain	Hirson	2	»	32	4	4	40
Ferronnerie	4 localités	10	1	62	»	6	69
Ateliers de construction	St-Quentin, Tergnier et Soissons	18	31	931	»	15	977
Fonderies et forg.	13 localités	31	35	723	4	42	804
Laminoir	Hirson	1	1	64	»	»	65
Limes	Chauny, Charmes et Chasseny	3	»	25	»	»	25
Machines agricoles et instruments aratoires	23 localités	36	12	283	6	5	306
Serrurerie	6 localités	36	6	261	»	40	307
	XIV. — VÊTEMENTS ET ACCESSOIRES						
Boutons (fabrique)	4 localités	7	3	121	60	2	186
Bonneterie	Fère-en-Tardenoise et Neuilly-St-Front	4	22	477	152	100	751
Broderie	9 localités	49	16	663	645	249	1573
Brosses (fabrique)	6 localités	8	»	26	33	28	87
Chapellerie	Thenelles	1	2	26	4	»	32
Corsetterie	3 localités	5	»	7	17	2	26
Habillements confectionnés	4 localités	5	2	28	70	4	104
Lingerie	St-Quentin	11	»	55	412	200	667
Passementerie	4 localités	6	3	22	68	3	96
	XV. — INDUSTRIES DIVERSES						
Vannerie	51 localités	3	1	2854	2134	1042	6031
	Totaux	1848	1131	35561	9216	4252	50160

VIII. — AGRICULTURE

NOTIONS GÉNÉRALES[1]

Le département de l'Aisne est essentiellement agricole. Par suite des mouvements géologiques dont la région a été l'objet, ce département a trouvé divers gisements très utiles a exploiter pour l'agriculture. Tout d'abord, les terres grasses d'alluvion des vallées, puis la terre végétale qui recouvre les terres argileuses, siliceuses et calcaires des collines ont une assez grande fertilité. En outre, la pierre à chaux ne fait jamais défaut. De plus, on rencontre : du plâtre dans l'arrondissement de Château-Thierry, de la tourbe dans les vallées de la Somme, de l'Ourignon, de la Souche et de la Lette; enfin, des bancs de lignites, des lits coquillers et des argiles plastiques dans l'étage des glaises.

On pratique le marnage dans tout le département, mais on ne se sert que peu du chaulage. On marne a raison de 60 a 80 mètres cubes par hectare et la marne coûte 1 franc le mètre cube, plus les frais de transport.

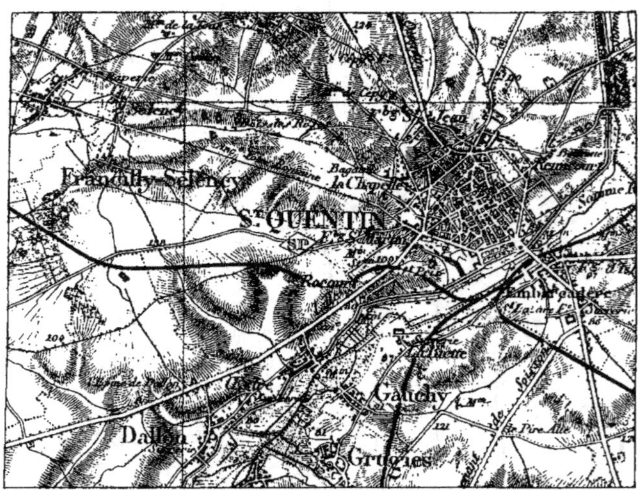

SAINT-QUENTIN ET SES ENVIRONS. — Extrait de la carte d'État-Major au 80 000e.

Dans l'arrondissement de Château-Thierry, on rencontre de nombreux fours à plâtre. Aussi, emploie-t-on beaucoup de gypse cuit et pulvérisé sur les prairies artificielles ou naturelles et dans les fumiers. Les cendres pyriteuses, non lessivées, ou bien lessivées par les fabriques d'alun (sulfate de fer), servent pour les mêmes usages. Aux cendrières de Jussy et de Liez, qui sont contiguës au canal, on les charge sur bateaux à destination du Nord.

Afin de subvenir à la nécessité de la restitution des matières fertilisantes, le département compte plusieurs fabriques d'engrais, notamment celles de la compagnie de Saint-Gobain à Saint-Gobain et à Chanay, et celle de M. Bacquet à Saint-Quentin. En outre, plusieurs fabriques de noir animal pour les sucreries livrent nécessairement la phosphate de chaux à l'agriculture.

Dans l'arrondissement de Saint-Quentin, les cultivateurs y sont de rudes et intelligents travailleurs. A la place des anciennes forêts, on voit aujourd'hui de belles fermes, dont les terres, bien marnées, ameublies et assainies, donnent de magnifiques récoltes. C'est cet arrondissement qui, le premier dans le département, a cultivé la betterave, élevé des sucreries et établi des distilleries.

Dans l'arrondissement de Vervins, tous les cantons qui touchent au département du Nord sont couverts d'excellents et gras pâturages où l'on se livre à l'élevage et à l'engraissement du gros bétail. On y a établi des plantations d'oseraie qui donnent des produits abondants et alimentent une industrie très prospère dans le pays, celle de la vannerie, dont le siège principal est à Origny-en-Thiérache.

[1] Les éléments de cet article, ainsi que celui des Forêts ont été puisés dans l'excellent *Dictionnaire d'agriculture*, par J.-A. Barral (libr. Hachette et Cie).

Dans l'arrondissement de Laon, l'agriculture, qui déjà y prospérait dans certaines parties par la culture du lin et du chanvre, vient d'y accroître ses moyens d'action par la création de nombreuses fabriques de sucre indigène. La betterave y est maintenant cultivée sur tous les points, non seulement pour la distillerie et la nourriture du bétail, mais aussi pour la sucrerie.

L'arrondissement de Soissons ressemble beaucoup à celui de Laon pour la culture. Les agriculteurs y suivent les mêmes errements. Seulement, la division de la propriété rurale y est moindre, car les fermes y sont plus grandes en général. C'est un pays de production de céréales et d'élevage de l'espèce ovine.

L'arrondissement de Château-Thierry présente une physionomie différente. On se trouve dans le commencement de la Brie champenoise. La terre y est plus légère, plus sablonneuse que dans le reste du département et la couche de terre végétale y est moins profonde. Toutes les productions agricoles y sont moins abondantes. On rencontre cependant, en quelques endroits, de belles prairies et de bonnes cultures fourragères.

Dans l'Aisne, les pommiers et les poiriers à cidre ne font pas l'objet d'une culture exclusive, car ils sont plantés dans des terres qui donnent encore d'autres récoltes. On évalue le rendement moyen annuel des pommes à 600 000 hectolitres dans le département dont une partie est consommée dans les ménages ou portée sur les marchés, et dont l'autre est convertie en cidre produisant annuellement 150 000 hectol.

La culture de la vigne, alors que les moyens de transport étaient difficiles, présentait quelque importance dans le département et on citait même plusieurs vins comme très estimés; mais l'incertitude de la récolte du raisin, d'une part, en raison du climat, et les grands bénéfices de la culture de la betterave à sucre ont fait renoncer à beaucoup de vignobles. On compte maintenant à peine 3 000 hectares consacrés à la vigne et cette surface est située en grande partie dans l'arrondissement de Château-Thierry.

Dans l'Aisne, on regarde, en général, comme grande propriété, tout domaine dépassant 100 hectares; comme moyenne, toute propriété comprise entre 20 et 50 hectares; comme petite, tout ce qui est au-dessous de 20 hectares.

La grande propriété couvre les quatre dixièmes du sol; la moyenne propriété, les trois dixièmes; la petite couvre également trois dixièmes.

L'élevage du cheval a réalisé des progrès notables depuis quarante ans dans le département.

Dans l'espèce ovine, les races les plus répandues sont les races normande, flamande, hollandaise, charolaise et comtoise.

Le département de l'Aisne se distingue surtout par le nombre et la beauté de ses troupeaux. Placé au centre de nos grandes industries lainières, il contient, à lui seul, un million de moutons. Bientôt, il en aura autant que l'Angleterre. Ces moutons fortement nourris et améliorés par des croisements, donnent à la fois beaucoup de viande et beaucoup de laine.

Les quatre cinquièmes des moutons du pays appartiennent à la race mérinos. Les éleveurs du département se sont attachés à former une variété de mérinos précoces, aujourd'hui connus partout sous le nom de *mérinos du Soissonnais.*

Froment.

Surface cultivée........	112 210 hectar.
Rendement moyen par hectare..............	15 hectolit.
Poids moyen de l'hectol.	15 kilog.
Prix moyen de l'hectol..	17 fr. 77.
Production totale.......	2 188 095 hectolit.

Céréales diverses : farineux, cultures industrielles, plantes textiles, autres cultures oléagineuses, vignes, sériculture, apiculture.

DÉSIGNATION	SUPERFICIE ensemencée EN HECTARES	RENDEMENT moyen par hectare	PRODUCTION ANNUELLE
		en hectol.	en hectolitres
Méteil.................	6 495	18,50	120 147
Seigle.................	31 893	19,95	636 273
Orge...................	10 073	22,13	222 915
Sarrazin...............	1 140	18 »	20 520
Maïs...................	»	»	»
Millet.................	»	»	»
Avoine.................	99 950	31,45	3 143 428
Pommes de terre.	15 020	117 »	1 747 340
Légumes secs..........	2 870	18,52	53 152
Châtaignes............	»	»	»
		en quint.	en quintaux
Betteraves à sucre.....	56 650	306 »	13 334 900
Betteraves fouragères..	6 910	326 »	2 252 660
Houblon...............	170	12 »	2 040
Tabac..................	»	»	»
			filas. en quint
Chanvre...............	62	9 »	558
		en quint.	en quintaux
Lin....................	210	8 »	1 680
		en kilog.	en kilog.
Chènevis..............	»	»	»
Lin (huile)............	»	»	16 150
Œillette, Navette, Cameline, etc.	»	c	62 134
		en hectol.	en hectolitres
Colza (graine).........	2 480	15 »	37 200
		en kilog.	en kilog.
Colza (fruit)..........	17 270	26,11	451 155
		en hectol.	en hectolitres
Vignes.................	3 325	17,23	57 290

Ruches d'abeilles.

Nombre de ruches en activité...... 20 286

Production du miel en kilogramme..	117 659
Production en cire en kilogramme..	42 600

Animaux de ferme.

Espèce chevaline		81 388
— mulassière		268
— asine		5 742
Espèce bovine	Bœufs et taureaux	19 056
	Vaches et génisses	97 510
	Veaux	14 233
Espèce ovine	Races du pays	433 210
	Races perfectionnées	194 950
Espèce porcine		70 679
Espèce caprine		8 706

Produit des animaux.

Laine.	Quantité en kilog,...	2 106 260 »
	Prix moyen du kilog.	1,84
	Valeur	3 875 518 »
Suif..	Quantité en kilog....	332 838 »
	Prix moyen du kilog.	0,77
	Valeur	256 279 »

IX. — FORÊTS

Dans l'Aisne, les forêts occupent une superficie de 75 930 hectares appartenant à l'État, au département et aux communes.

Toute cette étendue est en sol calcaire avec une altitude variant entre 35 et 249 mètres.

Les chênes rouvre et pédonculé, le hêtre, le bouleau, le charme sont les essences dominantes. Les résineux ne s'y rencontrent qu'exceptionnellement.

Ce département renferme quelques-unes des plus grandes forêts de France. On peut citer :

Dans l'arrondissement de Vervins, les forêts de Nouvion, d'Andigny, d'Aubentou et de Saint-Michel ;

Dans l'arrondissement de Saint-Quentin, celles de Vermand et de Homblières ;

Dans l'arrondissement de Laon, la forêt de Samoussy entre Laon et Sissonne, la forêt de Saint-Gobain entre Laon et Chauny, les forêts de Villequier et des Avoueries ;

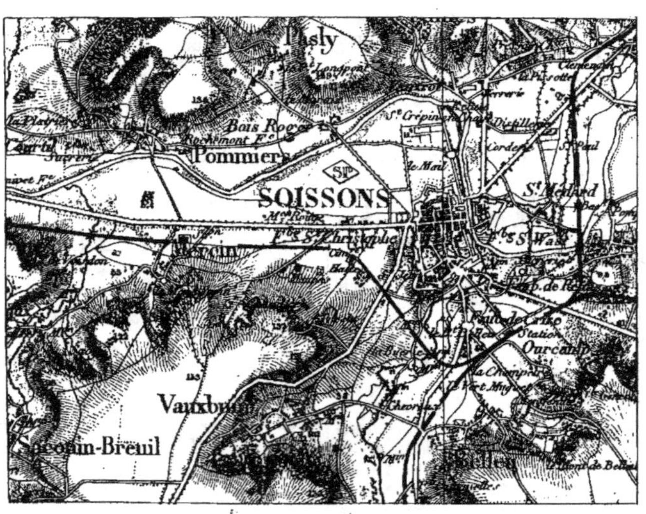

SOISSONS ET SES ENVIRONS. — Extrait de la carte d'État-Major au 80 000e.

Dans l'arrondissement de Soissons, les forêts de Villers-Cotterets et de Retz ;

Dans l'arrondissement de Château-Thierry, les forêts de Fère-en-Tardenois, de Ris et de la Dôle.

Les défrichements, tant de bois que de landes, se sont montés, depuis 1820, à 15 000 hectares de *Savarts* (landes).

Deux savants forestiers qui ont le plus exercé d'influence parmi les propriétaires pour la conduite des arbres, la discussion et le choix des méthodes de taille, MM. de Courval et des Cars, avaient ou ont encore des forêts dans le département de l'Aisne : le premier à Pinon et le second à Rozet, Saint-Albin.

X. — DIVISION POLITIQUE

Le département de l'Aisne est divisé en 5 arrondissements dont quatre sont administrés chacun par un sous-préfet, savoir :

1° L'arrondissement de Laon, subdivisé en 11 cantons contenant ensemble 291 communes et administré directement par le préfet ;

2° L'arrondissement de Château-Thierry, subdivisé en 5 cantons contenant ensemble 124 communes ;

3° L'arrondissement de Saint-Quentin, subdivisé en 7 cantons contenant ensemble 128 communes ;

4° L'arrondissement de Soissons, subdivisé en 6 cantons contenant ensemble 165 communes ;

5° L'arrondissement de Vervins, subdivisé en 8 cantons contenant ensemble 132 communes.

Nous donnons plus loin le tableau des communes du département, classées par arrondissements et cantons. La population résulte du recensement le plus récent et toutes les communes sont exactement repérées par rapport aux gares des chemins de fer, ainsi qu'aux bureaux des postes et télégraphes.

XI. — DIVISION JUDICIAIRE

Le département de l'Aisne dépend de la Cour d'Amiens, qui se compose d'un premier président, de deux présidents de chambre, de dix-neuf conseillers, d'un procureur général, de deux avocats généraux et de deux substituts du procureur général.

Il y a un tribunal de première instance à Laon (divisé en deux chambres, siège de la cour d'assises de l'Aisne), Château-Thierry, Saint-Quentin, Soissons et Vervins.

Il existe un tribunal de commerce à Chauny, Saint-Quentin, Soissons et Vervins.

Laon. — Quatre notaires, neuf avoués et un commissaire-priseur.

Château-Thierry. — Quatre notaires, six avoués et un commissaire-priseur.

Saint-Quentin. — Cinq notaires, sept avoués et un commissaire-priseur.

Soissons. — Cinq notaires, cinq avoués et un commissaire-priseur.

Vervins. — Trois notaires, cinq avoués et un commissaire-priseur.

XII. — DIVISION UNIVERSITAIRE

Le département de l'Aisne fait partie de l'académie de Douai.

Enseignement secondaire. — Lycée Henri-Martin à Saint-Quentin (2e catégorie).

Collège communal à Laon, Château-Thierry, La Fère et Soissons.

Collège de jeunes filles à La Fère.

Cours secondaires de jeunes filles à Laon, Saint-Quentin, Hirson, Soissons.

Établissements libres à Laon, Fayet, Montcornet, Saint-Quentin, Soissons, Fontaine-les-Vervins, Villers-Cotterets.

Un inspecteur d'académie à Laon.

Enseignement primaire. — Un inspecteur primaire à Laon et dans chaque chef-lieu d'arrondissement, une école normale d'instituteurs et une école normale d'institutrices à Laon. Une école primaire supérieure à Hirson, la Capelle, Saint-Quentin et Vervins.

Cours complémentaires à Bohain, Buironfosse, Château-Thierry, Crécy-sur-Serre, Fresnoy-le-Grand, Guise, le Nouvion-en-Thiérache et Origny-en-Thiérache. — Pensionnats primaires à Bohain, Château-Thierry, Chauny, Guise, Marle, Saint-Quentin.

ÉCOLES PUBLIQUES

Nombre d'écoles			
	laïques	1 097	1 239
	congréganistes	142	

Nombre d'élèves :

Laïques	garçons	36 465	
	filles		24 021
Congréganistes	garçons	1 171	
	filles		9 943
		37 636	33 964
		71 600	

ÉCOLES LIBRES

Nombre d'écoles			
	laïques	64	138
	congréganistes	74	

Nombre d'élèves :

Laïques	garçons	1 327	
	filles		2 104
Congréganistes	garçons	1 064	
	filles		3 733
		2 391	5 837
		8 228	

XIII. — DIVISION RELIGIEUSE

Le département de l'Aisne dépend de l'archevêché de Reims. La résidence de l'évêque est à Soissons. Le personnel ecclésiastique est ainsi réparti :

Évêque	1
Vicaires généraux titulaires	2
Chanoines titulaires	9
Ecclésiastique attaché au secrétariat	1
Curés	38
Desservants	489
Vicaires de paroisses	32
Prêtres habitués	36

LISTE DES COMMUNES DE L'AISNE

5 arrondissements — 37 cantons — 840 communes — 555,925 habitants — 690 383 hectares — Moyenne de la population par kilomètre carré : 80,5 habitants

I. — ARRONDISSEMENT DE LAON (11 cantons, 291 communes, 165 899 habitants)

I. — CANTON DE LAON (27 com., 23 438 hab.)

Noms des communes	Population	Dist. au chef-l. d'ar.	Localités avec gares, postes et télégraphes	Gare la plus près de chaque com. et distance à cette commune	Bureaux de postes desserv. les communes avec les distances
Laon	13677	»	🚂 T' **83 60**	Laon ..... »	» »
Arrancy	134	17	90 0	Coucy-l.-E. 9 0	Festieux.... 5 0
Athiés	1092	5	68 0	Vaux-s-L... 6 0	Laon....... 5 0
Aulnois	457	7	76 0	Laon....... 7 0	Laon....... 7 0
Besny-et-Loisy	222	6	90 0	Laon....... 7 0	Laon....... 6 0
Bièvres	201	13	90 0	Laon....... 13 0	Festieux.... 6 0
Bruyères et Montbér	995	7	T' 163 0	Laon....... 6 0	T'......... »
Bucy-lès-Cerny	287	10	127 0	Crépy-Couv. 4 0	Crépy-en-L. 3 0
Cerny-lès-Bucy	142	7	92 0	Laon....... 7 0	Crépy-en-L. 4 0
Chambry	341	5	81 0	Laon....... 5 0	Laon....... 5 0
Chéret	145	9	165 0	Laon 9 0	Bruyères... 2 0
Chivy-lès-Etouvelles	244	5	68 0	Clacy-Mons. 2 0	Mons-en-L. 4 0
Clacy et Thierret	182	6	🚂 **68 5**	Clacy-Mons. 1 0	Laon....... 6 0
Crépy-Couvron	1706	10	🚂 T' 78 0	Crépy-Couv. 2 0	T'......... »
Eppes	326	10	130 0	Coucy-l.-E. 3 0	Coucy-l.-E. 3 0
Etouvelles	177	6	66 0	Clacy-Mons. 3 0	Mons-en-L.. 4 0
Festieux	573	13	T' 90 0	Coucy-l.-E. 5 0	T'......... »
Molinchart	278	7	88 0	Laon....... 7 0	Laon....... 7 0
Montchalons	150	13	102 0	Coucy-l.-E. 9 0	Festieux.... 4 0
Nouvion-le-Vineux	145	9	**84 0**	Chailvet-Ur. 5 0	Laon....... 8 0
Orgeval	116	11	198 0	Laon....... 11 0	Festieux.... 4 5
Parfondru	378	11	88 0	Coucy-l.-E. 7 0	Coucy-l.-E. 6 0
Ployart-et-Vaurseine	152	16	90 0	Coucy-l.-E. 10 0	Festieux.... 6 0
Presles-et-Thierny	302	8	90 0	Laon....... 8 0	Laon....... 8 0
Veslud	388	13	98 0	Coucy-l.-E. 5 0	Coucy-l.-E. 5 0
Vivaise	247	9	78 0	Crépy...... 5 0	Laon....... 9 0
Vorges	381	8	86 0	Laon....... 8 0	Bruyères... 1 0

II. — CANTON D'ANIZY-LE-CHATEAU (22 com., 8 696 hab.)

Noms des communes	Population	Dist. au chef-l. d'ar.	Localités avec gares, postes et télégraphes	Gare la plus près de chaque com. et distance à cette commune	Bureaux de postes desserv. les communes avec les distances
Anizy-le-Château	1140	16	T' 58 0	Anizy-l-Ch. 1 5	T'......... »
Bassoles-Aulers	267	24	105 0	Landricourt 4 0	Coucy-l-Ch. 6 0
Bourguignon-s-Montb.	158	9	129 0	Chailvet-U.. 3 5	Mons-en-L.. 1 5
Brancourt	492	20	T 88 0	Anizy.Pin.. 4 0	Anizy-l-Ch. 3 8
Cessières	495	10	*109 0*	Anizy-l-Ch. 9 0	Anizy-l-Ch. 8 0
Chaillevois	174	11	107 0	Chailvet-U.. 1 8	Urcel....... 4 0
Chevregny	718	15	142 0	Chailvet-U.. 7 0	Urcel....... 4 6
Faucoucourt	453	14	*103 0*	Anizy-Pin.. 5 0	Anizy-l-Ch. 4 0
Laniscourt	205	8	92 0	Clacy-Mons. 3 0	Mons-en-L. 2 0
Laval	256	9	84 0	Chailvet-U.. 5 4	Urcel....... 4 0
Lizy	238	14	*87 0*	Anizy-Pin.. 4 0	Anizy-l-Ch. 2 5
Merlieux-et-Fouquerol.	266	13	87 0	Chailvet-U.. 4 5	Urcel....... 6 5
Monampteuil	351	14	134 0	Chailvet.... 5 5	Urcel....... 3 5
Mons-en-Laonnois	509	6	🚂 T' *90 0*	Mons-en-L. 1 7	T'......... »
Montbavin	73	9	170 0	Chailvet-U.. 3 0	Urcel....... 5 0
Pinon (Anizy)	624	18	🚂 **61 62**	Anizy-Pin.. 2 0	Anizy-l-Ch. 3 0
Royaucourt-et-Chailvet	265	10	129 0	Chailvet-U.. 2 0	Urcel....... 4 0
Suzy	367	12	121 0	Anizy....... 7 0	Anizy-l-Ch. 7 0
Urcel (Chailvet)	658	10	🚂 T' **69 5**	Ursel....... 2 5	T'......... »
Vaucelles-et.Beffecourt.	163	8	82 0	Chailvet.... 3 5	Mons-en-L. 1 0
Vauxaillon	559	22	🚂 **81 5**	Anizy-l-Ch. 0 5	Anizy-l-Ch. 5 5
Wissignicourt	265	19	104 0	Anizy-Pin.. 3 5	Anizy-l-Ch. 2 0

III. — CANTON DE CHAUNY (20 com., 21 544 hab.)

Noms des communes	Population	Dist. au chef-l. d'ar.	Localités avec gares, postes et télégraphes	Gare la plus près de chaque com. et distance à cette commune	Bureaux de postes desserv. les communes avec les distances
Chauny	9052	35	🚂 T' **43 5**	Chauny.... »	T'......... »
Abbecourt	669	40	50 0	Chauny.... 5 0	Chauny.... 5 0
Amigny-Rouy	866	25	99 0	Barisis..... 4 0	Sinceny.... 4 0
Autreville	1055	31	*65 0*	Sinceny.... 2 0	Chauny.... 4 0
Beaumont-en-Beine	316	47	110 0	Flavy-le-M. 7 0	Villequier.. 8 0
Béthancourt-en-Vaux	418	41	91 0	Chauny.... 6 0	Chauny.... 6 0
Caillouël-Crépigny	443	43	67 0	Appilly.... 6 0	Chauny.... 8 0
Caumont	381	40	91 0	Chauny.... 5	Chauny.... 5
Commenchon	197	41	91 0	Chauny.... 6 0	Chauny.... 6 0
Condren	496	29	99 0	Tergnier... 5 0	Tergnier... 5 0
Frières-Faillouël	1077	36	T' 68 0	Flavy-le-M. 6 0	T'......... »
Guivry	407	44	100 0	Chauny.... 9 0	Chauny.... 9 0
Marest-Dampcourt	484	41	55 0	Chauny.... 7 0	Chauny.... 7 0
Neuflieux	85	39	97 0	Chauny.... 5 0	Chauny.... 5 0
Neuville-en-Beine (La)	287	44	106 0	Chauny.... 10 0	Villequier.. 5 0
Ognes	536	37	*50 0*	Chauny.... 2 0	Chauny.... 2 0
Sinceny	1994	29	🚂 T' **70 1**	Sinceny.... 1 0	T'......... »
Ugny-le-Gay	355	41	101 0	Chauny.... 8 0	Chauny.... 7 0
Villequier-Aumont	866	41	T' 60 0	Chauny.... 6 0	T'......... »
Viry-Noureuil	1500	33	45 0	Chauny.... 3 0	Chauny.... 3 0

IV. — CANTON DE COUCY-LE-CHATEAU (33 com., 16 247 hab.)

Noms des communes	Population	Dist. au chef-l. d'ar.	Localités avec gares, postes et télégraphes	Gare la plus près de chaque com. et distance à cette commune	Bureaux de postes desserv. les communes avec les distances
Coucy-le-Château	719	28	🚂 T' **61 9**	Coucy-l-Ch. 2 0	T'......... »
Audignicourt	204	47	141 0	Vic-s-Aisne. 10 0	Blérancourt 4 0
Auffrique-et-Nogent	459	29	94 0	Coucy-l-Ch. 2 0	Coucy-l-Ch. 1 0
Barisis	917	25	🚂 T' »	Barisis..... »	T'......... »
Besmé	175	41	77 0	Appilly.... 7 0	Blérancourt 3 0
Bichancourt	1092	39	*52 0*	Chauny.... 5 0	Chauny.... 5 0
Blérancourdelle	96	44	126 0	Appilly.... 10 0	Blérancourt 2 0
Blérancourt	990	42	T' 77 0	Appilly.... 8 0	T'......... »
Bourguignon-s-Coucy	86	42	68 0	Appilly.... 6 0	Blérancourt 3 0
Camelin-et-le-Fresne	408	44	101 0	Appilly.... 8 0	Blérancourt 2 0
Champs	378	34	70 0	Folembray.. 3 0	Folembray. 3 0
Coucy-la-Ville	273	28	75 0	Coucy-l-Ch. 8 0	Coucy-l-Ch. 2 0
Crécy-au-Mont	532	33	160 0	Coucy-l-Ch. 6 0	Coucy-l-Ch. 5 0
Folembray	1728	31	🚂 T' **84 9**	Folembray.. 1 5	T'......... »
Fresnes	308	25	*186 0*	Barisis..... 6 0	Coucy-l-Ch. 6 0
Guny	604	33	48 0	Coucy-l-Ch. 3 5	Trosly-L ... 3 0
Jumencourt	194	25	69 0	Landricourt 1 5	Coucy-l-Ch. 4 0
Landricourt	236	24	🚂 **66 6**	Landricourt »	Coucy.l-Ch. 6 0
Leuilly	649	28	60 0	Landricourt 3 5	Coucy-l-Ch. 8 0
Lombray	52	47	94 0	Appilly.... 11 0	Blérancourt 5 0
Manicamp	701	38	38 0	Appilly.... 4 0	Blérancourt 7 0
Pierremande	285	37	*67 0*	Rond-d'Or.. 2 5	Chauny.... 6 0
Pont-St-Mard	414	33	50 0	Coucy-l-Ch. 5 0	Coucy-l-Ch. 5 0
Prémontré	1123	23	T' 123 0	Anizy-Pin.. 7 0	T'......... »0
Quierzy	612	40	38 0	Appilly.... 2 0	Blérancourt 6

IV. — CANTON DE COUCY-LE-CHATEAU (Suite)

Noms des communes	Population	Dist. au chef-l. d'ar.	Localités avec gares, postes et télégraphes	Gare la plus près de chaque com. et distance à cette commune	Bureaux de postes desserv. les communes avec les distances
Quincy-Basse	167	23	168 0	Landricourt 2 2	Coucy-l-Ch. 6 0
St-Aubin	309	39	60 0	Coucy-l-Ch. 10 0	Blérancourt 3 0
St-Paul-aux-Bois	661	39	77 0	Chauny 11 0	Blérancourt 5 0
Selens	388	39	50 0	Coucy-l-Ch. 9 0	Blérancourt 6 0
Septvaux	252	22	*100 0*	St-Gobain.. 3 5	Coucy-l-Ch. 9 0
Trosly-Loire	806	36	T' 67 0	Coucy-l-Ch. 6 5	T'......... »
Vassens	330	45	151 0	Vic-s-Aisne. 12 0	Morsain.... 3 0
Verneuil-sous-Coucy	201	31	75 0	Coucy-l-Ch. 2 0	Folembray. 3 0

V. — CANTON DE CRAONNE (40 com., 11 031 hab.)

Noms des communes	Population	Dist. au chef-l. d'ar.	Localités avec gares, postes et télégraphes	Gare la plus près de chaque com. et distance à cette commune	Bureaux de postes desserv. les communes avec les distances
Craonne	692	27	T' 63 0	St-Erme ... 11 0	T'......... »
Ailles	178	19	124 0	St-Erme... 18 0	Craonne ... 6 0
Aizelles	214	18	77 0	St-Erme ... 7 0	Corbeny ... 3 0
Aubigny	281	16	209 0	St-Erme ... 8 0	Corbeny ... 5 0
Beaulne-et-Chivy	189	22	64 0	Laon 22 0	Beaurieux.. 12 0
Beaurieux	802	29	T' 64 0	Fismes..... 13 0	T'......... »
Berrieux	384	23	77 0	St-Erme ... 5 0	Corbeny ... 3 0
Bouconville	372	20	124 0	St-Erme ... 13 0	Corbeny ... 5 0
Bourg-et-Comin	516	25	60 0	Fismes..... 13 0	Beaurieux.. 6 5
Braye-en-Laonnois	1160	22	64 0	Chailvet-U. 13 0	Vailly-s.-A. 11 0
Cerny-en-Laonnois	206	19	187 0	Laon 19 0	Colligis 6 0
Chamouille	193	14	118 0	Laon 14 0	Colligis 2 0
Chermizy	247	19	124 0	St-Erme... 16 0	Corbeny ... 9 0
Colligis	197	15	T' 118 0	Chailvet.... 12 0	T'......... »
Corbeny	800	20	T' 78 0	St-Erme ... 8 0	T'......... »
Courtecon	117	17	87 0	Chailvet-U. 14 0	Colligis 3 0
Crandelain-et-Malval	162	16	87 0	Chailvet.... 11 0	Colligis 1 0
Craonnelle	286	27	200 0	St-Erme ... 14 0	Craonne ... 3 0
Cuiry-lès-Chaudardes	121	31	50 0	Fismes..... 16 0	Beaurieux.. 3 0
Cuissy-et-Geny	169	26	175 0	Fismes..... 16 0	Beaurieux.. 4 0
Goudelancourt-lès-B	119	20	110 0	St-Erme ... 4 0	Corbeny ... 5 0
Jumigny	109	25	166 0	Fismes..... 16 0	Beaurieux.. 4 0
Lierval	285	12	142 0	Chailvet.... 11 0	Colligis 4 0
Martigny	257	12	118 0	Laon 12 0	Bruyères... 4 5
Monthenault	180	12	207 0	Laon 12 0	Colligis 3 5
Moulins	239	22	175 0	Fismes..... 17 0	Beaurieux.. 7 0
Moussy-sur-Aisne	110	24	61 0	Fismes..... 16 0	Vailly-s.-A. 9 0
Neuville	119	17	124 0	Laon 17 0	Corbeny ... 10 0
Œuilly	257	29	46 0	Fismes..... 11 0	Beaurieux.. 3 5
Oulches	164	27	200 0	St-Erme ... 17 0	Craonne ... 6 0
Paissy	225	24	175 0	Laon 24 0	Beaurieux.. 6 0
Pancy	99	15	118 0	Laon 15 0	Colligis 1 0
Pargnan	189	26	175 0	Fismes..... 18 0	Beaurieux.. 4 0
Sainte-Croix	214	17	124 0	St-Erme ... 10 0	Corbeny ... 4 7
Saint-Thomas	154	20	96 0	St-Erme ... 7 0	Corbeny ... 5 0
Trucy	247	14	142 0	Chailvet-U. 9 0	Colligis 3 0
Vassogne	157	27	200 0	Fismes..... 17 0	Beaurieux.. 4 5
Vauclerc-et-l-Vallée-F.	78	23	200 0	St-Erme ... 15 0	Craonne ... 4 0
Vendresse et Troyon	206	20	64 0	Laon 20 0	Beaurieux.. 9 0
Verneuil-Courtonne	277	23	62 0	Ciry-Serm.. 16 0	Beaurieux.. 9 5

VI. — CANTON DE CRÉCY-SUR-SERRE (20 com., 11 640 hab.)

Noms des communes	Population	Dist. au chef-l. d'ar.	Localités avec gares, postes et télégraphes	Gare la plus près de chaque com. et distance à cette commune	Bureaux de postes desserv. les communes avec les distances
Crécy-sur-Serre	1959	16	🚂 T' »	Crécy-s-Ser. »	T'......... »
Assis-sur-Serre	490	16	🚂 »	Assis-s-Ser. »	Crécy-s.-S. 6 0
Barenton-Bugny	644	10	🚂 ⊠ **68 2**	Barenton-B. »	⊠......... »
Barenton-Cel	169	11	70 0	Barenton-B. 2 0	Barenton-B. 2 0
Barenton-sur-Serre	200	14	62 0	Dercy-Mor. 4 0	Crécy-s.-S.. 6 0
Bois-lès-Pargny	517	20	119 0	Crécy-Mor. 6 0	Dercy...... 4 0
Chalandry	404	14	🚂 »	Chalandry.. »	Crécy-s.-S.. 4 0
Chéry-lès-Pouilly	689	10	90 0	Crécy-s-S... 5 0	Crécy-s.-S.. 5 0
Couvron et Aumencou.	656	13	🚂 T' 86 0	Crépy-Cou. 2 0	T'......... »
Dercy	882	21	🚂 T' **66 7**	Dercy-Mor. 2 0	T'......... »
Mesbrecourt-Richec.	608	21	T *70 0*	Assis-s.-S.. 3 0	Crécy-s.-S.. 6 0
Montigny-sur-Crécy	481	20	68 0	Crécy-s.-S.. 4 0	Crécy-s.-S.. 4 0
Mortiers	342	20	🚂 »	Dercy-Mor. 1 0	Dercy...... 2 0
Nouvion-et-Catillon	933	20	T' 55 0	Pont-à-B... 1 0	T'......... »
Nouvion-le-Comte	679	20	🚂 T »	Nouvion-C. »	Nouvion-C. 2 0
Pargny-les-Bois	217	20	*134 0*	Crécy-s.-S.. 4 0	Crécy-s.-S. 4 0
Pont-à-Bucy	150	20	🚂 »	Pont-à-B... »	Nouvion-C. 2 0
Pouilly-sur-Serre	733	15	🚂 »	Pouilly-s-S. »	Crécy-s.-S.. 4 0
Remies	507	21	🚂 »	Remies..... »	Couvron ... 4 0
Verneuil-sur-Serre	380	12	82 0	Barenton-B. 3 0	Barenton-B. 3 0

VII. — CANTON DE LA FÈRE (27 com., 24 530 hab.)

Noms des communes	Population	Dist. au chef-l. d'ar.	Localités avec gares, postes et télégraphes	Gare la plus près de chaque com. et distance à cette commune	Bureaux de postes desserv. les communes avec les distances
La Fère	4951	25	🚂 T' **51 9**	La Fère.... »	T'......... »
Achery	908	25	91 0	La Fère.... 5 0	La Fère.... 5 0
Andelain	157	26	106 0	La Fère.... 3 0	La Fère.... 3 0
Anguilcourt-le-Sart	652	23	🚂 »	Anguilcourt 1 0	Nouvion-C. 3 0
Beautor	826	28	*50 0*	La Fère.... 3 0	La Fère.... 3 5
Bertaucourt-Epourdon	561	23	127 0	La Fère.... 6 0	La Fère.... 6 0
Brie	107	12	171 0	Crépy-Couv 5 0	Crépy-en-L. 3 0
Charmes	921	24	64 0	La Fère.... 2 0	La Fère.... 2 0
Courbes	92	16	92 0	Anguilcourt 1 0	Nouvion-C. 1 0
Danizy	422	23	78 0	La Fère.... 2 0	La Fère.... 2 8
Deuillet	178	25	79 0	La Fère.... 5 0	La Fère.... 5 0
Fargniers	2013	29	55 0	Tergnier... 1 0	Tergnier ... 1 0
Fourdrain	699	13	171 0	Crépy-Couv. 4 0	Crépy-en-L. 3 0
Fressancourt	227	18	127 0	Versigny... 4 0	La Fère.... 6 0
Liez	577	32	56 0	Tergnier... 5 0	Tergnier... 5 0
Mayot	374	26	91 0	La Fère.... 7 0	La Fère.... 7 0
Mennessis	260	34	68 0	Tergnier... 6 0	Tergnier... 6 0
Monceau-lès-Leups	796	16	116 0	Crépy-Couv. 5 0	Couvron ... 4 0
Quessy	1014	30	57 0	Tergnier ... 2 0	Tergnier... 2 0
Rogécourt	154	22	68 0	Versigny... 1 0	La Fère.... 5 0
Saint-Gobain	2219	22	🚂 T' »	St-Gobain.. »	T'......... »
Saint-Nicolas-au-Bois	237	18	192 0	St-Gobain.. 5 0	St-Gobain.. 5 0
Servais	380	26	79 0	St-Gobain.. 4 0	La Fère.... 6 0
Tergnier	3708	30	🚂 T' **54 7**	Tergnier ... »	T'......... »0
Travecy	884	30	100 0	La Fère.... 5 0	La Fère.... 4
Versigny	696	22	🚂 T **58 6**	Versigny... »	Nouvion-C.. 7 0
Vouël	517	32	54 0	Tergnier... 2 0	Tergnier... 2 0

Nota. — Les cotes inscrites dans ce tableau, à côté des signes abréviatifs 🚂 ⊠ T T', désignent des altitudes, c'est-à-dire la hauteur des points signalés au-dessus du niveau moyen des eaux de la mer. Les cotes imprimées en caractères gras et placées en face des noms des gares sont les altitudes *gravées* ou *à graver* sur les socles des bâtiments des dites gares, à 0 m. 50 environ au-dessus du niveau des rails. Les cotes inscrites en face du nom des communes sont extraites de la carte de l'état-major au 1/80000. Celles en italiques existent *dans la commune même.* Les autres sont les cotes du point le plus rapproché de la commune correspondante, point indiqué sur la carte de l'état-major.

I. — ARRONDISSEMENT DE LAON (Suite)

VIII. — CANTON DE MARLE (23 com., 12 821 hab.)

NOMS des COMMUNES	Population	Dist. au chef-l. d'ar.	LOCALITÉS AVEC GARES postes et télégraphes	GARE LA PLUS PRÈS de chaque com. et distance à cette commune		BUREAUX de postes desserv. les communes avec les distances	
Marle	2482	24	🚉 T 79 1	Marle	»	T	»
Agnicourt et Séchelles	559	32	99 0	Marle	16 0	Montcornet.	4 0
Autremencourt	412	23	106 0	Marle	6 0	Marle	6 0
Bosmont	338	25	89 0	Marle	7 0	Tavaux	3 0
Châtillon-lès-Sons	390	24	157 0	Marle	8 0	Marle	8 0
Cilly	429	30	89 0	Marle	5 0	Tavaux	5 5
Cuirieux	303	21	95 0	Marle	10 0	Marle	10 0
Erlon	461	20	79 0	Voyenne	0 3	Voyenne	1 0
Froidmont-Cohartille	563	16	95 0	Dercy-Mor	1 5	Dercy	4 0
Grandlup-et-Fay	498	14	82 0	Dercy-Mor	8 0	Pierrepont	3 0
Marcy	333	23	80 0	Marle	3 0	Marle	4 3
Monceau-le-Waast	291	9	90 0	Barenton-B.	5 0	Laon	10 0
Montigny-le-Franc	430	25	120 0	Marle	14 0	Montcornet.	7 0
Montigny-sous-Marle	219	27	90 0	Marle	3 0	Marle	3 0
Neuville-Bosmont (La)	402	26	129 0	Marle	6 0	Marle	6 0
Pierrepont	826	15	⊠ 70 0	Coucy-l.-E	12 0	⊠	»
Saint-Pierremont	239	27	96 0	Marle	10 0	Tavaux	3 0
Sons et Ronchères	782	25	120 0	Marle	9 0	Marle	9 0
Tavaux et Pontséricourt	1297	28	T 91 0	Marle	10 0	T	»
Thiernu	226	27	89 0	Marle	3 0	Marle	3 5
Toulis et Attencourt	358	21	89 0	Voyenne	4 0	Voyenne	4 0
Vesles et Caumont	416	17	70 0	Marle	10 0	Marle	10 0
Voyenne	567	21	🚉 T 72 4	Voyenne	0 6	T	»

IX. — CANTON DE NEUFCHATEL (28 com., 8 916 hab.)

NOMS des COMMUNES	Population	Dist. au chef-l. d'ar.	LOCALITÉS AVEC GARES postes et télégraphes	GARE LA PLUS PRÈS de chaque com. et distance à cette commune		BUREAUX de postes desserv. les communes avec les distances	
Neufchâtel	733	35	T 54 0	Guignicourt	6 0	T	»
Aguilcourt	272	41	66 0	Guignicourt	5 0	Guignicourt	5 0
Amifontaine	381	25	🚉 ⊠ 74 7	Amifontaine	»	⊠	»
Berry-au-Bac	727	31	T 52 0	Guignicourt	7 0	T	»
Bertricourt	82	40	57 0	Guignicourt	7 5	Neufchâtel	5 2
Bouffignereux	148	36	65 0	Guignicourt	12 0	Roucy	2 0
Chaudardes	152	36	48 0	Guignicourt	14 0	Beaurieux	4 0
Concevreux	283	37	51 0	Fismes	12 0	Roucy	2 5
Condé-sur-Suippe	161	39	56 0	Guignicourt	2 0	Guignicourt	2 0
Evergnicourt	267	35	59 0	Guignicourt	8 0	Neufchâtel	1 4
Gernicourt	105	34	51 0	Guignicourt	6 0	Berry-au-B.	2 0
Guignicourt	576	37	🚉 T 67 7	Guignicourt	»	T	»
Guyencourt	300	37	93 0	Guignicourt	14 0	Roucy	2 0
Juvincourt et Damary	638	28	83 0	Guignicourt	6 0	Guignicourt	6 0
Lor	235	33	102 0	St-Erme	15 0	Neufchâtel	12 0
Maizy	390	33	52 0	Fismes	10 0	Beaurieux	2 0
Malmaison (La)	616	28	115 0	Amifontaine	5 0	Neufchâtel	10 0
Menneville	281	35	64 0	Guignicourt	4 0	Neufchâtel	2 0
Meurival	109	36	118 0	Jonchery-V.	8 0	Beaurieux	7 0
Muscourt	63	35	118 0	Fismes	9 0	Beaurieux	6 0
Orainville	284	45	78 0	Loivre	5 0	Neufchâtel	7 0
Pignicourt	285	38	64 0	Guignicourt	7 0	Neufchâtel	3 0
Pontavert	392	30	T 54 0	Guignicourt	11 0	Berry-au-B.	6 0
Prouvais	446	30	115 0	Guignicourt	4 0	Neufchâtel	6 0
Proviseux et Plesnoy	151	32	113 0	Guignicourt	6 0	Neufchâtel	4
Roucy	568	33	84 0	Guignicourt	15 0	T	»
Variscourt	80	41	78 0	Guignicourt	3 0	Guignicourt	3 0
Ville-au-Bois-l.-P. (La)	189	28	55 0	Amifontaine	9 0	Berry-au-B.	7 5

X. — CANTON DE ROZOY-SUR-SERRE (30 com., 14 364 hab.)

NOMS des COMMUNES	Population	Dist. au chef-l. d'ar.	LOCALITÉS AVEC GARES postes et télégraphes	GARE LA PLUS PRÈS de chaque com. et distance à cette commune		BUREAUX de postes desserv. les communes avec les distances	
Rozoy-sur-Serre	1445	43	T 118 0	Rozoy	»	T	»
Archon	221	45	148 0	Rozoy	4 0	Rozoy-s.-S.	4 0
Autels (Les)	358	55	249 0	Rumigny	7 0	Brunehamel	4 0
Berlise	304	39	133 0	Rozoy	6 5	Montcornet.	8 0
Brunehamel	888	52	T 210 0	Aubenton	8 0	T	»
Chaourse	1000	36	115 0	Montcornet.	1 5	Montcornet.	1 5
Chéry-lès-Rozoy	396	42	136 0	Rozoy	3 5	Rozoy-s.-S.	3 5
Clermont	221	29	136 0	Clermont	»	Bucy-le-P.	3 5
Cuiry-lès-Iviers	181	47	175 0	Rozoy	6 0	Brunehamel	6 0
Dagny-Lambercy	393	45	142 0	Montcornet.	11 0	Plomion	5 0
Dizy-le-Gros	1420	31	T 138 0	Montcornet.	8 0	T	»
Dohis	362	50	175 0	Rozoy	6 5	Brunehamel	3 0
Dolignon	142	42	175 0	Rozoy	5 0	Rozoy-s.-S.	5 0
Grandrieux	196	50	241 0	Rozoy	6 0	Rozoy-s.-S.	6 0
Lislet	190	36	119 0	Montcornet.	1 5	Montcornet.	1 5
Montcornet	1725	35	T 115 0	Montcornet.	»	T	»
Montloué	556	40	129 0	Montcornet.	5 0	Montcornet.	5 0
Morgny-en-Thiérache	341	45	158 0	Rozoy	9 0	Rozoy-s.-S.	9 0
Noircourt	211	38	129 0	Montcornet.	6 5	Montcornet.	6 5
Parfondeval	466	50	183 0	Rozoy	5 5	Rozoy-s.-S.	5 5
Raillimont	158	46	153 0	Rozoy	2 0	Rozoy-s.-S.	2 0
Renneval	309	40	209 0	Magny Halte	4 0	Rozoy-s.-S.	8 0
Résigny	528	51	135 0	Rozoy	8 0	Rozoy-s.-S.	8 0
Rouvroy	183	48	153 0	Rozoy	4 0	Rozoy-s.-S.	4 0
Sainte-Geneviève	160	41	127 0	Rozoy	5 0	Rozoy-s.-S.	5 0
Soize	271	41	138 0	Rozoy	4 0	Rozoy-s.-S.	4 0
Thuel (Le)	253	35	125 0	Montcornet.	7 5	Montcornet.	7 5
Vigneux	718	38	135 0	Montcornet.	6 0	Montcornet.	6 0
Ville-a.-Bois-lès-D. (La)	480	32	131 0	Clermont	4 0	Dizy-le-Gr.	5 0
Vincy-Reuil et Magny	288	39	121 0	Marle	19 0	Montcornet.	4 5

XI. — CANTON DE SISSONNE (21 com., 12 612 hab.)

NOMS des COMMUNES	Population	Dist. au chef-l. d'ar.	LOCALITÉS AVEC GARES postes et télégraphes	GARE LA PLUS PRÈS de chaque com. et distance à cette commune		BUREAUX de postes desserv. les communes avec les distances	
Sissonne	1527	20	🚉 T 80 0	St-Erme	6 0	T	»
Boncourt	391	19	95 0	Clermont	5 5	Sissonne	6 0
Bucy-lès-Pierrepont	909	24	T 89 0	Bucy	»	T	»
Chivres	590	19	90 0	Laon	19 0	N.-D.-de-L.	4 0
Coucy-lès-Eppes	479	11	🚉 T 87 0	Coucy-l.-E.	»	T	»
Courtrizy et Fussigny	145	15	192 0	Coucy-l.-E.	4 0	Coucy-l.-E.	4 0
Eboulcau	332	24	111 0	Bucy	3 0	Bucy-les-P.	4 2
Gizy	626	13	72 0	Liesse	2 0	N.-D.-de-L.	2 0
Goudelancourt-lès-P.	335	22	110 0	Liesse	7 0	N.-D.-de-L.	7 0
Lappion	585	26	95 0	Clermont	7 5	Sissonne	7 0
Liesse	1430	16	T 72 0	Liesse	»	T	»
Mâchecourt	263	19	89 0	Liesse	7	N.-D.-de-L.	7 0
Marchais	557	15	T 111 0	Coucy-l.-E.	4 0	N.-D.-de-L.	3 0
Mauregny-en-Haye	547	13	101 0	Coucy-l.-E.	4 0	Coucy-l.-E.	4 0
Missy-lès-Pierrepont	202	17	73 0	Liesse	3 0	N.-D.-de-L.	4 0
Montaigu	819	16	100 0	St-Erme	2 0	St-Erme	2 0
Nizy-le-Comte	649	31	98 0	St-Erme	18 0	Sissonne	12 0
St-Erme-Montaigu	1502	20	🚉 T 101 5	St-Erme	»	T	»
Sainte-Preuve	218	25	84 0	Bucy	4 0	N.-D.-de-L.	8 0
Samoussy	213	9	83 0	Athiés	3 0	N.-D.-de-L.	6 0
Selve (La)	353	27	103 0	St-Erme	14 0	Sissonne	8 0

II. — ARRONDISSEMENT DE CHATEAU-THIERRY (5 cantons, 124 communes, 582 88 habitants)

I. — CANTON DE CHATEAU-THIERRY (21 com., 16 086 hab.)

NOMS des COMMUNES	Population	Dist. au chef-l. d'ar.	LOCALITÉS AVEC GARES postes et télégraphes	GARE LA PLUS PRÈS de chaque com. et distance à cette commune		BUREAUX de postes desserv. les communes avec les distances	
Château-Thierry	7296	»	🚉 T 63 7	Château-Th.	»	T	»
Azy-Bonneil	187	6	T 58 0	Nogent-l'A.	6 0	Château-Th.	6 0
Belleau	216	4	T 126 0	Château-Th.	11 0	Château-Th.	11 0
Bézu-St-Germain	517	9	🚉 181 4	Bézu-St-G.	3 0	Château-Th.	8 0
Blesmes	302	4	186 0	Château-Th.	4 0	Château-Th.	11 0
Bonneil	366	8	70 0	Nogent-l'A.	5 0	Château-Th.	8 0
Bouresches	257	9	138 0	Château-Th.	10 0	Château-Th.	10 0
Brasles	633	2	60 0	Château-Th.	3 0	Château-Th.	3 0
Chierry	290	2	85 0	Château-Th.	1 5	Château-Th.	2 0
Epaux-Bézu	612	10	125 0	Bézu-St-G.	5 0	Château-Th.	10 0
Epieds	365	9	138 0	Bézu-St-G.	7 0	Château-Th.	9 0
Essômes	1650	4	59 0	Château-Th.	4 0	Château-Th.	4 0
Etampes	426	2	90 9	Château-Th.	1 0	Château-Th.	1 0
Etrepilly	130	7	209 0	Château-Th.	8 0	Château-Th.	8 0
Fossoy	263	7	99 0	Mézy-Moul.	8 0	Château-Th.	7 0
Gland	326	6	60 0	Château-Th.	6 0	Château-Th.	6 0
Marigny-en-Orxois	568	15	T 184 0	Nanteuil-S.	13 0	Montreuil-L.	5 0
Mont-Saint-Père	606	9	T 130 0	Mézy	2 0	Château-Th.	9 0
Nesles	408	3	174 0	Château-Th.	3 0	Château-Th.	3 0
Nogentel	480	3	90 0	Château-Th.	3 0	Château-Th.	3 0
Verdilly	288	5	105 0	Bézu-St-G.	4 0	Château-Th.	5 0

II. — CANTON DE CHARLY (19 com., 11 481 hab.)

NOMS des COMMUNES	Population	Dist. au chef-l. d'ar.	LOCALITÉS AVEC GARES postes et télégraphes	GARE LA PLUS PRÈS de chaque com. et distance à cette commune		BUREAUX de postes desserv. les communes avec les distances	
Charly	1793	10	T 57 0	Nogent-l'A.	3 0	T	»
Bézu-le-Guéry	264	16	196 0	Nanteuil-S.	6 0	Charly	7 0
Chapelle-sur-Chézy (La)	238	13	206 0	Nogent-l'A.	8 0	Chézy-s.-M.	5 0
Chézy-sur-Marne	1154	8	🚉 T »	Nogent-l'A.	5 0	T	»
Coupru	184	12	152 0	Château-Th.	12 0	Charly	8 0
Crouttes	588	20	56 0	Nanteuil-S.	2 0	Charly	5 0
Domptin	387	11	104 0	Nogent-l'A.	9 0	Charly	6 0
Epine-au-Bois (L')	383	23	159 0	Nogent-l'A.	15 0	Viels-Mais.	5 0
Essises	370	12	126 0	Nogent-l'A.	11 0	Chézy-s.-M.	5 8
Lucy-le-Bocage	216	11	192 0	Château-Th.	12 0	Château-Th.	12 0
Montfaucon	261	12	197 0	Château-Th.	12 0	Viels-Mais.	10 0
Montreuil-aux-Lions	911	16	T 160 0	Forté-s.-J.	10 0	T	»
Nogent-l'Artaud	1322	13	🚉 T 61 5	Nogent-l'A.	»	T	»
Pavant	819	17	60 0	Nogent-l'A.	3 0	Nogent-l'A.	3 0
Romeny	271	11	69 0	Nogent-l'A.	1 5	Charly	3 0
Saulchery	542	13	57 0	Nogent-l'A.	1 5	Charly	2 0
Vendières	335	25	179 0	Nogent-l'A.	18 0	Viels-Mais.	6 0
Viels-Maisons	947	19	T 200 0	Nogent-l'A.	10 0	T	»
Villiers-sur-Marne	445	18	79 0	Nogent-l'A.	6 0	Charly	3 0

III. — CANTON DE CONDÉ (27 com., 9 962 hab.)

NOMS des COMMUNES	Population	Dist. au chef-l. d'ar.	LOCALITÉS AVEC GARES postes et télégraphes	GARE LA PLUS PRÈS de chaque com. et distance à cette commune		BUREAUX de postes desserv. les communes avec les distances	
Condé	639	15	🚉 T 83 8	Condé	»	T	»
Artonges	295	20	🚉 165 6	Artonges	»	Montmirail.	7 0
Barzy	453	14	80 0	Jaulgonne	3 0	Jaulgonne	1 5
Baulne	512	20	194 0	Condé	5 2	Condé	5 0
Celle (La)	236	24	117 0	Montmirail.	5 9	Montmirail.	6 0
Celles-lès-Condé	139	16	80 0	Condé	1 0	Condé	1 0
Chapelle-Mouth. (La)	385	21	133 0	Dormans	6 0	Condé	6 0
Chartèves	320	10	63 0	Mézy-Moul.	2 0	Château-Th.	10 0
Connigis	271	12	🚉 76 3	Connigis	1 0	Condé	5 0
Courboin	359	11	221 0	Connigis	4 1	Condé	6 0

III. — CANTON DE CONDÉ (Suite)

NOMS des COMMUNES	Population	Dist. au chef-l. d'ar.	LOCALITÉS AVEC GARES postes et télégraphes	GARE LA PLUS PRÈS de chaque com. et distance à cette commune		BUREAUX de postes desserv. les communes avec les distances	
Courtemont-Varennes	273	13		Jaulgonne	1 0	Jaulgonne	3 0
Crézancy	529	9	🚉 T 68 4	Crézancy	»	T	»
Fontenelle	288	16	226 0	Artonges	8 0	Viels-Mais.	8 0
Jaulgonne	566	13	🚉 ⊠ 67 0	Jaulgonne	»	⊠	»
Marchais	367	20	174 0	Montmirail.	6 3	Montmirail.	6 5
Mézy-Moulins	337	10	🚉 67 0	Mézy-Moul.	»	Crézancy	2 0
Monthurel	187	13	80 0	Connigis	1 2	Condé	3 0
Montigny-lès-Condé	176	18	224 0	Condé	2 9	Condé	3 0
Montlevon	497	17	176 0	Pargny-D.	2 0	Condé	5 0
Pargny-la-Dhuis	302	17	🚉 146 3	Pargny-D.	»	Condé	6 0
Passy-sur-Marne	181	18	64 0	Varennes-J.	6 0	Jaulgonne	5 0
Reuilly-Sauvigny	283	15	64 0	Varennes	5 0	Jaulgonne	6 0
Rozoy-Bellevalle	173	17	197 0	Artonges	11 5	Viels-Mais.	6 0
Saint-Agnan	235	18	96 0	Condé	3 5	Condé	3 0
Saint-Eugène	245	12	»	Connigis-E.	»	Condé	3 5
Tréloup	1369	21	65 0	Dormans	3 5	Dormans	3 0
Viffort	345	10	65 0	Château-T.	10 0	Chézy-s.-M.	8 5

IV. — CANTON DE FÈRE-EN-TARDENOIS (23 com., 10 250 hab.)

NOMS des COMMUNES	Population	Dist. au chef-l. d'ar.	LOCALITÉS AVEC GARES postes et télégraphes	GARE LA PLUS PRÈS de chaque com. et distance à cette commune		BUREAUX de postes desserv. les communes avec les distances	
Fère-en-Tardenois	2397	23	T 141 1	Coincy	9 0	T	»
Beuvardes	759	14	154 0	Coincy	6 0	Fère-en-T.	7 0
Brécy	423	13	108 0	Coincy	1 0	Coincy	1 0
Bruyères	248	18	123 0	Coincy	5 3	Fère-en-T.	6 0
Charmel (Le)	398	16	150 0	Varennes-J.	4 5	Jaulgonne	3 0
Cierges	245	24	138 0	Varennes	12 0	Fère-en-T.	8 0
Cohan	147	30	145 0	Fismes	12 0	Coulonges	2 0
Coincy	1089	15	🚉 T 123 3	Coincy	»	T	»
Coulonges	556	28	T 164 0	Jaulgonne	18 0	T	»
Courmont	247	21	192 0	Varennes-J.	9 0	Fère-en-T.	8 0
Dravegny	265	32	140 0	Fismes	10 0	Coulonges	4 0
Fresnes	324	21	184 0	Varennes-J.	9 0	Fère-en-T.	8 0
Goussancourt	215	27	223 0	Dormans	12 0	Coulonges	5 0
Mareuil-en-Dôle	351	28	133 0	Fismes	13 0	Fère-en-T.	6 0
Nanteuil-Notre-Dame	139	18	92 0	Coincy	4 5	Fère-en-T.	9 0
Ronchères	217	22	190 0	Varennes-J.	10 0	Fère-en-T.	11 0
Saponay	295	24	127 0	Coincy	12 0	Fère-en-T.	3 0
Sergy	203	25	138 0	Varennes-J.	11 0	Fère-en-T.	6 0
Seringes et Nesles	329	24	184 0	Coincy	13 0	Fère-en-T.	4 0
Vézilly	339	31	237 0	Fismes	14 0	Coulonges	6 0
Villeneuve-sur-Fère	333	19	130 0	Coincy	6 0	Fère-en-T.	5 0
Villers-Agron-Aiguisy	194	31	126 0	Dormans	14 0	Coulonges	9 0
Villers-sur-Fère	477	21	124 0	Coincy	11 0	Fère-en-T.	3 0

V. — CANTON DE NEUILLY-SAINT-FRONT (34 com., 10 509 hab.)

NOMS des COMMUNES	Population	Dist. au chef-l. d'ar.	LOCALITÉS AVEC GARES postes et télégraphes	GARE LA PLUS PRÈS de chaque com. et distance à cette commune		BUREAUX de postes desserv. les communes avec les distances	
Neuilly-Saint-Front	1624	21	🚉 T 81 1	Neuilly-s-F.	2 8	T	»
Armentières	190	16	130 0	Oulchy-Br.	3 5	Oulchy-l-C.	3 0
Bonnes	323	13	121 0	Bézu-St-G.	8 0	Monthiers	3 0
Brumetz	198	21	71 0	La Ferté-M.	15 0	Gandelu	2 0
Bussiares	163	13	126 0	Château-Th.	13 0	Gandelu	5 5
Chézy-en-Orxois	539	21	146 0	La Ferté-M.	10 5	La Ferté-M.	10 0
Chouy	621	26	180 0	Neuilly-s-F.	3 3	Neuilly-s-F.	5 0
Courchamps	123	15	127 0	Neuilly-s-F.	9 8	Monthiers	3 7
Croix (La)	150	16	122 0	Oulchy-l-C.	2 3	Oulchy-l-C.	4 0
Dammard	230	25	109 0	La Ferté-M.	9 0	La Ferté-M.	8 5

II. — ARRONDISSEMENT DE CHATEAU-THIERRY (Suite)

V. — CANTON DE NEUILLY-SAINT-FRONT (Suite)

NOMS des COMMUNES	Population	Dist. au chef-l. d'ar.	LOCALITÉS AVEC GARES postes et télégraphes	GARE LA PLUS PRÈS de chaque com. et distance à cette commune	BUREAUX de postes desserv. les communes avec les distances
Ferté-Milon (La)	1709	31	🚂 T **69 2**	La Ferté-M. »	T »
Gandelu	479	19	T 71 0	Neuilly 15 0	T »
Grisolles	271	12	*172 0*	Neuilly 9 0	Neuilly-s-F. 8 0
Hautevesnes	197	16	145 0	Neuilly 12 0	Gandelu 5 0
Latilly	273	16	158 0	Neuilly-s-F. 7 8	Neuilly-s-F. 5 0
Licy-les-Moines	95	13	126 0	Neuilly 12 0	Monthiers 2 0
Marizy-Ste-Geneviève	236	26	150 0	Neuilly-s-F. 7 0	Ferté-Milon 8 0
Marizy-Saint-Mard	79	24	148 0	Neuilly-s-F. 5 8	Neuilly-s-F. 3 0
Monnes	122	21	109 0	Neuilly-s-F. 8 8	Neuilly-s-F. 6 0
Monthiers	322	13	T 193 0	Bézu-S-Gt. 10 0	T »
Montigny-l'Allier	416	25	112 0	La Ferté-M. 10 7	Gandelu 7 0
Montron	101	25	148 0	Neuilly-s-F. 6 8	Neuilly-s-F. 4 0
Nanteuil-Vichel	166	20	84 0	Neuilly-s-F. 4 0	Neuilly-s-F. 5 0
Passy-en-Valois	131	27	*115 0*	La Ferté-M. 6 5	La Ferté-M. 6 2
Priez	92	18	122 0	Neuilly-s-F. 6 8	Neuilly-s-F. 4 0
Rocourt	244	14	133 0	Coincy 2 5	Coincy 2 5
Rozet-Saint-Albin	376	22	118 0	Neuilly-s-F. 2 2	Neuilly-s-F. 6 0
Saint-Gengoulph	206	18	145 0	Neuilly 10 8	Gandelu 4 0
Saint-Quentin	46	26	109 0	La Ferté-M. 4 5	Ferté-Milon 4 2
Silly-la-Poterie	146	32	🚂 **69 8**	Silly-la-Pot. »	Ferté-Milon 6 0
Sommelans	65	16	177 0	Neuilly-s-F. 7 8	Neuilly-s-F. 5 0
Torcy	123	12	126 0	Château-Th. 1 0	Gandelu 8 0
Troësnes	248	30	98 0	Silly-la-Pot. 2 0	Ferté-Milon 4 5
Veuilly-la-Poterie	205	17	123 0	La Ferté-M. 15 8	Gandelu 3 0

III. — ARRONDISSEMENT DE SAINT-QUENTIN (7 cantons, 128 communes, 148 040 habitants)

I. — CANTON DE SAINT-QUENTIN (14 com., 54 494 hab.)

NOMS des COMMUNES	Population	Dist. au chef-l. d'ar.	LOCALITÉS AVEC GARES postes et télégraphes	GARE LA PLUS PRÈS de chaque com. et distance à cette commune	BUREAUX de postes desserv. les communes avec les distances
Saint-Quentin	47353	»	🚂 T **74 8**	St-Quentin »	T »
Essigny-le-Petit	437	10	🚂 T **89 2**	Essigny-l-P. »	T »
Fieulaine	694	15	*106 0*	Essigny-l-P. 6 0	Fresnoy-G. 9 0
Fonsommes	703	11	97 0	Essigny-l-P. 2 0	Essigny-l-P. 2 0
Fontaine-Notre-Dame	769	13	101 0	Essigny-l-P. 6 0	Essigny-l-P. 6 0
Harly	468	4	85 0	St-Quentin 4 0	St-Quentin 4 0
Homblières	1116	7	T 121 0	St-Quentin 6 0	T »
Lesdins	723	7	T 82 0	Essigny-l-P. 4 0	Levergies 4 0
Marcy	284	9	126 0	St-Quentin 9 0	Homblières 3 0
Mesnil-Saint-Laurent	350	7	*120 0*	St-Quentin 7 0	St-Quentin 7 0
Morcourt	515	5	90 0	St-Quentin 5 0	St-Quentin 5 0
Omissy	424	5	87 0	St-Quentin 5 0	St-Quentin 5 9
Remaucourt	402	8	82 0	Essigny-l-P. 3 0	Essigny-l-P. 3 0
Rouvroy	256	4	76 0	St-Quentin 4 0	St-Quentin 4 0

II. — CANTON DE BOHAIN (14 com., 23 651 hab.)

NOMS des COMMUNES	Population	Dist. au chef-l. d'ar.	LOCALITÉS AVEC GARES postes et télégraphes	GARE LA PLUS PRÈS de chaque com. et distance à cette commune	BUREAUX de postes desserv. les communes avec les distances
Bohain	6705	20	🚂 T **138 9**	Bohain »	T »
Becquigny	658	26	🚂 134 0	Bohain 4 0	Bohain 4 0
Brancourt	1505	18	124 0	Bohain 4 0	Montbrehain 3 0
Croix-Fonsommes	515	14	99 0	Fresnoy-G. 4 0	Fresnoy-G. 4 0
Escaufourt	484	31	151 0	Busigny 6 0	St-Souplet 3 0
Etaves-et-Bocquiaux	1257	20	*140 0*	Fresnoy-G. 3 0	Seboncourt 2 0
Fontaine-Uterte	272	10	143 0	Essigny-l-P. 3 0	Essigny-l-P. 3 0
Fresnoy-le-Grand	3706	16	🚂 T **122 7**	Fresnoy-G. »	T »
Montbrehain	1707	17	T 135 0	Bohain 7 0	T »
Montigny-Carotte	1260	18	*150 0*	Fresnoy-G. 7 0	Seboncourt 6 0
Prémont	1650	23	⊠ 116 0	Bohain 6 0	⊠ »
Ramicourt	371	15	119 0	Bohain 10 0	Montbrehain 2 0
Séboncourt	2379	20	T 134 0	Fresnoy-G. 3 0	T »
Serain	1182	25	150 0	Bohain 7 0	Prémont 3 0

III. — CANTON DE CATELET (18 com., 16 945 hab.)

NOMS des COMMUNES	Population	Dist. au chef-l. d'ar.	LOCALITÉS AVEC GARES postes et télégraphes	GARE LA PLUS PRÈS de chaque com. et distance à cette commune	BUREAUX de postes desserv. les communes avec les distances
Catelet (Le)	505	20	T 86 0	St-Quentin 20 0	T »
Aubencheul-aux-Bois	743	22	129 0	St-Quentin 22 0	Le Catelet 4 0
Beaurevoir	2011	20	T 138 0	Bohain 14 0	Montbrehain 4 0
Bellenglise	708	9	76 0	St-Quentin 9 0	Bellicourt 5 0
Bellicourt	1282	14	T 142 0	St-Quentin 14 0	T »
Bony	407	18	109 0	Epehy 9 1	Le Catelet 2 3
Estrées	1068	15	139 0	Bohain 13 0	Le Catelet 6 0
Gouy	1375	19	86 0	Epehy 10 0	Le Catelet 1 0
Hargicourt	1412	17	T 140 0	Roisel 7 0	Bellicourt 4 0
Haucourt (Le)	612	9	133 0	St-Quentin 9 0	Levergies 2 0
Joncourt	710	14	139 0	St-Quentin 14 0	Le Catelet 6 0
Lempire	383	21	116 0	Epehy 3 0	Epehy 3 0
Levergies	1050	10	⊠ *109 0*	Essigny-l-P. 8 0	⊠ »
Magny-la-Fosse	239	12	142 0	Essigny-l-P. 10 0	Levergies 3 0
Nauroy	1197	14	*103 0*	St-Quentin 14 0	Bellicourt 2 0
Sequehart	505	11	*102 0*	Essigny-l-P. 9 0	Levergies 2 0
Vendhuille	1781	21	140 0	Epehy 8 0	Le Catelet 3 0
Villeret	957	16	140 0	Roisel 8 0	Bellicourt 4 0

IV. — CANTON DE MOY (19 com., 10 414 hab.)

NOMS des COMMUNES	Population	Dist. au chef-l. d'ar.	LOCALITÉS AVEC GARES postes et télégraphes	GARE LA PLUS PRÈS de chaque com. et distance à cette commune	BUREAUX de postes desserv. les communes avec les distances
Moy	1096	13	T *105 0*	Mézières-O. 3 0	T »
Alaincourt	568	12	*61 0*	Mézières-O. 2 0	Moy 2 0
Benay	304	11	121 0	Montescourt 5 0	Montescourt 5 0
Berthenicourt	235	11	*67 0*	Mézières-O. 1 0	Moy 3 0
Brissay-Choigny	586	17	76 0	La Fère 9 0	Moy 4 0
Brissy	721	15	64 0	Mézières-O. 5 0	Moy 2 0
Cerizy	98	11	117 0	St-Quentin 11 0	Moy 2 5
Châtillon-sur-Oise	213	13	84 0	Mézières 3 0	Moy 8 0
Essigny-le-Grand	885	9	T *115 0*	Montescourt 4 8	Montescourt 5 0
Gibercourt	204	14	92 0	Montescourt 2 0	Montescourt 2 0
Hamégicourt	615	14	64 0	Mézières-O. 5 0	Moy 2 0
Hinacourt	106	13	100 0	Montescourt 4 0	Montescourt 4 0
Itancourt	782	6	🚂 »	de St-Q. à G. 7 0	St-Quentin 7 0
Ly-Fontaine	228	16	87 0	Montescourt 5 0	Montescourt 5 0
Mézières	549	11	🚂 »	Mézières »	Moy 3 0
Neuville-Saint-Amand	389	4	120 0	St-Quentin 3 0	St-Quentin 4 0
Remigny	962	17	98 0	Montescourt 5 0	Montescourt 5 0
Urvillers	713	7	*120 0*	St-Quentin 7 0	Moy 6 0
Vendeuil	1260	16	T 90 0	La Fère 6 0	T »

V. — CANTON DE RIBEMONT (15 com., 15 185 hab.)

NOMS des COMMUNES	Population	Dist. au chef-l. d'ar.	LOCALITÉS AVEC GARES postes et télégraphes	GARE LA PLUS PRÈS de chaque com. et distance à cette commune	BUREAUX de postes desserv. les communes avec les distances
Ribemont	3129	15	🚂 T »	Ribemont »	T »
Chevresis-Monceau	573	27	99 0	Ribemont 11 0	La Ferté-C. 3 0
Ferté-Chevresis (La)	1324	26	⊠ 70 0	Ribemont 11 0	⊠ »
Mont d'Origny	1193	16	88 0	Origny-se-B. 1 0	Origny-s-B. 1 0
Neuvillette	437	16	121 0	Origny-se-B. 2 5	Origny-s-B. 2 5
Origny-Sainte-Benoite	2472	15	🚂 T »	de St-Q. à G. »	T »
Parpeville	794	24	145 0	Ribemont 7 0	Ribemont 7 0
Pleine-Selve	495	20	*147 0*	Ribemont 5 0	Ribemont 5 0
Regny	384	13	120 0	Ribemont 5 0	Ribemont 5 0
Renansart	485	19	121 0	Séry-Méziè. 7 0	Ribemont 7 0
Séry-les-Mézières	975	13	🚂 »	Séry-Méziè. »	Ribemont 3 0
Sissy	935	12	84 0	Ribemont 4 0	Ribemont 4 0
Surfontaine	304	18	*121 0*	Séry-Méziè. 5 0	Ribemont 5 0
Thenelles	1148	14	72 0	Origny-se-B. 2 0	Origny-s-B. 2 0
Villers-le-Sec	537	21	*122 0*	Ribemont 4 5	Ribemont 4 5

VI. — CANTON DE SAINT-SIMON (23 com., 14 377 hab.)

NOMS des COMMUNES	Population	Dist. au chef-l. d'ar.	LOCALITÉS AVEC GARES postes et télégraphes	GARE LA PLUS PRÈS de chaque com. et distance à cette commune	BUREAUX de postes desserv. les communes avec les distances
Saint-Simon	695	16	T 60 0	Flavy-le-M. 3 0	T »
Annois	512	20	72 0	Flavy-le-M. 0 6	Flavy-le-M. 1 2
Artemps	609	13	94 0	Montescourt 6 0	St-Simon 2 0
Braye-St-Christophe	189	14	74 0	Flavy-le-M. 8 0	St-Simon 5 0
Castres	402	8	86 0	St-Quentin 8 0	Grugies 3 0
Clastres	774	16	82 0	Montescourt 2 0	Montescourt 2 0
Contescourt	157	10	90 0	St-Quentin 9 0	Grugies 4 0
Cugny	805	22	74 0	Flavy-le-M. 3 0	Flavy-le-M. 3 0
Dallon	346	5	80 0	Rocourt 3 0	St-Quentin 5 0
Dury	371	17	82 0	Flavy-le-M. 7 5	Ham 5 0
Flavy-le-Martel	2162	19	🚂 T **69 1**	Flavy-le-M. »	T »
Fontaine-lès-Clercs	362	7	90 0	St-Quentin 7 0	Grugies 4 0
Gauchy	662	5	91 0	St-Quentin 5 0	Grugies 2 0
Grugies	653	6	T 81 0	St-Quentin 6 0	T »
Happencourt	342	11	92 0	Flavy-le-M. 8 0	Seraucourt 4 0
Jussy	1275	17	90 0	Flavy-le-M. 2 0	Flavy-le-M. 3 0
Montescourt-Lizerolles	714	14	🚂 T **79 8**	Montescourt »	T »
Ollezy	294	20	70 0	Ham 7 0	Ham 7 0
Pithon	125	18	*84 0*	Ham 2 0	Ham 3 0
Seraucourt-le-Grand	1139	12	T 99 0	Montescourt 7 0	T »
Sommette-Eaucourt	220	23	70 0	Ham 5 0	Ham 5 0
Tugny-et-Pont	572	15	82 0	Flavy-le-M. 6 0	St-Simon 3 0
Villers-St-Christophe	797	17	T 81 0	Ham 5 0	T »

VII. — CANTON DE VERMAND (25 com., 12 974 hab.)

NOMS des COMMUNES	Population	Dist. au chef-l. d'ar.	LOCALITÉS AVEC GARES postes et télégraphes	GARE LA PLUS PRÈS de chaque com. et distance à cette commune	BUREAUX de postes desserv. les communes avec les distances
Vermand	1264	12	🚂 T »	Vermand 1 5	T »
Aubigny	297	16	94 0	Ham 6 0	Villers-S-C. 1 0
Beauvois	624	15	99 0	Vermand 6 0	Villers-S-C. 4 0
Caulaincourt	377	16	99 0	Vermand 5 0	Vermand 5 0
Douchy	345	14	95 0	Ham 8 0	Villers-S-C. 6 0
Etreillers	1153	10	*101 0*	Holnon 4 0	Roupy 3 0
Fayet	396	4	124 0	St-Quentin 4 0	St-Quentin 4 0
Fluquières	738	12	95 0	St-Quentin 12 0	Roupy 2 0
Foreste	384	16	94 0	Ham 9 0	Villers-S-C. 3 0
Francilly-Selency	320	6	117 0	St-Quentin 6 2	Vermand 6 0
Germaine	155	15	84 0	Ham 10 1	Villers-S-C. 5 0
Gricourt	767	7	115 0	St-Quentin 5 0	St-Quentin 5 0
Holnon	634	5	🚂 »	Holnon-Sav. 1 0	Vermand 5 0
Jeancourt	631	14	136 0	Hervilly 2 0	Vermand 7 0
Lanchy	150	18	83 0	Ham 10 0	Villers-S-C. 5 0
Maissemy	539	9	99 0	Vermand 4 0	Vermand 4 0
Marteville *(Attilly)*	670	11	🚂 »	» »	Vermand 1 0
Pontru	603	9	76 0	Vermand 6 0	Vermand 6 0
Pontruet	405	10	*76 0*	St-Quentin 10 0	Vermand 8 0
Roupy	583	9	T 101 0	St-Quentin 9 0	T »
Savy	674	8	🚂 »	Savy 2 0	Roupy 2 0
Trefcon	173	18	*99 0*	Vermand 6 0	Vermand 6 0
Vaux	207	10	🚂 »	Vermand 7 0	Roupy 3 0
Vendelles	337	16	*116 0*	Hervilly-M. 2 0	Vermand 4 0
Verguier (Le)	548	14	136 0	Roisel 5 0	Vermand 6 0

IV. — ARRONDISSEMENT DE SOISSONS (6 cantons, 165 communes, 70 884 habitants)

I. — CANTON DE SOISSONS (20 com., 21 226 hab.)

NOMS des COMMUNES	Population	Dist. au chef-l. d'ar.	LOCALITÉS AVEC GARES postes et télégraphes	GARE LA PLUS PRÈS de chaque com. et distance à cette commune	BUREAUX de postes desserv. les communes avec les distances
Soissons	11850	»	🚂 T **55 7**	Soissons »	T »
Belleu	770	3	59 0	Soissons 1 5	Soissons 2 9
Berzy-le-Sec	481	6	🚂 **72 4**	Berzy-le-S. 2 5	Soissons 6 2
Billy-sur-Aisne	493	6	59 7	Soissons 4 5	Soissons 5 6
Chavigny	282	8	46 0	Crouy 8 0	Soissons 8 0
Courmelles	593	5	66 0	Berzy-le-S. 2 0	Soissons 4 5
Crouy	1348	4	🚂 **55 0**	Crouy »	Soissons 4 0
Cuffies	1286	4	136 0	Crouy 3 0	Soissons 4 0
Juvigny	375	10	*130 0*	Crouy 9 0	Soissons 10 0
Leury	145	6	150 0	Crouy 6 0	Soissons 6 0
Mercin-et-Vaux	419	4	🚂 **43 7**	Mercin »	Soissons 3 9
Noyant et Aconin	252	6	86 0	Berzy-le-S. 1 1	Septmonts 2 3
Pasly	241	4	129 0	Crouy 4 0	Soissons 4 0
Ploisy	84	7	142 0	Berzy-le-S. 3 4	Soissons 7 0
Pommiers	448	5	»	Mercin-P. 2 0	Soissons 4 7
Septmonts	437	7	T 67 0	Berzy-le-S. 3 0	T »
Vauxbuin	480	4	54 0	Berzy-le-S. 4 7	Soissons 4 1
Vaurezis	346	6	57 0	Crouy 6 8	Soissons 6 4
Venizel	280	6	59 0	Soissons 5 0	Soissons 6 0
Villeneuve-St-Germain	616	3	94 0	Soissons 2 2	Soissons 3 0

II. — CANTON DE BRAINE (42 com., 11 652 hab.)

NOMS des COMMUNES	Population	Dist. au chef-l. d'ar.	LOCALITÉS AVEC GARES postes et télégraphes	GARE LA PLUS PRÈS de chaque com. et distance à cette commune	BUREAUX de postes desserv. les communes avec les distances
Braine	1521	18	🚂 T **55 3**	Braine »	T »
Acy	653	9	166 0	Soissons 9 0	Soissons 9 0
Augy	162	16	98 0	Braine 2 0	Braine 2 0
Barbonval	56	29	174 0	Fismes 8 0	Fismes 8 0
Bazoches	318	25	59 0	Fismes 4 0	Fismes 4 0
Blanzy-lès-Fismes	136	35	173 0	Fismes 4 0	Fismes 4 0
Brenelle	258	22	152 0	Braine 4 0	Braine 4 0
Bruys	78	28	140 0	Braine 10 0	Braine 10 0
Cerseuil	175	19	*129 0*	Braine 4 0	Braine 4 0
Chassemy	692	16	60 0	Ciry-Salsog. 3 0	Braine 6 0
Chéry-Chartreuve	510	32	⊠ 92 0	Fismes 8 0	⊠ »
Ciry-Salsogne	566	12	🚂 **54 5**	Ciry-Serm. 1 0	Braine 7 0
Courcelles	346	21	79 0	Braine 2 5	Braine 2 5
Couvrelles	271	17	152 0	Braine 5 0	Braine 5 0
Cys-la-Commune	174	20	59 0	Braine 8 0	Vailly 6 0
Dhuizel	230	25	175 0	Braine 7 0	Braine 7 0
Glennes	316	35	137 0	Fismes 7 0	Beaurieux 7 0
Jouaignes	267	27	140 0	Braine 6 0	Braine 6 0
Lesges	200	20	135 0	Braine 6 0	Braine 6 0
Lhuys	193	26	77 0	Braine 9 0	Braine 9 0

VI. — ARRONDISSEMENT DE SOISSONS (Suite)

II. — CANTON DE BRAINE (Suite)

Noms des communes	Population	Dist. au chef-l. d'ar.	Localités avec gares postes et télégraphes	Gare la plus près de chaque com. et distance à cette commune		Bureaux de postes desserv. les communes avec les distances	
Limé	268	22	59 0	Braine	2 0	Braine	2 0
Longueval	405	28	137 0	Fismes	6 0	Fismes	6 0
Merval	109	35	137 0	Fismes	5 0	Fismes	5 0
Mont-Notre-Dame	542	26	140 0	Braine	6 0	Braine	6 0
Mont-Saint-Martin	52	33	140 0	Fismes	4 0	Fismes	4 0
Paars	257	25	152 0	Braine	6 0	Braine	6 0
Perles	97	29	152 0	Fismes	3 0	Fismes	3 0
Presles-et-Boves	304	20	59 0	Ciry-Serm.	9 0	Vailly-s.-A.	4 0
Quincy-sous-le-Mont	75	21	130 0	Braine	6 0	Braine	6 0
Révillon	108	32	163 0	Fismes	7 0	Beaurieux	6 0
Saint-Mard	181	23	59 0	Braine	8 0	Vailly-s.-A.	6 0
Saint-Thibaut	110	29	59 0	Fismes	5 0	Fismes	5 0
Serches	359	10	86 0	Ciry-Serm.	5 0	Braine	8 0
Sermoise	312	10	🚂	Ciry-Serm.	1 0	Braine	7 0
Serval	105	35	174 0	Fismes	6 0	Fismes	6 0
Tannières	100	25	140 0	Braine	8 0	Braine	8 0
Vasseny	206	14	90 0	Ciry-Serm.	2 0	Braine	4 0
Vauxcéré	193	28	106 0	Fismes	5 0	Fismes	5 0
Vauxtin	113	26	175 0	Braine	8 0	Braine	8 0
Viel-Arcy	310	27	72 0	Braine	8 0	Braine	8 0
Villers-en-Prayères	194	32	46 0	Fismes	9 0	Beaurieux	6 0
Villesavoye	130	31	59 0	Fismes	4 0	Fismes	4 0

III. — CANTON D'OULCHY-LE-CHATEAU (29 com., 7 206 hab.)

Noms des communes	Population	Dist. au chef-l. d'ar.	Localités avec gares postes et télégraphes	Gare la plus près de chaque com. et distance à cette commune		Bureaux de postes desserv. les communes avec les distances	
Oulchy-le-Château	671	21	🚂 T 87 8	Oulchy-Br.	2 5	T	»
Ambrief	123	10	149 0	Soissons	10 0	Septmonts	6 5
Arcy-Sainte-Restitue	467	20	129 0	Oulchy-B	11 5	Fère-en-T.	8 0
Beugneux	217	20	143 0	Oulchy-B	7 5	Oulchy-l-C.	5 0
Billy-sur-Ourcq	246	21	137 0	Neuilly	4 5	Oulchy-l-C.	7 0
Branges	132	20	136 0	Braine	12 0	Fère-en-T.	8 0
Breny	220	24	108 0	Oulchy-B	0 5	Oulchy-l-C.	3 0
Buzancy	194	9	147 0	Berzy-le-S.	3 5	Septmonts	3 0
Chacrise	348	13	85 0	Berzy-le-S.	8 0	Septmonts	6 0
Chaudun	201	10	137 0	Vierzy	6 0	Soissons	10 0
Cramaille	193	23	137 0	Coincy	9 0	Fère-en-T.	6 0
Cugny	97	22	180 0	Oulchy-B	3 5	Oulchy-l-C.	2 0
Cuiry-Housse	177	18	140 0	Braine	8 0	Braine	8 0
Droizy	117	15	120 0	Vierzy	10 0	Hartennes	4 0
Hartennes et Taux	318	13	T 180 0	Vierzy	6 0	T	»
Launoy	150	17	120 0	Vierzy	11 0	Oulchy-l-C.	8 5
Loupeigne	231	24	133 0	Braine	13 0	Fère-en-T.	6 0
Maast et Violaine	312	18	101 0	Braine	11 0	Braisne	11 0
Montgru-Saint-Hilaire	61	26	84 0	Oulchy-B	3 5	Oulchy-l-C.	5 5
Muret et Crouttes	213	17	120 0	Vierzy	14 0	Hartennes	6 0
Nampteuil-sous-Muret	128	15	85 0	Berzy-le-S.	10 0	Braine	14 0
Oulchy-la-Ville	169	20	162 0	Oulchy-B	3 5	Oulchy-l-C.	2 0
Parcy et Tigny	293	14	160 0	Vierzy	4 5	Hartennes	2 0
Plessier-Huleu (Le)	191	17	165 0	Oulchy-B	10 0	Oulchy-l-C.	5 0
Rozières	203	8	91 0	Berzy-le-S.	3 0	Septmonts	1 0
Rozoy (Grand)	393	18	157 0	Oulchy-B	6 0	Oulchy-l-C.	4 0
Saint-Remy-Blanzy	319	18	130 0	Vierzy	7 0	Oulchy-l-C.	6 0
Vierzy	531	13	🚂 T 102 2	Vierzy	»	T	»
Villemontoire	292	10	157 0	Berzy-le-S.	4 5	Septmonts	6 0

IV. — CANTON DE VAILLY (27 com., 9 717 hab.)

Noms des communes	Population	Dist. au chef-l. d'ar.	Localités avec gares postes et télégraphes	Gare la plus près de chaque com. et distance à cette commune		Bureaux de postes desserv. les communes avec les distances	
Vailly	1623	17	T 60 0	Ciry-Serm.	7 0	T	»
Aizy	333	20	95 0	Ciry-Serm.	10 0	Vailly	3 0
Allemant	272	13	191 0	Anizy-le-C.	5 0	Margival	6 0
Braye	94	6	80 0	Crouy	3 0	Margival	4 0
Bucy-le-Long	861	5	139 0	Crouy	3 0	Soissons	5 0
Celles-sur-Aisne	264	14	166 0	Ciry-Serm.	5 0	Vailly	3 0
Chavignon	1153	19	T 80 0	Chailvet	3 0	T	»
Chavonne	279	21	166 0	Ciry-Serm.	11 0	Vailly	4 0
Chivres	299	10	160 0	Ciry-Serm.	4 0	Soissons	10 0
Clamecy	353	7	123 0	Crouy	3 0	Soissons	7 0
Condé-sur-Aisne	335	13	60 0	Ciry-Serm.	4 0	Vailly	4 0
Filain	208	21	179 0	Chailvet-Ur.	6 0	Chavignon	4 0

IV. — CANTON DE VAILLY (Suite)

Noms des communes	Population	Dist. au chef-l. d'ar.	Localités avec gares postes et télégraphes	Gare la plus près de chaque com. et distance à cette commune		Bureaux de postes desserv. les communes avec les distances	
Jouy	150	19	95 0	Anizy-le-C.	9 0	Vailly	4 0
Laffaux	205	11	172 0	Margival	4 0	Margival	4 0
Margival	275	10	🚂 ☒ 81 5	Margival	»	☒	»
Missy-sur-Aisne	258	10	50 0	Ciry-Serm.	3 0	Soissons	10 0
Nanteuil-la-Fosse	304	12	66 0	Margival	6 0	Vailly	7 0
Neuville-sur-Margival	160	11	169 0	Margival	2 0	Margival	2 0
Ostel	226	22	195 0	Ciry-Serm.	12 0	Vailly	5 0
Pargny-Filain	309	21	179 0	Chailvet-Ur.	9 0	Chavignon	3 0
Pont-Arcy	151	27	60 0	Braisne	11 0	Braisne	11 0
Sancy	187	16	66 0	Margival	9 0	Vailly	6 0
Soupir	441	23	61 0	Ciry-Serm.	13 0	Vailly	6 0
Torny-Sorny	393	8	159 0	Margival	3 0	Margival	4 0
Vaudesson	357	18	183 0	Anizy-le-C.	5 0	Chavignon	4 0
Vregny	151	10	170 0	Margival	4 0	Margival	4 0
Vuillery	76	8	80 0	Margival	2 0	Margival	2 0

V. — CANTON DE VIC-SUR-AISNE (26 com., 10 838 hab.)

Noms des communes	Population	Dist. au chef-l. d'ar.	Localités avec gares postes et télégraphes	Gare la plus près de chaque com. et distance à cette commune		Bureaux de postes desserv. les communes avec les distances	
Vic-sur-Aisne	958	17	🚂 T 40 5	Vic-sur-A.	»	T	»
Ambléoy	1075	11	🚂 T 42 2	Ambléoy-F.	2 6	T	»
Bagneux	123	16	99 0	Margival	11 3	Morsain	3 4
Berny-Rivière	579	16	54 0	Vic-sur-A.	3 2	Vic-sur-A.	2 0
Bieuxy	57	13	140 0	Mercin	10 3	Vic-sur-A.	13 0
Cœuvres et Valsery	596	17	T 60 0	Ambléoy	8 0	T	»
Cuisy-en-Almont	349	9	39 0	Mercin-P.	6 0	Vic-sur-A.	11 6
Cutry	168	14	60 0	Ambléoy	7 3	Cœuvres V.	2 4
Dommiers	441	12	150 0	Longpont	9 4	Cœuvres V.	5 4
Epagny	431	16	99 0	Ambléoy	10 4	Morsain	5 0
Fontenoy	473	11	🚂 42 2	Fontenoy	2 2	Vic-sur-A.	6 0
Laversine	151	15	60 0	Ambléoy-F.	6 0	Cœuvres V.	2 0
Missy-aux-Bois	142	9	122 0	Mercin	7 3	Soissons	9 0
Montigny-Lengrain	633	18	157 0	Vic-sur-A.	5 8	Vic-sur-A.	6 6
Morsain	720	19	☒ 55 0	Vic-sur-A.	9 4	☒	»
Mortefontaine	227	22	146 0	Vic-sur-A.	10 0	Cœuvres V.	6 5
Nouvron-Vingré	365	15	136 0	Fontenoy	5 0	Vic-sur-A.	7 3
Osly-Courtil	228	9	49 0	Ambléoy-F.	4 8	Vic-sur-A.	9 0
Pernant	341	7	48 0	Mercin-P.	4 0	Soissons	7 4
Ressons-le-Long	614	13	🚂 »	Ressons-l-L.	3 5	Vic-sur-A.	4 5
Saconin et Breuil	289	8	77 0	Mercin-P.	4 4	Soissons	8 2
Saint-Baudry	330	13	140 0	Ambléoy-F.	4 0	Ambléoy	1 7
St-Christophe-à-Berry	418	19	🚂 »	Vic-sur-A.	3 6	Vic-sur-A.	2 4
Saint-Pierre-Aigle	564	14	162 0	Longpont	9 5	Cœuvres V.	3 4
Tartiers	348	12	145 0	Mercin	9 0	Vic-sur-A.	11 0
Vézaponin	218	15	82 0	Ambléoy-F.	9 2	Morsain	4 0

VI. — CANTON DE VILLERS-COTTERETS (21 com., 10 245 hab.)

Noms des communes	Population	Dist. au chef-l. d'ar.	Localités avec gares postes et télégraphes	Gare la plus près de chaque com. et distance à cette commune		Bureaux de postes desserv. les communes avec les distances	
Villers-Cotterets	3790	24	🚂 T 133 4	Villers-Cott.	»	T	»
Ancienville	150	26	101 0	Silly-la-Pot.	5 7	Villers-Cott.	12 0
Corcy	320	20	142 0	Longpont	3 5	Villers-Cott.	10 0
Coyolles	318	28	83 0	Villers-Cott.	4 5	Villers-Cott.	5 0
Dampleux	287	22	137 0	Villers-Cott.	5 0	Villers-Cott.	5 0
Faverolles	535	25	171 0	Silly-la-P	3 5	Villers-Cott.	7 5
Fleury	159	24	140 0	Villers-Cott.	6 0	Villers-Cott.	6 0
Haramont	443	28	🚂 149 5	Haramont	»	Villers-Cott.	4 0
Largny	324	28	140 0	Villers-Cott.	4 0	Villers-Cott.	4 0
Longpont	313	17	🚂 T 90 2	Longpont	1 0	T	»
Louâtre	361	20	142 0	Longpont	3 0	Longpont	3 0
Montgobert	270	20	142 0	Villers-Cott.	10 0	Villers-Cott.	10 0
Noroy-sur-Ourcq	155	28	101 0	Silly-la-P.	4 5	Villers-Cott.	12 0
Oigny	300	28	137 0	Villers-Cott.	5 0	Villers-Cott.	5 0
Pisseleux	330	25	132 0	Villers-Cott.	2 0	Villers-Cott.	2 0
Puiseux	282	20	142 0	Villers-Cott.	6 0	Villers-Cott.	6 0
Retheuil	422	34	163 0	Pierrefonds	4 0	Villers-Cott.	12 0
Soucy	132	22	72 0	Villers-Cott.	8 0	Villers-Cott.	8 0
Taillefontaine	496	35	163 0	Haramont	3 0	Villers-Cott.	9 0
Villers-Hélon	392	21	197 0	Longpont	3 5	Longpont	2 5
Vivières	406	22	152 0	Villers-Cott.	6 0	Villers-Cott.	6 0

V. — ARRONDISSEMENT DE VERVINS (8 cantons, 132 communes, 112 814 habitants)

I. — CANTON DE VERVINS (24 com., 14 546 hab.)

Noms des communes	Population	Dist. au chef-l. d'ar.	Localités avec gares postes et télégraphes	Gare la plus près de chaque com. et distance à cette commune		Bureaux de postes desserv. les communes avec les distances	
Vervins	3215	»	🚂 T 167 5	Vervins	1 2	T	»
Autreppes	516	11	121 0	Vervins	11 0	Etréaupont	4 5
Buvigny	128	12	147 0	La Bouteille	8 5	Plomion	1 7
Bouteille (La)	892	6	🚂 214 1	La Bouteille	0 5	Vervins	6 0
Braye	475	8	201 0	Vervins	8 0	Vervins	8 0
Burelles	467	7	112 0	Vervins	3 4	Vervins	7 0
Fontaine	882	2	186 0	Vervins	3 0	Vervins	2 2
Gercy	524	4	121 0	Vervins	3 0	Vervins	4 0
Gronard	233	7	196 0	Vervins	6 0	Vervins	6 6
Hareigny	628	7	198 0	Vervins	8 0	Vervins	7 3
Hary	420	7	187 0	Vervins	7 0	Vervins	7 0
Haution	283	8	192 0	Vervins	9 0	Vervins	7 5
Houry	106	8	162 0	St-Gobert	4 5	Vervins	9 0
Laigny	689	6	190 0	Vervins	7 0	Vervins	6 0
Landouzy-la-Cour	414	6	202 0	La Bouteille	2 0	Vervins	6 2
Lugny	205	9	136 0	Marle	5 0	Marle	5 5
Nampcelles-la-Cour	365	11	138 0	Vervins	11 0	Plomion	4 0
Plomion	1257	10	T 217 0	La Bouteille	7 0	T	»
Prisces	292	8	162 0	Vervins	9 0	Vervins	8 0
Rogny	220	11	136 0	Marle	4 0	Marle	5 0
Saint-Algis	406	12	181 0	Vervins	13 0	Marly	2 5
Thenailles	735	3	188 0	Vervins	4 2	Vervins	3 0
Vallée-aux-Bleds	452	10	180 0	St-Gobert	9 0	Lemé	3 2
Voulpaix	742	6	186 0	Vervins	6 0	Vervins	6 0

II. — CANTON D'AUBENTON (13 com., 8 979 hab.)

Noms des communes	Population	Dist. au chef-l. d'ar.	Localités avec gares postes et télégraphes	Gare la plus près de chaque com. et distance à cette commune		Bureaux de postes desserv. les communes avec les distances	
Aubenton	1436	23	🚂 T	Aubenton	0 5	T	»
Auy-Martin-Rieux	968	29	🚂	Auy-M.	1 8	Aubenton	6 0
Beaumé	365	21	🚂 211 0	Aubenton	4 0	Aubenton	4 5
Besmont	691	19	211 0	Martigny	3 7	Aubenton	6 0
Coingt	470	17	198 0	Martigny	9 0	Plomion	7 0
Iviers	872	22	252 »	Aubenton	7 5	Brunehamel	3 2
Jeantes	815	14	221 0	Martigny	9 0	Plomion	4 5
Landouzy-la-Ville	1372	12	T 231 0	Origny	4 0	T	»
Leuze	406	21	104 0	Martigny	3 0	Aubenton	4 0
Logny-lès-Aubenton	218	27	218 0	Aubenton	1 5	Aubenton	1 8
Martigny	930	19	🚂 190 0	Martigny	0 3	Aubenton	6 0
Mont-Saint-Jean	300	28	269 0	Aubenton	6 5	Brunehamel	3 0
Saint-Clément	136	20	209 0	Martigny	11 5	Plomion	8 0

III. — CANTON DE LA CAPELLE (18 com., 14 972 hab.)

Noms des communes	Population	Dist. au chef-l. d'ar.	Localités avec gares postes et télégraphes	Gare la plus près de chaque com. et distance à cette commune		Bureaux de postes desserv. les communes avec les distances	
Capelle (La)	2603	16	🚂 T »	La Capelle	»	T	»
Buironfosse	2255	20	🚂 T »	Buironfosse	1 2	T	»
Chigny	506	16	171 »	Buironfosse	11 0	Marly	2 0
Clairfontaine	913	21	🚂 »	La Capelle	5 2	La Capelle	4 0
Crupilly	147	18	171 0	Guise	12 3	Marly	4 0
Englancourt	502	14	175 0	Buironfosse	7 8	Marly	2 0
Erloy	421	10	121 0	Buironfosse	7 3	Marly	4 0
Etréaupont	1720	8	T 126 0	Vervins	8 0	T	»
Flamengrie (La)	1513	18	220 0	La Capelle	2 3	La Capelle	2 5
Fontenelle	990	24	☒ 210 0	Nouvion-T.	6 0	☒	»
Froidestrées	360	12	201 0	La Capelle	4 0	La Capelle	4 0
Gergny	358	11	137 0	La Capelle	9 2	Etréaupont	3 0
Lerzy	432	14	124 0	La Capelle	5 5	La Capelle	5 0
Luzoir	578	13	141 0	Ohis	4 8	Wimy	2 5
Papleux	162	22	220 »	La Capelle	6 0	La Capelle	6 0
Rocquigny	696	24	T 168 0	Fourmies	6 0	La Capelle	7 0
Sommeron	211	15	182 0	La Capelle	3 2	La Capelle	3 5
Sorbais	605	10	124 0	La Capelle	9 0	Etréaupont	1 6

IV. — CANTON DE GUISE (21 com., 20 281 hab.)

Noms des communes	Population	Dist. au chef-l. d'ar.	Localités avec gares postes et télégraphes	Gare la plus près de chaque com. et distance à cette commune		Bureaux de postes desserv. les communes avec les distances	
Guise	7677	23	🚂 T »	Guise	»	T	»
Aisonville et Bernoville	777	35	☒ 120 0	Longchamps	5 0	☒	»
Audigny	488	20	164 0	Guise	5 0	Guise	4 0
Bernot	1241	34	T 94 0	Origny-s.-B.	3 7	T	»
Flavigny-le-G. et Beaur.	930	20	99 0	Guise	4 0	Guise	4 0
Flavigny-le-Petit	266	22	99 0	Guise	2 0	Guise	1 0
Hauteville	392	33	94 0	Macquigny	3 0	Bernot	2 5
Iron	698	25	T 144 0	Lesquielles	4 5	T	»
Lavaqueresse	583	23	158 0	Guise	9 0	Etreux	7 5
Lesquielles-St-Germain	1480	27	🚂 ☒ »	Lesquielles	»	☒	»
Longchamps	470	30	🚂 »	Longchamps	0 8	Guise	7 0
Macquigny	901	30	🚂 »	Macquigny	»	Guise	6 0
Malzy	475	20	106 0	Guise	9 0	Proisy	2 0
Marly	890	14	T 113 0	Guise	15 0	T	»
Monceau-sur-Oise	293	19	104 0	Guise	6 0	Guise	6 0
Noyal	406	30	🚂 »	Noyal	»	Guise	7 0
Proizy	659	17	T 106 0	Guise	10 0	T	»
Proix	344	28	85 0	Noyal	1 0	Guise	5 8
Romery	199	18	106 »	Guise	11 0	Proisy	1 0
Vadencourt et Bohér.	698	30	🚂 »	Vadencourt	»	Guise	6 5
Villers-lès-Guise	420	22	T 114 0	Guise	6 0	Guise	6 5

NOMS des COMMUNES	Population	Dist au chef-l. d'ar.	LOCALITÉS AVEC GARES postes et télégraphes	GARE LA PLUS PRÈS de chaque com. et distance à cette commune		BUREAUX de postes desserv. les communes avec les distances	
V. — ARRONDISSEMENT DE VERVINS (Suite)							
V. — CANTON D'HIRSON *(13 com., 18 690 hab.)*							
Hirson	5743	19	🚂 ⊤ **191 5**	Hirson	»	⊤	»
Bucilly	388	16	182 0	Martigny	4 3	Hirson	6 0
Buire	324	15	176 0	Hirson	3 0	Hirson	3 5
Effry	343	14	145 0	Ohis	4 1	Wimy	2 0
Eparcy	82	14	156 0	Origny	6 0	Hirson	8 0
Hérie (La)	252	13	159 0	Origny	4 0	Hirson	6 5
Mondrepuis	1579	24	111 6	Hirson	6 4	Hirson	5 2
Neuve-Maison	871	18	»	Ohis-N.-M.	0 7	Hirson	4 4
Ohis	675	17	🚂 »	Ohis	1 7	Hirson	6 1
Origny	2634	12	🚂 ⊤ **162 6**	Origny	0 5	⊤	»
Saint-Michel	4403	22	🚂 ⊤	St-Michel	»	⊤	»
Watigny	626	28	202 3	Any	4 0	St-Michel	5 5
Wimy	770	18	⊤ 169 0	Ohis	2 2	⊤	»
VI. — CANTON DE NOUVION (LE) *(10 com., 10 170 hab.)*							
Nouvion (Le)	3209	28	🚂 ⊤ »	Le Nouvion.	1 3	⊤	»
Barzy	506	33	201 0	Le Nouvion.	6 3	Nouvion-T.	5 0
Bergues	329	34	187 0	Boué	3 6	Boué	3 0
Boué	1401	35	🚂 ⊤ »	Boué	1 0	⊤	»
Dorengt	454	28	143 0	Etreux	4 1	Etreux	4 0
Esquéhéries	1725	25	⊤ 159 0	Le Nouvion.	4 9	⊤	5 0
Fesmy	579	36	180 0	Etreux	5 7	Boué	5 0
Leschelles	895	22	⊠ 167 0	Nouvion	6 3	⊠	»
Neuville-lès-Doren. (La)	751	28	144 0	Etreux	4 0	Etreux	4 0
Sart (Le)	321	35	196 0	Le Nouvion.	8 3	Nouvion	7 0
VII. — CANTON DE SAINS-RICHAUMONT *(19 com., 10 963 hab.)*							
Sains-Richaumont	2045	16	⊤ 148 0	St-Gobert	9 0	⊤	»
Berlancourt	207	17	164 0	Marle	5 0	Marle	5 0
Chevennes	361	13	151 0	St-Gobert	6 0	Sains-Rich.	2 0
Colonfay	163	71	164 0	Guise	8 0	Sains-Rich.	4 0
Franqueville	220	10	106 0	St-Gobert	0 5	St-Gobert	1 8
VII — CANTON DE SAINT-RICHAUMONT *(Suite)*							
Hérie-la-Viéville (Le)	695	20	132 0	Marle	12 0	Sains-Rich.	5 0
Housset	451	12	145 0	St-Gobert	8 0	Sains-Rich.	4 0
Landifay-et-Bertaig.	1001	24	101 0	Origny-s-B	9 0	Sains-Rich.	3 5
Lemé	1231	11	⊤ 169 0	St-Gobert	7 5	⊤	»
Marfontaine	183	12	102 0	St-Gobert	3 0	Sains-Rich.	6 0
Monceau-le-Neuf-et-F.	822	24	⊤ 102 0	Dercy-M.	12 0	⊤	»
Neuville-Housset (La)	261	17	154 0	St-Gobert	6 5	Sains-Rich.	6 0
Puisieux et Clanlieu	747	20	133 0	Guise	9 0	Sains-Rich.	4 5
Rougeries	252	8	102 0	Rougeries	2 0	St-Gobert	2 8
Saint-Gobert	825	8	🚂 ⊤ **102 7**	St-Gobert	0 8	⊤	»
Saint-Pierre	224	6	90 0	St-Gobert	2 0	St-Gobert	2 8
Sourd (Le)	548	14	164 0	St-Gobert	12 0	Lemé	4 0
Voharies	148	11	95 0	St-Gobert	3 0	Marle	6 0
Wiège et Faty	579	15	161 0	Guise	8 5	Proisy	4 0
VIII. — CANTON DE WASSIGNY *(14 com., 14 213 hab.)*							
Wassigny	1316	37	🚂 ⊤ »	Wassigny	0 8	⊤	»
Etreux	1902	35	🚂 ⊤ »	Etreux	»	⊤	»
Grougis	1332	35	⊤ 139 0	Vadencourt.	4 0	⊤	»
Hannapes	818	25	104 0	Etreux	4 0	Etreux	3 5
Mennevret	2147	38	144 »	Wassigny	6 0	Wassigny	6 1
Molain	609	42	147 0	Vaux-Aud.	2 3	Vaux-Aud.	2 4
Oisy	870	38	141 0	Etreux	3 4	Etreux	4 5
Ribeauville	326	39	156 0	Wassigny	4 5	Wassigny	4 1
St-Martin-Rivière	421	42	145 0	Vaux-Aud.	3 5	Vaux-Aud.	3 5
Tupigny	927	31	155 0	Lesquielles.	3 5	Lesquielles.	3 0
Vallée-Mulâtre (La)	441	30	126 0	Wassigny	3 8	Wassigny	3 9
Vaux-Andigny	1672	40	🚂 ⊤ »	Vaux-Aud.	»	⊤	»
Vénérolles	542	35	153 0	Etreux	2 0	Etreux	2 0
Verly	890	30	96 0	Vadencourt.	1 8	Guise	8 0

Aumôniers........................ 10
Professeurs........................ 6
Supérieurs et professeurs.............. 23

Contenance et valeur des immeubles possédés par les congrégations religieuses

CONTENANCE en hectares d'après LE CADASTRE	VALEUR	
	LOCATIVE	VÉNALE
64 h. 68	145 855 f.	3 322 900 fr.

Contenance et valeur des immeubles occupés par les congrégations religieuses

CONTENANCE en hectares d'après LE CADASTRE	VALEUR	
	LOCATIVE	VÉNALE
2 h. 26	14 640 f.	321 700 fr.

XIV. — POSTES ET TÉLÉGRAPHES

Le département de l'Aisne contient :
120 bureaux postaux et télégraphiques.
15 bureaux télégraphiques simples.
14 bureaux postaux seulement.

Il est délivré annuellement, dans le département, environ 300 000 mandats d'articles d'argent, pour une somme de 8 600 000 francs.

La taxe des lettres, journaux, etc. ainsi que les soldes des comptes avec les offices étrangers, produisent, par an, environ 1 600 000 fr.

Nombre de dépêches.	intérieures . .	244 294
	internation. .	6 235
Taxes perçues.	intérieures . . .	188 878f06
	internationales..	14 608,83
Produit net versé au Trésor. .		203 48f89

XV. — RECETTES ANNUELLES DU DÉPARTEMENT

I. — Budget ordinaire

Contributions directes (fonds généraux)	5 994 062f43
Taxes assimilées aux contributions directes	591 865,48
Enregistrement	8 120 601,96
Timbre	1 557 359,12
Domaines et forêts	1 838 289,52
Douanes	» » » »
Contributions indirectes	15 358 547,61
Postes	1 710 043,12
Télégraphes	208 074,73
Impôt de 3 % sur le revenu des valeurs mobilières	170 981,80
Amendes et condamnations	118 185,91
Retenues et autres produits perçus en exécution de la loi du 9 juin 1853	307 296,07
Produits divers du budget	255 941,87
	36 232 249f62

II. — Budget extraordinaire

Ressources spéciales	8 656 508,13
Total général des recettes	44 888 757f75

XVI. — ASSISTANCE PUBLIQUE

I. — BUREAUX DE BIENFAISANCE

Nombre de bureaux dans le département		411
Nombre d'individus secourus		26 540

Recettes

Revenus propres aux bureaux	509 404f	1 137 869f
Subvention des communes	55 994	
Recettes de charité	109 917	
Fonds de report et autres recettes	462 554	

Dépenses

Administration	123 077f	598 390f
Secours en nature	419 987	
Secours en argent	55 326	
Excédent des recettes		539 479f

Montant des placements

En immeubles	288 071f
En rentes	361 350
Total	649 421f

II. — HOSPICES ET HÔPITAUX

Nombre d'établissements hospitaliers

Hôpitaux	8	25
Hôpitaux et hospices	8	
Hospices	9	

Personnel

Médecins et chirurgiens	46	433
Religieuses	170	
Employés	61	
Servants	156	

Lits affectés au service

Malades	1 137	2 466
Infirmes, vieillards et incurab.	592	
Enfants assistés	410	
Personnel des établissements	327	
Recettes de 25 établissements		1 567 645f
Dépenses		1 465 178
Excédent des recettes		102 467f

XVII. — CAISSES D'ÉPARGNE

Nombre de caisses d'épargne	8

Nombre de livrets

Existant au 1er janvier	86 886
Ouverts pendant l'année	8 825
Soldés pendant l'année	6 490
Restant au 31 décembre	89 221
Soldes aux déposants au 1er janvier	37 253 027f
Recettes	14 198 660
Dépenses	11 338 676
Soldes aux déposants le 31 décembre	40 113 011f

XVIII. — INCENDIES ET SINISTRES AGRICOLES

Incendies (montant des pertes évaluées)	674 214f
Grêle (montant des pertes évaluées)	573 562
Gelée (montant des pertes évaluées)	7 000
Inondations (montant des pertes évaluées)	293 803
Pertes de bestiaux (montant des pertes évaluées)	1 232 823
Total des pertes	2 781 402

II. — PARTIE MILITAIRE

Considérations militaires.

Par sa situation un peu en arrière de la frontière et par le peu de relief des accidents du sol, le département n'offre comme position de première ligne que celle qui est occupée par le fort d'Hirson, mais il présente par contre une excellente position de halte ou de deuxième ligne : celle de Laon-la-Fère, comme nous l'avons indiqué page 118.

Considérations générales.

Nous allons examiner ces positions en détail.

Fort d'Hirson. La ligne d'invasion la plus directe par la Belgique en partant de Bruxelles et de Mons, est celle qui passe par Maubeuge, Avesnes, Laon et Soissons et arrive dans la vallée de l'Oise par la trouée de Chimay. C'est en suivant cette direction que les Impériaux, aux XVIe et XVIIe siècles, ont à plusieurs reprises cherché à s'ouvrir un passage sur Paris. La trouée de Chimay, formée par l'espace de 50 kilomètres compris entre la Sambre et la Meuse, était défendue avant 1815, par les places de Philippeville et de Marienbourg qui ne nous appartiennent plus, de sorte qu'il est facile à l'ennemi de concentrer des forces sur la ligne Beaumont-Chimay, pour déboucher dans la vallée de l'Oise (1).

(1) Dans ce qui va suivre concernant la position d'Hirson, nous serons amené à parler de localités

Il est vrai que le pays, peu accessible et couverts de forêts, oppose une première difficulté à la marche des armées. En outre, nos troupes trouveraient sur les rivières de la *Grande-Helpe*, la *Petite-Helpe* et l'*Oise* de bonnes lignes de défense, dont la meilleure est celle de la Grande-Helpe. Cette position s'étend sur une vingtaine de kilomètres, en s'appuyant à droite aux bois de la Thiérache et à gauche à la forêt de Mormal ; elle ne peut être abordée de front que sur les quatre ou cinq points où se trouvent des ponts; mais, ainsi que la Petite-Helpe, elle peut être tournée sur la droite par les trouées d'Anor et d'Ohain. Aussi, les positions d'avant-garde dans cette région sont les forêts de Trélon, de Glageon, de Fourmies, d'Anor et de Saint-Michel, avec les villages d'Anor et d'Ohain. Pour faciliter la défense de ces positions et donner là un point d'appui solide à nos troupes, on a construit un fort à Hirson, point de croisement de plusieurs lignes ferrées, où passent notamment la ligne des Ardennes et celle de Paris-Laon-Namur. L'occupation de ce point avait déjà paru nécessaire après 1818, mais elle était devenue indispensable pour barrer les voies ferrées qui viennent s'y rencontrer.

Le fort d'Hirson forme la droite extrême des troupes chargées de défendre de front l'entrée de la vallée de l'Oise ; il empêche l'ennemi de la tourner, pendant que la forte tête de pont de Maubeuge en avant permettrait à notre armée de la région centrale de se porter rapidement sur le flanc de l'envahisseur, sans exercer pourtant une grande influence sur les mouvements stratégiques de ce dernier.

Mais en supposant que l'armée française n'ait pu occuper en temps utile les positions d'avant-garde ou qu'elle ait été obligée de se replier après avoir opposé toute la résistance possible, elle pourrait se réfugier sur la position de halte, d'ailleurs formidable, qui se trouve à l'extrémité de la falaise de Champagne, vers Laon-la-Fère et Saint-Gobain, à laquelle la route d'invasion par la vallée de l'Oise vient d'ailleurs se heurter.

Position de Laon, La Fère. Avant de décrire cette position, nous croyons utile de bien fixer ce que l'on entend par positions de halte et le but pour lequel elles ont été créées. Tout d'abord la position en elle-même ne doit servir qu'à protéger la retraite et à arrêter la poursuite de l'ennemi, mais sans jamais servir que de refuge momentané aux troupes qui s'y retirent et qui, en aucun cas, ne doivent s'y laisser investir. Les forts de la position sont disposés de manière à interdire à l'ennemi l'entrée d'une région par elle-même difficile et ils ont pour objet de réserver à l'armée le pays en arrière et de couvrir les têtes des chemins de fer. Après le départ de l'armée, les garnisons des forts doivent suffire pour les défendre et forcer l'ennemi à les assiéger, sans que celui-ci puisse les négliger ou les emporter de vive force. Il faut organiser une position de halte de ce genre, pour chaque ligne principale d'invasion.

Celle qui a été choisie pour la route d'invasion par la vallée de l'Oise, est située entre l'Oise et l'Aisne à l'extrémité de la falaise de Champagne. Le triangle La-Fère-Soissons-Laon, avec les positions de Craonne, a une action double, directe contre une offensive venant du nord, indirecte contre une offensive venant de l'est, car l'aile droite d'une armée d'invasion arrivant par cette dernière direction ne saurait dépasser Reims sans se préoccuper de la position de Laon, qui menacerait ses flancs et ses derrières. Enfin la position Laon-la-Fère vient se lier au sud à la position de halte de Reims.

Jusque vers 1880, l'envahisseur n'aurait rencontré sur sa route que quelques petites places sans valeur : Guise et La Fère sur l'Oise, Laon et Soissons un peu à l'est de cette rivière.

La place de *Guise*, trop restreinte et dominée par les hauteurs voisines, n'est pas en état de résister à un siège en règle et il n'est guère possible de la transformer ; on l'a donc conservée telle quelle.

La place de *Soissons*, dont la campagne de 1814 avait fait ressortir l'importance, n'avait été munie d'une enceinte bastionnée que depuis cette époque. Il est regrettable que, dominée à bonne portée de canon et placée dans de mauvaises conditions défensives, on ait été obligé de déclasser cette place, qui barre la route d'invasion la plus directe et la plus dangereuse sur Paris, fournit une tête de pont sur l'Aisne et se lie à la défense de cette rivière et à celle des forêts situées au nord. En outre, deux tunnels importants de la ligne Paris-Laon-Namur se trouvent l'un à 500 mètres au nord de Soissons, l'autre à 1 500 mètres au sud.

Sur son flanc gauche, la position de défense actuelle est protégée par la place et de La Fère le cours de l'Oise jusqu'à Chauny, partie qui peut être inondée. Sur son flanc droit, des forts s'étendent d'un côté jusqu'à l'Aisne et de l'autre jusqu'à Laon. On a ainsi une ligne de défense passant par Montbérault, la Malmaison, Condé-sur-Aisne. La chaîne des collines de Saint-Gobain, massif boisé et difficile situé entre Chauny, La Fère et Laon, constitue le front de la position, qui très forte naturellement est

ne faisant pas partie du département de l'Aisne, mais nous y sommes forcé pour ne pas scinder le sujet.

encore renforcée par plusieurs batteries. La défense est donc organisée très fortement par une série d'ouvrages qui commandent les vallées de la Vesle, de l'Aisne, de la Lette, de la Serre; elle se relie à celle de la ligne de la Somme et couvre, sur la rive droite de l'Oise, l'importante gare de Tergnier. Les forts élevés aux environs de Reims peuvent contribuer à appuyer l'aile droite de cette position.

La Fère, sur l'Oise, occupe une position stratégique importante, à 5 kilomètres du nœud important de chemins de fer de Tergnier, et à 17 kilomètres du point où le canal Crozat, qui réunit la Somme et l'Oise, vient rencontrer la Somme. Son rôle clairement indiqué est de servir de pivot de manœuvre contre un ennemi en marche sur Paris et de relier la ligne de l'Oise à la ligne transversale de la Somme. En 1870, cette petite place n'avait qu'une enceinte insignifiante et fut occupée par les Prussiens sans résistance sérieuse. Mais depuis, elle a été renforcée et on l'a entourée de sept forts, dont trois sur la rive droite de l'Oise et quatre sur la rive gauche.

Les forts de la rive droite protègent la gare de Tergnier et couvrent les ponts de La Fère sur l'inondation de l'Oise : ce sont les forts de *Vendeuil* et de *Liez*, qui battent la route de

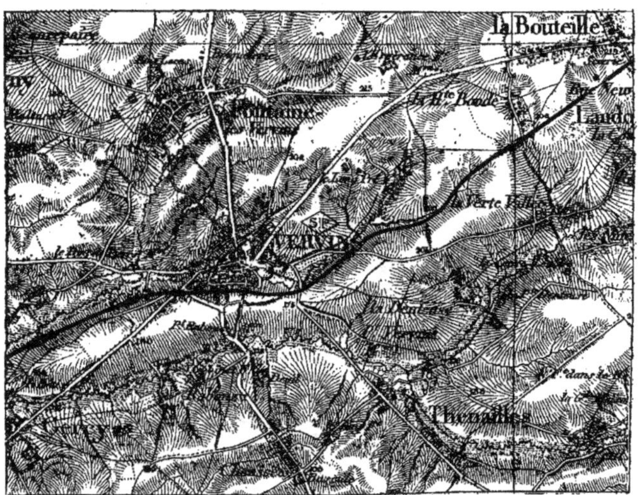

VERVINS ET SES ENVIRONS. — Extrait de la carte d'État-Major au 80 000e.

Saint-Quentin, et le fort ou redoute de *Frières* dans les bois entre le canal Crozat et l'Oise.

Trois des forts de la rive gauche sont établis aux débouchés de la forêt de Saint-Gobain; ce sont les forts d'*Amigny*, d'*Effécourt* (au nord du village de Bertaucourt) et de *Saint-Jean* (au nord du village de Versigny). Le fort *Mayot*, qui est construit sur le plateau entre la Serre et l'Oise, est destiné à assurer la retraite des troupes opérant dans la plaine, au nord de la place. Ce dernier croise ses feux avec le fort de Vendeuil et est flanqué au sud par le fort de Saint-Jean.

Au nord de la route de La Fère à Laon se trouve le fort de *Mont-de-Joie*, sur un promontoire culminant, qui couvre le front de la position et en relie les deux extrémités; il est à 10 kilomètres des batteries de Laon et à 6 kilomètres du fort Saint-Jean.

La ville de *Laon* ne possède qu'une vieille citadelle, qui n'a pu être défendue en 1870, mais que l'on a conservée et réorganisée. Elle occupe une position très forte au sommet d'un piton triangulaire, isolé dans la plaine, en avant de la falaise de Champagne, et commande les nombreux chemins de fer ou routes qui s'y croisent en avant du massif boisé qui existe entre La Fère et Epernay. Mais les plaines qui l'entourent auraient permis de négliger cette place, si l'on n'avait occupé les deux autres angles du piton, par les batteries de *Saint-Martin* et de *Saint-Vincent*, qui voient au loin la campagne.

Ces batteries croiseront leurs feux avec

d'autres ouvrages situés plus au sud et commanderont les routes à l'ouest et au sud de Laon. De ce même côté, les vallées encaissées de la Lette, de l'Aisne et de la Vesle pénètrent dans le massif tertiaire du bassin parisien et permettent de tourner la position. Il était donc important de les interdire à l'ennemi, et l'on a construit pour cela les ouvrages suivants :

Le fort de *Laniscourt*, qui occupe l'extrémité septentrionale d'un massif isolé au nord de la vallée de la Lette et croise ses feux avec ceux des deux batteries ouest de Laon.

Le fort des *Carrières*, au-dessus de Bruyères; croise ses feux avec la citadelle de Laon et la batterie de Saint-Vincent.

Le fort de *Montbérault* et la batterie *des Bruyères* maîtrisent le massif de hauteurs à l'est de Laon et commandent la route de Reims.

Le fort de *la Malmaison* et ses batteries annexes, sur la crête qui sépare la vallée de la Lette de celle de l'Aisne.

Le fort de *Condé-sur-Aisne*, sur la hauteur qui domine le confluent de l'Aisne et de la Vesle; il enfile ces deux vallées et bat le chemin de fer de Soissons à Reims, qui suit l'une d'elles.

La position est bien liée avec les magasins en arrière et avec les dépôts, par les lignes à deux voies de Tergnier à Paris par Creil, de Laon à Paris par Soissons, de Laon à Épernay par Reims. La vallée de la Lette offre de grands moyens de campement et de cantonnement, et les voies ferrées de Chauny à Anizy-le-Château et de Saint-Gobain à Chauny.

Telle est l'organisation de cette très forte région militaire qui s'étend de La Fère à Laon et à Condé-sur-Aisne et qui maîtrise la principale route de l'invasion par la frontière du nord. Cette immense place d'armes permettrait certainement à des forces restreintes d'y arrêter longtemps un adversaire beaucoup plus nombreux. L'ennemi pourrait, il est vrai, tourner la position par la rive droite de l'Aisne, mais cette éventualité n'est pas à craindre, car cette manœuvre dangereuse forcerait celui qui la tenterait à découvrir ses lignes de communication.

Toutefois une armée allemande pourrait, en suivant la rive nord de l'Aisne, par Rethel et Château-Porcien, venir aborder la position Laon-la-Fère non de front, mais en face de la position de Craonne, qui n'est défendue par aucun ouvrage permanent. Mais d'une part les crêtes de la falaise sont très fortes et ses abords sont formés de pentes très raides, et d'autre part l'assaillant ne trouverait en ce point qu'un front accessible trop restreint, alors que l'armée française, fortement appuyée, aurait tout l'avantage de la position. D'ailleurs celle-ci, en cas d'échec, trouverait une seconde ligne de défense plus forte encore sur le plateau à 15 kilomètres en arrière, sous la protection des forts de Laon à gauche, de la Malmaison au centre, et de Condé-sur-Aisne à droite. Mais une armée allemande partie de Metz aurait bien plus d'avantages à opérer un mouvement d'ensemble vers la section de la falaise de Champagne comprise entre l'Aisne et la Marne, et il est peu vraisemblable qu'elle vienne s'engager dans la vallée de l'Oise.

Dans tous les cas, après que les troupes chargées de défendre la position Laon-la-Fère auraient opposé toute la résistance possible, elles pourraient venir se réfugier momentanément à Paris, contre lequel l'ennemi viendrait alors se heurter, mais seulement au bout d'un certain temps, si toutes les positions que nous avons indiquées sont énergiquement défendues.

Nous terminons ces considérations par l'indication sommaire du rôle joué par les places fortes ou les positions militaires du département pendant les campagnes de 1814, de 1815 et de 1870.

« En 1814, dit le colonel Niox (1), Napoléon, avec les débris d'une armée, est obligé de se retirer sur les falaises de Champagne pour couvrir Paris, et, profitant d'une position centrale, il manœuvre avec décision et vitesse entre la Marne et la Seine, il cherche à compenser l'infériorité numérique par une guerre de manœuvres, et il a montré, en effet, que, même dans la défensive, il ne fallait pas renoncer à la liberté de ses mouvements, ni s'attacher à une position choisie d'avance pour attendre l'ennemi. Une armée s'expose ainsi à subir les manœuvres que l'adversaire veut lui imposer; elle est d'avance battue. »

Des trois directions qu'avait prises l'invasion, nous n'avons à parler ici que de celle suivie par l'armée du Nord (Wintzingerode) par la vallée de la Sambre et de l'Oise, et de celle de l'armée de Silésie (Blücher) par Nancy. Cette dernière, arrivée le 1er mars à la Ferté-Gaucher, commençait à se trouver dans une situation critique, à la suite de combats malheureux, de marches forcées et de mauvais temps. Elle se dirigeait ensuite sur Soissons, à la rencontre de l'armée du Nord, lorsque, pressée en queue par les maréchaux Marmont et Mortier, menacée sur son flanc droit et sur sa ligne de retraite par l'empereur, elle aurait pu être arrêtée de front par la place de Soissons, et obligée de livrer combat dans des conditions désavantageuses, mais la capitulation honteuse et imprévue de cette place permit à Blücher de passer l'Aisne, et de faire sa jonc-

(1) Géographie militaire, 2e fascicule, page 167.

tion avec Wintzingerode. Malgré la supériorité numérique des alliés, qui disposent de plus de cent mille hommes contre quarante-cinq mille Français, Napoléon espère encore écraser Blücher, et, après avoir forcé le passage de l'Aisne à Berry-au-Bac, il est arrêté par les positions de Craonne, que le corps de Woronzoff occupait fortement, pendant que les autres corps de l'armée de Blücher manœuvraient de manière à empêcher l'armée française de passer par la route de Laon. Avant d'aller plus loin, l'empereur veut enlever la position de Craonne. Mais outre une infériorité numérique très sensible, l'armée française se trouve dans des conditions de terrain défavorables pour l'offensive : ses deux ailes sont dans des ravins, son centre occupe un plateau étroit, et les débouchés qui conduisent sur la position ennemie sont battus de toutes parts. Cependant, après une première attaque malheureuse, la position est évacuée par les Russes, qui ne perdirent que trois mille hommes contre huit mille Français (7 mars).

L'empereur persiste à continuer son offensive sur Laon, où un premier combat s'engage le 9 mars. L'armée française, divisée en deux faibles masses, séparées par des marécages et par un intervalle de trois lieues, attaque les six corps d'armée du Nord et de Silésie, mais elle n'obtient que des succès partiels. Le lendemain, avec dix-sept mille hommes, elle attaque de nouveau ses cent mille adversaires, mais elle ne tarde pas à être repoussée, et elle se réfugie alors à Soissons, où, après avoir été un peu renforcée et réorganisée, elle est transportée sur la Seine.

En 1815, les débris de l'armée française battue à Waterloo se retirent sur Soissons et sur Laon, où Napoléon les avait précédés, mais ne les attendit pas. Les Prussiens, après s'être emparés de Guise, ne rencontrent plus aucune résistance et marchent sur Paris par Compiègne et Villers-Cotterets.

En 1870, la citadelle de Laon se rendit sans résistance ; la place de Soissons ne résista pas à un bombardement de trois jours, et la place de La Fère capitula après un bombardement de deux jours.

Mais, nous trouvons un exemple plus consolant à citer dans le récit de la bataille de Saint-Quentin, qui eut lieu le 19 janvier 1871. Le général Faidherbe, qui avait jusque-là résisté aux efforts de l'armée prussienne du Nord, acceptait de nouveau le combat à Saint-Quentin. Les deux corps d'armée, composés d'éléments incohérents et sans instruction, étaient déployés au sud et à l'ouest de la ville, sur de bonnes positions, mais ils étaient séparés l'un de l'autre par la Somme et par des marais. L'ennemi, plus nombreux, attaque de front dès la pointe du jour et cherche à se prolonger sur les flancs. Néanmoins, la lutte acharnée dura toute la journée, mais l'ennemi reçoit continuellement des renforts et, vers cinq heures du soir, le général Faidherbe ordonne la retraite, qui ne fut pas inquiétée.

Notices

Laon, chef-lieu du département, occupe une position militaire que les armées devaient souvent se disputer. Elle est entourée par une vieille muraille flanquée de tourelles sans valeur, et sa citadelle seule, comme nous l'avons vu, constitue une fortification sérieuse. Cette ville doit son origine à une forteresse gauloise (*Laudunum*), dont Attila et les Vandales essayèrent en vain de s'emparer en 407 ; elle a commencé à prendre de l'importance au IXe siècle, car Charles le Simple et les trois derniers Carlovingiens en firent leur capitale. Hugues Capet, qui venait d'être nommé roi de France, fut battu en 987 (près de Laon), par Charles de Lorraine, qui s'enferma ensuite dans la ville et ne put en être expulsé qu'en 991, par la trahison de l'évêque Adalbéron. La longue lutte contre les Anglais, les guerres bourguignonnes, les guerres de religion, les invasions de 1814, de 1815 et de 1870 ont toujours pris la ville de Laon pour un de leurs centres d'opérations. Nous avons indiqué plus haut son rôle en 1814, 1815 et 1870. L'évêché de Laon, qui était fort riche, fut également, au moyen âge, le point de mire d'ecclésiastiques ambitieux et peu scrupuleux.

Le maréchal Sérurier, ou comte de Sérurier est né à Laon en 1742. Il fit ses premières armes comme lieutenant dans la campagne de Hanovre, en 1760, prit part ensuite aux campagnes de Pologne (1762) et de Corse (1768). Il n'était que major en 1789, au début de la Révolution, dont il fut un partisan dévoué. Il fut envoyé comme colonel, en 1792, à l'armée du Var et nommé général de brigade en 1793, à la suite de sa brillante conduite à l'affaire d'Utella. Promu divisionnaire en 1795, il prit part, de 1796 à 1798, à toutes les campagnes d'Italie, où il se distingua sous Kellermann, Schérer, Moreau, Joubert et Bonaparte, fit capituler Mantoue en 1797 et nommé gouverneur de Venise, puis de Lucques. Cerné par dix-sept mille hommes au village de Verderio, le 27 avril 1799, il se vit forcé de déposer les armes après avoir épuisé ses munitions, mais il fut remis bientôt en liberté. Il prit une part active au 18 brumaire et, en récompense, Napoléon le nomma successivement maréchal de France, sénateur, grand-cordon de la Légion d'honneur, et gouverneur des Invalides. Il ne prit aucune part aux guerres de l'empire et, à l'entrée des alliés, fit brûler, dans la cour des Invalides, quatorze cent dix-sept drapeaux ou étendards pris sur l'ennemi, afin que celui-ci ne pût les reprendre. Louis XVIII le fit pair de France et commandeur de Saint-Louis. Mais, s'étant rallié à Napoléon pendant les Cent Jours, il perdit toutes ses hautes fonctions et vécut dans la retraite jusqu'à sa mort, en 1819. Son désintéressement égalait sa bravoure. La ville de Laon lui a érigé une statue.

Le général comte d'*Hédouville*, pacificateur de la Vendée, est également né à Laon, en 1755; entré au service en 1773, comme sous-lieutenant, il était général de brigade en 1793, et, malgré ses brillants services, fut arrêté comme noble et rendu à la liberté à la chute de Robespierre. Il combattit ensuite en Bretagne et en Vendée, sous les ordres de Hoche, fut envoyé comme gouverneur à Saint-Domingue, où il essaya en vain de ramener cette colonie et de combattre Toussaint Louverture; à sa rentrée en France, il fut nommé commandant en chef de l'armée de l'Ouest et réussit à pacifier cette région. A partir de 1801, il fut attaché à la diplomatie, excepté pendant la campagne de Prusse, en 1806, qu'il fit comme chef d'état-major de Jérôme Bonaparte. Comblé

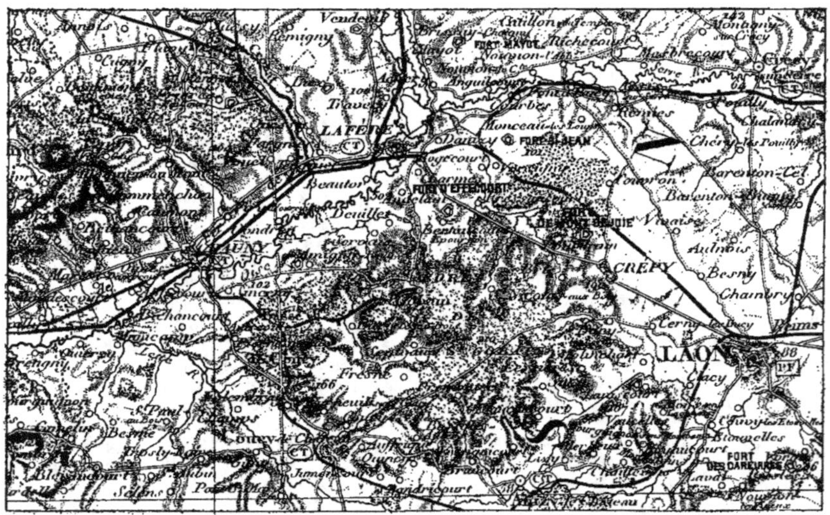

Positions de Laon, La Fère.

d'honneurs par Napoléon, il n'en vota pas moins sa déchéance et fut nommé pair de France par Louis XVIII. A partir de cette époque il vécut dans la retraite.

Laon est le siège de la quinzième subdivision de région, du 15e régiment territorial d'infanterie, d'une direction et d'un arrondissement d'artillerie, d'une direction et d'une chefferie du génie, d'une sous-intendance; elle a pour garnison le 45e de ligne et le 29e régiment d'artillerie. La place a un gouverneur qui prend le titre de commandant supérieur de la défense du groupe de Laon. Magasin annexe d'habillement.

Soissons eut un rôle prépondérant sous les Gaulois, et ses rois *Divitiac* et *Galba* s'emparèrent de divers pays environnants. Lorsque la ville dut se rendre à César, ses habitants essayèrent en vain de s'unir avec d'autres tribus pour continuer la lutte, et un peu plus tard, en l'an 52 avant Jésus-Christ, ils envoyèrent un secours de cinq mille hommes à Vercingétorix, enfermé dans Alésia. Lors de l'invasion des Barbares, Soissons fut pendant quelque temps le centre de la résistance du monde gallo-romain, et la bataille de Soissons, gagnée par Clovis sur Syagrius (486) décida du sort de la Gaule. Nous avons dit que c'est à Soissons que fut élu et sacré Pépin le Bref, en 752. En 923, le roi Robert y vainquit Charles le Simple. La ville fut érigée en commune dès 1131. Cette ville fut assiégée trois fois en 1814, et nous avons vu que sa capitulation fut pour une grande partie la cause de l'issue fatale de la campagne de France, car Napoléon avait acculé entre elle et son armée, l'armée de Blücher, qui n'aurait pu échapper à une destruction complète ou à une capitulation. Elle fut prise par les Allemands, le 16 novembre 1870, après une défense insuffisante.

Le duc Charles de Lorraine, plus connu sous le nom de *duc de Mayenne*, né en 1554, mourut à Soissons en 1611. Il combattit d'abord contre les huguenots en 1569, puis en 1571 pour la république de Venise contre les Turcs. Il se signala, en 1573, au siège de la Rochelle, fut mis, en 1576, à la tête de l'armée royale chargée de combattre les protestants. Ses deux frères, le duc de Guise et le cardinal de Lorraine qui avaient fondé la Ligue, ayant été assassinés, Mayenne devint, en 1589, le chef de cette dernière, prit alors le titre de lieutenant général de France et proclama roi, sous le nom de Charles X, le vieux cardinal de Bourbon, qui mourut peu après. Dans la lutte qu'il soutint contre Henri IV, il fut battu à Arques et à Ivry (1590) et se rallia à ce dernier en 1593, lorsque celui-ci abjura le protestantisme, après avoir tenté toutefois de réveiller le fanatisme populaire avec le secours de l'Espagne. On doit lui reprocher d'avoir fomenté et entretenu la guerre civile, non sans talent, dans un but d'intérêt personnel. Pour prix de sa réconciliation avec Henri IV, il reçut une forte somme d'argent et le gouvernement de l'Ile de France.

Soissons est le siège de la 7e brigade d'infanterie, de la 9e subdivision de région (9e territorial d'infanterie); le 67e d'infanterie y tient garnison et on y trouve un magasin annexe d'habillement.

La Fère fut l'un des domaines donnés par le roi Clovis à saint Rémi; les sires de Coucy possédèrent ce fief au XIIe siècle, mais Louis le Gros le leur reprit. Elle eut sa charte communale en 1207. Les guerres de religion y jouèrent un grand rôle au XVIe siècle, et les Espagnols s'en rendirent maîtres en 1536. Henri IV ne put s'en emparer, en 1596, qu'après un siège de sept mois. Nous avons vu son rôle dans les campagnes de 1814, 1815 et 1870.

La direction et l'école d'artillerie occupent les bâtiments de l'ancien château; on y trouve, en outre, un vaste arsenal d'artillerie et un magasin annexe d'habillement et du campement; c'est le siège de la 2e brigade d'artillerie (2e territorial d'artillerie), d'un arrondissement d'artillerie, d'une chefferie du génie, d'une sous-intendance; le 29e d'artillerie et la 5e compagnie d'ouvriers y tiennent garnison.

Saint-Quentin était déjà une ville importante du temps des Romains, sous le nom d'*Augusta Veromanduorum*, et au IXe siècle elle fut la capitale des comtes de Vermandois, qui lui accordèrent une charte de commune au XIIe siècle; elle fut réunie à la couronne en 1215, puis cédée au duc de Bourgogne, en 1435, par le traité d'Arras, et enfin, définitivement rattachée à la couronne, en 1477. En 1557, pour se venger de l'appui que le roi de France prêtait aux protestants d'Allemagne et des Pays-Bas, le roi d'Espagne Philippe II fit assiéger Saint-Quentin par le duc de Savoie, qui, après avoir taillé en pièces (10 août) l'armée de secours envoyée par Henri II et commandée par le duc de Montmorency, prit la ville d'assaut (27 août) et laissa ses soldats la piller pendant cinq jours. Ce siège mémorable coûta la vie à quinze cents bourgeois. Cette place était autrefois fortifiée, mais les fortifications en ont été rasées en 1820.

Malgré cela, la ville ouverte n'en opposa pas moins une énergique résistance à l'invasion allemande, le 8 octobre 1870, avec sa garde nationale seulement. C'est près de cette ville héroïque qu'eut lieu, le 19 janvier 1871, la bataille qui porte son nom et dont nous avons parlé plus haut.

Saint-Quentin est le chef-lieu de la 8e brigade d'infanterie et de la 10e subdivision de région (10e territorial d'infanterie). Le 87e de ligne y tient garnison. Sous-intendance.

Caulaincourt, ancienne seigneurie érigée en marquisat, en 1714, est la patrie des deux frères de ce nom, qui furent tous deux généraux. L'aîné, connu aussi sous le nom de duc de Vicence, entra au service en 1787, à l'âge de quinze ans et prit part à toutes les guerres de la République, pendant lesquelles il avança rapidement en grade. A partir de 1801, où il fut envoyé comme ambassadeur en Russie, il fut attaché à la diplomatie, où il montra de l'habileté et de la clairvoyance. Son rôle pendant les invasions de 1814 et de 1815 est des plus honorables. Ministre des affaires étrangères pendant les Cent-Jours, il se retira à la campagne à la seconde rentrée des Bourbons, et vécut dans la retraite jusqu'à sa mort, en 1827. Napoléon, qui l'avait comblé d'honneurs et de dignités, l'estimait beaucoup et disait de lui que c'était un homme de cœur et de droiture.

Son frère, né en 1777, était sous-lieutenant en 1792 et prit une part glorieuse aux campagnes du Rhin et d'Italie, général de brigade en 1806, il se distingua en Espagne et en Portugal. Il passa ensuite à l'armée de Russie comme général de division et fut tué à la bataille de la Moskowa, le 7 septembre 1812, au moment où il pénétrait le premier dans une redoute. Il était gouverneur des pages de l'empereur et comte de l'empire.

Crépy-en-Laonnais est célèbre par le traité signé en 1544, entre François Ier et Charles-Quint, par lequel ils s'alliaient contre les Turcs et renonçaient chacun à leurs prétentions sur certaines contrées. Ce traité ne fut pas exécuté.

Coucy-le-Château a donné son nom à la célèbre famille de ce nom. La forteresse a été fondée en 1052 par Enguerrand-de-Coucy. Ses ruines couronnent une colline assez abrupte et, dans leur état actuel et bien que les murs aient été démantelés depuis plus de deux siècles, elles donnent encore l'idée d'un édifice prodigieux. Son donjon est, d'après M. Viollet-le-Duc, la plus belle construction militaire du moyen âge qui existe en Europe ; il a 55 mètres de haut et 400 mètres de circonférence. Le bourg a gardé presque en entier son enceinte du XIIIe siècle. C'est à Coucy que François Ier rendit, en 1535, un édit en faveur des protestants.

Château-Thierry doit son origine au château que Charles Martel fit construire en 720 pour servir de résidence au jeune roi Thierry IV, et dont on voit encore les ruines sur un rocher escarpé qui domine la ville ; les murailles de ce château, où Charles le Simple fut retenu prisonnier en 927 par Herbert de Vermandois, furent démolies en 1700. Les Anglais ne purent s'emparer de la place en 1371 et elle ne tomba entre leurs mains, en 1421, que par trahison. La ville fut prise par Charles-Quint en 1544, par Mayenne en 1591, et soumise à Henri IV en 1595. C'est sous ses murs qu'Henri de Guise reçut, en 1575, la blessure qui lui valut le surnom de Balafré. Elle fut prise et pillée plusieurs fois pendant la campagne de 1814, où ses bourgeois jouèrent un rôle très honorable. Le 12 février, Napoléon y défit les restes du corps de Sacken, déjà battu à Montmirail.

Guise occupe une belle position sur l'Oise et est défendue par une enceinte flanquée de tours et de bastions, ainsi que par un château dominant la ville d'une hauteur de 50 mètres et construit sur un escarpement à pic. Cette ville, déjà fortifiée au XIe siècle, a subi de nombreux sièges jusqu'en 1650 mais, ainsi que nous l'avons dit, sa fortification n'a pas grande valeur, aujourd'hui. Le maréchal de France *Jacques de Chastenet, vicomte de Puységur*, est né en 1602, au château de Bernonville, près de Guise. Il entra, en 1617, dans les gardes de Louis XIII et quitta le service en 1659, comme maréchal de camp, après avoir pris part à trente combats et à cent vingt sièges sans avoir été blessé. Il est mort en 1682, en laissant la réputation d'un des hommes les plus braves et les plus considérés de son temps. On a de lui divers *Mémoires*.

Villers-Cotterets a pour origine un ancien manoir de Philippe de Valois ; Charles-Quint y résida avant la paix de Crépy. Le général *Alexandre Dumas*, marquis *Davy de la Pailleterie* et père du célèbre romancier, est mort dans cette ville en 1807. Né à Saint-Domingue en 1762, il s'engagea à 16 ans et fit la campagne de 1792 dans un corps franc où, à lui seul, il fit prisonniers treize chasseurs tyroliens dans l'embuscade desquels il était tombé. A la suite de ce fait d'armes, il ne tarda pas à être nommé colonel, puis général de brigade et général de division en 1793. Un instant général en chef de l'armée des Pyrénées-Orientales, il passa ensuite à l'armée des Alpes, où il enleva le Mont-Cenis et le Saint-Bernard aux Austro-Piémontais. Employé comme simple divisionnaire à l'armée d'Italie sous Bonaparte, il battit Wurmser et l'obligea à s'enfermer dans Mantoue. Envoyé dans le Tyrol, il défendit seul, à Brixen, un pont de la plus grande importance, contre un gros de cavalerie, assez longtemps pour permettre l'arrivée de secours ; ce trait lui fit donner par Bonaparte le nom d'Horatius Coclès du Tyrol. Dumas prit part à l'expédition d'Égypte; mais contraint de revenir en Europe pour se guérir de ses nombreuses blessures, il fut retenu deux ans prisonnier à Naples. Lorsqu'il rentra en France, Bonaparte qui connaissait les opinions républicaines du général Dumas, ne voulut pas l'employer et le laissa mourir dans une pauvreté voisine de la misère.

Propret est un village qui a vu naître, en 1771, le général *Bonnaire*. Il commandait la place de Condé en 1815, lorsque, après la bataille de Waterloo, le colonel Gordon, entré dans la ville comme parlementaire, chercha à exciter à la révolte les soldats français, qui le massacrèrent malgré les efforts du général. Traduit pour ce fait devant un conseil de guerre, il fut condamné à la déportation et à la dégradation préalable. Cette humiliation le frappa tellement qu'il mourut cinq mois après.

Le département de l'Aisne a vu naître aussi les deux maréchaux d'Estrées, tous deux grands maîtres de l'artillerie. Le père, *Jean d'Estrées*, né en 1486 et mort en 1571, prit part à la conquête du Milanais, assista aux batailles de Marignan, de Pavie et de Cerisoles. Il réorganisa ensuite l'artillerie et perfectionna la fonte des canons. Il se distingua aussi au siège de Calais. Il était non moins capable que brave.

Son fils, *Antoine d'Estrées*, était gouverneur de la ville de Noyon lorsqu'il eut à défendre cette place contre le duc de Mayenne, en 1593. Pendant trois semaines, il fit subir de telles pertes à l'assiégeant que, après la capitulation, celui-ci n'était plus en force pour porter secours aux Parisiens. En récompense de sa belle conduite, Antoine d'Estrées fut nommé par Henri IV gouverneur de l'Ile de France et de La Fère, puis grand-maître de l'artillerie en 1597, mais il se démit de cette dernière charge en faveur de Sully.

DÉPARTEMENT DE L'ALLIER

I. — PARTIE CIVILE

I. — HISTOIRE

Ce département qui est situé entre 46°56' et 45°57' de latitude, 0°9' de longitude (est) et 0°38, de longitude (ouest), appartient à la région centrale de la France.

Il a 133 kilomètres dans sa plus grande largeur, de l'est à l'ouest, et 92 kilomètres dans sa plus grande longueur, du nord au sud.

Cathédrale de Moulins.

Il a été formé, en 1790, de la majeure partie du Bourbonnais et d'un petit territoire dépendant de l'Auvergne, qui forme actuellement le canton d'Ébreuil. Il est borné : au *Nord*, par les départements de la Nièvre et du Cher : à l'*Est*, par les départements du Cher et de la Creuse ; au *Sud*, par le département du Puy-de-Dôme ; à l'*Ouest*, par la Loire, qui le sépare du département de la Saône-et-Loire et par le département de la Loire.

A l'époque gauloise, le territoire était occupé par les Bituriges, les Arvernes et les Éduens. Lors de la conquête de la Gaule, ces derniers s'allièrent d'abord à César ; mais, à la suite du grand soulèvement national provoqué par Vercingétorix, ils oublièrent leur rancune et se joignirent au grand chef des Arvernes. Après la prise d'Alésia (52 ans avant J.-C.), le pays fut partagé et fit partie de la Première Aquitaine et de la Première Lyonnaise. Les habitants restèrent tranquilles jusqu'au IIIe siècle et ils eurent beaucoup à souffrir de la grande révolte des Bagaudes qui mirent tout au pillage et ne laissèrent que des ruines derrière eux. A la fin du IVe siècle, les Visigoths et les Burgondes envahirent le pays et s'y établirent.

A la suite de la bataille de Vouillé (507), où Clovis battit et tua Alaric, roi des Visigoths, toute la partie occidentale du territoire passa sous la domination franque. L'autre partie ne fut soumise à la même domination que sous Pépin le Bref, en 759, lors de la grande guerre d'Aquitaine.

Charles le Simple donna, en 913, à un de ses grands feudataires, quelques terres qui formèrent la *Sirerie de Bourbon* du nom de *Bourbon* sa capitale (l'ancienne Borvo des Gaulois, aujourd'hui Bourbon l'Archambault). A partir de cette époque, l'histoire du pays est étroitement liée à celle de cette famille.

La première dynastie des Bourbons s'éteignit, en 1216, dans la personne de Mathilde Ire qui avait épousé Guy de Dampierre, maréchal de Champagne, lequel hérita de ses biens augmentés, en 1202, de Montluçon et de ses dépendances. Son fils, Archambault VIII, fit partie de la croisade des Albigeois. Son successeur, Archambault IX, était un des compagnons de saint Louis et fut blessé à Taillebourg (1242). Il ne laissa pas de postérité mâle. De ses deux filles, Agnès épousa Jean de Bourgogne dont elle eut une fille, Béatrix. Jean étant mort en 1268, Agnès se remaria, en 1277, avec Robert d'Artois ; elle mourut en 1287. Béatrix avait épousé, en 1276, Robert de Clermont, sixième fils de saint Louis. Ils furent la tige de la maison royale de Bourbon.

Leur fils, Louis Ier dit *le Grand*, se distingua aux batailles de Furnes, Courtrai, Mons-en-Puelle, Cassel et mourut en 1341. Il augmenta ses domaines du comté de la Marche et d'une partie de la Limagne. Charles le Bel érigea pour lui le Bourbonnais en duché-pairie. Son fils, Pierre Ier, fut blessé à Crécy (1346) et tué à Poitiers en combattant aux côtés du roi Jean (1356).

Louis II qui lui succéda fut, pendant huit ans, prisonnier des Anglais. A son retour, le pays ravagé par les guerres et plusieurs fois envahi par les Bourguignons et les Anglais, était complètement épuisé. Grâce à sa fermeté et à sa sage administration, le Bourbonnais put se relever de ses ruines. Moulins, ville qui avait toute son affection, devint un centre très important et elle lui dut sa prospérité. Il mourut en 1410.

En 1566 fut rendue par l'assemblée des états généraux, sur la demande du chancelier de L'Hôpital, l'*ordonnance de Moulins* qui ôtait aux gouverneurs de province, le droit d'accorder des lettres de grâce et de lever des impôts sans l'ordre du roi.

Le dernier prince de cette maison fut le célèbre connétable de Bourbon qui, pour se venger de l'inimitié de François Ier, provoquée par la haine jalouse de la reine-mère Louise de Savoie, trahit son pays, se vendit aux impériaux et fut tué au siège de Rome en 1527. Ses biens furent confisqués et réunis à la couronne en 1531. Le Bourbonnais fut donné en apanage à la maison de Condé en 1622 et appartint à cette maison jusqu'à la Révolution.

II. — VUE DU DÉPARTEMENT A VOL D'OISEAU

Le département de l'Allier, situé sur les pentes du plateau central, est incliné du sud au nord, comme le montrent, du reste, toutes les rivières qui le traversent et qui coulent dans cette direction. A part la partie méridionale, où viennent finir les monts d'Auvergne et du Forez, le pays est généralement plat et les collines diminuent graduellement en formant, au centre, une série de plateaux de 300 m. à 400 m. d'altitude. Enfin, vers le nord, le pays devient tout à fait plat ; il est même marécageux dans beaucoup d'endroits.

Le point le plus élevé du département se trouve à sa partie sud, à la jonction des départements de la Loire et du Puy-de-Dôme : c'est le *Puy de Montoncel* (1 292m) où la Besbre prend sa source. Les monts du Forez se bifurquent à ce point pour former, au nord-est, les *Monts de la Madeleine* et, vers l'ouest, les *Bois Noirs*.

Les monts de la Madeleine limitent le département à l'est et vont en diminuant graduellement jusqu'à l'embouchure de la Besbre. Ils ont 1 165 mètres dans le bois de l'Assise, 1 123 mètres au Bois des Crêches, 1 047 mètres au Puy-Gilbert, 1 031 mètres à la Pierre-du-Charbonnier, 1 016 mètres à la Dent-du-Rocher et, plus au nord, 679 mètres à Mongardin. Cette partie du pays est très pittoresque.

Les Bois Noirs forment, entre la Besbre et l'Allier, des hauteurs de médiocre élévation, couvertes de forêts de hêtres et de sapins. Ils atteignent 798 mètres au Roc-des-Chiens, 878 mètres au Bois-Coupé, 730 mètres à la Loge, au-dessous de Mayet-de-Montagne et 489 mètres au signal des Petites-Brières, au nord de Cusset. Entre l'Allier et la Sioule, le pays relative ment plat, est très fertile, il est connu sous le nom de *Limagne Bourbonnaise*.

Entre la Sioule et la Bouble, les derniers contreforts des monts d'Auvergne atteignent 774 mètres au signal de *La Bosse*, 730 mètres au *Sec du Blanc* près d'Echassières.

Dans l'arrondissement de Montluçon, au sud, les collines arrivent à 635 mètres à la source de l'Œil, 574 mètres à l'est de Marcillat.

Enfin, à l'ouest de Montluçon, sur la limite du département, le signal de *Laage* a 572 mètres. Au pied de ces collines et de ces coteaux, s'étendent, d'une part, des plaines arrosées par de nombreux cours d'eau, bien cultivées, où poussent le froment et la vigne; puis, d'autre part, des terres vagues, des *brandes*, landes incultes couvertes de bruyères, de genêts et de joncs, comme les landes de Bretagne.

III. — HYDROGRAPHIE

Le département de l'Allier appartient en entier au bassin de la *Loire*, d'abord par celle-ci qui le limite au nord-est, puis par l'*Allier* et le *Cher* ses affluents.

La *Loire* côtoie le département sur une longueur de 80 kil. ; elle a 237 m. d'altitude à son entrée et 203 m. à sa sortie, soit une pente de 34 m. ($0^m,000425$ par m. en moyenne). Ce fleuve reçoit, sur sa rive gauche :

1° L'*Ouzance* (48 kilomètres);
2° La *Lodde* (32 kil.) qui passe au Donjon;
3° Le *Roudon* (31 kilom.);
4° La *Besbre* (101 kilom.) qui prend sa source au Puy-de-Montoncel et passe à Lapalisse, Jaligny et Dompierre;
5° L'*Acolin*, grossi de l'*Ozon* et de l'*Abron*, qui a son embouchure en dehors du département.

L'*Allier* prend sa source dans la forêt de Mercoire (Lozère). Il entre dans le département sur le territoire de la commune de Mariol à 268 mètres d'altitude, et reçoit la *Dore* à cet endroit. Il passe à Clichy, Varennes, Moulins, Le Verdre, et quitte le département après un parcours de 108 kilomètres. Il a 187 mètres d'altitude à ce point. Sa pente est donc de 81 m., soit une moyenne de $0^m,00075$ par m. Ses principaux affluents sont, sur la rive droite :

1° Le *Sichon* (32 kil.) qui passe à Cusset ;
2° Le *Mourgon* (24 kilom.) qui passe à Saint-Germain-des-Fossés.

Sur la rive gauche :

1° L'*Andelot* (45 kilom.) qui passe à Gannat et à Escurolles;
2° La *Sioule*, son principal affluent, qui prend sa source dans l'étang de Servières (Puy-de-Dôme), entre dans le département au-dessus de Chouvigny, le limite pendant quelques kilomètres, puis passe à Ebreuil, Mayet d'Ecole, Saint-Pourçain et se jette dans l'Allier, après un parcours de 60 kilomètres dans le département. Cette rivière reçoit elle-même, sur sa rive gauche, la *Bouble* qui passe à Chantelle et le *Douzenan*.

L'Allier reçoit ensuite :

1° La *Queune* (26 kilom.) qui passe à Souvigny et se jette au-dessus de Moulins;
2° La *Barge* grossie de l'*Ours ;*
3° La *Bieudre* (35 kilom.) qui se jette au Veurdre.

Le *Cher* traverse la partie occidentale du département, du sud au nord. Il prend sa source dans le département de la Creuse, limite l'Allier pendant 15 kil., puis remonte au nord, passe à Montluçon et quitte le département près de l'Etelon à l'altitude de 163 m. après un parcours de 80 kilom. Il a 344 m. d'altitude à son entrée dans l'Allier. Sa pente est donc de 181 mètres, soit une moyenne de $0^m,00226$ par m.) Il reçoit sur sa rive droite :

1° Le *Boron ;*
2° Le *Bouron* qui passe au-dessous de Marcillat;
3° L'*Aumance* (54 kilom.) qui passe à Hérisson et qui reçoit à droite, le *Bandais;* à gauche, l'*Œil* qui passe à *Commentry* et *Cosne;*
4° La *Marmande* grossie de la *Sologne* qui rejoint le Cher en dehors du département.

Sur sa rive gauche le Cher reçoit :

1° La *Magière* qui passe à Huriel ;
2° La *Queugne.*

La partie nord-est du département, entre la Loire et l'Allier, renferme un grand nombre d'étangs pour la plupart très poissonneux.

Enfin, l'Allier est sillonné par trois grands canaux décrits plus loin (page 61).

IV. — VOIES DE COMMUNICATION

I. — Chemins vicinaux

Dans l'Allier, il n'existe plus de routes départementales ; elles sont transformées en chemin de grande communication, depuis le 1er mai 1882. Le service vicinal de l'Allier est confié au personnel des ponts et chaussées sous la direction d'un Ingénieur en chef.

Les voies vicinales sont ainsi divisées :

1° Les chemins de grande communication

ayant une longueur totale de. . 1 947^{k},520^{m}

2° Les chemins d'intérêt commun ayant une longueur totale de. 850, 521

3° Les chemins vicinaux ordinaires ayant une longueur de . . 1 011 ,749

Développement total . . . 3 811 ,780

La dépense annuelle du service vicinal de l'Allier étant de 2 846 647 fr. 19 c., le prix moyen par kilomètre est de 746 fr. 80 ou 0 fr.75 par mètre courant.

II. — Routes nationales.

Le département est traversé par onze routes nationales dont deux ont des annexes.

1° La route n° 7 de Paris à Antibes et en Italie par Nice (94 481^{m} de longueur dans le département avec son annexe) le traverse du nord-ouest au sud-est, en remontant la rive droite de l'Allier jusqu'à Varennes ; elle y entre au-dessus de Villeneuve, puis passe à Moulins, Toulon-sur-Allier, Bessay, Varennes, Saint-Gérand-le-Puy, Lapalisse, Saint-Prix, et quitte le département au nord de Saint-Pierre-Laval. De Lapalisse une annexe relie cette route à la route n° 106 à Cusset ;

2° La route n° 9 de Paris à Perpignan et en Espagne (77 305^{m} de longueur dans le département avec son annexe). Elle commence à Moulins et continue sur la rive gauche de l'Allier au sud la route n° 7. De Moulins elle passe à Chemilly, Saint-Pourçain, Mayet d'Ecole, Gannat ; au sud de cette ville, elle quitte le département. De Gannat, une annexe passant par Cognat va rejoindre à Vichy la route n° 106;

3° La route n° 73 de Moulins à Bâle par Besançon (31 068^{m} de longueur dans le département). En partant de Moulins cette route se dirige à l'est et passe à Chevagnes et Gannat, puis quitte le département en traversant la Loire;

4° La route n° 106 de Nîmes à Moulins par le Puy (34 841^{m} de longueur dans le département); elle y entre au sud près de Mariol, passe à Abrest, Vichy, Cusset, Magnet, et rejoint, à Saint-Gérand-le-Puy, la route n° 7;

5° La route n° 143, de Clermont à Tours par Châteauroux (44 751^{m} de longueur dans le département), traverse l'arrondissement de Montluçon du sud-est au nord-ouest ; elle entre dans le département à l'ouest d'Arpheuilles, passe à Durdat-Larquille, Néris, Montluçon, La Chapelaude et entre dans le Cher au nord-est de Saint-Désiré;

6° La route n° 144, de Clermont à Bourges (39 521^{m} de longueur dans le département), traverse également l'arrondissement de Montluçon. Jusqu'à Montluçon, elle se confond avec la route n° 143, puis descend la rive droite du Cher en passant à Saint-Victor, Reugny, Maulne, Urçay et l'Etelon où elle quitte le département;

7° La route n° 145 de Limoges à Moulins (87 650^{m} de longueur dans le département) traverse les arrondissements de Montluçon et Moulins. Elle entre dans l'Allier à Lamaids, passe à Quinssaines, Montluçon, Chamblet, Doyet, Bézenet, Montmarault, le Montet-aux-Moines, Tronget, Souvigny et rejoint la route n° 9, au faubourg de la Madeleine près Moulins;

8° La route n° 146, de Limoges à Varennes (35 568^{m} de longueur dans le département), se confond jusqu'à Montmarault avec la route n° 146 ; de Montmarault elle passe à Voussac, Saint-Pourçain et va rejoindre la route n° 7, au nord de Varennes ;

9° La route n° 153, d'Orléans à Moulins par Bourges (54 500^{m} de longueur dans le département), traverse au nord les arrondissements de Montluçon et Moulins ; elle entre dans le département à Ainay-le-Château, traverse la forêt de Tronçais passe à Cérilly, Théneuille, Ygrande, Bourbon-l'Archambault, Saint-Menoux et vient se confondre à Souvigny avec la route n° 145.

Résumé de la circulation sur les routes nationales.

DÉSIGNATION DES ROUTES	TONNAGE ANNUEL			
	BRUT		UTILE	
	distance entière 1 000 tonnes	kilométrique 1 000 tonnes	distance entière 1 000 tonnes	kilométrique 1 000 tonnes
1° Route n° 7, de Paris à Antibes.	47,45	3 869	19,34	1 565
2° Route n° 7 bis, de Lapalisse à Vichy	10,22	135	2,19	29
3° Route n° 9, de Paris à Perpignan	127,38	7 409	62,05	3 639
4° Route n° 9 bis, de Gannat à Vichy	102,72	1 814	47,81	901
5° Route n° 73, de Moulins à Bâle	62,41	1 934	30.29	942
6° Route n° 106, de Nîmes à Moulins	76,65	2 646	31,02	1 073
7° Route n° 143, de Clermont à Tours	100,01	4 478	52,92	2 373
8° Route n° 144, de Clermont à Bourges	39,42	1 544	18,98	752
9° Route n° 145, de Limoges à Moulins	67,16	5 894	30,29	2 608
10° Route n° 146, de Limoges à Varennes	115,34	4 106	71,54	2 548
11° Route n° 153, d'Orléans à Moulins	64,97	3 547	30,29	1 650

III. — Navigation.

I. — FLEUVES ET RIVIÈRES

I. L'*Allier*. — Cette rivière est classée entre Saint-Arçons et son embouchure dans la Loire, sur un parcours de 241 kilomètres, savoir :

Comme flottable, de Saint-Arçons à Fontanes. . . . 44 kilomètres.

Comme navigable, de Fontanes à la Loire. . . . . 247 kilomètres.

La navigation de l'Allier est sans importance ; elle n'a lieu qu'à la descente. — Quarante ponts jetés sur l'Allier présentent une hauteur libre d'au moins 4 mètres au-dessus des hautes eaux navigables. Cette rivière entre dans le département, à Saint-Yorre, passe à Abrest, Vichy, Creuzier-le-Vieux, Saint-Germain-des-Fossés, Belly, Chazeuil, La Chaise, Bessey, Chemilly, Moulins, Les Errats, Villeneuve, Port-Barreau où elle quitte le département pour entrer dans la Nièvre, à la Ferté-Langeron, y rentre et passe à Le Veurdre, Château-sur-Allier, puis entre dans le département du Cher.

II. La *Loire*. — La partie de ce fleuve située dans le département de l'Allier n'a que 20 kilomètres environ de longueur ; elle est classée dans la seconde section comprise entre Roanne et Briare sur un parcours de 270 kilomètres. Cette section est presque abandonnée de la batellerie depuis l'ouverture du canal latéral à la Loire. La circulation n'a lieu qu'à la descente. La Loire entre dans le département à Avrilly, passe à Bonnane, Bucheron, Chassenard (Allier), Digoin, Chavannes, La Motte-Saint-Jean, La Varenne (Saône-et-Loire), Les Loges (Allier), Le Crot-Bariller-Saint-Agnan, La Bousse (Saône-et-Loire), Pierrefite (Allier), Gilly (Saône-et-Loire), Diou (Allier), Saint-Aubin (Saône-et-Loire), Beaulon (Allier), Le Fourneau (Saône-et-Loire), Saint-Georges et Gannay (Allier).

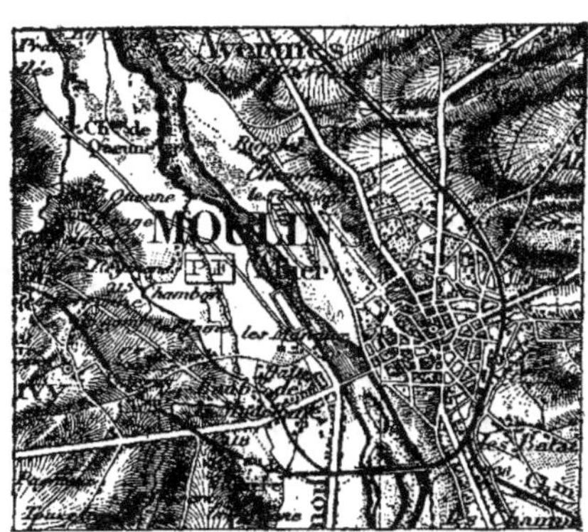

MOULINS ET SES ENVIRONS.
Extrait de la carte d'État-Major au 80 000e.

II. — CANAUX

I. Le *canal de Roanne à Digoin*. — Cette voie navigable prend son origine à Roanne où elle est en communication avec la Loire et forme la première section du canal latéral à la Loire. Sa longueur est de 56 kilomètres. Les écluses, au nombre de treize, rachètent une pente totale de 37 mètres. Elles ont 30m,40 de longueur utile et 5m,20 de largeur. Le mouillage normal du canal est de 1m,60 et les bateaux y circulent avec 1m,35 d'enfoncement.

Le nombre des ponts fixes est de cinquante-huit et le moins élevé de ces ouvrages laisse une hauteur libre de 3m,06 au-dessus du plan d'eau réglementaire. Les bateaux qui fréquentent le canal sont de deux types différents :

1° Grands bateaux ayant 30 mètres de longueur sur 5 mètres de largeur, tonnage 190 tonnes ;

2° Bateaux dits du Berry ayant 27m,80 de longueur sur 2m,50 de largeur, tonnage 75 tonnes.

La traction des bateaux se fait, soit à bras d'hommes, soit par des ânes ou de chevaux.

Le canal de Roanne à Digoin pénètre dans le département entre Bourg-le-Comte (Saône-et-Loire) et Morgat (Allier), passe à Morgat, Bonnant, Lurcy, Giverdon, La Croix-Rouge, Les Beugnets, Les Brétons. A Digoin (Saône-et-Loire), il fait sa jonction avec le canal latéral à la Loire.

II. Le *canal latéral à la Loire* fait suite au canal de Roanne à Digoin et aboutit au canal de Briare. Il se relie par des embranchements:

1° Avec le canal du Centre, à Digoin ;

2° Avec le canal du Nivernais et la Loire, à Decize ;

3° Avec la Loire, à Nevers, à Givry, à Saint-Thibault. De plus, il est en communication avec le canal de Berry, à Marseille-les-Aubigny. La longueur de la ligne principale est de 193 kilomètres. Celle des embranchements est de 13 kilomètres. Les écluses ont 30m,40 de longueur utile et 5m,20 de largeur. Le mouillage normal est de 1m,60 et les bateaux, halés par des hommes, des ânes ou des chevaux, circulent sur ce canal avec 1m,35 d'enfoncement.

Les bateaux qui fréquentent cette voie navigable sont généralement de deux types :

1° Les grands bateaux (longueur 30 mètres, largeur 5 mètres, tonnage 190 tonnes) ;

2° Les bateaux dits de Berry (longueur 28 mètres, largeur 2m,50, tonnage 72 tonnes).

Les bateaux sont remorqués par un toueur à vapeur sur chaîne noyée dans la partie de la Loire qui met en communication le canal latéral à la Loire avec le canal du Nivernais à Decize. La ligne principale, de la jonction du canal de Roanne à Digoin, passe à Chassenard, La Broche, Coulanges Pierrefitte, Diou, Bèbre-Sept-Fonts, Le Clos-du-May, Gannat Rosieres et Gannay

Après Gannay, le canal entre dans le département de la Nièvre.

Rigole de la Bèbre. — Jonction avec le

canal latéral (*écluse et port*), passe à Dompierre (*port*). — Longueur 3 kilomètres.

III. Le *canal de Berry* relie Montluçon d'un côté, par sa première et sa seconde branche, au Cher canalisé ; de l'autre, par sa première et troisième branche, il met en communication le Cher canalisé et le canal latéral à la Loire. La section de Montluçon à Saint-Amand, première branche, est latérale au Cher et descendante.

Un bief de partage, dit antérieur, relie la première et la seconde branche.

La partie du canal située dans l'Allier, sur un parcours d'environ 30 kilomètres, fait partie de la première branche dont la longueur est de 70 kilomètres. Les écluses ont, au minimum, $31^m,85$ de longueur utile et $2^m,78$ de largeur. Le mouillage normal est de $1^m,50$ et les bateaux y circulent avec $1^m,20$ d'enfoncement.

Les bateaux ont généralement $27^m,50$ de longueur sur $2^m,60$ de largeur et portent environ 60 tonnes. Le halage se fait par des ânes.

Le maréchal de Villars.

Le canal de Berry part de Montluçon, passe à Pasquis, à La Loire, à Perguines, à Vaux, à Reugny-Magnette, à Nassigny, à Vallon, à Épineuil (département du Cher), puis rentre dans l'Allier pour passer à Meaulne et à Urçay, village après lequel il quitte l'Allier pour entrer définitivement dans le département du Cher.

IV. — Chemins de fer de l'Allier.

L'Allier est traversé par sept lignes de chemins de fer, ayant ensemble une longueur de 383 kilomètres avec cinquante-deux gares.

1° *Ligne de Paris à Lyon par Nevers et Moulins* (2 voies). Cette ligne traverse le département sur une longueur de 79 kilomètres de la gare d'entrée (Villeneuve-sur-Allier) à la gare de sortie (Arfeuilles). Les gares sont : Villeneuve-sur-Allier, Moulins, Bessay, Saint-Germain-des-Fossés (embranchement des lignes de Vichy à Ambert et de Montluçon à Gannat) Saint-Gérand-le-Puy, La Palisse et Arfeuilles ;

2° *Ligne de Paris à Saint-Germain-des-Fossés par Saint-Sulpice-Laurière, Montluçon et Gannat* (2 voies). Cette ligne parcourt le département sur une longueur de 93 kilomètres de la gare d'entrée (Treignat) à la gare d'arrivée (Saint-Germain-des-Fossés). Les gares sont : Treignat, Huriel, Domerat, Montluçon, Chamblet-Néris, Commentry, Hydes, Louroux, Bellenave, Saint-Bonnet-Ebreuil, Gannat, Monteignet, Saint Remy te Saint-Germain-des-Fossés ;

3° *Ligne de Saint-Germain-des-Fossés, Vichy et Ambert* (2 voies). Cette ligne parcourt le département sur une longueur de 19 kilomètres. Elle part de Saint-Germain-des-Fossés, et sort du département après la gare de Saint-Yorre. Vichy est la seule gare intermédiaire dans l'Allier ;

4° *Ligne de Montluçon à Moulins* (2 voies). Cette ligne parcourt le département sur une longueur de 71 kilomètres. Les gares sont : Montluçon, Chamblet-Neris, Commentry, Doyet-La-Presle, Villefranche, Chavenon, Tronget, Noyant, Souvigny et Moulins ;

5° *Ligne de Paris à Clermont par Bourges et Montluçon* (2 voies). Cette ligne traverse le département sur une longueur de 49 kilomètres, de la gare d'entrée (Urçay) à la gare de sortie (Teillet-Argenty). Les gares sont : Urçay, Vallon, Magnette, Les Trillers, Montluçon, Lignerolles et Teillet-Argenty ;

6° *Ligne de Tours à Montluçon* (2 voies). Cette ligne parcourt le département sur une longueur de 37 kil., depuis la gare d'entrée (St-Désiré) à Montluçon. Les gares sont : St-Désiré, Courçais, La Chapelaude, La Ville-Gozet et Montluçon.

7° *Ligne de Moulins à Mâcon* (1 voie). Cette ligne parcoure le département sur une longueur de 35 kilomètres, de Moulins à la gare de sortie : Les gares sont : Moulins, Montbeugny, Thiel, Dompierre-Sept-Fonts et Diou.

8° *Ligne de Moulins à Cosne-sur-l'Œil* (1 voie) Cette ligne exploitée par la Société générale des chemins de fer économiques, parcourt le département sur une longueur de 57 kil. Les gares sont : Moulins, la Madeleine, Coulandon, Agonges, Bourbon-l'Archambault, l'Eroude, St-Aubin, St-Hilaire, Buxières-les-Mines, Vieure et Cosne-sur-l'Œil.

V. — MONUMENTS HISTORIQUES

I. — Monuments mégalithiques. — Néant

II. — Monuments antiques.

Néris. — Monuments antiques.

III. — Monuments du moyen âge, de la renaissance et des temps modernes.

Biozat. — Église.
Bourbon-l'Archambault. — Église ; château.
Buxières-la-Grue. — Église.
Chantelle. — Abbaye.
Chatel-Montagne. — Église.
Cognat. — Église.

Ebreuil. — Église.
Franchesse. — Église.
Huriel. — Église ; Donjon et restes de l'enceinte fortifiée.
Meillers. — Église.
Montet-aux-Moines. — Église.
Moulins. — Cathédrale Notre-Dame ; Tombeau du duc Henri II de Montmorency dans la chapelle du lycée ; Restes du château des ducs de Bourbon (aujourd'hui prison et gendarmerie).
Néris. — Église.
Palisse (La). — Château.
Saint-Désiré. — Église.
Saint-Menoux. — Église.
Saint Pourçain. — Église.
Souvigny. — Ancienne église Saint-Marc ; Église paroissiale.
Vallon. — Église.
Veauce. — Église.
Vicq. — Crypte de l'Église.
Ygrande. — Église.

VI. — HOMMES CÉLÈBRES

Le *maréchal de Chabannes*, grand maître de France, seigneur de Lapalisse, né à Gannat, tué à la bataille de Pavie en 1525.

Henri Baude, poète, né à Moulins.

Le *connétable de Bourbon*, né en 1489, mort en 1527, s'illustra aux batailles d'Agnadel, de Novare et de Carignan.

Le *maréchal de Bourdillon*, mort en 1567.

Jean de Lingendes, prédicateur fameux, né à Moulins en 1595, décédé en 1665, évêque de Mâcon. Il fut aumônier de Louis XIII.

Pierre Petit, intendant général des fortifications, né à Montluçon en 1598, mort en 1677.

Thomas Reynaudin, sculpteur élève d'Anguier, né à Moulins en 1627, mort en 1706.

Le *duc de Berwick*, maréchal de France, né à Moulins en 1660, tué en 1734 au siège de Philipsbourg.

Le maréchal de *Villars*, né à Moulins en 1653, mort en 1734.

Claude Berroyer, avocat au Parlement de Paris, né à Moulins en 1655, mort en 1735.

Chabot (de l'Allier), conventionnel et jurisconsulte, né à Montluçon en 1758, mort en 1819.

Destutt de Tracy, philosophe et littérateur, pair de France, né en 1754, mort en 1836, classé parmi les littérateurs restés fidèles aux traditions du XVIIIe siècle et que Napoléon Ier qualifiait d'idéologues.

L'abbé *Châtel*, fondateur de l'Église catholique française, né à Gannat en 1795, mort en 1857.

Achille *Allier*, historien, né en 1807, mort en 1836.

J.-B. Faure, célèbre baryton de l'Académie nationale de musique, né à Moulins en 1830.

VII. — INDUSTRIE

NATURE des Industries	DÉSIGNATION ou nombre de localités où s'exercent les industries	NOMBRE d'établissements	NOMBRES MOYENS de contremaîtres et surveillants	d'ouvriers et de manœuvres	de femmes	d'enfants	TOTAUX
I. — ALIMENTATION							
Boulangeries	61 localités	284	2	298	4	24	328
Brasseries	7 localités	13	13	86	»	»	99
Chocolat, confiseries, confitureries, corps gras alimentaires	6 localités	47	2	72	5	»	79
Eaux gazeuses et minérales, distilleries et fabriques de liqueurs	12 localités	27	14	178	23	18	233
Fabriques d'huiles	22 localités	34	»	38	»	»	38
Meuneries et minoteries	75 localités	168	34	404	3	»	441
Vins et vinaigres	5 localités	68	»	59	»	»	59
II. — ARTS ET PRODUITS CHIMIQUES							
Bougies, chandelles, cierges et cire	7 localités	13	2	141	»	»	143
Huile de Schistes, produits chimiques, engrais, suifs et teintureries	14 localités	26	14	125	»	»	139
Usines à gaz	8 localités	8	9	72	»	»	81
III. — BATIMENTS							
Appareils de chauffage	Moulins, Montluçon et Vichy	18	3	22	»	6	31
Charpentiers	47 localités	121	13	319	»	»	332
Couverture et plomberie	9 localités	33	2	83	»	»	85
Maçonneries	56 localités	175	49	319	»	»	368
Tail. de pierres	19 localités	104	12	236	»	»	248
Zingueurs	4 localités	13	»	50	»	3	53
IV. — INDUSTRIE DU BOIS							
Boissellerie, caisses d'emballage cercles, chaises	8 localités	22	1	23	»	»	24
Menuiserie et ébénisterie	67 localités	198	20	576	1	25	622
Fabriq. de sabots	54 localités	318	7	458	14	10	489
Sciage à la main et à la mécanique	19 localités	41	15	288	»	5	308
Tonnelerie	20 localités	45	»	47	»	»	47
V. — CARROSSERIE							
Carross., Charronnage et Sellerie	81 localités	245	2	397	»	»	399
VI. — CÉRAMIQUE							
Briqueterie	25 localités	67	1	164	10	33	208
Glacerie	Montluçon	1	17	366	»	»	383
Poteries ordin.	7 localités	11	1	75	4	20	100
Porcelaine	Ainay-le-Château, Couleuvre et Lurcy	3	3	139	55	8	205
Tuileries	42 localités	88	6	164	2	37	209
VII. — BATELLERIE							
Charp. en bâteaux cord. et forg.	18 localités	49	4	485	»	42	531
VIII. — CUIRS ET PEAUX							
Chaussures, corroieries, mégis., tanneries, teinture sur peau	14 localités	117	10	331	25	12	378
IX. — PAPETERIE							
Typographie, lithographie, triage de chiffons	8 localités	22	10	161	150	22	343
X. — INDUSTRIES EXTRACTIVES							
Carrières de pierres à bâtir	25 localités	68	13	230	»	»	243
Carrières et fours à plâtre	Lurcy, Lévy et Montluçon	3	»	37	»	»	37
Fours à chaux grasse	42 localités	110	22	507	»	»	529
Chaux hydrauliq.	7 localités	19	12	92	2	1	107
Houille anthracite, Schiste et manganèse	12 localités	13	104	4144	144	212	4604
A reporter		3992	417	11186	442	478	12520

NATURE des Industries	DÉSIGNATION ou nombre de localités où s'exercent les industries	NOMBRE d'établissements	NOMBRES MOYENS de contremaîtres et surveillants	d'ouvriers et de manœuvres	de femmes	d'enfants	TOTAUX
	Report...........	3392	417	11186	442	478	12520
XI. — INDUSTRIES TEXTILES							
Tissage de chanvre, de coton et de laine, filature de laine, corderie, tissus	17 localités......	176	3	271	103	14	391
Tisserand (tissage à la main)	17 localités......	43	»	36	»	»	36
XII. — INSTRUMENTS DE PRÉCISION							
Horlogerie et Instruments d'optique..........	Moulins, Montluçon et Lapalisse	22	3	35	»	»	38
XIII. — MÉTALLURGIE ET CONSTRUCTIONS MÉCANIQUE							
Ajusteurs	Commentry......	1	1	35	2	2	40
Ateliers de construction	6 localités.......	14	8	155	»	17	180
Chaines, clous, ferblanterie....	11 localités......	39	3	216	28	107	354
Fonderies et hauts fourneaux.....	Moulins, Vichy et Commentry....	6	7	138	2	»	147
Mach. agricoles..	Vichy...........	3	3	44	»	»	47
Maréchaux	56 localités......	180	2	249	»	»	251
Outils agric., quincailliers, serruriers et divers..	21 localités....	107	67	2717	12	73	2869
XIV. — INDUSTRIES DIVERSES							
Bijouterie	Moulins et Cusset	9	»	6	»	»	6
Chapellerie......	Moulins, Montluçon et Iscure..	16	1	160	65	10	236
	Totaux...........	4008	515	15248	654	701	17118

VIII. — AGRICULTURE

Dans l'Allier le terrain est de nature variée, Au sud, près de Gannat, de Vichy, de Saint-Pourçain, ce sont des alluvions argilo-calcaires et volcaniques (terres fortes) faisant suite à la Limagne d'Auvergne. De nombreux noyers donnent à ce pays fertile l'aspect d'un immense verger. La terre y a trop de valeur pour qu'on y laisse des haies. Tenace en hiver, dure et crevassée en été, c'est une terre à sainfoin et où, seuls, les blés poulards (gros blés barbus) peuvent résister à l'averse et à la gelée, dans les fonds mal assainis et encore nombreux. C'est la région la plus peuplée. Les villages y sont assez agglomérés et les exploitations n'ont pas une grande étendue. Cette partie, quoique la plus riche du département, voit sa population diminuer peu à peu, ainsi que la valeur vénale et locative des terres. L'agriculture y est stationnaire et gênée.

Au sud-est, c'est l'arrondissement de Lapalisse, avec ses montagnes granitiques et quelques plaines argilo-calcaires. Dans la montagne, l'agriculture est encore arriérée. On y cultive, en seigle et par périodes, des surfaces en pente qui ne conviennent qu'au reboisement. Sur les terres moins inclinées, le blé prend, grâce au chaulage, autant de place que le seigle.

Ces surfaces montagneuses et granitiques se retrouvent à l'ouest de l'arrondissement de Gannat et forment aussi une grande partie de celui de Montluçon, mais avec une altitude allant en diminuant vers le nord. C'était, naguère, le pays des genêts à balai et de la digitale. Aujourd'hui, presque tout est cultivé, grâce à l'amendement calcaire. Les prés assez étroits et occupant le fond des ravins, y sont le plus souvent marécageux et donnent un foin acide et peu abondant. On commence à les améliorer par les phosphates fossiles. Cette région n'a que de rares chemins ruraux, souvent creux et peu viables. Les propriétés particulières, assez étendues, sont entourées de fortes haies garnies de nombreux chênes et autres arbres en têtards. On y récolte surtout du blé et de l'avoine, auxquels succède une prairie composée de ray-grass mélangé d'un trèfle peu vigoureux en raison de la pauvreté du sol en calcaire et en phosphate. Cette prairie artificielle n'est fauchée qu'une fois en deux ans. Elle est pâturée ensuite, puis livrée en mai suivant à la jachère labourée qui prépare la venue du froment.

A l'ouest de Moulins, autour de Bourbon-l'Archambault, le terrain appartient surtout aux grès et aux argiles du trias. C'est une région donnant de bons blés, possédant plus de prairies naturelles que la région granitique et produisant un bon bétail.

Enfin, à l'est de Moulins, c'est la Sologne bourbonnaise, plaine d'alluvions tertiaires tantôt argileuses, tantôt graveleuses, où les anciens étangs montrent leurs chaussées éventrées et ont fait place à des prairies froides. Là, les communes sont très grandes, les bourgs très petits et les métairies (appelées domaines) très éparpillées. Ces métairies sont d'une étendue moyenne de 60 hectares. Comme dans tout le reste du département, le laboureur est métayer à moitié fruits.

Souvent ce cultivateur est sous la direction, non du propriétaire, mais d'un fermier général qui, parfois, exploite à lui seul plus de mille hectares. La pauvreté et surtout l'ignorance professionnelle des métayers sont les causes de la conservation de ces intermédiaires.

La Sologne bourbonnaise ne présente plus de brandes garnies de bruyères et de genêts. Ses anciennes forêts ont été aussi fortement diminuées. La charrue Dombasle y règne en maîtresse, grâce au chaulage qui assainit et nitrifie la terre. Les fermiers s'y sont enrichis par la vente du blé et du bétail qu'ont procuré les premiers chaulages.

Aujourd'hui, le trèfle y vient mal et les froments réclament l'intervention des engrais commerciaux en raison de l'insuffisance des fumiers de ferme.

De grandes améliorations restent encore à réaliser dans l'Allier. Le drainage est loin d'avoir été pratiqué partout où il est nécessaire et possible. Les chemins ruraux manquent. Les fumiers sont délavés en hiver et desséchés en été. Les urines et purins ne sont pas recueillis. Les irrigations des prés sont, dans tout l'Allier, très mal entendues. L'outillage ne comprend guère que les charrues, les herses et les machines à battre à vapeur. Les terres, en général, ne sont pas nettoyées. Le chiendent, le millefeuille, l'agrostis, la houlque molle, la folle avoine, se montrent malheureusement trop abondants dans beaucoup de terrains.

Tombeau du duc de Montmorency, à Moulins.

Les plantes sarclées couvrent trop peu d'étendue. C'est la pomme de terre qu'on cultive le plus, puis la betterave et le topinambour. Les sarclages sont souvent mal faits ou trop peu répétés : le maniement des outils à main est peu goûté dans le Bourbonnais. Les femmes ne vont guère au dehors que pour la fenaison qui est, d'ailleurs, lentement menée.

Au labour, bêtes et gens sont d'une lenteur extrême. La journée de charrue ne commence souvent qu'à neuf heures pour finir à deux heures de relevée. Chaque charrue est souvent traînée par six gros bœufs. On laboure ordinairement en planches de 1^m,80 de largeur.

Le bétail est certainement trop abondant dans un grand nombre de métairies de l'Allier, surtout en hiver. En cette saison, en effet, les animaux ne recevant pas assez de nourriture, et plus de paille que de foin, y dépérissent et, cependant, ils ont consommé toute la réserve engrangée. On engraisse néanmoins beaucoup de bœufs et de porcs et, dans ce but, on utilise de grandes quantités de tourteaux oléagineux.

Les bêtes bovines sont presque toutes de la race charollaise blanche ; mais elles sont souvent métissées par le type anglais courtes-cornes (durham). Les moutons sont du type berrichon et croisés souvent par les types anglais dishley ou south-down. Les poules, oies, dindes, sont élevées en grand nombre. Le pays est riche en gibier de toute espèce. Si le poisson n'était pas décimé par les braconniers, il serait très abondant.

Les vignes sont moins étendues qu'il y a vingt ans. Cependant, le vin se vendant plus de 50 francs l'hectolitre, on replante beaucoup depuis quelques années, surtout à des altitudes assez grandes (300 à 360^{m}). Le vignoble le plus important se trouve à l'ouest de Saint-Pourçain et à l'ouest de Montluçon. Le phylloxera a envahi ce dernier point à Huriel, sur trois hectares. Le sol perméable du vignoble bourbonnais permettra d'entraver longtemps, on l'espère, l'invasion du reste du département avec le traitement par le sulfure de carbone.

Gannat et ses environs
Extrait de la carte d'État-Major au 80 000e.

L'Allier est un pays de grandes propriétés, si ce n'est autour de Vichy, de Gannat et de Montluçon. Il s'y est fondé une puissante société départementale d'agriculture, recrutée surtout parmi les propriétaires et les fermiers généraux. L'absentéisme des propriétaires ne se rencontre presque plus. Les métayers se trouvent facilement ; ils se font entre eux une sérieuse concurrence. Il en est de même pour les fermiers généraux. L'Allier possède, depuis 1887, une école pratique d'agriculture, sise aux Tureaux, à 8 kilomètres de Moulins.

Les importations de la culture consistent en graines fourragères, engrais phosphatés et tourteaux. En somme, l'agriculture du département de l'Allier est relativement plus progressive que celle des autres départements du Centre.

L'élevage du cheval n'est pas très répandu dans l'Allier et cela se comprend, parce que les travaux des champs se font presque exclusivement avec des bœufs.

Les ânes sont petits et chétifs.

L'espèce bovine forme les gros bataillons du Bourbonnais. L'ancienne race a été l'objet d'améliorations considérables en raison des fréquents croisements qu'elle a subis avec les races d'Auvergne, limousine et charolaise. Le sang durham a aussi apporté son contingent dans les dites améliorations.

Les bêtes à laine sont petites, mais très rustiques. L'élevage les modifie par des croisements, soit avec la race mérinos, soit avec les races anglaises, south-down ou dishley.

Les chèvres sont nombreuses. A Montmarault, où l'industrie fromagère et laitière est assez développée, on fait, avec le lait de chèvre, un fromage estimé qu'on appelle *roujadoux* ou *boudajoux* et *chevrotin*. Les porcs du Bourbonnais fréquentent beaucoup les pacages ; ils appartiennent à une race rustique et bonne marcheuse. On les soumet à de longs parcours pour les vendre hors du département.

STATISTIQUE GÉNÉRALE DU SOL DE L'ALLIER

Terrain de qualité supérieure	7 258	hect.
Terres labourables	506 590	
Prés	71 391	
Vignes	13 990	
Bois	25 661	
Landes, patis	52 512	
Terrains divers	512	
Superficie totale	677 914	hect.

CULTURES DIVERSES

SÉRICULTURE. — Néant.

RUCHES D'ABEILLES

Nombre de ruches en activité	16 205	»
Production du miel en kilog	46 995	»
Production en cire	28 197	»

Animaux de ferme

Espèce chevaline	13 679	pièces
mulassière	372	—
asine	9 108	—

Bœufs et taureaux.	71 712	—
Vaches et génisses	110 774	—
Veaux	38 177	—
Espèce ovine (race du pays). .	224 463	—
— (race perfectionnée)	45 019	—
Espèce porcine.	116 714	—
— caprine.	21 078	—

Produit des animaux

Laine. . .	Quantité en kilog. .	214 225	»
	Prix moyen du kilog.	1.50	
	Valeur.	340 618	»
Suif. . . .	Quantité en kilog. .	64 590	»
	Prix moyen du kilog.	0 79	
	Valeur.	51 026	»

Céréales diverses : farineux, cultures industrielles, plantes textiles, autres cultures oléagineuses, vignes, sériculture, apiculture.

DÉSIGNATION	SUPERFICIE ensemencée PAR HECTARE	RENDEMENT moyen par hectare en hectolitres	PRODUCTION annuelle en hectolitres
Froment.	90 700	48,00	1 632 600
Méteil.	40	15,00	600
Seigle.	38 500	15,00	57 500
Orge.	19 983	18,00	350 694
Sarrazin.	2 600	16,00	41 600
Maïs.	570	11,40	6 498
Millet.	90	15,00	1 350
Avoine.	66 000	20,00	1 320 000
Pommes de terre.	26 700	200,00	5 340 000
Légumes secs.	2 494	16,58	41 531
Châtaignes	307	64,21	26 133
		en quintaux	en quintaux.
Betteraves à sucre.	150	350,00	52 500
Betteraves fourragères.	5 000	350,00	1 750 000
Houblon.	2	3	6
Tabac	»	»	»
		fila. au quint.	filasse au quint.
Chanvre.	1 320	3,00	3 900
Lin.	»	»	»
		en kilog.	en kilos.
Chènevis	»	»	22 612
Lin (huile).	»	»	1 534
		en hectol.	en hectol.
Œillette, Navette, Cameline, etc.	»	»	»
Colza (graine).	1 300	20,60	26 780
		en kilog.	en kilos.
Colza (huile).	5 433	28,66	155 710
Olives (fruit).	»	»	»
Olives (huile).	»	»	»
		en hectol.	en hectol.
Vignes.	13 000	11,23	146 000

IX. — FORÊTS

L'Allier fait partie de la 21ᵉ conservation dont le siège est à Moulins. Il y a deux Inspecteurs à Moulins, un à Montluçon, un à Cérilly ; un garde général à Gannat et à Cosne-sur-l'Œil.

Forêts soumises au régime forestier.

Arrondissements	domaniales	communales et d'établis. pub.
Moulins. .	6 946 hect.	595 hect.
Montluçon.	12 806 —	»
Gannat . .	3 899 —	255 —
Lapalisse. .	671 —	489 —
	24 322 hect.	1 339 hect.
	25 661 hect.	25 661 hect.

Forêts non soumises au régime forestier.

Particulières, communales et d'établissements publics . . . 64 953 hect.

Total. . . . . . 90 614 hect.

La proportion des essences qui peuplent les forêts de l'Allier peut être ainsi répartie :

Chêne : 70 °/₀. — Hêtre : 20 °/₀. — Charme et divers : 10 °/₀.

Les forêts de l'État sont traitées en futaie à longue révolution, pour l'éducation des bois de service et d'industrie. — Le service de la Marine y a souvent pris des chênes.

Le rendement des forêts de l'Allier est caractérisé au point de vue des marchandises par la proportion suivante :

Bois d'œuvre et d'industrie. . . . . . . 26 °/₀
Chauffage. . . . . 74 °/₀

Les chênes donnent de la charpente, mais sont surtout affectés à la fabrication du merrain.

Les hêtres sont utilisés pour le sabotage.

Les plus grandes masses boisées sont :

1° Arrondissement de Moulins. — La forêt domaniale de Bagnolet contenant 1 650 hectares et ayant 10 000 mètres de longueur sur 4 000 mètres de largeur ;

2° Arrondissement de Montluçon. — La forêt domaniale du Tronçais contenant 10 434 hectares, ayant 25 000 mètres de longueur sur 12 000 mètres de largeur (une des plus grandes et plus belles forêts de France ;

3° Arrondissement de Gannat. — La forêt domaniale des Collettes contenant 1 527 hectares, ayant 9 000 mètres de longueur sur 3 000 mètres de largeur (on y remarque une exploitation très importante de kaolin) ;

4° Arrondissement de Lapalisse. — La forêt domaniale de l'Assise (671 hectares), ayant 7 000 mètres de longueur sur 3 000 de largeur.

X. — DIVISION POLITIQUE, ADMINISTRATIVE ET POPULATION

Le département de l'Allier est divisé en cinq arrondissements dont quatre sont administrés chacun par un sous-préfet, savoir :

1° L'arrondissement de Moulins, subdivisé en 9 cantons, contenant ensemble 85 communes ; administré directement par le préfet ;

2° L'arrondissement de Gannat, subdivisé en 5 cantons, contenant ensemble 66 communes ;

3° L'arrondissement de Lapalisse subdivisé en 6 cantons, contenant ensemble 77 communes ;

4° L'arrondissement de Montluçon, subdivisé en 8 cantons, ayant ensemble 93 communes.

STATISTIQUE DE LA POPULATION

La population du département était :

En 1801.	248 864	habitants
En 1821.	280 025	—
En 1831.	298 457	—

En 1851. . . . . 336 758 habitants
En 1872. . . . . 390 812 —
En 1886. . . . . 424 582 —

Mariages annuels :

1° Entre garçons et filles. 2 796
2° Entre garçons et veuves. 112
3° Entre veufs et filles 303
4° Entre veufs et veuves 93

Naissances et décès :

Naissances	enfants légitimes	garçons.	4 882
		filles. .	4 447
	enfants naturels.	garçons.	259
		filles . .	217
Décès	sexe masculin	garçons.	1 713
		mariés. .	1 448
		veufs . .	633
	sexe féminin	filles . .	1 329
		femmes.	1 077
		veuves .	891
Morts accidentelles		hommes. .	91
		femmes. . .	15

Suicides . . . . { hommes. . 30 ; femmes . . 7 }

XI. — DIVISION JUDICIAIRE

Le département de l'Allier dépend de la Cour d'appel de Riom, qui se compose d'un premier président, de deux présidents de chambre, de quinze conseillers, d'un procureur général, de deux avocats généraux et de deux substituts du procureur général.

Il y a un tribunal de première instance à Moulins (siège de la cour d'assise du département), à Cusset, à Gannat et à Montluçon, ainsi qu'un tribunal de commerce à Montluçon et à Moulins.

Moulins. — Huit notaires, huit avoués et un commissaire-priseur.

Cusset. — Trois notaires et quatre avoués.

Gannat. — Quatre notaires et quatre avoués.

Montluçon. — Quatre notaires, cinq avoués et un commissaire-priseur.

TABLEAU DES COMMUNES DU DÉPARTEMENT DE L'ALLIER

4 arrondissements — 28 cantons — 321 communes — 424 582 habitants — 677 914 hectares — Moyenne de la population par kilomètre carré : 63 habitants.

I. — ARRONDISSEMENT DE MOULINS (9 cantons, 85 communes, 122,870 habitants)

NOMS des COMMUNES	Population	Dist. au chef-l. d'ar.	LOCALITÉS AVEC GARES postes et télégraphes	GARE LA PLUS PRÈS de chaque com. et distance à cette commune	BUREAUX de postes desserv. les communes avec les distances
I. — CANTON DE MOULINS-EST (*7 com., 25 221 hab.*)					
1 Moulins (Est)	11272	»	**225 5**	Moulins.... »	Moulins.... »
2 *La Madeleine*	»	»	**217 4**	*La Madele.* »	»
3 Bressolles	719	5	219 0	Moulins.... 6 0	Moulins.... 6 0
4 Gennetines	702	12	255 0	Moulins.... 12 0	S.Ennemond 12 0
5 St-Ennemond	1105	15	235 0	Moulins.... 15 0	S.Ennemond 15 0
6 Toulon	1013	6	253 0	Moulins.... 6 0	Moulins.... 6 0
7 Yseure	4464	2	246 0	Moulins... 3 0	Moulins.... 3 0
II. — CANTON DE MOULINS-OUEST (*10 com., 17 348 hab.*)					
8 Moulins (Ouest)	10449	»	**222 5**	Moulins ... »	.... »
9 Aubigny	302	21	236 0	Villeneuve.. 8 4	Villeneuve.. 8 5
10 Aurouër	533	17	260 0	Villeneuve.. 5 7	Villeneuve.. 5 6
11 Avermes	930	3	255 0	Moulins ... 3 5	Moulins ... 3 4
12 Bagneux	429	16	228 0	Villeneuve.. 3 5	Villeneuve.. 3 6
13 Coulandon	820	6	**259 8**	Coulandon . 1 0	Moulins ... 7 0
14 Montilly	743	1	249 0	Coulandon . 6 0	Moulins ... 9 5
15 Neuvy	881	4	251 0	La Madeleine 2 0	Moulins ... 3 0
16 Trevol	1228	8	250 0	Villeneuve.. 6 7	Moulins ... 7 8
17 Villeneuve-s-Allier	1033	12	**206 1**	Villeneuve.. »	.... »
III. — CANTON DE BOURBON-L'ARCHAMBAULT (*8 com., 15 567 hab.*)					
18 Bourbon-l'Archamb.	4456	22	**259 9**	Bourbon.... »	Bourbon... »
19 Buxières-les-Mines	3079	36	**283 1**	Buxières.... »	Buxières.... »
20 Franchesse	1385	27	320 0	Bourbon ... 7 0	Bourbon ... 6 5
21 St-Aubin	813	31	**319 4**	»	Bourbon ... 8 0
22 L'*Eronde*	»	»	»	L'Eronde... »	»
23 St-Hilaire	1090	28	**316 2**	St-Hilaire.. »	Buxières ... 6 5
24 St-Plaisir	1644	31	271 0	Bourbon ... 9 6	Bourbon ... 9 2
25 Vieure	1037	4	**276 6**	Vieure..... »	Cosne-s-l'Œ 4 2
26 Ygrande	2063	32	330 0	Bourbon ... 9 9	Ygrande... »
IV. — CANTON DE CHEVAGNES (*10 com., 11 862 hab.*)					
27 Chevagnes	1222	18	241 0	Thiel 10 5	Chevagnes.. »
28 Beaulon	2554	30	209 0	Dompierre.. 10 8	Beaulon ... »
29 Chapelle-a-Chas(La)	542	14	249 0	Thiel 10 5	Chevagnes.. 6 0
30 Chézy	570	12	235 0	Montbeugny 9 8	Chevagnes.. 2 8
31 Gannay-sur-Loire	1095	29	205 0	Cronat..... 4 0 (Nièvre)	Chevagnes.. 16 3
32 Garnat	973	28	245 0	Le Fourneau 4 5 (Saône-et-Loire)	Beaulon.... 4 5
33 Lusigny	1683	12	256 0	Montbeugny 7 0	Lusigny.... »
34 Paray-le-Frésil	1094	25	227 0	Le Fourneau 8 5	Chevagnes.. 6 6
35 St-Martin-des-Lais	336	29	210 0	Le Fourneau 8 5	Beaulon.... 9 0
36 Thiel	1793	20	**243 6**	Thiel ...... »	Thiel ...... »
V. — CANTON DE DOMPIERRE-SUR-BESBRE (*9 com., 12 413 hab.*)					
37 Dompierre-s-Besbre	2979	31	**233 8**	Dompierre . »	Dompierre . »
38 Coulanges	788	47	231 0	St-Agnan.. 3 2 (Saône-et-Loire)	Pierrefitte.. 3 7
39 Diou	1593	37	**229 8**	Diou ...... »	Diou ...... »
40 Molinet	995	54	269 0	Digoin..... 5 8 (Saône-et-Loire)	Digoin..... 4 8
41 Monétay-sur-Loire	978	47	278 0	St-Agnan.. 9 1	Domp.-s.-B. 15 6
42 Pierrefitte-sur-Loire	1094	43	242 0	Diou 6 2	Pierrefitte.. »
43 St-Pourçain-s-Besb.	847	30	225 0	Dompierre . 7 2	Dompierre.. 6 7
44 Saligny	1901	39	292 0	Diou 8 6	Dompierre.. 8 4
45 Vaumas	1238	29	231 0	Dompierre . 9 8	Dompierre.. 9 3
VI. — CANTON DE LURCY-LEVY (*9 com., 12 049 hab.*)					
1 Lurcy-Lévy	4070	»	*230 0*	St-Pierre-le-Moutier (Nièvre) 17 8	Lurcy-Lévy. »
2 Château-sur-Allier	501	9	224 0	St-Pierre-le-Moutier (Nièvre) 8 0	Le Veurdre. 1 5
3 Couleuvre	2133	7 5	267 0	Bourbon ... 16 5	Couleuvre.. »
4 Couzon	701	17	237 0	Bourbon ... 11 0	Limoise.... 5 8
5 Limoise	374	11 3	280 0	Bourbon ... 11 0	Limoise .... »
6 Neure	493	4	200 0	St-Pierre-le-Moutier (Nièvre) 13 0	Le Veurdre. 5 4
7 Pouzy-Mésangy	1321	6	230 0	St-Pierre-le-Moutier (Nièvre) 13 8	Le Veurdre. 6 0
8 S-Léopardin-d'Augy	1151	16	243 0	Villeneuve . 11 5	Limoise.... 4 8
9 Veurdre (Le)	1215	9 4	213 0	St-Pierre-le-Moutier (Nièvre) 7 0	Le Veurdre. »
VII. — CANTON DU MONTET (*13 com., 12 599 hab.*)					
10 Le Montet	720	31	500 0	Tronget.... 2 0	Le Montet.. »
11 Chatel-de-Neuvre	1076	18	278 0	La Ferté-H. 4 0	Chatel-d-N. »
12 Chatillon	574	21	285 0	Noyant.... 1 3	Noyant d'A. 1 3
13 Contigny	1086	27	231 0	St-Pourçain 5 6	St-Pourçain 5 6
14 Cressanges	1648	22	480 0	Noyant 6 5	Cressange.. »
15 Deux-Chaises	1354	35	485 0	Tronget.... 5 6	Le Montet.. 2 0
16 Meillard	771	25	398 0	La Ferté-H. 12 5	Chatel-de-N 8 0
17 Monétay-sur-Allier	841	21	230 0	La Ferté-H. 8 2	Châtel-de-N 4 2
18 Rocles	518	33	397 0	Tronget ... 4 0	Le Montet.. 2 0
19 St-Sornin	644	35	390 0	Tronget.... 3 9	Le Montet.. 1 9
20 Theil (Le)	1262	24	457 0	Tronget.... 10 1	Le Montet.. 7 7
21 Tréban	833	28	401 0	Tronget.... 11 1	Cressanges. 4 8
22 Tronget	1272	29	**442 8**	Tronget.... »	Le Montet.. 2 0
VIII. — CANTON DE NEUILLY-LE-RÉAL (*10 com., 9 445 hab.*)					
23 Neuilly-le-Réal	2177	14	280 0	Bessay..... 6 5	Neuilly-l-R. »
24 Bessay	1586	14	**233 0**	id. »	Bessay..... »
25 Chapeau	593	18	256 0	Montbeugny 5 8	Neuilly-l-R. 8 0
26 Ferté-Hauterive (La)	570	20	**235 0**	id. »	Bessay-s.-A. 5 7
27 Gouise	465	21	247 0	Bessay..... 6 6	Bessay-s.-A. 6 6
28 Neroy	750	21	286 0	Montbeugny 9 3	Neuilly-l-R. 7 0
29 Montbeugny	800	14	**264 1**	id. »	Neuilly-l-R. 8 8
30 St-Géraud-de-Vaux	1307	24	278 0	La Ferté-H. 4 0	Bessay-s.-A. 9 4
31 St-Loup	520	25	279 0	Varennes .. 4 2	Varen.-s-Al. 4 2
32 St-Voir	677	24	287 0	Bessay..... 14 7	Neuilly-l-R. 9 6
IX. — CANTON DE SOUVIGNY (*11 com., 12 312 hab.*)					
33 Souvigny	3315	12	**238 9**	Souvigny... »	Souvigny... »
34 Agonges	852	16	**238 7**	Agonges ... 3 0	St-Menoux.. 2 6
35 Autry-Issard	650	17	241 0	Souvigny... 5 3	Souvigny... 5 3
36 Besson	1617	14	238 0	Souvigny... 9 9	Besson..... »
37 Bresnay	926	19	276 0	Souvigny... 13 4	Besson..... 3 5
38 Chemilly	663	9	233 0	Moulins.... 10 3	Moulins.... 10 2
39 Gipcy-St-Hilaire	813	25	**316 2**	St-Hilaire .. 3 0	Noyant-d'A. 8 2
40 Marigny	383	11	267 0	id. 3 0	Souvigny... 6 0
41 Meillers	492	21	332 0	Noyant..... 5 0	Noyant-d'A. 5 0
42 Noyant	862	22	**333 9**	Noyant..... »	Noyant.. .. »
43 St-Menoux	1739	16	**251 0**	St-Menoux. 0 8	St-Menoux . »

Nota. — Les cotes inscrites, dans ce tableau, à coté des signes abréviatifs, désignent des altitudes, c'est-à-dire la hauteur des points signalés au-dessus du niveau moyen des eaux de la mer. Les cotes imprimées en caractères gras et placées en face des noms des gares sont les altitudes *gravées* ou à *graver* sur les socles des bâtiments des dites gares, à 0 m. 50 environ au-dessus du niveau des rails. Les cotes inscrites en face du nom des communes sont extraites de la carte de l'état-major au 80 000e. Celles en italiques existent *dans la commune même*. Les autres sont les cotes du point le plus rapproché de la commune correspondante point indiqué sur la carte de l'état-major.

Géographie contemporaine

ALLIER

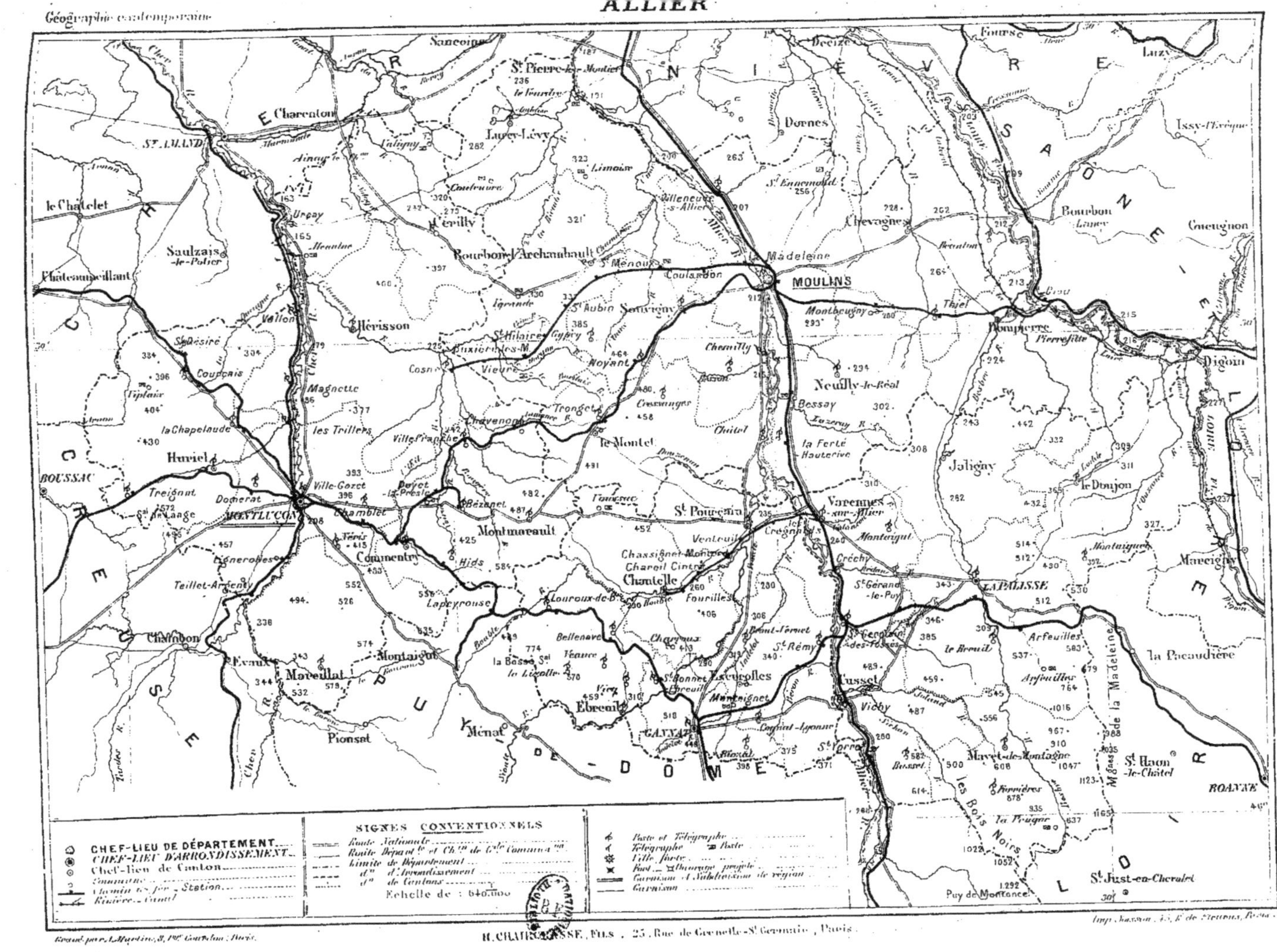

Gravé par A. Martine, 8, R^ue Gourdon, Paris.

H. CHAIRGRASSE, FILS, 25, Rue de Grenelle-St Germain, Paris.

Imp. Lasson, 15, R. de Fleurus, Paris.

II. — ARRONDISSEMENT DE GANNAT (5 cantons, 66 communes, 64 287 habitants)

NOMS des COMMUNES	Population	Dist. au chef-l. d'ar.	LOCALITÉS AVEC GARES postes et télégraphes	GARE LA PLUS PRÈS de chaque com. et distance à cette commune	BUREAUX de postes desserv. les communes avec les distances
I. — CANTON DE GANNAT *(12 com., 12 931 hab.)*					
1 Gannat	5606	»	341 3	Gannat »	Gannat »
2 Bègues	474	5	458 0	Gannat 5 0	Gannat 5 0
3 Biozat	1258	7	370 0	Monteignet. 6 0	Biozat »
4 Charmes	564	6	370 0	Gannat 6 0	Biozat 1 7
5 Jenzat	1028	8	316 0	Gannat 8 5	Gannat 8 5
6 Mayet-d'École (Le)	546	8	311 0	Gannat 8 5	Gannat 8 5
7 Mazerier	470	3	399 0	Gannat 3 0	Gannat 3 0
8 Monteignet-s-l'Aud.	512	6	325 9	Monteignet. 1 3	Monteignet. »
9 Poëzat	152	4	338 0	Gannat 4 0	Gannat 4 0
10 St-Bonnet-de-Roche	1292	9	341 2	St-Bonnet-E »	St-Bonnet-R »
11 St-Priest-d'Andelot	373	5	499 0	Gannat 6 0	Gannat 5 0
12 Saulzet	656	5	310 0	Gannat 5 0	Gannat 5 0
II. — CANTON DE CHANTELLE *(15 com., 12 647 hab.)*					
13 Chantelle	1921	17	327 8	Chantelle 0 6	»
14 Barberier	314	18	249 0	Fourilles 5 8	Charroux 9 5
15 Chareil-Cintrat	758	22	254 4	Chassignet. 1 9	Chantelle 7 0
16 Charroux	1298	12	344 0	St-Bonnet-R 5 8	»
17 Chezelle	442	20	310 0	Chantelle 3 0	Chantelle 3 5
18 Deneuille	334	18	333 0	Fourilles 4 0	Chantelle 2 0
19 Etroussat	1141	16	289 0	Fourilles 3 8	Chantelle 7 0
20 Fleuriel	961	24	379 0	Fourilles-C. 5 7	Chantelle 7 0
21 Fourilles	487	18	261 7	Fourilles 0 2	Chantelle 4 0
22 Monestier	890	23	323 0	Chantelle 5 4	Chantelle 5 0
23 St-Germain-de-Sall.	789	12	290 0	Fourilles 8 3	Charroux 5 5
24 Target	716	29	429 0	Chantelle 11 6	Voussac 4 8
25 Taxat-Senat	629	16	292 0	Chantelle 5 2	Chantelle 4 0
26 Ussel	591	14	310 0	Fourilles 4 0	Chantelle 5 0
27 Voussac	1376	33	456 0	Tronget 14 0	»
III. — CANTON D'EBREUIL *(14 com., 12 749 hab.)*					
28 Ebreuil	2243	10	316 0	St-Bonnet-E 6 0	Ebreuil »
29 Bellenaves	2142	19	399 2	Bellenaves 1 3	Bellenaves »
30 Chirat-l'Eglise	513	27	423 0	Louroux-B. 5 5	Louroux-B. 6 0
31 Chouvigny	1007	19	471 0	St-Bonnet-E 15 0	Lalizolle 4 6
32 Coutansouze	567	25	480 0	Louroux-B. 3 4	Louroux-B. 4 0
33 Echassières	1259	27	547 0	Louroux-B. 8 0	Louroux-B. 8 6
34 Lalizolle	956	20	370 0	Louroux-B. 4 0	Lalizolle »
III. — CANTON D'EBREUIL *(Suite)*					
1 Louroux-de-Bouble.	792	29	504 1	Louroux-B. 0 6	Louroux-B. »
2 Nades	545	24	635 0	Louroux-B. 8 6	Lalizolle 3 5
3 Naves	652	18	421 0	St-Bonnet-E 4 8	Bellenaves 5 1
4 Sussat	407	15	353 0	St-Bonnet-E 6 0	Vicq 2 4
5 Valignat	215	16	465 0	Bellenaves 5 8	Bellenaves 4 5
6 Veauce	197	16	480 0	St-Bonnet-E 7 4	Vicq »
7 Vicq	954	13	339 0	St-Bonnet-E 3 8	Vicq »
IV. — CANTON D'ESCUROLLES *(13 com., 12 698 hab.)*					
8 Escurolles	1074	9	314 0	Monteignet. 3 5	Escurolles »
9 Broût-Vernet	1099	13	313 0	Monteignet. 8 5	Broût-Vern. »
10 Brugheas	1560	16	375 0	Vichy 8 0	Cognat-Ly. 6 3
11 Charmeil	306	21	277 0	S.-Remy-R. 2 4	S.-Remy-R. 2 0
12 Cognat-Lyonne	864	9	360 0	Monteignet. 4 0	Cognat-Ly. »
13 Espinasse-Vozelle	682	13	345 0	Monteignet. 4 0	Cognat-Ly. 3 1
14 Hauterive	479	22	269 0	Vichy 5 8	Vichy 4 0
15 St-Didier-en-Rollat	817	22	264 0	S.-Remy-R. 7 0	S.-Remy-R. 6 0
16 St-Pont	752	13	333 0	Monteignet. 7 0	Escurolles 3 5
17 St-Remy-en-Rollat	1127	22	262 4	S.-Remy-R. »	S.-Remy-R. »
18 Serbannes	702	14	362 0	Vichy 6 0	Cognat-Ly. 6 0
19 Vendat	1131	17	340 0	S.-Remy-R. 4 0	S.-Remy-R. 4 0
20 Vesse	1505	17	280 0	Vichy 2 3	Vichy 1 0
V. — CANTON DE SAINT-POURÇAIN-SUR-SIOULE *(12 com., 13 262 hab.)*					
21 S-Pourçain-sur-Sio.	5105	25	240 6	»	St-Pourç.-S »
22 *Les Cregnards*	»	»	243 2		
23 Bayet	1066	20	243 0	St-Pourçain 7 8	St-Pourçain 7
24 Bransat	1284	30	344 0	St-Pourçain 5 5	St-Pourçain 5 8
25 Cesset	775	25	344 0	Montord 2 3	St-Pourçain 7 2
26 Laféline	615	34	395 0	Montord 9 5	St-Pourçain 11 5
27 Loriges	485	25	262 0	St-Pourçain 6 5	St-Pourçain 6 5
28 Louchy-Montfaud	582	29	335 0	Montord 2 7	St-Pourçain 3 9
29 Marcenat	610	27	263 0	St-Germain 6 0	St Remy-R. 6 7
30 Montord (Chassign)	325	25	290 4	Montord »	St-Pourçain 5 9
31 Paray-sous-Briailles	933	31	254 0	Varennes 6 5	St-Pourçain 8 5
32 Saulcet	881	29	251 0	St-Pourçain 3 8	St-Pourçain 3 7
33 *Venteuil*	»	»	254 5	Venteuil »	»
34 Verneuil	600	20	317 0	Venteuil 8 0	St-Pourçain 7 9

III. — ARRONDISSEMENT DE LAPALISSE (6 cantons, 77 communes, 96,645 habitants)

NOMS des COMMUNES	Population	Dist. au chef-l. d'ar.	LOCALITÉS AVEC GARES postes et télégraphes	GARE LA PLUS PRÈS de chaque com. et distance à cette commune	BUREAUX de postes desserv. les communes avec les distances
I. — CANTON DE LAPALISSE *(15 com., 17 975 hab.)*					
35 Lapalisse	2952	»	319 6	Lapalisse »	Lapalisse »
36 Andelaroche	824	10	431 0	St-Martin-d'Estreau (Loire) 7 4	Lapalisse 10 0
37 Arfeuilles	3370	15	346 8	Arfeuilles »	Arfeuilles »
38 Barrais-Bussolles	782	8	461 0	Lapalisse 8 5	Lapalisse 8 0
39 Billezois	649	7	299 0	Lapalisse 8 0	Lapalisse 7 0
40 Breuil (Le)	1461	9	393 0	Arfeuilles 3 0	Le Breuil »
41 Châtelus	382	12	400 0	Arfeuilles 3 8	S-Martin-E. 6 0
42 Droiturier	1021	8	462 0	Lapalisse 8 2	Lapalisse 8 0
43 Isserpent	1300	15	395 0	Lapalisse 15 0	Le Breuil 6 0
44 Périgny	890	6	321 0	St-Gérand 4 0	Lapalisse 6 0
45 St-Christophe	879	13	330 0	Lapalisse 12 0	Le Breuil 9 0
46 St-Etienne-de-Vicq	775	12	319 0	St-Gérand 6 0	Le Breuil 13 0
47 St-Pierre-Laval	971	13	408 0	S-Martin-E. 2 5	S-Martin-E. 2 0
48 St-Prix	1032	2	332 0	Lapalisse 2 0	Lapalisse 2 0
49 Servilly	687	5	317 0	Lapalisse 5 0	Lapalisse 3 0
II. — CANTON DE CUSSET *(12 com., 26 430 hab.)*					
50 Cusset	6762	20	267 0	Vichy 2 5	Cusset »
51 Abrest	875	24 5	258 0	Vichy 4 0	Cusset 4 0
52 Bost	335	13	286 0	St-Gérand 8 0	Cusset 8 0
53 Busset	1733	35	489 9	St-Yorre 4 6	Busset »
54 Chapelle (La)	1061	34	427 0	St-Yorre 13 6	Cusset 14 0
55 Creuzier-le-Neuf	757	17	284 0	St-Germain 5 0	Cusset 6 0
56 Creuzier-le-Vieux	1454	19	321 0	Vichy 5 2	Cusset 5 0
57 Mariol	685	37	399 0	Ris-Châteldon 2 0	Busset 10 0
58 Molles	1100	30	466 0	Vichy 14 0	Cusset 9 5
59 St-Yorre	340	31	266 0	St-Yorre »	Busset 4 0
60 Vernet (Le)	984	24	418 0	Vichy 4 0	Cusset 4 0
61 Vichy	10344	23	264 0	Vichy »	Vichy »
III. — CANTON DE LE DONJON *(13 com., 12 048 hab.)*					
62 Donjon (Le)	2210	21	340 0	S-Martin-d'Estreaux(Loire) 19 3	Le Donjon.
63 Avrilly	456	33	237 0	Marcigny (S.-et-L.) 9 6	Le Donjon. 17 7
64 Bouchaud (Le)	663	25	323 0	S-Martin-d'Estreaux(Loire) 19 6	Le Donjon. 13 6
65 Chassenard	799	40	240 0	Digoin(S-et-L) 17 0	Digoin. 6 4
66 Lenax	1199	18	375 0	S-Martin-d'Estreaux(Loire) 12 4	Montaiguet. 6 2
67 Loddes	718	14	469 0	S-Martin-d'Estreaux (Loire) 12 4	Montaiguet. 6 5
68 Luneau	825	32	273 0	DigoinS-e-L 16 7	Le Donjon. 14 2
69 Montaiguet	1027	15	401 0	S-Martin-d'Estreaux(Loire) 7 3	Montaiguet.
70 Montcombroux	1322	18	310 0	Lapalisse 19 7	Le Donjon. 7 3
III. — CANTON DE LE DONJON *(Suite)*					
35 Neuilly-en-Donjon	721	26	311 0	Marcigny (S.-et-L.) 16 0	Le Donjon. 7 7
36 Pin (Le)	695	33	256 0	DigoinS-e-L 12 5	Digoin. 11 9
37 St-Didier-en-Donjon	862	29	304 0	Digoin id. 16 0	Le Donjon. 8 2
38 St-Léger-des-Bruyèr	551	35	283 0	Digoin id. 11 3	Digoin. 10 7
IV. — CANTON DE JALIGNY *(12 com., 11 538 hab.)*					
39 Jaligny	1079	17	289 0	Lapalisse 19 2	Jaligny »
40 Bert	1096	12	317 0	Lapalisse 14 2	Le Donjon 9 5
41 Châtelperron	622	21	302 0	Dompierre 16 6	Jaligny 4 5
42 Chavroches	880	14	303 0	Lapalisse 16 4	Jaligny 4 2
43 Cindré	950	12	300 0	Lapalisse 14 6	Jaligny 8 7
44 Liernolles	853	32	291 0	Dompierre 21 5	Le Donjon 6 0
45 St-Léon	1431	26	411 0	Dompierre 16 0	Jaligny 9 3
46 Sorbier	805	23	360 0	Lapalisse 25 2	Jaligny 6 0
47 Thionne	957	20	267 0	Dompierre 16 9	Jaligny 4 2
48 Treteau	1161	18	290 0	Varennes 13 9	Jaligny 7 0
49 Trezelles	921	11	258 0	Lapalisse 13 3	Jaligny 6 7
50 Varennes-sur-Tèche	783	9	340 0	Lapalisse 11 4	Jaligny 10 1
V. — CANTON DE LE MAYET-DE-MONTAGNE *(11 com., 14 372 hab.)*					
51 Mayet-de-Monta (le)	2213	23	545 0	Lapalisse 23 0	Le Mayet-M »
52 Arronnes	1032	32	404 0	Vichy 17 0	Le Mayet-M 9 0
53 Chabanne (La)	967	35	670 0	Lapalisse 35 0	Laprugne 6 5
54 Châtel-Montagne	1794	21	522 0	Lapalisse 21 0	Le Mayet-M 6 2
55 Ferrières-sur-Sichon	1836	31	600 0	Vichy 25 0	Ferrières-S. »
56 Guillermie (La)	809	39	640 0	Ris-Châteldon 18 0	Ferrières-S. 8 5
57 Laprugne	1588	39	650 0	Lapalisse 38 0	Laprugne »
58 Lavoine	734	39	812 0	Ris-Châteldon 28 0	Ferrières-S. 8 5
59 Nizerolles	886	20	470 0	Lapalisse 18 0	Le Mayet-M 6 0
60 St-Clément	1460	28	550 0	Lapalisse 28 0	Le Mayet-M 4 8
61 St-Nicolas-des-Biefs	1056	37	900 0	Lapalisse 39 0	Le Mayet-M 15 2
VI. — CANTON DE VARENNES-SUR-ALLIER *(14 com., 14 289 hab.)*					
62 Varennes-sur-Allier	2710	20	239 2	Varennes 0 7	Varennes »
63 Billy	972	21	285 0	Créchy 4 0	St-Germain 3 3
64 Boucé	1013	15	272 0	Varennes 8 2	Varennes 7 2
65 Créchy	618	24	253 2	Créchy 1 0	Varennes 6 2
66 Langy	520	14	340 0	St-Gérand 9 0	St-Gérand 4 0
67 Magnet	654	13	299 0	St-Gérand 1 0	St-Gérand 6 8
68 Montaigu-le-Blin	1012	12	268 0	Varennes 11 0	St-Gérand 4 9
69 Montoldre	820	23	290 0	Varennes 6 0	Varennes 5 0
70 Rongères	649	17	262 0	Varennes 5 8	Varennes 4 8
71 St-Félix	267	14	375 0	St-Germain 6 5	St-Germain 6 8
72 St-Gérand-le-Puy	1797	10	290 4	St-Gérand 5 8	St-Gérand »
73 St-Germain-des-Foss	2312	18	256 3	St-Germain 1 0	St-Germain »
74 Sanssat	497	14	320 0	Créchy 4 8	St-Germain 3 6
75 Souillet	441	14	294 0	St-Gérand 2 5	St-Germain 3 7

IV. — ARRONDISSEMENT DE MONTLUÇON (8 cantons, 93 communes, 140,780 habitants)

NOMS des COMMUNES	Population	Dist. au chef-l. d'ar.	LOCALITÉS AVEC GARES postes et télégraphes	GARE LA PLUS PRÈS de chaque com. et distance à cette commune	BUREAUX de postes desserv. les communes avec les distances
I. — CANTON DE MONTLUÇON-EST *(9 com., 25 227 hab.)*					
71 Montluçon (Est)	14945	»	211 5	Montluçon »	Montluçon »
72 *La Ville-Gozet*	»	»		La Ville-G. »	»
73 Chamblet	1130	10	327 5	Chamblet-N 2 4	Montluçon 10 0
74 Deneuille	827	17 3	318 0	Doyet-la-F. 4 3	Villefranche 6 8
75 Désertines	2320	2 5	288 0	Montluçon 2 4	Montluçon 2 5
76 Lavault-Ste-Anne	492	3 6	274 0	Montluçon 3 6	Montluçon 3 6
77 Néris	2803	7 6	382 0	Chamblet-N 4 7	Néris »
78 St-Angel	777	10	394 0	Chamblet-N 5 3	Montluçon 10 0
79 St-Victor	838	7 2	226 0	Les Trillers 2 4	Montluçon 7 2
80 Verneix	1095	10 2	360 0	Les Trillers 8 0	Montluçon 10 2
II. — CANTON DE MONTLUÇON-OUEST *(8 com., 21 121 hab.)*					
81 Montluçon (Ouest)	12873	»	211 5	Montluçon 0 7	Montluçon »
82 Domérat	3657	7	263 0	Domérat 1 2	Domérat »
83 Lamaids	426	15	485 0	Huriel	Huriel 10 2
84 Lignerolles	717	8	400 0	Lignerolles 1 2	Montluçon 8 0
85 Rémilhat	841	7	327 8	Montluçon 7 0	Montluçon 7 0
86 Quinssaines	867	8	410 0	Montluçon 8 0	Montluçon 8 0
87 Teillet	992	13	388 0	Teillet-Arg. 1 8	Montluçon 13 0
88 Vaux	748	11	234 0	Les Trillers 2 1	Montluçon 11 0
89 *Les Trillers*	»	»			
III. — CANTON DE CÉRILLY *(12 com., 14 805 hab.)*					
76 Cérilly	3007	40	294 0	Urçay 20 0	Cérilly »
77 Ainay-le-Château	2210	45	286 0	Urçay 15 0	Ainay-l-Ch. »
78 Braize	472	39	246 0	Urçay 7 5	Ainay-l-Ch. 7 0
79 Isle-et-Bardis	1010	49	222 0	Urçay 20 4	Valigny 4 2
80 Lételon	350	38	203 0	Urçay 4 7	Meaulne 8 0
81 Meaulne	1215	31	168 0	Urçay 4 2	Meaulne »
82 St-Bonnet-le-Désert	1515	43	234 0	Urçay 11 0	Ainay-l-Ch. 6 3
83 Theneuille	1317	41	317 0	Cosne-s-l'Œ 13 5	Cérilly 5 1
84 Urçay	688	35	172 4	Cosne-s-l'Œ 0 7	Meaulne 3 7
85 Valigny	1101	53	230 0	Urçay 25 0	Valigny »
86 Vilhain (Le)	777	35	360 0	Cosne-s-l'Œ 10 5	Cérilly 8 6
87 Vitray	397	36	280 0	Urçay 7 0	Meaulne 4 0
IV. — CANTON DE COMMENTRY *(4 com., 15 377 hab.)*					
88 Commentry	12515	15	375 5	Commentry »	Commentry »
89 Colombier	1005	20	436 0	Hyds 1 5	Commentry 4 6
90 Hyds	899	23	470 2	Hyds 1 7	Commentry 8 0
91 Malicorne	958	19	402 0	Commentry 3 7	Commentry 3 7

ARRONDISSEMENT DE MONTLUÇON (suite)

NOMS des COMMUNES	Population	Dist. au chef-l. d'ar.	LOCALITÉS AVEC GARES postes et télégraphes	GARE LA PLUS PRÈS de chaque com. et distance à cette commune		BUREAUX de postes desserv. les communes avec les distances	
V. — CANTON D'HÉRISSON *(18 com., 15 660 hab.)*							
1 Hérisson	1953	25	270 0	Vallon-e-S.	11 8	Hérisson	»
2 Audes	889	14	260 0	Magnette	3 5	Vallon-e-S.	11 2
3 Bozenouilles	930	14	293 0	Villefranche	12 0	Villefranche	12 0
4 Brethon (Le)	1321	34	251 0	Vallon	10 2	Vallon-e-S.	10 3
5 Cosne-sur-l'Œil	1953	25	236 3	Cosne-s-l'Œ	0 9	Cosne-s-l'Œ	»
6 Estivareilles	825	10 5	199 0	Les Trillers.	2 5	Montluçon	»
7 Givarlais	616	17	324 0	Magnette	4 7	Estivareilles	7 0
8 Louroux-Bourbonna	900	33	342 0	Cosne-s-l'Œ	8 9	Cosne-s-l'Œ	8 0
9 Louroux-Hodement	801	20	274 0	Magnette	9 8	Hérisson	5 8
10 Maillet	716	20	252 0	Magnette	6 5	Hérisson	7 1
11 Nassigny	354	20	179 0	Vallon	4 6	Vallon-e-S.	4 3
12 Neuville	195	22 5	242 0	Villefranche	3 0	Cosne-s-l'Œ	7 0
13 Rougny	352	15	164 0	Magnette	2 0	Hérisson	11 0
14 *Magnette*	»	»	188 2	»	»	»	»
15 St-Caprais	481	31	357 0	Vallon	14 2	Hérisson	5 6
16 Sauvagny	372	22	244 0	Cosne-s-l'Œ	4 0	Cosne-s-l'Œ	4 0
17 Tortezais	535	25	262 0	Cosne-s-l'Œ	4 4	Cosne-s-l'Œ	3 9
18 Vallon-en-Sully	1082	25	183 1	Vallon-e-S.	»	Vallon-e-S.	»
19 Venas	785	23	279 0	Cosne-s-l'Œ	7 3	Cosne-s-l'Œ	6 4
VI. — CANTON D'HURIEL *(11 com., 15 714 hab.)*							
20 Huriel	3107	12	336 9	Huriel	»	Huriel	»
21 Archignat	737	16	400 0	Huriel	4 1	Huriel	4 1
22 Chapelaude (La)	1492	12	241 4	Chapelaude.	0 8	Huriel	0 3
23 Chapelette (La)	283	27	384 0	St-Désiré	3 7	St-Désiré	3 7
24 Chazemais	900	20	260 0	St-Désiré	8 0	Vallon-S	8 0
25 Courçais	967	21	307 9	Courçais	2 0	Courçais	»
26 Mesples	464	24	386 0	Treignat	11 2	Viplaix	3 6
27 Nocq-Chambérat	984	19	343 0	Chapelaude.	8 2	Huriel	8 0
28 St-Désiré	1264	25	334 9	St-Désiré	»	St-Désiré	»
29 St-Martinien	883	11	414 0	Huriel	7 0	Huriel	7 0
30 St-Palais	935	30	414 0	St-Marien (Creuse)	6 0	Préveranges	4 2
31 St-Sauvier	1338	25	472 0	Treignat	4 6	Treignat	4 4
32 Treignat	1078	24	438 1	Treignat	»	Treignat	»
33 Viplaix	1282	26	346 0	Courçais	7 0	Viplaix	»

NOMS des COMMUNES	Population	Dist. au chef-l. d'ar.	LOCALITÉS AVEC GARES postes et télégraphes	GARE LA PLUS PRÈS de chaque com. et distance à cette commune		BUREAUX de postes desserv. les communes avec les distances	
VII. — CANTON DE MARCILLAT *(13 com., 12 828 hab.)*							
1 Marcillat	2075	23	295 0	Evaux	14 5	Marcillat	»
2 Arpheuilles-St-Pries	840	15	552 0	Commentry.	11 3	Marcillat	10 0
3 Celle (La)	1456	22	503 0	Commentry.	9 2	Commentry.	9 2
4 Durdat-Larequille	2195	12	520 0	Commentry.	8 5	Néris	4 5
5 Mazirat	829	19	440 0	Evaux	10 7	Marcillat	15 2
6 Petite-Marche (La)	947	23	482 0	Evaux	11 2	Marcillat	8 8
7 Ronnet	651	18	425 0	Commentry.	10 5	Marcillat	8 7
8 St-Fargeol	805	27	553 0	Evaux	18 8	Marcillat	4 4
9 St-Genest	503	8	404 4	Montluçon	8 4	Néris	10 7
10 St-Marcel-en-Marcil	585	28	526 0	Evaux	20 0	Marcillat	3 4
11 Ste-Thérence	557	16	401 0	Montluçon	15 7	Néris	17 7
12 Terjat	688	49	525 0	Evaux	15 2	Marcillat	5 0
13 Villebret	697	9	463 0	Chamblet-N	8 6	Néris	3 8
VIII. — CANTON DE MONTMARAULT *(16 com., 20 794 hab.)*							
14 Montmarault	1901	31	487 0	Bézenet	9 0	Montmarault	»
15 Beaune	1151	28	500 0	Bézenet	7 0	Montmarault	8 5
16 Bézenet	3759	21	303 6	Bézenet	0 7	Bézenet	»
17 Blomard	643	35	427 0	Louroux-B.	12 0	Montmarault	4 0
18 Chappes	786	31	376 0	Chavenon	4 0	Villefranche	7 2
19 Chavenon	583	33	335 0	Chavenon	0 7	Chavenon	»
20 Doyet	3323	17	291 6	Doyet-la-P.	2 0	Doyet	»
21 Louroux-de-Beaune	632	25	422 0	Hyds	3 9	Montmarault	9 0
22 Montvicq	2877	23	318 0	Bézenet	2 6	Bézenet	2 2
23 Murat	841	29	319 0	Chavenon	5 4	Villefranche	5 2
24 St-Bonnet-de-Tour.	800	27	395 0	Bézenet	5 5	Montmarault	3 7
25 St-Marcel-en-Murat	383	35	454 0	Bézenet	13 5	Montmarault	4 5
26 St-Priest-en-Murat.	874	30	427 0	Villefranche	8 0	Montmarault	5 4
27 Sazeret	470	33	437 0	Chavenon	10 5	Montmarault	2 4
28 Vernusse	577	38	360 0	Louroux-B.	8 5	Montmarault	7 0
29 Villefranche-d'Allie.	1194	24	268 7	Villefranche	0 6	Villefranche	»

XII. — DIVISION UNIVERSITAIRE

Le département de l'Allier fait partie de l'Académie de Clermont.

Enseignement secondaire. — Lycée de Moulins (2e catégorie). — Lycée de Montluçon (3e catégorie). — Lycée de jeunes filles à Moulins. — Collège communal de Cusset.

Etablissements libres.

Enseignement classique. — Maisons à Moulins, à Montluçon à Iseure et à Marcillat.

Enseignement spécial. — Etablissement à Moulins.

Enseignement primaire. — Un inspecteur d'Académie à Moulins, deux inspecteurs primaires à Moulins et un inspecteur primaire à Gannat, à Lapalisse et à Montluçon. — Une école normale d'instituteurs et une école normale d'institutrices à Moulins. Ecoles primaires supérieures à Chantelle, à Cusset, à Gannat, à Moulins, à Montluçon et à Saint-Pourçain.

ÉCOLES PUBLIQUES

Nombre d'écoles	laïques	537	620
	congréganistes	83	

Nombre d'élèves :

Laïques	garçons	27 610	
	filles		14 939
Congréganistes	garçons	767	
	filles		6 037
		18 377	20 976
		49 353	

ÉCOLES LIBRES

Nombre d'écoles	laïques	29	165
	congréganistes	136	

Nombre d'élèves :

Laïques	garçons	694	
	filles		1 057
Congréganistes	garçons	3 919	
	filles		9 090
		4 613	10 147
		14 760	

XIII. — DIVISION RELIGIEUSE

Le département de l'Allier dépend de l'archevêché de Sens. La résidence de l'évêque est à Moulins. Le personnel ecclésiastique est ainsi réparti.

Évêque	1
Vicaires généraux titulaires	2
Chanoines titulaires	9
Ecclésiastique attaché au secrétariat	2
Curés	31
Desservants	277
Vicaires des paroisses	75
Prêtres habitués	40
Aumôniers	28
Professeurs	8
Supérieurs et professeurs	23
Total	496

Contenance et valeur des immeubles possédés par les congrégations religieuses.

CONTENANCE en hectares d'après LE CADASTRE	VALEUR	
	LOCATIVE	VÉNALE
456 h. 99	278 900 f.	6 342 810 f.

Contenance et valeur des immeubles occupés par les congégations religieuses.

CONTENANCE en hectares d'après LE CADASTRE	VALEUR	
	LOCATIVE	VÉNALE
20 h. 40	70 565 f.	1 599 650

XIV. — POSTES ET TÉLÉGRAPHES

Le département de l'Allier contient :
67 bureaux postaux et télégraphiques ;
12 bureaux télégraphiques simples ;
15 bureaux postaux seulement.

Il est délivré annuellement, dans le département, environ 170 000 mandats d'articles d'argent pour une somme de 5 000 000 de francs

La taxe des lettres, journaux, etc., ainsi que les soldes des comptes avec les offices étrangers produisent, par an, environ 900 000 francs.

Nombre de dépêches	intérieures	120 078
	internationales	3 192
Taxes perçues	intérieures	99 429f10
	internationales	14 478f00
Produit net versé au Trésor		113 907f10

XV. — RECETTES ANNUELLES DU DÉPARTEMENT

1° Budget ordinaire.

	fr.
Contributions directes (fonds généraux)	2 975 011,54
Taxes assimilées aux contributions indirectes	362 881,81
Enregistrement	4 279 482,18
Timbre	711 615,19
Domaines et forêts	893 718,54
Douanes	» » » »
Contributions indirectes	6 369 974,27
Postes	938 775,63
Télégraphes	113 241,60
Impôt de 3 p. 0/0 sur le revenu des valeurs mobilières	8 847,50
Amendes et condamnations	60 136,80
Retenues et autres produits perçus en exécution de la loi du 9 juin 1853	163 983,31
Produits divers du budget	332 144,82
Total du budget ordinaire	17 209 813,19

2° Budget extraordinaire.

Budget sur ressources spéciales	3 870 731,44
Total général des recettes	21 080 544,63

XVI. — ASSISTANCE PUBLIQUE

I. — BUREAUX DE BIENFAISANCE

Nombre de bureaux dans le départem.	45
Nombre d'individus secourus	1 567

Recettes

Revenus	31 972 f. »	fr.
Subventions	13 887 »	
Recettes de charité	70 686 »	199 510 »
Fonds de report et autres recettes	82 965 »	

Dépenses

Administration	30 375 f. »	
Secours en nature	66 753 »	124 545fr.»
Secours en argent	27 417 »	
Excédant des recettes		74 965 »

Montant des placements	En immeubles	24 982 »
	En rentes	84 930 »
	Total	109 912 »

II. — HOPITAUX ET HOSPICES

Nombre des établissements hospitaliers

Hôpitaux	11	
Hôpitaux et hospices	6	20
Hospices	3	

Personnel

Médecins et chirurgiens	30	
Religieuses	119	
Employés	26	301
Servants	126	

Lits affectés au service

Malades	925	
Infirmes, vieillards et incurab.	371	
Enfants assistés	235	1 756
Personnel des établissements	225	

Recettes des 20 établissements	721 681 »
Dépenses. — —	693 744 »
Excédant des recettes	27 937 »

XVII. — CAISSES D'ÉPARGNE

Nombre de livrets

de Caisse d'épargne	7
Existant au 1er janvier	19 835
Ouverts pendant l'année	3 191
Soldés pendant l'année	2 789
Restant au 31 décembre	20 237
Solde aux déposants au premier janvier	7 402 199fr.»
Recettes	3 297 894 »
Dépenses	3 197 231 »
Solde dû aux déposants le 31 décembre	7 502 862 »

XVIII. — INCENDIES ET SINISTRES AGRICOLES

Montant des pertes évaluées

Incendie	401 810fr.»

Grêle	880 640 »	Pertes de bestiaux	144 549 »
Gelée	92 100 »	Total des pertes pour le département	1 522 099fr.
Inondations	3 000 »		

II. — PARTIE MILITAIRE

Par sa situation au centre de la France, le département de l'Allier est resté depuis longtemps en dehors de tout événement militaire important, bien qu'offrant de grandes facilités et des positions avantageuses à ce point de vue. En effet, en raison des ressources qu'elle offre pour reformer des troupes qui auraient été battues sur la rive de la Loire ou dans le bassin de la Saône, cette région pourrait avoir une réelle valeur militaire. Mais une armée ennemie venant du Nord éprouverait de grandes difficultés, sans compensations suffisantes, à s'avancer aussi loin au sud de la Loire, car elle allongerait démesurément sa ligne d'opérations.

Cependant, si l'ennemi avait intérêt à s'avancer jusqu'à Clermont-Ferrand, en traversant l'espèce d'impasse qui y conduit, les routes qu'il suivrait seraient entre autres celles venant de Moulins en remontant l'Allier, où se trouve, dans l'angle entre l'Allier et la Sioule, une belle position d'où l'on pourrait disputer le passage dans d'excellentes conditions. Les forêts en arrière seraient, en outre, faciles à défendre. Enfin, il faut remarquer que l'Allier et ses affluents ne sont traversés que par des ponts assez rares et que ces courants deviennent des torrents impétueux après la fonte des neiges ou à la suite de fortes pluies; de plus, lors du dégel ou après les pluies, la Limagne est souvent fangeuse et impraticable. Dans ces conditions, les mesures à prendre pour renforcer cette position n'exigeraient que peu de temps et pourraient être exécutées seulement au moment où les éventualités l'exigeraient.

LAPALISSE ET SES ENVIRONS.
Extraits de la carte d'État-Major au 80 000e.

MONTLUÇON ET SES ENVIRONS.
Extraits de la carte d'État-Major au 80 000e.

On retrouve des vestiges de l'occupation gauloise (dolmens et pierres druidiques) aux environs de Montluçon et d'Huriel. Les traces de l'occupation romaine sont nombreuses, entre autres des routes indiquées sur la carte dite de Peutinger. En revanche, l'époque féodale, commencée pour le département vers 912, a marqué fortement son empreinte, car presque toutes les positions dominantes sont encore couronnées par les tours en ruines des vieux manoirs ou donjons.

Les ducs de Bourbon, qui ont donné leur nom au Bourbonnais, dont le département de l'Allier est formé en grande partie, gouvernèrent cette province jusqu'en 1528, où la révolte du connétable de Bourbon en amena la confiscation et la réunion à la couronne. A partir de cette époque, elle a fait partie de l'ancienne monarchie.

DÉPARTEMENT DES ALPES (BASSES-)

I. — PARTIE CIVILE

I. — HISTOIRE

Ce département, qui est situé entre 43°41′ et 44°39′45″ de latitude et 3°10′ et 4°36′ de longitude est, appartient à la région sud-est de la France et lui sert de limite par la chaîne des Alpes-Maritimes.

Il a 142 kilomètres dans sa plus grande longueur qui est comprise entre la source de l'Ubaye, au nord-est, et le confluent de la Durance et du Verdon, au sud-ouest. Sa plus grande largeur est de 115 kilomètres entre la source du Jabron, à l'ouest, et la pointe est du canton d'Entrevaux.

VILLE DE DIGNE (1).

Il a été formé, en 1790, de la réunion des diocèses de Senez, Glandevez, Digne, Riez et Sisteron, dépendant de la Haute-Provence. Il est borné :

Au *nord*, par les Hautes-Alpes ;

A l'*est*, par l'Italie et par les Alpes-Maritimes ;

Au *sud*, par le département du Var et, à l'*ouest*, par ceux de Vaucluse et de la Drôme.

A l'époque gauloise, le pays était occupé par une confédération formée de diverses peuplades celtiques dont les principales étaient : d'abord les *Albici* (Albiosc), puis les Réii (Riez), les Bodiontici (Digne), les Esubiani (vallée de l'Ubaye), les Saliuienses (Castellane). C'était une race forte et guerrière qui résista longtemps aux Romains.

Le consul Lœlius Babius ayant voulu traverser le pays avec ses légions, y fut vaincu et tué ; mais il fut vengé par Marius qui, vainqueur, saccagea les cités (102 ans avant J.-C.).

(1) D'après une photographie de M. ARNAUD, photographe à Digne.

Lorsque les Phocéens fondèrent Massilia, les Albici recherchèrent leur alliance et, en fidèles alliés, les secoururent lorsqu'ils furent attaqués par César. Celui-ci, dans ses *Commentaires*, fait l'éloge de ces intrépides guerriers égaux aux Romains en courage.

Le pays ne fut soumis définitivement à la domination romaine que sous Auguste qui, pour s'attacher ces laborieuses populations, leur accorda le *droit italique* et les réunit à la Province romaine (*Provincia ulterior.*) Avec la paix, les arts et le commerce se développèrent. Le pays fut traversé par six voies romaines; des monuments et des palais s'élevèrent de tous côtés. Sous Galba, les Basses-Alpes dépendaient de la Narbonnaise.

A l'époque des invasions, le territoire fut saccagé par les diverses hordes qui envahirent l'Italie : Ostrogoths, Lombards, Hérules et Vandales. Il fit ensuite partie du royaume des Wisigoths. Attaqué par les Francs, en 507, il finit par passer sous leur domination, en 536, et fit partie de la province d'Arles.

Les Sarrazins, au IXe siècle, s'emparèrent des principales places : Sisteron, Riez, Manosque. Chassés par Charles-Martel, ils revinrent, en 973; mais Valentinus souleva le pays et les défit complètement. A la suite de cette campagne, il fonda la ville de *Petra Castellana* (Castellane). Pendant ce temps, le christianisme se développait peu à peu et des évêchés se formèrent à Digne, Senez, Glandevez, Sisteron.

Après avoir dépendu de la Lotharingie, le pays fit partie du royaume de Boson qui s'était déclaré roi d'Arles et de Provence. Son successeur, Boson II, laissa ses biens à ses deux fils Pons et Rotbaud.

Rotbaud eut en partage le marquisat de Provence qui passa ensuite, par alliance, à Guillaume Taillefer, comte de Toulouse et dont le fils, Bertrand, s'établit à Forcalquier qu'il érigea en comté (1054). L'un de ses descendants, Bertrand IV, mourut sans laisser de postérité mâle et ses biens retournèrent aux Raymond Béranger (1208).

Raymond Béranger IV, comte de Provence, affectionnait le pays et résidait, au milieu d'une cour brillante, tantôt à Sisteron, tantôt à Forcalquier. Sous ce prince éclairé, la poésie se développa et les *jongleurs* et *troubadours* allaient de château en château enseigner la gaie science et propager la belle et poétique langue romane. Ce fut l'époque du *gai saber* et des *cours d'amour*. Raymond Béranger fonda la ville de *Barcilona* (Barcelonnette). Il ne laissa que des filles dont une, Béatrix, héritière du comté de Provence, épousa Charles d'Anjou fils de saint Louis et, plus tard, roi de Naples (1246). Celui-ci ayant voulu réduire les privilèges des communes, des révoltes éclatèrent sur plusieurs points et furent cruellement réprimées. Avec la deuxième maison d'Anjou, les diverses cités recouvrèrent leurs privilèges (1389). C'est l'époque du *bon roi René*, si célèbre dans les légendes provençales. Le dernier descendant de cette maison fut Charles III, qui mourut en 1481. Son héritage, réclamé par Louis XI, passa à la maison de France sous Charles VIII, en 1486.

En 1536, Charles-Quint envahit la Provence à la tête de cinquante mille Impériaux et traversa le Var ; mais il ne trouva qu'un désert. Par ordre de François Ier, le connétable de Montmorency avait fait dévaster les campagnes. Les puits étaient gâtés, les récoltes brûlées, les villes saccagées et abandonnées. L'armée impériale, épuisée par la famine et les maladies, rebroussa chemin sans avoir combattu.

La vallée de Barcelonnette, envahie par Philibert Emmanuel de Savoie et reprise par Henri II, fut rendue à la maison de Savoie au traité de Cateau-Cambrésis (1558).

Le pays, déjà si éprouvé, eut encore à souffrir des guerres de religion. Les différentes villes furent tour à tour prises et saccagées par les huguenots et les catholiques. Barcelonnette fut, pendant ces guerres, reprise à la maison de Savoie par Lesdiguières. La tranquillité se rétablit avec le règne de Henri IV (1593).

En 1627, la vallée de Barcelonnette fut de nouveau envahie, reprise par Richelieu et rendue à la Savoie en 1630. En 1629, une peste terrible décima la ville de Digne ; de dix mille habitants, à peine en resta-t-il quinze cents. En 1710, le maréchal de Berwicq, vainqueur des Impériaux, reprit la vallée de Barcelonnette qui fut définitivement réunie à la France par le traité d'Utrecht (1713). Aux Cent-Jours, lorsque Napoléon s'échappa de l'Ile d'Elbe, c'est par les Basses-Alpes qu'il passa pour gagner Grenoble et Paris. Le préfet du département, partisan secret de l'empereur, ne donna pas d'ordres et celui-ci put, avec un seul bataillon de la garde, traverser Castellane, Digne, Sisteron sans rencontrer de résistance.

Enfin, au coup d'État du 2 décembre 1851, le département fut un de ceux où la constitution trouva les plus opiniâtres défenseurs. On cite la colonne d'Aillaud de Volx qui tint ferme jusqu'en janvier. Aussi, la répression s'y fit-elle cruellement sentir ensuite.

II. — VUE DU DÉPARTEMENT A VOL D'OISEAU

Le département des Basses-Alpes est très montagneux et va en s'élevant graduellement du sud-ouest où se trouve l'altitude la plus basse (260m à l'embouchure du Verdon) jusqu'au nord-est où, près de la frontière italienne, s'élève l'aiguille de Chambeyron à 3 400 mètres.

Les nombreux torrents qui sillonnent le pays coulent dans des vallées encaissées, tantôt agrestes, tantôt sauvages, dont les pentes sont couvertes de pâturages où les troupeaux de la Provence viennent passer la belle saison. La plus remarquable est celle de l'Ubaye ou de Barcelonnette. La chaîne des Alpes-Maritimes sert de frontière au département. Ses principaux sommets et cols sont, du nord au sud :

La tête de Toillies (3 179^m), le col de Longet (2 672^m) qui donne accès dans la vallée de la Varaita (Italie), les rochers de Rieuburent (3 396^m) et, tout à côté, le grand Rubren (3 341^m), le col de Lautaret (2 873^m), le Bec de Pelvat (3 218^m), la Pointe Haute de Mary (3 212^m), le col de Mary, le glacier de Marinet au sud duquel est l'aiguille de Chambeyron, point le plus élevé du département (3 400^m), le Brec de Chambeyron (3 388^m), le col de Sautron qui, comme celui de Mary, débouche dans la vallée de la Maira (Italie), la tête de Moyse (3 110^m), le col de Larche ou de l'Argentière qui n'est qu'à 1 995 mètres d'altitude et qui, par une bonne route, donne accès dans la vallée de la Stura (Italie). Plus au sud, sur la limite des Alpes-Maritimes, les sommets, moins élevés, atteignent 2 959 mètres à l'Enchastraye, 2 710 mètres à l'Eschillon et 3 053 mètres au mont Pelat, au nord du lac d'Allos.

DIGNE ET SES ENVIRONS.
Extraits de la carte d'État-Major au 80 000e.

Le plus important contrefort de cette chaîne est au nord, entre les vallées de l'Ubaye et de la Durance, sur la limite des Hautes-Alpes. On y remarque : la montagne de Cristillan (3 202^m), la pointe de la Font-Sancte (3 370^m), le Panestrel (3 253^m), le pic du Grand-Lombard (2 906^m), le Grand Bérard (3 047^m), le pic de Rioclar (2 821^m), le Joug-de-l'Aigle (2 499^m); enfin, près du confluent de l'Ubaye, le Grand-Morgon (2 326^m).

Les autres sommets élevés sont :

A la source du Verdon, le Cimet (3 022^m) et le Cheval-de-Bois (2 841^m) ; à celle de la Bléone, les Trois-Évêchés (2 823, 2 838, 2 924^m) et le Puy-de-la-Sèche (2 823^m).

Entre la Bléone et le Verdon, le sommet de Mourrens (2 579^m), le Cheval-Blanc (2 323^m).

Entre l'Asse et le Verdon, le Mourre de Chanier (1 931^m), le Signal de Chiran (1 908^m).

Enfin, au nord, à la source de la Blanche, la Roche-Close (2 713^m), entre la Sasse et le Bès, le Signal Chauvet (2 031^m) et le Signal des Monges (2 116^m) et, entre la Sasse et le Grand-Vallon, la Grande-Gauthière (1 825^m).

Sur la rive droite de la Durance, entre les vallées du Jabron et de la Largue, se trouve la montagne de Lure, formée d'une suite de sommets qui sont la continuation des contreforts du mont Ventoux. Le plus élevé atteint 1 827^m au Signal de Lure.

On s'est ému, avec juste raison, dans ces derniers temps, du péril résultant des déboisements des hauteurs.

Les terres n'étant plus retenues, sont entraînées par les orages et charriées par les torrents. Aussi, des reboisements partiels sont-ils commencés. La partie montagneuse occupe les 5/6e du département. Dans la région méridionale, les champs couverts d'oliviers, de mûriers et de vignes contrastent avec les régions alpestres du nord.

III. — HYDROGRAPHIE

Le département des Basses-Alpes fait partie des bassins du Rhône et du Var. Le bassin du Rhône, de beaucoup le plus important, est représenté par la Durance et ses affluents.

La *Durance* prend sa source dans les Hautes-Alpes et sert de limite au département depuis Pontis (732^m d'altitude) jusqu'à l'embouchure de la Sasse ; puis, descendant au sud, elle entre dans le département qu'elle quitte un peu au-dessus de l'embouchure du Verdon (260^m d'altitude) après un parcours de 132 kilomètres avec une pente de 472 mètres, soit 0^m,00357 par mètre en moyenne. La Durance passe à Thèse, Sisteron, Volonne, les Mées et Peyruis. Cette rivière, dont le lit a, dans sa partie méridionale, jusqu'à 1 kilomètre de largeur, est en partie desséchée ; mais, à l'époque de la fonte des neiges, elle occasionne des débordements terribles, heureusement de peu de durée, et inonde les campagnes riveraines en détruisant tout sur son passage.

Ses principaux affluents sont :

1° Sur la rive gauche :

L'*Ubaye* (78 kilom.) qui prend sa source au col de Longet (2 672^{m}), traverse le lac de Longet (2 655^{m}), passe à Saint-Paul, La Condamine, Jausiers, Barcelonnette, Thuiles, Ubaye. Ce torrent reçoit, à droite, l'Ubayette qui passe à Lariche et à Meyronnes et le Bachelard qui passe à Chatelard. A son confluent avec la Durance, l'Ubaye à 680 mètres d'altitude. Sa pente est donc de 1,992 mètres, soit une moyenne de 0^{m},0255 par mètre ;

2° *La Blanche*, qui prend sa source au pic de l'Aiguillette (2 611^{m}), passe à Seyne et limite le département pendant quelques kilomètres ;

3° La *Sasse* (34 kil.) grossie du *Grand-Vallon*, qui passe à Bayons et à Clamensanne ;

4° Le *Vanson* (29 kilom.) qui passe à Authon et à Sourribes ;

5° La *Bléone* ou *Bléonne* (65 kilom.) qui prend sa source aux Trois - Évêchés (2 924^{m}), passe à La Javie, Marcoux, Digne et Malijai et se jette dans la Durance à 407 mètres d'altitude. Elle reçoit, à droite, l'*Arigeol* qui passe à Beaujeu et tombe à La Javie, le *Bès* qui passe au Vernet et à Vendaches et l'*Esduye* qui passe à Saint-Estève et Thoard. Sa pente est de 2 520 mètres, soit une moyenne de 0^{m},0388 par mètre.

6° La *Rancure* qui passe au Castellet ;

7° L'*Asse* (92 kilomètres) qui prend sa source au col de la Cine (1 510^{m}) près du sommet de Cluchemet, passe à Saint-Lions, Barrême, Mézel, Estoublon, Saint-Julien et rejoint la Durance, à 329 mètres d'altitude. Elle reçoit, en amont de Barrême, l'*Asse de Moriez* qui prend sa source à Courchons et passe à Moriez et, en aval de Barrême, l'*Asse de Blieux* qui passe à Blieux et Senez. Sa pente est de 1 181 mètres, soit 0^{m},0164 par mètre en moyenne ;

8° Le *Verdon* (155 kilom.), principal affluent de la Durance, prend sa source près de la Sestrière à 2 571 mètres. Il passe à Allos, Colmars, la Mure, Saint-André-de-Méouilles, Saint-Julien, Castillon, Castellane, Sainte-Croix-du-Verdon, Saint-Laurent, Quinson et Gréoux. Au-dessous de Castellane, près de Rougon, le Verdon sépare les Basses-Alpes du Var et leur sert de limite sur presque tout le reste de son parcours, jusqu'à son confluent, à 260 mètres d'altitude. Sa pente est de 2 311 mètres, soit une moyenne de 0^{m},0149 par mètre.

Le Verdon reçoit à Allos, sur sa rive gauche, les torrents du *Bouchier* et du *Chadoulin;* puis, sur sa rive droite, l'*Issole* qui passe à Thorame-Basse et se jette à Saint-André-de-Méouilles dans le Verdon qui reçoit, près de son embouchure, le *Colostre* grossi de plusieurs torrents. Le Colostre passe à Roumoulès, Riez, Allemagne et Saint-Martin.

BARCELONNETTE ET SES ENVIRONS.
Extraits de la carte d'État-Major au 80 000°.

2° La Durance reçoit sur la rive droite :

1° Le *Buëch* qui, après avoir limité le département pendant quelques kilomètres, se jette au-dessus de Sisteron ;

2° Le torrent du *Jabron* (32 kil.) qui passe à Noyers ;

3° Le *Lauzon ;*

4° Le *Largue*, grossi de la *Laye*, qui sont formés d'une foule de petits torrents prenant naissance dans la montagne de Lure ;

5° Le *Caulon* ou *Coulon*, dont la source, située à la crête de la Faye près de celle du Jabron, coule du nord au sud, puis tourne à l'ouest et va se jeter dans la Durance au-dessous de Cavaillon (Vaucluse).

Le *Var* n'arrose le département que pendant 15 kilomètres. Il passe à Entrevaux et reçoit, sur sa rive droite, la *Vaire* (30 kil.) qui prend sa source au Grand-Coyer (2 103 m.), passe à Méailles et à Annot. La Vaire est grossie du torrent le *Colomp.*

Le département des Basses-Alpes possède plusieurs lacs dont les principaux sont : le lac d'Allos, près de la source du Chadoulin à 2 173 mètres; les lacs de Longet (2 655 m.) et du Lauzet, dans la vallée de l'Ubaye ; enfin, neuf lacs plus petits situés autour de l'aiguille de Chambeyron, à une altitude moyenne de 2 700 mètres. Les sources minérales sont assez nombreuses. Celles de Digne et de Gréoux sont seules fréquentées. On trouve également des sources salées dans le vallon du Bouquet.

IV. — VOIES DE COMMUNICATION

I. — Chemins vicinaux.

Dans les Basses-Alpes, il n'existe plus de routes départementales; elles sont transformées en chemins de grande communication, depuis le 1er janvier 1881. Le service vicinal est confié au personnel des ponts et chaussées, sous la direction d'un ingénieur en chef.

Les voies vicinales sont ainsi divisées :

1° Les chemins de grande communication, ayant une longueur de........	899k,106m
2° Les chemins d'intérêt commun, ayant une longueur de...	478, 990
3° Les chemins vicinaux ordinaires, ayant une longueur de.	2 850, 275
Développement total..........	4 228k,371m

La dépense annuelle du service vicinal des Basses-Alpes étant de 1 924 827 fr. 80, le prix moyen par kilomètre est de 455 fr. 01 ou 0 fr. 455 par mètre courant.

II. — Routes Nationales.

Le département des Basses-Alpes est sillonné par six routes nationales sur une longueur totale de 558 215 mètres.

1° *La route n° 85, de Lyon à Nice par Grenoble et Gap* (117 094 m. de longueur dans le département), le traverse du nord-ouest au sud-est. Venant de Gap, elle passe à Sisteron, Château-Arnoux (où elle traverse la Durance), Malijai, Digne, Châteauredon, Barrême, Senez et Castellane;

2° *La route n° 93, de Valence à Sisteron* (11 575 m. de longueur dans le département), est parallèle au chemin de fer de Lyon à Digne jusqu'à Sisteron où elle vient rejoindre la route n° 85;

3° *La route n° 96, de Toulon à Sisteron* (47 920 m. de longueur dans le département), remonte la rive droite de la Durance et passe à Corbières, Sainte-Tulle, Manosque, Volx, la Brillanne, Peyruis, Montfort, Château-Arnoux et Sisteron;

4° *La route n° 100, de Montpellier à Coni, par Digne* (168 024 m. de longueur dans le département), passe à Céreste, Mane, Forcalquier, se confond un moment avec la route n° 96, traverse la Durance aux Mées et la Bléone à Malijai, puis passe à Mallemoisson, Digne, Marcoux, Le Brusquet, La Javie Beaujeu, Le Vernet, Seyne, Selonnet et, en remontant la vallée de Barcelonnette, à Ubaye, Le Lauzet, Revel, Thuiles, Barcelonnette, Faucon, Jausiers, la Condamine, Saint-Paul, Meironnes, Larche et quitte le département au col de l'Argentière sur la frontière italienne;

5° *La route n° 207, d'Avignon à Nice* (122 077 m. de longueur dans le département qu'elle traverse de l'ouest à l'est). Elle se confond d'abord avec la route n° 100 qu'elle quitte près de Villemus, puis passe à Manosque, bifurque avec la route 96, traverse la Durance à l'île du Chat, puis passe à Valensole, Estoublon, Mezel, Châteauredon où elle rejoint la route n° 85 avec laquelle elle se confond jusqu'à Barrême. Elle passe ensuite à Moriez, Saint-André-de-Méouilles, Saint-Julien, Vergons et Entrevaux à l'est duquel elle quitte le département en se dirigeant sur Puget-Théniers;

6° *La route n° 208, d'Entrevaux à Barcelonnette* (91 525 m. de longueur dans le département dont 60 686 en lacune) se confond d'abord avec la route n° 207; puis, remontant au nord, passe à Annot et Fugeret; elle est en lacune de cet endroit jusqu'à la Grange-de-Cour sur le Verdon, remonte ensuite ce torrent en passant à Beauvezer, Villars, Colmar et Allos. Elle est également en lacune de ce point à Uvernet sur le Bachelard. De ce point, elle va rejoindre la route n° 100 à Barcelonnette.

Résumé de la circulation sur les routes nationales.

DÉSIGNATION DES ROUTES	TONNAGE ANNUEL			
	BRUT		UTILE	
	distance entière 1 000 tonnes	kilométrique 1 000 tonnes	distance entière 1 000 tonnes	kilométrique 1 000 tonnes
1° Route n° 85 de Lyon à Nice..	18,01	2 175	7,66	898
2° Route n° 93 de Valence à Sisteron	8,03	91	3,23	37
3° Route n° 96, de Toulon à Sisteron	22,99	1 117	11,31	540
4° Route n° 100, de Montpellier à Nice....................	21,90	3 738	11,08	1 960
5° Route n° 207, d'Avignon à Nice	9,49	1 201	4,38	580
6° Route n° 208, d'Entrevaux à Barcelonnette (le tonnage n'est pas donné par les documents officiels pour cette route)....	»	»	»	»

III. — Navigation.

I. — FLEUVES ET RIVIÈRES NAVIGABLES

I. *Durance.* — Cette rivière est classée comme flottable à partir du pont de Saint-Clément (Hautes-Alpes) jusqu'à son embouchure dans le Rhône après un parcours de 250 kilomètres. Les eaux coulent dans un vaste lit de graviers. Le mouillage, très variable, peut aller de 0m,40 en étiage à 2m,60 dans les crues.

Le flottage, peu important, ne peut se faire qu'en eaux moyennes, car le mouillage est trop faible pendant les basses eaux et, pendant les hautes eaux, les hommes seraient impuissants à diriger les radeaux.

Après son entrée dans les Basses-Alpes, la Durance passe à Sisteron (*embouchure du*

Grand-Buëch), Peyrouse, Volonne, Saint-Auban, Peyruis, Dabisse, La Brillanne, Villedieu et Pontoise. Son parcours dans le département est de 54 kilomètres.

II. — Le *Grand-Buëch*, flottable à partir du pont de Saint-Julien-en-Beauchêne, quitte les Hautes-Alpes après Laragne, passe à Ribiers et tombe dans la Durance à Sisteron.

II. — CANAUX. — NÉANT

IV. — Chemins de fer.

Le département des Basses-Alpes n'est traversé que par une ligne de chemin de fer et un embranchement ayant ensemble dix-sept gares et une longueur totale de 104 kilomètres dans le département.

1° *Ligne de Lyon, Grenoble, Veynes, Saint-Auban, Aix et Marseille* (2 voies). — Cette ligne traverse le département sur une longueur de 82 kilomètres. Elle y entre par la gare de Mison et en sort après la gare de Corbières. Les gares sont : Mison, Sisteron (chef-lieu d'arrondissements), Peipin, Château-Arnoux, Saint-Auban (embranchement de la ligne de Digne), Peyruis, Lurs, Brillanne-Oraison, Volx, Manosque, Sainte-Tulle et Corbières. La gare de Saint-Auban appartient au département de la Drôme.

2° *Embranchement de Saint-Auban à Digne*. — Cette ligne parcourt le département sur une longueur de 22 kilomètres. Les gares sont : Saint-Auban, Malijai, les Grillons, Champtercier et Digne.

V. — MONUMENTS HISTORIQUES

I. — Monuments mégalithiques. Néant.

II. — Monuments antiques.

Céreste. — Deux ponts romains.

Riez. — Colonnes antiques.

III. — Monuments du moyen âge, de la Renaissance et des temps modernes.

Allos. — Eglise Notre-Dame-de-Valvert.

Barcelonnette. — Tour de l'horloge.

Digne. — Église Notre-Dame (ancienne cathédrale).

Ganagobie. — Porte de l'église.

Gréoux. — Château des Templiers.

Manosque. — Clocher de l'église ; Porte de la Saunerie.

Seyne. — Église.

Simiane. — Rotonde.

Sisteron. — Église ; Restes de l'ancienne enceinte.

VI. — HOMMES CÉLÈBRES

Hugues Raymond, légat du pape, évêque de Riez, né à Moustiers, mort en 1223.

François de Meyronis, professeur à l'université de Paris, né à Meyronnes, mort en 1327.

Jean de Penna, professeur de mathématiques, né à Moustiers, mort en 1558.

Gassendi Pierre, docteur et professeur de théologie, né à Champtercier en 1592, mort en 1665.

Abeille Gaspard, académicien, né à Riez en 1638, mort en 1728.

Routtier, architecte et sculpteur, né à Castellane.

François Deleuze, célèbre naturaliste, né à Sisteron en 1753, mort en 1835.

Renouard, professeur de belles-lettres, né à Valensole en 1675, mort en 1754.

De Gassendi, général, né à Digne en 1748, mort en 1828.

L'amiral de *Richery* est né à Allons en 1757. Il fit, comme enseigne, la campagne de l'Amérique Septentrionale, où il se distingua, et prit part en 1781 et 1782 à la campagne de l'Inde. Il était capitaine de vaisseau en 1794, lorsqu'il fut destitué en raison de son origine noble. Il ne tarda pas à être remis à la tête d'une escadre, avec le grade de vice-amiral. Il fit en cette qualité des campagnes brillantes contre les Anglais, au cap Saint-Vincent, sur les côtes de Terre-Neuve et du Labrador ; il vint mourir dans son pays en 1799, peu après avoir pris part à l'expédition d'Irlande en 1796.

Sylvestre de Villeneuve, vice-amiral, né à Valensole en 1763, mort en 1806. Garde-marine en 1788, il était capitaine de vaisseau cinq ans après. Il se signala dans la guerre d'Amérique, fut nommé contre-amiral en 1796, prit part à l'expédition d'Égypte et réussit, à Aboukir, à sauver quatre bâtiments. Napoléon, qui avait confiance en ses talents, l'éleva au grade de vice-amiral en 1804 et lui confia la direction des forces navales qui devaient coopérer à ses projets de descente en Angleterre. De concert avec l'escadre espagnole de l'amiral Gravina, la flotte de Villeneuve remporta des avantages sur les Anglais aux Antilles et, à son retour, rencontra à la hauteur du cap Finistère une flotte anglaise de dix-neuf vaisseaux qu'elle contraignit à la retraite, mais sans avoir pu l'entamer. Napoléon, irrité des lenteurs de Villeneuve, lui marqua durement son mécontentement du résultat de cette campagne, Villeneuve, froissé et ayant à cœur de regagner la confiance du maître, livra à Nelson, dans de mauvaises conditions, la désastreuse bataille de Trafalgar, où il fut battu et fait prisonnier. Remis en liberté en 1806, il se rendait à Paris pour se justifier, lorsqu'ayant reçu à Rennes la réponse du ministre, il ne put résister à son chagrin et se donna la mort en se frappant au cœur.

Le général *Breissand* est né à Sisteron en 1770. Engagé volontaire à seize ans, il était chef de bataillon cinq ans après. Il fit partie de l'armée des Alpes, d'Italie, de l'expédition de Rome et, comme gouverneur de Pérouse en 1798, il parvint, par son attitude énergique et son sang-froid, à empêcher une sanglante collision entre les deux partis qui divisaient la population. De 1804 à 1812, Breissand se distingua par son courage en Batavie, en Italie, en Allemagne et en Espagne où il fut nommé général. Il fit partie de l'expédition de Russie, puis vint s'enfermer à Dantzig. Laissé en disgrâce par les Bourbons, il était venu habiter sa ville natale où il fut, en 1815, une des malheureuses victimes de la Terreur Blanche.

Pierre Gassendi.

Manuel, député.

Manuel, député libéral renommé, né à La Conchette près Barcelonnette en 1775, mort en 1827. Son buste, érigé sur la place de Barcelonnette, porte ces vers de Béranger en exergue :

Bras, tête et cœur, tout était peuple en lui.

Le baron *Desmichel*, général, né à Digne, en 1779. Engagé en 1794, il devint sous-lieutenant en 1800, après avoir fait les campagnes d'Italie et d'Égypte, fut nommé capitaine en 1802 à la suite d'un brillant fait d'armes où, à la tête de quelques hommes, il prit vingt-cinq canons et six cents soldats aux Autrichiens. Il se distingua aux batailles d'Eylau et d'Essling, fut promu colonel en 1807 et envoyé en Espagne, puis en Italie où il fut nommé général de brigade en 1813. Mis en non activité par les Bourbons, il ne fut replacé comme général de brigade qu'en 1823. Envoyé en Algérie en 1831, il fut chargé du gouvernement d'Oran et battit à plusieurs reprises les Arabes et Abd-el-Kader lui-même. Mais, au retour d'une expédition, il fut entouré, le 26 février 1834, par une si grande quantité d'Arabes, qu'il se laissa intimider et conclut avec ceux-ci un traité en deux parties; l'une, ostensible qui fut communiquée au gouvernement; l'autre, secrète, que ce dernier ne voulut pas reconnaître. Rappelé en France à la suite de ces faits, Desmichel n'en fut pas moins nommé lieutenant-général en 1835, et il exerça dès lors les fonctions d'inspecteur général jusqu'à sa mort, survenue en 1845.

Honnorat, médecin naturaliste, né à Digne en 1786, mort en 1850.

Fortoul, ministre de l'Instruction publique, du 3 décembre 1851 (après le Coup d'État) au 1er juillet 1856, né à Digne en 1811, mort en 1856.

Guichard, historien des villes des Basses-Alpes, né en 1814, mort en 1850.

Le conventionnel d'*Herboz-Latour* et le maréchal de camp *Portalis* sont originaires de Barcelonnette.

VII. — INDUSTRIE

Le département des Basses-Alpes est presque nul au point de vue industriel ainsi qu'on en jugera par l'examen de ce petit tableau.

NATURE des Industries	DÉSIGNATION ou nombre de localités où s'exercent les industries	NOMBRE d'établissements	NOMBRES MOYENS de contremaîtres et surveillants	d'ouvriers et de manœuvres	de femmes	d'enfants	TOTAUX
I. — ALIMENTATION							
Minoteries	7 localités	11	3	38	2	»	43
Pâtes alimentaires	Manosque	2	2	13	16	4	35
II. — ARTS ET PRODUITS CHIMIQUES							
Gaz	Digne	1	1	4	»	»	5
III, IV ET V. — BATIMENTS, INDUSTRIE DU BOIS ET CARROSSERIE (NÉANT)							
VI. — CÉRAMIQUE							
Briqueteries, Poteries et Tuileries	Manosque, Peipin, Digne-Valernes	9	1	19	»	»	20
VII. — BATELLERIE (NÉANT)							
VIII. — CUIRS ET PEAUX							
Tanneries	Manosque, Riez	4	6	105	»	5	116
IX. — PAPETERIES ET IMPRIMERIES							
Papeteries	Sisteron, Oraison Moustiers	3	2	38	19	5	64
X. — INDUSTRIES EXTRACTIVES							
Carrières de pierres à bâtir, pierres à plâtre fours à plâtre, mines de Lignites	10 localités	22	13	213	2	6	239
XI. — INDUSTRIES TEXTILES							
Fabriques de drap	11 localités	21	1	137	69	4	211
XII, XIII. — INSTRUMENTS DE PRÉCISION, MÉTALLURGIE ET CONSTRUCTIONS MÉCANIQUES (NÉANT)							
XIV. — INDUSTRIES DIVERSES							
Bijouterie	Digne	4	»	15	»	»	15
Chapellerie	Sisteron	1	2	52	14	4	72
	Totaux	78	31	639	222	28	820

VIII. — AGRICULTURE

Les productions agricoles des Basses-Alpes sont aussi variées que son climat. On pourrait les classer suivant les altitudes où on les constate ; il y a une loi de milieu qu'il est difficile d'enfreindre.

Dans la partie basse du département, on trouve le froment, l'avoine, les pommes de terre, surtout les cultures arbustives : le mûrier, l'olivier, l'amandier qui atteint les premiers plateaux jusqu'à une altitude de 600 mètres dans les endroits abrités. A ces hauteurs, et atteignant même un niveau plus élevé, on rencontre, ayant une importance commerciale, les poiriers et les pommiers. Les fruits récoltés dans certaines vallées, heureusement orientées pour une production abondante, joignent, grâce à des conditions diverses de sol, de climat et d'aération surtout, des qualités de conservation, de possibilité de longs transports qui triplent leur valeur. On peut citer la Motte du Caire dans les environs de Sisteron. On y voit des poiriers dont le revenu atteint souvent 200 francs. Les fruits vendus à Sisteron varient entre 15 et 30 francs les 100 kilogs.

On dit que la vente des poires et des pommes, qui ont aussi leurs crus renommés à Thoard et Ubaye, atteint le chiffre de 150 000 francs.

La grande fabrique de fruits confits d'Apt-Vaucluse est un important débouché pour les fruits de deuxième choix qui ne recevraient pas un accueil favorable sur les marchés de Lyon, de Toulon et Marseille.

Comme importance de vente, c'est l'olivier dont le produit s'élève à un million de francs. Les amandes atteignent une production de 800 000 à 900 000 francs. Il est assez difficile de donner des chiffres précis, car la production est une des plus chanceuses. Les gelées tardives réduisent la récolte à néant et on ne peut compter sur une pleine récolte que tous les sept ans.

Les pruniers donnent un revenu important. Le fruit desséché suivant des modes divers atteint un chiffre assez élevé. On signale une vente annuelle de 60 000 francs environ.

La production truffière doit-elle être placée à côté des produits des arbres ? C'est bien au voisinage du chêne, quelquefois même d'autres arbustes, qu'on récolte le précieux champignon. C'est une des plus importantes productions du département quoiqu'elle soit localisée dans la partie avoisinant la Vaucluse. La production moyenne dépasserait trois millions. Montagnac, dans le canton de Riez est le centre de production et le grand marché ouvert de novembre à mars.

Le noyer était autrefois l'objet d'un revenu qui tend à disparaître. Quelques abaissements de température survenus, fin mai, ont fait périr un grand nombre d'arbres. On ne replante plus. Néanmoins la valeur produite en fruits dépasserait encore 200 000 francs.

La vigne qui, tantôt plantée en plein, tantôt avec large espacement permettant des cultures intercalaires, couvrait une surface de près de 3 000 hectares, a disparu en plusieurs endroits. On replante avec cépages exotiques. L'ancienne étendue n'est pas encore atteinte. On citait, comme très bon, le vin des Mées, aux bords de la Durance, et ceux de quelques localités dans les environs de Sisteron. Le produit était très recherché par les habitants de la partie haute de la région.

Les céréales cultivées sont le froment, le seigle, le méteil, l'avoine, l'épeautre et l'orge. Les rendements sont très variables, non seulement par suite des conditions météréologiques qui, partout, rendent les productions si aléatoires, mais encore par les données spéciales à la contrée où l'on rencontre une culture de blé à des altitudes de 1 200 à 1 800 mètres. La surface affectée aux céréales serait de 64 000 hectares avec une moyenne de 13 hectolitres à l'hectare produisant 18 millions par an.

L'avoine viendrait ensuite donnant un revenu de plus d'un million. L'épeautre y est réuni.

Le seigle cultivé sur près de 3 000 d'hectares donnerait environ 38 000 hectolitres d'une valeur de 600 000 francs.

Le méteil cultivé sur une moindre surface donne un revenu total de 22 000 francs.

Les pommes de terre couvrent une surface de 11 000 hectares. On peut ajouter encore des plantes à croissance spontanée sur les pentes incultes et qui servent à la distillation, comme la lavande. Deux autres produits méritent une place à part dans cette énumération des dons du sol : c'est la production de l'herbe pour l'alimentation des animaux domestiques et la production du bois, soit de chauffage, soit de construction. La production de l'herbe vient, soit des prairies dites permanentes ou temporaires, soit des montagnes pastorales. Il est difficile de faire la part dans le revenu herbager de chacune d'elles.

La production animale la plus importante est l'espèce ovine, représentée par des *races locales*. Cette appellation devrait être la même pour les Hautes-Alpes. Quant à l'aspect général des animaux, il est facile de distinguer les brebis de la vallée de l'Ubaye de celles de la vallée de la Blanche. Senez est le grand marché de celles des bords du Verdon. La charpente osseuse des premières passe pour plus forte. La race ne donne guère que 40 0/0 de viande nette. La laine est plus grossière.

Au marché d'Aix, débouché de la vallée de Barcelonnette, on trouve la viande des moutons de l'Ubaye meilleure. Le poids net pèse sur les transactions.

Le nombre des têtes pour l'espèce ovine doit s'élever jusqu'à 250 000.

Les troupeaux de chèvres et de porcs sont

encore nombreux, malgré les incontestables dégats que l'espèce caprine apporte partout où elle passe.

On élève peu de chevaux et de mulets. Le canton de Seyne est le seul où cet élevage ait une réelle importance.

Ce serait par un chiffre peu élevé qu'on compterait les autres animaux de basse-cour dans une grande partie du département. La température met un obstacle à la production abondante des poules et autres animaux. Le sol, couvert de neige six mois durant, entraîne une dépense d'alimentation assez sensible. Partout, le morcellement du sol est un deuxième obstacle. Il faut de grandes fermes à céréales, ou un soin tout spécial pour nourrir un grand nombre de gallinacées dans un tel milieu. Pour l'entretien des animaux, on trouve des prairies temporaires à base de légumineuses dans la proportion de 15 000 hectares contre des surfaces considérables de prairies, soit sèches, soit irriguées, de pâturages alpestres. Les canaux qui peuvent arroser près de 12 000 hectares permettent de retirer de grandes quantités de foin. La paille des céréales apporte son appoint. Le seigle lui-même est employé pour le dernier mois d'engraissement. Les pommes de terre, dans les années d'abondance, concourent au même résultat.

L'hygiène des animaux domestiques est com-

Vue de Sisteron.

plètement négligée. Même absence de sollicitude pour le choix des reproducteurs, nul essai de sélection, encore moins de métissage.

Les exploitations sont très morcellées; elles ont atteint un degré de pulvérisation qui rend toute amélioration difficile.

Sous le nom de *fermier*, c'est le métayage avec cette particularité que le bailleur se désintéresse des travaux agricoles et de toute surveillance comme si le fermage était à prix fixe.

La situation actuelle de l'industrie rurale ne permet pas de donner la valeur de l'hectare, pas plus isolée qu'en corps d'exploitation; la dépréciation est trop forte pour qu'on émette un chiffre. D'après les oscillations de l'heure actuelle, un équilibre se rétablira.

Les immeubles territoriaux qui maintiennent les prix des anciens jours constituent encore un très bon placement.

STATISTIQUE GÉNÉRALE DU SOL

Terrains de qualité supérieure	462 hect.
Terres labourables	150 411
Prés	16 101
Vignes.	16 206
Bois	128 052
Landes, pâtis, etc.	310 207
Terrains divers.	223
Superficie totale.	621 662 hect.

CULTURES DIVERSES

Céréales diverses : farineux, cultures industrielles, plantes textiles, autres cultures oléagineuses, vignes, sériculture, apiculture.

DÉSIGNATION	SUPERFICIE ensemencée EN HECTARES	RENDEMENT moyen par hectare en hectolitres	PRODUCTION annuelle en hectolitres
Froment	68 358	10,50	532 997
Méteil	1 450	10,40	15 080
Seigle	2 420	9,00	21 780
Orge	740	12,75	9 435
Sarrazin	»	»	»
Maïs	35	30,00	1 050
Millet	»	»	»
Avoine	6 350	11,00	69 850
Pommes de terre	10 500	70,00	735 000
Légumes secs	1 720	9,50	16 340
Châtaignes	660	5,00	3 300
		en quintaux	en quintaux
Betteraves à sucre	12	60,00	720
Betteraves fourragères	1 225	85,00	104 125
Houblon	»	»	»
Tabac	»	»	»
		fil. en quint.	filasse en quint.
Chanvre	80	7,00	560
Lin	»	»	»
Chênevis	»	»	»
Lin (huile)	»	»	»
		en kilog.	en kilog.
Œillette, Navette, Cameline, etc.	»	»	»
Colza (graine)	»	»	»
		en kilog.	en kilog.
Colza (huile)	»	»	»
Olives (fruit)	2 250	18,00	40 500
Olives (huile)	38 500	6,50	250 250
		en hectolitres	en hectolitres
Vignes	12 737	13,10	110 995

SÉRICULTURE

Quantité totale de graines mises en éclosion . . . . 2 785 »
Production moyenne d'une once en kilogrammes. . . . . 34 700 »
Production totale en kilog. . . . . 96 630 »

RUCHES D'ABEILLES

Nombre de ruches en activité. . . 16 325 »
Production du miel en kilog . . . 57 138 »
Production en cire. . . . . 19 590 »

Animaux de ferme.

Espèce chevaline.	7 250	pièces
— mulassière.	16 850	—
— asine	6 380	—
Bœufs et taureaux	3 840	—
Vaches et génisses.	3 750	—
Veaux.	1 300	—
Espèce ovine (race du pays). .	245 000	—
— (race perfectionnée)	12 000	—
Espèce porcine.	37 580	—
— caprine.	18 450	—

Produit des animaux.

Laine. . .	Quantité en kilog. .	575 850fr.	»
	Prix moyen du kilog.	1, 08	
	Valeur.	621 918	»
Suif . . .	Quantité en kilog. .	41 280	»
	Prix moyen du kilog.	0, 79	
	Valeur.	52 250	»

IX. — FORÊTS (1)

Le département des Basses-Alpes fait partie de la 26e conservation dont le siège est à Aix.

Le personnel est ainsi réparti :

Inspection de Digne. — Un inspecteur et un inspecteur adjoint à Digne. — Un garde général à Barcelonnette et à Castellane.

Inspection de Sisteron. — Un inspecteur et un inspecteur adjoint à Sisteron. — Un garde général à Forcalquier et à Riez.

La superficie des forêts des Basses-Alpes est ainsi répartie :

A l'État.	577 hect.
Au département, aux communes et sections.	58 138
A des particuliers	69 297
A des établissements publics . .	40
Total.	128 052 hect.

Les forêts communales ou sectionales soumises au régime forestier, c'est-à-dire susceptibles d'aménagement ou d'une exploitation régulière, ont une étendue de 49 289 hectares.

Des travaux importants de reboisement et de gazonnement ont été faits dans le département. Ces travaux ont consisté en reboisements facultatifs dans les forêts domaniales, dans les forêts de communes et dans celles de particuliers ; en reboisements obligatoires entraînant parfois l'expropriation pour cause d'utilité publique, quand l'administration forestière rencontrait une résistance qu'elle ne pouvait vaincre, ce qui n'est arrivé que très rarement ; enfin, en barrages rustiques nombreux dont l'efficacité a été très remarquable.

En résumé, 6 506 hectares ont été reboisés ou gazonnés en dix-huit années. L'État a dû acquérir 4 230 hectares de terrain dont 394 hectares seulement par expropriation publique, le prix moyen d'achat étant de 75 francs par hectares.

Les travaux effectués dans plusieurs périmètres des Basses-Alpes peuvent être cités comme des modèles du genre. Leur succès a été complet et fait le plus grand honneur aux forestiers qui les ont conçus et conduits. Parmi ces travaux, on remarque ceux du périmètre du Faucon qui comprend les bassins de réception de cette rivière et du Bourget, dans la vallée de l'Ubaye au-dessus de Barcelonnette. On a dû y construire le plus grand barrage qu'on ait encore fait dans les Alpes.

X. — DIVISION POLITIQUE, ADMINISTRATIVE ET POPULATION

Le département des Basses-Alpes est divisé en cinq arrondissements dont quatre sont administrés chacun par un sous-préfet. Celui de Digne est administré par le préfet.

(1) Cet article est extrait du dictionnaire d'agriculture, par J. A. Barral (Hachette et Cie).

Le département des Basses-Alpes, un des plus étendus, le deuxième, passe aussi pour le plus pauvre. La population y est la moins dense. Chaque année, l'émigration enlève, pour la porter au loin, la partie valide de sa population. Au dernier tirage au sort, dans la vallée de l'Ubaye, au canton de Saint-Paul, le dernier de France vers l'Italie, sur vingt et un jeunes gens appelés, onze ont répondu à l'appel. Un fait à peu près pareil s'est produit à Barcelonnette. C'est vers le Mexique que se porte le mouvement, entretenu par quelques brillantes fortunes, activé, ces dernières années, par les difficultés contre lesquelles lutte l'industrie rurale.

STATISTIQUE DE LA POPULATION

La population du département était :

En 1801	133 966	habitants.
En 1821	149 310	—
En 1831	155 896	—
En 1851	152 072	—
En 1872	139 332	—
En 1886	129 494	—

Mariages annuels :

1° Entre garçons et filles	746
2° Entre garçons et veuves	20
3° Entre veufs et filles	64
4° Entre veufs et veuves	46

Naissances et décès :

Naissances	enfants légitimes	garçons	1 583
		filles	1 593
	enfants naturels	garçons	25
		filles	33
Décès	sexe masculin	garçons	997
		mariés	606
		veufs	373
	sexe féminin	filles	958
		femmes	492
		veuves	458
Morts accidentelles		hommes	30
		femmes	6
Suicides		hommes	24
		femmes	5

LISTE DES COMMUNES DES BASSES-ALPES

5 arrondissements — 30 cantons — 251 communes — 129,494 habitants — 621 662 hectares — Moyenne de la population par kilomètre carré : 21 habitants

I. — ARRONDISSEMENT DE DIGNE (9 cantons, 84 communes, 44 332 habitants)

NOMS des COMMUNES	Population	Dist. au chef-l. d'ar.	LOCALITÉS AVEC GARES postes et télégraphes	GARE LA PLUS PRÈS de chaque com. et distance à cette commune	BUREAUX de postes desserv. les communes avec les distances
I. — CANTON DE DIGNE (*21 com., 11 129 hab.*)					
1 Digne	7083	»	🚆 ₸ **596 0**	Digne »	Digne »
2 Aiglun	268	12	724 0	Digne 12 0	Digne 12 0
3 Aihac	88	20	1185 0	Digne 20 0	Digne 20 0
4 Auribeau	105	21	1320 0	Digne 21 0	Thoard 8 0
5 Barras	223	13	987 0	Digne 7 2	Thoard 5 0
6 Castellard (Le)	174	27	1070 0	Digne 27 0	Thoard 6 1
7 Chaffaut (Le)	336	10	497 0	Digne 10 0	Digne 10 0
8 Champtercier	327	8	🚆 **558 1**	Champterci. »	Digne 8 0
9 Dourbes (Les)	213	10	848 0	Digne 10 0	Digne 10 0
10 Entrages	212	10	*990 0*	Digne 10 0	Digne 10 0
11 Lagremuse	40	13	757 0	Digne 13 0	Digne 13 0
12 Lambert	86	21	1185 0	Digne 21 0	Digne 21 0
13 Mallemoisson	326	11	497 0	Les Grillons 1 0	Digne 11 0
14 *Les Grillons*	»	»	🚆 **507 8**	» »	» »
15 Marcoux	288	6	876 0	Digne 6 0	Digne 6 0
16 Mélan	145	30	1407 0	Digne 30 0	Thoard 8 0
17 Pérusse (La)	52	20	974 0	Les Grillons 15 0	Thoard 8 5
18 Robine (La)	131	13	845 0	Digne 13 0	Digne 13 0
19 St-Estève	104	10	922 0	Digne 10 0	Thoard 5 0
20 Thoard	928	16	⊠ 736 0	Les Grillons 16 0	Thoard »
II. — CANTON DE BARRÊME (*8 com., 2 993 hab.*)					
21 Barrême	971	30	₸ *328 0*	Digne 30 0	Barrême »
22 Bedejun	61	13	*1048 0*	Digne 13 0	Digne 13 0
23 Chaudon	403	17	*1048 0*	Digne 17 0	Barrême 7 0
24 Clumanc	755	28	910 0	Digne 28 0	Barrême 10 0
25 Lambruisse	209	47	1342 0	Digne 47 0	St-André 12 0
26 St-Jacques	118	32	755 0	Digne 32 0	Barrême 2 0
27 St-Lions	129	36	755 0	Digne 36 0	Barrême 5 0
28 Tartonne	347	43	938 0	Digne 43 0	Barrême 15 0
III. — CANTON DE LA JAVIE (*10 com., 2 473 hab.*)					
29 La Javie	445	15	₸ 873 1	Digne 15 0	La Javie »
30 Archail	104	15	1007 0	Digne 15 0	La Javie 8 0
31 Beaujeu	303	19	897 0	Digne 19 0	La Javie 4 0
32 Blégiers	393	21	1340 0	Digne 21 0	La Javie 7 0
33 Brusquet (Le)	401	10	734 0	Digne 10 0	Digne 10 0
34 Draix	118	17	875 0	Digne 17 0	La Javie 8 0
35 Esclangon	64	20	1155 0	Digne 20 0	La Javie 10 5
36 Mariaud	116	29	1222 0	Digne 29 0	La Javie 14 0
37 Prads	381	27	1069 0	Digne 27 0	La Javie 12 0
38 Tanaron	148	15	*1062 0*	Digne 15 0	Digne 15 0
IV. — CANTON DES MÉES (*8 com., 5 946 hab.*)					
39 Les Mées	2034	25	₸ *408 0*	Peyruis 3 0	Les Mées »
40 Castellet (Le)	250	46	482 0	La Brillanne 8 0	Oraison 6 0
41 Chénerilles	57	18	*667 0*	Malijai 6 0	Les Mées 11 0
42 Entrevennes	460	38	689 0	La Brillanne 12 0	Oraison 10 0
43 Malijai	488	18	🚆 **428 8**	Malijai »	Les Mées 5 0
44 Mirabeau	411	16	878 0	Les Grillons 5 0	Les Mées 15 0
45 Oraison	1780	40	₸ *346 0*	La Brillanne 2 0	Oraison »
46 Puimichel	466	57	482 0	Peyruis 12 0	Les Mées 9 0
V. — CANTON DE MÉZEL (*11 com., 3 167 hab.*)					
1 Mézel	929	14	₸ *565 0*	Digne 14 0	Mézel »
2 Beynes	309	19	773 0	Digne 19 0	Mézel 4 0
3 Bras d'Asse	462	26	⊠ 750 0	Digne 26 0	Bras d'Asse »
4 Chateauredon	167	12	*565 0*	Digne 12 0	Mézel 3 0
5 Creisset	114	22	*831 0*	Digne 22 0	Mézel 12 0
6 Espinouze	132	17	917 0	Malijai 7 0	Les Mées 12 0
7 Estoublon	432	20	*510 0*	Digne 20 0	Mézel 7 0
8 St-Jeannet	251	26	807 0	Digne 26 0	Bras d'Asse 6 0
9 St-Julien-d'Asse	229	30	750 0	Digne 30 0	Bras d'Asse 4 0
10 St-Jurson	66	10	880 0	Digne 10 0	Mézel 3 0
11 Trévans	76	25	*722 0*	Digne 25 0	Mézel 8 0
VI. — CANTON DE MOUSTIERS-SAINTE--MARIE (*5 com., 2 564 hab.*)					
12 Moustiers-Ste-Marie	1137	48	₸ 940 0	Digne 48 0	Moustiers »
13 Chateauneuf-l-Mous	347	62	1135 0	Digne 62 0	Moustiers 20 0
14 Levens	99	40	1046 0	Digne 40 0	Moustiers 15 0
15 Palud (La)	578	65	973 0	Digne 65 0	Moustiers 19 0
16 St-Jurs	403	27	928 0	Digne 27 0	Puimoisson 7 0
VII. — CANTON DE RIEZ (*11 com., 6 539 hab.*)					
17 Riez	2333	42	₸ *630 0*	Manosque 30 0	Riez »
18 Albiose	86	55	511 0	Manosque 35 0	Quinson 6 0
19 Allemagne	531	56	*416 0*	Manosque 25 0	Riez 8 0
20 Esparron-d -Verdun	312	58	390 0	Manosque 25 0	Quinson 6 0
21 Montagnac	394	45	⊤ *619 0*	Manosque 35 0	Riez 5 0
22 Montpezat	82	50	*499 0*	Manosque 35 0	Riez 8 0
23 Puimoisson	975	33	⊠ *698 0*	Digne 33 0	Puimoisson »
24 Quinson	683	64	₸ *381 0*	Manosque 38 0	Quinson »
25 Roumoules	446	44	630 0	Digne 44 0	Riez 3 0
26 Ste-Croix-d-Verdon	366	51	648 0	Manosque 11 0	Riez 10 0
27 St-Laurent	131	57	588 0	Manosque 42 0	Quinson 4 0
VIII. — CANTON DE SEYNE (*8 com., 4 560 hab.*)					
28 Seyne	2195	41	₸ 1262 0	Digne 41 0	Seyne »
29 Auzet	253	38	1181 0	Digne 38 0	Seyne 7 0
30 Barles	467	25	981 0	Digne 25 0	Seyne 17 0
31 Montclar	529	47	1440 0	Digne 47 0	Seyne 6 0
32 St-Martin-les-Seyne	138	54	1029 0	Digne 54 0	Seyne 10 0
33 Selonnet	482	46	1110 0	Digne 46 0	Seyne 6 0
34 Verdaches	241	28	1107 0	Digne 28 0	Seyne 13 0
35 Vernet (Le)	265	30	1189 0	Digne 30 0	Seyne 11 0
IX. — CANTON DE VALENSOLE (*4 com., 4 961 hab.*)					
36 Valensole	2907	44	₸ 595 0	Manosque 19 0	Valensole »
37 Brunet	368	38	663 0	Manosque 24 0	Valensole 10 0
38 Gréoux	1283	60	₸ 390 0	Manosque 13 0	Gréoux »
39 St-Martin-d-Brômes	403	52	395 0	Digne 52 0	Gréoux 5 0

Nota. — Les cotes inscrites dans ce tableau, à côté des signes abréviatifs 🚆 ⊠ ⊤ ₸, désignent des altitudes, c'est-à-dire la hauteur des points signalés au-dessus du niveau moyen des eaux de la mer. Les cotes imprimées en caractères gras et placées en face des noms des gares sont les altitudes *gravées* ou *à graver* sur les socles des bâtiments des dites gares, à 0 m. 50 environ au-dessus du niveau des rails. Les cotes inscrites en face du nom des communes sont extraites de la carte de l'état-major au 1/80000. Celles en italiques existent *dans la commune même*. Les autres sont les cotes du point le plus rapproché de la commune correspondante, point indiqué sur la carte de l'état-major.

II. — ARRONDISSEMENT DE BARCELONNETTE (4 cantons, 20 communes, 15 447 habitants)

I. — CANTON DE BARCELONNETTE *(9 com., 7 566 hab.)*

Noms des communes	Population	Dist. au chef-l. d'ar.	Localités avec gares, postes et télégraphes	Gare la plus près de chaque com. et distance à cette commune	Bureaux de postes desserv. les communes avec les distances
1 Barcelonnette	2234	»	ꝑ 1135 5	St-Michel 41 5	Barcelonnette »
2 Condamine-Chatela.	996	13	⊠ 1286 5	St-Michel 53 8	Condamine »
3 Enchastrayes	482	0 5	1478 0	St-Michel 48 3	Barcelonnette 6 5
4 Faucon	443	2	1142 0	St-Michel 43 8	Barcelonnette 2 0
5 Fours	333	16	1660 0	St-Michel 57 8	Barcelonnette 16 0
6 Jausiers	1625	8	ꝑ 1218 5	St-Michel 49 8	Jausiers »
7 St-Pons	496	2	1172 0	St-Michel 40 4	Barcelonnette 2 1
8 Thuiles (Les)	413	7	1111 2	St-Michel 34 8	Barcelonnette 7 0
9 Uvernet	544	4	1521 0	St-Michel 45 8	Barcelonnette 4 0

II. — CANTON D'ALLOS *(1 com., 1 127 hab.)*

Noms des communes	Population	Dist. au chef-l. d'ar.	Localités avec gares, postes et télégraphes	Gare la plus près de chaque com. et distance à cette commune	Bureaux de postes desserv. les communes avec les distances
10 Allos	1127	27 5	ꝑ 1425 0	Prunières 67 5	ꝑ »

III. — CANTON DU LAUZET *(7 com., 4 157 hab.)*

Noms des communes	Population	Dist. au chef-l. d'ar.	Localités avec gares, postes et télégraphes	Gare la plus près de chaque com. et distance à cette commune	Bureaux de postes desserv. les communes avec les distances
1 Le Lauzet	735	21	ꝑ 983 0	St-Michel 20 0	Le Lauzet »
2 Bréole (La)	876	37	972 0	St-Michel 10 0	St-Vincent 10 0
3 Méolans	756	12	1102 0	St-Michel 29 0	Le Lauzet 9 0
4 Pontis	287	38	971 0	Savines 7 0	St-Vincent 15 0
5 Revel	710	12	1102 0	St-Michel 29 0	Le Lauzet 9 0
6 St-Vincent	485	30	⊠ 865 0	St-Michel 20 0	St-Vincent »
7 Ubaye	308	29	742 0	St-Michel 12 0	St-Vincent 7 0

IV. — CANTON DE SAINT-PAUL *(3 com., 2 627 hab.)*

Noms des communes	Population	Dist. au chef-l. d'ar.	Localités avec gares, postes et télégraphes	Gare la plus près de chaque com. et distance à cette commune	Bureaux de postes desserv. les communes avec les distances
8 St-Paul	1341	21	ꝑ 1410 0	St-Michel 62 0	St-Paul »
9 Larche	787	26	ꝑ 1697 0	St-Michel 67 0	Larche »
10 Meyronnes	499	20	1599 0	St-Michel 61 0	Condamine 6 2

III. — ARRONDISSEMENT DE CASTELLANE (6 cantons, 48 communes, 18 059 habitants)

I. — CANTON DE CASTELLANE *(14 com., 4 459 hab.)*

Noms des communes	Population	Dist. au chef-l. d'ar.	Localités avec gares, postes et télégraphes	Gare la plus près de chaque com. et distance à cette commune	Bureaux de postes desserv. les communes avec les distances
11 Castellane	1858	»	ꝑ 723 0	Digne 55 0	Castellane »
12 Castillon	109	8	1146 0	Digne 53 0	Castellane 8 0
13 Chasteuil	82	10	675 0	Draguignan 51 0	Castellane 10 0
14 Demandolx	312	11	1256 0	Digne 66 0	Castellane 11 0
15 Eoulx	190	10	930 0	Draguignan 48 0	Castellane 10 0
16 Garde (La)	238	6	926 0	Digne 61 0	Castellane 6 0
17 Peyroules	424	16	1237 0	Grasse 57 0	Castellane 16 0
18 Robion	95	8	961 0	Draguignan 46 0	Castellane 8 0
19 Rougon	349	23	910 0	Draguignan 57 0	Castellane 23 0
20 St-Julien	153	12	839 0	Digne 49 0	Castellane 12 0
21 Soleilhas	416	20	1150 0	Grasse 72 0	Castellane 20 0
22 Taloire	50	7	675 0	Draguignan 55 0	Castellane 7 0
23 Taulanne	90	11	1143 0	Digne 44 0	Castellane 11 0
24 Villars-Brandis	93	7	1617 0	Draguignan 55 0	Castellane 7 0

II. — CANTON D'ANNOT *(7 com., 3 869 hab.)*

Noms des communes	Population	Dist. au chef-l. d'ar.	Localités avec gares, postes et télégraphes	Gare la plus près de chaque com. et distance à cette commune	Bureaux de postes desserv. les communes avec les distances
25 Annot	1069	33	ꝑ 607 0	Digne 71 0	Annot »
26 Braux	510	36	1533 0	Digne 74 0	Annot 7 9
27 Fugeret (Le)	517	38	802 0	Digne 76 0	Annot 5 2
28 Méailles	466	41	949 0	Digne 79 0	Annot 8 1
29 St-Benoît	415	39	622 0	Digne 77 0	Annot 7 5
30 Ubraye	507	32	916 0	Digne 70 0	Annot 11 5
31 Vergons	385	23	1031 0	Digne 56 0	St-André-L. 15 0

III. — CANTON DE COLMARS *(5 com., 3 051 hab.)*

Noms des communes	Population	Dist. au chef-l. d'ar.	Localités avec gares, postes et télégraphes	Gare la plus près de chaque com. et distance à cette commune	Bureaux de postes desserv. les communes avec les distances
32 Colmars	845	49	ꝑ 1619 0	Digne 73 7	Colmars »
33 Beauvezer	617	43	ꝑ 1290 0	Digne 67 7	Beauvezer »
34 Thorame-Basse	615	34	1160 0	Digne 57 7	Thorame-H. 4 9
35 Thorame-Haute	568	36	ꝑ 1150 0	Digne 60 7	Thorame-H. »
36 Villars-Colmars	406	46	1290 0	Digne 70 7	Beauvezer 3 1

IV. — CANTON D'ENTREVAUX *(9 com., 2 896 hab.)*

Noms des communes	Population	Dist. au chef-l. d'ar.	Localités avec gares, postes et télégraphes	Gare la plus près de chaque com. et distance à cette commune	Bureaux de postes desserv. les communes avec les distances
11 Entrevaux	1468	45	ꝑ 922 0	Pont-du-Var 68 0	ꝑ »
12 Aurent	74	50 7	1635 0	Digne 85 7	Entrevaux 17 7
13 Castellet-les-Sausses	370	42 7	860 0	Digne 77 7	Entrevaux 9 7
14 Castellet-St-Cassien	85	42	878 0	Digne 77 0	Entrevaux 10 5
15 Montblanc	112	39	1001 0	Digne 74 0	Entrevaux 13 0
16 Rochette (La)	286	52	909 0	Pont-du-Var 76 0	Entrevaux 19 5
17 St-Pierre	124	56	779 0	Pont-du-Var 72 6	Entrevaux 23 5
18 Sausses	234	44 6	860 0	Digne 79 6	Entrevaux 11 6
19 Villevieille	154	52	1040 0	Pont-du-Var 73 0	Entrevaux 7 0

V. — CANTON DE SAINT-ANDRÉ-DE-MÉOUILLES *(9 com., 2 266 hab.)*

Noms des communes	Population	Dist. au chef-l. d'ar.	Localités avec gares, postes et télégraphes	Gare la plus près de chaque com. et distance à cette commune	Bureaux de postes desserv. les communes avec les distances
20 St-André-d-Méouil.	683	19	ꝑ 1004 0	Digne 44 0	S-André-M. »
21 Allons	272	31	1054 0	Digne 75 0	S-André-M. 12 0
22 Angles	182	26	986 0	Digne 51 0	S-André-M. 7 0
23 Argens	145	31	1360 0	Digne 75 0	S-André-M. 12 0
24 Colle-St-Michel(La)	46	33	1506 0	Digne 77 0	S-André-M. 14 0
25 Courchons	88	12 5	1287 0	Digne 49 7	S-André-M. 6 0
26 Moriez	460	22 6	1004 0	Digne 40 4	S-André-M. 3 6
27 Mure (La)	253	21	966 0	Digne 46 0	S-André-M. 2 0
28 Peyresq	137	38	1560 0	Digne 82 0	S-André-M. 19 0

VI. — CANTON DE SENEZ *(4 com., 1 518 hab.)*

Noms des communes	Population	Dist. au chef-l. d'ar.	Localités avec gares, postes et télégraphes	Gare la plus près de chaque com. et distance à cette commune	Bureaux de postes desserv. les communes avec les distances
29 Senez	552	19	ꝑ 781 0	Digne 32 8	Senez »
30 Blieux	537	22	964 0	Digne 42 1	Senez 9 0
31 Majastre	174	31	1161 0	Digne 35 8	Senez 12 0
32 Poil (Le)	255	32	1407 0	Digne 31 7	Senez 13 0

IV. — ARRONDISSEMENT DE FORCALQUIER (6 cantons, 50 communes, 31 524 habitants)

I. — CANTON DE FORCALQUIER *(10 com., 8 625 hab.)*

Noms des communes	Population	Dist. au chef-l. d'ar.	Localités avec gares, postes et télégraphes	Gare la plus près de chaque com. et distance à cette commune	Bureaux de postes desserv. les communes avec les distances
37 Forcalquier	3002	»	ꝑ 550 7	La Brillanne 11 0	Forcalquier »
38 Dauphin	590	8 0	467 0	Volx 9 9	Forcalquier 8 4
39 Limans	447	8 5	600 0	Volx 20 4	Forcalquier 8 6
40 Mane	1430	3 0	ꝑ 442 8	Volx 12 9	Mane »
41 Niozelles	320	6 0	440 0	La Brillanne 4 9	Forcalquier 6 2
42 Pierrerue	537	6 0	470 0	Lurs 7 2	Forcalquier 5 9
43 St-Maime	410	7 0	475 0	Volx 9 0	Forcalquier 7 4
44 St-Michel	785	11 0	611 0	Volx 16 1	Mane 6 7
45 Sigonce	304	9 0	486 0	Lurs 9 6	Forcalquier 9 0
46 Villeneuve	600	11 0	360 0	Volx 4 2	Volx 3 5

II. — CANTON DE BANON *(11 com., 4 958 hab.)*

Noms des communes	Population	Dist. au chef-l. d'ar.	Localités avec gares, postes et télégraphes	Gare la plus près de chaque com. et distance à cette commune	Bureaux de postes desserv. les communes avec les distances
47 Banon	1159	24	ꝑ 845 0	Apt 33 0	Banon »
48 Carniol	122	30	688 0	Apt 25 0	Simiane 4 0
49 Hospitalet (L')	163	21	893 0	Volx 31 0	Banon 8 5
50 Montsalier	274	27	804 0	Apt 31 0	Banon 3 0
51 Redortiers	282	32	1136 0	Apt 41 0	Banon 8 2
52 Revest-des-Brousses	528	19	613 0	Volx 25 0	Banon 9 0
53 Revest-du-Bion	743	36	941 0	Apt 37 0	Banon 12 0
54 Rochegiron (La)	264	25	840 0	Volx 35 0	Banon 7 0
55 Saumane	275	22	825 0	Volx 32 0	Banon 8 0
56 Simiane	1080	34	ꝑ 809 0	Apt 23 0	Simiane »
57 Valsaintes	63	32	505 0	Apt 28 0	Simiane 6 0

III. — CANTON DE MANOSQUE *(6 com., 8 464 hab.)*

Noms des communes	Population	Dist. au chef-l. d'ar.	Localités avec gares, postes et télégraphes	Gare la plus près de chaque com. et distance à cette commune	Bureaux de postes desserv. les communes avec les distances
58 Manosque	5450	23	🚂 ꝑ **329 5**	Manosque 1 5	Manosque »
59 Corbières	591	32	🚂 **272 5**	Corbières 1 0	Ste-Tulle 3 5
60 Montfuron	272	19	670 0	Manosque 9 7	Manosque 9 0
61 Pierrevert	616	23	390 0	Manosque 7 8	Manosque 7 0
62 Ste-Tulle	647	28	🚂 ⊠ **288 9**	Ste-Tulle 1 0	Ste-Tulle »
63 Volx	888	15	🚂 ⊠ **335 6**	Volx 1 2	Volx »

IV. — CANTON DE PEYRUIS *(5 com., 2 219 hab.)*

Noms des communes	Population	Dist. au chef-l. d'ar.	Localités avec gares, postes et télégraphes	Gare la plus près de chaque com. et distance à cette commune	Bureaux de postes desserv. les communes avec les distances
33 Peyruis	823	20	🚂 ꝑ **422 6**	Peyruis 1 0	Peyruis »
34 Augès	59	25	876 0	Peyruis 6 0	Peyruis 5 0
35 Brillanne (La)	436	11	🚂 **349 1**	La Brillanne »	Forcalquier 11 0
36 Ganagobie	72	17	660 0	Peyruis 6 0	Peyruis 5 0
37 Lurs	829	12	🚂 **371 5**	Lurs 2 0	Forcalquier 12 0

V. — CANTON DE REILLANNE *(10 com., 4 154 hab.)*

Noms des communes	Population	Dist. au chef-l. d'ar.	Localités avec gares, postes et télégraphes	Gare la plus près de chaque com. et distance à cette commune	Bureaux de postes desserv. les communes avec les distances
38 Reillanne	1360	19	ꝑ 520 0	Manosque 17 0	Reillanne »
39 Aubenas	137	15	506 0	Manosque 18 0	Reillanne 8 0
40 Céreste	1124	24	ꝑ 388 6	Manosque 22 0	Céreste »
41 Lincel	157	12	606 0	Manosque 15 0	Reillanne 7 0
42 Montjustin	159	21	581 0	Manosque 18 0	Reillanne 6 0
43 Oppedette	177	31	524 0	Manosque 29 0	Reillanne 12 0
44 Ste-Croix-à-Lauze	157	27	631 0	Manosque 25 0	Reillanne 7 0
45 St-Martin-d-Renacas	158	16	628 0	Manosque 9 0	Reillanne 8 0
46 Vachères	519	28	860 0	Manosque 26 0	Reillanne 9 0
47 Villemus	206	17	585 0	Manosque 10 0	Reillanne 5 0

VI. — CANTON DE SAINT-ÉTIENNE *(8 com., 3 109 hab.)*

Noms des communes	Population	Dist. au chef-l. d'ar.	Localités avec gares, postes et télégraphes	Gare la plus près de chaque com. et distance à cette commune	Bureaux de postes desserv. les communes avec les distances
48 Saint-Etienne	930	13	ꝑ 687 0	Peyruis 20 5	S-Etienne-O »
49 Cruis	436	18	ꝑ 731 0	Peyruis 15 5	S-Etienne-O 5 2
50 Fontienne	151	8	727 0	La Brillanne 17 9	Forcalquier 8 0
51 Lardiers	252	17	782 0	Volx 29 9	S-Etienne-O 10 8
52 Mallefougasse	203	23	755 0	Peyruis 10 1	S-Etienne-O 10 4
53 Montlaux	272	18	594 0	Peyruis 14 7	S-Etienne-O 5 5
54 Ongles	696	11	627 0	Volx 24 4	S-Etienne-O 6 1
55 Revest-en-Fangat	169	10	740 0	La Brillanne 14 2	S-Etienne-O 5 9

V. — ARRONDISSEMENT DE SISTERON (5 cantons, 49 communes, 20 102 habitants)

I. — CANTON DE SISTERON *(8 com., 6 214 hab.)*

Noms des communes	Population	Dist. au chef-l. d'ar.	Localités avec gares, postes et télégraphes	Gare la plus près de chaque com. et distance à cette commune	Bureaux de postes desserv. les communes avec les distances
64 Sisteron	3864	»	🚂 ꝑ **482 6**	Sisteron 0 8	Sisteron 0 2
65 Authon	241	23	1220 0	Sisteron 23 8	Sisteron 23 2
66 Entrepierres	346	7	687 0	Sisteron 8 3	Sisteron 7 7
67 Feissal	50	27	1599 0	Sisteron 28 0	Sisteron 27 4
68 Mison	1006	12	🚂 **610 2**	Mison 1 5	Sisteron 12 7
69 St-Geniez	398	16	1070 0	Sisteron 16 9	Sisteron 16 3
70 St-Symphorien	136	12	220 0	Sisteron 12 7	Sisteron 12 1
71 Vilhosc	173	8	643 0	Sisteron 8 6	Sisteron 8 0

II. — CANTON DE LA MOTTE *(13 com., 4 141 hab.)*

Noms des communes	Population	Dist. au chef-l. d'ar.	Localités avec gares, postes et télégraphes	Gare la plus près de chaque com. et distance à cette commune	Bureaux de postes desserv. les communes avec les distances
72 Motte (La)	697	22	ꝑ 770 0	Sisteron 24 3	La Motte »
73 Caire (Le)	173	26	1077 0	Sisteron 28 3	La Motte 4 0
74 Châteaufort	176	14	707 0	Sisteron 15 1	Sisteron 21 0
75 Clamensane	304	21	925 0	Sisteron 22 5	La Motte 7 3
76 Claret	329	23	818 0	Sisteron 24 3	La Motte 9 2
77 Curbans	428	32	670 0	Gap 21 5	La Motte 13 4
78 Melve	215	22	848 0	Sisteron 24 2	La Motte 4 0
79 Nibles	119	14	389 0	Sisteron 15 3	La Motte 7 7
80 Sigoyer	190	17	805 0	Sisteron 19 2	La Motte 8 2
81 Thèze	278	15	564 0	Sisteron 17 2	La Motte 10 6
82 Valavoire	183	25	1150 0	Sisteron 26 5	Sisteron 22 5
83 Valernes	572	9	625 0	Sisteron 11 0	Sisteron 9 2
84 Vaumeilh	477	13	705 0	Sisteron 15 1	Sisteron 12 4

III. — CANTON DE NOYERS-SUR-JABRON *(7 com., 2 955 hab.)*

Noms des communes	Population	Dist. au chef-l. d'ar.	Localités avec gares, postes et télégraphes	Gare la plus près de chaque com. et distance à cette commune	Bureaux de postes desserv. les communes avec les distances
85 Noyers-sur-Jabron	866	11	ꝑ 680 0	Sisteron 12 0	Noyers-s-Ja. »
86 Bevons	190	6	670 0	Sisteron 6 5	Sisteron 6 0
87 Châteauneuf-Miriv.	330	19	869 0	Sisteron 19 5	Noyers-s-Ja. 7 5
88 Curel	169	24	440 0	Sisteron 24 5	Noyers-s-Ja. 12 5

III. — CANTON DE NOYERS-SUR-JABRON *(Suite)*

Noms des communes	Population	Dist. au chef-l. d'ar.	Localités avec gares, postes et télégraphes	Gare la plus près de chaque com. et distance à cette commune	Bureaux de postes desserv. les communes avec les distances
56 Omergues (Les)	457	31	890 0	Sisteron 32 0	Noyers-s-Ja. 20 0
57 St-Vincent	560	18	638 0	Sisteron 19 0	Noyers-s-Ja. 7 0
58 Valbelle	383	9	785 0	Sisteron 9 5	Sisteron 9 0

IV. — CANTON DE TURRIERS *(11 com., 2 786 hab.)*

Noms des communes	Population	Dist. au chef-l. d'ar.	Localités avec gares, postes et télégraphes	Gare la plus près de chaque com. et distance à cette commune	Bureaux de postes desserv. les communes avec les distances
59 Turriers	523	44	ꝑ 1042 0	S-Michel-P. 27 0	Turriers »
60 Astoin	109	49	1343 0	S-Michel-P. 32 0	Turriers 5 0
61 Bayons	619	33	908 0	Sisteron 33 8	Turriers 8 0
62 Bellaffaire	290	41	896 0	S-Michel-P. 24 0	Turriers 3 2
63 Esparron-la-Batie	164	44	1384 0	Sisteron 44 0	La Motte 15 0
64 Faucon	146	34	1061 0	Sisteron 34 0	La Motte 8 0
65 Gigors	163	38	875 0	S-Michel-P. 27 0	Turriers 5 0
66 Piégut	166	44	1082 0	S-Michel-P. 22 5	Turriers 13 0
67 Reynier	182	30 5	962 0	Sisteron 30 5	La Motte 12 0
68 Urtis	100	39	1161 0	Gap 19 0	Turriers 18 0
69 Venterol	324	42	1082 0	Gap 19 8	Turriers 17 2

V. — CANTON DE VOLONNE *(10 com., 4 006 hab.)*

Noms des communes	Population	Dist. au chef-l. d'ar.	Localités avec gares, postes et télégraphes	Gare la plus près de chaque com. et distance à cette commune	Bureaux de postes desserv. les communes avec les distances
70 Volonne	914	13	ꝑ **451 1**	Château-A. 1 0	Volonne »
71 Aubignose	259	8	497 0	Peipin 1 6	Volonne 5 2
72 Beaudument	64	17	833 0	Château-A. 12 0	Volonne 10 0
73 Château-Arnoux	681	13	🚂 ꝑ **439 7**	Château-A. 1 0	Château-A. »
74 Châteauneuf val S-D	365	11	619 0	Château-A. 7 6	Château-A. 6 6
75 Escale (L')	479	14	443 0	Château-A. 2 5	Château-A. 1 5
76 Montfort	189	19	587 0	St-Auban 1 8	Château-A. 6 0
77 Peipin	416	7	🚂 **456 1**	Peipin 0 8	Volonne 6 5
78 Salignac	457	8	600 0	Sisteron 8 6	Sisteron 8 0
79 Sourribes	182	12	601 0	Château-A. 7 3	Volonne 5 3

BASSES-ALPES

SIGNES CONVENTIONNELS.

- CHEF-LIEU DE DÉPARTEMENT.
- CHEF-LIEU D'ARRONDISSEMENT.
- Chef-lieu de Canton.
- Commune.
- Chemin de fer. Station.
- Rivière. Canal.
- Route Nationale.
- Route Départ.le et Ch.in de G.de Commun.on
- Limite de Département.
- d.o d'Arrondissement.
- d.o de Cantons.
- Poste et Télégraphe.
- Télégraphe. Poste.
- Ville forte.
- Fort. Ouvrage projeté.
- Garnison et Subdivision de région.
- Garnison.

Échelle de : 640.000

Grand par L. Martin, 8, P.ge Gourdon, Paris. — H. CHAIRGRASSE, Fils, 25, Rue de Grenelle-St Germain, Paris. — Imp. Joisson, 45, R. de Fleurus, Paris.

XI. — DIVISION JUDICIAIRE

Le département des Basses-Alpes dépend de la cour d'appel d'Aix qui se compose d'un premier président, de trois présidents de chambres, de dix-neuf conseillers, d'un procureur général, de deux avocats généraux et de deux substituts de procureur général.

Il y a un tribunal de première instance à Digne, à Barcelonnette, à Castellane, à Forcalquier et à Sisteron.

Pas de Tribunaux de Commerce.

Digne. — Deux notaires et quatre avoués.

Barcelonnette. — Deux notaires et deux avoués.

Castellane. — Deux notaires et trois avoués.

Forcalquier. — Deux notaires et quatre avoués.

Sisteron. — Trois notaires et quatre avoués.

Pas de commissaire-priseur dans ces villes.

XII. — DIVISION UNIVERSITAIRE

Le département des Basses-Alpes fait partie de l'académie d'Aix.

Enseignement secondaire. — Un lycée à

CASTELLANE ET SES ENVIRONS.
Extraits de la carte d'État-Major au 80 000ᵉ.

Digne et un collège communal dans chacune des villes de Barcelonnette, Manosque, Seyne et Sisteron. Cours secondaires de jeunes filles à Digne. Etablissements libres à Annot, à Castellane et à Forcalquier.

Enseignement primaire. — Un inspecteur d'Académie et un inspecteur primaire à Digne, à Barcelonnette, à Castellane et à Forcalquier. — Une école normale d'instituteurs à Barcelonnette et une école normale d'institutrices à Digne. Ecole primaire supérieure à Riez.

Cours complémentaires à Forcalquier, à Oraison, à Sisteron et à Seyne.

Pensionnat primaire aux Mées.

ÉCOLES PUBLIQUES

Nombre d'écoles			
laïques	568		599
congréganistes	31		

Nombre d'élèves :

Laïques...	garçons	9 580	
	filles		8 079
Congréganistes	garçons	708	
	filles		1 231
		10 288	9 310
		19 598	

ÉCOLES LIBRES

Nombre d'écoles			
laïques	7		42
congréganistes	35		

Nombre d'élèves :

Laïques.	garçons	13	
	filles		105
Congréganistes	garçons	417	
	filles		1 560
		430	1 665
		2 095	

FORCALQUIER ET SES ENVIRONS.
xtrait de la carte d'État-Major au 80 000ᵉ.

XIII. — DIVISION RELIGIEUSE

Le département des Basses-Alpes dépend de l'archevêché d'Aix. La résidence de l'évêque est à Digne. Le personnel est ainsi réparti :

Évêque	1
Vicaires généraux titulaires	2
Chanoines titulaires	9
Ecclésiastique attaché au secrétariat	1
Curés	85
Desservants	253
Vicaires de paroisses	26
Prêtres habitués	12
A reporter	389

Report.	389
Aumôniers	4
Professeurs	4
Supérieurs et professeurs	20
Total	417

Contenance et valeur des immeubles possédés par les congrégations religieuses

CONTENANCE en hectares d'après LE CADASTRE	VALEUR	
	LOCATIVE	VÉNALE
34 h. 65	27 660 f.	691 000 f.

Contenance et valeur des immeubles occupés par les congrégations religieuses

CONTENANCE en hectares d'après LE CADASTRE	VALEUR	
	LOCATIVE	VÉNALE
123 h. 22	5 050 f.	170 000 f.

XIV. — POSTES ET TÉLÉGRAPHES

Le département des Basses-Alpes contient :
41 bureaux postaux et télégraphiques.
2 bureaux télégraphiques simples.
7 bureaux postaux seulement.

Il est délivré annuellement, dans le département, environ 55 000 mandats d'articles d'argent, pour une somme de 1 700 000 francs.

La taxe des lettres, journaux, etc. ainsi que les soldes des comptes avec les offices étrangers, produisent, par an, environ 220 000 fr.

Nombre de dépêches.	intérieures	36 506
	internation.	260
Taxes perçues.	intérieures	26 617f85
	internationales	1 138 50
Produit net versé au Trésor		27 756f35

XV. — RECETTES ANNUELLES DU DÉPARTEMENT

I. — Budget ordinaire

Contributions directes	1 012 138f54
Taxes assimilées aux contributions directes	66 277 78
Enregistrement	896 871 04
Timbre	189 227 58
Domaines et forêts	16 256 95
Douanes	»
Contributions indirectes	1 961 793 48
Postes	239 158 55
Télégraphes	27 657 90
Impôt de 3 % sur le revenu des valeurs mobilières	1 227 91
A reporter	4 410 609f73

Report	4 410 609f73
Amendes et condamnations	37 315 92
Retenues et autres produits perçus en exécution de la loi du 9 juin 1853	97 188 43
Produits divers du budget	44 556 82
	4 589 670f90

II. — Budget extraordinaire

Ressources spéciales	2 755 167f 77
Total général des recettes	7 344 838f67

XVI. — ASSISTANCE PUBLIQUE

I. — BUREAUX DE BIENFAISANCE

Nombre de bureaux dans le département	102
Nombre d'individus secourus	1 960

Recettes

Revenus propres aux bureaux	46 065f.	95 116 fr.
Subvention des communes	13 239f.	
Recettes de charité	4 110f.	
Fonds de report et autres recettes	31 702f.	

Dépenses

Administration	18 089f.	72 718fr.
Secours en nature	33 404	
Secours en argent	21 225	
Excédent des recettes		22 398fr.

Montant des placements

En immeubles	3 206fr.
En rentes	14 980
Total	18 186fr.

II. — HOSPICES ET HÔPITAUX

Nombre d'établissements hospitaliers

Hôpitaux	»	44
Hôpitaux et hospices	14	
Hospices	30	

Personnel

Médecins et chirurgiens	30	142
Religieuses	72	
Employés	26	
Servants	14	

Lits affectés au service

Malades	325	1,415
Infirmes, vieillards et incurab.	209	
Enfants assistés	92	
Personnel des établissements	789	
Recettes de 44 établissements		162 100 f.
Dépenses		160 129
Excédent des recettes		1 971 f.

XVII. — CAISSES D'ÉPARGNE

Nombre de caisses d'épargne.	8
Nombre de livrets	
Existant au 1er janvier....	6 582
Ouverts pendant l'année...	999
Soldes pendant l'année....	947
Restant au 31 décembre...	6 634
Soldes aux déposants au 1er janvier..................	3 317 739 f.
Recettes..................	1 503 623
Dépenses..................	1 234 628
Soldes aux déposants le 31 décembre..................	3 586 734

XVIII. — INCENDIES ET SINISTRES AGRICOLES

Incendies (montant des pertes évaluées)................	220 300 f.
Grêle (montant des pertes évaluées)..................	436 405
Gelée (montant des pertes évaluées)..................	464 742
Inondations (montant des pertes évaluées)..........	24 600
Pertes de bestiaux (montant des pertes évaluées).......	369 560
Total des pertes	1 515 607

II. — PARTIE MILITAIRE

Malgré les nombreux passages que la Durance et ses affluents ouvrent sur les Alpes, la *vallée de cette rivière* ne correspond à aucune grande ligne d'invasion et ne mène à aucun objectif capable d'attirer les forces de l'ennemi. Elle n'avait quelque importance qu'à l'époque où le seul but d'une campagne était la prise d'une place forte ou l'occupation d'une province qu'on voulait mettre à contribution. Mais, par elle-même, la vallée de la Durance, souvent resserrée, toujours aride et dénudée, n'offre aucune ressource aux armées, de sorte qu'elle n'a plus aucune valeur militaire dans les conditions et les proportions que prennent les campagnes actuelles. Elle présente, du reste, de nombreuses positions défensives et est barrée par plusieurs forteresses dans son cours supérieur (voir Hautes-Alpes).

La *vallée de l'Ubaye* a une grande importance, à cause des débouchés faciles qu'elle ouvre sur la Provence.

Une bonne route, qui passe au *col d'Allos ou de Valgelaye* et suit la haute vallée du Verdon, fait communiquer Barcelonnette avec la Provence par Colmars; une autre route, partant du fort Saint-Vincent, au débouché de la vallée, passe au *col de Labouret*, entre Seyne et Digne, et se dirige ensuite, soit sur la Durance, soit sur Castellane, où elle rejoint la précédente. Ces deux routes sont, en outre, réunies par un chemin qui franchit la *montagne du Cheval-Blanc*, entre le Verdon et la Bléonne. Cette vallée communique avec le Var et avec la Tinée par des chemins militaires et par une grande route. A la source du Var, se trouve le *col de la Cayolle*; à la source de la Tinée, le *col des Fourches*, où passe la grande route de Barcelonnette à Nice; puis, sur le versant occidental de l'Enchastraye, se trouve le *col du Lauzanier*. L'important massif de l'Enchastraye est le nœud central des Alpes-Maritimes. Sur son versant français, se détachent, entre le Var, le Verdon et la Durance, les Alpes de Provence, formant un enchevêtrement de montagnes calcaires, séparées par des vallées encaissées et déchiquetées.

L'Ubaye conduit au *col du Longet* et, par l'Ubayette, au *col de l'Argentière*.

De Briançon, dans les Hautes-Alpes, au col de Tende, dans les Alpes-Maritimes, il n'existe, sur un front de plus de 150 kilomètres, qu'un seul chemin à peu près carrossable: c'est la route qui fait communiquer, par le col de l'Argentière, la vallée italienne de la Stura avec la vallée de la Durance. Mais, de Mont-Dauphin au confluent de l'Ubaye, la vallée de la Durance est dépourvue de communications avec les cols de la grande chaîne.

La vallée de l'Ubaye et la vallée de la Durance ont joué un rôle dans l'ensemble de la défense des Alpes par le maréchal de Berwick, lors de la guerre de la succession d'Espagne. Dans les opérations défensives qui eurent lieu sur cette frontière, il fallait couvrir, avec des troupes peu nombreuses, tout le terrain compris entre le fort de l'Écluse (Ain) et l'embouchure du Var. Un camp retranché fut établi, entre autres, à Tournoux « pour servir, dit Berwick, de magasin et de réservoir à nos troupes, en cas que les ennemis se portassent sur Coni et le col de Tende. L'entrée par la vallée de Barcelonnette était fort aisée et, de là, les ennemis auraient pu, sans passer par le col de la Cayolle, aller à Seyne et sur la Durance, et se trouver par là tout d'un coup au milieu de notre pays. Ainsi, j'étais bien sûr de leur barrer cette porte, en faisant bien accommoder le poste de Tournoux, par où il fallait passer pour aller plus avant. » En 1710, la vallée de la Durance fut choisie par les ennemis comme route d'invasion, mais il suffit à Berwick d'occuper fortement le col de Vars et la position de Tournoux pour forcer l'adversaire, qui allait franchir le col de l'Argentière, à retourner sur ses pas sans s'aventurer dans la vallée de Barcelonnette.

Mais si toute cette partie de la frontière des Alpes n'offre à l'assaillant aucune route d'invasion vraiment praticable, l'offensive de France en Italie pourrait, par contre, s'opérer avec avantage par une bonne route et de nombreux sentiers qui mettent la vallée de l'Ubaye en relation avec les vallées italiennes de la Varaïta, de la Maïra et de la Stura; mais il en sera question en parlant des Hautes-Alpes, car le mouvement se lie avec des positions qui se trouvent dans ce dernier département.

Fortifications. — Le *fort de Tournoux* ferme la vallée de l'Ubaye à son origine; il défend le *col de Longet* (2 622 m.) et celui *de Lautaret* qui font communiquer l'Ubaye et la Varaïta; il commande le *col de la Madeleine ou de l'Argentière* (1 995 m.) entre l'Ubaye et la Stura, que le fort Vinadio bat en Italie; il intercepte tous les sentiers qui descendent la vallée de l'Ubaye et la route la plus directe et la meilleure qui relie Barcelonnette à Coni par le *col de l'Argentière* appelé aussi *col de Larche* (1 995 m.). Le fort se compose de batteries souterraines creusées dans le roc et d'une batterie haute adossée à la montagne. Cette dernière est dominée par la rive gauche de l'Ubayette et ne remplit qu'imparfaitement son but, mais on a dû construire un ouvrage pour remédier à ces inconvénients. Cette position serait très utile pour arrêter les petites entreprises qu'on pourrait tenter de ce côté. Le fort de Tournoux communique avec Mont-Dauphin par le *col de Vars* (2 115 m.).

La vallée de Barcelonnette, qui a une cinquantaine de kilomètres de développement, est en outre défendue, près de son débouché dans la Durance, par le *fort de Saint-Vincent*, qui a reçu une certaine extension et qui barre la route de Digne.

La petite place de *Colmars*, sur le Verdon, commande le *col d'Allos* ou *de Valgelaye* (2 250m), et celle d'*Entrevaux*, sur le Var, couvre l'un des passages du Piémont en Provence. Avant la réunion du comté de Nice à la France, ces deux places étaient destinées à relier les troupes défendant la vallée de la Durance à celles chargées de surveiller la vallée supérieure du Var. Cette utilité n'existe plus, mais on n'en a pas moins conservé les places.

Sisteron et ses environs.
Extrait de la carte d'État-Major au 80 000e.

Plus bas, à 110 kilomètres de Briançon, la vallée de la Durance est barrée par la *citadelle de Sisteron*, placée à cheval sur une arête rocheuse qui coupe transversalement toute la vallée. Cette place a une grande valeur, parce qu'elle barre complètement le passage entre les deux parties du bassin de la Durance, c'est-à-dire la route de Grenoble par le *col de la Croix-Haute* et la route de Die par le *col de Cabre*. Cette citadelle, élevée sur les rochers escarpés qui dominent le Buëch et la Durance, a d'anciennes murailles flanquées de tours.

L'ancienne place de *Seyne*, dans les Montagnes-Blanches, a été fortifiée pour défendre les passages de la vallée de Barcelonnette dans la Provence : elle ne peut plus remplir actuellement ce rôle, car le côteau sur lequel elle est construite est entouré, à brève distance, de montagnes hautes de 2 000 mètres. Elle a joué un rôle assez important pendant les guerres de religion; mais, ne pouvant plus servir, elle a été déclassée.

DÉPARTEMENT DES ALPES (HAUTES-)

I. — PARTIE CIVILE

I. — HISTOIRE

Ce département, qui est situé entre 44°11′ et 45°8′ de latitude et 3°10′ et 4°36 de longitude est, appartient à la région sud-est. Sa plus grande longueur est 136 kilomètres, du mont Visoulet à l'est à la rivière d'Eygues au sud-ouest. Sa plus grande largeur, du nord au sud, est de 79 kilomètres, des Aiguilles d'Arves au nord, au sommet de Sonaille au sud.

Il a été formé en 1790 du Briançonnais, de l'Embrunais, du Gapençais et d'une petite partie de la Provence. Il est borné :

Au *nord*, par le département de la Savoie;

Vue de Gap.

Au *nord-est* et à l'*est*, par la chaîne des Alpes Cottiennes qui le sépare de l'Italie;

Au *sud*, par le département des Basses-Alpes;

A l'*ouest*, par celui de la Drôme;

Au *nord-ouest*, par celui de l'Isère.

Le pays était primitivement habité par diverses peuplades gauloises dont les principales étaient : les *Caturiges*, à *Caturigœ* (Chorges), les *Brigantini* à *Brigantium* (Briançon), les *Tricorii* à *Vapincum* (Gap), les *Ségusiani* à *Ségusio* (Suze).

Lorsque Annibal envahit l'Italie par le mont Genèvre, ils lui refusèrent d'abord le passage, puis se joignirent à lui contre Rome. Plus tard, ils résistèrent à César et ils combattirent les derniers en Gaule pour l'indépendance. Un de leurs chefs, Cottius, s'allia à Auguste qui le reconnut comme roi de quatorze peuplades dont les noms nous ont été conservés sur un arc de triomphe élevé à Suze sa capitale. Sous Néron, le territoire fut réuni à l'Empire et la civilisation romaine se développa comme en témoignent les nombreuses antiquités qu'on trouve encore de tous côtés. Embrun eut le rang de métropole des Alpes-Maritimes.

Les premiers évêques furent saint Marcellin à Embrun (350) et son disciple saint Démétrius à Gap (366).

Lorsque les barbares se jetèrent sur Rome, ils suivirent la même voie qu'Annibal et le pays fut successivement ravagé par les Sarmates, les Alains, les Huns, le Gépides, les Hérules, les Saxons, les Vandales, les Burgondes (480), les Wisigoths (523) et les Lombards. Les Francs s'en emparèrent en 537. Il fut de nouveau ravagé au VIIIe siècle par les Sarrasins qui furent chassés par Charles-Martel et Charlemagne. Le territoire dépendit ensuite du royaume de Bourgogne fondé par Boson. Ravagé à nouveau par les Normands, les Hongrois et les Sarrasins, il ne fut pacifié qu'en 980. Rodolphe III de Bourgogne, mort en 1032, laissa son héritage à Conrad le Salique, empereur d'Allemagne. Ce prince ne put établir son autorité dans le pays et les divers seigneurs se déclarèrent indépendants.

L'Embrunais appartint aux comtes de Forcalquier; puis, en 1020, aux archevêques qui commirent tant d'exactions qu'ils furent chassés par les habitants en 1238.

Le Briançonnais appartenait aux marquis de Suze et le Gapençais aux comtes de Provence, de Toulouse ou de Forcalquier. Ces États furent successivement réunis sous la seule autorité des comtes d'Albon, seigneurs du Viennois, qui prirent, au XIIe siècle, le titre de *Dauphins du Viennois*.

En 1349, l'un d'eux, Humbert II, céda le Dauphiné à Philippe VI de Valois pour 20 000 florins d'or, à la condition que le fils aîné du roi de France porterait le nom de *Dauphin* et que les villes conserveraient les lois et libertés qui leur avaient été accordées. Les conventions, chose rare, furent respectées par l'ancien régime jusqu'en 1789. Le pays, désolé en 1368 par les Grandes Compagnies, se relevait de ses ruines lorsque l'intolérance catholique vint le ruiner à nouveau en prêchant la croisade contre la paisible et tranquille secte des Vaudois qui s'était développée dans la Vallouise et le Queyras. L'inquisition fit, en la seule année 1397, deux cent trente victimes. Malgré un édit de Louis XI ordonnant de cesser toutes ces exactions (1478), la persécution continua à sévir. En 1485, près de trois mille Vaudois qui s'étaient réfugiés dans une caverne de l'Aile-Froide (mont Pelvoux) y furent cernés et massacrés.

Louis XII fit cesser cette persécution, mais le pays était complètement dépeuplé.

Cette moisson sanglante fit des prosélytes et la religion réformée se développa rapidement. Le prédicateur Guillaume Farel, par la parole, Lesdiguières, par l'épée, lui assurèrent la prépondérance. De hardis capitaines, Furmeyer, Dupuy-Montbrun; des prêtres, des chanoines et l'évêque même de Gap, Gabriel de Clermont, se convertirent au protestantisme.

Lesdiguières, tantôt battu, tantôt victorieux, finit par s'emparer de tout le Dauphiné après avoir battu d'Epernon (1586) et le duc de Savoie (1591). Il suivit l'exemple de Henri IV, abjura le protestantisme et devint connétable. L'édit de Nantes (1598) ramena le calme dans les villes dont presque tous les édifices étaient détruits ou mutilés.

En 1692, Victor-Amédée de Savoie repoussa Catinat du Piémont et s'empara de Chorges, Embrun et Gap, brûlant cette dernière ville et plus de quarante bourgs.

Catinat, avec une armée bien inférieure en nombre, profitant de ses fautes, put reprendre l'offensive et le rejeter en Piémont.

La bourgeoisie, éclairée, répondit des premières à l'appel des états généraux de 1789, mais sut résister aux emportements de la tourmente révolutionnaire. En 1815, les places fortes résistèrent aux Impériaux et ne se rendirent qu'après la signature de la paix.

Enfin, comme celui des Basses-Alpes, le département fut hostile au coup d'État de 1851 et opposa une résistance énergique.

II. — VUE DU DÉPARTEMENT A VOL D'OISEAU

Le département des Hautes-Alpes est essentiellement montagneux. Ses vallées étroites sont sillonnées de nombreux torrents. Le massif montagneux appartient à la chaîne des Alpes Cottiennes, qui doivent leur nom à l'ancien roi Cottius, et servent de frontière à l'est depuis le col des Muandes (2 956[m]) jusqu'au Visoulet (3030). Les principaux sommets et passages sont: le Pas de la Tempête (3 015[m]), le col des Trois Frères mineurs, le col du Mont-Genèvre (1 995[m]) le Grand Glaiza (3 286[m]), le Bric-Froid (3 310[m]), le Grand Queyron (3 067[m]), le Bric-Bouchet (3 003[m]), la tête de Pelvas (2 936[m]), le col Lacroix, celui de la Traversette qui débouche dans la vallée du Pô par une galerie souterraine, le Visoulet (3 030^{m}) au sud duquel, sur le territoire italien, s'élève la crête du mont Viso (3 843^{m}). De cet endroit, la chaîne s'infléchit au sud-ouest entre l'Ubaye et la Durance et sert de limite avec les Basses-Alpes. On y trouve l'Aiguillette (3 297^{m}), le Pain de Sucre (3 202^{m}), le col de Saint-Véran, la Tête de Toillies (3 179^{m}), les Heuvières (3 273^{m}), la Font-Sancte (3 370^{m}), le Pic Signalé (3 236^{m}), la Morlice (3 168^{m}), le Sommet de Sonaille (2 889^{m}), le Pouzenc (2 901^{m}), et, près du confluent de l'Ubaye et de la Durance, le grand Morgon (2 326^{m}).

Au nord-ouest, sur la limite de l'Isère, s'élève l'imposant massif du Pelvoux dont les cimes géantes sont reliées entre elles par d'énormes glaciers dont quelques-uns atteignent jusqu'à 15 kilomètres carrés.

En partant du nord, les principaux sommets sont : le Pic de la Gravé (3 673^{m}), le Rateau (3 754^{m}), la Meije (3 987) le Pic de Neige-Cordier (3 615^{m}), le sommet de Roche-Faurio (3 716^{m}), la Grande-Sagne (3 779^{m}) la Barre des Ecrins (4 103^{m}), point le plus élevé du massif, le Pelvoux dont les deux crêtes atteignent 3 938^{m}, au Signal Durand et 3 954^{m} à la Pointe Puiseux, le sommet de l'Aile-Froide (3 854^{m}).

GAP ET SES ENVIRONS.
Extrait de la carte d'État-Major au 80 000e.

Les principaux glaciers sont : ceux du mont de Lans, de l'Homme, du Clôt des Cavales, de l'Encuba, de chaque côté du Pelvoux le Glacier Blanc et le Glacier Noir, au sud de l'Aile-Froide ceux du Selé et de la Pilatte.

Sur la limite de l'Isère, on trouve encore le sommet des Rouies (3 634^{m}), à la source de la Bonne et le grand Ferrand (3 761^{m}), entre le Drac et l'Ebron.

Au nord, un contrefort des Alpes Cottiennes sépare le département de celui de la Savoie. On y trouve le Grand Galibier (3 242^{m}), les trois Aiguilles d'Arves (3 514^{m}).

Dans l'intérieur les sommets atteignent : 3 324 m. au pic de Rochebrune (source de la Cerveyrette), 3 114 m. au grand Queyras et, de l'autre côté de la Durance, 3 392 m. à la crête de Dormillouse 3 039 m. à la tête de Couleau, 2 995 m. au Mourré-Froid, 3 211 m., dans le glacier de Man-Cros et, dans le Dévoluy, 2 712 m. au Mont Aurouze (*l'orageux*).

Entre ces chaînes et sommets où la beauté des paysages alpestres se montre dans toute sa splendeur, on trouve les grandes vallées de la Durance, de la Névache (Clairée) du Monêtier (Guisane), de la Vallouise (Gyronde), du Queyras (Guil) du Valgaudemar (Séveraisse), du Champsaur (Drac) et du Buëch.

Dans la haute vallée de Buëch, se trouve le Dévoluy, région désolée, ravagée par des orages continuels.

III. — HYDROGRAPHIE

Le département appartient tout entier au bassin du Rhône, d'abord par la Durance et ses affluents, puis par la Romanche et le Drac, affluents de l'Isère ; enfin, par l'Eygues.

La Durance a 137 kilomètres dans le département qu'elle traverse et qu'elle limite du nord au sud, puis au sud-ouest. Ses sources sont à la cime du Gondran (2 164^{m}) à environ 10 kilomètres ouest de Briançon; elle remonte d'abord au nord, passe près de Mont-Genèvre ; puis, tournant au sud, elle passe à Briançon, l'Argentière, la Roche-s.-Briançon, Saint-Crépin, Réotier, Saint-Clément, au-dessous d'Embrun, à Saynes, Espinasses, Rochebrune, Lettret, Tallard, la Saulce, le Monêtier d'Allemont. Elle quitte le département à l'embouchure de la Sasse, affluent des Basses-Alpes (480^{m}). Sa pente est de 1 684 m., soit une moyenne de 0^{m},0123 par mètre.

Ses principaux affluents sont; sur la rive droite :

Le torrent de *la Clairée* (30 kilomètres) qui prend sa source au nord du département, passe à Val-des-Prés et dont la pente moyenne est de 0^{m},03 par mètre ;

La *Guisane* (38 kilomètres) prend naissance dans le massif du Galibier, passe à Monestier, à Saint-Chaffrey et rejoint la Durance à Briançon. Sa pente moyenne est de 0^{m},037 par mètre ;

La *Gyronde*, formée des torrents du *Gyr* et de *l'Onde*, sert de déversoir aux glaciers du Pelvoux et passe à Vallouise et à Vigneaux ;

La *Biaysse* (21 kilom.) passe à Fressinières;

La *Luye* passe à Gap ;

Le *Buëch* (75 kilom.) est formé des torrents du Grand et du Petit-Buëch. Le Grand-Buëch passe à Saint-Julien-en-Beauchêne, la Faurie, Aspres et Aspremont ; le Petit-Buëch passe à Chaudin, Rabon, la Roche-des-Arnauds et Veynes. Leur confluent est au-dessus de Serres. Le Buëch passe ensuite à Serres, Montrond, Laragne, Ribiers et rejoint la Durance dans les Basses-Alpes. Sa pente moyenne est de 0m,022 par mètre.

Le Buëch reçoit lui-même la *Blême* qui passe à l'Épine et à Montelus, la *Blaisance* qui passe à Montjai, Chanous et Trescléaux, le torrent de *Céans* qui passe à Orpières ; enfin, la *Méauge*, grossie de la *Lauzence*, qui passe à Salerans.

Sur sa rive gauche la Durance reçoit :

La *Cerveyrette* (21 kilom.) qui naît au Grand-Glaiza, passe à Cervières et se jette en aval de Briançon.

Le *Guil* (63 kilom.) a sa source au Visoulet, passe à Ristolas, Abriès, Aiguilles, au pied du fort Queyras et de Mont-Dauphin et rejoint la Durance en face de Restier (890m). Sa pente moyenne est 0m,025 par mètre ; il reçoit lui-même le *Cristillan* et le torrent de *Chagnes* grossi du *Rioubel*, qui passe à Guillestre.

Le torrent des *Vachères* naît au sommet de Sonailles et atteint la Durance au-dessous d'Embrun.

L'*Ubaye* appartient presqu'en entier aux Basses-Alpes et n'a que son embouchure dans le département ; il en est de même de la *Blanche*.

L'*Isère* est représentée dans le département par le Drac et la Romanche.

La *Romanche* n'a, dans le département, que 22 kilomètres, elle sort des glaciers au nord du Pelvoux, passe à Villar d'Arène et à La Grave et va rejoindre le Drac dans le département de l'Isère.

Le *Drac* (50 kilom. dans le département) prend naissance dans les glaciers de Sirac et la crête des Bouchiers ; il passe à Champoléon, Chabottes, Forest-Saint-Julien, Saint-Bonnet et quitte le département près d'Aspres-les-Corps, pour se jeter dans l'Isère à Grenoble. Il reçoit, à gauche, le Drac d'Orcières, qui passe à Orcières et, à droite, la Séveraisse (30 kilom.) qui naît dans les glaciers au sud-ouest du Pelvoux et passe à Villard-Loubière et Saint-Firmin. La pente moyenne du Drac est de 0m,045 par mètre. C'est un torrent furieux et bondissant dont les inondations causent d'énormes ravages.

L'*Eygues*, affluent du Rhône, et son tributaire l'*Oule* à l'ouest de l'arrondissement de Gap, n'ont que quelques kilomètres dans le département.

Le département renferme un grand nombre de lacs, principalement dans l'arrondissement de Briançon ; mais aucun n'a d'importance. Il ne possède que des canaux d'irrigation. Les principaux sont latéraux au Drac et à la Séveraisse.

IV. — VOIES DE COMMUNICATION

I. — Chemins vicinaux.

Dans ce département, il n'existe pas de routes départementales ; elles ont été transformées en chemins de grande communication. Il en est de même pour les chemins d'intérêt commun.

Les voies vicinales sont ainsi divisées :

1° Les chemins de grande communication ayant une longueur de.	449k 939m
2° Les chemins d'intérêt commun ayant une longueur de. . . .	330 482
3° Les chemins vicinaux ordinaires ayant une longueur de. . . .	2980 127
Développement total. .	3760k548m

La dépense annuelle du service vicinal des Hautes-Alpes étant de 1 404 141 fr., 35, le prix moyen, par kilomètre, est de 373 fr., 44 ou 0 fr., 373 par mètre courant.

II. — Routes nationales.

Le département est sillonné par six routes nationales sur une longueur de 388 393 mètres.

1° *La route n° 75, de Châlon-sur-Saône à Sisteron, par Tournus, Cuisery, etc.* (37 207 mètres dans le département) traverse l'arrondissement de Gap du nord au sud en suivant le cours du Buëch et le chemin de fer de Grenoble à Marseille. Elle passe à Saint-Julien-en-Beauchêne, la Faurie, Aspres-sur-Buëch, Aspremont, Serres, Montrond, Laragne et quitte le département sur le territoire de Montéglin.

2° *La route n° 85, de Lyon à Nice, par Grenoble et Gap* (76 174 mètres dans le département) traverse également l'arrondissement de Gap du nord au sud en reliant la vallée du Drac à celle de la Durance. Elle remonte d'abord le cours du Drac en passant près d'Aspres-les-Corps, d'Aubessagne, de Poligny, de Saint-Bonnet, puis, descendant au sud, elle passe à Laye, à Gap, à la Saulce d'où elle suit la rive droite de la Durance, traverse le Monêtier, d'Allemont et le Poët où elle quitte le département.

3° *La route n° 91, de Grenoble à Briançon* (47 299 mètres dans le département) relie au nord les vallées de la Romanche et de la Guisane. Remontant le cours de la Romanche, elle passe à la Grave, Villar-d'Arêne, franchit le col du Lautaret à 2 075 mètres d'altitude, puis descend la vallée de la Guisane, passe à Monestier, La Salle, Saint-Chaffrey et rejoint à Briançon la route n° 94.

4° *La route n° 93, de Valence à Sisteron* (38 720 mètres dans le département) passe à l'ouest de l'arrondissement de Gap; elle traverse la Beaume, Saint-Pierre-d'Argençon, Aspres sur-Buëch où elle coupe la route n° 75 et 3 kilomètres plus loin se confond avec la route n° 85.

5° *La route* n° 94, *de Pont-Saint-Esprit à Briançon et en Piémont* a 176 269 m. dans le département qu'elle traverse du sud-ouest au nord-est en remontant les vallées du Petit-Buëch, puis de la Durance. Elle passe à Rosans, Rebeyret, l'Épine, Montelus, Serres, où elle croise la route n° 75, avec laquelle elle se confond pendant 1 kilomètre, puis passe à Veynes, La Roche-des-Arnauds, La Freissinouse, Gap, la Bâtie-Neuve, Chorges, puis, rejoignant la Durance, la remonte en passant à Savines, aux Crottes, à Embrun, Châteauroux, Saint-Clément, Mont-Dauphin, Saint-Crépin, la Roche-sous-Briançon, l'Argentière, Saint-Martin, Briançon, Mont-Genèvre (1 854m) puis pénètre en Italie en franchissant le col du Mont-Genèvre et se dirige sur Turin.

6° *La route n° 100 de Montpellier à Coni par Digne* n'a que 12 724 mètres dans le département ; venant des Basses-Alpes, elle traverse la Durance près d'Espinasse au confluent de la Blanche et va rejoindre au-dessous de Savines la route n° 94.

Résumé de la circulation sur les routes nationales

DÉSIGNATION DES ROUTES	TONNAGE ANNUEL			
	BRUT		UTILE	
	distance entière 1 000 tonnes	kilométrique 1 000 tonnes	distance entière 1 000 tonnes	kilométrique 1 000 tonnes
1° Route n° 75, de Châlon-sur-Saône à Sisteron	11,68	430	5,11	193
2° Route n° 85, de Lyon à Nice	21,17	1 624	12,04	905
3° Route n° 91, de Grenoble à Briançon	12,41	505	4,74	223
4° Route n° 93, de Valence à Sisteron	14,60	558	6,93	274
5° Route n° 94, de Pont-Saint-Esprit à Briançon	64,60	11274	39,42	6 880
6° Route n° 100, de Montpellier à Coni	188,34	192	138,33	139

III. — Navigation.

I. — FLEUVES ET RIVIÈRES NAVIGABLES

I. *Durance.* — Cette rivière est classée comme flottable à partir du pont de Saint-Clément jusqu'à son embouchure dans le Rhône après un parcours de 250 kilomètres. Les eaux coulent dans un vaste lit de graviers. — Le mouillage, très variable, peut aller de 0m,40 en étiage à 2m,60 dans les crues.

Le flottage, peu important du reste, ne peut se faire qu'en eaux moyennes, car le mouillage est trop faible pendant les basses eaux et, pendant les hautes eaux, les hommes seraient impuissants à diriger les radeaux.

La Durance passe à Saint-Clément (*origine du flottage*), les Baumes, Embrun (*chef-lieu d'arrondissement*), les Crottes, Savines, le Sauze, Rousset, Rochebrune, Lettret, Tallard, Monétier-Allemont, Moulin d'Hors, Le Poët, localité après laquelle cette rivière quitte les Hautes-Alpes.

II. Le *Grand-Buëch.* — Cette rivière est flottable à partir du pont de Saint-Julien-en-Beauchêne. Le flottage ne peut avoir lieu que par petits radeaux et dans des conditions difficiles, le lit étant obstrué en quelques points par des blocs et des bancs de rochers calcaires.

Le trafic a eu, autrefois, une certaine importance; mais, depuis l'établissement du chemin de fer, il est à peu près nul. Le mouillage est très variable, puisqu'il va de 0m,20 à 2m,50.

Cette rivière passe à Saint-Julien (*origine du flottage*), La Faurie, Aspres, Aspremont, Serres, Montrond, Laragne, localité après laquelle elle quitte le département.

III. Le *Petit-Buëch.* — Cette rivière est classée comme flottable à partir du pont de la Roche jusqu'à son confluent avec le Grand-Buëch, mais le flottage n'est que nominal. Elle passe au pont de la Roche (*origine du flottage*), Veynes, localité, après laquelle a lieu son embouchure dans le Grand-Buëch.

II. — CANAUX. — Néant.

IV. — Chemins de fer.

Le département des Hautes-Alpes n'est traversé que par une ligne de chemin de fer et un embranchement ayant, ensemble, vingt-cinq gares et une longueur totale de 160 kilomètres dans le département.

1° *Ligne de Lyon, Grenoble, Veynes, Saint-Auban, Aix et Marseille* (2 voies). Cette ligne traverse le département sur une longueur de 51 kilomètres. Elle y entre par la gare de Saint-Julien-en-Beauchêne et en sort après la gare de Laragne. Les gares sont : Saint-Julien-en-Beauchêne, La Faurie, Aspres-sur-Buëch, Veynes, Chabestan, Serres, Eguians-Orpierre et Laragne ;

2° *Embranchement de Veynes à Briançon* (1 voie). Cette ligne parcourt le département sur une longueur de 109 kilomètres. Les gares sont : Veynes, Montmaur, La Roche-des-Arnauds, La Freissinouse, Gap (chef-lieu du département), La Bâtie-Neuve, Chorges, Prunières, Savines, Embrun (chef-lieu d'arrondissement), Châteauroux, Saint-Clément, Mont-

Dauphin, La Roche-sous-Briançon, l'Argentière, Prelles et Briançon (chef-lieu d'arrondissement).

V. — MONUMENTS HISTORIQUES

I. — Monuments mégalithiques. — Néant.

II. — Monuments antiques.

Chorges. — Restes d'un temple antique transformé en église.

III. — Monuments du moyen âge, de la renaissance et des temps modernes.

Argentière (l'). — Chapelle Saint-Jean.
Chorges. — Église.
Embrun. — Église Notre-Dame (ancienne cathédrale).
Tallard. — Chapelle du château.

VI. — HOMMES CÉLÈBRES

Albert, dit *le Gapençais*, troubadour célèbre, fils du jongleur Nizar, né à Gap.

Oronce Fine, célèbre géographe, né à Briançon en 1414, mort en 1555.

Farel Guillaume, grand prédicateur et réformateur, né à Gap en 1489, mort en 1565.

Colaud de la Salcette, conventionnel, né à Embrun en 1733, mort en 1796.

Villars Dominique, botaniste, né au Noyer en 1745, mort 1814.

Le comte d'*Hauterive*, auteur d'ouvrages remarquables d'économie potitique, né à Aspres-les-Corps en 1754, mort en 1830.

La Peyrouse, général du génie, né à Embrun.

Fantin des Odoards, général, né à Embrun en 1778, mort en 1866.

Ferrus, médecin, né à Château-Queyras en 1784, mort en 1861.

Marcellin Jean-Esprit, statuaire, né à Gap en 1824, mort à Paris en 1884. A vingt et un ans, il vint à Paris avec son génie et sa rare énergie pour tout bagage.

En 1844, il put entrer dans l'atelier du célèbre Rude dont il devint, sinon le meilleur, du moins l'un des meilleurs élèves. Sa première œuvre fut exposée au Salon en 1855 et désignée pour le prix d'honneur en concurrence avec M. Guillaume, membre de l'Institut.

Lesdiguières.

Marcellin.

Raymond de Juvenis, historien célèbre, né à Gap.

Manne Mathieu-Laurent-Michel, chirurgien distingué, né à Gap.

Rochon de la Peyrouse Gabriel, maréchal de camp, né à Gap.

Nicolas de Nicolaï, célèbre géographe, né en 1517 à la Grave, mort en 1583.

Bonne de Lesdiguières, connétable célèbre, né à Saint-Bonnet en 1543, mort en 1625.

Claude Clomiers, célèbre géomètre, né à Embrun, mort en 1893.

Bérard, mathématicien, né à Briançon.

Parmi ses travaux de sculpture les plus remarqués, on cite le groupe « Bacchante se rendant au sacrifice » acquis par le musée du Luxembourg, la Cour d'honneur et la Préfecture de Marseille, plusieurs statues et l'œil-de-bœuf du Louvre.

Le statuaire Marcellin, qui fut membre du Jury de l'École des Beaux-Arts et de l'Exposition pendant vingt-cinq, ans aura bientôt sa statue sur la place publique de Gap, sa ville natale. M. About, appréciant l'artiste, dit que son talent « *se compose de grâce, d'élégance et de délicatesse.* »

VII. — INDUSTRIE

Ce département est peu industriel puisqu'il n'occupe que 2 298 contre-maîtres, surveillants, ouvriers, etc., dont les professions sont classées ainsi que l'indique ce tableau.

NATURE des Industries	DÉSIGNATION ou nombre de localités où s'exercent les industries	NOMBRE d'établissements	NOMBRES MOYENS de contre-maîtres et surveillants	d'ouvriers et de manœuvres	de femmes	d'enfants	TOTAUX
	I. — ALIMENTATION						
Beurre	5 localités	29	»	2	28	»	30
Boulangerie	Briançon, Laragne et Gap	39	»	51	»	»	51
Brasseries, confiseries, distilleries, fabriques de liqueurs	Gap et Briançon	10	1	28	»	»	29
Fromagerie	3 localités	8	»	3	7	»	10
Meunerie et minoterie	8 localités	26	2	58	»	»	60
Pâtes alimentaires	3 localités	4	1	13	»	»	14
	II. — ARTS ET PRODUITS CHIMIQUES						
Bougies, chandelles, cierges, usine à gaz et teintureries	Gap et Briançon	9	1	15	»	»	16
	III. — BATIMENTS						
Appareils de chauffage, charpentiers, couverture, plomberie, zinguerie, tailleurs de pierres	Gap et Laragne	45	17	167	»	»	184
	IV. — INDUSTRIE DU BOIS						
Ebénisterie et menuiserie	Gap et La Roche des Arnauds	31	3	77	»	»	80
Seiage à la mécanique et à la main	10 localités	19	4	67	»	»	71
	V. — CARROSSERIE						
Carrosserie, charronnage et sellerie	Gap, Laragne et Rosans	16	»	26	»	»	26
	VI. — CÉRAMIQUE						
Briqueteries, tuileries, poteries et tuyaux de drainage	Gap, Veynes et Saint-Bonnet	10	1	98	33	15	147
	VII. — BATELLERIE (NÉANT)						
	VIII. — CUIRS ET PEAUX						
Mégisseries et tanneries	Gap, Briançon, Villars-S-Pancrasse	10	6	41	16	»	63
	A reporter	258	36	646	84	15	781
	Report	258	36	646	84	15	781
	IX. — IMPRIMERIE ET PAPETERIE						
Lithographie	Gap	4	8	30	2	6	46
Typographie	Embrun	1	»	3	»	»	3
	X. — INDUSTRIES EXTRACTIVES						
Ardoiseries	Châteauroux et Vallouise	12	16	58	»	»	74
Carrières de pavés	Lafaurie	1	1	28	»	»	29
Chaux, ciment et fours à plâtre	6 localités	18	10	95	»	»	105
Mines d'Anthracite	Monestier, S-Chaffrey, La Salle	4	»	21	»	»	21
Sulfate de baryte	La Grave	1	3	10	»	»	13
	XI. — INDUSTRIES TEXTILES						
Filature de laine, fabrique de draps corderie, moulinage et cordage de la soie	8 localités	13	32	519	401	94	1 046
	XII. — INSTRUMENTS DE PRÉCISION (NÉANT)						
	XIII. — MÉTALLURGIE ET CONSTRUCTIONS MÉCANIQUES						
Martinets, maréchaux et mécaniciens	Gap et Laragne	14	»	16	»	»	16
	XIV. — VÊTEMENTS ET ACCESSOIRES						
Chapellerie, fleurs artificielles, passementeries, habillements confectionnés et militaires	Gap, Veynes et St-Laurent du Cros	24	1	31	61	»	93
	XIV. — INDUSTRIES DIVERSES						
Blanchissage de linge, nettoyage de graines fourragères	Gap et St-Bonnet	2	»	36	32	3	71
	Totaux	352	107	1493	580	118	2298

VIII. — AGRICULTURE

L'altitude moyenne du département des Hautes-Alpes est de 940 mètres. Le point culminant (*Barre-des-Ecrins*) est à 4 103 mètres. Le point le plus bas (*Ribiers*) est à 530 mètres.

Dans sa partie la plus méridionale, les conditions de climat et de sol ont beaucoup d'analogie avec celles de la Haute-Provence. On y rencontre à peu près les mêmes cultures, sauf l'olivier, et les mêmes méthodes culturales. Mais, à mesure que l'altitude augmente, à mesure qu'on se rapproche de la frontière italienne, les conditions changent complètement, et il y a peu de pays où l'exploitation du sol présente plus de difficultés, soit plus ingrate que dans les trois quarts au moins du département. Sur les flancs escarpés de ces gigantesques montagnes, dans ces étroites et profondes vallées où la neige séjourne pendant cinq ou six mois de l'année, l'agriculture se trouve aux prises avec le plus inclément des climats. Aux froids rigoureux de l'hiver, succèdent brusquement, et sans transition, les chaleurs torrides des jours d'été (nous disons des *jours*, car les nuits sont toujours fraîches et il n'est pas rare de constater un écart de 30 degrés centigrades entre la température minimum de la nuit et la température maximum du jour). A de longues périodes de pluie et d'humidité, succèdent de non moins longues sécheresses. Trop souvent, les gelées printanières, les orages, la grêle détruisent en quelques instants les fruits d'une année de labeur. La lutte est rendue plus difficile encore pour le cultivateur par une foule de circonstances, telles que la déclivité du sol, les empiètements journaliers des torrents, le morcellement de la propriété poussé à ses extrêmes limites. Malgré des conditions si défavorables, l'agriculture est la principale, presque la seule industrie des habitants des Hautes-Alpes. Elle occupe et fait vivre les neuf dixièmes de la population, composée, en majeure partie, de petits propriétaires exploitant eux-mêmes leur modeste patrimoine.

D'après les résultats de l'enquête agricole décennale de 1882, sur les 558 961 hectares constituant la superficie totale du département, 322 584 sont en culture et les terres cultivées se répartissent ainsi qu'il suit :

Terres labourables	91 443 hect.
Vignes	5 326 —
Jardins d'agrément et vergers	400 —
Prés naturels	16 533 —
Herbages pâturés permanents	68 784 —
Bois et forêts	140 098

Les terres labourables sont occupées par les cultures ci-après :

Céréales	47 541 hect.
Autres grains alimentaires	799 —
Pommes de terre et racines	5 397 —
Prairies artificielles et fourrages annuels	12 987 —
Plantes textiles et oléagineuses	307 —
Jardins potagers	742 —
Jachères	23 672

Enfin, la culture des céréales se répartit de la façon suivante :

Froment	29 158 hect.
Seigle	8 884 —
Méteil	2 471 —
Orge	1 385 —
Avoine	5 643

Le froment est cultivé dans tout le département jusqu'à une altitude dépassant parfois 1 800 mètres; mais sa production est surtout importante dans les vallées inférieures, où la variété la plus répandue est un blé d'hiver, blanc, sans barbes, désigné dans le pays sous le nom de *Pontus*. Le rendement moyen de cette céréale est de 14 hectolitres de grain par hectare. — Le seigle, dont la culture s'étend sur les plus hauts versants, de 1 000 à 2 200 mètres d'altitude, rend en moyenne 20 hectolitres à l'hectare. — L'orge, peu cultivée, produit environ 18 hectolitres à l'hectare. — L'avoine rend 21 hectolitres. On la cultive principalement dans les cantons de Saint-Étienne-en-Dévoluy et de Saint-Bonnet.

La production en grains correspond à peu près aux besoins de la consommation; cependant, lorsque la récolte est bonne, le département en exporte de petites quantités.

La pomme de terre est cultivée sur une assez vaste échelle dans les cantons de Gap, Saint-Bonnet, Saint-Firmin et Briançon. Son rendement est assez élevé et varie entre 8 000 et 15 000 kilogrammes par hectare. La culture de la betterave fourragère est assez restreinte. La betterave à sucre est inconnue.

La plupart des prairies artificielles sont établies avec le sainfoin, cette légumineuse prospérant dans tous les terrains du département. Lorsqu'on l'arrose, elle donne annuellement deux coupes et 5 000 kilogrammes environ de fourrage sec à l'hectare. Dans les terres non irrigables, elle ne produit qu'une coupe et environ 3 000 kilogrammes de foin sec par hectare. — Dans les cantons de Gap et de Saint-Bonnet, les cultivateurs associent très souvent au sainfoin une graminée : le *Fromenthal* (*Arrhenatherum elatius*) ou le *Dactyle* (*Dactylis glomerata*), pour former des prairies temporaires qu'ils laissent subsister quatre à cinq ans. Ils récoltent à la faucille la semence de la graminée qui rend de 400 à 500 kilog. de graines par hectare, et fauchent ensuite le fourrage. Les semences ainsi obtenues sont recherchées par le commerce qui les exporte principalement en Suisse et en Allemagne. Elles se vendent, non épurées, à un prix relativement élevé (75 à 100 fr. le quintal métrique) et constituent une précieuse ressource pour beaucoup d'agriculteurs. — La luzerne et le trèfle, plus difficiles que le sainfoin sous le rapport de l'adaptation au sol, n'occupent guère que 2 500 à 3 000 hectares. Le premier donne deux coupes par an et 5 000 kilogrammes environ de foin par hectare. La luzerne donne trois coupes et 6 à 7 000 kilog. de fourrage sec.

On doit attribuer l'importance de la superficie labourable laissée en jachère à la pénurie des eaux d'arrosage et à la difficulté, souvent à l'impossibilité que présente la culture des plantes fourragères et des plantes sarclées dans les terres non arrosables.

La vigne occupait, en 1882, un peu plus de 5 000 hectares dans les vallées de la Durance et de son affluent, le Buëch, jusqu'à une altitude de 1 400 mètres à de bonnes expositions. Depuis lors, le phylloxera a étendu ses ravages et c'est à peine si l'on peut évaluer à 3 000 hectares la surface du vignoble encore en production. Dans quelques communes, les viticulteurs, syndiqués et subventionnés par l'État, défendent avec succès leurs vignes au moyen du sulfure de carbone. Dans plusieurs localités, on commence à planter les cépages américains. Le climat a mis, jusqu'à ce jour, obstacle à la propagation des maladies cryptogamiques : oïdium, mildiou, black-rot. Les cépages indigènes les plus répandus sont : le *Mollar*, le *Téoulier* (plus connu dans le pays sous le nom de *Plant-du-Four*), l'*Espanin*, la *Grenache* et la *Clairette*. Le rendement moyen des vignes est de 22 hectolitres à l'hectare. Le vin, excellent dans les cantons méridionaux, notamment à Jarjayes, Laragne, perd son alcool et devient de plus en plus acide à mesure que l'altitude augmente.

La culture des arbres fruitiers s'étend sur la plus grande partie du département jusqu'à 1 000 mètres environ d'altitude. Le poirier et le pommier prospèrent dans l'arrondissement de Gap, dans celui d'Embrun et remontent la vallée de la Durance jusqu'à son confluent avec le Guil. Le prunier est l'objet d'une exploitation relativement importante à Laragne, à La Saulce, à Rosans. L'amandier est cultivé dans les cantons de Ribiers, Laragne, Orpierre, Serres, Rosans, Barcillonnette, Tallard, mais les gelées printanières rendent son produit aléatoire. Dans toutes les vallées, jusqu'à 1 100 mètres, on rencontre de nombreux et magnifiques noyers, produisant une huile excellente, mais trop souvent exposés, eux aussi, à voir leurs fleurs détruites par les froids tardifs.

La culture du mûrier et l'éducation des vers à soie est à peu près localisée dans les cantons de Ribiers, Laragne, Orpierre et Serres; 450 à 500 éducateurs élèvent annuellement 400 à

Vue de Briançon.

450 onces de graines, produisant 45 à 50 kilog. de cocons frais par once. Ces petites éducations sont faites en vue du grainage cellulaire, système Pasteur. Des industriels (graineurs) fournissent gratuitement la graine aux petits éducateurs en leur garantissant un prix assez rémunérateur des cocons obtenus (4 fr. 50 à 5 francs le kilo). Ceux de ces cocons provenant des éducations les plus saines, les mieux réussies, servent à fabriquer de la graine qui est ensuite exportée dans les autres départements séricicoles, en Italie, en Autriche, en Asie Mineure, dans le Caucase. Plusieurs ateliers de grainage, occupant un personnel assez nombreux, s'organisent chaque année, en juillet, à Laragne et au Poët. Il existe à Serres un atelier de moulinage de la soie faisant travailler une cinquantaine de femmes. Briançon possède une importante usine de cardage de la soie, occupant près de mille personnes.

Sur les 16 533 hectares de prairies naturelles des Hautes-Alpes, 9 484 sont situés dans les vallées, au bas des versants, et sont arrosés au moyen de canaux dérivés de la Durance, du Drac et de leurs affluents. Le reste consiste principalement en prairies de montagne, situées à de grandes altitudes, dont les habitants fauchent et emmagasinent le fourrage malgré les difficultés souvent très grandes que présente cette récolte, malgré le travail et la perte de temps énorme qu'elle nécessite. Le rendement moyen des prairies irriguées est d'environ 4 000 kilog. de foin par hectare. Celui des prairies de montagne ne dépasse guère 1 500 kilog. Si l'on compare l'étendue des prairies naturelles à celle des terres labourables, on trouve que la première est relativement bien faible, dans un département où l'industrie pastorale devrait jouer un rôle prépondérant. Cette anomalie tient à plusieurs causes, surtout à l'insuffisance des irrigations. Les canaux actuels permettent d'arroser environ 20 000 hectares (prés naturels, prairies artificielles, récoltes sarclées). C'est peu pour une superficie de 108 376 hectares (terres labourables, prés naturels, jardins et vergers) et sous un climat où l'été est ordinairement très sec. Des études d'hommes compétents il ressort qu'une surface nouvelle de 15 000 hectares pourrait être soumise à l'irrigation. Il est à souhaiter que, pour atteindre ce but, les quelques canaux en cours d'exécution s'achèvent rapidement et qu'on en construise partout où on peut le faire. Le relèvement de l'agriculture dans le département dépend en grande partie de cette amélioration.

Les pâturages permanents, appartenant généralement aux communes, se divisent en deux catégories : les *pâturages de printemps et d'automne*, s'étendant par bandes au bas des versants le long des vallées, et les *pâturages d'été*, situés sur les hauteurs. Ces derniers servent pendant quatre mois seulement (juin, juillet, août et septembre) à l'alimentation du bétail du département, et aussi à celle des moutons de la Crau d'Arles, dits *transhumants*, qui viennent passer la belle saison sur les Alpes. Considérée avec raison comme l'une des principales causes de la dégradation des pâturages, la transhumance a beaucoup diminué d'importance depuis le commencement du siècle. De 200 000 en 1804, le nombre des moutons transhumants n'est plus aujourd'hui, dans le département, que de 50 000 à peine. Les pâturages de printemps sont encore en bien plus mauvais état que les pâturages d'été : ils reçoivent généralement un nombre d'animaux plus grand qu'ils ne le comportent. En outre, à la fin de l'hiver, les cultivateurs à court de fourrages se voient forcés de faire paître leur bétail aussitôt après la fonte des neiges, alors que le terrain, saturé d'eau, n'est pas encore raffermi. Les pieds et la dent des moutons font alors un mal irréparable au gazon, en arrachant les plantes, en soulevant la mince couche de terre végétale que la première pluie entraîne. En appliquant rigoureusement la loi du 4 avril 1882 et en réglementant sévèrement les pâturages de montagne, l'administration des forêts rendrait le plus grand des services aux populations pastorales, mais la construction de nombreux canaux d'arrosage serait incontestablement le meilleur moyen de travailler à la restauration, au regazonnement des montagnes. Le jour où les cultivateurs pourront créer de nombreuses prairies et emmagasiner de copieuses provisions de foin, ils ne mettront plus leurs bêtes au pâturage de trop bonne heure et laisseront à l'herbe le temps de se développer suffisamment, au terrain le temps de se ressuyer et de prendre assez de consistance pour qu'on puisse le livrer au parcours sans danger. D'après l'enquête de 1882, le nombre des animaux de ferme dans les Hautes-Alpes était à cette époque :

Espèce chevaline.	17 182 têtes.
— mulassière.	7 903 —
— asine	3 922 —
— bovine.	30 436 —
— ovine	222 702 —
— porcine	33 700 —
— caprine	5 267 têtes.

Ces chiffres n'ont pas dû varier beaucoup. En les rapportant à la surface cultivée, on trouve que le département nourrit à peine un quart de tête de gros bétail par hectare.

L'espèce bovine est surtout exploitée pour la production du lait. La race n'est autre que la race savoisienne *Tarine* ou *Tarentaise*, mais abâtardie par des siècles de mauvais régime et de croisements irrationnels avec des animaux de provenances diverses. Le poids ordinaire des vaches oscille entre 250 et 350 kilogrammes. Les meilleures laitières donnent 1 700 à 1 800 litres de lait pendant huit à neuf mois de lactation, mais il en est beaucoup qui ne donnent annuellement que 500 à 600 litres pendant une période de six à sept mois. La production moyenne d'une vache dans le département peut être évaluée à environ 1 000 litres par an. — Dans le voisinage des villes, le lait est vendu en nature, à moitié écrémé, à raison de 20 à 25 centimes le litre. Dans la campagne, on en fabrique du beurre et du fromage, soit dans les ménages, soit dans les *fruitières*, ou fromageries par association. Le département possède actuellement une soixantaine de ces utiles établissements, dans la plupart desquels on fabrique du fromage bleu *façon Gex*. Le plus grand nombre existe dans l'arrondissement de Briançon, particulièrement dans le canton d'Aiguilles. Sur l'initiative et avec les secours de l'Administration des Forêts, cinq fruitières modèles, installées pour la fabrication du gruyère, ont été créées à Ristoles, Chabottes, Orcières, Guillaume-Peyrouse et Saint-Laurent-du-Cros. A Villeneuve-la-Salle, près Briançon, un intelligent propriétaire, M. Jules Gravier, achète le lait des cultivateurs et fabrique du beurre de premier choix par les procédés les plus perfectionnés. Il traite journellement 1 500 livres et expédie ses produits à Paris où ils trouvent un débouché avantageux. Un établissement du même genre, mais beaucoup plus important, se fonde actuellement à Briançon. A Fontgillarde (commune de Molines-en-Queyras) et à Champoléon, les particuliers fabriquent d'excellents fromages bleus, jouissant dans le département d'une réputation méritée.

La population ovine des Hautes-Alpes appartient à plusieurs races presque toujours croisées entre elles, mais c'est la race des Alpes, race variable et mal définie, qui y domine. Les moutons mérinos sont peu répandus. On engraisse pourtant un certain nombre de ces animaux, originaires de la Provence, dans les cantons de Tallard, Gap, la Bâtie-Neuve et St-Bonnet. Là où les pâturages font défaut, les agriculteurs utilisent leurs fourrages à l'engraissement du bœuf et du mouton, spéculation peu lucrative, car les races locales sont dures à l'engrais et rendent, en viande nette, à peine 40 à 50 0/0 du poids vif. Partout où il existe des pâturages, les cultivateurs ont plus d'avantage à entretenir des vaches laitières, ou à se livrer à la production des agneaux, ou encore à acheter des agneaux de l'année qu'ils revendent au bout d'un an avec un bénéfice ordinairement assez élevé. La toison d'un mouton du pays pèse généralement de 1 kil., 500 à 2 kil., 500 : la laine est de moyenne qualité. La viande des petits moutons de la vallée du Buëch est très appréciée.

La production du porc est une industrie assez répandue dans presque tout l'arrondissement de Gap et dans une partie de celui d'Embrun.

La production et l'élevage du cheval et du mulet sont encore peu importants. Cependant ils tendent à prendre de l'extension dans quelques cantons : Gap, la Bâtie-Neuve, Saint-Bonnet, Serres, Embrun. Il existe à Gap une station d'étalons des Haras nationaux

BRIANÇON ET SES ENVIRONS.
Extrait de la carte d'État-Major au 80 000e.

Une société départementale d'agriculture, ayant son siège à Gap, publie un journal mensuel, le *Propagateur agricole des Hautes-Alpes*, et tient chaque année un concours agricole, alternativement dans chacune des cinq régions agricoles du département (Gap, Serres, Saint-Bonnet, Embrun, Briançon).

Il existe deux syndicats professionnels d'agriculteurs constitués pour l'achat en commun des engrais, semences et autres denrées agricoles, à Laragne et à Serres.

Pendant trente ans, de 1849 à 1880, le département a possédé une ferme-école. Aujourd'hui, l'enseignement agricole n'est donné que par la chaire départementale d'agriculture créée en 1880.

Les conditions exceptionnellement désavantageuses qu'y rencontre l'industrie agricole font que les Hautes-Alpes ont toujours été classées au nombre des départements les plus pauvres, les plus déshérités de la France. La situation du cultivateur, qui n'y fut jamais bien prospère, y est devenue presque partout précaire, misérable, depuis que le phylloxera a ruiné les vignobles, depuis qu'il s'est produit une baisse persistante sur les cours de la viande sur pied, de la laine et des fromages, principales denrées d'exportation. Aussi, les campagnes se dépeuplent-elles progressivement. L'émigration augmente chaque jour. Le sort des populations rurales deviendrait moins dur, plus tolérable, par la reconstitution et l'extension du vignoble, par le perfectionnement de l'industrie pastorale, perfectionnement comportant la création de nombreux canaux d'arrosage, l'amélioration des races d'animaux, la multiplication des associations syndicales et spécialement des associations laitières.

C. ALLIER,
Professeur départemental d'agriculture.

IX. — FORÊTS

Le département des Hautes-Alpes forme la 35e conservation des forêts dont le siège est à Gap. Les agents forestiers sont reportés ainsi qu'il suit :

Le conservateur est un garde général secrétaire à Gap.

Inspection de Gap. — Un inspecteur et un inspecteur adjoint à Gap. — Un garde général à Veynes et à Serres.

Inspection de Briançon. — Un inspecteur et un garde général à Briançon — Un garde général à Monétier (résidence Briançon) et à l'Argentière.

Inspection d'Embrun-Est. — Un inspecteur à Briançon. — Un garde général à Mont-Dauphin (résidence Embrun), à Guillestre et à Aiguille.

Inspection d'Embrun-Sud. — Un inspecteur et un garde général à Embrun. — Un garde général à Savines (résidence Embrun) et à Remollon.

Chefferie de Saint-Bonnet. — Un inspecteur-adjoint, chef de service et un garde général à Saint-Bonnet. — Un garde général à Pont du fossé.

Service technique. — Un garde général à la disposition du conservateur.

Service des aménagements. — Un inspecteur, chef de service, un inspecteur-adjoint et trois gardes généraux à Gap.

Forêts soumises au régime forestier.

Arrondissements	hect. a.	
Briançon	30 350 00	78 865h.76a.
Embrun	27 622 20	
Gap	20 893 56	

Forêts non soumises au régime forestier.

Communes et établissements publics	2 340 43	26 466h.35a.
Particuliers	24 125 92	

Périmètres domaniaux de reboisement.

D'importants travaux de reboisement ont été entrepris depuis 1861, sur des terrains faisant partie de périmètres décrétés d'utilité publique. L'étendue de ces terrains se décompose ainsi :

Briançon	1 390 84	18 852h.70a.
Embrun	10 567 06	
Gap	6 894 80	
Total général		124 184h.81a.

Les principales essences sont : le sapin, le pin sylvestre, le melèze, le pin de montagne, l'épicea, le hêtre, le chêne et le pin cembro.

Production de bois d'œuvre	32 0/0
— de chauffage	68 0/0

Les plus grandes forêts sont :

Arrondissement de Gap. — La forêt domaniale de Durbon d'une contenance de 1 492 hectares, peuplée de sapins et de hêtres.

Arrondissement de Briançon. — La forêt communale de Névache, d'une contenance de 2 872 hectares, peuplée de melèzes et de pins à crochets. — La forêt communale de Villard-Saint-Pancrasse d'une contenance de 1 739 hectares, peuplée de melèzes et de pins cembros.

Arrondisement d'Embrun. — La forêt communale de Guillestre, d'une contenance de 2 664 hectares, peuplée de melèzes, de pins sylvestres et de sapins.

X. — DIVISION POLITIQUE, ADMINISTRATIVE ET POPULATION

Le département des Hautes-Alpes est divisé en trois arrondissements dont deux sont administrés chacun par un sous-préfet. Celui de Gap est administré par le préfet.

STATISTIQUE DE LA POPULATION

La population du département était :

En 1801	112 500	habitants.
En 1821	121 418	—
En 1831	129 102	—
En 1851	132 038	—
En 1872	118 308	—
En 1886	122 924	—

Mariages annuels : Entre garçons et filles, 730. — Entre garçons et veuves, 27. — Entre veufs et filles, 66. — Entre veufs et veuves, 10.

Naissances annuelles. — Enfants légitimes : garçons, 1747 ; filles, 1631. — Enfants naturels : garçons, 44 ; filles, 51,

Décès annuels. — Sexe masculin : garçons, 1 028 ; mariés, 436 ; veufs, 275. — Sexe féminin : filles, 918 ; femmes, 372 ; veuves, 308. — Morts accidentelles : hommes, 58 ; femmes, 13. — Suicides : hommes, 9 ; femmes, 0.

NOTICE SUR LES PRINCIPALES LOCALITÉS

Gap occupe une position stratégique assez importante près de la rive droite de la *Durance* et à l'embranchement de la route de Paris à Marseille par Lyon et Grenoble, et de celle d'Espagne en Italie par Pont-Saint-Esprit et le Mont-Genèvre. Elle occupe, dans une petite vallée entourée de hautes montagnes, l'emplacement de l'ancien *Wappicum*, capitale des *Caturiges*, et ne subit la domination romaine que sous Néron. Elle passa ensuite successivement au pouvoir des Lombards, des Burgondes, des Sarrasins, des Francs, des rois d'Arles, des comtes de Provence, de Toulouse, de Forçalquier, fut conquise par Charles VII et réunie à la couronne par Louis XI. Gap fut prise par Lesdiguières en 1579 et resta aux protestants jusqu'en 1582 ; elle fut saccagée par les Sardes en 1692.

Gap est le siège de la 54e brigade d'infanterie, avec le 96e de ligne comme garnison. Le 112e territorial s'y formerait. Le général de division d'artillerie *Labastie*, mort le 24 juillet 1888, est né à Gap en 1807.

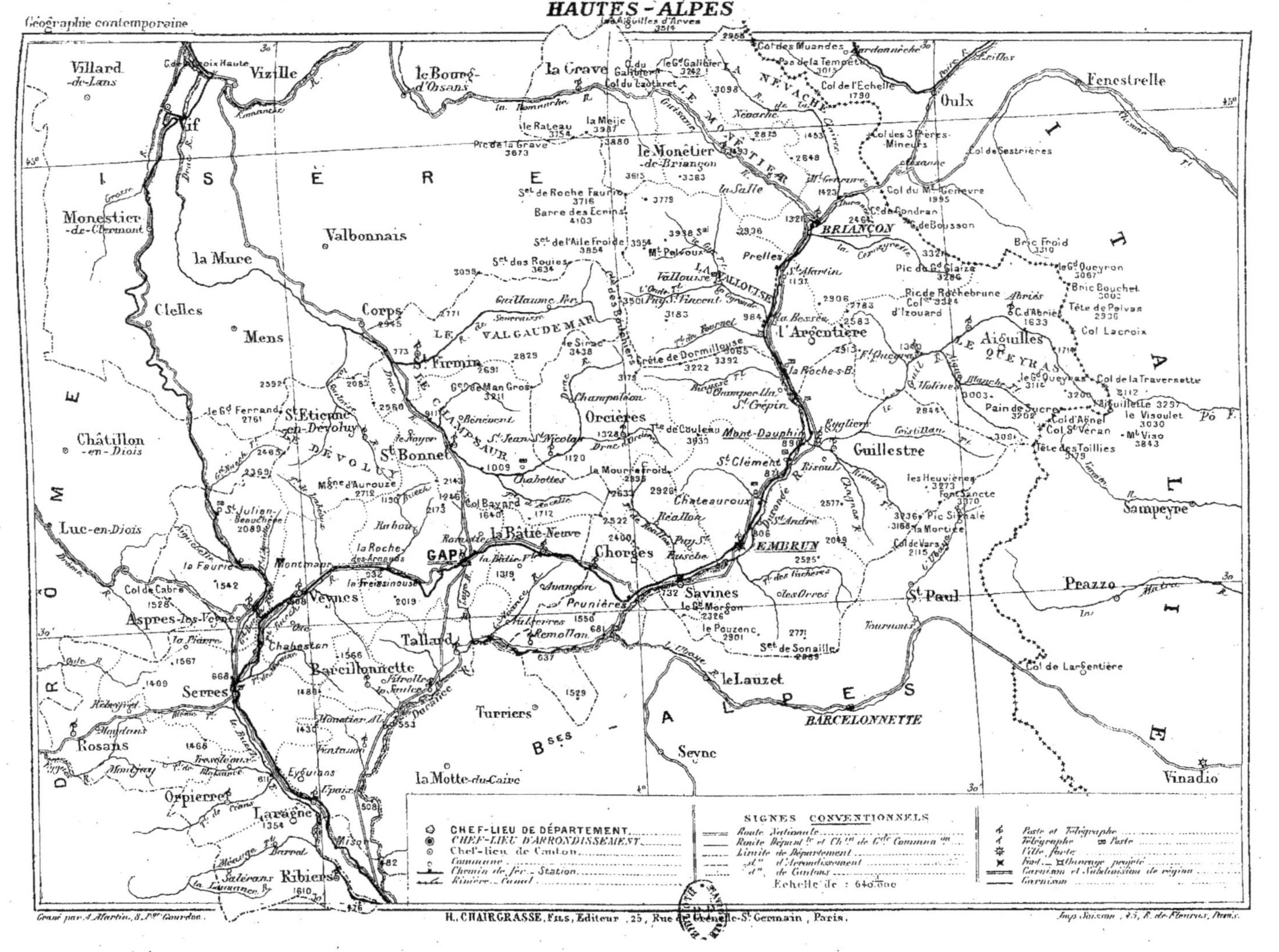
HAUTES-ALPES
Géographie contemporaine
BRIANÇON
EMBRUN
GAP
BARCELONNETTE
Guillestre
l'Argentière
Mont-Dauphin
Chorges
Savines
Tallard
Veynes
Serres
Orcières
St Bonnet
St Firmin
Aiguilles
le Monetier -de-Briançon
la Grave
Aspres-les-Veynes
Rosans
Orpierre
Laragne
Ribiers
Barcillonnette
la Bâtie-Neuve
St Etienne en-Devoluy
SIGNES CONVENTIONNELS
CHEF-LIEU DE DÉPARTEMENT
CHEF-LIEU D'ARRONDISSEMENT
Chef-lieu de Canton
Commune
Chemin de fer - Station
Rivière - Canal
Route Nationale
Route Départ.le et Ch.in de Gde Commun.on
Limite de Département
d° d'Arrondissement
d° de Cantons
Echelle de : 640.000
Poste et Télégraphe
Télégraphe
Poste
Ville forte
Fort - Ouvrage projeté
Garnison et Subdivision de région
Garnison
Gravé par A. Martin, 8, Pge Gourdon.
H. CHAIRGRASSE, Fils, Editeur, 25, Rue de Grenelle-St Germain, Paris.
Imp. Jausson, 45, R. de Fleurus, Paris.

TABLEAU DES COMMUNES DES HAUTES-ALPES

3 arrondissements — 24 cantons — 189 communes — 122 924 habitants — 475 519 hectares — Moyenne de la population par kilomètre carré : 26 habitants.

I. — ARRONDISSEMENT DE GAP (14 cantons, 126 communes, 66 002 habitants)

Noms des communes	Population	Dist. au chef-l. d'ar.	Localités avec gares, postes et télégraphes	Gare la plus près de chaque com. et distance à cette commune	Bureaux de postes desserv. les communes avec les distances
I. — CANTON DE GAP *(8 com., 14 896 hab.)*					
1 Gap	11621	»	🚉 T **744 0**	Gap »	Gap »
2 Chaudun	112	19 0	*1850 0*	Gap 18 2	Gap 19 0
3 Freissinouse (La)	347	8 0	🚉 **975 0**	LaFreissinouse 8 8	Gap 8 0
4 Manteyer	508	14 0	1065 0	La Roche 14 8	Gap 14 0
5 Pelleautier	432	9 0	960 0	LaFreissinouse 1 8	Gap 9 0
6 Rabou	274	12 0	1170 0	id. 12 9	Gap 12 0
7 Roche-des-Arnauds (La)	988	14 0	🚉 **943 0**	La Roche »	Gap 14 0
8 Romette	844	4 0	809 0	Gap 3 2	Gap 4 0
II. — CANTON D'ASPRES-SUR-BUECH *(9 com., 4 926 hab.)*					
9 Aspres-sur-Buëch	1201	34 0	🚉 T **761 2**	Aspres »	Aspres-s-Buëc. »
10 Aguielles	202	41 0	1186 0	La Faurie 8 0	Aspres-s-Buëc 10 5
11 Aspremont	507	38 0	731 0	Pont-Chabest. 4 0	Aspres-s-Buëc. 4 0
12 Beaume (La)	1001	45 0	⊠ 879 0	Aspres 11 0	La Beaume. »
13 Faurie (La)	550	36 0	🚉 **840 4**	La Faurie »	Aspres 8 5
14 Haute-Beaume (La)	59	40 0	1190 0	Aspres 15 0	La Beaume. 4 5
15 Montbrand	334	42 0	980 0	La Faurie 6 0	St-Julien-en-B. 5 0
16 S-Julien-e-Beauchêne	564	42 0	🚉 ⊠ **921 9**	St-Julien »	St-Julien-en-B. »
17 S-Pierre-d'Argençon	508	39 0	795 0	Aspres 5 0	Aspres-s-Buëc. 5 0
III. — CANTON DE BARCILLONNETTE *(3 com., 772 hab.)*					
18 Barcillonuette	281	28 0	T 975 0	Gap 28 7	Barcillonnette. »
19 Esparron	172	32 0	764 0	Gap 32 7	Barcillonnette 4 2
20 Vitrolles	319	26 0	763 0	Gap 26 7	Barcillonnette 4 1
IV. — CANTON DE LA BATIE-NEUVE *(8 com., 3 355 hab.)*					
21 Batie-Neuve (La)	820	10 0	🚉 T **855 6**	La Batie-Neuve »	La Batie-Neuve »
22 Avançon	593	17 0	976 0	La Batie-Neuve 7 0	LaBatie-Neuve 7 0
23 Batie-Vieille (La)	210	6 0	1063 0	La Batie-Neuve 4 0	LaBatie-Neuve 4 0
24 Montgardin	329	16 0	940 0	Chorges 3 0	Chorges 3 0
25 Ramband	252	5 0	1086 0	Gap 5 0	Gap 5 0
26 Rochette (La)	302	7 0	1396 0	Gap 7 0	Gap 7 0
27 S-Etienne-d'Avançon	325	18 0	*782 0*	La Batie-Neuve 8 4	Cap 13 0
28 Valserres	524	21 0	*662 0*	La Batie-Neuve 11	Gap 13 0
V. — CANTON DE LARAGNE *(8 com., 3 690 hab.)*					
29 Laragne	1068	41 0	🚉 T **573 7**	Laragne »	Laragne »
30 Eyguians	195	47 0	🚉 **603 4**	Eyguians-Orpier »	Laragne 5 6
31 Lazer	270	36 0	651 0	Laragne 5 1	Laragne 5 0
32 Monêtier-Allemont	230	25 0	561 0	Laragne 14 4	Ventavon 4 3
33 Montéglin	135	40 0	604 0	Laragne 0 6	Laragne 0 4
34 Poët (Le)	468	30 0	*589 0*	Laragne 7 4	Laragne 7 8
35 Upaix	547	36 0	747 0	Laragne 5 4	Laragne 5 0
36 Ventavon	777	29 0	T 598 0	Laragne 12 0	Ventavon »
VI. — CANTON D'ORPIERRE *(8 com., 2 136 hab.)*					
37 Orpierre	729	53 0	T 1013 0	Eyguians-Orpier 8	Orpierre »
38 Etoile	135	60 0	1108 0	id. 14 8	Orpierre 6 8
39 Lagrand	168	48 0	*663 0*	id. 1 6	Orpierre 7 6
40 Nossage et Bénévent	67	52 0	806 0	id. 5 5	Orpierre 5 6
41 Ste-Colombe	321	60 0	1148 0	id. 14 0	Orpierre 6 0
42 St-Cyrice	68	58 0	873 0	id. 14 0	Orpierre 6 1
43 Saléon	145	45 0	660 0	id. 2 1	Orpierre 8 0
44 Tresclèoux	503	54 0	670 0	id. 5 6	Serres 10 3
VII. — CANTON DE RIBIERS *(9 com., 2 711 hab.)*					
45 Ribiers	1037	56 0	T 512 0	Mison (Basses-Alpes) 6 0	Ribiers »
46 Antonaves	202	49 0	539 0	Laragne 6 5	Ribiers 6 0
47 Barret-le-Bas	349	60 0	671 0	Laragne 14 3	Ribiers 15 5
48 Barret-le-Haut	75	56 0	*822 0*	Laragne 14 3	Ribiers 15 5
49 Châteauneuf d Chabre	129	46 0	769 0	Laragne 3 9	Ribiers 8 2
50 Eourres	321	68 0	*990 0*	Laragne 25 0	Ribiers 27 0
51 Pomet	168	50 0	731 0	Laragne 8 0	Ribiers 9 0
52 St-Pierre-Avez	157	62 0	984 0	Laragne 14 0	Ribiers 13 0
53 Salérans	253	59 0	739 0	Laragne 18 7	Ribiers 21 0
VIII. — CANTON DE ROSANS *(9 com., 3 137 hab.)*					
54 Rosans	770	66 0	T 630 0	Serres 25 0	Rosans »
55 Bruis	405	65 0	734 0	Serres 24 0	Rosans 16 0
56 Chanousse	188	57 0	735 0	Eyguians-Or. 10 0	Rosans 21 0
57 Montjay	430	62 0	814 0	id. 15 0	Rosans 16 0
58 Moydans	165	62 0	1019 0	Serres 21 0	Rosans 4 0
59 Ribeyret	409	56 0	*815 0*	Serres 15 0	Rosans 10 0
60 St-André de Rosans	518	68 0	870 0	Eyguians-Or. 25 0	Rosans 6 0
61 Ste-Marie	137	68 0	712 0	Serres 28 0	Rosans 12 0
62 Sorbiers	115	60 0	893 0	Eyguians-Or. 20 0	Rosans 11 0
IX. — CANTON DE SAINT-BONNET *(20 com., 11 002 hab.)*					
1 St-Bonnet	1744	15 0	T 1022 0	Gap 14 6	St-Bonnet »
2 Ancelle	1116	16 0	1355 0	Gap 15 6	Chabottes 6 8
3 Bénévent et Charbillac	509	19 0	911 0	Gap 18 2	St-Bonnet 3 5
4 Buissard	176	15 0	1034 0	Gap 14 2	St-Bonnet 7 2
5 Chabottes	727	17 0	⊠ 1058 0	Gap 16 2	Chabottes »
6 Chabottonnes	108	19 0	1199 0	Gap 13 2	Chabottes 4 4
7 Costes (Les)	284	27 0	1120 0	Gap 26 2	St-Bonnet 10 4
8 Fare (La)	533	15 0	1130 0	Gap 14 2	St-Bonnet 1 8
9 Forest-St-Jullien	513	13 0	1034 0	Gap 12 2	St-Bonnet 8 2
10 Infournas (Les)	152	22 0	1232 0	Gap 21 2	St-Bonnet 6 0
11 Laye	352	11 0	1204 0	Gap 10 2	St-Bonnet 4 5
12 Molines-en-Champsaur (Les)	131	29 0	1163 0	Gap 28 2	St-Bonnet 13 8
13 Motte-en-Champsaur (La)	403	24 0	1262 0	Gap 23 2	St-Bonnet 8 6
14 Noyer (Le)	728	23 0	1134 0	Gap 22 2	St-Bonnet 8 0
15 Poligny	651	19 0	1073 0	Gap 18 2	St-Bonnet 4 2
16 St-Eusèbe	521	25 0	1058 0	Gap 25 2	St-Bonnet 9 0
17 St-Julien-en-Champsaur	556	14 0	1045 0	Gap 13 2	St-Bonnet 6 1
18 S-Laurent-du-Cros	1040	12 0	1148 0	Gap 11 2	St-Bonnet 6 8
19 St-Léger	245	18 0	1174 0	Gap 17 2	Chabottes 3 2
20 S-Michel-de-Chaillol	513	19 0	1334 0	Gap 18 2	Chabottes 4 9
X. — CANTON DE SAINT-ÉTIENNE-EN-DÉVOLUY *(4 com., 1 979 hab.)*					
21 S-Etienne-e-Dévoluy	730	34 0	T 1268 0	Montmaur 25 9	S-Etienne-e-Dé. »
22 Agnières	454	38 0	1270 0	Montmaur 19 4	id. 7 2
23 Cluse (La)	268	30 0	1253 0	Montmaur 12 0	Veynes 14 2
24 St-Disdier	527	43 0	1040 0	Montmaur 25 2	S-Étienn-en-D 6 8
XI. — CANTON DE SAINT-FIRMIN *(9 com., 4 848 hab.)*					
25 St-Firmin	1077	32 0	T 950 0	Gap 31 3	St-Firmin »
26 Aspres-les-Corps	573	34 0	930 0	Gap 33 2	Corps (Isère) 6 0
27 Aubessagne	900	27 0	1032 0	Gap 26 3	St-Firmin 4 5
28 Clémence d'Ambel	311	46 0	1100 0	Gap 45 3	St-Firmin 16 0
29 Glaizil (Le)	519	29 0	1598 0	Gap 28 4	St-Firmin 10 1
30 Guillaume-Peyrouse	405	46 0	1500 0	Gap 45 3	St-Firmin 16 0
31 St-Jacques	484	32 0	833 0	Gap 31 3	St-Firmin 3 0
32 St-Maurice	364	39 0	941 0	Gap 38 3	St-Firmin 9 0
33 Villar-Laubière	215	42 0	1374 0	Gap 41 3	St-Firmin 12 0
XII. — CANTON DE SERRES *(12 com., 4 532 hab.)*					
34 Serres	1207	41 0	🚉 T **671 5**	Serres »	Serres »
35 Bâtie-Montsaléon (la)	286	36 0	693 0	Pont de Chabestan 5 4	Serres 5 2
36 Bersac (Le)	190	48 0	807 0	Serres 5 4	Serres 5 8
37 Epine (L')	568	50 0	849 0	Serres 10 9	Serres 10 5
38 Méreuil	211	48 0	705 0	Serres 6 2	Serres 5 8
39 Montclus	204	45 0	690 0	Serres 3 9	Serres 3 5
40 Montmorin	525	61 0	754 0	Serres 20 6	Serres 20 2
41 Montrond	72	47 0	822 0	Serres 5 6	Serres 6 1
42 Piarre (La)	322	49 0	819 0	Serres 8 8	Serres 8 3
43 St-Genis	132	52 0	1155 0	Serres 9 1	Serres 9 6
44 Savournon	503	42 0	724 0	Serres 8 4	Serres 8 9
45 Sigottier	312	45 0	970 0	Serres 3 4	Serres 3 9
XIII. — CANTON DE TALLARD *(9 com., 4 215 hab.)*					
46 Tallard	965	14 0	T 602 0	Gap 14 8	Tallard »
47 Châteauvieux	201	11 0	780 0	Gap 11 7	Gap 11 0
48 Fouillouse	203	18 0	1113 0	Gap 18 7	Tallard 5 2
49 Jarjayes	464	9 0	908 0	Gap 9 7	Gap 9 0
50 Lardier et Valeuça	380	22 0	843 0	Gap 22 7	La Saulce 4 3
51 Lettret	128	15 0	610 0	Gap 15 7	Tallard 1 3
52 Neffes	362	9 0	753 0	Gap 9 8	Gap 9 0
53 Saulce (La)	844	17 0	589 0	Gap 17 7	La Saulce »
54 Sigoyer	668	18 0	960 0	LaFreissinous 18 7	Tallard 11 0
XIV. — CANTON DE VEYNES *(10 com., 3 873 hab.)*					
55 Veynes	2012	25 0	🚉 T **874 7**	Veynes 0 9	Veynes »
56 Chabestan	199	34 0	🚉 **735 0**	PontdeChabest 2 5	Veynes 9 0
57 Château-Neuf-d'Oze	99	31 0	963 0	Veynes 10 0	Veynes 9 2
58 Châtillon-le-Désert	93	34 0	1322 0	Veynes 13 0	Veynes 12 0
59 Clausonne	29	43 0	1560 0	PontdeChabes 10 4	Veynes 14 0
60 Furmeyer	167	27 0	1219 0	Veynes 6 5	Veynes 5 5
61 Montmaur	657	23 0	🚉 **874 0**	Montmaur 2 2	Veynes 6 3
62 Oze	176	30 0	1027 0	Veynes 5 5	Veynes 4 6
63 St-Auban-d'Oze	123	34 0	877 0	Veynes 10 2	Veynes 9 3
64 Saix (Le)	316	35 0	786 0	PontdeChabest 6 1	Veynes 9 8

II. — ARRONDISSEMENT DE BRIANÇON (5 cantons, 27 communes, 28 134 habitants)

Noms des communes	Population	Dist. au chef-l. d'ar.	Localités avec gares, postes et télégraphes	Gare la plus près de chaque com. et distance à cette commune	Bureaux de postes desserv. les communes avec les distances
I. — CANTON DE BRIANÇON *(8 com., 10 122 hab.)*					
63 Briançon	6777	»	🚉 T **1204 1**	Briançon 1 8	Briançon »
64 Cervières	711	11 0	1820 0	Briançon 10 0	Briançon 11 0
65 Montgenèvre	340	12 0	1860 0	Briançon 13 8	Briançon 12 0
66 Névache	696	19 0	1641 0	Briançon 21 0	Briançon 19 0
67 Puy-St-André	571	6 0	1534 0	Briançon 5 0	Briançon 6 0
68 Puy-St-Pierre	525	5 5	1559 0	Briançon 5 0	Briançon 5 5
69 Val-des-Prés	502	7 0	1337 0	Briançon 9 0	Briançon 7 0
70 Villar-St-Pancrasse	1000	3 7	1247 0	Briançon 2 2	Briançon 5 7
II. — CANTON D'AIGUILLES *(7 com., 5 169 hab.)*					
71 Aiguilles	558	69 0	T 1442 0	Montdauphin 30 8	Aiguilles »
72 Abriès	841	73 0	T 1634 0	id. 35 7	Abriès »
73 Arvieux	838	56 0	1556 0	id. 25 8	*Queyras* 5 6
74 Château-Ville-Vieille	949	61 0 / 64 0	T 1076 0	id. 23 5 / 26 3	*Queyras* » / 2 7
75 Molines-en-Queyras	869	69 0	1120 0	id. 31 6	*Queyras* 8.1
76 *Queyras*	»	»	T »	id. »	*Queyras* »
77 Ristolas	450	76 0	1614 0	id. 39 2	Abriès 3 5
78 St-Véran	664	75 0	2000 0	id. 37 5	*Queyras* 14 0
III. — CANTON DE L'ARGENTIÈRE *(7 com., 6 603 hab.)*					
65 Argentière (L')	1056	19 0	🚉 **976 1**	Argentière (L') 1 2	*La Bessée.* »
66 *Bessée (La)*	»	»	T »	id »	*La Bessée.* 2 5
67 Pisse (La)	732	24 0	1794 0	id. 12 8	Vallouise 2 8
68 Puy-St-Vincent	620	21 5	1470 0	id. 9 9	Vallouise 3 0
69 Roche-de-Briançon (La)	811	22 0	🚉 ⊠ **928 7**	Roche-de-Briançon (La). 1 3	La Roche-de-B. »
70 St-Martin-de-Queyrières	1807	10 0	1137 0	*Prelles* 2 0	*La Bessée-sur-D.* 7 0
71 *Prelles*	»	»	🚉 **1152 5**	*Prelles* »	
72 Vallouise	1106	22 0	⊠ 1150 0	Argentière (L' 12 0	Vallouise »
73 Vigneaux (Les)	471	16 0	1216 0	id. 5 0	*La Bessée-sur-D.* 4 2
IV. — CANTON DE LA GRAVE *(2 com., 1 633 hab.)*					
74 Grave (La)	1241	38 0	T 1386 0	Briançon 39 4	La Grave »
75 Villar-d'Arène	392	35 0	1651 0	Briançon 36 4	La Grave 3 0
V. — CANTON DU MONÊTIER-DE-BRIANÇON *(3 com., 4 607 hab.)*					
76 Le Monêtier-de-Bri.	2179	14 0	T 1564 0	Briançon 15 4	Le Monêtier »
77 St-Chaffray	1273	14 0	1320 9	Briançon 5 4	Briançon 4 0
78 La Salle	1155	8 0	⊠ 1254 0	Briançon 9 4	La Salle »

Nota. — Les cotes inscrites, dans ce tableau, à coté des signes abréviatifs 🚉 ⊠ T T, désignent des altitudes, c'est-à-dire la hauteur des points signalés au-dessus du niveau moyen des eaux de la mer. Les cotes imprimées en caractères gras et placées en face des noms des gares sont les altitudes *gravées* ou à *graver* sur les socles des bâtiments des dites gares, à 0 m. 50 environ au-dessus du niveau des rails. Les cotes inscrites en face du nom des communes sont extraites de la carte de l'état-major au 80 000e. Celles en italiques existent *dans la commune même*. Les autres sont les cotes du point le plus rapproché de la commune correspondante point indiqué sur la carte de l'état-major.

III — ARRONDISSEMENT D'EMBRUN (5 cantons, 36 communes, 28 788 habitants)

NOMS des COMMUNES	Population	Dist. au chef-l. d'ar.	LOCALITÉS AVEC GARES postes et télégraphes	GARE LA PLUS PRÈS de chaque com. et distance à cette commune	BUREAUX de postes desserv. les communes avec les distances
I. — CANTON D'EMBRUN (*8 com., 10 413 hab.*)					
1 Embrun	4481	»	871 3	Embrun.... »	Embrun.... »
2 Baratier	218	4 0	853 0	Embrun.... 4 0	Embrun.... 4 0
3 Châteauroux	1643	6 0	⊠ 928 5	Châteauroux. »	Châteauroux »
4 Crévoux	446	14 0	1670 0	Embrun.... 14 0	Embrun.... 14 2
5 Crottes (Les)	1123	4 0	814 0	Embrun.... 4 0	Embrun.... 4 0
6 Orres (Les)	974	13 0	1406 0	Embrun.... 13 0	Embrun.... 13 1
7 St-André-d'Embrun	781	6 0	1010 0	Embrun.... 5 6	Embrun.... 5 8
8 St-Sauveur	747	9 0	1100 0	Embrun.... 9 5	Embrun.... 9 3
II. — CANTON DE CHORGES (*8 com., 4 339 hab.*)					
9 Chorges	1617	24 0	864 0	Chorges.... »	Chorges.... »
10 Bréziers	405	35 0	845 0	Prunières .. 19 0	Remollon .. 6 8
11 Espinasses	441	28 0	652 0	Prunières .. 11 0	Remollon .. 7 2
12 Prunières	363	19 0	736 8	Prunières .. »	Chorges.... 4 1
13 Remollon	672	33 0	675 0	Prunières .. 17 0	Remollon... »
14 Rochebrune	199	33 0	653 0	Prunières .. 17 0	Remollon .. 4 0
15 Rousset	211	27 0	1038 0	Prunières .. 11 0	Remollon... 11 3
16 Theus	431	34 0	900 0	Prunières .. 19 0	Remollon... 2 8
III. — CANTON DE GUILLESTRE (*11 com., 8 328 hab.*)					
17 Guillestre	1450	23 0	975 0	Mont-Dauphin-Guillestre. 4 0	Guillestre .. »
18 Ceillac	557	36 0	1630 0	id. 17 5	Guillestre .. 13 5
19 Champcella	611	32 0	1306 0	La Roche .. 5 0	St-Crépin .. 6 0
20 Eygliers	607	23 0	1029 0	La Roche .. 3 0	Mont-Dauphin 1 2
III. — CANTON DE GUILLESTRE (*Suite*)					
1 Freissinières	820	36 0	1192 0	La Roche .. 6 0	St-Crépin .. 9 0
2 Mont-Dauphin	510	22 0	887 7	Mont-Dauphin-Guillestre. 2 2	Mont-Dauphin »
3 Réotier	509	17 0	1300 0	St-Clément. 5 7	Guillestre .. 7 8
4 Risoul	817	23 0	1118 0	Mont-Dauphin-Guillestre. 3 8	Guillestre .. 3 0
5 St-Clément	596	13 0	871 6	St-Clément. »	Guillestre .. 6 0
6 St-Crépin	1079	23 0	⊠ 908 0	Mont-Dauphin-Guillestre. 4 0	St-Crépin .. »
7 Vars	277	33 0	1656 0	id. 14 0	Guillestre .. 10 0
IV. — CANTON D'ORCIÈRES (*3 com., 2 716 hab.*)					
8 Orcières	1240	»	1328 0	Gap 30 2	Orcières ... »
9 Champoléon	560	»	1315 0	Gap 31 0	St-Jean-St-Nicolas .. 10 5
10 St-Jean-St-Nicolas	916	»	1072 0	Gap 20 5	id. »
V. — CANTON DE SAVINES (*6 com., 2 992 hab.*)					
11 Savines	1036	10 0	750 0	Savines .... »	Savines ... »
12 Puy-St-Eusèbe	375	8 0	1230 0	Embrun..... 7 6	Embrun.... 7 8
13 Puy-Sanières	241	6 0	1230 0	Embrun.... 7 1	Embrun.... 5 9
14 Réallon	859	15 0	1343 0	Savines 10 0	Embrun.... 12 5
15 St-Apollinaire	163	17 0	1276 0	Savines 9 9	Savines.... 9 8
16 Sauze (Le)	268	23 0	1052 0	Savines 12 9	Savines 13 0

Briançon est d'origine très ancienne et était déjà une étape militaire du temps des Romains, car elle défendait le passage des Alpes, ainsi que les voies d'Arles et de Vienne à Turin. Elle sut conserver son indépendance pendant l'invasion des Barbares, se constitua en république après la chute de l'empire d'Occident, passa à la France en 1349, fut adjugée au duc de Savoie en 1697, eut beaucoup à souffrir pendant les guerres du XVIe siècle. Les Français y battirent les Impériaux en 1709, et la ville fit définitivement retour à la France en 1713. Nous faisons ressortir le rôle militaire de cette ville et décrivons ses fortifications dans la partie militaire.

Nous ne saurions trop insister sur le rôle de Briançon comme place de manœuvre, aussi bien pour l'offensive que pour la défensive. L'ennemi ne peut, sans l'investir ou la masquer, dépasser l'Isère ou la Durance, car elle permet d'agir par le sud, en donnant la main aux places de Mont-Dauphin et de Tournoux, et par le nord en arrêtant l'ennemi dans la haute Maurienne. Elle constitue en outre une menace permanente pour Turin.

Il y a à Briançon un général gouverneur, une direction et un arrondissement d'artillerie, une direction et une chefferie du génie, une sous-intendance, un magasin annexe d'habillement et de campement et un magasin de vivres, ainsi qu'un hôpital militaire.

Embrun est une ancienne place forte, située sur la rive droite de la Durance au sommet d'un plateau terminé par des roches à pic; cette ville existait déjà avant la conquête romaine ; elle devint au IVe siècle la métropole des Alpes Maritimes et les empereurs la fortifièrent ; les Vandales, les Huns, les Lombards les Saxons, les Maures la ravagèrent successivement; elle fut incendiée en partie pendant les guerres de religion, bombardée et prise par Lesdiguières en 1585 et par le duc de Savoie en 1692.

Il y a à Embrun le 12e bataillon de chasseurs à pied, un magasin annexe des subsistances et de l'habillement et du campement.

Le général *Fantin des Odoards* est né à Embrun en 1778 Entré au service en 1808 comme sous-lieutenant, il prit part aux campagnes d'Italie, de Prusse, de Pologne, de Portugal et d'Espagne jusqu'en 1811. Il ne fut nommé chef de bataillon que pendant la campagne de Russie, puis colonel pendant la campagne de France. Il combattit à Fleurus et à Wavres pendant les cent jours, fut licencié par les Bourbons et ne reprit du service qu'en 1819, se distingua en 1823 pendant l'expédition d'Espagne où il fut nommé général de brigade. Il remplit, comme divisionnaire, diverses missions à l'intérieur et mourut en 1866.

Mont-Dauphin est une place forte dont nous avons parlé plus haut. Le 14e bataillon de chasseurs à pied y tient garnison, et il s'y trouve un hôpital militaire et des magasins annexes de vivres et d'habillement.

Fort-Queyras est un poste militaire sans aucune construction civile.

Guillestre était jadis une place très forte, déjà existante à l'époque romaine. On y voit encore les restes des anciens remparts ; elle fut attaquée plusieurs fois, aux XVe et XVIe siècles, soit par les huguenots, soit par les ducs de Savoie ; un de ces derniers s'en empara en 1692. C'est la patrie du général *Albert*, qui mourut en 1822.

Le Monêtier de Briançon, au pied du Mont-Pelvoux, sur la route de Briançon à Grenoble par la vallée de la Guisanne, était à l'époque romaine une station appelée *Stra-batio*.

Saint-Bonnet de Champsaur a vu naître, en 1543, le *duc de Lesdiguières* (François de Bonne). Ses parents, assez pauvres gentilshommes, l'avaient d'abord destiné au barreau, mais, faute d'argent pour continuer ses études, il dut s'engager comme simple archer, abjura le catholicisme à la suite des cruautés commises par le baron des Adrets, prit part aux diverses expéditions des protestants dans le Dauphiné, s'éleva de grade en grade au milieu des troubles du temps, et fut nommé, en 1565, chef des protestants du Champsaur. Il reprit plusieurs villes aux catholiques, combattit à Jarnac et à Montcontour, devint l'ami du roi de Navarre (Henri IV), échappa miraculeusement au massacre de la Saint-Barthélemy, puis guerroya contre la cour, en 1574 et 1575, sous les ordres de Dupuy-Montbrun, qu'il remplaça après sa mort comme chef des calvinistes. La Ligue n'eut pas d'adversaire plus redoutable, et il mit à profit même les trêves pour fortifier les places. Henri IV, qui l'appréciait beaucoup tout en s'en méfiant, l'employa surtout contre les ducs de Savoie, auxquels il infligea de nombreuses défaites et enleva diverses places, d'abord dans le Dauphiné et en Provence, puis dans leurs États qu'il envahit à plusieurs reprises par le mont Genèvre.

VUE D'EMBRUN.

Pendant une période de paix de neuf ans, de 1601 à 1610, Lesdiguières réorganisa et améliora le Dauphiné, dont il était lieutenant général. Henri IV le nomma maréchal en 1609 et comptait sur lui pour l'exécution de ses vastes desseins quand il fut assassiné en 1610. Lesdiguières ne refusa pas ses services à la régente, qui le créa duc et pair en 1611. En 1616, il leva à ses frais un corps de sept mille fantassins et cinq cents chevaux, pour porter secours au duc de Savoie, ainsi que le traité d'Asti nous y engageait. Lesdiguières dont la parole était engagée et en présence des influences qui empêchaient le roi de tenir la sienne, entra en campagne malgré le Parlement et le roi, qui cependant finit par approuver l'expédition qu'il n'avait pu empêcher, mais arrêta Lesdiguières en 1617, au beau milieu de ses succès, pour ne pas se brouiller complètement avec l'Espagne.

Jusqu'en 1621, le général contribua à calmer les protestants, dont il se sépara nettement alors, après avoir été nommé maréchal de camp général. Il assiégea contre eux Saint-Jean-d'Angély et Montauban en 1621. Enfin, à la mort de Luynes, il fut nommé connétable (le dernier qui fut revêtu de cette dignité) et abjura alors le protestantisme en 1622. En 1625, chargé de chasser les Espagnols de la Valteline, il traversa les Alpes en plein hiver, prit quelques places sur les Génois, livra des combats, et, après diverses vicissitudes, il dut venir attendre dans le Dauphiné le retour de la belle saison. La mort vint le surprendre à Valence, après une fièvre de quelques jours.

Lesdiguières passa presque toute son existence en campagne, et comme le porte la lettre qui le nomma connétable, y fut toujours vainqueur et jamais vaincu. Il avait d'ailleurs des talents supérieurs, du coup d'œil et du sang-froid, une habileté rare, un courage indomptable et une activité infatigable, car il n'hésita jamais à payer de sa personne ; il fut un des capitaines les plus capables de cette époque et se distingua surtout dans la manière d'attaquer et de défendre les places. Mais son caractère était entier et despotique jusqu'à la cruauté, et il ne sut jamais accorder un délai à ses créanciers, ni pardonner même les fautes les plus légères.

Champoléon, village situé dans les montagnes des environs d'Embrum, est la patrie du brave général *Guieu*, qui y naquit en 1758. Il servait dans les gardes-du-corps lorsqu'éclata la Révolution, et franchit rapidement alors les premiers grades. Il était général de brigade pendant la campagne d'Italie, où il se distingua en plusieurs rencontres, notamment à la bataille d'Arcole, dont il décida le succès en enlevant ce village aux Autrichiens. Nommé général de division peu après, il se signala à l'affaire de la Chiusa, puis prit sa retraite en l'an VIII. Fort et vigoureux, l'air martial et résolu, il exerçait sur ses soldats une influence irrésistible.

Tallard possède un vieux château-fort qui appartenait au XIIIe siècle à la maison d'Orange.

XI. — DIVISION JUDICIAIRE

Le département des Hautes-Alpes dépend de la Cour d'appel de Grenoble qui se compose d'un premier président, de trois présidents de Chambre, d'un procureur général, de deux avocats généraux et de deux substituts du procureur général. Il y a un tribunal de première instance à Gap (siège de la Cour d'assises du département), à Briançon et à Embrun. Pas de tribunaux de commerce dans le département.

Gap. — Trois notaires et cinq avoués.

Briançon. — Deux notaires et deux avoués.

Embrun. — Trois notaires et trois avoués.

XII. — DIVISION UNIVERSITAIRE

Le département des Hautes-Alpes fait partie de l'Académie de Grenoble.

Enseignement secondaire. — Un collège communal dans chacune des villes de Gap, Briançon et Embrun. — Établissement libre à Guillestre.

Enseignement primaire. — Un inspecteur primaire à Gap, à Serres, à Briançon et à Embrun. — Une école normale d'instituteurs et une école normale d'institutrices à Gap.

Cours complémentaires à Veynes.

Pensionnats primaires à Gap et à Serres.

Écoles publiques. — 344 écoles laïques, fréquentées par 12 353 garçons et 7 957 filles ; 32 écoles congréganistes, fréquentées par 1 362 garçons et 3 061 filles.

Écoles libres. — 42 écoles laïques, fréquentées par 264 garçons et 1 327 filles ; 40 écoles congréganistes, fréquentées par 1 069 garçons et 1637 filles.

II. — PARTIE MILITAIRE

Les *montagnes* qui recouvrent presque entièrement le territoire des Hautes-Alpes, sont des rochers généralement arides ou couverts de neiges, et les vallées qui les sillonnent sont souvent étroites, resserrées, limitées par des parois à pic et n'offrant que des ressources insuffisantes pour les armées de notre époque. La partie montagneuse qui avoisine Queyras est particulièrement âpre et désolée. Les cimes sont généralement très élevées et le massif très enchevêtré. A partir du *mont Viso*, situé à l'extrême frontière sud, les montagnes, qui atteignaient souvent l'altitude de 3 500 mètres, vont s'abaissant graduellement jusqu'à la mer. Au nœud formé par l'*Enchastraye*, à la source de la Trébie, des contreforts sont projetés de tous côtés en forme d'éventail.

Le cours supérieur de la *Durance* circule presque parallèlement à la chaîne des Alpes et, dans cette partie, sa vallée présente de nombreuses positions défensives. Cette rivière et ses premiers affluents de gauche, le *Guil* et *l'Ubaye*, qui sortent à l'ouest du *mont Viso* (3 843m), ouvrent dans les Alpes des passages nombreux, dont quelques-uns sont très praticables,. entre la France et l'Italie, où descendent également du mont Viso les rivières *le Pô, la Pellice* et *la Vraita*.

Le principal et le meilleur de ces passages est la route qui, par le *col du Mont-Genèvre* (1 995m), va de Briançon à Turin. De Briançon, cette route atteint, après 10 kilomètres, le col, sur le plateau duquel est bâti le village français du Mont-Genèvre. Elle descend ensuite en Italie, en faisant, entre *Clavières* et *Césanne*, un lacet, dit *des Barricades*. A partir de *Césanne*, il y a deux directions.

A gauche, la voie arrive à *Oulx*, sur la *Doire ripuaire*, qu'elle suit par *Exilles* jusqu'à *Suze*, puis gagne Turin. A Oulx, le chemin de fer tourne à droite pour se diriger sur *Bardonnèche*, entrée du tunnel du *Mont-Cenis*. A *Exilles*, dans un étranglement de la vallée de la Doire, a été construit un fort qui occupe une position dominante sur un rocher et qui a été récemment renforcé, de manière à maîtriser convenablement cette branche de la route. Un chemin praticable à l'artillerie est défendu, sur le flanc des montagnes, par une batterie dite *de la Garde*, qui empêche d'atteindre les hauteurs d'où l'on pourrait plonger sur le *fort d'Exilles*.

La direction de droite franchit le *col de Sestrières*, descend la vallée du *Chisone* ou de *Pragalas* et gagne *Turin* par *Fénestrelles* et *Pignerol*, qui sont fortifiées. *Fénestrelles* surtout est une place très forte. Cependant, il serait possible de tourner à la fois *Exilles* et *Fénestrelles* par le *col de l'Assiette*, entre la Doire et le Chisone, en rendant praticables à l'artillerie quelques-uns des nombreux chemins muletiers qui y aboutissent. Les Italiens auraient donc intérêt à occuper ce col.

Le *col du Mont-Genèvre* est maîtrisé par la place et par les ouvrages de *Briançon*, que nous décrirons plus loin.

La route qui passe par ce col fut souvent suivie par nos armées et même par les armées romaines, qui, sous César, ne mettaient que huit jours pour venir de Rome à Genève. C'est par cette route que Charles VIII descendit en Italie, qu'en 1629 Louis XIII et Richelieu arrivèrent dans la vallée d'Oulx et prirent trois lignes successives de retranchements qui barraient la vallée de la Doire. Cette route fut également utilisée souvent pendant les campagnes de la Révolution et de l'Empire, et même en 1859 par la division du général Bourbaki.

Cette route du Mont-Genèvre sert encore à mettre Grenoble en communication avec Briançon autrement que par la route de 111 kilomètres de longueur qui traverse le *col du Lautaret* et qui est souvent interceptée par les neiges. Il suffit, pour cela, de prendre le chemin de fer de Lyon jusqu'à *Oulx*, d'où l'on gagne *Briançon*, qui n'en est qu'à 27 kilomètres. Il est vrai que cette voie ferrée emprunte dans une petite partie le territoire italien, où l'on a eu soin de préparer des mines pour le faire sauter. Le chemin de fer de *Grenoble* à *Sisteron* facilite les mouvements de troupes parallèlement à la frontière. L'embranchement qui vient gagner *Briançon* par *Gap* et *Embrun* permet également de rayonner sur la frontière par voie ferrée.

Il existe bien une autre communication parallèle à la crête des Alpes, mais elle est moins avantageuse que la voie ferrée, qu'elle sert à doubler dans tous les cas ; c'est le chemin partant de *Moutiers*, traversant le *col des Encombres* pour arriver à *Saint-Michel*, puis à *Briançon* par le *col du Galibier*, ensuite à *Tournoux* par *Mont-Dauphin* et le *col de Vars* et, enfin, à *Castellane* par *Barcelonnette* et *Colmars*. Ce chemin est, il est vrai, plus rapproché de la frontière que le précédent.

La vallée inférieure de la *Durance* communique avec *Grenoble :*

1° Par la route qui, partant de *Gap*, franchit le *col Bayard* (1 246 m) et suit à peu près la vallée du *Drac ;*

2° Par la route de *Sisteron à Grenoble*, qui suit la *vallée du Buëch* et le *col de la Croix-Haute* (1500m) . *Sisteron* et *Gap* sont également reliés entre eux par une bonne route, qui traverse le *col de Cabre* et aboutit à *Die*.

Au sud du *mont Viso* se trouve le *col d'Agnel ou d'Agnello* (2 670m), entre le *Guil* et la *Vraita*. C'est une brèche étroite circulant à travers une muraille à pic de 20 mètres de hauteur, mais à travers laquelle on est passé plusieurs fois avec du canon. Le passage de ce col par François Ier est resté célèbre. Ne pouvant passer par le *mont Cenis* ni par le *mont Genèvre*, occupés d'avance par les Suisses, il se contenta de les faire observer, puis il fit franchir les Alpes à son armée en trois corps ; celui du centre, le plus fort, par le *col d'Agnello*, avec les soixante-douze canons qui suivaient l'armée ; celui de droite par la *vallée de Barcelonnette* et le *col de l'Argentière ;* celui de gauche, ne comprenant guère que la cavalerie, par le *col de Sestrières*. Les corps de gauche et du centre eurent à vaincre de sérieuses difficultés pour se frayer un passage à travers des chemins ou des sentiers presque impraticables. Aussi, l'ennemi ne s'opposa-t-il pas à leur passage et l'armée française put aller se concentrer sans combat à *Saluces*, après avoir surpris et fait prisonnier le général Colonna qui commandait l'armée suisse. En conséquence celle-ci dut se replier en arrière de Milan.

Une armée franco-espagnole, commandée par le duc de Mina, passa en Italie par le col d'Agnello, en 1743.

En améliorant le passage du *col d'Agnello* par des travaux de pionniers, on le rendrait facilement praticable à l'artillerie. Une troupe française pourrait alors tourner toutes les défenses que les Italiens ont construites à profusion au débouché du *Mont-Cenis* et à celui du *Mont-Genèvré*, pour empêcher les Français de les utiliser et, en même temps, le passage du *col de l'Argentière* n'aurait plus aucun avantage pour nos voisins qui, pour le maîtriser, ont construit à *Vinadio* un ouvrage important. Un mauvais passage, qui traverse le *col de la Traversette* (3 021m) vient déboucher à la source du Pô.

EMBRUN ET SES ENVIRONS
Extrait de la carte d'État-Major au 80 000e.

Le *col de l'Échelle de Planpinet* (1 790m) est le passage le plus bas des Alpes. C'est pourquoi on l'a choisi pour le tracé du chemin de fer projeté entre *Briançon* et *Bardonnèche*. Bien que la circulation n'y soit pas facile pour une armée, elle est praticable toute l'année. Un chemin muletier passe par le *col d'Abriès* (2 700m) entre la *vallée du Guil* et celle *de la Germa-nasca*.

Le chemin de Briançon à Queyras traverse le col d'*Izouard* (2 388m.) Un autre chemin muletier part du *col d'Abriès* et met en relation la *vallée du Guil* et *celle du Pellice*; il passe par le *col Lacroix* (2 320m), est très fréquenté et prend à revers les défenses de *Fénestrelles*. Il permet de déboucher en une seule étape dans les plaines du Piémont.

Fortifications.

Un certain nombre d'autres chemins moins importants ou de sentiers muletiers, praticables seulement pendant la belle saison et non pour des armées, se trouvent encore dans cette région et sont, ainsi que les précédents, surveillés par le *fort Queyras*, ouvrage très bien situé et qui suffisait autrefois à son rôle. Mais, avec la portée et l'effet actuels de l'artillerie, il ne serait pas en état de résister longtemps et ne pourrait guère que servir de point d'appui à des partisans.

Bâti sur la rive droite du Guil, au sommet d'un rocher isolé et escarpé (1 450m), le fort ou château Queyras se trouve sur un petit plateau pouvant à peine contenir les casernes et autres bâtiments militaires. Il ne communique avec Briançon que par la route passant par le col Izouard et par le col des Ayes, recouverts de neige plus de la moitié de l'année. Cette vieille fortification, dominée de tous côtés, ne pourrait par elle-même que servir de réduit pour l'infanterie.

On trouve encore, comme positions de seconde ligne sur la Durance : *Mont-Dauphin* et *Embrun*.

Mont-Dauphin, dont les fortifications ont été élevées par Vauban en 1694, occupe une position très forte sur un mamelon élevé de 960 m., qui sépare les *vallées du Guil et de la Durance*. La route venant de la *vallée de l'Ubaye* par le *col de Vars* vient y aboutir. Son enceinte couronne des rochers à pic sur la plus grande partie de son développement. Cette place peut encore faire l'office d'un très bon fort d'arrêt. On n'a pas proposé de la renforcer, parce qu'elle ne se trouve pas sur les voies conduisant aux objectifs principaux et qu'elle ne pourrait résister à l'artillerie actuelle qu'en occupant des hauteurs qui la dominent.

De *Mont-Dauphin au confluent de l'Ubaye*, la vallée de la Durance est dépourvue de communication avec les cols de la grande chaîne; dans l'intervalle se trouve la place d'*Embrun* autrefois très forte, mais actuellement déclassée.

A part *Briançon*, les différentes petites places qui défendent les points de réunion des vallées supérieures des Alpes sont dominées par les hauteurs environnantes, d'où l'artillerie actuelle peut plonger dans les ouvrages. Au moment du danger, il serait préférable de se porter, avec les garnisons et l'artillerie disponibles, au-devant de l'ennemi en occupant les crêtes d'où l'on peut battre le débouché des vallées.

Briançon (1), est la place la plus importante du front des Alpes du Dauphiné et, par sa situation, convient aussi bien à l'offensive qu'à la défensive. Au point de vue offensif, la proximité de la frontière et des vallées d'*Oulx* et du *Chisone* permettraient à une armée française de déboucher par le mont Genèvre pour tomber sur une armée italienne engagée en Savoie ou de venir occuper *Bardonnèche*, à 20 kilomètres seulement de Briançon. Au point de vue défensif, elle est la clef du bassin de la Durance et le pivot de la défense des Alpes, puisque de là on peut se porter soit vers la Savoie, soit vers le Var, ainsi que l'a montré le maréchal de Berwick ; en outre, elle intercepte la route du Mont-Genèvre, celle de Grenoble par le col du Lautaret et celle de la Provence par la vallée de la Durance ; enfin elle prend à revers les nombreux chemins et sentiers qui conduisent dans la vallée italienne de la *Chisone* en franchissant les Alpes jusqu'au mont Viso.

Les anciennes fortifications, construites par Vauban au milieu du XVIIIe siècle, constituaient déjà un système relativement étendu pour l'époque, afin de ne pas être dominées à bonne portée par les hauteurs avoisinantes. Elles comprenaient ;

1° Une enceinte bastionnée assez irrégulière pour la ville, occupant un mamelon de la rive droite de la Durance, au sommet de l'angle formé par la jonction de la Guisane à la Durance. Cette enceinte, couronnant en plusieurs endroits des escarpements à pic, était complétée par les ouvrages détachés suivants :

2° La *redoute des Salettes*, au nord de la route du Mont-Genèvre, pour battre directement cette route et l'entrée de la *vallée de la Clairée*, qui se jette dans la Durance à 4 kilomètres en amont de Briançon ;

3° A l'est le *fort Dauphin* et le *fort des Trois-Têtes*, sur la rive gauche de la Durance, à moins d'un kilomètre de la ville, sont bâtis sur des éperons rocheux de *l'Infernet*, qui toutefois les domine à brève distance ; le fort des Trois-Têtes, très grand, couronne un mamelon à triple sommité et constitue la véritable citadelle de la ville ;

4° Au sud, les *forts du Randouillet et d'Anjou*, très rapprochés des précédents, commandent l'entrée de la vallée formée par le *torrent de Cervières*, qui débouche dans la Durance à 1 kilomètre au-dessous du confluent de la Guisane ; ils tiennent également sous leur feu la route de Gap

Mais avec la portée actuelle de l'artillerie, ces défenses n'étaient plus suffisantes pour rendre l'investissement et le bombardement de la place impossibles, car l'ennemi pouvait, à l'aide de travaux d'une exécution facile, utiliser des chemins conduisant hors des vues des ouvrages jusqu'à la cime du *Mont Gondran* et arriver à surplomber la ville, le fort Dauphin et le fort des Trois-Têtes.

On a complété ces défenses de la manière suivante :

La redoute des Salettes, qui occupe seule la rive droite de la Durance, est dominée par les escarpements de la crête de Peyrolle (2 640^{m}), située à 5 kilomètres au nord de la ville, entre les vallées de la Guisane et de la Clairée. On a couronné l'extrémité de cette arête par la *batterie de la Croix de Toulouse* (1 978^{m}), qui tient sous ses feux le confluent de la Clairée, la route et le plateau du col du Mont-Genèvre.

A l'ouest, on a couronné la cime du mont Gondran (2 464^{m}), dont on n'occupait que les contreforts inférieurs, par des ouvrages qui battent les pentes descendant au col du Mont-Genèvre et à la position des Barricades, par laquelle débouche la route du col. Des routes militaires, partant des vieux forts de Briançon, permettent d'atteindre avec du canon le pic de l'Infernet (2 880^{m}), où a été construit un fort, la cime du Gondran, prolongement de l'arête de l'Infernet, le mont Janus (2 504^{m}), qui se projette au nord de la cime du Gondran et au sud de celle-ci, l'Éperon qui surplombe Cervières. Trois redoutes pour l'infanterie et huit batteries s'étagent sur ces crêtes et commandent les pentes par lesquelles on aurait pu escalader le Gondran. La redoute de l'Infernet bat au nord le val de la Clairée et au sud la route de Cervières ; elle contient des logements et des installations spéciales pour la saison d'hiver. En contrebas et en arrière de cette redoute, une batterie est destinée à battre directement le débouché du vallon de la Clairée. La batterie du Mont-Janus voit directement le village du Mont-Genèvre et le débouché du col ; son rayon d'action s'étend jusqu'à l'extrême frontière. La batterie extrême du contrefort du sud tient sous son feu le village de Cervières, où aboutissent les chemins muletiers des *cols de Gimont et de Bousson* qui permettent de communiquer avec Cézanne.

Enfin, pour achever de rendre infranchissable le défilé entre Cervières et la future gare militaire de Briançon, on a construit le *fort de la Croix-de-Bretagne* (2 137^{m}), auquel on accède par *Villar-Saint-Pancrace*. L'arête, à l'extrémité nord de laquelle est ce fort, est

(1) D'après la *Géographie militaire* du commandant Marga, et *la Frontière* par M. Eugène Ténot.

dite de la *Grande-Maye* et elle a reçu sur une longueur de 3 kilomètres une série de batteries organisées comme celle du mont Gondran. Elle est flanquée, sur le versant de la Cerveyrette, par une batterie qui enfile la route, et sur le versant opposé par deux ouvrages qui voient le chemin muletier de Queyras par le col des Ayes. Une batterie, construite sur un éperon faisant face au fort du Randouillet, tient sous ses feux tout le revers sud de l'arête de l'Infernet.

Le vallon de Cervières est par suite battu efficacement par les feux croisés des batteries de la Grande-Maye, de l'Infernet et du Mont-Gondran.

L'ensemble des routes et des batteries forme, comme on peut s'en rendre compte, de véritables caponnières de communication, dont les batteries servent de lieu de halte et de repos pour les troupes de secours et les convois de ravitaillement des forts.

On peut remarquer que le côté à l'ouest de la Guisane et de la Durance, qui est opposé à celui par lequel l'invasion est à craindre, n'a pas de fortifications. Il est question de construire dans cette partie un ouvrage, qui couronnerait le pic de Notre-Dame-des-Neiges (2 300^{m}).

D'après M. Ténot, tous les passages compris entre le Mont-Thabor et les sources de la Doire ripuaire pourraient être défendus par cinq brigades, dont deux de troupes territoriales; celles-ci occuperaient les ouvrages permanents et les cols, tandis que les brigades actives constitueraient une colonne mobile de 20 000 combattants, permettant de parer à toutes les éventualités dans cette région.

« En résumé, conclut M. Ténot, la section de la frontière des Alpes comprise entre Briançon et le col de Tende n'offre à l'assaillant aucune route d'invasion réellement praticable. Toute cette région des Alpes provençales est un pays pauvre, dénudé, raviné, stérilisé par le déboisement des montagnes. Une armée qui aurait réussi à passer par le col Agnel ou par celui de l'Argentière ne trouverait pas à vivre dans ce désert et ne pourrait pas davantage s'élever vers le nord, à travers les âpres montagnes du Dauphiné. C'est vers la vallée inférieure du Rhône qu'elle tendrait, avec Marseille et Avignon pour objectifs. Or c'est la route du littoral qui est la véritable voie stratégique d'Italie en Provence. On peut donc affirmer que quelques bataillons et un petit nombre de batteries dans la vallée de Queyras et dans celle de Barcelonnette suffiraient à assurer l'absolue sécurité de ce secteur de la frontière.

« L'offensive de la France en Italie pourrait, par contre, s'opérer peut-être avec avantage par le col Agnel et par la route de l'Argentière. L'achèvement du chemin de fer de la Durance jusqu'à Briançon, avec un embranchement sur Barcelonnette, permettrait une concentration rapide au pied des cols, tandis que des démonstrations sur le mont Cenis et le mont Genèvre d'une part, sur le col de Tende et le littoral ligurien de l'autre, pourraient tromper l'ennemi sur le vrai point d'attaque. »

Napoléon a dit encore, à propos de la guerre de montagnes, que les fortifications ne peuvent suffire à intercepter tous les passages, quels que soient le nombre et la valeur des ouvrages. En effet, un assaillant suffisamment nombreux finira toujours par trouver un chemin par lequel il pourra faire passer ses troupes légères, et même du canon en améliorant ce passage. C'est là tout le secret de la guerre dans les Alpes : s'ouvrir un chemin nouveau, soit pour tourner les défenses de l'ennemi, soit pour se dérober et tomber sur ses flancs Dans les montagnes, il faut d'ailleurs attaquer le moins possible, à cause de l'avantage considérable que la difficulté du terrain offre à la défense et, même dans l'offensive, forcer l'ennemi à attaquer le premier, en prenant sur ses flancs ou sur ses derrières des positions qui ne lui permettent pas de garder les siennes, s'efforcer, en un mot, de manœuvrer offensivement et de combattre défensivement.

« Il est donc nécessaire, dit M. le colonel Niox (1) auquel nous avons emprunté la citation précédente, d'avoir des troupes mobiles habituées à la guerre des montagnes, rompues à la marche, familiarisées avec le pays, sachant manier le pic et la pioche, non seulement pour se fortifier, mais aussi pour s'ouvrir un passage. De là aussi l'importance des routes parallèles à la frontière (routes de rocade), par lesquelles on peut rapidement faire des navettes, c'est-à-dire se transporter d'une vallée à l'autre.

« C'est par de bonnes routes autant que par des fortifications que l'on peut défendre une frontière étendue de montagnes, et pour les mettre autant que possible à l'abri des détériorations creusées par les avalanches et par les torrents, il est utile, malgré la dépense, de les établir sur le rocher et d'éviter les terres meubles des moraines et des éboulements. Mais, en dehors des routes stratégiques nécessaires à la défense, il faut s'opposer à l'amélioration des sentiers de montagne par lesquels des détachements ennemis pourraient tourner des positions offensives. »

(1) *Géographie militaire* (3e édition), p. 320.

DÉPARTEMENT DES ALPES-MARITIMES

I. — PARTIE CIVILE

I. — HISTOIRE

Ce département, qui est situé entre 4°3' et 5°20' de longitude est, et 43°3' et 44°30' de latitude, appartient à la région sud-est de la France ; il est à la fois maritime et frontière. Sa forme est celle d'un triangle irrégulier dont la plus grande longueur est de 98 kilomètres, du rocher des Trois-Évêques au nord, au rocher Notre-Dame, promontoire au sud du golfe de la Napoule. Il a, dans sa plus grande largeur, 85 kilomètres de la pointe d'Agiasque (1 889^{m}) à l'est au val de Roure à l'ouest, à la réunion des départements du Var et des Basses-

NICE. — Vue prise du mont Boron.

Alpes. Ses côtes ont un développement d'environ 100 kilomètres.

Il a été formé, en 1860, du comté de Nice et de l'arrondissement de Grasse, détaché du département du Var.

La petite principauté indépendante de Monaco est enclavée dans son territoire, qui est borné au nord-est et à l'est par l'Italie, au sud-est par la Méditerranée ; à l'ouest, par les départements du Var et des Basses-Alpes.

La contrée était primitivement habitée par des Ligures et des Celtes à demi-sauvages, et dont les principales tribus étaient celles des *Vediantii* à *Sanitium* (Senez) et à *Cemenelum* (Cimiez), les *Nerusi* à *Ventium* (Vence), les *Deceates*, les *Ligauni*, etc. Le littoral fut colonisé de bonne heure par les Phéniciens, puis par les Phocéens. Les premiers fondèrent *Portus Herculis* (Villefranche) et les seconds *Nicæa* (Nice) et *Antipolis* (Antibes) ; ils repoussèrent les tribus gauloises dans l'intérieur des terres.

Les Romains pénétrèrent de bonne heure dans le pays qui, après César, passa sous leur domination Les peuplades Ligures s'étant soulevées, Auguste étouffa cette révolte. On voit encore à la Turbie les restes d'un monument commémoratif gigantesque qu'il fit élever, et sur lequel étaient inscrits les noms de quarante-huit tribus vaincues.

La Ligurie dépendit de la *Province romaine*, puis de la *Narbonnaise*. La voie Aurélienne qui réunissait la contrée à Rome, servit de passage aux invasions barbares, lorsque les Visigoths, les Ostrogoths, les Lombards, etc. se ruèrent sur l'Italie, et le pays fut, pendant trois siècles, continuellement ravagé.

Pendant ce temps, des évêchés étaient fondés par Saint-Pons, à Cimiez (260) ; Saint-Bassus, à Nice (250) ; Saint-Eusèbe, à Vence (350); et Saint-Armantaire à Antibes (400).

Au VIIIe et au IXe siècle, nouvelles invasions de Sarrazins qui s'établirent dans le pays et dont le quartier général était à *Fraxinet*(La Garde-Freinet) ; ils n'en furent délogés qu'en 972 par Guillaume de Provence et Grimaldi, comte de Monaco.

La Ligurie, après avoir dépendu de la Lotharingie, de la Bourgogne-Cisjurane et du royaume d'Arles, passa, en 1090, aux Raymond-Béranger, comtes de Barcelone.

Elle passa ensuite à la maison d'Anjou par le mariage de Béatrix, fille de Raymond-Béranger IV, avec Charles d'Anjou, fils de saint Louis, et dépendit du royaume de Naples.

A la suite des troubles qui éclatèrent dans ce royaume, Nice implora le secours de la maison de Savoie, et Amédée VII s'empressa d'y répondre en s'emparant du pays.

Lors des guerres de François Ier et de Charles-Quint, le territoire fut tour à tour envahi par les armées. Les Impériaux le ravagèrent en 1524 et en 1536. En 1543, François Ier, allié à Barberousse, bey de Tunis, assiégea Nice par terre et par mer; il ne put s'en emparer, et, menacé par le duc de Savoie qui s'avançait à la tête d'une armée, il battit en retraite. C'est à ce siège que se distingua *Catherine Ségurane*, la Jeanne-Hachette de Nice.

Les guerres de religion ensanglantèrent le pays, et, sous Henri IV, d'Epernon, vainqueur des Ligueurs, s'empara de la rive droite du Var.

En 1691, Catinat s'empara du comté de Nice, qui fut rendu à la Savoie au traité de Turin (1696). Il fut repris en 1705 par Louis XIV qui fit raser la forteresse de Nice. En 1766, une invasion des Impériaux et des Anglais fut repoussée par le maréchal de Belle-Isle.

En 1789, les émigrés se réfugièrent à Nice ; mais les habitants passionnés pour les idées nouvelles, forcèrent les troupes de Savoie à se replier sur Saorgio, et le général Anselme ayant sous ses ordres Masséna et Bonaparte, entra dans Nice sans coup férir. Ce comté fut réuni à la République, par décret du 4 février 1792, lequel fut ratifié par le traité de Campo-Formio (1797).

En 1814, après la chute de Napoléon, le roi de Sardaigne reprit possession du pays.

Aux Cent Jours, c'est au golfe Jouan, près Cannes, que Napoléon débarqua avec huit cents hommes de la garde pour marcher, par Grasse, Digne et Grenoble, sur Paris.

Enfin, après la guerre de l'Indépendance italienne (1859), le comté de Nice fut définitivement annexé à la France, à la suite du traité conditionnel de Villafranca (1860), confirmé par le vote presque unanime des habitants.

L'île de Ste-Marguerite, qui dépend du département des Alpes-Maritimes, a servi de lieu de détention au masque de fer et à l'ex-maréchal Bazaine.

II. – VUE DU DÉPARTEMENT A VOL D'OISEAU

Le département, baigné au sud par la Méditerranée dont les côtes sont escarpées et pittoresques, s'élève rapidement en remontant au nord où il est borné par la chaîne des Alpes Maritimes. La plus grande partie de cette chaîne appartient au territoire italien et ses contreforts, descendant du nord au sud, séparent la vallée du Var de celles de ses affluents.

Les principaux sommets sont :.

Sur la frontière italienne, au nord, le rocher des Trois Évêques (2 858m), puis, en descendant au sud-est, le mont Aiga (2 836m), la tête de l'Ubac de Claï (3 008m), le Tinibras (3 031m), point le plus élevé du département, le Chignon de Rabuons (3 008m), la cime de Cialancias (2 998m), la cime de Colla Lunga (2 758m), le Balaour Inférieur (2 384m), la cime de la Valette (2 503m), la cime du Diable (2 687m), la pointe de l'Agiasque (1 889m), l'Arpette (1 618m), le signal de Granmondo (1 377m), enfin, près de la côte, la Cime de Restaud (1 140m).

Dans le chaînon situé sur la limite des Basses-Alpes, on trouve, du nord au sud, la cime de

Pelouse (2758m), la Bonette (2 864m), la tête du Cristel (2729m), l'Eschillon (2 710m), le Moulin Bertrand (2 668m), les Aiguilles Pelens (2 685m), la Tête de Travers (2 199m), puis, entre le Var et l'Estéron, le mont Gourdan (1 436m), à la source de la Siagnole le signal de la Chens (1 713m), au sud près du golfe de la Napoule le sommet Pelet 534 mètres.

Les autres sommets élevés sont, dans l'intérieur :

1° Entre le Var et la Tinée, la Côte de l'Ane (2 931m), le Bollofré (2 828m), le Mounier (2 818m), le Barrot (2 124m), et les Cluos (2102m) ;

2° Entre la Vésubie et la Roya, au nord, le Tuor (2 180m), et le Simon (1 491m), au sud, le pic de Baudon (1 263m) et le mont Agel (1 149m), près de Monaco ;

3° Dans le massif de l'Estérel : contrefort oriental des Alpes de Provence entre l'Estéron, le Loup et la Siagne, les montagnes de Bleine, (1 657m), du Cheiron (1 778m) et de l'Audibergue (1 642m) formant une série de crêtes parallèles à la côte.

La partie nord du département rappelle les Basses-Alpes, par ses prairies, ses montagnes élevées généralement dépouillées de terre végétale et ses torrents impétueux ; par contre, dans la partie sud abritée du vent du nord, on trouve de belles vallées où croissent l'olivier, le citronnier et même l'oranger.

La côte baignée par la Méditerranée présente des sites très pittoresques. On y trouve le *cap Martin* entre Menton et Monaco, le *cap Ferrat*, à l'extrémité de la presqu'île Saint-Jean ou *Corniche* et, à côté, la belle et profonde rade de Villefranche, le *cap d'Antibes*, à l'extrémité de la presqu'île de la Garroupe, le *cap de la Croisette* entre les *golfes de Jouan* et de *la Napoule*. A 1 400 mètres au sud de ce cap s'élève le gracieux et verdoyant archipel des îles de Lérins dont les principales sont Sainte-Marguerite qui a 7 kilomètres de tour et Saint-Honorat qui n'en a que 3 environ.

III. — HYDROGRAPHIE

A part la petite rivière de la *Lane* au nord-ouest de l'arrondissement de Grasse qui appartient au bassin du Rhône, le département ne renferme que des torrents plus ou moins importants qui finissent à la mer.

Les principaux sont, de l'est à l'ouest :

La Roya qui prend sa source en Italie, près du col de Tende et a son embouchure à Vintimille (Italie), la partie moyenne de son cours appartient seule au territoire français où elle arrose Fontan, Saorge et Breil ; elle reçoit *la Bévera* qui passe à Moulinet et Sospel.

Le *Paillon* (31 kilomètres) passe à Lucerain, l'Escarène, Drap, Trinité-Victor et se jette dans la mer à Nice. Il reçoit le *Paillon de Contes* qui passe à Contes.

Le Var (115 kilomètres), prend sa source près du col de la Cayolle à 2 200 mètres d'altitude, descendant au sud il arrose Entraunes (1 260m) Saint-Martin (1 055m), Villeneuve, Guillaumes, Daluis (653m), puis quitte le département pendant une quinzaine de kilomètres pour passer à Entrevaux; faisant un coude à l'est il rentre dans le département à une altitude de 440 mètres, arrose Puget-Théniers (399m), Touët, Villars (250m), puis tournant au sud, il traverse l'étroite *clus de l'Echaudan* où il coule entre des berges à pic de 200 à 400 mètres de hauteur, il passe ensuite à Bonson (140m), Saint-Martin, Castagniers et se jette dans la mer à deux kilomètres au-dessous de Saint-Laurent. C'est un torrent impétueux qui, à la fonte des neiges, débite 3 000 mètres cubes d'eau par seconde. Sa pente moyenne est de 0m,019 par mètre.

Ses principaux affluents sont, sur la rive gauche : la *Barlatta*, la *Tuébi* qui passe à Peone et a son confluent à Guillaumes, la *Roudoulle* qui traverse Puget-Théniers, la *Tinée* (65 kilom.) dont le lit encaissé traverse d'étroites *clus* aux parois verticales ; elle prend sa source sur le versant nord de la Bonette à 2 800 mètres d'altitude, passe à Saint-Étienne (1 141m) à Isola (882m) puis sert de frontière avec l'Italie l'espace de 6 kilomètres jusqu'au vallon des Molières, elle passe ensuite à Saint-Sauveur et rejoint le Var à 200 mètres d'altitude; sa pente est de 2 600 mètres, soit 0m,04 par mètre; elle reçoit sur sa rive droite la *Roja* et le *Robion* qui passe à Robion et à Roure.

Le Var reçoit ensuite la *Vésubie* (51 kilom.) formée des torrents de *Boréon* et de la *Madone des Fenêtres* qui tous deux prennent leur source en Italie, le premier sur les pentes du Mercantour (3 167m) et le deuxième près du mont Clapier (3 046m); ils se joignent à Saint-Martin Lantosque à 950 mètres, la Vésubie passe ensuite à Roquebillère (578m), Lantosque, Duranus et rejoint le Var près de Levens à 140 mètres d'altitude, sa pente moyenne est de 0,024 par mètre. Elle reçoit sur sa rive gauche la *Gordolasque* qui, descendant du mont Clapier, se jette à Roquebillère.

Le Var reçoit, dans le département, sur la rive droite, l'*Estéron* (57 kilom.) qui prend sa source dans les Basses-Alpes, il passe à Saint-Auban au nord duquel il se fraye un passage dans une *clus* très étroite et très pittoresque, puis courant à l'est il arrose Gars, Aiglun, Roquesteron et rejoint le Var par 122 mètres d'altitude. Sa pente moyenne est de 0,018 par mètre.

La *Cagne* n'a que 24 kilomètres, mais a une

source relativement importante ; elle descend de la montagne du Cheiron (à 1 250m) passe à Coursegoules (885m) et près de Vence et se jette dans la mer au-dessous de Cagnes.

Le *Loup* (43 kilom.) prend naissance dans la Montagne de l'Ubac (1 305m) passe près de Gréolières, de Cipières, du Bar et se jette dans la mer à 2 kilomètres sud-est de Villeneuve-Loubet.

La *Brague* (18 kilom.) passe à Valbonne et à Biot.

La *Siagne* (49 kil.) prend naissance dans la montagne de l'Andibergue, passe près de Saint-Vallier sous un pont naturel appelé le *Pont-à-Dieu* puis sépare le département de celui du Var, passe à Saint-Cézaire et Auribeau et se jette dans le golfe de la Napoule. Ses principaux tributaires, la Siagnole et le Biançon, appartiennent au département du Var.

La *Lane* (14 kilom.) passe au Val de Roure et se jette dans l'*Artubie*, affluent du Verdon qui, par la Durance, dépend du bassin du Rhône.

Enfin le département possède dans la région montagneuse plusieurs lacs peu importants.

V. — VOIES DE COMMUNICATION

I. — Chemins vicinaux.

Les voies vicinales sont ainsi divisées :

1° Les chemins de grande communication ayant une longueur totale de. .	470k,407
2° Les chemins d'intérêt commun ayant une longueur totale de.	328, 144
3° Les chemins vicinaux ordinaires ayant une longueur totale de.	2,865k,378
Développement total. . .	3,663k,929

La dépense annuelle du service vicinal des Alpes-Maritimes étant de 1 438 603 fr. 80 le prix moyen, par kilomètre, est de 392,64 ou 0,39 par mètre courant.

II. — Routes nationales.

Le département est sillonné par six routes dont deux ont des *annexes*.

1° *La route n° 7, de Paris à Antibes et en Italie, par Nice* (53 128m dans le département) suit le littoral et partant d'Antibes passe à Cagnes, traverse le Var sur un pont de 55 mètres, puis passe à Nice, à la Turbie, à Roquebrune, à Menton et quitte la France à Pont-Saint-Louis en passant sur une arche de 22 mètres d'ouverture, jetée sur un ravin profond de 65 mètres. Une annexe la relie à la route n° 97 à Cannes.

2° *La route n° 85 de Lyon à Nice, par Grenoble et Gap* (71 345m dans le département). Venant de Digne, elle entre dans le département près de Séranon et après de nombreux lacets dans le massif montagneux de l'ouest elle passe à Saint-Vallier, Grasse, Mouans-Sartoux et rejoint à Antibes la route n° 7.

3° *La route n° 97 de Toulon à Antibes* (23 425m dans le département) venant de Fréjus (Var) elle suit le littoral, traverse Cannes et se termine au cap d'Antibes.

4° *La route n° 204 de Nice à Turin, par le col de Tende* (79 122m de longueur) part de Nice, passe à Trinité-Victor, Drap, l'Escarène, Touët, Sospel et remontant le cours de la Roya touche à Saorge et Fontan puis se dirige sur Tende (Italie).

Une annexe passe à Breil en suivant le cours inférieur de la Roya jusqu'à Vintimille (Italie).

5° *La route n° 205, de Nice à Barcelonnette par les vallées du Var et de la Tinée* (100 897m, dont 38 937 en lacune). Partant de la route n° 7, à l'embouchure du Var, elle remonte sa rive gauche, passe à Saint-Martin, suivant ensuite le cours de la Tiné, elle passe à Saint-Sauveur et s'arrête à la frontière italienne à 6 kilomètres de cette ville.

Elle est en lacune de ce point ; une amorce va d'Isola à Saint-Etienne.

6° *La route n° 207, d'Avignon à Nice* (28 812m dans le département). Venant d'Entrevaux (Basses-Alpes) elle descend le Var, passe à Puget-Théniers, à Touët, près de Villars et de Malaucène et rejoint au confluent de la Tinée et du Var la route n° 205.

Résumé de la circulation sur les routes nationales.

DÉSIGNATION	TONNAGE TOTAL ANNUEL			
	BRUT		UTILE	
	distance entière 1 000 tonnes	kilométrique 1 000 tonnes	distance entière 1 000 tonnes	kilométrique 1 000 tonnes
1° Route n° 7, de Paris en Italie	220, 09	6 628	105, 12	3 172
2° Route n° 7, annexe de l'avenue de la gare	900, 82	810	167, 53	150
3° Route n° 7, rectification par le littoral	95, 99	2 230	34, 31	1 803
4° Route n° 85, de Lyon à Nice	16, 42	1 172	8, 03	580
5° Route n° 97, de Toulon à Nice	194, 91	4 566	73, 00	719
6° Route n° 204, de Nice à Turin	66, 79	4 942	39, 42	2 927
7° Route n° 205, de Nice à Barcelonnette	45, 99	2 573	29, 20	1 654
8° Route n° 207, d'Avignon à Nice	26, 28	767	15, 69	456

III. — Navigation.

1. — FLEUVES ET RIVIÈRES NAVIGABLES

Var. — Cette rivière est classée comme flottable, dans le département des Alpes-Maritimes, depuis le confluent de la Vésubie jusqu'à son embouchure dans la Méditerranée, sur une longueur de 21 kilomètres ; mais le flottage est à peu près nul.

II. — CANAUX. — Néant.

IV. — CHEMINS DE FER

Le département des Alpes-Maritimes n'est traversé que par une ligne de chemin de fer et un embranchement ayant ensemble dix-neuf gares et une longueur totale de 84 kilomètres dans le département.

1° *Ligne de Marseille, Toulon et Nice* (2 voies). — Cette ligne traverse le département sur une longueur de 64 kilomètres. Elle y pénètre par la gare de Théoule et en sort après la gare de Menton pour entrer en Italie. Ses gares sont : Théoule, Cannes (embranchement de la ligne de Grasse), Golfe-Jouan-Vallauris, Juan-les-pins, Antibes, Vence-Cagnes, Var, Nice, Nice-Riquier, Villefranche, Beaulieu, Eza, la Turbie, Monaco, Monte-Carlo, Cabbe-Roquebrune et Menton. Vintimille, la gare suivante, appartient à l'Italie ;

2° *Embranchement de Cannes à Grasse* (1 voie). — Cette ligne a un parcours de 20 kilomètres. Ses gares sont : Cannes, Mouans-Sartoux et Grasse.

V. — MONUMENTS HISTORIQUES

I. — *Monuments mégalithiques*

Saint-Césaire. — Dolmens.

II. — *Monuments antiques*

Cimiez. — Arènes.

Turbie (La). — Ruines de la tour dite d'Auguste.

Vence. — Colonnes romaines.

III. — *Monuments du moyen âge, de la renaissance et des temps modernes*

Ile Saint-Honorat. — Château ; Chapelle Saint-Sauveur ; Chapelle de la Trinité ; Ancien cloître ; Bas-relief au-dessus de la porte est de l'église Saint-Honorat.

Vence. — Bas-reliefs mérovingiens dans l'ancienne cathédrale.

VI. — HOMMES CÉLÈBRES

Bréa Louis, peintre d'histoire, né à Nice, décédé en 1513.

Catherine Segurane, surnommée la Jeanne Hachette de Nice.

Vanloo Charles-André, peintre, né en 1705, mort en 1765.

Alberti di Villanova, grammairien et jurisconsulte, né à Sospel en 1737, mort en 1801.

Cassini, astronome, né à Nice.

Le maréchal *Masséna* est né à Nice en 1758, de parents peu fortunés, qui ne purent lui donner qu'une éducation fort incomplète. Après avoir fait deux voyages au long cours comme mousse, il s'engagea en 1775 et devint rapidement sous-officier. Mais n'ayant pu sortir de cette position après quatorze ans de service, il se retira alors dans sa ville natale où il se maria. Il ne tarda pas à reprendre du service, lorsqu'éclata la Révolution dont il épousait les idées, et il fut nommé adjudant-major.

Elu en 1792 chef de son bataillon, il fit partie de l'armée du Midi qui envahit le comté de Nice, où son courage et son intelligence le firent nommer brigadier le 20 août 1793 et divisionnaire quatre mois après. En 1794, il enlève diverses places et tourne les positions piémontaises des hauteurs de Saorgio, ce qui décida la victoire. Il chasse ensuite de leurs positions les Autrichiens qui menaçaient Savone. En 1795, sous Kellermann et sous Schérer, il culbute les ennemis dans les vallées de la Bormida et du Tanaro, les défait complètement à Loano et les expulse de la rivière de Gênes.

En 1796, sous Bonaparte, Masséna se distingue à toutes les affaires, notamment au pont de Lodi et à Arcole ; le succès de la bataille de Rivoli (1797) lui est dû entièrement et lui vaut, en 1800, le titre *de duc de Rivoli*. Il refoule ensuite les Autrichiens jusqu'au col du Sœmmering, non loin de Vienne, après les avoir battus en plusieurs rencontres et notamment au col de Tarvis.

Envoyé à Rome en 1798 pour remplacer Berthier, il fut mal accueilli par ses officiers, qui ne voulaient pas le reconnaître, et par la population qui se souleva. Après avoir apaisé cette double révolte, à force d'énergie, il revint à Paris pour se disculper.

Mis en disponibilité, il fut nommé en 1799 au commandement de l'armée d'Helvétie. Après avoir franchi le Rhin, il fut repoussé à Feldkirch et, découvert par les défaites de nos armées sur le Rhin et en Italie, il dut rétrograder et concentrer ses forces sur l'Albis, où les armées réunies du général Hotze et de l'archiduc Charles ne vinrent pas l'attaquer. Mais lorsque l'armée de l'archiduc fut rappelée sur le Rhin, Masséna se porta par une marche rapide au-devant de l'armée russe de Souvarow appelée pour remplacer la première, et la défit complètement à Zurich. Cette victoire amena la dissolution de la coalition et sauva le pays.

Après le 18 brumaire, Bonaparte, qui savait que Masséna ne l'avait pas approuvé dans ce coup d'État, envoya ce dernier prendre le commandement des troupes battues à Novi et qui s'étaient repliées sur Gênes. A peine arrivé, il se trouva complètement bloqué par l'armée de Milan, très supérieure en nombre; mais appliquant le premier le principe de la défense extérieure active, c'est-à-dire attaquant lui-même continuellement l'assiégeant au lieu de l'attendre passivement, il sut faire une résistance prolongée qui ne cessa que lorsqu'il ne resta plus dans la place aucune espèce d'aliment. Il dicta lui-même les conditions de la capitulation et il avait donné le temps à Bonaparte de gagner la bataille de Marengo (1800).

Créé maréchal de France en 1804, il reçut, en 1805, le commandement d'une armée de quarante mille hommes, chargée de tenir tête à l'archiduc Charles en Italie. Après s'être emparé de Vérone, il vint échouer contre les positions de Caldiero, où l'archiduc s'était fortement retranché. Mais celui-ci ayant été rappelé en Autriche, Masséna le poursuivit et l'empêcha de rejoindre à temps l'armée autrichienne.

L'année suivante, il fut chargé de conquérir pour Joseph le royaume de Naples, ne rencontra de résistance sérieuse qu'à Gaète et força rapidement l'armée napolitaine à mettre bas les armes.

Commandant de l'aile droite de la grande armée en 1807, il sut, dans la campagne de Pologne, opérer avec une rare habileté entre les Autrichiens et les Russes.

Le maréchal Masséna.

Le général Garibaldi.

En 1809, mis à la tête des troupes qui opéraient sur la rive droite du Danube, il battit l'archiduc Charles en plusieurs rencontres, s'empara de Vienne, passa sur l'autre rive du fleuve, résista avec trente-cinq mille hommes à plus de cent mille Autrichiens, et défendit, les 22 et 23 mai, le village d'Aspern (près d'Essling) qui fut pris et repris quatorze fois dans ces deux jours. Il protégea ensuite la retraite de l'armée dans l'île de Lobau et se distingua à Enzersdorff et à Wagram. En récompense de ses brillants services dans cette campagne, Masséna fut nommé *prince d'Essling*. Chargé en 1810 d'aller chasser les Anglais du Portugal, il vainquit la résistance des places de Ciudad-Rodrigo, d'Almeida et de Coïmbre, et vint se heurter aux fameuses lignes de Torrès-Vedras, fortifiées par Wellington et défendues par cent redoutes armées de six cents canons et par 60 000 Anglo-Portugais. Ne pouvant songer à enlever de vive force une position si forte sans matériel de siège, Masséna y maintint l'ennemi en échec pendant six mois, attendant en vain du renfort et des munitions; il se décida alors à rétrograder et fit une retraite qui excita l'admiration de Wellington lui-même. Après avoir réorganisé son armée, il reprit l'offensive et rencontra l'ennemi à Fuentès-de-Onoro, où l'incurie de ses lieutenants l'empêcha de remporter un succès complet. Découragé, fatigué et méconnu par Napoléon, qui lui attribuait les malheurs de cette campagne, Masséna rentra en France et dès lors ne servit plus activement.

Il se rallia aux Bourbons, mais se récusa comme membre du conseil chargé de juger le maréchal Ney.

Il mourut à Paris en 1817.

Masséna peut être considéré comme un général des plus heureux, sauf dans sa campagne de Portugal; aussi l'avait-on surnommé l'*Enfant chéri de la victoire*. Cependant ses succès ne furent pas dus au hasard; à une bravoure à toute épreuve il alliait un coup d'œil sûr et un sang-froid remarquable, qualité qui, comme dit Salluste, se trouvent rarement réunies. Il était d'ailleurs actif, intelligent, audacieux et tacticien consommé en même temps que stratégiste habile. Ces qualités expliquent ses succès.

Papon Jean-Pierre, historien, né à Puget-Théniers, en 1734, mort en 1823.

Isnard, conventionnel, né à Grasse en 1751, mort en 1830.

Blanqui, Jean-Dominique, conventionnel, né à Nice en 1759, mort en 1832.

Le cardinal *Latil*, né en 1761 à l'île Sainte-Marguerite, mort en 1839.

Le général *Bréa*, né à Menton en 1790, tué par les insurgés dans les terribles journées de juin 1848.

Le maréchal *Reille* est né à Antibes en 1775. Volontaire en 1792, il fit comme sous-lieutenant les campagnes de Belgique; lieutenant en 1793 et aide de camp de Masséna, il suivit ce dernier en Italie et en Suisse, où il se distingua en diverses rencontres et reçut plusieurs blessures. Général de brigade en 1803 et commandant en second des troupes embarquées sur l'escadre de l'amiral Villeneuve, il assista au combat naval du cap Finistère et vint rejoindre la Grande Armée un peu avant Austerlitz. Il fit partie de l'avant-garde à Iéna et décida de la victoire de Pultuck (1806), à la suite de laquelle il fut promu divisionnaire. Il se distingua encore à Ostrolenka, à Stralsund, fut nommé aide de camp de Napoléon, puis envoyé en Toscane et en Espagne, d'où il revint sur les bords du Danube et se distingua à Wagram. Retourné ensuite en Espagne, il fut nommé en 1812 commandant de l'armée du Portugal, se signala dans la retraite qui suivit l'échec de Vittoria par des faits d'armes continuels sous les ordres de Soult, et combattit l'un des derniers contre les Anglais, à la Bidassoa, à Bayonne, à Orthez et à la fameuse bataille de Toulouse. Pendant les Cent Jours, il se couvrit de gloire à Marchiennes, aux Quatre-Bras, à Waterloo, se retira en bon ordre sur Paris qu'il essaya de couvrir avec les débris de son corps d'armée. Mis en demi-solde de 1815 à 1818, il recouvra la pairie en 1819. Louis-Philippe le nomma président du comité supérieur de l'infanterie en 1836 et maréchal de France en 1847. Ses talents remarquables, ses succès et ses aptitudes militaires auraient dû lui faire décerner cette dignité par Napoléon Ier. Le maréchal Reille est mort à Paris en 1860.

Blanqui, Adolphe-Gérôme, membre de l'Institut, né à Nice en 1798, mort en 1854.

Dupont, Marie-Antoine-Célestin, archevêque de Bourges, né à Villefranche en 1792, mort en 1859.

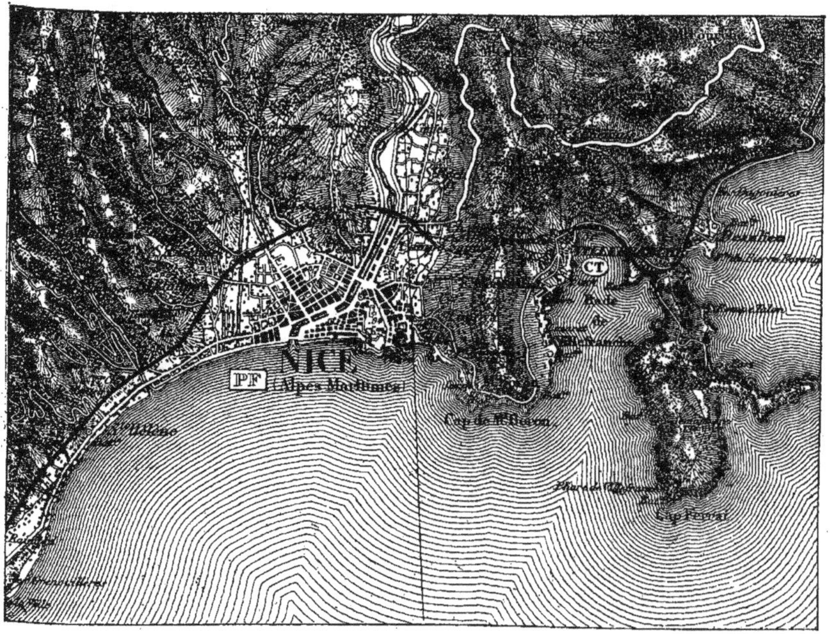

NICE ET SES ENVIRONS. — Extrait de la carte d'État-Major au 80 000e.

Le *comte de Casabianca,* homme d'État, né à Nice en 1796.

Blanqui Auguste, homme politique, mêlé depuis 1830 à toutes les révolutions, né à *Puget-Théniers* en 1805, mort en 1880.

Le fameux général *Garibaldi* est également né à Nice en 1807. Après diverses péripéties et avoir pris part à diverses expéditions à la tête de partisans, tant dans l'Ancien que dans le Nouveau Monde, il fut en 1849 élu député de la Chambre de Turin, soutint à Rome contre l'armée française un siège de trente jours et s'expatria ensuite jusqu'en 1859. Nommé alors général, il entra dans le Tyrol à la tête d'une légion de volontaires, puis, après la paix de Villafranca, organisa l'expédition de Sicile, s'empara facilement de cette province après avoir gagné la bataille de Calatafini, et entra à Naples sans coup férir. Nommé dictateur de l'Italie du Sud, Garibaldi fit voter le plébiscite d'annexion du royaume de Naples au royaume d'Italie. Dès lors, il resta le chef de tous les agitateurs, prit part à toutes les expéditions ayant pour but de délivrer Rome ou de compléter l'Italie, fut fait prisonnier par nos troupes à Mentana, fut, avec le titre de général français, à la tête d'un corps irrégulier qui opéra, en 1870, dans les environs de Dijon, donna sa démission de député français et revint ensuite en Italie, où il a continué une politique de propagande socialiste et d'opposition acharnée contre le pape et le clergé. Il est mort à Caprera en 1882. Il faut bien convenir que Garibaldi était simplement un agitateur et plutôt un chef de bande qu'un général d'armée, car il n'a jamais commandé qu'à des partisans. Il était d'ailleurs courageux, audacieux et ne manquait pas d'une certaine intelligence des choses militaires.

VII. — INDUSTRIE

NATURE des Industries	DÉSIGNATION ou nombre de localités où s'exercent les industries	NOMBRE d'établissements	NOMBRES MOYENS de contre-maîtres et surveillants	d'ouvriers et de manœuvres	de femmes	d'enfants	TOTAUX
I. — ALIMENTATION							
Boulangeries	Diverses localités	434	»	574	»	»	574
Brasseries	Nice et Villefranche	10	9	95	»	»	104
Chocolat (fabrique)	Nice	3	»	20	»	»	20
Confiseries et Confitureries	Nice, Grasse, Cannes	68	4	352	»	»	356
Conserves alimentaires	5 localités	13	»	50	70	»	120
Distilleries	Nice	12	4	78	60	20	162
Eaux gazeuses et minérales	5 localités	25	4	75	50	»	129
Fabriques d'huiles	5 localités	181	»	306	»	»	306
Meuneries	6 localités	111	17	240	»	»	257
Pâtes alimentaires	6 localités	71	13	178	122	»	313
Pêche	6 localités	15	»	675	»	50	725
Vins	6 localités	73	»	177	»	»	177
II. — ARTS ET PRODUITS CHIMIQUES							
Bleus, cierges et cires, couleurs, essences, parfumeries	Diverses localités	108	65	438	922	87	1512
Engrais	Nice	2	6	45	»	»	51
Savons, suifs et teintureries	Nice, Cannes et Grasse	30	7	76	13	»	96
Usines à gaz	5 localités	5	12	191	»	»	203
III. — BATIMENT							
Maçonneries	8 localités	153	92	1146	»	»	1238
Tailleurs de pierres	8 localités	48	8	248	»	»	256
Zingueurs	Nice, Cannes, Menton	43	»	221	»	»	221
Caisses d'emballage, cercles, chaises, ébénisterie, marqueterie	7 localités	111	2	386	»	113	501
IV. — INDUSTRIE DU BOIS							
Menuiserie, meubles	Diverses localités	225	55	791	»	37	823
Sciage à la main et à la mécanique	5 localités	7	2	31	»	»	33
Tonnellerie	7 localités	41	9	338	»	»	347
Tourneurs	Nice	12	»	16	»	»	16
V. — CARROSSERIE							
Carrosserie	5 localités	33	18	219	»	»	237
Charronnage	Diverses localités	106	16	370	»	»	386
Sellerie	7 localités	22	4	115	»	»	119
VI. — CÉRAMIQUE							
Poteries artistiques	Nice, Cannes, Menton et Vallauris	8	5	72	20	4	101
Poteries ordinaires	Nice, Cannes, Menton et Vallauris	99	»	467	30	30	527
Tuileries	Nice, Grasse, Breil	18	1	68	»	»	69
Verreries de bouteille et vitraux	Nice. Cannes	14	5	83	»	14	102
	A reporter	2101	358	8141	1287	355	10141
	Report	2101	358	8141	1287	355	10141
VII. — CONSTRUCTIONS NAVALES ET BATELLERIE							
Constructeurs de navires	Nice, Cannes, Antibes	6	6	30	»	»	36
Cordiers	4 localités	17	»	37	»	»	37
Forgerons	Diverses localités	77	»	57	»	»	57
VIII. — CUIRS ET PEAUX							
Fabriques de chaussures	Diverses localités	150	»	336	»	15	351
Tanneries	Nice, Puget-Théniers, Grasse	12	»	109	»	»	109
IX. — IMPRIMERIE, PAPETERIE							
Imprimerie lithographique	5 localités	21	11	212	53	35	311
Imprimerie typographique	Nice et Cannes	17	12	177	54	25	268
X. — INDUSTRIE EXTRACTIVE							
Carrières (pierre à bâtir et plâtre	10 localités	38	12	181	»	1	194
Fours à chaux	Diverses localités	46	8	144	»	»	152
Ciment	Nice, Grasse	18	4	44	»	»	48
Fours à plâtre	Nice, Breil	79	2	106	»	»	108
Marbres	Nice, Grasse, Breil	23	2	131	»	»	133
XI. — INDUSTRIES TEXTILES							
Fabriques de cordages	Nice	10	»	25	»	»	25
Fabriques de dentelles	Nice	4	»	6	14	»	20
Tisserands	Diverses localités	31	»	60	1	»	61
XII. — INSTRUMENTS DE PRÉCISION							
Horlogerie	Nice	56	»	115	»	15	130
Optique	Nice	6	»	6	»	»	6
XIII. — MÉTALLURGIE ET CONSTRUCTIONS MÉCANIQUES							
Armes	Nice	4	»	15	»	»	15
Ferblanterie	Diverses localités	89	»	154	»	»	154
Fonderies	Nice	4	»	30	»	»	30
Lampistes	Nice, Grasse	54	»	59	»	»	55
Maréchaux	Diverses localités	112	30	293	»	»	323
Mécaniciens	Nice, Cannes, Antibes	7	»	34	»	»	34
Serruriers	Diverses localités	131	»	154	»	»	154
XIV. — INDUSTRIES DIVERSES							
Chapellerie	4 localités	32	»	23	225	»	248
Chemises	Nice	22	»	10	290	»	300
Habillements confectionnés	Nice, Antibes	22	»	70	160	»	230
Lingeries	4 localités	70	»	»	320	»	320
Couturières et modistes	Diverses localités	121	»	»	593	»	593
	Totaux	3380	445	10459	2997	446	15926

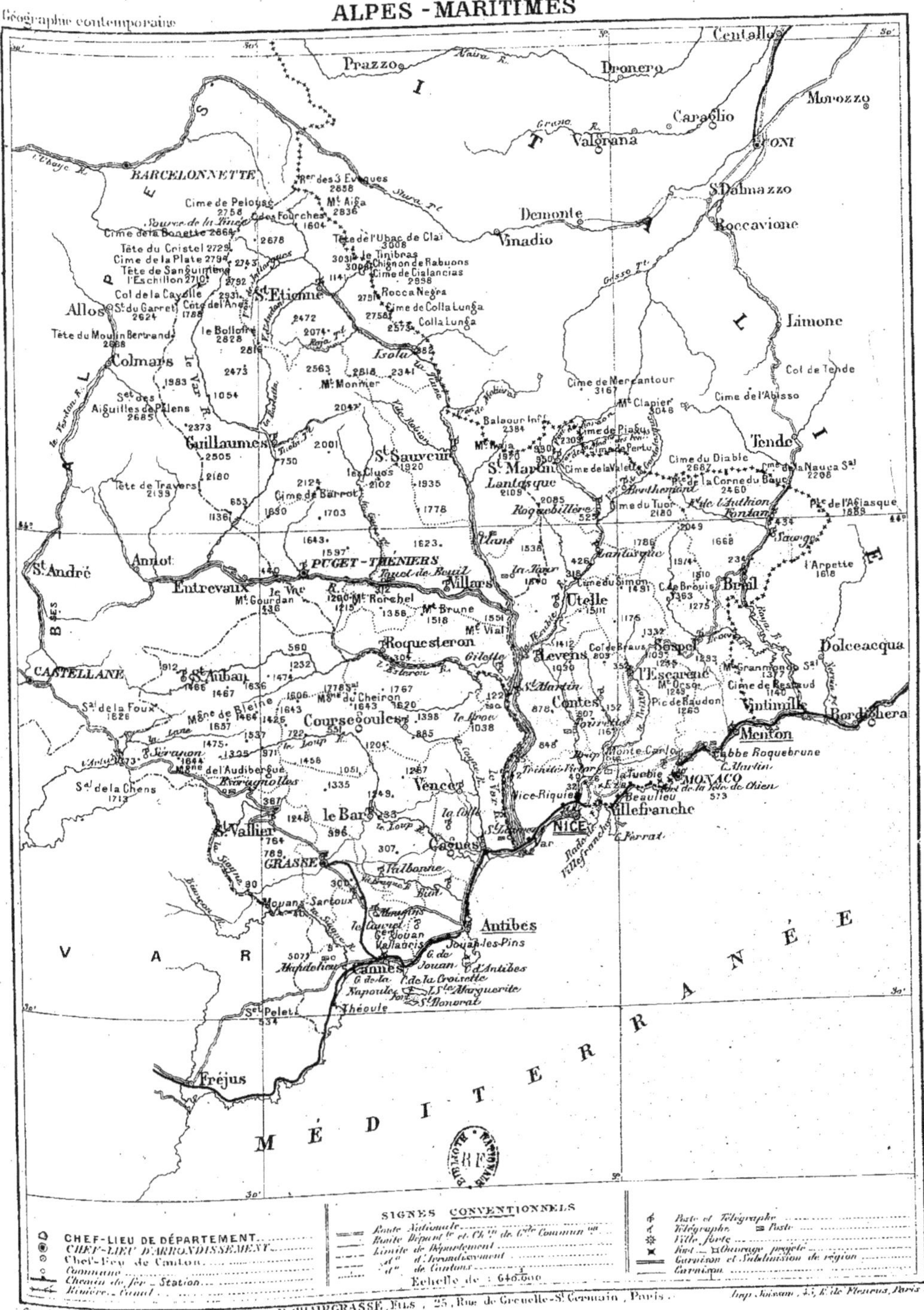

Géographie contemporaine
ALPES-MARITIMES
I T A L I E
M É D I T E R R A N É E
V A R
B. ses A. L P E S
BARCELONNETTE
Prazzo
Dronero
Centallo
Morozzo
Caraglio
Valgrana
CONI
S. Dalmazzo
Roccavione
Demonte
Vinadio
Limone
Col de Tende
Tende
Cime de l'Abisso
Cime de Mercantour
St Etienne
Isola
Allos
Colmars
Guillaumes
St Sauveur
St Martin Lantosque
Roquebillère
Annot
St André
Entrevaux
PUGET-THÉNIERS
Villars
Utelle
Levens
Roquesteron
CASTELLANE
St Auban
Coursegoules
Vence
le Bar
St Vallier
GRASSE
Cagnes
Antibes
Cannes
Fréjus
NICE
Villefranche
MONACO
Menton
Vintimille
Bordighera
Dolceacqua
Breil
Sospel
l'Escarène
Contes
Fontan
Saorge
SIGNES CONVENTIONNELS
CHEF-LIEU DE DÉPARTEMENT
CHEF-LIEU D'ARRONDISSEMENT
Chef-lieu de Canton
Commune
Chemin de fer - Station
Rivière, Canal
Route Nationale
Route Départ.le et Ch.in de Gde Commun.on
Limite de Département
d° d'Arrondissement
d° de Cantons
Echelle de : 1/640.000
Poste et Télégraphe
Télégraphe
Poste
Ville forte
Fort
Ouvrage projeté
Garnison et Subdivision de région
Garnison
Gravé par A. Martin, 8, R. Courdon, Paris.
H. CHAIRGRASSE, Fils, 25, Rue de Grenelle-St Germain, Paris.
Imp. Joisnon, 43, R. de Fleurus, Paris

VIII. — AGRICULTURE (1)

Le climat, l'altitude, l'exposition des Alpes-Maritimes déterminent la production agricole bien plus que la nature du sol. La terre arable y est de nature très variable : ici, argileuse ou argilo-siliceuse ; là-bas, calcaire avec plus ou moins d'argile, de sable ou de pierres caillouteuses; ailleurs, granitique ou schisteuse. Mais on trouve partout telle culture des pays froids et secs, ou des contrées chaudes et humides, selon la disposition des lieux ou le voisinage de cours d'eau ou de la mer.

Les quatre zones culturales qu'on peut distinguer sont : 1° la zone pastorale; 2° la zone des céréales ; 3° la zone de l'olivier ; 4° la zone de l'oranger.

Les trois quarts de l'étendue des terres ensemencées en céréales sont en froment dont la culture n'augmente pas et il en est de même

VUE DE CANNES. — Perspective du boulevard de la Croisette.

de l'avoine. S'il y a tendance à accroissement, c'est pour les cultures du seigle, du méteil et de l'orge.

Les engrais sont surtout consacrés aux cultures qui donnent de gros produits en argent, c'est-à-dire aux oliviers, aux plantes destinées à la parfumerie, aux orangers et autres arbres fruitiers, aux jardins, aux produits maraîchers, etc.

Dans les terres arables qu'on peut arroser et sur lesquelles on ne fait pas de cultures floriales, on suit un assolement quadriennal ainsi combiné : 1re année, pommes de terre, fèves, maïs etc. ; 2e année, froment suivi par des haricots; 3e année, froment seul ; 4e année, avoine, vesce, etc.

La culture des pommes de terre a une assez grande importance, particulièrement pour les variétés précoces. On en expédie beaucoup vers le littoral, surtout de Grasse et des environs.

Le maïs est surtout produit dans la vallée du Ponthieu et de la Bévéra, de la Tinée et de la Vésubie. Le maïs quarantain est semé après la moisson dans les contrées chaudes du pays.

(1) Cet article et celui des forêts sont extraits du dictionnaire d'Agriculture de J.-A. Barral (librairie Hachette et Cie).

L'arrondissement de Grasse a une culture industrielle très importante : c'est celle qui se rapporte aux fleurs destinées à la parfumerie. Les principales sont : la rose, le géranium, le jasmin, la violette double ou violette de Parme, la tubéreuse, la menthe, la cassie, la fleur d'oranger qui comprend la fleur douce et la fleur amère ou bigarade. Les violettes sont surtout cultivées dans le territoire de Vence.

On récolte les mêmes fleurs à Nice ; mais la culture de la violette, surtout, y a pris un développement considérable.

Les vignes et les oliviers forment deux des plus importantes cultures de la contrée. L'olivier y rapporte de 800 à 1 000 francs bruts et de 550 à 750 francs nets par hectare. L'hectare s'y vend à 5 0/0 en produit net, c'est-à-dire de 7 000 à 15 000 francs.

C'est sur la rive droite du Var, à la Gaude, qu'on trouve les vignobles et les vins les plus remarquables du département. La vigne y est conduite à un long bois abaissé en trajectoire et attaché à un long roseau fixé sur les têtes des souches, mode de palissage très ingénieux et très économique. Malheureusement le phylloxera a aussi envahi la région. On lutte avec toute l'énergie possible contre ce fléau.

La région dans laquelle se développe la culture de l'olivier s'étend vers le nord jusqu'à 40, 50 et même jusqu'à 60 kilomètres de la Méditerranée, suivant les accidents de terrain. Elle ne dépasse pas 400 mètres d'altitude ; mais sur quelques points très abrités, elle atteint 600 et même 800 mètres.

Les orangers occupent en tout de 200 à 300 hectares et on estime que le citronnier se cultive sur la moitié de cette surface.

Le figuier qui a une certaine importance dans le département se rencontre principalement dans les zones occupées par l'oranger et l'olivier.

Le jujubier, le pistachier, le grenadier, le dattier, le néflier du Japon, le caroubier, le cerisier, le groseiller, le framboisier, l'azérolier, l'amandier, le pêcher, l'abricotier, l'arbousier, le prunier, le cognassier, le poirier, le pommier, dont les produits sont assez recherchés, jouent un certain rôle dans la culture arbustive des Alpes-Maritimes, sans être l'objet d'un commerce important.

Les chevaux du département sont principalement employés par les villes et villages du littoral où affluent les étrangers.

Les bêtes mulassières qu'on tire généralement de Guillestre (Hautes-Alpes) sont les animaux de trait ou de somme que l'agriculture emploie. Elle a recours aussi aux ânes et ânesses dans les contrées alpestres où les fourrages sont rares.

Les bêtes bovines diminuent en nombre dans le département. Elles appartiennent à la race piémontaise, à la race tarentaise et aux diverses races suisses.

Les arbres forment la splendeur du département. A côté de ceux qui sont utiles se placent ceux qui se font remarquer par leurs beautés ornementales, savoir : le palmier, le dattier, l'eucalyptus, le faux poivrier, l'olivier odorant, l'acacia blanchâtre, le wigandia à grandes feuilles et tant d'autres apportés de toutes les parties du monde.

STATISTIQUE GÉNÉRALE DU SOL

Terrains de qualité supérieure. . .	1 433^h
Terres labourables.	42 959
Prés.	13 218
Vignes.	9 051
Bois.	94 017
Landes, pâtis, etc.	176 132
Terrains divers.	24 820
Superficie totale.	361 630^h

CULTURES DIVERSES

Céréales diverses : farineux, cultures industrielles, plantes textiles, autres cultures oléagineuses, vignes, sériculture, apiculture.

DÉSIGNATION	SUPERFICIE ensemencée EN HECTARES	RENDEMENT moyen par hectare	PRODUCTION ANNUELLE
		en hectol.	en hectolitres
Méteil	783	7,78	6 092
Seigle	1 450	10,00	14 590
Orge	290	10,00	2 900
Sarrazin	»	»	»
Maïs	700	10,00	7 000
Millet	»	»	»
Avoine	354	16,00	5 664
Pommes de terre	2 500	70,00	175 000
Légumes secs	1 100	19,00	20 900
Châtaignes	600	10,00	6 000
		en quint.	en quintaux
Betteraves à sucre	»	»	»
Betteraves fourragères	»	»	»
Houblon	»	»	»
Tabac	2 400	10,00	240
			filas. en quint.
Chanvre	»	»	»
		en quint.	en quintaux
Lin	»	»	»
		en Kilog.	en Kilog.
Chènevis	»	»	»
Lin (huile)	»	»	»
Œillette, Navette, Cameline, etc.	»	»	»
		en hectol.	en hectolitres
Colza (graine)	»	»	»
		en Kilog.	en Kilog.
Colza (fruit)	»	»	»
		en hectol.	en hectol.
Olives (fruits)	15 000	10,00	150 000
	en hectol.	en Kilog.	en Kilog.
Olives (huiles)	100 000	12,00	1 200 000
		en hectol.	en hectolitres
Vignes	10 000	17,00	170 000

Froment.

Surface cultivée	27 850 hectar.
Rendement moyen par hectare	12 hectol.
Poids moyen de l'hectol.	80 kilog.
Prix moyen de l'hectol.	21 fr. 36
Production totale	267 360 hectol.

Ruches d'abeilles.

Nombre de ruches en activité	2 115
Production du miel en kilogrammes.	3 172
Production en cire en kilogrammes.	2 115

Animaux de ferme.

Espèce chevaline		4 494
— mulassière		2 919
— asine		2 501
Espèce bovine	Bœufs et taureaux	1 449
	Vaches et génisses	1 885
	Veaux	901
Espèce ovine	Races du pays	13 512
	Races perfectionnées	5 443
Espèce porcine		3 512
Espèce caprine		6 035

TABLEAU DES COMMUNES DES ALPES-MARITIMES

3 arrondissements — 26 cantons 152 communes — 238 057 habitants — 361 630 hectares — Moyenne de la population par kilomètre carré : 66 habitants.

NOMS des COMMUNES	Population	Dist. au chef-l. d'ar.	LOCALITÉS AVEC GARES postes et télégraphes	GARE LA PLUS PRÈS de chaque com. et distance à cette commune	BUREAUX de postes desserv. les communes avec les distances
I. — ARRONDISSEMENT DE NICE (11 cantons, 44 communes, 134,683 habitants)					
I. — CANTON DE NICE (EST) (*2 com., 33 590 hab.*)					
1 Nice (Est)	33590	»	🚉 ₸ 16 3	Nice »	Nice »
2 *Le Var*	»	»	🚉 10 9	Le Var »	» »
II. — CANTON DE NICE (OUEST) (*4 com., 46 347 hab.*)					
3 Nice (Ouest	43888	»	🚉 ₸ 16 3	Nice »	Nice »
4 *Nice-Riquier*	»	»	🚉 19 15	Nice-Riquier »	» »
5 Falicon	531	11	307 0	Nice 11 0	Nice 11 0
6 Saint-André	627	6	307 0	Nice 6 0	Nice 6 0
7 Trinité (La)	1301	7	⊠ 760 0	Nice 7 0	La Trinité »
III. — CANTON DE BREIL (*3 com., 5 221 hab.*)					
8 Breil	2565	62	₸ 847 0	Vintimille 25 0	Breil »
9 Fontan	1135	62	₸ 434 0	Vintimille 40 0	Fontan »
10 Saorgo	1521	69	₸ 842 0	Menton 50 0	Shorge »
IV. — CANTON DE CONTES (*5 com., 4 757 hab.*)					
11 Contes	1655	18	₸ 383 0	Nice 18 0	Contes »
12 Berre	508	21	500 0	Nice 21 0	L'Escarène 4 0
13 Châteauneuf	1211	22	503 0	Nice 22 0	Contes 5 0
14 Coaraze	628	28	680 0	Nice 28 0	Contes 8 0
15 Drap	755	8	⊠ 760 0	Nice 8 0	Drap »
V. — CANTON DE ESCARÈNE (L') (*5 com., 5 117 hab*).					
16 Escarène (L')	1482	20	₸ 352 0	Nice 19 5	L'Escarène »
17 Lucéram	1128	27	666 0	Nice 27 0	L'Escarène 6 0
18 Peille	1591	20	630 0	Nice 20 0	L'Escarène 13 0
19 Peillon	591	16	376 0	Nice 16 0	L'Escarène 10 0
20 Touët-de-l'Escarène	325	21	352 0	Nice 21 0	L'Escarène 2 0
VI. — CANTON DE LEVENS (*9 com., 5 712 hab.*)					
21 Levens	1553	22	₸ 394 0	Nice 22 0	Levens »
22 Aspremont	512	13	630 0	Nice 13 0	Tourrette 4 1
23 Castagniers	518	17	95 0	Nice 17 0	Tourrette 12 9
24 Colomars	547	12	335 0	Nice 12 0	Tourrette 10 1
VI. — CANTON DE LEVENS (*Suite*)					
1 Duranus	182	30	509 0	Nice 30 0	Levens 8 2
2 Roquette (La)	330	30	330 0	Var-Nice 24 0	S Martin-d-Var 18
3 Saint-Blaise	358	22	308 0	Nice 22 0	Levens 6 0
4 St-Martin-du-Var	506	26	₸ 310 0	Var-Nice 20 0	St-Martin-d-V. »
5 Tourrette	1206	12	⊠ 443 6	Nice 12 0	Tourrette »
VII. — CANTON DE MENTON (*5 com., 12 974 hab.*)					
6 Menton	9387	31	🚉 ₸ 17 2	Menton »	Menton »
7 Castellar	707	36	*363 0*	Menton 6 0	Menton 6 2
8 Gorbio	498	30	833 0	Menton 7 0	Menton 7 0
9 Roquebrune	1135	26	🚉 **28 0**	Roquebrune 1 0	Menton 6 0
10 Sainte-Agnès	547	40	936 0	Menton 10 0	Menton 10 0
VIII. — CANTON DE SAINT-MARTIN-LANTOSQUE (*5 com.. 5 871 hab.*)					
11 St-Martin-Lantosque	1968	59	₸ 950 0	Nice 59 0	S MartinLantos. »
12 Belvédère	1246	55	*835 0*	Nice 55 0	Roquebillière. 4 0
13 Bollène (La)	654	50	878 0	Nice 50 0	Lantosque 6 0
14 Roquebillière	1752	50	₸ *578 0*	Nice 50 0	Roquebillière. »
15 Venanson	251	63	1131 0	Nice 63 0	S MartinLanto. 4 0
IX. — CANTON DE SOSPEL (*3 com., 4 970 hab.*)					
16 Sospel	3695	41	₸ 355 0	Menton 21 0	Sospel »
17 Castillon	339	50	771 0	Menton 14 0	Sospel 6 8
18 Moulinet	936	56	782 4	Menton 32 0	Sospel 12 0
X. — CANTON D'UTELLE (*2 com., 3 525 hab.*)					
19 Utelle	1635	38	₸ 800 0	Nice 38 0	Utelle »
20 Lantosque	1890	44	₸ 608 0	Nice 44 0	Lantosque »
XI. — CANTON DE VILLEFRANCHE (*3 com., 7 299 hab.*)					
21 Villefranche	4299	8	🚉 ₸ 14 0	Villefranche. »	Villefranche. »
22 *Beaulieu*	»	»	🚉 20 5	»	»
23 Eze	558	12	🚉 18 9	Eze »	Villefranche. 70
24 Turbie (La)	2442	17	₸ 622 0	Monaco 6 0	La Turbie »
II. — ARRONDISSEMENT DE GRASSE (9 cantons, 60 communes, 81,334 habitants)					
I. — CANTON DE GRASSE (*3 com., 13 431 hab.*)					
25 Grasse	12157	»	🚉 ₸ **213 7**	Grasse »	Grasse »
26 Auribeau	610	8	92 0	Grasse 8 0	Grasse 7 9
27 Pégomas	664	10	80 0	Grasse 10 0	Grasse 19 8
II. — CANTON D'ANTIBES (*3 com., 12 595 hab.*)					
28 Antibes	6451	24	🚉 ₸ **9 8**	Antibes »	Antibes »
29 Biot	1206	18	₸ 130 0	Antibes 5 0	Biot »
30 Vallauris	4928	18	🚉 ₸ **4 5**	Golfe Juan Vallauris. 2 0	Vallauris »
III. — CANTON DE BAR (LE) (*10 com., 5 866 hab.*)					
31 Bar (Le)	1370	9	₸ 308 0	Grasse 9 0	Le Bar »
32 Caussols	167	20	1091 0	Grasse 20 0	Le Bar 15 1
33 Châteauneuf	530	6	313 0	Grasse 6 0	Grasse 5 9
34 Courmes	123	18	630 0	Grasse 18 0	Vence 13 9
35 Gourdon	187	15	580 0	Grasse 15 0	Le Bar 7 0
36 Opio	312	8	310 0	Grasse 8 0	Grasse 7 8
37 Roquefort	550	10	327 0	Grasse 10 0	Le Bar 8 1
38 Rouret (Le)	611	8	353 0	Grasse 8 0	Le Bar »
39 Tourrette	921	22	427 0	Vence Cagnes 14 0	Vence 5 0
40 Valbonne	1065	8	₸ 270 0	MouansSartoux 60	Grasse 8 0
IV. — CANTON DE CAGNES (*5 com., 7 372 hab.*)					
25 Cagnes	3057	24	🚉 ₸ **9 9**	Vence-Cagnes. »	Cagnes »
26 Colle (La)	1468	20	₸ 204 1	Vence-Cagnes 5 0	La Colle »
27 Saint-Laurent	1170	30	₸ 95 0	Var 2 0	St-Laurent »
28 Saint-Paul	735	25	62 0	Vence-Cagnes 7 0	La Colle 4 0
29 Villeneuve-Loubet	942	25	152 0	Vence-Cagnes 3 0	Cagnes 5 1
V. — CANTON DE CANNES (*6 com., 26 305 hab.*)					
30 Cannes	19959	16	🚉 ₸ **6 3**	Cannes »	Cannes »
31 Cannet (Le)	2552	16	₸ 75 0	Cannes 3 0	Le Cannet »
32 Mandelieu	835	15	⊠ 76 0	Cannes 8 0	Mandelieu »
33 Mouans-Sartoux	1018	7	🚉 ₸ **125 9**	MouansSartoux »	MouansSartoux »
34 Mougins	1581	10	₸ 159 0	Mouans 3 0	Mougins »
35 Roquette (La)	360	9 1/2	*154 0*	Mouans 3 0	MouansSartoux 30
VI. — CANTON DE COURSEGOULES (*8 com., 2 499 hab.*)					
36 Coursegoules	440	35	₸ 978 0	Vence-Cagnes 26 0	Coursegoules. »
37 Bézaudun	131	32	925 0	id. 28 0	id. 6 0
38 Bouyon	377	36	633 0	id. 35 0	id. 9 8
39 Cipières	475	24	531 0	Grasse 24 0	id. 10 0
40 Conségudes	206	46	649 0	Vence-Cagnes 35 0	id. 8 7
41 Ferres (Les)	295	46	615 0	id. 35 0	id. 13 2
42 Gréolières	156	30	821 0	Grasse 30 0	id. 10 0
43 Roquesteron	149	49	₸ 549 0	Var-Nice 40 0	Roquesteron. »

Nota. — Les cotes inscrites dans ce tableau, à côté des signes abréviatifs 🚉 ⊠ ┬ ₸, désignent des altitudes, c'est-à-dire la hauteur des points signalés au-dessus du niveau moyen des eaux de la mer. Les cotes imprimées en caractères gras et placées en face des noms des gares sont les altitudes *gravées* ou *à graver* sur les socles des bâtiments des dites gares, à 0 m. 50 environ au-dessus du niveau des rails. Les cotes inscrites en face du nom des communes sont extraites de la carte de l'état-major au 1/80000. Celles en italiques existent *dans la commune même*. Les autres sont les cotes du point le plus rapproché de la commune correspondante, point indiqué sur la carte de l'état-major.

NOMS des COMMUNES	Population	Dist. au chef-l. d'arr.	LOCALITÉS AVEC GARES postes et télégraphes	GARE LA PLUS PRÈS de chaque com. et distance à cette commune	BUREAUX de postes desserv. les communes avec les distances
II. — ARRONDISSEMENT DE GRASSE (Suite)					
VII. — CANTON DE SAINT-AUBAN (*13 com., 3 890 hab.*)					
1 Saint-Auban	481	65	⊤ 1109 0	Grasse 65 0	St-Auban .. »
2 Aiglun	187	48	1183 0	Grasse 48 0	St-Auban .. 25 0
3 Amirat	103	55	1048 0	Grasse 55 0	St-Auban .. 14 0
4 Andon	322	25	1209 0	Grasse 25 0	Séranon.... 14 0
5 Briançonnet	470	50	908 0	Grasse 50 0	St-Auban .. 5 2
6 Caille	219	40	1160 0	Grasse 40 0	Séranon.... 3 9
7 Collongues	120	50	641 0	Grasse 50 0	St-Auban .. 16 0
8 Gars	216	63	855 0	Grasse 63 0	St-Auban .. 9 6
9 Mas (Le)	344	47	901 1	Grasse 47 0	St-Auban .. 16 0
10 Mujouls (Les)	150	56	641 0	Grasse 56 0	St-Auban .. 18 5
11 Sallagriffon	97	61	788 0	Grasse 61 0	St-Auban .. 21 4
12 Séranon	348	40	⊤ 1087 0	Grasse 40 0	Séranon.... »
13 Valderoure	333	45	1045 0	Grasse 45 0	Séranon.... 12 0
VIII. — CANTON DE SAINT-VALLIER (*6 com., 3564 hab.*)					
1 Saint-Vallier	509	12	⊤ 724 0	Grasse 12 0	St-Vallier .. »
2 Cabris	829	8	502 0	Grasse 8 0	Grasse 8 0
3 Escragnolles	281	29	⊠ 1010 0	Grasse 29 0	Escragnolles »
4 Peymeinade	515	6	215 0	Grasse 6 0	Grasse 6 0
5 Saint-Cézaire	1227	16	428 0	Grasse 16 0	St-Vallier .. 9 1
6 Tignet (Le)	203	14	376 0	Grasse 14 0	Grasse 14 0
IX. — CANTON DE VENCE (*6 com., 6 812 hab.*)					
7 Vence	2903	26	⊠⊤ 9 9	Vence-Cagnes 9 0	Vence ..... »
8 Broc (Le)	696	36	⊠ 735 0	id. 22 0	Le Broc.... »
9 Carros	512	35	370 0	id. 23 0	Vence 13 0
10 Gattières	564	36	324 0	id. 16 0	Vence 10 0
11 Gaude (La)	524	30	236 0	id. 9 0	Vence 5 0
12 Saint-Jeannet	1113	28	370 0	id. 14 0	Vence 7 0
III. — ARRONDISSEMENT DE PUGET-THÉNIERS (6 cantons, 48 communes, 22 040 habitants)					
I. — CANTON DE PUGET-THÉNIERS (*8 com., 3 397 hab.*)					
14 Puget-Théniers	1215	»	⊤ 399 0	Nice....... 65 0	Puget-Théniers. »
15 Ascros	523	19	843 0	Var-Nice... 60 0	id. 19 0
16 Auvare	107	10	1259 0	Nice....... 73 0	id. 10 0
17 Croix (La)	418	5	883 0	Nice....... 70 0	id. 5 0
18 Penne (La)	291	12	915 0	Nice....... 70 0	id. 12 0
19 Puget-Rostang	181	8	640 0	Nice....... 70 0	id. 8 0
20 Rigaud	543	15	553 0	Nice....... 60 0	id. 15 0
21 Saint-Léger	119	8	1155 0	Nice....... 75 0	id. 8 0
II. — CANTON DE GUILLAUMES (*9 com., 4 414 hab.*)					
22 Guillaumes	1090	30	⊤ 1240 0	Nice...... 95 0	Guillaumes. »
23 Beuil	623	40	1014 0	Nice...... 150 0	Guillaumes. 16 0
24 Châteauneuf-d'Entraunes	227	34	1380 0	Var-Nice.. 90 0	Guillaumes. 9 0
25 Daluis	403	20	653 0	Nice...... 80 0	Guillaumes. 16 0
26 Entraunes	406	48	1380 0	Nice...... 128 0	Guillaumes. 20 0
27 Péone	645	38	1442 0	Nice...... 103 0	Guillaumes. 9 0
28 Saint-Martin-d'Entraunes	514	45	1034 0	Nice...... 124 0	Guillaumes. 12 8
29 Sauze	227	36	1616 0	Nice...... 105 0	Guillaumes. 5 2
30 Villeneuve-d'Entraunes	279	39	1134 0	Nice...... 120 0	Guillaumes. 8 7
III. — CANTON DE ROQUESTERON (*10 com., 3 314 hab.*)					
31 Roquestéron	450	25	⊤ 430 0	Nice....... 58 0	Roquestéron. »
32 Bonson	381	35	760 0	Nice....... 28 0	Gilette...... 6 9
33 Cuébris	240	18	300 0	Nice....... 60 0	Roquestéron. 4 0
34 Gilette	634	48	⊤ 527 0	Nice....... 35 0	Gilette...... »
35 Pierrefeu	235	52	667 0	Var-Nice... 39 0	Roquestéron. »
36 Revest	160	42	858 0	Nice....... 37 0	Gilette...... 5 8
III. — CANTON DE ROQUESTERON (*Suite*)					
13 Saint-Antonin	117	12	901 0	Nice....... 70 0	Roquestéron. 9 6
14 Sigale	422	15	690 0	Nice....... 50 0	Roquestéron. 6 0
15 Toudon	504	28	978 0	Nice....... 42 0	Gilette..... 12 0
16 Tourrette du Château	171	29	853 0	Nice....... 44 0	Gilette..... 7 3
IV. — CANTON DE SAINT-ÉTIENNE (*3 com., 3 365 hab.*)					
17 Saint-Étienne	1966	80	⊤ 1141 0	Nice...... 97 0	St-Étienne.. »
18 Isola	1089	66	⊠ 882 0	Nice...... 78 0	Isola....... »
19 S-Dalmas-le-Selvage	310	66	1494 0	Nice...... 102 0	St-Étienne.. 8 0
V. — CANTON DE SAINT-SAUVEUR (*8 com., 4 013 hab.*)					
20 Saint-Sauveur	754	60	⊤ 1099 0	Nice....... 56 0	St-Sauveur. »
21 Clans	702	42	⊠ 684 0	Nice....... 42 0	Clans....... »
22 Ilonse	377	24	1230 0	Nice....... 48 0	St-Sauveur. 14 0
23 Marie	225	56	899 0	Nice....... 48 0	St-Sauveur. 10 0
24 Rimplas	193	64	1099 0	Var-Nice... 59 0	St-Sauveur. 5 0
25 Roubion	453	60	1760 0	Var-Nice... 70 0	St-Sauveur. 10 0
26 Roure	504	40	1801 0	Nice....... 80 0	St-Sauveur. 6 0
27 Valdeblore	805	60	1022 0	Nice....... 60 0	St-Sauveur. 16 0
VI. — CANTON DE VILLARS (*10 com., 3 537 hab.*)					
28 Villars	821	20	⊤ 413 0	Var-Nice... 43 0	Villars..... »
29 Bairols	229	32	860 0	Nice....... 40 0	Clans...... 3 8
30 Lieuche	110	20	876 0	Var-Nice... 50 0	Touët de Beuil 12 0
31 Malaussène	320	24	410 0	Var-Nice... 38 0	Villars..... 7 1
32 Massoins	173	22	355 0	Var-Nice... 40 0	Villars..... 4 8
33 Pierlas	210	30	1607 0	Nice....... 65 0	Touët de Beuil 21 9
34 Thiéry	256	25	1140 0	Var-Nice... 49 0	id. 6 0
35 Touët-de-Beuil	426	12	⊠ 312 0	Var-Nice... 46 0	id. »
36 Tour (La)	811	45	⊠ 620 0	Nice....... 45 0	La Tour ... »
37 Tournefort	181	27	630 0	Var-Nice... 40 0	Villars..... 11 0

Produit des animaux.

Laine.	Quantité en kilog....	41 000
	Prix moyen du kilog.	2 80
	Valeur............	114 800
Suif..	Quantité en kilog....	37 500
	Prix moyen du kilog.	0 90
	Valeur............	33 750

IX. — FORÊTS

Le département des Alpes-Maritimes fait partie de la 34ᵉ conservation dont le siège est à Nice.

Les agents forestiers sont ainsi répartis :

Le conservateur et un inspecteur-adjoint sédentaire à Nice.

Inspection de Nice-Est. — Un inspecteur et un inspecteur-adjoint à Nice, un garde général à Saint-Martin-Lantosque et à Menton.

Inspection de Nice-Ouest. — Un inspecteur à Nice, un inspecteur-adjoint à Grasse, un garde général à Puget-Théniers et à St-Sauveur.

La superficie forestière est de 94 017 hectares soit le quart environ de la superficie totale du département et elle est ainsi répartie.

A l'État. . . . . 521 hectares
Aux communes . . . . 49 089 —
A des particuliers. . . . . . 44 407 —

Les établissements publics et le département ne possèdent pas de forêts.

La plus grande partie des forêts des Alpes-Maritimes, soit 94 pour 100, est en sol calcaire.

Il s'est fait, dans le département, des travaux de reboisement d'une certaine importance. — Trente communes ont déclaré vouloir reboiser ou gazonner 1 995 hectares et vingt-trois particuliers ont déclaré vouloir faire la même opération sur 131 hectares, soit en tout 2 126 hectares. La dépense totale a été de 464 183 fr. soit environ 228 fr. par hectare.

Les principaux massifs forestiers sont ceux de Codraze, Levens, l'Escarène, Le Peillé, Luceram, Sospel, Moulinet, Breil, Saorge, Bollène, Lantosque, Roquebillière, Saint-Martin-Lantosque, Saint-Étienne, Saint-Dalmas-Selvage et Valdeblore.

X. — DIVISION POLITIQUE, ADMINISTRATIVE ET POPULATION.

Le département des Alpes-Maritimes est divisé en trois arrondissements dont deux sont administrés chacun par un sous-préfet. L'arrondissement de Nice est administré directement par le préfet.

STATISTIQUE DE LA POPULATION

La population du département était :

En 1801	176 305	habit.
En 1821	184 638	—
En 1831	190 718	—
En 1851	196 783	—
En 1872	199 037	—
En 1886	238 057	—

Mariages annuels.

Entre garçons et filles, 1 502. — Entre garçons et veuves, 74. — Entre veufs et filles, 164. — Entre veufs et veuves, 36.

Naissances et décès.

Naissances. — Enfants légitimes : garçons, 3 392 ; filles, 3 173. — Enfants naturels : garçons, 265 ; filles, 272.

Décès. — Sexe masculin : garçons, 2 229 ; mariés, 1 124. — Veufs, 539. — Sexe féminin : filles, 1 816 ; femmes, 977 ; veuves, 718. — Morts accidentelles : hommes, 68 ; femmes, 13. — Suicides : hommes, 41 ; femmes, 5.

NOTICES SUR LES PRINCIPALES LOCALITÉS DU DÉPARTEMENT

Nice est entourée d'un mur bastionné sans

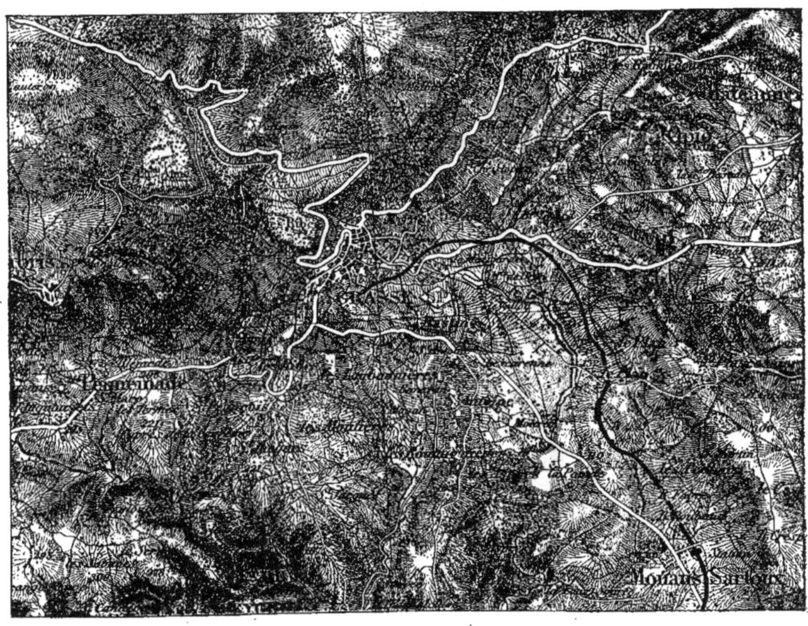

GRASSE ET SES ENVIRONS. — Extraits de la carte d'État-Major au 80 000e.

valeur ; le port, de peu d'étendue mais de grande profondeur, est défendu par un fort, mais ce sont les positions qui entourent la ville et les forts qui y sont construits qui donnent à cette place une grande valeur militaire, comme nous le verrons plus loin. Entre Nice et Villefranche, le vieux *fort de Montalban* servait à protéger la côte, mais il n'a plus aucune valeur.

Fondée par les Marseillais 300 ans avant Jésus-Christ, indépendante et prospère jusqu'au temps de César, puis arsenal maritime des Romains dans les Gaules, Nice fut livrée aux déprédations des barbares et des pirates sarrasins ; elle devint au XIIe siècle la capitale du comté de ce nom et se donna en 1419 au duc de Savoie, qui la conserva jusqu'en 1538. Elle fut assiégée par les Turcs en 1543, prise par les Français en 1642, en 1691 sous Catinat, en 1706 sous Berwick, en 1744 et en 1792. De

1814 à 1860, elle fit retour aux États sardes. Cette ville a donc eu de tout temps une grande importance militaire, et sa position géographique en faisait le lieu de passage tout aussi bien des vainqueurs que des vaincus.

Nice est le siège d'un sous-arrondissement maritime, du commandement supérieur de la défense du groupe de Nice, d'une direction et d'un arrondissement d'artillerie, d'une direction et d'une chefferie du génie, d'une sous-intendance et de la 15e légion bis de gendarmerie. Le 111e et le 159e de ligne, le 13e bataillon d'artillerie de forteresse y tiennent garnison. On y trouve également un hôpital militaire, un magasin de vivres et un magasin annexe d'habillement et du campement.

Antibes a un port peu vaste, mais profond et d'un abord facile, protégé par une longue jetée semi-circulaire et défendu par un îlot qui porte le *fort Carré* ou *Championnet*, construit par Vauban ; il est éclairé par un phare de premier ordre. Fondée par les Phocéens, puis agrandie et embellie par les Romains, qui en avaient fait une place d'armes et un arsenal maritime, la ville fut fortifiée par François Ier et Henri IV, elle put résister aux Impériaux en 1746 et à une armée austro-sarde en 1815.

Une batterie, dite de *la Brague*, a été déclassée, ainsi que la batterie de *Théoule*, en même temps que l'on a restreint la zone de servitude en avant de la ville.

Puget-Théniers et ses environs. — Extraits de la carte d'État-Major au 80 000e.

Le rôle d'Antibes est insignifiant dans la défense de la frontière de terre, mais la défense du port a une certaine importance et elle se ferait par le *bastion* de la place et le *fort Carré*, armés de grosses pièces de marine.

Antibes est le siège d'une subdivision de région et du 114e régiment territorial d'infanterie. C'est le quartier-maritime de l'arrondissement de Toulon, avec syndicat et sous-commisariat de l'inscription maritime.

Cannes a un port médiocre, formé en 1838 par la construction d'un môle de 150 mètres ; ce port peu profond et d'un abord difficile est éclairé par un feu fixe de quatrième ordre. C'est une ancienne capitale celtique, détruite par les Romains et reconstruite, d'après la tradition, par les Marseillais, sous le nom de

Castrum Marcellinum; elle fut dévastée par les Maures au VIIIe et au Xe siècle.

La *batterie de Saint-Pierre*, qui défendait le port de Cannes a été supprimée.

En face de Cannes se trouvent les îles Saint-Honorat et Sainte-Marguerite, formant les *îles Lérins*, dont André Doria s'empara en 1536 et les Espagnols en 1635. Dans *l'île Sainte-Marguerite*, à la pointe de la Croisette, s'élève un fort construit par Richelieu, achevé par les Espagnols et transformé par Vauban; c'est dans ce fort que furent enfermés le fameux Masque de Fer et le maréchal Bazaine. Un dépôt de convalescents militaires a été établi dans cette île. *L'île de Saint-Honorat* a un vieux donjon du XIe siècle, à machicoulis.

On sait que Napoléon débarqua en 1815, au retour de l'île d'Elbe, au *golfe Jouan*, qui s'ouvre entre la pointe de la Croisette et la pointe d'Antibes ou de la Garoupe. Ce mouillage est défendu par les *batteries de la Fourcade et du Graillon*, sur la côte, et par la *batterie de la Convention*, ainsi que par le *fort de l'île Sainte-Marguerite*.

Menton, d'origine féodale, avait des fortifications dont on voit encore des restes, et les ruines d'un château-fort du XVIe siècle. Cette place forte joua alors un certain rôle durant les guerres des Guelfes et des Gibelins, et celles des Grimaldi contre les Génois. C'est la patrie du général *Brea*, qui y est né vers 1790, et servit dans les dernières guerres de l'Empire. On sait qu'il fut assassiné, en 1848, par les insurgés avec lesquels il était venu parlementer.

Puget-Théniers, ville ancienne et fortifiée, sans valeur militaire aujourd'hui.

Villefranche a une citadelle et des batteries pour protéger la ville et défendre la rade. On a conservé provisoirement plusieurs des anciennes batteries basses : *de Rascasse* et du *Phare*. Pour défendre la rade, on doit construire les *batteries du mont Boron et de Canferrat*, qui en ferment l'entrée à l'ouest et à l'est. Une batterie dite *du Soleillat* ou *du Colombier*, est projetée pour défendre la baie, conjointement avec le front de mer de la citadelle. Le Piémont avait voulu y créer un port militaire. La rade profonde offre un excellent abri aux navires de guerre. Le 24e bataillon de chasseurs y tient garnison.

Beaulieu, sur la côte, a une batterie, qui est conservée provisoirement.

XI. — DIVISION JUDICIAIRE

Ce département dépend de la Cour d'appel d'Aix qui se compose d'un premier président, de trois présidents de chambre, d'un procureur général, de deux avocats généraux et de deux substituts du procureur général.

Il y a un tribunal de première instance à Nice (divisé en deux chambres) et à Grasse, ainsi qu'un tribunal de Commerce à Nice et à Grasse.

Nice — huit notaires et douze avoués.

Grasse — cinq notaires et six avoués.

XII. — DIVISION UNIVERSITAIRE

Le département des Alpes-Maritimes fait partie de l'académie d'Aix.

Enseignement secondaire. — Lycée (première catégorie) à Nice. — Collège communal à Antibes, Grasse et Menton. — École secondaire de jeunes filles à Nice. — Établissements libres à Nice et à Cannes.

Un inspecteur d'académie à Nice.

Enseignement primaire. — Un inspecteur primaire à Nice, à Grasse et à Puget-Théniers. — Une école normale d'instituteurs à Nice.

ÉCOLES PUBLIQUES

Nombre d'écoles	laïques	531	598
	congréganistes	67	
Nombre d'élèves :			
Laïques	garçons	13 290	
	filles		8 337
Congréganistes	garçons	294	
	filles		4 174
		13 584	12 511

ÉCOLES LIBRES

Nombre d'écoles	laïques	5	20
	congréganistes	15	
Nombre d'élèves :			
Laïques	garçons	52	
	filles		37
Congréganistes	garçons	340	
	filles		839
		392	876

XIII. — DIVISION RELIGIEUSE

Le département des Alpes-Maritimes dépend de l'archevêché d'Aix. La résidence de l'évêque est à Nice. Le personnel ecclésiastique est ainsi réparti : 1 évêque, 2 vicaires généraux titulaires, 8 chanoines titulaires, 1 ecclésiastique attaché au secrétariat, 24 curés, 112 desservants, 52 vicaires de paroisses, 61 prêtres habitués, 18 aumôniers, 6 professeurs et 18 supérieurs et professeurs. Total 303 ecclésiastiques.

Contenance et valeur des immeubles possédés par les congrégations religieuses.

CONTENANCE en hectares d'après LE CADASTRE	VALEUR LOCATIVE	VALEUR VÉNALE
125 h. 83	289 608 f.	7 779 500 f.

Contenance et valeur des immeubles occupés par les congrégations religieuses.

CONTENANCE en hectares d'après LE CADASTRE	VALEUR	
	LOCATIVE	VÉNALE
49 h. 14	54 558 f.	1 288 100 f.

XIV. — POSTES ET TÉLÉGRAPHES

Le département des Alpes-Maritimes contient :

42 bureaux postaux et télégraphiques.
1 bureau télégraphique simple.
10 bureaux postaux seulement.

Il est délivré annuellement, dans le département, environ 200,000 mandats d'articles d'argent, pour une somme de 9 000 000 de francs.

La taxe des lettres, journaux, etc. ainsi que les soldes des comptes avec les offices étrangers produisent par an environ 1 900 000 francs.

Nombre de dépêches.	intérieures.	296 578
	internationa.	51 281
Taxes perçues.	intérieures.	272 465f00
	internationales	246 827 40
Produit net versé au Trésor.		519 292f40

XV. — RECETTES ANNUELLES DU DÉPARTEMENT

I. — Budget ordinaire.

Contributions directes	2 486 726,49
Taxes assimilées aux contributions directes	172 718,58
Enregistrement	5 298 983,90
Timbre	937 471,61
Domaines et forêts	248 820,69
Douanes	2 262 835,39
Contributions indirectes	7 038 336,17
Postes	1 415 592,83
Télégraphes	518 711,95
Impôt de 3 0/0 sur le revenu des valeurs mobilières	166 593,66
Amendes et condamnations	78 123,63
Retenues et autres produits perçus en exécution de la loi du 9 juin 1853	166 549,33
Produits divers du budget	150 324,27
Total du budget ordinaire	20 942 748,50

I. — Budget extraordinaire.

Ressources spéciales	3 236 201,38
Total général des recettes	24 178 949,88

XVI. — ASSISTANCE PUBLIQUE

I. — BUREAUX DE BIENFAISANCE

Nombre de bureaux dans le département	83
Nombre d'individus secourus	12 125

Recettes.

Revenus	9 6232f	276 430f
Subventions	9 610	
Recettes de charité	74 837	
Fonds de report et autres recettes	95 751	

Dépenses.

Administration	37 556f	146 197f
Secours en nature	77 215	
Secours en argent	31 426	
Excédent des recettes		130 233f

Montant des placements.

En immeubles	5 534
En rentes	96 698
Total	103 232

II. — HOSPICES ET HÔPITAUX

Nombre d'établissements hospitaliers.

Hôpitaux	3	18
Hôpitaux et hospices	7	
Hospices	8	

Personnel.

Médecins et chirurgiens	34	241
Religieuses	90	
Employés	42	
Servants	75	

Lits affectés au service.

Malades	609	1 198
Infirmes, vieillards et incurables	178	
Enfants assistés	242	
Personnel des établissements	169	
Recettes de 18 établissements	460 314	
Dépenses	439 851	
Excédent des recettes	20 463	

XVII. — CAISSES D'ÉPARGNE

Nombre de caisses d'épargne 6

Nombre de livrets.

Existant au 1er janvier	27 094
Ouverts pendant l'année	3 795
Soldes pendant l'année	2 376
Restant au 31 décembre	28 513
Soldes aux déposants au 1er janvier	11 132 540
Recettes	5 122 292
Dépenses	3 834 320
Soldes aux déposants le 31 décembre	12 440 512

XVIII. — INCENDIES ET SINISTRES AGRICOLES

Incendies	560 790
Grêle	659 393
Gelée	1 316 702
Inondations	11 000
Pertes de bestiaux	10 750
Total des pertes	2 558 635

II. — PARTIE MILITAIRE

Depuis le *mont Viso* où elles commencent les Alpes-Maritimes ont, jusqu'au *col de Néva*, des reliefs assez élevés, ainsi que leurs ramifications ou contreforts très enchevêtrés, des pentes fort escarpées et souvent à pic, tout en présentant entre elles des différences de niveau très sensibles, qui empêchent d'établir des routes et rendent les communications presque impossibles pour des armées.

Les pentes de ces montagnes, ainsi que les

MENTON. — Vue générale prise de la Madone.

hautes vallées, sont dénudées et arides. Les troupes qui se fatigueraient beaucoup à y circuler, n'y trouveraient pour ainsi dire aucune ressource pour leur subsistance, car non seulement ces montagnes sont déboisées, mais elles ne présentent aucune trace de végétation, et ne permettent même pas d'y faire pâturer des troupeaux. Aussi ces vallées supérieures sont-elles à peu près inhabitées.

Cependant, à l'est de la *vallée de Tanaro*, les montagnes s'abaissent sensiblement, deviennent plus arrondies et permettent à la végétation de reparaître, en même temps qu'aux troupes légères de s'y mouvoir en tous sens. Il faut cependant faire exception pour les quelques villages qui se trouvent comme perdus dans les immenses forêts de châtaigniers du nord de cette région, car ils ne sont en communication avec les routes de la plaine du Pô que par de mauvais sentiers.

Tous les *cours d'eau* des Alpes-Maritimes se sont frayé un passage suffisant pour eux seuls dans des défilés où ils coulent à une grande profondeur, entre deux murailles à pic. Les hautes vallées du *Var* et de ses deux principaux affluents, la *Tinée* et la *Vésubie*, sont surtout resserrées et encaissées. La Tinée qui prolonge directement vers le nord la ligne de défense formée par le cours inférieur du Var, sert de passage à une nouvelle route, allant de *Barcelonnette* à *Nice*, par le *col des Fourches*. On aboutit également dans la vallée de la Tinée par une route partant de *Vinadio* et traversant le *col de Sainte-Anne*. Les *cols des Barricades, de Fer, de Collalunga* (2 573 mètres), permettent également de passer de la haute Tinée dans la haute Stura; nous avons vu déjà que le *fort de Vinadio* bat leur débouché sur le versant italien. Le chemin qui passe par Collalunga est à la rigueur praticable à l'artillerie, et une colonne autrichienne de dix mille hommes avec huit canons, le suivit en 1794 jusqu'à Gilette, en descendant la Tinée et le Var. La Vésubie et la Stura sont mises en communication par les cols de *Fremamorta*, de *la Cerise*, que l'on améliore d'année en année, mais ces chemins exigeront encore des travaux considérables pour être praticables aux armées pourvues d'artillerie. Une route carrossable suit la vallée inférieure de la Vésubie et arrive jusqu'à Saint-Martin-Lantosque.

Le *col de la Fenêtre* (2 288^{m}) permet de passer de la vallée de la Vésubie dans celle *du Gesso* et de rejoindre à *San-Dalmazzo* les routes de Tende et de l'Argentière, d'où l'on peut tourner les forts construits par les Italiens pour barrer ces routes.

Des petites colonnes de troupes légères pourraient à la rigueur utiliser les divers passages indiqués ci-dessus, pour aller de France en Italie dans la vallée de la Stura, ou d'Italie en France dans la vallée du Var. Mais l'invasion italienne rencontrerait de plus grandes difficultés naturelles: d'abord les communications entre le Var et la Tinée, entre la Tinée et la Vésubie sont rares et difficiles; ensuite les hautes vallées de ces cours d'eau se prêtent aisément à une défense pied à pied. En outre, bien que le tracé anormal de la frontière ait laissé à l'Italie les sources de divers torrents qui descendent des Alpes, celle-ci n'en peut tirer aucun avantage, car cette région est à peu près inhabitée et sans communications; de plus, la France a conservé la partie la plus importante de leurs bassins et les positions les plus essentielles.

La *Roya*, qui forme presque la frontière à l'est, a ses sources et son embouchure en Italie, où cette dernière est défendue par la petite place de *Vintimille*. Le cours moyen, qui est en France, est longé par la route du *col de Tende*, qui, ainsi que les sources de la Roya, est maîtrisée par un groupe d'ouvrages construits par les Italiens autour du débouché du col et qui ont remplacé le *fort de San-Dalmazzo*, projeté d'abord. Le *col de Tanarello*, qui conduit dans la vallée *du Tanaro*, et le *col Ardente*, qui mène dans la vallée de *la Taggia*, sont également tenus sous le feu de ses ouvrages. On sait que ces deux cols furent abordés en 1794 par nos troupes, qui avaient réussi à gravir les sentiers les plus impraticables suivant les vallées de la *Taggia*, de la *Nervia* et du *Haut-Tanaro*, sentiers consistant le plus souvent en escaliers taillés dans le roc au bord de précipices affreux.

La route du col de Tende part de Nice, franchit au *col de Braus* le contrefort élevé qui sépare le *Paillon* (Paglione) de la *Bévera*, qu'elle traverse à Sospel, puis, après avoir gravi le *mont Perus*, franchit le *col de Brouis* et arrive à *la Roya*, en face de Breglio (Breil), suit cette rivière presque jusqu'au col de Tende et descend alors par les vallées italiennes jusqu'à Coni. La *position de Saorgio* (Saorge) dans un coude formé par la frontière et où se trouve un défilé, permet aux Français de battre entièrement la route du col et la vallée de la Roya, dont les pentes sont encore dominées par les ruines d'anciens ouvrages, dont la situation très forte pourrait être facilement remise en état de faire une défense inexpugnable. Les Italiens ont récemment construit une bonne route, allant de Breglio à Vintimille, et qui a pour but de prendre ces positions à revers. Les contreforts qui commandent les *cols de Braus et de Brouis* sont tout indiqués pour être occupés dans de bonnes conditions en vue de couvrir la frontière française.

La route de *la Corniche*, que Napoléon Ier fit construire, va de Nice à Gênes en suivant le littoral; elle est doublée par la voie ferrée qui rejoint Marseille à Gênes et ne forme pour ainsi dire qu'un long défilé. Elle traverse, à son entrée en Italie et à l'est de *la Roya*, un certain nombre de petits fleuves côtiers ou de torrents, dont les principaux sont *la Nervia*, le *Taggia*, *l'Impériale*, le *Bormida*, etc., qui coulent entre des contreforts élevés, d'où l'on peut prendre en flanc la route et le chemin de fer et isoler les diverses parties des corps qui s'y seraient engagés. Il est vrai que ces positions sont presque inaccessibles et qu'elles peuvent à leur tour être tournées par le col de Tende. Les communications dans les hautes et étroites vallées de ces cours d'eau sont rares et impraticables aux armées, surtout vers le comté de Nice, où les massifs sont plus élevés et plus enchevêtrés. On se demande même comment nos troupes ont pu, en 1794, arriver au *col Ardente* et au *col de Tanarello* en suivant les sentiers affreux des vallées de *la Taggia*, de *la Nervia* et du *Haut-Tanaro*.

Les deux seules vallées importantes dans cette région sont celles de *Tende*, parce que la route du col y passe et que les sentiers du *Tanaro*, du *Tanarello* et de *la Taggia* viennent y déboucher, et celle de *la Roya*, qui commande cette route en France par les positions excellentes de Saorgio et de *Breil* (Breglio).

Avant 1860, le Var défendait en première ligne la route d'invasion du littoral, son cours inférieur est presque toujours guéable, excepté en hiver; il est vrai que, en cas de pluie, le Var et ses affluents deviennent des torrents terribles, qui empêchent la circulation et emportent tout sur leur passage; en outre, les vallées de ces cours d'eau sont si étroites, qu'elles ne laissent même pas de place à un chemin. Napoléon disait que pour faire du Var un obstacle de quelque valeur, il faudrait construire à l'embouchure un fort protégeant un barrage qui permît de retenir les eaux, de manière à détruire les gués et à créer à volonté des inondations. Mais la défense du cours inférieur est facile, parce que les collines de la rive droite commandent celles de l'autre rive. Ainsi, en 1800, *Suchet* défendit avec succès cette ligne contre les tentatives faites par Mélas pour pénétrer en France, après qu'il eut coupé notre armée et investi Gênes.

La ligne de défense formée par le cours inférieur du Var est prolongée par ses deux principaux affluents, la *Tinée* et la *Vésubie* ; les hautes vallées de ces trois cours d'eau, très resserrées, n'ont pour ainsi dire aucune communication entre elles. Une grande route, qui suit le cours de la Tinée, vient aboutir à la vallée de *Barcelonnette* par le *col des Fourches*. Ces hautes vallées sont donc faciles à défendre pied à pied.

Fortifications.

La principale ligne de défense est la ligne de l'Authion à la Turbie, qui est naturellement très solide et a 35 kilomètres de développement; elle part du *mont Clapier*, qui forme l'enceinte occidentale du bassin de Tende, passe par la *Cime du Diable* (2 687m), par la cime de *Raus*, par l'*Authion*, le plateau des *Mille-Fourches* et gagne, par le *col de Braus* et le *mont Agel*, la position de la *Turbie* qui aboutit à la mer au-dessus de Monaco et tient sous ses feux la route de la Corniche et le chemin de fer qui la double, lequel traverse de nombreux tunnels, faciles à détruire. Une route militaire passant par les différentes crêtes permet les mouvements des troupes françaises dans tous les sens et leur concentration au point voulu, alors que les colonnes ennemies n'ont pas les mêmes facilités pour se relier et se prêter un mutuel appui.

En avant de cette ligne principale se trouve celle de la vallée de la Roya, qui s'appuie à la position de Saorgio, passe par *Breil*, occupe le *col de Brouis*, la *Croix-de-Cogole*, d'où l'on domine la vallée inférieure de la Roya et se termine aux crêtes qui couronnent la Bévera en avant de *Castillon*. La route carrossable qui relie *Menton* à *Sospel* pourrait faire communiquer, de l'Authion au littoral, les deux ailes d'une armée française occupant cette ligne avancée.

Enfin une *position de deuxième ligne* serait constituée par le *Var* qui formait autrefois notre première ligne de défense sur la route du littoral. En effet, bien que presque toujours guéable, le Var constitue, entre la mer et les montagnes impraticables qui bordent son cours supérieur, un obstacle sérieux contre une attaque venant d'Italie. La ligne ne présente un front abordable que sur une quinzaine de kilomètres, et les collines de la rive droite, qui dominent celles de la rive gauche à bonne portée offrent des positions faciles à défendre.

Les Italiens pourraient naturellement utiliser la route du col de Tende pour descendre en France. Mais arrivés à Sospel, ils se heurteraient à la position principale au *col de Braus*, qui occupe à peu près le centre de cette position, dont l'aile gauche, très forte naturellement, serait facile à défendre, tandis que l'aile droite, de Braus à la Turbie, a été renforcée, sur ses 10 kilomètres de développement, par des ouvrages situés entre le *mont Agel* et la mer, et se rattachant à l'ensemble de la défense de Nice. Le *fort de la Tête-de-Chien*, construit sur le promontoire escarpé de ce nom qui domine la mer à hauteur de Monaco, balaie la route de la Corniche et le chemin de fer jusqu'à Roquebrune. Une batterie projetée en arrière de la Tête-de-Chien achèvera de maîtriser cette route dans la partie comprise entre la Turbie et le *mont Lenza*.

D'autre part, si les Italiens voulaient tenter de prendre l'offensive par le littoral, ils ne pourraient dépasser Vintimille sans être obligés d'aborder de front des contreforts escarpés faciles à défendre par nos troupes. En admettant même que, grâce à une supériorité numérique prononcée, le corps qui a franchi le col de Tende a pu faire sa jonction avec les troupes qui ont suivi la route du littoral, il n'en serait pas moins possible encore de les arrêter, si les Français occupent et défendent la position presque inexpugnable comprise entre l'Authion et la Turbie. Or, dans toutes ces positions, des forces restreintes et composées en grande partie de troupes territoriales fermeraient le passage à des troupes bien supérieures en nombre.

D'autres batteries ayant pour but d'achever de fermer l'accès de la vallée de Nice doivent couronner les crêtes qui dominent le port de *Villefranche* et arrêter l'ennemi qui aurait réussi à forcer ou à tourner le fort de la Tête-de-Chien. Il en résulte que les montagnes du littoral entre la Turbie et la vallée de Nice seront fortifiées, de sorte qu'il ne restera à l'envahissement pas d'autre voie d'accès que la vallée du Paillon, qui est solidement défendue.

On a remarqué d'ailleurs qu'une invasion en Provence n'a jamais réussi et ne peut, en tout cas, avoir aucune influence sérieuse sur l'issue de la guerre.

Pour l'offensive comme pour la défensive, *Nice* est une place d'armes qui présente une valeur militaire de premier ordre. Il eût été facile d'y créer un camp retranché, car les hauteurs qui l'entourent constituent des positions convenables, mais on a dû y renoncer par suite de considérations politiques et financières. Ces positions pourraient d'ailleurs faire une bonne défense en les occupant, au moment du besoin, par des ouvrages de fortification de campagne. On a construit les *batteries de la Rèvère et de la Drette*, pour barrer la route du col de Tende au sortir de Nice et le chemin venant par *Levens* de la vallée de la Vésubie. Deux batteries, de *Rimiès* et *Basse de Brec*, sont également projetées pour battre le débouché du Paillon, dont la vallée forme un entonnoir que l'envahisseur est forcé de suivre.

L'offensive française pourrait s'exercer dans de bonnes conditions, sous la protection des divers ouvrages et en occupant les positions convenables. « Un corps pénétrant par le *col de l'Argentière*, dit M. le commandant *Marga*, peut combiner ses opérations avec des troupes qui auraient forcé le col de Tende et attaqué de front la haute vallée du Tanaro ; la route de la Corniche donnerait alors une entrée des plus commodes dans la plaine du Piémont, au moyen des nombreuses routes qui traversent les Alpes Liguriennes entre le *col de Tende* et *celui de Cadibone ;* ces passages se trouvant tournés ne pourraient plus être défendus de front avec une grande vigueur et nous rendraient bientôt maîtres de Montferrat. »

En résumé, on peut constater que dans tout le massif de montagnes abruptes qui couvre le département, il n'y a que deux routes carrossables pouvant convenir aux opérations des armées actuelles ; celle du col de Tende, et celle de la Corniche doublée par le chemin de fer du littoral. Nous avons vu que ces voies de communication sont absolument maîtrisées par les positions de la Turbie, de Saorgio et de Nice.

Il existe encore un certain nombre de passages utilisables pour des troupes légères seulement ; les Italiens ont créé un corps spécial dans ce but, les chasseurs alpins, qui manœuvrent dans les Alpes dans le courant de l'été. On sait que la France vient d'imiter cet exemple et d'organiser des troupes alpines, qui disputeraient le passage aux chasseurs alpins italiens ou, au besoin, tenteraient des opérations offensives dans les Grandes-Alpes.

DÉPARTEMENT DE L'ARDÈCHE

I. — PARTIE CIVILE

I. — HISTOIRE

Ce département, formé en 1790 de la majeure partie du *Viverais*, dépendant de la province de *Gascogne*, doit son nom à la rivière d'Ardèche, qui la traverse au sud et appartient à la région méridionale. Il est situé entre 45°22' et 44°16' de latitude et entre 1°37'40" et 2°33' de longitude est. Sa longueur est de 122 klomètres du nord au sud. Sa plus grande largeur est de 73 kilomètres, d'un point du Rhône au-dessus de Cruas à l'est, à la rivière d'Allier à l'ouest.

Il est borné :

Vue de Largentière.

A l'*est*, par le Rhône qui le sépare des départements de l'Isère et de la Drôme ;

Au *sud*, par le département du Gard ;

A l'*ouest*, par celui de la Lozère ;

Au *nord-ouest*, par ceux de la Haute-Loire et de la Loire.

Les Helvii, clients des Avernes, furent les premiers habitants du pays. Leur capitale était *Alba Helviorum* (Aps). Ils combattirent des premiers contre les Romains, mais furent vaincus avec le brenn Bituit à la bataille du Rhône (122 ans av. J.-C.) Plus tard, César s'en fit des alliés et ils lui livrèrent passage pour aller à la rencontre de Vercingétorix. Après la conquête romaine, le territoire fit partie de la Narbonnaise. On trouve des vestiges de cette époque dans plusieurs endroits et les restes d'une antique voie romaine portent encore le nom de *chemin de César*.

Le pays fut dévasté par les Vandales, les Alins, les Goths. L'ancienne capitale Alba Helviorum ayant été complètement détruite par les Barbares, en 405, fut remplacée par la nouvelle cité de *Vivarium* (Viviers) qui devint bientôt florissante, fut le siège d'un évêché et donna son nom à la province.

Le Vivarais, après avoir appartenu aux Wisigoths, aux Burgondes, puis aux Francs, à l'époque carlovingienne, fit partie, en 879, du royaume d'Arles, fondé par Boson.

A mesure que s'établit le régime féodal, le pays se morcela peu à peu. Pendant que la partie méridionale restait aux comtes de Toulouse, successeurs de Boson, le nord était partagé entre les comtes du Vivarais, du Valentinois, les Dauphins du Viennois qui relevaient de l'empire d'Allemagne et les évêques de Viviers qui avaient pris le titre de comtes.

Comme le Languedoc, le Vivarais eut beaucoup à souffrir, au moyen âge, de la croisade des Albigeois. Le pays fut conquis par Simon de Montfort et l'Inquisition y fut établie, en 1229, par le légat Romain de Saint-Ange. Cet épouvantable régime poussa au désespoir les populations, de nombreuses révoltes furent cruellement réprimées et les libertés naissantes furent étouffées dans des flots de sang.

Alphonse et Jeanne de Toulouse étant morts en août 1271 sans laisser d'enfants, leur héritage échut à Philippe le Hardi et le sud du Vivarais passa à la couronne. La partie nord, qui relevait de l'empire d'Allemagne, reconnut la suprématie de son successeur, Philippe le Bel, après la soumission de Lyon (1312).

Sous les rois de France, les communes conservèrent les libertés acquises précédemment et les *états du Vivarais* composés de la noblesse et du tiers-état, à l'exclusion du clergé, défendaient les intérêts du pays ; ils se fondirent par la suite avec ceux du Languedoc.

Les bandes de routiers qui ravagèrent la France pendant la guerre de Cent-Ans envahirent plusieurs fois le territoire et s'établirent même à Annonay (1430) mettant les villes au pillage.

Après un moment de calme, sous Louis XI et ses successeurs, la réforme vint de nouveau troubler le pays. Le protestantisme se développa rapidement parmi les populations qui avaient tant souffert de l'inquisition et les guerres de religion l'ensanglantèrent de nouveau. Elles ne se terminèrent que sous Louis XIII, lorsque Richelieu détruisit la puissance politique des protestants. Le roi vint en personne mettre le siège devant Privas, chef-lieu du Vivarais protestant, qui fut pris, pillé et brûlé (29 mai 1629). Richelieu, qui était malade, ne put empêcher le massacre et la ville, que la cruauté froide de Louis XIII avait changée en désert, mit longtemps à se relever de ses ruines, car un édit royal défendait d'y reconstruire et d'y habiter sans autorisation.

Sous Louis XIV, l'impolitique révocation de l'édit de Nantes (1685) vint porter un nouveau coup au pays. Les huguenots émigrèrent en foule, allant enrichir les pays protestants de leurs industries. Les *dragonnades* provoquèrent, dans le Haut-Vivarais, la révolte des *Camisards* ; il fallut un corps d'armée pour les réduire, et le pays, complètement ruiné et dépourvu de communications, ne comptait pas plus de deux cent mille habitants en 1789.

L'industrie a repris un grand essor depuis cette époque et la population a presque doublé.

II. — VUE DU DÉPARTEMENT A VOL D'OISEAU

Le département de l'Ardèche est très montagneux et forme un plateau incliné du nord-ouest au sud-est, depuis le sommet de Mézenc (1 754^{m}) jusqu'au point où le Rhône cesse de limiter le département (40^{m}).

Le système montagneux dépend de la chaîne des Cévennes et est représenté par les *Monts du Vivarais* qui servent de ligne de partage des eaux entre les deux grands bassins du Rhône et de la Loire. De cette chaîne, se détachent de nombreux contreforts qui vont en diminuant graduellement jusqu'au Rhône.

Le sommet principal est le *Mont Mézenc* (1 754^{m}), sur la limite de la Haute-Loire, près de la jonction des arrondissements de Largentière et de Tournon.

De ce point, se détache, au nord-est, la chaîne granitique des *Boutières* dont les sommets atteignent 1 130 mètres à l'ouest de Saint-Romain-le-Désert, 1 217 mètres au nord de Devesset, 1 328 au sud de Saint-Julien-Vocance, 1 390 mètres au *Grand Falletin*, sur la limite de la Haute-Loire, 1 333 mètres au nord de Monestier, et 1 383 mètres au *Pyfara*, à la réunion des départements de la Haute-Loire et de la Loire.

Au sud-ouest du Mézenc, les sommets sont, pour la plupart, formés par les cratères d'anciens volcans dont les déjections ont envahi toutes les vallées environnantes en y formant des coulées et des colonnades basaltiques. Ces phénomènes éruptifs, appelés *chaussées, pavés, escaliers des géants*, sont d'un effet superbe. Entre les coulées laviques, parfois superposées, les nombreux ruisseaux de cette partie du pays ont creusé leur lit, coupé çà et là de cascades qui atteignent jusqu'à 100 mètres. Les hauteurs couronnées de forêts de châtaigniers, la teinte sombre des colonnades basaltiques alternant avec les roches granitiques, font de cette contrée une des parties les plus pittoresques de la France.

Les sommets principaux sont : le *Gerbier de Jonc* (1 552^m) où la Loire prend sa source, le *Suc de Séponet* (1 539^m) au nord duquel s'élève un autre cratère de 1 608 mètres, le *Suc de Montvernoux* (1 446^m) au-dessus de Lachamp-Raphaël, village situé lui-même à 1 330 mètres. Plus au sud, et près de la source de l'Ardèche, on trouve 1 501 mètres au *Rocher d Astot*, 1 537 mètres au Bois de Riou-Clar; enfin, 1 509 mètres au *Signal de Montgros* à la source de l'Espezonnette.

Entre l'Ardèche et le Lignon, s'élève un chaînon horizontal qui atteint 1 537 mètres à *Chantière*, 1 540 à *la Croix de Bauzon* et 1 501 mètres aux *Roches d'Abraham*.

Au sud du Lignon, dans le massif du *Tanargue*, les sommets s'élèvent à 1 519 mètres dans le bois de Tanargue, 1 448 mètres au *Signal de Coucourou*, 1 487 mètres au Tanargue proprement dit et 1 204 à *la Champ du Cros*. Enfin, à l'ouest du Tanargue, on trouve 1 408 mètres, au-dessus de Saint-Laurent-les-Bains.

Du Gerbier de Jonc, part un chaînon moins élevé qui s'étend au sud-est jusqu'à Rochemaure sur le Rhône et qui forme les *Monts de Coiron*, composés de roches, non plus granitiques mais calcaires et recouvertes de déjections volcaniques. En partant du mont Gerbier, les principaux sommets sont : le *Signal du Champ de Mars* (1 345^m) au sud de Marcols ; le *Roc de Gourdon* (1 061^m) sur les pentes duquel l'Ouvèze prend naissance; tout à côté, le *Malpeigné* (1 047^m), le *Signal de Berzème* (839^m) près de Freissenet, le Signal du *Fau* (708^m) et, enfin, près de Rochemaure, le *Pic de Chenavari* (508^m). Dans l'angle formé par l'Ardèche et l'Ibie, les hauteurs se rapprochent du terrain carbonifère et atteignent 720 mètres à la *Dent de Rez* et 670 mètres au *Sommet de Barrès*. Cette partie du pays, dépourvue de moyens de communication, est couverte en partie de forêts.

III. — HYDROGRAPHIE

Le département dépend des deux grands bassins du Rhône et de la Loire.

Le bassin du Rhône est de beaucoup le plus important, puisque, par ses affluents, il occupe plus des 9/10 de la surface.

Le bassin de la Loire ne comprend que la partie nord de l'arrondissement de Largentière.

Le Rhône limite l'Ardèche, à l'est, sur une longueur de 145 kilomètres. Venant de Suisse, et après avoir arrosé Lyon et Vienne d'Isère, il y entre à Limony à l'altitude de 138 mètres, passe ensuite à Serrières, Peyraud, Champagne, Andance, Sarras, Ozon (128^m), Vion, Tournon (116^m), Glun, au pied des coteaux vignobles de Cornas et de Saint-Péray réunis à Valence par un pont suspendu ; il arrose ensuite Soyons, La Voulte (91^m) où le chemin de fer de La Voulte à Livron le traverse sur un beau viaduc. Après s'être grossi sur sa rive gauche de la Drôme, il passe au Pouzin (89^m) qui, comme La Voulte, est un centre métallurgique important, à Baix, à Cruas, à Meysse, à Rochemaure, au Teil, à Viviers, à Bourg-Saint-Andéol (53^m) et quitte le département à l'embouchure de l'Ardèche par 40^m d'altitude. Sa pente dans le département est de 98 mètres, soit une moyenne de 0^m,676 par kilomètre.

Les principaux affluents situés sur la rive droite sont, dans le département :

1° La *Cance* (38 kilom.) qui prend naissance dans les Boutières, passe à Saint-Julien-Vocance (680^m), Villevocance, Annonay (297^m) et se jette au-dessus de Sarras par 133 mètres ;

2° L'*Ay* qui passe à Satillieu, Ardoix et a son embouchure à un kilomètre au-dessous de celle de la Cance;

3° Le *Doux* (62 kilom.) qui naît également dans les Boutières à 1 113 mètres, descend d'abord au sud et passe à Desaignes et à Lamastre (386^m). Tournant ensuite au nord-est, il rejoint le Rhône au-dessous de Tournon.

4° L'*Erieux* (72 kilom.), a sa source au sud de Devesset, près de la limite de la Haute-Loire (1 100^m), puis arrose Saint-Agrève (1 050^m), Saint-Julien-Boutières (654^m), Saint-Martin-de-Valamas, le Cheylard, Saint-Sauveur (203^m), Saint-Fortunat (136^m), Saint-Laurent-du-Pape (102^m), Beauchastel et se jette au nord de La Voulte par 93 mètres d'altitude. Sa pente moyenne jusqu'à Saint-Sauveur est de 18^m,68 et, de Saint-Sauveur au Rhône, de 4^m,583 par kilomètre.

L'Erieux est grossi de la *Saliouse* qui naît au Mézenc, du *Descoutay*, qui vient du mont Gerbier et se jette, comme la Saliouse, à Saint-Martin-de-Valamas, de la *Dorne* qui passe à Accons, Dornas et se jette au Cheylard ;

5° L'*Ouvèze* (25 kilom.) naît au Roc-de-Gourdon, passe à Saint-Priest, au-dessous de Privas, à Coux (197^m) et se jette au Pouzin par 89 mètres d'altitude ;

6° La *Payré* passe à Alissas (229^m), Chomérac et Saint-Symphorien ;

7° Le *Lavezou* passe à Saint-Martin ;

8° L'*Escoutay* (25 kilom.) prend naissance

à Berzême (760m), passe à Aps (l'ancienne *Alba Helviorum*), à Saint-Thomé et se jette à Viviers;

9° L'*Ardèche* (116 kilom.), est formée de plusieurs ruisseaux qui prennent naissance dans la montagne de la Chavade, à une altitude de 1 380 à 1 400m, et coule d'abord à l'est en formant une série de cascades très pittoresques jusqu'à Mayres qui n'est plus qu'à 532 mètres; puis, se frayant un lit à travers les coulées de lave qui recouvrent toute cette partie du pays, elle passe à Thueyts, Nieigles, la Bégude (243m). Tournant au sud, elle arrose Ucel (239m), Aubenas (201m), Saint-Didier, Saint-Sernin (155m), Vogué, Lanas (142m), Balazuc, Pradons, Ruoms où elle coule entre des parois liasiques à pic, Auriolles (107m). Elle reprend ensuite la direction de l'est et, après Sampzon, passe à Salavas (86m) et à *Pont-d'Arc*, sous un magnifique pont naturel en marbre gris et haut de 60 mètres. Elle s'engage ensuite dans une gorge sauvage, longue de 24 kilomètres, et servant de limite au département. Elle débouche à Saint-Martin et rejoint le Rhône par 40 mètres d'altitude.

L'Ardèche est une rivière torrentueuse dont les crues, par suite de l'imperméabilité du sol, sont subites et terribles. Son débit d'étiage, qui descend jusqu'à 5 mètres cubes par seconde, a monté à plus de 7 000 mètres cubes en 1827, à la suite d'un orage. Sa pente moyenne, par kilomètre est, de Mayres à Aubenas, de 13 mètres; d'Aubenas à Auriolles, de 3m,03; enfin, d'Auriolles au Rhône, de 1m,457.

Ses principaux affluents sont, sur la rive droite :

Le *Lignon* (18 kilom.), qui vient du bois de Tanargue par 1 326 mètres, passe à La Souche, à Jaujac (410m) et se jette près de Nieigles par 312 mètres.

La *Ligne* (15 kilom.) prend naissance à La Champ-du-Cros (1 204m) et passe à Largentière.

La *Beaume* (40 kilom.) reçoit le tribut de nombreux ruisseaux qui descendent du Tanargue; elle passe à Valgorge, à Ribes (186m), à Joyeuse (153m), à La Beaume et se jette entre Ruoms et Auriolles.

Le *Chassezac*, son principal affluent, a 74 kilomètres dont 43 dans le département. Il prend naissance dans la Lozère au-dessus de Belvezet par 1 300 mètres, entre dans le département à Sainte-Marguerite (310m), lui sert de limite pendant 7 kilomètres, puis passe à Malarce (196m), aux Sallèles (157m), aux Vans (148m) et rejoint l'Ardèche à Chassagnes. Il est lui-même grossi de la *Rivière de Borne* qui passe à Borne et Laval-d'Aurelle et limite le département pendant 13 kilomètres.

L'Ardèche reçoit sur sa rive gauche :

La *Fontollière* (20 kilom.) qui passe à Montpezat et Clural, à travers des coulées basaltiques, et est grossie du *Burzet ;*

La *Volane* (18 kilom.) passe à Antraigues et Vals ;

Le *Luol* (17 kilom.) passe à Saint-Michel, Saint-Julien et Saint-Privat;

L'*Auzon* (25 kilom.) prend naissance à Freissenet, passe à Darbres, à Lussas, à Saint-Germain et se jette à Lanas (142m). Il est grossi de la *Claduègne* qui passe à Saint-Jean-le-Centenier ;

L'*Ibie* (30 kilom.) arrose Villeneuve-de-Berg (278m), Saint-Maurice et se jette en aval de Vallon ;

La *Ganière*, qui prend naissance dans le sud de l'arrondissement de Largentière, va rejoindre dans le Gard, la Cèze affluent du Rhône.

La Loire, le plus grand de nos fleuves, n'a que 30 kilomètres dans le département et n'y forme qu'un ruisseau grossi peu à peu par d'autres petits cours d'eau. Elle prend naissance au mont Gerbier de Jonc (1 552m), passe à Sainte-Eulalie, à Usclade et quitte le département à Issarlès après avoir laissé, sur sa droite, le *Lac d'Issarlès*, belle nappe d'eau de 90 hectares, située à plus de 100 mètres au-dessus de la Loire (altitude 997m) et formée par le cratère d'un ancien volcan.

L'*Allier* prend naissance dans la Lozère, au signal du *Maure-de-la-Gardille* (1 501m), et, après 12 kilomètres, vient limiter le département depuis la gare de la Bastide jusqu'à 2 kilomètres à l'ouest de Lespéron, sur une longueur de 20 kilomètres. Il y arrose La Veyrune (974m) et reçoit le tribut de plusieurs ruisseaux qui descendent du Tanargue et dont le plus important est l'*Espezonnette* qui passe à La Narce.

IV. — VOIES DE COMMUNICATION

1. — Chemins vicinaux.

Le service vicinal de l'Ardèche est confié aux soins de l'administration des Ponts et Chaussées sous la direction d'un ingénieur en chef résidant à Privas, ayant sous ses ordres des ingénieurs agents-voyers d'arrondissement et des agents-voyers conducteurs dans les cantons.

Les voies vicinales sont ainsi divisées :

1° Les chemins de grande communication ayant une longueur totale de . . .	263k991m
2° Les chemins d'intérêt commun ayant une longueur totale de	1 447,452
3° Les chemins vicinaux ordinaires ayant une longueur totale de	6 514,408
Développement total.	8 225k851m

La dépense annuelle du service vicinal de l'Ardèche étant de 2 151 863 fr. 12, le prix

ARDÈCHE

SIGNES CONVENTIONNELS

- CHEF-LIEU DE DÉPARTEMENT
- CHEF-LIEU D'ARRONDISSEMENT
- Chef-lieu de Canton
- Commune
- Chemin de fer – Station
- Rivière – Canal
- Route Nationale
- Route Départ.[le] et Ch.[in] de G.[de] Commun.[on]
- Limite de Département
- d[o] d'Arrondissement
- d[o] de Cantons
- Poste et Télégraphe
- Télégraphe – Poste
- Ville forte
- Fort – Ouvrage projeté
- Garnison et Subdivision de région
- Garnison

Échelle de : $\frac{1}{640.000}$

Gravé par J. Martin & F[ne] Gourdon Paris — H. CHAIRGRASSE Fils, Éditeur, 25 R. de Grenelle St Germain, Paris. — Imp. Soisson 45 R. de Fleurus Paris

moyen, par kilomètre, est de 261,60 ou 0,26 par mètre courant.

II. — Routes nationales.

Le département est sillonné par sept routes sur une longueur totale de 490 943 mètres.

1° *La route n° 82, de Roanne au Rhône* (21 930^{m} dans le département) traverse la partie nord du département. Venant de Saint-Étienne, elle passe à Saint-Marcel, Boulieu, Annonay, Davézieux, Saint-Cyr, Saint-Étienne-de-Valoux et rejoint la route n° 86 à Andance;

2° *La route n° 86, de Lyon à Beaucaire, par la rive droite du Rhône* (137 205^{m} dans le département) entre dans le département à Limony, passe ensuite à Serrières, Peyraud, Champagne, Andance, Sarras, Ozon, Vion, Tournon, Mauves, Glun, Chateaubourg, Cornas, Saint-Péray, Guilherand, Soyons, Charmes, Beauchastel, La Voulte, Le Pouzin, Baix, Cruas, Meysse, Rochemaure, Le Teil, Viviers, Bourg-Saint-Andéol et Saint-Just, puis quitte le département pour se diriger sur Pont-Saint-Esprit (Gard);

3° *La route n° 101, de Pont-Saint-Esprit à Mende* (39 254^{m} dans le département) traverse le sud de l'arrondissement de Largentière, passe à Bessas, à Berrias, à Chassagnes et aux Vans;

4° *La route n° 102, de Viviers à Clermont par Le Puy* (95 252^{m} dans le département) part de Viviers et passe à Saint-Thomé, Aps, Saint-Jean-le-Centenier, Villeneuve-de-Berg, La Villedieu, Saint-Didier, Aubenas, La Bégude, Nieigles, Thueyts, Mayres, franchit le col de la Chavade (1 271^{m}) aux sources de l'Ardèche et traverse ensuite la Narce en se dirigeant sur le Puy;

5° *La route n° 103, de la Voulte au Puy* (81 629^{m} dans le département) part de la route n° 86 et passe à Saint-Laurent-du-Pape, Saint-Fortunat, Saint-Michel, Saint-Maurice, Chalançon, Nonières, Lamastre, Desaignes et Saint-Agrève, puis se dirige sur Yssingeaux;

6° *La route n° 104, de la Voulte à Alais par Privas* (90 436^{m} dans le département) se confond jusqu'au Pouzin avec la route n° 86, puis passe à Saint-Julien-en-Saint-Alban, Flaviac, Coux, Privas, Vesseaux, Saint-Privat, Aubenas où elle croise la route n° 102 à Saint-Étienne-de-Fontbellon, La Chapelle, Uzès, Rozières, Joyeuse, La Blachère, Berrias où elle traverse la route n° 101 et à Saint-Paul-le-Jeune;

7° *La route n° 105, du Puy à Annonay et au Rhône* (25 237^{m} dans le département). Venant d'Yssingeaux, elle passe à Saint-Julien-Vocance, Vocance, Villevocance et se confond avec la route n° 82 à partir d'Annonay.

Résumé de la circulation sur les routes nationales.

DÉSIGNATION DES ROUTES	TONNAGE ANNUEL			
	BRUT		UTILÉ	
	distance entière 1 000 tonnes	kilométrique 1 000 tonnes	distance entière 1 000 tonnes	kilométrique 1 000 tonnes
1° Route n° 82, de Roanne au Rhône	84,94	1 86	42,70	0 935
2° Route n° 86, du Lyon à Beaucaire	92,34	12 66	51,10	7 059
3° Route n° 101, de Pont Saint-Esprit à Mende	22,63	0 85	10,22	0 380
4° Route n° 102, de Viviers à Clermont	41,97	3 99	31,39	2 978
5° Route n° 103, de Lavoulte à Retournac	39,05	3 02	20,80	1 602
6° Route n° 104, de Lavoulte à Alais	34,31	3 26	16,42	1 478
7° Route n° 105, du Puy à Annonay	72,63	1 83	50,00	1 263

III. — Navigation.

I. — FLEUVES ET RIVIÈRES NAVIGABLES

Ardèche. — Cette rivière est classée, entre le pont d'Arc et son embouchure dans le Rhône, sur 35 kilomètres de longueur, savoir:

Comme flottable, du Pont-d'Arc à Saint-Martin-d'Ardèche . . . . 24 kilomètres

Comme navigable, de Saint-Martin-d'Ardèche au Rhône. . . . . 11 kilomètres.

Le mouillage de l'Ardèche descend quelquefois, pendant l'été, à 0^{m},20. Son trafic est à peu près nul.

Rhône. — La partie de ce fleuve qui baigne l'Ardèche fait partie de la deuxième section comprise entre Lyon et Arles. L'étiage, qui ne se produit pas tous les ans, offre un mouillage de 1^{m},10. L'enfoncement des bateaux ne peut alors dépasser 0^{m},90.

La navigation emploie principalement des bateaux à vapeur à aubes d'un tonnage de 400 à 500 tonnes d'une longueur de 120 à 135 mètres et d'un tirant d'eau de 1^{m},30 à pleine charge. Elle emploie aussi des bateaux ordinaires qui ont de 25 à 48 mètres de longueur, 4 mètres à 9^{m},70 de largeur, portant de 100 à 240 tonnes et calant, à pleine charge, de 1^{m},20 à 1^{m},70. Ces bateaux sont descendus chargés à gré d'eau et remontés vides. ou à moitié chargés, par des remorqueurs à vapeur d'un système particulier, nommés *grappins*. Les bois de charpente descendent par trains jaugeant en moyenne 140 tonnes et ayant 36 mètres de longueur, 8 mètres de largeur et 1 mètre d'épaisseur.

Le Rhône entre dans le département et en sort alternativement. Voici son itinéraire.

Limony, Serrières et Saint-Saturnin (Ardèche), Sablons (Isère), Peyraud (Ardèche), Saint-Rambert (Drôme), Andance (Ardèche),

Saint-Vallier, Serves et Tain (Drôme), Tournon et Mauves (Ardèche), La-Roche-de-Glun, embouchure de l'Isère, et Valence (Drôme), Soyons (Ardèche), Champfort (Drôme), Beauchastel et Lavoulte (Ardèche), embouchure de la Drôme (Drôme), Le Pouzin, Baix et Cruas (Ardèche), Derbières et Ancone (Drôme), Rochemaure, Le Teil, Lafarge et Viviers (Ardèche), Donzère (Drôme), La Monmale, Bourg-Saint-Andéol et l'embouchure de l'Ardèche (Ardèche).

IV. — Chemins de fer.

Le département de l'Ardèche est traversé par cinq lignes de chemin de fer dont un embranchement, ayant ensemble quarante-deux stations et une longueur total de 250 kilomètres.

1° *Ligne de Lyon à Nîmes*. — Cette ligne traverse le département sur une longueur de 130 kilomètres. Elle y entre par la gare de Serrières et en sort par celle de Saint-Jean-Saint-Marcel. Ses gares sont : Serrières, Peyraud, Andance, Sarras, Vion, Tournon, Mauves, Saint-Péray, Soyons, Charmes, Beauchastel, La Voulte, Le Pouzin, Baix, Cruas, Rochemaure, Le Teil, Viviers-sur-Rhône, Saint-Montant, Bourg-Saint-Andéol, Saint-Just-Saint-Marcel.

Largentière et ses environs.
Extrait de la carte d'État-Major au 80 000e.

3° *Ligne de Saint-Rambert d'Albon à Firminy*. — Cette ligne s'embranche avec la précédente à la gare de Peyraud, passe à Midon, Annonay, Boulieu et Saint-Marcel-les-Annonay. Après cette gare, elle sort du département qu'elle a parcouru sur 23 kilomètres.

3° *Ligne de Livron à Privas*. — Cette ligne s'embranche à la ligne de Lyon à Nîmes à la gare de Lavoulte, suit cette ligne jusqu'à la gare du Pouzin et s'en sépare pour se diriger sur Privas. Ses gares sont : Lavoulte, Le Pouzin, Saint-Lager-Bressac, Chomérac et Privas. Elle a un parcours de 26 kilomètres dans le département.

4° *Ligne de Paris à Barcelone*. — Cette ligne ne passe dans l'Ardèche qu'à la Bastide-Saint-Laurent, commune de Saint-Laurent, dont la gare est dans le département de la Lozère. Elle suit le littoral du département pendant environ 15 kilomètres, y entre à Malesveilles (commune de Lesperon), en sort à la Vitadelle (commune de Cellier-du-Luc), y rentre de nouveau à Laveyrune et en sort définitivement à Rogleton (commune de Laveyrune).

5° *Embranchement au Teil de la ligne du Teil à Nicigles-Prades et à Alais*. — Cette ligne a un parcours de 28 kilomètres du Teil à Vogué après avoir passé aux gares de Aps-Aubigny, Saint-Jean-le-Centenier, Villeneuve-de-Berg et Vogué. A cet endroit, la ligne se divise en deux embranchements, l'un allant à Nieigles-Prades et l'autre se dirigeant sur Alais.

1° Les gares de la ligne de Vogué à Nieigles-Prades sont : Vogué, Saint-Sernin, Aubenas, La Bégude, Vals-les-Bains et Nieigles-Prades, Cette ligne a un parcours de 19 kilomètres. 2° Les gares de la ligne de Vogué à Alais sont dans le département : Vogué, Balazac, Ruoms-Vallon, Grospierres, Beaulieu-Berrias et Saint-Paul-le-Jeune. Après cette gare, la ligne sort du département qu'elle a parcouru sur 37 kilomètres.

V. — MONUMENTS HISTORIQUES

I. — Monuments mégalithiques.

Banne. — Dolmen de la Lauze.

Beaulieu. — Dolmen du Bois-des-Rochers.

Saint-Alban-Sous-Sampzon. — Dolmen.

II. — Monuments antiques.

Bourg-Saint-Andéol. — Bas-relief mythriaque.

Sarras. — Ruine romaine dite la Sarrasinière.

III. — Monuments du moyen âge, de la Renaissance et des temps modernes.

Bourg-Saint-Andéol. — Eglise.

Champagne. — Eglise.

Cruas. — Eglise ; Ruines du château.

Mazan. — Eglise de l'ancienne abbaye.

Mélas. — Eglise.

Thines. — Eglise.

Vallon. — Tapisseries de l'Hôtel de Ville.

Viviers. — Clocher de la cathédrale Saint-Vincent ; Maison des Chevaliers.

VI. — HOMMES CÉLÈBRES

Le *cardinal Bertrand*, canoniste, né à Annonay, mort en 1349.

Le *cardinal de Tournon*, théologien et homme d'Etat (protecteur des lettres), né à Tournon.

Olivier de Serres, patriarche des agronomes français, né au domaine du Pradel, près Villeneuve-de-Berg en 1539, mort en 1619.

Jean de Serres, historien et théologien calviniste, né à Villeneuve-de-Berg en 1541, mort en 1598.

Pierre Davity, historien et géographe, né à Tournon en 1573, mort en 1635.

Marquis de La Fare, poète, né à Valgorge en 1644, mort en 1712.

Antoine Court, restaurateur du protestantisme, né à Villeneuve-de-Berg en 1696, mort en 1760.

Combalusier, médecin, né à Bourg-Saint-Andéol en 1713, mort en 1762.

Le *cardinal de Bernis*, homme d'Etat et poète, né à Saint-Marcel-d'Ardèche en 1715, mort en 1794.

Les frères *Joseph et Etienne Montgolfier*, célèbres inventeurs des aérostats, nés à Vidalon-les-Annonay, commune de Davézieux : *Joseph* en 1740, mort en 1810 ; *Étienne* en 1745, mort en 1809.

Giraud-Soulavie, écrivain, né à Largentière en 1752, mort en 1813.

Boissy-d'Anglas, célèbre conventionnel, né à Saint-Jean-de-Chambre le 8 décembre 1756, mort à Paris le 20 octobre 1826.

Abrial, jurisconsulte, né à Annonay en 1750, mort en 1828.

Victorin Fabre, poète et littérateur, né à Jaujac en 1785, mort en 1831.

Honoré Flaugergues, astronome, né à Viviers.

Le *général Rampon*, célèbre savant, né à Saint-Fortunat le 17 mars 1759, mort à Paris le 2 mars 1842.

Entré au service en 1775, à seize ans, il fut nommé officier en 1789 et colonel en 1794. Adjudant-général à la suite de la bataille de Villelongue, il défendit à Montenotte (11 avril 1796) avec quinze cents hommes résolus à mourir contre quinze mille Autrichiens, une redoute dont la conservation avait une importance capitale et sut repousser trois assauts. Ce fait d'armes héroïque lui valut le grade de général de brigade. Il continua ensuite à donner des preuves de sa valeur à Millesimo, Roverado, Arcole, en Suisse, puis à l'expédition d'Egypte, où il se distingua à la bataille des Pyramides et à celle du Mont-Thabor et fut promu divisionnaire.

Rentré en France en 1801, il fut comblé d'honneurs par Napoléon qui toutefois ne songea plus à l'employer activement qu'en 1813, où il se défendit vaillamment en Hollande, notamment à Gorcum.

Loin de France sous la première Restauration, il se rallia à Napoléon pendant les Cent-Jours et fut ensuite disgracié jusqu'en 1819.

Auguste Bravais, célèbre savant, né à Annonay en 1811, mort en 1863.

Marc Séguin, ingénieur, né à Annonay en 1786, mort en 1875.

Général Rampon.

Boissy-d'Anglas.

Delichères, jurisconsulte, né à Aubenas, arrondissement de Privas.

Jacques Mosnier, jurisconsulte, né à Bourg-Saint-Andéol.

Joseph Gamon, conventionnel, né à Antraigues, arrondissement de Privas.

Claude Gleyzal, conventionnel, né à Antraigues, aarondissement de Privas.

VII. — INDUSTRIE

NATURE des Industries	DÉSIGNATION ou nombre de localités où s'exercent les industries	NOMBRE d'établissements	NOMBRES MOYENS de contre-maîtres et surveillants	d'ouvriers et de manœuvres	de femmes	d'enfants	TOTAUX
I. — ALIMENTATION							
Boulangeries ..	Diverses localités.	355	»	297	»	»	297
Brasseries	4 localités.......	6	1	69	»	»	70
Confiseries.....	4 localités.......	12	»	19	»	»	19
Distilleries.....	Le Pouzin et Annonay	2	1	27	»	»	28
Eaux gazeuses.	8 localités.......	16	7	49	»	»	56
Fabriques d'huiles	4 localités.......	7	1	14	»	»	15
Meuneries.....	31 localités.....	76	4	169	»	»	173
II. — ARTS ET PRODUITS CHIMIQUES							
Fabriques de potasse.......	Bourg St-Andeol.	2	2	78	»	»	80
Teintureries...	Privas, Boissieux.	5	2	115	»	»	117
Usines à gaz...	4 localités.......	4	4	28	»	»	32
III. — BATIMENT							
Maçonneries...	27 localités......	92	17	518	»	»	535
Charpentiers...	5 localités	14	3	75	»	»	78
Tailleurs de pierres......	18 localités......	94	53	603	»	»	656
IV. — INDUSTRIE DU BOIS							
Ebénisterie....	6 localités.......	14	»	39	»	»	39
Menuiserie	24 localités......	112	12	216	»	»	228
Fabriques de sabots	3 localités.......	10	»	29	»	»	29
Sciage à la main et à la mécanique	11 localités......	26	22	156	»	»	178
A reporter........		847	120	2501	»	»	2630

NATURE des Industries	DÉSIGNATION ou nombre de localités où s'exercent les industries	NOMBRE d'établissements	NOMBRES MOYENS de contre-maîtres et surveillants	d'ouvriers et de manœuvres	de femmes	d'enfants	TOTAUX
	Report.........	847	129	2501	»	»	2630
V. — CARROSSERIE							
Carrosserie....	7 localités.......	24	6	66	»	»	72
Charronnage ..	11 localités......	18	»	42	»	»	42
Sellerie	7 localités.......	16	»	38	»	»	38
VI. — CÉRAMIQUE							
Briqueteries et tuileries.....	23 localités......		86	21	395	»	502
Poteries ordinaires.......	5 localités.......		15	13	109	»	137
VII. — CUIRS ET PEAUX							
Mégisseries et tanneries....	14 localités......	132	92	1184	»	»	1 276
VIII. — IMPRIMERIE, PAPETERIE							
Cartons d'apprêts........	5 localités.......	13	13	125	»	86	224
Imprimeries lithographiques	7 localités.......	14	14	1 817	»	159	1990
Papiers peints..	Annonay........	1	1	»	12	»	12
Papeteries (feutres)........	Annonay........	2	»	32	»	»	32
IX. — INDUSTRIE EXTRACTIVE							
Carrières (pierre à bâtir et plâtre	12 localités......	40	48	825	»	»	873
Fours à chaux et à plâtre...	20 localités......	48	17	1 398	»	»	1415
Minerai de fer.	Lavoulte, Saint-Priest, Privas, Veyras, Ailhon, La Chapelle...	8	59	555	»	»	614
Houille (extractive)	Banne, Jaujac, Prades........	5	16	265	»	»	281
X. — INDUSTRIES TEXTILES							
Coton (tissage).	3 localités.......	17	13	»	77	»	90
Laine (corderie)	12 localités......	14	2	82	78	»	162
Soie (tissage)..	15 localités......	55	28	»	726	»	754
Soie (moulinage	112 localités.....	544	582	1 407	7602	2389	11980
Soie (filage) ...	51 localités......	115	»	»	3502	»	3 502
Teintureries ...	8 localités.......	16	7	157	»	»	164
Soie (impression)	Le Cheylard, St-Jean et Tournon...........	7	2	77	»	»	79
XI. — MÉTALLURGIE ET CONSTRUCTIONS MÉCANIQUES							
Ferblanterie ...	17 localités......	42	2	150	»	»	152
Forges.........	8 localités.......	15	»	44	»	»	44
Hauts fourneaux	Lavoulte	4	4	126	»	»	130
id.	Le Pouzin.......	2	2	103	»	»	105
Maréchaux....	148 localités.....	256	»	512	»	»	512
Mécaniciens ...	16 localités......	28	»	75	»	»	75
Forgerons....	10 localités......	18	2	60	»	»	62
Serruriers.....	16 localités......	38	»	105	»	»	105
Quincaillers ...	16 localités......	23	»	52	»	»	52
XII. — INDUSTRIES DIVERSES							
Chapellerie....	Villeneuve,......	1	»	26	»	»	26
Mercerie en gros........	Annonay et Aubenas.........	5	»	37	»	»	37
	Totaux..........	2623	1140	10895	12501	2634	27170

VIII. — AGRICULTURE (1)

La production des céréales dans l'Ardèche, même dans les années les plus abondantes, est inférieure à la consommation. Dans les années ordinaires, le déficit peut être évalué à un tiers.

La culture des pommes de terre a commencé à prendre de l'importance vers 1820 dans ce département, d'après les publications du ministère de l'intérieur. On n'obtenait que de 8 à 30 hectolitres de rendement par hectare en 1840 ; mais, depuis, cette production a pris un accroissement notable et donne, en général, de bons résultats.

(1) Cet article, ainsi que celui des forêts, est extrait du *Dictionnaire d'agriculture* de J.-A. Barral (Hachette et Cie, éditeurs).

Les châtaigniers constituent, surtout dans le Vivarais, une ressource considérable. Les châtaigneraies occupaient, en 1852, une surface de 58 558 hectares, surface qui n'était plus que de 57 702 hectares en 1862, ce qui prouve que cette culture semble diminuer. Parfois, on cultive le seigle sous les châtaigniers, et les travaux faits à ce sujet augmentent la production des arbres.

Les cultures industrielles sont peu importantes. Elles occupent toutes ensemble, en y comprenant le colza et le chanvre, environ 800 hectares. Les mûriers y jouent, y ont joué plutôt, un rôle de premier ordre pour la nourriture des vers à soie. Ils avaient été introduits dans les Cévennes dès la fin du xve siècle. Olivier de Serres fit de grands efforts pour en propager la culture autour de lui, et ses conseils furent suivis. Peu à peu, on fit des plantations de mûriers dans les plus petites parcelles de terre.

« Il n'y a nulle part, dit Léonce de Lavergne, rien de plus admirable que cette culture. Les montagnards portent sur leur dos la terre et l'engrais dans le creux des rochers et retiennent, par des terrasses artistement construites, un sol toujours prêt à s'échapper. »

Le fermage est le mode d'exploitation le plus général pour les propriétés de quelque étendue. Les baux sont de trois, six ou neuf ans, avec facilité de *dédit* à un terme de part et d'autre.

Le métayage est adopté presque exclusivement dans quelques centres, notamment à Joyeuse et à Bourg-Saint-Andéol.

Les prairies occupent plus de 35 pour 100 de la surface du département. Les meilleures prairies irriguées produisent jusqu'à 6 000, 8 000 et même 10 000 kilos de foin par hectare.

Le vignoble de l'Ardèche a bien souvent, et dans de larges proportions, varié d'étendue. Naguère importantes, les vendanges sont devenues de plus en plus misérables, surtout depuis l'apparition du phylloxera. Dans une grande partie du département, la vigne est cultivée en javelles, qu'on y appelle des *treillons* ou *treilloux*, c'est-à-dire en bordures de cultures intercalaires, ou en garnitures sous les mûriers ou arbres fruitiers, le long des bords saillants des nombreux gradins ou terrasses qui s'étagent aux flancs des montagnes.

Autrefois, les vins les plus renommés étaient ceux de Saint-Péray, de Cornas, de Saint-Joseph, de Limony.

Quant aux animaux de trait, les espèces chevaline, asine et mulassière sont en progrès. La population bovine paraît se maintenir à travers diverses fluctuations ; mais l'espèce ovine semble décroître.

Les bêtes à laine sont de petite taille et ne donnent qu'une laine grossière. Les meilleures se rencontrent dans les environs de Largentière. Les plus nombreux troupeaux existent dans l'arrondissement de Privas.

Les porcs donnent lieu à un commerce important dans l'Ardèche. On les nourrit pendant plusieurs semaines avec les litières des vers à soie.

Les basses-cours de la partie méridionale du département sont importantes ; elles fournissent une assez grande quantité d'œufs au commerce.

STATISTIQUE GÉNÉRALE DU SOL

Terrain de qualité supérieure	1 398 hect.
Terres labourables	140 755
Prés	43 275
Vignes	14 966
Bois	100 358
Landes, pâtis, etc.	161 895
Terrains divers	62 360
Superficie totale	525 007 hect.

IX. — FORÊTS

L'ardèche fait partie de la 5e Conservation dont le siège est à Privas. Il y a un inspecteur à Privas et un garde général à Bourg-Saint-Andéol.

ROUTE DE RUOMS.

La statistique spéciale dressée par l'administration forestière donne, comme étendue de bois et forêts au département une contenance totale de 100 358 hectares. Sur ce chiffre, 3 503 appartiennent à l'État, 11 043 à des communes, 39 à des établissements publics et 85 773 à des particuliers.

Une partie des forêts de l'Ardèche, soit 38 531 hectares, ou 38 pour 100 de la totalité, sont sur un sol calcaire. Le surplus, soit 61 827 hectares, ou 62 pour 100, sont plantés en sol non calcaire. Le reboisement a été rendu obligatoire sur 6 périmètres d'une étendue de 2 417 hectares.

Il faut ajouter aux cultures arbustives de l'Ardèche, les noyers, les oliviers, les arbres fruitiers divers, qui occupent ensemble environ 1 280 hectares. Les noyers sont assez productifs, mais on en arrache plus qu'on n'en plante, à cause de la lenteur de leur végétation. L'olivier ne vient que dans les parties méridionales du département, sur 400 hectares environ. Les autres arbres fruitiers à noyaux et à pépins occupent environ 700 hectares et donnent un produit annuel qu'on peut évaluer à 500 000 francs.

X. — DIVISION POLITIQUE, ADMINISTRATIVE ET POPULATION

Le département de l'Ardèche est divisé en trois arrondissements dont deux sont administrés chacun par un sous-préfet, savoir :

1° L'arrondissement de Privas subdivisé en 10 cantons, contenant ensemble 108 communes, administré directement par le préfet ;

2° L'arrondissement de Largentière subdivisé en 10 cantons, contenant ensemble 106 communes ;

3° L'arrondissement de Tournon subdivisé en 11 cantons, contenant ensemble 125 communes.

Nous donnons ci-contre le tableau de toutes les communes du département, classées par arrondissements et cantons. La population résulte du dernier recensement effectué en 1886 et toutes les communes sont exactement repérées par rapport aux gares des chemins de fer, ainsi qu'aux bureaux de postes et télégraphes.

STATISTIQUE DE LA POPULATION

La population du département était :

En 1801. . . . . 266 656 habitants
En 1821. . . . . 304 339 —
En 1831. . . . . 340 734 —
En 1851. . . . . 386 559 habitants
En 1872. . . . . 380 277 —
En 1886. . . . . 375 472 —

Mariages annuels :

1° Entre garçons et filles. 2 435
2° Entre garçons et veuves. 98
3° Entre veufs et filles 247
4° Entre veufs et veuves 83

Naissances et décès :

Naissances	enfants légitimes	garçons.	5 509
		filles. . .	5 109
	enfants naturels.	garçons.	117
		filles . .	139
Décès	sexe masculin	garçons.	2 828
		mariés. .	1 406
		veufs . .	752
	sexe féminin	filles . .	2 509
		femmes.	1 140
		veuves .	1 038
Morts accidentelles		hommes. .	80
		femmes. .	20
Suicides		hommes. .	23
		femmes . .	6

TABLEAU DES COMMUNES DU DÉPARTEMENT DE L'ARDÈCHE

3 arrondissements — 31 cantons — 339 communes — 375 472 habitants — 525 007 hectares — Moyenne de la population par kilomètre carré : 71 habitants.

I. — ARRONDISSEMENT DE PRIVAS (10 cantons, 408 communes, 125,042 habitants)

NOMS des COMMUNES	Population	Dist. au chef-l. d'ar.	LOCALITÉS AVEC GARES postes et télégraphes	GARE LA PLUS PRÈS de chaque com. et distance à cette commune	BUREAUX de postes desserv. les communes avec les distances
I. — CANTON DE PRIVAS *(15 com., 19 260 hab.)*					
1 Privas	7000	»	🚂 TP **292 0**	Privas »	Privas »
2 Ajoux	524	17	211 0	Privas 17 0	Privas 17 0
3 Alissas	807	5	229 0	Chomérac 4 5	Privas 5 0
4 Coux	1151	3	197 0	Privas 3 5	Privas 3 0
5 Creysseilles	477	9	635 0	Privas 9 0	Privas 9 0
6 Flaviac	830	7	TP 236 0	Le Pouzin 7 0	Flaviac »
7 Freyssenet	225	12	801 0	Privas 12 0	Privas 12 5
8 Gourdon	676	19	1010 0	Privas 19 0	Privas 19 0
9 Lyas	637	6	715 0	Privas 6 0	Privas 6 0
10 Ollières (Les)	1470	19	TP 168 0	Beauchastel 19 0	Les Ollières »
11 Pourchères	408	11	681 0	Privas 11 0	Privas 11 0
12 Pranles	1763	11	574 0	Privas 11 0	Privas 11 0
13 St-Priest	1092	7	481 0	Privas 7 0	Privas 7 0
14 S-Vincent-d-Durfort	603	17	551 0	Privas 17 0	Les Ollières 8 0
15 Veyras	1005	4	450 0	Privas 4 0	Privas 4 0
II. — CANTON D'ANTRAIGUES *(11 com., 10 106 hab.)*					
16 Antraigues	1413	42	TP *530 0*	Labégude 10 7	Antraigues »
17 Aizac	478	45	*780 0*	id. 14 1	Antraigues 4 5
18 Asperjoc	858	43	*380 0*	id. 6 4	Vals 4 1
19 Genestelle	1140	33	*800 0*	id. 13 0	Antraigues 7 2
20 Juvinas	639	47	*700 0*	id. 13 3	Antraigues 6 5
21 Labastide	1036	49	*655 0*	id. 12 7	Antraigues 8 6
22 Lachamp-Raphaël	590	38	*1330 0*	id. 31 8	Antraigues 22 3
23 Laviolle	781	48	*737 0*	id. 18 3	Antraigues 7 9
24 Mézilhac	1013	32	*1115 0*	id. 25 9	Antraigues 16 3
25 St-Andéol-de-Bourlenc	1510	36	*380 0*	id. 11 3	Vals 9 0
26 St-Joseph-des-Bancs	648	20	*580 0*	id. 19 4	Antraigues 13 1
III. — CANTON D'AUBENAS *(17 com., 23 009)*					
27 Aubenas	8112	30	🚂 TP **237 1**	Aubenas 1 3	Aubenas »
28 Ailhon	493	39	*400 0*	Aubenas 7 0	Aubenas 8 5
29 Fons	247	36	*350 0*	Aubenas 6 0	Aubenas 8 0
30 Labégude	1328	32	🚂 **255 2**	Labégude »	Aubenas 4 6
31 La Chapelle-sous-Aubenas	729	37	*900 0*	St-Sernin 2 5	Aubenas 6 5
32 Lentillères	312	39	*590 0*	Aubenas 13 4	Aubenas 12 0
33 Mercuer	522	33	*335 0*	Labégude 3 5	Aubenas 3 8
34 St-Didier-sous-Aubenas	364	31	*191 0*	Aubenas 2 2	Aubenas 3 0
III. — CANTON D'AUBENAS *(Suite)*					
1 St-Etienne-de-Boulogne	823	21	*514 0*	Aubenas 15 7	Vesseaux 7 0
2 St-Etienne-de-Fontbellon	1218	32	*920 0*	Aubenas 1 2	Aubenas 3 0
3 St-Julien-du-Serre	608	28	*396 0*	Aubenas 9 0	Aubenas 9 0
4 St-Michel-de-Boulogne	422	23	*507 0*	Aubenas 12 5	Vesseaux 12 5
5 St-Privat	947	26	*206 0*	Aubenas 4 2	Aubenas 4 2
6 St-Sernin	610	30	🚂 **186 3**	St-Sernin »	Aubenas 5 8
7 Ucel	1052	29	*239 0*	Aubenas 5 3	Aubenas 4 3
8 Vals-les-Bains	3911	34	🚂 TP *260 0*	Labégude 1 8	Vals »
9 Vesseaux	1221	23	⊠ *282 0*	Aubenas 8 6	Vesseaux »
IV. — CANTON DE BOURG-SAINT-ANDÉOL *(9 com., 11 495 hab.)*					
10 Bourg-St-Andéol	4284	54	🚂 TP **68 0**	Bourg-St-A. »	Bourg-St-A. »
11 Bidon	184	65	285 0	id. 12 7	Bourg-St-A. 11 0
12 Gras	1144	62	405 0	St-Montant 13 5	id. 20 0
13 Larnas	169	56	320 0	St-Montant 8 3	id 13 0
14 St-Just	977	63	🚂 **63 2**	St-Just-St-Marcel 1 2	St-Marcel-d'Ardèche 2 2
15 S-Marcel-d'Ardèche	1824	61	🚂 TP **63 2**	id. 2 8	id. »
16 S-Martin-d'Ardèche	525	67	96 0	id. 5 2	S-Marcel-d'A. 6 2
17 St-Montant	1422	52	🚂 **60 7**	St-Montant 2 5	Bourg-St-A. 9 0
18 St-Remèze	967	70	369 0	Bourg-St-A. 16 2	id. 16 2
V. — CANTON DE CHOMÉRAC *(8 com., 9 084 hab.)*					
19 Chomérac	2409	8	🚂 TP **208 1**	Chomérac 1 5	Chomérac »
20 Baix	1055	18	🚂 T **94 1**	Baix 0 3	Chomérac 9 0
21 Pouzin (Le)	2527	14	🚂 TP **94 5**	Pouzin (Le) 0 3	Le Pouzin »
22 Rochessauve	851	10	350 0	Chomérac 4 2	Chomérac 5 0
23 St-Bauzile	240	13	303 0	Chomérac 3 4	Chomérac 5 0
24 Julien-en-St-Alban	752	9	T 130 0	Pouzin (Le) 5 0	Flaviac 2 5
25 St-Lager-Bressac	743	14	🚂 T **158 3**	S-Lager-Bress. 2 0	Chomérac 5 2
26 St-Symphorien	507	12	155 0	id. 3 3	Chomérac 4 0
VI. — CANTON DE LAVOULTE *(10 com., 12 526 hab.)*					
27 Lavoulte	4219	20	🚂 TP **101 2**	Lavoulte 0 5	Lavoulte »
28 Beauchastel	896	24	🚂 **100 8**	Beauchastel 0 5	Lavoulte 4 0
29 Charmes	874	29	🚂 T **111 3**	Charmes 0 3	Lavoulte 8 8
30 Gilhac-et-Bruzac	683	41	*615 0*	Charmes 13 9	Lavoulte 20 8
31 Rompon	992	15	*416 0*	Le Pouzin 5 6	Lavoulte 7 5

Nota. — Les cotes inscrites dans ce tableau, à côté des signes abréviatifs 🚂 ⊠ T TP, désignent des altitudes, c'est-à-dire la hauteur des points signalés au-dessus du niveau moyen des eaux de la mer. Les cotes imprimées en caractères gras et placées en face des noms des gares sont les altitudes *gravées* ou *à graver* sur les socles des bâtiments desdites gares, à 0 m. 50 environ au-dessus du niveau des rails. Les cotes inscrites en face du nom des communes sont extraites de la carte de l'état-major au 1/80000. Celles en italiques existent *dans la commune même*. Les autres sont les cotes du point le plus rapproché de la commune correspondante, point indiqué sur la carte de l'état-major.

II. — ARRONDISSEMENT DE PRIVAS (Suite)

VI. — CANTON DE LAVOULTE (suite)

NOMS des COMMUNES	Population	Dist. au chef-l. d'ar.	LOCALITÉS AVEC GARES postes et télégraphes	GARE LA PLUS PRÈS de chaque com. et distance à cette commune	BUREAUX de postes desserv. les communes avec les distances
1 St-Cierge-la-Serre	651	18	587 0	Le Pouzin . 9 3	Lavoulte ... 10 3
2 St-Fortunat	1296	25	140 0	Beauchastel. 12 0	St-Fortunat. »
3 S-Georges-les-Bains	693	31	289 0	Charmes ... 2 6	Lavoulte ... 10 6
4 St-Laurent-du-Pape	1291	25	110 0	Beauchastel. 3 6	Lavoulte ... 5 2
5 St-Michel-de-Chabrillanoux	931	26	610 0	Beauchastel. 21 6	Les Ollières. 5 2

VII. — CANTON DE ROCHEMAURE (6 com., 6 390 hab.)

NOMS des COMMUNES	Population	Dist. au chef-l. d'ar.	LOCALITÉS AVEC GARES postes et télégraphes	GARE LA PLUS PRÈS de chaque com. et distance à cette commune	BUREAUX de postes desserv. les communes avec les distances
6 Rochemaure	1125	26	75 9	Rochemaure. »	Rochemaure »
7 Cruas	1445	25	82 3	Cruas ...... »	Cruas...... »
8 Meysse	1276	23	78 0	Rochemaure. 2 6	Meysse..... »
9 S-Martin-l'Inférieur	402	20	158 0	Rochemaure. 7 6	Meysse..... 5 6
10 S-Martin-l-Supérieur	589	23	360 0	Rochemaure. 10 2	Meysse..... 7 6
11 St-Pierre-la-Roche	240	26	530 0	Chomérac .. 15 6	Meysse..... 13 0
12 S-Vincent-d-Barrès	809	18	275 0	S-Lager-Bress. 4 7	Chomérac .. 10 3
13 Sceautres	504	20	640 0	Aubignas-Aps. 8 1	Aps 7 1

VIII. — CANTON DE SAINT-PIERREVILLE (7 com., 10 370).

NOMS des COMMUNES	Population	Dist. au chef-l. d'ar.	LOCALITÉS AVEC GARES postes et télégraphes	GARE LA PLUS PRÈS de chaque com. et distance à cette commune	BUREAUX de postes desserv. les communes avec les distances
14 St-Pierreville	1933	31	543 0	Privas 31 0	St-Pierreville »
15 Gluiras	2757	41	771 0	Lavoulte ... 33 4	St-Pierreville 9 2
16 Issamoulenc	790	31	831 0	Privas 31 0	id. 8 7
17 Marcols	1961	41	890 0	Privas 41 0	Marcols.... »
18 St-Etienne-de-Serres	896	20	689 0	Privas 20 0	St-Sauveur-de-Montagut 5 4
19 St-Julien-du-Gua	857	23	595 0	Privas 23 0	St-Pierreville 10 6
20 St-Sauveur-de-Montagut	1176	23	474 0	Privas 23 4	St-Sauveur-de-Montagut »

IX. — CANTON DE VILLENEUVE-DE-BERG (17 com., 11 567)

NOMS des COMMUNES	Population	Dist. au chef-l. d'ar.	LOCALITÉS AVEC GARES postes et télégraphes	GARE LA PLUS PRÈS de chaque com. et distance à cette commune	BUREAUX de postes desserv. les communes avec les distances
1 Villeneuve-de-Berg	2048	28	221 8	Villeneuve-B. 3 7	Villeneuve-B. »
2 Berzème	437	13	760 0	S-Jean-l-Cent. 8 2	S-Jean-l-Cent. 8 9
3 Darbres	622	17	611 0	Villeneuve-B. 12 1	Villeneuve-B. 16 0
4 Lanas	562	39	142 0	Vogué 2 6	id. 14 0
5 Lavilledieu	933	26	194 0	Villeneuve-B. 2 1	Lavilledieu . »
6 Lussas	909	21	293 0	Villeneuve-B. 7 0	Lavilledieu . 4 4
7 Mirabel	810	22	520 0	Villeneuve-B. 3 5	Villeneuve-B. 7 1
8 Rochecolombe	639	38	343 0	Vogué 4 0	id. 13 0
9 St-Andéol-de-Berg	318	32	373 0	Villeneuve-d-B 5 0	id. 6 0
10 St-Germain	432	37	180 0	id. 2 5	Lavilledieu.. 6 5
11 St-Gineis-en-Coiron	385	16	668 0	St-Jean-l-Cent. 1 0	S-Jean-l-Cent. 7 0
12 St-Jean-le-Centenier	802	21	306 3	id. »	id. »
13 St-Laurent-sous-Coiron	507	24	420 0	Villeneuve-de-Berg..... 11 5	Lavilledieu.. 8 0
14 St-Maurice-d'Ardèche	221	31	160 0	Vogué 3 0	Villeneuve-de-Berg...... 7 6
15 St.Maurice-d'Ibie	601	30	230 0	Villeneuve-B. 12 5	id. 8 0
16 St-Pons	650	20	284 0	St-Jean-l-Cent. 3 0	id. 10 1
17 Vogué	792	36	167 5	Vogué..... 1 5	Villeneuve-B. 10 9

X. — CANTON DE VIVIERS (6 com., 11 235 hab.)

NOMS des COMMUNES	Population	Dist. au chef-l. d'ar.	LOCALITÉS AVEC GARES postes et télégraphes	GARE LA PLUS PRÈS de chaque com. et distance à cette commune	BUREAUX de postes desserv. les communes avec les distances
18 Viviers	3368	39	71 0	Viviers..... »	Viviers..... »
19 Aps	1510	29	233 4	Aps-Aubignas. 3 1	Aps .... »
20 Aubignas	542	38	335 0	Aps-Aubignas. 3 4	Teil 9 5
21 St-Thomé	535	42	111 0	Viviers..... 7 8	Viviers..... 7 1
22 Teil	4490	30	72 0	Le Teil .... »	Teil .... »
23 Valvignères	790	45	199 0	Aps-Aubignas. 9 8	Aps 6 7

III — ARRONDISSEMENT DE LARGENTIÈRE (10 cantons, 103 communes, 99 412 habitants)

IV. — CANTON DE LARGENTIÈRE (14 com., 11 688 hab.)

NOMS des COMMUNES	Population	Dist. au chef-l. d'ar.	LOCALITÉS AVEC GARES postes et télégraphes	GARE LA PLUS PRÈS de chaque com. et distance à cette commune	BUREAUX de postes desserv. les communes avec les distances
21 Largentière	2697	»	207 0	Ruoms 13 2	Largentière. »
22 Chassiers	1230	3	390 0	Ruoms 15 7	Largentière. 1 5
23 Chauzon	528	13	180 0	Ruoms..... 5 0	Ruoms..... 5 0
24 Chazeaux	395	11	369 0	St-Sernin .. 18 9	Largentière. 8 0
25 Joannas	759	8	447 0	Ruoms..... 21 5	Largentière. 8 0
26 Laurac	1031	5	225 0	Ruoms..... 9 5	Largentière. 4 3
27 Montréal	568	3	268 0	Ruoms..... 14 1	Largentière. 2 0
28 Prunet	512	8	520 0	Ruoms..... 19 8	Largentière. 8 0
29 Rocher	408	5	398 0	Ruoms..... 18 2	Largentière. 5 1
30 Rocles	890	13	614 0	Ruoms..... 26 4	Largentière. 13 2
31 Sanilhac	989	9	540 0	Ruoms..... 22 1	Largentière. 9 0
32 Tauriers	236	2	490 0	Ruoms..... 15 1	Largentière. 2 0
33 Uzer	446	6	180 0	St-Sernin .. 8 6	Largentière. 5 4
34 Vinézac	979	9	230 0	St-Sernin .. 8 1	Largentière. 8 0

I. — CANTON DE BURZET (5 com., 5 823 hab.)

NOMS des COMMUNES	Population	Dist. au chef-l. d'ar.	LOCALITÉS AVEC GARES postes et télégraphes	GARE LA PLUS PRÈS de chaque com. et distance à cette commune	BUREAUX de postes desserv. les communes avec les distances
35 Burzet	2812	35	548 0	NieiglesPrades 17	Burzet..... »
36 Péreyres	465	41	1000 0	id. 23 6	Burzet..... 6 8
37 Sagnes et Goudoulet	852	50	1180 0	id. 31 9	Burzet..... 15 1
38 Ste-Eulalie	742	67	1270 0	id. 34 8	Burzet..... 18 0
39 St-Pierre-de-Colombier	952	29	400 0	id. 11 1	Burzet..... 5 8

II. — CANTON DE COUCOURON (6 com., 6 931 hab.)

NOMS des COMMUNES	Population	Dist. au chef-l. d'ar.	LOCALITÉS AVEC GARES postes et télégraphes	GARE LA PLUS PRÈS de chaque com. et distance à cette commune	BUREAUX de postes desserv. les communes avec les distances
40 Coucouron	1271	66	1161 0	Langogne.. 1 9	Coucouron . »
41 Issarlès	1998	78	1240 0	id. 31 0	Coucouron . 12 0
42 La Chapelle-Graillouse	1380	71	1133 0	id. 24 0	Coucouron . 5 0
43 Lanarce	977	54	1200 0	id. 22 0	Lanarce.... »
44 Lavillatte	437	59	1313 0	id. 10 0	Pradelles(H-L) 6 5
45 Lespéron	868	67	1090 0	id. 4 5	id. 4 5

II. — CANTON DE JOYEUSE (17 com., 14 317 hab.)

NOMS des COMMUNES	Population	Dist. au chef-l. d'ar.	LOCALITÉS AVEC GARES postes et télégraphes	GARE LA PLUS PRÈS de chaque com. et distance à cette commune	BUREAUX de postes desserv. les communes avec les distances
46 Joyeuse	1974	12	160 0	Ruoms 15 0	Joyeuse .... »
47 Auriolles	404	15	170 0	Ruoms..... 4 0	Ruoms 4 0
48 Beaulieu	775	27	128 8	Beaulieu-Berrias »	Berrias..... 5 0
49 Chandolas	793	25	140 0	id. 5 6	Berrias..... 6 0
50 Faugères	330	26	450 0	id. 22 9	Lablachère . 11 0
51 Grospierres	894	21	111 8	Grospierres. »	Ruoms 9 0
52 Labeaume	917	15	190 0	Ruoms..... 4 0	Ruoms 4 8
53 Lablachère	2029	15	283 0	Beaulieu-B. 11 9	Lablachère. »
54 Payzac	866	22	320 0	Beaulieu-B . 18 4	Lablachère . 6 0
55 Planzolles	347	22	720 0	Beaulieu-B . 19 0	Joyeuse 10 0
56 Ribes	502	18	230 0	Ruoms 21 0	Joyeuse 6 0
57 Rosières	1232	11	159 0	Ruoms 13 0	Joyeuse 2 0
58 Sablières	1089	36	800 0	Ruoms 40 0	Joyeuse.... 26 0
59 S-Alban-s.-Sampzon	694	17	180 0	Grospierres. 2 5	Ruoms 6 0
60 S-André-la-Champ.	620	25	750 0	Beaulieu-B . 21 9	Joyeuse 13 5
61 S-Genest-de-Beauzon	482	18	220 0	Beaulieu-B . 14 9	Lablachère . 3 0
62 Vernon	349	17	260 0	Ruoms..... 20 0	Joyeuse.... 6 0

V. — CANTON DE MONTPEZAT (7 com., 9 597 hab.)

NOMS des COMMUNES	Population	Dist. au chef-l. d'ar.	LOCALITÉS AVEC GARES postes et télégraphes	GARE LA PLUS PRÈS de chaque com. et distance à cette commune	BUREAUX de postes desserv. les communes avec les distances
63 Montpezat	2286	33	572 0	Nieigles-Prades 16	Montpezat.. »
64 Béage (Le)	1575	67	1250 0	id. 50 0	Montpezat.. 34 0
65 Cros-de-Géorand	1568	60	1039 0	id. 43 0	Montpezat.. 27 0
66 Mazan	1988	53	1280 0	id. 36 5	Montpezat.. 20 7
67 Roux (Le)	626	42	1110 0	id. 25 0	Montpezat.. 9 0
68 St-Cirgues-en-Montagne	964	52	1044 0	Langogne (Lozère)..... 32 8	Montpezat.. 19 4
69 Usclades	590	56	1250 0	Nieigles-Prades 30	Montpezat.. 23 0

VI. — CANTON DE SAINT-ÉTIENNE-DE-LUGDARÈS (6 com., 4 650 hab.)

NOMS des COMMUNES	Population	Dist. au chef-l. d'ar.	LOCALITÉS AVEC GARES postes et télégraphes	GARE LA PLUS PRÈS de chaque com. et distance à cette commune	BUREAUX de postes desserv. les communes avec les distances
70 St-Etienne-de-Lugdarès	1595	54	1090 0	Luc (Lozère). 7 0	S-Etienne-de-L »
71 *Bastide (La)*	»	»	1023 4	*La Bastide.* »	» »
72 Borne	430	39	1040 0	Luc (Lozère) 15 0	St-Laurent-l-B. 6
73 Cellier-du-Luc	379	60	980 0	Luc (Lozère) 4 0	S-Etienne-de-L. 6
24 Laval-d'Aurelle	198	48	1000 0	*La Bastide.* 10 0	St-Laurent-l-B. 8
25 Laveyrune	407	62	1030 0	Luc (Lozère) 2 0	S-Etienne-de-L. 9
26 Plagnal	527	60	1163 0	Langogne(Loz.) 12	id. 6
27 St-Alban-en-Montagne	367	64	1186 0	id. 8 0	id. 11
28 St-Laurent-les-Bains	747	51	1060 0	*La Bastide.* 9 0	St-Laurent-l-B »

VII. — CANTON DE THUEYTS (10 com., 15 759 hab.)

NOMS des COMMUNES	Population	Dist. au chef-l. d'ar.	LOCALITÉS AVEC GARES postes et télégraphes	GARE LA PLUS PRÈS de chaque com. et distance à cette commune	BUREAUX de postes desserv. les communes avec les distances
29 Thueyts	2770	27	475 0	NieiglesPrades 12	Thueyts ... »
30 Chirols	905	26	430 0	id. 9 5	Pont-de-Labe. 5 7
31 Fabras	505	22	530 0	id. 7 1	id. 8 5
32 Jaujac	2527	18	416 0	id. 10 2	Jaujac ..... »
33 Mayres	2490	36	587 0	id. 20 6	Mayres..... »
34 Meyras	1512	24	500 0	id. 8 9	Pont-de-Labe. 4 3
35 Nieigles	1800	24	264 3	id. 4 4	id. 1 0
36 Prades	1150	25	320 0	id. »	Jaujac 5 5
37 *Pont-de-Labeaume*	»	»	»	id. »	*Pont-de-Lab.* »
38 S-Cirgues-d-Prades	401	20	480 0	id. 6 8	Jaujac 3 0
39 Souche (La)	1609	18	380 0	id. 16 5	Jaujac 6 7

VIII. — CANTON DE VALGORGE (7 com., 5 169 hab.)

NOMS des COMMUNES	Population	Dist. au chef-l. d'ar.	LOCALITÉS AVEC GARES postes et télégraphes	GARE LA PLUS PRÈS de chaque com. et distance à cette commune	BUREAUX de postes desserv. les communes avec les distances
40 Valgorge	1240	22	580 0	Ruoms-Vallon. 36	Valgorge... »
41 Beaumont	1033	17	668 0	Ruoms-Vallon. 32	Valgorge... 12 0
42 Dompnac	552	38	880 0	Ruoms-Vallon. 41	Valgorge... 11 0
43 Laboule et Valos	808	19	750 0	Ruoms-Vallon. 33	Valgorge... 7 0
44 Loubaresse	280	34	1101 0	Luc (Lozère) . 27	Valgorge... 12 0
45 Montselgues	565	46	1020 0	*La Bastide..* 22	S-Laurent-l-B. 13
46 St-Mélany	691	30	520 0	Ruoms-Vallon. 34	Valgorge... 15 0

IX. — CANTON DE VALLON (11 com., 9 659 hab.)

NOMS des COMMUNES	Population	Dist. au chef-l. d'ar.	LOCALITÉS AVEC GARES postes et télégraphes	GARE LA PLUS PRÈS de chaque com. et distance à cette commune	BUREAUX de postes desserv. les communes avec les distances
47 Vallon	2425	22	120 0	Ruoms-Vallon 9 0	Vallon..... »
48 Balazuc	718	22	158 4	Balazuc.... 2 0	Ruoms..... 8 9
49 Bessas	421	38	290 0	Beaulieu Berrias 8	Barjac (Gard) 6 1
50 La Bastide-de-Viras	404	31	266 0	Ruoms Vallon 18 2	Vallon..... 9 2
51 Lagorce	1452	28	149 0	id. 15 0	Vallon..... 6
52 Orgnac	513	39	270 0	Pont-S-E. Gard 23	Barjac (Gard) 8 1
53 Pradons	322	17	150 0	Ruoms-Vallon 3 9	Ruoms 3 2
54 Ruoms	1713	13	122 6	id. »	Ruoms..... »
55 Salavas	673	24	170 0	id. 11 0	Vallon..... 2 0
56 Sampzon	282	18	360 0	id. 6 0	Vallon..... 6 0
57 Vagnas	735	30	235 0	id. 17 0	Vallon..... 8 0

X. — CANTON DES VANS (21 com., 15 819 hab.)

NOMS des COMMUNES	Population	Dist. au chef-l. d'ar.	LOCALITÉS AVEC GARES postes et télégraphes	GARE LA PLUS PRÈS de chaque com. et distance à cette commune	BUREAUX de postes desserv. les communes avec les distances
58 Vans (Les)	2056	26	181 0	S-Paul-l-Jeune 14	Les Vans... »
59 Assions	976	21	230 0	Beaulieu ... 19 0	Les Vans... 5 0
60 Banne	1476	37	420 0	St-Paul.... 4 0	Banne...... »
61 Berrias	732	28	145 0	Beaulieu ... 3 0	Berrias..... »
62 Brahic	421	33	515 0	St-Paul.... 20 0	Les Vans... 6 0
63 Casteljau	507	27	150 0	Beaulieu ... 6 0	Berrias 3 0
64 Chambonas	981	28	165 0	St-Paul.... 16 0	Les Vans... 2 0
65 Chassagnes	341	25	200 0	St-Paul.... 11 0	Les Vans... 4 0
66 Gravières	734	31	167 0	St-Paul.... 19 0	Les Vans... 5 0
67 Lafigère	167	38	700 0	St-Paul.... 30 0	Les Vans... 16 0
68 Malarce	326	35	216 0	St-Paul.... 24 0	Les Vans... 10 0
69 Malbosc	690	40	500 0	Bessèges (Gard) 8	Les Vans... 12 0
70 Naves	407	29	317 0	St-Paul.... 16 0	Les Vans... 2 0
71 St-André-de-Cruzières	1031	32	190 0	St-Paul.... 7 0	St-Ambroix (Gard)... 9 0
72 S-Jean-de-Pourcharesse	446	31	698 0	St-Paul.... 20 0	Les Vans .. 12 0
73 Ste-Marguerite-Lafigère	606	46	310 0	Villefort (Lozère)..... 9 0	Les Vans... 24 0
74 St-Paul-le-Jeune	1386	33	255 0	St-Paul.... »	Banne 4 0
75 Saint-Pierre-le-Déchausselat	402	29	450 0	St-Paul.... 24 0	Les Vans... 10 0
76 St-Sauveur-de-Cruzières	927	36	178 0	St-Paul.... 10 0	St-Ambroix (Gard)... 7 0
77 Salelles	463	30	157 0	St-Paul.... 18 0	Les Vans... 4 0
78 Thines	604	35	794 0	St-Paul.... 29 0	Les Vans... 15 0

III. — ARRONDISSEMENT DE TOURNON (11 cantons, 125 communes, 151 018 habitants)

I. — CANTON DE TOURNON (16 com., 16 829 hab.)

NOMS des COMMUNES	Population	Dist. au chef-l. d'ar.	LOCALITÉS AVEC GARES postes et télégraphes	GARE LA PLUS PRÈS de chaque com. et distance à cette commune	BUREAUX de postes desserv. les communes avec les distances
74 Tournon	5286	»	123 2	Tournon ... »	Tournon ... »
75 Arras	511	10	137 0	Vion 3 6	Sarras 6 7
76 Cheminas	421	18	468 0	Tournon ... 18 3	Tournon ... 18 0
77 Colombier-le-Jeune	885	20	478 0	Tournon ... 20 2	Le Crestet.. 9 5
78 Eclassan	946	22	453 0	Sarras 7 7	Sarras..... 7 5
79 Etables	946	16	495 0	Tournon ... 16 2	Tournon... 16 0
80 Glun	465	6	128 0	Mauves 2 0	Tournon... 6 0
81 Lemps	504	13	453 0	Tournon ... 13 7	Tournon... 13 4
79 Mauves	900	3	123 7	Mauves 1 0	Tournon... 3 5
80 Ozon	512	14	211 0	Sarras 3 8	Sarras..... 3 6
81 Plats	800	10	474 0	Tournon ... 10 0	Tournon ... 10 5
82 S-Barthélemy-l-Plein	1078	11	439 0	Tournon ... 11 0	Tournon ... 10 7
83 S-Jean-de-Muzols	1016	3	121 0	Tournon ... 3 1	Tournon ... 2 8
84 Sarras	1357	15	134 0	Sarras 0 2	Sarras..... »
85 Sécheras	496	15	423 0	Vion....... 9 0	Tournon ... 15 4
86 Vion	705	6	129 5	Vion....... 0 3	Tournon ... 6 2

ARRONDISSEMENT DE TOURNON (suite)

NOMS des COMMUNES	Population	Dist. au chef-l. d'arr.	LOCALITÉS AVEC GARES postes et télégraphes	GARE LA PLUS PRÈS de chaque com. et distance à cette commune		BUREAUX de postes desserv. les communes avec les distances	
II. — CANTON D'ANNONAY (*14 com., 29 374 hab.*)							
1 Annonay	17303	34	**357 2**	Annonay	1 0	Annonay	»
2 Boulieu	1299	34	**407 2**	Boulieu	1 0	Boulieu	»
3 Davézieux	1265	30	466 0	Annonay	3 0	Annonay	4 0
4 Monestier	290	48	750 0	Annonay	17 0	Villevocance	9 0
5 Roiffieux	1090	33	402 0	Annonay	5 0	Annonay	4 0
6 St-Clair	390	34	511 0	Boulieu	3 5	Boulieu	2 5
7 St-Cyr	515	27	394 0	*Midon*	4 5	Annonay	7 5
8 St-Julien-Vocance	1180	51	1057 0	Annonay	18 1	Villevocance	9 8
9 S-Marcel-l-Annonay	1097	42	**429 9**	Annonay	»	Boulieu	4 2
10 Talencieux	511	21	390 0	Sarras	6 5	Andance	8 0
11 Vanosc	1091	45	673 0	Annonay	13 5	Villevocance	4 0
12 Vernosc	1019	27	420 0	*Midon*	2 0	Annonay	6 0
13 *Midon*	»	»	**371 2**	*Midon*	»	»	
14 Villevocance	851	42	573 0	Annonay	9 0	Villevocance	»
15 Vocance	868	45	642 0	Annonay	13 0	Villevocance	3 8
III. — CANTON DU CHEYLARD (*13 com., 13 184 hab.*)							
16 Cheylard (Le)	3034	54	*445 0*	Lavoulte	51 0	Le Cheylard	»
17 Accons	659	59	*645 0*	Lavoulte	55 7	Le Cheylard	4 7
18 Dornas	1340	64	*580 0*	Lavoulte	61 0	Le Cheylard	10 0
19 Jaunac	243	59	*690 0*	Lavoulte	55 8	Le Cheylard	4 8
20 Mariac	1219	59	*530 0*	Lavoulte	55 7	Le Cheylard	4 7
21 Nonières	763	44	*671 0*	Tournon	44 5	Le Cheylard	10 7
22 St-Andéol-de-Fourchades	1122	72	*1030 0*	Lavoulte	69 0	Le Cheylard	18 0
23 St-Barthélemy-le-Meil	709	64	*516 0*	Lavoulte	44 9	Le Cheylard	9 [illegible]
24 St-Christol	852	67	*690 0*	Lavoulte	63 2	Le Cheylard	12 2
25 St-Cierge-sous-le-Cheylard	360	51	*660 0*	Tournon	53 5	Le Cheylard	5 3
26 St-Genest-Lachamp	1113	74	*1040 0*	Lavoulte	69 0	Le Cheylard	11 [illegible]
27 St-Julien-Labrousse	1240	50	*765 0*	Tournon	50 5	Le Cheylard	15 [illegible]
28 St-Michel-le-Rance	504	59	*645 0*	Lavoulte	55 5	Le Cheylard	4 5
IV. — CANTON DE LAMASTRE (*9 com., 15 685 hab.*)							
29 Lamastre	3260	33	*386 0*	Tournon	33 5	Lamastre	»
30 Crestet (Le)	725	25	383 0	Tournon	25 5	Le Crestet	»
31 Désaignes	3671	40	413 0	Tournon	40 5	Désaignes	»
32 Empurany	1794	35	608 0	Tournon	35 5	Lamastre	9 3
33 Gilhoc	1329	24	476 0	Tournon	24 5	Le Crestet	7 0
34 Nozières	1469	42	587 0	Tournon	42 5	Lamastre	9 0
35 S-Barthélemy-l-Pin	1235	32	532 0	Tournon	32 5	Lamastre	8 5
36 St-Bazile	1276	40	626 0	Tournon	40 5	Lamastre	5 6
37 St-Prix	926	42	631 0	Tournon	42 5	Lamastre	9 0
V. — CANTON DE SAINT-AGRÈVE (*8 com., 11 154 hab.*)							
38 St-Agrève	3328	54	1120 0	Dunières(H.-L.)	27	St-Agrève	»
39 Devesset	1584	64	1194 0	Dunières	19 4	St-Agrève	7 [illegible]
40 Labatie-d'Andaure	967	40	673 0	Tournon	40 0	St-Agrève	12 0
41 Pouzat (Le)	227	50	1087 0	Dunières	33 6	St-Agrève	6 0
42 Rochepaule	2012	57	970 0	Dunières	22 7	St-Agrève	15 2
43 S-André-d-Effangens	1064	67	1155 0	Dunières	14 7	St-Agrève	15 4
44 St-Jeure-d'Andaure	1024	55	996 0	Dunières	31 8	St-Agrève	7 4
45 St-Romain-l-Désert	918	61	1075 0	Dunières	34 0	St-Agrève	5 8
VI. — CANTON DE SAINT-FÉLICIEN (*9 com., 10 843 hab.*)							
46 St-Félicien	2169	29	436 0	Tournon	28 5	St-Félicien	»
47 Arlebosc	1074	34	*422 0*	Tournon	34 5	St-Félicien	11 2
48 Bozas	845	32	456 0	Tournon	32 5	St-Félicien	9 3
49 Boucieu-le-Roi	581	21	217 0	Tournon	23 5	Le Crestet	4 7
50 Colombier-le-Vieux	1174	17	*422 0*	Tournon	17 5	St-Victor	5 8
51 Lafarre	597	45	958 0	Tournon	45 5	St-Félicien	14 7
52 Pailharès	1588	35	*697 0*	Tournon	35 5	St-Félicien	7 0
53 St-Victor	2034	22	*680 0*	Tournon	22 5	St-Victor	»
54 Vaudevant	812	30	390 0	Tournon	30 5	St-Félicien	3 0
VII. — CANTON DE SAINT-MARTIN-DE-VALAMAS (*10 com., 12 225 hab.*)							
1 St-Martin-de-Valamas	2506	63	659 0	Lavoulte	60 0	St-Martin-de-V.	»
2 Arcens	1188	70	651 0	Lavoulte	67 0	St-Martin-de-V.	7
3 Borée	1428	83	910 0	Lavoulte	80 0	id.	20 0
4 Chanéac	955	69	921 0	Lavoulte	66 0	id.	6 0
5 La Chapelle-sous-Chanéac	575	68	1118 0	Lavoulte	65 0	id.	6 0
6 Rochette (La)	600	77	930 0	Lavoulte	74 0	id.	14 0
7 St-Clément	824	77	1180 0	Lavoulte	74 0	id.	14 0
8 St-Jean-Roure	819	53	1062 0	Tournon	56 0	Le Cheylard	5 0
9 St-Julien-Boutières	1497	70	654 0	Lavoulte	67 0	St-Martin-de-V.	7
10 St-Martial	1863	77	875 0	Lavoulte	74 0	id.	14 0
VIII. — CANTON DE SAINT-PÉRAY (*10 com., 10 209 hab.*)							
10 St-Péray	2642	15	**128 5**	St-Péray	0 8	St-Péray	»
11 Alboussières	1017	23	550 0	St-Péray	17 3	St-Péray	16 6
12 Champis	1004	21	519 0	St-Péray	17 3	St-Péray	16 6
13 Châteaubourg	261	9	198 0	Mauves	4 2	St-Péray	6 0
14 Cornas	723	13	131 0	St-Péray	3 0	St-Péray	3 0
15 Guilherand	571	17	117 0	St-Péray	2 0	St-Péray	1 5
16 St-Romain-de-l'Air	676	15	607 0	St-Péray	10 0	St-Péray	10 7
17 St-Sylvestre	870	18	*420 0*	Tournon	18 2	St-Péray	17 8
18 Soyons	810	22	**107 6**	Soyons	0 7	St-Péray	7 5
19 Toulaud	1635	22	*203 0*	St-Péray	7 7	St-Péray	7 0
IX. — CANTON DE SATILLIEU (*10 com., 11 085 hab.*)							
20 Satillieu	2422	31	373 0	Annonay	14 0	Satillieu	»
21 Ardoix	841	23	*375 0*	Sarras	7 0	Quintenas	5 0
22 Lalouvesc	1098	41	1148 0	Annonay	25 0	Lalouvesc	»
23 Préaux	1334	26	530 0	Annonay	17 0	Satillieu	6 0
24 Quintenas	1173	27	413 0	Annonay	6 9	Quintenas	»
25 St-Alban-d'Ay	1213	28	*535 0*	Annonay	9 4	Annonay	8 0
26 St-Jeure-d'Ay	503	20	454 0	Sarras	11 8	Quintenas	7 0
27 St-Pierre-des-Macchabées	878	53	970 0	Dunières	22 8	Lalouvesc	11 0
28 St-Romain-d'Ay	703	26	438 0	Annonay	11 9	Quintenas	5 0
29 St-Symphorien-de-Mahun	920	37	788 0	Annonay	19 8	Satillieu	6 0
X. — CANTON DE SERRIÈRES (*17 com., 9 936 hab.*)							
30 Serrières	1557	31	**146 7**	Serrières	»	Serrières	»
31 Andance	1175	21	**135 9**	Serrières	»	Andance	»
32 Bogy	359	30	372 0	Serrières	9 7	Serrières	9 2
33 Brossainc	330	43	415 0	Serrières	10 5	Serrières	10 8
34 Champagne	405	25	140 0	Andance	4 1	Serrières	6 3
35 Charnas	496	39	355 0	Serrières	3 6	Serrières	3 8
36 Colombier-le-Cardinal	247	30	366 0	Annonay	7 4	Annonay	7 4
37 Félines	792	36	438 0	Serrières	5 5	Serrières	5 0
38 Limony	711	35	155 0	Serrières	3 6	Serrières	3 9
39 Peaugres	1004	35	377 0	Serrières	6 5	Serrières	6 2
40 Peyraud	384	28	**141 3**	»	»	Serrières	2 3
41 St-Désirat	867	25	261 0	Andance	2 5	Andance	3 0
42 S-Etienne-de-Valoux	328	23	216 0	Andance	1 8	Andance	1 9
43 St-Jacques-d'Atticieux	231	46	411 0	St-Marcel-lès-Annonay	9 7	Serrières	12 7
44 Savas	549	36	706 0	Boulieu	4 2	Boulieu	4 2
45 Thorrenc	182	27	304 0	Andance	4 5	Andance	4 7
46 Vinzieux	319	39	560 0	Serrières	8 2	Serrières	7 7
XI. — CANTON DE VERNOUX (*9 com., 10 494 hab.*)							
47 Vernoux	3056	37	505 0	St-Péray	26 5	Vernoux	»
48 Boffres	1521	28	769 0	St-Péray	22 0	Vernoux	8 4
49 Chalencon	1130	46	657 0	St-Péray	35 4	Vernoux	8 9
50 S-Apollinaire-d-Rias	607	43	757 0	St-Péray	32 9	Vernoux	6 4
51 St-Félix-de-Châteauneuf	507	37	558 0	St-Péray	26 5	Vernoux	3 0
52 St-Jean-Chambre	1107	47	749 0	St-Péray	36 2	Vernoux	9 7
53 St-Julien-le-Roux	400	44	784 0	St-Péray	33 5	Vernoux	7 0
54 St-Maurice-en-Chalençon	570	48	706 0	St-Péray	37 1	Vernoux	10 6
55 Silhac	1596	42	577 0	St-Péray	31 8	Vernoux	5 3

NOTICES SUR LES PRINCIPALES LOCALITÉS

Privas occupe une bonne situation militaire et était jadis défendue par d'importantes fortifications. S'étant déclarée pour la réforme, elle appartint tour à tour aux protestants et aux catholiques. Dans la grande révolte du Midi contre Louis XIII, elle résista pendant dix jours au roi (1629) qui, après l'avoir prise d'assaut, la fit démanteler.

C'est le siège d'une subdivision de région ; le 40e de ligne y tient garnison et le 119e territorial viendrait s'y former.

Annonay, d'origine gauloise ou romaine, eut beaucoup à souffrir des guerres de religion, auxquelles elle prit part des premières. Prise d'assaut et pillée en 1562 par les catholiques, reprise par les protestants en 1568 et en 1574, elle resta depuis étrangère aux troubles et aux insurrections. Les ducs de Toulouse y avaient un château.

Aubenas montre encore des débris de ses murailles flanquées de tours et des ruines de son ancien château massif de Montluçon et d'Ornans. Cette ville a joué un rôle important dans les guerres de religion.

Bourg-Saint-Andéol fut assiégé et pris par le fameux baron des Adrets, pour le compte des protestants, et ne rentra en la possession des catholiques que deux siècles plus tard.

Largentière a de curieux restes d'un ancien château fort qu'on prétend bâti sur les ruines d'un temple dédié à Jupiter. Ce château, qui appartenait aux évêques de Viviers, avait pour but de protéger l'exploitation des mines d'argent ; il domine la ville par sa masse imposante.

Lavoulte est bâtie en amphithéâtre sur les flancs d'un rocher couronné par un château fort que Louis XIII habita pendant la répression de la résistance du Vivarais.

Rochemaure est situé sur un plateau basaltique et dominé, à 100 mètres d'élévation, par les ruines importantes d'un donjon féodal.

Tournon occupe une position charmante au pied d'un rocher escarpé sur lequel s'élève un ancien château des ducs de Soubise.

Viviers, l'ancienne capitale du Vivarais, avait un château fort dès le ve siècle ; plus tard, elle fut entourée de fortifications dont il ne reste que des ruines. Au XVIe siècle, elle passa à deux reprises des protestants aux catholiques et non sans effusion de sang.

Saint-Péray montre sur un escarpement élevé les ruines de l'ancien château appelé les *Cornes-de-Crussol.*

XI. — DIVISION JUDICIAIRE

Le département de l'Ardèche dépend de la Cour d'appel de Nîmes qui se compose d'un premier président, de deux présidents de chambre, de quinze conseillers, d'un procureur général, de deux avocats généraux et de deux substituts du procureur général.

PRIVAS ET SES ENVIRONS. — Extrait de la carte de l'État-Major au 80 000e.

Il y a un tribunal de première instance à Privas, Largentière et Tournon.

D'après l'annuaire de la République française, le département de l'Ardèche a un tribunal de Commerce à Annonay et à Aubenas.

Privas : Quatre notaires et sept avoués.

Largentière : Trois notaires et cinq avoués.

Tournon : Quatre notaires et cinq avoués.

XII — DIVISION UNIVERSITAIRE

Le département de l'Ardèche fait partie de l'Académie de Grenoble.

Enseignement secondaire. — Collège communal à Privas. — Lycée de Tournon (3e catégorie). — Lycée de jeunes filles à Tournon (en série). — Établissement libre à Annonay.

Un inspecteur d'Académie à Privas.

Enseignement primaire. — Un inspecteur primaire dans chacune des villes suivantes : Privas, Aubenas, Largentière, Le Cheylard, Thueyts et Tournon. — Une école normale d'instituteurs et une école normale d'institutrices à Privas. — Une école primaire supérieure à Annonay, Aubenas, Bourg-Saint-Andéol, Le Cheylard et Largentière. — Cours complémentaires à Annonay, Joyeuse, Lavoulte, Le Pouzin, Les Vans, Vals-les-Bains. — Pensionnats primaires à Annonay, Aubenas, Bourg-Saint-Andéol, Desaignes, Lamastre, Le Cheylard, Les Vans, Montpezat, Roiffieux, Saint-Martial, Satillieu, Serrières, Vanosc et Vernoux.

ÉCOLES PUBLIQUES

Nombre d'écoles	laïques	476	838
	congréganistes	362	

Nombre d'élèves :

Laïques	garçons	18 157	
	filles		7 556
Congréganistes	garçons	9 797	
	filles		15 701
		27 954	23 257
		51 211	

ÉCOLES LIBRES

Nombre d'écoles	laïques	11	126
	congréganistes	115	

Nombre d'élèves :

Laïques	garçons	39	
	filles		232
Congréganistes	garçons	3 768	
	filles		6 069
		3 807	6 301
		10 108	

XIII. — DIVISION RELIGIEUSE

Le département de l'Ardèche dépend de l'archevêché d'Avignon. La résidence de l'évêque est à Viviers. Le personnel ecclésiastique est ainsi réparti :

Évêque	1
Vicaires généraux titulaires	2
Chanoines titulaires	9
Ecclésiastique attaché au secrétariat	1
Curés	37
Desservants	332
Vicaires de paroisses	131
Prêtres habitués	68
Aumôniers	43
Professeurs	8
Supérieurs et professeurs	65
Total	697

Contenance et valeur des immeubles possédés par les congrégations religieuses

CONTENANCE en hectares d'après LE CADASTRE	VALEUR LOCATIVE	VALEUR VÉNALE
1419 h. 10	254 932 f.	6 908 060 f.

Contenance et valeur des immeubles occupés par les congrégations religieuses

CONTENANCE en hectares d'après LE CADASTRE	VALEUR LOCATIVE	VALEUR VÉNALE
7 h. 78	7 005 f.	185 310 f.

XIV. — POSTES ET TÉLÉGRAPHES

Le département de l'Ardèche contient :
54 bureaux postaux et télégraphiques ;
5 bureaux télégraphiques simples ;
6 bureaux postaux seulement.

Il est délivré annuellement, dans le département, environ 120 000 mandats d'articles d'argent pour une somme de 3 500 000 de francs

La taxe des lettres, journaux, etc., ainsi que les soldes des comptes avec les offices étrangers produisent, par an, environ 400 000 francs.

Nombre de dépêches	intérieures	88 605
	internationales	2 280
Taxes perçues	intérieures	65 757f90
	internationales	7 450f70
Produit net versé au Trésor		73 208f60

XV. — RECETTES ANNUELLES DU DÉPARTEMENT

1° Budget ordinaire.

	fr.
Contributions directes (fonds généraux)	1 893 539,13
Taxes assimilées aux contributions indirectes	123 243,57
Enregistrement	1 972 642,83
Timbre	458 282,08
Domaines et forêts	73 234,50
Douanes	» » » »
Contributions indirectes	4 618 932,33
Postes	618 304,36
Télégraphes	73 835,25
Impôt de 3 p. 0/0 sur le revenu des valeurs mobilières	30 200,31
Amendes et condamnations	59 533,34
Retenues et autres produits perçus en exécution de la loi du 9 juin 1853	118 080,87
Produits divers du budget	65 374,82
Total du budget ordinaire	10 105 203,39

2° Budget extraordinaire.

Budget sur ressources spéciales.	3 643 059,04
Total général des recettes.....	13 748 262,43

XVI. — ASSISTANCE PUBLIQUE

I. — BUREAUX DE BIENFAISANCE

Nombre de bureaux dans le département............		177
Nombre d'individus secourus.		2 215

Recettes

Revenus propres aux bureaux......	97 874f.	228 985 fr.
Subvention des communes.......	12 075f.	
Recettes de charité..	12 259f.	
Fonds de report et autres recettes...	106 777f.	

Dépenses

Administration...	18 190f.	150 227fr.
Secours en nature.	18 942	
Secours en argent..	113 095	
Excédent des recettes...		78 758fr.

Montant des placements

En immeubles..........	« « fr.
En rentes.............	19 203
Total..	19 203fr.

II. — HOSPICES ET HÔPITAUX

Nombre d'établissements hospitaliers

Hôpitaux............	3	15
Hôpitaux et hospices......	12	
Hospices............	«	

Personnel

Médecins et chirurgiens...	23	152
Religieuses..........	90	
Employés...........	17	
Servants...........	22	

Lits affectés au service

Malades............	303	709
Infirmes, vieillards et incurab.	194	
Enfants assistés.......	82	
Personnel des établissements.	130	
Recettes de 25 établissements.		229 182 f.
Dépenses................		235 578
Excédent des dépenses.		6 396 f.

XVII. — CAISSES D'ÉPARGNE

Nombre de caisses d'épargne.	7

Nombre de livrets

Existant au 1er janvier....	24 485
Ouverts pendant l'année...	3 033
Soldes pendant l'année....	2 536
Restant au 31 décembre...	24 982
Soldes aux déposants au 1er janvier................	11 076 791 f.
Recettes.................	4 206 145
Dépenses................	4 789 016
Soldes aux déposants le 31 décembre................	10 493 920

XVIII. — INCENDIES ET SINISTRES AGRICOLES

Incendies (montant des pertes évaluées)...............	227 822 f.
Grêle (montant des pertes évaluées)................	1 017 518
Gelée (montant des pertes évaluées)................	22 770
Inondations (montant des pertes évaluées)..........	49 295
Pertes de bestiaux (montant des pertes évaluées).......	104 463
Total des pertes....	1 421 868 .

II. — PARTIE MILITAIRE

Au moment où les Romains tentèrent de soumettre le pays qui forme le département de l'Ardèche, les Helvéens (*Helvii*) en étaient la tribu principale, avec *Alba Augusta* (Aps) pour capitale. Non seulement cette tribu accueillit l'envahisseur, mais elle s'unit à César pour combattre Vercingétorix. Après avoir fait partie de la Gaule Narbonnaise, elle vit sa capitale détruite par les Vandales en 405. Viviers devint alors le centre religieux et le chef-lieu du pays, qui prit le nom de Vivarais. Celui-ci passa successivement sous la domination des premiers Burgondes (475), des Wisigoths (478), des Francs (507), du second royaume de Bourgogne et du royaume d'Arles et de Provence (879). On sait que l'hérésie albigeoise avait gagné tout le pays et que des guerres effroyables la noyèrent dans le sang. Les évêques de Viviers profitèrent de ces guerres pour enlever aux comtes de Toulouse les mines de Largentière. Les rois de France Philippe le Hardi, Philippe le Bel et Charles V cherchèrent à faire rentrer la province sous l'autorité royale; mais, malgré des concessions continuelles, elle ne la reconnaissait pas complètement et tendait sans cesse à s'en affranchir. Le Vivarais eut beaucoup à souffrir des déprédations des routiers pendent la guerre de Cent ans et il montra peu d'empressement pour la défense du royaume contre les Anglais.

Au XVIe siècle, à l'apparition de la réforme, les habitants s'empressèrent d'adopter le calvinisme qui n'était qu'un moyen de reconquérir leur indépendance. Mais la révolte contre l'autorité royale qui donna lieu aux guerres de religion, fut réprimée impitoyablement, et Louis XIII vint lui-même achever la soumission du pays qui perdit ses privilèges, ses châteaux et ses plus illustres défenseurs.

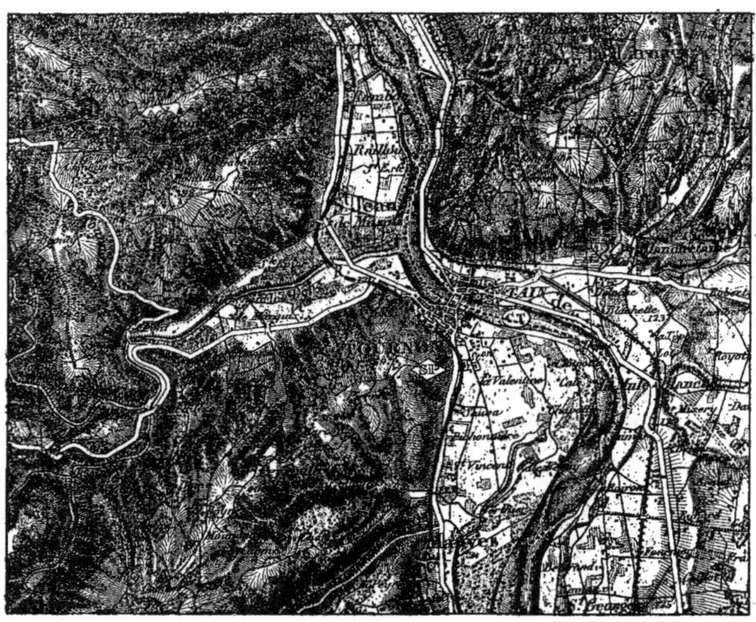

Tournon et ses environs. — Extrait de la carte d'État-Major au 80 000e.

A la révocation de l'édit de Nantes, l'insurrection des *Camisards* se produisit dans le Haut-Vivarais. On sait qu'elle fut terrible et que la lutte fut acharnée ; mais après l'écrasement des Camisards dans les Cévennes, le pays resta définitivement soumis, tout en faisant généralement de l'opposition aux gouvernements existants.

Le caractère général des guerres de religion est le siège des nombreuses petites places féodales, que catholiques et protestants se disputaient à l'envi et l'Ardèche ne fit pas exception à cette règle.

Par sa disposition générale, le département de l'Ardèche présenterait de bonnes positions militaires, mais son éloignement de toute frontière a rendu inutile la construction de fortifications dans cette partie qui ne peut jouer aucun rôle dans la défense du pays.

DÉPARTEMENT DES ARDENNES

I. — PARTIE CIVILE

I. — HISTOIRE

Le département des Ardennes est situé entre 49° 13′ 40″ et 50° 10′ de latitude et entre 1° 42′ et 3°3′ de longitude est. Sa plus grande longueur est de 104 kilomètres, de Givet au nord à Condé-les-Autry au sud et sa plus grande largeur, de 100 kilomètres, du point où l'Aisne

Vue de Mézières.

quitte le département à l'ouest, à la pointe est de Margny sur la frontière belge. Ce département frontière appartient à la région nord-est et a été formé, en 1790, de la Champagne proprement dite, de la principauté de Sedan, du Rethelois, dépendant de la Picardie et d'une partie du territoire luxembourgeois, dépendant du Hainaut. Il est borné : au nord, par la Belgique ; à l'est, par le département de la Meuse ; au sud, par celui de la Marne ; à l'ouest, par celui de l'Aisne.

Au moment de la conquête romaine, le pays était couvert par la forêt des Ardennes et habité par des tribus sauvages, comme les *Ebu-*

rones, les *Aduatuci*, les *Segni*, etc., dépendant de la grande famille belge. Ces diverses peuplades se désintéressèrent de la grande guerre nationale et restèrent cantonnées dans leur forêt. Les Romains ne fondèrent pas d'établissement dans le pays qui, à cette époque, était dépourvu de ressources et ne se composait que de marais, de fondrières et d'épaisses futaies. Les quelques cités qui se formèrent par la suite furent ravagées par les Huns. Après la défaite de ceux-ci, dans les plaines catalauniques, les Francs chassèrent les Romains du Soissonnais et de la Champagne et toute la contrée fit partie du royaume d'Austrasie.

Avec le christianisme, des villes nouvelles se fondèrent, comme Mouzon (*Mosomagus*), Arches (*Arcæ Remorum*). Ces cités furent pillées lors des invasions normandes.

Après les guerres intestines des fils de Louis le Débonnaire, le régime féodal morcela le pays. La partie principale dépendit de la Champagne dont les premiers seigneurs furent les comtes de Vermandois.

Les comtés de Rethel et de Porcien appartenant à des seigneurs particuliers passèrent aux comtes de Flandre en 1277. Enfin, plus tard fut formée la principauté de Sedan.

Le comté de Champagne étant passé dans la maison de Blois vit sa puissance grandir de jour en jour. Le plus célèbre des comtes de cette maison fut le chevaleresque Thibaud IV, un de nos premiers *trouvères* qui, pendant la minorité de saint Louis, soutint Blanche de Castille contre les barons révoltés. Ceux-ci envahirent la Champagne, mais les communes défendirent le pays avec fureur, car Thibaud y était fort populaire. Louis IX, âgé alors de quinze ans, vint à son secours. Les barons hésitèrent à livrer bataille au roi et sortirent de Champagne (1229).

Le fils de Thibault IV, Henri, étant mort en 1274, ne laissa qu'une fille Jeanne âgée de trois ans et héritière de la Champagne, de la Brie et du royaume de Navarre. Philippe III la fit élever à la cour de France et la maria à son fils Philippe (Philippe le Bel) amenant ainsi la réunion de ces trois provinces à la Couronne (1284).

Le Rethelois après avoir appartenu à diverses familles, fut vendu par Charles III de Gonzague à Mazarin (1659) Il appartint ensuite aux Durfort-Duras jusqu'en 1789.

Sedan qui, sous Charles V, dépendait de la couronne, fut cédée par Charles VI à Guillaume de Braquemont et vendue par le fils de ce dernier à Évrard III de la Marck (1424). Un de ses descendants, Robert IV, l'érigea en principauté et son fils Henri-Robert, qui lui succéda en 1555, se déclara pour la protestantisme et appela à lui ses coreligionnaires qui, persécutés dans les autres États, apportèrent leurs industries dans Sedan qui devint importante et prospère. La petite-fille d'Henri-Robert, Charlotte, héritière de la principauté, épousa Henri de la Tour d'Auvergne, vicomte de Turenne et duc de Bouillon. Son fils aîné, qui lui succéda en 1623, ayant conspiré avec le comte de Soissons, puis avec Cinq-Mars contre Richelieu, fut condamné à mort et n'eut la vie sauve qu'en abandonnant Sedan à la couronne (septembre 1642). Son frère Henri, vicomte de Turenne, fut le célèbre maréchal de France.

Nous donnons, dans la partie militaire, le détail des événements qui eurent lieu dans les Ardennes pendant les campagnes de 1792, 1815 et 1870.

II. — VUE DU DÉPARTEMENT A VOL D'OISEAU

Le département est traversé du sud-est au nord-ouest par une série de collines et de plateaux formés par l'Argonne et les Ardennes occidentales et séparant le bassin de la Seine de celui de la Meuse.

Le sol a un aspect très varié. Dans la partie nord, peu fertile, les plateaux sont couverts de grandes forêts de charmes, de coudriers, de hêtres et de bouleaux, de marais appelés *Fagnes* ou de landes connues sous le nom de *Rièzes*. Ces plateaux sont coupés de gorges profondes dans lesquelles coulent la Meuse et la Sémoy.

La partie sud-ouest est composée de vastes plaines nues et de landes marécageuses ou *triots*.

A l'est, le pays est plus riche bien que montueux. Enfin, dans la partie centrale arrosée par l'Aisne se trouvent de belles vallées.

La partie la plus élevée se trouve au nord, dans la forêt des Ardennes, où les sommets atteignent 504 mètres à la *Croix-Scaille* sur la frontière belge, 491 mètres à la *Haute-Butte*, 492 mètres aux *Haies-d'Hargnies*, 490 mètres à la *Grande-Croix*, 454 mètres au mont *Tranet*, 431 mètres au mont *Malgré-Tout* près de Revin, 402 mètres aux *Roches de Laifour* où la Meuse coule dans une gorge étroite dominée par les rochers des *Dames-de-Meuse*; 425 mètres sur la frontière au nord de Sedan.

Entre l'Aisne et la Meuse, s'élèvent des collines et des plateaux d'une altitude inférieure. Le *Signal de Villers*, à l'ouest de Buzancy, a 343 mètres; le *Mont-Damon* au sud de Raucourt à 325 mètres; le *Noirtrou* au sud-ouest de Mézières a 321 mètres, enfin le plateau de Rocroi atteint 390 mètres.

La partie sud-ouest forme un plateau crayeux d'une altitude moyenne de 120 à 130 mètres. Le plus haut sommet y atteint 204 mètres au

Blanc-Mont sur la limite de la Haute-Marne.

Enfin les principales forêts du département sont :

La forêt des Ardennes qui s'étend au nord et tout le long de la frontière belge ; la forêt d'Argonne à l'est et au sud de l'arrondissement de Vouziers se continue dans les départements de la Marne et de la Meuse; celle de Signy-le-Petit s'étend dans l'arrondissement de Rocroi et celle de Signy-l'Abbaye à l'ouest de l'arrondissement de Mézières.

III. — HYDROGRAPHIE

Le département des Ardennes appartient au bassin de la **Seine** par les affluents de l'Oise et à celui de la **Meuse.**

L'Oise qui se jette dans la Seine près de Poissy, n'entre pas dans le département, mais plusieurs de ses affluents y prennent naissance ou le traversent. Ce sont :

Le *Gland* qui naît à l'ouest de Rocroi et quitte le département à la Neuville-aux-Joutes, après un parcours de 19 kilomètres pour aller se jeter dans l'Oise, à Hirson.

Le *Thon* (9 kilomètres dans le département) qui passe à Antheny et à Hannapes.

La *Serre* qui prend naissance à la Férée n'a que 11 kilomètres dans le département et passe à Mainbresson.

La *Malacquise* ou *Hurtaut*, un de ses affluents, qui a 22 kilomètres dans le département, prend sa source également près de la Férée et passe à Rocquigny et à Renneville.

L'**Aisne**, principal affluent de l'Oise, prend sa source à Sommaisne et après avoir traversé les départements de la Meuse et de la Marne, elle entre dans les Ardennes à Ivoy-le-Petit (125^{m}), arrose Condé-les-Autry, Autry (116^{m}), Grand-Ham, Senuc (113^{m}), Mouron, Brécy, Savigny, Falaise, Vouziers (100^{m}), Voncq, Semuy (92^{m}), Attigny, Givry, Ambly (78^{m}), Thugny, Rethel (73^{m}), Nanteuil, Taizy, Château-Porcien, Herpy, Balham, Asfeld, Avaux et Brienne (58^{m}) où elle quitte le département pour entrer dans celui de l'Aisne. Elle se jette dans l'Oise près de Compiègne après un parcours de 280 kilomètres dont 112 dans les Ardennes.

La pente de l'Aisne est de 37 mètres dans le département, soit une moyenne de 1^{m},30 par kilomètre.

Ses principaux affluents sont, dans le département et sur la rive droite :

L'*Aire*, rivière de 125 kilomètres qui prend naissance près de Saint-Aubin (Meuse) entre dans le département à Apremont (145^{m}) et, dans un parcours de 25 kilomètres, y arrose Châtel, Fléville (138^{m}), Chevières (128^{m}), Grand-Pré (124^{m}), Termes et Senuc (113^{m}). Elle est grossie de l'*Agron* qui vient de Buzancy.

La *Fournelle* passe à Quatre-Champs et se jette au nord de Vouziers.

Sur la rive gauche, la *Dormoise* n'a que son embouchure dans le département où elle se jette à Autry.

L'*Avègres* passe à Manre, Ardeuil et Brécy. L'*Aidin* passe à Contreuve et Sugny.

La *Retourne* (37 kilomètres) prend sa source à l'ouest de Saint-Remy par 120 mètres, arrose ensuite Ville-sur-Retourne, Bignicourt (103^{m}), Juniville (97^{m}), Alincourt, Neuflize, Le Châtelet (81^{m}), Saint-Rémy-le-Petit, Roizy (75^{m}), Brienne et se jette à Neufchâtel (Aisne) par 56 mètres.

Enfin l'*Arnes* n'est qu'un sous-affluent et après un parcours de 11 kilomètres dans le département où il arrose Saint-Pierre, Saint-Clément et Hauviné, il se jette un kilomètre plus loin dans la Suippes qui rejoint l'Aisne en aval de Neufchâtel.

La **Meuse** prend naissance à Pouilly (Haute-Marne) par 409 mètres et après avoir arrosé Neufchâteau (Vosges), Commercy et Verdun (Meuse), elle entre dans le département à Létanne (162^{m},50) et, en faisant de nombreux circuits, elle coule d'abord au nord-ouest et passe à Mouzon, Remilly (160^{m}), Sedan, Donchéry (154^{m}), Dom-le-Mesnil, Flize, Lumes, Mohon (147^{m}), Mézières, Prix, Warcq, Charleville ; de ce point elle se dirige droit au nord et coule dans une vallée encaissée entre des berges escarpées et sauvages. Elle arrose Montcy-Notre-Dame (141^{m}), Joigny, Levrezy (139^{m}), Château-Regnault, Monthermé (138^{m}), Laifour où les rochers qui la dominent atteignent 402 mètres, Archamps, Revin (127^{m}), Fumay, Haybes, Fépin, Montigny, Vireux, Aubrives, Chooz et Givet.

Elle pénètre ensuite en Belgique : passe par Dinant, Namur, Liège, entre en Hollande à Maestricht et confond ses eaux avec celles du Rhin à son embouchure, après un parcours d'environ 900 kilomètres dont 500 en France (172 kilomètres dans les Ardennes).

Sa pente moyenne, de Létanne à Mézières, est de 0^{m},25 par kilomètre et de 0^{m},43, de Mézières à la frontière belge.

La Meuse reçoit dans le département, sur la rive gauche :

La *Wiseppe* qui n'a qu'une partie de son cours dans le département y arrose Nouart et se jette à Stenay (Meuse).

La *Bar* (50 kilom.) prend sa source à l'ouest de Buzancy, au Puizet-les-Nonnes (174^{m}), passe à Brieulles (168^{m}), Malmy, Chémery (157^{m}), Cnonage, Chéhéry, Chevenges, St-Aignan, Hannogne, Villers et se jette en face de Vrigne-Meuse par 153 mètres.

La *Vence* arrose Launois, Raillicourt (184m), Montigny (180m), Poix (176m), Guignicourt, Saint-Pierre, Boulzicourt (167m), La Francheville et se jette à Mohon par 147 mètres.

La *Sormonne* (45 kilom.), prend naissance dans les rièzes de Taillette, près de Rocroi, coule d'abord à l'ouest, puis formant un arc de cercle, passe à Girondelle, se dirige vers l'est, arrose Etalle, Laval-Morency, Le Châtelet, Bogny, Sormonne, Haudrecy, Belval et se jette dans la Meuse à Warcq. Elle est elle-même grossie de l'*Audry*, qui passe à Logny-Bogny, Aubigny et Rouvray et des ruisseaux de *Thin* et de *Neuville*.

Le *Véronin* formé par l'*Eau-Noire* qui prend naissance au nord de Rocroi et limite le département pendant 4 kilomètres, a presque tout son cours en Belgique et se jette à Vireux-Molhain.

La Meuse reçoit sur la rive droite :

La *Chiers* qui prend naissance dans le Luxembourg et après un parcours de 13 kilomètres entre en France dans la Meurthe-et-Moselle où elle arrose Longwy et Longuyon, traverse la Meuse en passant à Montmédy, entre dans les Ardennes à La Ferté (170m), passe ensuite à Margut, Linay (169m), Blagny (166m), Carignan (163m), Tétaigne, Brévilly (162m), Douzy et se jette en face de Remilly-sur-Meuse par 160 mètres après un parcours de 116 kilomètres dont 30 dans les Ardennes. La Chiers est grossie, dans le département, de la *Marche* qui limite la frontière pendant 7 kilomètres et passe à Moiry et Margut, de l'*Aunois* formé de plusieurs ruisseaux qui naissent dans la forêt des Ardennes et de la *Magne* qui passe à Francheval et se jette à Douzy.

La *Vrigne* (14 kilom.) passe à Vrigne-aux-Bois et se jette à Vrigne-Meuse.

La *Goutelle* a sa source en Belgique, passe à Gespunsart, Neufmanil, et se jette en face de Nouzon.

La *Semoy* a la majeure partie de son cours en Belgique où elle prend naissance près d'Arlôn et traverse Bouillon; elle limite la frontière pendant 2 kilomètres, puis pénètre en France, coule dans des gorges très pittoresques de 120 à 150 mètres de hauteur et, dans un cours très capricieux y arrose Hautes-Rivières, Thilay, Hauliné, Tournavaux et se jette à Monthermé après un parcours de 184 kilomètres dont 23 dans le département.

La *Houille* (26 kilom.) a sa source au Signal de Grande-Croix et, remontant au nord, limite la frontière belge pendant 21 kilomètres, passe à Landrichamp, Fromelennes et se jette à Givet-Notre-Dame.

Il n'y a, dans le département qu'un petit lac, près de Signy-l'Abbaye, et un étang à Bairon, mais de nombreux marais couvrent l'arrondissement de Rocroi. Il est sillonné par plusieurs canaux dont le détail est donné plus loin.

IV. — VOIES DE COMMUNICATION

I. — Chemins vicinaux.

Les voies vicinales sont ainsi divisées :

1° Les chemins de grande communication ayant une longueur totale de. .	963k,713
2° Les chemins d'intérêt commun ayant une longueur totale de.	1 392, 557
3° Les chemins vicinaux ordinaires ayant une longueur totale de.	3 292, 943
Développement total. . .	5 649k,213

La dépense annuelle du service vicinal des Ardennes étant de 2 288 048 fr. 82 le prix moyen, par kilomètre, est de 405,20 ou 0,40 par mètre courant.

II. — Routes Nationales.

Le département est sillonné par sept routes nationales sur une longueur totale de 386. 436 mètres.

1° *La route n° 39, de Montreuil-sur-Mer à Mézières* (19 926m dans le département). Venant d'Hirson (Aisne), elle passe à Auge, Tarzy, Maubert-Fontaine, le Tremblois et, de ce point, se confond jusqu'à Mézières avec la route n° 51.

2° *La route n° 46, de Marle à Verdun* (91 095m dans le département). Venant de Rozoy-sur-Serre (Aisne), elle passe à Fraillicourt, Seraincourt, Ecly, Rethel (où elle traverse l'Aisne et le canal), Sault, Biermes, Ménil-Annelles, Pauvres, Bourcq, Blaise, Vouziers, Longwé, traverse la forêt d'Argonne à Grand-Pré, passe ensuite à Fléville et Apremont et entre dans la Meuse en se dirigeant sur Varennes.

3° *La route n° 47, de Vouziers à Longuyon* (28 840m dans le département), se confond jusqu'à Longwé avec la route n° 46 puis traverse le défilé de la Croix-aux-Bois, passe à Boult-aux-Bois, Germont, Harricourt, Buzancy, Nouart et entrant dans la Meuse, se dirige sur Stenay et Montmédy.

4° *La route n° 49, de Valenciennes à Luxembourg*, n'a que 6 027 mètres dans le département. Venant de Philippeville (Belgique), elle traverse la pointe de Givet, passe à Givet-Saint-Hilaire, puis à Givet-Notre-Dame en franchissant la Meuse et se dirige sur Luxembourg par la Belgique.

5° *La route n° 51, de Givet à Orléans* (132 976m dans le département), part de Givet

Géographie contemporaine

ARDENNES

et remonte la rive gauche de la Meuse en passant à Hierges, Vireux-Molhain, Montigny, Fépin, Fumay, puis quittant la Meuse, passe à Rocroi, Le Tremblois, Rimogne, Harcy, Lonny, Cliron, Tournes, Charleville, Mézières, d'où elle descend au sud et, côtoyée par la ligne de Reims, passe à La Francheville, Boulzicourt, Yvernaumont, Poix, Montigny-sur-Vence, Raillicourt. Launois, Faissault, Saulces, Novy, Rethel, Tagnon, Le Châtelet-sur-Retourne et entrant dans la Marne se dirige sur Reims.

6° *La route n° 64, de Mézières à Belfort*, (41 410^{m} dans le département) part de Mézières en remontant le cours de la Meuse et passe aux Ayvelles, à Flize, Dom-le-Mesnil, Sedan où elle franchit la Meuse, Douzy, Mairy, Mouzon et quitte le département, se dirigeant sur Stenay.

7° *La route n° 77, de Nevers à Sedan et à Bouillon* (66 162^{m} dans le département). Venant de Châlons-sur-Marne elle rejoint, entre Leffincourt et Bourcq, la route n° 46 avec laquelle elle se confond jusqu'à Vouziers, puis, remontant au nord, elle passe à Ballay, Quatre-Champs, Le Chesne, Tannay, Chémery, Connage, Chéhéry, Chevenges, rejoint à Frénois près Sedan la route n° 64. De Sedan, elle passe à Givonne, La Chapelle et traverse la forêt des Ardennes se dirigeant sur Bouillon (Belgique).

Résumé de la circulation sur les routes nationales.

DÉSIGNATION	TONNAGE TOTAL ANNUEL			
	BRUT		UTILE	
	distance entière 1 000 tonnes	kilométrique 1 000 tonnes	distance entière 1 000 tonnes	kilométrique 1 000 tonnes
1° Route n° 39, de Montreuil-sur-Mer à Mézières	17,15	339	7,30	142
2° Route n° 46, de Marle à Verdun	67,16	6 128	36,13	3 307
3° Route n° 47, de Vouziers à Longuyon	40,88	1 179	21,53	635
4° Route n° 49, de Valenciennes à Luxembourg	74,26	413	22,63	139
5° Route n° 51, de Givet à Orléans	52,56	6 979	24,09	3 212
6° Route n° 64, de Mézières à Belfort	128,84	5 384	53,29	2 216
7° Route n° 77, de Nevers à Sedan et à Bouillon	43,07	2 865	21,90	1 445

III. — Navigation.

I. — FLEUVES ET RIVIÈRES NAVIGABLES

I. — *Aisne*. Cette rivière, dont le régime a déjà été décrit dans le département qui porte son nom, devient flottable à Mouron. Elle passe à Château-Porcien, origine de la partie classée comme navigable. Sa longueur dans le département, comme flottable ou navigable, est de 92 kilomètres.

II. — *Chiers*. Cette rivière est classée comme navigable entre le pont de La Ferté et son embouchure dans la Meuse, sur un parcours de 35 kilomètres; mais elle est à peu près complètement abandonnée par la navigation. Elle passe à La Ferté (origine de la navigation), Carignan, Brévilly et Douzy.

III. — *Semoy*. Cette rivière est classée entre la frontière belge et son embouchure dans la Meuse, sur un parcours de 23 kilomètres, savoir :

Comme flottable, de la frontière aux Hautes-Rivières . . . . 5 kilomètres

Comme navigable, des Hautes-Rivières à la Meuse . . . . 18 kilomètres

II. — CANAUX

I. — Le *canal des Ardennes*. Le canal des Ardennes part de la Meuse canalisée (branche nord du canal de l'Est) près de Pont-à-Bar et se termine à Vieux-les-Asfeld, origine du canal latéral à l'Aisne. — La longueur de la ligne principale est de 88 kilomètres et celle de l'embranchement de Vouziers de 12 kilomètres. Le canal est à point de partage. Les pentes sur la ligne principale sont rachetées par quarante-quatre écluses dont sept sont situées sur le versant de la Meuse et trente-sept sur le versant de l'Aisne.

Les écluses ont 38^{m},50 de longueur utile sur 5^{m},20 de largeur. Le mouillage normal est de 1^{m},80 et les bateaux y circulent avec un tirant d'eau de 1^{m},50. Dans les biefs 3-4 du versant de la Meuse se trouve le souterrain de Saint-Aignan qui a 258 mètres de longueur et 6 mètres de largeur.

Les bateaux circulant sur ce canal sont ou des bateaux ordinaires de 120 tonnes, ou des péniches du Nord de 230 tonnes. Ils sont halés par des chevaux. On voit quelques porteurs à vapeur sur ce canal.

L'embranchement de Vouziers a 12 kilomètres et présente les mêmes conditions de navigabilité que la ligne principale. La pente est rachetée par quatre écluses.

1° *Ligne principale.*

Cette ligne passe à Pont-à-Bar (*écluse, port et bassin de virement*), Saint-Martin (*port*), Saint-Aignan (*écluse, port et souterrain*), Omicourt (*port*), Connage (*port*), Malmy (*écluse, port et bassin de virement*), Ambly (*pont*), Sauville (*écluse et origine du bief de partage*), Pont-à-Bar (*port*), Le Chesne (*écluse, port, bassin de virement et fin du bief de partage*), Montgon (*port et bassin de virement*), Neuville (*port*), Semuy (*port*), Billy (*écluse et embranchement de Vouziers*), Attigny (*écluse et port*), Givry (*port*), Montmarin (*port*), Ambly-et-Fleury (*port*), Seuil (*port et bassin de virement*), Thugny (*port et bassin de virement*), Biermes (*écluse*), Sault-les-Rethel (*port et bassin de virement*), Rethel (*port*), Acy-Romance (*port et bassin de virement*), Nanteuil (*port*), Taizy (*port*), Château-Porcien (*port*), Pargny (*écluse*) Blanzy (*port*), Balham (*port*), Asfeld (*écluse et port*), Vieux-les-Asfeld, Avaux.

2° *Embranchement de Vouziers.*

Les localités traversées sont : Vouziers (*origine de l'embranchement*), Condé-les-Vouziers (*port*), Vrizy-Vandy (*port*), Voncq (*port*), Rilly (*jonction avec le canal des Ardennes*).

II. — *Canal de l'Est.* Ce canal réunit la Meuse à la Moselle et à la Saône. Il est divisé en deux branches. Le département des Ardennes est traversé par la branche nord allant de Givet à Troussey (*première jonction avec le canal de la Marne au Rhin*).

La branche nord du canal de l'Est comprend la Meuse canalisée entre la frontière belge, près Givet, et le canal de la Marne au Rhin à Troussey. Elle est reliée, d'autre part, au canal des Ardennes, à Pont-à-Bar. Sa longueur est de 172 kilomètres. La pente totale (148 mètres) est rachetée par cinquante-neuf écluses. Les écluses ont 45^{m},30 de longueur, sur 5^{m},70 de largeur, à l'exception de l'écluse des Quatre-Cheminées, voisine de la frontière belge, qui a 100 mètres de longueur sur 12 mètres de largeur. Le mouillage normal du canal de l'Est est de 2^{m},20 et les bateaux y circulent avec un tirant d'eau de 1^{m},80.

On rencontre deux souterrains dans la branche nord :

1° Celui de Ham qui a 565 mètres de longueur sur 6^{m},40 de largeur ;

2° Celui de Revin qui a 220 mètres de longueur sur 7 mètres de largeur.

Les bateaux qui fréquentent ce canal appartiennent principalement au type meusien (bois et fer) et au type flamand (péniches) dont le tonnage varie entre 100 et 300 tonnes. La traction se fait à l'aide de chevaux et de remorqueurs.

Voici la nomenclature des localités traversées par le canal de l'Est dans les Ardennes :

La frontière belge, les Quatre-Cheminées, Givet, les Trois Fontaines, Ham (*souterrain*), Aubrives, Vireux, Montigny, Ridoux, Fépin, Morépré, Haybes, Fumay, L'Uf, Pied-Celle, Revin (*souterrain*), Anchamps, Dames-de-Meuse, Laifour, La Petite-Commune, Mairusy, Deville, Monthermé, Château-Regnault, Levrezy, Braux, Joigny, Aiglemont, Montcy, Charleville, Mézières, Mohon, Romery, Lumes, Elaire, Flize, Nouvion-sur-Meuse, Dom-le-Mesnil, Pont-à-Bar, Vrigne-Meuse, Donchery, Villette, Glaire, Sedan, Wadelincourt, Pont-Maugis, Bazeilles, Remilly, Petit-Remilly, Villers-devant-Mouzon Mouzon, Villemontry, Alma et Létanne.

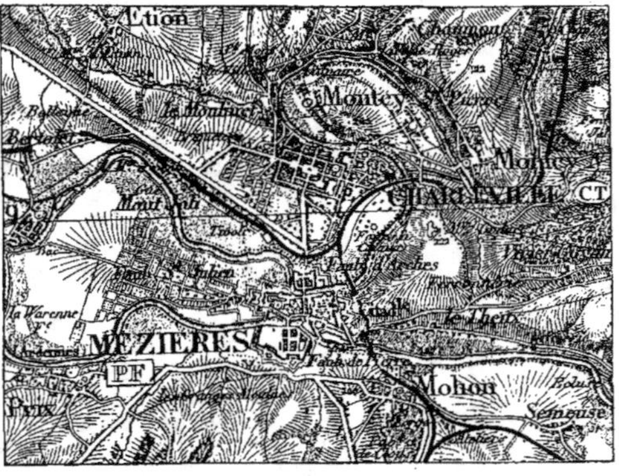

MÉZIÈRES ET SES ENVIRONS.
Extrait de la carte d'État-Major au 80 000°.

IV. — Chemins de fer.

Le département des Ardennes est desservi par cinq lignes de chemins de fer et par deux embranchements ayant, ensemble, un développement de 372 kilomètres avec quatre-vingt-quatre gares, savoir :

1° *Ligne de Paris, Reims; Mézières et Sedan* (2 voies). — Cette ligne traverse tout le département sur une longueur de 124 kilomètres. Elle y pénètre avant la gare du Châtelet et en sort après la gare de Givet pour entrer en Belgique. Ses gares sont : Le Châtelet, Tagnon, Rethel (chef-lieu d'arrondissement), Amagne-Lucquy (embranchement de la ligne d'Hirson à Sainte-Menehould), Saulces-Monclin, Launois, Poix-Terron, Guignicourt, Boulzicourt, La Francheville, Mohon, Mézières-Charleville (embranchement de la ligne d'Hirson à Thionville), Nouzon, Joigny-sur-Meuse, Braux-Levrézy, Monthermé-Château-Regnault Deville, Laifour, Revin, Fumay, Haybes, Vireux-Molhain, Aubrives et Givet.

2° *Ligne d'Hirson à Sainte-Menehould*

2 voies). — Cette ligne traverse tout le département sur une longueur de 90 kilomètres. Elle y pénètre avant la gare du Rumigny et en sort après la gare d'Autry. Ses gares sont : Rumigny, Liart, Montmeillant-Saint-Jean, Draize, Wasigny, Novion-Porcien, Novy, Amagne-Lucquy (rencontre de la ligne précédente), Amagne-Village, Alland'huy, Attigny, Rilly-Semuy, Voncq, Vrizy-Vandy, Vouziers (chef-lieu d'arrondissement), Savigny, Saint-Morel, Monthois, Challerange (embranchement de la ligne de Buzancourt à Apremont) et Autry.

3° *Ligne d'Hirson à Thionville* (2 voies). — Cette ligne traverse tout le département sur une longueur de 85 kilomètres. Elle y pénètre avant la gare de Signy-le-Petit et en sort après la gare de Margut. Ses gares sont : Signy-le-Petit, Auvillers, Maubert-Fontaine, Le Tremblois, Rimogne, Lonny-Renwez, Tournes, Belval-Sury, Mézières, Mohon, Nouvion-sur-Meuse, Vrigne-Meuse (embranchement de Vrigne-aux-Bois) Donchery, Sedan (chef-lieu d'arrondissement), Pont-Maugis (embranchement de la ligne de Verdun) Bazeilles, Douzy, Pouru-Brévilly, Sachy, Carignan (embranchement de la ligne de Messempré) Blagny et Margut.

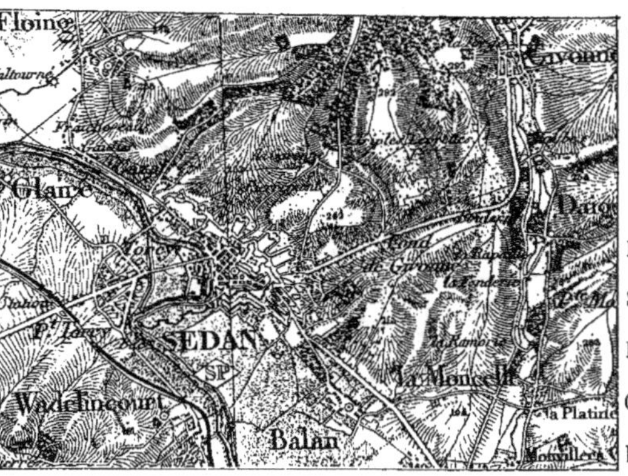

SEDAN ET SES ENVIRONS.
Extrait de la carte d'État-Major au 80 000e.

Une seconde ligne à une voie se détache à Auvillers de la ligne principale pour la rejoindre à Tournes, après un parcours de 23 kilomètres. Ses gares intermédiaires sont : Blombay-Étalle et Laval-Morency.

4° *Ligne de Paris, Lerouville et Sedan* (2 voies). — Cette ligne parcours le département sur une longueur de 25 kilomètres. Elle y entre avant la gare de Létanne-Beaumont et aboutit à Pont-Maugis sur la ligne de Thionville à Hirson. Ses gares sont : Létanne-Beaumont, Mouzon, Autrecourt-Villers, Remilly, Pont-Maugis et Sedan.

5° *Ligne de Bazancourt, Challerange et Apremont* (2 voies). — Cette ligne parcourt le département sur une longueur de 34 kilomètres. Elle y pénètre avant la gare de Manre et aboutit à Apremont. Ses gares sont : Manre, Ardeuil-Marvaux, Challerange, Vaux-les-Mouron, Senuc Termes, Grand-Pré, Marcq-Saint-Juvin, Cornay-Fléville, Châtel-Chéhéry et Apremont.

6° *Embranchement de Vrigne-sur-Meuse à Vrigne-aux-Bois ayant une longueur de 4679 mètres* (1 voie). — Viviers-au-Court est la seule gare intermédiaire.

7° *Embranchement de Pont-Maugis à Raucourt* (1 voie). — Ayant une longueur de 9 kilomètres. — Ses gares sont : Pont-Maugis, Remilly, Angecourt, Haraucourt et Raucourt.

V. — MONUMENTS HISTORIQUES

I. — Monuments mégalithiques. — Néant.

II. — Monuments antiques.

Mouzon. — Bas-relief dans l'église.

III. — Monuments du moyen âge, de la renaissance et des temps modernes.

Mouzon. — Église.

Rethel. — Église Saint-Nicolas.

St-Vaubourg. Église.

Thugny. — Château.

Verpel. — Église.

Vouziers. — Portail de l'église.

VI. — HOMMES CÉLÈBRES

Robert de Sorbon, fondateur de la Sorbonne en 1252, né à Sorbon en 1201, mort en 1274.

Guillaume de Machault, poète et musicien, né à Machault en 1284, mort en 1370.

Jean Charlier dit Gerson, docteur et chancelier de l'Université de Paris, né à Gerson (autrefois commune de Barby) en 1363, mort à Lyon, en 1429.

Jacques Clément, assassin de Henri III, né à Sorbon, mort en 1589.

Charles de Navières, poète, né à Sedan, en 1544, mort en 1616.

Athanase Cochelet, théologien et prédicateur de la Ligue, né à Mazières en 1551, mort en 1624.

Jean Bienaise, médecin de Louis XIV, né en 1601, mort en 1681.

Turenne (Henri de la Tour d'Auvergne, vicomte de) est né à Sedan en 1611. Il fit ses premières armes en Hollande (1625-30) sous ses oncles, puis fit campagne en Lorraine, en Flandre, en Piémont et ses talents remarquables de tacticien lui firent franchir rapidement les premiers grades. Nommé lieutenant général en 1639, après la belle retraite de Quiers, il dirigea en 1642 la campagne de Roussillon sous les yeux de Louis XIII. A l'avènement de Louis XIV, il fut créé maréchal, puis envoyé à l'armée du Rhin pour y rallier les débris des troupes françaises dispersées à Duttlingen avec Rantzau, il procéda à leur réorganisation, fit avec Condé une brillante résistance à Mercy, avec des alternatives de succès et de revers, et prit une part puissante au succès de la bataille de Nordlingen. Il fit ensuite, avec les Suédois de Wrangel, la conquête rapide de la Franconie, de la Souabe et de la Bavière. Durant la Fronde, il prit d'abord parti pour les mécontents et, à la tête de troupes espagnoles, il s'empara au début de quelques petites places, mais son armée, composée d'éléments hétérogènes, se débanda et il fut contraint à la retraite. Rentré en grâce, il se distingua par un dévouement inaltérable à la cause royale, sauva plusieurs fois la monarchie par son énergie et son habileté, battit le grand Condé à Gien (1652), au faubourg Saint-Antoine, à Arras (1654), aux Dunes (1638) et à Valenciennes. Créé maréchal général à la paix des Pyrénées (1659), il abjura le protestantisme en 1668. Turenne dirigea la campagne de Hollande (1672), d'abord sous Louis XIV, puis seul, où il fut opposé avec succès au célèbre Montécuculli, le seul adversaire digne de lui, et prit quarante places en vingt-deux jours. En 1673, Turenne passa en Alsace, où il remporta de nombreuses victoires. En 1674, il ravagea le Palatinat avec la dernière rigueur, et fut opposé à l'électeur de Brandebourg, fit une retraite admirable, terminée par les victoires de Mulhausen et de Turkheim. On lui opposa de nouveau Montécuculli en 1675 et les deux adversaires allaient en venir aux mains sur un terrain habilement choisi par Turenne, lorsque celui-ci fut tué par un boulet à Salzbach, le 27 juillet 1675. Turenne est un des hommes de guerre les plus complets que l'on connaisse ; stratégiste consommé, tacticien habile, il ne donnait rien au hasard et savait réparer un échec ; manœuvrier intelligent et audacieux, il savait tromper l'ennemi et attaquer au point où il n'était pas attendu ; infatigable, il payait de sa personne et voulait tout voir par lui-même, de manière à se rendre compte de toutes les ressources dont il pouvait disposer.

Turenne.

Chanzy.

Louis Dufour de Longuerre, grand érudit, né à Charleville en 1652, mort en 1733.

François Desportes, peintre, né à Champigneul en 1661, mort en 1743.

Saint-Yves, savant oculiste, né à Maubert-Fontaine en 1667, mort en 1763.

Charles Coffin, recteur de l'Université de Paris, né à Buzancy en 1676, mort en 1749.

Antoine Robert, peintre d'histoire, né à Sery en 1686, mort en 1733.

Pierre Massuet, littérateur et naturaliste, né à Mouzon, en 1698, mort en 1776.

Leseur, géomètre, né à Rethel en 1703, mort en 1770.

L'abbé Nicolas de la Caille, mathématicien et astronome, né à Rumigny en 1713, mort en 1762.

L'abbé Charles Batteux, littérateur, né à Alland'huy en 1713, mort en 1780.

Joseph de Longueil, graveur, né à Givet, mort en 1792.

Lefèvre Gineau, physicien, né à Authe en 1751, mort en 1829.

Corvisart, célèbre médecin, né à Dricourt en 1755, mort en 1821.

Méhul, grand compositeur, né à Givet en 1763, mort en 1817.

Berton, général, conspirateur bonarpartiste, né à Francheval en 1769, mort en 1822.

Jean Hachette, géomètre, né à Mézières en 1769, mort en 1834.

Guillaume-Louis, baron de Ternaux, manufacturier, né à Sedan en 1763, mort en 1833.

Le maréchal *Macdonald* est né à Sedan en 1765, d'une famille écossaise. Entré au service comme lieutenant dans le régiment irlandais de Dillon, il fut nommé colonel à la suite de sa belle conduite à Jemmapes, puis général de brigade en 1793 ; il s'empara, en 1795 de la flotte hollandaise arrêtée dans les glaces du Wahal ; il fit, comme divisionnaire, les campagnes du Rhin et de l'Italie, et fut nommé gouverneur des Etats romains en 1798

Après des alternatives de succès et de revers, il fut obligé de se replier sur la Toscane et vint rejoindre Moreau après la bataille de la Trébia, qui dura trois jours. Après avoir participé au 18 brumaire, il remplit divers rôles actifs ou diplomatiques, mais s'étant prononcé en 1802 contre la mise en accusation de Moreau, il fut disgracié et ne reprit du service qu'en 1809. Il contribua puissamment aux victoires de Raab et Wagram, où il fut fait maréchal de France et duc de Tarente. En 1810, il remplaça Augereau en Espagne. Après la campagne de Russie où il commandait le 10e corps, Macdonald, prit part aux combats de Merscbourg, de Lutzen, de Bautzen, lutta vaillamment jusqu'au dernier moment dans la campagne de France et contribua à l'abdication de Napoléon. Pendant les Cent-Jours, il refusa de servir, et, en récompense de sa fidélité, Louis XVIII le nomma grand-chancelier de la Légion d'honneur. Il mourut en 1840.

Le général *Savary*, duc de Rovigo, est né à Marcq en 1774. Entré au service à quinze ans, en 1789, il était capitaine à dix-neuf ans. Il fit les campagnes du Nord, du Rhin, d'Égypte et fut nommé colonel de la gendarmerie d'élite à son retour en France. En cette qualité, il fut chargé de faire exécuter

SEDAN. — Église Saint-Charles et Château-Haut.

la sentence de mort prononcée en 1804 contre le duc d'Enghien. Général de brigade à cette époque, général de division en 1805, il prit part aux campagnes d'Allemagne et de Prusse (1805-1807) et fut alors nommé *duc de Rovigo*. Commandant en chef de l'armée d'Espagne dès le début, en 1808, il revint l'année suivante en Allemagne et fit la campagne de Wagram. Préfet de police en 1810, il ne se montra pas à hauteur de ses fonctions et fut arrêté en 1812, pendant la conspiration de Mallet. Pendant les Cent-Jours, il fut commandant général de la gendarmerie et voulut accompagner Napoléon à Sainte-Hélène. Retenu prisonnier par les Anglais et interné à Malte, il s'évada, rentra en France en 1819, pour faire casser un jugement qui l'avait condamné à mort par contumace, fut obligé de s'expatrier de nouveau en 1823, à la suite de la publication d'une brochure, où il accusait Talleyrand d'être l'auteur de la mort du duc d'Enghien, ne rentra qu'en 1830, fut envoyé en Algérie en 1831, comme commandant en chef, et mourut en 1833, quelque temps après avoir été rappelé. Bien qu'ayant toujours témoigné de réelles qualités militaires, Savary est cependant plus connu par son absolu dévouement à l'Empereur.

Le général *baron Étienne Hulot*, est né à Mazerny en 1774. Volontaire en 92, sous-lieutenant à la bataille d'Altenkirchen (96), officier d'ordonnance de Soult, il fut fait prisonnier à Monte-Creto, en arrachant des mains de l'ennemi son général blessé. Il fut lui-même blessé grièvement à Austerlitz et eut la cuisse fracassée à Eylau. Colonel en Espagne et général en 1812, on peut dire qu'il conquit tous ses grades sur le champ de bataille. Il sauva l'armée à Interbok et à Hanau, et se défendit à Ligny contre des forces quadruples. Il ne fut nommé divisionnaire qu'en 1831 et mourut en 1850.

Cunin-Gridaine, ministre sous Louis-Philippe, né à Sedan en 1778, mort en 1849.

Félix Savart, physicien, né à Mézières en 1791, mort en 1841.

Boucher de Perthes, un des créateurs des sciences paléontologique et préhistorique, né à Rethel en 1788, mort en 1868.

François-Clément Sauvage, ingénieur, né à Sedan en 1814, mort en 1872.

Le général *Chanzy* est né à Nouart en 1823. Entré à seize ans au service dans la marine, il s'engagea dans l'artillerie à dix-sept ans, avant d'entrer à Saint-Cyr en 1841. Il franchit rapidement les différents grades et fut promu général de brigade en 1868, mais pendant ce temps il avait fait les campagnes d'Algérie, d'Italie et de Syrie ; il fit partie ensuite du corps d'occupation de Rome, rentra en Algérie au moment de la grande insurrection arabe de 1864 et ne put obtenir de servir contre l'Allemagne, en 1870, qu'après la chute de l'empire. Nommé alors divisionnaire et commandant du 16e corps, Chanzy prit une part brillante à la bataille de Coulmiers, gagna celle de Patay et remplaça d'Aurelles de Paladine comme commandant de la 2e armée de la Loire. Nous n'avons pas à retracer ici l'histoire des opérations de cette armée, mais on sait qu'elle s'illustra à Beaugency, Cosne, Marchenoir, Origny, Vendôme, Montoire et le Mans. Dans toute cette période, aussi bien dans les revers que dans les succès, Chanzy se montra organisateur consommé, tacticien et stratégiste habile dans les conditions les plus difficiles, patriote ardent, soldat courageux et énergique. Élu député à l'Assemblée nationale, il se prononça pour la continuation de la lutte. Fait prisonnier sous la Commune il faillit être fusillé. Gouverneur général de l'Algérie en 1873, sénateur inamovible en 1875, puis ambassadeur à Saint-Pétersbourg, il était commandant du 6e corps d'armée à Châlons-sur-Marne, lorsqu'il mourut subitement dans la nuit du 4 au 5 janvier 1883. On le considérait comme notre meilleur général d'armée et comme le plus habile à faire mouvoir de grandes masses de troupes.

Nous verrons à la partie militaire qu'un engagement a eu lieu à Nouart le 29 septembre 1870.

Natalis de Wailly, érudit, né à Mézières en 1805

Taine, littérateur et critique, né à Vouziers en 1828.

VII. — INDUSTRIE

NATURE des Industries	DÉSIGNATION ou nombre de localités où s'exercent les industries	NOMBRE d'établissements	NOMBRES MOYENS de contremaîtres et surveillants	d'ouvriers et de manœuvres	de femmes	d'enfants	TOTAUX
	I. — ALIMENTATION						
Beurre	Asfeld et Saint-Vaubaug	2	»	11	2	»	13
Biscuits	Poix et Vouziers	5	»	11	»	»	11
Boulangeries	118 localités	491	»	584	11	»	595
Brasseries	94 localités	226	19	543	5	»	567
Fabriques de chicorée	7 localités	12	1	18	12	»	31
Confiseries, confitureries	Charleville, Vouziers	5	»	16	»	2	18
Distilleries et conserves de fruits	6 localités	9	2	31	»	»	33
Eaux gazeuses	Charleville et Rethel	3	»	4	»	»	4
Fromageries	4 localités	4	1	10	1	»	12
Meuneries	111 localités	138	20	394	32	30	476
Fabrique de pain d'épices	Maubort	2	»	2	»	»	2
Pêche, salaisons	Vouziers et Charleville	11	»	10	»	3	13
Sucreries	10 localités	10	39	938	55	33	1035
Fabriques de vins	Grandpré, Vouziers	2	»	26	»	»	26
	A reporter	920	82	2598	118	68	2806
	Report	920	82	2598	118	68	2866
	II. — ARTS ET PRODUITS CHIMIQUES						
Bougies, chandelles, cierges et cire	13 localités	16	1	25	2	»	28
Fabriques de couleurs	4 localités	4	2	17	»	»	19
Acide pyroligueux	Haybes	1	1	10	6	»	17
Savons et suifs	4 localités	6	2	10	»	»	12
Teintureries	7 localités	13	2	147	»	»	149
Usines à gaz	12 localités	12	5	49	»	»	54
	III. — BATIMENT						
Charpentiers	65 localités	112	6	257	»	2	265
Couverture, zinguerie, plomberie	64 localités	181	7	209	»	2	218
Maçonnerie, tailleurs de pierres	103 localités	227	13	959	»	4	976
	A reporter	1492	121	4281	126	70	4604

NATURE des industries	DÉSIGNATION ou nombre de localités où s'exercent les industries	NOMBRE d'établissements	NOMBRES MOYENS de contre-maîtres et surveillants	d'ouvriers et de manœuvres	de femmes	d'enfants	TOTAUX
	Report	1492	121	4281	126	76	4604
IV. — INDUSTRIE DU BOIS							
Boissellerie, cercles, tonnellerie	19 localités......	29	»	40	»	»	40
Brosses et bois de brosses...	5 localités.......	13	7	517	147	61	732
Ebénisterie et chaises......	16 localités......	56	4	167	131	6	308
Menuiserie....	71 localités......	184	10	463	»	3	476
Fabriques de sabots	49 localités......	181	»	310	1	1	312
Sciages à la main et à la mécanique ..	30 localités......	37	7	191	5	10	213
Tourneurs	13 localités......	19	»	41	»	»	41
V. — CARROSSERIE							
Carrosserie....	7 localités.......	12	»	93	»	2	95
Charronnage..	68 localités......	107	»	161	»	»	161
Sellerie.......	20 localités......	30	»	40	»	»	40
VI. — CÉRAMIQUE							
Briqueteries, tuileries, tuyaux.......	53 localités......	78	8	270	35	33	346
Fabriques de pipes	Charleville, Givet	2	7	154	184	75	420
Poteries ordinaires.......	Charleville, Mondigny.........	2	1	10	»	2	13
Verrerie de table.........	Charleville	1	2	75	8	30	115
VII. — CONSTRUCTIONS NAVALES ET BATELLERIE							
Construction de batellerie de rivière......	5 localités.......	25	»	35	»	1	36
Corderie	Charleville	1	»	2	»	»	2
VIII. — CUIRS ET PEAUX							
Fabriques de chaussures ..	9 localités.......	36	»	60	»	»	60
Tanneries, corroieries, moulins à tan...	29 localités......	43	7	217	»	2	226
IX. — IMPRIMERIE ET PAPETERIE							
Fabrique de crayons.....	Givet..........	1	4	83	51	10	148
Imprimeries lithographiques et typographiques	10 localités......	29	36	98	20	17	171
Papeteries.....	5 localités.......	5	1	26	8	»	35
X. — INDUSTRIES EXTRACTIVES							
Ardoisières....	7 localités.......	16	69	1898	51	155	2173
Carrières de pierres à bâtir..........	41 localités.. ...	128	9	484	»	11	504
Carrières de pavés.........	11 localités......	43	10	257	30	53	350
Fours à chaux, phosphate de chaux.......	24 localités......	42	3	166	3	»	172
Lavage de minerai	Montigny et Poix.	2	»	4	»	»	4
Scieries de marbre.........	Givet, Vouziers..	2	1	14	»	»	15
	A reporter.........	2616	307	10157	800	548	11812

NATURE des industries	DÉSIGNATION ou nombre de localités où s'exercent les industries	NOMBRE d'établissements	NOMBRES MOYENS de contre-maîtres et surveillants	d'ouvriers et de manœuvres	de femmes	d'enfants	TOTAUX
	Report	2616	307	10157	800	548	11812
XI. — INDUSTRIES TEXTILES							
Fabriques et apprêts de draps	10 localités......	122	93	1688	998	234	3013
Filatures de draps.......	25 localités......	59	111	1214	847	441	2613
Tissag. de draps	34 localités......	1211	79	2355	1045	261	3740
Cardage, ourdissage de draps.......	4 localités.......	5	7	11	26	»	44
Tissage à la main de toiles	7 localités.	23	»	23	2	»	25
XII. — MÉTALLURGIE ET CONSTRUCTIONS MÉCANIQUES							
Ajusteurs, mécaniciens, ateliers de construction.....	23 localités......	20	8	325	2	15	350
Aciéries.......	Bettancourt et Mohon.........	2	»	22	»	2	24
Boucles et éperons........	4 localités.......	24	5	200	»	84	289
Chaudronnerie.	Mézières et Vaseq	4	»	28	»	2	30
Fabriques de clous	19 localités.	390	33	1381	231	193	1838
Fonderie de cuivre.........	Fromelennes.....	1	13	625	»	15	653
Fabriques d'enclumes......	Matton	1	»	12	»	2	14
Ferblanterie, lampisterie ..	4 localités.......	20	»	44	»	7	51
Ferronnerie, boulons, chaînes.........	48 localités......	273	113	4165	529	512	5319
Fléaux de bascules.......	Mézières........	1	»	2	»	»	2
Fonderies.....	36 localités......	73	119	3661	215	485	4480
Forges et hauts-fourneaux...	9 localités.......	14	28	1293	12	59	1392
Fabriques de limes.........	Charleville, Sedan	4	»	17	»	»	17
Maréchaux-ferrants	62 localités......	115	2	185	»	»	187
Fabrique d'outils.........	Charleville.......	1	»	3	»	»	3
Fabrique de pompes	Charleville	1	»	13	»	»	13
Quincaillerie ..	6 localités.......	12	»	40	»	»	40
Serrurerie.....	17 localités......	39	3	117	»	13	133
XIII. — VÊTEMENTS ET ACCESSOIRES							
Bonneterie	Vouziers	2	»	»	12	»	12
Broderie	Charleville	1	»	»	4	2	6
Chapellerie....	Charleville, Vouziers..........	7	1	20	24	4	49
Habillements confectionnés	6 localités.......	35	2	117	102	10	231
Lingerie	Rethel, Francheval, Vouziers..	10	»	31	44	»	75
Mercerie......	Vouziers	16	»	25	»	»	25
Fabriques de parapluies...	Charleville	3	»	5	9	»	14
XIV. — INDUSTRIES DIVERSES							
Blanchisseries de linge.....	4 localités.......	39	»	»	64	»	64
Fabriques de colle forte...	3 localités.......	5	7	71	35	3	116
Tubes de papier	Launois....... ..	1	2	5	36	8	51
Vannerie......	21 localités......	60	»	243	49	59	351
	Totaux............	5219	933	28098	5066	2959	37076

VIII. — AGRICULTURE (1)

Dans les Ardennes, sur 487 568 hectares, 2 000 à 3 000 au plus sont incultes. Cependant, la nature de certains terrains est absolument ingrate. Cela tient à ce que l'Ardennais est patient et laborieux ; il sait tirer bon parti du sol sur lequel il est né.

(1) Cet article et celui des forêts sont extraits du *Dictionnaire d'Agriculture* de J.-A. Barral (Hachette et Cie, éditeurs).

Le département produit, en général, plus de grains qu'il n'en faut pour sa consommation et ces grains ont du poids.

L'orge des Ardennes est recherchée par les brasseurs. En général, les pailles des céréales y sont très résistantes et on admet que la verse est beaucoup moins fréquente dans les terres de la Champagne que partout ailleurs.

L'espèce de froment la plus cultivée est le *blé de la rivière d'Aisne*. On ne rencontre l'épeautre, ou blé rouge, que dans les mauvais terrains. Les terres incultes, ou *savarts*, qui servent de pacages sont de temps à autre ensemencées en seigle ou en avoine.

La culture des pommes de terre a fait des progrès dans les Ardennes. Celles produites dans la région sont consommées sur place.

La betterave occupe le premier rang parmi les plantes industrielles. Vers 1850, on ne cultivait guère que la betterave fourragère. Vers 1860, la culture de la betterave à sucre (betterave de Silésie à chair et à peau blanche et à collet rose) s'est répandue à la suite de l'importation sucrière dans le pays.

En 1882, il existait dix fabriques de sucre dans le département produisant de 6 à 10 millions de kilogrammes de sucre et de 4 à 6 millions de kilogrammes de mélasse. Il y avait, en outre, sept distilleries montées d'après le système Champonnois. La pulpe des sucreries dans les Ardennes suffit à l'engraissement de quatre mille bœufs par an.

Les autres plantes industrielles sont : la chicorée, les plantes oléagineuses (colza, navette, œillette, cameline), les plantes textiles (lin, chanvre), le houblon dont la production est très restreinte.

Les légumes secs sont cultivés dans une certaine proportion, notamment les haricots, les fèves, les pois et les lentilles.

On fait du cidre et du poiré, surtout du cidre, principalement dans les arrondissements de Rethel et de Vouziers.

Il faut citer les oseraies parmi les cultures arbustives de quelque importance dans le département ; elles couvrent environ 600 hectares.

La production fourragère occupe une grande place ; elle s'étend sur 59 241 hectares environ dont près de 50 000 de prairies naturelles et le reste en prairies artificielles (trèfle, luzerne, sainfoin).

Le département est la limite de la culture de la vigne qu'on ne trouve guère que dans les arrondissements de Vouziers et de Rethel.

Dans les arrondissements de Rocroi, de Mézières et de Sedan, les agriculteurs élèvent des chevaux. Dans ceux de Vouziers et de Rethel, on a l'habitude d'acheter les poulains aux foires de Carignan, de Rocroi et de Neufchâteau où l'on trouve particulièrement le poulain de l'Ardenne belge.

On a essayé l'amélioration de l'espèce bovine par des croisements, mais la réussite n'a pas été complète. On paraît satisfait de l'emploi des taureaux *famenois* de race hollandaise.

Les bêtes ovines sont entretenues pour l'élevage, pour la production de la laine et pour l'engraissage. L'élevage du porc ne se fait que sur une petite échelle ; mais tous les cultivateurs engraissent chez eux le nombre de porcs nécessaire à la consommation du personnel de la maison. La race lorraine est la plus estimée et la plus répandue.

L'élevage des animaux de basse-cour laisse à désirer dans les Ardennes. On ne compte, dans les fermes, qu'environ huit mille cinq cents dindes et dindons, cinquante mille oies, cinquante mille canards, six cent mille poules et poulets, cent soixante-quinze mille pigeons.

STATISTIQUE GÉNÉRALE DU SOL

Terrains de qualité supérieure. . .	11 212^h^
Terres labourables.	277 918
Prés.	59 241
Vignes.	785
Bois.	131 879
Landes, pâtis, etc.	6 533
Terrains divers.	« «
Superficie totale.	487 568^h^

CULTURES DIVERSES

Céréales diverses : farineux, cultures industrielles, plantes textiles, autres cultures oléagineuses, vignes, sériciculture, apiculture.

DÉSIGNATION	SUPERFICIE ensemencée EN HECTARES	RENDEMENT moyen par hectare	PRODUCTION ANNUELLE
		en hectol.	en hectolitres
Méteil	2 161	16,00	34 576
Seigle	14 155	15,40	217 987
Orge	13 351	18,40	245 658
Sarrazin	8	7,60	61
Maïs	»	»	»
Millet	»	»	»
Avoine	74 462	27,10	2 017 900
Pommes de terre	13 569	135,50	1 838 590
Légumes secs	2 962	15,30	45 319
Châtaignes	»	»	»
		en quint.	en quintaux
Betteraves à sucre	5 491	297.90	1 635 769
Betteraves fourragères	2 032	314,10	638 951
Houblon	1	15,00	15
Tabac	»	»	»
			filas. en quint.
Chanvre	30	4,80	146
		en quint.	en quintaux
Lin	24	4,80	115
		en Kilog.	en Kilog.
Chènevis	»	»	»
Lin (huile)	»	»	605
Œillette, Navette, Cameline, etc.	»	»	2 600
		en hectol.	en hectolitres
Colza (graine)	48	17,00	816
		en Kilog.	en Kilog.
Colza (fruit)	»	»	»
		en hectol.	en hectol.
Olives (fruits)	»	»	»
		en Kilog.	en Kilog.
Olives (huiles)	»	»	»
		en hectol.	en hectolitres
Vignes	699	21,20	14 823

Froment.

Surface cultivée	54 590 hectar.
Rendement moyen par hectare	17,80 hectol.
Poids moyen de l'hectol.	74,72 kilog.
Prix moyen de l'hectol.	17 fr.
Production totale	971 702 hectol.

Ruches d'abeilles.

Nombre de ruches en activité	13 884
Production du miel en kilogrammes	71 938
Production en cire en kilogrammes	15 909

Animaux de ferme.

Espèce chevaline	50 918
— mulassière	131
— asine	1 486

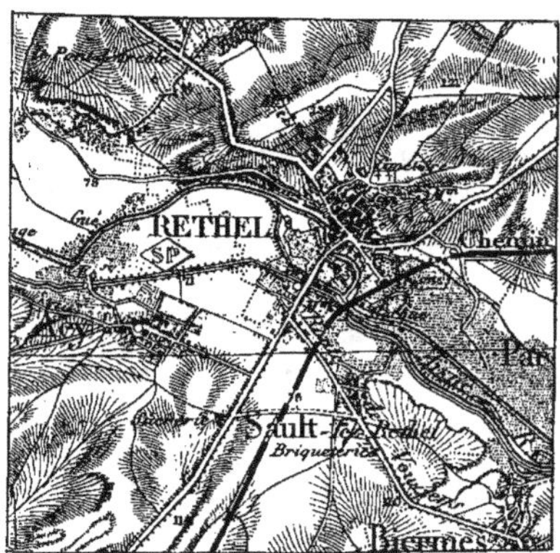

RETHEL ET SES ENVIRONS.
Extrait de la carte d'État-Major au 80 000e.

Espèce bovine	Bœufs et taureaux	6 842
	Vaches et génisses	74 104
	Veaux	12 124
Espèce ovine	Races du pays	182 817
	Races perfectionnées	126 540
Espèce porcine		52 114
Espèce caprine		13 232

Produit des animaux.

Laine.	Quantité en kilog.	615 360
	Prix moyen du kilog.	2 f. 28
	Valeur	1 403 021 f.
Suif.	Quantité en kilog.	362 800
	Prix moyen du kilog.	0 f. 72
	Valeur	61 216 f.

IX. — FORÊTS

Les Ardennes font partie de la 6e conservation dont le siège est à Mézières. Il y a un inspecteur à Charleville, Mézières, Rocroi et Sedan ; un garde général à Charleville, Monthermé, Signy-l'Abbaye, Rocroi et Mouzon.

Une des plus grandes industries agricoles des Ardennes est certainement l'exploitation des bois. Ce n'est que récemment qu'on a été bien fixé sur l'étendue des bois et forêts du département. Les chiffres notés dans les statistiques de 1837, 1850, 1861 et 1873 ne sont pas d'accord entre eux et ils ne s'accordent pas non plus avec ceux de la statistique spéciale dressée par l'administration forestière publiée à l'occasion de l'Exposition universelle de 1878. Cette statistique, qui paraît définitive, donne pour l'étendue totale des bois et forêts des Ardennes,

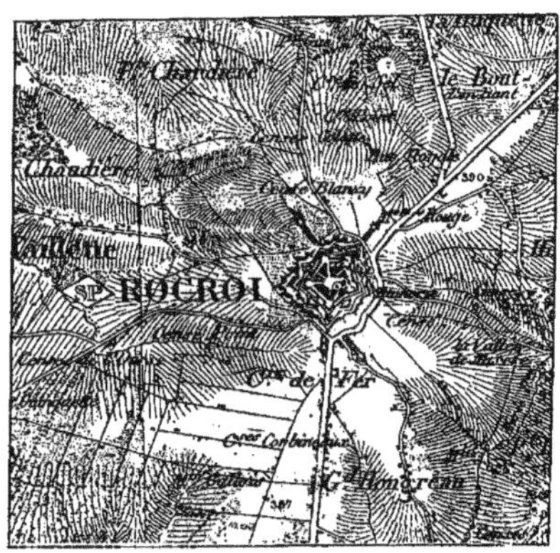

ROCROI ET SES ENVIRONS.
Extrait de la carte d'État-Major au 80 000e.

131 879 hectares. Sur ce total, 23 774 hectares appartiennent à l'État, 36 090 à des communes, 512 à des établissements publics et plus de la moitié, ou exactement 71 503 aux particuliers.

Il y a treize forêts domaniales. Deux cent vingt-deux communes possèdent 35 979 hectares et 111 hectares appartiennent à des sections communales. Le département n'est pas propriétaire de bois. La distribution des forêts selon la nature géologique du sol est la suivante : 44 077 hectares en sol calcaire et 87 202 en sol non calcaire.

X. — DIVISION POLITIQUE, ADMINISTRATIVE ET POPULATION

Le département des Ardennes est divisé en

cinq arrondissements dont quatre sont administrés chacun par un sous-préfet, savoir :

1° L'arrondissement de Mézières subdivisé en sept cantons contenant ensemble cent six communes administré directement par le préfet ;

2° L'arrondissement de Rethel subdivisé en six cantons contenant ensemble cent douze communes ;

3° L'arrondissement de Rocroi subdivisé en cinq cantons contenant ensemble soixante et onze communes ;

4° L'arrondissement de Sedan subdivisé en cinq cantons contenant ensemble quatre-vingt-trois communes ;

5° L'arrondissement de Vouziers subdivisé en huit cantons contenant ensemble cent trente et une communes.

Nous donnons ci-contre le tableau de toutes les communes du département classées par arrondissements et cantons.

Le chiffre de la population résulte du dernier recensement effectué en 1886 et toutes les communes sont exactement repérées par rapport aux gares des chemins de fer ainsi qu'aux bureaux de postes et télégraphes.

STATISTIQUE DE LA POPULATION

La population du département était :

En 1801.	259 925	habit.
En 1821.	266 985	—
En 1831.	290 622	—
En 1851.	331 138	—
En 1872.	320 217	—
En 1886.	332 759	—

Mariages annuels.

Entre garçons et filles, 2 070. — Entre garçons et veuves, 68. — Entre veufs et filles, 126. — Entre veufs et veuves, 79.

Naissances et décès.

Naissances. — Enfants légitimes : garçons, 3 499 ; filles, 3 350. — Enfants naturels : garçons, 261 ; filles, 263.

Décès. — Sexe masculin : garçons, 1 630 ; mariés, 1 431. — Veufs, 774. — Sexe féminin : filles, 1 332 ; femmes, 1 018 ; veuves, 1 031. — Morts accidentelles : hommes, 116 ; femmes, 14. — Suicides : hommes, 56 ; femmes, 13.

NOTICES SUR LES PRINCIPALES LOCALITÉS DU DÉPARTEMENT

Mézières est le siège de la 23e brigade d'infanterie, de la sous-inspection des forges du Nord, d'un arrondissement d'artillerie, d'une chefferie du génie, d'une sous-intendance et du 45e d'infanterie territoriale ; le 91e de ligne y tient garnison et on y trouve un magasin de vivres et un magasin annexe d'habillement et du campement.

Givet a un hôpital militaire, un magasin de vivres, un magasin annexe d'habillement et du campement et une chefferie du génie.

Sedan est le siège de la 4e division de cavalerie, de la 4e brigade de dragons et d'une sous-intendance ; les 22e et 23e dragons y tiennent garnison ; enfin, il y existe un hôpital

TABLEAU DES COMMUNES DU DÉPARTEMENT DES ARDENNES

5 arrondissements — 31 cantons — 503 communes — 332 759 habitants — 487 568 hectares — Moyenne de la population par kilomètre carré : 68 habitants.

NOMS des COMMUNES	Population	Dist. au chef-l. d'ar.	LOCALITÉS AVEC GARES postes et télégraphes	GARE LA PLUS PRÈS de chaque com. et distance à cette commune	BUREAUX de postes desserv. les communes avec les distances
I. — ARRONDISSEMENT DE MÉZIÈRES (7 cantons, 106 communes, 96 128 habitants)					
I. — CANTON DE MÉZIÈRES (21 com., 20 264 hab.)					
1 Mézières	6674	»	**150 0**	Mézières-Charleville … 1 1	Mézières … »
2 Belval	182	6 3	**160 0**	Belval-Sury 3 0	Charleville . 7 0
3 Cons-la-Grandville	787	6 5	181 0	Mézières-C. 6 7	Mézières. .. 6 5
4 Evigny	190	5 7	199 0	Francheville 3 7	Boulzicourt. 6 0
5 Fagnon	291	8 0	257 0	id. 7 0	Mézières … 8 0
6 Francheville (La)	678	4 0	**165 0**	id. »	Mohon….. 3 0
7 Gernelle	346	7 5	261 0	Lumes……. 7 0	Mézières … 7 6
8 Issancourt et Rumel	484	7 9	256 0	id. 5 2	Vivier-au-C. 2 5
9 Lumes	286	6 4	**166 0**	id. 0 3	Mézières … 6 4
10 Mohon	3698	2 0	**150 3**	Mohon….. 0 2	Mohon….. »
11 Neuville-lès-This	378	10 0	200 0	Tournes…. 8 5	Mézières … 10 0
12 Prix	400	3 0	180 0	Mohon….. 3 4	Mézières … 3 0
13 Saint-Laurent	675	4 1	190 0	Mézières-Ch. 5 3 / Lumes….. 4 5	Mézières … 4 1
14 Sury	138	8 2	175 0	Tournes…. 4 1	Charleville.. 10 1
15 Theux (Le)	438	1 4	147 0	Mézières-Ch. 2 5	Mézières … 1 4
16 This	192	8 6	195 0	Tournes…. 7 0	Mézières … 8 6
I. — CANTON DE MÉZIÈRES (Suite)					
1 Ville-sur-Lumes	288	5 4	234 0	Lumes….. 3 2	Vivier-au-C. 3 0
2 Villers-Semeuse	1090	4 4	171 0	Mohon….. 2 1	Mohon….. 2 3
3 Vivier-au-Court	1968	9 0	174 0	Vrigne-Meuse. 40	Vivier-au-C. »
4 Warcq	913	2 4	145 0	Belval-Sury. 2 0	Mézières … 2 6
5 Warnécourt	[illegible]	6 6	260 0	Mohon….. 6 4	Mézières … 6 8
II. — CANTON DE CHARLEVILLE (11 com., 31 584 hab.)					
6 Charleville	16906	2	**149 2**	Mézières-Charleville….. 0 9	Charleville. »
7 Aiglemont	677	6	280 0	id. 5 0	Charleville. 4 4
8 Damouzy	374	5	224 0	id. 5 8	Charleville. 5 2
9 Etion	420	4	216 0	id. 4 1	Charleville. 3 5
10 Gespunsart	1972	13	179 0	Nouzon…. 8 2	Gespunsart. »
11 Houldizy	290	7	260 0	Tournes…. 4 3	Charleville. 7 2
12 Joigny	735	12	**149 3**	Joigny….. 0 4	Nouzon…. 3 1
13 Montcy-Notre-Dame	842	4	171 0	Mézières-Charleville…. 1 9	Charleville. 1 6
14 Montcy-St-Pierre	699	3	173 0	id. 1 2	Charleville. 0 3
15 Neufmanil	1077	10	175 0	Nouzon…. 4 4	Neufmanil.. »
16 Nouzon	6992	9	**152 0**	Nouzon…. »	Nouzon…. »

Nota. — Les cotes inscrites, dans ce tableau, à coté des signes abréviatifs, désignent des altitudes, c'est-à-dire la hauteur des points signalés au-dessus du niveau moyen des eaux de la mer. Les cotes imprimées en caractères gras et placées en face des noms des gares sont les altitudes *gravées* ou à *graver* sur les socles des bâtiments des dites gares, à 0 m. 50 environ au-dessus du niveau des rails. Les cotes inscrites en face du nom des communes sont extraites de la carte de l'état-major au 80 000e. Celles en italique existent *dans la commune même*. Les autres sont les cotes du point le plus rapproché de la commune correspondante point indiqué sur la carte de l'état-major.

I. — ARRONDISSEMENT DE MÉZIÈRES (Suite)

III. — CANTON DE FLIZE (22 com., 8 453 hab.)

NOMS des COMMUNES	Population	Dist. au chef-l. d'ar.	LOCALITÉS AVEC GARES postes et télégraphes	GARE LA PLUS PRÈS de chaque com. et distance à cette commune	BUREAUX de postes desserv. les communes avec les distances
1 Flize	532	9 3	T 150 0	Nouvion-sur-Meuse ... 1 8	Flize....... »
2 Ayvelles (Les)	376	6 0	180 0	Mohon..... 3 8	Mohon..... 3 9
3 Balaires-et-Butz	383	13 5	195 0	Nouvion-s-M. 5 6	Flize....... 4 8
4 Boulzicourt	1119	8 1	🚂 T 163 6	Boulzicourt. »	Boulzicourt. »
5 Boutancourt	527	10 8	240 0	Nouvion-s-M. 3 9	Flize....... 2 1
6 Chalandry-Elaire	202	8 2	188 0	Mohon 6 0	Mohon..... 6 1
7 Champigneul - sur - Vence	163	9 0	260 0	Boulzicourt. 3 3	Boulzicourt. 3 3
8 Dom-le-Mesnil	868	11 6	186 0	Nouvion-s-M. 1 6	Flize....... 2 6
9 Elan	203	13 5	255 0	Nouvion-s-M. 6 6	Flize....... 4 8
10 Etrépigny	260	11 3	196 0	Nouvion-s-M. 4 3	Flize....... 2 5
11 Guignicourt	355	12 2	🚂 167 9	Guignicourt. 0 2	Poix-Terron. 4 3
12 Hannogne-S-Martin	667	14 5	160 0	Nouvion-s-M. 4 5	Flize....... 5 5
13 Mondigny	170	9 1	218 0	Boulzicourt . 6 1	Boulzicourt. 6 1
14 Nouvion-sur-Meuse	355	10 0	🚂 150 2	Nouvion-s-M. »	Flize....... 1 8
15 Omicourt	170	20 4	174 0	Donchery .. 11 5	Vendresse.. 8 3
16 Saint-Marceau	403	6 9	230 0	Boulzicourt. 2 8	Boulzicourt. 2 8
17 St-Pierre-sur-Vence	156	9 2	169 0	Boulzicourt. 1 2	Boulzicourt. 1 2
18 Sapogne et Feuchères	838	14 6	287 0	Nouvion-s-M. 7 7	Flize....... 5 9
19 Villers-le-Tilleul	285	18 2	270 0	Poix-Terron. 7 9	Flize....... 9 5
20 Villers-sur-le-Mont	152	12 6	244 0	Poix-Terron. 4 0	Poix-Terron. 3 5
21 Vrigne-Meuse	153	13 4	🚂 151 7	Vrigne-Meuse. »	Donchéry .. 2 0
22 Yvernaumont	116	12 0	172 0	Guignicourt . 0 2	Poix-Terron 4 0

IV. — CANTON DE MONTHERMÉ (11 com., 15 389 hab.)

NOMS des COMMUNES	Population	Dist. au chef-l. d'ar.	LOCALITÉS AVEC GARES postes et télégraphes	GARE LA PLUS PRÈS de chaque com. et distance à cette commune	BUREAUX de postes desserv. les communes avec les distances
23 Monthermé	3699	17	🚂 T 148 5	Monthermé-Laval Dieu..... »	Monthermé. »
24 Braux	2841	14	🚂 ⊠ 145 6	Braux-Levrezy 1 2	Braux...... »
25 Château-Regnault	2133	17	🚂 ⊠ 148 5	Monthermé, Château - Regn. »	Château-Reg »
26 Deville	1359	16	🚂 ⊠ 137 5	Deville..... »	Deville..... »
27 Haulmé	254	18	330 0	Braux-Levrezy 3 4	Braux...... 4 6
28 Hautes-Rivières (Les)	2099	23	180 0	Monthermé, Laval-Dieu . 12 4	Thilay 6 5
29 Laifour	412	20	🚂 145 3	Laifour..... »	Deville 4 0
30 Levrezy	599	15	🚂 145 6	Braux-Levrezy »	Braux 1 2
31 Meillier-Fontaine	78	11	297 0	Braux-Levrezy 4 6	Nouzon.... 4 4
32 Thilay	1675	21	T 160 0	Monthermé-Laval-Dieu. 5 9	Thilay...... »
33 Tournavaux	240	19	190 0	id. 5 0	Monthermé. 5 0

V. — CANTON D'OMONT (14 com., 5 004 hab.)

NOMS des COMMUNES	Population	Dist. au chef-l. d'ar.	LOCALITÉS AVEC GARES postes et télégraphes	GARE LA PLUS PRÈS de chaque com. et distance à cette commune	BUREAUX de postes desserv. les communes avec les distances
34 Omont	333	23 2	T 219 0	Poix-Terron 11 7	Omont..... »
35 Baalons	528	22 9	211 0	Poix-Terron 7 5	Poix-Terron 7 5

V. — CANTON D'OMONT (Suite)

NOMS des COMMUNES	Population	Dist. au chef-l. d'ar.	LOCALITÉS AVEC GARES postes et télégraphes	GARE LA PLUS PRÈS de chaque com. et distance à cette commune	BUREAUX de postes desserv. les communes avec les distances
1 Bouvellemont	265	23 4	249 0	Poix-Terron 8 0	Poix-Terron 8 0
2 Cassine (La)	149	24 4	164 0	Raucourt .. 12 2	Vendresse.. 3 7
3 Chagny	597	26 8	244 0	Poix-Terron 11 1	Omont..... 3 9
4 Horgne (La)	209	19 6	218 0	Poix-Terron 4 0	Poix-Terron 4 0
5 Malmy	67	25 6	175 0	Raucourt .. 9 1	Vendresse.. 4 5
6 Mazerny	325	21 1	260 0	Poix-Terron 5 7	Poix-Terron 5 7
7 Montigny-sur-Vence	275	17 0	186 0	Poix-Terron 1 9	Poix-Terron 1 9
8 Poix	755	15 4	🚂 ⊠ 176 0	Poix-Terron »	Poix-Terron »
9 Singly	224	15 6	218 0	Poix-Terron 5 4	Poix-Terron 5 4
10 Terron-lès-Vendresse	277	22 3	165 0	Poix-Terron 14 5	Vendresse.. 1 2
11 Touligny	105	20 0	270 0	Poix-Terron 2 9	Poix-Terron 3 0
12 Vendresse	895	21 1	⊠ 165 0	Poix-Terron 14 1	Vendresse.. »

VI. — CANTON DE RENWEZ (15 com., 7 906 hab.)

NOMS des COMMUNES	Population	Dist. au chef-l. d'ar.	LOCALITÉS AVEC GARES postes et télégraphes	GARE LA PLUS PRÈS de chaque com. et distance à cette commune	BUREAUX de postes desserv. les communes avec les distances
13 Renwez	1697	14	T 254 0	Lonny..... 3 8	Renwez.... »
14 Arreux	384	10	269 0	Tournes.... 4 4	Renwez.... 4 5
15 Cliron	250	11	178 0	Lonny 2 6	Renwez.... 3 6
16 Ham-les-Moines	212	11	155 0	Lonny 1 9	Renwez.... 5 6
17 Harcy	786	16	277 0	Rimogne... 2 8	Renwez.... 3 7
18 Haudrecy	215	10	155 0	Tournes.... 1 9	Renwez.... 7 5
19 Lonny	501	13	⊠ 🚂 182 9	Lonny 0 8	Lonny ..... »
20 Mazures (Les)	1110	18	350 0	Revin 6 8	Renwez.... 6 6
21 Montcornet	275	12	165 0	Lonny 5 7	Renwez.... 2 5
22 Murtin-et-Bogny	268	17	178 0	Lonny 3 9	Lonny...... 4 1
23 Remilly-lès-Pothées	363	17	250 0	Lonny..... 6 4	Lonny 6 6
24 St-Marcel	449	17	165 0	Lonny 7 3	Lonny 7 5
25 Sécheval	458	14	194 0	Deville..... 4 8	Renwez.... 5 5
26 Sormonne	403	14	163 0	Lonny 1 5	Lonny 1 7
27 Tournes	535	8	🚂 153 6	Tournes ... 1 2	Renwez.... 6 6

VII. — CANTON DE SIGNY-L'ABBAYE (12 com., 7 528 hab.)

NOMS des COMMUNES	Population	Dist. au chef-l. d'ar.	LOCALITÉS AVEC GARES postes et télégraphes	GARE LA PLUS PRÈS de chaque com. et distance à cette commune	BUREAUX de postes desserv. les communes avec les distances
28 Signy-l'Abbaye	2851	28	T 150 0	Launois.... 11 9	Signy-l'Ab. »
29 Barbaise	219	16	245 0	Launois.... 5 0	Launois.... 4 0
30 Clavy-Warby	621	14	175 0	Tournes.... 8 7	Thin-le-Mout. 6 7
31 Dommery	444	25	212 0	Launois.... 7 0	Launois.... 6 0
32 Gruyères	97	11	305 0	Guignicourt. 6 3	Launois.... 8 6
33 Hocmont	85	15	276 0	Poix....... 4 2	Launois.... 6 4
34 Jandun	418	17	196 0	Launois.... 2 8	Launois.... 1 8
35 Launois	1010	19	🚂 ⊠ 207 8	Launois.... 1 0	Launois.... »
36 Maranwez	218	36	193 0	Montmeillant-St-Jean .. 4 6	Signy-l'Abbaye..... 8 4
37 Neufmaison	193	18	278 0	Tournes.... 12 7	Thin-le-Mout. 5 7
38 Raillicourt	266	20	185 0	Launois.... 3 9	Launois.... 3 9
39 Thin-le-Moutier	1106	20	⊠ 194 0	Launois.... 9 5	Thin-le-Mout. »

II. — ARRONDISSEMENT DE RETHEL (6 cantons, 112 communes, 55 894 habitants)

I. — CANTON DE RETHEL (19 com., 14 878 hab.)

NOMS des COMMUNES	Population	Dist. au chef-l. d'ar.	LOCALITÉS AVEC GARES postes et télégraphes	GARE LA PLUS PRÈS de chaque com. et distance à cette commune	BUREAUX de postes desserv. les communes avec les distances
36 Rethel	7432	»	🚂 T 77 3	Rethel 0 3	Rethel ..... »
37 Acy	488	2	132 0	Rethel 1 9	Rethel 1 6
38 Amagne	697	10	🚂 ⊠ 82 6	Amagne Village 0 2	Amagne.... »
39 Ambly-Fleury	456	12	89 0	id. 4 7	Attigny 7 4
40 Arnicourt	335	6	81 0	Rethel 6 5	Rethel 6 2
41 Barby	383	4	72 0	Rethel 4 8	Rethel 4 3
42 Bertoncourt	269	6	134 0	Rethel 7 2	Rethel 6 9
43 Biermes	301	4	75 0	Rethel 4 5	Rethel 4 3
44 Coucy	403	7	79 0	Amagne Lucquy 2 1	Rethel 7 0
45 Doux	163	5	81 0	id. 4 5	Rethel 4 6
46 Givry	515	15	90 0	Amagne Village 4 1	Attigny 3 3
47 Mont-Laurent	220	11	85 0	id. 8 4	Rethel 11 2
48 Nanteuil	213	5	72 0	Rethel 5 3	Rethel 5 1
49 Novy-Chevrières	822	6	🚂 95 0	Novy....... 0 3	Rethel 6 5
50 Pargny-Ressons	264	3	92 0	Rethel 3 8	Rethel 3 5
51 Sault-lès-Rethel	441	1	110 0	Rethel 1 5	Rethel 1 0
52 Seuil	544	8	78 0	Amagne-L . 6 1	Rethel 8 8
53 Sorbon	310	4	119 0	Rethel 4 5	Rethel 4 3
54 Thugny-Trugny	592	7	77 0	Rethel 7 4	Rethel 7 1

II. — CANTON D'ASFELD (19 com., 7 700 hab.)

NOMS des COMMUNES	Population	Dist. au chef-l. d'ar.	LOCALITÉS AVEC GARES postes et télégraphes	GARE LA PLUS PRÈS de chaque com. et distance à cette commune	BUREAUX de postes desserv. les communes avec les distances
55 Asfeld	961	23	T 63 0	Bazancourt. 14 5	Asfeld ..... »
56 Aire	208	18	70 0	Bazancourt. 14 1	Asfeld 4 0
57 Avaux	650	25	72 0	Guignicourt. 12 8	Asfeld 4 0
58 Balham	257	18	68 0	Bazancourt. 14 9	Asfeld 5 8
59 Bergnicourt	256	13	84 0	Le Chatelet. 2 0	Tagnon 3 0
60 Blanzy	540	17	66 0	Bazancourt. 14 9	Asfeld 5 7
61 Brienne	320	28	61 0	Guignicourt. 8 7	Neufchâtel(A.) 1 8
62 Ecaille (L')	213	16	85 0	Le Chatelet. 5 4	Tagnon 5 4
63 Gomont	490	16	69 0	Rethel 16 0	Château-P . 7 0
64 Houldicourt	238	21	80 0	Bazancourt. 11 0	Asfeld 6 0
65 Juzancourt	181	21	68 0	Guignicourt. 16 6	S-Germainmont 3 0
66 Poilcourt	247	23	61 0	Guignicourt. 12 3	Asfeld 6 0
67 Roisy	318	18	77 0	Bazancourt. 7 1	Tagnon 9 0
68 St-Germainmont	952	19	T 93 0	Rethel 19 0	S-Germainmont »
69 St-Remy-le-Petit	80	14	84 0	Le Chatelet. 3 3	Tagnon 5 6
70 Sault-St-Remy	241	19	77 0	Bazancourt. 8 2	Tagnon 10 0
71 Thour (Le)	568	24	80 0	St-Erme ... 20 9	S-Germainmont 4 4
72 Vieux-lès-Asfeld	288	24	71 0	Guignicourt. 14 5	Asfeld 1 0
73 Villers-devant-le-Thour	689	22	79 0	St-Erme.... 17 5	S-Germainmont 4 7

III. — CANTON DE CHATEAU-PORCIEN (16 com., 7 727 hab.)

NOMS des COMMUNES	Population	Dist. au chef-l. d'ar.	LOCALITÉS AVEC GARES postes et télégraphes	GARE LA PLUS PRÈS de chaque com. et distance à cette commune	BUREAUX de postes desserv. les communes avec les distances
74 Château-Porcien	1487	10	T 79 0	Rethel..... 10 5	Château-Porc. »
75 Avançon	418	9 5	93 0	Tagnon 6 0	Château-Porc. 7 0
76 Banogne - Recouvrance	563	20 5	⊠ 135 0	Rethel..... 21 2	Banogne-Rec. »
77 Condé-lès-Herpy	243	11 5	75 0	Rethel..... 12 1	Château-Por. 1 6
78 Ecly	504	7 5	T 88 0	Rethel 8 1	id. 4 5
79 Hannogne	407	21	98 0	Draize 17 4	Banogne-Rec. 4 0
80 Hauteville	252	12 5	91 0	Wasigny ... 6 2	Château-Porc. 8 6
81 Herpy	391	13	72 0	Rethel 13 5	id. 3 0
82 Inaumont	319	10	88 0	Novion-Prov. 9 8	id. 7 3
83 St-Fergeux	538	15 5	108 0	Wasigny... 14 0	id. 5 6
84 St-Loup-Champagne	351	13 5	94 0	Tagnon 6 5	id. 10 0
85 St-Quentin-le-Petit	345	24 5	103 0	St-Erme.... 21 8	Banogne-R. 3 6
86 Sorbaincourt	731	18	100 0	Draize..... 12 2	Château-P . 12 2
87 Sévigny-Waleppe	688	27	106 0	Draize..... 21 8	Banogne-Rec. 6 1
88 Son	269	12 5	109 0	Wasigny... 9 4	Château-P. 6 3
89 Taisy	221	9	77 0	Rethel 9 4	id. 2 2

IV. — CANTON DE CHAUMONT-PORCIEN (20 com., 7 624 hab.

NOMS des COMMUNES	Population	Dist. au chef-l. d'ar.	LOCALITÉS AVEC GARES postes et télégraphes	GARE LA PLUS PRÈS de chaque com. et distance à cette commune	BUREAUX de postes desserv. les communes avec les distances
40 Chaumont-Porcien	916	22	T 150 0	Draize-la-Romagne... 6 3	Chaumont-Por. »
41 Adon	159	21	136 0	Wasigny ... 8 2	Chaumont-Po 2 4
42 Chappes	297	18	107 0	Wasigny ... 6 3	id. 6 0
43 Doumély-Bégny	300	15	92 0	Wasigny... 5 4	id. 4 5
44 Draize	273	19	🚂 130 0	Draize-la-Rom. 0 6	id. 7 0
45 Fraillicourt	539	25	147 0	id. 14 8	id. 7 6
46 Givron	275	18	113 0	id. 2 9	id. 3 2
47 Hardoye (La)	319	26	151 0	id. 11 5	Chaumont-Po. 4 5
48 Logny-lès-Chaumont	115	24	130 0	id. 9 2	id. 2 3
49 Mainbresson	182	31	165 0	Montmeillant-St-Jean .. 11 6	Rocquigny . 5 0
50 Mainbressy	479	29	240 0	id. 10 1	Rocquigny . 3 3
51 Montmeillant	404	22	🚂 150 0	id. 3 0	Chaumont-Po. 9 0
52 Remaucourt	332	17	160 0	Wasigny ... 8 7	id. 5 2
53 Renneville	382	28	137 0	Draize-la-Ro. 17 8	id. 10 0
54 Rocquigny	1036	27	⊠ 106 0	id. 8 1	Rocquigny . »
55 Romagne (La)	332	21	🚂 136 0	id. 2 8	Chaumont-Po. 7 8
56 Rubigny	240	28	219 0	id. 13 2	id. 6 2
57 St-Jean-aux-Bois	635	26	🚂 150 0	Montmeillant St-Jean .. 1 8	Rocquigny . 5 5
58 Vaux-lès-Rubigny	129	29	206 0	Draize-l-Rom. 13 5	Chaumont-Po. 6 7
59 Wadimont	230	27	170 0	id. 11 4	id. 4 5

V. — CANTON DE JUNIVILLE (13 com., 6 201 hab.)

NOMS des COMMUNES	Population	Dist. au chef-l. d'ar.	LOCALITÉS AVEC GARES postes et télégraphes	GARE LA PLUS PRÈS de chaque com. et distance à cette commune	BUREAUX de postes desserv. les communes avec les distances
60 Juniville	1135	14 0	T 97 0	Le Châtelet. 8 0	Juniville ... »
61 Alincourt	235	13 0	91 0	Le Châtelet. 5 5	Tagnon 6 8
62 Annelles	261	11 0	113 0	Rethel 12 5	Juniville ... 4 0
63 Aussonce	313	19 0	105 0	St-Masmes . 6 8	Juniville ... 7 4
64 Bignicourt	191	16 0	103 0	Le Châtelet. 11 1	Juniville ... 3 0
65 Chatelet - sur - Retourne (Le)	361	13 0	🚂 T 105 0	Le Châtelet. »	Tagnon.... 3 5
66 Ménil-Annelles	277	11 0	117 0	Rethel 10 0	Juniville ... 7 0
67 Ménil-Lépinois	182	17 0	115 0	Le Châtelet. 4 5	Juniville ... 8 0
68 Neuflize	812	15 0	93 0	Le Châtelet. 1 9	Tagnon 3 7
69 Neuville-en-Tourne-à-Fuy (La)	686	20 0	132 0	Pontfaverger. 6 5	Juniville ... 5 6
70 Perthes	517	7 0	126 0	Tagnon 4 5	Tagnon.... 4 6
71 Tagnon	1012	10 0	🚂 T 104 0	Tagnon .... »	Tagnon .... »
72 Ville-sur-Retourne	219	16 0	95 0	Le Châtelet. 13 0	Juniville 5 0

VI. — CANTON DE NOVION-PORCIEN (25 com., 11 755 hab.)

NOMS des COMMUNES	Population	Dist. au chef-l. d'ar.	LOCALITÉS AVEC GARES postes et télégraphes	GARE LA PLUS PRÈS de chaque com. et distance à cette commune	BUREAUX de postes desserv. les communes avec les distances
73 Novion-Porcien	965	12	🚂 T 88 0	NovionPorcien 1 8	Novion-Porc. »
74 Auboncourt - Vauzelles	250	11	104 0	Amagne-Lucquy...... 4 3	Saulces-Monclin...... 3 4
75 Chesnois - Auboncourt	459	18	127 0	Saulces-Monclin 3 9	Saulces-Monclin. 6 4
76 Corny-Machéroménil	345	11	103 0	NovionPorcien 4 1	Novion-Porc. 3 2
77 Faissault	853	17	185 0	Launois-s-Ven. 5 2	Saulces-Monc. 4 2
78 Faux	112	12	124 0	Amagne-Vil. 2 0	Amagne ... 2 2
79 Grandchamp	224	18	135 0	Wasigny... 5 1	Wasigny... 4 0
80 Hagnicourt	178	22	180 0	Launois-s-V. 9 0	Launois-s-V. 9 8
81 Herbigny	250	13	95 0	Wasigny... 2 3	Wasigny... 3 3
82 Justine	256	12	99 0	Wasigny... 4 2	Wasigny... 5 2
83 Lalobbe	758	21	117 0	Draize 5 3	Wasigny... 5 5
84 Lucquy	595	11	109 0	Amagne-L . 1 2	Amagne.... 3 2
85 Mesmont	233	14	112 0	NovionPorcien 4 8	Wasigny... 4 4
86 Neuville - lès - Wasigny (La)	658	19	130 0	Wasigny... 2 6	Wasigny... 1 5
87 Neuvizy	236	19	113 0	Launois-s-V . 3 7	Launois-s-V. 4 5

II. — ARRONDISSEMENT DE RETHEL (suite)

VI. — CANTON DE NOVION-PORCIEN (suite)

NOMS des COMMUNES	Population	Dist. au chef-l. d'ar.	LOCALITÉS AVEC GARES postes et télégraphes	GARE LA PLUS PRÈS de chaque com. et distance à cette commune	BUREAUX de postes desserv. les communes avec les distances
1 Puiseux	227	17	108 0	Saulces-Monc. 2 7	Saulces-Monc. 5 2
2 Saulces-Monclin	1040	13	🚂 ⊠ 152 8	id. 2 6	Saulces-Monc. »
3 Sery	937	10	134 0	NovionPorcien 7 1	Wasigny... 6 7
4 Sorcy-Banthémont	413	16	115 0	Amagne-V. 2 5	Amagne ... 2 7
5 Vaux-Montreuil	318	18	170 0	Saulces-Monc. 3 0	Saulces-Monc. 5 5

VI. — CANTON DE NOVION-PORCIEN (suite)

NOMS des COMMUNES	Population	Dist. au chef-l. d'ar.	LOCALITÉS AVEC GARES postes et télégraphes	GARE LA PLUS PRÈS de chaque com. et distance à cette commune	BUREAUX de postes desserv. les communes avec les distances
1 Viel-St-Remy	1011	19	184 0	Launois-s-V. 6 1	Launois-s-V. 6 9
2 Villers-le-Tourneur	328	22	192 0	id. 4 9	id. 5 7
3 Wagnon	453	16	125 0	NovionPorcien 6 5	Novion-Porc. 4 7
4 Wasigny	893	18	🚂 T 101 0	Wasigny.... 1 0	Wasigny.. »
5 Wignicourt	188	20	135 0	Saulces-Monc. 5 3	Saulces-Monc. 7 5

III. — ARRONDISSEMENT DE ROCROI (5 cantons, 71 communes, 54 880 habitants)

I. — CANTON DE ROCROI (11 com., 11 614 hab.)

NOMS des COMMUNES	Population	Dist. au chef-l. d'ar.	LOCALITÉS AVEC GARES postes et télégraphes	GARE LA PLUS PRÈS de chaque com. et distance à cette commune	BUREAUX de postes desserv. les communes avec les distances
6 Rocroi	3172	»	T 388 0	Tremblois.. 8 3	Rocroi..... »
7 Blombay	367	14	🚂 »	Blombay-Etal. 1 7	Maubert-Font. 5 9
8 Bourg-Fidèle	1083	4	366 0	Rimogne.... 5 7	Rocroi..... 4 3
9 Chatelet (Le)	408	12	179 0	Laval-Morency 1 6	Rimogne... 2 3
10 Chilly	313	12	195 0	Laval-Morency 2 6	Maubert-F. 5 2
11 Etalle	181	13	🚂 »	Blombay-Etalle 1 2	id. 3 1
12 Gué d'Hossus	872	4	319 0	Tremblois.. 13 2	Rocroi..... 4 0
13 Laval-Morency	242	11	🚂 207 2	Laval-Morency 1 4	Maubert-F. 6 8
14 Maubert-Fontaine	1363	11	🚂 ⊠ 297 1	Maubert-Font. 0 5	Maubert-Fon. »
15 Regniowez	741	8	360 0	id. 7 2	Rocroi..... 7 5
16 Rimogne	1878	11	🚂 ⊠ 253 1	Rimogne.... 0 7	Rimogne... »
17 Sévigny-la-Forêt	305	5	385 0	Maubert-Font. 6 7	Rocroi..... 4 7
18 Taillette	431	3	364 0	Maubert-Font. 7 2	Rocroi..... 2 6
19 Tremblois-les-Rocroi	256	9	🚂 »	Tremblois-l-R. 0 7	Maubert-F. 6 3

II. — CANTON DE FUMAY (7 com., 13 506 hab.)

NOMS des COMMUNES	Population	Dist. au chef-l. d'ar.	LOCALITÉS AVEC GARES postes et télégraphes	GARE LA PLUS PRÈS de chaque com. et distance à cette commune	BUREAUX de postes desserv. les communes avec les distances
20 Fumay	5176	18	🚂 T 128 3	Fumay..... 1 8	Fumay..... »
21 Anchamps	193	15	140 0	Revin...... 1 8	Revin....... 5 0
22 Fépin	410	22	150 0	Haybes..... 2 5	Haybes,.... 3 0
23 Hargnies	1417	20	240 0	Haybes..... 9 5	Haybes..... 9 3
24 Haybes	2107	20	🚂 ⊠ 117 2	Haybes..... 0 2	Haybes..... »
25 Montigny-s-Meuse	176	25	145 0	VireuxMolhain 4 1	Haybes.. .. 6 3
26 Revin	4027	12	🚂 T 134 5	Revin..... 0 5	Revin..... »

III. — CANTON DE GIVET (12 com., 14 522 hab.)

NOMS des COMMUNES	Population	Dist. au chef-l. d'ar.	LOCALITÉS AVEC GARES postes et télégraphes	GARE LA PLUS PRÈS de chaque com. et distance à cette commune	BUREAUX de postes desserv. les communes avec les distances
27 Givet	7820	39	🚂 T 103 9	Givet...... 1 0	Givet...... »
28 Aubrives	572	34	🚂 118 2	Aubrives... 0 5	VireuxMolhain 4 5
29 Charnois	149	45	186 0	Givet...... 6 0	Givet...... 5 0
30 Chooz	718	38	126 0	Givet...... 5 8	Givet...... 6 0
31 Foishes	219	37	196 0	Givet...... 3 5	Givet...... 4 0
32 Fromelennes	1108	43	118 0	Givet...... 4 0	Givet...... 3 0
33 Ham-sur-Meuse	315	36	126 0	Aubrives... 3 5	Givet...... 4 5
34 Hierges	300	34	157 0	Aubrives... 1 5	VireuxMolhain 3 1
35 Landrichamps	146	48	152 0	Givet...... 9 0	Givet...... 8 0
36 Rancennes	252	43	156 0	Givet...... 3 5	Givet...... 2 5
37 Vireux-Molhain	1510	30	🚂 ⊠ 113 5	VireuxMolhain 0 2	VireuxMolhain »
38 Vireux-Wallerand	1413	30	163 0	id. 0 5	VireuxMolhain 0 3

IV. — CANTON DE RUMIGNY (28 com., 8 866 hab.)

NOMS des COMMUNES	Population	Dist. au chef-l. d'ar.	LOCALITÉS AVEC GARES postes et télégraphes	GARE LA PLUS PRÈS de chaque com. et distance à cette commune	BUREAUX de postes desserv. les communes avec les distances
39 Rumigny	813	25	🚂 T »	Rumigny .. »	Rumigny... »
40 Antheny	324	18	219 0	Auvillers... 6 0	Rumigny... 6 0

IV. — CANTON DE RUMIGNY (suite)

NOMS des COMMUNES	Population	Dist. au chef-l. d'ar.	LOCALITÉS AVEC GARES postes et télégraphes	GARE LA PLUS PRÈS de chaque com. et distance à cette commune	BUREAUX de postes desserv. les communes avec les distances
6 Aouste	590	25	210 0	Rumigny... 4 5	Rumigny... 4 5
7 Aubigny	402	22	⊠ 195 0	Liart...... 8 5	Aubigny... »
8 Bay	266	32	284 0	Rumigny... 4 7	Rumigny .. 5 0
9 Blanchefosse	572	30	271 0	Rumigny... 4 5	Rumigny .. 4 8
10 Bossus-les-Rumigny	236	22	196 0	Rumigny... 3 5	Rumigny .. 3 3
11 Cerleau (La)	155	23	259 0	Liart...... 6 7	Rumigny .. 7 8
12 Cernion	145	19	189 0	Maubert ... 9 5	Maubert-Font. 8 7
13 Champlin	147	18	269 0	Auvillers... 5 5	Rumigny... 6 3
14 Echelle (L')	329	15	271 0	Laval-Morency 4 7	Aubigny... 5 2
15 Estrebay	260	19	212 0	Auvillers... 6 2	Rumigny... 7 9
16 Férée (La)	509	30	261 0	Liart...... 2 7	Rumigny... 10 2
17 Flaignes-les-Oliviers	273	17	240 0	Maubert ... 7 1	Maubert-Font. 6 3
18 Foulzy	201	15	238 0	Auvillers... 3 0	Auvillers... 2 3
19 Fréty (Le)	393	32	274 0	S-Jean-a-Bois 4 7	Rumigny .. 10 3
20 Giroudelle	219	15	230 0	Maubert ... 4 0	Maubert-Font. 3 5
21 Hannappes	409	26	176 0	Rumigny... 3 1	Rumigny .. 2 2
22 Havys	105	19	288 0	Liart...... 7 4	Maubert-Font. 8 5
23 Lépron-les-Vallées	186	23	291 0	Liart...... 10 9	Aubigny... 2 4
24 Liart	630	27	🚂 T 206 0	Liart...... 0 6	Liart...... »
25 Logny-Bogny	327	22	201 0	Liart...... 5 0	Aubigny... 3 0
26 Marby	205	16	220 0	Maubert ... 6 0	Maubert-Font. 5 2
27 Marlemont	371	25	274 0	Liart...... 4 1	Liart...... 3 5
28 Prez	179	22	212 0	Liart...... 6 5	Rumigny .. 6 5
29 Rouvroy	181	17	194 0	Laval-Morency 5 0	Aubigny... 4 9
30 Servion	167	17	197 0	Laval-Morency 5 5	Aubigny... 5 9
31 Vaux-Villaine	272	20	291 0	Laval-Morency 8 0	Aubigny... 3 6

V. — CANTON DE SIGNY-LE-PETIT (10 com., 6 372 hab.)

NOMS des COMMUNES	Population	Dist. au chef-l. d'ar.	LOCALITÉS AVEC GARES postes et télégraphes	GARE LA PLUS PRÈS de chaque com. et distance à cette commune	BUREAUX de postes desserv. les communes avec les distances
32 Signy-le-Petit	2030	23	🚂 T 233 1	» 1 0	Signy-le-Petit. »
33 Auge	177	21	255 0	Signy-le-Petit. 4 6	Signy-le-Petit. 5 6
34 Auvillers-les-Forges	689	15	🚂 T 257 6	Auvillers-l-F 2 3	Auvillers-l-F. »
35 Beaulieu	220	19	313 0	Signy-le-Petit. 7 0	Signy-le-Petit. 6 0
36 Brognon	465	26	310 0	id. 5 4	id. 4 4
37 Eteignières	673	11	265 0	Auvillers... 1 5	Auvillers-l-F. 2 8
38 Fligny	210	21	260 0	Signy-le-Petit 1 9	Signy-le-Petit. 3 0
39 Neuville-aux-Joûtes (La)	1004	32	284 0	id. 6 2	id. 5 1
40 Neuville-aux-Tourneurs (La)	543	17	287 0	Auvillers... 4 3	Auvillers-l-F. 3 4
41 Tarzy	361	19	279 0	Signy-le-Petit. 4 5	Signy-le-Petit. 4 8

IV. — ARRONDISSEMENT DE SEDAN (5 cantons, 83 communes, 73 577 habitants)

I. — CANTON DE SEDAN (NORD) (11 com., 20 166 hab.)

NOMS des COMMUNES	Population	Dist. au chef-l. d'ar.	LOCALITÉS AVEC GARES postes et télégraphes	GARE LA PLUS PRÈS de chaque com. et distance à cette commune	BUREAUX de postes desserv. les communes avec les distances
41 Sedan (Nord)	9168	»	🚂 T 158 2	Sedan ..... »	Sedan...... »
42 Bosséval	530	9	293 0	Vrigne-a-Bois. 3 2	Vrigne-a-Bois 2 7
43 Chapelle (La)	288	8	318 0	Sedan 9 4	Givonne ... 3 2
44 Fleigneux	372	6	314 0	Sedan. 7 5	St-Menges . 1 9
45 Floing	2407	2	174 0	Sedan...... 4 0	Sedan...... 3 4
46 Givonne	1421	5	T 200 0	Sedan...... 6 2	Givonne.... »
47 Glaire et Villette	395	3	164 0	Sedan...... 2 4	Sedan...... 2 8
48 Iges	171	5	184 0	Sedan...... 4 7	Sedan. 5 1
49 Illy	834	5	276 0	Sedan...... 6 8	St-Menges.. 3 5
50 St-Menges	1838	5	⊠ 210 0	Sedan...... 5 9	St-Menges.. »
51 Vrigne-aux-Bois	2742	1 0	🚂 T 170 0	Vrigne-a-Bois. »	Vrigne-a-Bois »

II. — CANTON DE SEDAN (SUD) 20 com., 24 946 hab.)

NOMS des COMMUNES	Population	Dist. au chef-l. d'ar.	LOCALITÉS AVEC GARES postes et télégraphes	GARE LA PLUS PRÈS de chaque com. et distance à cette commune	BUREAUX de postes desserv. les communes avec les distances
52 Sedan (Sud)	10138	»	🚂 T 158 2	Sedan ..... »	Sedan...... »
53 Balan	1093	3	160 0	Sedan 2 9	Sedan...... 1 9
54 Bazeilles	1734	4	🚂 157 1	Bazeilles ... »	Sedan...... 3 8
55 Chéhery	155	1 0	159 0	Sedan 9 1	Donchery .. 11 1
56 Cheveuges	642	7	164 0	Sedan...... 8 1	Donchery .. 7 7
57 Daigny	510	5	204 0	Bazeilles ... 3 8	Sedan...... 3 6
58 Donchery	1984	6	🚂 T 151 9	Donchery ... »	Donchery .. »
59 Escombres et Le Chesnois	781	1 5	251 0	Pouru-S-Remy 4 1	Pouru-S-Remy 4 0
60 Francheval	1249	1 0	T 191 0	Douzy 3 6	Francheval. »
61 Frénois	281	4	173 0	Sedan 2 8	Sedan...... 3 6
62 Moncelle (La)	327	4	194 0	Bazeilles ... 2 8	Sedan,..... 4 1
63 Noyers et Pont-Maugis	812	4 9	🚂 T 157 8	id. »	Sedan 4 4
64 Pouru-aux-Bois	606	1 4	220 0	Pouru-S-Remy 4 3	Pouru-S-Remy 4 2
65 Pouru-St-Remy	1681	1 2	🚂 T 163 2	id. »	Pouru-S-Remy »
66 Rubécourt et Lamécourt	240	7	178 0	Douzy 3 0	Francheval. 2 6
67 St-Aignan	322	9	165 0	Donchery... 8 2	Donchery .. 7 8
68 Thelonne	443	7 2	173 0	Pont-Maugis. 2 9	Sedan 6 7
69 Villers-Cernay	657	9	288 0	Douzy 4 9	Francheval. 2 1
70 Villers-sur-Bar	272	8	159 0	Donchery .. 4 9	Donchery .. 4 5
71 Wadelincourt	519	3	180 0	Sedan...... 1 3	Sedan...... 2 1

III. — CANTON DE CARIGNAN (26 com., 13 228 hab.)

NOMS des COMMUNES	Population	Dist. au chef-l. d'ar.	LOCALITÉS AVEC GARES postes et télégraphes	GARE LA PLUS PRÈS de chaque com. et distance à cette commune	BUREAUX de postes desserv. les communes avec les distances
72 Carignan	2149	20	🚂 T 168 0	Carignan... »	Carignan... »
73 Auflance	287	31	193 0	Margut 0 2	Carignan... 11 3
74 Bièvres	267	33	237 0	Margut 6 4	Margut 4 0
75 Blagny	497	22	🚂 T »	Blagny..... »	Carignan... 2 2
76 Deux-Villes (Les)	496	25	218 0	Carignan... 5 8	Carignan... 5 5
77 Ferté (La)	454	29	170 0	Margut 2 9	Margut 2 0
78 Fromy	170	28	170 0	Margut 0 7	Margut 1 8
79 Herbeuval	359	30	216 0	Margut 7 0	Margut 6 1
80 Linay	315	25	169 0	Blagny..... 2 9	Carignan... 5 1
81 Malandry	237	28	186 0	Blagny,.... 5 9	Carignan... 6 1
82 Margny	502	38	225 0	Margut 8 7	Margut 8 0

III. — CANTON DE CARIGNAN (suite)

NOMS des COMMUNES	Population	Dist. au chef-l. d'ar.	LOCALITÉS AVEC GARES postes et télégraphes	GARE LA PLUS PRÈS de chaque com. et distance à cette commune	BUREAUX de postes desserv. les communes avec les distances
42 Margut	670	30	🚂 T 170 8	Margut .... »	Margut.... »
43 Matton et Clémency	1234	22	194 0	Carignan... 5 5	Carignan... 5 2
44 Messincourt	1020	18	240 0	Messempré . 0 4	Carignan... 6 6
45 Mogues	367	29	275 0	Carignan... 9 7	Carignan... 9 4
46 Moiry	298	30	177 0	Margut 1 7	Margut 1 4
47 Osnes	368	19	🚂 164 0	Osnes-Pure. 1 3	Carignan... 3 3
48 Pouilly-et-Charbeaux	759	29	214 0	Blagny..... 7 2	Carignan... 9 4
49 Pure	724	20	🚂 T 164 0	Osnes-Pure. 0 8	Carignan... 5 2
50 Sachy	220	15	🚂 165 0	Sachy...... »	Carignan... 4 6
51 Sailly	393	24	170 0	Blagny..... 1 4	Carignan... 3 6
52 Sapogne	386	34	244 0	Margut 5 4	Margut 4 7
53 Signy-Montlibert	293	33	225 0	Margut 4 0	Margut 3 2
54 Tremblois	249	28	309 0	Carignan... 7 9	Carignan... 7 5
55 Villy	290	26	180 0	Blagny..... 4 2	Carignan... 6 3
56 Williers	224	32	337 0	Carignan... 12 3	Carignan... 11 9

IV. — CANTON DE MOUZON (14 com., 80 26 hab.)

NOMS des COMMUNES	Population	Dist. au chef-l. d'ar.	LOCALITÉS AVEC GARES postes et télégraphes	GARE LA PLUS PRÈS de chaque com. et distance à cette commune	BUREAUX de postes desserv. les communes avec les distances
57 Mouzon	1846	17	🚂 T 170 0	Mouzon.... 900	Mouzon.... »
58 Amblimont	279	15	*328 0*	Mouzon.... 3 2	Mouzon.... 2 7
59 Autrecourt et Pourron	661	13	🚂 165 0	Autrecourt-Vil. 0 6	Mouzon.... 3 8
60 Beaumont	1145	24	🚂 T 190 0	Létanne-Bea. 2 4	Beaumont.. »
61 Brévilly	481	11	T 164 0	Pouru-S-Remy 1 3	Pouru-S-Remy 1 5
62 Douzy	1663	8	🚂 T 163 0	Douzy 0 5	Douzy ..... »
63 Euilly et Lombut	302	17	240 0	Carignan... 4 4	Mouzon,... 5 9
64 Létanne	240	26	🚂 183 0	Létanne-Beau. 0 4	Beaumont.. 2 3
65 Mairy	298	10	*190 0*	Douzy 2 5	Mouzon.... 6 3
66 Tétaigne	186	16	*165 0*	Sachy...... 2 2	Mouzon.... 8 8
67 Vaux-lès-Mouzon	299	20	*230 0*	Carignan... 4 7	Mouzon.... 4 6
68 Villemontry	149	20	*364 0*	Mouzon.... 3 2	Beaumont.. 8 2
69 Villers-devant-Mouzon	161	12	🚂 162 0	Autrecourt-Villers... 1 1	Mouzon.... 4 8
70 Yoncq	316	20	*188 0*	id. 6 2	Mouzon.... 6 5

V. — CANTON DE RAUCOURT (13 com., 7 211 hab.)

NOMS des COMMUNES	Population	Dist. au chef-l. d'ar.	LOCALITÉS AVEC GARES postes et télégraphes	GARE LA PLUS PRÈS de chaque com. et distance à cette commune	BUREAUX de postes desserv. les communes avec les distances
71 Raucourt et Flaba.	1645	14	🚂 T 175 0	Raucourt-et-F0 2	Raucourt-Fl. »
72 Angecourt	724	10	🚂 164 0	Angecourt. 0 1	Remilly-Aillic. 2 4
73 Artaise-le-Vivier	315	19	*232 0*	Raucourt... 7 4	Raucourt... 7 2
74 Besace (La)	319	19	*265 0*	Raucourt... 5 4	Raucourt... 5 2
75 Bulson	274	11	*253 0*	Haraucourt. 3 1	Raucourt... 5 3
76 Chémery	571	15	T *180 0*	Raucourt... 7 4	Chémery... »
77 Connage	215	12	*170 0*	Haraucourt. 9 3	Chémery... 3 6
78 Haraucourt	1240	12	🚂 171 0	Haraucourt. 0 1	Raucourt... 2 0
79 Maisoncelle	137	15	*265 0*	Raucourt... 5 3	Raucourt... 5 1
80 Mont-Dieu (Le)	55	22	*265 0*	Raucourt... 14 6	Le Chesne.. 9 1
81 Neuville-à-Maire (La)	346	18	*161 0*	Raucourt... 10 1	Raucourt... 9 9
82 Remilly-et-Aillicourt	1174	8	🚂 T 156 0	Remilly-Aill. 0 6	Remilly-Aill. »
83 Stonne	196	24	*338 0*	Raucourt... 10 3	Raucourt... 10 1

V. — ARRONDISSEMENT DE VOUZIERS (8 cantons, 131 communes, 52 280 habitants)

I. — CANTON DE VOUZIERS (18 com., 10 173 hab.)

NOMS des COMMUNES	Population	Dist. au chef-l. d'ar.	LOCALITÉS AVEC GARES postes et télégraphes	GARE LA PLUS PRÈS de chaque com. et distance à cette commune	BUREAUX de postes desserv. les communes avec les distances
83 Vouziers	3737	»	🚂 T 97 3	Vouziers ... »	Vouziers.... »
84 Ballay	382	6	115 0	Vouziers ... 5 3	Vouziers ... 5 8
85 Blaise	211	4	122 0	Vouziers ... 4 2	Vouziers ... 3 7
86 Bourcq	220	5	176 0	Vouziers ... 5 7	Vouziers ... 5 2
87 Chestres	361	3	163 0	Vouziers ... 2 1	Vouziers ... 2 6

I. — CANTON DE VOUZIERS (suite)

NOMS des COMMUNES	Population	Dist. au chef-l. d'ar.	LOCALITÉS AVEC GARES postes et télégraphes	GARE LA PLUS PRÈS de chaque com. et distance à cette commune	BUREAUX de postes desserv. les communes avec les distances
84 Condé-les-Vouziers	421	2	100 0	Vouziers ... 2 2	Vouziers ... 1 7
85 Contreuve	266	8	117 0	Vouziers ... 8 6	Vouziers ... 8 1
86 Croix-aux-Bois (La)	407	8	207 0	Vouziers ... 7 0	Vouziers ... 7 5
87 Falaise	486	4	615 0	Vouziers ... 3 7	Vouziers ... 4 2
88 Grivy-Loisy	450	7	115 0	Vrizy 4 6	Vouziers ... 7 6

V. — ARRONDISSEMENT DE VOUZIERS (suite)

NOMS des COMMUNES	Population	Dist. au chef-l. d'ar.	LOCALITÉS AVEC GARES postes et télégraphes	GARE LA PLUS PRÈS de chaque com. et distance à cette commune	BUREAUX de postes desserv. les communes avec les distances
I. — CANTON DE VOUZIERS (suite)					
1 Longwé	402	7	197 0	Vouziers. .. 6 5	Vouziers ... 7 0
2 Mars-sous-Bourcq	102	5	126 0	Vouziers. .. 5 1	Vouziers ... 4 6
3 Quatre-Champs	365	8	140 0	Vouziers ... 7 3	Vouziers ... 7 8
4 Ste-Marie	202	4	124 0	Vouziers ... 4 8	Vouziers ... 4 3
5 Terron-sur-Aisne	388	8	99 0	Vrizy 3 7	Vouziers ... 7 9
6 Toges	401	8	205 0	Vouziers ... 7 7	Vouziers ... 8 2
7 Vandy	584	6	92 6	Vrizy-Vandy. 1 4	Vouziers ... 5 6
8 Vrizy	788	4	92 6	Vrizy-Vandy. 1 0	Vouziers ... 4 1
II. — CANTON D'ATTIGNY (12 com., 6 521 hab.)					
9 Attigny	1863	14	83 4	Attigny ..... »	Attigny ..... »
10 Alland'huy-et-Sausseuil	614	21	89 6	Alland'huy. »	Attigny 6 5
11 Charbogne	448	17	130 0	Attigny 2 5	Attigny 3 4
12 Chuffilly-Roche	272	11	100 0	Voncq 4 7	Attigny. .. 5 1
13 Coulommes-et-Marqueny	297	14	110 0	Attigny 5 8	Attigny 5 2
14 Rilly-aux-Oies	364	13	89 1	Rilly-Semuy 1 5	Attigny 4 9
15 St-Lambert-et-Mont-de-Jeux	472	18	133 0	Attigny 2 9	Attigny 3 5
16 Ste-Vaubourg	260	13	111 0	Attigny 3 3	Attigny 2 7
17 Saulces - Champenoises	519	21	126 0	Attigny 7 4	Attigny 6 8
18 Semuy	342	13	89 1	Rilly-Semuy 0 4	Attigny 6 7
19 Vaux-Champagne	283	17	167 0	Attigny 5 5	Attigny 4 9
20 Voncq	787	11	88 7	Voncq 1 8	Attigny 8 2
III. — CANTON DE BUZANCY (22 com., 6 981 hab.)					
21 Buzancy	746	21	172 0	Grandpré .. 13 8	Buzancy .... »
22 Andevanne	89	32	269 0	Dun-s-Meuse. 9 3	Buzancy 10 5
23 Bar	182	20	212 0	Grandpré .. 15 0	Buzancy 1 4
24 Barricourt	240	28	207 0	Stenay 13 0	Nouart 1 8
25 Bayonville	392	26	215 0	Dun-s-Meuse 15 3	Buzancy 4 8
26 Belval - Bois - des - Dames	180	30	308 0	Letanne-Bea. 12 1	Nouart 3 9
27 Berlière (La)	191	25	194 0	Raucourt ... 11 7	Buzancy ... 13 0
28 Briquenay	350	17	189 0	Grandpré ... 8 7	Buzancy 7 2
29 Fossé	201	25	272 0	Letanne-Bea. 15 6	Buzancy 4 4
30 Harricourt	205	19	169 0	Grandpré .. 15 8	Buzancy 2 6
31 Imécourt	234	26	194 0	St-Juvin 6 8	Buzancy 6 4
32 Landres - et - Saint-Georges	509	29	197 0	St-Juvin 12 3	Buzancy 9 8
33 Nouart	602	29	⊠ 204 0	Stenay 12 0	Nouart ..... »
34 Oches	219	23	234 0	Raucourt ... 13 5	Buzancy 11 0
35 Rémonville	224	28	224 0	Dun-s-Meuse 12 7	Buzancy ... 7 3
36 St-Pierremont	438	23	201 0	Letanne-Bea. 14 2	Buzancy 7 9
37 Sivry-les-Buzancy	157	24	241 0	St-Juvin 9 9	Buzancy 3 3
38 Sommauthe	459	26	264 0	Letanne-Bea. 10 5	Buzancy 9 4
39 Tailly	401	31	222 0	Stenay 10 4	Nouart 4 4
40 Thénorgues	269	20	187 0	Grandpré ... 10 5	Buzancy 3 3
41 Vaux-en-Dieulet	307	28	314 0	Letanne-Bea. 10 4	Buzancy 8 7
42 Verpel	385	23	146 0	Grandpré ... 7 4	Buzancy 5 7
IV. — CANTON DU CHESNE (18 com., 6 790 hab.)					
43 Chesne (Le)	1541	16 5	202 0	Rilly-Semuy. 10 3	Le Chesne . »
44 Alleux (Les)	417	11 5	203 0	Voncq 6 9	Le Chesne . 5 3
45 Armoises (Les Grandes)	201	25 8	213 0	Raucourt .. 12 2	Le Chesne . 9 3
46 Armoises (Les Petites)	214	21 6	205 0	Rilly-Semuy. 15 4	Le Chesne . 5 1
47 Authe	361	18 5	203 0	Vouziers ... 18 5	Brieulles-s-Bar 2 7
48 Autruche	207	18 1	189 0	Vouziers ... 18 1	id. 2 9
49 Belleville	172	14 4	236 0	Vouziers ... 14 4	Vouziers ... 14 4
50 Boult-aux-Bois	394	12 6	197 0	Vouziers ... 12 6	Vouziers ... 12 6
51 Brieulles-sur-Bar	506	16 6	178 0	Vouziers ... 16 6	Brieulles-s-Bar »
52 Châtillon-sur-Bar	240	13 5	170 0	Vouziers ... 13 5	Le Chesne .. 6 7
53 Germont	135	14 9	174 0	Vouziers ... 14 9	Buzancy ... 6 2
54 Louvergny	282	22 0	178 0	Rilly-Semuy. 15 8	Le Chesne . 5 5
55 Montgon	346	20 7	185 0	id. 6 2	Le Chesne . 4 2
56 Noirval	124	11 1	158 0	id. 11 1	Vouziers ... 11 1
57 Sauville	828	22 1	178 0	id. 15 9	Le Chesne . 5 6
58 Sy	233	21 6	179 0	Raucourt .. 15 3	Le Chesne . 8 3
59 Tannay	426	21 8	202 0	Rilly-Semuy. 15 6	Le Chesne . 5 3
60 Verrières	163	18 7	176 0	Raucourt ... 17 9	Le Chesne . 10 2

NOMS des COMMUNES	Population	Dist. au chef-l. d'ar.	LOCALITÉS AVEC GARES postes et télégraphes	GARE LA PLUS PRÈS de chaque com. et distance à cette commune	BUREAUX de postes desserv. les communes avec les distances
V. — CANTON DE GRANDPRÉ (19 com., 7 804 hab.)					
1 Grandpré	1203	17	116 8	Grandpré. . 0 9	Grandpré .. »
2 Apremont	660	31	142 0	Apremont .. 0 1	Apremont .. »
3 Belleu - et - le - Morthomme	226	21	169 0	Grandpré ... 4 9	Grandpré .. 4 5
4 Champigneulle	304	23	138 0	Grandpré ... 6 9	Grandpré ... 6 0
5 Châtel-Chéhéry	701	28	136 8	Châtel Chéhéry 0 6	Grandpré ... 3 1
6 Chevières	190	19	128 0	Grandpré .. 2 5	Grandpré ... 2 7
7 Cornay	461	25	131 4	Cornay Fléville 1 0	Grandpré ... 5 9
8 Exermont	290	32	167 0	Châtel-Chéh. . 4 0	Apremont .. 5 3
9 Fléville	400	27	131 4	Cornay-Flévil. 0 8	Grandpré .. 5 8
10 Grandham	208	21	119 0	Senuc-Termes. 3 5	Grandpré ... 9 7
11 Lançon	214	24	176 0	Autry 6 1	Grandpré ... 11 7
12 Marcq	437	23	127 0	Marcq-S-Juvin 1 4	Grandpré ... 5 4
13 Mouron	310	15	106 7	Vaux-Mouron. 0 8	Grandpré ... 7 3
14 Olizy	583	9	160 0	Savigny 6 9	Grandpré ... 7 3
15 Primat	119	6	114 0	Savigny 4 5	Grandpré ... 10 9
16 St-Juvin	398	23	127 0	Marcq-S-Juvin 1 2	Grandpré ... 6 4
17 Senuc	520	18	110 0	Senuc-Termes. 1 0	Grandpré ... 4 9
18 Sommerance	232	26	191 0	Marcq-S-Juvin 4 1	Grandpré ... 9 8
19 Termes	552	16	110 0	Senuc-Termes 0 9	Grandpré ... 4 2
VI. — CANTON DE MACHAULT (14 com., 4 045 hab.)					
20 Machault	656	17	137 0	Bethenivilie (Marne) .. 11 0	Machault ... »
21 Cauroy	236	19	131 0	id. 10 0	Machault ... 2 0
22 Chardeny	107	10	172 0	Attigny 7 0	Vouziers .. 10 0
23 Dricourt	83	15	115 0	Attigny 12 0	Machault ... 5 0
24 Hauviné	570	27	117 0	Betheniville. 3 0	Betheniville (Marne) .. 3 0
25 Leffincourt	360	12	138 0	Vouziers ... 12 0	Machault ... 5 0
26 Mont-St-Remy	102	17	115 0	Betheniville. 15 0	Machault ... 4 5
27 Pauvres	343	16	113 0	Attigny 10 0	Machault ... 7 0
28 Quilly	146	8	117 0	Vouziers ... 8 0	Vouziers .. 8 0
29 St-Clément	239	26	111 0	Betheniville 5 0	Betheniville (Marne) .. 5 0
30 St-Etienne-à-Arnes	518	22	121 0	Betheniville. 10 0	Machault ... 5 0
31 Semide	133	24	119 0	Betheniville. 6 9	Machault ... 6 0
32 Tourcelles - Chaumont	408	12	138 0	St-Morel ... 8 0	Vouziers ... 12 0
	144	8	115 0	Vrizy-Vandy. 7 0	Vouziers ... 8 0
VII. — CANTON DE MONTHOIS (18 com., 5 824 hab.)					
33 Monthois	608	10	110 0	Monthois ... »	Monthois ... »
34 Ardeuil - et - Montfauxelles	176	16	115 0	Ardeuil-et-Montfauxelles .. »	Monthois ... 5 8
35 Aure	147	18	148 0	Monthois ... 9 5	Monthois ... 8 0
36 Autry	529	20	⊠ 121 0	Autry ...... »	Autry ..... »
37 Bouconville	293	18	141 0	Autry 5 9	Monthois ... 8 0
38 Brécy-Brières	281	13	109 0	Monthois ... 4 9	Monthois ... 5 0
39 Challerange	413	11	106 8	Challerange. »	Monthois ... 3 8
40 Condé-lès-Autry	351	23	163 0	Autry 5 4	Autry 3 2
41 Liry	274	14	183 0	Monthois ... 5 4	Monthois ... 3 9
42 Manre	290	19	113 0	Manre ..... »	Monthois ... 9 2
43 Marvaux-Vieux	223	14	120 0	Ardeuil 5 5	Monthois ... 3 6
44 Montcheutin	266	18	140 0	Autry 4 4	Autry 3 0
45 Mont-St-Martin	231	9	129 0	St-Morel ... 2 6	Vouziers ... 8 8
46 St-Morel	425	8	122 3	St-Morel ... »	Vouziers ... 8 5
47 Savigny	698	5	102 1	Savigny .... »	Vouziers ... 5 1
48 Séchault	214	16	116 0	Monthois ... 7 6	Monthois ... 6 1
49 Sugny	253	6	114 0	St-Morel ... 5 0	Vouziers ... 5 8
50 Vaux-lès-Mouron	152	15	106 7	Vaux-lès-Mou. »	Monthois ... 7 5
VIII. — CANTON DE TOURTERON (10 com., 4 142 hab.)					
51 Tourteron	563	24	127 0	Alland'huy. 7 8	Tourteron . »
52 Ecordal	791	23	102 0	Alland'huy. 2 9	Tourteron . 4 8
53 Guincourt	306	23	149 0	Alland'huy. 9 8	Tourteron . 2 3
54 Jonval	268	26	228 0	Poix 11 0	Tourteron . 4 6
55 Lametz	235	21	150 0	Rilly-Semuy 8 8	Tourteron . 4 5
56 Marquigny	281	24	179 0	Rilly-Semuy 11 6	Le Chesne . 7 0
57 Neuville et Day	622	15	160 0	Rilly-Semuy 3 3	Attigny 9 4
58 Sabotterie (La)	293	23	209 0	Alland'huy. 9 5	Tourteron . 2 7
59 St-Loup-Terrier	509	26	166 0	Attigny et Alland'huy 11 7	Tourteron . 5 0
60 Suzanne	274	21	126 0	Attigny 6 2	Tourteron . 4 1

militaire et un magasin annexe d'habillement et du campement.

Rocroi a en garnison le 9e bataillon de chasseurs à pied ; il y a un magasin de vivres et un magasin annexe de l'habillement et du campement.

Rethel était autrefois une place forte ; le maréchal de Plessis-Praslin battit Turenne et les Espagnols sous ses murs, en 1650.

Cette ville fut occupée sans coup férir, le 2 septembre 1870, par les Prussiens ; la garnison française l'avait d'ailleurs abondonnée dès la veille.

Vouziers est le lieu de garnison du 10e régiment de cuirassiers.

Attigny possédait un palais construit par Clovis II, et les rois de la seconde race en firent leur séjour favori ; il fut le théâtre des événements importants ci-après : le baptême de Witikind, en 786 ; la pénitence publique de Louis le Débonnaire, en 822 ; le siège de plusieurs cours plénières ou conciles, etc.

Buzancy est une ancienne baronnie, où l'on remarque un édifice carré désigné sous le nom de *Mosquée de Mahomet.*

Carignan fut donné par Louis XIV au comte de Soissons. Cette petite place, située sur la rive droite du Chiers, était autrefois fortifiée.

Château-Porcien, sur la rive droite de l'Aisne, est dominée par un rocher escarpé où avait été construit un château fort.

Donchéry, sur la Meuse, avait jadis des fortifications.

Francheval (près Sedan) a vu naître le général *Berton* en 1769. Après avoir été élève de l'École militaire de Brienne, il fit les campagnes de la République, sous Moreau, se distingua à Austerlitz et à Friedland, servit ensuite brillamment en Espagne, et assista comme général de brigade à la bataille de Toulouse. Il commandait deux régiments de dragons à Waterloo, puis fut licencié. Il fit alors partie des associations secrètes, se mit à la tête de l'échauffourée de Thouars et de Saumur, où il fut pris par trahison, jugé et exécuté.

Mouzon est un bourg très ancien qui a eu des fortifications.

Omont a conservé les ruines d'un ancien château-fort bâti au IXe siècle par Foulques, archevêque de Reims.

Villers possède un dépôt de remonte.

XI. — DIVISION JUDICIAIRE

Le département des Ardennes dépend de la cour d'appel de Nancy qui se compose d'un premier président, de deux présidents de chambre, de quinze conseillers, d'un procureur général, de deux avocats généraux et de deux substituts du procureur général.

Le siège de la Cour d'assises des Ardennes est à Mézières.

Il y a un tribunal de première instance à Charleville, Rethel, Rocroi, Sedan et Vouziers.

D'après l'annuaire officiel de la République française, il y a un tribunal de commerce à Charleville et à Sedan.

Charleville : Quatre notaires, six avoués et un commissaire-priseur.

Rethel : Trois notaires, cinq avoués et un commissaire-priseur.

Rocroi : Quatre notaires, cinq avoués et un commissaire-priseur.

Vouziers : Trois notaires et quatre avoués.

XII. — DIVISION UNIVERSITAIRE

Le département des Ardennes fait partie de l'Académie de Douai.

Enseignement secondaire. — Lycée de Charleville (3e catégorie). — Collége communal de Sedan (En régie). — Cours secondaires de jeunes filles à Charleville et Sedan. — Etablissements libres à Charleville, Rethel et Vouziers.

Un inspecteur d'Académie à Mézières.

Enseignement primaire. — Une école normale d'instituteurs et une école normale d'institutrices à Charleville. — Une école primaire supérieure de garçons à Charleville, Givet, Mézières, Monthermé et Rethel. — Cours complémentaires de garçons à Attigny, Maubert-Fontaine, Mohon, Mouzon, Nouzon, Rocroi, Sedan, Vireux-Vallerand et Vouziers. — Ecole primaire supérieure de filles à Charleville. — Cours complémentaires de filles à Nouzon et Vouziers. — Pensionnats primaires, à Attigny, Charleville, Château-Porcien, Givet, Maubert-Fontaine, Mézières, Sedan, Rethel, Vouziers.

Un inspecteur primaire dans chaque chef-lieu d'arrondissement.

ÉCOLES PUBLIQUES

Nombre d'écoles	laïques.	730	807
	congréganistes.	77	

Nombre d'élèves :

Laïques...	garçons . . .	23 883	
	filles.		15 784
Congréganistes	garçons . . .	779	
	filles.		6 373
		24 662	22 157
		46 819	

ÉCOLES LIBRES

Nombre d'écoles	laïques.	11	44
	congréganistes.	33	

Nombre d'élèves :

Laïques...	garçons . . .	85	
	filles.		374
Congréganistes	garçons . . .	841	
	filles.		2 466
		926	2 840
		3 766	

XIII. — DIVISION RELIGIEUSE

Le département des Ardennes dépend de l'archevêché de Reims. La résidence de l'archevêque est à Reims. Le personnel ecclésiastique se compose pour les Ardennes et l'arrondissement de Reims : d'un archevêque, de 3 vicaires généraux titulaires, de 10 chanoines titulaires, d'un ecclésiastique attaché au secrétariat, de 47 curés, de 421 desservants, de 33 vicaires de paroisses, de 16 prêtres habitués, de 19 aumôniers, de 8 professeurs et de 20 supérieurs et professeurs formant un total de 579 ecclésiastiques.

Contenance et valeur des immeubles possédés par les congrégations religieuses

CONTENANCE en hectares d'après LE CADASTRE	VALEUR LOCATIVE	VALEUR VÉNALE
16.75	105 227 f.	2 577 530 f.

Contenance et valeur des immeubles occupés par les congrégations religieuses.

CONTENANCE en hectares d'après LE CADASTRE	VALEUR LOCATIVE	VALEUR VÉNALE
11.20	17 665 f.	435 400 f.

XIV. — POSTES ET TÉLÉGRAPHES

Le département des Ardennes contient :
53 bureaux postaux et télégraphiques.
21 bureaux télégraphiques simples.
6 bureaux postaux seulement.

Il est délivré annuellement, dans le département, environ 190.000 mandats d'articles d'argent, pour une somme de 5 500000 francs.

La taxe des lettres, journaux, etc. ainsi que les soldes des comptes avec les offices étrangers produisent par an environ 1 100000 francs.

Nombre de dépêches.	intérieures. .	93 122
	internationa.	6 090
Taxes perçues.	intérieures. . . .	75 050f55
	internationales .	12 127 78
Produit net versé au Trésor. .		87 178f33

XV. — RECETTES ANNUELLES DU DÉPARTEMENT

I. — Budget ordinaire.

Contributions directes.......	3 047 012,58
Taxes assimilées aux contributions directes............	228 089,60
Enregistrement	4 000 506,61
Timbre....................	895 270,72
Domaines et forêts..........	1 000 630,39
Douanes....................	3 849 121,72
Contributions indirectes......	8 128 424,47
Postes......................	1 109 105,77
Télégraphes	92 441,90
Impôt de 3 0/0 sur le revenu des valeurs mobilières.....	98 944,20
Amendes et condamnations...	95 010,00
Retenues et autres produits perçus en exécution de la loi du 9 juin 1853.........	242 338,16
A reporter	22 786 896f12
Report.......	22 786 896f12
Produits divers du budget....	148 889,49
Total du budget ordinaire....	22 935 785,61

II. — Budget extraordinaire.

Ressources spéciales..	3 842 573,44
Total général des recettes...	26 778 359,05

XVI. — ASSISTANCE PUBLIQUE

I. — BUREAUX DE BIENFAISANCE

Nombre de bureaux dans le département.	172
Nombre d'individus secourus	7 183

Recettes.

Revenus.	106 225f	248 620f
Subventions.	46 125	
Recettes de charité. . . .	40 342	
Fonds de report et autres recettes	55 928	

Dépenses.

Administration.	7 166f	56 292f
Secours en nature..	45 775	
Secours en argent	3 351	
Excédent des recettes		192 328f

Montant des placements.

En immeubles.	»
En rentes.	7 488
Total.	7 488

II. — HOSPICES ET HÔPITAUX

Nombre d'établissements hospitaliers.

Hôpitaux	»	10
Hôpitaux et hospices.	10	
Hospices	»	

Personnel.

Médecins et chirurgiens.	15	188
Religieuses.	96	
Employés.	20	
Servants	57	

Lits affectés au service.

Malades.	351	1 262
Infirmes, vieillards et incurables.	464	
Enfants assistés	294	
Personnel des établissements. .	153	
Recettes de 18 établissements . . .		578 806
Dépenses.		578 556
Excédent des recettes. . .		250

XVII. — CAISSES D'ÉPARGNE

Nombre de caisses d'épargne	7

Nombre de livrets.

Existant au 1er janvier.	52 285

Ouverts pendant l'année	4 753
Soldes pendant l'année	3 892
Restant au 31 décembre	53 146
Soldes aux déposants au 1er janvier	27 349 440
Recettes	8 637 808
Dépenses	7 798 075
Soldes aux déposants le 31 décembre	28 189 173

XVIII. — INCENDIES ET SINISTRES AGRICOLES

Incendies	1 116 337
Grêle	143 300
Gelée	14 640
Inondations	435 370
Pertes de bestiaux	911 838
Total des pertes	2 621 485

II. — PARTIE MILITAIRE

Considérations générales.

Cette contrée est assez tourmentée ; on y rencontre des montagnes dans une grande partie, lesquelles sont ou boisées ou couvertes de bruyères, des landes marécageuses et des plaines assez arides. En raison des difficultés d'accès de cette contrée assez sauvage et retirée, les Romains, qui la comprirent dans la Gaule Belgique, ne lui attribuaient aucune importance et n'y percèrent qu'une seule voie, celle de Reims à Trèves. Sous Honorius, le pays fut compris dans la deuxième Belgique, puis englobé dans le territoire rémois. Les barbares le ravagèrent sans interruption, jusqu'au moment où les Francs purent s'y maintenir, après la chute de l'empire romain. Sous les successeurs de Clovis, les Ardennes firent successivement partie de l'Austrasie et de la Lotharingie. Après Charlemagne et sous le régime féodal, le pays appartient en grande partie aux comtes de Champagne.

Dans le cours des siècles et vu sa situation, cette région a été le théâtre de nombreuses opérations militaires, dans les guerres contre les Impériaux, contre les Espagnols, contre les alliés et contre les Allemands. La part que diverses places prirent à ces opérations et qui sera indiquée plus loin, fera ressortir le rôle de l'ensemble du pays dans les différentes guerres auxquelles sa situation à la frontière l'a mêlé très activement et souvent glorieusement.

Argonne. — Une série de collines assez élevées sillonnent le département ; outre la partie occidentale des Ardennes, il faut citer la portion la plus importante du massif boisé et marécageux que l'on appelle l'*Argonne* et qui se compose d'une série de plateaux de 300 à 500 mètres d'altitude. L'Argonne proprement dite est située en arrière des hauteurs de la rive gauche de la Meuse, entre l'Aire et l'Aisne, en se prolongeant jusqu'au nord de Rethel. Ce massif de quinze lieues de longueur a sa plus grande largeur (9 lieues) entre Clermont et Sainte-Menehould. Autrefois cette vaste forêt n'était traversée que par cinq défilés :

Le *défilé des Islettes*, sur la route de Verdun à Sainte-Menehould et où passe la voie ferrée conduisant de Metz à Châlons et à Reims;

Le *défilé de la Chalade*, entre Varennes et Vienne-la-Ville ;

Le *défilé de Grand-Pré*, entre Varennes et Vouziers, est traversé par l'*Aire* et longé par la rive droite de l'*Aisne* ; de ce défilé assez large partent plusieurs routes allant en divergeant vers la Champagne ;

Le *défilé de la Croix-au-Bois*, conduit de Stenay à Buzancy et Vouziers.

Le *défilé du Chêne-Populeux*, où passent le canal des Ardennes, la route directe de Sedan à Vouziers et une seconde route de Stenay à Vouziers, par Beaumont.

Aujourd'hui les passages sont bien plus nombreux, par suite du déboisement, du dessèchement et de l'ouverture d'un grand nombre de chemins forestiers. Cet obstacle a donc perdu beaucoup de sa valeur, d'autant plus qu'il est facile à tourner soit au nord, par Vouziers et Grand-Pré, soit au sud par la route de Villers-en-Argonne; il est vrai que cette dernière passe dans un défilé qu'il serait possible de défendre. Cependant, vu la nature argileuse du sol, qui empêche de passer ailleurs que sur les routes, et en raison du petit nombre de routes transversales, les communications, rendues plus difficiles encore par les grandes forêts qu'on rencontre, ne se prêteraient guère aux mouvements des grandes armées de nos jours, et l'Argonne forme encore dans son ensemble un obstacle qui pourrait être utilisé au besoin.

Charles-Quint, qui se rendait compte de la valeur de cet obstacle, ne vint point s'y heurter dans sa marche sur Paris, en 1544.

En 1792, *Dumouriez* occupa les cinq défilés indiqués plus haut et qu'il appelait les *Thermopyles de la France*. Les Prussiens commirent la faute de venir l'y attaquer, mais réussirent, après avoir été d'abord repoussés, à tourner le passage de la Croix-au-Bois, que le général français avait cru pouvoir dégarnir. Mais celui-ci n'en persista pas moins à se maintenir dans cette position alors si avantageuse pour la défensive, et l'on sait que, après la bataille de Valmy qu'il livra faisant face à l'ouest et le dos aux défilés, les Prussiens, malades, fatigués et découragés, se retirèrent dans leur pays.

En 1870, l'armée du prince royal tourna par le sud les forêts et les chemins détrempés de l'Argonne, mais elle dut les traverser dans toute leur longueur, du sud au nord, pour se

SEDAN. — Hôtel-de-Ville.

porter sur Sedan, où elle n'arriva à temps qu'au prix des plus dures fatigues.

Ardennes-Eifel. — De Givet à Longwy, le tracé de la frontière nous est assez favorable, parce que, de l'autre côté, s'étend un vaste plateau boisé, souvent marécageux, raviné et d'accès difficile : c'est le massif des Ardennes et de l'Eifel, pays pauvre et peu peuplé, dont le climat est rude et les communications peu nombreuses. Il serait par suite difficile aux armées de s'y mouvoir et d'y vivre, et notre frontière peut donc être considérée en ce point comme étant suffisamment protégée, bien que les plateaux constituent de bonnes positions défensives.

Les Ardennes occidentales, qui traversent les plaines fertiles du Rhetelois, forment une succession de plateaux marécageux et de landes incultes, en général peu boisés et peu ravinés. On y trouve en France les positions d'*Hirson* et d'*Anor*, dont nous avons parlé dans l'*Aisne*.

Rivières et vallées. — Quelques petites rivières au cours sinueux, la Chiers, l'Othain, le Loisan, etc., sont dominées par des hauteurs, formant des positions militaires qui permettraient de défendre le passage de la Meuse à l'est de Stenay.

Il en est de même des hauteurs qui bordent les vallées de la Sormonne, de la Meuse entre Mézières et Sedan, et qui marquent une dépression importante parallèle à la frontière belge.

Communications, etc. Les communications de toute espèce sont suffisantes dans le département; les cours d'eau sont même aménagés pour la navigation par des canaux de dérivation. Plusieurs voies ferrées, avec embranchement de tous les côtés, y circulent ainsi que nous l'avons dit. Mais elles seraient faciles à détruire, car elles traversent plusieurs tunnels et des tranchées profondes.

Les habitants se font remarquer par leur bonhomie, leur calme, leur amour de l'ordre et du travail, leur attachement au pays auquel ils se sont toujours patriotiquement dévoués, la justesse de leurs idées et la solidité de leur jugement.

Fortifications.

Mézières, situé au centre des forêts des Ardennes et au point de croisement de chemins de fer importants, la ligne de Paris par Rethel et Reims, et la grande ligne de Lille-Hirson, Verdun-Lérouville qui longe la frontière, serait bien placée pour maîtriser ces voies ferrées et pour servir de dépôt et de point d'appui à un corps d'armée chargé de défendre les défilés qui traversent ces forêts. Mais elle est dominée de toutes parts, et on ne pourrait la mettre en état de se défendre contre l'artillerie actuelle qu'à l'aide de travaux considérables. Aussi y a-t-on renoncé, et les fortifications de la place seront-elles déclassées, quand le *fort des Ayvelles*, destiné à les remplacer, sera terminé. Ce fort, situé sur un éperon qui commande la vallée de la Meuse et le débouché de la Vence, au sud de Mézières, tiendra sous son feu les deux voies ferrées désignées; ce fort domine également la grande gare de réparation et la bifurcation de Mohon.

Le rôle de Mézières était des plus importants, car en dehors de celui indiqué ci-dessus, cette place servait à flanquer à l'est la route d'invasion de l'Oise par la trouée de Chimay, et au nord la route de la Chiers par la trouée de Tiercelet. En outre Mézières est le seul point où une armée pourrait s'appuyer pour repousser de front une double attaque venant à se produire au nord par Charleville et à l'est par Thionville.

Cette place se compose en réalité de deux villes distinctes, séparées par la Meuse : *Mézières*, au pied d'une colline sur la rive droite, est la partie militaire, administrative, tandis que *Charleville*, sur la rive gauche, est uniquement industrielle et manufacturière.

Placée à l'entrée de la Champagne, sa situation stratégique lui valut d'être fortifiée dès le XIIIe siècle et d'être souvent assiégée. Bayard, entre autre, la défendit en 1521, pendant six semaines, contre 35,000 Impériaux, avec quelques centaines de soldats. En 1815, les Prussiens ne réussirent à la faire capituler qu'après quarante-deux jours de tranchée ouverte. On considérait donc Mézières comme une place forte en 1870, et l'on éprouva un mécompte sérieux lorsqu'on apprit qu'elle capitula le 1er janvier 1871, après un bombardement de peu de durée, qui n'avait produit aucun effet sur les fortifications, mais avait détruit de nombreuses habitations.

On sait que, au siècle dernier, Louis XV y avait établi l'École du génie militaire, où se signalèrent d'illustres professeurs : Bezout, Cormontaingne, Monge, etc. Cette école a été depuis rattachée à l'École d'application de de l'artillerie à Metz.

De Mézières à *Givet*, la vallée de la Meuse n'est qu'une gorge profonde. Cette dernière ville, située au sortir des gorges de la Meuse, se trouve à l'extrémité du saillant que le département forme au nord, en s'enfonçant comme un coin dans le territoire belge. Cette place n'aurait d'action pour nous que dans le cas d'une offensive sur la basse Sambre, vers Namur; elle a l'avantage de commander sur notre territoire la voie ferrée Namur-Charleville. Il est regrettable que l'on ait laissé construire à Vireux l'embranchement Vireux-Charleville-Marienbourg, à l'aide duquel l'ennemi pourrait se servir de la ligne de la Meuse sans avoir à s'inquiéter de Givet. Celle-ci se compose en réalité de trois parties bien distinctes :

1° Sur la rive droite de la Meuse, le quartier appelé *Givet-Notre-Dame* est situé au confluent d'un étroit vallon dominé au nord et au sud par des hauteurs couronnées par des ouvrages ;

2° Sur la rive gauche, le quartier *Givet-Saint-Hilaire* réuni au précédent par un pont en pierre et entouré d'une enceinte bastionnée ;

3° La *citadelle de Charlemont*, très forte, bâtie par Charles-Quint sur les flancs d'une colline élevée qui domine de 215 mètres la gauche de la Meuse, et qui est située de manière à pouvoir battre sur le territoire belge, l'embranchement qui relie la voie ferrée allant de Hirson à Paris à la ligne de Dinant-Liège et la basse Meuse.

Givet, au début luxembourgeoise, n'est française que depuis 1669 et fut alors fortifiée par Vauban. Les Prussiens réussirent à s'emparer des deux quartiers bas de Givet én 1815, mais ils échouèrent devant Charlemont.

L'importance stratégique de Givet a perdu considérablement de ce que la place peut être tournée par l'embranchement Vireux-Charleville.

Sedan, qui a acquis une triste célébrité à la suite des événements de 1870, était considérée alors comme une place de guerre très importante; l'enceinte bastionnée était dominée par le château et la couronne d'Asfeld, construits sur les hauteurs de la rive droite de la Meuse, et l'on y trouvait des établissements militaires de toute espèce. Cette ville est le principal point de convergence des routes du Luxembourg belge et diverses voies ferrées viennent y aboutir. Mais on sait que, située dans un entonnoir, la place n'a plus aucune valeur actuellement et qu'elle a dû être déclassée en 1875. Son utilité, ainsi que celle de Mézières et de Givet, se bornerait à intercepter les voies ferrées, mais il ne faudrait pas songer à faire exercer à ces places une action sérieuse contre un adversaire qui aurait violé la neutralité belge.

Vouziers et ses environs.
Extrait de la carte d'État-Major au 80 000ᵉ.

D'ailleurs toute la partie de la frontière comprise entre Carignan et Givet se prêterait avantageusement à la défensive, bien que la construction des chemins de fer dans la région frontière ait complètement changé les conditions des opérations militaires et facilité les grands mouvements stratégiques, qui étaient presque impossibles auparavant. Ainsi, de Givet jusqu'aux abords de Mézières, des forêts épaisses couvrent les deux rives du plateau au milieu duquel coule la Meuse, et les rares chemins qui y sont percés pourraient être facilement rendus impraticables. Entre Mézières et Carignan, la frontière est comprise dans la forêt des Ardennes, où les communications sont rares et difficiles, le pays pauvre, les positions défensives nombreuses et excellentes.

Sedan, qui fut pendant longtemps le chef-lieu d'une principauté indépendante, ne fut attachée à la couronne de France qu'en 1642, Turenne est né dans un des pavillons du château-fort.

Nous ne pouvons passer sous silence la capitulation, dite de Sedan le 2 septembre 1870, bien que Sedan n'ait joué aucun rôle actif dans ce lamentable épisode de notre histoire nationale.

On sait que, après Reischoffen et Frœschwiller, l'armée du maréchal Mac-Mahon vint se reformer au camp de Châlons. Elle présentait un effectif de plus de cent trente mille hommes, lorsqu'elle se mit en route, le 21 août 1870, pour essayer de rallier l'armée de Metz en se portant sur la Meuse, par un mouvement parallèle et inverse de celui qu'exécutait l'ennemi, qui se dirigeait sur Paris, croyant que l'armée française se repliait sur la capitale.

Cette manœuvre téméraire ne pouvait réussir que si on l'exécutait avec une grande précision de marche et une rapidité foudroyante. Elle fut au contraire beaucoup retardée, parce que les mesures furent mal prises et que des raisons politiques donnèrent lieu à des tergiversations.

Dès le 25, le quartier général allemand était informé de la direction prise par Mac-Mahon, et immédiatement le maréchal de Moltke, qui avait compris les projets de ce dernier, fit arrêter les armées allemandes, ordonna un immense changement de front par le flanc droit, en prescrivant des marches forcées à la gauche pour arriver à hauteur.

Les mouvements de nos ennemis furent exécutés avec la plus grande vigueur et avec une réelle intelligence de la situation, tandis que, de notre côté, tout était pour ainsi dire livré au hasard et à l'indécision. Le 27, les éclaireurs saxons rencontrent vers Buzancy notre cavalerie, qui ne put pas arriver à reconnaître exactement les opérations de l'adversaire et dut se replier.

Le 29, la conversion était achevée, et l'armée française était menacée sur sa droite et sur ses derrières. Un engagement eut lieu à *Nouart* à cette date, à partir de laquelle l'armée française fut suivie pas à pas.

Le 30, le corps du général de Failly fut surpris à *Beaumont*.

Dans la journée du 31, l'armée prussienne continua sa marche vers le nord, pour cerner l'armée française et la forcer à se rendre ou à se réfugier sur le territoire belge.

Une première attaque, tentée le 31 par les Bavarois contre *Bazeilles*, avait échoué devant la résistance de notre infanterie de marine. L'attaque commença le 1er septembre, en ce point où eut lieu une lutte acharnée, dont les Bavarois n'eurent raison que par le bombardement et l'incendie, ensevelissant les habitants sous les ruines du village.

A sept heures, le maréchal Mac-Mahon est blessé en parcourant nos lignes ; il est remplacé d'abord par le général Ducrot qui, se rendant compte de l'inutilité de la lutte, prescrivit aussitôt la retraite sur Illy, qui était encore possible à cette heure. Mais le général de Wimpffen, qui avait un ordre de commandement que personne ne connaissait pour remplacer Mac-Mahon au besoin, attendit deux heures avant d'en faire usage ; aussi, les mouvements prescrits par le général Ducrot, qui s'exécutaient en bon ordre, furent arrêtés vers neuf heures, avec ordre de reprendre la ligne de bataille primitive. Ces fâcheuses tergiversations eurent pour résultat de permettre aux Allemands de fermer toutes les issues, de couronner toutes les hauteurs par une artillerie nombreuse et d'enfermer l'armée française dans un cercle infranchissable.

Aussi malgré une résistance brillante en plusieurs points, malgré des charges héroïques de cavalerie, lorsque la nuit mit fin au carnage, il ne restait pas d'autre parti à prendre qu'une tentative désespérée de percer les lignes ennemies ou une capitulation.

On sait le reste : quatre-vingt mille Français, désorganisés, ayant perdu toute position tenable, durent subir la loi du vainqueur, qui l'étreignait avec deux cent soixante mille hommes, appuyés par une formidable artillerie. L'armée entière fut prisonnière et l'Empire s'effondra à la nouvelle de ce désastre et de la captivité de Napoléon III, qui s'était rendu aux Allemands.

Rocroi est une place forte située sur un plateau dénudé formant au milieu des forêts des Ardennes et des marais une éclaircie de 10 kilomètres de largeur. Fortifiée par François Ier et Louis XIII, elle garde les grandes routes de Charleroi et de Namur à Reims, ainsi que le principal défilé de la Thiérache, mais elle n'a pas d'action contre un ennemi venant de l'est, et on la conserve seulement, sans modification, pour couvrir les magasins des corps détachés qui opéreraient dans cette région.

Cette place fut investie par les Espagnols en 1643, mais le duc d'Enghien (depuis le grand Condé), remporta sur eux une victoire célèbre. Il est vrai que, dix ans après, le même prince, à la tête de ses anciens adversaires, reprenait Rocroi, qui ne fit définitivement retour à la France qu'au traité des Pyrénées. En 1815, la garde nationale de Rocroi, peu nombreuse, défendit la place pendant un mois contre dix mille Prussiens.

DÉPARTEMENT DE L'ARIÈGE

I. — PARTIE CIVILE

I. — HISTOIRE

Le département de l'Ariège, situé dans la région sud-ouest, sur la frontière espagnole, entre 42° 34′ 30″ et 43° 19′ de latitude et entre 0° 9′ 40″ et 0° 31′ de longitude occidentale doit son nom à la rivière d'Ariège, affluent de la Garonne qui le traverse du sud au nord. Il a été formé, en 1790, du *Comté de Foix*, du *Conserans* dépendant de la *Gascogne* et du *Donézan* dépendant du *Languedoc*. Sa plus grande longueur est de 80 kilomètres depuis la sortie de la *Lèze* du département, au nord, jusqu'au *pic de Médécourbe* (2 849^{m}) sur la frontière espagnole, au sud. Sa plus grande largeur est de 132 kilomètres du *pic de Pié-jeau* (1 664^{m}) à l'ouest, au *Sarrat de Bellaire* (2 029^{m}), à l'est du canton de Quérigut.

VUE DE FOIX.

Il est borné :

A l'*est*, par le département de l'Aude ;

Au *sud*, par celui des Pyrénées-Orientales, le territoire indépendant d'Andorre et l'Espagne ;

A l'*ouest* et au *nord*, par le département de la Haute-Garonne.

Le pays était déjà habité à l'époque préhistorique, comme en témoignent les nombreuses cavernes et grottes sépulcrales trouvées dans le département et dont plusieurs contenaient des ossements, des pierres taillées et polies, ainsi que des armes et ornements de l'âge du bronze.

A l'époque historique, les premiers habitants étaient de race ibérique. En se mélangeant aux Celtes, ils formèrent les Celtibères et se répandirent en Espagne. Les principales tribus de la région étaient les *Volces tectosages*, au nord, et les *Consorani*, au sud.

Les Volces, clients des Arvernes, combattirent avec eux les Romains, mais ayant été battus à la bataille du Rhône (121 av. J.-C.) ils passèrent sous la domination romaine.

Le pays fut alors partagé et dépendit de la Narbonnaise et de la Novempopulanie; puis, plus tard, il fut compris dans la grande province d'Aquitaine.

A la suite des invasions des Barbares, les Wisigoths, après avoir pris Rome (410), passèrent les Alpes et s'établirent dans la contrée (412) en prenant Toulouse pour capitale; mais, après la défaite de leur roi Alaric, à Vouillé (507), Clovis les refoula dans le Conserans et tout ce qui devait former, plus tard, le comté de Foix, passa sous la domination franque (508) et fit ensuite partie du duché d'Aquitaine. Un de ses ducs, Eudes, parvint à étendre sa domination depuis Toulouse et la Gascogne jusqu'à Poitiers et à Bourges et finit par prendre le titre de roi ; mais son royaume, à peine formé, fut envahi, par les Sarrazins qui, venant d'Espagne, franchirent les Pyrénées, s'emparèrent de Narbonne (719), puis mirent le siége devant Toulouse (721). Repoussés par Eudes, ils revinrent en 725 sous la conduite d'Abdérame, s'emparèrent de toute la contrée, brûlèrent Toulouse et Bordeaux et poussèrent même jusqu'en Champagne. Eudes appela les Francs à son secours. Charles Martel vainquit et tua Abdérame dans les plaines de Poitiers (octobre 732) et repoussa l'invasion. Eudes, qui s'était reconnu vassal des Francs, défit de nouveau les Sarrazins dans les défilés des Pyrénées (735) ; mais ils ne furent définitivement chassés que par Pépin en 759. Charlemagne, continuant les conquêtes de son père, les poursuivit au-delà des Pyrénées jusqu'à Sarragosse; mais, au retour, son arrière-garde engagée dans le *Val Carol*, à Roncevaux, fut surprise par les Basques et anéantie (778). Là, périrent le célèbre Roland, le héros des chansons de gestes et de nombreux palatins de Charlemagne.

Après le démembrement de l'empire, le pays se constitua en comtés et appartint successivement aux comtes de Toulouse, de Barcelonne et de Carcassonne.

Le comte de Carcassonne, Roger, céda en 1002 le Conserans à son fils Bernard qui, par mariage, réunit le Bigorre à ce comté (1036). Son successeur, Roger II, s'étant fixé à Foix, érigea le pays en comté (1036). Son fils Roger III, fit construire en 1111, au retour d'un pélerinage en Terre-Sainte, le château d'Apamiers, origine de la ville de Pamiers.

Comme presque partout, à cette époque, avaient lieu des querelles intestines, de château à château, de province à province ; les comtes de Foix étaient sans cesse en guerre avec leurs voisins, les comtes d'Urgel. Le comté d'Urgel étant passé dans la maison d'Aragon, le roi d'Aragon céda la vicomté d'Evol et le Donézan à Raymond-Roger de Foix, à la condition qu'il le reconnût comme suzerain. Peu après, éclata la terrible guerre des Albigeois qui ensanglanta tout le Midi.

La supériorité de civilisation et de richesse qui faisait la prospérité de ces contrées, excitait l'envie des autres. Aussi, quand le pape Innocent III eut donné charge aux moines de Citeaux de prêcher la croisade contre les *parfaits* des Albigeois, des bandes sans nombre prirent la croix, animées par l'espoir de piller un riche pays et trouvant plus à leur gré d'aller faire la guerre sainte sur le Rhône et la Garonne qu'en Asie.

Les croisés s'emparèrent d'abord de Béziers et de Carcassonne (1209) mettant tout à feu et à sang. Leur chef, le célèbre et implacable Simon de Montfort, mit le siége devant Foix (1210), mais ne put s'emparer de cette ville. Il échoua également devant Saverdun.

Le roi, Pierre d'Aragon, ayant voulu défendre son vassal fut vaincu à Muret (1213) et Raymond-Roger perdit toutes ses possessions. Montfort ayant été tué au siége de Toulouse (25 juin 1218), le comte de Foix reprit l'offensive, battit, sous la conduite de Raymond VII, de Toulouse, les croisés à Baziége et reprit possession de ses domaines, chassant Amauri de Montfort, fils de Simon. La guerre ne se termina qu'en 1244, après la prise du château de Montségur, dernier refuge des Albigeois, dont la secte s'éteignit dans le sang et dans les flammes. L'unité politique de la France avait gagné une province à la sanglante victoire de Rome, mais toutes ces iniquités n'étaient pas plus nécessaires que légitimes, pour arriver à cette unité.

Le comte de Foix avait, en 1243, reconnu la suzeraineté du roi de France. Son fils, Roger-Bernard III, voulut s'en affranchir, mais Philippe le Hardi vint mettre le siège devant Foix, s'empara de la ville et le fit prisonnier. Il ne rentra en possession de son comté qu'en 1277, hérita en 1290 du Béarn et mourut en 1303.

Le Conserans et le Donézan relevaient de la Couronne depuis 1271.

Les successeurs de Roger-Bernard résidèrent, tantôt dans le Béarn, tantôt à Mazères. Le plus célèbre d'entre eux fut le riche et brillant Gaston Phœbus (1343-1391), un des grands capitaines de l'époque et dont les nombreuses aventures sont consignées dans la chronique de Froissart.

En 1398, Isabelle, héritière du comté, fit, par mariage, passer ce territoire à Archambault de Grailly, captal de Buch, qui prit le titre de comte de Foix. Un de ses descendants, héritier du royaume de Navarre, réunit le comté de Foix à ce royaume. Catherine de Navarre le fit passer en 1484 dans la maison d'Albret par son mariage avec Jean d'Albret. Enfin Jeanne d'Albret épousa Antoine de Bourbon et fut la mère de Henri IV. Ainsi donc, en montant sur le trône de France, Henri IV joignit à sa nouvelle couronne, les comtés de Foix, de Bigorre et de Navarre. Cette réunion fut rendue définitive par un décret de juillet 1607. Pendant les guerres de religion, le comté avait été saccagé. Il ne fut plus troublé depuis cette époque et ses libertés particulières furent respectées jusqu'en 1790.

II. — VUE DU DÉPARTEMENT A VOL D'OISEAU

L'Ariège offre deux régions distinctes: Au sud, se trouve le haut pays étagé sur le versant pyrénéen et qui s'incline vers le nord par une série de gradins. Les torrents qui descendent de ses pentes, tantôt se précipitent de cascade en cascade, tantôt s'accumulent dans des cirques pierreux. Les précipices et les roches éboulées se rencontrent à chaque pas dans cette curieuse et magnifique contrée dont les vallées seules sont accessibles.

Au nord, la région basse présente un plateau coupé de nombreux vallons. Les sites charmants, les aspects inattendus y produisent les plus pittoresques effets et contrastent avec les gorges abruptes et capricieuses.

Entre l'Ariège et l'Hers, se trouve un pays plat composé d'alluvions et que la canalisation rendrait très fertile.

Les *Pyrénées* séparent le département de l'Espagne et se prolongent entre l'Ariège et les Pyrénées-Orientales par les *Corbières-Occidentales*.

En partant du *Pic de Crabère* (2 630m) à l'ouest, les principaux sommets sont, dans les Pyrénées : les Pics de *Canéja* (2 654), de *Montvalier* (2 839), de *Mont-Rouch* (2865), de *Montcalm* (3 080) principale sommité de cette région et tout à côté de celui d'*Estax* (3 073), le pic de *Médécourbe* (2 849m), ceux du *Port Siguer* (2 903), de *Serrère* (2 911), de *la Cabanette* (2 841). Dans les Corbières, les sommets atteignent 2 831 mètres au *Pic de Pédroux*, 2 608 mètres au *Pic de Moustier*, et 2029 mètres au *Sarrat de Bellaire* à la pointe est du département.

Il existe entre ces sommets, un grand nombre de cols ou *ports* qui mettent l'Ariège en communication avec l'Espagne et le val d'Andorre, mais ce sont, pour la plupart, le col de Puymorens excepté, des sentiers difficiles, praticables seulement pendant quelques mois de l'année et où les contrebandiers seuls s'aventurent.

Des Corbières partent deux chaînons qui traversent le département dans une direction parallèle à la chaîne pyrénéenne. Le premier chaînon forme la *montagne de Tabe* dont les premiers sommets sont, de l'est à l'ouest: le *Roc Blanc* (2 543m) le *Pic de Tarbesan* (2 366), *le Pic de Soulane* (2 343) et tout à côté le *Saint-Barthélemy* (2 349), le *Pic de Han*, le *Mont Fourcade* (2 001); de l'autre côté de l'Ariège la chaîne se continue par *l'Homme-Mort* (1 674) le *Signal de Fontfrède* (1 622), *le Tuc de la Cornatte* (1 422). Enfin, sur la limite de la Haute-Garonne, le *Tuc de Ganous* a 1 413 mètres et le *Cournudère* a 1 361 mètres.

Le deuxième chaînon forme les *montagnes du Plantaurel*, d'une altitude moyenne de 500 à 800 mètres; à l'est de Foix, le *Signal de l'Aspre* atteint 973 mètres. L'Hers, le Touyre, le Douctouire, l'Ariège et l'Arize traversent cette chaîne dans des vallées sinueuses et encaissées.

Les parties montagneuses du pays sont couvertes en partie de forêts; la région basse, entre le Salat et l'Ariège est coupée de nombreux vallons généralement parallèles, et là seulement apparaissent les produits d'une culture régulière.

III. — HYDROGRAPHIE

L'Ariège appartient au versant de l'Atlantique par la Garonne et à celui de la Méditerranée par l'Aude.

La Garonne ne passe pas dans le département mais y est représentée par des affluents de sa rive droite. Ce sont: Le *Salat* qui prend naissance dans les Pyrénées au Mont-Rouch, passe à Couflens (898m), Seix (508), Oust, Soueix, Lacourt (451), Eichel, Saint-Girons (406), Saint-Lizier (387), Taurignan (347), Prat (334), Lacave (319) et la Bastide du Salat, puis après un parcours de 56 kilomètres dans le département, il va rejoindre la Garonne, 13 kilomètres plus loin à Roquefort, par 265 mètres d'altitude.

Sa pente moyenne de Saint-Girons à la Garonne est de 4^m,10 par kilomètre.

Il est grossi de l'*Alet* qui passe à Ustou, du *Garbet* qui passe à Aulus et à Ercé, de l'*Arac* qui passe à Massat, Biert et Soulan; sur sa rive gauche, le *Lez* prend naissance au pic de Canéja (2 654^m), traverse l'étang d'Albe (2464^m), arrose Sentein, Bonnac, Bordes, Castillon, Audressein où il reçoit la *Bouignane*, il passe ensuite à Engommer, à Moulis et se jette à Saint-Girons.

L'*Arize* (75 kilomètres, dont 57 dans le département) prend naissance près du signal de Fontfrède, arrose Sentenac, Nescus, la Bastide de Sérou (395^m), Durban, le Mas d'Azil (286^m) où elle traverse une grotte magnifique dont la voute a plus de 50 mètres de hauteur et où passe également la route nationale n° 119; elle traverse ensuite la chaîne du Plantaurel entre des berges élevées de 150 mètres et débouche à Sabarat; elle tourne alors au nord-ouest, arrose les Bordes, Campagne (249^m), Daumazan, Labastide-de-Besplas, quitte le département à Thouars (231^m) et, après avoir traversé Montesquieu, Volvestre et Rieux, rejoint la Garonne à Capbonne par 190 mètres d'altitude.

L'Arize n'a comme tributaires que des ruisseaux sans importance.

L'*Ariège*, l'ancienne *Auriga* des Romains, qui roule encore quelques paillettes d'or, a sa source dans les Pyrénées-Orientales, à la Fontnègre (2 660^m); après avoir traversé l'étang de la Fontnègre et servi de frontière pendant 8 kilomètres, elle entre dans le département où elle arrose l'Hospitalet, Mérens (1 056^m), Ax-les-Bains (716^m), Savignac (696^m), Perles-Castelet (622^m), Luzenac (597^m), Lassur, Urs, Vèbre (576), Albiès, les Cabannes (533), Sinsat Ussat, Tarascon (480), Arignac, Mercus, Amplaing, Prayols, Ferrières (422^m), Foix (406), Vernajoul, St-Jean-de-Verges, Crampagnac (339^m), Varilhes (326^m), Pamiers (265^m), Bézac, Bonac, le Vernet, Saverdun (231^m); au-dessus de ce point elle quitte le département par 217 mètres, passe ensuite à Cintegabelle, à Auterive et se jette dans la Garonne à 10 kilomètres en amont de Toulouse, en face de Portet, par 139 mètres. Son cours est de 153 kilomètres dont 97 dans le département; sa pente moyenne par kilomètre est de 4^m,60 de Foix à Saverdun et de 2^m,14 de Saverdun à la Garonne.

Ses principaux affluents sont, sur la rive gauche :

Le *Mourgouillou* qui sert de déversoir aux étangs de l'Albe et se jette à Mérens;

Le *Nagear* qui naît dans l'Etang-Bleu près du Pic des Calmelles et se jette à Savignac;

L'*Aston* (21 kilom), qui descend des étangs de Fontargente (2 146^m), et qui, grossi de nombreux ruisseaux, passe à Aston et à Château-Verdun (533^m); Le *Vic-Dessos* vient de l'étang de Médécourbe (2 200^m), près du pic du même nom, arrose Auzat, Vic-Dessos, puis, grossi du *torrent de Siguer*, passe à Capoulet, Maux, Alliat et rejoint l'Ariège à Tarascon (480^m).

Le *Larget* (18 kilom.) prend naissance au Signal de Fontfrède (1 622^m) passe au Bosc, à Burret, Serres, St-Pierre-de-Rivière et se jette à Foix.

La *Lèze* (62 kilom.) a sa source entre Cazaux et Loubens dans le canton de Varilhes; après avoir longé la chaîne du Plantaurel en passant à Montégut et Pailhès, elle remonte au nord, arrose Artigat, le Fossat, Saint-Ybars, Lezat (202^m), puis, après un parcours de 40 kilomètres, quitte le département et va rejoindre l'Ariège au-dessus de Labarthe (Haute-Garonne).

Les affluents de la rive droite de l'Ariége sont :

L'*Oriège* (20 kilom.) qui prend naissance dans les Corbières, à l'étang de Fauzy, traverse l'étang d'*en Beys* et décrivant un demi-cercle, arrose Orlu, Orgeix et se jette à Ax.

L'*Hers* (120 kilom.) a sa source au Col de Pierre-Blanche (1 553^m) au nord d'Ax, passe à Prades, limite le département pendant 9 kilomètres puis arrose Fougax, Bélesta, la Bastide-sur-l'Hers, entre dans le département de l'Aude où il traverse Chalabre, puis rentrant dans l'Ariége y arrose, Camon, Lagardé, Roumengoux, Mirepoix (293^m), Coutens, Rieucros (271^m), Gaudiés (243^m), sort de nouveau du département y rentre en passant à Mazères et le quitte définivement pour aller se jeter dans l'Ariége à 2 kilomètres en amont de Cintegabelle par 197 mètres.

L'Hers reçoit dans le département: Le *ruisseau de Lasset* qui descend du Saint-Barthélemy (2 349^m) et passe près de Montségur par 853^m; le *Touyre* ou *Lectouire* qui naît au Pic du Han (2 074^m), arrose Montferrier, Villeneuve d'Olmes, Lavelanet, Laroque d'Olmes, Léran et rejoint l'Hers par 321^m, au sud de Lagarde; le *Douctouire* qui descend des contreforts au nord du Mont-Fourcade (204^m), passe à Nalzen, le Carla-de-Roquefort, Lieurac, Dun (315^m), Vira et se jette en aval de Rieucros.

L'Aude qui vient du lac d'Aude (2147^m), dans les Pyrénées-Orientales, ne fait que toucher à l'Ariège, qu'il traverse ou limite pendant 12 kilomètres; il entre ensuite dans le département auquel il donne son nom, baigne Limoux, Carcassonne et se jette dans la Méditerranée. Dans l'Ariège, il ne reçoit que des ruisseaux dont les principaux sont, la *rivière de Quérigut* qui arrose Quérigut et la *Bruyante* qui passe à Mijanès et Rouze.

Les montagnes de l'Ariège renferment un grand nombre de lacs et d'étangs où naissent presque tous les affluents de l'Ariège et du Salat.

Enfin on y trouve un grand nombre de sources thermales renommées, à Ax, Tessat, Audinac, Aulus, Usson Fontcirgue etc.

IV. — VOIES DE COMMUNICATION

I. — Chemins vicinaux.

Les voies vicinales sont ainsi divisées:

1° Les chemins de grande communication ayant une longueur totale de . . 473 738^{m}

2° Les chemins d'intérêt commun ayant une longueur totale de. . . 682 200^{m}

3° Les chemins vicinaux ordinaires ayant une longueur totale de. 2 387 386^{m}

Développement total. . . 3 543 324^{m}

Foix et ses environs
Extrait de la carte d'État-Major au 80 000e.

La dépense annuelle du service vicinal de l'Ariège étant de 1 411 190,29 le prix moyen, par kilomètre est de 398 fr. 26 ou 0 fr. 39 par mètre courant.

II. — Routes nationales.

Le département est sillonné par trois routes nationales sur une longueur totale de 271 623 mètres.

1° *La route n° 20 de Paris à Toulouse et en Espagne.* — (102 115^{m} dans le département). Venant de Toulouse, elle remonte tout le cours de l'Ariège en passant à Saverdun, au Vernet, à Pamiers, Varilhes, Saint-Jean-de-Verges, Foix, Montgaillard, Mercus, Bompas, Tarascon, Ussat-les-Bains, Bouan, Sinsat, Aulos, les Cabannes, Albiès, Lassur, Luzenac, Perles-Castelet, Savignac, Ax-les-Bains, Mérens, l'Hospitalet, puis quittant le département elle passe, dans les Pyrénées Orientales, au col de Puymorens (1931^{m}) et se dirige sur Puicerda (Espagne).

2° *La route n° 117, de Perpignan à Bayonne.* — (94 473^{m} dans le département) Venant de Quillan (Aude), elle traverse le département de l'est à l'ouest en passant à Bélesta, Lavelanet, Nalzen, Celles, Saint-Paul-de-Jarrat, puis se confond jusqu'à Foix avec la route n° 20; traversant ensuite l'Ariège, elle passe à Saint-Martin-de-Caralp, Cadarcet, Montels, La Bastide-de-Sérou, Castelnau-Durban-Cert, Rimont, Lescure, Saint-Girons : enfin, suivant le cours du Salat, elle passe à Saint-Lizier, Caumont, Prat, Lacave et sort

Saint-Girons et ses environs
Extrait de la carte d'État-Major au 80 000e.

du département, se dirigeant sur Bayonne par Saint-Gaudens, Tarbes, Pau et Orthez.

3° *La route n° 119, de Carcassonne à Saint-Girons* (75 035^{m} dans le département). Venant de Fanjeaux (Aude), elle entre dans le département à Malegoude, passe à Mirepoix, Besset, Coutens, Rieucros, Les Pujols, Pamiers où elle traverse la route n° 20 et franchit l'Ariège ; puis elle touche Pailhès, Sabarat, Le Mas-d'Azil dont elle traverse la célèbre grotte, passe ensuite à Clermont et rejoint à Lescure la route n° 117 avec laquelle elle se confond jusqu'à Saint-Girons.

Résumé de la circulation sur les routes nationales

DÉSIGNATION DES ROUTES	TONNAGE ANNUEL			
	BRUT		UTILE	
	distance entière 1 000 tonnes	kilométrique 1 000 tonnes	distance entière 1 000 tonnes	kilométrique 1 000 tonnes
1° Route n° 20, de Paris à Toulouse et en Espagne......	86,87	8 906	47,81	4 906
2° Route n° 117, de Perpignan à Bayonne.............	42,70	4 048	21,17	1 907
3° Route n° 119, de Carcassonne à Saint-Girons..........	56,94	4 201	29,56	2 186

III. — Navigation.

I. — FLEUVES ET RIVIÈRES NAVIGABLES

1° *Ariège.* — La partie de cette rivière située dans le département n'est ni navigable, ni flottable. Elle est décrite dans le paragraphe intitulé *Hydrographie;*

2° *Le Salat.* — Cette rivière est classée depuis Taurignan-Castel jusqu'à Roquefort où elle tombe dans la Garonne, après un parcours de 28 kilomètres, savoir :

Comme flottable, de Taurignan-Castel à Lacave . . . . 11 kilom.

Comme navigable, de Lacave à la Garonne. . . . . 17 kilom.

La profondeur d'eau à l'étiage varie entre 0m,30 et 0m,50. La fréquentation est à peu près nulle.

II. — CANAUX. — Néant.

IV. — Chemins de fer.

Le département de l'Ariège est traversé par deux lignes de chemins de fer contenant ensemble 19 stations, et ayant un parcours de 93 kilomètres dans le département. Ces lignes sont :

1° *Ligne ou embranchement de Boussens à Saint-Girons.* — Cette ligne entre dans le département à La-Bastide-du-Salat, et y a un parcours de 15 kilomètres, ses gares sont : Castagnède-La Bastide-du-Salat, Prat-et-Bonrepaux, Caumont, Saint-Lizier et Saint-Girons.

2° *Ligne de Toulouse à Ax.* — Cette ligne entre dans le département au-dessus de Saverdun et y a un parcours de 78 kilomètres. Ses gares sont : Saverdun, Vernet-d'Ariège, Pamiers, Verniolle, Varilhes, Saint-Jean-de-Verges, Foix, Saint-Paul-Saint-Antoine, Mercus, Tarascon, Ussat-les-Bains, Les Cabannes, Luzenac et Ax.

V. — MONUMENTS HISTORIQUES

I. — *Monuments mégalithiques*

Les Bordes-sur-Lez. — Dolmen d'Ayer.
Camarade. — Dolmen de Commenge.
Gobre. — Dolmen de Coudère.
Le Mas-d'Azil. — Dolmen du Cap-del-Pouech; dolmens de Seignas ; dolmen de Bidot.
Mérens. — Dolmen.
Sabarat. — Dolmen de Peyre.

II. — *Monuments antiques*

Néant.

III. — *Monuments du moyen âge, de la renaissance et des temps modernes*

Foix. — Château P. C.
Lagarde. — Ruines du château.
Mirepoix. — Façades des maisons de la place du Marché ; clocher de l'église ; ruines du château.
Montségur. — Ruines du château.
Sabarat. — Chapelle.
Saint-Lizier. — Église Notre-Dame (ancienne cathédrale) et cloître.
Unac. — Église.

NOTICES SUR LES PRINCIPALES LOCALITÉS DU DÉPARTEMENT

Foix est le siège d'une subdivision de région et d'une sous-intendance. Le 59e d'infanterie y tient garnison et le 134e territorial viendrait s'y former.

La ville située sur une étroite langue de terre comprise entre l'Ariége et le Larget est dominée par un rocher de 58 mètres sur lequel se voient encore trois grandes tours gothiques antérieures au xve siècle, et qui sont les restes imposants d'un château qui fut assiégé bien des fois, notamment en 1210 par les Albigeois et en 1272 par Philippe le Hardi.

Pamiers, ancienne capitale du comté de Foix, doit son origine à un château bâti par Roger II. La ville qui se forma au pied de la forteresse devint bientôt l'objet d'une lutte entre les comtes de Foix et les abbés de Saint-Antonin, leurs voisins. Plus tard, Pamiers devint le centre des opérations du fameux Simon de Montfort contre les Albigeois. Un de ses évêques ne craignit pas de se faire l'interprète des colères du pape Boniface VIII contre Philippe le Bel et fut cause de vicissitudes pour Pamiers, qui eut ensuite à souffrir des dissentions des comtes de Foix et des vicomtes de Narbonne, puis des guerres de religion.

Une partie du 59e de ligne y tient garnison.

Les Cabannes, non loin des ruines du château-fort de *Verdun*.

Lavelanet est voisin du château de *Montségur*, où 200 Albigeois furent brûlés en 1244 par une troupe de paysans fanatisés.

Mirepoix est une localité très ancienne, jadis fortifiée; des boulevards magnifiques occupent l'emplacement des anciens remparts. Les croisés s'en emparèrent sur le comte de Foix, dans la guerre des Albigeois.

Mazères est une petite ville jadis fortifiée, qui a joué un rôle historique assez considérable, surtout pendant les guerres de religion.

Mas-d'Azil, ancienne ville fortifiée, entourée de coteaux, s'est rendue célèbre par le siège qu'elle soutint en 1625 contre les catholiques et le maréchal de Thémènes, qui fut repoussé dans trois assauts et obligé de lever le siège au bout de trois mois de résistance.

Saint-Lizier, ainsi nommée en souvenir d'un évêque qui la défendit contre une redoutable armée de Goths, était autrefois fortifiée; on y voit encore des murailles de construction romaine, le donjon de son ancien château et des restes de la fortification.

F. Soulié.

Saverdun, jadis fortifiée, eut ses fortifications rasées sous Louis XIII et il ne reste plus que les débris de son ancien château. Pendant la guerre des Albigeois, elle repoussa les attaques de Simon de Montfort. C'est la patrie du pape Benoît XII.

Tarascon a, sur un monticule isolé au centre de la ville, les ruines d'un château-fort détruit par Richelieu.

VI. — HOMMES CÉLÈBRES

Benoît XII (*Jacques Fournier*), né à Saverdun, mort à Avignon en 1342. D'obscure origine, Jacques Fournier prit l'habit monastique, fit ses études à Paris où il fut reçu docteur. Nommé successivement évêque de Pamiers, de Mirepoix, puis cardinal en 1327, il fut élu pape en 1334 et se distingua par sa science.

Gaston de Foix duc de Nemours, né à Mazères en 1489, mort à Ravennes en Italie, en 1512. Son oncle, le roi Louis XII, l'envoya encore tout jeune en Italie et lui donna le gouvernement du Milanais. D'une rare énergie et d'une grande bravoure, il repoussa les Suisses et les Vénitiens coalisés en décembre 1511. Débarrassé des Suisses, il se précipita au-devant des Espagnols qui venaient assiéger Bologne et les força à battre en retraite le 5 février 1512. Au moment de se mettre à leur poursuite, il apprit que les provinces de Brescia et de Bergame venaient de se révolter. Le neuvième jour après son départ de Bologne, il arriva devant Brescia après de nombreuses difficultés et après avoir mis en déroute une armée vénitienne envoyée au secours de la ville.

Brescia refusa de se rendre. Les Français, occupant le château qui domine la ville, descendirent alors, renversant, pillant et saccageant tout sur leur passage.

Louis XII lui ayant envoyé des renforts et lui ayant donné l'ordre de détruire à tout prix les armées du pape et du roi d'Aragon, Gaston de Foix entra en Romagne.

Le général ennemi, don Ramon de Cardona, le suivait sans oser toutefois lui livrer bataille. C'est alors qu'il se dirigea sur Ravennes, pensant bien que les ennemis ne laisseraient pas prendre cette ville importante.

Général Clausel.

En effet, don Ramon se porta au secours de la place et s'arrêta environ à une lieue de là, ayant la rivière du Ronco entre lui et les Français. Gaston, pris entre la ville et l'armée ennemie, manquant de vivres se décida à sortir, coûte que coûte, de cette situation. Il se précipita à l'assaut de la ville, mais fut repoussé. Marchant alors contre le camp ennemi, il traversa la rivière. Le général Espagnol l'attendait derrière les fossés de son camp. Le canon ne pouvant déloger les espagnols ainsi retranchés, Gaston se décida à leur donner l'assaut. L'infanterie française un instant repoussée, se trouvant secourue par la cavalerie, força l'infanterie ennemie à fuir après de grandes pertes. C'est alors que Gaston voyant un corps d'Espagnols se reformer le long de la rivière afin de faire retraite en bon ordre, se précipita sur eux suivi seulement de quelques cavaliers. Désarçonné et percé de coups de pique et d'épée avant qu'on ait pu venir le dégager, il mourut, victime de la seule faute militaire qu'il eût jamais commise dans toute sa carrière, le 15 avril 1512.

Conserans est le lieu de naissance du *maréchal de Thermes* (1482-1562). Il fit ses premières armes sous Lautrec, en Italie, se distingua en Piémont, dans le Roussillon et au siège de Perpignan (1542). Il se signala à la bataille de Cérisole (1544) où il fut fait prisonnier. En 1547, il s'empara du marquisat de Saluces et de diverses places, passa en Écosse en 1549 pour y défendre la reine Marie et enleva plusieurs forteresses aux Anglais En 1550, il souleva en Italie le duché de Parme et la république de Sienne, soumit la Corse en 1554, fut nommé commandant en chef au Piémont en 1555 à la place de Brissac, fit les deux campagnes de 1556 et de 1557, à la suite desquelles il reçut de Henri II le comté de Comminges et le bâton de maréchal. Il contribua à la reprise de Calais (1558), prit Dunkerque peu après, fut vaincu et fait prisonnier par des forces supérieures à Gravelines et rendu à la liberté au traité de Cateau-Cambrésis (1559). Nommé gouverneur de Paris au début des troubles religieux, sa modération le fit destituer. Le maréchal de Thermes avait, dans ses nombreuses campagnes, acquis la réputation d'un des plus braves capitaines de son temps.

Pierre Bayle, né à Carla-Bayle en 1647, mort en 1706. Né de parents protestants, il abjura le protestantisme mais revint bientôt à sa première religion. Privé de sa chaire de Rotterdam à la suite de la révocation de l'édit de Nantes, il se mit à rédiger son dictionnaire historique et critique dont la première édition parut en 1697.

Jean Vidal, astronome, né à Mirepoix (1747-1819).

Joseph Lakanal, professeur de philosophie et membre de l'Académie des sciences morales et politiques, né à Serres en 1762, mort à Paris en 1845.

Le général Latour, né à Foix.

Frédéric Soulié, né à Foix.

Le maréchal Clausel est né à Mirepoix en 1772. Parti en 1792 comme capitaine dans la région des Pyrénées, il se distingua contre les Espagnols et en Italie. Il fit partie de l'expédition de Saint-Domingue comme brigadier et rentra en 1801 comme divisionnaire. Il servit ensuite en Hollande, à Naples et dans les provinces illyriennes, prit une part glorieuse aux deux campagnes de Portugal sous Junot et Masséna et, remplaçant Marmont blessé à la bataille des Arapiles, il sauva l'armée française d'un désastre complet (1812). Aux Cent-Jours, il commanda l'armée de Bordeaux, où il refusa d'arborer le drapeau blanc après Waterloo. Proscrit alors, il fut amnistié en 1820 et devint député de Rethel en 1827. Nommé commandant de l'armée d'Afrique après 1830, il prit Médéah, Blidah, commença la colonisation de l'Algérie et rentra en France comme maréchal en 1831. De nouveau gouverneur de l'Algérie en 1835, il échoua en 1836 dans la malheureuse expédition contre Constantine. Il prit alors sa retraite et mourut en 1842.

VII. - INDUSTRIE

NATURE des Industries	DÉSIGNATION ou nombre de localités où s'exercent les industries	NOMBRE d'établissements	NOMBRES MOYENS de contre-maîtres et surveillants	d'ouvriers et de manœuvres	de femmes	d'enfants	TOTAUX
I. — ARTS ET PRODUITS CHIMIQUES							
Fabriques de chandelles et bougies.....	Mirepoix, Pamiers St-Girons	4	»	5	4	»	9
II. — INDUSTRIE DU BOIS							
Exploitation de forêts, scieries, charbons de bois.	22 localités formant les vallées d'Ax, des Cabannes, de Bélesta, Le Mas-d'Azil, Pamiers et Saint-Girons	101	»	210	32	»	242
Tonnellerie, fabrique de comportes...	Sainte-Croix....	14	»	22	»	»	22
III. — CÉRAMIQUE							
Briqueteries, tuileries	13 localités......	42	»	69	24	13	106
IV. — CUIRS ET PEAUX							
Tanneries.....	7 localités.......	20	»	127	1	3	131
V. — IMPRIMERIE, PAPETERIE							
Fabrique de cartons	Pamiers.........	1	»	6	18	»	24
Fabrique de papiers......	3 localités.......	7	»	172	130	30	341
VI. — INDUSTRIE EXTRACTIVE							
Ardoisières....	Lacourt.........	4	»	22	»	»	22
Carrières de grès........	Celles..........	1	»	2	»	»	2
marbre	St-Girons et Seix	7	»	56	»	»	56
talc........	Luzenac..........	1	»	4	10	»	14
pierres à bâtir	3 localités.......	10	»	24	»	»	24
pierres à chaux	3 localités.......	3	»	5	1	»	6
pierres à plâtre	5 localités.......	20	»	363	39	25	427
Fours à chaux.	Baulau et St-Jean-de-Verges,....	3	»	6	4	1	11
Fabrique de pierres à aiguiser.......	Aleu............	1	»	105	48	32	185
Mines de : fer..........	5 localités.......	5	»	262	»	3	265
	Riverenert (en chômage......	1	»	»	»	»	»
plomb.......	Sentein.........	1	»	150	»	»	150
id.	6 localités (en chômage.........	6	»	»	»	»	»
cuivre.......	Ranel (en chôm.)	1	»	»	»	»	»
manganèse...	Riverenert......	1	»	8	»	»	8
	Moutels (en chômage).........	1	»	»	»	»	»
sel..........	Camarade, Gousseraing (en chômage.........	2	»	»	»	»	»
VII. — INDUSTRIES TEXTILES							
Filature de coton..........	Saverdun (en chômage.........	1	»	»	»	»	»
Filature de laine	Ax, Mas-d'Azil, Pamiers.........	5	»	7	3	4	14
Draps : fabriques et apprêts.........	Lavelanet, Mirepoix, Laroque-d'Olmes	43	»	402	139	36	577
filatures et foulons.........	11 localités	34	»	114	95	61	270
Tissages......	Lavelanet	18	»	295	50	8	353
Teintureries..	Lavelanet	8	»	10	»	»	10
Fabrique de tissus grossiers	Saint-Quirc	1	»	6	»	»	6
VIII. — MÉTALLURGIE ET CONSTRUCTIONS MÉCANIQUES							
Aciérie.......	Saint-Pierre.....	1	»	32	»	8	40
Hauts-fourneaux, forges, martinets.....	9 localités.......	14	»	806	33	84	923
Fouderies.....	Pamiers.........	3	»	45	»	12	57
Boulons (fab. de)	Saint Antoine ...	1	»	50	»	10	60
Clouteries.....	Ganac (la vallée de la Barguillère).	80	»	412	»	»	412
Faulx (fab. de).	Niaux	2	»	26	»	»	26
Ressorts de voitures........	Pamiers.........	1	»	70	»	12	82
IX. — VÊTEMENT ET ACCESSOIRES							
Jais (fab. de)...	Labastide et Villac-Aiguillanes	4	»	21	15	1	37
Peignes (fab. de)	5 localités.......	5	»	575	255	102	932
	Totaux...	483	»	4489	910	445	5844

VIII. — AGRICULTURE (1)

On peut considérer trois zones bien distinctes dans le département : la Basse-Ariège, l'Ariège-Centrale et la Haute-Ariège. La première zone embrasse l'arrondissement de Pamiers, depuis le département de la Haute-Garonne jusqu'à Varilhes, point où commence la zone montagneuse moyenne. Les nombreux cours d'eau qui arrosent les contrées et leurs multiples affluents, sont souvent bordés de belles plantations de peupliers et de platanes offrant une végétation luxuriante. Toutes les cultures réussissent.

Dans la seconde zone, l'agriculture est encore facile dans les vallées, mais sur les versants des montagnes il ne faut plus compter que sur les prairies, les pâturages et les forêts.

La troisième zone embrasse la partie la plus méridionale du département; elle est le pays des solitudes sauvages, des forêts silencieuses dominées par des neiges qui souvent ne fondent pas entre deux hivers. Il n'y a plus, comme récolte, que du seigle, des pommes de terre, entre des plantations résineuses et, à côté ou plus haut, des pâtures servant à la transhumance du bétail, qui arrive l'été des régions les plus basses alors douces à la sécheresse.

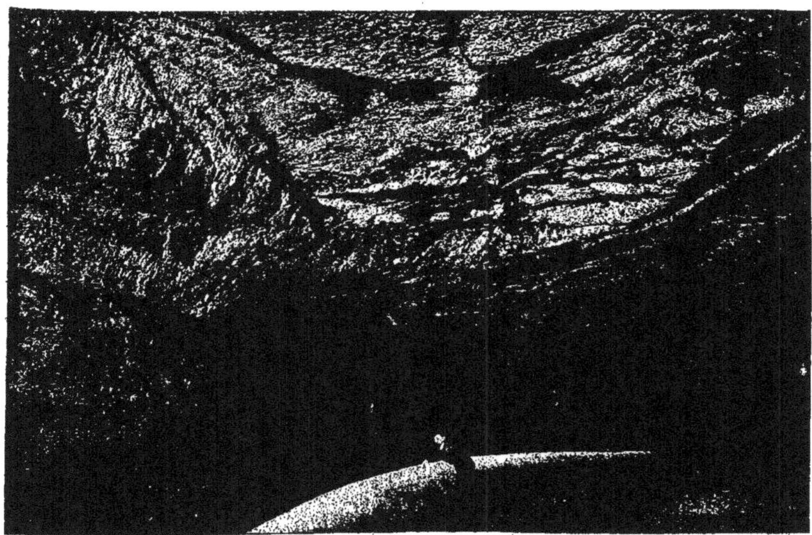

Intérieur de la Grotte du Mas-d'Azil.

Au point de vue géologique, les terres de l'arrondissement de Pamiers appartiennent aux terrains tertiaires; celles de l'arrondissement de Foix, à la craie, au grès vert et au granit; celles de l'arrondissement de Saint-Girons aux terrains tertiaires inférieurs, crétacés, jurassiques et schisteux.

Le département ne produit pas assez de graines pour sa consommation; il est obligé d'en importer parfois autant qu'il en récolte. Mais les graines qu'il fournit sont de bonne qualité.

La culture des pommes de terre a pris une grande importance depuis un demi-siècle et elle donne de bons rendements.

Les légumes secs apportent un appoint considérable à l'ensemble des denrées destinées à la consommation humaine. Environ 8 000 hectares sont consacrés à cette production.

(1) Cet article, ainsi que celui des forêts, est extrait du *Dictionnaire d'agriculture* de J.-A. Barral (Hachette et Cie, éditeurs).

Les cultures industrielles sont tout-à-fait accessoires; elles ne portent que sur le lin, le chanvre et le colza. Les cultures arbustives sont plus importantes.

Les désastres causés par les gelées et les grêles ont restreint l'extension de la culture de la vigne dans l'Ariège. D'ailleurs, cette plante n'y donne pas de bons résultats, surtout au point de vue de la quantité. On n'y trouve ni mûriers, ni oliviers. Les châtaigniers occupent de 100 à 150 hectares. On remarque des amandiers et des noyers en bordure dans l'arrondissement de Foix.

Le cinquième environ de la surface occupée par les prairies permanentes est arrosé. La déclivité des terrains étant très considérable, aucun travail d'aménagement n'est nécessaire pour opérer l'arrosage et il suffit de simples rigoles creusées à la bêche pour conduire les eaux. Les meilleures prairies sont fauchées ordinairement deux fois par an; elles sont situées dans les arrondissements de Foix et de Saint-Girons. Les rendements moyens sont très satisfaisants.

L'élevage de l'espèce chevaline n'est pas en progrès parce que les agriculteurs se plaignent de ne pas trouver des prix suffisamment rémunérateurs pour les jeunes chevaux ou les poulains. Le sang arabe a été introduit dans le pays où l'on distingue la race navarine, qui est la plus estimée, et la race ariégeoise proprement dite.

L'élevage de l'espèce asine est plus avantageux que celui du cheval, quoiqu'il ne donne pas de grands bénéfices. L'entretien de l'espèce bovine donne de bons résultats, soit qu'on fasse travailler les animaux, soit qu'on en vende les veaux, soit enfin qu'on fasse du lait ou de l'engraissement.

L'élevage de l'espèce porcine est, en général, assez fructueux dans le département. Les bêtes porcines y sont assez diverses. Les unes sont noires, de haute taille, avec des oreilles assez droites, leur conformation est bonne : ce sont les plus répandues et leur chair est excellente. Les autres sont pies, avec des oreilles tombantes; quelques-unes sont grises ou rousses.

L'habitant de l'Ariège se distingue par son activité, son énergie et son adresse dans le travail. Il aime ses montagnes et est attaché à son village. On cite les mœurs pastorales de ce qu'on appelle la *Suisse gironnaise* de la vallée de Bethmale. Les mêmes familles se succèdent séculairement comme métayers sur les mêmes domaines. Durant l'été une partie des habitants des villages ou des hameaux de la vallée d'Oust monte vers les plateaux supérieurs.

STATISTIQUE GÉNÉRALE DU SOL

Terrains de qualité supérieure	1 745 hect.
Terres labourables	141 813
Prés	37 667
Vignes	15 174
Bois	160 321
Landes, pâtis, etc.	49 977
Terrains divers	1 466
Superficie totale	408 163 hect.

Froment.

Surface cultivée	37 559 hectares.
Rendement moyen par hectare	11 41 hectolit.
Poids moyen de l'hectol.	77 12 kilos.
Prix moyen de l'hectol .	19 fr. 78
Production annuelle . .	428 548 hectolit.

CULTURES DIVERSES

Céréales diverses : farineux, cultures industrielles, plantes textiles, autres cultures oléagineuses, vignes, sériciculture, apiculture.

DÉSIGNATION	SUPERFICIE ensemencée PAR HECTARE	RENDEMENT moyen par hectare en hectolitres	PRODUCTION annuelle en hectolitres
Méteil	5 053	11,20	56 593
Seigle	10 668	12,83	136 870
Orge	758	12,00	9 096
Sarrazin	5 905	10,00	59 050
Maïs	18 127	14,00	253 778
Millet	70	12,00	840
Avoine	8 518	12,66	107 837
Pommes de terre	22 853	70,66	1 614 792
Légumes secs	2 550	7,20	18 360
Châtaignes	370	35,00	12 950
		en quintaux	en quintaux.
Betteraves à sucre	»	»	»
Betteraves fourragères.	743	113,00	83 959
Houblon	»	»	»
Tabac	»	»	»
		fila. au quint.	filasse au quint.
Chanvre	109	3,20	349
Lin	1 229	8,00	9 832
		en kilog.	en kilos
Chènevis	»	»	4 200
Lin (huile)	»	»	71 456
		en hectol.	en hectol.
Œillette, Navette, Cameline, etc.	»	»	»
Colza (graine)	»	»	»
Colza (huile)			
Olives (fruit)	»	»	»
Olives (huile)	»	»	»
		en hectol.	en hectol.
Vignes	16 956	17,03	288 761

Ruches d'abeilles.

Nombre de ruches en activité. . .	95 50	»
Production du miel en kilog . . .	32 757	»
Production en cire.	10 887	»

Animaux de ferme.

Espèce chevaline.	7 850 têtes

Espèce mulassière.	1 350	têtes
— asine	8 065	—
Bœufs et taureaux	49 500	—
Vaches et génisses.	47 620	—
Veaux.	9 680	—
Espèce ovine (race du pays). .	288 420	—
— (race perfectionnée)	4 650	—
Espèce porcine.	50 470	—
— caprine.	4 633	—

Produit des animaux.

Laine. . .	Quantité en kilog. .	502 450 »
	Prix moyen du kilog.	1f24
	Valeur.	623 038fr.»
Suif . . .	Quantité en kilog. .	560 450 »
	Prix moyen du kilog.	0fr.66
	Valeur.	369 897fr.»

IX. — FORÊTS

L'Ariège fait partie de la 18e conservation dont le siège est à Toulouse (Haute-Garonne). Il y a un inspecteur à Foix et à Saint-Girons ; un garde général au Pla, Tarascon, Saint-Girons, Castillon et Seix.

La statistique spéciale la plus récente, dressée par l'administration des forêts donne un total de 160 321 hectares, comme surface boisée. L'Etat possède 76 594 hectares ; les communes, 26 189 hectares ; divers établissements publics, 53 hectares. Le reste, c'est-à-dire plus d'un tiers ou 57 487 hectares appartiennent à des particuliers. Il y a 51 forêts domaniales ; 336 communes possèdent 161 forêts. Le département n'est propriétaire d'aucune forêt.

Les forêts de l'Ariège sont en sol calcaire dans la proportion de 34 pour 100 et un sol non calcaire pour le surplus.

Depuis vingt ans des travaux de reboisement ont été effectués par les communes ou par les particuliers. L'étendue qu'ils ont déclaré vouloir reboiser ou gazonner s'élevait à 4 248 hectares. Des subventions ont été accordées pour ces travaux par l'Etat et par le département, ainsi que pour la formation de frontières.

X. — DIVISION POLITIQUE, ADMINISTRATIVE ET POPULATION

Le département de l'Ariège est divisé en trois arrondissements dont deux sont administrés chacun par un sous-préfet, savoir :

1° L'arrondissement de Foix, subdivisé en 8 cantons contenant ensemble 139 communes administré directement par le préfet ;

2° L'arrondissement de Pamiers, subdivisé en 6 cantons, contenant ensemble 114 communes ;

3° L'arrondissement de Saint-Girons, subdivisé en 6 cantons, contenant ensemble 83 communes.

Nous donnons ci-contre le tableau de toutes les communes du département, classées par arrondissements et cantons. La population résulte du dernier recensement effectué en 1886 et toutes les communes sont exactement repérées par rapport aux gares des chemins de fer, ainsi qu'aux bureaux de postes et télégraphes.

TABLEAU DES COMMUNES DU DÉPARTEMENT DE L'ARIÈGE

3 arrondissements — 20 cantons 336 communes — 237 619 habitants — 408 163 hectares — Moyenne de la population par kilomètre carré : 58 habitants.

I. — ARRONDISSEMENT DE FOIX (8 cantons, 139 communes, 80 574 habitants)

NOMS des COMMUNES	Population	Dist. au chef-l. d'ar.	LOCALITÉS AVEC GARES postes et télégraphes	GARE LA PLUS PRÈS de chaque com. et distance à cette commune	BUREAUX de postes desserv. les communes avec les distances
I. — CANTON DE FOIX (*26 com., 22 400 hab.*)					
1 Foix	7369	»	🚂 ⊤ **379 0**	Foix 0 7	Foix »
2 Arabaux	122	6	*525 0*	Foix 6 7	Foix 6 0
3 Baulou	452	10	*510 0*	Foix 10 5	Foix 9 8
4 Bénac	294	8	490 0	Foix 8 8	Serres-s-Arget 2 1
5 Bosc (Le)	1092	16	940 0	Foix 16 4	id. 8 6
6 Brassac	1343	8	487 0	Foix 8 3	id. 4 0
7 Burret	431	13	938 0	Foix 13 7	id. 5 9
8 Celles	455	10	510 0	St-Paul-St-Antoine 4 0	S-Paul-de-Jarrat 2 0
9 Cos	218	4	520 0	Foix 4 7	Foix 4 0
10 Ferrières	240	3	422 0	Foix 4 0	Foix 3 3
11 Freychenet	803	14	900 0	S-Paul-S-Ant. 8 4	S-Paul-d-Jar. 6 4
12 Ganac	1221	5	⊠ 510 0	Foix 5 6	Ganac »
13 Herm (L')	411	8	*508 0*	Foix 8 3	Foix 8 0
14 Loubières	136	7	420 0	Foix 7 0	Foix 7 0
15 Montgailhard	845	4	*481 0*	S-Paul-S-Ant. 1 6	Foix 4 0
16 Montoulieu	774	7	*475 0*	id. 5 8	Foix 6 9
17 Pradières	225	5	470 0	Foix 5 3	Foix 5 0
18 Prayols	403	4	430 0	Foix 5 7	Foix 4 4
19 St-Jean-de-Verges	514	6	🚂 **364 0**	S-Jean-des-Ver. »	Foix 6 0
20 St-Martin-de-Caralp	606	8	*633 0*	Foix 8 5	Foix 7 8
21 St-Paul-de-Jarrat	1311	8	🚂 ⊤ **460 0**	S-Paul-S-Ant. 2 0	S-Paul-d-Jarrat »
I. — CANTON DE FOIX (*Suite*)					
1 St-Pierre-de-Rivière	405	4	*551 0*	Foix 5 0	Foix 4 3
2 Serres	1653	9	⊠ 644 0	Foix 9 8	Serres 1 9
3 Soula	508	10	635 0	S-Paul-S-Ant. 8 4	S-Paul-d-Jarrat 6 4
4 Vernajoul	471	3	442 0	Foix 3 5	Foix 2 8
5 Villeneuve-du-Bosc	98	10	630 0	Varilhes 7 6	Foix 12 0
II. — CANTON D'AX (*14 com., 6 900 hab.*)					
6 Ax	1813	41	🚂 ⊤ **716 0**	Ax »	Ax-sur-Ariège »
7 Ascou	620	45	*1010 0*	Ax 3 5	Ax-sur-Ariège 3 0
8 Hospitalet (L')	140	58	1477 0	Ax 17 5	id. 17 5
9 Ignaux	108	46	1142 0	Ax 6 0	id. 6 0
10 Mérens	678	49	*1050 0*	Ax 9 0	id. 9 0
11 Montaillou	243	46	*1244 0*	Ax 16 0	id. 16 0
12 Orgeix	184	45	988 0	Ax 3 0	id. 3 0
13 Orlu	345	46 5	973 0	Ax 5 0	id. 5 0
14 Perles et Castelet	370	36	*643 0*	Ax 5 0	id. 5 0
15 Prades	523	45	*1200 0*	Ax 15 0	id. 15 0
16 Savignac	338	39 8	*696 0*	Ax 1 0	id. 1 0
17 Sorgeat	400	45	*1040 0*	Ax 4 5	id. 4 5
18 Tignac	163	37	*840 0*	Ax 4 4	id. 4 4
19 Vaychis	215	38	*890 0*	Ax 3 5	id. 3 5

Nota. — Les cotes inscrites dans ce tableau, à côté des signes abréviatifs 🚂 ⊠ ⊤ ⊤, désignent des altitudes, c'est-à-dire la hauteur des points signalés au-dessus du niveau moyen des eaux de la mer. Les cotes imprimées en caractères gras et placées en face des noms des gares sont les altitudes *gravées* ou *à graver* sur les socles des bâtiments des dites gares, à 0 m. 60 environ au-dessus du niveau des rails. Les cotes inscrites en face du nom des communes sont extraites de la carte de l'état-major au 1/80000. Celles en italiques existent *dans la commune même*. Les autres sont les cotes du point le plus rapproché de la commune correspondante, point indiqué sur la carte de l'état-major.

I. — ARRONDISSEMENT DE FOIX (suite)

III. — CANTON DE LA BASTIDE-DE-SÉROU (12 com., 7 180 hab.)

NOMS des COMMUNES	Population	Dist. au chef-l. d'ar	LOCALITÉS AVEC GARES postes et télégraphes	GARE LA PLUS PRÈS de chaque com. et distance à cette commune	BUREAUX de postes desserv. les communes avec les distances
1 Bastide-de-Sérou (La)	2591	18	⊤ 476 0	Foix....... 19 0	Bastide-de-Sé »
2 Aigues-Juntes	273	18	680 0	Foix....... 19 0	Bastide-de-Sé 11 3
3 Aillères	298	25	670 0	Foix....... 26 0	id. 6 7
4 Alzen	768	14	761 0	Foix....... 15 0	id. 7 1
5 Cadarcet	710	12	507 0	Foix....... 13 0	id. 8 2
6 Durban	1019	26	416 0	Foix....... 27 0	id. 8 4
7 Larbont	232	23	613 0	Foix....... 24 0	id. 5 2
8 Montagagne	224	27	778 0	Foix....... 28 0	id. 7 2
9 Montels	424	15	434 0	Foix....... 16 0	id. 4 0
10 Nescus	216	21	452 0	Foix....... 22 0	id. 3 6
11 Sentenac-de-Sérou	384	28	848 0	Foix....... 29 0	id. 8 7
12 Suzan	41	22	504 0	Foix....... 23 0	id. 3 3

IV. — CANTON DE CABANNES (LES) (25 com., 6 173 hab.)

NOMS des COMMUNES	Population	Dist. au chef-l. d'ar	LOCALITÉS AVEC GARES postes et télégraphes	GARE LA PLUS PRÈS de chaque com. et distance à cette commune	BUREAUX de postes desserv. les communes avec les distances
13 Cabannes (Les)	509	25	⊤🚂 535 4	Cabannes .. 0 3	Cabannes (Les) »
14 Albiès	406	27	565 3	Cabannes... 3 3	Cabannes (Les) 3 0
15 Appy	126	35	932 0	Cabannes... 10 3	id. 10 0
16 Aston	414	26	536 0	Cabannes... 3 0	id. 3 3
17 Aulos	98	25	528 0	Cabannes... 2 0	id. 2 3
18 Axiat	228	35	909 0	Cabannes... 10 3	id. 10 0
19 Bestiac	101	48	910 0	Luzenac.... 5 7	Luzenac ... 5 0
20 Bouan	167	21	520 0	Cabannes... 4 1	Cabannes (Les) 4 3
21 Caussou	407	48	824 0	Luzenac.... 7 7	Luzenac.... 7 0
22 Caychax	163	30	940 0	Cabannes... 8 2	Cabannes (Les) 8 0
23 Château-Verdun	137	25	536 0	Cabannes... 1 0	Cabannes (Les) 1 3
24 Grranou	200	22	510 0	Luzenac.... 0 9	Luzenac.... 1 6
25 Larcat	450	28	550 0	Cabannes... 4 7	Cabannes (Les) 5 0
26 Larnat	246	25	530 0	Cabannes... 7 7	Cabannes (Les) 8 0
27 Lassur	130	30	540 0	Luzenac.... 1 4	Luzenac.... 2 0
28 Lordat	170	31	920 0	Luzenac.... 3 3	Luzenac.... 2 6
29 Luzenac	413	32	🚂⊠ 507 0	Luzenac.... 0 7	Luzenac.... »
30 Pech	123	25	564 0	Cabannes... 1 0	Cabannes (Les) 1 0
31 Senconac	124	31	940 0	Cabannes... 8 0	Cabannes (Les) 8 3
32 Sinsat	161	22	520 0	Cabannes... 2 7	Cabannes (Les) 3 0
33 Unac	273	33	600 0	Luzenac.... 2 7	Luzenac.... 2 0
34 Urs	153	31	580 0	Luzenac.... 2 4	Cabannes (Les) 3 2
35 Vèbre	417	28	576 0	Cabannes... 5 3	Cabannes (Les) 3 0
36 Verdun	433	26	540 0	Cabannes... 2 2	Cabannes (Les) 2 2
37 Vernaux	124	33	510 0	Luzenac.... 2 7	Luzenac.... 3 1

V. — CANTON DE LAVELANET (22 com., 15 121 hab.)

NOMS des COMMUNES	Population	Dist. au chef-l. d'ar	LOCALITÉS AVEC GARES postes et télégraphes	GARE LA PLUS PRÈS de chaque com. et distance à cette commune	BUREAUX de postes desserv. les communes avec les distances
38 Lavelanet	3246	26	⊤ 586 0	S-Paul-S-Ant. 20	Lavelanet .. »
39 Bélesta	2517	33	⊤ 482 0	id. 27 5	Bélesta..... »
40 Bénaix	387	28	724 0	id. 22 0	Lavelanet .. 4 0
41 Carla-de-Roquefort	310	18	376 0	Foix....... 18 0	Lavelanet .. 9 0
42 Dreuilhe	225	27	476 0	S-Paul-S-Ant2 10	Lavelanet .. 2 2
43 Fougax-et-Barrineuf	1556	37	602 0	id. 31 5	Bélesta..... 4 0
44 Illat	307	17	436 0	Foix....... 17 0	Lavelanet .. 6 3
45 Leychert	314	14	850 0	S-Paul-S-Ant.102	S-Paul-d-Jar. 8 0
46 Lieurac	296	20	375 0	Foix....... 20 0	Lavelanet .. 11 2
47 Merviel	160	17	539 0	Varilhes.... 15 0	Rieucros ... 12 5
48 Montferrier	1485	26	589 0	S-Paul-S-Ant.204	Lavelanet .. 6 3
49 Montségur	743	32	853 0	id. 26 4	Lavelanet .. 12 0
50 Nalzen	341	18	636 0	id. 12 0	Lavelanet .. 8 5
51 Péreille	188	22	680 0	Foix....... 22 0	Lavelanet .. 5 0
52 Raissac	58	20	330 0	Foix....... 20 0	Lavelanet .. 3 1

V. — CANTON DE LAVELANET (Suite)

NOMS des COMMUNES	Population	Dist. au chef-l. d'ar	LOCALITÉS AVEC GARES postes et télégraphes	GARE LA PLUS PRÈS de chaque com. et distance à cette commune	BUREAUX de postes desserv. les communes avec les distances
1 Roquefixade	497	17	845 0	S-Paul-S-Ant.130	Lavelanet .. 9 4
2 Roquefort	367	15	436 0	Foix....... 15 0	Lavelanet .. 8 0
3 St-Jean-d'Aigues-Vives	145	28	525 0	S-Paul-S-Ant.222	Lavelanet .. 2 2
4 Sautel	226	22	391 0	Foix....... 21 6	Lavelanet .. 8 4
5 Ventenac	516	12	515 0	Varilhes.... 11 0	Varilhes.... 11 0
6 Vilhac-et-Aiguillanes	634	37	685 0	S-Paul-S-Ant. 21	Bélesta..... 10 0
7 Villeneuve-d'Olmes	603	24	574 0	id. 18 4	Lavelanet ... 4 0

VI. — CANTON DE QUÉRIGUT (7 com., 2 649 hab.)

NOMS des COMMUNES	Population	Dist. au chef-l. d'ar	LOCALITÉS AVEC GARES postes et télégraphes	GARE LA PLUS PRÈS de chaque com. et distance à cette commune	BUREAUX de postes desserv. les communes avec les distances
8 Quérigut	675	88	⊤ 1215 0	Quillan ... 42 0	Quérigut... »
9 Artigues	324	86	1130 0	Quillan ... 40 0	Quérigut... 4 1
10 Carcanières	249	88	1070 0	Quillan ... 40 0	Quérigut... 2 3
11 Mijanès	500	80	1130 0	Quillan ... 43 0	Quérigut... 6 3
12 Pla (Le)	282	84	1030 0	Quillan ... 39 0	Quérigut... 3 2
13 Puch (Le)	137	87	1050 0	Quillan ... 40 0	Quérigut... 3 1
14 Rouze	482	86	930 0	Quillan ... 37 0	Quérigut... 6 1

VII — CANTON DE TARASCON (22 com., 13 509 hab.)

NOMS des COMMUNES	Population	Dist. au chef-l. d'ar	LOCALITÉS AVEC GARES postes et télégraphes	GARE LA PLUS PRÈS de chaque com. et distance à cette commune	BUREAUX de postes desserv. les communes avec les distances
15 Tarascon	1739	15	🚂⊤ 471 0	Tarascon... »	Tarascon... »
16 Alliat	128	20	546 0	Tarascon... 5 5	Tarascon... 5 2
17 Amplaing	247	12	490 0	Mercus..... 1 8	Tarascon... 8 5
18 Arignac	820	18	524 0	Tarascon... 2 6	Tarascon... 2 6
19 Arnave	406	14	758 0	Mercus..... 5 3	Tarascon... 6 2
20 Banat	149	19	538 0	Tarascon... 4 0	Tarascon... 4 0
21 Bedeilhac-et-Aynat	502	20	580 0	Tarascon... 5 0	Saurat..... 3 0
22 Bompas	239	12	520 0	Mercus..... 2 9	Tarascon... 2 9
23 Capoulet-et-Junac	414	22	580 0	Tarascon... 6 5	Tarascon... 6 5
24 Cazenave-Serres-et-Allens	306	17	972 0	Mercus..... 8 1	Tarascon... 9 3
25 Génat	241	23	880 0	Tarascon... 7 5	Tarascon... 7 5
26 Gourbit	759	23	802 0	Tarascon... 7 5	Saurat..... 7 8
27 Lapége	410	23	991 0	Tarascon... 7 5	Tarascon... 7 5
28 Mercus	764	10	🚂 478 0	Mercus..... »	Tarascon... 4 8
29 Miglos	932	23	590 0	Tarascon... 8 3	Tarascon... 8 3
30 Niaux	312	19	550 0	Tarascon... 4 2	Tarascon... 4 2
31 Ornolac-Ussat-les-Bains	423	21	620 0	Ussat-les-Bains.... 3 0	Tarascon... 3 5
32 Quié	168	17	894 0	Tarascon... 2 0	Tarascon... 2 0
33 Rabat	976	20	582 0	Tarascon... 5 2	Saurat..... 5 0
34 Saurat	3113	23	⊤ 653 0	Tarascon... 7 5	Saurat..... »
35 Surba	240	18	535 0	Tarascon... 3 0	Tarascon... 3 0
36 Ussat	221	18	🚂 520 0	Ussat-l-Bains. »	Tarascon... 3 0

VIII. — CANTON DE VICDESSOS (11 com., 7 342 hab.)

NOMS des COMMUNES	Population	Dist. au chef-l. d'ar	LOCALITÉS AVEC GARES postes et télégraphes	GARE LA PLUS PRÈS de chaque com. et distance à cette commune	BUREAUX de postes desserv. les communes avec les distances
37 Vicdessos	808	30	⊤ 695 0	Tarascon 15 0	Vicdessos... »
38 Auzat	1261	32	740 0	id. 17 0	Vicdessos... 1 8
39 Gestiés	441	27	965 0	id. 12 0	Siguer..... 1 2
40 Goulier-et-Olbier	1109	33	1084 0	id. 18 0	Vicdessos... 2 8
41 Illier-et-Laramade	387	26	1096 0	id. 11 0	Vicdessos... 5 4
42 Lercoul	279	29	980 0	id. 14 0	Siguer..... 2 5
43 Orus	377	32 5	984 0	id. 17 5	Vicdessos... 2 4
44 Saleix	323	32 5	1013 0	id. 17 5	Vicdessos... 2 6
45 Sem	402	32	960 0	id. 17 0	Vicdessos... 2 3
46 Siguer	759	26	⊠ 850 0	id. 11 0	Siguer..... »
47 Suc-et-Sentenac	1196	34	876 0	id. 19 0	Vicdessos... 3 5

II. ARRONDISSEMENT DE PAMIERS (6 cantons, 114 communes, 75 659 habitants)

— CANTON DE PAMIERS (21 com., 19 987 hab.)

NOMS des COMMUNES	Population	Dist. au chef-l. d'ar	LOCALITÉS AVEC GARES postes et télégraphes	GARE LA PLUS PRÈS de chaque com. et distance à cette commune	BUREAUX de postes desserv. les communes avec les distances
53 Pamiers	11944	»	🚂⊤ 297 0	Pamiers ... »	Pamiers ... »
54 Allemans (Les)	800	5	305 0	Pamiers ... 4 5	Verniolle... 2 4
55 Arvigna	296	15	287 0	Pamiers ... 14 8	Rieucros ... 4 8
56 Benagues	233	6	330 0	Varilhes.... 6 4	Varilhes ... 6 0
57 Bézac	220	6	313 0	Pamiers ... 6 2	Pamiers ... 5 8
58 Bonnac	844	6	310 0	Vernet..... 3 5	Pamiers ... 6 0
59 Carlaret (Le)	217	9	313 0	Pamiers ... 8 5	Pamiers ... 9 0
60 Escosse	674	7	288 0	Pamiers ... 7 4	Pamiers ... 6 8
61 Issards (Les)	199	12	321 0	Pamiers ... 11 6	Rieucros ... 3 1
62 Lescousse	258	13	387 0	Pamiers ... 13 4	Pamiers ... 13 0
63 Ludiés	80	11	320 0	Pamiers ... 10 5	Rieucros ... 7 6
64 Madière	506	11	398 0	Pamiers ... 11 2	Pamiers.... 10 8
65 Pujols (Les)	563	11	302 0	Pamiers ... 10 6	Rieucros ... 4 5
66 St-Amadou	427	12	264 0	Pamiers ... 11 5	Rieucros ... 6 5
67 St-Amans	162	10	406 0	Pamiers ... 10 0	Pamiers ... 10 0
68 St-Jean-du-Falga	433	5	316 0	Pamiers ... 5 2	Pamiers ... 4 7
69 St-Martin-d'Oydes	640	16	333 0	Saverdun .. 13 0	Pamiers ... 15 8
70 St-Michel	217	12	386 0	Pamiers ... 12 4	Pamiers ... 11 8
71 St-Victor-Rouzaud	398	9	424 0	Pamiers ... 9 4	Pamiers ... 8 8
72 Unzent	322	20	305 0	Saverdun .. 9 8	Pamiers ... 19 8
73 Villeneuve-du-Paréage	554	5	278 0	Pamiers ... 4 6	Pamiers ... 4 9

II. — CANTON DU FOSSAT (11 com., 10 291 hab.)

NOMS des COMMUNES	Population	Dist. au chef-l. d'ar	LOCALITÉS AVEC GARES postes et télégraphes	GARE LA PLUS PRÈS de chaque com. et distance à cette commune	BUREAUX de postes desserv. les communes avec les distances
74 Fossat (Le)	907	26 0	⊤ 240 0	Pamiers.... 26 0	Fossat (Le). »
75 Artigat	1023	20 5	250 0	Pamiers.... 20 5	Fossat (Le). 4 8
76 Carla-Bayle	1562	26 0	396 0	Pamiers.... 26 0	Fossat (Le). 5 0
77 Castéras	124	23 0	347 0	Pamiers.... 23 0	Fossat (Le). 8 0
78 Lanoux	139	20 4	379 0	Pamiers.... 20 4	Fossat (Le). 9 0
79 Lézat	2542	38 0	⊤ 202 0	Auterive ... 15 0	Lézat...... »
80 Monesple	168	20 0	355 0	Pamiers.... 20 0	Pailhès..... 3 0
81 Pailhès	968	17 0	⊠ 380 0	Pamiers.... 17 0	Pailhès..... »
82 St-Ybars	1867	28 0	⊤ 290 0	Cintegabelle 16 0	St-Ybars... »
83 Sieuras	319	38 0	264 0	Cintegabelle 29 0	Fossat (Le). 11 5
84 Villeneuve-Durfort	672	23 0	334 0	Saverdun... 12 0	Fossat (Le). 10 2

III. — CANTON DU MAS-D'AZIL (14 com., 9 348 hab.)

NOMS des COMMUNES	Population	Dist. au chef-l. d'ar	LOCALITÉS AVEC GARES postes et télégraphes	GARE LA PLUS PRÈS de chaque com. et distance à cette commune	BUREAUX de postes desserv. les communes avec les distances
85 Mas-d'Azil (Le)	2350	31	⊤ 286 0	St-Girons .. 26 0	Mas-d'Azil . »
86 Bastide-de-Besplas (La)	653	38	250 0	Carbonne .. 19 5	Daumazan.. 4 0
87 Bordes-s.-Arize (les)	1155	28	253 0	Carbonne .. 29 4	Sabarat.... 2 4
88 Camarade	901	42	420 0	St-Girons .. 29 1	Mas-d'Azil . 10 9
89 Campagne	671	31	249 0	Carbonne .. 26 6	Daumazan.. 3 3
90 Castex	351	38	356 0	Carbonne .. 27 4	Daumazan.. 4 2
91 Daumazan	1143	34	⊤ 245 0	Carbonne .. 23 2	Daumazan.. »
92 Fornex	320	41	280 0	Carbonne .. 18 5	Daumazan.. 6 5
93 Gabre	502	35	355 0	Foix....... 23 6	Mas-d'Azil . 5 0
94 Loubaut	92	43	361 0	Carbonne .. 24 6	Daumazan.. 8 2
95 Méras	168	41	394 0	Carbonne .. 25 2	Daumazan.. 7 1
96 Montfa	303	39	470 0	Carbonne .. 32 9	Daumazan.. 9 7
97 Sabarat	622	26	⊠ 260 0	Pamiers.... 27 3	Sabarat.... »
98 Thouars	117	41	240 0	Carbonne .. 16 3	Daumazan.. 6 9

IV. — CANTON DE MIREPOIX (37 com., 16 428 hab.)

NOMS des COMMUNES	Population	Dist. au chef-l. d'ar	LOCALITÉS AVEC GARES postes et télégraphes	GARE LA PLUS PRÈS de chaque com. et distance à cette commune	BUREAUX de postes desserv. les communes avec les distances
48 Mirepoix	3934	24 0	⊤ 301 0	Pamiers.... 23 4	Mirepoix... »
49 Aigues-Vives	368	35 0	416 0	id. 34 8	Laroque-d'Ol. 3 8
50 Bastide-de-Bousignac (La)	437	28 0	326 0	id. 27 6	Mirepoix ... 4 2
51 Bastide-sur-l'Hers (La)	965	42 0	⊤ 532 0	id. 41 7	Bastide-s-l'Hers »
52 Belloc	196	38 0	449 0	id. 37 8	Léran...... 4 4
53 Besset	202	20 4	285 0	id. 20 4	Mirepoix... 3 0
54 Camon	418	37 0	343 0	id. 36 4	Mirepoix... 13 0
55 Cazals-des-Baylés	134	33 0	330 0	id. 32 0	Mirepoix... 8 6
56 Coutens	196	19 4	285 0	id. 19 4	Mirepoix... 5 2
57 Dun	872	21 5	320 0	id. 21 5	Rieucros ... 11 7
58 Engraviés	225	20 7	324 0	id. 20 7	Rieucros ... 10 2
59 Esclagne	186	38 5	508 0	id. 38 5	Laroque-d'Ol. 3 9
60 Lagarde	581	32 0	340 0	id. 31 8	Mirepoix ... 8 4
61 Lapenne	511	14 5	323 0	id. 14 5	Rieucros .. 10 4
62 Laroque-d'Olmes	1226	39 0	⊤ 487 0	id. 38 0	Laroque-d'Ol. »
63 Léran	1041	39 0	⊤ 411 0	id. 38 3	Léran...... »
64 Limbrassac	302	27 4	386 0	id. 27 4	Mirepoix... 10 3
65 Malegoude	98	29 0	340 0	Bram (Aude) 21 4	Mirepoix ... 5 1
66 Montbel	280	44 0	373 0	Pamiers.... 43 6	Léran...... 5 3
67 Moulin-Neuf	192	30 0	310 0	id. 29 6	Mirepoix... 6 3
68 Peyrat (Le)	549	43 0	530 0	id. 42 3	Bastide-s-Lhers 0 6
69 Portes	474	20 5	306 0	id. 20 5	Mirepoix ... 6 8
70 Pradettes	86	32 0	526 0	id. 32 0	Larroque-d'Ol. 5 9
71 Régat	84	37 0	486 0	id. 36 4	id. 3 8
72 Rieucros	403	14 0	⊤ 280 0	id. 14 0	Rieucros... »
73 Roumengoux	276	31 0	390 0	id. 30 3	Mirepoix... 6 9
74 St-Félix-de-Tournégat	338	16 1	362 0	id. 16 1	Rieucros ... 9 4
75 Ste-Foi	54	32 0	393 0	Castelnaudary 24 5	Mirepoix ... 7 5
76 St-Julien-de-Gras-Capou	137	30 4	363 0	Pamiers.... 30 4	Mirepoix... 7 4
77 St-Quentin	510	31 0	386 0	id. 30 3	Mirepoix... 6 8
78 Senesse-de-Séunbugue	106	23 7	406 0	id. 23 7	Mirepoix... 9 0
79 Tabre	73	35 2	460 0	id. 35 0	Laroque-d'Ol. 3 0
80 Teilhet	276	17 4	280 0	id. 17 0	Rieucros ... 3 4
81 Tourtrol	184	18 0	288 0	id. 17 7	Rieucros ... 6 0
82 Troye	218	33 0	420 0	id. 32 1	Mirepoix... 8 7
83 Vals	167	13 2	270 0	id. 13 0	Rieucros... 6 0
84 Viviès	139	15 0	399 0	id. 14 8	Rieucros ... 3 2

V. — CANTON DE SAVERDUN (14 com., 11 898 hab.)

NOMS des COMMUNES	Population	Dist. au chef-l. d'ar	LOCALITÉS AVEC GARES postes et télégraphes	GARE LA PLUS PRÈS de chaque com. et distance à cette commune	BUREAUX de postes desserv. les communes avec les distances
85 Saverdun	3642	15	🚂⊤ 231 0	Saverdun .. 0 7	Saverdun .. »
86 Bastide de Lordat (La)	373	9	297 0	Pamiers ... 8 0	Pamiers ... 8 9
87 Brie	332	22	364 0	Saverdun .. 7 4	Saverdun .. 6 7
88 Canté	372	20	267 0	Saverdun .. 4 6	Saverdun .. 5 3
89 Esplas	248	27	347 0	Saverdun .. 12 5	Saverdun .. 11 8
90 Gaudiés	516	12	243 0	Pamiers ... 11 6	Pamiers.... 12 4
91 Justiniac	200	25	360 0	Saverdun... 10 6	Saverdun .. 9 9
92 Labatut	150	22	277 0	Saverdun... 6 2	Saverdun .. 6 6

ARIÉGE

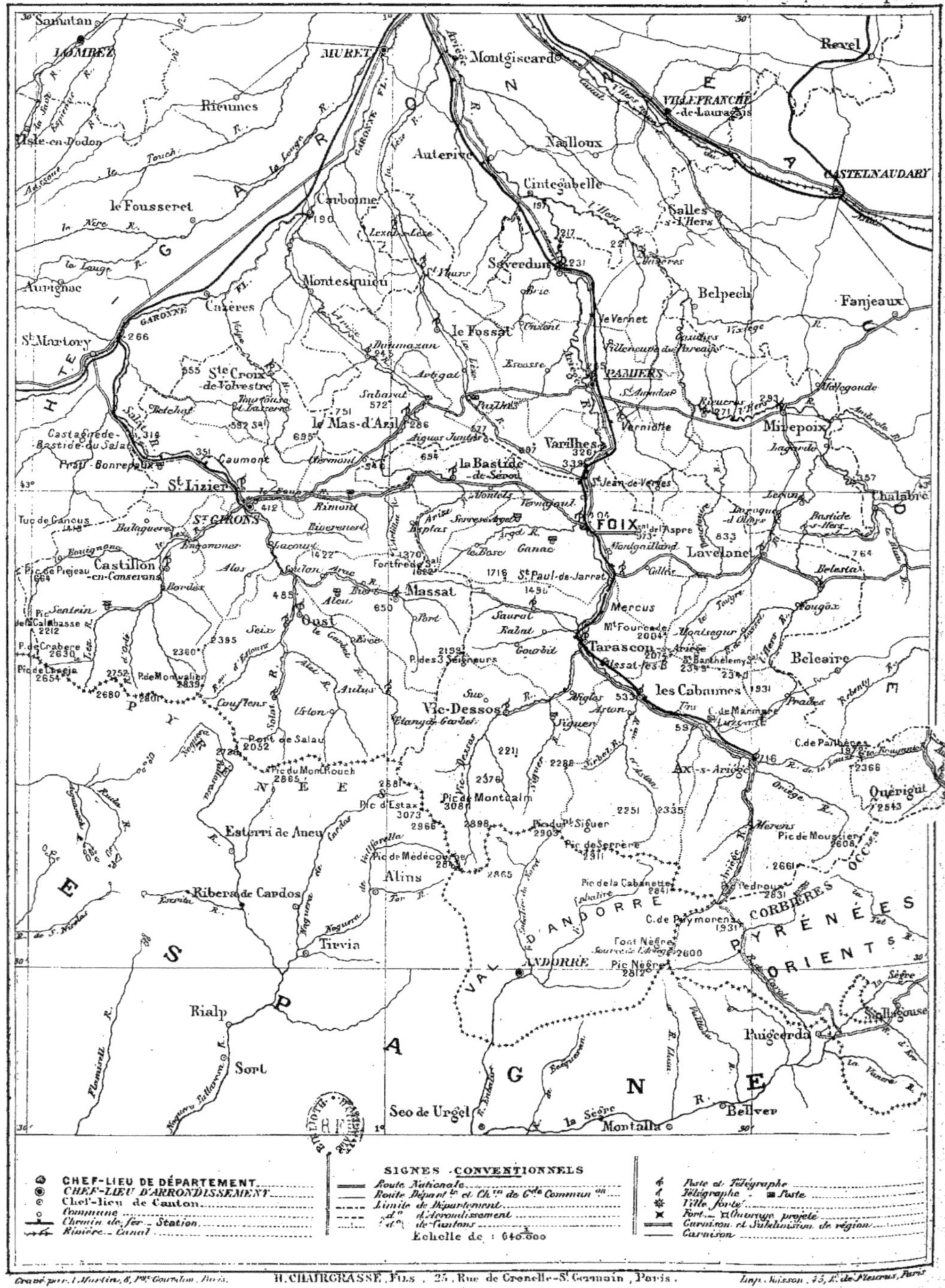

Gravé par J. Martin, 8, P^ge Gourdon, Paris. H. CHAIRGRASSE, FILS, 25, Rue de Grenelle-St Germain, Paris. Imp. Kaisson, 15, R. de Fleurus, Paris

II. — ARRONDISSEMENT DE PAMIERS (Suite)

NOMS des COMMUNES	Population	Dist. au chef-l. d'ar.	LOCALITÉS AVEC GARES postes et télégraphes	GARE LA PLUS PRÈS de chaque com. et distance à cette commune	BUREAUX de postes desserv. les communes avec les distances
V. — CANTON DE SAVERDUN (Suite)					
1 Lissac	286	22	218 0	Saverdun... 6 1	Saverdun .. 6 8
2 Mazères	3394	17	243 0	Saverdun... 10 2	Mazères.... »
3 Montaut	1294	9	295 0	Pamiers.... 9 4	Saverdun... 8 7
4 St-Quirc	382	23	343 0	Saverdun... 7 1	id. 7 8
5 Trémoulet	200	11	270 0	Pamiers.... 10 2	Pamiers... 11 0
6 Vernet (Le)	504	8	260 0	Vernet (Le). 0 7	Saverdun .. 8 5
VI. — CANTON DE VARILHES (17 com., 7 712 hab.)					
7 Varilhes	1669	10	338 0	Varilhes.... 0 3	Varilhes.... »
8 Artix	170	12	443 0	Varilhes.... 7 8	Varilhes.... 7 5
9 Calzan	109	16	491 0	Varilhes.... 12 5	Rieucros ... 7 9
10 Cazaux	201	24	362 0	Varilhes.... 13 2	Varilhes.... 12 9
11 Coussa	240	9	380 0	Varilhes.... 6 8	Verniolle .. 5 5
1 Crampagna	625	13	339 0	Varilhes.... 2 8	Varilhes.... 3 2
2 Dalou	517	12	350 0	Varilhes.... 2 1	Varilhes.... 2 1
3 Gudas	277	16	400 0	Varilhes.... 5 7	Varilhes.... 5 7
4 Loubens	436	13	470 0	Varilhes.... 8 9	Varilhes.... 9 2
5 Malléon	201	14	532 0	Varilhes.... 9 5	Varilhes.... 9 2
6 Montégut	705	28	318 0	Varilhes.... 16 0	Varilhes.... 15 7
7 Rieux	510	7	330 0	Varilhes.... 2 9	Varilhes.... 2 6
8 St-Bauzeil	137	12	431 0	Varilhes.... 7 3	Varilhes.... 7 0
19 St-Félix-de-Rieutort	197	10	358 0	Varilhes.... 5 6	Varilhes.... 5 3
10 Ségura	237	13	400 0	Varilhes.... 8 1	Varilhes.... 7 8
11 Verniolle	1214	5	322 0	Verniolle... »	Verniolle... »
12 Vira	261	19	300 0	Varilhes.... 14 7	Rieucros ... 6 7

III. — ARRONDISSEMENT DE SAINT-GIRONS (6 cantons, 83 communes, 81 386 habitants)

NOMS des COMMUNES	Population	Dist. au chef-l. d'ar.	LOCALITÉS AVEC GARES postes et télégraphes	GARE LA PLUS PRÈS de chaque com. et distance à cette commune	BUREAUX de postes desserv. les communes avec les distances
I. — CANTON DE SAINT-GIRONS (14 com., 19 721 hab.)					
12 St-Girons	5459	»	390 0	St-Girons .. »	St-Girons .. »
13 Alos	1109	12	694 0	St-Girons .. 12 0	St-Girons .. 12 0
14 Castelnau-Durban	1595	18	407 0	St-Girons .. 18 0	Castelnau-Dur. »
15 Clermont	344	18	509 0	St-Girons .. 18 0	Rimont..... 5 8
16 Encourtiech	301	8	813 0	St-Girons .. 8 0	St-Girons .. 8 0
17 Erp	678	9	697 0	St-Girons .. 9 0	St-Girons .. 9 0
18 Esplas	1530	25	698 0	St-Girons .. 25 0	Castelnau-Dur. 7 0
19 Eycheil	513	2	435 0	St-Girons .. 2 0	St-Girons .. 2 0
20 Lacourt	1135	6	451 0	St-Girons .. 6 0	St-Girons .. 6 0
21 Lescure	1516	9	497 0	St-Girons .. 9 0	Rimont..... 4 0
22 Montégut	204	6	440 0	St-Girons .. 6 0	St-Girons .. 6 0
23 Moulis	2144	5	440 0	St-Girons .. 5 0	St-Girons .. 5 0
24 Rimont	1688	13	538 0	St-Girons .. 13 0	Rimont..... »
25 Rivèrenert	1505	9	650 0	St-Girons .. 9 0	St-Girons .. 9 0
II. — CANTON DE CASTILLON (26 com., 15 420 hab.)					
26 Castillon	966	13	528 0	St-Girons .. 13 7	Castillon... »
27 Antras	351	25	910 0	id. 25 7	Sentein 2 0
28 Argein	634	16	560 0	id. 16 3	Orgibet 5 4
29 Arrout	254	12	783 0	id. 12 0	Castillon ... 3 3
30 Aucazein	278	17	570 0	id. 17 4	Castillon ... 5 8
31 Audressein	385	12	510 0	id. 12 5	Castillon ... 1 0
32 Augirein	511	22	656 0	id. 22 3	Orgibet 2 7
33 Balacet	81	21	750 0	id. 21 0	Sentein 3 7
34 Balaguères	1056	11	600 0	id. 11 0	Castillon ... 3 6
35 Bethmale	1835	18	765 0	id. 18 7	Castillon ... 5 6
36 Bonac	798	21	750 0	id. 21 7	Sentein 2 0
37 Bordes-sur-Lez (Les)	1077	15	578 0	id. 15 7	Castillon ... 2 3
38 Buzan	304	19	742 0	id. 19 3	Orgibet ... 6 3
39 Cescau	461	13	560 0	id. 12 0	Castillon ... 2 0
40 Engomer	712	8	598 0	id. 8 1	Castillon ... 5 0
41 Galey	692	23	635 0	id. 23 4	Orgibet 2 6
42 Illartein	327	18	740 0	id. 18 3	Orgibet 3 0
43 Irazein	160	21	780 0	id. 21 7	Sentein 2 8
44 Orgibet	736	21	670 0	id. 21 3	Orgibet.... »
45 St-Jean	201	21	671 0	id. 21 8	Orgibet.... 0 8
46 St-Lary	1231	24	665 0	id. 24 3	Orgibet.... 4 3
47 Salsein	330	16	840 0	id. 16 7	Castillon... 3 6
48 Sentein	1281	23	700 0	id. 23 7	Sentein .... »
49 Sor	110	15	635 0	id. 15 3	Castillon ... 2 4
50 Uchentein	346	20	968 0	id. 20 7	Sentein 4 7
51 Villeneuve	303	17	570 0	id. 17 3	Orgibet 4 5
III. — CANTON DE MASSAT (6 com., 14 351 hab.)					
52 Massat	3912	27	650 0	St-Girons .. 28 0	Massat..... »
53 Aleu	1151	17	666 0	id. 18 0	Aleu....... »
54 Biert	2348	24	599 0	id. 25 0	Massat..... 3 0
55 Boussenac	2652	30	698 0	id. 31 0	Massat..... 3 0
III. — CANTON DE MASSAT (Suite)					
13 Port (Le)	2435	31	710 0	id. 32 0	Massat..... 4 0
14 Soulan	1853	17	567 0	id. 18 0	Aleu....... 4 0
IV. — CANTON D'OUST (10 com., 11 409 hab.)					
15 Oust	1496	18	490 0	St-Girons .. 17 5	Oust....... »
16 Aulus	893	33	776 0	id. 33 0	Aulus ..... »
17 Couflens	900	29	898 0	id. 29 0	Seix 11 0
18 Ercé	2973	25	616 0	id. 25 0	Oust....... 7 0
19 Rogalle	435	17	615 0	id. 17 0	Seix 4 5
20 Seix	3117	18	505 0	id. 18 0	Seix .... »
21 Sentenac	1067	22	675 0	id. 22 0	Seix 4 0
22 Soueix	784	15	485 0	id. 15 0	Oust....... 3 0
23 Ustou	2521	30	702 0	id. 30 0	Seix 12 0
24 Vic	223	16	485 0	id. 16 0	Oust....... 2 0
V. — CANTON DE SAINTE-CROIX (11 com., 6 384 hab.)					
25 Sainte-Croix	1580	23	402 0	Cazères 14 0	Ste-Croix... »
26 Bagert	240	15	498 0	St-Girons .. 15 0	Fabas 6 2
27 Barjac	166	15	331 0	St-Girons .. 15 0	Fabas 7 7
28 Bédeille	361	16	360 0	Cazères 16 0	Fabas 4 3
29 Cérisols	523	25	348 0	Cazères 16 0	Fabas 5 5
30 Contrazy	349	17	676 0	St-Girons .. 17 0	Ste-Croix .. 12 6
31 Fabas	878	20	392 0	Cazères 13 0	Fabas...... »
32 Mauvezin-de-Sainte-Croix	171	22	548 0	St-Girons .. 22 0	Ste-Croix .. 10 4
33 Mérigon	371	17	430 0	St-Girons .. 17 0	Ste-Croix .. 6 0
34 Montardit	658	15	458 0	St-Girons .. 15 0	Ste-Croix .. 9 6
35 Tourtouse-et-Lasserre	1087	17	355 0	Cazères 15 0	Fabas 3 4
VI. — CANTON DE SAINT-LIZIER (16 com., 11 101 hab.)					
36 St-Lizier	1478	2	390 0	St-Lizier ... »	St-Lizier... »
87 Bastide-du-Salat (La)	362	18	358 0	Castagnède-l-B 1 0	Prat-et-Bonrep. 4 5
38 Betchat	1224	19	431 0	Salies-du-Salat 6 0	Salies-du-Salat 6 0
39 Caumont	515	9	347 0	Caumont... »	St-Lizier... 5 0
40 Cazavet	529	10	428 0	Prat....... 4 5	Prat et Bonrep. 4 5
41 Gajan	378	7	365 0	St-Girons .. 7 0	St-Lizier... 5 0
42 Lacave	272	15	319 0	Prat....... 2 8	Prat et Bonrep. 2 5
43 Mauvezin-de-Prat	150	15	340 0	Prat....... 2 5	Prat et Bonrep. 2 0
44 Mercenac	651	9	360 0	Caumont... 2 0	St-Lizier... 7 0
45 Montesquieu-Avantès	662	8	466 0	St-Girons .. 8 0	St-Girons .. 8 0
46 Montgauch	345	8	488 0	Prat....... 6 5	St-Lizier... 6 0
47 Montjoie	1800	3	507 0	St-Girons.. 3 0	St-Girons .. 3 0
48 Prat-et-Bonrepaux	1245	13	329 0	Prat....... »	Prat et Bonrep. »
49 Sentaraille	727	6	301 0	Caumont... 1 5	St-Lizier... 4 0
50 Taurignan-Castet	363	8	351 0	Caumont... 1 8	St-Lizier... 6 0
51 Taurignan-Vieux	400	6	363 0	St-Girons .. 6 0	St-Lizier... 4 0

STATISTIQUE DE LA POPULATION

La population du département était:

En 1801	196 454	habitants.
En 1821	234 878	—
En 1831	253 730	—
En 1851	267 435	—
En 1872	246 298	—
En 1886	237 619	—

Mariages annuels : Entre garçons et filles, 1718. — Entre garçons et veuves, 29. — Entre veufs et filles, 94. — Entre veufs et veuves, 16.

Naissances annuelles. — Enfants légitimes: garçons, 2 958; filles, 2791. — Enfants naturels: garçons, 138; filles, 117.

Décès annuels. — Sexe masculin : garçons, 1 222; mariés, 788; veufs, 495. — Sexe féminin : filles, 821 ; femmes, 684; veuves 605. — Morts accidentelles : hommes, 80; femmes, 20. — Suicides : hommes, 23 ; femmes, 6.

XI. — DIVISION JUDICIAIRE

Le département de l'Ariège dépend de la cour d'appel de Toulouse qui se compose d'un premier président, de deux présidents de chambre, de quatorze conseillers, d'un procureur général, de deux avocats généraux et de deux substituts au procureur général.

Il y a un tribunal de première instance à Foix, Pamiers et Saint-Girons.

D'après l'annuaire de la République française, le département de l'Ariège n'a pas de tribunaux de commerce.

Foix : Trois notaires, et six avoués.

Pamiers : Quatre notaires et sept avoués.

Saint-Girons : Trois notaires et six avoués.

XII. — DIVISION UNIVERSITAIRE

Le département de l'Ariège fait partie de l'Académie de Toulouse.

Enseignement secondaire. — Collège communal à Foix, à Pamiers et à Saint-Girons. — Cours secondaires de jeunes filles à Pamiers et à Saint-Girons.

Un inspecteur d'académie à Foix.

Enseignement primaire. — Un inspecteur primaire à Foix, à Pamiers, à Saint-Girons et à Tarascon. — Une école normale d'instituteurs et une école normale d'institutrices à Foix.

ÉCOLES PUBLIQUES

Nombre d'écoles	laïques	664	728
	congréganistes	64	

Nombre d'élèves :

Laïques.	garçons	18 621	
	filles		11 643
Congréganistes	garçons	1 306	
	filles		3 487
		19 927	15 130
		35 057	

ÉCOLES LIBRES

Nombre d'écoles	laïques	10	39
	congréganistes	29	

Nombre d'élèves :

Laïques.	garçons	143	
	filles		441
Congréganistes	garçons	355	
	filles		1 735
		498	2 176
		2 674	

XIII. — DIVISION RELIGIEUSE

Le département de l'Ariège dépend de l'archevêché de Toulouse. La résidence de l'évêque est à Pamiers. Le personnel ecclésiastique est ainsi réparti.

Évêque	1
Vicaires généraux titulaires	1
Chanoines titulaires	9
Ecclésiastique attaché au secrétariat	1
Curés	22
A reporter	34
Report	34
Desservants	278
Vicaires des paroisses	22
Prêtres habitués	25
Aumôniers	3
Professeurs	6
Supérieurs et professeurs	10
Total	378

Contenance et Valeur des immeubles possédés par les congrégations religieuses.

CONTENANCE en hectares d'après LE CADASTRE	VALEUR LOCATIVE	VALEUR VÉNALE
5 h. 46	27 810 f.	619 300 f.

Contenance et Valeur des immeubles occupés par les congrégations religieuses.

CONTENANCE en hectares d'après LE CADASTRE	VALEUR LOCATIVE	VALEUR VÉNALE
8 h. 34	16 030 f.	264 600

XIV. — POSTES ET TÉLÉGRAPHES

Le département de l'Ariège contient :

37 bureaux postaux et télégraphiques.

1 bureau télégraphique simple.

10 bureaux postaux seulement.

Il est délivré annuellement, dans le département, environ 70 000 mandats d'articles d'argent, pour une somme de 2 000 000 francs.

La taxe des lettres, journaux, etc., ainsi que les soldes des comptes avec les offices étrangers, produisent, par an, environ 300 000 fr.

Nombre de dépêches.	intérieures	61 499
	internation.	285
Taxes perçues.	intérieures	47 040f90
	internationales	1 226 70
Produit net versé au Trésor.		48 267f60

XV. — RECETTES ANNUELLES DU DÉPARTEMENT

I. — Budget ordinaire

Contributions directes	1 190 385f03
Taxes assimilées aux contributions directes	71 800 29
Enregistrement	1 679 484 97
Timbre	314 911 90
Domaines et forêts	27 395 98
Douanes	»
A reporter	3 283 978 17

Report....	3 283 978 17
Contributions indirectes.....	2 646 561 68
Postes....................	300 912 58
Télégraphes..............	48 036 20
Impôt de 3 % sur le revenu des valeurs mobilières....	5 590 33
Amendes et condamnations.	62 461 00
Retenues et autres produits perçus en exécution de la loi du 9 juin 1853........	105 514 74
Produits divers du budget...	28 735 10
	6 481 789f80

II. — Budget extraordinaire

Ressources spéciales........	2 567 739f11
Total général des recettes...	9 049 528f91

XVI. — ASSISTANCE PUBLIQUE

I. — BUREAUX DE BIENFAISANCE

Nombre de bureaux dans le départem..	158
Nombre d'individus secourus.........	5 523

Recettes

Revenus............	88 314 f. »	fr. 265 160 »
Subventions	9 839 »	
Recettes de charité...	10 382 »	
Fonds de report et autres recettes ...	156 625 »	

Dépenses

Administration....	18 237 f. »	116 182fr.»
Secours en nature ..	66 976 »	
Secours en argent ..	30 969 »	
Excédant des recettes		148 978 »

Montant des placements	En immeubles...	117 444 »
	En rentes.....	290 109 »
	Total.......	407 553 »

II. — HÔPITAUX ET HOSPICES

Nombre des établissements hospitaliers

Hôpitaux............	»	12
Hôpitaux et hospices......	12	
Hospices............	»	

Personnel

Médecins et chirurgiens....	11	104
Religieuses...........	43	
Employés	23	
Servants............	27	

Lits affectés au service

Malades.............	228	635
Infirmes, vieillards et incurab.	288	
Enfants assistés........	17	
Personnel des établissements.	102	

Recettes des 12 établissements. .	193 508 fr.
Dépenses.. — — ..	201 671 fr.
Excédant des dépenses...	8 163 fr.

XVII. — CAISSES D'ÉPARGNE

Nombre de livrets

de Caisse d'épargne	4
Existant au 1er janvier..........	4 435
Ouverts pendant l'année.......	945
Soldés pendant l'année........	611
Restant au 31 décembre........	8 769
Solde aux déposants au premier janvier............	2 062 616fr.»
Recettes............	1 297 965 »
Dépenses	1 000 775 »
Solde dû aux déposants le 31 décembre	2 359 806 »

XVIII. — INCENDIES ET SINISTRES AGRICOLES

Montant des pertes évaluées

Incendie	249 215 »
Grêle	299 075 »
Gelée............	600 »
Inondations	319 715 »
Pertes de bestiaux.........	424 602 »
Total des pertes. . .	1 293 207 fr.

II. — PARTIE MILITAIRE

Considérations historiques et militaires

Dans son aspect général d'ailleurs très varié, le pays présente naturellement deux régions bien distinctes: la région haute et la région basse. La région haute comprend la partie montagneuse appartenant aux dernières ramifications du massif pyrénéen, dont la hauteur va en décroissant progressivement jusqu'à la région basse, qui occupe la partie septentrionale du département et qui seule est fertile et cultivée. On aperçoit encore sur les cimes d'imposantes ruines de tours et de châteaux construits au moyen âge.

Le territoire de ce département, quoique n'ayant guère fait l'objet des relations ou des descriptions des anciens, n'en conserve pas moins, dans de nombreuses parties, la trace d'établissements romains importants.

Après la domination successive des Romains jusqu'en 379, des Visigoths, des Francs et des Sarrasins, qui en furent chassés par Charlemagne, le pays forma deux domaines principaux, qui passèrent aux ducs d'Aquitaine, aux comtes de Carcassonne, de Toulouse, de Barcelonne, de Foix, de Comminges et furent apportés à la couronne de France en 1589 par l'avénement d'Henri IV au trône.

Le pays s'étant déclaré pour les Albigeois fut saccagé et ravagé à plusieurs reprises jusqu'en 1229, et une partie de sa population fut détruite.

Bien que touchant à la frontière d'Espagne, ce département n'a pas de *fortifications*. En effet, les montagnes de l'Ariège qui se rattachent aux Pyrénées centrales et aux Corbières occidentales constituent un enchevêtrement confus de contreforts; la plupart des crêtes sont inabordables; pendant une partie de l'année, les mulets seuls peuvent se hasarder dans les sentiers abrupts qui traversent cette difficile région.

Pamiers et ses environs
Extrait de la carte d'État-Major au 80 000°

Les nombreux ports ou cols qui mettent l'Ariège en communication avec l'Espagne sont pour la plupart des sentiers défectueux, praticables seulement quelques mois de l'année.

Pourtant une route carrossable, qui passe au *col de Puymorens* (1 931m) relie la Cerdagne à Toulouse, par Ax, Tarascon et Foix, en descendant la vallée de l'Ariège, resserrée par les montagnes en plusieurs endroits. On a eu un moment l'intention, dit M. le Commandant Marga, de construire un fort à la *troisième Bazergue*, au-dessus d'Ax, pour interdire à l'ennemi le passage de cette vallée, mais on y a renoncé, jugeant que Mont-Louis était suffisant pour surveiller cette route et empêcher les pointes que l'ennemi pourrait tenter sur Foix ou Carcassonne.

Depuis le *col de Puymorens* jusqu'au *col de Belate*, la partie centrale de la chaîne des Pyrénées n'est traversée par aucun chemin praticable aux voitures, réunissant la France et l'Espagne.

Vauban avait projeté de faire une route stratégique du chemin muletier qui passe par le *col de Pailhers* (1 972m) et réunit Ax à Carcanières-s.-l'Aude.

Le *Salat*, qui passe à *Saint-Girons*, ouvre plusieurs sentiers difficiles, dont le plus fréquenté est celui du *port de Salau*. Il est question de faire passer un chemin de fer international dans la vallée du Salat.

Un chemin carrossable conduit d'*Ax* à *Axat* (Aude) par le *col de Marmare*.

Le département de l'Ariège fait partie du 17e corps d'armée.

DÉPARTEMENT DE L'AUBE

I. — PARTIE CIVILE

I. — HISTOIRE

Ce département qui doit son nom à l'Aube, affluent de la Seine, qui le traverse du sud-est au nord-ouest, est situé dans la région est entre 47°56' et 48°43' de latitude, et entre 1°3'30" et 2°31' de longitude est. Sa forme est à peu près celle d'un quadrilatère dont les dia-

Rue de la Cité, à Troyes.

gonales ont 88 kilomètres, de Mailly au nord, à Channes au sud, et 115 kilomètres de la Motte-Tilly à l'ouest, à Longchamp à l'est. Il a été formé en 1790 de la *Basse-Champagne*, du *Vallage* et d'une petite partie de la *Bourgogne* et est limité : *au nord* par le département de la Marne, *à l'est* par celui de la Haute-Marne, *au sud* par ceux de la Côte-d'Or et de l'Yonne, et *à l'ouest* par ceux de l'Yonne et de Seine-et-Marne.

Le pays était primitivement habité par la tribu peu importante des *Tricasses* et par une partie de celle des *Lingons* qui se joignirent à leurs voisins les *Sénons*, lorsque ces derniers envahirent l'Italie et prirent Rome (391 av. J. C.). A l'époque de César, avec lequel ils s'allièrent ainsi que les *Remi*, ils contribuèrent à la dispersion de la grande armée belge. Leur capitale *Trœcœ* (Troyes), fit d'abord partie de la première Lyonnaise, puis, à partir de 360, de la quatrième Lyonnaise, (Lyonnaise Sénonaise). Elle fut saccagée en 286, lors de la grande révolte des *Bagaudes* ou *Vagres*. En 451, eut lieu dans les *plaines catalauniques*, la grande bataille de la civilisation contre la barbarie, lorsque Aétius, secondé des Francs Saliens et des Wisigoths, repoussa les hordes tartares d'Attila. Suivant un historien des Goths, cent quatre-vingt mille hommes périrent dans cette immense lutte. Saint Loup, évêque de Troyes, parvint à éviter à la ville les horreurs du pillage, grâce à son ascendant sur le chef barbare et les Huns repassèrent le Rhin.

Après la bataille de Soissons, Clovis s'empara de Troyes et le pays passa sous la domination franque (486). Sous ses fils, la Champagne fit partie du royaume d'Austrasie, mais Troyes dépendit de la Burgondie. Par suite de la rivalité des deux reines Frédégonde et Brunehaut, le pays fut plusieurs fois envahi et saccagé par les Neustriens. Pendant les siècles suivants, il eut à souffrir des invasions, et la ville de Troyes fut pillée par les Sarrazins en 732 et par les Normands en 889. Ces derniers, chassés par Eudes, comte de Paris, revinrent encore au xe siècle. C'est à cette époque qu'il est fait mention des premiers comtes de Champagne, mais ils n'acquirent l'hérédité qu'à la fin de la dynastie carlovingienne. L'un d'eux, qui était également comte de Chartres et de Blois, Eudes II, se crut assez puissant pour rétablir l'ancien royaume de Bourgogne à son profit et rêva même de s'emparer de l'Italie; mais, après quelques succès, il périt les armes à la main en combattant son compétiteur, l'empereur d'Allemagne Conrad II (1037).

Au xiie siècle, deux monastères célèbres furent fondés dans le pays : le premier à *Clairvaux*, par saint Bernard, le deuxième au *Paraclet* près Nogent, par son rival Abélard, le plus grand philosophe du moyen âge. Héloïse en fut la première abbesse (1129).

Un des descendants de Eudes, Thibault IV, se rendit célèbre par ses poésies gracieuses en l'honneur de la *dame de ses pensées*, la reine Blanche de Castille. Il défendit saint Louis pendant sa minorité, mais fut plusieurs fois battu par les seigneurs ligués contre le roi. Il devint roi de Navarre par héritage. Son fils Henri qui lui succéda mourut sans enfant mâle, le 22 juillet 1274, ne laissant qu'une fille, Jeanne, âgée de trois ans. Les rois de Castille et d'Aragon s'apprêtaient à se disputer cette enfant, mais sa mère qui était fille du comte d'Artois, mit Jeanne sous la tutelle du roi de France. Philippe III la fit élever à la cour, la maria plus tard à son fils Philippe le Bel et fit occuper par ses officiers royaux, la Champagne, la Brie et la Navarre. Cette réunion de fait à la Couronne ne fut rendue définitive que par un édit de 1361 sous le roi Jean.

Pendant la guerre de Cent-Ans, le pays fut plusieurs fois saccagé par les Bourguignons et par les Anglais.

C'est à Troyes que la reine Isabeau de Bavière, fit signer au malheureux Charles VI, le honteux traité par lequel il déshéritait son fils, le dauphin Charles, et donnait sa fille au roi d'Angleterre, Henri V, en le reconnaissant comme héritier (21 mai 1420).

Les Anglais qui occupaient Troyes en furent chassés par Jeanne-d'Arc à qui la ville ouvrit ses portes, le 9 juillet 1429. L'Angleterre offrit alors la Champagne au duc de Bourgogne, dans le but de se ménager son alliance; mais, grâce au patriotisme des habitants qui continuèrent l'œuvre de la *bonne Lorraine*, comme dit Villon, Philippe le Bon ne put s'en emparer.

Un siècle plus tard, la guerre dévasta encore le pays par suite de la rivalité de François Ier et de Charles-Quint.

En 1523, douze mille Allemands parvinrent jusqu'à Troyes qu'ils incendièrent, mais ils furent repoussés par les gouverneurs de Champagne et de Bourgogne.

Les guerres de religion eurent leur contre-coup dans la province où la Saint-Barthélemy fit de nombreuses victimes (1572). La population, en majorité catholique, se déclara pour la Ligue et ne reconnut Henri IV qu'après son abjuration (1595).

Nous donnons plus loin, dans la partie militaire, le récit de la campagne de France (1814-1815) et des nombreux combats qui eurent lieu dans le département.

Enfin, en 1870, le département n'ayant pas de villes fortifiées fut occupé sans coup férir par les Allemands qui ne l'évacuèrent que le 9 août 1871.

II. — VUE DU DÉPARTEMENT A VOL D'OISEAU

Le département de l'Aube n'a pas de physionomie particulière, car il est généralement plat et uni. La partie sud-est, cependant, est légèrement accidentée par de petites collines que forment les dernières ondulations du plateau de Langres. Les plus grandes altitudes y atteignent, à l'ouest de Clairvaux, 366 mètres dans le *Bois du Mont* et tout à côté 356 mètres à la *Tête aux Loups* et 362 mètres dans le *Bois de Barramont*. Entre Bar-sur-Aube et Bar-sur-Seine, le *signal de Villiers* a 350 mètres. Enfin, plus au sud, on trouve 348 mètres sur la limite du département, à l'est de Mussy. Cette région est très fertile. Les coteaux rocailleux se prêtent très bien à la culture de la vigne et sont séparés par de riches vallées. A mesure qu'on descend vers le nord-ouest, le terrain va en s'abaissant et si on en excepte les plaines alluvionnées des vallées de l'Aube et de la Seine, le reste du département est formé de plateaux crayeux, recouverts d'une mince couche de terre végétale et formant la continuation de la *Champagne Pouilleuse*. Les parties incultes de cette région stérile diminuent peu à peu d'étendue grâce au labeur des agriculteurs et à des plantations de sapins et de pins d'Écosse et d'Autriche. Les hauteurs y varient entre 150 et 200 mètres.

Enfin, la partie méridionale est couverte de belles forêts dont les principales sont : la *forêt d'Othe*, entre la Vanne et l'Armance ; les *forêts d'Aumont, de Rumilly et de Chaource*, au nord de Chaource ; la forêt du *Grand-Orient*, au nord de Vendeuvre et la forêt de *Clairvaux*, au sud de Bar-sur-Aube.

III. — HYDROGRAPHIE

Le département appartient en entier au bassin de la Seine. Les principaux cours d'eau qui le sillonnent sont :

1° **La Seine**, qui prend naissance dans les collines de la Côte-d'Or et, après un parcours de 75 kilomètres, pénètre dans le département qu'elle traverse du sud au nord-ouest sur une longueur de 152 kilomètres. Elle y arrose Mussy, (190m), Courteron (174m), Gyé, Neuville, Buxeuil, Polisy, Polisot, Merrey, Bar, Bourguignons (145m), Courtenot (138m), Fouchères, Chappes, Villemoyenne (128m), Verrières, Saint-Julien, Troyes, Barberey-Saint-Sulpice, Saint-Lyé (100m) Payns, Savières, Saint-Mesmin (89m), Méry. Elle limite ensuite le département pour le quitter au-dessus de Romilly. Après un parcours de 10 kilomètres dans la Marne où elle reçoit l'Aube à Marcilly, elle rentre dans le département pour passer à Pont, Marnay (69m), Nogent, la Mothe-Tilly, Courceroy et le quitte définitivement par 60 mètres d'altitude.

Sa pente dans le département est de 130 mètres, soit une moyenne de 0m,85 par kilomètre.

La Seine reçoit dans le département, sur la rive gauche :

La Laignes qui, venant de la Côte-d'Or, passe aux Riceys et se jette à Polisy ;

La Sarce (30 kilomètres), qui naît à Channes et arrose Beauvoir, Bagneux-la-Fosse, Avirey, Arrelles, Villemorien, Virey et Courtenot (138m) en aval de Bar.

L'Hozain (24 kilomètres), qui a sa source au hameau des Bordes et peu après est grossi de la *Marve*. Il arrose Rumilly-les-Vauds, l'Ile-Aumont où il reçoit la *Mogne* et rejoint la Seine à Saint-Julien, en amont de Troyes.

L'Ardusson (22 kilom.) dans la vallée duquel s'élevait autrefois le Paraclet d'Abélard, dont les ruines même n'existent plus, naît à Saint-Flavy, arrose Marigny-le-Châtel, Saint-Martin-de-Bossenay, Saint-Loup, Ferreux, Quincey, Saint-Aubin et se jette en amont de Nogent.

L'Orvin (35 kilomètres) qui vient de Saint-Lupien, passe à Marcilly-le-Hayer, Bercenay, Bourdenay (107m) Soligny-les-Etangs, Bony et Traînel (76m) pour rejoindre la Seine en dehors du département.

La Vanne (55 kilomètres dont 23 dans le département) qui n'est qu'un sous-affluent de la Seine par l'Yonne, naît à Fontvannes, passe à Estissac (137m), Neuville, Villemaur, Paisy-Cosdon, Saint-Benoît (112m) et quitte le département à Vulaines par 107 mètres. Elle passe ensuite à Villeneuve-l'Archevêque et rejoint l'Yonne à Sens. Une partie de ses eaux détournées par un aqueduc, sert à l'alimentation de Paris. La Vanne reçoit elle-même *l'Ancre* qui se jette à Estissac et la *Nosle* qui arrose Saint-Mards et Aix-en-Othe.

L'Armance qui naît à Chaource (149m) et arrose Ervy, quitte le département aux Croûtes (120m) et va se jeter à Saint-Florentin (Yonne) dans l'Armançon, affluent de l'Yonne. Les affluents de la rive droite de la Seine sont :

L'Ource (86 kilom.) qui vient de la Côte-d'Or sur la limite de la Haute-Marne, n'a dans l'Aube que 25 kilomètres ; elle y arrose Essoyes, Landreville et Celles ; elle se jette à Merrey.

L'Arce qui se jette également à Merrey, n'a que 20 kilomètres et passe à Vitry-le-Croisé, Eguilly, Bertignolle, Chervey, Buxières et Ville-sur-Arce.

La Barse (36 kilom.) qui naît à Vendeuvre, passe à Champ, Briel, Montiéramey, Lusigny, Courteranges, Ruvigny et se jette à Saint-Parres, près Troyes, dans la *Bâtarde*, un des bras de la Seine ; elle est grossie de la *Boderonne* et de *la Civanne*.

De Troyes à Méry, la vallée de la Seine est arrosée par plusieurs ruisseaux parallèles au fleuve et reliés entre eux par des canaux d'irrigation ; ce sont : *la Melda, la Noue des Bordes* et le *ruisseau de Beauregard.*

2° **L'Aube** (190 kilomètres) a sa source dans la forêt de Maigrefontaine située sur un contrefort du plateau de Langres, dans le canton d'Auberive (Haute-Marne). Après un parcours de 70 kilomètres cette rivière pénètre dans le département et arrose, Ville-sous-la-Ferté, Clairvaux, Bayel, Fontaine (168m), Bar (166m), Ailleville, Dolancourt (150m), Bossancourt (143m), Jessains (140m), Unienville, Dienville (131m), Brienne-la-Vieille, Précy-Notre-Dame (114m); Lesmont (113m), Pougy (106m), Nogent, Ramerupt, Arcis (92m), Viâpres (86m), et Plancy (84m); elle quitte ensuite le département et pénétrant dans celui de la Marne, passe à Anglure et rejoint la Seine à Marcilly par 71 mètres. La pente moyenne de l'Aube, dans le département est de 0m,88 par kilomètre.

L'Aube reçoit sur sa rive gauche :

Le Landion qui naît à Bligny dans l'étang du Pâtis (210m) et, sur un parcours de 14 kilomètres, arrose Meurville, Spoy, Argançon et Dolancourt (150m).

L'Amance (10 kilom.) qui passe à Amance et Radonvilliers.

L'Auzon qui sert de déversoir à plusieurs étangs de la forêt du Grand-Orient, arrose Brevonnes (118m), Montangon, Auzon, Molins, Pougy (105m), Coclois et se jette à Nogent après un parcours de 27 kilomètres.

La Barbuise (38 kilomètres) naît à Fontaine-Luyères, passe à Charmont, Montsuzain, Voué, Saint-Etienne, Nozay, Pouan, Bessy, Rhèges et Charny.

Les affluents de la rive droite de l'Aube sont :

L'*Aujon* (60 kilomètres) qui n'a que son embouchure dans le département, et, sur un parcours de 5 kilomètres, arrose Longchamp et se jette au nord de Clairvaux.

La *Voire* (57 kilomètres dont 23 dans le département), naît à Bailly-aux-Forges, au sud de Vassy (Haute-Marne) et arrose dans le département Rances, Rosnay, Bétignicourt et Chalette (107m); elle est grossie de l'*Aine*, de la *Brévonne*, et sert de déversoir à l'étang de la *Horre*.

Le *Meldançon* (24 kilomètres) qui n'a que 15 kilomètres dans le département où il arrose Saint-Léger, Donnement, Jasseines, Dommartin et Morembert ; il se jette dans l'Aube en amont de Ramerupt.

Le *Puits* (30 kilomètres) qui naît à Sompuis (Haute-Marne) et, après un parcours de 16 kilomètres, entre dans le département où il arrose Dampierre, Vaucogne, Romaines et Ramerupt.

L'*Huîtrelle* (19 kilomètres) qui prend naissance à Mailly-le-Grand, sur la limite nord du département, et arrose Trouan, Dosnon, Grandville, L'huître (105m) et Vinets (95m).

La *Superbe* ou *Ruisseau des Auges* (30 kilomètres) vient d'une branche du Grand-Morin, détournée pour alimenter Sézanne et n'a que son embouchure dans le département en aval de Plancy.

Le *canal de la Haute-Seine*, parallèle au fleuve, va de Bar à Nogent. Nous en donnerons la description plus loin.

Le département contient un certain nombre d'étangs, dont le principal est celui de *La Horre*, sur la limite de la Haute-Marne, à l'est du canton de Chavanges.

IV. — VOIES DE COMMUNICATION

I. — Chemins vicinaux.

Le service vicinal de l'Aube est confié aux soins de l'administration des Ponts et Chaussées sous la direction d'un ingénieur en chef résidant à Troyes, ayant sous ses ordres des ingénieurs agents-voyers d'arrondissement et des agents-voyers conducteurs dans les cantons.

Les voies vicinales sont ainsi divisées :

1° Les chemins de grande communication ayant une longueur totale de . . .	526k206m
2° Les chemins d'intérêt commun ayant une longueur totale de	859, 808
3° Les chemins vicinaux ordinaires ayant une longueur totale de	2 491, 356
Développement total.	3 877k370m

La dépense annuelle du service vicinal de l'Aube étant de 2 107 721 fr. 83, le prix moyen, par kilomètre, est de 543 f. 49 ou 0 f. 54 par mètre courant.

II. — Routes nationales.

Le département est sillonné par cinq routes nationales, ayant une longueur totale de 378 841 mètres.

1° *La route n° 19, de Paris à Bâle* (126 468m dans le département) vient de Provins (Seine-et-Marne) et passe à Nogent-sur-Seine, Pont, Crancey, Romilly, Maizières, Châtres, les Grès, traverse Troyes, passe ensuite à Saint-Parres, Thennelières, Lusigny, Vendeuvre, Magny-Fouchard, Dolancourt, Bar-sur-Aube et la Villeneuve-aux-Frênes ; elle entre ensuite dans la Haute-Marne, se dirigeant sur Chaumont ;

2° *La route n° 51, de Givet à Orléans* (24 534 mètres dans le département). Venant de Sézanne (Marne), elle passe à Villenauxe, la Saulsotte, traverse à Nogent la route n° 19, passe ensuite à la Motte-Tilly et Courceroy et pénétrant dans Seine-et-Marne, se dirige sur Montereau ;

3° *La route n° 60, de Nancy à Orléans, par Troyes*, a 93 987 mètres dans le département; elle y pénètre à Soulaines, passe ensuite à Chaumesnil, Brienne-le-Château, Lesmont, Piney, Mesnil-Sellières, Créney, traverse Troyes, touche à Sainte-Savine, Fontvannes, Estissac, Villemaur, Saint-Benoît, Vulaines, puis pénétrant dans l'Yonne, se dirige sur Villeneuve-l'Archevêque et Sens;

4° *La route n° 71, de Dijon à Troyes* (53 248 mètres dans le département). Venant de Châtillon-sur-Seine (Côte-d'Or), elle suit le cours du fleuve jusqu'à Troyes en passant à Mussy, Gyé, Buxeuil, Merrey, Bar-sur-Seine, Bourguignons, Virey, Fouchères, Saint-Parres-les-Vaudes, Buchères et Bréviandes;

5° *La route n° 77, de Nevers à Sedan et à Bouillon*, a 80 604 mètres dans le département. Venant de Saint-Florentin (Yonne), elle passe à Auxon, Chamoy, Cresantignes, Bouilly, Saint-Germain, Saint-André, Troyes, Feuges, Aubeterre, Voué, Arcis-sur-Aube, Mailly-le-Grand, puis pénétrant dans la Marne, se dirige sur Châlons.

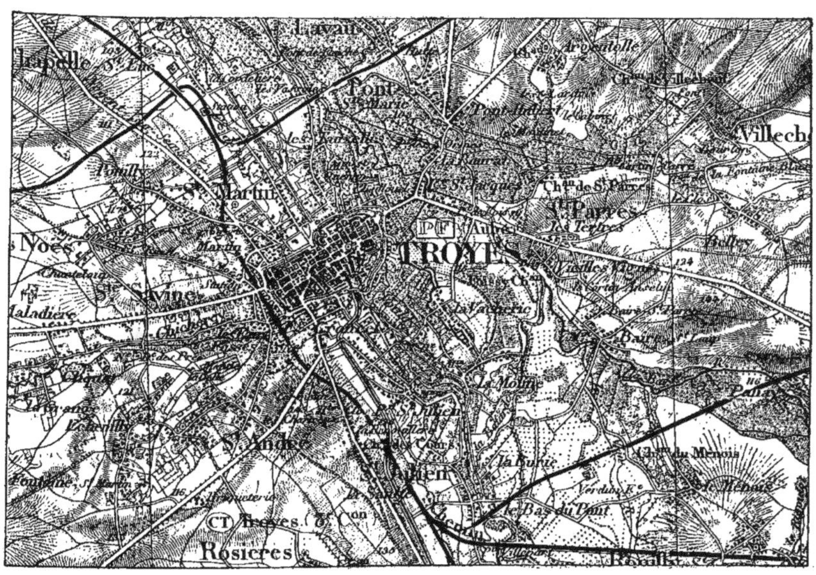

TROYES ET SES ENVIRONS. — Extrait de la carte d'État-Major au 80 000e.

Résumé de la circulation sur les routes nationales.

DÉSIGNATION DES ROUTES	TONNAGE ANNUEL			
	BRUT		UTILE	
	distance entière 1 000 tonnes	kilométrique 1 000 tonnes	distance entière 1 000 tonnes	kilométrique 1000 tonnes
1° Route n° 19, de Paris à Bâle..	45,99	5 778	22.99	2 898
2° Route n° 51, de Givet à Orléans	47,09	1 157	22,99	566
3° Route n° 60, de Nancy à Orléans	37,23	3 482	17,52	1 657
4° Route n° 71 de Dijon à Troyes	45,99	2 442	21,53	1 161
5° Route n° 77 de Nevers à Sedan	36,13	2 909	16,42	1 310

III. — Navigation

I. — FLEUVES ET RIVIÈRES NAVIGABLES

1° La Seine. — La partie de ce fleuve qui traverse le département appartient à la première et à la deuxième section.

La première section, d'une longueur de 26 kilomètres, est comprise entre Méry et Marcilly. La navigabilité y est purement nominale, la circulation des bateaux s'effectuant sur le canal de la Haute-Seine, parallèle à la Seine.

Les localités traversées sont : Méry, Saint-Oulph et Romilly (origine du canal de Romilly).

La deuxième section, ou Petite-Seine, s'étend de Marcilly à Montereau, sur une longueur de 92 kilomètres. La partie située dans l'Aube est canalisée. Le mouillage est très variable, mais on peut compter sur un minimum de $1^m,60$.

Les localités traversées sont : Marnay, Bernières (embouchure de la dérivation de Conflans à Bernières), Nogent-sur-Seine et Beaulieu (origine de la dérivation de Beaulieu à Villiers).

2° **L'Aube.** — Cette rivière est ainsi classée :

Comme flottable, de Brienne-la-Vieille au Pont d'Arcis-sur-Aube . . . 60 kilomètres.

Comme navigable, du Pont d'Arcis-sur-Aube à la Seine . . . . 46 kilomètres.

L'Aube flottable n'offre guère, en basses eaux, qu'un tirant d'eau d'une vingtaine de centimètres qui, au moyen de flots, peut-être porté à $0^m,50$. En eaux moyennes, ce tirant d'eau est de $0^m,70$. Sur l'Aube navigable, le mouillage minimum est de $0^m,50$; il est de $0^m,80$ en eaux moyennes. La navigation par bateaux est presque nulle. Les quelques bateaux fréquentant l'Aube ont 34 mètres de longueur offrant un tonnage moyen de 50 tonnes.

Les localités baignées par l'Aube sont : Brienne-la-Vieille, Blaincourt, Précy-Saint-Martin, Lesmont, Magnicourt, Brillecourt, Sainte-Thuise, Nogent-sur-Aube, Ramerupt, Chaudrey, Vinets, Arcis-sur-Aube, Viâpres-le-Petit, Plancy et Boulages.

II. — CANAUX

Canal de la Haute-Seine. — Ce canal est latéral au fleuve. Il s'étend de Bar-sur-Seine à Marcilly-sur-Seine, sur 76 kilomètres, mais il n'est livré à la navigation qu'à partir de Troyes, sur 44 kilomètres. Il débouche dans l'Aube immédiatement en amont du point où elle se jette dans la Seine. De Troyes à Marcilly, la pente est rachetée par quinze écluses de $5^m,20$ de largeur sur 34 mètres de longueur utile. Le mouillage normal est de $1^m,50$ et les bateaux y circulent avec un enfoncement de $1^m,25$.

Les bateaux fréquentant ce canal ont généralement de 30 à 34 mètres de longueur portant de soixante-cinq à soixante-dix tonnes en moyenne. Le tonnage maximum est de cent cinquante tonnes.

Les localités desservies par ce canal sont : Troyes, Chapelle-Saint-Luc, Barberey-Saint-Sulpice, Saint-Lyé, Villacerf, Savières, Saint-Mesmin, Vallant, Droupt-Sainte-Marie, Méry et Saint-Oulph.

IV. — Chemins de fer.

Le département de l'Aube est traversé par huit lignes de chemins de fer dont quatre embranchements, ayant ensemble soixante-dix stations et une longueur totale de 401 kilomètres.

1° *Ligne de Paris à Belfort* (2 voies). — Cette ligne pénètre dans le département entre les gares de Melz (Seine-et-Marne) et de Nogent-sur-Seine et en sort au delà de la gare de Clairvaux après un parcours de 129 kilomètres dans le département;

Ses gares sont : Nogent-sur-Seine, Pont-sur-Seine, Crancey, Romilly, Maizières, Mesgrigny, Saint-Mesmin, Savières, Payns, Saint-Lyé, Barberey, Troyes, Rouilly-Saint-Loup, Lusigny, Montiéramey, Vendeuvre, Jessains, Arsonval-Jaucourt, Bar-sur-Aube, Bayel et Clairvaux (commune de Ville-sous-la-Ferté);

2° *Ligne de Châlons-sur-Marne à Sens* (2 voies). — Cette ligne traverse le département sur un parcours de 90 kilomètres. Ses gares sont : Mailly, Herbisse, Allibaudières, Arcis-sur-Aube, Saint-Etienne-Nozay, Voué, Pont-Sainte-Marie-Lavau, Troyes, Torvilliers-Montgueux, Messon, Fontvannes, Estissac, Aix-en-Othe-Villemaur, Saint-Benoist-sur-Vanne et Vulaines-Rigny-le-Ferron ;

3° *Ligne de Troyes à Châtillon-sur-Seine* (2 voies jusqu'à Saint-Julien, 1 voie ensuite). — Ses gares sont : Troyes, Saint-Julien, Maisons-Blanches (commune de Buchères), Clérey, Saint-Parres-les-Vaudes, Fouchères-Vaux, Courtenot, Bar-sur-Seine, Polisot, Gyé-sur-Seine, Plaines, Mussy-sur-Seine; elle sort du département après un parcours de 48 kilomètres ;

4° *Ligne de Saint-Florentin à Vitry-le-François* (2 voies). — Cette ligne entre dans le département avant la gare de Racines-Courtaoult.

Ses gares sont : Racines-Courtaoult, Ervy, Auxon, Chamoy-Saint-Phal, Jeugny, Saint-Jean-de-Bonneval, Bouilly-Roncenay, Saint-Léger, Saint-Julien, Thennelières, Rouilly-Géraudot, Piney, Brevonnes, Mathaux, Brienne-le-Château, Vallentigny, Chavanges, Chassericourt et elle sort du département après un parcours de 100 kilomètres ;

5° *Embranchement de Jessains à Brienne-le-Château* (2 voies). — Cette ligne a 13 kilomètres de parcours. Ses gares sont : Jessains, Dienville, Brienne-le-Château.

6° *Embranchement de Vallentigny à Saint-Dizier* (2 voies). — Cette ligne sort du département après un parcours de 1 kilomètre environ.

7° *Embranchement de Romilly à Mézy* (1 voie). — Cette ligne part de Romilly, entre dans le département de la Marne et ensuite dans l'Aube. Ses gares dans le département sont : Romilly, Périgny-la-Rose, Villenauxe.

Elle sort définitivement de l'Aube après un parcours de 18 kilomètres ;

8° *Embranchement de Romilly à Epernay* (1 voie). — Cette ligne part de Romilly et sort du département, sans traverser d'autres stations, après 2 kilomètres de parcours.

V. — MONUMENTS HISTORIQUES

I. — Monuments mégalithiques

Avant-lès-Marcilly. — Menhir la Pierre-au-Coq.

Bercenay-le-Hayer. — Dolmen la Pierre-Couverte.

La Saulsotte. — Menhir de Resson, la Pierre Aigue.

II. — Monuments antiques. — Néant.

III. — Monuments du moyen âge, de la Renaissance et des temps modernes

Arcis-sur-Aube. — Eglise.

Bar-sur-Aube. — Eglise Saint-Maclou ; église Saint-Pierre.

Bérulles. — Eglise.

Chaource. — Eglise.

Chappes. — Eglise.

Ervy. — Vitraux de l'église.

Fouchères. — Eglise.

Lhuître. — Eglise.

Montieramey. — Eglise.

Mussy-sur-Seine. — Eglise.

Nogent-sur-Seine. — Chapelle du XVIe siècle et clocher de l'église Saint-Laurent.

Ricey-Bas. — Eglise.

Rosnay. — Eglise.

Rumilly-lès-Vaudes. — Eglise.

Saint-André. — Eglise.

Troyes. — Cathédrale Saint-Pierre ; chapelle Saint-Gilles ; église de la Madeleine ; église Saint-Jean ; vitraux de l'église Saint-Martin-ès-Vignes ; église Saint-Nizier ; église Saint-Pantaléon ; église Saint-Urbain ; église Saint-Nicolas ; grille de l'Hôtel-Dieu ; hôtel de Marizy ; hôtel de Mauroy ; hôtel de Vauluisant ; maison de l'Election.

Villemaur. — Jubé de l'église.

Villenauxe. — Eglise.

VI. — HOMMES CÉLÈBRES

Hastings, fameux pirate, chef d'une troupe de Normands, né à Trancault.

Pierre Comestor, théologien né à Troyes, mort en 1198.

Chrestien, trouvère du moyen âge, mort à Saint-Jean-d'Acre en 1191.

Geoffroy, sire de Villehardouin, historien de la IVe croisade né à Villehardouin (1155-1213). Ce chroniqueur mérite d'être mentionné encore à un autre titre. Il était sénéchal du comte Thibaut III de Champagne, quand il l'accompagna à la IVe croisade (1199). Il assista au siège de Zara et se distingua à la prise de Constantinople (1204) et fut nommé maréchal de Romanie par l'empereur Baudouin Ier. Ayant accompagné ce prince au siège d'Andrinople, il prit le commandement de l'armée pendant sa captivité et périt quelques années après (vers 1213) dans une embuscade dressée par les Bulgares, en Thessalie.

Huon de Villeneuve, auteur du roman des « Quatre fils Aymon », né à Méry-sur-Seine.

Jean de Brienne, roi de Jérusalem, empereur de Constantinople, né à Brienne, mort à Constantinople en 1237.

Jacques-Pantaléon Urbain IV (1185-1264), né à Troyes, pape en 1261.

Thibault IV, comte de Champagne (1201-1253), roi de Navarre, né à Troyes, trouvère célèbre par des chansons dédiées à la reine Blanche de Castille.

Jeanne de Navarre, reine de France, épouse de Philippe le Bel, née à Bar-sur-Seine (1272-1305).

Nicolas Bourbon (1503-1550), poète, précepteur de Jeanne d'Albret, né à Vendeuvre-sur-Barse.

Jean Passerat, l'un des auteurs de la « Satire Ménippée », né à Troyes (1534-1602).

Pierre Pithou, collaborateur de la Satire Ménippée, jurisconsulte, né à Troyes (1539-1596).

Amadis Jamyn, poète, né à Chaource (1530-1585).

Nicolas Bourbon, membre de l'Académie française, fameux oratorien, né à Vendeuvre-sur-Barse (1574-1644).

Pierre Mignard (1610-1695) et *Nicolas Mignard* (1608-1668) tous deux grands peintres français, nés à Troyes.

François Girardon, fameux sculpteur, né à Troyes (1627-1715).

Edme Boursault, poète comique (1638-1701), né à Mussy-sur-Seine.

Pierre Jean Grosley, grand érudit, né à Troyes (1718-1785).

La comtesse de Lamotte, née à Fontette (1756-1791), célèbre par les intrigues qui amenèrent le procès du collier, sous Louis XVI.

Nicolas Desmarets, physicien, mécanicien et géologue, né à Soulaines (1725-1815).

Le *maréchal Beurnonville*, né à Champignol en 1752. Engagé volontaire en 1774, il servit dans l'Inde, sous Suffren, de 1779 à 1781, comme major et était aide-de-camp de Luckner, en 1792. Nommé maréchal de camp et lieutenant-général la même année, il servit sous les ordres de Dumouriez et se distingua à Valmy et à Jemmapes. Nommé commandant de l'armée de la Moselle, il éprouva des échecs dans diverses rencontres avec les Autrichiens. Deux fois ministre de la guerre sous la Convention, il dénonça à celle-ci les projets de Dumouriez et fut envoyé pour s'emparer de ce dernier, qui le fit arrêter et livrer aux Autrichiens (1793) avec les commissaires qui l'accompagnaient ; il fut échangé en 1795 contre Madame Royale, fille de Louis XVI. A sa rentrée, il fut d'abord commandant de l'armée du Nord (1796), puis chargé de plusieurs missions importantes. En 1814, il provoqua la déchéance de Napoléon et fut nommé membre du Gouvernement provisoire ; il se retira en Belgique pendant les Cent-Jours. Il fut nommé maréchal en 1816 et mourut en 1821.

Georges Danton, né à Arcis-sur-Aube, en 1759 appartenait à la petite bourgeoisie et fut reçu avocat en 1788. Chef du club des Cordeliers, il fut nommé député à la Convention. Ministre

Grosley.

de la Justice après le 10 août, il n'empêcha pas les massacres de Septembre que, pendant longtemps, on crut qu'il avait provoqués Après avoir contribué à la chute des Girondins il fut à son tour renversé par Robespierre et périt sur l'échafaud en 1794 avec Camille Desmoulins et Fabre d'Eglantine.

« Comme le fondeur intrépide qui, pour liquéfier le métal en fusion, y jetait pêle-mêle ses plats et ses assiettes, les vases ignobles et sales, qui, fondus d'un sublime jet, n'en firent pas moins un dieu ; de même, le grand artiste de la Révolution, prenait de toutes parts les éléments purs et impurs, les bons et les méchants, les vertus et les vices et, les jetant ensemble aux matrices profondes, il en faisait surgir la statue de la Liberté. » (J. Michelet, *Histoire de la Révolution.*)

Sylvain Charles, comte Valée, maréchal de France, né en 1773 à Brienne-le-Château. Entré à l'école militaire de cette ville en 1791, il en sortit en 1792 comme sous-lieutenant d'artillerie à l'école de Châlons. Après avoir contribué à la reprise des places du nord et s'être distingué dans diverses batailles, il fut nommé colonel d'artillerie en 1807. Il prit part à la campagne de Prusse, puis il fut envoyé en Espagne, où il fit preuve d'habileté dans de nombreux sièges et acquit la réputation d'être le meilleur artilleur de l'Europe. Promu général de brigade en 1810, général de division en 1811, comte de l'Empire en 1814, il ne s'en rallia pas moins à la royauté avec une ardeur qui passa pour excessive et le fit taxer de partialité. Sous la Restauration, il réorganisa l'artillerie, dont il fut nommé inspecteur général. Il se retira après la Révolution de juillet, mais fut rappelé à l'activité en 1837, pour être envoyé en Algérie. Commandant du génie et de l'artillerie au siège de Constantine, il fut nommé commandant en chef, puis gouverneur général de l'Algérie et maréchal de France. Il se signala contre Abd-el-Kader, étendit notre occupation dans cette région, mais son système ne produisit pas tous les résultats dési-

Danton.

rables et il fut rappelé en 1840, puis mourut en 1846.

Louis-Jacques, baron Thénard, chimiste, né à La Louptière (1777-1857), découvrit le bore, inventa la préparation du bleu qui porte son nom ; de concert avec Gay-Lussac, montra que le chlore, appelé jusqu'alors acide muriatique oxygéné, est un corps simple.

Alexandre du Sommerard, antiquaire, né à Bar-sur-Aube (1779-1842). La France lui doit le musée de Cluny.

Henry Gambey (1787-1847), né à Troyes, membre de l'Académie des sciences

Delaunay, mathématicien, né à Lusigny (1816-1872).

Pierre Simart, fameux sculpteur, né à Troyes (1806-1857).

Pierre-Nicolas Gerdy, chirurgien, né à Loches (1797-1856).

Paul Dubois, célèbre sculpteur, né à Nogent-sur-Seine en 1829.

Louis Ulbach, publiciste, né à Troyes en 1822.

VII. — INDUSTRIE

NATURE des Industries	DÉSIGNATION ou nombre de localités où s'exercent les industries	NOMBRE d'établissements	NOMBRES MOYENS de contremaîtres et surveillants	d'ouvriers et de manœuvres	de femmes	d'enfants	TOTAUX
I. — ALIMENTATION							
Biscuits	Bar-sur-Aube, Troyes	7	»	10	»	»	10
Boulangeries	36 localités	104	»	225	2	25	252
Vins et Boissons	4 localités	8	1	10	»	»	11
Brasseries	6 localités	8	4	52	»	»	56
Confiseries	Bar-sur-Aube	2	»	4	»	»	4
Distilleries	8 localités	25	»	74	»	»	74
Eaux gazeuses	4 localités	9	»	23	»	»	23
Fromageries	3 localités	7	»	15	2	2	19
Huileries	4 localités	7	»	20	»	»	20
Meuneries et minoteries	50 localités	73	31	336	8	»	375
Sucreries	2 localités	2	8	252	»	»	260
II. — ARTS ET PRODUITS CHIMIQUES							
Bougies, chandelles, cierges et cire	3 localités	5	»	22	»	»	22
Savons	Troyes	1	»	2	»	»	2
Teintureries	4 localités	17	24	375	107	25	531
Usines à gaz	5 localités	6	6	59	»	»	65
III. — BATIMENT							
Charpente	30 localités	64	»	193	2	»	195
Couverture et plomberie	14 localités	30	»	50	»	»	50
Maçonnerie, tailleurs de pierres	40 localités	107	16	524	1	»	541
IV. — INDUSTRIE DU BOIS							
Boissellerie, sabots, tonnellerie	8 localités	22	1	60	»	»	61
Ébénisterie et chaises	4 localités	14	3	57	10	4	74
Menuiserie et caisses d'emballage	22 localités	68	2	185	»	1	188
Sciages à la main et à la mécanique	43 localités	89	11	278	»	»	289
Tourneurs	3 localités	5	»	10	»	»	10
V. — CARROSSERIE							
Bourrellerie et sellerie	14 localités	31	»	50	»	»	50
Carrosserie	5 localités	13	4	155	10	»	169
Charronnage	19 localités	34	»	49	»	»	49
VI. — CÉRAMIQUE							
Briqueterie et tuilerie	41 localités	73	24	297	21	104	446
Porcelainerie	Villenauxe	1	2	28	»	2	32
Poterie	8 localités	23	8	215	9	3	235
Verrerie	Bayel et Bar-sur-Seine	2	14	258	55	148	475
VII. — CUIRS ET PEAUX							
Chamoiserie et mégisserie	Troyes	5	1	53	6	»	60
Pelleterie	Troyes	2	»	12	3	»	15
Tannerie, corroierie	6 localités	10	9	214	»	2	225
Moulins à tan	Bar-sur-Seine et Troyes	2	»	6	»	»	6
Chaussures	6 localités	19	2	149	10	»	161
A reporter		955	171	4322	246	316	5055
Report		955	171	4322	246	316	5055
VIII. — BATELLERIE							
Corderie	Bréviandes et Troyes	4	1	11	»	»	12
IX. — IMPRIMERIE ET PAPETERIE							
Cartons	Troyes	4	»	28	12	5	45
Imprimeries et typographies	5 localités	12	9	125	13	17	164
Papeterie, Pâtes à papier	4 localités	4	7	131	36	59	233
X. — INDUSTRIES EXTRACTIVES							
Carrières de pierres	6 localités	22	»	52	»	»	52
Fours à chaux	5 localités	10	8	153	10	»	171
Blanc de Troyes	Auxon et Fontvannes	3	1	3	»	»	4
XI. — INDUSTRIES TEXTILES							
Filatures de coton et soie	3 localités	11	23	382	135	58	598
	Troyes	1	30	100	120	320	570
Tissages de toile (à la main)	Dienville	10	»	10	»	»	10
Corderies	Bar-sur-Seine et Chaource	3	»	7	»	»	7
XII. — INSTRUMENTS DE PRÉCISION							
Orgues et pianos	Nogent	1	3	34	8	»	45
Poids et mesures	Ville-sous-Laferté	2	»	15	15	5	35
XII. — MÉTALLURGIE ET CONSTRUCTIONS MÉCANIQUES							
Aiguilles	3 localités	12	»	50	2	4	56
Ateliers de construction, mécaniciens	8 localités	28	12	320	»	2	334
Machines à coudre	Troyes	1	1	17	»	»	18
Ferblanterie, Lampisterie	4 localités	8	1	19	»	»	20
Tréfileries, pointeries	3 localités	4	7	230	23	18	278
Forges, Fonderies	Troyes et Ville-sous-Laferté	6	8	243	9	25	285
Maréchalerie	33 localités	74	»	124	»	»	124
Pompes, Quincaillerie	3 localités	6	»	32	»	3	35
Serrurerie	6 localités	22	5	234	»	4	243
XIII. — VÊTEMENTS ET ACCESSOIRES							
Bijouterie	Charmont	2	»	10	8	»	18
Bonneterie	74 localités	213	172	6 574	3502	503	10751
Chemiserie, lingerie	Troyes et Vendeuvre	5	3	5	19	»	27
Corseterie, ganterie	Nogent, Troyes	5	1	74	54	»	129
Habillements confectionnés	3 localités	9	»	17	6	»	23
Passementerie	Arcis	1	1	2	3	15	21
XIV. — INDUSTRIES DIVERSES							
Blanchisseries	4 localités	14	2	148	15	»	165
Vanneries	Troyes	2	»	9	»	»	9
Totaux		1451	466	13481	4236	1354	19537

VIII. — AGRICULTURE (1)

On trouve dans l'Aube des terrains très variables. Le terrain crétacé supérieur, formé de craie blanche tendre, très perméable, constitue la plus grande partie des arrondissements de Nogent-sur-Seine et d'Arcis-sur-Aube. Le terrain crétacé inférieur composé de craie marneuse, moins perméable, n'a que quelques kilomètres de largeur, mais traverse tout le département, de Villenauxe à Chavanges. Les sables calcaires et les argiles imperméables du grès vert, du gault et du terrain néocomien, dépendant de la formation crétacée inférieure, se font voir dans la partie méridionale de l'arrondissement de Troyes et

(1) Cet article et celui des forêts sont extraits du *Dictionnaire d'Agriculture*, de J.-A. Barral (Hachette et Cie).

dans la partie occidentale des arrondissements de Bar-sur-Aube et de Bar-sur-Seine. A cette formation, appartiennent les oolithes ferrugineuses du Vendeuvre. C'est dans les terrains imperméables que sont situés les quatre groupes d'étangs du département.

Le premier, de la forêt de Chaource, en compte seize principaux.

Le second, de la forêt de Bailly, où il s'en trouve six considérables.

Le troisième de la forêt d'Orient et des bois circonvoisins, où on en compte 47.

Le quatrième, des forêts de Soulaines et de Montmorency.

Le diluvium ancien s'étend dans la plaine qui est au-dessus de Troyes, dans le canton de Lusigny, puis dans la plaine de Brienne,

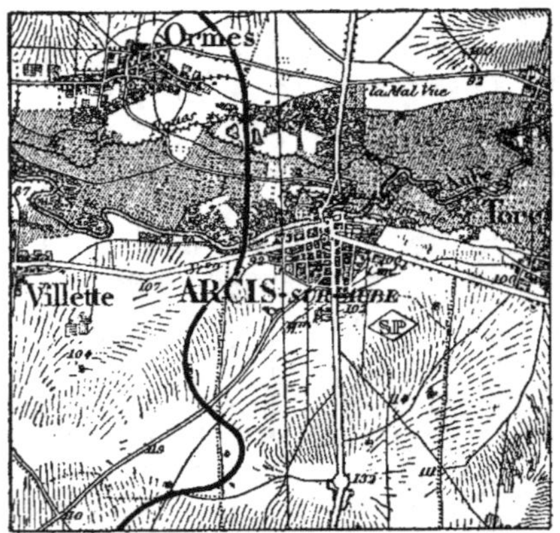

ARCIS-SUR-AUBE ET SES ENVIRONS.
Extrait de la carte d'État-Major au 80 000e.

sur un triangle dont le sommet est à Trannes, et dont la base va de Lesmont à Rances.

Les alluvions modernes se forment encore de nos jours dans les vallées de la Seine, de l'Aube, de l'Armance, de la Barse, de la Voire, dans la vallée de l'Hozain et de ses affluents.

Le sol est souvent tourbeux et marécageux, et les eaux deviennent noirâtres.

La Basse Champagne, dite *Champagne Pouilleuse*, forme la plus grande partie du département. Elle renferme :

1° L'arrondissement de Nogent-sur-Seine ;

2° Celui d'Arcis-sur-Aube, moins le canton de Chavanges et une partie de celui de Ramerupt ;

3° L'arrondissement de Troyes, moins le canton de Piney ;

4° Le canton de Chaource, qui appartient à l'arrondissement de Bar-sur-Seine. Une grande partie de cette surface, surtout les plaines, est peu fertile. Cependant quelques collines portent des vignes assez productives. Dans les vallées de la Seine, de l'Aube et de plusieurs de leurs affluents, on trouve d'excellentes prairies. Mais la masse du pays est monotone et porte des moissons peu abondantes.

Les récoltes enlevées, on ne voit que des terres blanches et une herbe rare, maigre, courte, appelée *pouilleuse*, d'où le nom donné à la région. On aperçoit seulement, çà et là, quelques troupeaux et des massifs peu épais d'arbres résineux faisant diversion avec la monotonie des vastes solitudes crayeuses.

La proportion des terres labourables de

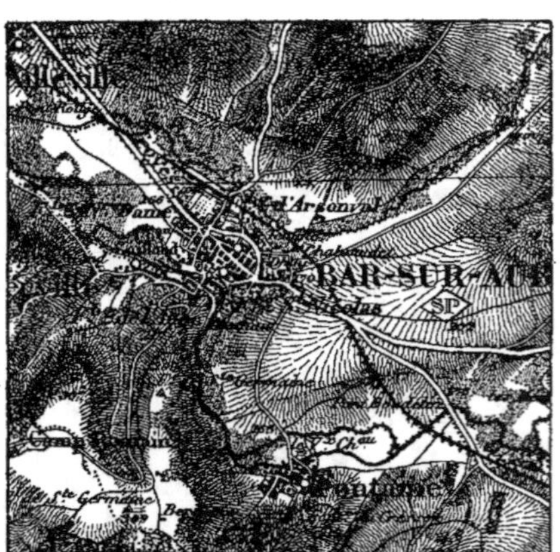
BAR-SUR-AUBE ET SES ENVIRONS.
Extrait de la carte d'État-Major au 80 000e.

l'étendue totale du département est de 67. 71 pour 100.

En général, les grains de l'Aube manquent de poids. Dans certaines années, les meilleures ne valent que la seconde qualité d'autres départements voisins.

La betterave a pris une certaine extension dans l'Aube. Cependant, elle n'atteint pas 5 000 hectares, dont le cinquième en betteraves à sucre, et le reste en betteraves fourragères.

La vigne est l'objet d'une culture importante, surtout dans les arrondissements de Troyes, de Bar-sur-Seine et de Bar-sur-Aube.

Après les productions arbustives, les prairies naturelles et artificielles occupent la première place, mais elles ne sont pas en rapport

AUBE

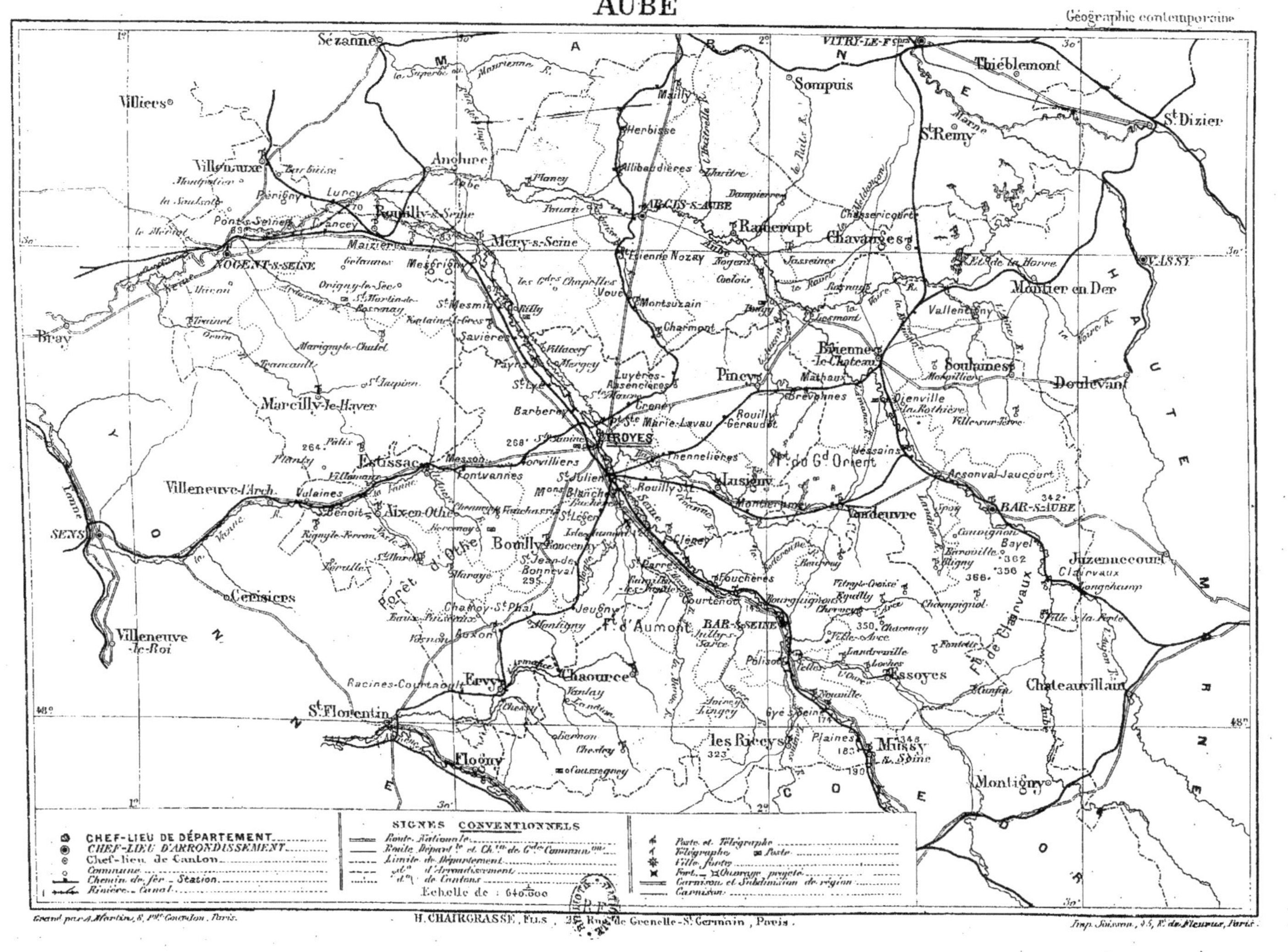

Grav.é par A. Martin, 8, P.ge Gourdon, Paris. H. CHAIRGRASSE, Fils, 25, Rue de Grenelle-S.t Germain, Paris. Imp. Soisson, 45, R. de Fleurus, Paris.

avec les surfaces considérables qu'on pourrait féconder par des engrais.

Il n'y a pas de races de bétail spéciales au département. Dans les fermes des prairies calcaires, on fait l'engraissement des veaux pour la boucherie de Paris, à laquelle on livre ces animaux à l'âge de trois mois. Cette spéculation est très productive. Dans quelques cantons, on fait du beurre et dans d'autres, du fromage. Les fromages gras d'Ervy, de Chaource, de Barberey et de Sommantrain ont une réputation qui s'étend au loin.

STATISTIQUE GÉNÉRALE DU SOL

Terrain de qualité supérieure	3 948 hect.
Terres labourables.	390 893
Prés	34 308
Vignes	17 537
Bois	110 921
Landes, pâtis, etc.	15 215
Terrains divers.	»
Superficie totale.	572 822 hect.

Céréales diverses : farineux, cultures industrielles, plantes textiles, autres cultures oléagineuses, vignes, sériciculture, apiculture.

DÉSIGNATION	SUPERFICIE ensemencée EN HECTARES	RENDEMENT moyen par hectare	PRODUCTION ANNUELLE
		en hectol.	en hectolitres
Méteil	813	14,25	11 585
Seigle	35 646	11,68	416 419
Orge	27 418	20,03	549 331
Sarrazin	1 465	6,40	9 376
Maïs	»	»	»
Millet	»	»	»
Avoine	81 209	19,50	1 583 802
Pommes de terre	8 338	114,05	950 964
Légumes secs	952	12,27	11 681
Châtaignes	»	»	»
		en quint.	en quintaux
Betteraves à sucre	856	240,26	205 663
Betteraves fourragères	4 047	248,33	1 004 992
Houblon	»	»	»
Tabac	»	»	»
			filas. en quint.
Chanvre	93	5,56	517
		en quint.	en quintaux
Lin	»	»	»
		en Kilog.	en Kilog.
Chènevis	»	»	7 469
Lin (huile)	»	»	»
Œillette, Navette, Cameline, etc	»	»	47 744
		en hectol.	en hectolitres
Colza (graine)	108	18,90	2 041
		en Kilog.	en Kilog.
Colza (fruit)	800	26,00	20 800
		en hectol.	en hectol.
Olives (fruits)	»	»	»
		en Kilog.	en Kilog.
Olives (huiles)	»	»	»
		en hectol.	en hectolitres
Vignes	19 174	32,29	618 222

CULTURES DIVERSES

Froment.

Surface cultivée.	80 944 hectar.
Rendement moyen par hectare	16,30 hectol.
Poids moyen de l'hectol. . . .	76,75 kilog.
Prix moyen de l'hectol.	19 fr. 33
Production totale..	1 319 387 hectol.

Ruches d'abeilles.

Nombre de ruches en activité	32 395
Production du miel en kilogrammes.	144 482
Production en cire en kilogrammes.	48 592

Animaux de ferme.

Espèce chevaline		34 767
— mulassière		113
— asine		716
Espèce bovine	Bœufs et taureaux	1 867
	Vaches et génisses	78 424
	Veaux	11 807
Espèce ovine	Races du pays	218 146
	Races perfectionnées	25 326
Espèce porcine		32 144
Espèce caprine		4 118

Produit des animaux.

Laine. . .	Quantité en kilog. .	422 633 »
	Prix moyen du kilog.	2,37
	Valeur.	1 001 640 »
Suif. . . .	Quantité en kilog. .	222 094 »
	Prix moyen du kilog.	0 68
	Valeur.	151 024 »

IX. — FORÊTS

L'Aube fait partie de la 8e conservation dont le siège est à Troyes. Il y a un inspecteur à Troyes, à Bar-sur-Aube et à Bar-sur-Seine et un garde général à Troyes et à Chaource.

La superficie forestière de l'Aube s'élève à 110 921 hectares. Elle représente 18 pour 100 de l'étendue totale du département, et se répartit ainsi :

A l'Etat.	14 686	hectares.
Aux communes	22 873	—
Aux établissements publics	1 251	—
Aux particuliers. . . .	72 111	—

On compte 12 forêts domaniales pour 14 686 hectares. Il y a 166 communes propriétaires de bois pour 22 653 hectares, plus 4 sections communales, propriétaires de 220 hectares. On compte 13 établissements publics possédant 1 251 hectares. Sur la surface forestière totale, 71 578 hectares ou 65 pour 100 sont en sol calcaire et 39 343 hectares ou 35 pour 100 en sol non calcaire.

Ce n'est que depuis le XIXe siècle que les essences résineuses ont été introduites dans l'Aube ; elles forment des massifs ayant souvent une belle végétation dans les terrains crayeux. Le pin Sylvestre y a été planté vers 1808 par M. de Jessains. Le pin noir d'Autriche y a paru pour la première fois vers 1827, et il a servi à la plantation des terres incultes de Luyères par MM. de Baudel et de la Fournière.

Aux bords des cours d'eau on plante en abondance les peupliers et les aulnes. On cite un peuplier blanc de Hollande, âgé de plus de trois siècles, existant sur la propriété de M. Huot, à Saint-Julien, près Troyes, qui a 42 mètres de hauteur, et présente 7m,30 de circonférence à 1 mètre au-dessus du sol.

X. — DIVISION POLITIQUE, ADMINISTRATIVE ET POPULATION

Le département de l'Aube est divisé en cinq arrondissements, dont quatre sont administrés chacun par un sous-préfet, savoir :

1° L'arrondissement de Troyes, subdivisé en 9 cantons, contenant ensemble 121 communes, administré directement par le préfet ;

2° L'arrondissement d'Arcis-sur-Aube, subdivisé en 4 cantons, contenant ensemble 93 communes ;

3° L'arrondissement de Bar-sur-Aube, subdivisé en 4 cantons, contenant ensemble 88 communes ;

4° L'arrondissement de Bar-sur-Seine, subdivisé en 5 cantons, contenant ensemble 84 communes ;

5° L'arrondissement de Nogent-sur-Seine, subdivisé en 4 cantons, contenant ensemble 60 communes.

NOTICES SUR LES PRINCIPALES LOCALITÉS DU DÉPARTEMENT

Troyes, d'origine très ancienne, était la capitale de l'ancien comté de Champagne et l'un des principaux centres de commerce de l'Europe au moyen âge, mais elle ne paraît pas avoir été fortifiée En 1420, y fut signé le honteux traité par lequel la France était donnée à Henri V d'Angleterre. Prise par Jeanne d'Arc en 1429, la ville eut à souffrir des luttes de François Ier et de Charles-Quint, ainsi que des guerres de religion où elle se signala par ses violences contre les protestants. En 1787, elle accepta la Révolution avec enthousiasme et donna asile au Parlement de Paris exilé par Louis XVI. Elle fut occupée le 4 février 1814 par les Russes, qui en furent expulsés vingt jours après par Napoléon, après un combat acharné. La ville fut occupée sans coup férir en 1870 par les Allemands.

Troyes est le siège d'une subdivision de région, d'un bureau de recrutement, d'une sous-intendance et d'une chefferie du génie. On y trouve de nombreux dépôts (1) : ceux des 2e, 10e, 15e et 17e bataillons de chasseurs, des 11e et 12e cuirassiers, du 12e dragons et du 6e chasseurs ; en outre une partie du 37e de ligne et le 19e bataillon de chasseurs y tiennent

(1) Il n'existe plus effectivement de dépôts ; une compagnie ou un escadron en tient lieu et il prend le nom de *portion centrale* et le reste du corps celui de *portion principale*.

TABLEAU DES COMMUNES DU DÉPARTEMENT DE L'AUBE

5 arrondissements — 26 cantons — 446 communes — 237 374 habitants — 572 822 hectares — Moyenne de la population par kilomètre carré : 41 habitants.

I. — ARRONDISSEMENT DE TROYES (9 cantons, 121 communes, 108 294 habitants)

NOMS des COMMUNES	Population	Dist. au chef-l. d'ar.	LOCALITÉS AVEC GARES postes et télégraphes		GARE LA PLUS PRÈS de chaque com. et distance à cette commune	BUREAUX de postes desserv. les communes avec les distances
I. — CANTON DE TROYES (1er, 11 com., 17 548 hab.)						
1 Troyes	13403	»	🚂 ⊤	**114 2**	Troyes ..... »	Troyes ..... »
2 Créney	415	6	🚂	**115 0**	Créney 0 5	Troyes 6 0
3 Lavau	202	4	🚂	*108 0*	Pt-Ste-Marie-L. »	Troyes 4 0
4 Mergey	515	13		106 0	Payns 6 0	Payns 6 0
5 Pont-Ste-Marie	624	3	🚂	**108 0**	Pt-S-Marie-L. 0 3	Troyes 3 0
6 St-Benoist-sur-Seine	289	10		105 0	Payns 5 0	Troyes 10 0
7 Ste-Maure	547	7		*108 0*	Barberey ... 2 0	Troyes 7 0
8 S-Parres-les-Tertres	594	3		124 0	Troyes 3 0	Troyes 3 0
9 Vailly	207	9		135 0	Créney 4 0	Troyes 9 0
10 Villacerf	365	15	⊤	106 0	Payns 3 0	Payns 2 5
11 Villechétif	387	6		118 0	Troyes 6 0	Troyes 6 0
II. — CANTON DE TROYES (2e, 13 com., 26 441 hab.)						
1 Troyes (2e)	17383	»	🚂 ⊤	**114 2**	Troyes ..... »	Troyes ..... »
2 Barberey	317	6	🚂	**105 7**	Barberey ... »	Troyes 6 0
3 Chapelle-S-Luc (La)	627	4		*103 0*	Troyes 4 0	Troyes 4 0
4 Macey	338	13		180 0	Troyes 13 0	Ste-Savine . 10 0
5 Montgueux	347	10	🚂	**150 0**	Torvilliers-M. 2 0	Ste-Savine .. 8 0
6 Noës (Les)	186	3		117 0	Troyes 3 0	Troyes 3 0
7 Pavillon	223	17		190 0	Payns 6 0	Fontaine-l-G. 6 5
8 Payns	708	12	🚂 ⊤	**97 7**	Payns ..... »	Payns ..... »
9 Rivière-de-Corps (La)	281	5		152 0	Troyes 5 0	Ste-Savine .. 3 0
10 St-Lyé	824	9	🚂	**101 7**	St-Lyé ..... »	Payns 3 0
11 Ste-Savine	4614	2	⊠	118 0	Troyes 2 0	Ste-Savine . »
12 Torvilliers	374	9	🚂	**150 0**	Torvilliers-M. 1 8	Ste-Savine .. 7 0
13 Villeloup	219	19		*195 0*	Payns 8 0	Fontaine-l-G. 8 0

Nota. — Les cotes inscrites, dans ce tableau, à coté des signes abréviatifs 🚂 ⊠ ⊤ ⊤, désignent des altitudes, c'est-à-dire la hauteur des points signalés au-dessus du niveau moyen des eaux de la mer. Les cotes imprimées en caractères gras et placées en face des noms des gares sont les altitudes *gravées* ou à *graver* sur les socles des bâtiments des dites gares, à 0 m. 50 environ au-dessus du niveau des rails. Les cotes inscrites en face du nom des communes sont extraites de la carte de l'état-major au 80 000e. Celles en italique existent *dans la commune même*. Les autres sont les cotes du point le plus rapproché de la commune correspondante, point indiqué sur la carte de l'état-major.

I. — ARRONDISSEMENT DE TROYES (Suite)

III. — CANTON DE TROYES (3e, 7 com., 20 474 hab.)

NOMS des COMMUNES	Population	Dist. au chef-l. d'ar.	LOCALITÉS AVEC GARES postes et télégraphes	GARE LA PLUS PRÈS de chaque com. et distance à cette commune	BUREAUX de postes desserv. les communes avec les distances
1 Troyes	16186	»	114 2	Troyes »	Troyes »
2 Bréviandes	566	5	134 0	St-Julien 2 0	Troyes 5 0
3 Laines-aux-Bois	441	11	131 0	S-Léger-p.Tro 8 8	Troyes 11 0
4 Rosières	205	6	135 0	St-Julien 1 5	Troyes 6 0
5 St-André	1405	3	145 0	Troyes 3 0	Troyes 3 0
6 St-Germain	498	6	133 0	Troyes 6 0	Troyes 6 0
7 St-Julien	1173	5	114 7	St-Julien »	Troyes 5 0

IV. — CANTON D'AIX-EN-OTHE (10 com., 9 089 hab.)

NOMS des COMMUNES	Population	Dist. au chef-l. d'ar.	LOCALITÉS AVEC GARES postes et télégraphes	GARE LA PLUS PRÈS de chaque com. et distance à cette commune	BUREAUX de postes desserv. les communes avec les distances
8 Aix-en-Othe	3007	30	126 0	Aix-Villemaur. 3 6	Aix-en-Othe »
9 Bérulles	732	40	158 0	Vulaines 7 0	Rigny-l-Ferron 4 0
10 Maraye-en-Othe	914	27	260 0	Auxon 10 5	Maraye-en-Othe »
11 Nogent-en-Othe	137	33	200 0	Ervy 13 0	S-Mards-e-Oth 3 0
12 Paisy-Cosdon	512	31	126 0	Aix-Villemaur 2 5	Aix-en-Othe. 2 0
13 Rigny-le-Ferron	1064	39	119 0	Vulaines 3 0	Rigny-le-Ferron »
14 S-Benoist-sur-Vanne	480	32	112 0	St-Benoist-s-V. »	Aix-en-Othe. 6 0
15 St-Mards-en-Othe	1473	30	147 0	Aix-Villemaur 12 0	S-Mards-en-Oth »
16 Villemoiron	491	31	146 0	id. 7 0	id. 4 0
17 Vulaines	279	36	119 0	Vulaines »	Rigny-l-Ferron 3 0

V. — CANTON DE BOUILLY (29 com., 7 163 hab.)

NOMS des COMMUNES	Population	Dist. au chef-l. d'ar.	LOCALITÉS AVEC GARES postes et télégraphes	GARE LA PLUS PRÈS de chaque com. et distance à cette commune	BUREAUX de postes desserv. les communes avec les distances
18 Bouilly	740	14	171 0	Bouilly-Ronc. 3 0	Bouilly »
19 Assenay	90	16	130 0	id. 2 5	Isle-Aumont. 7 0
20 Bordes (Les)	220	14	140 0	Clérey 6 0	id. 3 0
21 Buchères	475	8	118 5	Maisons-Blan. 2 0	id. 3 0
22 *Maisons-Blanches*	»	»	118 5	*Maisons-Bla.* »	» »
23 Cormost	229	16	140 0	Clérey 4 0	Isle-Aumont. 6 0
24 Crésantigues	398	21	192 0	Jeugny 2 0	Bouilly 6 0
25 Fays	208	23	192 0	id. 0 9	Bouilly 8 0
26 Isle-Aumont	145	11	119 0	Maisons-Blanc 4 0	Isle-Aumont. »
27 Javernant	222	20	193 0	S-Jean-de-B. 4 6	Bouilly 6 0
28 Jeugny	403	23	164 0	Jeugny »	Bouilly 9 0
29 Lirey	167	20	136 0	S-Jean-de-B. 1 9	Bouilly 6 0
30 Longeville	136	22	137 0	Jeugny 2 0	Bouilly 10 0
31 Machy	162	21	141 0	id. 1 0	Bouilly 8 0
32 Maupas	124	21	139 0	id. 1 8	Isle-Aumont. 9 0
33 Mouceaux	308	19	143 0	Clérey 6 0	S-Parres-l-V. 6 0
34 Moussey	284	11	137 0	St-Léger 2 1	Isle-Aumont. 2 0
35 Prunay-St-Jean	38	17	141 0	S-Jean-de-B. 1 8	Bouilly 5 0
36 Roncenay	94	16	141 0	Bouilly-Ronc. 0 9	Isle-Aumont. 8 0
37 S-Jean-de-Bonneval	328	17	139 0	S-Jean-de-Bon. »	Bouilly 5 0
38 S-Léger-près-Troyes	291	8	133 0	S-Léger-p.Tro »	Troyes 8 0
39 St-Pouange	207	10	135 0	id. 5 2	Troyes 10 0
40 St-Thibault	377	13	123 0	Maisons-Blan. 4 0	Isle-Aumont. 1 0
41 Sommeval	326	20	210 0	Chamoy-S-Ph. 7 0	Bouilly 5 0
42 Souligny	272	13	171 0	Bouilly-Ronc. 3 8	Bouilly 1 0
43 Vendue-Mignot (La)	273	17	140 0	Jeugny 7 0	Isle-Aumont. 6 0
44 Villemereuil	206	13	140 0	Bouilly-Ronc. 1 5	Isle-Aumont. 3 0
45 Villery	234	17	171 0	S-Jean-de-B. 3 2	Bouilly 3 0
46 Villy-le-Bois	46	19	133 0	id. 5 0	Isle-Aumont. 7 5
47 Villy-le-Maréchal	160	15	141 0	Bouilly-Ronc. 2 2	id. 5 0

VI. — CANTON D'ERVY (16 com., 9 489 hab.)

NOMS des COMMUNES	Population	Dist. au chef-l. d'ar.	LOCALITÉS AVEC GARES postes et télégraphes	GARE LA PLUS PRÈS de chaque com. et distance à cette commune	BUREAUX de postes desserv. les communes avec les distances
48 Ervy	1604	37	130 0	Ervy »	Ervy »
49 Auxon	1323	29	135 0	Auxon »	Auxon »
50 Chamoy	642	26	133 0	Chamoy-S-Ph. 0 3	Auxon 6 0

IV. — CANTON D'ERVY (suite)

NOMS des COMMUNES	Population	Dist. au chef-l. d'ar.	LOCALITÉS AVEC GARES postes et télégraphes	GARE LA PLUS PRÈS de chaque com. et distance à cette commune	BUREAUX de postes desserv. les communes avec les distances
1 Chessy	1039	40	128 0	Ervy 2 0	Ervy 2 0
2 Coursan	261	37	174 0	Racines-Court 5 0	Ervy 9 0
3 Courtaoult	217	41	134 0	Racines-Court. 0 5	Ervy 4 0
4 Croutes (Les)	256	45	120 0	id. 6 0	Ervy 8 0
5 Davrey	384	34	128 0	Ervy 4 0	Ervy 4 0
6 Eaux-Puiseaux	639	31	195 0	Auxon 4 0	Auxon 4 0
7 Marolles-s.-Lignières	540	48	190 0	Flogny 4 5	Flogny (Yonne) 4 5
8 Montfey	313	37	183 0	Ervy 4 0	Ervy 4 0
9 Montigny	434	27	164 0	Auxon 3 0	Auxon 3 0
10 Racines	388	40	135 0	Racines-Court. 1 0	Ervy 6 0
11 St-Phal	646	24	133 0	Chamoy-S-Ph. 0 2	Auxon 8 0
12 Villeneuve-a.-Chemin	415	34	173 0	Auxon 6 0	Auxon 6 0
13 Vosnon	488	37	185 0	id. 7 0	Auxon 7 0

VII. — CANTON D'ESTISSAC (10 com., 6 631 hab.)

NOMS des COMMUNES	Population	Dist. au chef-l. d'ar.	LOCALITÉS AVEC GARES postes et télégraphes	GARE LA PLUS PRÈS de chaque com. et distance à cette commune	BUREAUX de postes desserv. les communes avec les distances
14 Estissac	1995	21	137 0	Estissac 1 1	Estissac »
15 Bercenay-en-Othe	520	20	228 0	Estissac 10 0	Bercenay-e-Othe »
16 Bucey-en-Othe	400	18	140 0	Fontvannes. 2 7	Estissac 4 2
17 Chennegy	816	24	160 0	Estissac 7 2	Estissac 6 1
18 Fontvannes	330	16	150 0	Fontvannes. 0 6	Estissac 5 5
19 Messon	344	15	151 0	Messon 1 0	Estissac 9 0
20 Neuville-sur-Vanne	443	24	139 0	Estissac 3 3	Estissac 2 5
21 Prugny	188	13	185 0	Messon 5 2	Estissac 13 2
22 Vauchassis	727	17	220 0	Fontvannes. 9 4	Vauchassis »
23 Villemaur	868	27	126 0	Aix-Villemaur 1 0	Estissac 6 8

VIII. — CANTON DE LUSIGNY (14 com., 5 967 hab.)

NOMS des COMMUNES	Population	Dist. au chef-l. d'ar.	LOCALITÉS AVEC GARES postes et télégraphes	GARE LA PLUS PRÈS de chaque com. et distance à cette commune	BUREAUX de postes desserv. les communes avec les distances
24 Lusigny	1115	16	127 0	Lusigny »	Lusigny »
25 Bourantou	252	9	118 0	Thennelières. 3 0	Troyes 9 0
26 Clérey	701	17	125 4	Clérey 2 5	Clérey »
27 Courteranges	213	15	116 0	Lusigny 3 0	Lusigny 3 0
28 Fresnoy	364	19	158 0	Clérey 5 0	Clérey 2 5
29 Laubressel	363	11	172 0	Thennelières. 3 0	Lusigny 11 0
30 Mesnil-St-Père	531	22	140 0	Montiéramey. 3 0	Lusigny 6 0
31 Montaulin	384	13	125 0	Rouilly-S-Loup 4 0	Lusigny 6 0
32 Montiéramey	520	20	138 9	Montiéramey »	Lusigny 4 0
33 Montreuil	430	20	132 0	id. 3 0	Lusigny 4 0
34 Rouilly-St-Loup	336	9	114 5	Rouilly-S-Loup »	Troyes 9 0
35 Ruvigny	166	9	116 0	Thennelières. 1 5	Lusigny 8 0
36 Thennelières	201	8	120 0	Thennelières. »	Troyes 8 0
37 Verrières	391	11	118 5	Maisons-Blanches Verrières. 1 0	Clérey 4 0

IX. — CANTON DE PINEY (13 com., 5 492 hab.)

NOMS des COMMUNES	Population	Dist. au chef-l. d'ar.	LOCALITÉS AVEC GARES postes et télégraphes	GARE LA PLUS PRÈS de chaque com. et distance à cette commune	BUREAUX de postes desserv. les communes avec les distances
38 Piney	1561	21	131 0	Piney »	Piney »
39 Assencières	102	14	128 0	Luyères-Assen. 1 0	Piney 11 0
40 Auzon	234	27	111 0	Piney 6 0	Piney 6 0
41 Bouy-Luxembourg	248	19	150 0	Piney 7 0	Piney 7 0
42 Brevonnes	796	27	131 0	Brevonnes »	Piney 5 0
43 Dosches	284	16	176 0	Piney 11 0	Piney 11 0
44 Géraudot	545	23	125 0	Rouilly-Géra. 3 7	Piney 6 0
45 Luyères	211	14	128 0	Luyères-Assen. 1 0	Charmont 2 5
46 Mesnil-Sellières	374	13	165 0	id. 3 5	Piney 10 0
47 Montangon	199	26	124 0	Piney 5 0	Piney 5 0
48 Onjon	335	21	161 0	Piney 6 0	Piney 6 0
49 Rouilly-Sacey	351	16	125 0	Rouilly-Géran. 2 5	Piney 6 0
50 Villehardouin	252	26	117 0	Brevonnes 3 0	Piney 6 0

II. — ARRONDISSEMENT D'ARCIS-SUR-AUBE (4 cantons. 93 communes, 30 822 habitants)

I. — CANTON D'ARCIS-SUR-AUBE (22 com., 9 188 hab.)

NOMS des COMMUNES	Population	Dist. au chef-l. d'ar.	LOCALITÉS AVEC GARES postes et télégraphes	GARE LA PLUS PRÈS de chaque com. et distance à cette commune	BUREAUX de postes desserv. les communes avec les distances
51 Arcis-sur-Aube	2922	»	92 0	Arcis-s.-Aube. 1 0	Arcis-s.-Aube. »
52 Allibaudières	379	6	91 0	Allibaudières. 0 7	id. 6 2
53 Aubeterre	177	13	138 0	Montsuzain 2 1	Charmont 5 4
54 Champigny	160	7	89 0	Allibaudières. 3 7	Arcis-s.-Aube. 6 8
55 Charmont	574	16	134 0	Charmont 0 8	Charmont »
56 Chêne (Le)	341	4	92 0	Arcis-s.-Aube. 4 9	Arcis-s.-Aube. 3 9
57 Fouges	115	16	135 0	Montsuzain. 5 7	Charmont 5 0
58 Fontaine-Luyères	94	17	148 0	Charmont 1 2	Charmont 1 5
59 Herbisse	348	11	107 0	Herbisse 0 4	Mailly 8 9
60 Mailly	553	16	103 0	Mailly 1 3	Mailly »
61 Montsuzain	279	11	117 0	Montsuzain. 0 5	Arcis-s-Aube 10 8
62 Nozay	185	5	100 0	St-Etienne-N. 1 4	id. 4 9
63 Ormes	311	3	99 0	Arcis-s.-Aube. 4 2	id. 3 2
64 Pouan	696	6	91 0	Arcis-s.-Aube. 5 6	id. 6 1
65 St-Etienne	151	5	100 0	St-Etienne-N. 0 5	id. 5 2
66 St-Remy	212	7	107 0	id. 2 5	id. 7 0
67 Semoine	442	18	134 0	Herbisse 6 8	Mailly 8 3
68 Torcy-le-Grand	250	2	100 0	Arcis-s.-Aube. 3 4	Arcis-s.-Aube. 2 4
69 Torcy-le-Petit	181	4	99 0	id. 5 0	id. 4 0
70 Villette	201	3	102 0	id. 2 4	id. 3 1
71 Villiers-Herbisse	233	12	111 0	Herbisse 1 5	Mailly 7 8
72 Voué	378	9	110 0	Voué 0 4	Arcis-s-Aube. 9 1

II. — CANTON DE CHAVANGES (17 com., 4 309 hab.)

NOMS des COMMUNES	Population	Dist. au chef-l. d'ar.	LOCALITÉS AVEC GARES postes et télégraphes	GARE LA PLUS PRÈS de chaque com. et distance à cette commune	BUREAUX de postes desserv. les communes avec les distances
73 Chavanges	933	36	101 0	Chavanges 1 2	Chavanges »
74 Arrembécourt	140	46	110 0	Arrembéc.-C. 1 4	Chavanges 4 1
75 Aulnay	151	22	108 0	Chavanges. 15 7	Pougy 6 0
76 Bailly-le-Franc	155	43	116 0	Chavanges 6 2	Chavanges 7 1
77 Balignicourt	200	27	119 0	Chavanges 10 0	Chavanges 8 8
78 Braux	277	26	119 0	Chavanges 10 7	Chavanges 9 5
79 Chalette	241	26	109 0	Piney 12 4	Lesmont 2 6
80 Chassericourt	193	39	110 0	Arrembéc-C. 2 0	Chavanges 3 1
81 Donnement	172	25	114 0	Chavanges 11 9	Chavanges 10 7
82 Jasseines	310	21	105 0	Chavanges 15 5	Jasseines »
83 Joncreuil	228	40	121 0	Chavanges 5 0	Chavanges 3 8
84 Lentilles	356	41	122 0	Chavanges 5 1	Chavanges 4 8
85 Magnicourt	153	22	110 0	Piney 13 1	Pougy 2 0
86 Montmorency	331	40	101 0	Chavanges 3 6	Chavanges 3 3
87 Pars-lès-Chavanges	151	30	144 0	Chavanges 7 3	Chavanges 6 1
88 St-Léger-sous-Margerie	208	30	116 0	Chavanges 9 0	Chavanges 7 8
89 Villeret	94	41	123 0	Chavanges 6 3	Chavanges 6 0

III. — CANTON DE MÉRY-SUR-SEINE (26 com., 10 670 hab.)

NOMS des COMMUNES	Population	Dist. au chef-l. d'ar.	LOCALITÉS AVEC GARES postes et télégraphes	GARE LA PLUS PRÈS de chaque com. et distance à cette commune	BUREAUX de postes desserv. les communes avec les distances
90 Méry-sur-Seine	1332	19	85 0	Mesgrigny 3 0	Méry-s.-Seine. »
91 Abbaye-s-Plancy (L')	123	17	82 0	Mesgrigny 12 0	Plancy 2 0
92 Bessy	220	10	87 0	Arcis-s-Aube 10 0	Plancy 7 0
93 Boulages	394	20	84 0	Anglure 9 0	Plancy 4 0
94 Champfleury	245	21	119 0	Allibaudières. 9 0	Plancy 6 0
95 Chapelle-Vallon	369	17	120 0	Payns 8 0	Payns 8 0
96 Charny-le-Bachot	230		90 0	Mesgrigny 10 0	Plancy 3 0

III. — CANTON DE MÉRY-SUR-SEINE (suite)

NOMS des COMMUNES	Population	Dist. au chef-l. d'ar.	LOCALITÉS AVEC GARES postes et télégraphes	GARE LA PLUS PRÈS de chaque com. et distance à cette commune	BUREAUX de postes desserv. les communes avec les distances
51 Châtres	531	24	86 0	Mesgrigny 3 0	Méry-s-Seine 4 0
52 Chauchigny	393	22	106 0	Savières 3 0	Payns 6 0
53 Droupt-St-Basle	489	17	86 0	Mesgrigny 6 0	Méry-s-Seine. 5 0
54 Droupt-Ste-Marie	372	19	90 0	Mesgrigny 5 0	id. 3 0
55 Etrelles	233	20	81 0	Anglure 7 0	id. 7 0
56 Grandes-Chapelles (Les)	624	13	112 0	St-Mesmin 8 0	Rilly-S-Syre. 5 0
57 Longueville	290	17	80 0	Mesgrigny 10 0	Méry-s-Seine. 7 0
58 Mesgrigny	147	22	88 3	Mesgrigny »	Méry-s.-Seine 1 7
59 Plancy	1241	15	84 0	Mesgrigny 13 0	Plancy »
60 Premierfait	176	11	106 0	S-Etienne-N. 8 0	Arcis-s.-Aub. 11 0
61 Rhèges	349	12	85 0	Arcis-s-Aub. 12 0	Plancy 5 0
62 Rilly-Ste-Syre	366	18	92 0	St-Mesmin 3 0	Rilly-St-Syre. »
63 St-Mesmin	549	20	94 5	St-Mesmin »	Fontaine-l-Gr. 2 0
64 St-Oulph	270	20	85 0	Mesgrigny 5 0	Méry-s-Seine. 2 0
65 Salon	331	24	109 0	Herbisse 7 0	Plancy 8 0
66 Savières	659	23	94 7	Savières »	Fontaine-l-G. 4 0
67 Vallant-St-Georges	406	20	101 0	Mesgrigny. 2 0	Méry-s-Seine. 5 0
68 Viâpres-le-Grand	135	11	86 0	Arcis-s.Aub. 10 0	Plancy 4 0
69 Viâpres-le-Petit	196	9	87 0	id. 8 5	Plancy 6 0

IV. — CANTON DE RAMERUPT (28 com., 6 655 hab.)

NOMS des COMMUNES	Population	Dist. au chef-l. d'ar.	LOCALITÉS AVEC GARES postes et télégraphes	GARE LA PLUS PRÈS de chaque com. et distance à cette commune	BUREAUX de postes desserv. les communes avec les distances
70 Ramerupt	529	13	120 0	Arcis-s-Aube. 12 0	Ramerupt »
71 Aubigny	136	10	96 0	id. 11 0	Ramerupt 3 0
72 Avant-lès-Ramerupt	199	21	131 0	Charmont 10 0	Coclois 5 0 Pougy 5 0
73 Brillecourt	111	19	105 0	Arcis-s-Aube 19 0	Coclois 6 0
74 Chaudrey	245	10	97 0	id. 10 0	Coclois 5 0
75 Coclois	272	16	107 0	id. 16 0	Coclois »
76 Dampierre	620	21	118 0	id. 21 0	Dampierre »
77 Dommartin-le-Coq	135	19	110 0	id. 18 0	Ramerupt 5 0
78 Dosnon	246	13	136 0	id. 12 0	Arcis-s-Aube 13 0
79 Grandville	150	11	121 0	id. 11 0	id. 11 0
80 Isle-sous-Ramerupt	225	11	109 0	id. 11 0	Ramerupt 2 0
81 Lhuître	476	14	105 0	id. 13 0	Arcis-s-Aube 14 0
82 Longsols	222	23	110 0	Charmont 10 0	Coclois 7 0
83 Mesnil-la-Comtesse	82	9	130 0	Arcis-s-Aube 9 0	Arcis-s-Aube 9 0
84 Mesnil-Lettre	103	23	132 0	Charmont 11 2	Coclois 7 0
85 Morembert	70	17	108 0	Arcis-s-Aube 17 0	Ramerupt 4 0
86 Nogent-sur-Aube	526	14	100 0	id. 13 0	Coclois 2 8
87 Ortillon	57	9	97 0	id. 9 0	Arcis-s-Aube 9 0
88 Poivre	327	22	193 0	Poivre »	Mailly 7 0
89 Pougy	513	20	105 0	Piney 11 2	Pougy »
90 Romaines	61	15	102 0	Arcis-s.Aube 14 0	Ramerupt 2 0
91 St-Nabord	247	6	110 0	id. 6 0	Arcis-s-Aube. 6 0
92 Trouan-le-Grand	219	15	122 0	Mailly 7 6	Mailly 7 0
93 Trouan-le-Petit	123	15	120 0	Mailly 8 0	Mailly 7 0
94 Vaucogne	128	18	107 0	Arcis-s-Aube 17 0	Dampierre 3 0
95 Vaupoisson	270	7	97 0	id. 7 0	Arcis-s-Aube 0
96 Verricourt	78	19	111 0	Piney 12 0	Pougy 1 0
97 Vinets	285	9	110 0	Arcis-s-Aube 9 0	Ramerupt 4 0

III. — ARRONDISSEMENT DE BAR-SUR-AUBE (4 cantons, 88 communes, 38 896 habitants)

I. — CANTON DE BAR-SUR-AUBE (23 com., 16 858 hab.)

Noms des communes	Population	Dist. au chef-l. d'ar.	Localités avec gares postes et télégraphes	Gare la plus près de chaque com. et distance à cette commune		Bureaux de postes desserv. les communes avec les distances	
1 Bar-sur-Aube	4636	»	166 0	Bar-s.-Aube	»	Bar-s-Aube.	»
2 Ailleville	206	3	157 0	id.	2 5	id.	3 0
3 Arconville	282	10	224 0	Clairvaux	8 0	Champignol.	6 0
4 Arrentières	557	5	196 0	Bar-s-Aube.	5 0	Bar-s-Aube.	5 0
5 Arsonval	434	6	156 7	Arsonval	»	id.	6 0
6 Baroville	617	6	226 0	Bar-s-Aube.	6 0	id.	6 0
7 Bayel	1033	6	182 2	Bayel	»	Bayel	»
8 Bergères	320	9	248 0	Bar-s-Aube.	9 0	Bar-s-Aube,	9 0
9 Champignol	989	15	246 0	Clairvaux	10 0	Champignol.	»
10 Colombé-le-Sec	349	8	210 0	Bar-s-Aube.	8 0	Bar-s-Aube,	8 0
11 Couvignon	567	7	223 0	id.	6 5	id.	7 0
12 Engente	126	6	200 0	id.	6 0	id.	6 0
13 Fontaine	307	3	168 0	id.	3 0	id.	3 0
14 Jaucourt	269	7	153 0	Jaucourt	»	id.	7 0
15 Juvancourt	238	18	194 0	Clairvaux	5 0	Clairvaux	5 0
16 Lignol	330	8	271 0	Bayel	4 0	Bar-s-Aube.	8 0
17 Longchamp	831	17	195 0	Clairvaux	3 0	Clairvaux	3 0
18 Montier-en-l'Isle	394	5	155 0	Jaucourt	1 5	Bar-s-Aube.	5 0
19 Proverville	354	1	170 0	Jaucourt	10 0	id.	1 0
20 Rouvres	343	10	261 0	Jaucourt	13 0	id.	10 0
21 Urville	485	13	223 0	Clairvaux	3 0	Bligny	3 8
22 Ville-sous-la-Ferté	2877	17	194 0	Clairvaux	»	Clairvaux	3 0
23 *Clairvaux*	»	»	192 0	*Clairvaux.*	5 0	*Clairvaux.*	»
24 Voigny	334	5	207 0	Jaucourt	1 5	Bar-s-Aube.	5 0

II. — CANTON DE BRIENNE-LE-CHATEAU (25 com., 8 937 hab.)

Noms des communes	Population	Dist. au chef-l. d'ar.	Localités avec gares postes et télégraphes	Gare la plus près de chaque com. et distance à cette commune		Bureaux de postes desserv. les communes avec les distances	
25 Brienne-le-Château	1872	24	132 0	Brienne-l-C,	»	Brienne-le-Ch.	»
26 Bétignicourt	107	33	140 0	id.	7 2	Lesmont	3 0
27 Blaincourt	206	28	133 0	id.	7 0	Brienne-l-Ch.	7 0
28 Blignicourt	70	32	112 0	id.	8 0	id,	8 0
29 Brienne-la-Vieille	486	22	132 0	id.	2 0	id.	2 0
30 Courcelles	60	34	115 0	Vallentigny.	6 0	Chavanges.	6 0
31 Dienville	922	19	140 0	Dienville	»	Dienville	»
32 Epagne	234	29	133 0	Mathaux	3 5	Brienne-l-Ch.	6 0
33 Hampigny	384	33	112 0	Vallentigny.	1 5	id.	11 0
34 Lassicourt	141	30	117 0	Brienne-l-Ch.	6 3	Lesmont	8 0
35 Lesmont	555	34	122 0	Piney	9 0	Lesmont	»
36 Maizières	268	31	120 0	Vallentigny.	0 5	Brienne-l-Ch.	6 4
37 Mathaux	468	25	148 0	Mathaux	»	id.	4 0
38 Molins	162	36	111 0	Piney	10 0	Lesmont,	3 0
39 Pel-et-Der	374	33	134 0	Brevonnes.	6 0	Lesmont	2 5
40 Perthes	116	29	124 0	Brienne-l-Ch.	5 0	Brienne-l-Ch.	5 0
41 Précy-Notre-Dame	142	31	120 0	id.	10 0	Lesmont	3 0
42 Précy-St-Martin	460	32	147 0	id.	7 0	Lesmont	3 0
43 Radonvilliers	605	22	133 0	Dienville	2 0	Dienville	2 0
44 Rances	119	32	112 0	Vallentigny.	5 0	Brienne-l-Ch.	8 0
45 Rosnay	436	32	122 0	id.	7 0	Rosnay	»

II. — CANTON DE BRIENNE-LE-CHATEAU (suite)

Noms des communes	Population	Dist. au chef-l. d'ar.	Localités avec gares postes et télégraphes	Gare la plus près de chaque com. et distance à cette commune		Bureaux de postes desserv. les communes avec les distances	
1 Saint-Christophe	60	32	116 0	Brienne-l-Ch.	6 8	Lesmont	5 0
2 St-Léger-s-Brienne	323	26	125 0	id.	2 0	Brienne-l-Ch.	2 0
3 Vallentigny	221	32	120 0	Vallentigny.	»	id.	7 5
4 Yèves	146	35	121 0	id.	10 3	Rosnay	3 0

III. — CANTON DE SOULAINES (21 com., 5 291 hab.)

Noms des communes	Population	Dist. au chef-l. d'ar.	Localités avec gares postes et télégraphes	Gare la plus près de chaque com. et distance à cette commune		Bureaux de postes desserv. les communes avec les distances	
5 Soulaines	697	18	155 0	Bar-s-Aube.	18 0	Soulaines	»
6 Chaise (La)	122	24	169 0	Dienville	9 0	Soulaines	6 0
7 Chaumesnil	131	22	152 0	Dienville	5 0	Dienville	5 0
8 Colombé-la-Fosse	533	8	261 0	Bar-s-Aube.	8 0	Bar-s-Aube.	8 0
9 Crespy	204	29	140 0	Brienne	5 0	Brienne-l-Ch.	5 0
10 Eclance	254	17	190 0	Jessains	5 0	Jessains	5 0
11 Epothémont	289	28	150 0	Valleutigny.	6 0	Soulaines	10 0
12 Fresnay	129	11	206 0	Bar-s-Aube.	11 0	Ville-s-Terre.	5 0
13 Fuligny	161	13	188 0	id.	13 0	id.	3 0
14 Juzanvigny	142	29	140 0	Brienne-l-Ch.	5 0	Brienne-l-Ch.	5 0
15 Lévigny	235	9	225 0	Bar-s-Aube.	9 0	Ville-s-Terre.	6 0
16 Maisons	99	9	287 0	id.	9 0	id.	6 0
17 Morvilliers	611	25	146 0	Brienne	7 0	Brienne-l-Ch.	7 0
18 Petit-Mesnil	306	20	140 0	Dienville	4 0	Dienville	4 0
19 Rothière (La)	91	18	140 0	Dienville	2 0	Dienville	2 0
20 Sauley	144	12	280 0	Bar-s-Aube.	12 0	Colombey-l 2-E	10 0
21 Thil	304	16	186 0	id.	16 0	Ville-s-Terre.	3 0
22 Thors	153	12	286 0	id.	12 0	id.	6 0
23 Vernonvilliers	190	12	190 0	Jessains	10 0	id.	7 0
24 Ville-aux-Bois (La)	97	23	155 0	Valleutigny.	8 0	Soulaines	6 0
25 Ville-sur-Terre	399	13	239 0	Bar-s-Aube.	13 0	Ville-s-Terre	»

IV. — CANTON DE VENDEUVRE-SUR-BARSE (19 com., 7 810 hab.)

Noms des communes	Population	Dist. au chef-l. d'ar.	Localités avec gares postes et télégraphes	Gare la plus près de chaque com. et distance à cette commune		Bureaux de postes desserv. les communes avec les distances	
26 Vendeuvre-sur-Barse	2092	21	167 3	Vendeuvre-s-B.	»	Vendeuvre-s-B.	»
27 Amance	541	18	188 0	Jessains	6 0	id.	8 0
28 Argançon	303	11	231 0	Jessains	5 0	Bar-s-Aube.	11 0
29 Bligny	455	12	244 0	Bar-s-Aube.	12 0	Bligny	»
30 Bossancourt	388	11	148 0	Jessains	2 0	Jessains	2 0
31 Champ-sur-Barse	66	26	166 0	Vendeuvre.	5 0	Vendeuvre	5 0
32 Dolancourt	271	9	150 0	Jessains	3 0	Jessains	3 0
33 Fravaux	125	13	240 0	Jaucourt	3 0	Bar-s-Aube.	13 0
34 Jessains	397	13	170 9	Jessains	»	Jessains	»
35 Juvanzé	72	16	141 0	Jessains	5 0	Jessains	5 0
36 Loge-aux-Chèvres (la)	202	28	180 0	Vendeuvre.	6 0	Vendeuvre	6 0
37 Magny-Fouchard	289	15	216 0	id.	5 0	id.	5 0
38 Maison-des-Champs	102	14	237 0	id.	8 0	id.	8 0
39 Meurville	378	9	191 0	Bar-s.-Aube,	9 0	Bar-s-Aube.	9 0
40 Spoy	555	11	186 0	Jessains	8 0	id.	11 0
41 Trannes	383	13	188 0	Jessains	2 0	Jessains	2 0
42 Unienville	499	17	145 0	Dienville	3 0	Jessains	3 0
43 Vauchonvilliers	280	18	226 0	Vendeuvre.	6 0	Vendeuvre	6 0
44 Villeneuve-a Chêne (la)	412	27	172 0	id.	6 0	id.	6 0

IV. — ARRONDISSEMENT DE BAR-SUR-SEINE (5 cantons, 84 communes, 43 033 habitants)

I. — CANTON DE BAR-SUR-SEINE (22 com., 10 684 hab.)

Noms des communes	Population	Dist. au chef-l. d'ar.	Localités avec gares postes et télégraphes	Gare la plus près de chaque com. et distance à cette commune		Bureaux de postes desserv. les communes avec les distances	
46 Bar-sur-Seine	3182	»	153 0	Bar-s-Seine.	»	Bar-s-Seine.	»
47 Bourguignons	390	3	145 0	id.	3 0	id.	3 0
48 Briel	262	13	142 0	Montiéramey.	2.5	Vendeuvre-s-B.	12 0
49 Buxeuil	327	7	160 0	Polisot	2 0	Gyé-s-Seine.	4 0
50 Chappes	270	12	140 0	Fouchères	2 5	S-Parres-l-V.	3 0
51 Chauffour-les-Bailly	169	12	150 0	Montiéramey.	6 0	Bar-s-Seine.	12 0
52 Courtenot	247	8	142 6	Courtenot	»	id.	8 0
53 Fouchères	432	10	137 5	Fouchères	»	Fouchères	»
54 Fralignes	166	8	233 0	Bar-s-Seine.	8 0	Bar-s-Seine.	8 0
55 Jully-sur-Sarce	472	7	150 0	Courtenot	5 0	id.	7 0
56 Marolles-les-Bailly	244	10	149 0	Montiéramey.	6 0	id.	10 0
57 Merrey	504	3	162 0	Bar-s-Seine.	3 0	id.	3 0
58 Poligny	96	9	147 0	id.	9 0	id.	9 0
59 Rumilly-les-Vaudes	573	17	138 0	St-Parres-l-V.	3 5	S-Parres-l-V.	3 5
60 S-Parres-les-Vaudes	460	14	132 0	id.	»	id.	»
61 Vaudes	314	17	137 0	id.	3 0	id.	3 0
62 Villemorien	273	8	170 0	Bar-s-Seine.	8 0	Bar-s-Seine.	8 0
63 Villemoyenne	519	16	126 0	S-Parres-l-V.	2 0	S-Parres-l-V.	2 0
64 Ville-sur-Arce	740	7	181 0	Bar-s-Seine.	7 0	Bar-s-Seine.	7 0
65 Villiers-sous-Praslin	225	13	246 0	id.	13 0	Chaource	10 0
66 Villy-en-Trodes	400	12	163 0	Montiéramey.	6 0	Vendeuvre-s-B.	8 0
67 Virey-sous-Bar	413	6	140 0	Courtenot	1 0	Bar-s-Seine.	6 0

II. — CANTON DE CHAOURCE (25 com., 9 491 hab.)

Noms des communes	Population	Dist. au chef-l. d'ar.	Localités avec gares postes et télégraphes	Gare la plus près de chaque com. et distance à cette commune		Bureaux de postes desserv. les communes avec les distances	
68 Chaource	1451	21	139 0	Jeugny	11 0	Chaource	»
69 Avreuil	354	36	140 0	Ervy	6 0	Chaource	12 0
70 Balnot-la-Grange	323	26	286 0	Bar-s-Seine.	26 0	Chesley	8 0
71 Bernon	407	37	160 0	Ervy	9 0	Ervy	10 0
72 Chaserey	159	31	211 0	Tonnerre	16 0	Coussegrey.	4 5
73 Chesley	701	27	180 0	id.	19 0	Chesley	»
74 Coussegrey	425	37	230 0	id.	12 0	Coussegrey.	»
75 Cussangy	508	27	223 0	Ervy	14 0	Chaource	6 0
76 Etourvy	411	30	204 0	Tonnerre	18 0	Chesley	3 0
77 Granges (Les)	135	27	136 0	Ervy	10 5	Chaource	6 0
78 Lagesse	381	25	226 0	S-Parres-l-V.	20 0	id.	4 0
79 Lantages	471	15	167 0	id.	11 0	id.	6 0
80 Lignières	534	41	203 0	Flogny	12 0	Coussegrey.	4 0
81 Loge-Pomblin (La)	180	30	133 0	Chamoy-S-Pha	7 0	Chaource	7 8
82 Loges-Margueron (les)	312	26	150 0	Jeugny	6 0	id.	4 0
83 Maisons (Les)	310	22	257 0	S-Parres-l-V.	20 0	id.	6 0
84 Metz-Robert	92	24	140 0	Jeugny	8 0	id.	3 0
85 Pargues	393	18	215 0	S-Parres-l-V.	16 0	id.	6 0
86 Praslin	190	17	186 0	id.	15 0	id.	5 0
87 Prusy	191	34	218 0	Tonnerre	16 0	Coussegrey.	3 0
88 Turgy	164	32	170 0	Ervy	8 2	Chaource	11 0

II. — CANTON DE CHAOURCE (suite)

Noms des communes	Population	Dist. au chef-l. d'ar.	Localités avec gares postes et télégraphes	Gare la plus près de chaque com. et distance à cette commune		Bureaux de postes desserv. les communes avec les distances	
45 Vallières	314	31	187 0	Tonnerre	20 0	Coussegrey.	6 0
46 Vanlay	689	33	143 0	Ervy	8 0	Chaource	11 0
47 Villiers-le-Bois	295	28	221 0	Tanlay	18 0	Chesley	7 0
48 Vougrey	101	14	180 0	Fouchères	7 0	Chaource	9 0

III. — CANTON D'ESSOYES (21 com., 10 863 hab.)

Noms des communes	Population	Dist. au chef-l. d'ar.	Localités avec gares postes et télégraphes	Gare la plus près de chaque com. et distance à cette commune		Bureaux de postes desserv. les communes avec les distances	
49 Essoyes	1564	16	180 0	Gyé-s-Seine.	10 0	Essoyes	»
50 Bertignolles	217	15	219 0	id.	15 0	Chervey	1 5
51 Beurey	394	12	243 0	Vendeuvre.	7 0	Vendeuvre	7 0
52 Buxières	331	10	184 0	Bar-s-Seine.	10 0	Bar-s-Seine.	10 0
53 Chacenay	193	17	312 0	id.	16 5	Landreville.	8 0
54 Chervey	540	13	211 0	Bar-s.-Seine.	13 0	Chervey	»
55 Cunfin	841	29	238 0	Mussy-s-Seine	18 8	Cunfin	»
56 Eguilly	257	16	219 0	Bar-s-Seine.	16 0	Chervey	4 0
57 Fontette	534	23	328 0	Gyé-s-Seine.	18 0	Essoyes	7 0
58 Landreville	1333	11	184 0	id.	7 0	Landreville.	»
59 Loches	1159	13	180 0	id.	9 0	Landreville.	3 0
60 Longpré	236	17	258 0	Vendeuvre.	8 0	Vendeuvre	8 0
61 Magnant	394	8	235 0	Bar-s-Seine.	8 0	Bar-s-Seine.	8 0
62 Montmartin	192	20	248 0	Vendeuvre-s-S.	7 8	Vendeuvre	7 8
63 Noë-les-Mallets	346	22	280 0	Polisot	19 0	Essoyes	6 0
64 Puits et Nuisement	309	17	205 0	Vendeuvre.	4 0	Vendeuvre	4 0
65 St-Usage	270	25	280 0	Gyé-s-Seine.	18 5	Essoyes	8 5
66 Thieffrain	291	12	217 0	Vendeuvre.	6 0	Vendeuvre	6 0
67 Verpillières	399	20	190 0	Gyé-s-Seine.	14 0	Essoyes	4 0
68 Vitry-le-Croisé	779	18	229 0	Bar-s-Seine.	18 0	Vitry-le-Croisé.	»
69 Viviers	284	15	222 0	Polisot	11 0	Landreville	4 0

IV. — CANTON DE MUSSY-SUR-SEINE (8 com., 6 318 hab.)

Noms des communes	Population	Dist. au chef-l. d'ar.	Localités avec gares postes et télégraphes	Gare la plus près de chaque com. et distance à cette commune		Bureaux de postes desserv. les communes avec les distances	
70 Mussy-sur-Seine	1591	19	188 0	Mussy-s-Seine.	»	Mussy-s-Seine.	»
71 Celles	883	5	163 0	Polisot	1 0	Celles	»
72 Courteron	391	12	174 0	Gyé-s-Seine.	1 5	Gyé-s-Seine.	1 5
73 Gyé-sur-Seine	1096	11	180 0	id.	»	id.	»
74 Neuville-sur-Seine	848	9	161 0	id.	2 0	id.	2 0
75 Plaines	725	17	179 0	Plaines	»	Mussy-s-Seine.	2 5
76 Polisot	422	5	165 0	Polisot	»	Celles	1 2
77 Polisy	422	6	157 0	id.	1 0	Gyé-s-Seine.	6 0

V. — CANTON DE RICEYS (LES) (8 com., 5 617 hab.)

Noms des communes	Population	Dist. au chef-l. d'ar.	Localités avec gares postes et télégraphes	Gare la plus près de chaque com. et distance à cette commune		Bureaux de postes desserv. les communes avec les distances	
78 Riceys (Les)	2691	14	218 0	Gyé-s-Seine.	6 2	Les Riceys	»
79 Arrelles	295	12	185 0	Polisot	10 0	id.	11 0
80 Avirey-Lingey	663	15	254 0	id.	14 0	id.	5 0
81 Bagneux-la-Fosse	579	19	280 0	Gyé-s-Seine.	12 4	id.	6 0
82 Balnot-s-Laignes	379	10	260 0	Polisot	5 0	id.	5 0
83 Beauvoir	199	22	240 0	Gyé-s-Seine.	13 2	id.	7 0
84 Bragelogne	487	25	285 0	id.	15 2	id.	9 0
85 Channes	324	26	304 0	id.	17 2	id.	11 0

V. — ARRONDISSEMENT DE NOGENT-SUR-SEINE (4 cantons, 60 communes, 36 329 habitants)

I. — CANTON DE NOGENT-SUR-SEINE (16 com., 10 103 hab.)

Noms des communes	Population	Dist. au chef-l. d'ar.	Localités avec gares postes et télégraphes	Gare la plus près de chaque com. et distance à cette commune		Bureaux de postes desserv. les communes avec les distances	
89 Nogent-s-Seine	3652	»	66 0	Nogent-s-Seine.	»	Nogent-s-Seine.	»
90 Bouy-sur-Orvin	117	11	86 0	id.	11 0	Trainel	4 0
91 Courceroy	248	8	85 0	id.	8 0	Nogent-s-Seine	8 0
92 Fontenay-de-Bossery	105	7	71 0	id.	7 0	id.	7 0
93 Gumery	313	9	89 0	id.	9 0	Trainel	4 0
94 Louptière-Thénard (La)	321	17	100 0	id.	17 0	id.	4 0
95 Mâcon	551	4	71 0	id.	4 0	Nogent-s-Seine	4 0
96 Marnay	380	6	69 0	Pont-s-Seine.	4 0	Pont-s-Seine.	3 5

I. — CANTON DE NOGENT-SUR-SEINE (suite)

Noms des communes	Population	Dist. au chef-l. d'ar.	Localités avec gares postes et télégraphes	Gare la plus près de chaque com. et distance à cette commune		Bureaux de postes desserv. les communes avec les distances	
86 Mériot (Le)	613	5	68 0	Nogent-s-S.	5 0	Nogent-s-S.	5 0
87 Motte-Tilly (La)	440	6	89 0	id.	6 0	id.	6 0
88 Plessy-Gatebled	109	18	110 0	Flamboin.	16 0	Trainel	5 0
89 Pont-sur-Seine	806	9	69 5	Pont-sur-Seine.	»	Pont-s-Seine.	»
90 St-Aubin	535	5	90 0	Nogent-sur-Seine	5 0	Nogent-sur-Seine	5 0
91 St-Nicolas	152	6	111 0	id.	5 8	id.	6 0
92 Soligny-les-Etangs	341	10	96 0	id.	10 0	Trainel	6 0
93 Trainel	1420	12	76 0	id.	12 0	Trainel	»

V. — ARRONDISSEMENT DE NOGENT-SUR-SEINE (suite)

II. — CANTON DE MARCILLY-LE-HAYER (22 com., 8 095 hab.)

NOMS des COMMUNES	Population	Dist. au chef-l. d'ar.	LOCALITÉS AVEC GARES postes et télégraphes	GARE LA PLUS PRÈS de chaque com. et distance à cette commune	BUREAUX de postes desserv. les communes avec les distances
1 Marcilly-le-Hayer..	617	20	140 0	Vulaines.... 15 0	Marcilly-l-H. »
2 Avant	541	10	120 0	Nogent-s-S. 10 3	id. 10 3
3 Avon-la-Pèze	269	17	145 0	Romilly-s-S. 16 2	id. 5 0
4 Bercenay-le-Hayer	279	23	141 0	Villeneuv.-l'A. 14 0	id. 3 3
5 Bourdenay	199	20	107 0	id. 15 2	id. 5 6
6 Charmoy	89	13	150 0	Nogent-s-S. 13 0	id. 7 5
7 Dierrey-St-Julien	350	34	140 0	Estissac.... 5 5	Estissac.... 5 7
8 Dierrey-St-Pierre	297	32	154 0	id. 7 8	id. 8 0
9 Echemines	137	29	160 0	St-Mesmin.. 9 5	Marigny-l-C. 7 5
10 Faux-Villecerf	270	30	169 0	Estissac.... 9 6	Marcilly-l-H. 8 8
11 Fay	175	13	150 0	Nogent-s-S. 13 1	id. 8 2
12 Marigny	595	21	112 0	Maizières... 13 1	Marigny..... »
13 Mesnil-Saint-Loup	360	34	177 0	Estissac.... 4 8	Pâlis....... 5 0
14 Pâlis	1283	30	158 0	Aix-Villem. 4 6	Pâlis....... »
15 Planty	602	30	160 0	Vulaines.... 5 8	Marcilly-l-H. 9 0
16 Pouy	390	27	167 0	Villeneuve-l'Archevêque 8 6	Villeneuve-l'Arc. (Yonne).. 8 6
17 Prunay-Belleville	247	26	168 0	Estissac.... 13 8	Marcilly-l-H. 10 4
18 Rigny-la-Nonneuse	229	18	123 0	Romilly-s-S. 13 6	id. 7 3
19 St-Flavy	253	23	116 0	Mesgrigny.. 13 2	Marigny-l-Ch. 1 6
20 St-Lupien	215	25	136 0	Estissac.... 13 6	Marcilly-l-H. 5 4
21 Trancault	285	15	115 0	Nogent-s-S. 15 3	id. 9 4
22 Villadin	413	25	155 0	Aix-Villem. 10 3	id. 5 3

III. — CANTON DE ROMILLY-SUR-SEINE (15 com., 18 516 hab.)

NOMS des COMMUNES	Population	Dist. au chef-l. d'ar.	LOCALITÉS AVEC GARES postes et télégraphes	GARE LA PLUS PRÈS de chaque com. et distance à cette commune	BUREAUX de postes desserv. les communes avec les distances
1 Romilly-sur-Seine..	6938	18	89 0	Romilly-s-Seine »	Romilly-s-Seine »
2 Crancey	476	12	101 0	Crancey ... »	id. 7 0
3 Ferreux	321	10	85 0	Nogent-s-S. 10 0	St-Martin-d-B. 5 0
4 Fontaine-les-Grès ..	447	37	90 0	St-Mesmin.. 2 0	Fontaine-l-Grès »
5 Fosse-Cordouan (La)	230	14	100 0	Romilly.... 12 0	S-Martin-d-B. 3 0
6 Gélannes	690	17	85 0	Romilly.... 8 0	Romilly-s-Seine 8 0
7 Maizières-la-Grande Paroisse	1415	23	78 0	Maizières... »	Maizières... »
8 Origny-le-Sec	854	26	103 0	id. 4 0	Maizières-l-G-P 4 0
9 Orvilliers	434	30	104 0	Mesgrigny . 8 0	Méry-s-Seine. 8 0
10 Ossey-les-3-Maisons	360	21	112 0	Romilly.... 10 0	Romilly-s-S. 10 0
11 Pars	273	20	85 0	id. 4 0	id. 4 0
12 Quincey	133	8	81 0	Pont-s-Seine. 7 0	Nogent-s-Seine 8 0
13 St-Hilaire	349	12	82 0	Crancey.... 1 0	Romilly-s-S.. 4 0
14 St-Loup-de-Buffigny	231	13	91 0	Nogent-s-S. 13 0	S-Martin-d-B. 4 0
15 St-Martin-de-Bossenay	365	16	⊠ 106 0	Romilly-sur-Seine.... 9 8	St-Martin-de-Bossenay.... »

IV. — CANTON DE VILLENAUXE (7 com., 4 615 hab.)

NOMS des COMMUNES	Population	Dist. au chef-l. d'ar.	LOCALITÉS AVEC GARES postes et télégraphes	GARE LA PLUS PRÈS de chaque com. et distance à cette commune	BUREAUX de postes desserv. les communes avec les distances
16 Villenauxe	2344	13	96 0	Villenauxe.. »	Villenauxe.. »
17 Barbuise	507	11	74 0	id. 5 0	id. 5 0
18 Montpothier	473	11	146 0	id. 3 0	id. 3 0
19 Périgny-la-Rose	197	15	72 6	Périgny-la-Rose »	id. 8 0
20 Plessis-Barbuise	197	14	100 0	Villenauxe.. 4 .	id. 4 0
21 Saulsotte (La)	708	6	80 0	Nogent-s-Seine 6 0	Nogent-s-S. 6 0
22 Villeneuve-au-Châtelot (La)	189	14	75 0	Pont-sur-Seine.... 4 0	Villenauxe. 6 0

garnison. Le 47e territorial, ainsi que les 2e et 4e escadrons territoriaux de dragons, viendraient s'y former. On y trouve enfin des magasins de subsistances et un magasin annexe de l'habillement et du campement.

Arcis-sur-Aube, d'origine très ancienne, est mentionnée dans les itinéraires romains sous le nom d'*Arcaca*. Elle est dominée par un château bâti sur une hauteur. Elle fut presque détruite par deux incendies terribles en 1719 et en 1727. Napoléon y livra, les 20 et 21 mars 1814, des batailles acharnées, contre l'armée austro-russe, qui le força à se replier. La ville fut dévastée et à demi-détruite pendant la bataille.

Bar-sur-Aube, d'origine gallo-romaine, est bâtie au pied d'une hauteur qui domine une belle vallée. Elle paraît avoir été dès lors fortifiée, car on voit, sur une montagne voisine, les restes d'un château que la tradition prétend avoir été ruiné par les Vandales. Elle fut ensuite entourée de murailles bastionnées, rasées sous Louis XIV et dont les promenades actuelles occupent l'emplacement des fossés. Elle a souffert beaucoup pendant la campagne de 1814, où les Autrichiens furent repoussés de la ville par le maréchal Mortier (24 janvier).

Bar-sur-Seine, connue historiquement dès les temps carlovingiens, est située à l'extrémité d'une vallée resserrée entre deux côteaux. Fort importante au moyen âge, où elle était la capitale d'un des sept comtés-pairies de Champagne, cette ville fortifiée, objet de conteste au temps des guerres féodales, dévastée en 1359 par les aventuriers lorrains, pillée pendant les guerres religieuses, eut ses remparts démantelés par les habitants eux-mêmes, son château a été détruit à la fin du XVIe siècle. Un combat contre les Alliés y fut livré le 1er mars 1814.

Brienne-le-Château, d'origine antérieure à l'invasion des Romains, fut au XIe siècle le siège d'un des comtés-pairies de la Champagne. Son premier château fort, démoli pendant les guerres des Anglais au XVe siècle, fut reconstruit, ruiné de nouveau et remplacé au XVIIIe siècle, par un très beau château qui devint, en 1776, l'un des douze collèges militaires de France, supprimé en 1790, et où Napoléon fit ses premières études, de 1779 à 1784. Un terrible combat fut livré à Brienne, le 29 janvier 1814, entre Napoléon et Blücher, pendant lequel la ville fut entièrement brûlée par les Russes et les Prussiens qui néanmoins en furent expulsés.

Ervy-le-Châtel était une ancienne baronnie dont le château est détruit ; on voit encore quelques traces des fossés de la fortification.

Lusigny possède des vestiges d'une voie romaine et des restes d'anciens retranchements ; un combat s'y est livré en 1814.

Méry-sur-Seine fut, le 22 février 1814, le théâtre d'un sanglant combat entre Napoléon et Blücher. Les Prussiens y essuyèrent une défaite qu'ils empêchèrent de tourner en désastre en brûlant la ville.

Mussy-sur-Seine était fortifiée au moyen âge et l'on voit encore les fossés de l'ancienne enceinte.

Nogent-sur-Seine, port d'approvisionnement de Paris, occupe une position très importante, qui couvre les routes de la capitale. En 1814, le général Bourmont, avec mille hommes, y tint en échec, pendant deux jours, une grande partie de l'armée autrichienne, qui, par vengeance, pilla et incendia la ville.

Romilly-sur-Seine était autrefois défendue par des fortifications.

Pont-sur-Seine a été le théâtre de plusieurs combats pendant la campagne de 1814 et son château, brûlé alors par les Russes, a été rebâti en 1825 par Casimir Périer.

La Rothière est un petit village où Napoléon fut défait, le 1er février 1814, dans une grande bataille que lui livraient les Alliés.

Vendeuvre, ville très ancienne, était autrefois fortifiée et chef-lieu d'une puissante baronnie.

Villenauxe a conservé, de son ancienne fortification, des fossés en partie remplis d'eau. Elle est célèbre dans la campagne de 1814.

STATISTIQUE DE LA POPULATION

La population du département était :

En 1801	231 455	habitants.
En 1821	230 668	—
En 1831	246 361	—
En 1851	265.247	—
En 1872	255 687	—
En 1886	257 374	—

Mariages annuels :

1° Entre garçons et filles	1 581
2° Entre garçons et veuves	50
3° Entre veufs et filles	110
4° Entre veufs et veuves	85

Naissances et décès :

Naissances	enfants légitimes	garçons	2 352
		filles	2 199
	enfants naturels	garçons	219
		filles	221
Décès	sexe masculin	garçons	1 143
		mariés	1 153
		veufs	637
	sexe féminin	filles	941
		femmes	855
		veuves	825
Morts accidentelles		hommes	86
		femmes	33
Suicides		hommes	64
		femmes	29

XI. — DIVISION JUDICIAIRE

Le département de l'Aube dépend de la cour d'appel de Paris qui se compose d'un premier président, d'un président de chambre, de dix conseillers, d'un procureur général, d'un avocat général et d'un substitut du procureur général.

Il y a un tribunal de première instance dans chacun des chefs-lieux d'arrondissements.

D'après l'annuaire de la République française le département de l'Aube a un tribunal de commerce à Troyes.

Troyes : Treize notaires, huit avoués et trois commissaires-priseurs.

Arcis-sur-Aube : Deux notaires, trois avoués et un commissaire-priseur.

Bar-sur-Aube : Quatre notaires, quatre avoués et un commissaire-priseur.

Bar-sur-Seine : Trois notaires, cinq avoués et un commissaire-priseur.

Nogent-sur-Seine : Trois notaires, trois avoués et un commissaire-priseur.

XII — DIVISION UNIVERSITAIRE

Le département de l'Aube fait partie de l'Académie de Dijon. *Enseignement secondaire* : Lycée de Troyes — Collège communal de Bar-sur-Aube — Cours secondaire de jeunes filles à Troyes — Etablissements libres à Arcis-sur-Aube, Troyes, Bar-sur-Seine et Brienne.

Un inspecteur d'académie à Troyes.

Enseignement primaire : Un inspecteur primaire dans chaque chef-lieu d'arrondissement. — Une école normale d'instituteurs et une école normale d'institutrices à Troyes. — Cours complémentaires à Arcis-sur-Aube, à Bar-sur-Seine (boursiers de l'Etat) et aux Riceys — Pensionnat primaire à Troyes.

ÉCOLES PUBLIQUES

Nombre d'écoles	laïques	557	605
	congréganistes	48	

Nombre d'élèves :

Laïques	garçons	14 796	
	filles		10 023
Congréganistes	garçons	»	
	filles		3 073
		14 796	13 096
		27 892	

ÉCOLES LIBRES

Nombre d'écoles	laïques	26	78
	congréganistes	52	

Nombre d'élèves :

Laïques	garçons	319	
	filles		1 293
Congréganistes	garçons	1 089	
	filles		2 767
		1 399	40 60
		5 459	

XIII. — DIVISION RELIGIEUSE

Le département de l'Aube dépend de l'archevêché de Sens. La résidance de l'évêque est à Troyes. Le personnel ecclésiastique est ainsi réparti:

Évêque	1
Vicaires généraux titulaires	2
Chanoines titulaires	9
Ecclésiastiques attachés au secrétariat	2
Curés	38
Desservants	297
Vicaires de paroisses	9
Prêtres habitués	23
Aumôniers	14
Professeurs	6
Supérieurs et professeurs	7

Contenance et valeur des immeubles possédés par les congrégations religieuses.

CONTENANCE en hectares d'après LE CADASTRE	VALEUR	
	LOCATIVE	VÉNALE
36 h. 09	143 770 f.	3 206 000 f.

Contenance et valeur des immeubles occupés par les congrégations religieuses.

CONTENANCE en hectares d'après LE CADASTRE	VALEUR	
	LOCATIVE	VÉNALE
10 h. 47	53 920 f.	1 198 000 f.

Vue de Bar-sur-Seine.

XIV. — POSTES ET TÉLÉGRAPHES

Le département de l'Aube contient :
65 bureaux postaux et télégraphiques.
26 bureaux télégraphiques simples.
5 bureaux postaux seulement.

Il est délivré annuellement, dans le département, environ 150,000 mandats d'articles d'argent, pour une somme de 4 500000 francs.

La taxe des lettres, journaux, etc. ainsi que les soldes des comptes avec les offices étrangers, produisent, par an, environ 850 000 fr.

Nombre de dépêches.	intérieures.	95 568
	internationa.	1 370
Taxes perçues.	intérieures.	73 650f45
	internationales	4 041 80
Produit net versé au Trésor.		77 692f25

XV. — RECETTES ANNUELLES DU DÉPARTEMENT

I. — Budget ordinaire.

Contributions directes	2 939 088,59
Taxes assimilées aux contributions directes	235 713,28
Enregistrement	3 286 561,32
Timbre	766 883,23
Domaines et forêts	412 376,32
Douanes	» » » »
Contributions indirectes	5 577 935,13
Postes	878 653,68
Télégraphes	78 372,39
Impôt de 3 0/0 sur le revenu des valeurs mobilières	23 531,19
Amendes et condamnations	53 685,48
Retenues et autres produits perçus en exécution de la loi du 9 juin 1853	148 618,81
Produits divers du budget	580 493,93
	14 983 913,35

II. — Budget extraordinaire.

Ressources spéciales	3 869 962,47
Total général des recettes	18 853 875,82

XVI. — ASSISTANCE PUBLIQUE

I. — BUREAUX DE BIENFAISANCE

Nombre de bureaux dans le département	82
Nombre d'individus secourus	4 650

Recettes.

Revenus	70 869f	273 568
Subventions	68 296	
Recettes de charité	27 095	
Fonds de report et autres recettes	107 308	

Dépenses.

Administration	33 294f	170 146
Secours en nature	105 521	
Secours en argent	31 331	
Excédent des recettes		103 422f.

Montant des placements.

En immeubles	433f.
En rentes	54 514f.
Total	54 947f.

II. — HOSPICES ET HÔPITAUX

Nombre d'établissements hospitaliers.

Hôpitaux	3	14
Hôpitaux et hospices	3	
Hospices	8	

Personnel.

Médecins et chirurgiens	18	141
Religieuses	63	
Employés	14	
Servants	46	

Lits affectés au service.

Malades	287	717
Infirmes, vieillards et incurables	317	
Enfants assistés	1	
Personnel des établissements	112	
Recettes de 14 établissements	366 919	
Dépenses	342 059	
Excédent des recettes	24 860f.	

XVII. — CAISSES D'ÉPARGNE

Nombre de caisses d'épargne	5

Nombre de livrets.

Existant au 1er janvier	58 027
Ouverts pendant l'année	6 178
Soldes pendant l'année	3 466
Restant au 31 décembre	60 739
Soldes aux déposants au 1er janvier	28 892 488
Recettes	10 003 045
Dépenses	6 665 096
Soldes aux déposants le 31 décembre	32 230 437

XVIII. — INCENDIES ET SINISTRES AGRICOLES

Incendies	872 546
Grêle	1 978 096
Gelée	243 070
Inondations	126 807
Pertes de bestiaux	536 220
Total des pertes	3 756 739

II. — PARTIE MILITAIRE

La surface du pays est en général plate et unie; elle ne présente aucun accident de terrain un peu notable; cependant quelques lignes de côteaux se profilent sur les bords de la Seine. Au midi et à l'est, on trouve également des collines peu élevées, couvertes de forêts et se rattachant à la Côte d'Or et au plateau de Langres. Les autres parties, arides et peu peuplées, appartiennent presque entièrement à la formation crayeuse qui constitue le sol de la Champagne pouilleuse; des armées n'y trouveraient par suite aucune facilité de ravitaillement.

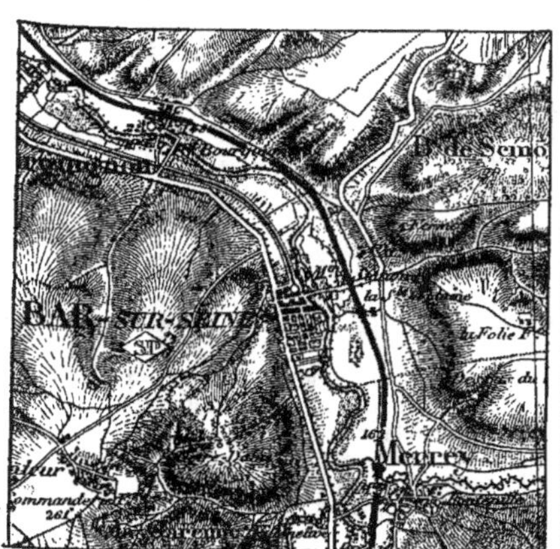

BAR-SUR-SEINE ET SES ENVIRONS
Extrait de la carte d'État-Major au 80 000e.

Nous avons indiqué dans l'organisation défensive de la France (N° 200) que, pour prolonger la position fortifiée de Reims le long de la falaise de Champagne jusqu'à la Seine, il avait été question de fortifier les positions de Nogent-sur-Seine, à l'extrémité droite de cette falaise. Nous en reparlerons.

Occupé par le peuple celte des *Tricasses*, d'où s'est formé le nom de Troyes, ce pays suivit dans les neufs premiers siècles de l'ère chrétienne les destinées historiques du nord de la Gaule.

Le comté de Troyes devint un état héréditaire vers 943 et eut alors son histoire propre. Les guerres des Anglais et les guerres de religion furent désastreuses pour ce pays, qui fut pillé et ravagé par les reitres jusqu'au moment où Henri III les renvoya à prix d'argent.

L'invasion de 1792 n'atteignit pas le département, mais la campagne de 1814 s'y déroula presque entièrement, ainsi que le rappellent les noms de *la Rothière*, de *Brienne*, *d'Arcis-sur-Aube*, de *Méry*, de *Nogent*, etc,. où Napoléon remporta ses dernières victoires.

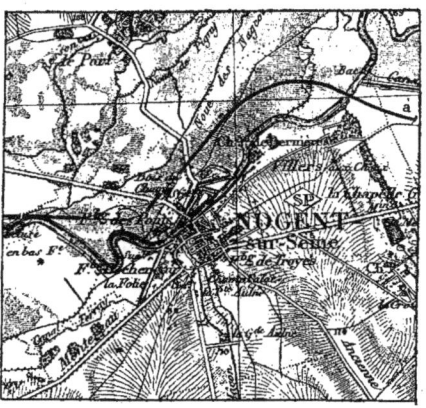

NOGENT-SUR-SEINE ET SES ENVIRONS
Extrait de la carte d'État-Major au 80 000e.

Napoléon, forcé de se replier avec les débris de son armée sur les côteaux de la falaise de Champagne pour couvrir Paris, sut par des manœuvres habiles et rapides, profiter de la position centrale entre la Marne et la Seine pour infliger aux trois armées des alliés des échecs nombreux et sanglants. Lorsqu'il fut repoussé par l'armée de Bohême à la *Rothière*, l'Empereur, après s'être replié sur *Nogent*, vint tomber dans le flanc de l'armée de Silésie sur la Marne et la rejetta sur Châlons, après l'avoir battue à *Champaubert* et à *Montmirail*. Mais Napoléon fut obligé alors de s'occuper de nouveau de l'armée de Bohême qui, pendant ce temps avait passé la

Seine à Montereau, en refoulant les corps de Victor et d'Augereau. Montereau enlevé et l'armée de Bohême obligée de se replier sur l'Aube, l'Empereur revint en toute hâte sur l'armée de Silésie, qui avait repris sa marche et qui, grâce à la capitulation de Soissons (voir *Aisne*), avait réussi à passer l'Aisne. Après avoir échoué dans l'attaque de Laon (Voir *Aisne*), il ramena son armée sur la Seine, où il livra la bataille *d'Arcis-sur-Aube*, mais sa faiblesse numérique le força à se retirer sur Saint-Dizier, d'où il espérait empêcher la jonction des armées d'invasion. Mais, deux d'entre elles s'étant réunies, écrasaient à la *Fère-Champenoise*, les troupes qui cherchaient à rejoindre l'Empereur, dont l'ennemi faisait observer la faible armée par un corps léger. Le 30 mars, Paris, après une faible résistance, se rendait.

Dans cette campagne mémorable, Napoléon sut coordonner au plus haut point les mouvements de son armée défensive aux lignes de défense naturelles formées par les hauteurs et par les vallées, de manière à tenir tête pendant trois mois à trois armées de beaucoup supérieures en nombre (60,000 hommes contre 500,000).

En 1870, la situation n'était pas la même et il ne restait aucune armée française pour défendre cette région, où l'envahisseur put s'avancer sans rencontrer de résistance pour investir Paris.

La crête connue sous le nom de *falaise de Champagne* (ou falaise tertiaire de la Brie) a ses escarpes boisées, avec un relief d'une centaine de mètres vers les plaines de l'est. Elle s'approche au sud de la Seine à la forêt de Fontainebleau, longe la rive droite de ce fleuve entre Montereau et Nogent, en constituant entre ces deux villes une très forte position militaire, renforcée par le cours de la Seine qui forme en avant d'elle un véritable fossé, puis la crête se relève vers le nord pour gagner Sézanne, Epernay, Reims, Laon, et venir s'appuyer sur l'Oise vers La Fère (voir dans l'*Aisne*, la position de Laon, La Fère).

La ligne de la falaise, qui constitue le dernier obstacle que l'ennemi rencontrerait avant d'arriver à Paris, est naturellement très forte. Mais elle est traversée par un grand nombre de routes, de cours d'eau, qui sont longés par des voies ferrées, réunies entre elles par des voies transversales. En outre, si le grand développement de cette ligne empêche de la tourner, il ne permet pas non plus d'en interdire partout l'accès. Il est vrai que l'on pourrait la renforcer, au moment du besoin, d'abord en tendant des inondations au moyen des grands marais qui se trouvent dans le voisinage, ensuite en ayant recours à la fortification passagère, dont il serait facile de faire un emploi judicieux.

La ligne d'invasion par la trouée de la Moselle, entre Toul et Épinal, se dirige sur Paris par les vallées de la Seine et de l'Aube, mais vient se butter contre la forte position de Nogent-sur-Seine, au confluent de ces vallées. Aussi a-t-il été question d'y établir un grand camp de manœuvre, assis sur les deux rives de la Seine. Les emplacements des forts à établir sont à peu près fixés :

1° Sur la rive droite, la crête serait occupée par trois ouvrages à *Fontaine-Denis*, *Villenauxe* et *Liours;* sur cette rive le terrain, bas, marécageux et coupé de cours d'eau, serait facile à défendre ;

2° Sur la rive gauche, un fort serait établi près de la station de *Romilly*, commandant les routes et le nœud des chemins de fer de Troyes et d'Oiry. Il convient d'ajouter que cette position n'est qu'étudiée jusqu'à présent, mais qu'on s'est parfaitement rendu compte de son importance comme camp retranché destiné à protéger le ralliement et la formation d'une armée, même dans le cas où l'ennemi aurait forcé la ligne de la falaise. Nous avons vu d'ailleurs qu'on trouve dans cette région la plupart des champs de bataille de la campagne de France en 1814.

Le département de l'Aube fait partie du 6e corps d'armée.

DÉPARTEMENT DE L'AUDE

I. — PARTIE CIVILE

I. — HISTOIRE

Le département de l'Aude, situé dans la région méridionale de la France, est un de nos départements maritimes Il est compris entre 42° 38′40″ et 43° 26′22″ de latitude et entre 0° 38′52″ de longitude ouest et 0° 54′ de longitude est. Sa plus grande longueur est de 90 kilomètres, de la *Montagne Noire*, au nord, au *Pic de l'Ours*, au sud. Sa plus grande largeur est de 125 kilomètres, de la rivière de l'Hers à l'ouest, à l'embouchure de l'Aude à l'est. Il est borné :

Au *nord*, par les départements de l'Hérault et du Tarn ;

A l'*ouest*, par ceux de la Haute-Garonne et de l'Ariège ;

Au *sud*, par celui des Pyrénées-Orientales ;

A l'*est*, par la Méditerranée.

Cité de Carcassonne.

Son nom lui vient de la rivière d'Aude qui le traverse dans toute sa largeur. Il a été formé, en 1790, du *diocèse de Narbonne*, du *Carcassez*, du *Rassez* et du *Lauraguais* dépendant de la province du **Languedoc**.

Les premiers peuples qui occupèrent son territoire étaient de race ibérique ; en se mélangeant aux Celtes, ils formèrent la tribu gauloise des *Volces Tectosages*. A la suite de la bataille du Rhône (121 av. J.-C.), les Romains apparurent dans le pays et y fondèrent une puissante colonie, *Narbo Martius*, Narbonne (118 av. J.-C). Jointe à la mer par un canal gigantesque qui recevait les plus grands vaisseaux, la nouvelle cité devint la Rome gauloise et la rivale de Marseille. En l'an 27 avant Jésus-Christ, elle devint capitale de la *Narbonnaise*, et eut, comme la métropole, son capitole, son sénat, ses thermes et son amphithéâtre. D'abord florissante, elle déclina vers la fin de la domination romaine, par suite de l'obstruction de son port.

Les nombreux et remarquables monuments de cette époque ont, malheureusement, presque tous disparu, parce que le pays, d'abord tranquille, eut, à partir du ve siècle, constamment à souffrir des luttes de race et de religion. On y trouve partout ruines sur ruines. Les invasions commencèrent, en 407, par les Vandales, les Alains, les Suèves. Ensuite, vinrent les Visigoths qui, après avoir saccagé Narbonne en 413 et 419, s'établirent dans le pays, et, en 437, prirent Carcassonne, ville déjà importante au point de vue militaire. Après un siècle de possession, ils furent, à leur tour, assaillis par les Francs et les Burgondes. A la suite de la défaite de Vouillé, Clovis les poursuivit jusqu'à Carcassonne, dont il ne put s'emparer (508) et il fut obligé de se retirer. De leur côté, les Burgondes pillèrent plusieurs fois Narbonne, mais ils ne purent s'y maintenir. Les Sarrazins, après avoir fait la conquête de l'Espagne, apparurent, vers 715, dans le pays que leurs bandes sillonnèrent bientôt en tous sens. En 720, ils s'emparent de Narbonne, puis de Carcassonne où ils s'établissent. Les Visigoths vaincus appelèrent les Francs à leur secours. La lourde cavalerie de Charles-Martel arrêta l'invasion à Poitiers (732) et poursuivit les légers bataillons arabes jusque sous les murs de Narbonne dont elle ne put s'emparer malgré une nouvelle victoire à La Berre. Pépin le Bref continuant les conquêtes de son père s'empara de Narbonne en 759, et rejeta les Sarrazins en Espagne. Plusieurs tentatives de retour furent repoussées par le vieux duc d'Aquitaine, Eudes, qui s'était reconnu vassal des Francs.

Charlemagne fit passer le pays sous sa domination, et, à la mort de Louis le Débonnaire, il fut divisé entre ses fils, qui ne purent le défendre contre les pirates Normands.

Ces derniers pillèrent Narbonne en 805 et en 892.

Avec la féodalité, se formèrent les comtés de Carcassonne et de Narbonne qui, placés entre les deux puissants comtés de Toulouse et de Barcelone, reconnaissaient la suzeraineté, tantôt de l'une, tantôt de l'autre maison. Aux pillages et aux rapines de cette époque troublée, succéda au XIIIe siècle, la terrible guerre des Albigeois, dirigée surtout contre le comte de Toulouse, qui était le plus riche seigneur de la chrétienté et dont les domaines excitèrent la convoitise des seigneurs du nord.

Les croisés s'emparèrent d'abord de Béziers (1209) où toute la population fut massacrée. Ils prirent ensuite Carcassonne et leur chef, Simon de Montfort, se fit donner par le pape Innocent III, l'investiture de la vicomté de Béziers et du comté de Carcassonne. Il divisa le pays en quatre cent trente-quatre fiefs qu'il donna à ses compagnons.

Raimond VI, comte de Toulouse, qui s'était tout d'abord soumis au pape, voulut arrêter le pillage, mais il fut battu à Castelnaudary (1212), puis à Muret (1213), où son allié, le roi Pierre d'Aragon, fut tué. Simon de Montfort, ayant, à son tour, trouvé la mort au siège de Toulouse (1218), son fils Amaury, après avoir guerroyé quelque temps et craignant de perdre ses conquêtes, en fit hommage au roi de France. Louis VIII avait succédé à Philippe-Auguste, mais il n'avait pas hérité de sa sage politique. Au lieu de combattre les Anglais, ses ennemis naturels, il répondit à l'appel de son vassal et envahit le Languedoc à la tête d'une nombreuse armée. Il s'empara de Narbonne et de Carcassonne (1226), mais la maladie l'empêcha d'aller plus loin. Raimond VII, de Toulouse, reprit peu à peu les domaines de son père, et, après la mort de Louis VIII, traita avec le régent de France. Pour conserver son comté, il abandonnait Carcassonne et Narbonne à la couronne. Le pays fut, à partir de cette époque, gouverné par des officiers royaux et les villes conservèrent leurs franchises.

La persécution contre les Albigeois continua toutefois jusqu'en 1244. Une révolte tentée par le comte dépossédé de Carcassonne, fut étouffée. C'est à cette époque que se forma la ville basse de Carcassonne, qui devait bientôt éclipser la cité, grâce à son commerce toujours grandissant.

Les guerres de religion, au XVIe siècle, se firent aussi sentir dans le pays où la population, en grande partie catholique, massacra les protestants et se déclara pour la Ligue. Sous Louis XIII, le duc de Montmorency, gouverneur du Languedoc, ayant embrassé le parti de Gaston d'Orléans contre Richelieu, fut battu et fait prisonnier au Fresquel près Castelnaudary. Traduit devant le Parlement de Toulouse, il y fut condamné à mort et décapité (30 octobre 1632).

Pendant la conquête du Roussillon en 1642, la conspiration de Cinq-Mars fut découverte à Narbonne par Richelieu. Le roi abandonna son favori et Cinq-Mars fut décapité à Lyon avec son ami de Thou (12 septembre 1642). Le pays ne fut plus troublé depuis cette époque; aussi, le commerce se développa-t-il rapidement et les draps fins de Carcassonne firent concurrence aux draps de Hollande. Le percement du canal du Midi par Paul Riquet vint encore ajouter à la richesse en donnant un débouché aux marchés de Carcassonne et de Castelnaudary.

II. — VUE DU DÉPARTEMENT A VOL D'OISEAU

L'orographie du département de l'Aude appartient au système pyrénéen et y est représentée par les **Corbières**. Le massif le plus élevé se trouve à la pointe sud du département où s'élèvent le *Pic de l'Ours* (2 341m), le *Signal de Madres* (2 471m). De ce point, un chaînon s'infléchit vers la mer et sépare le bassin de l'Aude de celui de l'Agly. On y remarque le *Pic de Bornage Sauvage* (? 427m); tout à côté du Madres, le *Signal de Naou* (1 314m), le *Pic d'Estable* (1 512m) au sud-est d'Axat, le *Pech de Bugarach* (1231) et la *Pique Grosse*, le *Roc Paradet* (900m), le *Plateau de Saint-Paul* (966m), le *Signal de Périllon* (708m). Plusieurs contreforts séparent les affluents de la rive droite de l'Aude. Le dernier forme la *Montagne d'Alaric* (600m) au sud de Capendu.

Du Pic de l'Ours, un deuxième chaînon se dirige vers le nord-ouest et sert de ligne de partage des eaux entre les bassins de l'Océan et de la Méditerranée. Il forme la *Crête de Pailhères* (2 027m) au sud de Belcaïre. Plus au nord, au-dessous de Sainte-Colombe sur l'Hers, le massif du *Plantaurel* n'a plus que 764 mètres.

Au nord de l'Aude, les dernières pentes des Cévennes se relèvent pour former la **Montagne Noire**. Les principaux sommets y atteignent 1 210 mètres au *Pic de Nore*, point culminant du massif, 991 mètres au nord du Mas-Cabardès. Les nombreux ruisseaux qui descendent des pentes boisées de la Montagne-Noire servent à l'alimentation du canal du Midi dont le bief de partage se trouve à la trouée de Naurouse, à l'ouest de Castelnaudary.

A part la basse vallée de l'Aude et la fertile plaine de Narbonne, le sol pierreux ne se prête point à la culture. Michelet, dans son tableau de la France, dit en parlant du pays : « *Suivez-en les collines mal ombragées d'oliviers, au chant monotone de la cigale. Là, point de rivières navigables; le canal des deux mers n'a pas suffi pour y suppléer; mais force étangs salés, des terres salées aussi, où ne croît que le salicor; d'innombrables sources thermales, du bitume et du baume, c'est une autre Judée.* »

Sur 48 kilomètres de littoral baignés par la Méditerranée, le département ne possède qu'un seul port, celui de la Nouvelle, à l'entrée du canal de Narbonne. Les courants sous-marins qui amènent les sables et les matières terreuses charriées par le Rhône et par l'Aude, forment une espèce de digue qui va toujours en s'épaississant. Ainsi se sont formés de nombreux étangs salés, des lagunes qui communiquent avec la mer par d'étroites passes ou *graus* très souvent obstruées.

Les principaux étangs sont :

1° *L'étang de Gruissan* qui communique avec la Méditerranée par la *grau de la Vieille Nouvelle;*

3° *L'étang de Bages et de Sigean* qui communique par le chenal de la *Nouvelle;*

3° *L'étang de Lapalme* qui communique par la *grau de la Franqui;*

4° *L'étang de Leucate*, le plus important, dont la moitié dépend des Pyrénées-Orientales.

III. — HYDROGRAPHIE

Le département dépend en grande partie du versant de la Méditerranée par l'Aude, la Berre et l'Agly. Le versant de l'Océan y est représenté par des tributaires de la Garonne.

L'Aude prend naissance dans les Pyrénées-Orientales, au lac d'Aude, alimenté lui-même par les pentes du Roc d'Aude, élevé de 2 377 mètres. Après un parcours de 28 kilomètres dans les Pyrénées-Orientales, puis dans l'Ariège où elle traverse le canton de Quérigut, elle entre dans le département, près d'Escouloubre, tourne à l'est, en se frayant un lit entre des rochers escarpés ; puis, au sortir des gorges de Saint-Georges, se dirige vers le nord, passe à Axat et à Saint-Martin (347m), traverse les gorges de la Pierre Lis, arrose Belvianes (321m), Quillan (281m), Campagne, Espéraza, Couiza (225m), Alet (180m), Limoux (163m), Pieusse, Cépie (143m), Pomas (131m), Leuc, Couffoulens (125m), Carcassonne (100m). De ce point, elle reprend la direction de l'est, juqu'à la mer, cotoyée par le canal du Midi et elle baigne Berriac, Trèbes (90m), Floure (72m), Barbaira, Marseillette, Saint-Couat (54m), Puichéric, Roquecourbe, Tourouzelle, Argens (34m), Roubia, Ventenac, Saint-Nazaire, Marcorignan (14m), Sallèles, Cuxac (3m), Coursan et Salles; elle se jette dans la Méditerranée par deux branches dont la principale forme la grau de Vendres. Son parcours est de 208 kilomètres, dont 180 dans le département.

Ses principaux affluents sont, sur la rive droite :

La *Guette* (16 kilom.) qui naît près du Pic de l'Ours, passe à Ste-Colombe et rejoint l'Aude en amont des gorges de St-Georges ;

La *Rivière de Sals* (17 kilom.) qui se jette à Couiza;

Le *Lauquet* (32 kilom.) qui baigne la Caunette, Clermont, Greffeil, Ladern, St-Hilaire, Verzeille, Leuc et se jette à Couffoulens.

L'*Orbieu* (80 kilom.) prend naissance au-dessous de Fourtou et arrose Lanet, Montjoi, (338m), Vignevieille (266m), St-Martin-des-Puits, St-Pierre-des-Champs, Lagrasse (119m), Ribaute, Fabrezan (58m), Ferrals, Luc (42m) Cruscades, Ornaisons et se jette en aval de Raissac par 18 mètres. L'Orbieu est grossi, sur sa rive gauche, de l'*Alsou* qui passe à Labastide, Serviès, Rieux et se jette au-dessous de Lagrasse. Sur sa rive droite, la *Nielle* arrose St-Laurent-de-la-Cabrerisse, se jette à Fabrezan et l'*Ausson* arrose Montserêt et se jette à Ornaisons.

L'Aude reçoit, sur sa rive gauche :

Le *Rebenty* (30 kilom.) qui descend de l'étang de Rebenty dans la crête de Pailhères. Ce torrent, encaissé comme le haut cours de l'Aude, arrose Lafajole (1 021m) Mérial, Niort, Belfort (688m), Joucou, Marsa, Cailla et se jette en aval d'Axat.

Le *Sou* (23 kilom.) qui se jette au-dessous de Cépie ;

Le *Fresquel* (58 kilom.) qui naît près de la Pomarède, baigne Souilhe, Souilhanels, Lasbordes, Villepinte, Alzonne (114m), Ste-Eulalie (110m), Pezens, Pennautier et rejoint l'Aude au-dessous de Carcassonne, par 87 mètres. Il est grossi de nombreux ruisseaux descendant de la Montagne Noire et dont les principaux sont: Le *Lampy* qui se jette à Alzonne et la *Rougeanne* qui passe à Montolieu ;

L'*Orbiel* (35 kilom.) prend naissance dans la Montagne Noire, sur la limite du Tarn et arrose Mas-Cabardès, Lastours, Conques, Villalier, passe sous le canal du Midi et a son confluent à Trèbes. L'Orbiel est grossi de la *Clamoux* qui descend du pic de Nore.

L'*Argentdouble* baigne Caunes, Peyriac-Minervois et se jette en face Castelnau d'Aude.

La *Berre*, qui forme un petit bassin indépendant, prend naissance au col de Mairolles, passe à Quintillan, Cascatel, Durban, Portel et se jette dans l'étang de Sigean.

L'*Agly* n'a que 10 kilomètres de cours dans le département où il prend naissance au Pech de Bugarach. Il entre ensuite dans les Pyrénées-Orientales, arrose Saint-Paul-de-Fenouillet, Rivesaltes et se jette dans la Méditerranée.

Deux de ses affluents prennent également naissance dans l'Aude. Ce sont : la *Boulzane*, qui traverse le canton d'Axat et le *Verdouble* qui baigne Soulatge, Rouffiac, Padern et Paziols.

Dans le versant de l'Océan, l'*Hers*, affluent de l'Ariège, n'a que quelques kilomètres de son cours dans le département ; il côtoie la limite ouest des arrondissements de Limoux et de Castelnaudary, et y baigne Sainte-Colombe, Chalabre et Belpech. L'Hers est grossi dans le département du *Blau*, qui se jette à Chalabre, de l'*Ambrole*, qui passe à Caudeval, et de la *Vixiège*, qui se jette à Belpech.

L'*Hers-mort*, affluent de la Garonne, n'est qu'un ruisseau boueux qui passe à Salles et côtoie le Canal du Midi.

Enfin le *Canal du Midi* ou des deux mers, traverse le département de l'est à l'ouest ; une de ses branches, la *Robine-de-Narbonne*, relie cette ville à la mer, au port de la Nouvelle.

Nous donnons plus loin, à l'article *navigation*, le détail des localités desservies par le canal.

Plusieurs canaux secondaires servent, soit à l'alimentation du Canal du Midi, soit à l'assèchement des marais et étangs.

IV. — VOIES DE COMMUNICATION

I. — Chemins vicinaux.

Les voies vicinales sont ainsi divisées :

1° Les chemins de grande communication ayant une longueur totale de . . .	626k003m
2° Les chemins d'intérêt commun ayant une longueur totale de	1 448, 776
3° Les chemins vicinaux ordinaires ayant une longueur totale de	4 439, 626
Développement total. .	6 514k405m

La dépense annuelle du service vicinal de l'Aude étant de 2 400 003 fr. 25, le prix moyen par kilomètre, est de 368 f. 41 ou 0 f. 36 par mètre courant.

II. — Routes nationales.

Le département est sillonné par cinq routes nationales, sur une longueur totale de 331 968 mètres.

1° *La route n° 9, de Paris à Perpignan et en Espagne* a 56,002 mètres de longueur dans le département. Venant de Béziers, elle passe à Coursan, Narbonne, Sigean, Lapalme, et, au-dessous de Fitou, entre dans les Pyrénées-Orientales, se dirigeant sur Perpignan ;

2° *La route n° 113, de Narbonne à Toulouse* (105,513 mètres), est parallèle au chemin de fer et au canal du Midi. Partant de Narbonne, elle touche ou traverse Ornaisons, Cruscades, Lézignan, Conilhac, Moux, Douzens, Capendu, Barbaira, Floure, Trèbes, Carcassonne, Pezens, Alzonne, Villepinte, Castelnaudary et Labastide-d'Anjou.

Elle entre ensuite dans la Haute-Garonne, se dirigeant sur Toulouse ;

3° *La route n° 117, de Perpignan à*

Bayonne a 42,025 mètres de longueur. Venant de Saint-Paul de Fenouillet, elle traverse le sud de l'arrondissement de Limoux, où elle touche Axat, franchit les gorges de Pierrelis, passe ensuite à Belvianes, Quillan, Puivert et quitte le département, se dirigeant sur Lavelanet (Ariège) ;

4° *La route n° 118, d'Albi en Espagne par Carcassonne et Montlouis* a 123 353 mètres de longueur ; 18 989 mètres sont en lacune. Venant de Mazamet (Tarn), elle passe aux Martys, à Caudebronde, Cuxac-Cabardès, Villegailhenc, Villemoustaussou, Carcassonne, puis, remontant le cours de l'Aude, touche à Preixan, Roufflac, Cépie, Limoux, Alet, Couiza, Esperaza, Campagne, Quillan, se confond de cette ville jusqu'à Axat avec la route n° 117 et est ensuite en lacune jusqu'à Formiguères (Pyrénées-Orientales) ;

5° *La route n° 119, de Carcassonne à Saint-Girons* a 39,943 mètres dans le département. Partant de Carcassonne, elle traverse Montréal, Fanjeaux, Saint-Gaudéric et entre ensuite dans l'Ariège, se dirigeant sur Saint-Girons par Mirepoix et Pamiers.

Résumé de la circulation sur les routes nationales.

DÉSIGNATION DES ROUTES	TONNAGE ANNUEL.			
	BRUT		UTILE	
	distance entière 1 000 tonnes	kilométrique 1 000 tonnes	distance entière 1 000 tonnes	kilométrique 1 000 tonnes
1° Route n° 9, de Paris à Perpignan	274,11	15 359	147,82	2 282
2° Route n° 113, de Narbonne à Toulouse	183,23	19 316	100,74	10 636
3° Route n° 117, de Perpignan à Bayonne	81,39	3 424	53,29	2 241
4° Route n° 118, d'Albi en Espagne	95,63	8 461	60,59	5 351
5° Route n° 119, de Carcassonne à Saint-Girons	60,59	2 423	30,66	1 230

III. — Navigation.

I. — FLEUVES ET RIVIÈRES NAVIGABLES

La rivière d'Aude, entre Quillan et la Méditerranée, sur une longueur de 151 kilomètres, a été classée comme flottable par trains ou radeaux, par l'ordonnance du 10 juillet 1835. Toutefois, le flottage s'arrête au barrage de Moussoulens, point d'intersection de l'Aude et du canal du Midi, désigné sous le nom de *Robine de Narbonne*. Depuis la construction du chemin de fer de Carcassonne à Quillan, le flottage tend à disparaître.

II. — CANAUX

Le canal du Midi, qui prend son origine en aval de Toulouse, pour aboutir à l'étang de Thau, a une longueur totale de 279 kilomètres. Sa longueur dans le département de l'Aude est de 118 kilomètres, non compris celle du canal de jonction et de la Robine de Narbonne qui est de 39 kilomètres.

Les écluses ont, au minimum, 31 mètres de longueur et $5^m,74$ de largeur ; il y en a 19 dans l'Aude. Le mouillage normal du canal et du canal de jonction est de 2 mètres. Celui de la Robine est de $1^m,50$. Les bateaux circulent avec un enfoncement de $1^m,60$ sur le canal principal et sur le canal de jonction et de $1^m,10$ sur la Robine.

La traction se fait simultanément par chevaux et par la vapeur.

Les localités desservies dans l'Aude sont :

1° Sur le canal principal : Castelnaudary, Villepinte, Bram, Villesèque, Pezens, Carcassonne, Trèbes, Millepetit, Millegrand, Marseillette, Puichéric, Laredorte, Jouarre, Homps, Argens, Roubia, Paraza, Ventenac et Sommail ;

2° Sur le canal de jonction : Cesse et Sallèles-d'Aude ;

3° Sur la Robine de Narbonne : Moussoulens, Narbonne, Mandirac et Sainte-Lucie.

L'exploitation du canal a été concédée à la Compagnie des chemins de fer du midi.

IV. — Chemins de fer.

Le département de l'Aude est traversé par six lignes de chemins de fer, dont quatre embranchements, ayant ensemble quarante-cinq stations, d'une longueur totale de 273 kilomètres.

1° *Ligne de Bordeaux à Cette.* — Cette ligne traverse le département sur une longueur totale de 115 kilomètres. Ses gares sont dans le département : Le Ségala (commune de Labastide-d'Anjou), Mas-Saintes-Puelles, Castelnaudary, Pexiora, Bram, Alzonne, Pezens, Carcassonne, Trèbes, Floure, Capendu, Moux, Lézignan, Villedaigne (commune de Raissac-d'Aude), Marcorignan, Narbonne et Coursan ;

2° *Ligne de Castelnaudary à Carmaux.* — Cette ligne part de Castelnaudary, passe à la station de Soupex, et sort du département après un parcours de 16 kilomètres ;

3° *Embranchement de Carcassonne à Quillan.* — Cette ligne part de Carcassonne et s'arrête à Quillan après un parcours de 55 kilomètres. Ses gares sont : Carcassonne, Madame (commune de Couffoulens), Couffoulens-Leuc, Verzeille, Pomas, Cépie, Limoux, Alet, Couiza-Montazels, Esperaza, Campagne, Quillan ;

4° *Embranchement de Narbonne à Perpignan, Port-Vendres et Barcelone.* — Cette ligne part de Narbonne, sort du département après un parcours de 38 kilomètres.

Ses gares sont : Narbonne, Mandirac (commune de Narbonne), Sainte-Lucie (commune de La Nouvelle), La Nouvelle, Leucate et Fitou ;

5° *Embranchement de Moux à Cannes.* — Cette ligne part de Moux et aboutit à Cannes, après un parcours de 28 kilomètres.

Ses gares sont : Moux, Saint-Couat, Puichéric, Laredorte, Azille, Rieux-Peyriac, Cannes.

6° *Embranchement de Narbonne à Bize.* — Cette ligne part de Narbonne et aboutit à Bize après un parcours de 21 kilomètres.

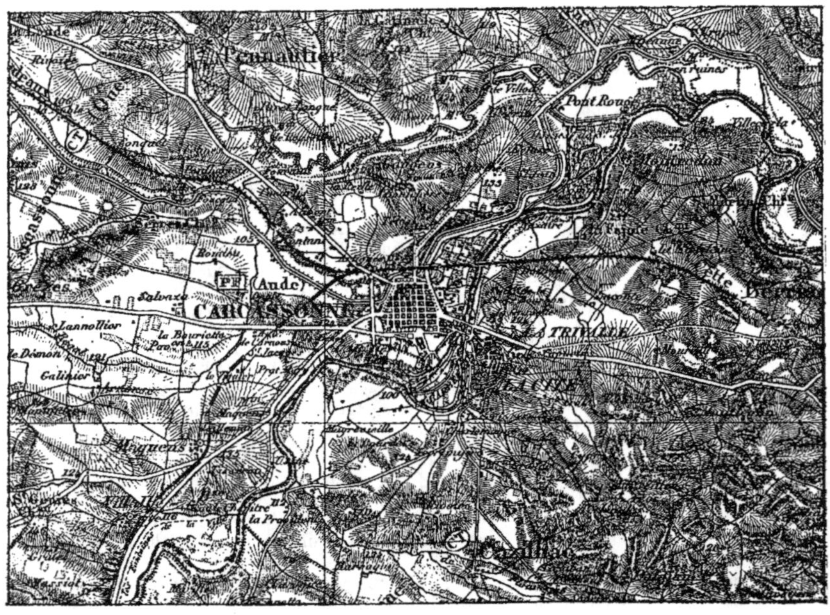

CARCASSONNE ET SES ENVIRONS. — Extrait de la carte d'État-Major au 80 000°.

Ses gares sont : Narbonne, Moussan, Sallèles-d'Aude, Mirepeisset, Cabezac (commune de Bize) et Bize.

V. — MONUMENTS HISTORIQUES

I. — *Monuments mégalithiques.*

Villeneuve-les-Chanoines. — Dolmen.

II. — *Monuments antiques.* — Néant.

III. — *Monuments du moyen âge, de la Renaissance et des temps modernes.*

Alet. — Restes de l'ancienne cathédrale et du palais épiscopal.

Arques. — Château.

Carcassonne. — Église Saint-Nazaire ; cathédrale Saint-Michel ; fortifications de la cité.

Montréal. — Église Saint-Vincent.

Narbonne. — Église Saint-Just (ancienne cathédrale) ; église Saint-Paul ; ancien archevêché (aujourd'hui hôtel de ville) ; vieux pont ; cloître de l'ancienne abbaye de Fontfroide.

Rieux-Minervois. — Église.

Saint-Hilaire. — Église et cloître.

Saint-Papoul. — Église et cloître.

VI. — HOMMES CÉLÈBRES

Marcus Cornelius Fronton, né à Narbonne, orateur et grammairien distingué, maître de Marc-Aurèle, fut consul en 161,

Saint Sébastien, officier de l'empereur Dioclétien, dénoncé comme chrétien, mourut en 286.

Raymond de Miravals, Arnaud de Carcassès, Bernard Alahan, troubadours du XIIe siècle.

Pierre de Castelnau, né à Castelnaudary, légat du pape, assassiné en 1208. Son assassinat fut une des causes déterminantes de la guerre des Albigeois.

Giraud Riquier, né à Narbonne, poète et compositeur d'un grand nombre de chansons.

Jean Estève, né à Narbonne, auteur de quelques satyres.

Arnaud Vidal, né à Castelnaudary, un des fondateurs des jeux floraux.

Pontus de la Gardie, né à la Gardie vers 1530, devint général suédois et mourut gouverneur de la Livonie, en 1585.

Le Père Benoist, auteur de l'*Histoire des Albigeois et des Vaudois,* né à Carcassonne, mort en 1705.

Guillaume Besse, avocat, né à Carcassonne, mort en 1680.

Le général comte Dejean né à Castelnaudary en 1749. Entré dans le génie militaire, il devint rapidement général de division et inspecteur général du génie. Il fut l'un des commissaires chargés d'organiser la république ligurienne. Ministre de la guerre, pour le matériel des armées, de 1802 à 1809. En 1812, il fut chargé de présider le procès de la conspiration Mallet.

Rallié à la Restauration, il mourut en 1824, après avoir été nommé membre de la Chambre des pairs.

Le général Andreossi est également né à Castelnaudary, en 1761. D'abord lieutenant d'artillerie, il embrassa avec ardeur le parti de la Révolution, prit part à l'expédition d'Egypte comme général de brigade, devint un des membres les plus distingués de l'Institut du Caire, et rentra d'Egypte avec le général Bonaparte, qu'il seconda puissamment au 18 brumaire. Nommé alors général de division et chef d'état-major, il devint ensuite ambassadeur à Londres, à Vienne et à Constantinople.

Fabre d'Églantine.

Soumet.

Dom Bernard de Montfaucon, né en 1655, un des grands érudits de son époque, fut nommé membre de l'Académie des Inscriptions et Belles-Lettres, en 1719; il mourut en 1741.

François Andréossy, ingénieur, né à Castelnaudary, en 1633, mort en 1688.

Brueys, auteur comique, né à Narbonne en 1640, mort en 1723. Fit, en collaboration avec Palaprat, l'*Avocat Pathelin.*

Louis Chénier, père d'André et de Joseph Chénier, né à Montfort en 1723.

Fabre d'Eglantine, né à Carcassonne en 1755, auteur dramatique, puis conventionnel et secrétaire de Danton, fut exécuté avec celui-ci en 1794. Sa principale œuvre dramatique est « le Philinte de Molière », représentée au Théâtre-Français en 1790.

Gamelin, peintre, né à Carcassonne en 1738, mort en 1803.

Il servit Napoléon pendant les Cent-Jours, mais se rallia aux Bourbons en 1815, fut nommé alors pair de France, puis député de l'Aude en 1827 et mourut en 1828.

Alexandre Soumet, né à Castelnaudary, en 1788, poète dramatique, auteur de la *Divine Epopée,* de *Jeanne d'Arc,* de *Clytemnestre,* de *Saül,* de *Norma,* du *Gladiateur,* etc. Il entra à l'Académie en 1824 et mourut à Paris en 1845.

Alexandre Guiraud, né à Limoux en 1788, mort en 1847, poète et auteur dramatique, membre de l'Académie française en 1826. Il est connu surtout par son élégie du *Petit Savoyard.*

Hippolyte Lazerges, peintre distingué, né à Narbonne en 1817.

De Mas-Latrie, paléographe, né à Castelnaudary en 1815.

VII. — INDUSTRIE

NATURE des Industries	DÉSIGNATION ou nombre de localités où s'exercent les industries	NOMBRE d'établissements	NOMBRES MOYENS de contre-maîtres et surveillants	d'ouvriers et de manœuvres	de femmes	d'enfants	TOTAUX
I. — ALIMENTATION							
Boulangeries	72 localités	319	»	475	»	»	475
Meuneries, Minoteries	61 localités	93	16	232	5	»	253
Brasseries	3 localités	4	11	183	2	»	196
Distilleries, fabriques de liqueurs	6 localités	23	9	60	»	»	69
Fabriq. d'eaux gazeuses	7 localités	13	6	58	17	»	81
Confiseries	Carcassonne et Fleury	5	2	45	121	»	168
Conserves alimentaires	Argeliers, Carcassonne	4	»	27	»	»	27
II. — ARTS ET PRODUITS CHIMIQUES							
Fabriques de bougies	3 localités	4	»	9	3	»	12
Fabriques de vert-de-gris	Narbonne	10	»	34	»	»	34
Usines à gaz	6 localités	6	8	111	»	»	119
III. — BATIMENTS							
Charpentiers	23 localités	47	»	85	»	»	85
IV. — INDUSTRIE DU BOIS							
Tonnellerie, fab de douves	6 localités	42	6	130	»	»	136
Tabletterie	Belvianes	1	»	5	»	»	5
Menuisiers	25 localités	121	»	198	»	»	198
Sciages à la mécanique	10 localités	19	5	86	5	»	96
V. — CARROSSERIE							
Charronnage	19 localités	70	»	115	»	»	115
Selleries	10 localités	25	»	50	»	»	50
Bourrelleries	10 localités	41	»	97	»	»	97
VI. — CÉRAMIQUE							
Briquetteries, tuileries	22 localités	41	2	146	37	14	199
Faïences et terres cuites	St-Papoul, Castelnaudary	2	1	13	3	»	17
VII. — CUIRS ET PEAUX							
Tannerie, corroierie	6 localités	9	»	31	»	»	31
Mégisserie	Carcassonne, Montolieu	4	»	27	»	»	27
Cordonnerie	26 localités	247	»	504	»	»	504
Bastissage de chapeaux	4 localités	5	8	39	45	17	109
VIII. — IMPRIMERIE, PAPETERIE							
Cartonneries	3 localités	4	»	6	4	»	10
Fabrique de papier	3 localités	3	2	26	39	»	67
IX. — INDUSTRIES EXTRACTIVES							
Carrières de :							
Marbre	Caunes	4	4	31	»	»	35
Pierres	5 localités	11	3	27	11	4	45
Marbriers	4 localités	18	7	80	»	»	87
Fours à chaux	6 localités	9	»	26	»	»	26
Fours à plâtre	11 localités	23	9	95	16	7	127
Mine de lignite	Bize	1	1	4	»	»	5
Salines	Leucate, Peyriac-de-Mer	2	3	18	2	2	25
X. — INDUSTRIES TEXTILES							
Cordiers	8 localités	13	»	36	»	»	36
Fabriques de :							
Draps	Lastours	2	2	20	30	10	62
Blouses	Limoux	1	1	4	47	»	52
Effilochage	9 localités	17	9	63	76	»	148
Filatures	6 localités	6	1	18	30	7	56
XI. — MÉTALLURGIE ET CONSTRUCTIONS MÉCANIQUES							
Cloutiers	Caunes	2	»	2	»	»	2
Fonderies de cuivre	6 localités	16	6	65	»	»	71
Maréchaux-ferrants	22 localités	76	»	140	»	»	140
Serrureries	11 localités	97	2	166	»	»	168
XII. — VÊTEMENT ET ACCESSOIRES							
Bas (fabr. de)	Limoux	1	1	»	28	»	29
Bonneterie	4 localités	4	1	10	112	»	123
Chapellerie	5 localités	13	10	164	82	35	291
Foulage de chapeaux	6 localités	8	»	22	45	»	67
Totaux		1486	136	3783	760	96	4775

VIII.— AGRICULTURE (1)

La connaissance du climat de l'Aude est indispensable pour qu'on puisse se rendre un compte exact de l'agriculture de ce pays tourmenté par tant de montagnes, entrecoupé par tant de vallons et où les plaines sont relativement peu étendues. Sur la partie occidentale, règne le climat girondin ; sur la partie orientale, règne, au contraire, le climat méditerranéen. Là-bas, un hiver pluvieux et froid ; ici, au contraire, des saisons plus uniformément douces. Mais toute la contrée est sujette aux sécheresses prolongées de l'été, à une insolation considérable et à des chaleurs intenses.

Tous les cours d'eau de l'Aude décrits dans le paragraphe « *Hydrographie* » n'ont pas ensemble un développement de plus de 1 000 à 1 100 kilomètres. C'est peu pour une aussi grande superficie. Il est vrai qu'il convient d'ajouter que plusieurs étangs assez considérables s'y rencontrent surtout dans le voisinage de la Méditerranée. Pour suppléer à l'insuffisance de la circulation de l'eau, on a eu recours à l'établissement de canaux artificiels. Comme voies de communication, on a construit le canal du Midi et le canal de Narbonne.

La quantité d'eau dont on dispose pour ces deux canaux étant de beaucoup supérieure à celle nécessaire pour la navigation, une loi du 3 avril 1880 a décidé que seraient faits aux frais de l'État les travaux nécessaires pour rendre possible l'irrigation et la submersion des vignes dans le périmètre de ces canaux à partir de Villedubert. Plusieurs milliers d'hectares ont pu ainsi recevoir le bienfait de l'eau.

Une autre loi de juillet 1881 a décidé la création d'un canal alimenté au moyen de la rivière d'Aude. Ce canal dont la prise est établie en amont du pont d'Homps, doit desservir environ 1 700 hectares des communes du Canet, de Raissac-Villedaigne, de Tourouzelle et de Lézignan. D'autres canaux doivent être dérivés de l'Aude : notamment le canal d'Escouloubre, pour l'arrosage de 1000 hectares ; celui du Devez, destiné à l'arrosage de 120 hectares dans les communes de Villedubert et de Trèbes ; celui de Barriac, Trèbes et Fontiès pour 150 hectares ; celui de Puichéric et de Laredorte, pour une assez grande surface du territoire de ces communes.

La constitution géologique du département présente de très grandes variations. La partie méridionale des Corbières occidentales est granitique. La partie septentrionale appartient aux terrains tertiaires et crétacés. La Montagne

(1) Cet article, et celui des forêts, sont extraits du *Dictionnaire d'agriculture* de J.-A. Barral (Hachette et Cie, éditeurs).

AUDE

SIGNES CONVENTIONNELS

- CHEF-LIEU DE DÉPARTEMENT
- CHEF-LIEU D'ARRONDISSEMENT
- Chef-lieu de Canton
- Commune
- Chemin de fer. Station
- Rivière. Canal
- Route Nationale
- Route Départ.le et Ch.in de G.de Commun.on
- Limite de Département
- d.o d'Arrondissement
- d.o de Canton
- Chemin de fer projeté
- Poste et Télégraphe
- Télégraphe. Poste
- Ville forte
- Fort. Ouvrage projeté
- Garnison et Subdivision de région
- Garnison

Echelle de : 1/640.000

Gravé par A. Martin, 3, V.ge Gourdon, Paris.

H. CHAIRGRASSE, Fils, 25, Rue de Grenelle-S.t Germain, Paris.

Imp. Joissun, 35, R. de Fleurus, Paris.

Noire est granitique. Les montagnes de la Cape sont calcaires.

Généralement, le département ne produit pas assez de grains pour sa consommation; mais les grains sont d'excellente qualité.

Le maïs est un objet de consommation locale; il sert à faire la bouillie appelée *milhas*, mets favori des habitants du bas Languedoc.

La culture des pommes de terre n'est pas en progrès.

Les jardins potagers sont nombreux. Les marchés de toutes les villes, même des plus petites, sont abondamment pourvus de fruits.

Les cultures industrielles et celles des plantes fourragères n'occupent pas une grande place dans l'Aude.

Parmi les cultures arbustives, la vigne constitue certainement la plus grande richesse du département, et elle y donne des produits remarquables. Les meilleurs vins sont ceux de

Vue de Narbonne.

l'arrondissement de Narbonne et notamment ceux récoltés à Fitou, Quatourze, Leucate, Treilles, Névian, Saint-Nazaire, Portel et Argeliers.

Plus de 130 000 hectares sont actuellement plantés en vigne. Le phylloxéra a aussi exercé ses ravages dans l'Aude; mais les vignobles sont aussitôt reconstitués et avec succès, au moyen de plants américains.

L'amandier et le figuier sont cultivés çà et là dans les vignes. Les figues de Belvianes et Cavirac sont particulièrement estimées.

On trouve des vergers d'abricotiers, de cerisiers, de pêchers, de poiriers, de pommiers, de pruniers sur divers points du département. On cite comme remarquables les jardins fruitiers d'Alet et de Quillan. Les pommiers de Mas-Cabardès, de Lespinassière et de Caunes sont renommés. On récolte des câpres dans le canton de Ginestas, notamment à Bize et à Argeliers. Il y a des noyers dans les parties montagneuses peu éloignées des cours d'eau. Les fraises sont l'objet d'un commerce assez important. On a commencé à exploiter les truffières de quelques parties boisées en chêne. Les châtaigniers sont cultivés sur quelques centaines d'hectares, particulièrement dans la montagne Noire.

On exploite, à seize ou vingt ans, des châtaigniers gaules appelés *plausonnettes*, pour obtenir le merrain avec lequel on fabrique les petits tonneaux dont on se sert dans la vendange sous le nom de *sémals*. Il y a de belles saussaies à Capendu. On fait des compotes à Rivet et à Conques, des pipes en racine de bruyère à Alet.

Les oliviers et les mûriers sont en défaveur. Néanmoins, il y a de beaux oliviers à Mas-Cabardès. On fait toujours un peu de vers à soie dans les arrondissements de Narbonne et de Carcassonne.

Les prairies naturelles ne sont pas importantes parce que l'engrais manque; mais les prairies artificielles sont en progrès.

Sur l'étendue des prairies naturelles, plus de la moitié seulement est formée de prés soumis à l'irrigation. On cite comme les mieux arrosées, les prairies fécondées par le Fresquel, celles de la plaine d'Alzonne et celles du canton de Ginestas.

Les rendements des prés fauchés ne sont pas très élevés. On compte seulement de 2 500 à 4 500 kilos de foin par hectare. Même en ajoutant les fourrages récoltés en vert, on n'a pas, en tout, pour nourrir plus de 28 à 30 000 têtes de bétail toute l'année dans le département, mais il y a de nombreux pâturages qui apportent un supplément assez considérable, soit sur les montagnes, soit dans les diverses forêts.

Les populations chevalines et bovines semblent augmenter dans le département, tandis qu'il y aurait diminution notable dans les autres espèces d'animaux domestiques.

Les bêtes à laine sont une source de richesse pour l'Aude. La race des Corbières et la race lauragaise forment la plus grande partie des troupeaux.

L'espèce porcine a relativement peu d'importance; elle ne sert qu'à la consommation ménagère des fermes.

Froment.

Surface cultivée.	50 139 hectares.
Rendement moyen par hectare.	14 24 hectolit.
Poids moyen de l'hectol.	79 99 kilos.
Prix moyen de l'hectol .	19 fr. 00
Production annuelle . .	701 946 hectolit.

Ruches d'abeilles.

Nombre de ruches en activité. . .	5 390 »
Production du miel en kilog . . .	13 475 »
Production en cire, en kilog. . .	3 126 »

Animaux de ferme.

Espèce chevaline.	13 490 têtes
— mulassière.	4 390 têtes
— asine	4 298 —
Bœufs et taureaux	12 868 —
Vaches et génisses.	10 445 —
Veaux.	4 504 têtes
Espèce ovine (race du pays). .	143 908 —
— (race perfectionnée)	9 974 —
Espèce porcine.	15 304 —
— caprine.	13 234 —

Produit des animaux.

Laine. . .	Quantité en kilog. .	306 950 »
	Prix moyen du kilog.	0 fr. 75
	Valeur.	230 212 fr. »
Suif . . .	Quantité en kilog. .	76 899 »
	Prix moyen du kilog.	0 fr. 70
	Valeur.	53 829 fr. »

CULTURES DIVERSES

Céréales diverses : farineux, cultures industrielles, plantes textiles, autres cultures oléagineuses, vignes, séricicultur̃e, apiculture.

DÉSIGNATION	SUPERFICIE ensemencée EN HECTARES	RENDEMENT moyen PAR HECTARE	PRODUCTION ANNUELLE
		en hectol.	en hectol.
Méteil.	1 571	17,00	26 707
Seigle.	11 673	16,00	186 768
Orge.	1 902	26,25	47 550
Sarrazin	207	17,00	3 519
Maïs.	18 935	23,50	444 972
Millet.	3 093	26,00	80 418
Avoine.	14 020	25,00	350 500
Pommes de terre.	6 738	65,21	439 385
Légumes secs.	2 000	9,50	19 000
Châtaignes	855	10,00	8 550
		en quintaux	en quintaux.
Betteraves à sucre.	»	»	»
Betteraves fourragères.	183	225,00	41 175
Houblon.	»	»	»
Tabac	»	»	»
			filasse au quint.
Chanvre.	»	»	»
		en quintaux	en quintaux
Lin.	100	6,00	600
		en kilog.	en kilos
Chènevis	»	»	»
Lin (huile).	»	»	1 800
Œillette, Navette, Cameline, etc.	»	»	»
		en hectol.	en hectol.
Colza (graine).	»	»	»
		en kilog.	en kilog.
Colza (fruit).	»	»	»
		en hectol.	en hectol.
Vignes.	163 251	38,38	6275 701

IX. — FORÊTS

Le département de l'Aude fait partie de la vingt-cinquième Conservation dont le siège est à Carcassonne. Il y a un inspecteur à Carcassonne et un garde général à Axat et à Espezel.

La statistique officielle des forêts attribue à l'Aude 66 017 hectares de forêts dont 43 118 appartiennent à des particuliers, 10 206 à l'État, 12 605 aux communes et sections et, enfin 88 à des établissements publics. Il y a vingt-deux forêts domaniales. Cent trente-sept communes possèdent 12 502 hectares dont 11 454 sont soumis au régime forestier. Il n'y a que trois forêts sectionales pour une surface de 103 hectares. Le département n'est pas propriétaire de bois.

Les montagnes de l'Aude ont été dénudées par suite d'une indifférence déplorable. Cependant les communes et les particuliers ont manifesté le désir de reboiser ou gazonner 5 134 hectares. Il y a un commencement d'exécution pour 2 000 hectares environ.

STATISTIQUE GÉNÉRALE DU SOL

Terrains de qualité supérieure	1 769 hect.
Terres labourables	193 862
Prés	10 569
Vignes	134 241
Bois	66 017
Landes, pâtis, etc.	187 673
Terrains divers	396
Superficie totale	594 527 hect.

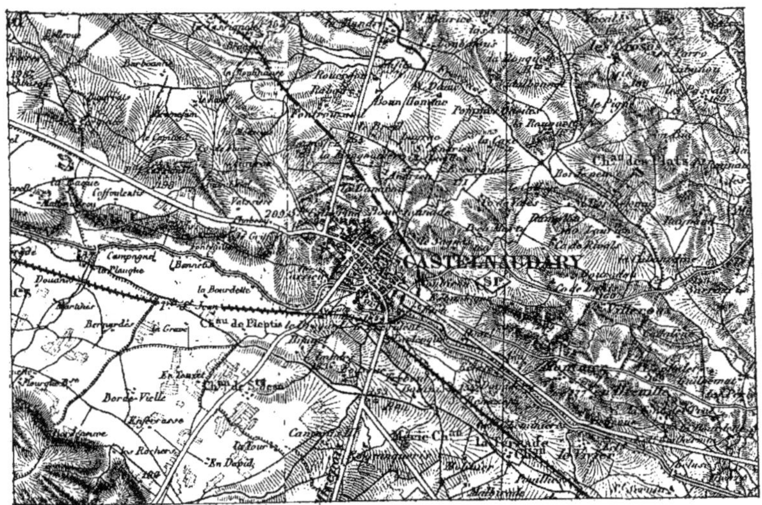

CASTELNAUDARY ET SES ENVIRONS. — Extrait de la carte d'État-Major au 80 000e.

X. — DIVISION POLITIQUE, ADMINISTRATIVE ET POPULATION

Le département de l'Aude est divisé en quatre arrondissements dont trois sont administrés chacun par un sous-préfet:

1° L'arrondissement de Carcassonne, subdivisé en douze cantons, contenant ensemble cent quarante communes, administré directement par le préfet;

2° L'arrondissement de Castelnaudary, subdivisé en cinq cantons, contenant ensemble soixante-quatorze communes;

3° L'arrondissement de Limoux, subdivisé en huit cantons, contenant ensemble cent cinquante-deux communes;

4° L'arrondissement de Narbonne, subdivisé en six cantons, contenant ensemble soixante-onze communes.

Nous donnons ci-contre le tableau de toutes les communes du département, classées par arrondissements et cantons. La population résulte du dernier recensement effectué en 1886 et toutes les communes sont exactement repérées par rapport aux gares des chemins de fer ainsi qu'aux bureaux de postes et télégraphes.

STATISTIQUE DE LA POPULATION

La population du département était:

En 1801	225 228	habitants.
En 1821	253 194	—
En 1831	270 125	—
En 1851	289 747	—
En 1872	285 927	—
En 1886	332 080	—

Mariages annuels : Entre garçons et filles, 2132. — Entre garçons et veuves, 71. — Entre veufs et filles, 226. — Entre veufs et veuves, 66.

Naissances annuelles. — Enfants légitimes : garçons, 4023; filles, 3902. — Enfants naturels : garçons, 143; filles, 117.

Décès annuels. — Sexe masculin : garçons 1803; mariés, 1337; veufs, 721. — Sexe féminin : filles, 1655; femmes, 1025; veuves, 960. — Morts accidentelles : hommes, 89; femmes, 20. — Suicides : hommes, 17; femmes, 4.

XI. — DIVISION JUDICIAIRE

Le département de l'Aude dépend de la cour d'appel de Montpellier qui se compose d'un premier président, de trois présidents de chambre, de dix-neuf conseillers, d'un procureur général, de trois avocats généraux et de deux substituts du procureur général.

Il y a un tribunal de première instance dans chaque chef-lieu d'arrondissement.

D'après l'*Annuaire de la République française*, il y a également un tribunal de commerce dans chaque chef-lieu d'arrondissement.

XII. — DIVISION UNIVERSITAIRE

Le département de l'Aude fait partie de l'Académie de Montpellier.

TABLEAU DES COMMUNES DU DÉPARTEMENT DE L'AUDE

4 arrondissements — 31 cantons 437 communes — 332 080 habitants — 594 527 hectares — Moyenne de la population par kilomètre carré : 56 habitants.

I. — ARRONDISSEMENT DE CARCASSONNE (12 cantons, 140 communes, 106 525 habitants)

NOMS des COMMUNES	Population	Dist. au chef-l. d'ar.	LOCALITÉS AVEC GARES postes et télégraphes	GARE LA PLUS PRÈS de chaque com. et distance à cette commune	BUREAUX de postes desserv. les communes avec les distances
I. — CANTON DE CARCASSONNE (EST) *(7 com., 6 661 hab.)*					
1 Carcassonne	4524	»	🚂Ƭ **124 0**	Carcassonne »	Carcassonne »
2 Berriac	110	5 0	*126 0*	Trèbes 2 8	Trèbes 3 3
3 Cavanac	479	7 0	*129 0*	Couffoulens-L 2 5	Carcassonne 7 2
4 Cazilhac	226	4 0	*138 0*	Carcassonne 4 6	id. 4 2
5 Couffoulens	501	9 7	🚂 **128 0**	Couffoul-Leuc 0 8	id. 10 0
6 *Madame*	»	»	🚂 **119 0**	*Madame* »	id. »
7 Leuc	545	9 7	🚂 **130 0**	Couffoulens-L 1 2	id. 10 2
8 Palaja	276	5 4	*176 0*	Carcassonne 6 1	id. 5 7
II. — CANTON DE CARCASSONNE (OUEST) *(2 com., 25 973 hab.)*					
9 Carcassonne	24806	»	🚂Ƭ **104 0**	Carcassonne »	Carcassonne »
10 Pennautier	1167	5 0	*110 0*	Carcassonne 5 0	Carcassonne 6 5
III. — CANTON D'ALZONNE *(11 com., 7 507 hab.)*					
11 Alzonne	1584	16 0	🚂Ƭ **121 0**	Alzonne 1 5	Alzonne »
12 Aragon	524	12 0	100 0	Pezens 8 0	Carcassonne 12 0
13 Caux-et-Sauzens	540	8 0	*152 0*	Pezens 2 9	Carcassonne 8 0
14 Montolieu	1411	17 0	Ƭ 237 0	Pezens 9 3	Montolieu »
15 Moussoulens	502	12 0	*170 0*	Pezens 5 3	Alzonne 5 0
16 Pezens	1053	8 0	🚂⊤ **115 0**	Pezens 1 3	Carcassonne 8 0
17 Raissac-sur-Lampy	370	19 0	120 0	Alzonne 4 8	Alzonne 3 3
18 Ste-Eulalie	417	12 0	**110 0**	Alzonne 3 0	id. 3 0
19 St-Martin-le-Vieil	408	21 4	164 0	Alzonne 7 2	id. 5 7
20 Ventenac-Cabardès	377	8 0	*102 0*	Pezens 4 0	Carcassonne 8 0
21 Villesèque-Lande	321	9 0	*122 0*	Pezens 4 0	Alzonne 6 0
IV. — CANTON DE CAPENDU *(17 com., 9 356 hab.)*					
22 Capendu	1396	18 0	🚂Ƭ **82 0**	Capendu 0 2	Capendu »
23 Badens	550	13 0	90 0	Capendu 5 5	Aigues-Vives 2 4
24 Barbaira	623	13 2	⊤ 80 0	Floure 1 1	Capendu 4 5
25 Bouilhonnac	159	10 5	*147 0*	Trèbes 3 6	Trèbes 3 0
26 Comigne	256	21 0	125 0	Capendu 3 5	Capendu 3 3
27 Douzens	857	21 0	⊤ 122 0	Capendu 3 7	Capendu 3 5
28 Floure	293	12 4	🚂 **78 0**	Floure 0 5	id. 6 1
29 Fontiès-d'Aude	290	10 3	*105 0*	Trèbes 3 1	Trèbes 4 0
30 Mas-des-Cours	84	13 5	389 0	Carcassonne 13 5	Carcassonne 13 5
31 Montirat	125	12 0	221 0	Trèbes 5 8	id. 12 5
32 Monze	204	14 0	*143 0*	Trèbes 7 2	Trèbes 7 2
33 Moux	1209	25 0	🚂Ƭ **81 0**	Moux 1 0	Moux »
34 Roquecourbe	208	26 1	96 0	S-Couat-d'A. 2 2	Moux 6 0
35 Rustiques	280	10 9	*120 0*	Trèbes 3 8	Trèbes 3 3
36 St-Couat-d'Aude	509	24 5	🚂⊤ **88 0**	S-Couat-d'A. 1 1	Moux 3 6
37 Trèbes	2209	8 0	🚂Ƭ **93 0**	Trèbes 0 8	Trèbes »
38 Villedubert	104	9 0	134 0	Trèbes 4 5	Trèbes 4 0
V. — CANTON DE CONQUES *(10 com., 5 926 hab.)*					
39 Conques	1574	9 0	Ƭ *120 0*	Carcassonne 8 5	Conques »
40 Bagnoles	254	12 0	156 0	Trèbes 8 0	Conques 3 0
41 Limousis	345	17 0	*368 0*	Carcassonne 16 5	id. 8 0
42 Malves	309	11 0	125 0	Trèbes 6 0	id. 4 0
43 Sallèles-Cabardès	190	16 0	*306 0*	Carcassonne 15 5	id. 7 0
44 Villalier	520	8 0	*105 0*	id. 7 5	id. 1 8
45 Villarzel-Cabardès	146	14 0	194 0	Trèbes 11 0	id. 5 3
46 Villegailhenc	955	7 0	130 0	Carcassonne 6 5	Carcassonne 7 0
47 Villegly	720	13 0	175 0	Trèbes 10 0	Conques 4 0
48 Villemoustaussou	913	5 0	⊤ 110 0	Carcassonne 4 5	Carcassonne 5 0
VI. — CANTON DE LAGRASSE *(18 com., 6 232 hab.)*					
1 Lagrasse	1337	36 0	Ƭ *119 0*	Moux 19 0	Lagrasse »
2 Arquettes	274	26 0	224 0	Capendu 15 0	Serviès-en-V. 3 0
3 Caunettes-en-Val	115	31 0	172 0	Moux 24 0	Lagrasse 6 0
4 Fajac-en-Val	104	17 0	321 0	Capendu 20 0	Serviès-en-V. 8 0
5 Labastide-en-Val	228	32 0	223 0	Capendu 19 0	id. 4 0
6 Mayronnes	124	34 0	190 0	Moux 27 0	Lagrasse 9 0
7 Montlaur	974	25 0	Ƭ *239 0*	Capendu 9 0	Montlaur »
8 Pradelles-en-Val	276	20 0	197 0	Trèbes 12 0	Capendu 14 0
9 Ribaute	323	33 0	*86 0*	Moux 16 0	Lagrasse 3 0
10 Rieux-en-Val	234	28 0	266 0	Capendu 17 0	Serviès-en-V. 2 0
11 St-Martin-des-Puits	78	46 0	*201 0*	Moux 30 0	Lagrasse 10 0
12 St-Pierre-d-Champs	364	41 0	*139 0*	Moux 24 0	id. 5 0
13 Serviès-en-Val	332	27 0	⊠ *211 0*	Capendu 15 0	Serviès-en-V. »
14 Talairan	708	46 0	*187 0*	Moux 21 8	Lagrasse 11 9
15 Taurize	161	29 2	195 0	Capendu 16 5	Serviès-en-V. 1 5
16 Tournissan	414	43 6	*191 0*	Moux 19 0	St-Laurent 3 0
17 Villar-en-Val	94	33 0	*279 0*	Capendu 20 4	Serviès-en-V. 5 4
18 Villetritouls	92	30 0	*223 0*	Capendu 17 0	id. 2 5
VII. — CANTON DE MAS-CABARDÈS *(16 com., 5 718 hab.)*					
19 Mas-Cabardès	697	24 0	Ƭ 579 0	Carcassonne 24 0	Mas-Cabard. »
20 Caudebronde	361	25 0	619 0	Carcassonne 25 0	Cuxac-Cab. 2 8
21 Fournes	168	22 0	553 0	id. 22 0	Mas-Cab. 9 9
22 Ilhes (Les)	191	20 0	517 0	id. 20 0	id. 4 8
23 Labastide-Esparbairenque	417	26 0	523 0	id. 26 0	id. 4 0
24 Laprade	321	35 0	870 0	Mazamet 22 0	Cuxac-Cab. 15 0
25 Lastours	223	17 0	307 0	Carcassonne 17 0	Conques 8 0
26 Martys (Les)	625	33 0	815 0	Mazamet 16 0	Cuxac-Cab. 9 0
27 Miraval-Cabardès	235	27 0	750 0	id. 23 0	Mas-Cab. 3 1
28 Pradelles-Cabardès	598	32 0	707 0	id. 19 0	id. 9 7
29 Roquefère	219	24 0	523 0	Carcassonne 24 0	id. 2 1
30 Salsigne	537	15 0	340 0	id. 15 0	id. 9 5
31 Tourette (La)	164	28 0	690 0	id. 28 0	id. 3 8
32 Trassanel	112	21 0	496 0	Caunes 10 0	Caunes 10 0
33 Villanière	246	18 0	427 0	Carcassonne 18 0	Mas-Cab. 9 5
34 Villardonnel	604	17 0	*381 0*	id. 17 0	id. 12 0
VIII. — CANTON DE MONTRÉAL *(9 com., 6 778 hab.)*					
35 Montréal	2843	18 0	Ƭ *230 0*	Bram 6 5	Montréal »
36 Alairac	574	11 0	192 0	Madame 5 7	Carcassonne 11 0
37 Arzens	430	12 0	⊤ *187 0*	Pezens 8 6	Montréal 6 9
38 Lavalette	1172	8 0	*182 0*	Madame 4 2	Carcassonne 8 0
39 Montclar	320	15 0	196 0	Pomas 5 4	Preixan 7 5
40 Preixan	546	10 0	Ƭ 179 0	Couffoulens 2 5	Preixan »
41 Rouffiac-d'Aude	306	12 0	129 0	Pomas 2 1	id. 2 8
42 Roullens	347	10 0	231 0	Madame 4 6	id. 3 2
43 Villeneuve-lès-Montréal	240	22 0	180 0	Bram 7 8	Montréal 4 0
IX. — CANTON DE MOUTHOUMET *(18 com., 4 648 hab.)*					
44 Mouthoumet	350	46 0	Ƭ *558 0*	Couiza 28 5	Mouthoumet »
45 Albières	244	44 0	*508 0*	Couiza 22 0	Mouthoumet 7 1
46 Auriac	253	50 0	*574 0*	Couiza 32 0	id. 11 2
47 Bouisse	558	40 0	*639 0*	Limoux 29 0	id. 11 4
48 Davejean	346	56 0	⊠ 414 0	Lézignan 38 7	Davejean »
49 Dernacueillette	166	62 0	*372 0*	Lézignan 45 4	id. 6 7

Nota. — Les cotes inscrites dans ce tableau, à côté des signes abréviatifs 🚂 ⊠ ⊤ Ƭ, désignent des altitudes, c'est-à-dire la hauteur des points signalés au-dessus du niveau moyen des eaux de la mer. Les cotes imprimées en caractères gras et placées en face des noms des gares sont les altitudes *gravées* ou *à graver* sur les socles des bâtiments desdites gares, à 0 m. 60 environ au-dessus du niveau des rails. Les cotes inscrites en face du nom des communes sont extraites de la carte de l'état-major au 1/80000. Celles en italiques existent *dans la commune même*. Les autres sont les cotes du point le plus rapproché de la commune correspondante, point indiqué sur la carte de l'état-major.

I. — ARRONDISSEMENT DE CARCASSONNE (Suite)

IX. — CANTON DE MOUTHOUMET (Suite)

NOMS des COMMUNES	Population	Dist. au chef-l. d'ar.	LOCALITÉS AVEC GARES postes et télégraphes	GARE LA PLUS PRÈS de chaque com. et distance à cette commune	BUREAUX de postes desserv. les communes avec les distances
1 Félines	200	51 0	420 0	Lézignan... 33 5	Davejean .. 8 2
2 Lairière	162	36 0	*427 0*	Limoux.... 30 0	Mouthoumet 16 6
3 Lanet	263	44 0	382 0	Couiza..... 26 0	id. 4 8
4 Laroque-de-Fa	326	81 0	*460 0*	Couiza..... 33 0	id. 4 1
5 Massac	145	65 0	416 0	Lézignan .. 48 5	Davejean .. 10 4
6 Montjoi	210	50 0	*338 0*	Couiza..... 32 0	Mouthoumet 10 7
7 Palairac	157	60 0	429 0	Rivesaltes... 40 1	Davejean .. 10 8
8 Salza	111	50 0	*554 0*	Couiza..... 34 0	Mouthoumet 5 8
9 Soulatgé	322	74 0	*416 0*	Couiza..... 37 0	Davejean .. 18 0
10 Termes	214	60 0	496 0	Lézignan... 43 2	id. 11 8
11 Vignevieille	292	55 0	*966 0*	Moux...... 39 0	Mouthoumet 15 5
12 Villerouge	323	48 0	435 0	Lézignan... 30 5	Davejean .. 8 2

X. — CANTON DE PEYRIAC-MINERVOIS (18 com., 18 842 hab.)

NOMS des COMMUNES	Population	Dist. au chef-l. d'ar.	LOCALITÉS AVEC GARES postes et télégraphes	GARE LA PLUS PRÈS de chaque com. et distance à cette commune	BUREAUX de postes desserv. les communes avec les distances
13 Peyriac-Minervois	1339	24 0	**113 0**	Rieux-Peyr. 0 8	Peyr.-Min. »
14 Aigues-Vives	447	18 0	50 0	Capendu... 6 5	Aigues-Viv. »
15 Azille	2129	32 0	**85 0**	Azille ..... »	Azille ..... »
16 Blomac	297	21 5	57 0	Capendu.... 4 5	Capendu.... 4 5
17 Cabrespine	580	23 0	280 0	Caunes..... 12 0	Caunes..... 12 0
18 Castans	513	32 0	640 0	Caunes..... 21 2	id. 20 7
19 Caunes	2507	21 0	**203 0**	Caunes..... 0 3	id. »
20 Citou	380	27 0	683 0	Caunes..... 7 3	id. 7 0
21 Laredorte	1277	29 0	**62 0**	Laredorte... »	Laredorte... »
22 Laure	1604	18 0	*68 0*	Peyriac 5 5	Laure ..... »
23 Lespinassière	610	31 0	732 0	Caunes..... 11 3	Caunes..... 11 0
24 Marseillette	569	17 0	92 0	Capendu.... 3 0	Capendu ... 3 0

X. — CANTON DE PEYRIAC-MINERVOIS (Suite)

NOMS des COMMUNES	Population	Dist. au chef-l. d'ar.	LOCALITÉS AVEC GARES postes et télégraphes	GARE LA PLUS PRÈS de chaque com. et distance à cette commune	BUREAUX de postes desserv. les communes avec les distances
1 Pépieux	1112	35 0	88 0	Azille...... 3 0	Azille...... 2 7
2 Puichéric	1188	24 0	**64 0**	Puichéric... »	Moux 6 5
3 Rieux-Minervois	2213	26 0	**100 0**	Rieux-Peyr. 0 7	Rieux-Min. »
4 St-Frichoux	246	21 0	55 0	id. 6 0	Aigues-Viv. 3 0
5 Trausse	730	24 0	120 0	id. 3 7	Peyr.-Min. 2 9
6 Villeneuve-les-Chanoines	1011	17 0	233 0	Caunes..... 5 7	Caunes..... 5 5

XI. — CANTON DE SAISSAC (7 com., 4 458 hab.)

NOMS des COMMUNES	Population	Dist. au chef-l. d'ar.	LOCALITÉS AVEC GARES postes et télégraphes	GARE LA PLUS PRÈS de chaque com. et distance à cette commune	BUREAUX de postes desserv. les communes avec les distances
7 Saissac	1454	25 0	*435 0*	Pezens..... 18 0	Saissac .... »
8 Brousses-et-Villaret	446	20 0	*393 0*	id. 11 8	Cuxac-Cab.. 4 0
9 Cuxac-Cabardès	921	24 0	619 0	Carcassonne 23 5	Cuxax-Cab.. »
10 Fontiers-Cabardès	378	26 0	616 0	Pezens..... 18 0	id. 6 5
11 Fraisse-Cabardès	249	17 0	347 0	id. 10 0	id. 6 5
12 Lacombe	508	28 0	762 0	id. 18 5	id. 9 0
13 St-Denis	502	24 0	420 0	id. 14 5	Saissac 5 5

XII. — CANTON DE TUCHAN (8 com., 4 426 hab.)

NOMS des COMMUNES	Population	Dist. au chef-l. d'ar.	LOCALITÉS AVEC GARES postes et télégraphes	GARE LA PLUS PRÈS de chaque com. et distance à cette commune	BUREAUX de postes desserv. les communes avec les distances
14 Tuchan	1665	70 0	*157 0*	Rivesaltes.. 28 0	Tuchan .... »
15 Cucugnan	261	74 0	*358 0*	id. 40 0	id. 12 0
16 Duilhac	285	77 0	*392 0*	id. 44 0	Davejeau .. 22 0
17 Maisons	299	61 0	380 0	id. 42 0	id. 6 0
18 Montgaillard	163	64 0	427 0	id. 43 0	id. 9 0
19 Padern	565	69 0	307 0	id. 35 0	Tuchan 7 0
20 Paziols	980	74 0	*125 0*	id. 31 0	id. 3 0
21 Rouffiac-des-Corbières	218	78 0	*369 0*	id. 46 0	Davejean .. 25 0

II. — ARRONDISSEMENT DE CASTELNAUDARY (5 cantons, 74 communes, 46 349 habitants)

I. — CANTON DE CASTELNAUDARY (NORD) (20 com., 12 932 hab.)

NOMS des COMMUNES	Population	Dist. au chef-l. d'ar.	LOCALITÉS AVEC GARES postes et télégraphes	GARE LA PLUS PRÈS de chaque com. et distance à cette commune	BUREAUX de postes desserv. les communes avec les distances
25 Castelnaudary (n.)	3902	»	**164 0**	Castelnaud. »	Castelnaud. »
26 Airoux	252	10 0	175 0	Soupex 3 2	Lab.-d'Anjou 3 0
27 Carlipa	533	16 0	*214 0*	Bram...... 7 7	Cenne-Mon .. 5 0
28 Cassés (Les)	326	16 0	272 0	Soupex 6 2	Lab-d'Anjou 13 0
29 Cenne-Monestiès	740	17 0	247 0	Bram...... 13 7	Cenne-Mon.. »
30 Issel	545	8 0	210 0	Castelnaud. 9 0	Lab.-Laurag. 5 5
31 Labécède-Lauragais	916	13 0	387 0	Castelnaud. 14 0	id. »
32 Montmaur	501	14 0	*262 0*	Soupex 4 6	Lab.-d'Anjou 7 4
33 Peyrens	300	6 0	*176 0*	Castelnaud. 6 5	Castelnaud. 5 5
34 Pomarède (La)	415	12 0	239 0	Soupex 7 0	Lab.-Laurag. 6 0
35 Puginier	300	8 0	201 0	id. 3 2	Castelnaud. 8 0
36 St-Papoul	1002	8 6	*159 0*	Castelnaud. 8 8	id. 8 6
37 St-Paulet	364	13 0	*988 0*	Soupex 3 5	Lab-d'Anjou 10 0
38 Souilhanels	204	5 0	*133 0*	Castelnaud. 5 5	Castelnaud. 6 0
39 Souilhe	240	8 0	200 0	Soupex 2 2	id. 8 0
40 Soupex	320	10 0	**168 0**	id. »	id. 10 0
41 Tréville	200	9 0	253 0	id. 5 0	id. 9 0
42 Verdun	611	14 0	280 0	Castelnaud. 14 2	Lab-Laurag. 14 0
43 Villemagne	521	17 0	364 0	id. 17 2	Cenne-Mon.. 4 1
44 Villespy	710	13 0	*161 0*	Pexiora.... 10 2	id. 3 5

II. — CANTON DE CASTELNAUDARY (SUD) (13 com., 14 958 hab.)

NOMS des COMMUNES	Population	Dist. au chef-l. d'ar.	LOCALITÉS AVEC GARES postes et télégraphes	GARE LA PLUS PRÈS de chaque com. et distance à cette commune	BUREAUX de postes desserv. les communes avec les distances
45 Castelnaudary (sud)	6203	»	**164 0**	Castelnaud. »	Castelnaud. »
46 Fendeille	606	6 0	204 0	id. 6 2	id. 6 0
47 Labastide-d'Anjou	809	9 0	192 0	Le Ségala.. 1 9	Lab.-d'Anjou »
48 *Le Ségala*	»	»	**192 0**	*Le Ségala*. »	»
49 Lasbordes	620	9 0	145 0	Pexiora 4 6	Pexiora 4 8
50 Laurabuc	508	10 0	*201 0*	Pexiora ... 5 7	id. 6 0
51 Mas-Stes-Puelles	1202	7 0	**176 0**	Mas-S-Puelles 1 5	Castelnaud. 7 0
52 Mireval-Lauragais	446	9 0	201 0	Castelnaud. 8 0	id. 9 0
53 Montferrand	730	13 0	*984 0*	Le Ségala.. 2 5	Lab.-d'Anjou 3 0
54 Pexiora	1113	9 0	**140 0**	Pexiora 0 2	Pexiora .... »
55 Ricaud	431	7 0	170 0	Mas-S-Puelles 3 0	Castelnaud. 7 0
56 St-Martin-la-Lande	708	5 5	151 0	Castelnaud. 5 8	id. 5 5
57 Villeneuve-la-Comptal	523	5 0	184 0	Castelnaud. 4 3	id. 5 0
58 Villepinte	1159	12 0	*184 0*	Pexiora 4 9	Bram...... 6 0

III. — CANTON DE BELPECH (12 com., 5 241 hab.)

NOMS des COMMUNES	Population	Dist. au chef-l. d'ar.	LOCALITÉS AVEC GARES postes et télégraphes	GARE LA PLUS PRÈS de chaque com. et distance à cette commune	BUREAUX de postes desserv. les communes avec les distances
59 Belpech	2097	30 0	240 0	Saverdun. . 18 0	Belpech.... »
60 Cahuzac	135	22 0	*349 0*	Castelnaud. 22 0	id. 10 0
61 Lafage	330	21 0	*335 0*	id. 21 0	id. 11 0
62 Mayreville	244	19 0	310 0	id. 19 0	id. 10 5

III. — CANTON DE BELPECH (Suite)

NOMS des COMMUNES	Population	Dist. au chef-l. d'ar.	LOCALITÉS AVEC GARES postes et télégraphes	GARE LA PLUS PRÈS de chaque com. et distance à cette commune	BUREAUX de postes desserv. les communes avec les distances
22 Molandier	756	29 0	240 0	Saverdun .. 12 0	Belpech 6 5
23 Péchairic-et-le-Py	132	24 0	*231 0*	Castelnaud. 24 0	id. 7 0
24 Pech-Luna	349	20 0	319 0	id. 20 0	id. 10 0
25 Peyrefite-sur-l'Hers	144	18 0	312 0	id. 18 0	id. 12 0
26 Plaigne	438	26 0	306 0	id. 26 0	id. 7 5
27 St-Amans	328	16 0	330 0	id. 15 5	Gaja-la-Selve 6 5
28 St-Sernin	117	22 0	350 0	id. 22 0	Belpech 7 5
29 Villautou	171	28 0	240 0	id. 28 0	id. 10 5

IV. — CANTON DE FANJEAUX (16 com., 8 758 hab.)

NOMS des COMMUNES	Population	Dist. au chef-l. d'ar.	LOCALITÉS AVEC GARES postes et télégraphes	GARE LA PLUS PRÈS de chaque com. et distance à cette commune	BUREAUX de postes desserv. les communes avec les distances
30 Fanjeaux	1408	19 0	*356 0*	Bram...... 10 7	Fanjeaux .. »
31 Bram	1840	16 0	**132 0**	Bram...... 0 5	Bram...... »
32 Cassaigne (La)	572	18 0	324 0	Pexiora ... 10 0	Fanjeaux... 6 0
33 Cazalrenoux	246	22 0	311 0	id. 17 5	Gaja-la-Selve 7 0
34 Fouters-du-Razès	202	14 0	300 0	Castelnaud. 14 0	id. 6 5
35 Force (La)	285	20 0	205 0	Bram...... 8 3	Fanjeaux .. 6 3
36 Gaja-la-Selve	410	18 0	319 0	Castelnaud. 18 0	Gaja-la-Selve »
37 Generville	119	17 0	366 0	id. 17 0	id. 4 5
38 Laurac	483	14 0	387 0	Pexiora 8 3	Fanjeaux .. 10 5
39 Orsans	303	24 0	*359 0*	Bram...... 16 8	id. 5 5
40 Plavilla	162	23 0	*339 0*	Castelnaud. 23 0	Gaja-la-Selve 7 5
41 Ribouisse	263	19 0	321 0	id. 19 0	id. 2 2
42 St-Julien-de-Briola	234	25 0	320 0	Bram...... 21 5	id. 6 0
43 St-Gaudéric	226	29 0	353 0	id. 20 7	Fanjeaux .. 10 0
44 Villasavary	1723	14 0	*181 0*	id. 7 0	Villasavary. »
45 Villesiscle	282	19 0	*160 0*	id. 2 5	Bram...... 2 5

V. — CANTON DE SALLES-SUR-L'HERS (14 com., 4 460 hab.)

NOMS des COMMUNES	Population	Dist. au chef-l. d'ar.	LOCALITÉS AVEC GARES postes et télégraphes	GARE LA PLUS PRÈS de chaque com. et distance à cette commune	BUREAUX de postes desserv. les communes avec les distances
46 Salles-sur-l'Hers	1052	18 0	282 0	Le Ségala.. 11 2	Salles-s-l'Hers »
47 Baraigne	184	15 0	220 0	id. 2 5	id. 7 8
48 Belflou	280	17 0	276 0	id. 8 6	id. 4 0
49 Cumiès	93	14 0	320 0	id. 7 5	id. 7 0
50 Fajac-la-Relenque	158	26 0	*391 0*	Avignonet (Hte-Gar.). 14 1	id. 9 8
51 Gourvieille	105	19 0	230 0	Avignonet.. 4 2	id. 8 0
52 Louvière (La)	362	25 0	*331 0*	Le Ségala.. 19 0	id. 9 0
53 Marquein	225	25 0	293 0	Avignonet.. 11 8	id. 6 6
54 Mézerville	273	20 0	*330 0*	Le Ségala.. 16 1	id. 4 6
55 Molleville	146	12 0	288 0	id. 5 0	id. 6 5
56 Montauriol	202	13 0	*249 0*	Castelnaud. 12 2	id: 5 5
57 Payra	364	13 0	296 0	id. 12 2	id. 6 7
58 Ste-Camelle	272	19 0	*218 0*	Le Ségala.. 14 0	id. 3 2
59 St-Michel-de-Lanès	742	24 0	210 0	Avignonet.. 7 0	id. 4 7

III. — ARRONDISSEMENT DE LIMOUX (8 cantons, 152 communes, 64 544 habitants)

I. — CANTON DE LIMOUX (23 com., 14 334 hab.)

NOMS des COMMUNES	Population	Dist. au chef-l. d'ar.	LOCALITÉS AVEC GARES postes et télégraphes	GARE LA PLUS PRÈS de chaque com. et distance à cette commune	BUREAUX de postes desserv. les communes avec les distances
63 Limoux	6810	»	**171 0**	Limoux .... »	Limoux .... »
64 Ajac	266	6 8	232 0	id. 7 0	id. 6 8
65 Alet	984	9 0	**205 0**	Alet....... 0 3	Alet....... »
66 Bezole (La)	90	10 0	389 0	Limoux.... 10 3	Limoux 10 0
67 Bouriége	304	11 0	320 0	id. 11 3	id. 11 0
68 Bourigeole	165	16 0	318 0	id. 16 3	id. 10 0
69 Castelreng	444	8 0	280 0	id. 8 5	id. 7 8
70 Cépie	426	6 0	**152 0**	Cépie...... 1 0	id. 6 5
71 Cournanel	316	5 0	176 0	Limoux.... 5 4	id. 5 2
72 Digne-d'Amont (La)	268	5 0	230 0	id. 5 5	id. 5 3
73 Digne-d'Aval (La)	198	3 0	232 0	id. 3 6	id. 3 4
74 Festes-et-St-André	505	15 0	*333 0*	id. 15 3	id. 15 0
75 Gaja-et-Villedieu	230	4 0	260 0	id. 4 4	id. 4 2
76 Loupia	287	9 0	230 0	id. 9 7	id. 9 5
77 Magrie	345	4 0	217 0	id. 4 3	id. 4 0
78 Malras	349	4 0	219 0	id. 4 4	id. 4 2
79 Pauligne	410	6 0	261 0	id. 6 7	id. 6 2
80 Pieusse	569	3 0	180 0	id. 3 1	id. 3 3
81 St-Martin-de-Villereglan	300	7 0	195 0	Cépie...... 7 5	id. 7 3
82 Tourreilles	236	7 0	370 0	Limoux 7 6	id. 7 2
83 Vendémies	129	5 0	*206 0*	Limoux 5 4	Alet....... 5 2
84 Véraza	167	17 0	320 0	Alet 8 2	id. 8 0
85 Villelongue	636	12 0	*295 0*	Limoux. .. 12 5	Limoux 12 3

II. — CANTON D'ALAIGNE (27 com., 7 959 hab.)

NOMS des COMMUNES	Population	Dist. au chef-l. d'ar.	LOCALITÉS AVEC GARES postes et télégraphes	GARE LA PLUS PRÈS de chaque com. et distance à cette commune	BUREAUX de postes desserv. les communes avec les distances
86 Alaigne	559	12 0	*294 0*	Limoux ... 12 2	Alaigne..... »
87 Bellegarde	421	21 0	276 0	Cépie...... 20 1	id. 5 5
88 Belvèze	630	15 0	236 0	id. 14 5	id. 2 9
89 Brézilhac	273	19 0	*253 0*	Bram 11 2	id. 10 1
90 Brugairolles	384	11 0	*189 0*	Cépie 10 0	id. 7 0
91 Cailhau	472	13 0	205 0	id. 12 1	id. 7 9
92 Cailhavel	282	16 0	220 0	Bram...... 9 2	id. 10 2
93 Cambieure	298	13 0	*213 0*	Cépie 11 6	id. 8 7
94 Courtète (La)	186	20 0	284 0	Bram...... 14 5	id. 8 5

II. — CANTON D'ALAIGNE (Suite)

NOMS des COMMUNES	Population	Dist. au chef-l. d'ar.	LOCALITÉS AVEC GARES postes et télégraphes	GARE LA PLUS PRÈS de chaque com. et distance à cette commune	BUREAUX de postes desserv. les communes avec les distances
60 Donazac	224	9 0	337 0	Limoux ... 9 4	Alaigne ... 4 5
61 Escueillens	295	21 0	276 0	Cépie...... 20 5	id. 7 5
62 Fenouillet	244	22 0	287 0	Bram...... 14 1	id. 10 0
63 Ferran	256	18 0	270 0	id. 13 2	id. 6 0
64 Gramazie	120	15 0	*219 0*	Cépie...... 15 3	id. 4 2
65 Hounoux	238	23 0	330 0	Bram...... 18 0	id. 10 8
66 Lasserre	294	20 0	208 0	id. 10 2	id. 12 0
67 Lauraguel	410	7 0	202 0	Cépie...... 6 1	Limoux.... 7 0
68 Ligneirolles	139	25 0	407 0	Limoux ... 25 4	Alaigne ... 9 5
69 Malviès	422	9 0	210 0	Cépie...... 7 0	Limoux.... 9 1
70 Mazerolles	418	17 0	*238 0*	Bram...... 16 0	Alaigne ... 6 5
71 Montgradail	142	22 0	277 0	id. 22 0	id. 7 8
72 Monthaut	143	16 0	505 0	Limoux.... 16 5	id. 6 0
73 Pomy	102	14 0	310 0	id. 14 5	id. 6 7
74 Routier	386	10 0	217 0	Cépie...... 9 0	id. 3 2
75 St-Just-d-Belengard	149	21 0	334 0	Limoux.... 21 4	id. 6 2
76 Seignalens	126	24 0	407 0	id. 24 4	id. 12 3
77 Villarzel-du-Razès	346	12 0	330 0	Cépie...... 8 0	Limoux.... 12 1

III. — CANTON D'AXAT (14 com., 5 665 hab.)

NOMS des COMMUNES	Population	Dist. au chef-l. d'ar.	LOCALITÉS AVEC GARES postes et télégraphes	GARE LA PLUS PRÈS de chaque com. et distance à cette commune	BUREAUX de postes desserv. les communes avec les distances
78 Axat	450	39 0	395 0	Quillan ... 12 0	Axat ...... »
79 Artigues	179	41 3	*596 0*	id. 14 3	id. 2 3
80 Bessède-de-Sault	440	55 7	*941 0*	id. 27 7	id. 16 7
81 Bousquet (Le)	357	55 1	*1064 0*	id. 28 1	id. 16 1
82 Cailla	149	39 9	608 0	id. 12 6	id. 4 6
83 Clat (Le)	299	55 7	*1086 0*	id. 27 7	id. 16 7
84 Counozouls	455	53 8	1215 0	id. 26 8	id. 14 8
85 Escouloubre	710	59 6	1216 0	id. 32 6	id. 20 6
86 Ginela	170	50 8	580 0	id. 23 8	id. 13 8
87 Montfort	634	54 3	785 0	id. 27 3	id. 17 3
88 Puilaurens	492	45 3	475 0	id. 18 3	id. 8 3
89 Roquefort-de-Sault	628	51 6	*1009 0*	id. 24 6	id. 12 6
90 Ste-Colombe-sur-Guette	271	47 3	980 0	id. 20 3	id. 8 3
91 Salvezines	431	47 9	*510 0*	id. 20 9	id. 10 0

III. — ARRONDISSEMENT DE LIMOUX (Suite)

IV. — CANTON DE BELCAIRE (17 com., 7 096 hab.)

Noms des communes	Population	Dist. au chef-l. d'ar.	Localités avec gares, postes et télégraphes	Gare la plus près de chaque com. et distance à cette commune	Bureaux de postes desserv. les communes avec les distances
1 Belcaire	864	57 2	T 965 0	Quillan 29 0	Belcaire ... »
2 Aunat	411	55 0	*955 0*	id. 26 8	Espezel 11 0
3 Belfort	148	50 0	*688 0*	id. 22 2	id. 5 6
4 Belvis	611	45 1	910 0	id. 17 0	id. 6 2
5 Campagna-de-Sault	255	64 2	*900 0*	id. 36 2	id. 21 0
6 Camurac	413	62 2	1185 0	id. 34 0	Belcaire ... 6 0
7 Comus	524	65 0	*1148 0*	id. 37 3	id. 10 8
8 Espezel	681	51 0	T *919 0*	id. 23 0	Espezel .... »
9 Fajolle (La)	294	60 0	1021 0	id. 31 7	Espezel 12 1
10 Fontanès	198	60 1	1056 0	id. 31 0	id. 16 0
11 Galinagues	148	54 0	*948 0*	id. 26 0	id. 6 0
12 Joucou	185	50 1	768 0	id. 22 0	id. 10 0
13 Mazuby	255	54 0	*937 0*	id. 26 3	id. 5 7
14 Mérial	259	58 0	950 0	id. 30 3	id. 9 7
15 Niort	421	55 3	780 0	id. 27 0	id. 7 0
16 Rodome	488	55 2	*946 0*	id. 27 2	id. 9 0
17 Roquefeuil	941	54 2	990 0	id. 26 0	id. 2 5

V. — CANTON DE CHALABRE (16 com., 8 560 hab.)

Noms des communes	Population	Dist. au chef-l. d'ar.	Localités avec gares, postes et télégraphes	Gare la plus près de chaque com. et distance à cette commune	Bureaux de postes desserv. les communes avec les distances
18 Chalabre	2021	25 0	T *384 0*	Limoux 25 5	Chalabre... »
19 Caudeval	283	24 0	336 0	id. 24 4	id. 14 4
20 Corbières	136	22 0	437 0	id. 25 5	id. 10 5
21 Courtauly	209	18 0	420 0	id. 18 5	id. 10 2
22 Gueytes et Labastide	113	21 0	370 0	id. 21 5	id. 13 8
23 Montjardin	239	23 0	422 0	id. 23 6	id. 2 1
24 Peyrefite-du-Razès	218	19 0	390 0	id. 19 5	id. 11 9
25 Puivert	1470	29 0	*536 0*	Quillan 16 5	id. 8 6
26 Rivel	911	30 0	390 0	id. 21 6	id. 4 9
27 St-Benoit	363	15 0	430 0	Limoux 15 3	id. 9 5
28 Se-Colombe-s-l'Hers	1391	32 0	T *407 0*	Quillan.... 24 5	Ste-Col.-s-l'H. »
29 St-Couat-du-Razès	192	12 0	514 0	Limoux.... 12 5	Limoux ... 12 2
30 St-Jean-de-Paracol	271	25 0	*420 0*	Esperaza .. 9 2	Esperaza .. 9 5
31 Sonnac	267	28 0	*362 0*	Limoux ... 28 5	Chalabre... 3 3
32 Tréziers	182	26 0	*387 0*	id. 26 5	id. 12 8
33 Villefort	294	29 0	415 0	Quillan ... 20 9	id. 4 1

VI. — CANTON DE COUIZA (22 com., 6 415 hab.)

Noms des communes	Population	Dist. au chef-l. d'ar.	Localités avec gares, postes et télégraphes	Gare la plus près de chaque com. et distance à cette commune	Bureaux de postes desserv. les communes avec les distances
34 Couiza	886	16 0	🚂 T **228 0**	Couiza-Mont. 0 6	Couiza..... »
35 Antugnac	323	20 0	*295 0*	id. 3 0	id. 3 6
36 Arques	531	27 0	T *351 0*	id. 12 3	id. 11 3
37 Bugarach	597	32 0	*465 0*	id. 17 4	Ren.-l-Bains. 8 5
38 Camps	302	42 0	*540 0*	id. 27 0	id. 18 0
39 Cassaignes	116	20 0	280 0	id. 6 8	Couiza..... 5 9
40 Conilhac-de-la-Montagne	114	10 0	447 0	Couiza-Montazels 7 6	id. 8 5
41 Coustaussa	137	18 0	239 0	Couiza-Mont. 2 7	id. 2 1
42 Cubières	193	45 0	*465 0*	id. 29 5	Ren.-l-Bains 20 5
43 Fourtou	314	37 0	*760 0*	id. 22 0	id. 13 0
44 Luc-sur-Aude	205	15 0	380 0	id. 4 0	Couiza..... 3 0

VI. — CANTON DE COUIZA (Suite)

Noms des communes	Population	Dist. au chef-l. d'ar.	Localités avec gares, postes et télégraphes	Gare la plus près de chaque com. et distance à cette commune	Bureaux de postes desserv. les communes avec les distances
1 Missègre	315	20 0	☒ *592 0*	Limoux.... 20 9	Missègre.... »
2 Montazels	325	17 0	🚂 **228 0**	Couiza-Mont. 0 7	Couiza 1 1
3 Peyrolles	162	24 0	380 0	id. 9 0	id. 8 1
4 Rennes-le-Château	269	19 0	435 0	id. 4 0	id. 3 9
5 Rennes-les-Bains	478	24 0	T *319 0*	id. 9 0	Ren.-l-Bains. »
6 Roquetaillade	384	9 0	320 0	Limoux ... 9 3	Limoux ... 8 3
7 Serpent (La)	229	13 0	447 0	Couiza-Mont. 7 4	Couiza 8 2
8 Serres	112	22 0	270 0	id. 7 0	id. 6 0
9 Sougraigne	259	29 0	*414 0*	id. 14 0	Ren.-l-Bains. 5 0
10 Terroles	83	20 0	660 0	Alet....... 10 1	Missègre.... 5 3
11 Valmigère	81	23 0	730 0	Couiza-Mont 18 1	id. 3 2

VII. — CANTON DE QUILLAN (18 com., 10 170 hab.)

Noms des communes	Population	Dist. au chef-l. d'ar.	Localités avec gares, postes et télégraphes	Gare la plus près de chaque com. et distance à cette commune	Bureaux de postes desserv. les communes avec les distances
12 Quillan	2463	28 0	🚂 T **291 0**	Quillan 0 4	Quillan .... »
13 Belvianes-et-Cavirac	435	31 7	*321 0*	id. 3 6	id. 3 7
14 Brenac	536	28 1	585 0	id. 6 3	id. 6 1
15 Campagne-s-Aude	451	22 0	🚂 262 0	Camp.-s-Aude »	Esperaza... 3 0
16 Coudons	298	39 0	837 0	Quillan ... 11 2	Quillan 11 1
17 Esperaza	1792	19 0	🚂 T **242 0**	Esperaza... 0 3	Esperaza... 0 1
18 Fa	542	21 6	*272 0*	id. 2 4	id. 2 6
19 Ginoles	279	31 1	340 0	Quillan ... 3 2	Quillan 3 2
20 Granès	149	24 9	335 0	Camp-s-Aude 3 2	id. 6 0
21 Marsa	435	45 4	706 0	Quillan ... 17 2	Axat....... 9 4
22 Nébias	602	33 6	*611 0*	id. 9 8	Quillan 9 7
23 Quirbajou	243	44 5	*806 0*	id. 16 5	id. 16 5
24 Rouvenac	516	25 6	394 0	Esperaza... 6 4	Esperaza... 6 2
25 St-Ferriol	350	25 4	*450 0*	Quillan 5 2	Quillan ... 5 1
26 St-Julia-de-Bec	353	32 2	*462 0*	id. 8 1	id. 8 0
27 St-Just-et-le-Bézu	254	29 0	522 0	Esperaza... 10 3	id. 10 5
28 St-Louis-et-Parahou	258	39 5	675 0	Quillan ... 15 4	id. 15 3
29 St-Martin-Lys	211	36 1	380 0	id. 8 0	Quillan ... 8 1

VIII. — CANTON DE SAINT-HILAIRE (15 com., 4 345 hab.)

Noms des communes	Population	Dist. au chef-l. d'ar.	Localités avec gares, postes et télégraphes	Gare la plus près de chaque com. et distance à cette commune	Bureaux de postes desserv. les communes avec les distances
30 Saint-Hilaire	927	12 8	T *159 0*	Pomas..... 3 0	St-Hilaire... »
31 Belcastel-et-Buc	179	12 6	623 0	Limoux.... 12 3	Missègre... 3 9
32 Cannette-s.-Lauquet	55	20 7	560 0	id. 20 4	id. 7 9
33 Clermont	132	23 0	380 0	id. 22 7	St-Hilaire .. 17 2
34 Gardie	205	12 8	*216 0*	Pomas 5 8	id. 2 8
35 Greffeil	205	23 9	*263 0*	Verzeille ... 10 4	id. 11 0
36 Ladern	413	18 0	190 0	Verzeille .. 4 7	id. 5 2
37 Molières	100	25 1	*304 0*	id. 11 7	id. 12 2
38 Pomas	564	10 8	🚂 **144 0**	Pomas..... 0 3	id. 2 8
39 St-Polycarpe	321	7 4	201 0	Limoux ... 7 1	id. 8 2
40 Verzeille	337	17 2	🚂 **140 0**	Verzeille .. 0 9	id. 4 3
41 Villardebelle	325	17 5	671 0	Limoux 17 2	Missègre... 4 1
42 Villar-St-Anselme	172	9 3	*286 0*	id. 9 0	St-Hilaire .. 6 3
43 Villebazy	207	12 2	*266 0*	Pomas 7 3	id. 4 3
44 Villefloure	203	21 4	220 0	Leuc....... 7 4	id. 8 5

IV. — ARRONDISSEMENT DE NARBONNE (6 cantons, 71 communes, 114 662 habitants)

I. — CANTON DE NARBONNE (9 com., 39 302 hab.)

Noms des communes	Population	Dist. au chef-l. d'ar.	Localités avec gares, postes et télégraphes	Gare la plus près de chaque com. et distance à cette commune	Bureaux de postes desserv. les communes avec les distances
45 Narbonne	29702	»	🚂 T **11 0**	Narbonne .. »	Narbonne .. »
46 *Mandirac*	»	»	🚂 **2 0**	*Mandirac* . »	id. »
47 Bages	1163	8 0	6 0	Narbonne .. 8 8	id. 8 0
48 Bizanet	1804	11 0	T 40 0	Marcorignan 9 5	Bizanet .... »
49 Canet	1388	16 0	T 25 0	Villedaigne. 3 6	Canet...... »
50 Marcorignan	1089	8 0	🚂 T **30 0**	Marcorignan 1 6	Narbonne .. 8 0
51 Montredon	1028	7 0	T 40 0	id. 2 9	id. 7 0
52 Moussan	1218	8 0	🚂 T **44 0**	Moussan.... »	id. 8 0
53 Névian	1108	9 0	T 30 0	Marcorignan 1 3	Névian..... »
54 Raissac-d'Aude	892	14 0	T 25 0	Villedaigne. 2 2	Raissac-d'Aude »
55 *Villedaigne*	»	»	🚂 **27 0**	*Villedaigne* »	»

II. — CANTON DE COURSAN (7 com., 14 565 hab.)

Noms des communes	Population	Dist. au chef-l. d'ar.	Localités avec gares, postes et télégraphes	Gare la plus près de chaque com. et distance à cette commune	Bureaux de postes desserv. les communes avec les distances
56 Coursan	3786	7 0	🚂 T **7 0**	Coursan.... »	Coursan..... »
57 Armissan	921	9 0	T 44 0	id. 8 5	Narbonne.... 8 3
58 Cuxac-d'Aude	2837	7 0	T *7 0*	id. 6 1	Cuxac-d'Aude »
59 Fleury	2162	14 0	T 13 0	id. 7 4	Fleury...... »
60 Gruissan	2525	14 0	T 8 0	Mandirac... 7 0	Gruissan .... »
61 Salles-d'Aude	1779	12 0	T 5 0	Coursan.... 5 5	Salles-d'Aude »
62 Vinassan	555	7 0	39 0	id. 5 6	Narbonne ... 7 5

III. — CANTON DE DURBAN (12 com., 6 561 hab.)

Noms des communes	Population	Dist. au chef-l. d'ar.	Localités avec gares, postes et télégraphes	Gare la plus près de chaque com. et distance à cette commune	Bureaux de postes desserv. les communes avec les distances
63 Durban	929	32 0	T *139 0*	La Nouvelle 26 0	Durban ... »
64 Albas	231	42 0	309 0	Lézignan... 29 0	id. 10 0
65 Cascastel-et-Villeneuve	856	38 0	162 0	id. 32 0	id. 6 5
66 Coustouge	261	34 0	340 0	id. 22 0	St-Laurent. 9 0
67 Embres-et-Castelmaure	413	40 0	229 0	Leucate.... 20 0	Durban 9 4
68 Fontjoncouse	308	30 0	307 0	Lézignan... 22 0	id. 13 7
69 Fraissé-d.-Corbières	511	37 0	T *289 0*	Leucate ... 16 0	id. 7 3
70 Jonquières	113	37 0	269 0	Lézignan... 24 8	St-Laurent. 11 6
71 Quintillan	163	45 0	*343 0*	La Nouvelle 39 0	Durban ... 13 7
72 St-Jean-de-Barrou	552	36 0	T *141 0*	Leucate.... 17 0	id. 6 5
73 St-Laurent-de-la-Cabrerisse	1204	30 0	T *86 0*	Lézignan... 18 0	St-Laurent. »
74 Thézan	1020	26 0	T 99 0	id. 15 0	Thézan .... »

IV. — CANTON DE GINESTAS (15 com., 15 252 hab.)

Noms des communes	Population	Dist. au chef-l. d'ar.	Localités avec gares, postes et télégraphes	Gare la plus près de chaque com. et distance à cette commune	Bureaux de postes desserv. les communes avec les distances
75 Ginestas	1145	16 0	T 60 0	Mirepeisset . 4 0	Ginestas ... »
76 Argeliers	1258	20 0	T *33 0*	id. 3 0	Argeliers... »
77 Argens	327	24 0	34 0	Lézignan... 10 3	Canet...... 10 9
78 Bize	1492	21 0	🚂 T **56 0**	Bize........ 0 6	Bize........ »
79 *Cabezac*	»	»	🚂 **51 0**	*Cabezac*... »	» »
80 Mailhac	604	22 0	71 0	Bize........ 4 7	Bize........ 4 3
81 Mirepeisset	495	16 0	🚂 **40 0**	Mirepeisset . 1 2	Ginestas.... 2 8

IV. — CANTON DE GINESTAS (Suite)

Noms des communes	Population	Dist. au chef-l. d'ar.	Localités avec gares, postes et télégraphes	Gare la plus près de chaque com. et distance à cette commune	Bureaux de postes desserv. les communes avec les distances
45 Ouveillan	2385	13 0	T *44 0*	Sallèles-d'A. 3 6	Ouveillan .. »
46 Paraza	625	18 0	*57 0*	Villedaigne .. 8 1	Canet 4 9
47 Pouzols	600	21 0	80 0	Bize 6 5	Ginestas ... 5 3
48 Roubia	600	21 0	34 0	Lézignan ... 7 0	Canet 7 4
49 St-Marcel	1324	11 0	T 26 0	Sallèles-d'A. 3 7	St-Marcel .. »
50 St-Nazaire	1240	13 0	T 25 0	Sallèles-d'A. 6 1	id. 2 4
51 Ste-Valière	486	19 0	*84 0*	Bize 5 6	Ginestas ... 2 4
52 Sallèles-d'Aude	2168	12 0	🚂 T **30 0**	Sallèles-d'A. 0 8	Sallèles-d'A. »
53 Ventenac-d'Aude	503	16 0	*35 0*	Villedaigne .. 5 9	Ginestas ... 2 8

V. — CANTON DE LÉZIGNAN (17 com., 21 515 hab.)

Noms des communes	Population	Dist. au chef-l. d'ar.	Localités avec gares, postes et télégraphes	Gare la plus près de chaque com. et distance à cette commune	Bureaux de postes desserv. les communes avec les distances
54 Lézignan	6569	21 0	🚂 T **48 0**	Lézignan ... »	Lézignan.... »
55 Boutenac	980	23 0	T 142 0	id. 7 0	id. 7 0
56 Camplong	491	34 0	115 0	Moux...... 14 0	Fabrezan .. 5 0
57 Castelnau-d'Aude	542	29 0	T *62 0*	St-Couat... 6 0	Lézignan .. 9 0
58 Conilhac-du-Plat-Pays	793	25 0	T 128 0	Lézignan ... 5 0	id. 4 0
59 Crascades	508	17 0	38 0	id. 5 0	id. 5 0
60 Escales	651	26 0	T 58 0	id. 8 0	id. 7 0
61 Fabrezan	2144	30 0	T 58 0	id. 9 0	Fabrezan .. »
62 Ferrals	1597	28 0	T 80 0	id. 7 5	Ferrals..... »
63 Fontcouverte	600	28 0	146 0	Moux...... 5 0	Moux...... 4 0
64 Homps	960	28 0	T 47 0	Lézignan ... 10 0	Homps..... »
65 Luc-sur-Orbieu	1004	20 0	T *42 0*	id. 3 5	Lézignan... 3 5
66 Montbrun	436	29 0	T *128 0*	Moux...... 5 0	Moux...... 4 0
67 Montseret	550	22 0	*166 0*	Lézignan ... 14 0	Thézan 5 0
68 Ornaisons	1575	16 0	T *26 0*	Villedaigne. 6 0	Ornaisons.. »
69 St-André-de-Roquelongue	1111	18 0	T *76 0*	Lézignan ... 14 0	Thézan 10 0
70 Tourouzelle	1004	27 0	T 124 0	id. 10 0	Lézignan... 9 0

VI. — CANTON DE SIGEAN (11 com., 17 377 hab.)

Noms des communes	Population	Dist. au chef-l. d'ar.	Localités avec gares, postes et télégraphes	Gare la plus près de chaque com. et distance à cette commune	Bureaux de postes desserv. les communes avec les distances
71 Sigean	3833	21 0	T 17 0	La Nouvelle 5 4	Sigean..... »
72 Feuilla	264	42 0	137 0	Leucate.... 11 9	Leucate.... 14 2
73 Fitou	1450	39 0	🚂 T **8 0**	Fitou 1 6	Fitou...... »
74 Lapalme	1718	28 0	T 26 0	La Nouvelle 8 8	Lapalme ... »
75 Leucate	1823	37 0	🚂 T **2 0**	Leucate.... 3 1	Leucate.... »
76 Nouvelle (La)	2445	27 0	🚂 T **2 0**	La Nouvelle »	La Nouvelle »
77 *Sainte-Lucie*	»	»	🚂 **3 0**	*Ste-Lucie*.. »	» »
78 Peyriac-de-Mer	1486	13 0	T *27 0*	Narbonne... 14 2	Peyriac-d-Mer »
79 Portel	1528	17 0	T 8 0	La Nouvelle 10 9	Portel ..... »
80 Roquefort-des-Corbières	1351	27 0	T *56 0*	id. 11 0	Roquef.-des-Corbières. »
81 Treilles	604	37 0	T 133 0	Leucate.... 6 6	Leucate.... 8 9
82 Villesèque-des-Corbières	875	30 0	T *153 0*	La Nouvelle 25 8	Durban 4 0

Enseignement secondaire. — Lycée de Carcassonne (1re catégorie). — Collège communal de Castelnaudary. — Établissements libres à Bize, Carcassonne, Castelnaudary, Lézignan, Limoux et Narbonne.

Un inspecteur d'académie à Carcassonne.

Enseignement primaire. — Un inspecteur primaire dans chaque chef-lieu d'arrondissement. — Une école normale d'institutrices à Carcassonne.

ÉCOLES PUBLIQUES

Nombre d'écoles	laïques	610	657
	congréganistes	47	

Nombre d'élèves :

Laïques	garçons	20 944	
	filles		13 331
Congréganistes	garçons	905	
	filles		2 915
		21 849	16 246
		38 095	

ÉCOLES LIBRES

Nombre d'écoles	laïques	34	116
	congréganistes	82	

Nombre d'élèves :

Laïques	garçons	247	
	filles		1 468
Congréganistes	garçons	1 825	
	filles		6 346
		2 072	7 814
		9 886	

XIII. — DIVISION RELIGIEUSE

Le département de l'Aude dépend de l'archevêché de Toulouse. La résidence de l'évêque est à Carcassonne. Le personnel ecclésiastique est ainsi réparti :

Évêque	1
Vicaires généraux titulaires	2
Chanoines titulaires	8
Ecclésiastique attaché au secrétariat	1
Curés	37
Desservants	365
Vicaires de paroisses	64
Prêtres habitués	51
Aumôniers	25
Professeurs	6
Supérieurs et professeurs	63
Total	623

Contenance et Valeur des immeubles possédés par les congrégations religieuses.

CONTENANCE en hectares d'après LE CADASTRE	VALEUR	
	LOCATIVE	VÉNALE
591 h. 04	166 178 f.	3 914 050 f.

Contenance et Valeur des immeubles occupés par les congrégations religieuses.

CONTENANCE en hectares d'après LE CADASTRE	VALEUR	
	LOCATIVE	VÉNALE
10 h. 38	23 480 f.	529 500 f.

XIV. — POSTES ET TÉLÉGRAPHES

Le département de l'Aude contient :

80 bureaux postaux et télégraphiques.

32 bureaux télégraphiques simples.

4 bureaux postaux seulement.

Il est délivré annuellement, dans le département, environ 188 500 mandats d'articles d'argent, pour une somme de 7 700 000 francs.

La taxe des lettres, journaux, etc., ainsi que les soldes des comptes avec les offices étrangers, produisent, par an, environ 1 200 000 fr.

Nombre de dépêches.	intérieures	283 519
	internation.	2 325
Taxes perçues.	intérieures	219 428f75
	internationales	7 761 85
Produit net versé au Trésor		227 190f60

XV. — RECETTES ANNUELLES DU DÉPARTEMENT

I. — Budget ordinaire

Contributions directes	3 123 265f20
Taxes assimilées aux contributions directes	189 689 53
Enregistrement	4 551 245 53
Timbre	747 672 85
Domaines et forêts	326 173 24
Douanes	3 632 849 35
Contributions indirectes	7 010 764 06
Postes	1 233 413 82
Télégraphes	225 347 15
Impôt de 3 % sur le revenu des valeurs mobilières	18 465 01
Amendes et condamnations	86 710 35
Retenues et autres produits perçus en exécution de la loi du 9 juin 1853	184 293 26
Produits divers du budget	188 946 81
	21 518 836f16

II. — Budget extraordinaire

Ressources spéciales	6 087 703f68
Total général des recettes	27 606 539f84

XVI. — ASSISTANCE PUBLIQUE

I. — BUREAUX DE BIENFAISANCE

Nombre de bureaux dans le départem.	234
Nombre d'individus secourus	3 400

Recettes

Revenus	115 957 f. »	fr.	
Subventions	51 578 »		
Recettes de charité	19 080 »	501 842 »	
Fonds de report et autres recettes	315 227 »		

Dépenses

Administration	88 050 f. »	248 371 f. »
Secours en nature	135 603 »	
Secours en argent	24 718 »	
Excédent des recettes		253 471 f. »

Montant des placements	En immeubles	9 638 f. »
	En rentes	152 168 »
	Total	161 806 f. »

II. — HÔPITAUX ET HOSPICES

Nombre des établissements hospitaliers

Hôpitaux	2	8
Hôpitaux et hospices	»	
Hospices	6	

Personnel

Médecins et chirurgiens	16	169
Religieuses	65	
Employés	21	
Servants	67	

Lits affectés au service

Malades	617	1 604
Infirmes, vieillards et incurab.	510	
Enfants assistés	345	
Personnel des établissements	132	
Recettes des 12 établissements		361 219 fr.
Dépenses — —		430 965 fr.
Excédent des dépenses		69 746 fr.

XVII. — CAISSES D'ÉPARGNE

Nombre de Caisses d'épargne 4

Nombre de livrets

Existant au 1er janvier	24 491
Ouverts pendant l'année	3 060
Soldés pendant l'année	2 133
Restant au 31 décembre	25 418
Solde aux déposants au 1er janv.	14 604 303 fr. »
Recettes	6 069 944 »
Dépenses	4 520 176 »
Solde dû aux déposants le 31 décembre	16 154 071 »

XVIII. — INCENDIES ET SINISTRES AGRICOLES

Montant des pertes évaluées

Incendie	619 800 f. »
Grêle	378 314 »
Gelée	270 000 »
Inondations	» »
Pertes de bestiaux	159 810 »
Total des pertes	1 427 924 fr.

II. — PARTIE MILITAIRE

Le département est formé presque exclusivement du bassin de l'Aude, petit bassin géologique limité à l'est par un cordon de collines calcaires, qui continuent la direction des Cévennes et finissent à la mer au promontoire de Cette. Ainsi que nous l'avons vu, le département de l'Aude est limité de trois côtés par des montagnes et du quatrième par la mer.

Les trois massifs qui, avec leurs contreforts, constituent la charpente du territoire, donnent à l'ensemble du pays un caractère montagneux très prononcé, c'est-à-dire qu'il présente une succession de vallées confuses, aux flancs ravinés, de plateaux souvent stériles et de pics élevés formés de rochers arides et secs. La vallée de l'Aude s'est creusé un lit au milieu des hauts plateaux qui constituent la jonction des Corbières et des derniers contreforts Pyrénéens. Dans cette vallée circulent d'un côté le canal du Midi et de l'autre le chemin de fer de Bordeaux à Cette.

Dans de semblables conditions, les bonnes routes sont rares et, dans les Corbières orientales, il n'y a que des chemins difficiles et de mauvais sentiers. On sait que, jusqu'au XVIIe siècle, ces montagnes ont servi de frontière septentrionale à l'Espagne ; elles constituent un obstacle plus important que la partie des Pyrénées qui leur est parallèle, car, outre la difficulté des communications, le pays n'offre aucune ressource et est très pauvre en eau. Enfin, les communications latérales avec les contrées voisines ne sont vraiment pratiques que le long de la côte. En résumé, il serait facile d'empêcher la circulation des armées dans cette partie, surtout en occupant, s'il en était besoin, à *Tuchan*, *Vingrau* et *Opoul*, les points de convergence des chemins rares et presque impraticables qui suivent les défilés fort étroits des Corbières.

Les côtes ont une étendue de 48 kilomètres, mais elles sont bordées d'étangs, dont quelques-uns, très importants, reçoivent non seulement une quantité considérable de limon que l'Aude porte à la mer, mais encore les sables du courant méditerranéen. Ces étangs se sont comblés en partie, et il en est résulté des lagunes considérables, qui communiquent difficilement avec la mer et seulement au moyen d'étroites passes ou *graus* trop souvent obstruées. Ainsi le *canal de la Robine* a été creusé entre les *étangs de Bages*, *de Sigean* et de *Gruissan*. Ce canal sert aussi à mettre le canal du Midi et Narbonne en communication avec

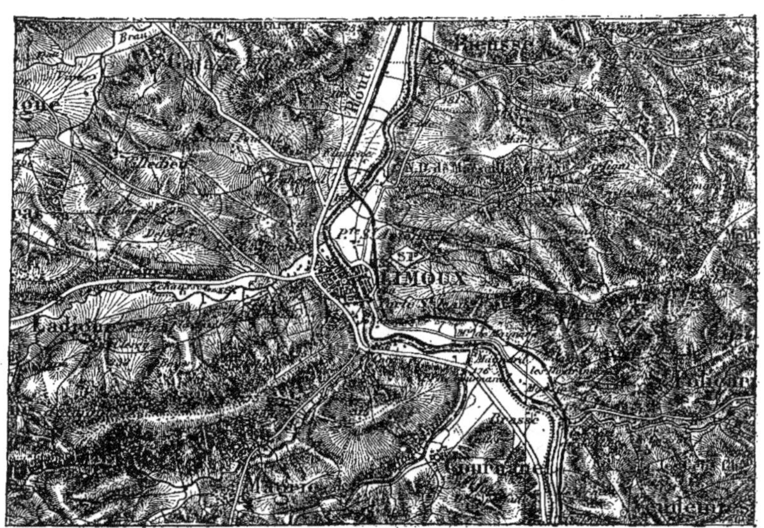

LIMOUX ET SES ENVIRONS. — Extrait de la carte d'État-Major au 80 000°.

le port de *la Nouvelle*, qui ne peut servir que pour la pêche et le cabotage, parce que l'entrée n'en est pas facile, mais dont les chantiers de construction ont une importance toujours croissante. Ainsi, malgré son développement de côtes, le département n'est pas maritime.

La vallée du *Fresquel* a servi au tracé du canal du Midi et à celui du chemin de fer de Toulouse à Carcassonne.

Après avoir joué dans le passé un rôle militaire presque continuel, le territoire de ce département qui comptait des fortifications nombreuses et importantes, dont quelques-unes ont été conservées comme monuments historiques, n'en a plus aucune ayant une valeur actuelle. D'ailleurs, la frontière des Pyrénées enlève pour ainsi dire toute utilité à celle formée par les Corbières ; en outre, les communications ordinaires ou par voies ferrées sont rares et difficiles ; enfin, dans des régions aussi accidentées les opérations seraient plus disséminées et ne pourraient se faire avec des effectifs élevés.

Avant d'occuper cette province, les Romains fondèrent leur première colonie à Narbonne (118 ans av. J.-C.) et, après l'avoir conquise sur la puissante tribu gauloise des *Volces Arecomici*, ils en formèrent la *Narbonnaise*, qui ne tarda pas à devenir complètement romaine sous tous les rapports. D'ailleurs, isolée comme elle l'était du reste du pays, cette province se trouvait en outre sur la route naturelle qui mettait en relation l'Espagne et l'Italie et dont les Romains firent une de leurs routes militaires. Aussi, après la chute de l'Empire Romain, les Visigoths qui venaient de l'Est, les Sarrasins (Arabes d'Espagne) qui venaient du Midi et les Francs, qui venaient du nord, se sont-ils successivement arrêtés dans cette région, qui fit alors partie de la *Septimanie*. Celle-ci fut rattachée à la monarchie française en 759, par Pépin-le-Bref, qui en expulsa violemment les Sarrasins. La féodalité amena de nouvelles divisions territoriales qui ont été indiquées. Au commencement du XIIIe siècle, la croisade de Simon de Montfort contre les Albigeois, qui eut pour principal théâtre cette région, modifia encore son organisation et elle fut très avantageuse pour les rois Capétiens, qui pourtant y prirent peu de part. Dès lors, aucun fait militaire saillant ne s'est produit dans le territoire formé par le département, qui fait partie du 16e corps d'armée.

Carcassonne est le siège d'une brigade de cavalerie, d'une subdivision de région, d'une sous-intendance et d'un bureau de recrutement.

Le 17e dragons et la portion centrale du 15e de ligne y tiennent garnison. Le 127e territorial et un escadron territorial de dragons viendraient s'y former.

L'origine de Carcassonne est très ancienne (phénicienne, dit-on) et c'était déjà une place considérable quand les Romains envahirent la Gaule. La vieille ville ou cité occupe une forte position sur un rocher escarpé qui domine la rive droite de l'Aude ; elle possède une double enceinte, classée parmi les monuments historiques, et qui peut servir à l'étude de la défense des places pour la période comprise entre le VIe et le XVIe siècle. Lorsque les Visigoths s'emparèrent de la ville, ils y construisirent, au Ve siècle, un château et des fortifications qui existent encore en partie aujourd'hui et qui forment l'enceinte intérieure.

Les Sarrasins d'Espagne en expulsèrent les Visigoths en 724 et furent à leur tour rejetés au-delà des Pyrénées par Pépin-le-Bref en 759. Carcassonne devint alors, avec la Septimanie, une partie du royaume des Francs, puis ne tarda pas à être annexée au royaume carlovingien d'Aquitaine. En 1209, la ville, qui avait embrassé le schisme religieux des Albigeois, fut prise après un long siège et pillée par les terribles croisés de Simon de Montfort, dont le fils céda ses droits au roi Louis VIII en 1218. Mais la ville s'étant révoltée en 1262 contre l'autorité royale, fut châtiée cruellement; comme toutes les autres villes du pays, elle souffrit des guerres religieuses.

Les fortifications formant l'enceinte extérieure de la ville haute datent des XIe, XIIe et XIIIe siècles et offrent l'ensemble le plus complet qui existe en France de l'architecture du moyen âge. Une cinquantaine de tours, percées de meurtrières et munies de machicoulis, flanquent cette enceinte, à travers laquelle plusieurs portes donnaient passage, et parmi lesquelles celles de l'Aude et de Narbonne étaient de véritables châteaux forts. Le donjon auquel viennent aboutir les deux enceintes, sert de citadelle. Il est flanqué de quatre tours rondes et date du XIVe siècle.

L'origine de la ville basse date de 1247. Elle fut autorisée, en 1347, lors des guerres des Anglais, à s'entourer de murs et de fossés, mais n'en fut pas moins prise et incendiée en 1355, par le prince de Galles, qui avait tenté en vain d'emporter la ville haute. La ville basse fut relevée aussitôt de ses ruines et environnée d'une nouvelle enceinte bastionnée moins étendue, démolie depuis peu, et dont les remparts sont actuellement transformés en boulevards, ainsi que les fossés en jardins.

Castelnaudary, située sur une éminence au pied de laquelle passent le canal du Midi et l'embranchement des chemins de fer de Bordeaux et de Castres à Carcassonne, est d'origine peu connue. Détruite par les Goths ariens au Ve siècle, elle fut rebâtie et devint ensuite la capitale du Lauraguais, sous les comtes de Toulouse. Au XIIe siècle ce n'était qu'un château fort. La ville fut assiégée en 1211, lors de la guerre des Albigeois, pendant laquelle elle joua un certain rôle. Prise et brûlée par le prince de Galles en 1355, elle se releva de nouveau de ses ruines aussitôt, sous Jean d'Armagnac, gouverneur du Languedoc, qui la rétablit et la fortifia. Castelnaudary est surtout célèbre par la bataille qu'y perdit, en 1632, le duc de Montmorency, révolté contre l'autorité royale, contre le maréchal de Schomberg.

La portion principale du 15e de ligne y tient garnison.

Narbonne est le siège d'une subdivision de région.

Le 100e régiment d'infanterie y tient garnison et le 127e territorial viendrait s'y former.

Cette ville, d'origine très ancienne, probablement phénicienne, occupe l'emplacement d'un ancien lac maritime. Un bras de l'Aude, canalisé sous le nom de *La Robine* et relié au port de *La Nouvelle*, divise la ville en deux parties; elle est entourée de remparts, du haut desquels la vue embrasse la chaîne des Cévennes et celle des Corbières.

Les Romains y fondèrent, sous *Martius*, leur première colonie dans les Gaules (118 ans av. J.-C.) ; elle devint leur principale place d'armes, après la conquête, jusqu'à Auguste. Les Visigoths ne purent s'en emparer, en 462, qu'après un long siège et en firent leur principale cité, quand ils eurent perdu Toulouse. Conquise successivement, par les Bourguignons (508), par les Arabes (720), Narbonne résista aux attaques de Charles-Martel et ne put être prise par Pépin le Bref, en 759, qu'après un siège de sept ans et par trahison. Charlemagne réorganisa la ville et assigna un quartier comme refuge aux Juifs, qui en furent chassés par Philippe-le-Bel. Narbonne n'eut pas à souffrir de la guerre des Albigeois et, après avoir passé à la maison d'Aragon, à celle des comtes de Foix, elle fut échangée, en 1507, contre le duché de Nemours et arriva ainsi à faire partie de la couronne et se distingua même par sa fidélité, lors de la révolte du Languedoc en 1632.

NARBONNE ET SES ENVIRONS. — Extrait de la carte d'État-Major au 80 000ᵉ.

Louis XII, appréciant l'importance de cette position, voulut fortifier Narbonne contre les entreprises de l'Espagne, mais il lui donna une enceinte plus étroite que celle du moyen âge, devenue trop vaste, et il employa à la construction des nouvelles murailles les matériaux provenant de la démolition des anciennes fortifications élevées par les Visigoths et les Arabes, des faubourgs et même des monuments de l'époque romaine.

Limoux, bien située au fond d'un vallon fertile, entourée de trois côtés par les montagnes, et d'origine fort incertaine, eut beaucoup à souffrir des guerres des Albigeois, pendant lesquelles elle fut même détruite, en 1226, par les troupes du roi de France. Pendant les guerres de religion, au XVIᵉ siècle ayant embrassé le parti des calvinistes, elle fut saccagée par les catholiques, et se soumit à Henri IV en 1596.

Chalabre possède un château remarquable, d'où l'on a une vue étendue. On y trouve une statue du sire de Bruyère, compagnon de Simon de Montfort.

Couiza a un ancien château des ducs de Joyeuse, actuellement transformé en filature.

Alet, qui occupe une bonne position dans une étroite vallée, entre des hauteurs boisées, eut énormément à souffrir pendant les guerres de religion.

Fanjeaux est construit sur les ruines d'un château fort, qui occupait lui-même l'emplacement d'un temple dédié à Jupiter.

Gruissan, où s'élève une tour dont la construction est attribuée à Barberousse.

Fabrezan, sur l'Orbieu, au bas de la montagne d'Alaric, montre encore quelques restes de fortification.

La Nouvelle est, comme nous l'avons vu, pour ainsi dire le seul port du département et constitue un débouché important du canal du Midi. Une tour défend ce port.

Leucate, petit port sur la Méditerranée, est située dans la presqu'île entre l'étang de ce nom et la mer. C'était autrefois une ville forte, qui s'est rendue célèbre par la belle défense que Constance de Cèzelli, femme du gouverneur, y fit contre les Ligueurs et les Espagnols, en 1590. Leucate fut assiégée de nouveau en 1637 par les Espagnols, qui échouèrent encore devant le fils de Constance de Cèzelli, la place fut démantelée en 1664.

Laurac est un petit village dont le château, célèbre au XIe siècle, a donné son nom à tout le pays du Lauraguais.

Sigean, à 3 kilomètres au sud de l'étang qui porte son nom et sur un petit monticule, est, suivant les traditions, tout près de l'endroit où Charles-Martel écrasa, en 737, les Sarrasins débarqués à la Nouvelle. En 1813, les Anglais essayèrent de débarquer au même port, mais les gardes nationales de Sigean et de Narbonne, qui les attendaient, les forcèrent de se rembarquer en toute hâte, en abandonnant leurs canons.

DÉPARTEMENT DE L'AVEYRON

I. — PARTIE CIVILE

I. — HISTOIRE

Le département de l'Aveyron qui a été formé en 1790 du **Rouergue**, dépendant de la province de *Guienne*, doit son nom à un affluent du Tarn qui le traverse de l'est à l'ouest. Il est situé dans la région méridionale de la France entre 43° 42′ 30″ et 44° 56′ de latitude nord et entre 1° 7′ de longitude est et 0° 27′ de longitude ouest. Il est borné :

Au *nord*, par le Cantal ; à l'*est*, par la Lozère ; au *sud-est*, par le Gard ; au *sud*, par l'Hérault et le Tarn ; à l'*ouest*, par le Tarn-et-Garonne et le Lot. Sa plus grande longueur est de 140 kilom. du nord du canton de Mur-de-Barrez au Signal de Saint-Amans (1067ᵐ) au sud. Sa plus grande largeur est de 142 kilomètres, du Signal de Guiral (1365ᵐ) au sud-est, à la sortie du Lot du département, à l'ouest.

Le territoire qui forma depuis le Rouergue était, à l'époque gauloise, occupé par la tribu des Ruthènes (*Rutheni*) qui, alliés aux Arvernes du roi Bituit, furent vaincus par les Romains à la grande bataille du Rhône (121 av. J.-C).

Une partie du pays passa alors sous la domination romaine et fit partie de la *Provincia Romana*. La partie nord qui avait conservé son indépendance, fut soumise à son tour par César après la chute de Vercingétorix et le pays fut compris dans la province d'Aquitaine.

Lors des invasions barbares, les Visigoths envahirent toute l'Aquitaine et s'y établirent ; mais les Francs, sous Clovis et ses fils, vinrent les y attaquer et les en chassèrent. Les Sarrasins ravagèrent le Rouergue vers 725, mais ils furent obligés de se replier après la victoire de Charles-Martel à Poitiers (732).

Le pays a été ensuite partagé entre les

Vue de Rodez d'après une photographie de M. A. Lefèvre.

grands feudataires de Charlemagne ; puis, vers l'an 800, se forma le comté de Rouergue, dont les seigneurs suzerains devinrent, par la suite, les chefs de la maison de Toulouse, si puissante au moyen-âge. Les comtes de Toulouse laissèrent le Rouergue en apanage à leurs fils et le pays a été, à partir de cette époque, continuellement troublé par des querelles de succession entre les divers membres de cette famille.

En 1112, Raymond IV de Toulouse détacha du Rouergue le comté de Rodez qu'il céda au vicomte de Millau. Le pays, toujours en guerre subit encore une invasion lorsque, à la suite du divorce d'Éléonore d'Aquitaine et de Louis le Jeune, cette princesse épousa Henri Plantagenet, roi d'Angleterre et lui céda ses droits sur Toulouse et le Rouergue. Les Anglais, maîtres de l'Aquitaine et du Poitou, envahirent le Rouergue, mais ils furent repoussés par Raymond de Toulouse et Hugues II, comte de Rodez. A cette époque et sur l'instigation de l'évêque de Rodez, a été institué un nouvel impôt, le *Commun de paix* destiné à équiper et entretenir une milice. C'est le premier pays en France qui ait payé au roi (Louis VII) une redevance pour obtenir la cessation des guerres privées.

La guerre des Albigeois ensanglanta le pays jusqu'en 1214. Vint ensuite l'Inquisition qui, pour extirper l'hérésie, envoya un grand nombre de victimes au bûcher. A la suite du traité de Meaux (1229), Raymond VII de Toulouse pour obtenir la paix, donna sa fille Jeanne en mariage à Alphonse de Poitiers, frère de Saint-Louis, en lui cédant le Rouergue comme dot. Par suite de déshérence, cet héritage revint à la couronne en 1271. Le Comté de Rodez était passé, par suite de mariage, dans la maison d'Armagnac qui devint une des plus puissantes du royaume et dont les querelles intestines avec les Bourguignons bouleversèrent la France pendant la folie de Charles VI.

Charles VII, après avoir repoussé les Anglais, envahit le Rouergue en 1440 et, sous Louis XI, Jean V d'Armagnac s'étant joint aux Sires des fleurs de lis dans leur révolte, le roi s'empara de ses biens et le fit mettre à mort. A la suite du traité de Saint-Maur (1465), qui mit fin à la Ligue du Bien Public, Louis XI rendit le Rouergue à Charles II, frère de Jean V. Ce fut le dernier comte d'Armagnac. Son héritier, Charles d'Alençon épousa Marguerite de Valois, sœur de François Ier. Celle-ci devenue veuve en 1425, contracta un nouveau mariage avec Henri d'Albret, roi de Navarre et dernier descendant d'Anne d'Armagnac, fille du connétable Bernard qui avait été assassiné en 1418. Leur fille et héritière, Jeanne d'Albret, fut la mère d'Henri IV, qui en montant sur le trône, réunit tout le Rouergue à la couronne. Cet avénement et la publication de l'Édit de Nantes, rendirent la tranquillité au pays, troublé par les guerres religieuses. Ces guerres recommencèrent sous Louis XIII lors de la révolte des protestants ; mais, après la prise de La Rochelle (1629) et la paix d'Alais, les réformés se soumirent et les forteresses de Millau, Creissels, Cabrespine, furent rasées.

Le Rouergue avait ses états particuliers qui se réunissaient sous la présidence de l'évêque de Rodez et qui siégèrent jusqu'en 1651. La révocation de l'Édit de Nantes appauvrit le pays, car nombre de familles industrielles émigrèrent. Depuis cette époque, il n'a pas été troublé et grâce à sa laborieuse population l'industrie va toujours en se développant.

II. — VUE DU DÉPARTEMENT A VOL D'OISEAU

Le département de l'Aveyron dépend du système orographique des *Cévennes* au sud-est et du *Plateau Central* au nord. Ces deux massifs sont reliés entre eux par les *Montagnes d'Aubrac* qui le limitent au nord-est et en forment la partie la plus élevée. De ces montagnes, le territoire s'incline à l'ouest par une succession de plateaux élevés qui vont en décroissant jusqu'aux plateaux du Quercy et aux plaines de l'Albigeois.

Les *Cévennes* entrent dans le département au sud, où se dressent à l'extrémité des monts de l'Espinouse, le *Signal de Saint-Amans* (1007^{m}), le *Mont Ferrio* (1049^{m}), le *Mont Agut* (1023^{m}). Au sud de Camarès le *Merdelou* a 1110 mètres.

La chaîne remontant au nord-est forme le *Plateau du Larzac*, un des plus remarquables de France par son étendue de 120 kilomètres carrés et dont l'altitude moyenne est de 800 à 900 mètres. Il se relève à l'est où le *Signal de Guiral* atteint 1365 mètres sur la limite du Gard.

Le Larzac s'étend entre le Tarn et ses deux affluents : la Sorgues et la Dourbie. Aride et battu des vents, il ne produit qu'une herbe courte et rare rongée par de nombreux troupeaux de moutons. Au sud de la Sorgues le *plateau de Guilhomard* est entouré de murailles à pic qui en font une place forte naturelle.

Au nord du Larzac, entre la Dourbie, le Tarn et la Jonte s'élève le *Causse Noir*, plateau d'un aspect sauvage, d'une altitude de 800 à 900 mètres et où se trouve, au nord-est de Millau, le curieux site de *Montpellier-le-Vieux* « pays de rochers et de précipices, semblable aux ruines d'une immense cité ».

Sur la rive droite du Tarn, le pays des causses se continue par le *Causse de Sévérac* (750 à 880 mètres) qui s'étend jusqu'au Lot. Vient ensuite le *Causse Central* ou *Causse de Rodez*, au nord de cette ville, pays aride, hérissé de rochers, coupé de crevasses où se perdent les eaux des pluies. Le *Causse de Montbazens* n'a plus que 400 à 450 mètres d'altitude ; enfin, à l'ouest, le *Causse de Villeneuve* ou de *Villefranche* varie de 300 à 350 mètres.

Entre l'Aveyron et le Tarn, s'étend le *Plateau du Ségala*, traversé par le cours capricieux du Viaur aux gorges abruptes et pittoresques. Le Ségala, incliné vers l'ouest n'a que 620 mètres près de Réquista ; il se relève à l'est et forme la chaîne du *Lévézou* qui s'étend de Saint-Rome-de-Tarn (1099^{m}) à Sévérac. Le *Signal du Pal* entre Sévérac et Vézins a 1157 mètres. Du Pal, un contrefort s'étend à l'ouest, entre le Viaur et l'Aveyron et forme *les Palanges* qui viennent mourir près de Rodez.

Au nord-est, entre le Lot et la Truyère,

s'élèvent les *Monts d'Aubrac*, massif volcanique et basaltique, d'où descendent de nombreux torrents et dont les flancs sont entrecoupés de bois et de gras pâturages. C'est la partie la plus élevée du département. Les sommets y atteignent 1142 mètres au *Signal de Bonance*, 1451 mètres dans les *Bois d'Aubrac* près *du Mailhebiau* (1471 mètres) dont la cime s'élève dans la Lozère; plus au nord, 1442 mètres aux *Truques d'Aubrac*, 1151 mètres à l'est de Lacalm.

Enfin, au nord du département, les contreforts des *Monts d'Auvergne*, atteignent 1042 et 1011 mètres entre la Bromme et le Brezons, affluents de droite de la Truyère.

La grande élévation du sol et les nombreux plateaux qui couvrent le département en font un pays pauvre au point de vue agricole et où les pâturages l'emportent sur la culture ; mais sa richesse minérale le place au premier rang des départements producteurs.

III. — HYDROGRAPHIE

A part quelques communes du sud-est où prennent naissance des tributaires de la Méditerranée, tout le reste du département dépend du versant de l'Océan, par la Garonne qui ne touche pas le département, mais qui y est représentée par deux grands affluents : le Tarn et le Lot.

RODEZ ET SES ENVIRONS. — Extrait de la carte d'État-Major au 80 000°.

Le Tarn (375 kilomètres) prend naissance dans les Monts de la Lozère et, après un parcours de 81 kilomètres, touche le département qu'il limite, pendant 5 kilomètres, dans une profonde vallée. Il y pénètre par 390 mètres d'altitude, baigne Peyreleau, Rivière, la Cresse, Compeyre, (377^m^), Aguessac, Paulhe, Millau (356^m^), Creissels, Comprégnac, Saint-Rome-de-Tarn (320), Ayssènes et Brousse. Il sert ensuite de limite au département, pendant 5 kilomètres et le quitte au confluent du Rance par 222 mètres. Après un parcours de 92 kilomètres dans l'Aveyron, il traverse le département qui porte son nom arrose Albi, Gaillac, pénètre dans le Tarn-et-Garonne où il traverse Montauban et Moissac et rejoint la Garonne par 55 mètres d'altitude. Sa pente moyenne, dans l'Aveyron est de 1^m^,82 par kilomètre.

Les principaux affluents du Tarn, dans le département, sont, sur la rive gauche :

La Jonte (42 kilom.) qui naît dans le Gard, et ne fait que limiter le département pendant 13 kilomètres, au fond d'une gorge sauvage qui sépare le Causse Noir du Causse Méjean. Elle se jette à Peyreleau par 390 mètres.

La Dourbie (78 kilom.) qui prend également naissance dans le Gard, entre dans le département à l'est de Saint-Jean-du-Bruel, arrose cette localité (522^m^) et resserrée entre le Causse Noir et le Larzac touche Nant (476^m^), La Roque et se jette en face Millau par 356 mètres, après un parcours de 41 kilomètres dans le département.

Le Cernon (26 kilom.) descend du Larzac, arrose Sainte-Eulalie, Lapanouse, La Bastide-Pradines puis, grossi du *Sourzou* passe à Saint-Rome-de-Cernon, et à Saint-Georges-de-Luzançon. Il rejoint le Tarn par 344 mètres.

Le Dourdou (80 kilom.) a sa source à la Fontaine de Cap-Estève, dans le massif de l'Espinouse, sur la limite du Tarn et de l'Hérault. Après un parcours de 10 kilomètres, il entre dans le département à Arnac, arrose ensuite Biaisque, Camarès (395m), Montlaur (344m), Vabres, Calmels-le-Viala, Saint-Izaire, et se jette en aval de Broquiès par 252 mètres environ. Il est lui-même grossi de *la Sorgues* qui vient du Larzac, sur la limite de l'Hérault et qui, dans un parcours de 42 kilomètres arrose Montpaon, Saint-Félix, Versols, Saint-Affrique (325m) et se jette en aval de Vabres.

Le Rance ou Rancé (58 kilom.), descend du Merdelou (1110m), au sud de Coufouleux, puis dans un parcours très capricieux, baigne Probencourt, Belmont (465m), Combret, Saint-Sernin (293m), Balaguier, suit la limite du département pendant 10 kilomètres en touchant Plaisance et se jette dans le Tarn par 222 mètres. Le Tarn reçoit, sur sa rive droite :

La Muse (24 kilom.) qui descend du Lévézou et arrose Saint-Léons et Saint-Beauzely.

L'Aveyron (265 kilom.) qui donne son nom au département qu'il traverse de l'est à l'ouest et prend naissance au hameau de Sermeillets (780m), à 2 kilomètres sud-est de Sévérac-le-Château. Contournant la chaîne des Palanges, il arrose Lapanouse, Gaillac (609m), Palmas (580m), Montrozier (558m), La Loubière, Rodez; il court ensuite dans une vallée encaissée entre des hauteurs variant de 600 à 700 mètres, touche Belcastel, Prévinquières, Compolibat, Villefranche, Monteils, Najac et quitte le département en amont du confluent du Viaur après un parcours de 168 kilomètres. Après avoir servi de limite aux départements du Tarn et du Tarn-et-Garonne, il passe à Saint-Antonin et à Nègrepelisse et rejoint le Tarn à 6 kilomètres en aval de Montauban par 68 mètres.

Sa pente moyenne dans le département est de 3m,28 par kilomètre.

L'Aveyron est grossi sur sa rive gauche du *Viaur* (155 kilom.) qui descend du signal du Pal, dans le Lévézou et qui, dans un cours très accidenté au milieu du plateau du Ségala, dans lequel il s'est creusé un lit encaissé, baigne Ségur (726m), Pont-de-Salars, Saint-Just, et, après un parcours de 93 kilomètres sert de limite au département jusque près de son embouchure. Il se jette à Laguépie (Tarn-et-Garonne) par 148 mètres.

Sur la rive droite de l'Aveyron, l'*Alzou* (34 kilom.) se jette à Villefranche.

Le Lot (480 kilom.) est une des plus grandes rivières de France. Il naît dans la montagne du Goulet (Lozère) baigne Mende et, après 85 kilomètres de parcours, il pénètre dans le département à Saint-Laurent-d'Olt (512m), arrose ensuite Pomayrols (480m), Saint-Geniez (414m), Sainte-Eulalie, Saint-Côme (345m), Espalion, Estaing, Entraygues où il est doublé par la belle Truyère. Il sépare ensuite pendant 9 kilomètres l'Aveyron du Cantal, rentre dans le département, passe à Saint-Parthem, Livinhac, Boisse-Penchot, Bouillac (169m), puis à partir de ce point sert de limite pendant 43 kilomètres, avec le Lot en touchant Balaguier (148m), Saujac (145m), Salvagnac-Cajarc et après un parcours de 168 kilomètres dans le département, il pénètre dans celui qui porte son nom, en décrivant de nombreux détours y arrose Figeac et Cahors, puis dans le Lot-et-Garonne touche Villeneuve et rejoint la Garonne à Aiguillon, en aval d'Agen, par environ 25 mètres. Sa pente moyenne, dans l'Aveyron, est de 2m,25 par kilomètre, pente rachetée par plusieurs écluses. (Voir l'article *Navigation*.)

Le Lot reçoit dans l'Aveyron un grand nombre d'affluents. Ceux de la rive droite sont seuls importants; ce sont :

La Boralde (23 kilom.) qui descend des monts d'Aubrac, passe à Saint-Chély, et se jette en amont de Saint-Côme ;

La Boralde-de-Poujade (27 kilom.) qui naît aux Truques d'Aubrac (1442m) et se jette à un kilomètre en amont d'Espalion ;

La Truyère qui est égale au Lot comme bassin et lui est supérieure comme débit, a 155 kilomètres. Elle prend naissance dans les montagnes de la Margeride (Lozère), au col des Trois-Sœurs (1472m) traverse la Lozère et le Cantal où elle passe sous le fameux pont de Garabit, et après un parcours de 105 kilomètres, touche le département qu'elle limite pendant 7 kilomètres, puis y entre définitivement en suivant une vallée étroite et très pittoresque.

Elle rejoint le Lot à Entraygues par 243 m.

La Truyère est elle-même grossie, dans l'Aveyron, de nombreux torrents descendant du plateau central et des Monts d'Aubrac. Ce sont sur la rive droite, le *Brezons*, la *Bromme* et le *Goul* et, sur la rive gauche, l'*Argence* et la *Selves*.

Le versant de la Méditerranée n'est représenté que par la *Virenque*, affluent de l'Hérault par la Vis, et qui naît au Signal de Guiral ; elle n'a que quelques kilomètres dans le département. Il en est de même de l'*Orb* (144 kil.), qui descend du Signal de Bouviala (884m) con-

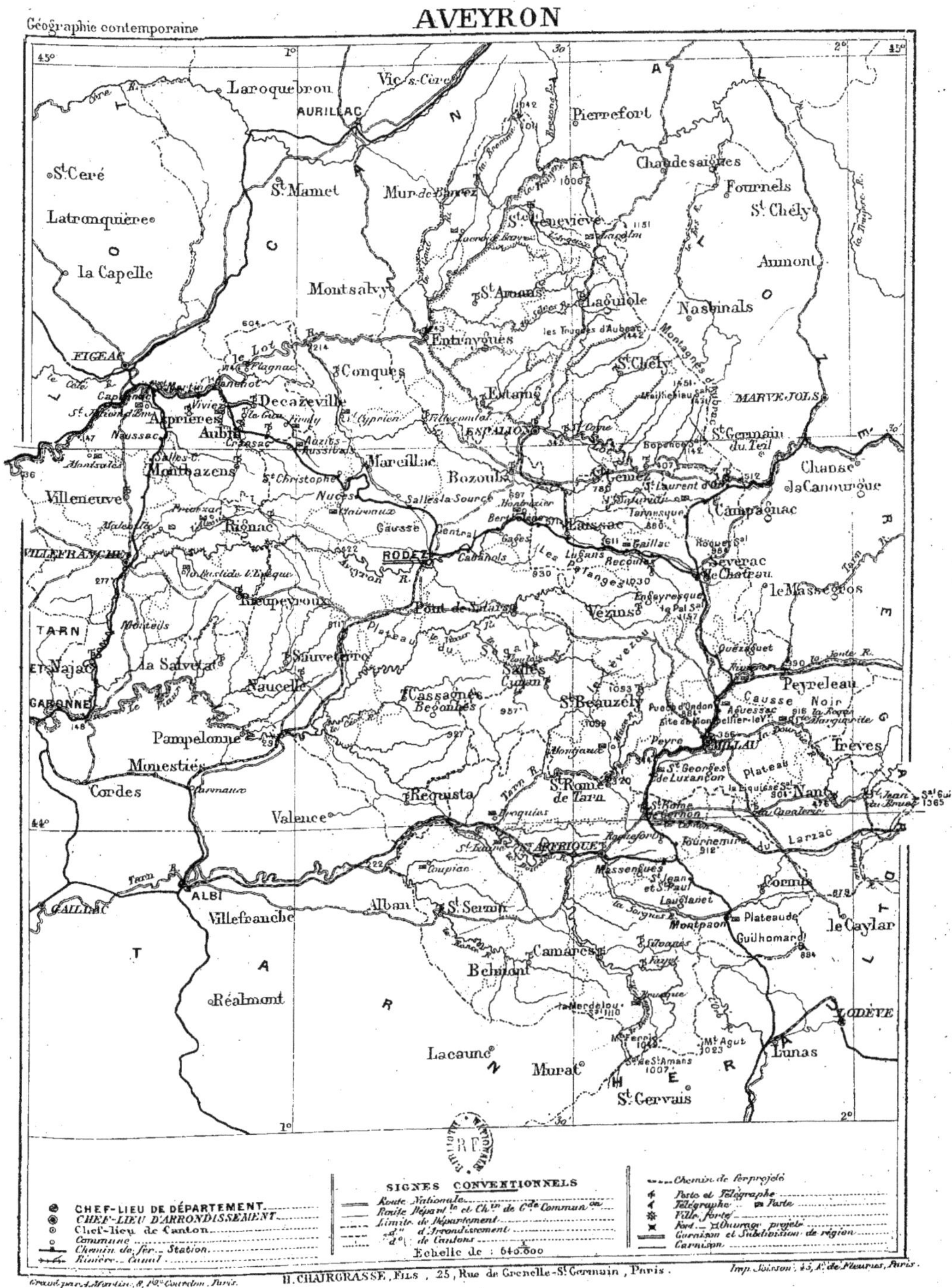

Gravé par A. Martin, 8, P.ge Courdon, Paris. H. CHAIRGRASSE, FILS, 25, Rue de Grenelle-St. Germain, Paris. Imp. Soirson, 15, R. de Fleurus, Paris.

tourne le Plateau de Guilhomard, en servant de limite au département et le quitte bientôt pour aller se jeter dans la Méditerranée après un parcours de 140 kilomètres dans celui de l'Hérault.

L'Aveyron renferme quelques petits lacs et étangs dans les Monts d'Aubrac principalement, comme les laçs de *Pin-Doliou*, d'*Aubrac*, de *Saint-Andéol*, mais aucun d'eux n'est important.

IV. — VOIES DE COMMUNICATION

I. — Chemins vicinaux.

Les voies vicinales sont ainsi divisées :

1° Les chemins de grande communication ayant une longueur totale de . . . 694k 499m

2° Les chemins d'intérêt commun ayant une longueur totale de 1 609, 583

3° Les chemins vicinaux ordinaires ayant une longueur totale de 3 972, 851

Développement total. . 6 276k933m

La dépense annuelle du service vicinal de l'Aveyron étant de 1 775 875 fr. 24, le prix moyen par kilomètre, est de 282 f. 93 ou 0 f. 28 par mètre courant.

II. — Routes nationales.

L'Aveyron est sillonné par neuf routes nationales sur une longueur de 603,019 mètres.

1° *La route n° 9, de Paris à Perpignan et en Espagne*, a 80,939 mètres dans le département. Venant de Marvejols (Lozère), elle traverse l'arrondissement de Millau, du nord au sud, en passant à Sévérac, Aguessac, Millau, puis coupant le plateau du Larzac, elle traverse la Cavalerie, l'Hospitalet et quitte le département, se dirigeant sur le Caylar (Hérault) ;

2° *La route n° 88, de Lyon à Toulouse, par le Puy* a 110,110 mètres dans le département qu'elle traverse du nord-est au sud-ouest. Venant de Mende (Lozère) elle entre à Saint-Laurent-d'Olt et passe ensuite à Saint-Geniez, Sainte-Eulalie-de-rive-d'Olt, Cruéjouls, Gabriac, Bozouls, traverse le Causse Central, passe à Rodez, Carcenac et sort du département au-dessous de Tauriac se dirigeant sur Albi ;

3° *La route n° 99, d'Aix à Montauban, par Nîmes et Albi* (102,877 mètres de longueur dans le département) traverse le sud de l'arrondissement de Millau et celui de Saint-Affrique. Venant du Vigan (Gard), elle entre à Sauclières, passe à Saint-Jean-du-Bruel, à Nant, à la Cavalerie où elle coupe la route n° 9, à Saint-Rome-de-Cernon, Saint-Affrique, Vabres, Saint-Sernin et entre ensuite dans le Tarn ;

4° *La route n° 107 bis, de Millau à Alais*, n'est pas achevée et n'a que 18,760 mètres dans le département. Partant de Millau, elle se confond jusqu'à Aguessac avec la route n° 9 ; elle continue ensuite à remonter le cours du Tarn en passant à la Cresse et à Rivière ; le reste du tracé est en lacune ;

5° *La route n° 111, de Millau à Tonneins, par Cahors* a 120,750 mètres dans le département. Partant de Millau, elle se dirige au nord-ouest, traverse le plateau du Ségala et passe à Pont-de-Salars, Flavin, se confond pendant 12 kilomètres avec la route n° 88, passe ensuite à Ricupeyroux, Villefranche et Martiel et entre dans le Lot se dirigeant sur Cahors ;

6° *La route n° 120, de Rodez à Limoges, par Aurillac* (45,956 mètres) traverse le nord du département. De Rodez elle se confond jusqu'à Bozouls avec la route n° 88, elle passe ensuite à Golinhac, Entraygues et pénètre dans le Cantal ;

7° *La route n° 121, de Rodez à Saint-Flour*, a 53,538 mètres. Elle part de Bozouls, comme la route n° 120 et, remontant au nord, traverse Espalion, le Cayrol, Montpeyroux, Laguiole et Lacalm ; elle entre ensuite dans le Cantal.

8° *La route n° 122, de Toulouse à Clermont, par Aurillac*, a 59,134 m. ; venant de Gaillac (Tarn), elle traverse l'arrondissement de Villefranche du sud au nord en passant à Saint-André, la Fouillade, Villefranche, Saint-Remy, Villeneuve, Loupiac au-dessus duquel elle quitte le département en traversant le Lot et se dirige sur Figeac ;

9° *La route n° 126, de Montauban à Saint-Flour, par Aurillac* (10,955 m. de longueur) entre dans le département à l'ouest de Vailhourles, touche Villefranche et se confond de cette ville jusqu'à Aurillac avec la route n° 122.

Résumé de la circulation sur les routes nationales.

DÉSIGNATION DES ROUTES	TONNAGE ANNUEL			
	BRUT		UTILE	
	distance entière 1 000 tonnes	kilométrique 1 000 tonnes	distance entière 1 000 tonnes	kilométrique 1 000 tonnes
1° Route n° 9, de Paris à Perpignan	28,83	2 343	13,50	1 095
2° Route n° 88, de Lyon à Toulouse	29,20	3 219	12,41	1 380
3° Route n° 99, d'Aix à Montauban	47,82	4 913	27,74	2 873
4° Route n° 107 *bis*, de Millau à Alais (en lacune).	»	»	»	»
5° Route n° 111, de Millau à Tonneins	28,47	3 460	14,96	1 799
6° Route n° 120, de Rodez à Limoges	11,68	533	7,66	343
7° Route n° 121 de Rodez à Saint-Flour	27,01	1 453	15,69	836
8° Route n° 122 de Toulouse à Clermont	18,98	1 124	8,39	496
9° Route n° 126 de Montauban à Saint-Flour	9,85	110	4,38	47

III. — Navigation.

I. — FLEUVES ET RIVIÈRES NAVIGABLES

Le Lot figure au tableau annexé à l'ordonnance royale du 10 juillet 1835 comme navigable depuis Entraygues jusqu'à son embouchure dans la Garonne sur une longueur totale de 297 kilomètres. Il est divisé en deux sections.

La première, d'une longueur de 41 kilomètres, est comprise entre le moulin d'Olt, au-dessus d'Entraygues et Bouquiès, origine du Lot canalisé.

La profondeur des basses eaux n'est, en général que de $0^m,50$ et encore descend-elle à $0^m,10$ dans les grandes sécheresses. La navigation est à peu près nulle dans cette partie. Elle ne serait d'ailleurs possible que dans les courtes périodes où les eaux atteignent $1^m,70$ à l'échelle de Roquepailhol, un peu en aval du confluent de la Truyère, à Entraygues.

ESPALION ET SES ENVIRONS
Extrait de la carte d'État-Major au 80 000e

La seconde section a été canalisée au moyen de digues de rétrécissement, dérivatures, barrages et écluses.

Elle présente sur tout son parcours un mouillage de 1 mètre. La profondeur moyenne est $1^m,50$. Les écluses ont 30 mètres de longueur utile sur $5^m,20$ de largeur.

Les bateaux fréquentant le Lot (sapines et gabares) sont tous à fond plat et à bords peu évasés. Leurs dimensions varient entre 20 et 28 mètres en longueur et entre 4^m 80 et 5 mètres en largeur. Ils calent de $0^m,80$ à $1^m,30$ et peuvent porter de 40 à 120 mètres. La traction se fait au moyen de bêtes de trait.

Les localités desservies par la navigation du Lot sont, dans le département:

Le *moulin d'Olt*, origine de la navigation *Entraygues*, confluent de la Truyère ; *Saint-Projet; Grand-Vabres; Laspelies ; Pont-d'Agres; La Garouste*; *Douquies, Roquelongue* première écluse; *Penchot*, écluse ; *La Roque-Bouillac*, écluse et *Balaguier*, port.

II. — CANAUX. — Néant.

IV. — Chemins de fer.

Le département de l'Aveyron est traversé par six lignes de chemins de fer dont trois embranchements ayant ensemble quarante-deux stations et une longueur totale de 275 kilomètres.

1° *Ligne de Paris, Orléans, Limoges et Toulouse* (Compagnie d'Orléans). — Cette ligne entre dans le département avant Naussac passe aux gares de Naussac, Salles-Courbatiès, Villeneuve, Villefranche, Monteils et Najac, puis sort du département après un parcours de 52 kilomètres;

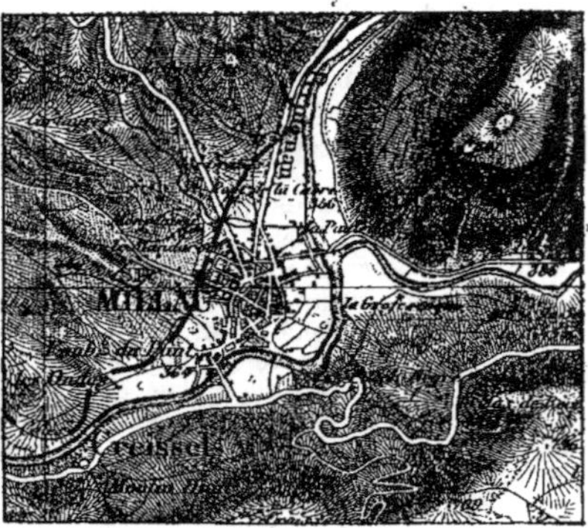

MILLAU ET SES ENVIRONS
Extrait de la carte d'État-Major au 80 000e.

2° *Ligne de Montpellier à Rodez* (Compagnie du Midi). — Cette ligne entre dans le département avant Montpaon et passe aux gares de Montpaon, Lauglanet, (commune de Saint-Beaulize), Saint-Jean-Saint-Paul, Tournemire, Saint-Rome-de-Cernon, Saint-George, Peyre (commune de Comprégnac), Millau, Aguessac, Quézaguet (commune de Rivière), Engayresque (commune de Sévérac-le Château), Recoules, Gaillac, Lugans (commune de Gaillac), Laissac, Bertholène, Gages (commune de Montrozier), Canabols (commune de La Loubière), et aboutit à Rodez après un parcours de 122 kilomètres dans le département;

3° *Embranchement de Tournemire à Saint-Affrique* (Compagnie du Midi). — Cette ligne a 15 kilomètres de parcours et partant de Tournemire passe à Massergues (commune de St-Jean-d'Alcapiès) et aboutit à St-Affrique;

4° *Embranchement de Sévérac-le-Château à Saint-Flour* (Compagnie du Midi). — Ses gares sont : Sévérac-le-Château, Tarnesque, (commune de Saint-Saturnin), Campagnac, Saint-Laurent-d'Olt et sort du département après un parcours de 16 kilomètres ;

5° *Ligne de Capdenac à Rodez* (Compagnie Orléans). — Cette ligne entre dans le département après la gare de Capdenac (Lot) et aboutit à Rodez après un parcours de 66 kilomètres. Ses gares sont : Saint-Martin-de-Bouillac, Penchot, Viviez, Aubin, Cransac, Augits, Saint-Christophe, Marcillac, Nuces (commune de Valady) Salles-la-Source et Rodez ;

6° *Embranchement de Viviez à Decazeville* (Compagnie Orléans). — Cette ligne part de Viviez et aboutit à Decazeville après un parcours de 4 kilomètres.

Affre.

V. — MONUMENTS HISTORIQUES

I. — Monuments mégalithiques.

Buseins : Dolmen. — La Cavalerie : Dolmen. — Martiel : Dolmen. — Montjaux : Dolmen. — Saint-Affrique : Dolmen de Tiergues.

Salles-la-Source. — Dolmen et tumulus du Genevrier. — Villefranche-de-Panat : Dolmen.

II. — Monuments antiques. — Néant.

III. — Monuments du moyen-âge, de la renaissance et des temps modernes.

Belmont : Clocher de l'Église de l'ancienne abbaye. — Bournazel : Châteaux. — Conques: Église Sainte-Foy. — Espalion : Ruines de l'abbaye de Bounevol ; chapelle de Perse. — Najac : Ruines du château. — Nant : Église Saint-Pierre. — Rodez : Cathédrale Notre-Dame; Maison des Anglais; Maison d'Armagnac. — Saint-Affrique : Pont. — Silvanès : Ancienne abbaye. — Villefranche : Ancienne chartreuse (aujourd'hui hospice civil).

VI. — HOMMES CÉLÈBRES

Saint-Amans, évêque de Rodez, né à Rodez.

Tristan d'Estaing, né au XIIe siècle à Estaing, sauva la vie de Philippe-Auguste à Bouvines (1214), et reçut en récompense l'autorisation de placer les armes de France dans son écu.

Dieudonné de Gozon, né au château de Gozon, célèbre par ses exploits légendaires, mort en 1353.

Bernard d'Armagnac, connétable de France, chef des Armagnacs sous Charles VI, assassiné en 1418.

Amaury de Sévérac, maréchal de France, mort en 1427.

La Vallette (1494-1568), grand-maître de l'ordre des chevaliers de Malte.

Louis d'Arpajon, duc et pair de France, mort en 1679.

Pierre Chirac, médecin, né à Conques en 1650, mort en 1732.

Le *maréchal de Belle-Isle*, petit-fils du surintendant Fouquet, né à Villefranche en 1684. Après de bonnes études militaires, il fut

Alexis Monteil.

nommé d'emblée au commandement d'un régiment de dragons, fut blessé au siège de Lille et nommé brigadier des armées du roi en 1708 (à l'âge de vingt-quatre ans), après la mort de Louis XIV, il devint maréchal de camp et gouverneur de Huningue. Après une courte disgrâce et un séjour à la Bastille, il fut fait lieutenant-général en 1731, et gouverneur de Metz. Nommé commandant d'un corps d'armée qui devait opérer dans la Moselle, il obtint ensuite le commandement de l'armée qui fut envoyée en Allemagne, où il obtint quelques succès. Mais, pour devenir maréchal de France, duc et pair, il poussa le cardinal Fleury à la guerre contre la maison d'Autriche. Nommé maréchal de France en 1741, après des négociations habiles qu'il dirigea contre cette dernière, il fut moins heureux dans la guerre qui suivit. Les Français, abandonnés des Prussiens et des Saxons, se trouvèrent isolés dans la Bohême, et Belle-Isle, enfermé dans Prague par des forces supérieures, fut forcé d'évacuer la place et fit une des plus belles retraites dont il soit question dans l'histoire. En 1743, il fut envoyé en Provence et en

Dauphiné pour y repousser une invasion des Autrichiens, mais trouva l'armée désorganisée et sans vivres. Après avoir rétabli l'ordre et la discipline, il repoussa les Autrichiens et les Piémontais de ville en ville, jusqu'à la frontière. Après la paix de 1748, il devint premier ministre et réalisa d'importantes réformes dans l'administration de la guerre. Il mourut en 1761. Voltaire a porté sur lui le jugement suivant : « Le maréchal de Belle-Isle, sans avoir fait de grandes choses, avait une grande réputation, il voyait tout en grand et dans le dernier détail; c'était, parmi les hommes de la cour, l'un des mieux instruits du maniement des affaires intérieures du royaume, et presque le seul officier qui maintint la discipline militaire. Amoureux de la gloire et du travail, sans lequel il n'y a point de gloire, exact, laborieux, il était aussi porté par goût à la négociation qu'aux travaux du cabinet et à la guerre. »

Piales, jurisconsulte, né à Mur-de-Barrez (1720-1789).

L'abbé Raynal, philosophe et historien, né à Saint-Geniez (1713-1796).

Chabot, fameux conventionnel, né à Saint-Geniez en 1759, décapité en 1794. Il avait été capucin avant la Révolution.

Laromiguière (1756-1837), philosophe et professeur de la Faculté de Paris, né à Livinhac-le-Haut.

Alibert (1766-1837), médecin, né à Villefranche.

Delieu (1763-1856), auteur dramatique, né à Rodez.

De Bonald (1754-1840), pair de France et membre de l'Académie.

De Frayssinous (1765-1841), né à Curières, évêque d'Hermopolis, ministre et membre de l'Académie.

Affre, archevêque de Paris, né à Saint-Rome-de-Tarn, en 1793, mort à Paris sur les barricades en 1848.

Cathédrale de Rodez.

Alexis Monteil, historien, né à Rodez (1769-1850).

Planard, poète dramatique, né à Millau (1784-1853).

Théodore Richard (1782-1859), peintre, né à Millau.

Gayrard (1777-1858), sculpteur, né à Millau.

Le cardinal de Bonald (1787-1870), archevêque de Lyon, né à Millau.

Jules Duval (1813-1870), publiciste, né à Rodez.

VII. — INDUSTRIE

La difficulté des communications dans l'Aveyron a été longtemps le plus grand obstacle au développement de son industrie qui, néanmoins, à la suite des progrès accomplis, est devenue d'une certaine importance. Il y a encore actuellement beaucoup à faire pour qu'on puisse tirer tout le parti possible de ses richesses. On compte 62 concessions de mines pour une superficie de 41 218 hectares. Sur ce nombre 43 concessions sont des mines de houille situées à Decazeville, à Aubin, à Rodez et à Millau, occupant ensemble plus de 4 000 ouvriers et pouvant produire annuellement plus d'un million de tonnes de charbon consommé surtout dans le centre et dans le midi de la France.

Il y a en outre, dans le département, de nombreux gisements de minerais, de fer, de plomb argentifère et de lignite. L'industrie métallurgique y prend une importance croissante.

Parmi les divers minéraux utiles, on peut encore citer le phosphate de chaux exploité à Naussac, Salles-Courbatiès et Villeneuve, les carrières de plâtre de Gessac, Lagrange, Montagnol, Montaigut, Saint-Amans, Saint-Félix-de-Sorgues, Vendeloves, Vaurcilles, Vailhauzy et les gisements de soufre d'Aubin.

NOMENCLATURE SOMMAIRE DES INDUSTRIES

NATURE des Industries	DÉSIGNATION ou nombre de localités où s'exercent les industries	NOMBRE d'établissements	NOMBRES MOYENS				
			de contremaîtres et surveillants	d'ouvriers et de manœuvres	de femmes	d'enfants	TOTAUX
I. — ALIMENTATION							
Boulangeries..	5 localités.......	135	2	113	»	»	115
Brasseries.....	Villefranche......	1	»	2	»	»	2
Confiseries....	Rodez...........	6	»	11	»	»	11
Distilleries....	Rodez...........	1	»	1	»	»	1
Eaux gazeuses.	3 localités.... ...	8	»	15	»	»	15
Fromageries...	Roquefort.......	12	12	60	200	»	272
Meuneries et minoteries...	5 localités.......	13	1	30	»	»	31
II. — ARTS ET PRODUITS CHIMIQUES							
Bougies, chandelles, cierges et cire......	6 localités.......	12	»	9	»	»	9
Teintureries...	3 localités.......	6	»	5	1	»	6
Usines à gaz..	3 localités.......	3	3	19	»	»	22
III. — BATIMENT							
Charpentiers...	3 localités......	12	1	43	»	»	44
Couvreurs, zingueurs, plombiers........	3 localités.......	15	3	192	12	23	230
Maçons, tailleurs de pierres...	8 localités.......	54	»	213	»	10	223
IV. — INDUSTRIE DU BOIS							
Ébénisterie....	Rodez, Millau...	20	»	54	3	»	57
Menuiserie....	Rodez, Millau...	32	»	95	»	»	95
Sabots........	16 localités......	75	»	104	3	»	107
Sciage à la mécanique.....	15 localités......	20	1	38	»	»	39
Tonnellerie....	Rodez, Millau...	4	»	3	»	»	3
Tourneurs.....	3 localités.......	5	»	5	»	»	5
V. — CARROSSERIE							
Carrosserie, sellerie........	Rodez, Millau...	14	1	24	»	2	27
Charronnage..	Rodez..........	6	»	5	»	»	5
VI. — CÉRAMIQUE							
Briqueteries, tuileries.....	6 localités.......	18	2	89	»	»	91
Poteries.......	4 localités.......	10	»	23	»	»	23
Verreries......	Penchot.........	1	3	155	24	20	202
VII. — CONSTRUCTIONS NAVALES ET BATELLERIE							
Forgerons.....	Millau...........	4	»	4	»	»	4
VII. — CUIRS ET PEAUX							
Chamoiserie et mégisseries..	4 localités.......	32	12	296	35	40	383
Fabriques de chaussures et tiges........	Villefranche Millau..........	4	»	43	46	»	89
Ganteries......	Millau, Saint-Affrique......	54	33	1 020	3030	70	4 153
Moulins à tan.	Millau..........	3	»	9	»	»	9
Tanneries, corroieries......	11 localités......	78	46	827	30	40	943
Teintureries en peaux.......	Millau..........	9	4	99	81	4	188
A reporter.........		667	124	3 606	3465	219	7404
Report..........		667	124	3606	3465	219	7404
IX. — IMPRIMERIE ET PAPETERIE							
Fabrique de cartons.....	Millau..........	1	»	1	»	»	1
Papeteries.....	Cornus..........	2	»	8	»	»	8
Imprimeries lithographiques et typographiques.....	5 localités.......	13	3	50	38	18	109
X. — INDUSTRIES EXTRACTIVES							
Carrières de pierres à bâtir	Millau, Villefranche.........	6	»	12	»	»	12
Fours à chaux.	9 localités.......	18	2	47	3	»	52
Mines de fer...	Mondalazac.....	1	1	25	»	»	26
Mines de plomb argentifère..	Villefranche.....	1	4	300	26	»	330
Mines de houille	12 localités......	14	80	3 783	332	32	4 227
Mines de lignite	Les Liquisses....	1	1	7	»	»	8
Lavage de minerais.......	Labaume (près Villefranche).......	1	1	2	30	»	33
XI. — INDUSTRIES TEXTILES. — TISSUS							
Fabriques de cordages....	Rodez, Millau...	3	»	1	»	»	1
Fabriques de draps.......	4 localités.......	10	18	565	272	55	910
Filatures de laine........	11 localités......	20	7	120	178	10	315
Fabriques de bas	Espalion........	2	»	»	10	»	10
Toiles (tissages mécaniques).	Villefranche.....	2	»	44	22	5	71
XII. — MÉTALLURGIE ET CONSTRUCTIONS MÉCANIQUES							
Coutellerie....	Laguiole........	4	»	11	»	»	11
Clouterie......	Rodez..........	3	»	8	»	»	8
Forges et hauts-fourneaux...	4 localités.......	4	30	734	50	65	899
Fonderies.....	3 localités.......	5	3	1 324	»	»	1 327
Maréchaux....	Rodez, Millau...	11	»	15	»	»	15
Mécaniciens...	Rodez, Millau...	4	»	9	»	»	9
Quincailliers-serruriers...	Rodez, Millau...	29	»	13	»	»	13
XIII. — VÊTEMENTS ET ACCESSOIRES							
Chapellerie....	Rodez..........	7	»	6	»	»	6
Chemises......	Rodez..........	3	»	»	25	»	25
Passementeries.	Rodez..........	1	»	»	7	»	7
XIV. — INDUSTRIES DIVERSES							
Instruments de pêche.......	Millau..........	1	»	2	»	»	2
Totaux............		834	274	10713	4458	394	15839

VIII.— AGRICULTURE (1)

Le sol de l'Aveyron a été bouleversé en tous sens par les révolutions géologiques. Les terres et les montagnes appartiennent aux terrains volcaniques très favorables aux productions herbagères. Les plateaux ségaliens appartiennent aux terrains primitifs, on y trouve le gneiss, le micachiste, le schiste talqueux et le quartz. La couche végétale y est, en général, facile à travailler, mais peu fertile. Les vallons, formés de terrains d'alluvion, présentent une certaine fertilité naturelle.

En raison de sa latitude, l'Aveyron devrait avoir un climat doux, tempéré, même assez chaud. Mais à cause de la grande altitude de

(1) Cet article, et celui des forêts, sont extraits du *Dictionnaire d'agriculture* de J.-A. Barral (Hachette et Cie, éditeurs).

la majeure partie de son sol, il n'est pas, à proprement parler, un département méridional. Les hivers y sont longs. Rodez n'est pas plus chaud que Dunkerque ; mais le ciel y est beaucoup plus clair.

La production du seigle qui, il y a quelques années dépassait notablement celle du froment lui est maintenant inférieure. La production de l'orge a baissé, mais celle du maïs a augmenté ainsi que celle de l'avoine. La culture des pommes de terre y a pris une importance relativement considérable. La culture de la vigne tendait à s'accroître, mais elle a été arrêtée par le phylloxera.

Dans l'Aveyron, il n'y a pas d'oliviers, mais les amandiers y ont une véritable importance.

La véritable bête de labour est le bœuf. La vache sert à nourrir le veau et à donner le lait, le beurre et le fromage dont il est fait un grand commerce.

Porte de Mécène, à Montpellier-le-Vieux (Causse-Noir).

Les fromages les plus renommés sont surtout ceux de Roquefort, provenant du lait de brebis. C'est dans l'arrondissement de Millau et sur les montagnes à vacheries qu'on rencontre les chalets-fromageries, appelés *Burons*, où l'on fabrique les fromages de Laguiole.

STATISTIQUE GÉNÉRALE DU SOL

Terrain de qualité supérieure	5 185 hect.
Terres labourables	321 462
Prés	76 256
Vignes	20 380
Bois	84 435
Landes, pâtis, etc.	272 318
Terrains divers	65 206
Superficie totale	845 242 hect.

Ruches d'abeilles.

Nombre de ruches en activité	25 000	»
Production du miel en kilog	100 000	»
Production en cire, en kilog	37 500	»

Animaux de ferme.

Espèce chevaline	12 000	têtes
— mulassière	5 000	têtes
— asine	4 500	—
Bœufs et taureaux	54 000	—
Vaches et génisses	72 000	—
Veaux	13 000	têtes
Espèce ovine (race du pays)	730 000	—
— (race perfectionnée)	28 500	—
Espèce porcine	130 000	—
— caprine	22 000	—

Produit des animaux.

Laine. . .	Quantité en kilog. .	19 400 »
	Prix moyen du kilog.	1 fr. 22
	Valeur.	23 668fr.»
Suif . . .	Quantité en kilog. .	3 250 »
	Prix moyen du kilog.	0 fr. 78
	Valeur.	2 535 fr. »

Céréales diverses : farineux, cultures industrielles, plantes textiles, autres cultures oléagineuses, vignes, sériciculture, apiculture.

DÉSIGNATION	SUPERFICIE ensemencée EN HECTARES	RENDEMENT moyen PAR HECTARE	PRODUCTION ANNUELLE
		en hectol.	en hectol.
Froment	71 500	10,00	715 000
Méteil	3 500	8,00	28 000
Seigle	41 000	11,00	451 000
Orge	7 500	11,00	82 500
Sarrazin	2 600	5,00	13 000
Maïs	4 800	9,00	43 200
Millet	150	12,00	1 800
Avoine	38 000	12,00	456 000
Pommes de terre	35 500	47,00	1 668 500
Légumes secs	4 000	6,00	24 000
Châtaignes	41 500	6,00	249 000
		en quintaux	en quintaux.
Betteraves à sucre	»	»	»
Betteraves fourragères	1 980	98,00	194 040
Houblon	»	»	»
Tabac	»	»	»
			filasse au quint.
Chanvre	970	3,00	2 910
		en quintaux	en quintaux
Lin	100	3,00	300
		en kilog.	en kilos
Chènevis	»	»	20 000
Lin (huile)	»	»	»
Œillette, Navette, Cameline, etc.	»	»	»
		en hectol.	en hectol.
Colza (graine)	110	9,00	990
		en kilog.	en kilog.
Colza (fruit)	»	»	»
		en hectol.	en hectol.
Vignes	24 128	15,98	385 505

IX. — FORÊTS

Les forêts ont, dans le département, une étendue de 84 435 hectares dont 3 452 appartiennent à l'État, 7 993 à des communes, 359 à des établissements publics et, enfin, 72 631 ou 86 pour 100, à des particuliers. Il y a 6 forêts domaniales. Le nombre des communes propriétaires de bois est 62 pour 5 547 hectares. Les forêts sectionnaires sont au nombre de 91 et comptent 2 846 hectares. Il y a 18 forêts d'établissements publics. Sur le domaine forestier total il y a 30 pour 100 en sol calcaire et le reste en sol non calcaire. Les seules essences communes sont : le hêtre à toute altitude; le chêne vouvre jusqu'à 1 300 mètres ; le chêne pédonculé jusqu'à 700 mètres; le châtaignier, jusqu'à 800 mètres et l'aune commun jusqu'à 900 mètres.

L'Aveyron fait partie de la 28e Conservation dont le siège est à Aurillac.

Il y a un inspecteur à Rodez et un brigadier admissible faisant fonctions à Saint-Affrique.

X. — DIVISION POLITIQUE, ADMINISTRATIVE ET POPULATION

Le département de l'Aveyron est divisé en cinq arrondissements dont quatre sont administrés chacun par un sous-préfet savoir :

1° L'arrondissement de Rodez subdivisé en 11 cantons contenant ensemble 80 communes, administré directement par le préfet ;

2° L'arrondisement d'Espalion subdivisé en 9 cantons contenant ensemble 49 communes;

3° L'arrondissement de Millau subdivisé en 9 cantons contenant ensemble 50 communes;

4° L'arrondissement de Saint-Affrique subdivisé en 6 cantons contenant ensemble 58 communes ;

5° L'arrondissement de Villefranche subdivisé en 8 cantons contenant ensemble 65 communes.

Nous donnons ci-contre le tableau de toutes les communes du département, classées par arrondissements et cantons. La population résulte du dernier recensement effectué en 1886 et toutes les communes sont repérées par rapport aux gares des chemins de fer, ainsi qu'aux bureaux de postes et télégraphes.

STATISTIQUE DE LA POPULATION

La population du département était :

En 1801.	326 340	habitants.
En 1821.	339 422	—
En 1831.	359 056	—
En 1851.	394 183	—
En 1872.	402 474	—
En 1886.	415 826	—

Mariages annuels :

Entre garçons et filles, 2 479. — Entre garçons et veuves, 93. — Entre veufs et filles, 201. — Entre veufs et veuves, 81.

Naissances et décès.

Naissances. — Enfants légitimes: garçons, 5 988; filles, 5 697. — Enfants naturels: garçons, 166; filles, 172.

Décès. — Sexe masculin : garçons, 2 567; mariés, 1 416; veufs, 871. — Sexe féminin : filles, 2 299 ; femmes, 1 193 ; veuves, 1 051. — Morts accidentelles : hommes, 70 ; femmes, 20. — Suicides : hommes, 7 ; femmes, 2.

NOTICES SUR LES PRINCIPALES LOCALITÉS

Rhodez ou *Rodez* est le siège d'une subdivision de région, de la 62e brigade d'infanterie, d'une sous-intendance, de la 16e légion de gendarmerie et d'un bureau de recrutement. Le 81e de ligne y tient garnison et le 124e territorial viendrait s'y former.

Rodez, connu d'abord sous le nom celtique de *Segodunum* est d'origine très ancienne. Au moyen-âge, elle était fortifiée et les Albigeois

TABLEAU DES COMMUNES DU DÉPARTEMENT DE L'AVEYRON

5 arrondissements — 43 cantons — 302 communes — 415 826 habitants — 845 242 hectares — Moyenne de la population par kilomètre carré : 49 habitants.

I. — ARRONDISSEMENT DE RODEZ (11 cantons, 80 communes, 115 803 habitants)

NOMS des COMMUNES	Population	Dist. au chef-l. d'ar.	LOCALITÉS AVEC GARES postes et télégraphes	GARE LA PLUS PRÈS de chaque com. et distance à cette commune	BUREAUX de postes desserv. les communes avec les distances
I. — CANTON DE RODEZ *(9 com., 24 260 hab.)*					
1 Rodez	15375	»	🚂 ⊤ 539 0	Rodez 1 6	Rodez ..... »
2 Druelle	1545	7 6	572 0	Rodez 7 0	id. 7 6
3 Luc	1241	7 5	665 0	Rodez 9 1	id. 7 5
4 Monastère (Le)	712	2 0	590 0	Rodez 3 0	id. 2 0
5 Moyrazès	2300	16 2	730 0	Rodez 16 0	id. 16 2
6 Olemps	707	3 6	616 0	Rodez 5 2	id. 3 6
7 Onet-le-Château	1030	8 0	610 0	Rodez 6 6	id. 8 0
8 Ste-Radegonde	562	5 7	658 0	Rodez 4 7	id. 5 7
9 Vors	788	17 6	734 0	Rodez 10 2	id. 17 6
II. — CANTON DE BOZOULS *(5 com., 6 647 hab.)*					
10 Bozouls	2515	23 0	⊤ 441 0	Rodez 21 2	Bozouls.... »
11 Concourès	644	15 0	610 0	Rodez 13 0	Bozouls.... 8 5
12 Loubière (La)	648	10 0	530 0	Canabols... 2 0	Rodez 10 1
13 *Canabols*	»	»	🚂 »	*Canabols*.. »	» »
14 Montrozier	1290	18 0	584 0	Bertholène.. 3 0	Gages 3 5
15 *Gages*	»	»	🚂 ⊠ 554 0	*Gages*..... »	*Gages*..... »
16 Rodelle	1641	19 0	553 0	Rodez 17 0	Bozouls.... 10 5
III. — CANTON DE CASSAGNES-BÉGONHÈS *(8 com., 9 328 hab.)*					
17 Cassagnes-Bégonhès	1372	25 0	⊤ 593 0	Rodez 27 7	Cassagnes-B. »
18 Arvieu	1516	29 0	730 0	id. 28 0	id. 16 0
19 Auriac	600	31 0	687 0	id. 33 4	id. 6 2
20 Calmont	1629	17 0	708 0	id. 18 6	id. 13 1
21 Comps-la-Grand-Ville	967	18 0	687 0	id. 19 6	id. 10 0
22 Manhac	1045	18 0	670 0	id. 19 3	Rodez 18 0
23 Ste-Juliette	967	18 0	602 0	id. 19 2	Cassagnes-B. 9 2
24 Salmiech	1232	25 0	716 0	id. 27 7	id. 5 1
IV. — CANTON DE CONQUES *(6 com., 7 529 hab.)*					
25 Conques	1286	39 0	⊤ 360 0	St-Christophe 23 0	Conques ... »
26 Grand-Vabre	1327	44 0	214 0	id. 28 0	id. 5 0
27 Noailhac	628	35 0	641 0	Decazeville. 16 0	St-Cyprien . 5 0
28 St-Cyprien	1728	31 0	⊠ 248 0	St-Christ... 16 0	id. »
29 St-Félix-de-Lunel	900	35 0	524 0	id. 26 0	Villecomtal. 12 0
30 Sénergues	1603	40 0	613 0	id. 12 0	Conques ... 11 0
V. — CANTON DE MARCILLAC *(9 com., 12 888 hab.)*					
31 Marcillac	1900	18 0	🚂 ⊤ 518 0	Marcillac ... 1 8	Marcillac .. »
32 Balsac	633	14 0	577 0	Nuces 9 0	Clairvaux .. 5 2
33 Clairvaux	1853	21 0	⊠ 337 0	Nuces 5 0	id. »
34 Mouret	1471	23 0	608 0	Marcillac .. 9 0	Villecomtal. 5 9
35 Muret	655	21 0	520 0	Sal-l-Source 10 0	id. 6 3
36 Nauviale	1130	27 0	363 0	Marcillac .. 7 0	Marcillac .. 6 0
37 Pruines	1112	34 0	459 0	id. 11 0	Villecomtal. 6 0
38 Salles-la-Source	2800	11 0	🚂 ⊠ 548 0	Sal-l-Source 3 2	Sal-l-Source »
39 Valady	1334	20 0	532 0	Nuces 2 9	St-Christ .. 2 5
40 *Nuces*	»	»	🚂 532 0	*Nuces*..... »	» »
VI. — CANTON DE NAUCELLE *(7 com. 9 990 hab.)*					
41 Naucelle	1522	32 0	⊤ 469 0	Rodez 33 2	Naucelle.... »
42 Camboulazet	814	24 0	647 0	id. 25 6	id. 12 0
43 Camjac	1190	32 0	521 0	id. 33 2	id. 4 5
VI. — CANTON DE NAUCELLE *(Suite)*					
1 Centrès	1656	35 0	541 0	Rodez 36 2	Naucelle ... 13 2
2 Quins	2040	27 0	608 0	id. 28 2	id. 6 8
3 Saint-Just	1694	41 0	320 0	Carmaux (Tarn) ... 34 4	id. 10 2
4 Tauriac	1074	41 0	495 0	Carmaux .. 27 3	id. 10 2
VII. — CANTON DE PONT-DE-SALARS *(8 com., 6 968 hab.)*					
5 Pont-de-Salars	1310	21 0	⊤ 712 0	Rodez 22 0	Pont-de-Sal. »
6 Agen	714	11 0	624 0	id. 9 0	Rodez 11 0
7 Arques	286	24 0	833 0	Laissac 11 0	Pont-de-Sal. 10 0
8 Canet	749	28 0	803 0	Rodez 29 0	id. 7 0
9 Flavin	1403	10 0	638 0	id. 11 0	Rodez 10 0
10 Prades	610	27 0	881 0	id. 28 0	Pont-de-Sal. 6 0
11 Trémouilles	1122	22 0	820 0	id. 23 0	id. 11 0
12 Vibal (Le)	769	22 0	794 0	id. 20 0	id. 6 0
VIII. — CANTON DE REQUISTA *(7 com., 10 348 hab.)*					
13 Requista	3347	42 0	⊤ 560 0	Albi (Tarn). 44 0	Requista.... »
14 Connac	485	50 0	618 0	id. 52 0	id. 8 2
15 Durenque	1000	38 3	722 0	Rodez 40 4	id. 14 5
16 Ledergues	1997	44 5	498 0	Albi 46 5	id. 10 5
17 Saint-Cirq	1004	39 5	442 0	Rodez 41 7	Cassagnes-B. 11 0
18 St-Jean-Delnous	730	38 0	522 0	Albi 40 0	Requista.... 4 0
19 Selve (La)	1785	35 5	589 0	Rodez 37 7	Cassagnes-B. 10 0
IX. — CANTON DE RIGNAC *(8 com., 10 984 hab.)*					
20 Rignac	2109	28 0	⊤ 516 0	Auzits...... 13 0	Rignac..... »
21 Anglars	1454	34 0	460 0	Aubin 15 4	id. 7 0
22 Auzits	2083	33 0	🚂 ⊠ 520 0	Auzits...... »	Auzits...... »
23 Belcastel	1047	28 0	540 0	St-Christoph 21 0	Rignac 7 0
24 Bournazel	911	34 0	519 0	Cransac ... 9 0	id. 7 5
25 Cassagnes-Comtaux	1456	28 0	568 0	St-Christophe 6 0	id. 12 0
26 Escandolières	741	28 0	637 0	Auzits...... 4 5	Auzits...... 6 0
27 St-Christophe	1183	21 0	🚂 ⊠ 455 0	St-Christophe 1 0	St-Christophe »
X. — CANTON DE LA SALVETAT *(5 com., 6 792 hab.)*					
28 Salvetat (La)	3571	52 0	⊤ 510 0	Villefr.-de-R 24 0	La Salvetat. »
29 Castelmary	599	50 0	420 0	Carmaux (Tarn). .. 26 8	id. 8 2
30 Crespin	1188	45 0	485 0	Carmaux... 19 3	Sauveterre . 11 8
31 Lescure	697	60 0	520 0	Villefranche 23 5	La Salvetat. 8 0
32 Tayrac	737	48 0	490 0	Carmaux... 28 9	id. 5 6
XI. — CANTON DE SAUVETERRE *(8 com.. 10 074 hab.)*					
33 Sauveterre	1869	32 0	⊤ 462 0	Rodez 33 2	Sauveterre . »
34 Boussac	954	25 0	628 0	id. 26 1	id. 10 0
35 Cabanès	920	35 0	443 0	id. 36 2	id. 5 5
36 Carcenac-Peyralès	794	21 0	792 0	id. 22 2	id. 13 0
37 Castanet	1263	40 0	689 0	Villefranche 33 5	id. 10 0
38 Colombiès	2394	31 0	640 0	Nuces 26 0	Rignac 12 3
39 Gramond	793	26 0	638 0	Rodez 27 0	Sauveterre . 8 2
40 Pradinas	1087	43 0	560 0	Villefranche 27 2	id. 8 0

II. — ARRONDISSEMENT D'ESPALION (9 cantons, 49 communes, 63 192 habitants)

NOMS des COMMUNES	Population	Dist. au chef-l. d'ar.	LOCALITÉS AVEC GARES postes et télégraphes	GARE LA PLUS PRÈS de chaque com. et distance à cette commune	BUREAUX de postes desserv. les communes avec les distances
I. — CANTON D'ESPALION *(7 com., 11 419 hab.)*					
44 Espalion	3935	»	⊤ 335 0	Laissac 23 0	Espalion ... »
45 Bessuéjouls	546	3 5	420 0	id. 25 5	Espalion ... 3 5
46 Castelnau	1920	11 0	551 0	id. 28 0	St-Côme.... 8 0
47 Cayrol (Le)	830	9 4	864 0	id. 32 4	Espalion ... 9 4
48 Gabriac	1175	13 0	⊤ 559 0	Bertholène.. 8 0	id. 13 0
49 Lassouts	1065	13 0	700 0	id. 17 0	St-Côme ... 9 0
50 Saint-Côme	1948	4 6	⊤ 345 0	Laissac..... 20 0	id. »
II. — CANTON D'ENTRAYGUES *(5 com., 7 466 hab.)*					
51 Entraygues	2098	27 0	⊤ 250 0	Rodez...... 48 0	Entraygues. »
52 Enguialès	1192	34 0	620 0	id. 55 0	id. 7 2
53 Espeyrac	1028	30 0	520 0	id. 48 0	id. 9 4
54 Golinhac	1211	25 0	667 0	id. 41 0	id. 10 1
55 Saint-Hippolyte	1937	39 0	675 0	id. 60 0	id. 12 1
III. — CANTON D'ESTAING *(6 com., 7 767 hab.)*					
56 Estaing	1627	10 0	⊤ 230 0	Rodez 36 5	Estaing ... »
57 Campuac	820	24 0	662 0	St-Christoph 30 0	Villecomtal. 9 0
58 Coubison	1777	6 0	500 0	Rodez 37 0	Estaing 6 5
59 Nayrac (Le)	1263	20 0	707 0	id. 44 0	id. 9 5
60 Sébrazac	1231	11 0	591 0	id. 29 0	id. 6 0
61 Villecomtal	1049	25 0	⊤ 440 0	St-Christoph 22 0	Villecomtal. »
IV. — CANTON DE LAGUIOLE *(5 com., 5 452 hab.)*					
62 Laguiole	1914	24 0	⊤ 1238 0	Laissac..... 47 0	Laguiole ... »
63 Cassuéjouls	472	33 0	1115 0	id. 56 0	id. 9 0
64 Curières	1019	21 0	1020 0	id. 44 0	id. 5 0
65 Montpeyroux	1649	18 0	939 0	id. 41 0	id. 7 0
66 Soulages-Bonneval	398	23 0	847 0	id. 46 0	id. 6 0
V. — CANTON DE MUR-DE-BARREZ *(5 com., 7 240 hab.)*					
67 Mur-de-Barrez	1544	68 0	⊤ 842 0	Vic-sur-Cère (Cantal) .. 28 0	Mur-de-Barrez »
V. — CANTON DE MUR-DE-BARREZ *(Suite)*					
41 Brommat	1387	56 0	655 0	Vic-sur-Cère 31 0	Mur-de-Bar. 3 0
42 Lacroix	1763	40 0	⊠ 764 0	id. 37 0	Lacroix..... »
43 Taussac	1212	70 0	742 0	id. 31 0	Mur-de-Bar. 3 0
44 Thérondels	1334	89 0	954 0	id. 35 0	id. 13 8
VI. — CANTON DE SAINT-AMANS *(6 com., 6 159 hab.)*					
45 Saint-Amans	1227	34 0	⊤ 707 0	Rodez 70 0	St-Amans .. »
46 Campouriez	1300	35 0	555 0	id. 63 0	id. 7 3
47 Florentin	1358	29 0	664 0	id. 58 0	Entraygues. 10 2
48 Huparlac	566	29 0	888 0	id. 66 0	Laguiole ... 10 0
49 Montézic	808	37 0	759 0	Aurillac.... 62 0	St-Amans .. 3 5
50 St-Symphorien	900	33 0	786 0	Rodez 72 0	id. 5 2
VII. — CANTON DE SAINT-CHÉLY *(2 com., 2 908 hab.)*					
51 Saint-Chély	1867	20 0	⊤ 795 0	Laissac 43 0	St-Chély.... »
52 Coudom	1041	20 0	941 0	id. 43 0	id. 7 0
VIII. — CANTON DE SAINTE-GENEVIÈVE *(7 com., 5 621 hab.)*					
53 Sainte-Geneviève	1557	44 0	⊤ 797 0	Vic-sur-Cère 40 0	Ste-Geneviève »
54 Alpuech	420	33 0	1082 0	Rodez 60 0	Lacalm 4 0
55 Cantoin	1140	48 0	954 0	Vic-sur-Cère 34 0	Ste-Genev.. 8 0
56 Graissac	763	38 0	918 0	id. 45 0	id. 5 0
57 Lacalm	708	37 0	⊠ 1140 0	Rodez 50 0	Lacalm..... »
58 Terrisse (La)	502	36 0	918 0	id. 50 0	id. 7 0
59 Vitrac	531	42 0	1010 0	Neussargues 40 0	id. 8 0
IX. — CANTON DE SAINT-GENIEZ *(6 com., 9 160 hab.)*					
60 Saint-Geniez	3712	25 0	⊤ 414 0	Campagnac. 12 0	St-Geniez... »
61 Aurelle	1048	34 0	844 0	id. 20 0	id. 8 0
62 Pierrefiche	541	30 0	688 0	Laissac 17 3	id. 6 7
63 Pomayrols	919	33 0	435 0	Campagnac. 18 0	id. 6 0
64 Prades-d'Aubrac	1807	24 0	880 0	id. 30 5	id. 18 5
65 Sainte-Eulalie	1133	23 0	408 0	id. 15 0	id. 3 0

III. — ARRONDISSEMENT DE MILLAU, (9 cantons, 50 communes, 67 371 habitants)

NOMS des COMMUNES	Population	Dist. au chef-l. d'ar.	LOCALITÉS AVEC GARES postes et télégraphes	GARE LA PLUS PRÈS de chaque com. et distance à cette commune	BUREAUX de postes desserv. les communes avec les distances
I. — CANTON DE MILLAU *(7 com., 20 409 hab.)*					
68 Millau	16139	»	🚂 ⊤ 379 0	Millau ..... »	Millau ..... »
69 Aguessac	775	7 0	🚂 ⊤ 372 0	Aguessac .. »	Aguessac... »
70 Compeyre	602	9 0	380 0	id. 2 3	id. 2 0
71 Comprégnac	372	13 0	440 0	Peyre 5 0	Millau 13 0
I. — CANTON DE MILLAU *(Suite)*					
66 *Peyre*	»	»	🚂 »	*Peyre*..... »	» »
67 Creissels	734	3 0	387 0	Millau 3 5	Millau 3 0
68 Paulhe	280	7 0	377 0	Aguessac... 0 6	id. 7 0
69 Saint-George	1507	11 0	🚂 ⊤ 356 0	St-George . »	St-George . »

Nota. — Les cotes inscrites dans ce tableau, à côté des signes abréviatifs 🚂 ⊠ ⊤ ⊤, désignent des altitudes, c'est-à-dire la hauteur des points signalés au-dessus du niveau moyen des eaux de la mer. Les cotes imprimées en caractères gras et placées en face des noms des gares sont les altitudes *gravées* ou *à graver* sur les socles des bâtiments des dites gares, à 0 m. 50 environ au-dessus du niveau des rails. Les cotes inscrites en face du nom des communes sont extraites de la carte de l'état-major au 1/80000. Celles en italiques existent *dans la commune même*. Les autres sont les cotes du point le plus rapproché de la commune correspondante, point indiqué sur la carte de l'état-major.

III. — ARRONDISSEMENT DE MILLAU (suite)

II. — CANTON DE CAMPAGNAC (5 com., 5 595 hab.)

No	NOMS des COMMUNES	Population	Dist. au chef-l. d'ar.	LOCALITÉS AVEC GARES postes et télégraphes	GARE LA PLUS PRÈS de chaque com. et distance à cette commune	BUREAUX de postes desserv. les communes avec les distances
1	Campagnac	1357	48 0	🚂 ⊤ 660 0	Campagnac 1 8	Campagnac »
2	Capelle-Bonance (la)	532	51 0	680 0	id. 7 2	St-Geniez 9 0
3	St-Laurent-d'Olt	2155	54 0	🚂 ⊤ 546 0	St-Laurent 3 2	St-Laurent »
4	St-Martin-de-Lenne	525	50 0	624 0	Campagnac 9 1	St-Geniez 5 2
5	St-Saturnin	1026	46 0	⊠ 698 0	id. 4 2	St-Saturnin »
6	*Tarnesque*	»	»	🚂 771 0	*Tarnesque* »	» »

III. — CANTON DE LAISSAC (8 com., 6 712 hab.)

No	NOMS des COMMUNES	Population	Dist. au chef-l. d'ar.	LOCALITÉS AVEC GARES postes et télégraphes	GARE LA PLUS PRÈS de chaque com. et distance à cette commune	BUREAUX de postes desserv. les communes avec les distances
7	Laissac	1371	57 0	🚂 ⊤ 600 0	Laissac »	Laissac »
8	Bertholène	1109	61 0	🚂 604 0	Bertholène »	id. 4 2
9	Coussergues	485	64 0	590 0	Laissac 7 2	id. 7 2
10	Cruéjouls	854	63 0	570 0	id. 8 5	id. 8 5
11	Gaillac	944	47 0	⊠ 612 0	Lugans 1 0	Gaillac »
12	*Lugans*	»	»	🚂 600 0	id. »	» »
13	Palmas	509	59 0	642 0	Laissac 2 8	Laissac 2 8
14	Sévérac-l'Eglise	584	55 0	615 0	id. 2 9	id. 2 9
15	Vimenet	856	49 0	640 0	Gaillac 8 2	Gaillac 8 0

IV. — CANTON DE NANT (6 com., 8 367 hab.)

No	NOMS des COMMUNES	Population	Dist. au chef-l. d'ar.	LOCALITÉS AVEC GARES postes et télégraphes	GARE LA PLUS PRÈS de chaque com. et distance à cette commune	BUREAUX de postes desserv. les communes avec les distances
16	Nant	2596	32 0	⊤ 503 0	Millau 32 6	Nant »
17	Cavalerie (La)	1333	20 0	⊤ 800 0	id. 19 9	Cavalerie (La) »
18	Couvertoirade (La)	730	47 0	767 0	Lodève 25 0	Caylard (Hérault) 7 1
19	Hospitalet (L')	511	25 0	810 0	Millau 24 9	Cavalerie (La) 5 0
20	St-Jean-du-Bruel	2540	38 0	⊤ 522 0	Le Vigan 31 1	St-Jean-du-B. »
21	Sauclières	651	45 0	753 0	id. 24 2	id. 6 7

V. — CANTON DE PEYRELEAU (7 com., 4 458 hab.)

No	NOMS des COMMUNES	Population	Dist. au chef-l. d'ar.	LOCALITÉS AVEC GARES postes et télégraphes	GARE LA PLUS PRÈS de chaque com. et distance à cette commune	BUREAUX de postes desserv. les communes avec les distances
22	Peyreleau	340	22 0	⊤ 390 0	Quézaguet 13 0	Peyreleau »
23	Cresse (La)	379	11 0	395 0	id. 1 0	Millau 11 0
24	Mostuéjouls	782	18 0	540 0	Aguessac 11 0	Peyreleau 4 0
25	Rivière	1191	12 0	⊠ 398 0	Quézaguet 2 0	Rivière »
26	*Quézaguet*	»	»	🚂 380 0	id. »	» »

V. — CANTON DE PEYRELEAU (Suite)

No	NOMS des COMMUNES	Population	Dist. au chef-l. d'ar.	LOCALITÉS AVEC GARES postes et télégraphes	GARE LA PLUS PRÈS de chaque com. et distance à cette commune	BUREAUX de postes desserv. les communes avec les distances
1	Roque-Sainte-Marguerite (La)	837	14 0	420 0	Millau 14 0	Millau 14 0
2	St-André-d-Vesines	431	35 0	878 0	Aguessac 28 0	Peyreleau 12 3
3	Veyreau	498	37 0	883 0	id. 30 0	id. 14 5

VI. — CANTON DE SAINT-BEAUZELY (5 com., 5 807 hab.)

No	NOMS des COMMUNES	Population	Dist. au chef-l. d'ar.	LOCALITÉS AVEC GARES postes et télégraphes	GARE LA PLUS PRÈS de chaque com. et distance à cette commune	BUREAUX de postes desserv. les communes avec les distances
4	Saint-Beauzely	925	17 0	⊤ 607 0	Millau 17 0	St-Beauzely »
5	Castelnau-Pégayrols	1015	21 0	830 0	id. 21 0	id. 6 5
6	Montjaux	1280	24 5	⊠ 714 0	St-Rome-de-Cornon 17 5	Montjaux »
7	Verrières	782	14 0	530 0	Aguessac 6 8	St-Beauzely 6 5
8	Viala-du-Tarn	1805	29 7	447 0	S-Rome-d-C 18 0	Montjaux 7 0

VII. — CANTON DE SALLES-CURAN (3 com., 4 616 hab.)

No	NOMS des COMMUNES	Population	Dist. au chef-l. d'ar.	LOCALITÉS AVEC GARES postes et télégraphes	GARE LA PLUS PRÈS de chaque com. et distance à cette commune	BUREAUX de postes desserv. les communes avec les distances
9	Salles-Curan	2728	37 2	⊤ 805 0	Millau 37 2	Sal.-Curan »
10	Alrance	998	47 5	748 0	Tournemire 38 0	id. 17 2
11	Villefranche-de-Panat	890	52 5	708 0	Rodez 42 0	id. 15 0

VIII. — CANTON DE SÉVÉRAC-LE-CHATEAU, (5 com., 6 648 hab.)

No	NOMS des COMMUNES	Population	Dist. au chef-l. d'ar.	LOCALITÉS AVEC GARES postes et télégraphes	GARE LA PLUS PRÈS de chaque com. et distance à cette commune	BUREAUX de postes desserv. les communes avec les distances
12	Sévérac-le-Château	3347	30 0	🚂 ⊤ 669 0	Sévérac-le-C. 3 2	Sévérac »
13	*Engayresque*	»	»	🚂 839 0	*Engayresque* »	» »
14	Buzeins	623	44 0	675 9	Recoules 5 3	Recoules-Pr. 5 2
15	Lapanouse	917	38 0	658 0	Sévérac 5 1	Sévérac 6 2
16	Lavernhe	736	40 0	712 0	id. 7 2	id. 8 0
17	Recoules-Prévinquières	1025	45 0	🚂 ⊤ 646 0	Recoules-Pr. 3 7	Recoules-Pr. »

IX. — CANTON DE VEZINS (4 com., 4 759 hab.)

No	NOMS des COMMUNES	Population	Dist. au chef-l. d'ar.	LOCALITÉS AVEC GARES postes et télégraphes	GARE LA PLUS PRÈS de chaque com. et distance à cette commune	BUREAUX de postes desserv. les communes avec les distances
18	Vezins	1811	28 0	⊤ 876 0	Recoules 9 0	Vezins »
19	St-Laurent-de-Lévézou	471	18 2	823 0	Millau 18 2	St-Beauzely 6 0
20	Saint-Léons	692	17 8	743 0	id. 17 8	Vezins 10 0
21	Ségur	1785	37 0	796 0	Laissac 13 8	id. 9 9

IV. — ARRONDISSEMENT DE SAINT-AFFRIQUE (6 cantons, 58 communes, 60 665 habitants)

I. — CANTON DE SAINT-AFFRIQUE (9 com., 15 583 hab.)

No	NOMS des COMMUNES	Population	Dist. au chef-l. d'ar.	LOCALITÉS AVEC GARES postes et télégraphes	GARE LA PLUS PRÈS de chaque com. et distance à cette commune	BUREAUX de postes desserv. les communes avec les distances
27	Saint-Affrique	7177	»	🚂 ⊤ 328 0	St-Affrique 0 5	St-Affrique »
28	Bastide-Pradines (la)	929	18 0	630 0	St-Rome-d-C. 8 8	St-Rome-d-C. 8 2
29	Calmels-et-le-Viala	664	13 0	542 0	St-Affrique 13 0	St-Affrique 13 0
30	Roquefort	1296	15 0	⊤ 538 0	Tournemire 1 2	Roquefort »
31	Saint-Izaire	1342	20 0	⊠ 320 0	St-Affrique 20 3	St-Izaire »
32	St-Jean-d'Alcapiès	325	10 0	530 0	Massergues 1 0	St-Affrique 9 0
33	*Massergues*	»	»	🚂 547 0	id. »	» »
34	St-Rome-de-Cernon	1393	10 0	🚂 ⊤ 402 0	St-Rome-d-C. »	St-Rome-d-C. »
35	Tournemire	1060	17 0	🚂 446 0	Tournemire »	Roquefort 2 8
36	Vabres	1397	5 0	318 0	St-Affrique 4 8	St-Affrique 4 0

II. — CANTON DE BELMONT (6 com., 6 809 hab.)

No	NOMS des COMMUNES	Population	Dist. au chef-l. d'ar.	LOCALITÉS AVEC GARES postes et télégraphes	GARE LA PLUS PRÈS de chaque com. et distance à cette commune	BUREAUX de postes desserv. les communes avec les distances
37	Belmont	1642	25 0	⊤ 465 0	St-Affrique 26 0	Belmont »
38	Montlaur	1085	14 0	344 0	id. 15 0	Camarès 9 0
39	Murasson	1323	38 0	570 0	id. 39 0	Belmont 13 0
40	Prohencoux	874	29 0	664 0	id. 30 0	id. 4 0
41	Rebourguil	823	18 0	456 0	id. 19 0	id. 10 5
42	Saint-Sever	1062	35 0	582 0	id. 36 0	id. 10 5

III. — CANTON DE CAMARÈS (12 com., 9 544 hab.)

No	NOMS des COMMUNES	Population	Dist. au chef-l. d'ar.	LOCALITÉS AVEC GARES postes et télégraphes	GARE LA PLUS PRÈS de chaque com. et distance à cette commune	BUREAUX de postes desserv. les communes avec les distances
43	Camarès	2332	23 0	⊤ 385 0	St-Affrique 23 0	Camarès »
44	Arnac	376	44 0	550 0	Roqueredonde 37	Brusque 9 0
45	Brusque	1280	35 0	⊤ 480 0	id. 28 0	id. »
46	Fayet	1003	31 0	⊤ 485 0	id. 24 0	Fayet »
47	Gissac	432	19 0	628 0	St-Affrique 19 0	Camarès 8 0
48	Mélagues	516	40 0	598 0	Estrechoux 24 0	Brusque 11 0
49	Montagnol	773	24 0	672 0	Roquered 17 0	Fayet 10 0
50	Peux-et-Couffouleux	676	33 0	702 0	St-Affrique 33 0	Camarès 10 0
51	St-Félix-de-Sorgues	710	15 0	400 0	Montpaon 14 0	St-Affrique 15 0
52	Sylvanès	382	24 0	430 0	Roquered 22 0	Fayet 4 0
53	Tauriac	377	32 0	549 0	id. 19 0	Brusque 11 0
54	Versols-et-Lapeyre	687	11 0	366 0	St-Affrique 11 0	St-Affrique 11 0

IV. — CANTON DE CORNUS (9 com., 6 539 hab.)

No	NOMS des COMMUNES	Population	Dist. au chef-l. d'ar.	LOCALITÉS AVEC GARES postes et télégraphes	GARE LA PLUS PRÈS de chaque com. et distance à cette commune	BUREAUX de postes desserv. les communes avec les distances
55	Cornus	1614	34 0	⊤ 605 0	Montpaon 8 6	Cornus »
56	Clapier (Le)	504	36 0	630 0	Roqueredond. 4 1	Cornus 17 1

IV. — CANTON DE CORNUS (Suite)

No	NOMS des COMMUNES	Population	Dist. au chef-l. d'ar.	LOCALITÉS AVEC GARES postes et télégraphes	GARE LA PLUS PRÈS de chaque com. et distance à cette commune	BUREAUX de postes desserv. les communes avec les distances
22	Lapanouse-de-Cernon	467	23 0	🚂 524 0	Lapanouse 1 5	Cavalerie (la) 10 3
23	Marnhagues-et-Latour	425	19 0	598 0	Montpaon 10 0	Montpaon 8 2
24	Montpaon	939	27 0	🚂 ⊠ 480 0	id. 1 8	id. »
25	St-Beaulize	452	29 0	609 0	Lauglanet 2 0	id. 2 8
26	*Lauglanet*	»	»	🚂 609 0	id. »	» »
27	Ste-Eulalie-du-Larzac	1035	27 0	🚂 620 0	Ste-Eulalie 2 3	Cavalerie (la) 6 3
28	St-Jean-et-St-Paul	794	15 0	🚂 501 0	St-Jean-St-P. 2 1	St-Affrique 14 8
29	Viala-du-Pas-de-Jaux	289	20 0	822 0	Tournemire 7 2	Roquefort 9 0

V. — CANTON DE SAINT-ROME-DE-TARN (8 com., 9 434 hab.)

No	NOMS des COMMUNES	Population	Dist. au chef-l. d'ar.	LOCALITÉS AVEC GARES postes et télégraphes	GARE LA PLUS PRÈS de chaque com. et distance à cette commune	BUREAUX de postes desserv. les communes avec les distances
30	St-Rome-de-Tarn	1506	15 0	⊤ 320 0	St-Rome-d-C 11 0	St-R.-de-Tarn »
31	Ayssènes	1130	25 0	349 0	St-Affrique 25 0	id. 17 7
32	Broquiès	2067	30 0	⊠ 401 0	id. 30 0	Broquiès »
33	Brousse	932	38 2	450 0	id. 38 2	id. 8 2
34	Costes-Gozon (Les)	612	15 8	701 0	id. 15 8	St-R-d-Tarn 11 0
35	Lestrade-et-Thouels	1259	40 0	755 0	id. 40 0	Broquiès 10 0
36	St-Victor-et-Melvieu	841	19 5	636 0	id. 19 5	St-R-d-Tarn 10 8
37	Truel (Le)	1087	26 4	340 0	id. 26 4	id. 19 0

VI. — CANTON DE SAINT-SERNIN (14 com., 12 756 hab.)

No	NOMS des COMMUNES	Population	Dist. au chef-l. d'ar.	LOCALITÉS AVEC GARES postes et télégraphes	GARE LA PLUS PRÈS de chaque com. et distance à cette commune	BUREAUX de postes desserv. les communes avec les distances
38	St-Sernin	1254	33 0	⊤ 344 0	St-Affrique 33 0	St-Sernin »
39	Balaguier	458	37 0	350 0	id. 37 2	id. 4 2
40	Bastide-Solages (la)	424	44 0	537 0	id. 44 3	Coupiac 8 5
41	Brase	928	34 0	590 0	id. 34 3	id. 5 0
42	Combret	1125	34 0	420 0	id. 34 3	St-Sernin 12 0
43	Coupiac	1532	35 0	⊠ 485 0	id. 35 8	Coupiac »
44	Laval-Roquecezière	1569	47 0	736 0	id. 47 0	St-Sernin 14 0
45	Martrin	1055	39 0	616 0	id. 39 2	id. 14 0
46	Montclar	779	29 0	654 0	id. 29 5	Coupiac 6 8
47	Montfranc	277	47 0	835 0	Albi 44 0	St-Sernin 14 0
48	Plaisance	974	44 0	580 0	St-Affrique 44 0	id. 11 0
49	Pousthomy	893	37 0	550 0	id. 37 4	id. 4 4
50	St-Juéry	983	28 0	630 0	id. 28 5	id. 17 5
51	Serre (La)	505	28 0	651 0	id. 28 3	id. 5 0

V. — ARRONDISSEMENT DE VILLEFRANCHE, (8 cantons, 65 communes, 108 795 habitants)

I. — CANTON DE VILLEFRANCHE (7 com., 16 609 hab.)

No	NOMS des COMMUNES	Population	Dist. au chef-l. d'ar.	LOCALITÉS AVEC GARES postes et télégraphes	GARE LA PLUS PRÈS de chaque com. et distance à cette commune	BUREAUX de postes desserv. les communes avec les distances
57	Villefranche	9836	»	🚂 ⊤ 333 0	Villefranche »	Villefranche »
58	Martiel	1824	10 0	402 0	id. 10 2	id. 10 2
59	Morlhon	1225	6 0	508 0	id. 6 0	id. 6 0
60	Rouquette (La)	1200	9 0	320 0	Monteils 9 4	id. 8 8
61	Savignac	726	6 0	399 0	Villefranche 6 6	id. 6 6
62	Toulonjac	381	5 0	306 0	id. 4 8	id. 4 8
63	Vailhourles	1417	16 0	400 0	id. 15 8	id. 15 8

II. — CANTON D'ASPRIÈRES (11 com., 12 023 hab.)

No	NOMS des COMMUNES	Population	Dist. au chef-l. d'ar.	LOCALITÉS AVEC GARES postes et télégraphes	GARE LA PLUS PRÈS de chaque com. et distance à cette commune	BUREAUX de postes desserv. les communes avec les distances
64	Asprières	1256	29 0	⊤ 497 0	St-Martin-de-Bouillac 4 0	Asprières »
65	Albres (Les)	670	33 0	494 0	Viviez 8 0	id. 4 0
66	Balaguier	531	24 0	200 0	Toirac 1 6	S-Jul.-d'Emp 14 0
67	Bouillac	691	34 0	🚂 215 0	S-Martin-d-B »	Asprières 4 0
68	Foissac	710	19 0	346 0	Toirac 6 0	S-Jul.-d'Emp 15 0
69	Loupiac	1053	28 0	334 0	La Madeleine 3 1	id. 9 0
70	Naussac	927	25 0	🚂 285 0	Naussac »	Asprières 8 0
71	St-Julien-d'Empare	3398	33 0	⊠ 344 0	Capdenac 3 0	S-Jul.-d'Emp. »
72	Salles-Courbatiès	1107	16 0	🚂 292 0	Salles-Courb. »	Villeneuve 6 0
73	Salvagnac-St-Loup	789	24 0	320 0	Naussac 6 0	S-Jul.-d'Emp 6 5
74	Sonnac	891	28 0	439 0	id. 4 6	Asprières 4 0

III. — CANTON D'AUBIN (4 com., 18 074 hab.)

No	NOMS des COMMUNES	Population	Dist. au chef-l. d'ar.	LOCALITÉS AVEC GARES postes et télégraphes	GARE LA PLUS PRÈS de chaque com. et distance à cette commune	BUREAUX de postes desserv. les communes avec les distances
75	Aubin	9054	35 0	🚂 ⊤ 283 0	Aubin 0 4	Aubin »
76	Cransac	4773	37 0	🚂 ⊤ 297 0	Cransac 1 3	Cransac »
77	Firmi	2723	42 0	⊠ 295 0	id. 5 9	Firmi »
78	Viviez	1524	39 0	🚂 ⊤ 245 0	Viviez »	Viviez »

IV. — CANTON DE DECAZEVILLE (7 com., 17 341 hab.)

No	NOMS des COMMUNES	Population	Dist. au chef-l. d'ar.	LOCALITÉS AVEC GARES postes et télégraphes	GARE LA PLUS PRÈS de chaque com. et distance à cette commune	BUREAUX de postes desserv. les communes avec les distances
79	Decazeville	10702	39 0	🚂 ⊤ 225 0	Decazeville »	Decazeville »
80	Almon	899	50 0	389 0	id. 11 8	Flagnac 5 7
81	Boisse-Penchot	865	45 0	🚂 210 0	Penchot 1 2	Viviez 4 2

IV. — CANTON DE DECAZEVILLE (Suite)

No	NOMS des COMMUNES	Population	Dist. au chef-l. d'ar.	LOCALITÉS AVEC GARES postes et télégraphes	GARE LA PLUS PRÈS de chaque com. et distance à cette commune	BUREAUX de postes desserv. les communes avec les distances
52	Flagnac	1320	47 0	⊤ 275 0	Decazeville 6 4	Flagnac »
53	Livinhac-le-Haut	1248	45 0	190 0	Penchot 3 7	Decazeville 5 1
54	Saint-Parthem	1162	55 0	200 0	Decazeville 14 7	Flagnac 7 5
55	Saint-Santin	1151	53 0	289 0	Maurs (Cantal) 8 5	id. 5 7

V. — CANTON DE MONTBAZENS (12 com., 13 565 hab.)

No	NOMS des COMMUNES	Population	Dist. au chef-l. d'ar.	LOCALITÉS AVEC GARES postes et télégraphes	GARE LA PLUS PRÈS de chaque com. et distance à cette commune	BUREAUX de postes desserv. les communes avec les distances
56	Montbazens	1525	26 0	⊤ 483 0	Aubin 8 0	Montbazens »
57	Brandonnet	841	19 0	421 0	Villeneuve 8 0	Lanuéjouls 5 0
58	Compolibat	1014	19 0	373 0	id. 13 0	id. 8 0
59	Drulhe	1175	18 0	494 0	Salles-Courb. 6 0	id. 6 0
60	Galgan	874	31 0	448 0	Aubin 12 0	Montbazens 3 0
61	Lugan	738	28 0	444 0	id. 10 5	id. 2 5
62	Maleville	2071	11 0	⊠ 473 0	Villeneuve 6 0	Maleville »
63	Peyrusse	919	23 0	476 0	Naussac 4 7	Montbazens 7 9
64	Privezac	1865	20 0	498 0	Villeneuve 12 0	Lanuéjouls 3 0
65	*Lanuéjouls*	»	»	⊠ »	» »	id. »
66	Roussennac	851	28 0	494 0	Aubin 13 0	Montbazens 5 0
67	Valzergues	467	30 0	479 0	id. 7 0	id. 2 0
68	Vaureilles	1225	21 0	407 0	id. 13 0	id. 5 0

VI. — CANTON DE NAJAC (8 com., 11 579 hab.)

No	NOMS des COMMUNES	Population	Dist. au chef-l. d'ar.	LOCALITÉS AVEC GARES postes et télégraphes	GARE LA PLUS PRÈS de chaque com. et distance à cette commune	BUREAUX de postes desserv. les communes avec les distances
69	Najac	2029	21 0	🚂 ⊤ 338 0	Najac 2 0	Najac »
70	Bor-et-Bar	1023	25 0	492 0	id. 16 0	id. 14 0
71	Fouillade (La)	2211	18 0	403 0	id. 8 0	id. 6 0
72	Lunac	1297	19 0	441 0	id. 17 0	id. 15 0
73	Monteils	961	11 0	🚂 321 0	Monteils 1 4	id. 8 0
74	Saint-André	1574	25 0	378 0	Najac 9 0	id. 7 0
75	Sanvensa	1559	9 0	509 0	Villefranche 9 3	Villefranche 9 3
76	Villevayre	925	27 0	350 0	Najac 8 5	Najac 9 9

V. — ARRONDISSEMENT DE VILLEFRANCHE (Suite)

NOMS des COMMUNES	Population	Dist. au chef-l. d'ar.	LOCALITÉS AVEC GARES postes et télégraphes	GARE LA PLUS PRÈS de chaque com. et distance à cette commune	BUREAUX de postes desserv. les communes avec les distances
VII. — CANTON DE RIEUPEYROUX *(6 com., 10 534 hab.)*					
1 Rieupeyroux	3122	24 0	T 737 0	Villefranche 24 0	Rieupeyroux »
2 Bastide-l'Évêque (la)	2559	12 0	✉ 488 0	id. 12 0	La Bastide-l'Évêque. »
3 Capelle-Bleys (La)	1104	18 0	690 0	id. 18 0	Rieupeyroux 6 0
4 Prévinquières	986	25 0	478 0	id. 25 0	id. 13 0
5 Saint-Salvadou	1218	14 0	446 0	id. 14 0	Villefranche 14 0
6 Vabre	1545	18 0	556 0	id. 18 0	Rieupeyroux 12 0
VIII. — CANTON DE VILLENEUVE *(10 com., 9 064 hab.)*					
7 Villeneuve	3079	12 0	🚂 T 354 0	Villeneuve. 3 3	Villeneuve. »
8 Ambeyrac	543	24 0	321 0	Toirac 2 5	Montsalès. 3 5

NOMS des COMMUNES	Population	Dist. au chef-l. d'ar.	LOCALITÉS AVEC GARES postes et télégraphes	GARE LA PLUS PRÈS de chaque com. et distance à cette commune	BUREAUX de postes desserv. les communes avec les distances
VIII. — CANTON DE VILLENEUVE *(Suite)*					
1 Capelle-Balaguier (La)	640	13 0	350 0	Cajarc 12 0	Villeneuve. 10 6
2 Montsalès	648	21 0	✉ *340 0*	Toirac 6 0	Montsalès. »
3 Ols-et-Rignodes	318	18 0	*336 0*	id. 9 0	id. 3 5
4 Sainte-Croix	1386	10 0	392 0	Villefranche 10 0	Villeneuve. 6 7
5 Saint-Igest	605	14 0	430 0	Villeneuve. 2 0	id. 5 3
6 Saint-Remy	410	7 0	*311 0*	Villefranche 7 0	Villefranche 7 0
7 Salvagnac-Cajarc	884	25 0	*168 0*	Cajarc 1 0	Cajarc (Lot) 1 0
8 Saujac	551	23 0	*145 0*	Montbrun. 2 2	Montsalès. 10 0

ne purent parvenir à s'en emparer. Pendant les guerres de religion, les habitants se distinguèrent par leur attachement au catholicisme. Des boulevards occupent l'emplacement des anciens remparts.

Millau ou *Milhau* est probablement d'origine romaine et fut fortifiée au moyen-âge. Elle embrassa le calvinisme avec ardeur, et devint une des places fortes des calvinistes, qui y tinrent des assemblées générales en 1573 et

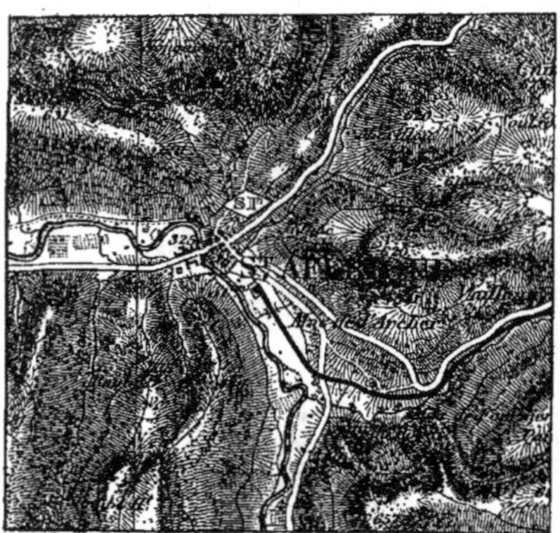

SAINT-AFFRIQUE ET SES ENVIRONS
Extrait de la carte d'État-Major au 80 000e.

en 1620. Souvent attaquée par les catholiques, la ville eut ses fortifications rasées par ordre de Richelieu, en 1629.

Espalion, petite ville bien située sur la rive gauche du Lot, a conservé des débris d'anciennes fortifications. Sur les rives droites se dressent les hauteurs escarpées de *Calmont* et de *Roquelaure*, où se voient les ruines pittoresques de deux châteaux gothiques.

Saint-Affrique, sur la Sorgues, a été fondé, dit-on, par un apôtre de la Gaule; c'était également une place d'armes des calvinistes, et Louis XIII la fit démanteler après s'en être emparé.

Villefranche-de-Rouergue a été fondée, en 1232, par un comte de Toulouse; elle fut désolée par une peste, en 1628, et devint, en 1648, le centre d'une insurrection dite des *Croquants*. La ville eut beaucoup à souffrir des guerres de religion.

Cassagnes-Bégonhès, sur la rive droite du *Céor*, est encore entourée de ses vieilles murailles et a conservé les ruines d'une ancienne maison de Templiers.

Saint-Rome-de-Tarn est une ancienne

VILLEFRANCHE ET SES ENVIRONS.
Extrait de la carte d'État-Major au 80 000e.

ville forte qui a subi plusieurs sièges; ses vieilles murailles lui donnent encore un aspect imposant.

Sévérac-le-Château est dominé par un ancien château-fort, dont il reste des ruines considérables. Ce château, qui passait pour imprenable, était encore une des places d'armes des Albigeois, et il fut assiégé par Louis XIII.

Estaing, village qui a donné son nom à une famille illustre, a un château gothique qui couronne le sommet d'un rocher dont le pied est baigné par le Lot. On peut suivre depuis le XIe siècle les traces de cette famille, qui a donné plusieurs officiers distingués.

XI. — DIVISION JUDICIAIRE

Le département de l'Aveyron dépend de la Cour d'appel de Montpellier qui se compose d'un premier président, de trois présidents de chambre, de dix-neuf conseillers, d'un procureur général, de trois avocats généraux et de deux substituts du procureur général.

Il y a un tribunal de première instance dans chaque chef-lieu d'arrondissement.

D'après l'annuaire de la République française, le département de l'Aveyron a un tribunal de commerce à Rodez, Millau, St-Affrique et St-Geniez.

Rodez : quatre notaires et dix avoués;
Espalion : deux notaires et huit avoués;
Millau : Trois notaires et huit avoués;
St-Affrique : Deux notaires et six avoués;
Villefranche : Trois notaires et huit avoués.

XII. — DIVISION UNIVERSITAIRE

Le département de l'Aveyron fait partie de l'Académie de Toulouse.

Enseignement secondaire : Lycée de Rodez (3e catégorie). — Collège communal de Millau. — Collège communal de Villefranche. — Cours secondaire de jeunes filles à Rodez. — Établissements libres à Espalion, Millau, Rodez, St-Affrique, St-Geniez et Villefranche. Un inspecteur d'académie à Rodez.

Enseignement primaire : Un inspecteur primaire dans chaque ville suivante : Rodez, Decazeville, Espalion, Millau, St-Affrique et Villefranche. — École normale d'instituteurs à Rodez. — Cours normal d'institutrices à Millau. — Enseignement primaire supérieur à Aubin et à Rodez. — Cours complémentaires d'un an à Capdenac, Firmy, Rieupeyroux, Sévérac et St-Jean-du-Bruel. — Pensionnats primaires à Broquiès, Brusque, Orlhaguet, (commune de Ste-Geneviève, arrondissement d'Espalion) et Rodez.

Écoles publiques. — 850 écoles laïques fréquentées par 27 597 garçons et 1 423 filles; 344 écoles congréganistes, fréquentées par 8 571 garçons et 19 104 filles.

Écoles libres. — 21 écoles laïques, fréquentées par 361 garçons et 382 filles; 122 écoles congréganistes, fréquentées par 2 972 garçons et 8 899 filles.

XIII. — DIVISION RELIGIEUSE

Le département de l'Aveyron dépend de l'archevêché d'Albi. La résidence de l'évêque est à Rodez. Le personnel ecclésiastique est ainsi réparti : 1 Évêque, 2 Vicaires généraux titulaires, 9 Chanoines titulaires, 51 curés, 617 desservants, 217 vicaires de paroisses, 119 prêtres habitués, 56 aumôniers, 14 professeurs, 146 supérieurs et professeurs. Total : 1232 ecclésiastiques.

Contenance et valeur des immeubles possédés par les congrégations religieuses

CONTENANCE en hectares d'après LE CADASTRE	VALEUR	
	LOCATIVE	VÉNALE
1141 h. 90	337 468 f.	8 519 850 f.

Contenance et valeur des immeubles occupés par les congrégations religieuses

CONTENANCE en hectares d'après LE CADASTRE	VALEUR	
	LOCATIVE	VÉNALE
0 h. 06	3 300 f.	77 500 f.

XIV. — POSTES ET TÉLÉGRAPHES

Le département de l'Aveyron contient :
58 bureaux postaux et télégraphiques ;
1 bureau télégraphique simple ;
22 bureaux postaux seulement.

Il est délivré annuellement, dans le département, environ 120 000 mandats d'articles d'argent pour une somme de 4 000 000 de francs.

La taxe des lettres, journaux, etc., ainsi que les soldes des comptes avec les offices étrangers produisent, par an, environ 550 000 francs.

Nombre de dépêches	intérieures. .	74 980
	internationales	809
Taxes perçues.	intérieures . . .	56 500f25
	internationales. .	2 114f60
Produit net versé au Trésor.		58 614f85

XV. — RECETTES ANNUELLES DU DÉPARTEMENT

1° Budget ordinaire.

	fr.
Contributions directes (fonds généraux)................	2 492 643,36
Taxes assimilées aux contributions indirectes...........	199 895,62
Enregistrement..............	3 155 231,33
Timbre..................	611 091,49
Domaines et forêts..........	10 110,61
Douanes..................	» » »
Contributions indirectes......	3 602 842,56
Postes...................	580 756,27
Télégraphes...............	58 157,70
Impôt de 3 p. 0/0 sur le revenu des valeurs mobilières......	17 246,43
Amendes et condamnations...	99 417,20
Retenues et autres produits perçus en exécution de la loi du 9 juin 1853...............	155 789,61
Produits divers du budget.....	58 990,31
Total du budget ordinaire.....	11 042 172,49

II. — Budget extraordinaire.

Ressources spéciales	3 119 220,38
Total général des recettes	14 161 392,87

XVI. — ASSISTANCE PUBLIQUE

I. — BUREAUX DE BIENFAISANCE

Nombre de bureaux dans le département		182
Nombre d'individus secourus		8 692
Recettes.		
Revenus	110 603 f	284 848
Subventions	8 350	
Recettes de charité	6 982	
Fonds de report et autres recettes	158 913	
Dépenses.		
Administration	27 849 f	144 483
Secours en nature	53 004	
Secours en argent	63 630	
Excédent des recettes		140 365f.
Montant des placements.		
En immeubles		»
En rentes		10 668f.
Total		10 668f.

II. — HOSPICES ET HÔPITAUX

Nombre d'établissements hospitaliers.		
Hôpitaux	1	10
Hôpitaux et hospices	4	
Hospices	5	
Personnel.		
Médecins et chirurgiens	14	136
Religieuses	62	
Employés	16	
Servants	44	
Lits affectés au service.		
Malades	410	929
Infirmes, vieillards et incurables	345	
Enfants assistés	56	
Personnel des établissements	118	
Recettes des 10 établissements		314 236
Dépenses		294 738
Excédent des recettes		19 498f.

XVII. — CAISSES D'ÉPARGNE

Nombre de Caisses d'épargne	6
Nombre de livrets	
Existant au 1er janvier	12 196
Ouverts pendant l'année	2 067
Soldés pendant l'année	1 878
Restant au 31 décembre	12 385
Solde aux déposants au 1er janv.	5 728 784fr.»
Recettes	2 555 820 »
Dépenses	2 418 889 »
Solde dû aux déposants le 31 décembre	5 865 715 »

XVIII. — INCENDIES ET SINISTRES AGRICOLES

Montant des pertes évaluées	
Incendies	297 085 f.»
Grêle	456 769 »
Gelée	24 409 »
Inondations	7 700 »
Pertes de bestiaux	381 985 »
Total des pertes	1 167 948 fr

II. — PARTIE MILITAIRE

L'Aveyron occupe l'extrémité sud du plateau central et il présente, dans son ensemble, tous les caractères d'une région élevée; enchevêtrements de chaînes et de plateaux, de vallées et de ravins. L'Aveyron peut, d'une manière générale, se partager en deux régions à peu près égales; la région haute à l'est, la région basse à l'ouest. Les plateaux montueux de la première sont la continuation de contreforts qui s'adossent à l'arête des Cévennes et dont l'ensemble constitue le plateau volcanique de la France centrale. Le sol en est à la fois granitique, schisteux et tourbeux. La région haute se divise à son tour en deux massifs principaux : au nord, la chaîne granitique d'Aubrac, avec ses volcans éteints et ses éjections basaltiques : au sud, les *Causses* de Lévézou, du Larzac et le Causse Noir, qui sont des plateaux assez élevés, froids, ordinairement arides et formés de calcaire jurassique. Ils sont sillonnés par de nombreuses vallées, profondément creusées entre des parois rocheuses. Ces fractures ont rendu difficile la construction des chemins de fer, surtout entre Rodez et Millau, car les communications n'y sont faciles qu'en suivant les vallées.

La région basse, assez fertile, est de nature alluvionnaire et le terrain présente successivement des marnes, des calcaires et des grès.

La situation assez centrale du pays et sa nature difficile l'ont empêché d'être le théâtre d'événements historiques ou militaires importants, et sont cause qu'actuellement il ne s'y trouve aucun point fortifié. Il convient de signaler toutefois que lorsque, à la suite du traité de Brétigny en 1361, le Rouergue passa sous la domination des Anglais, toute la province se souleva et ne voulut reconnaître que le roi de France pour seigneur légitime.

Le département de l'Aveyron est compris dans le 16e corps d'armée.

TERRITOIRE DE BELFORT

I. — PARTIE CIVILE

I. — HISTOIRE

Le territoire de Belfort a été formé en 1871 de la partie restée française de l'ancien département du Haut-Rhin qui avait été lui-même formé en 1790 de la partie méridionale de la province d'Alsace.

Il est situé sur la frontière est, et a dans sa plus grande longueur 45 kilomètres, du Ballon d'Alsace au nord, à Croix (canton de Delle), au sud. Sa plus grande largeur est de 25 kilomètres, de Châtenois à l'ouest, aux hauteurs boisées de l'Oberwald, à l'est.

Il limite, à l'est, 83 kilomètres de frontière dont 60 formés par l'Alsace-Lorraine et 23 par la Suisse (canton de Berne). A l'ouest et au sud-ouest il est borné par les départements de la Haute-Saône et du Doubs.

La large porte constituée par la trouée de

BELFORT. — Vue du Château.

Belfort a servi de tout temps de passage aux migrations des peuples du nord.

Sous les Gaulois, le territoire de Belfort faisait partie de la *Séquanie*. En l'an 68 avant Jésus-Christ, Arioviste, roi des Germains, après avoir battu les Educns à Autun, s'y établit. Mais les Séquanais, avec le secours de Jules César qui défit Arioviste, ne tardèrent pas à tomber sous la puissance romaine (en 58 av. J.-C.). Sous cette domination, le pays vit s'ouvrir une ère nouvelle de civilisation et de prospérité. L'occupation romaine se fortifia en établissant de nombreuses forteresses ou postes militaires sur les hauteurs et qui contribuèrent à maintenir cette occupation pendant plus de cinq siècles.

Dans la période *gallo-franque*, qui va de 496 à 870, les Alémans qui avaient d'abord envahi le territoire, furent refoulés par les Francs, qui édifièrent de nouvelles forteresses sur les ruines des anciennes.

Durant la période *gallo-germaine* (870 à 1648), le territoire de Belfort fut, peut-être plus que tout autre, le théâtre permanent des luttes violentes auxquelles donna lieu le régime féodal. C'est aux XIe et XIIe siècles, que s'élevèrent ou se complétèrent les principales forteresses de la contrée, entre autres celles de

Belfort, de Rosemont, de Rougemont, de Florimont, de Roppe, les châteaux de Bavilliers, de Grandvillars, d'Auxelles, de Banvillars, d'Angeot, de Saint-Germain, etc. La forteresse de Delle ne vint que cent ans après (1). Tous ces châteaux ou forteresses, à l'exception de Belfort, furent détruits par les Suédois, qui envahirent le pays pendant la guerre de trente ans (1632 à 1634), et réduisirent les populations à un état de désespoir qui engendra des rébellions et une répression impitoyable. La paix de 1648 fit rentrer le territoire à la monarchie française, et l'on sait avec quelle fidélité les habitants l'ont suivi.

NOTICES SUR LES PRINCIPALES LOCALITÉS

Belfort. Le rôle militaire du territoire se résume dans celui de cette place-forte importante, rôle qui sera indiqué plus loin.

D'après la légende, la pierre *La Miotte*, d'où l'on domine au loin les environs, donnait, au moyen de feux allumés, des signaux aux populations. Il est certain que cette pierre est l'objet d'une espèce de culte pour les habitants de Belfort, qui s'appellent eux-mêmes *enfants de la Miotte.*

Dans tous les cas, les Romains y possédaient un camp. Il est impossible jusqu'à présent de préciser l'époque à laquelle remonte la construction du château qui a précédé l'existence du bourg et de la ville de Belfort. Mais, il est à peu près certain que la forteresse féodale fut construite dans la première moitié du XIe siècle. Le bourg, construit sous la protection du château, se développa rapidement et, à la fin du XIIIe siècle, il fut entouré de sa première enceinte de fortifications.

Indiquons en passant qu'on trouve des traces de 1232 à 1399, de l'existence d'une famille noble de Belfort, issue de la branche de Roppe, mais qui ne fut jamais suzeraine de la ville. Les premiers seigneurs connus furent les comtes de Ferrette, qui cédèrent, en 1226, leurs droits aux comtes de Montbéliard, lesquels octroyèrent, dès 1307, des lettres de franchise à la ville qui s'était formée. En 1350, la seigneurie passe par mariage au domaine de la maison d'Autriche, qui la conserve jusqu'en 1633.

Les bandes d'Enguerrand de Coucy envahirent la seigneurie de Belfort en 1375, mais n'assiégèrent pas la place, qui avait fermé ses portes. Il en fut de même pour les Armagnacs en 1444.

En 1525, toute la contrée se leva pour essayer tumultueusement de secouer le joug des nobles et des gens d'église, mais le territoire ne fut pas foulé par les troupes qui réprimèrent cruellement cette révolte.

(1) *Belfort et son Territoire*, par J. Liblin.

Le 23 novembre 1632, la place assiégée par les Suédois se rendit au bout de trente-trois jours. Réoccupée par les Impériaux en 1634, ceux-ci furent bloqués quelques jours en 1635, par une petite armée française. Mais Louis XIII ayant fait don de Belfort à l'un de ses généraux, le comte de la Suze, celui-ci, après des préparatifs de plus d'un an et divers succès, finit par s'emparer de la place le 29 juin 1636, et depuis elle est restée à la France. Elle appartint un peu plus tard et jusqu'à la Révolution aux héritiers de Mazarin, auxquels Louis XIV l'avait attribuée au détriment du comte de la Suze qui s'était rallié au parti des princes dans la Fronde.

C'est en 1688 que Vauban y fit exécuter les travaux de fortification qui en firent une des places les plus fortes de la France, pour l'époque. Ces travaux ont été agrandis et complétés après 1815 et 1871.

La ville fut assiégée du 25 décembre 1813 au 12 avril 1814, et ce siège se termina par une capitulation.

Un deuxième siège, qui ne fut en réalité qu'un blocus, dura du 27 juin au 11 juillet 1815. Habilement défendue par le général Lecourbe, qui fit alors construire des redoutes en terre aux Hautes et Basses-Perches, la place servit de base à diverses incursions. Mais les succès remportés furent rendus inutiles par le désastre de Waterloo et le siège se termina par une armistice avec le général autrichien Colloredo, à la nouvelle officielle de la rentrée de Louis XVIII à Paris.

Le dernier siège, plus célèbre et plus important, fut celui soutenu contre les Allemands par le colonel Denfert-Rochereau, du 3 novembre 1870 au 16 février 1871, avec soixante-douze jours de bombardement. La résistance énergique et brillante que fit la place, qui n'avait perdu aucun ouvrage important et aurait pu résister encore, cessa sur l'ordre du gouvernement, autorisant la reddition de la place (1). Afin de perpétuer le souvenir de cette belle défense, on a dressé, à la base du rocher qui surplombe la ville et porte le château, un monument symbolique connu sous le nom de *Lion de Belfort.*

Rappelons encore qu'un complot libéral, ayant pour chef le colonel Caron, éclata à Belfort en 1821.

Angeot était dès le XIIe siècle le chef-lieu d'un fief de Fenette accordé à une famille qui en prit le nom et s'y construisit un château qui fut rasé par les Suédois.

Auxelles-Bas avait une famille noble de ce nom et un château qui, avec ceux du Rosemont

(1) Voir, pour les détails de ce siège, notre *Traité d'attaque et de défense des Places*, p. 449 et suiv.

et de Passavant, formait le groupe de forteresses féodales connu sous le nom prétentieux de : *les trois pucelles*. Il fut détruit en 1632.

Banvillars se trouve sur le passage d'une voie romaine et on y voit les ruines bien caractérisées d'une forteresse.

Bavilliers occupe l'emplacement d'un poste militaire romain. On a retrouvé, sur un monticule voisin, des restes de fondations de l'ancien *Castellum*, remplacé par le *Châtelet* du moyen âge. Filatures.

Beaucourt est le centre d'une vaste industrie créée par la famille Japy, qui occupe cinq mille cinq cents ouvriers.

Bourogne, sur le canal du Rhône au Rhin, montre des tronçons d'une voie romaine et il y existait un établissement romain, auquel succéda un castel du moyen âge ; il y eut une famille noble de ce nom.

Courcelles est la *Curtis-Cella* des Romains.

Cravanche a pour origine un établissement gallo-romain et eut un château féodal disparu dans la période germanique.

Croix doit, d'après la légende, son nom et son origine au martyr de Saint-Dizier. Elle eut de bonne heure sa famille de basse noblesse.

Danjoutin (*Domus Justini*) avait un établissement où aboutissaient deux voies romaines. Pendant le siège de Belfort, en 1870, le village fut attaqué en vain le 13 décembre, mais fut enlevé dans la nuit du 7 au 8 janvier 1871, après un bombardement violent.

Delle (*Datira*) existait dès l'époque gallo-romaine au croisement de deux routes importantes. Une forteresse consistant en un mur quadrangulaire dominé par un château, s'y éleva vers 1232 et fut démantelée en 1633 par les Suédois, sans avoir joué un rôle digne d'être relaté. La famille noble de Delle, d'ailleurs fort nombreuse, eut à peu près la même existence.

Essert est un château dont on voit encore les ruines.

Florimont est un *castellum* romain, remplacé par un château féodal.

Foussemagne faisait partie du fief de Montreux-Château et posséda sa famille noble et son château.

Froidefontaine fut, à partir du XIIe siècle, un domaine féodal essentiellement ecclésiastique, avec prieuré.

Giromagny, bourgade très industrielle. Fort dans les environs.

Grandvillars fut un poste fortifié romain, puis devint une bourgade entourée de murs, avec un château appartenant à la famille de ce nom. Les Armagnacs s'emparèrent de la ville en 1444 et y commirent des massacres.

Lachapelle-sous-Rougemont, grand village sur la route de Strasbourg à l'extrême frontière, servit de parc aux Allemands pendant le siège de Belfort, en 1870. Il s'y trouve un collège libre.

Montreux-Château fut le siège d'une famille noble de ce nom, qui eut de nombreuses ramifications et qui y possédait un château-fort.

Morvillars eut son sire et son château particulier.

Réchésy eut de même ses nobles et son château, ainsi qu'une chapellenie.

Roppe est citée, dès 792, comme chef-lieu d'une Marche des temps barbares. Au XIIIe siècle apparaît la famille noble de Roppe qui donna naissance à celle de Belfort, et construisit un château féodal.

Rosemont possède au sommet d'une roche les ruines d'un château qui fut précédé d'un établissement militaire très ancien. Les seigneurs de Rosemont avaient droit de haute et basse justice, et le château féodal avait une grande importance ; son action se fit sentir sur tout le pays à diverses reprises En 1525, quatre cents Rosemontois envahirent Belfort et lui imposèrent une contribution. En 1632, quatre mille Rosemontois et des fuyards marchèrent sur Altkirch et Ferrette, où ils massacrèrent la garnison suédoise. Poursuivis dans leur retraite, ils furent atteints et massacrés. Le château de Rosemont fut à peu près bombardé et ruiné.

Rougemont avait, dès les temps gallo-romains, un établissement militaire important. Une forteresse, établie au haut d'un monticule, lui succéda et, au temps féodal, devint le manoir d'une seigneurie assez importante. Un autre château, dit du bas, y fut construit vers le XIIe siècle. Aujourd'hui, il existe à Rougemont des tissages et des fabriques de serrurerie.

Saint-Dizier est situé à l'endroit où furent martyrisés Saint-Dizier et Saint-Regenfroi.

Saint-Germain avait, au Xe siècle, un château-fort et une chapelle dans le château.

Saint-Nicolas avait un prieuré célèbre.

Vescemont avait un château d'où est sortie la famille de Wessemberg (nom allemand de Vescemont).

II. — VUE DU TERRITOIRE A VOL D'OISEAU

Le territoire forme une étroite vallée appelée du reste *trouée de Belfort* et relevée au nord par les Vosges et au sud par le Jura. C'est par cette trouée que passe le canal de jonction du Rhône au Rhin.

Sur la frontière d'Alsace-Lorraine, les *Vosges* forment des sommets boisés qui atteignent 1250 mètres au *Ballon d'Alsace*, à la pointe nord ; ces sommets diminuent rapidement et n'ont plus que 925 mètres au *Ballon-Gunon*, 1077 mètres au *Barenkopf*,

920 mètres au *Sudel*. Du Ballon d'Alsace un contrefort se dirige vers le sud-ouest et sert de limite avec la Haute-Saône. On y trouve le *Ballon Saint-Antoine* (1001m), la *Planche des Belles-Filles* (1151m), le *mont St Jean* (815m).

Dans l'intérieur, les hauteurs diminuent rapidement ; au nord-ouest de Belfort, le *Salbert* a 647 m. ; la *Miotte* de Belfort a 460 m.

Dans le sud, les derniers contreforts du *Jura* atteignent 512 mètres au *Fay*, dans la forêt de Florimont, 613 et 621 mètres à Croix, à l'extrémité du canton de Delle.

Une grande partie du territoire est couverte de belles forêts principalement dans le canton de Delle et au nord de Giromagny.

III. — HYDROGRAPHIE

Les nombreux ruisseaux du territoire appartiennent au bassin du *Rhône*, par le Doubs, affluent de la Saône, auquel ils viennent apporter le tribut de leurs eaux.

Le *Doubs* ne touche pas l'arrondissement de Belfort, mais un affluent de sa rive droite, l'Allaine qui en traverse la partie méridionale, reçoit les eaux de tous les ruisseaux du pays.

L'*Allaine* ou *Allan* (67 kilom.) prend naissance en Suisse, pénètre en France près de Delle, traverse cette ville puis Joncherey, Grandvillars et Morvillars ; elle entre ensuite dans le département du Doubs, touche Montbéliard et se jette à Berche par 313 m. d'altitude.

L'Allaine reçoit de nombreux ruisseaux ; les principaux sont :

Le *Ruisseau de St-Nicolas* (35 kilomètres) qui descend du Barenkopf, passe à Rougemont, Petite-Fontaine, Lachapelle-sous-Rougemont, Larivière, Fontaine, Foussemagne, Montreux-Château, Froidefontaine et Bourogne ; de Montreux à Bourogne il est longé par le canal du Rhône au Rhin et prend alors le nom de *Bourbeuse ;* le ruisseau de St-Nicolas est grossi lui-même de la *Suarcine* (rive gauche) et de la *Madeleine* (rive droite).

La *Savoureuse* (40 kilomètres) a sa source au Ballon d'Alsace et descendant au sud, arrose Giromagny, Chaux, Sermamagny, Valdoie, Belfort, Danjoutin, Andelnans, Bermont, Châtenois et rejoint l'Allaine près de Montbéliard (Doubs).

La Savoureuse est grossie, sur sa rive gauche, de la *Waivre* et sur sa rive droite, de la *Douce*.

Nous donnons plus loin les détails sur le canal du Rhône au Rhin.

Le territoire renferme un grand nombre d'étangs ; les principaux sont : l'*étang de Malsaussé* et celui de *Sermamagny*, entre Giromagny et Belfort, et au nord-est de cette dernière ville, celui de *la Forge*.

IV. — VOIES DE COMMUNICATION

I. — Chemins vicinaux.

Les voies vicinales sont ainsi divisées :

1° Les chemins de grande communication ayant une longueur totale de. . 184k,211

2° Les chemins d'intérêt commun ayant une longueur totale de. 218, 523

3° Les chemins vicinaux ordinaires ayant une longueur totale de. 269, 678

Développement total. . . 6 712k,412

La dépense annuelle du service vicinal de Belfort étant de 293 352 fr. 32 le prix moyen, par kilomètre, est de 436,20 ou 0,43 par mètre courant.

II. — Routes nationales.

Le territoire est traversé par deux routes nationales sur une longueur totale de 41,920 m.

1° *La route n° 19, de Paris à Bâle*, a 19 480 mètres ; venant de Lure (Hte-Saône) elle passe à Essert, Belfort, Pérouse, Bessoncourt, Frais et Foussemagne ; elle pénètre ensuite en Alsace-Lorraine se dirigeant sur Altkirch ;

2° *La route n° 83, de Lyon à Strasbourg* a 22,440 mètres ; venant de Héricourt (Hte-Saône) elle traverse Argiésans, Bavilliers, Belfort (où elle croise la route n° 19), Roppe, Lachapelle-sous-Rougemont, et pénètre en Alsace-Lorraine se dirigeant sur Strasbourg, par Colmar.

Résumé de la circulation sur les routes nationales.

DÉSIGNATION DES ROUTES	TONNAGE ANNUEL			
	BRUT		UTILE	
	distance entière 1 000 tonnes	kilométrique 1 000 tonnes	distance entière 1 000 tonnes	kilométrique 1 000 tonnes
1° Route n° 19, de Paris à Bâle..	89,79	1 752	43,80	857
2° Route n° 83, de Lyon à Strasbourg..................	74,11	1 606	35,04	785

III. — Navigation.

I. — FLEUVES ET RIVIÈRES NAVIGABLES. — Néant

II. — CANAUX

Canal du Rhône au Rhin. — Ce canal part de la Saône à Saint-Symphorien (Côte-d'Or) en amont de Saint-Jean-de-Lure, origine du Canal de Bourgogne, et rejoint le Rhin, après un parcours de 320 kilomètres.

Les écluses ont 30 mètres de longueur utile et 5m,15 à 5m.20 de largeur. Le tirant d'eau, qui est de 1m,80, presque sur tout son parcours, n'est que de 1m,20 dans la traversée du

TERRITOIRE DE BELFORT

EXTRAIT DE LA CARTE D'ÉTAT-MAJOR AU 1/320.000

territoire de Belfort. La traction des bateaux se fait par des chevaux ; mais celle des radeaux s'effectue à bras d'hommes.

Les localités desservies par le canal du Rhône au Rhin dans la traversée du territoire de Belfort sont : Morvillars, Meziré, Bourogne (port), Froidefontaine, Brebotte et Montreux-Château (port). La frontière allemande se trouve à 4 kilom. de cette dernière localité.

IV. — Chemins de fer.

L'arrondissement de Belfort est traversé par quatre lignes de chemin de fer ayant ensemble douze stations et une longueur totale de 61 k.

1° *Ligne de Paris à Belfort et Delle.* — Cette ligne entre dans l'arrondissement 6 kil. après la gare de Champagney (Haute-Saône);

Ses gares dans l'arrondissement sont : Bas-Evette, Belfort, Meroux, Bourogne, Morvillars, Grandvillars et Delle. Elle sort ensuite de l'arrondissement après un parcours de 31 kilom. ;

2° *Ligne de Belfort à Mulhouse.* — Ses gares sont : Belfort, Chèvremont, et Petit-Croix. Elle sort de l'arrondissement après un parcours de 13 kil.;

3° *Ligne de Montbéliard à Morvillars.* Ses gares sont, dans l'arrondissement : Beaucourt (dont la gare est dans le département du Doubs), et Morvillars où elle aboutit après un parcours de 3 kil. ;

4° *Ligne de Belfort à Giromagny.* — Ses gares sont : Belort, Bas-Evette, Lachapelle-sous-Chau et Giromagny, où elle aboutit après un parcours de 14 kilom.

V. — MONUMENTS HISTORIQUES. — Néant

VI. — HOMMES CÉLÈBRES

L'abbé *Felemez*, prédicateur, né à Belfort, mort en 1783.

L'abbé *Joseph de la Porte* (1718-1779), littérateur, né à Belfort.

L'abbé *Jean-Pierre Richard*, prédicateur de Louis XVI, né à Belfort en 1743, mort en 1820.

Le général *Schérer*, né à Delle en 1747, servit d'abord pendant onze ans dans l'armée autrichienne ; il entra ensuite dans l'armée française en 1780, comme capitaine d'artillerie et passa en 1785, avec le grade de major, au service de la Hollande, pour rentrer en France en 1791, comme capitaine d'infanterie. Sa bravoure à Valmy et à Laudon, le fit nommer rapidement général de brigade. Il fut promu divisionnaire en 1794 pour avoir empêché les Autrichiens de passer le Rhin pendant l'hiver de 1793. A la tête d'un corps d'armée, il remporta, en 1794, plusieurs avantages et il reprit en moins d'un mois nos places frontières du nord. Les talents dont il fit preuve en toute occasion, le firent nommer en 1795 commandant en chef de l'armée des Pyrénées-Orientales, où il battit les Espagnols. Commandant en chef de l'armée d'Italie à la fin de 1795, il ne sut pas profiter d'une première victoire, et fut remplacé par Bonaparte. Nommé ministre de la guerre en 1796, il fut accusé de malversations au Conseil des Cinq-Cents, et fut envoyé de nouveau commander en chef l'armée d'Italie en 1797. Les circonstances étaient alors très critiques et Schérer, après quelques succès qu'il ne poursuivit pas, fut obligé de se replier et de donner sa démission. Les critiques dirigées contre son incapacité comme général, et contre ses malversations comme ministre, devinrent si violentes que Schérer, menacé d'être mis en accusation, prit la fuite. Le coup d'État du 18 brumaire, survenu alors, fit abandonner les poursuites, au sujet desquelles il a publié deux mémoires justificatifs. Il mourut obscurément à Chauny en 1804.

Général Négrier.

Le général Beuret, né à Larivière en 1803.

Il prit part à la guerre d'Espagne, aux campagnes de Morée et d'Algérie, à l'expédition de Rome, et fut nommé brigadier en Crimée. Il fut tué au combat de Montebello, le 20 mai 1859.

Jean Stroltz, général, pair de France né à Belfort (1771-1841).

Le général *Boyer*, né à Belfort vers 1762, volontaire en 1792, fit toutes les campagnes de la Révolution et de l'Empire et arriva par son courage et son talent, au grade de général. Proscrit par la Restauration, il entra au service de l'Égypte ; il reçut du gouvernement de juillet un commandement en Algérie, mais ne l'exerça pas longtemps et prit sa retraite. Il mourut en 1851. On lui reproche son inflexible sévérité.

Jean-Pierre Roussel, général, né à Belfort (1782-1851).

François-Joseph Heim, peintre d'histoire, professeur à l'École des Beaux-Arts, né à Belfort (1787-1865).

François-Gustave Dauphin (1807-1859), peintre d'histoire, né à Belfort.

Emile Keller, homme politique, député et écrivain, né à Belfort en 1828.

Le *général de Négrier*, né à Belfort, en

1839. Capitaine à vingt-neuf ans, il fut grièvement blessé à Saint-Privat. Prisonnier à la capitulation de Metz, il réussit à s'évader et vint prendre, à l'armée du nord, le commandement d'un bataillon de chasseurs, à la tête duquel il fut blessé de nouveau à Villers-Bretonneux, et à Saint-Quentin. Colonel de la Légion étrangère en 1879, il montra beaucoup d'énergie dans la répression de l'insurrection du Sud-Oranais, et fut nommé général de brigade. On sait comment il a gagné au Tonkin les étoiles de divisionnaire, et sans sa blessure à Langson, la désastreuse retraite qui s'en suivit n'aurait pas eu lieu.

Il vient d'être promu au commandement du XIe corps, à Nantes.

VII. — INDUSTRIE

NATURE des Industries	DÉSIGNATION ou nombre de localités où s'exercent les industries	NOMBRE d'établissements	NOMBRES MOYENS de contre-maîtres et surveillants	d'ouvriers et de manœuvres	de femmes	d'enfants	TOTAUX
I. — ALIMENTATION							
Brasseries	3 localités	4	4	29	»	»	33
Fabriq. de charcuterie	Belfort et Chèvremont	2	3	55	»	»	58
II. — ARTS ET PRODUITS CHIMIQUES							
Produits chimiques (fab. de)	Chaux	1	1	50	»	»	51
III. — INDUSTRIE DU BOIS							
Menuiserie, charpente	Belfort	1	1	20	»	»	21
Fabr. de sabots	Réchésy	6	»	10	»	»	10
IV. — CÉRAMIQUE							
Poterie	Réchésy	4	»	6	»	»	6
Tuileries	Froidefontaine et Foussemagne	2	1	25	9	10	45
V. — INDUSTRIES EXTRACTIVES							
Fours à chaux	Andelnans et Châtenois	6	2	21	»	»	23
Ciment (fab. de)	Roppe	1	1	8	»	»	9
VI. — INDUSTRIES TEXTILES. — TISSUS							
Coton, Filature et tissage	8 localités	12	64	1589	788	200	2641
Coton, Retorderie	Belfort	1	5	50	190	45	290
Calicot (tiss. de)	6 localités	9	51	643	661	287	1642
Laine (filature de)	Valdoie	1	7	88	78	26	199
Teinturerie	Belfort	1	2	44	9	4	59
Corderie	Sermamagny	1	1	8	12	4	25
Toiles et sacs	Delle	1	1	8	8	8	25
VII. — INSTRUMENTS DE PRÉCISION							
Horlogerie	Auxelles-Haut et Beaucourt	3	1	1243	32	16	1292
Carrés et clefs de montres (fab.)	Auxelles-Bas	1	2	12	10	9	33
VIII. — MÉTALLURGIE ET CONSTRUCTIONS MÉCANIQUES							
Forges et fonderies	Lachap.-s-Rougemont et Châtenois	2	5	158	»	»	163
Laminoir et tréfilerie de cuivre	Valdoie	1	2	34	»	»	36
Tréfileries et corderie métalliq.	Danjoutin	1	4	27	»	26	57
Vis et boulons	3 localités	5	3	640	244	123	1010
Limes (fab. de)	Belfort	1	1	16	»	»	17
Quincaillerie, serrurerie	3 localités	3	4	561	»	9	574
Constructions mécaniques	Valdoie et Belfort	2	14	855	»	»	869
IX. — VÊTEMENT ET ACCESSOIRES							
Bonneterie	4 localités	9	18	127	380	63	888
Bas et chausset.	Grandvillars	3	»	20	12	40	72
Totaux		84	198	6347	2433	870	9848

VIII. — AGRICULTURE

La principale culture du territoire est celle du blé. Dans les parties montagneuses on récolte le seigle et l'avoine. La pomme de terre donne un bon rendement et les choux sont l'objet d'une culture relativement importante, et servent à faire la choucroute dite de Strasbourg.

Les prairies artificielles sont généralement négligées malgré l'abondance des ruisseaux.

Froment.

Surface cultivée	4 847 hectar.
Rendement moyen par hectare	20 hectol.
Poids moyen de l'hectol.	72 kilog.
Prix moyen de l'hectol.	18 fr.
Production totale	96 940 hectol.

Céréales diverses : farineux, cultures industrielles, plantes textiles, autres cultures oléagineuses, vignes, sériciculture, apiculture.

DÉSIGNATION	SUPERFICIE ensemencée EN HECTARES	RENDEMENT moyen par hectare	PRODUCTION ANNUELLE
		en hectol.	en hectolitres
Méteil	740	18,00	13 320
Seigle	2 898	15,00	43 470
Orge	285	17,00	4 845
Sarrazin	»	»	»
Maïs	»	»	»
Millet	»	»	»
Avoine	2 502	26,00	65 052
Pommes de terre	2 480	130,00	322 400
Légumes secs	»	»	»
Châtaignes	»	»	»
		en quint.	en quintaux
Betteraves à sucre	»	»	»
Betteraves fourragères	340	310,00	105 400
Houblon	»	»	»
Tabac	»	»	»
			filas. en quint.
Chanvre	52	6,00	312
		en quint.	en quintaux
Lin	»	»	»
		en Kilog.	en Kilog.
Chènevis	»	»	»
Lin (huile)	»	»	»
Œillette, Navette, Cameline, etc	»	»	»
		en hectol.	en hectolitres
Colza (graine)	»	»	»
		en Kilog.	en Kilog.
Colza (fruit)	»	»	»
		en hectol.	en hectol.
Olives (fruits)	»	»	»
		en Kilog.	en Kilog.
Olives (huiles)	»	»	»
		en hectol.	en hectolitres
Vignes	»	»	»

Ruches d'abeilles.

Nombre de ruches en activité	2 185
Production du miel en kilogrammes	2 185
Production en cire en kilogrammes	939

Animaux de ferme.

Espèce chevaline	3 230
— mulassière	18
— asine	47

Espèce bovine	Bœufs et taureaux........	2 710
	Vaches et génisses.......	10 142
	Veaux..................	1 790
Espèce ovine	Races du pays..........	4 172
	Races perfectionnées.....	»
Espèce porcine	....	15 708
Espèce caprine	....	1 820

IX. — FORÊTS

L'arrondissement de Belfort fait partie de la 12e Conservation dont le siège est à Besançon. Il y a un inspecteur et un garde général à Belfort.

Les forêts y occupent une surface de 20,493 hectares dont les essences dominantes sont : le hêtre, le chêne, l'épicéa, le sapin, le mélèze, le bouleau, le charme et le frêne.

X. — DIVISION POLITIQUE, ADMINISTRATIVE ET POPULATION

Le territoire de Belfort est divisé en six cantons contenant ensemble 106 communes. Il est administré directement par un administrateur faisant fonctions de préfet. Nous donnons ci-contre le tableau de toutes les communes de l'arrondissement classées par cantons. La population résulte du dernier recensement effectué en 1886 et toutes les communes sont exactement repérées par rapport aux gares des chemins de fer ainsi qu'aux bureaux de poste et télégraphe.

STATISTIQUE DE LA POPULATION

La population du département était :

En 1872..........	56 781	habitants.
En 1886..........	79 758	—

Mariages annuels :

1° Entre garçons et filles	470
2° Entre garçons et veuves	12
3° Entre veufs et filles.........	28
4° Entre veufs et veuves........	8

Naissances et décès :

Naissances	enfants légitimes	garçons.	951
		filles . .	870
	enfants naturels	garçons .	84
		filles. . .	88
Décès	sexe masculin	garçons.	525
		mariés. .	245
		veufs. . .	124
	sexe féminin	filles. . .	358
		femmes.	183
		veuves. .	174

XI. — DIVISION JUDICIAIRE

L'arrondissement de Belfort dépend de la Cour d'appel de Besançon qui se compose d'un premier président, de deux présidents de Chambre, de quinze conseillers, d'un procureur général, de deux avocats généraux et de deux substituts du procureur général.

Il y a un tribunal de première instance à Belfort. D'après l'annuaire de la République Française il y a un tribunal de Commerce à Belfort.

Belfort. Quatre notaires, cinq avoués et un commissaire-priseur.

XII. — DIVISION UNIVERSITAIRE

L'arrondissement de Belfort fait partie de l'Académie de Besançon.

Enseignement secondaire. — Lycée de Belfort (2e catégorie). — Cours secondaire de jeunes filles à Belfort. — Établissements libres à Belfort, à Delle et à Lachapelle-sous-Rougemont.

L'Inspecteur d'Académie est à Besançon.

Enseignement primaire. — Un inspecteur primaire à Belfort. — Une école normale d'instituteurs à Belfort. — Une école primaire supérieure à Belfort et à Giromagny. — Cours complémentaires à Delle et à Rougemont. — Pensionnats primaires à Belfort, à Bourogne et à Delle.

ÉCOLES PUBLIQUES

Nombre d'écoles	laïques	121	163
	congréganistes	42	

Nombre d'élèves :

Laïques . . .	garçons. .	5 520	
	filles . . .		2 648
Congréganistes. .	garçons. .	102	
	filles . . .		2 016
		5 622	4 664
		10 286	

ÉCOLES LIBRES

Nombre d'écoles	laïques.	1	12
	congréganistes	11	

Nombre d'élèves :

Laïques . . .	garçons. .	»	
	filles . . .		45
Congréganistes. . .	garçons. .	444	
	filles . . .		797
		444	842
		1 286	

XIII. — DIVISION RELIGIEUSE

L'arrondissement de Belfort dépend de l'archevêché de Besançon. La résidence de l'évêque est à Besançon. Le personnel ecclésiastique est ainsi réparti

Évêque 1
Vicaires généraux titulaires 4
Chanoines titulaires 10
Ecclésiastique attaché au secrétariat..... 5
Curés 58
Desservants 809
Vicaires de paroisses 211
Prêtres habitués 57
Aumôniers 35
Professeurs 17
Supérieurs et professeurs 43

Total 1250

Contenance et Valeur des immeubles possédés par les congrégations religieuses.

CONTENANCE en hectares d'après LE CADASTRE	VALEUR	
	LOCATIVE	VÉNALE
13 h. 31	44 200 f.	954 000 f.

Contenance et Valeur des immeubles occupés par les congrégations religieuses.

CONTENANCE en hectares d'après LE CADASTRE	VALEUR	
	LOCATIVE	VÉNALE
7 h. 98	12 610 f.	280 000 f.

TABLEAU DES COMMUNES DU TERRITOIRE DE BELFORT

1 arrondissement — 6 cantons — 106 communes — 79 758 habitants — 60 826 hectares — Moyenne de la population par kilomètre carré : 56 habitants.

NOMS des COMMUNES	Population	Dist. au chef-l. d'ar.	LOCALITÉS AVEC GARES postes et télégraphes	GARE LA PLUS PRÈS de chaque com. et distance à cette commune	BUREAUX de postes desserv. les communes avec les distances
I. — ARRONDISSEMENT DE BELFORT (6 cantons, 106 communes, 79 758 habitants)					
I. — CANTON DE BELFORT *(32 com., 85 670 hab.)*					
1 Belfort	22181	»	🚂 P **443 0**	Belfort .... »	Belfort..... »
2 Andelnans	250	4 3	375 0	id. 4 3	id. 4 3
3 Argiésans	161	4 8	360 0	id. 4 8	id. 4 8
4 Banvillars	164	6 3	353 0	id. 6 3	id. 6 3
5 Bavilliers	1212	2 6	T 380 0	id. 2 6	id. 2 6
6 Bermont	388	6 7	342 0	id. 6 7	id. 6 7
7 Botans	124	5 6	402 0	id. 5 6	id. 5 6
8 Bue	193	6 3	381 0	id. 6 3	id. 6 3
9 Charmois	198	10 5	373 0	Morvillars.. 3 0	Bourogne .. 2 1
10 Châtenois	1128	9 7	P 360 0	Meroux.... 4 7	Châtenois . »
11 Chèvremont	633	5 5	🚂 **449 0**	Chèvremont. 1 0	Belfort..... 5 5
12 Cravanche	221	4 0	453 0	Belfort..... 4 0	Valdoie. ... 2 0
13 Danjoutin	1690	2 8	356 0	id. 2 8	Belfort..... 2 8
14 Dorans	357	6 9	402 0	Meroux 4 1	id. 6 9
15 Eschêne-Autrage	97	11 4	380 0	Petit-Croix. 6 1	Montreux-Ch. 6 4
16 Essert	757	4 2	*380 0*	Belfort 4 2	Belfort..... 4 2
17 Fontenelle	85	8 7	350 0	Chèvremont. 4 6	id. 8 7
18 Meroux	728	6 3	🚂 **450 0**	Meroux 1 3	Bourogne .. 5 6
19 Moval	92	8 2	380 0	id. 0 3	id. 4 6
20 Novillard	159	11 3	370 0	Petit-Croix. 3 2	Belfort..... 11 3
21 Offemont	536	4 0	*400 0*	Belfort..... 4 0	id. 4 0
22 Pérouse	480	3 5	*378 0*	id. 4 5	id. 3 5
23 Rechotte	83	11 2	*371 0*	Petit-Croix. 4 9	Montreux-Ch. 5 2
24 Roppe	665	5 9	*371 0*	Belfort 5 9	Belfort..... 5 9
25 Salbert	331	5 1	400 0	id. 6 1	Valdoie 1 1
26 Sevenans	151	6 6	*347 0*	Meroux..... 1 9	Belfort..... 6 6
27 Trétudans	240	8 0	342 0	id. 3 0	Châtenois .. 1 7
28 Urcerey	170	5 4	*396 0*	Belfort 5 4	Belfort..... 5 4
29 Valdoie	1371	4 0	P *376 0*	id. 4 0	Valdoie .... »
30 Vétrigne	176	5 5	390 0	id. 5 5	Belfort 5 5
31 Vézelois	508	7 1	381 0	Chèvremont. 1 6	id. 7 1
32 Vourvenans	121	10 4	370 0	Meroux 5 5	Châtenois .. 2 4
II. — ANCIEN CANTON DE DANNEMARIE *(3 com., 1 132 hab.)*					
33 Chavanatte	180	21 1	*365 0*	Petit-Croix. 8 0	Delle 12 0
34 Chavannes-les-Grandes	436	18 5	356 0	id. 5 7	Montreux-Ch. 4 9
35 Suarce	516	19 7	*370 0*	Delle 10 2	Delle 10 0
III. — CANTON DE DELLE *(27 com., 18 763 hab.)*					
36 Delle	2161	22 0	🚂 P **397 0**	Delle ...... »	Delle ...... »
37 Beaucourt	4439	23 1	🚂 P **405 0**	Beaucourt.. 2 3	Beaucourt.. »
38 Boron	284	16 7	364 0	Grandvillars 4 1	Delle 6 3
39 Bourogne	1029	12 0	🚂 ⊠ **368 0**	Bourogne .. 2 1	Bourogne .. »
40 Brebotte	275	12 8	373 0	Morvillars. . 5 0	id. 5 3
41 Bretagne	272	14 3	350 0	Petit-Croix. 2 7	Montreux-Ch. 2 0
42 Courcelles	196	27 5	415 0	Delle 9 8	Réchésy ... 2 8
43 Courtelevant	307	26 5	*396 0*	id. 7 6	id. 2 3
44 Croix	303	31 0	613 0	id. 9 5	Delle 8 6
45 Faverois	415	23 2	399 0	id. 4 5	id. 4 5
46 Fesche-l'Église	438	21 5	426 0	id. 1 4	id. 4 5
47 Florimont	405	25 5	*396 0*	id. 7 7	Réchésy ... 4 1
48 Froidefontaine	292	12 0	364 0	Morvillars.. 2 1	Bourogne .. 2 3
49 Grandvillars	2184	17 0	🚂 **350 0**	Grandvillars »	Morvillars.. 3 1
50 Grosne	224	15 0	*362 0*	Petit-Croix. 5 0	Delle 8 1
51 Joncherey	531	20 0	398 0	Delle 2 4	id. 2 1
52 Lebetain	282	25 0	430 0	id. 3 8	id. 2 9
53 Lepuix	362	24 7	409 0	id. 11 5	Réchésy.... 3 6
III. — CANTON DE DELLE *(suite)*					
1 Meziré	804	16 0	T 360 0	Morvillars... 2 0	Morvillars .. 1 5
2 Montbouton	504	25 1	592 0	Beaucourt.. 3 0	Beaucourt . 1 9
3 Morvillars	716	14 7	🚂 ⊠ **339 0**	Morvillars .. »	Morvillars .. »
4 Réchésy	1107	29 7	⊠ 410 0	Delle 11 0	Réchésy.... »
5 Recouvrance	63	12 3	382 0	Morvillars .. 6 4	Bourogne .. 6 5
6 St-Dizier	630	25 4	555 0	Delle 6 2	Delle 5 3
7 Thiancourt	208	20 5	420 0	id. 3 3	id. 3 2
8 Vellescot	110	16 1	363 0	Petit-Croix. 5 5	id. 7 7
9 Villars-le-Sec	222	28 6	583 0	Delle...... 8 5	id. 7 6
IV. — CANTON DE FONTAINE *(21 com., 6 766 hab.)*					
10 Fontaine	401	12 3	P *368 0*	Petit-Croix. 1 5	Fontaine ... »
11 Angeot	351	14 1	*364 0*	id. 12 2	Lachapelle.. 2 0
12 Bessoncourt	477	6 0	362 0	Belfort..... »	Belfort..... »
13 Betthonvilliers	172	9 8	382 0	Chèvremont. 7 7	id. 10 0
14 Cunelières	118	11 8	347 0	Petit-Croix. 3 1	Fontaine.... 3 9
15 Denney	231	4 5	*370 0*	Belfort..... 4 5	Belfort 4 0
16 Eguenigue	210	8 1	380 0	id. 8 1	id. 7 6
17 Felon	181	12 8	378 0	id. 13 0	Lachapelle.. 4 0
18 Foussemagne	566	13 0	*347 0*	Petit-Croix. 3 5	Fontaine.... 2 5
19 Frais	142	10 6	*384 0*	id. 5 6	id. 1 6
20 Lachapelle-s-Rougemont	810	14 9	P 377 0	id. 14 1	Lachapelle.. »
21 Lagrange	74	11 9	*376 0*	Chèvremont. 8 6	Belfort 12 2
22 Lacollonge	133	9 8	373 0	id. 5 6	id. 10 1
23 Larivière	220	13 3	*357 0*	Petit-Croix. 10 0	Fontaine ... 2 5
24 Menoncourt	298	8 9	379 0	Chèvremont. 6 4	Belfort..... 8 5
25 Montreux-Château	967	13 7	P 🚂 **440 0**	Montreux-vieux 2	Mont.-Chât. »
26 Petit-Croix	221	10 4	**455 0**	Petit-Croix. 2 0	Belfort 11 0
27 Phaffans	207	9 8	373 0	Chèvremont. 4 5	id. 7 2
28 Reppe	318	13 4	372 0	Petit-Croix.. 7 9	Fontaine ... 2 5
29 St-Germain	373	11 0	*400 0*	Belfort 12 0	Belfort 11 0
30 Vauthiermont	296	15 3	*395 0*	Petit-Croix.. 11 3	Lachapelle.. 4 0
V. — CANTON DE GIROMAGNY *(19 com., 14 496 hab.)*					
31 Giromagny	3558	13 0	🚂 P **443 0**	Giromagny. 0 8	Giromagny. »
32 Aujoutey	625	11 0	413 0	id. 10 6	id. 11 2
33 Auxelles-Bas	650	12 9	*459 0*	id. 4 5	id. 3 6
34 Auxelles-Haut	942	13 9	563 0	id. 4 5	id. 4 0
35 Bourg	82	12 0	413 0	id. 11 7	id. 12 5
36 Chaux	597	9 1	*432 0*	Lachap.-s.-ch. 1 1	id. 3 7
37 Eloie	166	7 8	408 0	id. 6 2	Valdoie 3 5
38 Etueffont-Bas	365	12 6	456 0	Giromagny. 9 3	Giromagny. 9 9
39 Etueffont-Haut	1055	13 6	*472 0*	id. 8 0	id. 8 6
40 Evette	555	6 3	🚂 **440 0**	Bas-Evette.. 0 8	Valdoie 4 1
41 Grosmagny	628	11 7	430 0	Giromagny. 5 0	Giromagny. 5 6
42 Lachapelle-s-Chaux	571	8 9	🚂 **439 0**	Lachap.-s.-ch. 1 0	id. 4 8
43 Lepuix	1981	15 0	486 0	Giromagny. 3 0	id. 2 0
44 Madeleine (La)	124	14 7	730 0	id. 8 0	id. 7 7
45 Petit-Magny	273	12 7	*512 0*	id. 6 2	id. 6 8
46 Rierrescemont	179	17 0	660 0	id. 5 4	id. 5 1
47 Rougegoutte	1020	12 3	*513 0*	id. 2 1	id. 3 0
48 Sermamagny	615	6 0	426 0	Lachap.-s.-ch. 1 1	Valdoie.... 2 5
49 Vescemont	610	14 1	450 0	Giromagny. 2 0	Giromagny. 1 7
VI. — ANCIEN CANTON DE MASSEVAUX *(4 com., 2 931 hab.)*					
50 Leval	300	15 0	401 0	Giromagny. 14 2	Rougemont. 2 0
51 Petite-Fontaine (La)	170	16 0	*391 0*	Petit-Croix. 15 1	La Chapelle. 1 7
52 Romagny	232	13 0	397 0	Belfort 15 1	Rougemont. 2 2
53 Rougemont	2229	16 0	P 405 0	Giromagny. 13 2	id. »

Nota. — Les cotes inscrites, dans ce tableau, à coté des signes abréviatifs 🚂 ⊠ T P, désignent des altitudes, c'est-à-dire la hauteur des points signalés au-dessus du niveau moyen des eaux de la mer. Les cotes imprimées en caractères gras et placées en face des noms des gares sont les altitudes *gravées* ou à *graver* sur les socles des bâtiments des dites gares, à 0 m. 50 environ au-dessus du niveau des rails. Les cotes inscrites en face du nom des communes sont extraites de la carte de l'état-major au 80 000e. Celles en italique existent *dans la commune même*. Les autres sont les cotes du point le plus rapproché de la commune correspondante, point indiqué sur la carte de l'état-major.

XIV. — POSTES ET TÉLÉGRAPHES

Le territoire de Belfort contient :
10 bureaux postaux et télégraphiques.
2 bureaux télégraphiques simples.
3 bureaux postaux seulement.

XV. — RECETTES ANNUELLES DU TERRITOIRE

I. — Budget ordinaire

Contributions directes......	572 575f73
Taxes assimilées aux contributions directes..........	38 984 10
Enregistrement...........	»
Timbre....................	»
Domaines et forêts..........	»
Douanes..................	8 359 311 86
A reporter......	8 970 871 69
Report....	8 970 871 69
Contributions indirectes.....	1 799 693 66
Postes.....................	»
Télégraphes...............	»
Impôt de 3 $^0/_0$ sur le revenu des valeurs mobilières....	»
Amendes et condamnations.	14 286 78
Retenues et autres produits perçus en exécution de la loi du 9 juin 1853........	70 254 03
Produits divers du budget...	193 063 63
	11 048 169f79

II. — Budget extraordinaire

Ressources spéciales........	481 616f47
Total général des recettes...	11 529 786f26

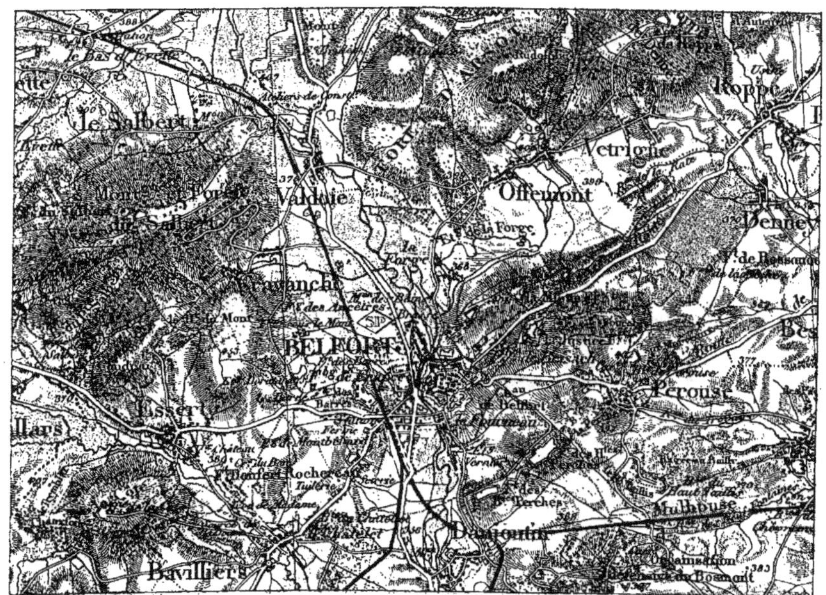

BELFORT ET SES ENVIRONS. — Extrait de la carte d'État-Major au 80 000e.

XVI. — ASSISTANCE PUBLIQUE

I. — BUREAUX DE BIENFAISANCE

Nombre de bureaux dans le départem..	11
Nombre d'individus secourus.........	2 535

Recettes

Revenus............	12 076 f. »	fr. 24 912 »
Subventions......	» »	
Recettes de charité...	7 926 »	
Fonds de report et autres recettes...	4 910 »	

Dépenses

Administration	1 596 f. »	13 471 f. »
Secours en nature	5 045 »	
Secours en argent	6 830 »	
Excédent des recettes		11 441 f. »
Montant des placements — En immeubles		6 000 f. »
Montant des placements — En rentes		39 650
Total		45 650 f. »

II. — HÔPITAUX ET HOSPICES

Nombre des établissements hospitaliers

Hôpitaux	»	1
Hôpitaux et hospices	1	
Hospices	»	

Personnel

Médecins et chirurgiens	2	19
Religieuses	10	
Employés	3	
Servants	4	

Lits affectés au service

Malades	83	133
Infirmes, vieillards et incurab.	37	
Enfants assistés	9	
Personnel de l'établissement	4	

Recettes de 1 établissement	34 573 fr.
Dépenses. — —	40 780 fr.
Excédent des dépenses	6 207 fr.

XVII. — CAISSES D'ÉPARGNE

Nombre de caisses d'épargne	2

Nombre de livrets.

Existant au 1er janvier	10 895
Ouverts pendant l'année	1 227
Soldes pendant l'année	558
Restant au 31 décembre	11 564
Soldes aux déposants au 1er janvier	5 364 299
Recettes	2 422 708
Dépenses	2 151 646
Soldes aux déposants le 31 décembre	5 635 361

XVIII. — INCENDIES ET SINISTRES AGRICOLES

Incendies	354 150
Grêle	15 340
Gelée	»
Inondations	»
Pertes de bestiaux	19 300
Total des pertes	388 790

II. — PARTIE MILITAIRE

Situation.

On sait que les dernières dépressions des Vosges et les premiers contreforts du Jura laissent subsister une trouée de 40 kilomètres, que la place de Belfort a pour objet de fermer à sa partie la plus étroite. C'est par cette trouée qu'a lieu la communication entre le centre et l'est de la France avec l'Allemagne et la Suisse, au moyen des diverses routes ou voies ferrées, qui viennent se croiser sous le canon de la place. Le terrain est d'ailleurs loin de constituer une plaine ouverte ; sa nature accidentée facilite au contraire l'établissement d'ouvrages de fortification. Cependant la forteresse de Belfort ne suffit pas pour fermer complètement la trouée, car certaines routes et le canal du Rhône au Rhin se trouvent hors du rayon d'action de son artillerie. On y a pourvu, comme nous le verrons, au moyen d'ouvrages construits depuis 1871.

« C'est par cette large porte qu'on appelle aussi le *sundgau*, dit le colonel Niox, que les peuples du nord sont entrés en contact avec ceux du midi. On remarquera, en effet, que de Francfort à Belfort, et de Belfort aux côtes de la Méditerranée, il n'existe aucun obstacle qui ait entravé leurs migrations. C'est là aussi que vient aboutir une des principales routes de l'Europe orientale par la vallée du Danube, Schaffouse et Bâle, et c'est là que se raccordent, depuis l'ouverture récente du tunnel de l'Arlberg, les lignes des chemins de fer français avec le réseau des chemins de l'Orient. Belfort est ainsi l'un des carrefours les plus remarquables de la circulation de l'Europe.

« C'est par là que passe un des grands courants commerciaux de l'Europe du nord, en partie détourné, depuis l'ouverture du tunnel du Saint-Gothard ».

Fortifications.

L'importance que les conditions de la guerre de 1870-71 ont donnée à Belfort a eu pour première conséquence de faire porter rapidement sa population de 6,000 à 15,000. La ville et ses cinq faubourgs sont bâtis sur les deux rives de la Savoureuse, qui sont reliées par un pont en face duquel passent toutes les routes.

En 1870, la fortification de la *ville* comprenait une enceinte de forme pentagonale presque régulière, dont un côté était formé par le château. Les quatre autres fronts avaient été fortifiés par Vauban, de manière à former une double enceinte. L'ouvrage à cornes *de l'Espérance*, construit en avant du front nord-ouest, est situé sur un plateau assez bas qui aboutit aux hauteurs de la Miotte ; cet ouvrage est relié avec le *fort de la Miotte*, par un mur qui couronne des escarpements calcaires.

Le *fort de la Miotte* (à la cote 460) et le *fort de la Justice* (à la cote 449) occupent le sommet des hauteurs de ce nom, et font face vers l'Allemagne. Ils sont reliés l'un à l'autre par le *front du Vallon*, long de 500 mètres et traversé par la route de Colmar. Un camp baraqué, remplacé depuis par des casernes, avait été établi entre ce front et la ville. Ces deux forts ont été construits par le général Haxo après 1815.

Le *château* constitue le véritable réduit ou citadelle de la place, et couronne les hauteurs escarpées qui se trouvent au sud de celles de la Justice ; il commande de 50 mètres la ville et la vallée de la Savoureuse. Il comprend trois enceintes concentriques formées chacune de deux fronts bastionnés, en arrière desquelles vient un cavalier très élevé, dont le terre-plein est fermé du côté de la ville par une caserne à l'épreuve. Dans son ensemble, le château peut fournir cinq étages de feux. Ses batteries voient surtout le terrain au sud et à l'est de la ville. Le fort de la Justice et le château se flanquent réciproquement. Ces deux ouvrages, ainsi que le fort de la Miotte, occupent des positions naturelles très fortes, au sommet d'escarpements presque à pic, ont leurs fossés taillés dans le roc, et leurs glacis en général si raides, qu'on peut les dire inabordables. Le *Lion de Belfort*, élevé en témoignage de la mémorable défense de 1870-71, se dresse sur un rocher à mi-hauteur de l'escarpement au haut duquel se trouve le château.

Le *fort des Barres*, à 500 mètres seulement de la Savoureuse le long de la tranchée du chemin de fer, était presque terminé en 1870, et a pour but de couvrir la gare. Il a été complété depuis.

Sur le plateau de Bellevue, distant seulement de 500 mètres du fort des Barres et dominant la gare, fut construite une redoute en terre, qui a été remplacée depuis par un ouvrage solide en maçonnerie. Il en a été de même pour les redoutes établies aux *Hautes-Perches* et aux *Basses-Perches* sur une colline située à environ 1 kilomètre du château, entre Pérouse et Danjoutin.

Comme défenses nouvelles, exécutées ou en cours d'exécution, il y a lieu d'ajouter ce qui suit.

Le front ouest de l'enceinte, où se trouve la porte de France, doit être rasé et l'enceinte sera agrandie de manière à englober les faubourgs et la gare.

La ligne extérieure de défense entoure le château à environ 6,000 mètres de distance, à l'exception du *fort de Giromagny*, qui en est à 11 kilomètres. Ce fort, qui prolonge la ligne de défense de la Haute-Moselle, est établi sur un contrefort des Vosges et il possède une coupole. Il bat la route du Ballon, et la route de Rougemont à Giromagny, qui échappe aux autres défenses de Belfort. Une petite batterie, dite de la *Tête des planches*, a été construite sur un piton voisin du fort qu'il dominait.

Le *fort de Roppe*, avec batteries-annexes, est situé au point culminant du massif montueux que recouvre la forêt d'Arsot. Il exerce au loin son action jusqu'au pied des Vosges, sur la grande route de Colmar et voit également le chemin de Bâle.

Le *fort du Salbert* (647^{m}), avec deux batteries-annexes, couronne la montagne de ce nom au nord-est de Belfort. Il domine toute la contrée ainsi que la ville, bat le chemin de fer de Paris, la route de Lure, la plaine marécageuse et la route de Giromagny, ainsi que la région des sources de l'Allaine.

Les trois forts précédents, parfaitement situés et très solides, couvrent non seulement la place et leurs approches, mais encore ils interceptent les routes qui permettaient auparavant de tourner Belfort par la plaine entre la croupe d'Arsot et le pied des Vosges.

Le *fort du Mont-Vaudois*, au-dessus d'Héricourt, domine la vallée de la Lisaine et la plaine entre Belfort et Héricourt. Il maîtrise l'importante route de Belfort à Besançon et occupe un des points de la défense des Allemands en 1871, en reliant Belfort à la ligne de la Lisaine.

Le *fort de Bosmont* est construit sur la crête de la colline boisée où les Allemands établirent en 1870 leurs premières batteries contre les Perches. Il est établi pour servir de réduit à un certain nombre de batteries de campagne qui, placées plus bas à la lisière des bois, sont destinées à battre la vallée de la Savoureuse et le secteur compris entre les voies ferrées se dirigeant sur Mulhouse et sur Delle.

Mais les trois derniers forts sont trop éloignés les uns des autres (de 9 à 10 kilomètres) ; c'est pourquoi, on a établi entre eux ou autour d'eux des batteries, occupant de bonnes positions naturelles, destinées à relier ces forts et à appuyer la défense mobile de la place.

Entre le Mont-Vaudois et le Salbert se trouvent les *batteries de la Côte et de la Charrue*, qui battent la route et le chemin de fer de Belfort à Besançon. Entre le Mont-Vaudois et la Savoureuse, les *batteries de Brévillers* et du *Châtelet* voient le vallon de la Douce et les environs de Bavilliers, celles de *Dorans* et de *Bermont* enfilent la vallée de la Savoureuse.

En avant du fort de Bosmont, au sud et à l'est, se développent les batteries suivantes : de *Sévenans*, balayant la route de Montbéliard ; de *Méroux* et de *Vézelois*, battant le chemin de fer de Delle ; de *Chèvremont* et du *Haut-Taillis*, ayant des vues sur la ligne de Mulhouse ; de *Pérouse*, enfilant la route de Bâle. Ces diverses batteries suivent les ondulations naturelles du terrain, et on les a renforcées par des ouvrages de campagne destinés à être occupés par la réserve mobile de la garnison.

L'ensemble de ces batteries et de ces ouvrages de campagne constitue la vraie ligne extérieure du camp retranché et, complété par l'occupation méthodique des villages et la défense opiniâtre de tous les points, il nécessitera des forces considérables et un temps assez long avant de pouvoir commencer le siège des ouvrages de la place.

On a construit tout récemment :

1° Un *fort à Vézelois*, pour commander la voie ferrée de Belfort à Delle et les routes d'Héricourt à la frontière suisse et de Montbéliard à Montreux ;

2° Un *fort à Bessoncourt*, pour relier le fort de Roppe à la position du Bosmont ;

3° Le fort du *Bois* d'Oye.

Les défenses de la trouée de Belfort sont complétées par celles du débouché de Montbéliard et de Pont-de-Roide, dont il sera question en parlant de la Haute-Saône.

On vient de classer récemment : les ouvrages des *Fougerais*, du *Haut-Boïs* et de *Chèvremont*, les forts de *Bessoncourt*, de *Vézelois* et du *Bois d'Oye*, la *batterie de Bromont*, la batterie en avant de Méroux et la batterie nouvelle de *Méroux*.

On a déclassé : la *batterie de Vézelois*, démolie et remplacée par le *fort de Vézelois*, la *batterie de Bermont* devenue sans objet par suite de la construction du *fort du Bois d'Oye*.

Rôle. La trouée de Belfort est donc complètement barrée, et l'on peut dire que les défenses de cette place sont si sérieuses que l'ennemi ne les attaquera probablement pas. En effet, d'une part les armées allemandes qui voudraient envahir la France par ce passage auraient à vaincre la résistance fort longue de cette position formidable, et, après en être venues à bout, elles ne pourraient guère s'avancer que dans le couloir du Rhône, qui n'est qu'un objet secondaire.

De notre côté, les nombreuses communications qui aboutissent à Belfort permettent le rassemblement assez rapide de troupes considérables pouvant envahir l'Alsace et le duché de Bade, de sorte que, dans l'*offensive*, cette place servirait de base d'opérations et de point d'appui en cas de retraite. Mais une opération de ce genre ne peut réussir qu'à la condition de n'avoir à craindre aucun mouvement tournant par les Vosges ou par le Rhin supérieur.

« Dans les conditions actuelles de la frontière franco-allemande, dit le colonel Niox, Belfort est en quelque sorte une place extérieure ; il ne semble pas que, même dans l'offensive, elle puisse jouer un rôle important. C'est dans la Lorraine que, de part et d'autre, se porteront vraisemblablement les grandes opérations ; la vallée d'Alsace est trop étroite pour que les grandes armées modernes y trouvent place pour leurs manœuvres. »

Belfort fait partie du VIIe corps d'armée ; la place a pour gouverneur un général de division, auquel est adjoint un général de brigade. C'est le siège de la 28e brigade d'infanterie, d'une subdivision de région, d'une direction, d'un arrondissement d'artillerie, d'une direction et d'une chefferie du génie, d'une sous-intendance, d'un hôpital militaire, de magasins de vivres, de fourrages, etc.

La garnison comprend : les 35e, 42e et 151e régiments de ligne, le 11e régiment de hussards, le 9e bataillon d'artillerie de forteresse, des batteries d'artillerie montées, une compagnie du génie. Les 49e et 50e régiments d'infanterie territoriale viendraient s'y former, ainsi que les escadrons de cavalerie légère territoriale du 7e corps.

DÉPARTEMENT DES BOUCHES-DU-RHONE

I. — PARTIE CIVILE

I. — HISTOIRE

Le département des Bouches-du-Rhône, formé en 1790 d'une partie de la **Provence**, est situé dans la partie méridionale de la France. C'est un de nos départements maritimes ; il est compris entre 43°12′ et 43°55′24″ de latitude et entre 1°53′30″ et 3°27′ de longitude est et doit son nom à sa position aux embouchures du Rhône.

Ses bornes sont :

Vue de Marseille.

Au *nord*, la Durance, qui le sépare du département de Vaucluse;

A *l'ouest*, le Rhône qui le sépare de celui du Gard;

Au *sud*, la mer Méditerranée;

A *l'est*, le département du Var.

Sa plus grande longueur est de 130 kilomètres, de l'embouchure du Verdon, au nord-est, à celle du Rhône mort, à l'ouest, et sa plus grande largeur est de 60 kilomètres de l'embouchure de la Durance, au nord, à celle du grand Rhône, au sud.

Les premiers habitants de la Provence étaient de race Ibérique. Refoulés au-delà des Pyrénées par les Galls ou Celtes, ils passèrent d'Espagne en Gaule et en Italie. La tribu ibérienne des *Ligures* se fixa dans les Alpes et s'étendit le long de la côte méditerranéenne en se mélangeant avec les Galls (Gaulois). 1000 ans av. Jésus-Christ, les Phéniciens commencèrent à fonder des comptoirs sur les côtes pour y trafiquer et y recueillir le grenat fin, le corail des îles d'Hyères. D'après la légende, Jupiter vint à leur secours dans un combat contre les tribus gauloises en faisant tomber sur ces dernières une pluie de pierres qui couvre encore la plaine de la Crau. Les Doriens de Rhodes succédèrent aux Phéniciens et furent eux-mêmes supplantés par les Ioniens de Phocée. Ceux-ci fondèrent Marseille, *Massalia* (six cents ans av. J.-C.). Cette ville jetée si loin de la Grèce subsista par miracle. Sur terre, elle était entourée de puissantes tribus qui ne lui laissaient pas prendre un pouce de terre sans combat. Sur mer, elle rencontrait les grandes flottes des Étrusques et des Carthaginois. Elle eut la joie de voir, sans tirer l'épée, la marine étrusque détruite en une bataille par les Syracusains puis l'Etrurie, la Sicile, Carthage, tous les États commerçants, annulés par Rome. Les Massaliotes étendirent leurs établissements depuis les Alpes-Maritimes jusqu'au cap Saint-Martin. Ils fondèrent Monaco, Nice, Antibes, Agde, Digne, etc.

Leurs vaisseaux remontèrent jusqu'à la côte danoise avec Pythéas. Un autre de leurs navigateurs, Euthymènes poussa jusqu'au Sénégal. D'un génie plus mercantile que politique, ils ne surent pas gagner et s'adjoindre les barbares du voisinage. Ceux-ci les ayant attaqués, ils appelèrent les Romains à leur secours.

Ces derniers qui n'attendaient qu'une occasion pour pénétrer dans la Gaule, défirent les Ligures et laissant la côte aux Massaliotes prirent les terres de l'intérieur où Sextius fonda la colonie d'*Aquæ-Sextiæ* (Aix). Les Gaulois essayèrent vainement de reprendre ces conquêtes et Bituit, chef des Arvernes, fut vaincu et tué à la bataille du Rhône (121 av. J.-C.).

Sous les murs d'Aix, Marius arrêta l'invasion teutonique; l'armée barbare fut complètement détruite et rejetée dans le Rhône (102 av. J.-C.). Le territoire occupé par Rome prit le nom de *Province romaine* d'où est venu celui de Provence. Arles en devint la capitale à l'époque de César. Cette ville prit une très grande importance et fut appelée la petite Rome des Gaules (*Gallula Roma Arelas*). Marseille qui avait conservé son indépendance, ayant embrassé le parti de Pompée, César s'en empara, y mit une garnison et ne lui laissa que ses franchises municipales. La *Province* atteignit alors à l'apogée de sa grandeur; les Romains fréquentaient les écoles de Marseille; Aix donnait à Rome des médecins et des rhéteurs ; Trogue-Pompée, né à Marseille, écrivait la première histoire universelle; un autre gaulois, Pétronius Afer, né près de Marseille, créait le genre du roman. Les arènes d'Arles, le mausolée de Saint-Remy, des arcs de triomphe, des autels, des restes d'aqueducs, de palais montrent encore à quel degré le génie romain s'y était développé et identifié. Le pays suivit toutes les fluctuations de l'époque de la décadence. En 480, les hordes visigothes l'envahirent; elles détruisirent *Glanum* (près St-Remy), s'emparèrent d'Arles et s'y établirent. Leur roi Alaric II ayant été battu et tué par les Francs à Vouillé (507), Clovis marcha sur la Provence; il fut arrêté par Théodoric, roi des Ostrogoths d'Italie qui vint au secours des visigoths enfermés dans Arles et qui, comme l'avaient fait les Romains pour les Massaliotes, garda le pays conquis (511). La Provence ne passa sous la domination franque qu'en 534 par suite de la cession qu'en fit Vitigès. Les Francs furent impuissants à la défendre contre les Sarrazins qui, repoussés une première fois par Charles-Martel, revinrent plusieurs fois, pillant et saccageant le pays.

Ils s'établirent à *Fraxinet* (La Garde-Freinet) et dans les défilés des Alpes, rançonnant les voyageurs. Ils ne furent délogés de ces repaires qu'en 972, par Guillaume vicomte de Marseille.

Les Normands au IXe siècle avaient également ravagé la Provence.

C'est à cette époque qu'on voit se former ces puissantes maisons féodales qui fermèrent peu à peu la France aux invasions que les rois étaient impuissants à repousser.

Le premier et le plus puissant de ces fondateurs de la féodalité fut Boson, beau-frère de Charles-le-Chauve qui prit le titre de roi de Provence ou de Bourgogne Cisjurane après une élection au concile de Mantaille où il fut reconnu par vingt-trois évêques du midi et de l'est de la Gaule (879). Il prit Arles pour capitale. Ensuite se formèrent les comtés d'Arles, les vicomtés de Marseille et de Forcalquier.

En 925, le roi de Provence uni au comte de Toulouse repoussa l'invasion des Hongrois. En 1125, le pays était partagé entre le marquisat de Provence et le comté d'Arles. Il passa ensuite aux comtes de Toulouse, puis aux comtes de Barcelone (1176). Les croisades en entraînant en Orient les seigneurs et leurs hommes d'armes affaiblirent l'autorité féodale. Marseille et Arles en profitèrent pour se donner des gouvernements électifs sous le nom de consulats et, après bien des luttes, le comte de Provence, l'archevêque d'Arles et les autres seigneurs furent obligés de reconnaître les institutions consulaires, moyennant le maintien de leur suzeraineté. Les consuls administraient la ville, rendaient la justice et commandaient la milice.

Sous la suzeraineté des comtes de Barcelone

qui étaient en même temps rois d'Aragon, la Provence qui était bien déchue de sa splendeur primitive reprit un nouvel essor.

Les lettres et les arts refleurirent et la vive et sonore langue provençale, aux poésies rapides, animées et brillantes, atteignit à son apogée. Raymond-Bérenger IV, poète lui-même et cultivant la *gaie science*, attirait à sa cour les *troubadours* et les *jongleurs*. C'était le temps des chansons, des pastourelles, des sirventes, des ballades, des tensons ; les cours d'amour prirent naissance. Ce fut un grand changement lorsque Raymond-Bérenger étant mort en 1245, sa plus jeune fille, Béatrix, héritière de la Provence, épousa Charles d'Anjou, frère de saint Louis.

D'un caractère froid, cruel, ambitieux, Charles commença par réduire les petites républiques de Marseille et d'Arles en supprimant leurs consuls (1251). Marseille ne put se résigner à cette sujétion. En 1262, le peuple soulevé tua ou chassa la garnison et les partisans du comte et se donna pour capitaine un haut baron provençal, Boniface de Castellane, troubadour célèbre. Charles à la tête d'une armée assiégea Marseille que la famine seule réduisit à capituler. Boniface de Castellane fut banni de la Provence. Avec lui finit la gloire des troubadours, déjà étouffée en Languedoc sous les bûchers de l'Inquisition. La même année le pape Urbain IV offrit la couronne de Naples et de Sicile à Charles.

Ainsi commencèrent ces guerres d'Italie qui coûtèrent tant de sang et d'argent à la France. Manfred d'Aragon qui occupait ces provinces fut vaincu et tué à Bénévent. Conradin de Souabe que les Allemands opposèrent ensuite à Charles fut vaincu à son tour dans les Abruzzes ; fait prisonnier il fut décapité à Naples avec son cousin le jeune duc d'Autriche (1268). Pour entretenir l'armée et la flotte, la Provence fut accablée d'impôts. Les Italiens cruellement opprimés se vengèrent par le massacre connu sous le nom de *Vêpres Siciliennes* (1282). Charles s'épuisa en vains efforts pour réparer ses pertes. Il tomba malade et mourut le 7 janvier 1285. La Sicile s'était donnée au roi d'Aragon et la guerre continua entre les maisons d'Anjou et d'Aragon ; la première se maintint dans Naples, mais ne put reprendre la Sicile.

Le marquisat de Provence, situé au nord de la Durance était passé au roi de France en 1271, par suite de déshérence. Louis, frère de Charles V de France et fils adoptif de Jeanne de Naples, hérita du comté de Provence (au sud de la Durance) et lui et ses successeurs continuèrent la lutte avec la Sicile épuisant la Provence de contributions. En 1434, René d'Anjou, duc de Lorraine, hérita de son frère l'Anjou, le Maine et la Provence. Il suivit d'abord les errements de ses prédécesseurs en revendiquant ses droits à la couronne de Naples.

Après plusieurs tentatives infructueuses, il revint en Provence et ne s'occupa plus qu'à améliorer le sort de ses sujets. Il développa les lettres, les arts, l'agriculture et mérita le titre de *bon roi René* que les Provençaux lui décernèrent. Sur les bords du Rhône à Tarascon, s'élève encore son château, un des plus remarquables de l'époque. En 1839, sa statue, due au ciseau de David d'Angers, a été érigée à Aix. Il mourut en 1480, léguant la Provence à son neveu Charles d'Anjou, comte du Maine, au détriment de son petit-fils, René de Lorraine. Le politique Louis XI avait fait stipuler dans le testament que si le comte du Maine mourait sans enfants, la Provence passerait à la couronne. Charles d'Anjou mourut en 1481 et Louis XI prit possession de cette belle province qui fut définitivement réunie à la couronne de France par ordonnance royale d'octobre 1486, du consentement et à la requête des États de Provence. Sous François Ier, la Provence fut deux fois envahie par les Impériaux ; mais ces invasions furent infructueuses et Charles-Quint fut obligé de se retirer sans avoir même combattu.

La persécution des Vaudois se fit sentir dans la partie montagneuse du pays où cette secte s'était développée. Peu après éclatèrent les guerres de religion ; Marseille, Arles, puis Aix se déclarèrent pour la Ligue et ne reconnurent Henri IV qu'en 1496.

Ces villes essayèrent à plusieurs reprises de reconquérir une partie de leurs anciennes libertés municipales, mais ces tentatives furent réprimées par Richelieu en 1630, puis par Mazarin et Louis XIV en 1648 et 1661. Sous la sage administration de Colbert, Marseille déclarée port franc (1669) vit son importance maritime augmenter rapidement. Cette prospérité fut un moment ébranlée par la terrible peste qui ravagea la Provence en 1720 et se fit surtout sentir à Marseille qui perdit près de 50,000 habitants. L'évêque Belzunce, le chevalier Roze et d'autres courageux citoyens se firent remarquer par leur dévouement. Une nouvelle invasion d'Impériaux fut repoussée en 1705 par le maréchal de Berwick. A l'époque révolutionnaire la remuante Provence fut des premières à revendiquer ses libertés.

Mirabeau fut élu par Aix et Marseille pour les représenter à l'Assemblée. Ce furent les fédérés marseillais envoyés pour protéger les représentants, qui propagèrent le chant de Rouget de l'Isle. Ils contribuèrent à Paris, au mouvement du 10 août 1792. La conquête de l'Algérie accrut la prospérité de Marseille, au détriment d'Aix sa rivale. Marseille est maintenant la troisième ville France pour la population ; c'est notre première ville maritime.

II. — VUE DU DÉPARTEMENT A VOL D'OISEAU

Le département des Bouches-du-Rhône est très varié d'aspect. Dans la partie orientale, les Alpes de Provence forment plusieurs chaînons parallèles. Entre ces hauteurs et le Rhône, s'étend la plaine aride de la *Crau*. Enfin dans le delta formé par les bras du Rhône se trouve la marécageuse *Camargue*. Si on jette les yeux sur ce territoire « la vue s'étend tour à tour sur un sol tantôt uni, tantôt hérissé de montagnes et, souvent, elle se perd sur une mer où l'azur le plus sombre contraste avec une lumière étincelante. C'est en arrivant à Aix, qu'on peut commencer à se faire une idée de cette terre si belle dans son aridité même : mais c'est en parvenant aux dernières hauteurs qui enferment Marseille, qu'on est saisi subitement d'un spectacle dont tous les voyageurs ont retenu le souvenir. Deux chaînes de montagnes s'entrouvrent, embrassent un vaste espace et, se prolongeant dans la mer, viennent expirer très avant dans les flots. Marseille est enfermée dans cette enceinte. Lorsque, arrivant du nord, on parvient sur la première chaîne, on aperçoit tout à coup ce bassin immense ; son étendue, son immense clarté vous saisissent d'abord. Il faut renoncer ici aux croupes arrondies, à la parure si fraîche et si verdoyante des bords de la Saône et de la Garonne. Une masse de calcaire gris et azuré forme la première enceinte ; des bancs moins élevés s'en détachent et, se ramifiant dans la plaine, composent un sol inégal et varié. Sur chaque hauteur, s'élèvent des bouquets de pins d'Italie ; des oliviers à la verdure pâle descendent le long des côteaux. Plus loin au couchant, s'étend la Méditerranée avec ses îles, avec ses flots tantôt calmes ou agités, éclatants ou sombres, son horizon immense où l'œil revient et erre sans cesse. » (A. Thiers.)

Les hauteurs de nature calcaire et d'élévation médiocre appartiennent au système des Alpes et forment des chaînes allant de l'est à l'ouest.

Dans le premier de ces chaînons, parallèle à la Durance, on trouve la *Chaîne des Côtes* (487 mètres), celle de *Vernègues* (326 mètres), au nord de Salon et celle des *Alpines* (492 m.) près d'Eyguières) qui limite la Crau et se prolonge jusqu'au nord d'Arles. Un dernier contrefort, la *Montagnette* (162 mètres), côtoie le Rhône jusqu'à l'embouchure de la Durance.

Le deuxième chaînon forme la *Trévaresse*, d'une hauteur moyenne de 500 mètres, entre la Touloubre et son affluent la Concernade ; à l'est le *Signal de Sainte-Confosse* atteint 760 mètres.

Entre la Touloubre et l'Arc, à l'est d'Aix, s'élève la chaîne aride de *Sainte-Victoire*, dont le plus haut sommet atteint 1 011 mètres entre Puyloubier et Vauvenargues. Cette chaîne se continue à l'ouest d'Aix par celle d'*Eguilles* qui se termine à la Crau, au nord de l'étang de Berre et à une hauteur moyenne de 250 à 350 mètres.

Entre l'Arc et l'Huveaune s'élèvent : sur la limite du Var la *Montagne de Ragagnas* dont le *Signal* atteint 716 mètres ; plus à l'ouest, la *Chaîne de l'Étoile* dont les principaux sommets sont le *Pilon du Roi* (710 mètres) et le *Signal de Garlaban* (714 mètres) ; elle se continue par la *Chaîne de l'Estaque* (200 à 300 mètres) qui forme un grand promontoire entre la partie sud de l'étang de Berre et Marseille. Cette chaîne est traversée par le *tunnel de la Nerthe* où passe le chemin de fer de Paris à Marseille.

Au sud-est du département le dernier chaînon part de la *Sainte-Beaume* massif culminant où s'élève le *Baou de Bretagne* (1 043 mètres), sur la limite du Var ; à côté on trouve la *Tête de Roussargue* (860 mètres). Ce chaînon se continue, au sud de l'Huveaune, où il forme la *Chaîne de Saint-Cyr* dans laquelle le *Carpiagne* a 646 mètres et celle de la *Gradule* qui s'étend au sud de Marseille et borde la Méditerranée par de magnifiques escarpements.

Dans le triangle formé par les Alpines, au nord, le Rhône, à l'ouest, et l'étang de Berre, à l'est, s'étend, sur une surface de plus de 20 000 hectares, la plaine caillouteuse de la Crau, sans habitations ni culture, couverte en partie de galets appelés *sistres* et dont quelques parties seulement ont pu être défrichées grâce à la canalisation.

Il y pousse, en hiver, une herbe courte qui nourrit de nombreux troupeaux de moutons.

La Camargue, vaste plaine limoneuse est formée des alluvions que le Rhône charrie et accumule chaque année ; au contraire de la Crau, on n'y trouve aucune pierre. Elle s'étend sur une surface de plus de 70 000 hectares, entre les deux bras du Rhône et est couverte en partie de marais et d'étangs ; elle est divisée en trois parties : à l'ouest, la *Petite Camargue*, entre le Rhône mort ou canal de Silvéréal et le petit Rhône ; au centre, la *Grande Camargue* ; à l'est, le *Plan du Bourg*, entre le vieux Rhône et le grand Rhône.

Les côtes s'étendent, dans le *Golfe du Lion*, sur une longueur de 190 kilomètres de la baie de la Ciotat au Rhône mort. Découpées et escarpées dans la partie orientale, elles sont, au contraire, plates et basses, dans la partie occidentale. La *Baie de la Ciotat* se termine au cap du *Bec de l'Aigle* en face duquel se trouve l'*Ile Verte;* en allant vers l'ouest, le port de Cassis se trouve au fond d'une petite baie; la côte très escarpée forme ensuite le cap *Morgiou*, le *Bec-Sormiou* et le *Cap Croisette*, à la pointe de la chaîne de la Gradule qui a formé en mer un petit archipel dont les principales îles sont : l'*Ile Maire*, les îles *Jarros*, *Caleseragne*, *Riou*. L'*Ile du Planier* est à 9 kilomètres ouest de l'*Ile Maire*. La côte remonte ensuite au nord pour former la rade d'Endoume et la baie de Marseille dans laquelle s'élèvent les *Iles Pomègues*, *Ratonneau*, le *Château d'If*, l'*île d'Endoume* et la *Tour Canouvier;* les bassins à flot de Marseille s'étendent jusqu'au *Cap Pinède*. L'Estaque forme un promontoire qui se termine au *Cap Couronne* et aux *Ragues d'Arnette*. Entre ce promontoire et l'estuaire du Rhône, la côte s'incurve et forme le golfe de Fos, dans lequel se trouvent le *Port de Ponteau* et celui de *Bouc*, à l'entrée de l'étang de Caronte qui le fait communiquer avec Martigues et l'étang de Berre.

Vue de Marseille. — La Cannebière.

Le delta du Rhône forme un dépôt vaseux à peine élevé d'un mètre au-dessus du niveau de la mer et traversé de plusieurs passes ou *graus* qui la relient avec les lagunes et étangs de la Camargue. Entre la *Pointe du Sablon* et le *Grau d'Orgon* (embouchure du Petit-Rhône), se trouve le *Golfe de Beauduc* ou des *Saintes-Maries*.

III. — HYDROGRAPHIE

Tous les cours d'eau du département apportent leurs eaux à la Méditerranée par le *Rhône*, la *Touloubre*, l'*Arc* et l'*Huveaune*.

Le **Rhône**, le plus important de nos fleuves, a une longueur de 860 kilomètres. Il prend naissance en Suisse et après avoir traversé le lac de Genève, arrose en France, Lyon, Vienne, Valence, Avignon; à six kilomètres en aval de cette dernière ville, il touche le département sur le territoire de la commune de Barbentane (10 m.) et baigne ensuite Saint-Pierre-de-Mezoargues, Vallabrègues, Tarascon (3 m.), il se sépare ensuite en deux bras. Le plus important, appelé le *Grand-Rhône*, arrose Arles puis se dédouble en deux branches, l'une qui se jette dans la Méditerranée par le *Grau de Pégoulier*, l'autre, souvent à sec, forme le *Vieux-Rhône*, qui se perd dans des lagunes. Le second bras, appelé *Petit-Rhône*, coule au sud-ouest, puis se subdivise également et se jette dans la mer par le *Grau d'Orgon* et le *Canal de Silvéréal* ou *Rhône mort*.

La pente du Rhône dans le département est de 10 mètres pour une longueur de 85 kilomètres. Il n'y reçoit qu'un affluent, la *Durance* qui sert de limite au nord.

La *Durance* qui naît dans les Hautes-Alpes au nord-est de Briançon par 2 164 mètres traverse ensuite les Basses-Alpes et touche le département au confluent du Verdon (260 m.). Elle le limite pendant 98 kilomètres et y arrose Saint-Paul, Peyrolles (210 m.), Le Puy-Sainte-Réparade, Saint-Estève-Janson (168 m.), la Roque-d'Anthéron, Mallemort (107 m.), Orgon (77 m.), Cabannes (50 m.), Noves et Rognonas (23 m.) ; elle se jette dans le Rhône par 10 mètres d'altitude ; sa pente moyenne, du Verdon au Rhône est de 2m,55 par kilomètre. Une partie de ses eaux sert à l'alimentation des canaux du département. Ses inondations sont brusques et terribles ; son lit qui a par endroits plus d'un kilomètre de large est, l'été, en partie desséché et n'offre qu'un vaste champ de galets roulés. Des endiguements et des balisages ont été faits pour protéger les riverains contre ses violents débordements.

Le *Verdon*, principal affluent de la Durance, n'a que son embouchure à l'angle nord-est du département ; une partie de ses eaux alimente la plaine d'Aix, par le *canal du Verdon*.

La *Touloubre* (59 kilom.) prend naissance au nord-est d'Aix près de Venelles, arrose La Barben, Pélissanne, Grans, Cornillon et se jette dans l'étang de Berre, près de Saint-Chamas.

Elle est grossie sur sa rive droite, de la *Concernade* qui naît près de l'ancien volcan de Beaulieu (chaîne de la Trévaresse) et baigne Lambesc.

L'*Arc* (78 kilom.) naît au Mont-Aurélien (Var) et, après 12 kilomètres de parcours, pénètre dans le département, passe à Rousset, au-dessous d'Aix, de Ventabren et de la Fare et se jette également dans l'étang de Berre. Ses principaux affluents sont : l'*Infernet* sur la rive droite et le *Grand-Vallat* ou *Jouine* sur la rive gauche.

L'*Huveaune* (46 kilom.) prend naissance dans la Sainte-Beaume au sud-est de Saint-Zacharie (Var) ; elle arrose Auriol, Roquevaire, Aubagne, et se jette dans la rade d'Endoume, au château Borély (banlieue sud de Marseille). Cette rivière ne reçoit que des ruisseaux sans importance.

Le département est sillonné de plusieurs canaux de navigation et d'irrigation dont le détail est donné plus loin (navigation, agriculture).

Les principaux étangs sont : l'*étang de Berre*, au sud-est de la Crau, qui a plus de 15 000 hectares de superficie ; sa longueur est de 20 kilomètres et son tirant d'eau de 3 à 10 mètres ; il est en communication avec la Méditerranée par l'*étang de Caronte* et le chenal de Bouc et est fréquenté par les navires de commerce. Dans la Crau se trouvent les étangs de *Meyranne*, de *Lavalduc*, de *Landres*, de l'*Olivier*, de *Galéjon*. Dans la Camargue, l'*étang de Valcarès* a 2 500 hectares de surface mais pas de profondeur, il est entouré ou communique avec les étangs de *Consecanière*, de *Malagroy*, de *Monro*, de l'*Impérial*, du *Lion*, de *Fournelet*, de *Galabert*, de *Beauduc*, de *Faraman*, de *Giraud*, etc.

IV. — VOIES DE COMMUNICATION

I. — Chemins vicinaux.

Les voies vicinales sont ainsi divisées :

1° Les chemins de grande communication ayant une longueur totale de . . .	391k188m
2° Les chemins d'intérêt commun ayant une longueur totale de	408,700
3° Les chemins vicinaux ordinaires ayant une longueur totale de	2 223,740
Développement total. .	3 023k628m

La dépense annuelle du service vicinal des Bouches-du-Rhône étant de 1 808 650 fr. 99, le prix moyen, par kilomètre, est de 598 f. 17 ou 0 f. 59 par mètre courant.

II. — Routes Nationales.

Le département est sillonné par cinq routes nationales sur une longueur totale de 283 848 mètres.

1° *La route* n° 7, *de Paris à Antibes et en Italie, par Nice* a 86 288 mètres dans le département. Venant d'Avignon, elle traverse la Durance au-dessus de Noves et passe ensuite à Saint-Andiol, Orgon, Sénas, Mallemort, Lambesc, Saint-Cannat, Aix, Châteauneuf-le-Rouge, Rousset, puis pénètre dans le Var, se dirigeant sur Brignoles ;

2° *La route n°* 8, *de Paris à Marseille et à Toulon* (64 082 mètres de longueur) se confond jusqu'à Aix avec la route n° 7 ; descendant alors au sud elle touche ou traverse Bouc, Cabriès, Septêmes, Marseille, La Penne, Aubagne, Cuges et quitte le département se dirigeant sur Toulon ;

3° *La route n° 8 bis, de Marseille en Italie* a 44 197 mètres dans le département. Partant de Marseille, elle passe à Saint-Savournin, Belcodène, Peynier, Trets et pénètre dans le Var où elle se confond avec la route n° 7 ;

4° *La route n°* 96, *de Toulon à Sisteron*

(59 585 mètres) se confond, de Toulon à Cuges avec la route n° 8 ; remontant alors au nord, elle passe à Gémenos, Roquevaire, La Détrousse, La Bourine, traverse la route n° 8 *bis*, se confond ensuite jusqu'à Aix avec la route n° 7, puis de cette ville elle passe par Venelles, Meyrargues, Peyrolles, pénètre dans la Vaucluse en traversant la Durance et se dirige sur Sisteron ;

5° *La route n° 99, d'Aix à Montauban, par Nîmes et Albi* (29 696 mètres dans le département), se confond d'Aix à Orgon avec la route n° 7 ; d'Orgon elle passe à Saint-Remy, Mas-Blanc et Tarascon, traverse le Rhône en réunissant Beaucaire (Gard), à Tarascon et se dirige ensuite sur Nîmes.

Résumé de la circulation sur les routes nationales.

DÉSIGNATION DES ROUTES	TONNAGE ANNUEL			
	BRUT		UTILE	
	distance entière 1 000 tonnes	kilométrique 1 000 tonnes	distance entière 1 000 tonnes	kilométrique 1 000 tonnes
1° Route n° 7, de Paris à Antibes et en Italie..........	55,48	4774	28,10	2416
2° Route n° 8, de Paris à Marseille et à Toulon..........	643,86	41227	403,69	25863
3° Route n° 8 *bis*, de Marseille en Italie.................	385,80	16633	228,49	9870
4° Route n° 96, de Toulon à Sisteron................	91,25	5533	54,38	3293
5° Route n° 99, d'Aix à Montauban, par Nîmes et Albi..	168,63	5015	77,01	2285

III. — Navigation.

I. — Étangs, fleuves et rivières navigables

I. *Étang de Berre.* — Cet étang a une longueur de 20 kilomètres et une superficie d'environ 15 000 hectares. Les fonds varient de zéro sur les bords à 10 mètres vers le milieu. On y accède par le canal de Bouc à Martigues qui a un tirant d'eau de 6 mètres. Deux ports sont établis sur cet étang : celui de Bouc qui a un tirant d'eau de 3m,50 sous basses mers et celui de Saint-Chamas qui a un tirant d'eau de 2 mètres. Ces ports sont fréquentés par des bateaux de pêche et de petits caboteurs.

II. *Durance.* — Cette rivière, déjà décrite dans la géographie des Hautes-Alpes, page 93, passe à Mallemort, Orgon, pénètre dans le Vaucluse, puis rentre dans les Bouches-du-Rhône à Rognonas et se jette ensuite dans le Rhône. Cette rivière ne sert qu'au flottage qui est peu important et qui ne peut se faire qu'en eaux moyennes.

III. *Rhône.* — La portion de ce fleuve située dans le département comprend une partie de la seconde section navigable et toute la troisième comprise entre Arles et la mer. Un mouillage minimum de 1m,60 permet aux bateaux un enfoncement de 1m,40.

La navigation emploie des bateaux à vapeur remorqueurs à aubes et à hélice. Les remorqueurs à aubes jaugent de 100 à 180 tonnes ; ils ont 55 mètres de longueur et 5 mètres de largeur. Les chalands ont de 40 à 58 mètres de longueur et de 4 à 8 mètres de largeur.

Le Rhône passe à Arles, Eyminy, Sansouires, Le Sambuc, Saint-Trophime, La Tour-Saint-Louis (origine du canal Saint-Louis) et tombe dans la mer.

IV. *Petit-Rhône.* — Ce petit fleuve quoique classé comme navigable de Fourques à son embouchure dans la mer, ne donne à l'étiage qu'un mouillage de 0m,30 insuffisant pour la navigation qui est alors interrompue.

Le Rhône passe à Mas-de-Vert, La Trésorière, Portarnaud, Saliers-Moulin, Lauricet, Albaron, Les Bruns, le Château d'Avignon, Silvéréal (embouchure du canal de ce nom), le Sauvage, les Saintes-Maries pour tomber dans la mer.

II. — Canaux

I. *Canal d'Arles à Bouc.* — Ce canal part du Rhône à Arles pour aboutir au port de Bouc, sur l'étang de Berre. Sa longueur est de 47 kilomètres 4 hectomètres. Il est formé par trois biefs réunis au moyen de quatre écluses ayant chacune une longueur utile de 33 mètres et une largeur de 7m,80. Le mouillage normal est 1m,85.

Le tonnage maximum est de 100 tonnes pour les bateaux de mer et de 300 tonnes pour les bateaux de rivière.

Cette voie navigable passe à Arles, Montcalde, Tour d'Allen, Mas-de-la-Ville, Mollégès, Beyne, Mas-Thibert, Létourneau, Boisvieil, Le Radeau, Galéjon, La Guimbarde, Fos, Pont-du-Roi, et Bouc.

II. *Canal de Bouc à Martigues.* — C'est un canal maritime qui relie les ports de Bouc et de Martigues. Il a 7 kilomètres de longueur avec un mouillage normal de 6 mètres sous basses mers. La traction se fait au moyen de remorqueurs, de chevaux ou de bras d'hommes. Les bateaux qui fréquentent cette voie sont surtout des tartanes et des bricks.

III. *Canal Saint-Louis.* — Ce canal, qui est maritime et qui fait communiquer le Rhône avec le golfe de Fos, a une longueur de 3 kilomètres seulement. Il n'a qu'une écluse située à la Tour Saint-Louis, point où le canal débouche dans le Rhône, ayant 160 mètres de longueur utile sur 22 mètres de largeur. Le mouillage normal est de 6 mètres sous basses mers. La traction se fait au moyen d'un seul remorqueur.

III. — Service maritime

Dates de départ des bateaux à vapeur de Marseille :

1° *Pour la Corse.* Ajaccio, Bonifacio, Bastia, Calvi, l'Ile-Rousse, Propriano, Porto-Torres, les *dimanches, lundis, mardis et vendredis ;*

2° *Pour l'Algérie.* Alger, les *mardis, mercredis, jeudis* et *samedis.* Dellys, Bougie, Djidjelli, Collo, les *mardis, jeudis, samedis.* Oran, les *mercredis, jeudis, samedis.* Mostaganem, et Arzew, le *samedi.* Philippeville et Bône, *tous les deux jours ;*

3° *Pour la Tunisie.* Tunis, la Goulette, Mehdia, Sfax, Sousse, Tripoli, les *lundis, jeudis et vendredis ;*

4° *Pour l'Espagne, le Portugal, le Maroc et les Canaries.* Barcelone, *les mercredis et dimanches.* Valence, Alicante (Madrid), Carthagène, Almeria, Malaga, Cadix, Séville, *tous les mercredis.* Vigo, La Corogne, Lisbonne, *deux fois par mois.* Gibraltar, Tanger, Casablanca, Mogador, Tétuan, les Canaries, *chaque semaine ;*

5° *Pour l'Italie, la Sardaigne, la Sicile et l'Autriche* :

Gênes, les *dimanches, mercredis, samedis.* Livourne, *les dimanches, mercredis, samedis.* Civita-Vecchia, *le dimanche.* Cagliari, Naples, Reggio, les *mercredis* et *samedis.* Palerme, Messine, Catane, Syracuse, Pantellaria, Milazzo, Marsala, Catanzaro, Tarente, Bari, Gallipoli, Brindisi, Venise, Ancône, Barletta, les *mercredis* et *samedis.* Trieste, Fiume, le *mercredi ;*

6° *Pour la Grèce, l'Égypte, le Levant, la Mer Noire, la Mer Rouge, la Russie.* Corfou, le Pirée (Athènes), Patras, Céphalonie, Zante, Nauplie, etc., *le dimanche.* Syra, Smyrne, les Dardanelles, les *jeudis ou vendredis et le dimanche.* Salonique, Volo, Rodosto, Gallipoli, Dedeagh, les *jeudis et samedis.* Alexandrie (Le Caire), Port-Saïd, Ismaïlia, Suez, Massaouah, Djeddah, Souakim, Hodeidah, *tous les jeudis.* Jaffa, Beyrouth, Chypre, Larnaca, Tripoli, Lattaquié, Alexandrette, Mersina, Rhodes, etc., *toutes les deux semaines, le jeudi.* Constantinople, Odessa, Varna, Sulina, Tulscha, Ineboli, Sinope, Samsoun, Trébizonde, Kérassunde, Kustendjé, Galatz, Ibraïla, Sébastopol, Taganrock, Azoff-Berdianska, Marianopoli, Nicolaïeff, Rostoff, etc., les *jeudis et samedis.* Batoum, *chaque samedi ;*

7° *Pour les Indes, la Cochinchine, l'Annam, le Tonkin, la Chine, le Japon, les Philippines, Java, l'Ile Maurice, la Réunion, l'Australie, la Nouvelle-Calédonie, la Nouvelle-Zélande, l'Océanie, Madagascar, Mozambique et Zanzibar :*

Bombay, Kurrachée, Bushire, Bassorah, *le jeudi.* Suez, Aden, Pointe-de-Galles, Madras, Calcutta, Singapore, Colombo, Manille, Batavia, Samarang, Padang, Sourabaya, Penang, Saïgon, Hong-Kong, Shang-Haï, Yokohama, *chaque quinzaine.* Pondichéry, Mahé, la Réunion, Maurice, Nouméa, Madagascar, *chaque mois.* Sidney, Adélaïde, Albany, Melbourne, Newcastle, Dunedin, Auckland, *chaque quinzaine ;*

8° *Pour l'Atlantique et le Pacifique.* La Havane, Saint-Thomas, Nouvelle-Orléans, Vera-Cruz, Jamaïque, Cayenne, Haïti, Porto-Rico, la Guadeloupe, la Martinique, les Antilles, les ports du Mexique, Centre-Amérique, Colon, Panama, Vénézuela, Honduras, Nicaragua, Costa-Rica, la Colombie, l'Équateur, le Pérou, la Bolivie, le Chili, San-Francisco et tous les autres ports du Pacifique, *les* 6 *et* 25 *de chaque mois ;*

9° *Pour le Brésil et la Plata* : Rio-de-Janeiro, Montévidéo, Buenos-Ayres, Rosario, *les* 14 *et* 25 *de chaque mois :*

10° *Pour la Grande-Bretagne, les États-Unis, la Belgique la Hollande, le Danemark, la Suède, la Norvège, l'Allemagne et la Russie.* Londres, le *samedi.* Liverpool, *deux fois par mois.* New-York, le *samedi.* Anvers, Rotterdam, Amsterdam, les ports du Danemark, de la Suède et de la Norvège, Hambourg, Brême, Stettin, Kœnigsberg, Revel, Saint-Pétersbourg, Viborg, etc., *tous les dix jours.*

IV. — Chemins de fer.

Le département des Bouches-du-Rhône est traversé par 16 lignes de chemins de fer dont huit embranchements, contenant ensemble 114 stations et ayant une longueur totale de 541 kilomètres.

1° *Ligne de Paris-Lyon-Marseille.* — Ses gares sont dans le département : Barbentane, Graveson, Tarascon, Ségonnaux (commune de Tarascon), Arles, Raphèle (commune d'Arles), Saint-Martin-de Crau (commune d'Arles), Entressen (commune d'Istres), Miramas, Saint-Chamas, Berre, Rognac, Vitrolles, Pas-des-Lanciers (commune des Pennes), l'Estaque, Séon-Saint-Henri, Séon-Saint-André, Saint-Louis-les-Eygalades, Saint-Joseph, le Canet, Saint-Barthélemy (ces sept dernières gares sont dans la commune de Marseille), et aboutit à Marseille après un parcours de 117 kilomètres dans le département ;

2° *Ligne de Marseille à Nice et l'Italie.* — Partant de Marseille, cette ligne passe aux gares de La Blancarde, La Pomme, Saint-Marcel, Saint-Menet (ces quatre gares appartiennent à la commune de Marseille), La Penne, Camp-Major (commune d'Aubagne), Aubagne, Cassis, La Ciotat-Gare, et sort du département après un parcours de 41 kilomètres ;

3° *Embranchement de La Ciotat-Gare à La Ciotat-Ville.* — Ses gares sont : La Ciotat-Gare, Ceyreste, Sainte-Marguerite (commune de La Ciotat), et La Ciotat-Ville où elle aboutit après un parcours de 5 kilomètres ;

4° *Embranchement d'Aubagne à Valdonne.* — Ses gares sont : Aubagne, Pont-de-l'Étoile (commune de Roquevaire), Roquevaire, Auriol, La Bouilladisse (commune d'Auriol), et aboutit à Valdonne (commune de Peypin), après un parcours de 17 kilomètres ;

5° *Ligne de Paris à Lyon, Grenoble et*

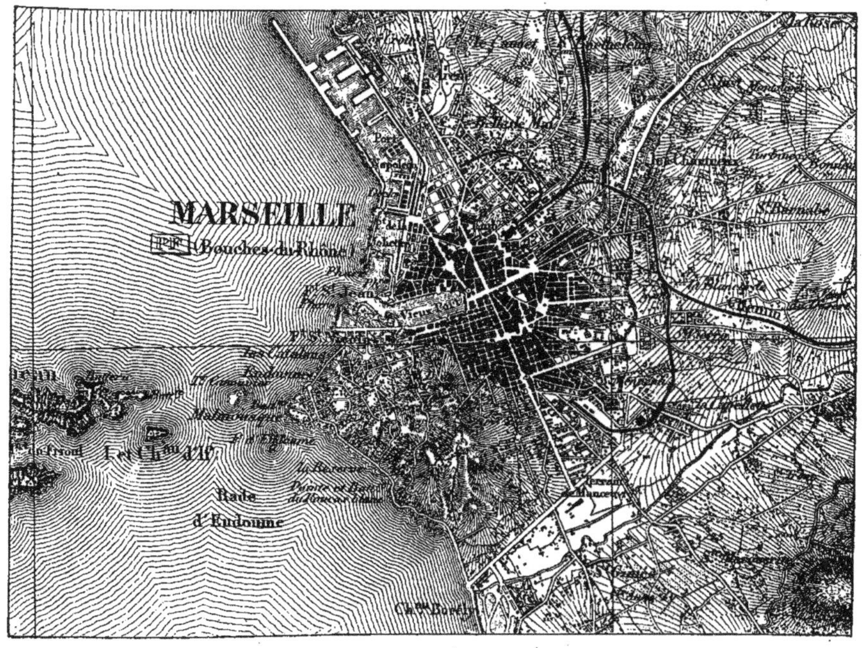

Marseille et ses environs. — Extrait de la carte d'État-Major au 80000e.

Marseille. — Cette ligne entre dans le département après la gare de Pertuis (Vaucluse), passe aux gares de Meyrargues, Reclavier (commune de Meyrargues), Venelles, Puyricard (commune d'Aix), La Calade (commune d'Aix), Aix, Luynes (commune d'Aix), Gardanne, Simiane, Bouc-la-Malle, Septèmes, Saint-Antoine, Les Aygalades-Accates, Sainte-Marthe (ces trois dernières gares appartenant à la commune de Marseille), et aboutit à Marseille après un parcours de 56 kilomètres ;

6° *Embranchement de Gardanne à Carnoules.* — Partant de Gardanne, cette ligne passe aux gares de La Barque-Fuveau (commune de Fuveau), Peynier-Rousset, Trets, et sort du département après un parcours de 24 kilomètres ;

7° *Embranchement de Rognac à Aix.* — Cette ligne passe aux gares de Rognac, Velaux, Roquefavour (commune d'Aix), les Milles (commune d'Aix), et aboutit à Aix après un parcours de 26 kilomètres ;

8° *Embranchement de Meyrargues à Draguignan.* — Partant de Meyrargues cette ligne passe aux gares de Peyrolles et Jonques, puis sort du département après un parcours de 14 kilomètres ;

9° *Embranchement de Miramas à Port-*

de-Bouc. — Cette ligne passe aux gares de Miramas, Le Paty et Bayanne (toutes deux commune d'Istres), Istres, Pipis, Rassuen et Lavalduc (ces trois gares appartenant à la commune d'Istres), Plan d'Aren (commune de Fos), Fos, Pavillon (commune de Fos), Martigues et Port-du-Bouc, où elle aboutit après un parcours de 26 kilomètres ;

10° *Embranchement de Miramas à Avignon.* Partant de la station de Miramas, cette ligne passe aux gares de Grans, Salon, Lamanon, Sénas, Orgon, et sort du département après un parcours de 32 kilomètres;

11° *Embranchement du Pas-des-Lanciers à Martigues.* — Cette ligne part du Pas-des-Lanciers (commune des Pennes), passe aux gares de Gignac, Marignane, Châteauneuf, La Mède (commune de Châteauneuf-lès-Martigues) et aboutit à Martigues après un parcours de 19 kilomètres;

12° *Ligne de Tarascon à Orgon.* — Cette ligne passe aux gares de Saint-Etienne-du-Grès (commune de Tarascon), La Rode (commune du Mas-Blanc), Bagatelle et La Massane (commune de Saint-Remy), Saint-Remy, La Galine et Les Agriottes (commune de Saint-Remy), Saint-Didier (commune d'Eygalières), Mollégès-Eygalières, Plan d'Orgon (commune d'Orgon), Orgon-Ville et Orgon-Gare où elle aboutit après un parcours de 35 kilomètres ;

13° *Ligne d'Arles à Salon.* — Ses gares sont: Arles, Mont-Major (commune d'Arles), Fontvieille, Fontvieille-Carrière (commune de Fontvieille), Mont-Paon (commune de Fontvieille), Paradou, Maussane, Mouriès, Aureille, Eyguières, Saint-Tropez (commune de Salon) et Salon où elle aboutit après 46 kilomètres de parcours ;

14° *Ligne de Barbentane à Orgon.* — Ses gares sont: Barbentane, Rognonas, Châteaurenard, Noves, Cabannes, Saint-Andiol, Plan-d'Orgon (commune d'Orgon), Orgon-Ville et aboutit à Orgon-Gare après un parcours de 28 kilomètres ;

15° *Ligne d'Arles à Lunel.* — Partant d'Arles, cette ligne passe à la station de La Camargue (commune d'Arles) et sort du département après un parcours de 14 kilomètres;

16° *Ligne d'Arles à Saint-Louis-du-Rhône.* — Partant d'Arles, cette ligne passe aux gares de Mas-de-la-Ville, Beynes, Mas-Thibert, La Porcelette, l'Eysselle et aboutit à Saint-Louis-du-Rhône (commune d'Arles) après un parcours de 41 kilomètres.

V. — MONUMENTS HISTORIQUES

I. — *Monuments mégalithiques.*

Fontvieille : Allées couvertes de cordes.

II. — *Monuments antiques.*

Aix : Camp d'Entremont ; Bains dits de Sextius.

Arles : Amphithéâtre ; Restes du forum ; Restes de remparts ; Colonne dite de Saint-Lucien ; Obélisque ; Restes du palais de Constantin ; Théâtre ; Restes d'un aqueduc de Barbegol.

Marseille : Caves de Saint-Sauveur.

La Penne : Pyramide dite de Pennelle.

Saint-Chamas : Pont-Flavien.

Saint-Remy : Arc de triomphe ; Mausolée.

Salon : Murailles et fragments romains.

Vernègues : Tombeaux antiques ; Temple de la Maison-Basse.

III. — *Monuments du moyen âge, de la renaissance et des temps modernes.*

Aix : Cathédrale de Saint-Sauveur et cloître ; Église Saint-Jean ; Tour de l'Horloge ; maison de la renaissance.

Arles : Chapelle des Porcelets, aux Aliscamps ; Chapelle Sainte-Croix-de-Montmajour ; ancienne abbaye de Montmajour ; ancienne église Sainte-Anne (aujourd'hui Musée lapidaire) ; Église basse Saint-Césaire ; Église et cloître de Saint-Trophime ; Église Saint-Honorat-des-Aliscamps ; Monument des Aliscamps.

Les Baux : Château ; Remparts ; Maisons ; Église ; Pavillon de Mistral.

Marseille : Église de l'abbaye Saint-Victor et souterrain ; Église de la Major.

Les Saintes-Maries : Église.

Saint-Remy : Maison du Planet ; Cloître (aujourd'hui asile d'aliénés).

Salon : Église Saint-Laurent.

Tarascon : Château ; Église Sainte-Marthe ; chapelle de Saint-Gabriel ; Tour de Saint-Gabriel.

La Roque d'Anthéron : ancienne abbaye de Silvacane.

VI. — HOMMES CÉLÈBRES

Pythéas et Euthymène, géographes et navigateurs.

Trogue Pompée, historien sous Auguste.

Valerius Cato, grammairien, né à Marseille.

Pétrone, écrivain latin, auteur du *Satyricon.* Il s'ouvrit les veines en l'an 66 par ordre de Néron.

Démosthène et Crinas, médecins, nés à Marseille.

Constantin II, empereur romain de 337 à 340, né à Arles.

Gennade, écrivain ecclésiastique, né à Marseille.

Dynamius (551-601) patrice de Marseille, né à Arles.

Gérard (1040-1121), fondateur des Hospitaliers de Saint-Jean-de-Jérusalem, né à Martigues.

Foulques, troubadour puis évêque de Toulouse, prédicateur de la croisade contre les Albigeois, né à Marseille, mort en 1231.

Bertrand, fondateur de l'ordre des Madelonnettes, né à Marseille, mort en 1290.

Laure de Noves, surnommée la *Belle Laure* (1308-1348), fut célèbre par sa beauté et immortalisée par les vers de Pétrarque.

Claude, habile peintre sur verre appelé à Rome pour y décorer le Vatican au XVIe siècle.

Nostradamus (1503-1566), astronome célèbre, né à Saint-Remy. Auteur d'un recueil de prédictions dit *Centuries*, il fut appelé auprès de Catherine de Médicis et de Charles IX.

Adam de Craponne (1519-1559), ingénieur français né à Salon. Il a donné son nom au canal destiné à arroser les plaines de la Crau.

Mascaron (1634-1703), prédicateur et évêque d'Agen, né à Marseille.

L'abbé Brueys (1640-1723), théologien et auteur de l'*Avocat Patelin*, en collaboration avec Palaprat.

Le comte Claude de Forbin (1655-1733), intrépide marin français, né à Gardanne. Il servit d'abord sous d'Estrées et sous Duquesne, se distingua plus tard sous Jean Bart et sous Duguay-Trouin. Il fut pendant quelque temps (en 1686) amiral du roi de Siam et mourut en 1733.

Jean-Baptiste Vanloo, peintre français, né à Aix, remarquable par son coloris (1684-1745).

Dumarsais, grammairien, né à Marseille (1676-1756).

Le marquis de Vauvenargues (1715-1747), moraliste, né à Aix, auteur des *Maximes*.

Joseph Lieutaud (1703-1780), médecin, né à Aix.

Le marquis d'Argens (1704-1771), né à Aix, auteur d'écrits sceptiques dont le plus connu a pour titre : *Lettres juives*.

Barbaroux, conventionnel girondin.

Thiers, homme d'État.

Honoré d'Urfé (1568-1625), romancier français, né à Marseille, auteur de l'*Astrée*.

Pierre de la Garde d'Hozier, célèbre généalogiste et juge d'armes, né à Marseille (1592-1660). Ce nom est devenu une sorte de nom commun pour désigner ceux qui s'occupent de recherches généalogiques.

Honoré Bouche (1598-1671), hist., né à Aix.

Pierre Puget (1622-1694) né à Marseille, peintre et surtout sculpteur de premier ordre, auteur de *Milon de Crotone*, de *Persée délivrant Andromède*, etc.

Charles Plumier, botaniste, né à Marseille (1646-1704).

Tournefort, un de nos plus grands botanistes, né à Aix (1656-1708). On lui doit une classification du règne végétal où les ordres et les genres sont parfaitement établis et qui fait de lui le digne précurseur de Linné.

L'abbé Barthélemy (1716-1795), littérateur, né à Cassis, auteur du *Voyage du jeune Anacharsis en Grèce*.

L'abbé Expilly, écrivain, voyageur et géographe, né à Saint-Remy (1719-1793).

Michel Adanson, botaniste, né à Aix (1727-1806). Il exposa le premier la classification naturelle des plantes.

Suffren de Saint-Tropez (1726-1788), souvent appelé le *bailli de Suffren*, né à Saint-Cannat. Entré dans les gardes de la marine en 1740, il fit plusieurs campagnes contre les Anglais, qui le firent deux fois prisonnier (au combat de Belle-Isle et au combat de Lagos) ; il contribua à la prise de Mahon en 1756, détruisit en 1781 une flotte anglaise devant le Cap. Nommé chef d'escadre en 1782, il battit quatre fois en sept mois l'amiral anglais Hughes, s'empara de Nigapatam, de Trinquemale, fut nommé bailli de l'ordre de Malte en 1782, et amiral de France en 1784, à sa rentrée en France. Il mourut en 1788 des suites d'un duel. « Au coup d'œil le plus sûr, dit Décembre-Alonnin, à un sang-froid imperturbable, Suffren joignait une activité singulière, des connaissances très étendues et une vivacité d'esprit qui lui faisait découvrir des ressources où tout autre que lui eût désespéré d'en trouver. »

Bruni d'Entrecasteaux (1739-1793), navigateur, né à Aix, mort pendant son voyage à la recherche de La Pérouse.

Barbaroux, conventionnel girondin, né à Marseille en 1767, décapité à Bordeaux en 1794.

Le marquis Barthélemy (1747-1830), homme politique, né à Aubagne, membre du Directoire, conclut la paix de Bâle en 1795. Il fut déporté après le 18 fructidor.

Esménard, poète, né à Pélissanne (1769-1811).

Emeric David (1755-1839), archéologue, né à Aix.

Pastoret, homme politique et érudit, né à Marseille (1756-1840), pair et chancelier de France sous Charles X.

Joseph Portalis, magistrat et homme politique, né à Aix (1778-1858).

Forbin, peintre, né à La Roque d'Anthéron (1779-1841).

Le comte Siméon, magistrat et homme d'État, né à Aix (1749-1842).

Le baron de Vitrolles (1774-1854), né à Vitrolles, fut ministre sous Louis XVIII.

Le général Louis de Rostolan, né à Aix en 1791. Sorti de l'École militaire en 1810, il se distingua à plusieurs reprises en Espagne et était adjudant-major en 1814. Lieutenant-colonel en 1830, il prit part à la conquête de l'Algérie, où il revint ensuite comme maréchal de camp et participa activement aux campagnes de 1839 et 1840. Ses qualités d'organisateur lui firent confier la formation des bataillons de chasseurs à pied. Il commanda ensuite l'école de tir de Vincennes, puis l'École Polytechnique, dont il ne sortait pas, mais que l'on voulait militariser davantage. Divisionnaire en 1847, il prit part à l'occupation de Rome en 1849, fut gouverneur de cette ville, puis commandant du corps expéditionnaire. Il fut chargé des services administratifs à l'armée d'Orient et mourut en 1862.

Les deux Garnier-Pagès, hommes politiques, nés à Marseille, le premier (1801-1841) chef du parti républicain sous Louis-Philippe ; son frère (1803-1878) fut membre du gouvernement provisoire en 1848 et auteur d'une *Histoire de la Révolution de* 1848.

Adolphe Thiers, homme d'État et historien français, né à Marseille, mort à Saint-Germain-en-Laye (1797-1877), auteur de l'*Histoire de la Révolution Française* (1823-1827) et de l'*Histoire du Consulat et de l'Empire* (1845-1862). Avocat à Aix (1820), il vint à Paris, débuta dans le journalisme, fonda le *National* (1830), contribua à l'établissement de la Monarchie de juillet, devint ministre, en 1832, puis président du Conseil en 1836 et en 1840. Élu député en 1863 et en 1869, il s'opposa vainement à la déclaration de guerre de 1870 ; nommé chef du pouvoir exécutif, puis Président de la République par l'Assemblée Nationale (1871), il attacha son nom à la libération du territoire. Renversé du pouvoir par une coalition de partis monarchiques (24 mai 1873), il mourut au moment de voir se réaliser la consolidation de la République qu'il avait contribué à fonder.

Reybaud, économiste et littérateur français (1799-1879), né à Marseille, auteur de *Jérôme Paturot*.

Léon Gozlan (1803-1866), littérateur, né à Marseille.

Auguste Barthélemy, poète, né à Marseille (1796-1867), auteur de la *Némésis* et de la meilleure traduction en vers de l'*Énéide*.

Joseph Méry (1598-1866), poète et romancier, né aux Aygalades.

Roqueplan (1802-1855), peintre, né à Mallemort.

Amédée Achard (1814-1875), romancier, né à Marseille.

Amédée Pichot (1786-1874), littérateur, né à Arles.

Joseph Autran (1813-1877), né à Marseille, auteur des *Poëmes de la Mer*, de *Laboureurs et Soldats*, etc.

Frédéric Mistral, poète provençal, né à Maillane en 1830, auteur de *Mireille*.

Bazin, compositeur, né à Marseille (1816-1878), auteur de *Maître Pathelin* et du *Voyage en Chine*.

Le chevalier Jaubert, orientaliste, né à Aix (1779-1847), qui introduisit en France les chèvres du Tibet.

Mignet, historien, né à Aix (1796-1884), remarquable par la sûreté de son érudition et de son jugement.

Omer Granet, conventionnel, né à Marseille (1755-1821).

Granet, peintre, né à Aix (1775-1849). Il s'est attaché aux effets de lumière qu'il a rendus d'une manière saisissante.

Le médecin *Clot Bey*, né près de Marseille en 1795, mort en Égypte en 1868.

Le cardinal Guibert, archevêque de Paris, né à Aix en 1802, mort en 1887.

VII. — INDUSTRIE

NATURE des Industries	DÉSIGNATION ou nombre de localités où s'exercent les industries	NOMBRE d'établissements	NOMBRES MOYENS de contremaîtres et surveillants	d'ouvriers et de manœuvres	de femmes	d'enfants	TOTAUX
I. — ALIMENTATION							
Fab. de beurres	Marseille	2	2	35	10	»	47
Biscuits	Marseille	11	3	60	21	9	83
Boulangeries	97 localités	1043	2	1739	3	10	1754
Minoteries	25 localités	145	156	1199	7	»	1362
Pâtes alimentaires	3 localités	57	23	165	97	34	319
Huileries	8 localités	91	167	2400	347	3	2917
Conserves alimentaires	4 localités	23	9	102	214	22	347
Confiseries	Marseille	24	6	75	39	5	125
Fab. de chocolat et réglisse	Marseille	8	7	42	17	3	69
Brasseries	Marseille	4	5	165	65	3	238
Distilleries	Marseille et Martigues	32	30	349	173	»	552
Fabriq. d'eaux gazeuses et glace	Marseille	9	3	53	24	2	82
Chais et fabriq. de vins	Martigues et Marseille	113	56	284	30	3	373
Pêche	5 localités	550	83	1615	80	62	1840
Salaisons	Marseille, Cassis.	10	1	25	31	»	57
Sel marin	4 localités	8	13	52	4	»	69
Sècheries de morues	Port-de-Bouc et Marseille	3	5	104	37	8	154
Raffineries de sucre	Marseille	3	93	1720	181	48	2042
Vinaigres et moutardes	Marseille	3	3	19	10	»	32
Fabriq. de saucissons	Tarascon	7	»	25	»	»	25
II. — ARTS ET PRODUITS CHIMIQUES							
Allumettes	Marseille	1	6	40	220	»	266
Amidons	Marseille	5	9	62	17	2	90
Suif, bougies, chandelles, cire	Marseille	12	36	617	306	»	959
Couleurs, vernis, encres, essences	Marseille	9	3	32	6	»	41
Engrais	Marseille	5	4	47	5	»	56
Parfumeries	Marseille	1	1	»	20	»	21
Pétrole	Marseille	2	4	130	»	»	134
Produits chimiques	7 localités	14	65	1006	15	22	1108
Savons	4 localités	80	134	730	42	1	907
Teintureries	Marseille	24	1	38	11	»	50
Raffineries de soufre	Marseille	2	1	22	6	»	29
Gaz	5 localités	5	14	345	20	»	379
Triturateur en droguerie	Marseille	1	1	8	5	»	14
Affinage de plomb	Marseille	1	1	20	»	»	21
III. — BATIMENT							
Appareils de chauffage et d'éclairage	Marseille	6	8	70	»	»	78
Charpentiers	Marseille	9	6	55	»	»	61
Couverture et plomberie	Marseille	35	5	169	2	10	192
Maçonnerie	Marseille	108	45	1223	»	45	1313
Tailleurs de pierres	Marseille	20	1	117	»	»	118
Monuments funéraires	Marseille	15	5	87	»	»	92
IV. — INDUSTRIE DU BOIS							
Boissellerie	Marseille	8	7	28	»	»	35
Caisses d'emballage	Marseille	29	12	292	26	17	347
Cercles	Marseille	2	»	4	»	»	4
Chaises	Marseille	9	1	14	4	1	20
Ebénisterie	Marseille	77	17	413	6	19	455
Sciages à la main et à la mécanique	5 localités	7	2	30	7	»	39
Menuiserie	Marseille	174	16	570	»	46	632
Tonnelleries	4 localités	62	31	525	4	42	602
Tourneurs	Marseille	11	2	53	»	3	58
Parqueteris	Marseille	1	»	19	»	»	19
V. — CARROSSERIE							
Carrosserie	Marseille	35	10	259	»	16	285
Charronnage	Marseille	55	8	169	»	8	185
Sellerie	Marseille	22	5	119	»	7	131
A reporter		2993	1138	17521	2112	457	21228
Report		2993	1138	17521	2112	457	21228
VI. — CÉRAMIQUE							
Briqueteries et tuileries	8 localités	168	173	2891	375	337	3776
Mosaïques et poteries artistiques	Roquevaire, Marseille	7	10	85	25	7	128
Poteries et tuyaux de drainage	Marseille, Gardanne, Aubagne	43	15	633	72	72	792
Fab. de pipes	Jouques, Marseille	3	»	15	28	»	43
Porcelaine	Martigues, Miramas	3	»	8	»	»	8
Verreries	Marseille	4	15	253	42	105	415
VII. — CONSTRUCTIONS NAVALES ET BATELLERIE							
Batellerie de rivière	Arles	1	8	70	»	14	92
Calfats	Marseille	2	2	15	»	»	17
Constructeurs de navires	Marseille	3	»	5	»	»	5
Cordiers	Marseille, Martigues	8	3	37	12	2	54
Forgerons	Marseille	18	8	96	13	4	121
Gréement et pouliours	Marseille	4	»	20	»	»	20
Construction et réparation de pêche	Martigues, La Ciotat	6	2	43	»	2	47
Messageries maritimes	La Ciotat	1	103	3428	131	249	3911
VIII. — CUIRS ET PEAUX							
Chamoiserie et mégisserie	Marseille	6	2	68	3	»	73
Chaussures et tiges	Marseille et Tarascon	20	7	395	51	9	462
Tanneries, corroieries	5 localités	28	74	853	187	80	1194
Pelleterie	Marseille	1	1	12	»	»	13
IX. — IMPRIMERIE ET PAPETERIE							
Papeteries, cartons	Marseille, Gémenos, Noves	9	5	59	74	»	138
Papiers à cigarettes	Marseille	1	»	1	4	»	5
Papiers peints	Jouques, Meyrargues	7	»	22	12	2	36
Cartes à jouer	Marseille	1	1	18	8	»	27
Imprimeries lithographiques et typographiques	Marseille, Aix	44	32	662	184	75	953
X. — INDUSTRIES EXTRACTIVES							
Carrières de pierres et pierrailles	15 localités	114	51	747	»	16	814
Carrières de pierres à plâtre	3 localités	10	13	104	»	8	125
Carrières de sable	Roquefort	3	»	5	»	»	5
Carrières de marbre	Marseille, Ceyreste	9	3	108	»	13	124
Craie	Allauch	2	2	5	»	»	7
Ardoisière	Marseille	1	1	3	»	»	4
Fours à plâtre	4 localités	13	14	67	3	»	84
Fours à chaux et ciments	13 localités	47	38	538	5	11	592
Mines de fer	Les Baux	1	»	1	»	»	1
Mines de houille	Peypin	1	20	1100	30	100	1250
Mines de lignite	La Barben	1	1	21	»	»	22
Charbons de bois et agglomérés	5 localités	4	38	743	»	111	892
Salines	Saintes-Maries	1	2	150	»	»	152
Scieries de marbres et de pierres	Marseille	8	10	151	30	7	198
Trituration à l'émeri	Marseille	1	»	4	1	»	5
A reporter		3697	1792	30968	3372	1671	37803

NATURE des Industries	DÉSIGNATION ou nombre de localités où s'exercent les industries	NOMBRE d'établissements	NOMBRES MOYENS de contre-maîtres et surveillants	d'ouvriers et de manœuvres	de femmes	d'enfants	TOTAUX
Report		3697	1792	30968	3372	1671	37803
XI. — INDUSTRIES TEXTILES. — TISSUS							
Lavage de laines	3 localités	11	10	48	184	7	249
Soie, moulinage	Maillane, Noves	2	6	2	62	16	86
Soie, ourdissage	Graus	1	1	»	15	»	16
Soie, teinturerie	Salon	1	1	»	30	20	51
Sparteries	Marseille, Cassis	19	4	53	104	50	211
Fabriq. de tapis	Marseille	4	»	10	6	1	17
Tissus de crin	Marseille	18	12	132	60	19	223
Tissage mécanique	Marseille	1	8	»	60	»	68
Tissages de chanvre	Marseille	2	»	1	8	1	10
Corderies	Marseille	13	15	97	75	44	231
Imprimerie sur tissus	Tarascon	1	1	7	»	8	16
XII. — INSTRUMENTS DE PRÉCISION							
Pianos et orgues	Marseille	2	4	94	26	2	126
Poids et mesures	Marseille	1	»	1	»	»	1
XII. — MÉTALLURGIE ET CONSTRUCTIONS MÉCANIQUES							
Ateliers de constructions et mécaniciens	Marseille, Arles, Salon	45	82	2398	»	61	2541
Clous	Marseille	1	»	5	»	»	5
Ferblantiers lampistes	Marseille	40	3	118	6	16	143
Ferronnerie, quincaillerie	Marseille	3	1	11	»	2	14
Forges et fonderies	Marseille, Saint-Chamas et Aix	22	42	825	12	40	919
Limes	Marseille	4	»	15	»	»	15
Maréchaux	Marseille, Cassis	59	2	139	»	1	142
Outils	Marseille	2	2	16	»	2	20
Plombs	Marseille	4	5	77	10	»	92
Serrurerie	Marseille	96	6	288	»	45	339
Lits en fer, vélocipèdes	Marseille	2	1	19	»	»	20
Chaudronneries	Marseille	9	17	340	»	20	377
Forgerons, ressorts de voitures	Marseille	4	»	30	»	»	30
Artifices et capsules	Marseille	4	3	129	150	15	297
XIII. — VÊTEMENTS ET ACCESSOIRES							
Bijouterie	Marseille	21	1	176	77	6	260
Bonneterie	Marseille	5	»	»	5	»	5
Chapellerie	Marseille, Aix et Martigues	7	17	263	146	»	426
Corsets	Marseille	4	»	»	15	3	18
Fleurs artificielles	Marseille	19	7	45	14	»	66
Habillements confectionnés	Marseille	13	11	143	398	»	552
Lingerie	Marseille	3	»	»	3	»	3
Mercerie, passementerie	Marseille	5	1	3	12	4	20
Brosses	Marseille	2	»	5	1	»	6
XIV. — INDUSTRIES DIVERSES							
Bouchons	Marseille	20	9	81	128	1	219
Blanchisseries de linge	Marseille	34	3	12	376	2	393
Tabacs	Marseille	1	70	137	170	»	377
Vannerie	Marseille, Salon	12	6	70	72	»	148
Varech	Marignane, Berre	5	3	10	14	»	27
Triage de chardons	Eyragues, Saint-Rémy	4	4	»	160	»	164
Totaux		4123	2140	36768	6801	2067	46776

VIII.— AGRICULTURE (1)

Entre tous les départements français, celui des Bouches-du-Rhône est un des plus disgraciés au point de vue des dons naturels. Plus que tout autre il porte la trace des grandes révolutions géologiques. Les trois quarts de ce territoire tourmenté sont formés par les derniers contreforts des Alpes. L'autre portion du département est formée de plaines caillouteuses ou limoneuses, d'étangs et de marécages pestilentiels.

(1) Cet article et celui des forêts sont extraits du *Dictionnaire d'Agriculture*, de J.-A. Barral (Hachette et Cie).

Pour y remédier on a construit de nombreux canaux d'irrigation qui vont porter la richesse dans les villes et les environs de Marseille, d'Aix et dans la Crau; ce sont :

1° *Le canal de Marseille*, qui traverse la chaîne d'Eguilles, franchit la vallée de l'Arc sur le magnifique aqueduc de Roquefavour et, près de Marseille, se subdivise en quatre dérivations et de nombreuses rigoles. Le canal d'amenée à 84 300 mètres;

2° *Le canal de Craponne* dont le canal d'amenée a 33 kilomètres, se divise en deux branches, celle d'Arles et celle de Salon;

3° *Le canal des Alpines*, suite du *canal de Boisgelin*, arrose la Crau et se divise également en deux branches;

4° *Le canal du Verdon* arrose Aix et les environs. La branche d'amenée a 82 075 mètres et se subdivise en huit dérivations principales et cinq petites branches ;

5° *Le canal Zola* a 9 kilomètres 1/2 et amène à Aix les eaux de l'Infernet retenues par un barrage.

La vaste plaine de la Crau longtemps stérile et abandonnée au pâturage collectif, a été transformée en grande partie depuis que les eaux du canal de Craponne permettent l'irrigation. Cinq des sections cadastrales: la Crau de Vergière, la Crau de la Lieutenante, la section de Craponne, la Crau de Moulès et la Crau de Payan autrefois désertes comme tout le reste du pays, sont aujourd'hui couvertes de riches cultures. Les améliorations dont la Crau est susceptible sont : l'épierrement, la création de prairies artificielles ou naturelles, l'entretien du bétail, la plantation et la submersion des vignes.

Chaque année les dépôts des deux bras du Rhône augmentent la Camargue d'environ 20 hectares. Depuis 1850 seulement, après l'organisation d'un syndicat pour la défense des rives, cette île du Rhône a cessé d'être envahie par les eaux.

Mais ce n'est que depuis quelques années qu'elle est entrée franchement dans la voie du progrès. Il serait trop long de consigner ici les magnifiques résultats obtenus par les irrigations des prairies et par la submersion des vignes phylloxérées.

Disons seulement que l'amélioration de la marenne française est un fait acquis à notre siècle. Avant quinze ans la plus grande partie de ce vaste delta ne sera plus la Camargue légendaire avec ses bandes de bœufs et de chevaux à demi-sauvages, avec ses troupeaux de moutons, ses *ferrades*, ses hardis *gardiens*.

Ce sera une magnifique plaine très bien cultivée, dont la prospérité agricole pourra être comparée à celle du nord de la France et de la Belgique.

L'étendue consacrée aux céréales augmente chaque année, le méteil à disparu, le seigle perd du terrain, le maïs diminue beaucoup et l'avoine augmente.

La pomme de terre est de plus en plus cultivée; on la soumet à l'arrosage; les légumes secs et quelques menues graines sont cultivés sur une assez grande échelle. La culture maraîchère donne de magnifiques résultats.

La garance et les cardères ont perdu beaucoup de leur importance d'autrefois.

La surface réservée aux oliviers a diminué considérablement. Ce fait tient à deux causes: l'arrachage effectué après les grandes gelées et la concurrence des huiles étrangères qui a fait baisser le revenu de l'olivier.

La vigne très éprouvée par le phylloxera tend à se relever surtout dans les endroits aptes à la submersion. La culture du mûrier après avoir été très délaissée, jouit aujourd'hui de plus de crédit.

Parmi les autres cultures arbustives, il faut citer l'amandier, cultivé principalement à la Fare, à Miramas, à Saint-Chamas; puis viennent: les figuiers, les câpriers, les jujubiers, les pistachiers, les pêchers, les abricotiers, les noyers, les poiriers, les pommiers, les pruniers, les cerisiers, qui sous ce climat, et avec l'irrigation judicieusement employée, produisent de superbes récoltes.

On produit aussi, spécialement dans le canton de Saint-Remy beaucoup de graines de fleurs ou de plantes cultivées destinées au commerce. Les pacages, les terres vagues, les *sansouires*, les *bruyères*, sont considérés comme fort utiles pour les nombreux troupeaux de moutons qu'on élève dans les Bouches-du-Rhône.

Les irrigations augmentent les ressources fourragères et permettront de développer les entreprises animales. Les chevaux et bœufs de la Camargue tendent à disparaître; en revanche les moutons transhumants et les chèvres abondent.

L'élevage du porc est très pratiqué; les races anglaises ont peu à peu supplanté celles qu'on élevait autrefois dans le pays.

Sur les bords des étangs et de la Méditerranée, *l'aquiculture* a pris depuis dix ans une grande importance. L'industrie qui a pour but la production des poissons et des coquillages peut très bien s'allier à l'exploitation générale d'une ferme; c'est à ce titre que nous la signalons.

L'exploitation par métayers domine dans les Bouches-du-Rhône. Les domaines d'une petite étendue peuvent être facilement exploités par un métayer et sa famille; ceux dont la contenance est trop grande sont divisés en métairies. Le métayage ne mérite pas tout le mal qu'on en a dit; tout dépend de la façon dont il est appliqué.

On doit attendre beaucoup en Provence de ce mode d'exploitation lorsque, comme c'est le cas général, les propriétaires interviennent eux-mêmes dans la direction de la ferme et dans les améliorations foncières. Les propriétaires font les frais d'établissement des irrigations, avancent les capitaux pour l'achat des engrais et du bétail; ils vivent presque comme les métayers, aussi cette association peut-elle devenir la base d'une grande prospérité agricole et elle n'est point incompatible avec les systèmes de culture les plus avancés.

Quant au système de culture, c'est encore le système latin qui domine; mais le climat et les conditions économiques obligent les agriculteurs à soumettre leurs terres aux irrigations. Les encouragements de l'État ne leur ont pas fait défaut. Le jour où les irrigations seront répandues partout, le système latin disparaîtra du territoire. La proximité de l'école d'agriculture de Montpellier, la création récente d'une école pratique d'agriculture à Gardanne, l'organisation de l'enseignement agricole départemental donneront à l'instruction professionnelle agricole une impulsion dont le département a grand besoin.

Ruches d'abeilles.

Nombre de ruches en activité. . . .	8 900	»
Production du miel en kilog	53 400	»
Production en cire, en kilog. . . .	22 250	»

Animaux de ferme.

Espèce chevaline.	13 078	têtes
— mulassière.	12 982	—
— asine	4 945	—
Bœufs et taureaux	2 187	—
Vaches et génisses.	7 990	—
Veaux.	800	—
Espèce ovine (race du pays). .	301 400	—
— (race perfectionnée)	34 500	—
Espèce porcine.	51 000	—
— caprine.	17 034	—

Produit des animaux.

Laine. . .	Quantité en kilog. .	658 012	»
	Prix moyen du kilog.	1 fr. 80	
	Valeur.	1 184 422 fr.	»

Suif . . .	Quantité en kilog. .	202 926 »
	Prix moyen du kilog.	0 fr. 95
	Valeur.	192 780 fr. »

Céréales diverses : farineux, cultures industrielles, plantes textiles, autres cultures oléagineuses, vignes, sériciculture, apiculture.

DÉSIGNATION	SUPERFICIE ensemencée EN HECTARES	RENDEMENT moyen PAR HECTARE	PRODUCTION ANNUELLE
		en hectol.	en hectol.
Froment	66 330	14,00	928 620
Seigle	540	14,50	7 830
Orge	3 099	10,09	31 268
Sarrazin	»	»	»
Maïs	95	15,10	1 434
Millet	»	»	»
Avoine	9 980	16,00	159 680
Pommes de terre	8 840	50,26	444 360
Légumes secs	3 690	12,50	46 125
Châtaignes	»	»	»
		en quintaux	en quintaux.
Betteraves à sucre	»	»	»
Betteraves fourragères	480	175,00	84 000
Houblon	»	»	»
Tabac	63	12,00	756
			filasse au quint.
Chanvre	»	»	»
		en quintaux	en quintaux
Lin	»	»	»
		en kilog.	en kilos
Chènevis	»	»	»
Lin (huile)	»	»	»
Œillette, Navette, Cameline, etc.	»	»	»
		en hectol.	en hectol.
Olives (fruit)	22 930	14,00	321 020
		en kilog.	en kilog.
Olives (huile)	»	»	3 855 600
		en hectol.	en hectol.
Vignes	12 812	35,25	486 830

STATISTIQUE GÉNÉRALE DU SOL

Terrain de qualité supérieure	2 797 hect.
Terres labourables.	158 616
Prés	12 610
Vignes	6 718
Bois	87 781
Landes, pâtis, etc.	181 591
Terrains divers.	27 374
Superficie totale.	477 487 hect.

IX. — FORÊTS

Les forêts ont dans le département une étendue de 87 781 hectares dont 18 679 appartiennent aux communes et 69 102, à des particuliers. L'État ne possède pas de bois.

Les forêts de pins d'Alep sont exploitées en futaies. Les essences feuillues en taillis simples. Le reboisement des montagnes, commencé sérieusement en 1860, marche lentement malgré les encouragements qu'il reçoit, à cause surtout de la transhumance des bêtes à laine. Comme cette question est intimement liée avec celle du régime des eaux et que c'est de la solution de cette dernière que dépend l'avenir du département, il n'est pas douteux que le reboisement soit poursuivi, malgré les obstacles considérables qu'il rencontre dans l'application.

Les Bouches-du-Rhône font partie de la 26e conservation dont le siège est à Aix. Il y a un inspecteur à Aix et un garde général à Marseille.

X. — DIVISION POLITIQUE, ADMINISTRATIVE ET POPULATION

Le département des Bouches-du-Rhône est divisé en trois arrondissements dont deux sont administrés chacun par un sous-préfet, savoir:

1° L'arrondissement de Marseille, subdivisé en 11 cantons, contenant ensemble 18 communes, administré directement par le préfet;

2° L'arrondissement d'Aix subdivisé en 10 cantons contenant ensemble 59 communes;

3° L'arrondissement d'Arles subdivisé en 8 cantons, contenant ensemble 32 communes.

Nous donnons ci-contre le tableau de toutes les communes du département, classées par arrondissements et cantons. La population résulte du dernier recensement effectué en 1886 et toutes les communes sont exactement repérées par rapport aux gares des chemins de fer ainsi qu'aux bureaux postaux et télégraphiques.

Dans les campagnes on parle la langue provençale qui eut tant de splendeur au moyen âge et qui a encore sa littérature.

Les costumes sont très pittoresques, dans l'arrondissement d'Arles et une partie de celui d'Aix, les femmes portent la gracieuse *Arlèse*.

STATISTIQUE DE LA POPULATION

La population du département était :

En 1801.	285 012	habitants.
En 1821.	313 614	—
En 1831.	359 473	—
En 1851.	428 989	—
En 1872.	554 911	—
En 1886.	604 857	—

Mariages annuels :

1° Entre garçons et filles.	3 864
2° Entre garçons et veuves.	193
3° Entre veufs et filles	316
4° Entre veufs et veuves	151

Naissances et décès :

Naissances	enfants légitimes	garçons.	7 300
		filles. . .	7 066
	enfants naturels.	garçons.	921
		filles . .	882

TABLEAU DES COMMUNES DU DÉPARTEMENT DES BOUCHES-DU-RHONE

3 arrondissements — 29 cantons — 109 communes — 604 857 habitants — 510 487 hectares — Moyenne de la population par kilomètre carré : 118 habitants.

I. — ARRONDISSEMENT DE MARSEILLE (11 cantons, 18 communes, 416 341 habitants)

I. — CANTON DE MARSEILLE (2 com., 378 869 hab.)

N°	NOMS des COMMUNES	Population	Dist. au chef-l. d'ar.	LOCALITÉS AVEC GARES postes et télégraphes		GARE LA PLUS PRÈS de chaque com. et distance à cette commune		BUREAUX de postes desserv. les communes avec les distances	
1	1er Canton	39849	»		»	»	»	»	»
2	2e Canton	60881	»		»	»	»	»	»
3	3e Canton	54560	»		»	»	»	»	»
4	4e Canton	48505	»		»	»	»	»	»
5	5e Canton	61055	»		»	»	»	»	»
6	6e Canton	47552	»		»	»	»	»	»
7	7e Canton	54085	»		»	»	»	»	»
8	8e Canton	9596	»		»	»	»	»	»
9	Marseille	370143	»	🚂 Ᵽ	**40 0**	Marseille ..	»	Marseille ...	»
10	*L'Estaque*	»	»	🚂	»	*L'Estaque.*	»	»	»
11	*Séon-St-Henri*	»	»	🚂 Ᵽ	»	*Séon-St-H.*	»	*St-Henri* ...	»
12	*Séon-St-André*	»	»	🚂	»	*Séon-St-A.*	»	»	»
13	*St-Louis-les-Aygalades*	»	»	🚂	»	*St-Louis-les-Aygal* ..	»	»	»
14	*St-Joseph*	»	»	🚂	»	*St-Joseph* .	»	»	»
15	*Le Canet*	»	»	🚂	»	*Le Canet* .	»	»	»
16	*St-Barthélemy*	»	»	🚂	»	*St-Barthél*	»	»	»
17	*La Blancarde*	»	»	🚂	»	*La Blanc..*	»	»	»
18	*La Pomme*	»	»	🚂	»	*La Pomme*	»	»	»
19	*St-Marcel*	»	»	🚂 ⊠	»	*St-Marcel* .	»	*St-Marcel* ..	»
20	*St-Menet*	»	»	🚂	»	*St-Menet..*	»	»	»
21	*St-Antoine*	»	»	🚂	»	*St-Antoine*	»	»	»
22	*Les Aygalades-Accates*	»	»	🚂	»	*Les Aygalad.-Accates* .	»	»	»
23	*Ste-Marthe*	»	»	🚂		*Ste-Marthe*	»	»	»
24	*Le Cap Croisette.*	»	»	⊤	»	»	»	»	»
25	*Marseille (central)*	»	»	⊤	»	»	»	»	»
26	*Marseille-Arenc* .	»	»	⊤	»	»	»	»	»
27	*Marseille-Frioul* .	»	»	⊤	»	»	»	»	»
28	*Pomègues (Iles de)*	»	»	⊤	»	»	»	»	»
29	*Ste-Marguerite* ...	»	»	⊠	»	»	»	*Ste-Marg* ...	»

I. — CANTON DE MARSEILLE (Suite)

N°	NOMS des COMMUNES	Population	Dist. au chef-l. d'ar.	LOCALITÉS		GARE LA PLUS PRÈS		BUREAUX	
1	*La Rose*	»	»	⊠	»	»	»	*La Rose*....	»
2	*Mazargues*	»	»	⊠	»	»	»	*Mazargues* .	»
3	Allauch	2726	10 0	Ᵽ	*240 0*	St-Menet ..	6 0	Allauch	»

II. — CANTON D'AUBAGNE (4 com., 11 750 hab.)

N°	NOMS des COMMUNES	Population	Dist. au chef-l. d'ar.	LOCALITÉS		GARE LA PLUS PRÈS		BUREAUX	
4	Aubagne	8239	17 0	🚂 Ᵽ	**95 0**	Aubagne...	»	Aubagne ..	»
5	*Camp-Major*	»	»	🚂	»	*Camp-Maj.*	»	»	»
6	Cuges	1260	30 0	⊠	*223 0*	Aubagne...	10 5	Cuges	»
7	Gémenos	1554	21 0	Ᵽ	*124 0*	id.	4 5	Gémenos ..	»
8	Penne (La)	697	13 0	🚂	**85 0**	La Penne..	»	St-Marcel ..	4 0

III. — CANTON DE LA CIOTAT (4 com., 14 048 hab.)

N°	NOMS des COMMUNES	Population	Dist. au chef-l. d'ar.	LOCALITÉS		GARE LA PLUS PRÈS		BUREAUX	
9	La Ciotat	10689	32 0	🚂 Ᵽ	**8 0**	La Ciotat ..	»	La Ciotat ..	»
10	*La Ciotat-Gare* ..	»	»	🚂	»	*La Ciot.-G.*	»	»	»
11	*Ste-Marguerite* ..	»	»	🚂	»	*Ste-Marg* .	»	»	»
12	*Bec-de-l'Aigle*	»	»	⊤	»	»	»	»	»
13	Cassis	1879	21 0	🚂 Ᵽ	**120 0**	Cassis	2 0	Cassis	»
14	Ceyreste	592	32 0	🚂	**60 0**	Ceyreste ...	0 5	La Ciotat ..	4 8
15	Roquefort	888	28 0		332 0	Cassis	7 0	Aubagne ..	8 0

IV. — CANTON DE ROQUEVAIRE (8 com., 11 674 hab.)

N°	NOMS des COMMUNES	Population	Dist. au chef-l. d'ar.	LOCALITÉS		GARE LA PLUS PRÈS		BUREAUX	
16	Roquevaire	3436	24 0	🚂 Ᵽ	**165 0**	Roquevaire.	»	Roquevaire,	»
17	*Pont de l'Etoile* ..	»	»	🚂	»	*P.-de-l'Et..*	»	»	»
18	Auriol	2753	28 0	🚂 Ᵽ	**201 0**	Auriol	1 0	Auriol.....	»
19	*La Bouilladisse* ..	»	»	🚂	»	*La Bouill* .	»	»	»
20	Belcodène	185	29 0		*400 0*	Valdonne ..	4 0	Gréasque ..	5 0
21	Bourine (La)	1315	29 0		*266 0*	La Bouillad.	0 5	Auriol.....	4 0
22	Destrousse (La)	578	27 0		220 0	Auriol	1 0	Roquevaire.	3 0
23	Gréasque	831	29 0	Ᵽ	*323 0*	Valdonne...	4 0	Gréasque ..	»
24	Peypin	823	25 0		*307 0*	id.	2 0	Roquevaire.	6 0
25	*Valdonne*	»	»	🚂 ⊤	»	*Valdonne* .	»	»	»
26	St-Savournin	1753	28 0		395 0	id.	4 3	Gréasque ..	3 2

II. — ARRONDISSEMENT D'AIX (10 cantons, 59 communes, 105 859 habitants)

I. — CANTON D'AIX (NORD) (5 com., 17 830 hab.)

N°	NOMS des COMMUNES	Population	Dist. au chef-l. d'ar.	LOCALITÉS		GARE LA PLUS PRÈS		BUREAUX	
30	Aix (Nord)	10295	»	🚂 Ᵽ	**188 0**	Aix	»	Aix	»
31	*La Calade*	»	»	🚂	»	*La Calade.*	»	»	»
32	*Puyricard*	»	»	🚂	»	*Puyricard.*	»	»	»
33	St-Marc	112	7 0		*388 0*	Aix	7 0	Aix	7 0
34	Tholonet	497	5 5		*340 0*	Aix	5 5	id.	5 5
35	Vauvenargues	326	13 0		195 0	Aix	13 0	id.	13 0
36	Venelles	600	7 5	🚂 ⊤	*411 0*	Venelles....	»	id.	7 5

II. — CANTON D'AIX (SUD) (8 com., 14 378 hab.)

N°	NOMS des COMMUNES	Population	Dist. au chef-l. d'ar.	LOCALITÉS		GARE LA PLUS PRÈS		BUREAUX	
37	Aix (Sud)	12762	»	🚂 Ᵽ	**188 0**	Aix	»	Aix	»
38	*Les Milles*	»	»	🚂 ⊤	»	*Les Milles.*	»	»	»
39	*Luynes*	»	»	🚂	»	*Luynes* ...	»	»	»
40	*Roquefavour*	»	»	🚂 ⊤	»	*Roquefavour*	»	»	»
41	Eguilles	946	10 0	⊠	*274 0*	Les Milles..	7 8	Eguilles ...	»
42	Méreuil	670	8 0		296 0	La Barque Fuveau.....	6 0	Aix	8 6

III. — CANTON DE BERRE (6 com., 6 476 hab.)

N°	NOMS des COMMUNES	Population	Dist. au chef-l. d'ar.	LOCALITÉS		GARE LA PLUS PRÈS		BUREAUX	
43	Berre	1811	26 0	🚂 Ᵽ	**16 0**	Berre......	3 0	Berre......	»
44	Fare (La)	1193	21 0	⊠	*63 0*	Velaux.....	6 5	La Fare....	»
45	Rognac	678	26 0	🚂 Ᵽ	**36 0**	Rognac	»	Rognac	»
46	Velaux	772	18 0	🚂 Ᵽ	**58 0**	Velaux.....	0 5	Velaux.....	»
47	Ventabren	1015	13 0		*203 0*	Roquefavour	2 9	id.	4 5
48	Vitrolles	1007	24 0	🚂 ⊠	**76 0**	Vitrolles ...	»	Vitrolles ...	»

IV. — CANTON DE GARDANNE (7 com., 9 504 hab.)

N°	NOMS des COMMUNES	Population	Dist. au chef-l. d'ar.	LOCALITÉS		GARE LA PLUS PRÈS		BUREAUX	
49	Gardanne	2657	11 0	🚂 Ᵽ	**189 0**	Gardanne ..	»	Gardanne ..	»
50	Bouc	933	9 0	🚂	**240 0**	Bouc-la-Malle	4 5	Le Pin.....	4 7
51	*La Malle*	»	»	🚂	»	*Bouc-l-Malle*	»	»	»
52	*Le Pin*	»	»	⊠	»	»	»	*Le Pin*....	»
53	Cabriès	887	13 0		*184 0*	Bouc-la-Malle	2 6	Le Pin.....	2 8
54	Mimet	542	16 0		430 0	Gardanne ..	7 3	Gardanne ..	7 2
55	Pennes (Les)	1971	21 0	Ᵽ	*169 0*	Pas-des-Lanciers.....	5 0	Les Pennes.	»
56	Septèmes	1650	16 0	🚂 Ᵽ	**250 0**	Septèmes ...	»	Septèmes ..	»
57	Simiane	858	14 0	🚂	**199 0**	Simiane	»	Gardanne ..	4 7

V. — CANTON D'ISTRES (4 com., 7 943 hab.)

N°	NOMS des COMMUNES	Population	Dist. au chef-l. d'ar.	LOCALITÉS		GARE LA PLUS PRÈS		BUREAUX	
58	Istres	3750	49 0	🚂 Ᵽ	**35 0**	Istres......	»	Istres	»
59	*Entressen*	»	»	🚂	»	*Entressen* .	»	»	»
60	*Le Paty*	»	»	🚂	»	*Le Paty*...	»	»	»
61	*Bayanne*	»	»	🚂	»	*Bayanne* ..	»	»	»
62	*Pipis*	»	»	🚂	»	*Pipis*......	»	»	»
63	*Rassuen*	»	»	🚂	»	*Rassuen*...	»	»	»
64	*Lavalduc*	»	»	🚂	»	*Lavalduc*..	»	»	»
65	Fos	1146	48 0	🚂 Ᵽ	**30 0**	Fos	3 0	Fos	»
66	*Plan d'Aren*	»	»	🚂	»	*Plan d'Aren*	»	»	»
67	*Pavillon*	»	»	🚂	»	*Pavillon*..	»	»	»
68	St-Chamas	2335	36 0	🚂 Ᵽ	**25 0**	St-Chamas .	»	St-Chamas .	»
69	St-Mitre	712	47 0		*108 0*	Plan d'Aren	6 2	Istres	7 2

VI. — CANTON DE LAMBESC (6 com., 7 862 hab.)

N°	NOMS des COMMUNES	Population	Dist. au chef-l. d'ar.	LOCALITÉS		GARE LA PLUS PRÈS		BUREAUX	
70	Lambesc	2740	21 0	Ᵽ	200 0	La Calade..	15 0	Lambesc ...	»
71	Charleval	947	35 0		131 0	Mérindol (Vaucluse)....	7 9	id.	12 0

VI. — CANTON DE LAMBESC (suite)

N°	NOMS des COMMUNES	Population	Dist. au chef-l. d'ar.	LOCALITÉS		GARE LA PLUS PRÈS		BUREAUX	
27	Rognes	1288	19 0	⊠	*370 0*	Cadenet (Vaucluse)....	9 0	Rognes	»
28	Roque-d'Anthéron (La)	1503	29 0	⊠	*178 0*	Cadenet (V)	7 0	La R. d'Ant.	»
29	St-Cannat	1269	16 0	⊠	190 0	La Calade..	10 0	St-Cannat..	»
30	St-Estève-Janson ...	115	25 0		180 0	Cadenet	6 0	Puy-Ste-Rép.	4 0

VII. — CANTON DE MARTIGUES (8 com., 13 361 hab.)

N°	NOMS des COMMUNES	Population	Dist. au chef-l. d'ar.	LOCALITÉS		GARE LA PLUS PRÈS		BUREAUX	
31	Martigues	6494	39 0	🚂 Ᵽ	**18 0**	Martigues ..	»	Martigues ...	»
32	Carri-le-Rouet	499	50 0		*8 0*	Châteauneuf	8 4	id.	13 5
33	Châteauneuf-lès-Martigues	1084	31 0	🚂	**13 0**	Châteauneuf	»	id.	10 5
34	*La Mède*	»	»	🚂	»	*La Mède* ..	»	»	»
35	Gignac	915	29 0	🚂	**50 0**	Gignac.....	0 6	Marignane .	3 0
36	Marignane	1782	25 0	🚂 Ᵽ	**10 0**	Marignane .	0 2	id.	»
37	Port-de-Bouc	1442	40 0	🚂 Ᵽ	**20 0**	Port-d-Bouc	»	Port-de-B..	»
38	Rove (Le)	661	37 0		202 0	Gignac.....	6 0	Marignane .	7 3
39	St-Victoret	484	26 0		*19 0*	Marignane .	1 4	id.	1 2
40	*Pas-des-Lanciers* .	»	»	🚂	»	*Pas-des-L..*	»	»	»

VIII. — CANTON DE PEYROLLES (5 com., 5 052 hab.)

N°	NOMS des COMMUNES	Population	Dist. au chef-l. d'ar.	LOCALITÉS		GARE LA PLUS PRÈS		BUREAUX	
41	Peyrolles	1022	22 0	🚂 ⊠	**207 0**	Peyrolles ...	»	Peyrolles ...	»
42	Jouques	1508	27 0	🚂	**246 0**	Jouques	»	id.	4 0
43	Meyrargues	880	16 0	🚂 Ᵽ	**249 0**	Meyrargues	»	Meyrargues	»
44	*Reclavier*	»	»	🚂	»	*Reclavier* ..	»	»	»
45	Puy-Ste-Réparade (Le)	1248	21 0	⊠	*218 0*	Meyrargues	9 0	Puy-Ste-Rép.	»
46	St-Paul-lès-Durance	394	33 0		240 0	Mirabeau (Vaucluse	5 5	Mirabeau (V)	6 5

IX. — CANTON DE SALON (8 com., 25 011 hab.)

N°	NOMS des COMMUNES	Population	Dist. au chef-l. d'ar.	LOCALITÉS		GARE LA PLUS PRÈS		BUREAUX	
47	Salon	8598	33 0	🚂 Ᵽ	**77 0**	Salon	»	Salon	»
48	*St-Tropez*	»	»	🚂	»	*St-Tropez* .	»	»	»
49	Aurons	189	32 0		291 0	Salon	8 0	Pélissanne .	4 5
50	Barben (La)	311	42 0		*120 0*	Salon	10 0	id.	5 0
51	Cornillon	408	34 0		65 0	St-Chamas .	5 0	Grans......	6 0
52	Grans	1807	32 0	🚂 Ᵽ	**70 0**	Grans......	1 0	Grans......	»
53	Lançon	1473	29 0	⊠	*83 0*	id.	7 0	Lançon	»
54	Miramas	1318	40 0	🚂 Ᵽ	**66 0**	Miramas....	2 0	Miramas ...	»
55	Pélissanne	1597	28 0	Ᵽ	*80 0*	Salon	5 0	Pélissanne .	»

X. — CANTON DE TRETS (8 com., 7 752 hab.)

N°	NOMS des COMMUNES	Population	Dist. au chef-l. d'ar.	LOCALITÉS		GARE LA PLUS PRÈS		BUREAUX	
56	Trets	2821	23 0	🚂 Ᵽ	**261 0**	Trets.......	»	Trets	»
57	Beaurecueil	142	8 7		228 0	La Barque-Fuveau ..	6 5	Aix	8 7
58	Châteauneuf-le-Rouge	158	12 0		*233 0*	Peynier-Rousset.......	4 7	Rousset	2 7
59	Fuveau	2593	12 0	🚂 Ᵽ	**261 0**	La B.-Fuv..	2 1	Fuveau	»
60	*La Barque*	»	»	🚂	»	*La B.-Fuv.*	»	»	»
61	Peynier	692	26 0	🚂	**226 0**	Peynier-R ..	1 4	Trets	3 5
62	Puyloubier	566	24 0		360 0	Trets	8 6	id.	8 6
63	Rousset	730	17 0	🚂 ⊠	**226 0**	Peynier-Rousset.......	2 0	Rousset	»
64	St-Antonin	50	12 0		485 0	Aix	12 0	Aix	12 0

III. — ARRONDISSEMENT D'ARLES (8 cantons, 32 communes, 82 657 habitants)

I. — CANTON D'ARLES (EST) (2 com., 16 359 hab.)

N°	NOMS des COMMUNES	Population	Dist. au chef-l. d'ar.	LOCALITÉS		GARE LA PLUS PRÈS		BUREAUX	
72	Arles (Est)	13519	»	🚂 Ᵽ	**6 0**	Arles......	»	Arles......	»
73	*Raphèle*	»	»	🚂 Ᵽ	»	*Raphèle*...	»	*Raphèle*...	»
74	*S-Martin-de-Crau*	»	»	🚂 Ᵽ	»	*S-M.-de-C.*	»	*S-M.-de-C.*	»
75	*Mont-Major*	»	»	🚂	»	*Mont-Maj.*	»	»	»

I. — CANTON D'ARLES (EST) (suite)

N°	NOMS des COMMUNES	Population	Dist. au chef-l. d'ar.	LOCALITÉS		GARE LA PLUS PRÈS		BUREAUX	
65	*Albaron*	»	»	⊠	»	»	»	*Albaron*...	»
66	*Mas-de-la-Ville* ...	»	»	🚂	»	*Mas-d-l-V* .	»	»	»
67	*Beyne*	»	»	🚂	»	*Beyne*.....	»	»	»
68	*Mas-Thibert*	»	»	🚂 ⊠	»	*Mas-Thib* .	»	*Mas-Thib* .	»

Nota. — Les cotes inscrites, dans ce tableau, à côté des signes abréviatifs 🚂 ⊠ ⊤ Ᵽ, désignent des altitudes, c'est-à-dire la hauteur des points signalés au-dessus du niveau moyen des eaux de la mer. Les cotes imprimées en caractères gras et placées en face des noms des gares sont les altitudes *gravées* ou à *graver* sur les socles des bâtiments des dites gares, à 0 m. 50 environ au-dessus du niveau des rails. Les cotes inscrites en face du nom des communes sont extraites de la carte de l'état-major au 80 000e. Celles en italique existent *dans la commune même*. Les autres sont les cotes du point le plus rapproché de la commune correspondante, point indiqué sur la carte de l'état-major.

NOMS des COMMUNES	Population	Dist. au chef-l. d'ar.	LOCALITÉS AVEC GARES postes et télégraphes	GARE LA PLUS PRÈS de chaque com. et distance à cette commune		BUREAUX de postes desserv. les communes avec les distances	
III. — ARRONDISSEMENT D'ARLES (Suite)							
I. — CANTON D'ARLES (EST) *(Suite)*							
1 *La Porcelette*.....	»	»	»	*La Porcel*..	»	»	»
2 *L'Eysselle*........	»	»	»	*L'Eysselle*	»	»	»
3 *S-Louis-du-Rhône*	»	»	»	*S-L-du-Rh.*	»	*S-L-du-Rh.*	»
4 *Faraman*	»	»	»	»	»	»	»
5 *Giraud (Salins de)*	»	»	»	»	»	»	»
6 Fontvieille.........	2840	8 0	9 0	Fontvieille..	»	Fontvieille..	»
7 *Carrières*	»	»	»	*Fontvieille-Carrières*	»	»	»
8 *Mont-Paon*.......	»	»	»	*Mont-Paon*	»	»	»
II. — CANTON D'ARLES (OUEST) *(1 com., 9 972 hab.)*							
9 Arles (Ouest)......	9972	»	6 0	Arles......	»	Arles......	»
10 *La Camargue*....	»	»	»	*La Cam*...	»	»	»
III. — CANTON DE CHATEAURENARD *(6 com., 15 932 hab.)*							
11 Châteaurenard.....	5934	38 0	32 0	Châteaurenard	»	Châteaurenard	»
12 Barbentane	2884	30 0	22 0	Barbentane	2 0	Barbentane	»
13 Eyragues	2069	26 0	30 0	Châteauren.	4 7	Eyragues ..	»
14 Graveson	1622	27 0	20 0	Graveson ..	0 5	Graveson ..	»
15 Noves	2038	20 0	40 0	Noves	»	Noves	»
16 Rognonas	1385	32 0	25 0	Rognonas ..	»	Rognonas ..	»
IV. — CANTON D'EYGUIÈRES *(6 com., 7 210 hab.)*							
17 Eyguières	2678	38 0	76 0	Eyguières ..	»	Eyguières ..	»
18 Alleins...........	1034	48 0	*157 0*	Lamanon ..	5 3	Alleins.....	»
19 Aureille...........	611	32 0	109 0	Aureille....	»	Eyguières ..	6 5
20 Lamanon..........	404	44 0	107 0	Lamanon ..	»	id.	4 8
21 Mallemort	2147	55 0	110 0	id.	8 0	Mallemort ..	»
22 Vernègues.........	336	40 0	*300 0*	id.	7 8	Alleins.....	2 5
V. — CANTON D'ORGON *(7 com., 9 704 hab.)*							
23 Orgon	2818	42 0	77 0	Orgon-Ville.	»	Orgon.....	»
24 *Orgon-Gare*......	»	»	»	*Orgon-G* ..	»	»	»
25 *Plan-d'Orgon*.....	»	»	»	*Pl. d'Org*..	»	»	»
V. — CANTON D'ORGON *(Suite)*							
1 Cabannes..........	1542	40 0	46 0	Cabannes...	»	Cabannes ..	»
2 Eygalières	1270	32 0	60 0	Eygalières - Mollégès.	3 0	Orgon	7 0
3 *St-Didier*	»	»	»	*St-Didier* ..	»	»	»
4 Mollégès	795	36 0	60 0	Eygalières - Mollégès.	1 4	St-Andiol..	3 0
5 St-Andiol	1236	37 0	59 0	St-Andiol..	»	id.	»
6 Sénas.............	1859	42 0	90 0	Sénas	»	Sénas.....	»
7 Verquières.........	184	40 0	53 0	St-Andiol ..	2 0	St-Andiol ..	2 0
VI. — CANTON DE SAINTES-MARIES *(1 com., 1 159 hab.)*							
8 Saintes-Maries	1159	37 0	5 0	Arles	37 0	Stes-Maries.	»
VII. — CANTON DE SAINT-REMY *(6 com., 11 571 hab.)*							
9 St-Remy	5813	25 0	35 0	St-Remy ...	»	St-Remy ...	»
10 *Bagatelle*	»	»	»	*Bagatelle* .	»	»	»
11 *La Massane*......	»	»	»	*La Massane*	»	»	»
12 *Les Agriottes*.....	»	»	»	*Les Agriottes*	»	»	»
13 *La Galine*	»	»	»	*La Galine.*	»	»	»
14 Baux (Les)........	367	20 0	101 0	Maussanne .	3 0	Maussanne .	3 0
15 Maillane	1342	25 0	20 0	Graveson ..	3 8	Maillane ..	»
16 Maussanne	1392	18 0	28 0	Maussanne .	»	Maussanne .	»
17 Mouriès	1995	24 0	10 0	Mouriès ...	»	Mouriès....	»
18 Paradou	662	15 0	27 0	Paradou ...	»	Maussanne .	1 0
VIII. — CANTON DE TARASCON *(4 com., 10 750 hab.)*							
19 Tarascon	9314	14 0	5 0	Tarascon ...	»	Tarascon ...	»
20 *Ségonnaux*.......	»	»	»	*Ségon*	»	»	»
21 *St-Etienne-d-Grès*	»	»	»	*S-Et.-d-G* .	»	»	»
22 Boulbon...........	1073	22 0	20 0	Tarascon ...	0 5	Boulbon ...	»
23 Mesblanc	139	18 0	*10 0*	La Rode ...	1 0	St-Remy ...	5 7
24 *La Rode*	»	»	»	*La Rode* ...	»	»	»
25 Mezoargues	224	25 0	6 0	Tarascon ...	7 5	Vallabrègues (Gard)...	2 0

Décès	sexe masculin	garçons.	5 428
		mariés..	2 516
		veufs . .	1 147
	sexe féminin	filles . .	4 380
		femmes.	1 901
		veuves .	1 783
Morts accidentelles		hommes. .	191
		femmes. . .	18
Suicides		hommes. .	140
		femmes. . .	45

NOTICES SUR LES PRINCIPALES LOCALITÉS

Marseille. — Notre premier port de commerce occupe une situation favorable sur le rivage oriental d'une anse du golfe de Lion. Depuis la conquête de l'Algérie et l'ouverture de l'isthme de Suez, son importance comme marché d'échange s'est considérablement accrue, en même temps que l'étendue de la ville a quadruplé. Son port est la tête de ligne de plusieurs services de messageries, qui mettent la France en communication directement ou indirectement avec toutes les régions du globe.

Les Phéniciens possédaient en ce point un établissement considérable quand les Phocéens y abordèrent et se fixèrent dans la partie qui devint la vieille ville. Cette colonie, devenue rapidement prospère, ne tarda pas à établir de nombreux comptoirs dans les environs. Menacée par les peuples celto-ligures de l'intérieur, Marseille appela plusieurs fois à son secours les Romains, qui finirent par s'y établir définitivement. Sa résistance à César, en prenant le parti de Pompée, arrêta sa prospérité, car ses murailles furent rasées, ses colonies lui furent enlevées et une ville romaine s'éleva à côté de la cité grecque. Mais elle devint alors un centre artistique et littéraire qui lui mérita de Cicéron le nom d'*Athènes des Gaules;* elle perdit peu à peu son importance commerciale. Les invasions des Visigoths, Burgondes, Ostrogoths, Francs et Sarrasins achevèrent de miner presque complètement Marseille, qui commença à renaître un instant sous Charlemagne, avec vigueur à l'époque des Croisades. Ce mouvement, un instant compromis par la tyrannie de plusieurs comtes de Provence, reprit de plus belle sous le bon roi René et se développa également sous la domination des rois de France, mais au détriment de ses libertés, qui furent en grande partie supprimées. Cependant, son commerce eut beaucoup à souffrir pendant ce temps des incursions barbaresques. En 1524, la ville repoussa énergiquement pendant deux mois les tentatives que fit pour s'en emparer le connétable de Bourbon, au nom de Charles-Quint. L'exaltation de ses convictions religieuses et politiques lui fit prendre une part active aux guerres de religion et aux troubles de la Fronde; les forts Saint-Jean et Saint-Nicolas furent construits ensuite plus pour la contenir que pour la défendre. Les sages mesures prises par Colbert assurèrent définitivement au port de Marseille toute sa prospérité. En 1720, une peste terrible emporta presque la moitié de la population et fut l'occasion du dévouement mémorable de l'évêque Belzunce et du chevalier Roze. La Révolution ne pouvait manquer de se signaler par des excès dans une ville aussi passionnée; en 1793, Marseille se révolta contre la Convention et Carteaux dut la ramener au devoir; plus tard, elle fit de la réaction thermidorienne; en 1815, elle se donna aux royalistes et eut sa terreur blanche. En 1871, il s'y produisit également un faible contrecoup de la Commune de Paris.

La ville de Marseille a eu successivement cinq enceintes, de plus en plus étendues : celle de l'origine fut agrandie par César. Une troisième, sous Charlemagne, reliait par des fortifications les murs et diverses habitations. En 1350, on établit la quatrième, qui n'était fortifiée qu'aux trois quarts. Enfin, la cinquième

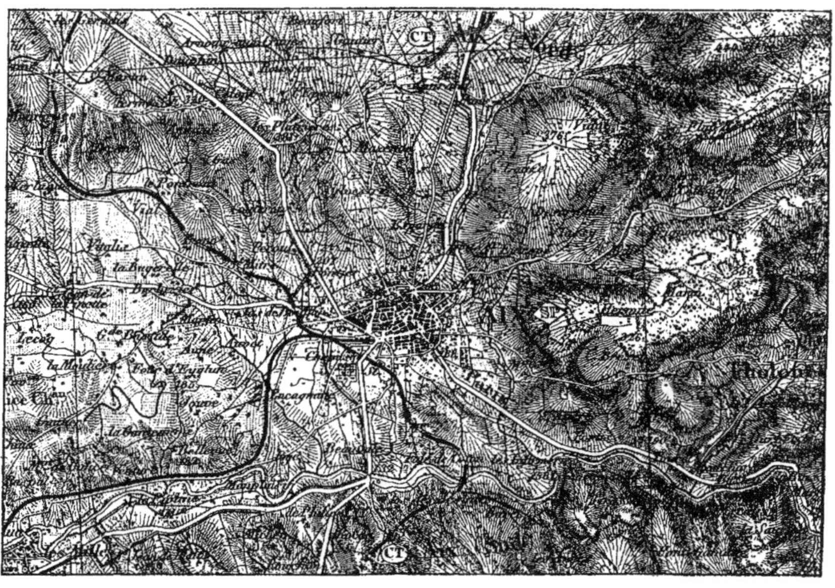

AIX ET SES ENVIRONS. — Extrait de la carte de l'État-Major au 80000e

date de 1666; les précédentes furent alors démolies et les remparts transformés en rues ou en promenades.

Le *port* de Marseille comprend : 1° le *Vieux-Port*, d'une superficie de plus de 28 hectares, avec une longueur de 3 500 mètres de quais; il peut recevoir facilement 450 navires de 150 tonnes; il est situé entre les forts Saint-Jean et Saint-Nicolas; 2° le *port de la Joliette*, d'une superficie de près de 23 hectares avec 3 300 mètres de développements de quais, le long desquels stationnent les navires des Messageries Maritimes, de la compagnie Fraissinet, etc.; le *bassin du Lazareth*, appelé aussi bassin des Docks, et le *bassin d'Arenc*, appelé aussi bassin des Cheminées, ont ensemble une superficie de près de 21 hectares avec 2 439 mètres de longueur de quais; 4° le *bassin de la Gare maritime*, formé par un prolongement de la jetée de la Joliette, a une surface de 18 hectares et 2 160 mètres de quais; 5° le *bassin National* aura 4 020 mètres de quais quand il sera achevé; 6° les *avant-ports* nord et sud, ayant ensemble 37 hectares, et 1 450 mètres de quais; 7° les *bassins de refuge du Frioul*, comprenant 18 hectares, se trouvent à côté de la Quarantaine et du Lazareth; 8° le *bassin du Pharo* (113 ares), qui dessert un chantier de construction; 9° deux *bassins de radoub* (5 hectares). L'ensemble de ces ports ou bassins donne une surface totale de près de 175 hect., bordés par 16 700 m. de quais et où plus de 1 000 navires de 300 tonnes peuvent trouver place. Cependant, le mouvement commercial de Marseille qui se développe de plus en plus a rendu cet ensemble insuffisant et pour avoir une étendue de quais et de ports abrités en rapport avec les exigences de son commerce on a commencé la construction des *Ports-Sud* depuis longtemps projetée.

Il a été question de relier les îles d'Endoume et le rocher de la tour Canouvier par un môle, qui protégerait l'île des Catalans; l'île de Pomègues et l'île Ratonneau sont reliées par une digue qui abrite le port du Frioul, où les navires que leur provenance rend suspects d'épidémies restent en quarantaine.

Le mouvement annuel des marchandises du

Vue d'Aix. — Hôtel de Ville et Tour de l'Horloge.

port de Marseille est de 3 207 258 tonnes de 1 000 kilos, représentant une valeur de 1 655 356 527 francs.

La marine marchande se compose de 289 navires à vapeur et de 380 navires à voiles, jaugeant ensemble 272 290 tonneaux.

Un phare qui éclaire l'intérieur du golfe a été élevé dans l'îlot du Planier.

Il y a deux rades: celle de Marseille, au nord des îles et à l'ouverture du port, et celle d'Endoume, au sud de l'île de ce nom. Il existe un mouillage pour les vaisseaux entre la plage de Mont-Redon et l'île de Pomègues.

Par sa situation entre les montagnes et la mer, cette ville a été forcée de s'étendre de ce dernier côté de sorte qu'elle n'a jamais dominé une vaste contrée ni joué un rôle politique bien influent. En revanche, par sa situation avantageuse sur la route des Indes et de l'Orient, elle est devenue la grande ville de commerce du bassin de la Méditerranée.

Marseille est le chef-lieu du 15e corps d'armée et possède tous les états-majors et services administratifs se rattachant à ce titre. On y trouve comme garnison : la portion principale des 3e et 40e de ligne, du 6e bataillon de chasseurs, la 15e section de commis et ouvriers militaires d'administration, la 15e section d'infirmiers militaires, la 15e brigade de cavalerie comprenant le 1er hussards, et le 11e dragons, la 15e légion de gendarmerie. C'est également le siège d'une intendance et de plusieurs sous-intendances militaires, d'une direction et d'une chefferie du génie, de magasins de vivres, fourrages, d'habillement et du campement, d'une raffinerie de salpêtre et de soufre. Viendraient s'y former les troupes territoriales suivantes : l'escadron de cavalerie légère, la 15e section territoriale de commis et ouvriers militaires de l'administration et la 15e section territoriale d'infirmiers militaires.

Marseille forme un arrondissement et un quartier maritime dépendant de la 5e préfecture maritime (Toulon). Manufacture de tabacs, direction des douanes.

Aix, ville de forme à peu près carrée, est le plus ancien établissement romain du sud de la Gaule. Elle est ceinte d'une muraille en partie ruinée. Fondée en l'an 123 avant Jésus-Christ, elle acquit rapidement une grande importance sous le nom d'*Aquæ sextiæ* et devint la métropole de la Narbonnaise seconde. Après la chute de l'empire romain, elle fut occupée successivement par les Visigoths, les Burgondes, les Sarrasins; ces derniers la détruisirent en partie; elle commença à se relever dès 796 et sous les comtes de Provence, qui en firent leur séjour habituel et dont la cour attira les plus célèbres

Vue d'Arles. — Place Royale.

troubadours, elle devint le centre et le foyer du mouvement littéraire provençal, de l'esprit et de la politesse. Après son annexion à la France au XVIe siècle, elle devint le siège d'un parlement et d'une université. Aix fut pillée par les Marseillais, sous le règne de François Ier et Charles-Quint, après s'en être emparé sans coup férir, en 1535 s'y fit couronner roi d'Arles. Pour punir la ville de sa faiblesse, François Ier fit raser ses remparts en 1536. Pendant les guerres de religion, l'intolérance et le fanatisme firent de nombreuses victimes; le duc d'Epernon ne put venir à bout de la résistance des Ligueurs, qui résistèrent victorieusement à un long siège.

Aix fut jusqu'en l'an VIII le chef-lieu du département. Bien que commerçante et industrielle, la ville est assez triste, car elle est surtout une ville de noblesse, de magistrature et d'université, ce qui ne contribue pas à lui donner de l'animation. On y trouve encore de nombreux vestiges d'édifices datant de l'occupation romaine ou du moyen-âge.

C'est le siège de la 29e division et de la 58e brigade d'infanterie, d'une subdivision de région et d'une sous-intendance militaire. Le 141e de ligne et la 15e section de secrétaires d'état-major et du recrutement y tiennent garnison. Les 115e et 145e territoriaux d'infanterie y ont leur dépôt.

Arles, dont l'origine est incertaine, est une des plus anciennes villes de la Gaule; sa situation favorable sur les deux rives du Rhône ne tarda pas à lui donner une grande importance sous les Romains, et Constantin y fit construire un palais où il résida ; Arles fut même alors déclarée métropole des Gaules.

La ville supporta plusieurs sièges et fut ravagée à plusieurs reprises par les Visigoths, les Francs et les Sarrasins, mais sans perdre son influence; du IVe au XIIIe siècle, treize conciles y furent tenus. Capitale d'un comté sous les Mérovingiens et du royaume de la Bourgogne cisjurane sous Boson (879), elle devint en 930 la capitale d'un royaume d'Arles, qui relevait de l'empire germanique, mais ne subsista pas longtemps. Au XIIe siècle, Arles, s'érigea en république et fut assiégée en vain par Raymond VII pendant tout l'été de 1240. En 1251, elle reconnut l'autorité de Charles d'Anjou, comte de Provence. Pendant les guerres de François Ier et de Charles-Quint, les Arlésiens soutinrent vaillamment la cause nationale, puis ils se mêlèrent aux troubles religieux du XVIIe siècle.

La ville possède de nombreux vestiges de son antique splendeur et on y voit encore debout des monuments et édifices anciens fort remarquables, tels que l'amphithéâtre (1), la cathédrale, avec son portail roman, et sur un rocher à 3 kilomètres, la célèbre abbaye de Montmajour, fondée au VIe siècle, avec cloître roman, église avec chapelles rayonnantes, tour féodale du XIVe siècle munie de mâchicoulis. Les anciens remparts sont également visibles en plusieurs endroits.

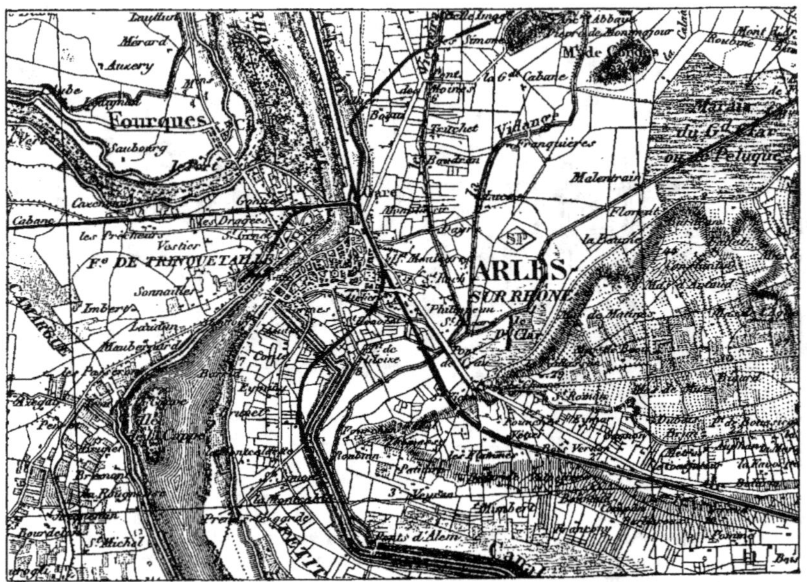

ARLES ET SES ENVIRONS. — Extrait de la carte de l'État-Major au 80 000e.

Nous avons vu qu'un canal relie Arles à Port-de-Bouc ; le port d'Arles, très commode, se trouve sur la rive gauche du bras droit du Rhône. On trouve à Arles une école de navigation et un quartier d'inscription maritime, un dépôt de remonte et le petit dépôt des 2e et 3e régiments de zouaves.

Aubagne est une ville ancienne, dont on voit encore sur un monticule qui la domine les ruines d'un château et des remparts. Les Ligueurs la malmenèrent beaucoup après s'en être emparé en 1589.

Auriol, bourgade industrielle, possède d'intéressants vestiges de villas romaines. On retrouve encore, sur la colline qui domine le bourg, les restes d'une place-forte qu'y construisirent les habitants, forcés par les Sarrazins, au VIIIe siècle, d'abandonner la vallée.

Barbentane, berceau d'une illustre famille provençale, est bâtie sur le penchant d'une

(1) L'amphithéâtre, vaste cirque de forme elliptique (140m sur 40m), pouvait contenir 40 000 spectateurs. Au VIIIe siècle, les Sarrasins élevèrent quatre tours sur les quatre entrées principales et firent ainsi du cirque une forteresse.

BOUCHES-DU-RHÔNE

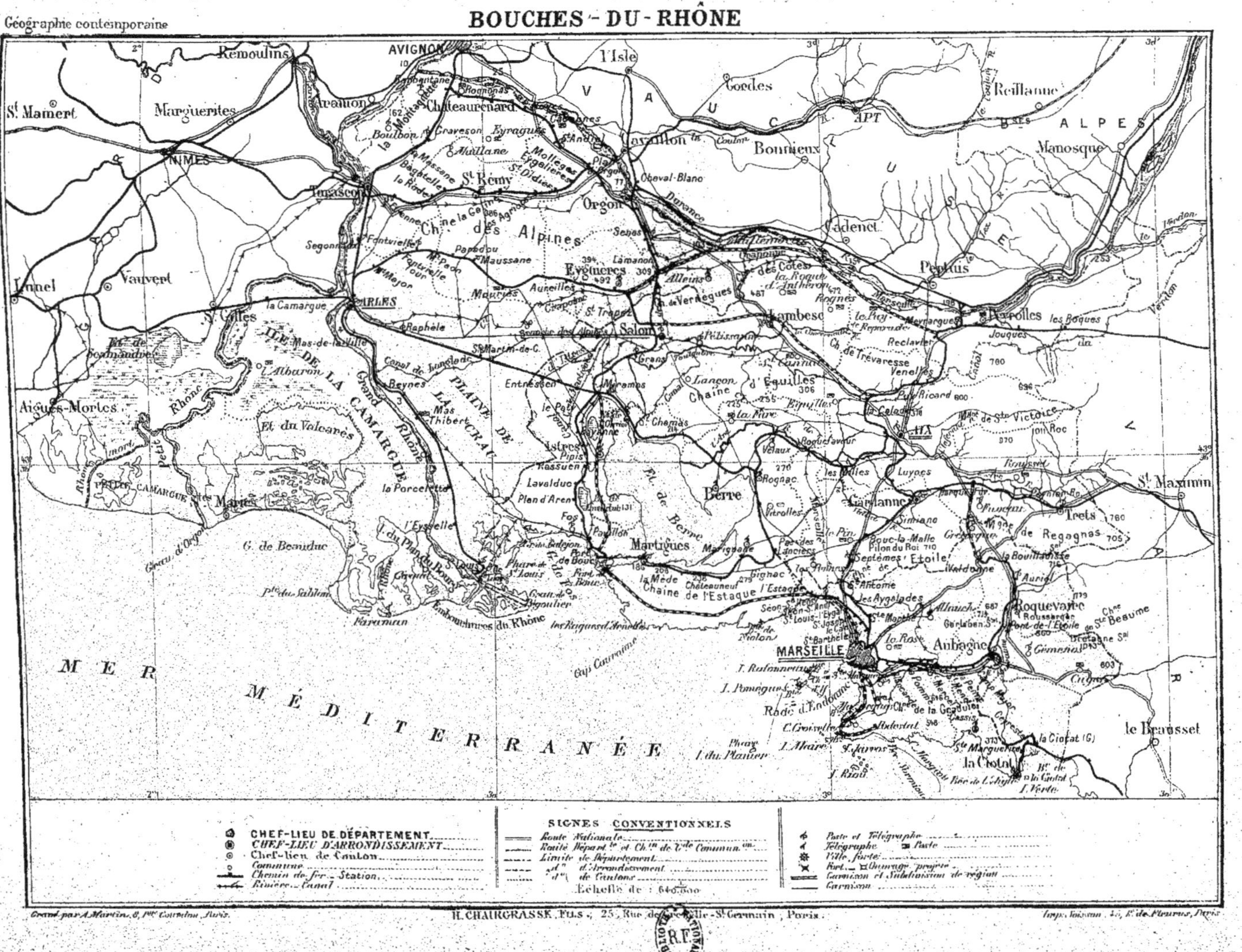

Gravé par A. Martin, 8, P.ge Coutellerie, Paris. — H. CHAIRGRASSE FILS, 25, Rue de Grenelle-St-Germain, Paris. — Imp. Voisin, 15, R. de Fleurus, Paris.

colline que couronnent les ruines d'une belle tour féodale.

Berre est l'entrepôt des marchandises qui arrivent par l'étang de ce nom; son port est assez fréquenté par les caboteurs de la Méditerranée. La localité, assez insalubre, paraît occuper l'emplacement de l'ancienne *Cadarose* dont on aperçoit encore quelques restes des remparts qui n'empêchèrent pas la ville d'être plusieurs fois saccagée au moyen âge.

La Barben est un village qui possède un beau château construit en pyramide sur un rocher, au-dessus du vallon de Moreau.

Cassis est un petit port bâti à l'extrémité d'une vallée fertilisée par le torrent de la Roustagne. A l'est du cap Croisette, la côte est bordée de montagnes rocheuses et inabordables jusqu'à la baie au fond de laquelle se trouve le port de Cassis, connu par ses vins et qui peut recevoir des barques de 70 tonnes. Ce port est protégé par un môle de 130 mètres de long. Les batteries qui le défendaient ont été déclassées. La côte orientale de la baie de Cassis et celle qui la prolonge du cap Canaille au bec de l'Aigle, forment des falaises rocheuses et sont les plus élevées de la Provence (400 à 500^{m}). La ville occupe à peu près l'emplacement de l'ancien *Carcisis Portus* de l'itinéraire maritime, qui fut dévasté par les Lombards en 573. Les environs sont très pittoresques, et l'on y voit les ruines d'un vieux château.

La *Ciotat* (autrefois *Citharista*) est située au fond d'une baie qui s'ouvre entre le bec de l'Aigle et la pointe Fauconnière; cette baie est aussi appelée golfe de Lèques. Deux rades successives occupent la partie occidentale de la baie : la rade de la Ciotat et la rade de Cériste qui offrent toutes deux un excellent abri contre le mistral par les hauteurs qui dominent le port à l'ouest. Celui-ci est gardé des vents par l'Ile-Verte et le bec ou cap de l'Aigle. Il est éclairé par deux phares et couvert par une longue jetée; les quatre batteries qui défendaient le port et les deux rades ont été supprimées dernièrement. Le port est sûr et spacieux, il pourrait même recevoir des navires de guerre, mais il n'a qu'un faible mouvement commercial et ne doit sa prospérité qu'aux pêcheurs et surtout aux immenses chantiers qu'y ont établi les Messageries maritimes pour la construction et la réparation de leurs navires. Le chemin de fer qui longe la baie permettrait d'amener rapidement en ce point des troupes de Marseille ou de Toulon, lorsqu'il en serait besoin.

La Ciotat formait une colonie marseillaise, ruinée par les Sarrasins et qui se releva assez rapidement ensuite. La révocation de l'édit de Nantes et le voisinage de Marseille firent perdre au port son importance. On trouve à *Ceyreste*, à 2 kilomètres de la Ciotat, des vestiges d'un *castrum* et de remparts romains. Quartier d'inscription maritime.

Fos se trouve sur un monticule de 32 mètres qui domine la rive nord du golfe de ce nom, le canal d'Arles à Bouc (ouvert par Marius), le marais de la Basse-Crau et l'étang de l'Estomac. Pendant sa guerre contre les Teutons et les Cimbres, Marius campa sur les bords du golfe.

Gémenos, à l'entrée d'un beau vallon et au pied d'un haut massif, a des restes de l'abbaye de Saint-Pons, fondée au XIIIe siècle. A 4 kilomètres, se trouve le hameau de Saint-Jean-de-Garguier, où existent de nombreux vestiges de l'époque romaine et du moyen-âge.

Istres, sur l'étang de l'Olivier, communique avec l'étang de Berre par un canal navigable. Elle a été fondée au VIIIe siècle et occupe une petite colline; ses remparts, aujourd'hui ruinés, étaient protégés par un château-fort dont on voit des restes sur une colline dominant le bourg.

Lambesc (*Emporiacum*) était à la fois marché et forteresse à l'époque romaine et devint une place importante au moyen-âge. Érigée plus tard en principauté, elle fut de 1644 à 1788, le siège des assises provençales. Ruines romaines.

Les Aygalades, dans la banlieue de Marseille, avaient un monastère du Mont-Carmel ; le château a été habité par Villars et par Barras.

Les Baux avaient un château fondé par un seigneur visigoth en 481 sur un escarpement formidable, détruit par Richelieu en 1631, mais dont il reste des ruines importantes et imposantes. Les barons des Baux acquirent une grande notoriété au XIe siècle et leur seigneurie comprenait soixante-dix-neuf villes. Le bourg formé à l'abri du manoir féodal était entouré de remparts dont on voit des débris ; ce n'est plus qu'un petit village. Église ancienne.

Mallemort, sur une colline isolée, a de nombreux vestiges de constructions romaines et du moyen-âge.

Marignane (*Maritima colonia Avaticorum*) est bâtie sur une chaussée qui sépare l'étang de Berre de celui de Marignane.

Elle était autrefois fortifiée et on voit encore les ruines de ses remparts ; son château, dont il reste une façade imposante, fut habité par Mirabeau.

Martigues est un petit port près de l'étang de Berre et communiquant avec le golfe de Fos par l'étang de Caronte et le port de Bouc;

deux voies ferrées viennent y aboutir. D'origine romaine, ce fut au moyen-âge une commune importante qui fut érigée en principauté par Henri IV. Son port (4 hectares) est éclairé par un feu fixe de quatrième ordre. Martigues, que ses habitants appellent la *petite Venise provençale*, est divisée par les canaux en trois quartiers, dont l'ensemble présente un aspect original et pittoresque. Quartier d'inscription maritime.

Meyrargues, près de la Durance, a un beau château moderne élevé sur les substructions d'une forteresse du IXe siècle.

Mouriès, au pied des Alpines, occupe, croit-on, l'emplacement de l'antique localité gallo-romaine de *Terriciæ*.

Noves, au pied de la colline de la Durance, a conservé des remparts crénelés du XIVe siècle.

Orgon, sur une branche du canal des Alpines, est dominée par une colline où l'on voit les ruines d'un château-fort occupant l'emplacement d'un *castrum* romain.

Peyrolle est entourée de murailles flanquées de tours.

Port-de-Bouc, à l'entrée du canal d'Arles et dans une petite île, occupe l'emplacement de l'ancienne *Corrento*, dont il reste une tour convertie en phare à feu fixe portant à 15 kilomètres. Un ancien fort protège ce petit port. Principalité des douanes; chantiers de constructions et fonderies.

Port-Mihou, est un port naturel situé sur la rive occidentale de la baie de Cassis; les plus gros navires y trouvent un mouillage parfaitement abrité.

Roquevaire, d'origine fort ancienne, était entourée de remparts défendus par un château et qui furent pris et repris plusieurs fois. Le duc de Guise les fit détruire en 1596.

Saint-Chamas, sur l'étang de Berre, a une importante poudrerie militaire, où l'on peut fabriquer annuellement 700 000 kilogrammes de poudre.

Sainte-Marguerite a une église fort ancienne et le roi René y avait une maison de plaisance connue sous le nom de la *Grande-Bastide*. On y voyait une tour fortifiée.

Saintes-Maries, a une remarquable église fortifiée, qui est classée parmi les monuments historiques.

Saint-Remy existait avant l'époque romaine. Le *Glanum* romain dont il reste des traces, eut une existence brillante. Détruite par les Visigoths, elle eut encore à souffrir des guerres du moyen-âge. On y voit la maison de la Cour des comtes de Provence, qui y avaient un hôtel des monnaies. Patrie de Nostradamus.

Salon, sur le canal de Craponne et à l'entrée de la vallée de Pélissanne, a conservé quelques restes d'anciennes fortifications. Le château qui défendait la ville, sur un rocher qui domine la Crau, est bien conservé. L'ancien château des archevêques d'Arles sert aujourd'hui de caserne aux hommes des petits dépôts des 1er et 4e régiments de zouaves.

Tarascon est d'origine ancienne et la cité des Romains fit place, au moyen-âge, à un château féodal. La ville fut entourée de fortifications dont il reste des vestiges importants. Le roi René y construisit sur les ruines d'un *castrum* romain, un château qui sert aujourd'hui de prison. Le 11e régiment de dragons y tient garnison.

Trets, sur le penchant du mont Olympe, fut une ville assez considérable sous la domination romaine et au moyen-âge. C'est à Trets que Marius remporta sur les Teutons la victoire connue sous le nom de victoire d'Aix (en 102 av. J.-C.) et l'on montre encore dans les environs le camp qu'il occupa Elle avait autrefois des remparts avec tours, en partie ruinés aujourd'hui et fut complètement détruite par les Sarrasins. Ancien château seigneurial.

XI. — DIVISION JUDICIAIRE

Le département des Bouches-du-Rhône dépend de la Cour d'appel d'Aix qui se compose d'un premier président, de trois présidents de chambre, de dix-neufs conseillers, d'un procureur général, de trois avocats généraux et de deux substituts du procureur général.

Il y a un tribunal de première instance à Aix, à Marseille et à Tarascon.

D'après l'annuaire de la République Française, le département des Bouches-du-Rhône a un tribunal de commerce à Aix, Arles, Marseille et Tarascon.

Aix : Neuf notaires, onze avoués et un commissaire-priseur.

Tarascon : Huit notaires et huit avoués.

Marseille : Vingt-neuf notaires, trente-six avoués et six commissaires-priseurs.

XII. — DIVISION UNIVERSITAIRE

Le département des Bouches-du-Rhône fait partie de l'Académie d'Aix.

Enseignement supérieur : Faculté de droit d'Aix. — Faculté des lettres d'Aix. — Faculté des sciences de Marseille. — École de médecine et de pharmacie de plein exercice de Marseille. — Faculté libre de droit de Marseille.

Enseignement secondaire : Lycée de Marseille (1re catégorie). — Lycée d'Aix (3e catégorie). — Collège communal à Arles et à Tarascon. — Collège de jeunes filles à Marseille. — Cours secondaires de jeunes filles à Aix et à

Arles. — Établissements libres à Aix, Arles, Aubagne, Marseille et Tarascon.

Un inspecteur d'Académie à Marseille et à Aix.

Enseignement primaire : Une école normale d'instituteurs et une école normale d'institutrices à Aix. — Écoles primaires supérieures à Marseille. — Pensionnats primaires à Aix, Arles et Marseille.

Un inspecteur primaire à Marseille, à Aix et à Arles.

ÉCOLES PUBLIQUES

Nombre d'écoles	laïques	358	421
	congréganistes	63	

Nombre d'élèves :

Laïques	garçons	22 356	
	filles		14 081
Congréganistes	garçons	1 885	
	filles		5 319
		24 241	19 400
		43 641	

ÉCOLES LIBRES

Nombre d'écoles	laïques	169	382
	congréganistes	213	

Nombre d'élèves :

Laïques	garçons	3 926	
	filles		3 929
Congréganistes	garçons	7 302	
	filles		14 749
		11 228	18 678
		29 906	

XIII. — DIVISION RELIGIEUSE

Le département des Bouches-du-Rhône dépend de l'archevêché d'Aix. La résidence de l'évêque est à Marseille. Le personnel ecclésiastique est ainsi réparti :

Archevêque	1
Évêque	1
Vicaires généraux titulaires	5
Chanoines titulaires	16
Ecclésiastiques attachés au secrétariat	2
Curés	35
Desservants	186
Vicaires de paroisses	177
Prêtres habitués	72
Aumôniers	93
Professeurs	12
Supérieurs et professeurs	59
Total	659

Presque tous les habitants du département appartiennent au culte catholique. Il y a environ 15 000 protestants, 3 500 Israélites et 2 000 appartenant à d'autres cultes.

Contenance et valeur des immeubles possédés par les congrégations religieuses

CONTENANCE en hectares d'après LE CADASTRE	VALEUR	
	LOCATIVE	VÉNALE
338 h. 46	676 660 f.	16 121 600 f.

Contenance et valeur des immeubles occupés par les congrégations religieuses

CONTENANCE en hectares d'après LE CADASTRE	VALEUR	
	LOCATIVE	VÉNALE
19 h. 95	52 995 f.	1 080 000 f.

XIV. — POSTES ET TÉLÉGRAPHES

Le département des Bouches-du-Rhône contient :

54 bureaux postaux et télégraphiques ;
13 bureaux télégraphiques simples ;
22 bureaux postaux seulement.

Il est délivré annuellement, dans le département, environ 400 000 mandats d'articles d'argent pour une somme de 16 000 000 de francs.

La taxe des lettres, journaux, etc., ainsi que les soldes des comptes avec les offices étrangers produisent, par an, environ 3 000 000 de francs.

Nombre de dépêches	intérieures	600 865
	internation.	138 416
Taxes perçues	intérieures	568 788f84
	internationales	967 501f32
Produit net versé au Trésor		1 536 290f16

XV. — RECETTES ANNUELLES DU DÉPARTEMENT

1° Budget ordinaire.

	fr.
Contributions directes (fonds généraux)	8 659 546,53
Taxes assimilées aux contributions indirectes	533 375,04
Enregistrement	8 682 401,03
Timbre	3 790 928,60
Domaines et forêts	352 109,33
Douanes	38 787 118,81
Contributions indirectes	25 155 533,60
A reporter	85 961 012,94

Report	85 961 012,94
Postes	3 650 569,97
Télégraphes	1 931 049,11
Impôt de 3 p. 0/0 sur le revenu des valeurs mobilières	558 701,29
Amendes et condamnations	253 449,56
Retenues et autres produits perçus en exécution de la loi du 9 juin 1853	510 091,38
Produits divers du budget	1 015 655,93
Total du budget ordinaire	93 880 530,18

II. — Budget extraordinaire.

Ressources spéciales	8 798 857,24
Total général des recettes	102 679 387,42

XVI. — ASSISTANCE PUBLIQUE

I. — BUREAUX DE BIENFAISANCE

Nombre de bureaux dans le département	60
Nombre d'individus secourus	49 436

Recettes.

Revenus	195 321 f	461 518f.
Subventions	105 573	
Recettes de charité	54 882	
Fonds de report et autres recettes	105 742	

Dépenses.

Administration	102 615 f	458 913
Secours en nature	230 940	
Secours en argent	125 358	
Excédent des recettes		2 605f.

Montant des placements.

En immeubles	6 391f.
En rentes	147 583
Total	153 974f

II. — HOSPICES ET HÔPITAUX

Nombre d'établissements hospitaliers.

Hôpitaux	27	39
Hôpitaux et hospices	9	
Hospices	3	

Personnel.

Médecins et chirurgiens	89	676
Religieuses	189	
Employés	98	
Servants	300	

Lits affectés au service.

Malades	1830	3651
Infirmes, vieillards et incurables	1015	
Enfants assistés	307	
Personnel des établissements	499	
Recettes des 39 établissements	1 875 430	
Dépenses	1 712 033	
Excédent des recettes	163 397f.	

XVII. — CAISSES D'ÉPARGNE

Nombre de Caisses d'épargne	1

Nombre de livrets

Existant au 1er janvier	74 392
Ouverts pendant l'année	12 104
Soldés pendant l'année	7 138
Restant au 31 décembre	79 358
Solde aux déposants au 1er janv.	32 842 495f.
Recettes	16 867 014
Dépenses	15 122 159
Solde dû aux déposants le 31 décembre	34 587 350

XVIII. — INCENDIES ET SINISTRES AGRICOLES

Montant des pertes évaluées

Incendies	1 237 800 f.
Grêle	» »
Gelée	745 190
Inondations	425 000
Pertes de bestiaux	382 895
Total des pertes	2 790 885f

II. — PARTIE MILITAIRE

En raison de sa situation sur les côtes de la Méditerranée, le département a été le théâtre de plusieurs combats et eut à souffrir de nombreuses guerres. Ainsi qu'on l'a vu dans la partie historique, dès son origine la colonie phocéenne inquiéta les populations voisines qui l'attaquèrent. Rome vint à son secours et construisit un point fortifié à Aix, qui fut son plus ancien établissement dans le sud de la Gaule. Vint ensuite l'invasion des Cimbres que Marius anéantit dans une victoire célèbre.

Les Barbares, les Visigoths, les Grecs de Constantinople, les Sarrasins, les Francs se disputèrent successivement le pays, qu'ils ravagèrent et pillèrent à l'envie, malgré les défaites que leur firent subir à deux reprises, près d'Arles, les armées romaines. Clovis et Charles Martel furent au contraire repoussés.

Des guerres suivirent également l'usurpation de Boson, et les Sarrasins en profitèrent pour se livrer à des déprédations.

Au XIe siècle, les comtes de Toulouse, de Barcelone, les seigneurs de Baux se disputèrent l'autorité, qui échut à la maison d'Aragon après une lutte de courte durée.

Sous les rois de France, les Bouches-du-Rhône subirent les vicissitudes communes à toute la région. Le pays fut ravagé deux fois pendant les guerres de Charles-Quint et de François Ier. Les guerres de religion, les invasions autrichiennes, les troubles révolutionnaires y causèrent de grandes souffrances.

Mais on peut remarquer que toutes ces luttes furent à peu près locales et n'eurent aucune influence politique ou militaire sur le reste du pays ; cela tient à ce que les diverses localités, comme nous le verrons, cherchèrent toujours à rester indépendantes.

Les côtes assez étendues et fort sinueuses ne présentent que quelques ports et sont en général peu abordables. Dans tout le delta du Rhône, qui s'étend jusqu'à la plaine de la Crau, la côte est basse et bordée de petites dunes; en arrière se trouvent des marais, des étangs, des landes humides, des steppes, de sorte que cette partie n'offre aucune ressource et ne permet ni les débarquements ni les mouvements de troupes.

L'inégalité du régime du Rhône et le danger que présente son entrée ont forcé à chercher à assurer la navigation au moyen de canaux. Celui d'*Arles à Port-de-Bouc* a une longueur de 47 kilomètres, mais n'est pas assez profond pour les grands navires. C'est pourquoi on a creusé récemment le *canal Saint-Louis*, long de 4 kilomètres, large de 60 mètres et profond de 6 à 7 mètres, qui débouche dans le golfe de Fos et permet d'éviter la barre dangereuse du grand Rhône, où il n'y a souvent que 2 mètres d'eau.

L'*étang de Berre*, qui s'ouvre à Port-de-Bouc, avec lequel il communique par les *canaux de Martigues* et l'*étang de Caronte*, est une admirable rade intérieure, qui offrirait un abri sûr à des flottes entières. Mais il faudrait pour cela améliorer le passage, au moyen de travaux considérables.

La *batterie des Lèques*, à l'entrée du port de Bouc, et le *fort de Bouc*, au sud du chenal, défendaient l'étang et le port. Ce sont d'anciens ouvrages, que l'on conserve provisoirement, mais sans grande valeur.

Entre le *cap Couronne* qui ferme le *golfe de Fos*, et le *golfe de la Ciotat*, la côte est raide, découpée, dominée par les montagnes rocheuses de Provence qui viennent y mourir. Elle présente dans cette partie un certain nombre de baies ou de golfes, formant des petits ports naturels, comme Carry, Gignac, Méjean, Niolon, Figuerolle, ou le grand port de Marseille et celui moins important de la Ciotat.

« Les *ouvrages* qui défendent les rades, le mouillage et le port de Marseille, dit M. le commandant Marga, sont très nombreux et vont être remaniés ou reconstruits comme beaucoup de ceux de nos côtes. Sur la côte septentrionale du golfe, les trois batteries de Niolon, de la Corbière et du cap Janet doivent être construites complètement à neuf, l'ancienne batterie du cap Niolon étant conservée jusqu'à l'achèvement des batteries projetées. L'entrée du port et la rade de Marseille sont protégées par la batterie du cap Pinède, les batteries de la Joliette et le fort Saint-Jean, qui seront déclassées quand les travaux des ports et des brise-lames seront terminés, puis par le fort Saint-Nicolas que Louis XIV fit construire sur les plans de Vauban, par la batterie du Pharo, et par celle de la pointe d'Endoume, qui sont conservées. De plus, dans les îles on trouve plusieurs ouvrages : la batterie du cap Mangne, le fort Ratonneau, les batteries du cap de Bone et du cap de Croix dans l'île Ratonneau ; ces deux dernières seront déclassées plus tard ; le fort Pomègues et la batterie projetée du cap Caveaux, enfin le château d'If, qui ne sera pas conservé.

« Au sud de l'île d'Endoume, les deux batterie du Roucas-Blanc et du Mont-Redon battent les mouillages et la plage du Mont-Redon ; cette dernière sera déclassée, l'autre sera reconstruite plus haut et enfin on établira une nouvelle batterie sur le sommet du Mont-Rose, à l'extrémité méridionale de la plage et précisément au point où débouche le canal de Marseille. »

On peut voir, d'après ce qui précède, que Marseille, qui n'a plus de murailles, n'a aucune défense du côté de la terre et que les différents ouvrages existant du côté de la mer ne mettraient pas la ville à l'abri d'un bombardement, car ils n'ont pas grande valeur et sont trop rapprochés de la place, située directement sur la pleine mer. Comme nous l'avons déjà indiqué, pour la défense du côté de la terre, il faudrait au moment d'une guerre, couvrir la ville par des ouvrages de campagne couronnant les hauteurs voisines, et du côté de la mer avoir la collaboration d'une flotte. Il est vrai que, de ce dernier côté la protection la plus efficace de Marseille est la grande place maritime de Toulon.

En résumé, si la côte, de près de 200 kilomètres d'étendue, présente peu de plages de débarquement, elle a quantité de mouillages et de ports qui, même, y compris Marseille, ne sont guère en état de se défendre. Mais, au besoin, les côtes et Marseille seraient défendues par une flotte et l'on pourrait suppléer aux fortifications permanentes ou les compléter par des ouvrages du moment, et le pays, par sa nature, serait en mesure d'opposer une certaine résistance à l'envahisseur, car, au nord et à l'est, il présente des montagnes et des collines entrecoupées de vallées.

Il est vrai que l'ennemi maître de la Provence et de Marseille ne rencontrerait plus d'obstacle dans la vallée du Rhône jusqu'à Lyon. Cependant, il ne pourrait s'engager dans cette espèce de défilé avant d'être maître des massifs montagneux des Alpes qui longent la vallée à l'est et d'où l'on pourrait tomber sur le flanc droit de l'envahisseur. En outre, le Rhône et ses affluents de gauche, la Durance, la Drôme et l'Isère constitueraient, pour l'armée française, une série de lignes faciles à défendre et d'autant plus efficaces que cette dernière, en possession des vallées de la Haute-Provence et reliée à Lyon par le chemin de fer Gap-Grenoble, serait toujours en mesure de couper les communications de l'adversaire.

Du reste pour attaquer Marseille par terre, il faut avoir vaincu la résistance des lignes de défense des Alpes-Maritimes (Voir ce département). Il y aurait ensuite à forcer l'obstacle sérieux qui constitue le Var, puis celui plus solide encore, formé par la chaîne de l'Esterel, et enfin la région accidentée, ravinée, tourmentée qui sépare l'Esterel de Marseille.

Et alors encore, Marseille serait en mesure de se défendre, aussi bien par terre que par mer, surtout que la défense pourrait disposer de quelque temps pour s'organiser solidement.

Mais, l'occupation même de Marseille à l'extrémité de la France, serait loin de marquer la fin de la résistance dans cette partie comme nous l'avons vu. En outre, on a toujours pu constater que les invasions de notre pays par la Provence n'ont jamais réussi, car une opération de ce genre ne peut avoir d'influence sérieuse sur l'issue de la guerre, et ce n'est pas à Marseille qu'on peut traiter la paix.

Les côtes appartiennent à la préfecture maritime de Toulon ; elles forment un arrondissement dont le siège est à Marseille et qui se subdivise en quatre quartiers : la Ciotat, Marseille, Martigues et Arles.

Le département fait partie du 15° corps d'armée.

On vient de classer récemment : la *batterie haute de Niolon* et annexes, la *batterie basse de Niolon*, les *batteries de Mourrepiane, du Pharo, de la pointe d'Endoume, du Mont-Rose, du cap Croisette*, les *forts et batteries de Pomègues*, les *batteries du cap Caveaux*, les *forts de l'île Ratonneau* et les *batteries de Ratonneau*.

On a déclassé en même temps : les ouvrages de l'*île Verte*, les *batteries des Matelots, du Môle, des Deux-Moulins, du Liouquet, du Gros-Nez* et le *château de la Ciotat*, dans la baie de la Ciotat ; le *fort de Bouc*, la *batterie* et *Tour du Rhône* (St-Louis) et la *batterie de Carry*, à l'embouchure du Rhône, la *batterie des Lèques*, au golfe de Fos, les *batteries de la Joliette* et de l'*îlot d'Endoume*, sur le littoral nord de Marseille, les *batteries de Riou et de Morgiou*, au mouillage de Riou, les *batteries du château de Cassis, de la Lèque, de Caceau et des Lombards*, dans la baie de Cassis.

TABLE DES MATIÈRES

Pages

Avant-propos I

Introduction à l'étude de la Géographie III

GÉOGRAPHIE DE LA FRANCE ET DE SES COLONIES

PREMIÈRE PARTIE

Généralités (Voir la table des matières page 143)

DEUXIÈME PARTIE

DÉPARTEMENTS

AIN

	Pages
Partie civile	1
Tableau des communes	16
Partie militaire	21

AISNE

Partie civile	25
Tableau des communes	44
Partie militaire	49

ALLIER

Partie civile	57
Tableau des communes	68
Partie militaire	72

ALPES (Basses-)

Partie civile	73
Tableau des communes	83
Partie militaire	87

ALPES (Hautes-)

Partie civile	89
Tableau des communes	101
Partie militaire	104

ALPES-MARITIMES

	Pages
Partie civile	109
Tableau des communes	119
Partie militaire	125

ARDÈCHE

Partie civile	129
Tableau des communes	138
Partie militaire	143

ARDENNES

Partie civile	145
Tableau des communes	158
Partie militaire	164

ARIÈGE

Partie civile	169
Tableau des communes	179
Partie militaire	183

AUBE

Partie civile	185
Tableau des communes	196
Partie militaire	203

AUDE

	Pages
Partie civile	205
Tableau des communes	216
Partie militaire	220

AVEYRON

Partie civile	225
Tableau des communes	236
Partie militaire	240

BELFORT (Territoire de)

	Pages
Partie civile	241
Tableau des communes	248
Partie militaire	250

BOUCHES-DU-RHONE

Partie civile	253
Tableau des communes	269
Partie militaire	279

TOURS, IMPRIMERIE DESLIS FRÈRES, RUE GAMBETTA, 6.

BIBLIOTHEQUE NATIONALE DE FRANCE
3 7531 03106123 8